Reclams Lexikon der Päpste

Von J. N. D. Kelly

Aus dem Englischen übersetzt
von Hans-Christian Oeser

Philipp Reclam jun. Stuttgart

Titel der Originalausgabe:
The Oxford Dictionary of Popes

CIP-Titelaufnahme der Deutschen Bibliothek

Kelly, John Norman Davidson:
Reclams Lexikon der Päpste / von J. N. D. Kelly.
Aus d. Engl. übers. von Hans-Christian Oeser. –
Stuttgart: Reclam, 1988
Einheitssacht.: The Oxford dictionary of Popes ⟨dt.⟩
ISBN 3-15-010348-7
NE: HST

Gesamtherstellung: Reclam, Ditzingen. Printed in Germany 1988
ISBN 3-15-010348-7

Inhalt

Vorwort zur deutschen Ausgabe

Seit Ende des Zweiten Weltkriegs, insbesondere aber seit der Wahl Papst Johannes' XXIII., hat das Papsttum nicht aufgehört, Interesse auf sich zu lenken. Dabei ist dieses stetig wachsende Interesse keineswegs auf Katholiken oder auch nur auf Christen beschränkt. Die Absicht dieses Buches liegt denn auch darin, Lesern jedes – oder keines – religiösen Bekenntnisses knappe, aber verläßliche Darstellungen nicht nur aller offiziell anerkannten Päpste, sondern auch ihrer irregulär gewählten Rivalen, der sogenannten Gegenpäpste, an die Hand zu geben. Das Verzeichnis der Päpste und die Daten ihrer Regierungszeiten stimmen im allgemeinen, bei einigen unbedeutenden Abweichungen, mit der Ausgabe des *Annuario Pontificio* von 1984 überein. Da meine Arbeit lexikalisch konzipiert ist, bestand mein Plan ursprünglich darin, die Einträge in alphabetischer Reihenfolge vorzunehmen. Nach reiflicher Überlegung und auf Ratschlag von Freunden habe ich mich jedoch entschlossen, sie in chronologischer Ordnung aufzuführen, so daß jeder Papst oder Gegenpapst aus seinem historischen Kontext heraus verstanden werden kann. Das alphabetische Verzeichnis am Beginn des Bandes dient dazu, jeden Pontifex rasch aufzufinden.
Es freut mich besonders, daß das Buch nunmehr auch in deutscher Übersetzung vorgelegt wird, habe ich doch in jedem Stadium seiner Abfassung von den Früchten deutscher Gelehrsamkeit und Forschung zehren können.

Oxford, im August 1987 — J. N. D. Kelly

Hinweise für den Benutzer

Die hinter den Namen von Prälaten, Monarchen und anderen historischen Persönlichkeiten in Klammern vermerkten Daten beziehen sich in der Regel auf deren Amts- oder Regierungszeit, bisweilen aber auch auf ihre Lebensdaten bzw. ihr Todesjahr. Was gemeint ist, ergibt sich aus dem jeweiligen Kontext.

Die angegebenen Festtage der als Heilige geltenden Päpste entsprechen im allgemeinen der Überlieferung, außer in den Fällen, wo den 1969 erfolgten Modifikationen des Kirchenkalenders Rechnung getragen werden mußte.

Querverweise auf andere Päpste innerhalb der Artikel werden bei erstmaliger Nennung durch Kapitälchen angezeigt. Da Päpste sowie Gegenpäpste mit eigenen Einträgen aufgeführt sind, erübrigte sich in der Regel ihre Aufnahme in das Register. Ihre ursprünglichen bzw. Familiennamen indessen sind, sofern bekannt, prinzipiell im Register festgehalten.

Die Aufzählung allgemeiner oder ökumenischer Konzile folgt der Praxis der römisch-katholischen Kirche. Nach Auffassung der meisten anderen christlichen Religionsgemeinschaften hat es seit dem Schisma zwischen der Ost- und der Westkirche kein allgemeines Konzil mehr gegeben, so daß das 2. Konzil von Nicäa (787) das letzte wäre.

Häufig vorkommende Begriffe aus der Kirchengeschichte sind in einem Glossar (S. 349–361) zusammengefaßt.

Abkürzungen und Siglen

AAB	*Abhandlungen der deutschen (bis 1944: preußischen) Akademie der Wissenschaften* (Berlin)
AAM	*Abhandlungen der Bayerischen Akademie der Wissenschaften* (München)
AAS	*Acta apostolicae sedis* (Rom 1909 ff.)
AASS	*Acta Sanctorum* (Antwerpen 1643 ff., Venedig 1734 ff., Paris 1863 ff.)
ACO	*Acta conciliorum oecumenicorum*, hrsg. von E. Schwartz, Berlin 1914 ff.
ADRomana	*Archivio della Deputazione Romana di Storia Patria* (Rom)
AFrH	*Archivum Franciscanum Historicum* (Florenz)
ALKGMA	*Archiv für Literatur- und Kirchengeschichte des Mittelalters* (Freiburg i. Br.)
AnB	*Analecta Bollandiana* (Paris/Brüssel)
AnGreg	*Analecta Gregoriana* (Rom)
ASRomana	*Archivio della Reale Società Romana di Storia Patria* (Rom)
ASS	*Acta sanctae sedis*, 41 Bde., Rom 1865–1908.
AstIt	*Archivio storico Italiano* (Florenz)
AT	*Altes Testament*
Baluze-Mollat	S. Baluzius, *Vitae paparum Avenionensium*, hrsg. von G. Mollat, Paris 1914.
Bertolini	O. Bertolini, *Roma di fronte a Bisanzio e ai Langobardi*, Bologna 1943.
Brezzi	P. Brezzi, *Roma e l'impero medioevale 774–1252*, Bologna 1947.
BSS	*Bibliotheca Sanctorum*, 28 Bde., Rom 1961–70.
BullCang	*Bulletin du Cange* (Brüssel)
BullInstHistRes	*Bulletin of the Institute of Historical Research* (Malta)
BullJRL	*Bulletin of the John Rylands Library* (Manchester)
BullLitEccl	*Bulletin de littérature ecclésiastique* (Toulouse)
BullRom	*Magnum bullarium Romanum: Leo X – Benedict XIII*, 2 Tle., Rom 1733–62, Wien 1834/35.
BullRomCon	*Bullarii Romani continuatio*, 9 Bde., Rom 1835–47, Wien 1840–56.
BZ	*Byzantinische Zeitschrift* (Leipzig)
Caspar	E. Caspar, *Geschichte des Papsttums von den Anfängen bis zur Höhe der Weltherrschaft*, 2 Bde., Tübingen 1930–33.
CCL	*Corpus Christianorum*, Series Latina (Turnhout 1953 ff.)
CE	*Catholic Encyclopedia*, 15 Bde., New York 1907–14.
ChHist	*Church History* (Philadelphia)
CHJ	*Cambridge Historical Journal* (Cambridge)
CHR	*Catholic Historical Review* (Washington)
CSEL	*Corpus scriptorum ecclesiasticorum Latinorum* (Wien 1866 ff.)
DA	*Deutsches Archiv für Erforschung des Mittelalters* (Köln/Graz)
DACL	*Dictionnaire d'archéologie chrétienne et de liturgie*, 15 Bde., Paris 1907–53.
DBI	*Dizionario biografico degli Italiani* (Rom 1960 ff.)
DCB	*Dictionary of Christian Biography*, 4 Bde., London 1877–87.
DHGE	*Dictionnaire d'histoire et de géographie ecclésiastiques* (Paris 1912 ff.)
DNB	*Dictionary of National Biography*, 66 Bde., London 1865–1900.
DSp	*Dictionnaire de spiritualité* (Paris 1937 ff.)
DTC	*Dictionnaire de théologie catholique*, 15 Bde., Paris 1903–50.
EB	*Encyclopaedia Britannica*
EC	*Enciclopedia cattolica*, 15 Bde., Vatikanstadt 1949–54.
EHR	*English Historical Review* (London)
ELit	*Ephemerides liturgicae* (Rom)

FD	F. Dölger, *Regesten der Kaiserurkunden des oströmischen Reiches von 565–1453*, 5 Tle., München/Berlin 1924–65.
FM	A. Fliche / V. Martin, *Histoire de l'église depuis les origines jusqu'à nos jours*, Paris 1935 ff.
Grumel	V. Grumel, *Les regestes des actes du patriarcat de Constantinople*, Kadikoi/Bukarest 1932 ff.
Haller	J. Haller, *Das Papsttum,* 5 Bde., Stuttgart 1948–54.
HJ	*Historisches Jahrbuch* (Köln/München)
HTR	*Harvard Theological Review* (Cambridge, Mass.)
HZ	*Historische Zeitschrift* (München)
JEH	*Journal of Ecclesiastical History* (London)
JR	J. Richards, *The Popes and the Papacy in the Early Middle Ages*, London 1979.
JRS	*Journal of Roman Studies* (London)
JTS	*Journal of Theological Studies* (Oxford)
JW	P. Jaffé, *Regesta pontificum Romanorum ab condita ecclesia ad annum post Christum natum MCXCVIII*, 2. Aufl. hrsg. von G. Wattenbach, Leipzig 1885–88, photomech. Nachdr. Graz 1956.
Löwenfeld	S. Löwenfeld, *Epistolae pontificum Romanorum ineditae*, Leipzig 1885.
LP	*Liber Pontificalis*, hrsg. von L. Duchesne, 2 Bde., Paris 1886–92. Eine erstmals Mitte des 6. Jh.s kompilierte und später von anderen fortgesetzte Sammlung von Papstbiographien vom hl. Petrus bis Pius II. († 1464). Ein Großteil des darin enthaltenen Materials, besonders im ersten Abschnitt, ist apokryph, doch beruht das Werk im allgemeinen auf zuverlässigen Quellen und ist trotz gewisser Voreingenommenheiten für die Geschichte des Papsttums unerläßlich.
LPDert	J. P. March, *Liber Pontificalis completus ex codice Dertusensi*, Barcelona 1925.
LThK	*Lexikon für Theologie und Kirche*, 10 Bde., Freiburg ^{2}1957–65.
MA	*Le Moyen-âge* (Paris/Brüssel)
Mann	H. K. Mann, *The Lives of the Popes in the Early Middle Ages*, 18 Bde., London 1902–32.
Mansi	J. D. Mansi (Hrsg.), *Sacrorum conciliorum nova et amplissima collectio*, 31 Bde., Florenz/Venedig 1759–98.
MC	M. Creighton, *A History of the Papacy from the Great Schism to the Sack of Rome*, London 1897.
MelArchHist	*Mélanges d'archéologie et d'histoire* (Paris)
MG	*Monumenta Germaniae historica* (Berlin 1826 ff.)
AA	Auctores antiquissimi
Cap	Capitularia
Const	Constitutiones
Ep	Epistolae
Epsaec XIII	Epistolae saeculi XIII
Epsel	Epistolae selectae
Leges	Leges
Liblit	Libelli de lite
SS	Scriptores
MIÖG	*Mitteilungen des Instituts für österreichische Geschichtsforschung* (Graz/Wien)
MiscHistPont	*Miscellanea historiae pontificiae* (Rom)
MS	*Medieval Studies* (Toronto)
Muratori; Muratori^{2}	L. A. Muratori, *Rerum Italicarum scriptores ab anno 500 ad 1500*, 25 Bde., Mailand 1723–71, Città di Castello ^{2}1900 ff.
NA	*Neues Archiv der Gesellschaft für ältere deutsche Geschichtskunde* (Hannover)
NCE	*New Catholic Encyclopedia* (New York 1967)
NDB	*Neue Deutsche Biographie* (Berlin 1953 ff.)

NF	Neue Folge
NRT	*Nouvelle revue théologique* (Tournai/Löwen/Paris)
NT	Neues Testament
OChP	*Orientalia Christiana Periodica* (Rom)
ODCC	F. L. Cross / E. A. Livingstone (Hrsg.), *The Oxford Dictionary of the Christian Church*, Oxford ^{2}1974.
P	L. Pastor, *Die Geschichte der Päpste seit dem Ausgang des Mittelalters*, 16 Bde., Freiburg i. Br. $^{5\text{-}7}$1925.
PG	*Patrologiae cursus completus, Series graeca*, hrsg. von J.-P. Migne, 161 Bde., Paris 1857–66.
PL	*Patrologiae cursus completus, Series latina*, hrsg. von J.-P. Migne, 217 Bde. und 4 Reg.-Bde., Paris 1844–64.
PLSupp	*Patrologiae cursus completus, Series latina, Supplementum*, hrsg. von A. Hamman, 5 Bde., Paris 1958–74.
Potthast	A. Potthast, *Regesta pontificum Romanorum 1198–1304*, 2 Bde., Berlin/Paris 1874/75.
PRE	*Realencyklopädie für protestantische Theologie und Kirche*, 24 Bde., Leipzig 1896–1913.
ProceedBritAcad	*Proceedings of the British Academy* (London)
PW	Pauly's *Realencyklopädie der classischen Altertumswissenschaft*, hrsg. von G. Wissowa [u. a.], 15 Bde., Stuttgart 1903–78.
QFGG	*Quellen und Forschungen aus dem Gebiet der Geschichte* (Paderborn)
QFIAB	*Quellen und Forschungen aus Italienischen Archiven und Bibliotheken* (Rom)
RAC	*Reallexikon für Antike und Christentum* (Stuttgart 1950 ff.)
RaccCon	A. Mercati, *Raccolta di Concordati*, Rom 1954.
RBén	*Revue Bénédictine* (Maredsous)
Revbelge	*Revue belge de philologie et d'histoire* (Brüssel)
RevIntTheol	*Revue internationale de théologie* (Bern)
RevQuestHist	*Revue des questions historiques* (Paris)
RevSR	*Revue des sciences religieuses* (Paris/Straßburg)
RH	*Revue historique* (Paris)
RHE	*Revue d'histoire ecclésiastique* (Löwen)
RQ	*Römische Quartalschrift für christliche Altertumskunde und für Kirchengeschichte* (Freiburg i. Br.)
RSR	*Recherches de science religieuse* (Paris)
RSTI	*Rivista di storia della chiesa in Italia* (Rom)
RTAM	*Recherches de théologie ancienne et médiévale* (Löwen)
SAB	*Sitzungsberichte der deutschen (bis 1944: preußischen) Akademie der Wissenschaften* (Berlin)
SAM	*Sitzungsberichte der Bayerischen Akademie der Wissenschaften* (München)
SBHeid	*Sitzungsberichte der Heidelberger Akademie der Wissenschaften* (Heidelberg)
SC	*Sources chrétiennes* (Paris 1940 ff.)
Schmidlin	J. Schmidlin, *Papstgeschichte der neuesten Zeit*, 4 Bde., München 1933–39.
Seppelt	F. X. Seppelt, *Geschichte der Päpste*, 5 Bde., München 1954–59.
ST	*Studi e Testi* (Rom)
StGreg	*Studia Gregoriana* (Rom)
Thiel	A. Thiel, *Epistolae Romanorum pontificum genuinae a S. Hilaro usque ad Pelagium II*, Braunschweig 1858.
TRE	*Theologische Realenzyklopädie* (Berlin / New York 1976 ff.)
TU	*Texte und Untersuchungen zur Geschichte der altchristlichen Literatur* (Leipzig/Berlin)
VC	*Vigiliae Christianae* (Amsterdam)

Watterich	I. M. Watterich, *Pontificum Romanorum [. . .] ab exeunte saeculo IX usque ad finem saeculi XIII. Vitae ab aequalibus conscriptae*, Leipzig 1862.
Z1	H. Zimmermann, *Papstabsetzungen des Mittelalters*, Graz [u. a.] 1968.
Z2	H. Zimmermann, *Das dunkle Jahrhundert*, Graz [u. a.] 1971.
ZKG	*Zeitschrift für Kirchengeschichte* (Stuttgart)
ZKTh	*Zeitschrift für Katholische Theologie* (Wien)
ZNTW	*Zeitschrift für die neutestamentliche Wissenschaft* (Gießen/Berlin)
ZPR	H. Zimmermann, *Papstregesten 911–1024*, in: J. F. Böhmer, *Regesta Imperii*, Graz [u. a.] 1969.
*ZSavRG*Kan	*Zeitschrift der Savigny-Stiftung für Rechtsgeschichte*, Kanon. Abt. (Weimar)

Alphabetisches Verzeichnis der Päpste und Gegenpäpste

(Gegenpäpste kursiv)

1 Wie das *Annuario Pontificio* (1984) vermerkt, hätte er VIKTOR V. heißen müssen, doch wurde der frühere Gegenpapst dieses Namens außer Betracht gelassen, vielleicht weil seine Gegenregierung von so kurzer Dauer war und er sich freiwillig unterwarf.

Das Lexikon der Päpste

Petrus

Apostel und Heiliger († um 64)

Sämtliche Päpste und Konzilien haben den Ursprung und den Führungsanspruch des Papsttums stets von dem einzigartigen Auftrag hergeleitet, den Petrus, der älteste der Apostel, der später, als er die früheste Christengemeinde in Rom organisierte, den Märtyrertod erlitt, von Jesus Christus empfangen haben soll. Informationen über Laufbahn, Persönlichkeit und Status Petri in der urchristlichen Gemeinschaft finden sich im NT, das von einer verläßlichen altkirchlichen Überlieferung ergänzt wird. Die Berichte des NT stammen aus verschiedenen Quellen, die zu gänzlich unterschiedlichen Zeitpunkten entstanden und von den oftmals auseinandergehenden Ansichten ihrer Verfasser gefärbt sind; doch das Bild, das sie von dem Apostel zeichnen, ist frei von Widersprüchen und lebensgetreu.

Petrus, ursprünglich Symeon oder griechisch Simon geheißen, war des Jonas Sohn (Mt 16,17) und stammte aus dem Dorf Bethsaida am See Genezareth. Er und sein Bruder Andreas waren Fischer. Als Jesus zu wirken begann, war Simon verheiratet und lebte mit seiner Schwiegermutter und Andreas (Mk 1,29 f.) in Kapernaum. Der Synopse zufolge rief Jesus die beiden Brüder zusammen mit Jakobus und Johannes auf, ihm nachzufolgen. Das Johannesevangelium, das die Berufung in Judäa ansiedelt (1,37 ff.), stellt die ersten Jünger einschließlich Simon als Jünger Johannes' des Täufers vor. Wiewohl sie die Akzente geringfügig anders setzen, stimmen alle vier Evangelien darin überein, daß von da an Simon als Wortführer der Gruppe auftrat und als solcher vom Herrn anerkannt wurde. Er wird auffallend häufig erwähnt, steht in allen Aufzählungen der Zwölf an erster Stelle und gehörte zu dem engeren Kreis von Jüngern, die bei so bedeutsamen Geschehnissen wie der Auferweckung der Tochter des Jairus (Mt 9,18–26), der Verklärung Jesu (Mt 17,1–8) und dem Gebet Christi vor dem Tod (Mt 26,37) eingeschlafen waren. Laut Mt 16,13–20 antwortete Simon auf die Frage Jesu an die Jünger, wer sie sagten, daß er sei, er sei »Christus, des lebendigen Gottes Sohn«. Jesus sprach ihn dieser ihm geoffenbarten Erkenntnis wegen selig und bedachte ihn mit dem aramäischen Namen Kephas (»Fels«), auf griechisch Petrus, und erklärte, er werde seine unbezwingliche Kirche auf »diesen Felsen« bauen, ihm »des Himmelreichs Schlüssel« geben und die Macht, zu »binden und zu lösen«, verleihen. Beim letzten Mahl (Abendmahl) beauftragte ihn Jesus, seine Brüder zu stärken (Lk 22,32). Warmherzig und ungestüm, wie er war, wurde er von Jesus getadelt, weil er sich nach Ablegung des Messiasbekenntnisses weigerte, die Notwendigkeit seiner Verwerfung und seines Todes anzunehmen (Mk 8,31–33 u. a.); als Jesus gefangengenommen wurde, verließ Petrus der Mut, und er verleugnete ihn dreimal (Mt 26,69–75 u. a.). Dennoch war er der erste Jünger, der sich in das leere Grab hineinbückte (Lk 24,12), und der erste, dem der auferstandene Herr erschien (Lk 24,34; 1 Kor 15,5). Bei einer späteren, nur bei Johannes (21,15–17) verzeichneten Offenbarung erhielt Petrus vom Herrn dreimal den seelsorgerischen Auftrag, seine Schafe zu weiden, d. h. Hirte seiner Lämmer zu werden.

Die erste Hälfte der Apostelgeschichte teilt mit, daß Petrus der unumstrittene Führer der jungen Kirche war, auch wenn sein Verhältnis zu Jakobus, dem Bruder des Herrn, unklar bleibt. Er war es, der die Wahl Matthias' zum Nachfolger Judas' (Apg 1,15–26) leitete, der dem Volk die Bedeutung des Pfingstwunders kundtat (Apg 2,14–40), der den Lahmen vor dem Tempel heilte (Apg 3,1–10), der Ananias und Saphira das Urteil sprach (Apg 5,1–11) und den Heiden die Kirche öffnete, indem er den Hauptmann Cornelius ohne vorherige Beschneidung taufte (Apg 10,9–48). Bei der Verkündigung, bei der Verteidigung der neuen Glaubensbewegung, bei wunderbaren Heilungen und beim Besuch neugegründeter Christengemeinden stand er an vorderster Stelle. Nachdem er von Herodes Agrippa I. gefangengenommen worden war, wurde er durch ein Wunder befreit (Apg 12,1–17); auf dem Apostelkonzil zu Jerusalem (48/49 n. Chr.) trat er mit Erfolg für eine liberale Politik gegenüber den Heiden ein (15,7–11). Von Paulus wurde er nach dessen Bekehrung um Informationen über Jesus ersucht (Gal 1,18), und obwohl Paulus sich genötigt fühlte, Petrus seiner Heuchelei in Antiochia wegen zu tadeln (Gal 2,11–14), ist aus dem Kontext doch die Achtung ersichtlich, die er ihm entgegenbrachte. Zwar schreibt Paulus ihm das Apostelamt unter den Juden zu (Gal 2,7 f.), doch wirkte Petrus an führender Stelle auch als Missionar in heidnischen Gegenden wie Korinth (1 Kor 1,12) und Kleinasien (1 Petr 1,1). Die frühe Überlieferung, die sich möglicherweise auf den in Gal 2,11–14 erwähnten Besuch stützt, brachte ihn mit Antiochia in Verbindung, dessen erster Bischof er gewesen sein soll.

Es scheint gewiß, daß Petrus die letzten Jahre seines Lebens in Rom verbrachte. Obwohl das NT einen derartigen Aufenthalt nicht ausdrücklich bestätigt, findet sich ein indirekter Hinweis bei 1 Petr 5,13, wo »Babylon« eine verschlüsselte Bezeichnung für Rom ist, und es gibt triftige Gründe, den Evangelisten Markus, den »Sohn des Petrus« (1 Petr 5,13), der seine Kenntnisse im wesentlichen von diesem bezogen haben soll, mit Rom in Verbindung zu bringen. Frühe Autoren wie Klemens von Rom (um 95), Ignatius von Antiochia († um 110) und Irenäus von Lyon (um 180) hielten es für allgemein anerkannt, daß er in Rom tätig war und dort den Tod fand. Über die Dauer seines Aufenthalts ist nichts bekannt; daß er 25 Jahre in Rom geweilt habe, ist eine Legende des 3. Jh.s. Ignatius nahm an, daß Petrus und Paulus in der römischen Gemeinde ihre besondere Autorität geltend machten; Irenäus behauptete, sie hätten diese gemeinsam gegründet und damit die Apostolische Sukzession eingeleitet. Über ihre kirchenrechtliche Rolle, insbesondere über die Stellung Petri als dem angeblichen Haupt der Gemeinde, ist freilich nichts bekannt. Beide wurden dem Geschichtsschreiber Eusebius (um 260 – um 340) zufolge unter Nero (54–68) hingerichtet, vermutlich 64 während der Christenverfolgung. Tertullian (um 160 bis um 225) berichtet, daß Petrus gekreuzigt wurde, eine Angabe, die sich bereits im 4. Evangelium findet (Joh 21,18 f.). Im 2. und 3. Jh. erhoben zwei Stätten Anspruch darauf, das Grab Petri zu bergen: die »Erinnerungsstätte an die Apostel« unter S. Sebastiano an der Via Appia und das Grabmal auf dem Vatikan, auf das sich um 200 der römische Presbyter Gaius bezog. Letzteres trug den Sieg davon, und 1939/40 wurden bei Ausgrabungen zwar nicht, wie PAUL VI. am 26. Juni 1965 behauptete, die Gebeine des Apostels gefunden, wohl aber die Grabstelle, die im 2. Jh. als seine letzte Ruhestätte galt.

Die Überlieferung des 2. bzw. 3. Jh.s sah Petrus als ersten römischen Bischof an – eine logische Konsequenz des monarchischen Episkopats (d. h. der Leitung der Kirche durch einen einzigen Bischof statt eines Kollegiums von Presbytern), das sich Mitte des 2. Jh.s in Rom herausgebildet hatte. Die frühere Überlieferung, welche Petrus und Paulus als den beiden Pionieren, die die römische Kirche und ihr geistliches Amt gemeinsam gegründet hatten, besonderen Rang zuerkannt hatte, geriet deswegen jedoch nicht aus dem Blickfeld. Petrus werden zwei Briefe des NT zugeschrieben; der erste kann beanspruchen, direkt oder indirekt von ihm zu stammen, wogegen sich der Verfasser des zweiten lediglich seines Namens als Pseudonym bedient. Im 2. Jh. kam darüber hinaus eine ganze Flut von Schriften auf, die mit seinem Namen verbunden sind, vornehmlich die Petrusapokalypse, die Petrusakten und das Petrusevangelium. So aufschlußreich diese auch sind und das Ansehen des Apostels in der Urkirche bezeugen, sie sind doch ohne Ausnahme apokryph. Festtag (mit dem hl. Paulus): 29. Juni.

Lit.: 1 *Clemens* 5 f.; Ignatius, *Rom.* 4,2; Irenaeus, *Adv. haer.* 3,1,2 f.; 3,3,3; Tertullian, *De praescr.* 36; *Scorpiace* 15; Eusebius, *Hist. eccl.* 2,25,5–8; 3,39,15; C. H. Turner, »St Peter in the New Testament«, in: *Catholic and Apostolic*, London 1931; O. Cullmann, *Petrus, Jünger, Apostel, Märtyrer*, Zürich/Stuttgart ²1960; R. E. Brown [u. a.], *Peter in the New Testament*, New York 1973; R. Pesch, *Simon-Petrus: Geschichte und geschichtliche Bedeutung*, Stuttgart 1980; Seppelt 1,11–16; D. W. O'Connor, *Peter in Rome*, New York / London 1969; J. Toynbee / J. Ward Perkins, *The Shrine of St Peter and the Vatican Excavations*, London ²1958.

Linus

Heiliger (um 66 – um 78)

Den von Irenäus von Lyon (um 180) und Hegesippus (um 160) überlieferten und von dem Geschichtsschreiber Eusebius (um 260 – um 340) bestätigten ältesten römischen Bischofslisten zufolge wurde er nach der Gründung der christlichen Kirche in Rom durch die Apostel PETRUS und Paulus von diesen mit dem Amt betraut. Anhand dieser urkirchlichen Berechnungen gilt er daher als der erste Papst. Erst vom späten 2. oder frühen 3. Jh. an setzte sich die Konvention durch, den hl. Petrus als den ersten Bischof anzusehen. Linus' eigentliche Aufgaben und Pflichten liegen im Ungewissen, da sich das monarchische, d. h. der Ein-Mann-Episkopat noch nicht herausgebildet hatte. Irenäus von Lyon und Eusebius setzten ihn mit jenem Linus gleich, der als Begleiter des hl. Paulus dem Timotheus in Ephesus (2 Tim 4,21) Grüße aus Rom sandte. Die frühen Quellen besagen übereinstimmend, daß er das Pontifikat etwa 12 Jahre innehatte, differieren jedoch hinsichtlich der Daten, die nur ungefähre Anhaltspunkte bieten. Im altkirchlichen Meßkanon taucht sein Name nach denen der beiden Apostel auf. Die Überlieferung, daß er als Märtyrer starb und neben dem hl. Petrus begraben liegt, beruht auf einer Legende. Wenngleich seine Existenz und führende Position in der römischen Kirche nicht bezweifelt werden, ist es angesichts der späten Entwicklung des monarchischen Episkopats in Rom nicht möglich, sich einen eindeutigen Begriff von seiner Rolle und seinen Aufgaben zu machen.

Lit.: Irenaeus, *Adv. haer.* 3,3,2; Eusebius, *Hist. eccl.* 3,2; 3,4,8; 3,21; 5,6,1; *LP* 1,XC f.; CII; 121; Caspar 1,11–14; *DCB* 3,726–729 (J. Barmby / G. Salmon); *DTC* 9,772 (É. Amann); *BSS* 8,56 f. (A. Amore); E. Caspar, *Die älteste römische Bischofsliste*, Berlin 1926.

Anaklet I.

Heiliger (um 79 – um 91)

In den ältesten römischen Bischofslisten folgt er auf LINUS und ist demnach der zweite in der Reihe der von den Aposteln PETRUS und Paulus eingesetzten Bischöfe. Die spätere Konvention zählt ihn als dritten Papst nach dem hl. Petrus. Sein Name, der griechisch korrekt Anencletos lautet, bedeutet »untadelig«; der Umstand, daß der hl. Paulus von einem Bischof verlangte, daß er »untadelig« sei (Tit 1,7), hat unnötige Zweifel an seiner Existenz ausgelöst. Der Name war unter Sklaven verbreitet und könnte ein Hinweis auf seine soziale Herkunft sein. Spätere Verzeichnisse, wie der Liberianische Katalog (4. Jh.) und *LP*, unterscheiden irrigerweise zwischen den beiden Päpsten Kletus und Anakletus; indessen ist Kletus nichts anderes als eine Abkürzung des vollen Namens. Im altkirchlichen Meßkanon wird seiner als Kletus gedacht. Eusebius gibt an, daß er im 12. Jahr Kaiser Domitians (81–96) starb. Sein Name scheint den Bericht in *LP* zu bestätigen, wonach er griechischer Abstammung war. Die Überlieferung, wonach er 25 Presbyter nach Rom berief, über der Grabstätte des hl. Petrus ein Denkmal errichten ließ und als Märtyrer starb, entbehrt jeder Grundlage. Wenngleich seine Existenz und führende Position unzweifelhaft sind, ist es nicht möglich, sich eine klare Vorstellung von seiner Rolle zu machen, da der monarchische Episkopat in Rom noch nicht bestand.

Lit.: Irenaeus, *Adv. haer.* 3,3,2; Eusebius, *Hist. eccl.* 3,13; 3,15; 3,21; 5,6,2; *LP* 1,XIX f.; 52 f.; 125; E. Caspar, *Die älteste römische Bischofsliste*, Berlin 1926; Caspar 1,8–15; *DHGE* 2,1407 f. (J. P. Kirsch); *EC* 1,1126 (P. Goggi); *BSS* 1, 1032–36 (F. Cavatta); *NCE* 1,460 (E. G. Weltin).

Klemens I.

Heiliger (um 91 – um 101)

In den ältesten römischen Bischofslisten des 2. Jh.s folgt er auf ANAKLET und ist somit der dritte in der Reihe der von den Aposteln PETRUS und Paulus eingesetzten Bischöfe. Die spätere Konvention sieht ihn als den vierten Papst in der Reihe an, die mit dem hl. Petrus beginnt. Eine andere Überlieferung, die von Tertullian (um 160 – um 225) und Hieronymus (um 347–420) bezeugt wird, geht davon aus, daß er noch vom hl. Petrus selbst geweiht wurde und daher als sein unmittelbarer Nachfolger gelten muß. Irenäus von Lyon (um 180) erwähnt, daß Klemens, der die Apostel noch selbst gekannt und gesprochen hatte, ein Hüter ihrer Lehren und Bräuche war. Schriftsteller des 3. und 4. Jh.s wie Origenes, Eusebius und Hieronymus setzen ihn, vielleicht nicht zu Unrecht, mit dem vom hl. Petrus (Phil 4,3) als Gehilfe bezeichneten Klemens gleich. Es ist trotz augenscheinlicher Datierungsschwierigkeiten auch möglich, daß es sich um den Klemens handelt, den der Schriftsteller Hermas im 2. Jh. den offiziellen Briefeschreiber der römischen Kirche nennt. Jedoch gibt es keinen Grund, ihn, späteren Legenden folgend, mit dem Konsul Titus Flavius Clemens, einem Vetter Kaiser Domitians (81–96), zu identifizieren, der 95/96 wegen Gottlosigkeit, d. h. wegen der Annahme jüdischer Gebräuche, hingerichtet wurde, auch wenn er durchaus ein Freigelassener im Haushalt dieses Clemens gewesen sein mochte. Die von *LP* und dem altkirchlichen Meßkanon gestützte Behauptung, er sei den

Märtyrertod gestorben, sollte man, da sich die ältesten Quellen darüber ausschweigen, fallen lassen. Auch der Bericht, wonach er auf die Krim verbannt worden sei, dort mit Erfolg das Evangelium verkündet habe und mit einem Anker um den Hals ertränkt worden sei, entbehrt jeder Grundlage. Fast die einzige zuverlässige Mitteilung, die sich über ihn erhalten hat, ist, daß er für den sog. *Ersten Klemensbrief*, das bedeutendste christliche Dokument des 1. Jh.s nach dem NT verantwortlich zeichnete, vielleicht sogar als dessen Verfasser. Es handelt sich hierbei um ein Protestschreiben an die Kirche zu Korinth, in der um 96 heftige Meinungsverschiedenheiten ausgebrochen und einige Presbyter abgesetzt worden waren. In dem Schreiben, dessen Entwurf Klemens als führender Presbyter-Bischof möglicherweise selbst verfaßte, wird das auf Jesus Christus zurückgeführte Prinzip formuliert, auf dem die ordentliche Sukzession der Bischöfe und Diakone beruht, und die Wiedereinsetzung der ausgestoßenen Presbyter gefordert. Der Brief stellt das früheste Beispiel einer zwar brüderlichen, aber gebieterischen Intervention der römischen Kirche, wenn auch nicht des Papstes persönlich, in die Angelegenheiten einer anderen Kirche dar. Das in der christlichen Antike weithin gelesene Dokument wurde bisweilen als Bestandteil der kanonischen Bücher des NT gewertet.

Auch wenn Klemens' Stellung als führender Presbyter und Sprecher der christlichen Gemeinde in Rom unzweifelhaft ist, so läßt doch sein Brief vermuten, daß sich der monarchische Episkopat dort noch nicht herausgebildet hatte. Es ist daher nicht möglich, sich ein genaues Bild von seiner verfassungsmäßigen Rolle zu machen. Jedenfalls genoß er in der frühchristlichen Kirche solch hohes Ansehen, daß ihm die Verfasserschaft zahlreicher Pseudoschriften zugeschrieben wurde. Unter diesen ragen der *Zweite Klemensbrief*, eine Predigt des 2. Jh.s von unbekannter Hand, und die legendären *Klementinischen Homilien* und *Erkenntnisse* (Pseudo-Klementinen) heraus. Man hielt ihn auch für den Autor der *Apostolischen Verfassungen*, einer Kirchenrechtssammlung des späten 4. Jh.s. Die Überlieferung, daß die Kirche S. Clemente zu Rom auf dem Grundstück seines Hauses steht, ist dagegen nicht ohne weiteres von der Hand zu weisen. Festtag: 21. November im Westen, 24. bzw. 25. November im Osten.

Lit.: W. K. Lowther Clarke, *The First Epistle of Clement*, London 1937; K. Bihlmeyer, *Die Apostolischen Väter*, krit. Ausg., Bd. 1, Tübingen 1956; Eusebius, *Hist. eccl.* 3,4,9; 3,15; 3,21; 5,6,2 f.; 6,25,14; *LP* 1,XCI; 123 f.; Hieronymus, *De vir. ill.* 15; Caspar 1,2–7; *DHGE* 12,1089–93 (G. Bardy); *RAC* 3,188–197 (A. Stuiber); *NCE* 3,926–928 (H. Dressler); Seppelt 1,22–24.

Evaristus

Heiliger (um 101 – um 109)

In den ältesten römischen Bischofslisten ist er der vierte in der Reihe der von den Aposteln PETRUS und Paulus eingesetzten Bischöfe hinter ANAKLET und KLEMENS I. Eine andere Überlieferung, die von *LP* bezeugt wird, spricht ihm dieselbe Position zu, dreht indes die Reihenfolge seiner beiden Vorgänger um. Die frühen Quellen differieren hinsichtlich der Dauer seines Pontifikats: Eusebius spricht von 8 oder 9 Jahren, *LP* von knapp 10 Jahren und der Liberianische Katalog (4. Jh.), in dem er Aristus genannt wird, von 13 Jahren und 10 Monaten; all diese Zahlenangaben sind Annahmen. Sein Name läßt, wie bei *LP* vermerkt, auf griechische Herkunft schließen; andere Mitteilungen in *LP* jedoch (z. B., sein Vater sei ein Jude aus Bethlehem gewesen, er habe die römischen Gemeinden unter seine Presbyter aufgeteilt und sieben Diakone ins Gefolge des Bischofs berufen) sind ohne historischen Wert. Insbesondere die in *LP* zu findende Behauptung, er habe den Märtyrertod gefunden und sei neben dem hl. Petrus bestattet worden, muß zurückgewiesen werden. Zwei Briefe und zwei Fragmente von Dekretalen, die unter seinem Namen kursierten, sind apokryph. Auch wenn wir keine Veranlassung haben, seine führende Stellung in der römischen Kirche anzuzweifeln, wissen wir doch über ihn nichts Zuverlässiges. Angesichts der späten Herausbildung des monarchischen Episkopats in Rom läßt sich über seine Rolle als Kirchenführer dort nur mutmaßen. Festtag: 26. Oktober.

Lit.: Irenaeus, *Adv. haer.* 3,3,3; Eusebius, *Hist. eccl.* 3,34; 4,1; 5,6,4; *Chron.* 193 (Helm); *LP* 1,XC–XCI; 126; Caspar 1,8; 13; 53; *DCB* 2,426 (J. Bryce); *DHGE* 16,111 (B. Botte); *LThK* 3,1260 (J. P. Kirsch); *NCE* 5,655 (E. G. Weltin).

Alexander I.

Heiliger (um 109 – um 116)

In den ältesten römischen Bischofslisten ist er der fünfte in der Reihe der von den Aposteln PETRUS und Paulus eingesetzten Bischöfe; die spätere Konvention führt ihn als den sechsten Papst seit dem hl. Petrus auf. Die frühen Quellen weichen hinsichtlich der Dauer seines Pontifikats voneinander ab. Bei den von ihnen angegebenen Daten, die zwischen 7 und 10 Jahren schwanken, handelt es sich um Mutmaßungen. *LP* berichtet, daß er Römer war, der Sohn eines Mannes, der gleichfalls Alexander hieß. *LP* schreibt ihm – ein offensichtlicher Anachronismus – die Zufügung des Berichts von der Einsetzung des Abendmahls in die Meßliturgie sowie die Sitte der Haussegnung mit einer Mischung aus Wasser und Salz zu. Die in *LP* wiedergegebene römische Überlieferung, daß er als Märtyrer starb, indem er auf der Via Nomentana, die von Rom in Richtung Nordosten führt, enthauptet wurde, resultiert aus einer Verwechslung mit einem wirklichen Märtyrer gleichen Namens, dessen Grab 1855 an dieser Stelle entdeckt wurde. Da die ältesten Quellen hierzu schweigen, ist es höchst unwahrscheinlich, daß er wirklich zum Märtyrer wurde. Es ist über ihn praktisch nichts Zuverlässiges bekannt, außer daß er in der römischen Kirche eine führende Position innehatte. Da sich der monarchische Episkopat in Rom erst später herausbildete, liegt seine verfassungsmäßige Stellung als Oberhirte der Gemeinde im Dunkeln. Festtag: 3. Mai.

Lit.: Irenaeus, *Adv. haer.* 3,3,3; Eusebius, *Hist. eccl.* 4,1; 4,4; 5,6,4; *LP* 1,LXXXIX–XCII; 54 f.; 127; Caspar 1,8–16; *DHGE* 2,204–206 (A. Dufourcq); *EC* 1,787 (P. Goggi); *BSS* 1,792–798 (E. Josi); *NCE* 1,288 (E. G. Weltin).

Sixtus (Xystus) I.

Heiliger (um 116 – um 125)

In den ältesten römischen Bischofslisten wird Sixtus als sechster in der Reihe der von den Aposteln PETRUS und Paulus eingesetzten Bischöfe aufgeführt. Die spätere Konvention zählt ihn als siebten Papst seit dem hl. Petrus. Die Datierung seines Pontifikats ist ziemlich ungewiß, doch besagen die frühen Quellen übereinstimmend, daß er etwa 10 Jahre regierte. *LP* gibt an, daß er Römer war, Sohn eines gewissen Pastor. Die ursprüngliche Form seines Namens läßt auf griechische Herkunft schließen. Über seine Tätigkeit wissen wir nichts; Einzelheiten über angebliche disziplinarische und liturgische Neuerungen, die sich *LP* entnehmen lassen, sind offenkundig anachronistisch. Die spätere Überlieferung stellt ihn als Märtyrer dar, und im altkirchlichen Meßkanon wird seiner mit den Aposteln und Märtyrern gedacht. Daß Irenäus von Lyon in seinem Verzeichnis früher römischer Bischöfe lediglich TELESPHORUS als Märtyrer heraushebt, läßt darauf schließen, daß Sixtus keiner war. Eine weitere Angabe in *LP*, wonach er neben dem hl. Petrus auf dem Vatikan begraben wurde, entbehrt jeder Grundlage. Wie bei den anderen römischen Kirchenführern dieser Zeit läßt sich hinsichtlich seiner Rolle bei der Lenkung der Gemeinde kein klares Bild formen. Festtag: 3. April.

Lit.: Irenaeus, *Adv. haer.* 3,3,3; Eusebius, *Hist. eccl.* 4,4,1; 4,5,1; 5,6,4; *LP* 1,CCVIII; 54–57; 128; Caspar 1,8–16; *DCB* 4 (J. Barmby); *DTC* 14,2193 f. (É. Amann); *BSS* 11,1254–56 (M. da Alatri); *NCE* 13,271 (E. G. Weltin).

Telesphorus

Heiliger (um 125 – um 136)

In den ältesten römischen Bischofslisten ist er der siebte in der Reihe der von den Aposteln PETRUS und Paulus eingesetzten Bischöfe. Die spätere Konvention, die den hl. Petrus als ersten Papst wertet, sieht ihn als den achten an. Die Datierung seines Pontifikats ist zwar ungewiß, doch geben die frühen Quellen übereinstimmend an, daß es 11 Jahre dauerte. *LP* erklärt, daß er Grieche war (was durch seinen Namen bestätigt wird), fügt jedoch hinzu, vor seinem Amtsantritt sei er Anachoret gewesen (was ein Anachronismus ist). Des weiteren beschreibt ihn *LP* als denjenigen, der Bräuche wie etwa eine siebenwöchige Fastenzeit vor Ostern oder den Einsatz des »Gloria in excelsis« in der Christmette angeordnet habe – Bräuche, die erst etliche Jahrhunderte später eingeführt wurden. Verläßlicher ist der Bericht des Irenäus von Lyon (um 180), wonach er für seinen Glauben »mit seinem Blut Zeugnis abgelegt«, d. h. das Martyrium erlitten hat. Eusebius (um 260 – um 340) gibt an, er sei im 1. Jahr des Kaisers Antoninus Pius (138/139) hingerichtet worden, doch sind die letzten Jahre der Regentschaft Kaiser Hadrians (117 bis 138) das wahrscheinlichere Datum. Jedenfalls handelt es sich um den einzigen Papst des 2. Jh.s, dessen Martyrium zuverlässig belegt ist. Wie bei anderen Päpsten dieser Zeit, als sich der monarchische Episkopat in Rom erst allmählich herausbildete, ist es nicht möglich, sich eine klare Vorstellung von seiner verfassungsmäßigen Rolle zu machen. Festtag: 5. Januar.

Lit.: Irenaeus, *Adv. haer.* 3,3,3; Eusebius, *Hist. eccl.* 4,5,5; 4,10; 5,6,4; 5,24,14; *LP* 1,56; 129 f.; Caspar 1,21; 34; 48; *DCB* 4,816 (J. Barmby); *DTC* 15,82 (É. Amann); *LThK* 9,1347 (A. Amore); *NCE* 13,982 (E. G. Weltin).

Hyginus

Heiliger (um 138 – um 142)

In den ältesten römischen Bischofslisten ist er der achte in der Reihe der von den Aposteln PETRUS und Paulus eingesetzten Bischöfe. Die spätere Konvention, die vom hl. Petrus als dem ersten Papst ausgeht, sieht ihn als den neunten an. Die Annahmen hinsichtlich der Dauer seines Pontifikats weichen voneinander ab: Der Liberianische Katalog des 4. Jh.s gibt sie mit 12 Jahren an, doch ist die Angabe von 4 Jahren bei Eusebius (um 260 – um 340) und *LP* plausibler. *LP* zufolge war er ein Grieche aus Athen, der zuvor Philosoph gewesen war. Die Laufbahn seines Zeitgenossen Justinus des Märtyrers (um 100 bis um 165), der aus dem Orient nach Rom kam und Philosoph und christlicher Apologet war, legt nahe, daß diese Mitteilung nicht ohne weiteres von der Hand zu weisen ist. Andererseits sind die weiteren Behauptungen in *LP*, wonach er den Klerus auf hierarchischer Grundlage reorganisierte und neben dem hl. Petrus bestattet wurde, wertlos. Bedeutsamer, weil ein Hinweis auf das intellektuelle Klima der römischen Kirche zu seiner Zeit als Bischof, ist der Bericht des Irenäus von Lyon (um 180), daß während seines Pontifikats die gnostischen Lehrer Valentin und Cerdo aus Ägypten bzw. Syrien nach Rom kamen. Obwohl er später als Märtyrer verehrt wurde, gibt es keinerlei Anhaltspunkte dafür, daß er wirklich einer war. Der monarchische Episkopat begann sich zwar um diese Zeit in Rom herauszubilden; gleichwohl ist es schwierig, sich seine Rolle bei der Leitung der Gemeinde auszumalen. Festtag: 11. Januar.

Lit.: Irenaeus, *Adv. haer.* 3,3,3; 3,4,2; Eusebius, *Hist. eccl.* 4,10; 4,11,1 f.; 4,11,6; 5,6,4; *LP* 1,131; Caspar 1,8; 13; 21; 48; *DCB* 3,184 (J. Barmby); *DTC* 7,356 f. (É. Amann); *LThK* 5,555 f. (R. H. Haacke); *BSS* 7,652 (A. Amore); *NCE* 7,282 (E. G. Weltin).

Pius I.

Heiliger (um 142 – um 155)

Neunter in den ältesten römischen Bischofslisten, wurde er von der späteren Konvention, die den hl. PETRUS als den ersten Papst betrachtete, als zehnter Papst angesehen. Die frühen Quellen widersprechen einander in der Datierung; einige plazieren ihn fälschlich hinter seinem Nachfolger ANICETUS. *LP* gibt an, daß er Römer aus Aquileia war, Sohn des Rufinus. Das spätere *Muratorische Fragment*, der älteste erhaltene Kanon der Schriften des NT aus dem 2. Jh. und selbst römischen Ursprungs, erklärt, daß er der Bruder des ehemaligen Sklaven Hermas war, des Verfassers der weithin gelesenen visionären Mahnungen zur Buße, die unter dem Titel *Der Hirte* bekannt sind. Dieses Werk enthält Hinweise auf Rangstreitigkeiten unter den Kirchenführern, die vermuten lassen, daß der monarchische Episkopat in Rom inzwischen Realität geworden war. Über die Tätigkeit von Pius ist nichts Genaues bekannt, doch die führenden Gnostiker Valentin und Cerdo wie auch Markion von Pontus, der um 140 eingetroffen war und das AT verworfen hatte, da der Gott des AT im Vergleich zu dem von Jesus geoffenbarten Gott des NT nicht bestehen konnte, formulierten und verbreiteten ihre theologischen Lehrgebäude während seines Pontifikats in Rom. Pius muß bei einer Synode von Presbytern den Vorsitz geführt haben, die Markion im Juli 144 aus der rechtgläubigen Gemeinde ausstieß. Er muß außerdem den christlichen Philosophen und Apologeten Justinus den Märtyrer († um 165) gekannt haben, der um diese Zeit in einem Haus in Rom lehrte. Pius wird im Martyrologium des Ado von Wien (858 kompiliert) zum erstenmal als Märtyrer genannt; indessen haben wir keine Veranlassung zu glauben, daß er wirklich einer war. Festtag: 11. Juli.

Lit.: *Muratorisches Fragment* 2,74–77; Irenaeus, *Adv. haer.* 3,3,3; 3,4,3; Eusebius, *Hist. eccl.* 4,11,1 und 6 f.; 5,6,4; *LP* 1,LXXIII; 132 f.; Caspar 1,8; 13; 21; *DCB* 4,416 f. (J. Barmby); *DTC* 12,1612 f. (É. Amann); *LThK* 8,528 (G. Schwaiger); *NCE* 11,393 (E. G. Weltin).

Anicetus

Heiliger (um 155 – um 166)

Zehnter in den ältesten römischen Bischofslisten, wurde er von der späteren Konvention, die vom hl. PETRUS als dem ersten Papst ausging, als der elfte Papst gerechnet. *LP* berichtet, daß er ein Syrier aus Emesa (heute: Homs) war; Eusebius (um 260 – um 340) gibt an, daß er 11 Jahre lang regierte. Bald nach seinem Amtsantritt empfing er den 80jährigen Bischof Polykarp von Smyrna als Gast, der ihn nach Einigung über andere Fragen dazu zu bewegen versuchte, die Praxis der Kirchen Kleinasiens zu übernehmen, wonach Ostern am 14. Tag des jüdischen Monats Nissan (dem Tag des Paschafests), am sog. Quartodeziman, begangen wurde. Zu dieser Zeit kannte die römische Kirche kein eigenes Osterfest, und Anicetus konnte sich auf seine Verpflichtung berufen, sich an den Brauch seiner Vorgänger zu halten, die die Auferstehung des Herrn jeden Sonntag feierten. Die beiden Bischöfe blieben einander in freundschaftlicher Kollegialität verbunden, und Anicetus lud Polykarp ein, eine Messe zu zelebrieren. Über seine Tätigkeit ist sonst nichts Genaues bekannt, doch muß er mit dem Gelehrten Hegesippus, dem Verfasser antignostischer Schriften, der zu dieser Zeit nach Rom kam, wie auch mit dem Apologeten Justinus, der um 165 in Rom als Märtyrer starb, bekannt gewesen sein. Vermutlich war es Anicetus und nicht, wie *LP* behauptet, der hl. ANAKLET, der auf dem Vatikan für den hl. Petrus den Gedächtnisschrein errichten ließ, welchen Besucher um 200 vorfanden und der bei den Ausgrabungsarbeiten (1939–49) zutage kam. Für die Überlieferung, daß er als Märtyrer starb, gibt es keine Bestätigung. Festtag: 17. April.

Lit.: Irenaeus, *Adv. haer.* 3,3,3 f.; 3,4,2; Eusebius, *Hist. eccl.* 4,11,7; 4,19; 5,24,14–17; *LP* 1,LXXI; 134; Caspar 1,8 f.; 13; 21; 35; 47 f.; 52; M. Richard, »La question pascale au IIe siècle«, in: *L'Orient Syrien* 6 (1961) S. 179–212; »La lettre de s. Irénée au pape Victor«, in: *ZNTW* 56 (1965) S. 260–282; *DHGE* 3,280 f. (J. P. Kirsch); *LThK* 1,562 (G. Schwaiger); *NCE* 1,544 (E. G. Weltin).

Soter

Heiliger (um 166 – um 174)

Elfter in den ältesten Bischofslisten, galt er der späteren Konvention, die vom hl. PETRUS als dem ersten Papst ausging, als der zwölfte Papst. *LP* berichtet, daß er ein Römer aus Kampanien war; die frühen Quellen weichen hinsichtlich der genauen Datierung voneinander ab. Eines Tages sandte er der korinthischen Kirche unter Beigabe großzügiger Geschenke ein Schreiben, und durch Eusebius (um 260 – um 340) haben sich Bruchstücke einer überschwenglichen Dankesbekundung von Dionysius, dem Bischof von Korinth, erhalten mit der Zusage, daß Soters Schreiben im Gottesdienst zu Korinth regelmäßig verlesen würde. Andere Briefe des Dionysius haben die Forschung zu der Vermutung veranlaßt, daß Soter seine laxe Haltung sowohl gegenüber dem Ideal sexueller Enthaltsamkeit wie der Wiederzulassung reuiger Sünder zur Kommunion ungeachtet der Schwere der Sünden, die sie begangen hatten, mißbilligt habe und daß seine unterwürfige Erwiderung den Versuch darstellen mochte, den Papst milde zu stimmen, ohne Prinzipien aufzugeben. Ein Ereignis von großer Bedeutung, das sich offenbar unter Soter in Rom vollzog, war die Einführung von Ostern als jährliches Fest. Bis dahin war es in Rom nicht begangen worden. Das Datum, das nunmehr festgelegt wurde, war anders als in der Praxis der Kirchen Kleinasiens nicht der Quartodeziman, sondern der Sonntag nach dem 14. Tag des jüdischen Monats Nissan (dem Tag des Paschafests). Im 5. Jh. kursierten Berichte, wonach Soter den Montanismus, eine von dem Propheten Montanus in Phrygien ins Leben gerufene apokalyptisch-asketische Bewegung, schriftlich kritisiert habe, doch müssen diese zurückgewiesen werden. Er wurde zwar als Märtyrer verehrt, aber es gibt keinerlei Anhaltspunkte dafür, daß er einer war. Festtag: 22. April.

Lit.: Irenaeus, *Adv. haer.* 3,3,3; Eusebius, *Hist. eccl.* 4,19; 4,23,9–11; 4,30,3; 5,24,14–17; *LP* 1,4 f.; 58 f.; 135; Caspar 1,3; 8 f.; 13; 18; 21; 48; P. Nautin, *Lettres et écrivains chrétiens au IIe et IIIe siècles*, Paris 1961, Kap. 1; K. Holl, *Gesammelte Aufsätze*, Bd. 2, Tübingen 1928, S. 214–219; M. Richard, »La question pascale au IIe siècle«, in: *L'Orient Syrien* 6 (1961) S. 179–212; »La lettre de s. Irénée au pape Victor«, in: *ZNTW* 56 (1965) S. 260–282; *DTC* 14,2422 f. (É. Amann); *NCE* 13,444 (E. G. Weltin).

Eleuther(i)us

Heiliger (um 174 – 189)

Der letzte in der von Irenäus von Lyon (um 180) überlieferten ältesten römischen Bischofsliste, war er der zwölfte in der Reihe der von den

Aposteln PETRUS und Paulus eingesetzten Bischöfe bzw. der dreizehnte zufolge der Konvention, die den hl. Petrus als den ersten Papst ansieht. Nach *LP* war er ein aus Nikopolis in Epirus stammender Grieche und hatte das Amt 15 Jahre und 3 Monate inne. Hegesippus, der in den 60er Jahren des 2. Jh.s in Rom weilte, berichtet, daß er Diakon bei Papst ANICETUS war. *LP* ergänzt, ein britannischer König namens Lucius habe in einem Schreiben darum gebeten, Christ werden zu dürfen. Diese von Beda Venerabilis und späteren Chronisten aufgenommene enigmatische Geschichte beruht nachweislich auf einer Verwechslung mit Agbar IX., dem König von Edessa im Norden Mesopotamiens (heute: Urfa, Türkei), der sich gleichfalls Lucius nannte, später zum Christentum konvertierte und vermutlich Anfragen an den Papst gerichtet hat. 177/178 empfing Eleutherus einen Besucher, Irenäus von Lyon. Dieser überbrachte einen Brief der dort unter schwerer Verfolgung leidenden Kirche, in dem deren Haltung gegenüber der gerade begründeten und lebhaft debattierten »Neuen Prophetie« des phrygischen Montanismus zum Ausdruck gelangte. Die Haltung des Papstes dazu ist ungewiß; augenscheinlich erblickte er in ihr keine Gefahr und erlaubte sich über ihre Prophezeiungen kein Urteil. Sein Pontifikat war friedlich. Zwar differieren die Quellen hinsichtlich der Datierung seines Amtsantritts, indessen scheint er im 10. Jahr des Kaisers Commodus (180–192) verstorben zu sein. Er wird erstmals in dem 858 kompilierten Martyrologium des Ado von Wien genannt. Festtag: 26. Mai.

Lit.: Irenaeus, *Adv. haer.* 3,3,3; Eusebius, *Hist. eccl.* 4,22,3 [Hegesippus]; 5,3,4; 5,22; *LP* 1,CII–CIV; 136; A. Harnack, »Der Brief des britischen Königs Lucius an den Papst Eleutherus«, in: *SAB* 1904, S. 909–916; *DHGE* 15,147 f. (B. Botte); *LThK* 3,802 (J. P. Kirsch); *NCE* 5,265 (E. G. Weltin).

Viktor I.

Heiliger (189–198)

Obwohl von Geburt Afrikaner, war er der erste lateinische Papst und dürfte als solcher die Latinisierung der römischen Kirche vorangetrieben haben, die bis dahin von griechisch-orientalischen Einflüssen beherrscht war. Ganz gewiß war er der energischste Papst des 2. Jh.s. Zu Beginn seines Pontifikats verwandte er im Interesse der Vereinheitlichung, möglicherweise aber auch als Antwort auf die Propaganda eines gewissen Blastus aus dem Osten zugunsten des Quartodeziman, große Anstrengungen darauf, die anderen Gemeinden auf den römischen Brauch zu verpflichten, wonach das Osterfest nicht am 14. Tag des jüdischen Monats Nissan (Paschafest), sondern am darauffolgenden Sonntag gefeiert wurde. Auf sein Betreiben wurden sowohl in Rom als auch in anderen Glaubenszentren von Gallien bis Mesopotamien Synoden abgehalten, auf denen sich ihm die jeweilige Mehrheit anschloß. Die kleinasiatischen Gemeinden weigerten sich jedoch, dem überlieferten Brauch abzuschwören: nämlich das Osterfest am 14. Nissan zu begehen, auf welchen Wochentag dieser auch fiel. Daraufhin verkündete Viktor ihre Verstoßung aus der Gemeinschaft nicht nur der Kirche Roms, sondern der Kirche überhaupt. Mit diesem Schritt entfachte er einen Sturm der Entrüstung, und Irenäus von Lyon, dessen Gemeinde seine Entscheidung akzeptierte, erinnerte ihn mit scharfen Worten daran, daß alle bisherigen Päpste bis hin zu SOTER die Praxis des Quartodeziman zu einer Zeit, da Rom ein eigenes Osterfest noch gar nicht kannte, geduldet hatten. Der Zwiespalt sei von daher um so stärker. Wir wissen nicht, wie Viktor reagierte, aber sein weit über das unpersönliche Vorgehen von KLEMENS I. hinausreichender Schritt stellt ein hervorragendes Beispiel für die Inanspruchnahme des päpstlichen Rechts auf Einmischung in die Angelegenheiten anderer Gemeinden dar. Mit der gleichen Entschiedenheit exkommunizierte er nicht nur den Geldhändler Theodotus von Byzanz, den Führer einer Gruppe von Adoptianern, welche die Lehre vertraten, Jesus sei bis zu seiner Taufe, bei der sich der Hl. Geist oder Christus auf ihn herabsenkte, ein ganz gewöhnlicher, wenn auch heiligmäßiger Mensch gewesen, sondern enthob auch den gnostischen Schriftsteller Florinus seines Priesteramtes.

Viktor ist der erste Papst, von dem bekannt ist, daß er Beziehungen zum Kaiserhaus pflegte. Er übergab Marcia, der Konkubine des Kaisers Commodus (180–192), die selber Christin war, eine Liste mit den Namen von Gläubigen, die zu Zwangsarbeit in den Bergwerken Sardiniens verurteilt waren, und erwirkte so deren Freilassung. Unter ihnen befand sich auch ein künftiger Papst, CALIXTUS I., dessen Namen er vorsätzlich verschwiegen hatte. Dem hl. Hieronymus zufolge verfaßte er einige lateinische Schriften minderen Ranges. Die üblichen Berichte, wonach er zum Märtyrer wurde und neben dem hl. PETRUS begraben liegt, müssen zurückgewiesen werden. Festtag: 28. Juli.

Lit.: Hippolytus, *Ref.* 9,12,10–13; Eusebius, *Hist. eccl.* 5,23 f.; 5,28,3–6; Ps. Tertullian, *Adv. omn. haer.* 8 (CSEL 47,225); Hieronymus, *De vir. ill.* 34; *LP* 1,137; M. Richard, »La lettre de s. Irénée au pape Victor«, in: *ZNTW* 56 (1965) S. 260–282; Ch. Mohrmann, in: *VC* 16 (1962) S. 154–171; Caspar 1,19–22; *DTC* 15,2862 f. (É. Amann); *LThK* 10,768 f. (G. Schwaiger); *NCE* 14,646 (E. G. Weltin); Seppelt 1,29–31.

Zephyrinus

Heiliger (198/199–217)

Über seine Herkunft ist nichts bekannt, abgesehen von dem nicht unbedingt maßgeblichen Bericht in *LP*, wonach er Römer war, Sohn des Habundius. Sein rigoristischer Kritiker Hippolyt (später Gegenpapst) hielt ihn für einfältig, ungebildet und unerfahren in kirchlichen Entscheidungen, ja sogar für habsüchtig. Ganz gewiß war er ein schwacher Mann, der sich sehr auf seinen fähigeren und praktischer veranlagten Archidiakon CALIXTUS stützte, den er mehr oder weniger rehabilitiert hatte. Mit seiner Hilfe leitete er den niederen Klerus an, ihn bestellte er auch zum Verwalter des amtlichen Friedhofs, über den die Kirche inzwischen verfügte. Bei Zephyrinus handelt es sich vermutlich um jenen Papst, dem der zum Montanisten gewordene Tertullian († um 225) vorwarf, er habe anfänglich Briefe verschickt, mit denen er die Bewegung der Montanisten anerkannt habe, sie dann aber auf Betreiben eines gewissen Praxeas widerrufen. Doch die erbittertsten während seines Pontifikats in Rom geführten Debatten galten Fragen der Christologie. Der Adoptianismus, d. h. die Auffassung, Jesus sei bis zu seiner Taufe ein gewöhnlicher Mensch gewesen, war trotz ihrer Verurteilung durch VIKTOR I. noch immer weit verbreitet. An seiner Spitze standen der Geldhändler Theodotus und Asklepiodotus; eine Zeitlang spielte sich ein Adoptianer namens Natalius als bezahlter schismatischer Bischof auf. Er kam jedoch zur Besinnung, und Zephyrinus nahm ihn nach strenger Buße wieder in die Gemeinde auf. Wichtiger war der von Noetus, Praxeas und Sabellius gelehrte Modalismus, der die Unterschiede zwischen den Personen der Dreieinigkeit fast völlig auslöschte. Hippolyt kritisierte Zephyrinus dafür, daß er die neue Lehre nicht verurteilte, sondern sogar zu begünstigen schien. Die Analyse einer von Zephyrinus veröffentlichten Glaubensformel ergibt jedoch, daß er nicht etwa Modalist war, sondern lediglich darauf bedacht, sowohl die Göttlichkeit Christi als auch den Unterschied zur Person Gottvaters beizubehalten, auch wenn es ihm an der dafür notwendigen Terminologie gebrach. Während seines Pontifikats stattete der berühmte Origenes († um 254), der bedeutendste zeitgenössische christliche Denker, Rom einen Besuch ab, war er doch »äußerst begierig, jene älteste Gemeinde in Augenschein zu nehmen«. Die Überlieferung, daß Zephyrinus als Märtyrer starb, wird von den frühen Quellen nicht gestützt und muß daher zurückgewiesen werden. Hingegen ist der Bericht in *LP*, wonach sich seine Grabstätte »in einer eigenen Grabstätte nahe der Calixtus-Katakombe« an der Via Appia befand, glaubwürdig. Festtag: 26. August.

Lit.: Hippolytus, *Ref.* 9,7–12; Eusebius, *Hist. eccl.* 2,25,6; 5,28,3–12; 6,14,10; 6,20,3; 6,21,2; *LP* 1,139 f.; B. Capelle, »Le cas du pape Zéphyrin«, in: *RBén«* 38 (1926) S. 321–330; J. N. D. Kelly, *Early Christian Doctrines*, London [5]1977, S.123–125; Caspar 1,22–24; 38–40; *DTC* 15,3690 f. (É. Amann); *LThK* 10,1352 (K. Baus); *NCE* 14,1118 f. (E. G. Weltin); Seppelt 1,34–38.

Calixtus (Kallistus) I.

Heiliger (217–222)

Sein Werdegang ist uns hauptsächlich aus der zwar verzerrenden, aber faktisch informativen Darstellung seines erbitterten Kritikers HIPPOLYT vertraut. In seiner Jugend war er Sklave eines christlichen Freigelassenen namens Karpophoros, der ihm zu einer Stelle als Geldverleiher verhalf. Als sein Geschäft fehlschlug und christlichen Deponenten schwere Verluste entstanden, bekam er es mit der Angst zu tun und flüchtete, doch sein Besitzer holte ihn zurück und zwang ihn zur Arbeit in einer Tretmühle. Seine Gläubiger, die ihr Geld wiederzuerlangen hofften, erreichten seine Freilassung, aber er wurde der Ruhestörung in einer Synagoge am Sabbat angeklagt und zu Zwangsarbeit in den Bergwerken von Sardinien verurteilt. Als Marcia, die Konkubine des Kaisers Commodus (180–192), VIKTOR I. um die Namen christlicher Sträflinge in den Bergwerken anging und deren Freilassung erwirkte, überredete Calixtus den Gouverneur dazu, ihn gleichfalls auf freien Fuß zu setzen, wiewohl Viktor seinen Namen absichtlich zurückgehalten hatte. Als er schließlich nach Rom zurückkehrte, verbannte ihn der Papst nach Antium, wo er ein monatliches Ruhegeld bezog. Viktors Nachfolger ZEPHYRINUS berief ihn indessen zurück, machte ihn zu seinem wichtigsten Diakon und Ratgeber, betraute ihn mit der Aufsicht über den niederen Klerus und ernannte ihn zum Verwalter der kirchlichen Grabstätte an der Via Appia (heute: Catacombe di S. Callisto). Der Einfluß, den er in der Folgezeit über den Papst gewann, wie auch sein administratives Talent ließen ihn ins eigentliche Machtzentrum der römischen Kirche aufrücken, und nach Zephyrinus' Tod wurde er zum Papst gewählt. Der Presbyter Hippolyt weigerte sich, die Entscheidung anzuerkennen, und ließ sich (der Darstellung zufolge) zum Bischof einer Gruppe von Abtrünnigen wählen.

Das Pontifikat des Calixtus war von den Streitigkeiten mit dem aggressiven Gegenpapst überschattet, der ihn des Modalismus und laxer Disziplin bezichtigte, ohne anscheinend jemals dafür förmlich gerügt worden zu sein. Den ersten Vorwurf Hippolyts kann man übergehen, denn Calixtus exkommunizierte den intellektuellen Kopf des Modalismus, Sabellius, der argumentierte, daß Vater, Sohn und Hl. Geist keine wirklich unterschiedenen Personen innerhalb der Gottheit darstellten, sondern lediglich aufeinanderfolgende Erscheinungsweisen (*modi*) ihrer Selbstoffenbarung. Dies stellte Hippolyt jedoch nicht zufrieden, vielmehr höhnte er, Calixtus habe diese Entscheidung nur aus Angst um sein eigenes Schicksal gefällt und sei nach wie vor Modalist. Calixtus versuchte in der Tat einen mittleren Kurs zu steuern zwischen dem Modalismus, den er verwarf, und der Lehre Hippolyts, derzufolge das Wort eine scharf unterschiedene Hypostase oder Person sei, was er als Ditheismus (Glaube an zwei Götter) betrachtete. Hippolyt beschwerte sich ferner darüber, daß Calixtus einem Bischof, der sich schwerer Vergehen schuldig gemacht hatte, im Amt zu bleiben gestattete, Männer, die sich zwei-, ja dreimal verheiratet hatten, bereitwillig zu Priestern weihte, sich weigerte, Kleriker, welche die Ehe eingingen, zu verurteilen, Eheschließungen zwischen Frauen der Oberschicht und Männern von niedrigerer Stellung, die nach römischem Zivilrecht unstatthaft waren, anerkannte und Konvertiten von häretischen oder schismatischen Sekten ohne vorhergehende Buße wieder in den Schoß der Kirche aufnahm. Diese Anschuldigungen bedeuten nicht, wie zuweilen unterstellt wird, daß es sich bei Calixtus um einen wagemutigen Erneuerer der Bußpraktiken handelte. Er war nicht der »Pontifex maximus«, der ein von Tertullian († 225) verspottetes »kategorisches Bußedikt« herausgab. Vielmehr vertrat er im Gegensatz zu traditionellen Rigoristen wie Hippolyt die zunehmend anerkannte Auffassung, daß die Kirche (im Einklang mit dem Gleichnis von der Spreu und dem Weizen) Sünder ebenso wie Heilige aufnehmen müsse und von daher Christen, die nach ihrer Taufe in den Stand der Sünde getreten sind, die Hand zur Aussöhnung reichen solle.

Obwohl sein Name in einem Märtyrerverzeichnis des 4. Jh.s auftaucht, ist es angesichts der Tatsache, daß es während der Regierungszeit von Kaiser Alexander Severus (222–235) zu keinen Verfolgungen kam, unwahrscheinlich, daß Calixtus im strengen Wortsinn zum Märtyrer wurde. Eine legendäre Leidensgeschichte, die sein angebliches Ende schildert, deutet an, daß er eines unnatürlichen Todes starb, möglicherweise bei einem Volksaufruhr. Er wurde in Trastevere an der Via Aurelia bestattet, nicht etwa in den nach ihm benannten Katakomben, in denen andere Päpste des 3. Jh.s beigesetzt wurden; dies stimmt mit den Angaben der Leidensgeschichte überein, wonach er in Trastevere zu Tode kam. Sein wirkliches Grab wurde 1960 auf dem Friedhof von S. Calepodio an der Via Aurelia entdeckt; die Krypta ist mit späteren Freskengemälden verziert, die sein angebliches Martyrium schildern. Festtag: 14. Oktober.

Lit.: Hippolytus, *Ref.* 9,11–13; 10,27; Tertullian, *De pud.* 1,6; Eusebius, *Hist. eccl.* 6,26,2; *LP* 1,XCII f.; 141 f.; *AASS* 6. Okt. (1794) S. 401–448; J. J. I. v. Döllinger, *Hippolytus und Kallistus*, Regensburg 1853; J. Gaudemet, »La décision de Calixte en matière de mariage«, in: *Studi in onore di Mgr. E. Paoli*, Rom 1955; B. Altaner / C. B. Daly, »The Edict of Callistus«, in: *TU* 78 (1961) S. 176–182; Caspar 1,22–28; *DHGE* 11,421–424 (G. Bardy); *NCE* 2,1080–83 (J. Chapin); Seppelt 1,34–42.

Hippolyt

Heiliger (Gegenpapst, 217–235)

Er wurde vor 170 geboren, ziemlich sicher im griechischsprachigen Osten, und scheint zur Zeit VIKTORS I. nach Rom gekommen zu sein und die Weihen empfangen zu haben. Bewandert in der griechischen Philosophie, studierte er neben Irenäus von Lyon (um 180) die Apologeten des 2. Jh.s und stieg rasch zu einem führenden Presbyter wie auch zum »Chefideologen« der römischen Gemeinde auf. Was sich von seinen umfangreichen Werken erhalten hat, läßt darauf schließen, daß er sich an Vielfalt, wenn auch nicht an Tiefe, durchaus mit Origenes messen kann, dem profundesten griechischen Theologen († um 254), vor dem er 212 eine Predigt hielt. Dazu zählen exegetische Schriften, etwa ein Kommentar zu Daniel (202–204); polemische und dogmatische Werke, z. B. das Traktat *Antichrist* (um 200) und *Philosophumena, eine Zurückweisung aller Häresien* (nach 222); historische Abhandlungen, z. B. eine *Chronik* der Weltgeschichte von Adam bis zum Jahr 234, sowie zahlreiche homiletische und liturgische Texte (die bedeutende *Apostolische Tradition*, welche die zeitgenössischen römischen Tauf- und Eucharistierituale schildert, könnte von ihm stammen). Unnachgiebig, ehrgeizig und in disziplinarischen Angelegenheiten rigoros, war er erbost, als ZEPHYRINUS, der Nachfolger Viktors I., den ehemaligen Sklaven CALIXTUS, den er verachtete und mißbilligte, zu seinem Mitarbeiter ausersah, und verfiel rasch auf die Denunziation, jener sei in Fragen der Christologie praktisch Modalist. Er selbst war Vertreter der Logos-Theologie, die das Wort als eine von Gottvater unterschiedene Hypostase oder Person behandelte, und wurde dafür seinerseits von beiden als Ditheist kritisiert. Als Calixtus zum Papst gewählt wurde, schwang sich Hippolyt, so heißt es, zum Bischof einer kleinen schismatischen Gruppe auf, womit er der erste Gegenpapst wurde. Er behandelte Calixtus als bloßen Sektenführer, der in theologischen Fragen fehlgeleitet und in Disziplinarfragen nachlässig sei. Sein eigener ethischer Rigorismus sah in der Kirche die Gemeinschaft der Heiligen, führte jedoch dazu, daß die Gültigkeit der Amtsführung ihrer Geistlichen von deren heiligmäßigem Lebenswandel abhängig gemacht wurde.

Das unglückselige Schisma dauerte auch während der Amtszeit URBANS I. und des PONTIANUS noch an. Als jedoch Maximinus Thrax im März 235 Kaiser wurde und dazu überging, die Kirchenführer zu bekämpfen, wurden sowohl Hippolyt als auch Pontianus gefangengesetzt und nach Sardinien, der »Insel des Todes«, in die Verbannung geschickt, wo sie den grausamen Haftbedingungen erlagen. Es wird vermutet, daß die beiden sich entweder noch im römischen Gefängnis oder aber kurz vor ihrem Tod auf Sardinien miteinander aussöhnten. Pontianus dankte ab, und Hippolyt widerrief seinen Anspruch auf den Bischofstitel und forderte seine Anhänger auf, das Schisma zu beenden. So wurde die Einheit der römischen Kirche schließlich wiederhergestellt. Papst FABIAN ließ die sterblichen Überreste der beiden Männer nach Rom überführen, wo sie feierlich bestattet wurden (13. 8. 236/237), der »Presbyter« Hippolyt in der fortan nach ihm benannten Katakombe an der Via Tiburtina. Da er griechisch schrieb, die römische Kirche jedoch inzwischen bereits gründlich latinisiert war, gingen die meisten seiner Schriften verloren, und sein Andenken verblaßte bzw. verwirrte sich hoffnungslos; sowohl Eusebius (um 260 – um 340) als auch der hl. Hieronymus beschreiben ihn als äußerst produktiven Schriftsteller und als Bischof, haben jedoch keine Kenntnis von seiner Papstwürde. 1551 wurde in der Nähe der Via Tiburtina eine Marmorstatue im Stil des 3. Jh.s aufgefunden, die ihn in der gewöhnlichen Kleidung eines Philosophen oder Lehrers zeigt und mit einem (unvollständigen) Verzeichnis seiner Schriften versehen ist. 1959 wurde diese von Papst JOHANNES XXIII. in der Vatikanbibliothek aufgestellt. Festtag: 30. Juni in der Ostkirche, 13. August in der Westkirche.

Wiewohl der oben rekonstruierte biographische Abriß von den meisten Kirchengeschichtlern akzeptiert ist, wird er zunehmend in Frage gestellt. Zum einen ist versucht worden, einige der Schriften, die gewöhnlich Hippolyt zuerkannt werden, aus dem Gesamtkorpus herauszulösen und einem andern Autor zuzuschreiben. Zum andern wird argumentiert, daß es nicht genügend Beweise dafür gebe, der Presbyter Hippolyt, der scharfe Kritiker von Calixtus I., sei je zum Gegenpapst geweiht worden oder derjenige, der mit Pontianus nach Sardinien deportiert wurde. Die Debatte darüber hält an.

Lit.: B. Altaner / A. Stuiber. *Patrologie*, Freiburg i. Br. [u. a.] [8]1978 [Verzeichnis der Werke H.'s]; Hippolytus, *Ref.* 9; Eusebius, *Hist. eccl.* 6,20,2; 6,22; Hieronymus, *De vir. ill.* 61; *LP* 1,4 f. (Lib. Kat.); J. J. I. v. Döllinger, *Hippolytus und Kallistus*, Regensburg 1853; A. d'Alès, *La théologie de s. Hippolyte*, Paris 1929; J. N. D. Kelly, *Early Christian Doctrines*, London [5]1977, S. 110–115; P. Nautin, *Hippolyte et Josipe*, Paris 1947; M. Richard, in: *DSp* 7 (1969) S. 531–571; K. Baus, *Handbuch der Kirchengeschichte*, Bd. 1, Freiburg i. Br. 1962, S. 358–364; *DTC* 6,2487–2511 (É. Amann); *LThK* 5,378–380 (R. Gögler); *NCE* 6,1139–41 (M. R. P. McGuire); Seppelt 1,34–43.

Urban I.

Heiliger (222–230)

Der Geschichtsschreiber Eusebius (um 260 – um 340) und der Liberianische Katalog (4. Jh.) berichten, daß er das Amt acht bzw. knapp neun Jahre lang innehatte. *LP* zufolge war er Römer, Sohn des Pontianus (eines Namensvetters seines Nachfolgers); doch bei den übrigen Angaben, die sich dort finden, daß er z. B. darauf bestanden habe, daß die heiligen Gefäße aus Silber zu fertigen seien, und daß er in den Tagen Kaiser Diokletians (284–305) zum Bekenner geworden sei, handelt es sich um anachronistische Phantasterei, die zum Teil der Legende der hl. Cäcilia entliehen ist, mit der er irrtümlich in Verbindung gebracht wird. Sein Pontifikat fiel ganz in die Regierungszeit von Kaiser Alexander Severus (222–235), die gar keine Verfolgungen kannte. HIPPOLYT spaltete (vermutlich) auch weiterhin die römische Gemeinde, doch ist über das Verhältnis der beiden Männer nichts bekannt. Die Geschichte seines Martyriums ist apokryph. Die in *LP* aufgestellte Behauptung, er sei in der Praetextatus-Katakombe begraben, beruht auf einer Verwechslung zwischen ihm und einem Bekenner gleichen Namens, der sowohl in mehreren Briefen des hl. Cyprian als auch von Eusebius erwähnt wird. Tatsächlich wurde er, wie das Martyrologium des hl. Hieronymus (5. Jh.) bestätigt, in der Calixtus-Katakombe bestattet, wo eine Grabplatte gefunden wurde, die in griechischen Lettern seinen Namen trägt. Festtag: 25. Mai.

Lit.: Eusebius, *Hist. eccl.* 6,21,2; 6,23,3; *LP* 1,XCIII bis XCIV; 4 f.; 62 f.; 143 f.; *DCB* 4,1062–64 (J. Barmby); *DTC* 15,2268 f. (É. Amann); *BSS* 12,837–840 (A. Amore); *NCE* 14,447 (E. G. Weltin).

Pontianus

Heiliger (21. 7. 230 – 28. 9. 235)

Der Geschichtsschreiber Eusebius (um 260 – um 340) stellt lediglich fest, daß er das Amt 6 Jahre lang, zwischen URBAN I. und ANTERUS, ausübte; *LP* setzt hinzu, daß er Römer war, Sohn des Calpurnius. Über seine Tätigkeit ist fast nichts bekannt, außer daß er der römischen Synode vorgestanden haben muß, welche das Urteil des Bischofs von Alexandria, Demetrius, billigte, das auf zwei Synoden (230/231) gegen Origenes, den hervorragenden griechischen Theologen, ergangen war. Dieser war seines Priesteramts entsetzt und von seinem Posten an der Katechetenschule wie auch aus Ägypten überhaupt verjagt worden. Fast seine gesamte Amtszeit hindurch war die Kirche dank der toleranten Haltung von Kaiser Alexander Severus (222–235) vor Verfolgungen sicher, doch das Schisma, das HIPPOLYT während der Amtszeit von CALIXTUS I. hervorgerufen hatte, hielt vermutlich weiter an. Maximinus Thrax, der im März 235 zum Kaiser ausgerufen wurde, gab die religiöse Toleranz preis und hatte es auf die Spitzen der Kirche abgesehen. Zu den ersten Opfern zählten Pontianus und Hippolyt, die beide gefangengenommen und nach Sardinien, der berüchtigten »Insel des Todes«, deportiert wurden. Da Verbannungen normalerweise lebenslänglich dauerten und nur wenige sie überlebten, dankte Pontianus ab, vermutlich um einem Nachfolger zu erlauben, die Leitung der Kirche so bald als möglich zu übernehmen. Nach dem Liberianischen Katalog (4. Jh.) erfolgte die Abdankung, die erste eines Papstes, am 28. September 235; dies ist zugleich die erste präzise Datierung in der Geschichte der Päpste (andere scheinbar gesicherte Daten beruhen auf Annahmen). Es dauerte nicht lange, bis er und Hippolyt den grausamen Mißhandlungen und harschen Bedingungen erlagen, aber es wird vermutet, daß sie sich entweder noch im Gefängnis zu Rom oder aber nach ihrer Ankunft auf Sardinien miteinander aussöhnten. Der Leichnam des Pontianus wurde 236/237 zusammen mit dem Hippolyts von Papst FABIAN nach Rom überführt und in der gerade fertiggestellten päpstlichen Gruft in der Calixtus-Katakombe beigesetzt; 1909 wurden dort Bruchstücke einer Grabplatte aufgefunden, die mit seinem Namen und seinem Bischofstitel griechisch beschriftet war. Festtag früher: 19.

November, heute (mit dem hl. Hippolyt): 13. August.

Lit.: Eusebius, *Hist. eccl.* 6,23,3; 6,29,1; Hieronymus, *Ep.* 33,4; *LP* 1,XCIV–XCV; 6 (Lib. Kat.); 145 f.; Caspar 1,43–46; 48; *DCB* 4,438 (J. Barmby); *DTC* 12,1253 f. (É. Amann); *BSS* 10,1013–15 (G. D. Gordini); PW 22,25 (W. Ensslin).

Anterus

Heiliger (21. 11. 235 – 3. 1. 236)

Er war der Nachfolger des PONTIANUS, der am 28. September 235 abdankte, und, wie sein Name vermuten läßt und *LP* bestätigt, griechischer Herkunft. Über seine Tätigkeit während seiner kurzen Regierungszeit, die unter die scharfe Christenverfolgung durch Kaiser Maximinus Thrax (235–238) fiel, ist nichts Sicheres bekannt. Die Angabe von *LP*, wonach er Zeugnisse von Märtyrern sammelte und aufbewahrte, ist schlichtweg ein romantischer Anachronismus. *LP* fügt hinzu, daß er als Märtyrer starb, und er ist oft als solcher hingestellt worden. Gleichwohl ist es unwahrscheinlich, daß er wirklich zum Märtyrer wurde; sein Name taucht in den frühen offiziellen Märtyrerverzeichnissen nicht auf, und der Liberianische Katalog (4. Jh.) bemerkt angelegentlich, daß er »entschlief«, eine Formulierung, die nur auf Päpste angewendet wird, die eines natürlichen Todes starben. Er wurde als erster Papst in der neuen Papstgruft der Calixtus-Katakombe begraben, wohin ihm kurz danach der Leichnam seines Amtsvorgängers Pontianus folgte. Große Bruchstücke seiner griechischen Grabinschrift sind dort aufgefunden worden. Festtag: 3. Januar.

Lit.: Eusebius, *Hist. eccl.* 6,29,1; *LP* 1,XCV–XCVI; 4 (Lib. Kat.); 147; Caspar 1,48 ff.; *DHGE* 3,520 f. (J. P. Kirsch); *BSS* 2,51 f. (M. V. Brandi).

Fabian

Heiliger (10. 1. 236 – 20. 1. 250)

Die Amtszeit dieses Papstes römischer Herkunft fiel bis auf die ersten und letzten Jahre in eine Periode außerordentlicher Ruhe, des Wohlstands und der Stärkung der Kirche, da Kaiser Gordianus III. (238–244) die Christenverfolgung seines Vorgängers Maximinus nicht fortsetzte und Philipp der Araber (244–249) dem Christentum sogar aufgeschlossen gegenüberstand. Als kraftvoller und weitsichtiger Verwalter reorganisierte er den römischen Klerus, indem er die Stadt (nach dem Liberianischen Katalog, 4. Jh.) in 7 Distrikte (Diakonien) aufteilte, die anscheinend nicht auf den 14 zivilen Verwaltungsbezirken des Augustus beruhten, und mit ihrer Leitung je einen Diakon, unterstützt von einem Subdiakon und sechs Akoluthen, betraute. Damit gab er der römischen Kirche eine festgefügte Struktur, die der wachsenden Zahl der Gläubigen Rechnung trug. Der Liberianische Katalog vermerkt des weiteren, daß er für zahlreiche Bauarbeiten auf den Friedhöfen verantwortlich war, zu denen vermutlich auch der Ausbau der Calixtus-Katakombe gehörte. Er veranlaßte auch die Überführung von Papst PONTIANUS und Gegenpapst HIPPOLYT, die in der Verbannung auf Sardinien umgekommen waren, nach Rom und ihre angemessene Bestattung. Diese Aktion läßt darauf schließen, daß er Einfluß bei Hofe hatte, denn die sterblichen Überreste von Männern, die zur Verbannung verurteilt waren, durften nicht ohne die – nur selten gewährte – ausdrückliche Genehmigung des Kaisers überführt oder bestattet werden. Ansonsten ist nur wenig über ihn bekannt, außer daß Fabian die Verurteilung des Bischofs Privatus von Lambäsis durch Bischof Donatus von Karthago auf einem afrikanischen Konzil billigte und daß der griechische Theologe Origenes an ihn ebenso wie an andere Bischöfe Schreiben richtete, in denen er gegen die von Pontianus gutgeheißenen Rügen des Demetrius von Alexandria seine Rechtgläubigkeit verteidigte. Er weihte auch NOVATIAN, der seinem Nachfolger nicht viel später als Gegenpapst entgegentreten sollte, zum Priester.

Fabian war ein bemerkenswerter Papst, von dem Zeitgenossen wie Cyprian von Karthago mit tiefer Achtung sprachen. Die Geschichte, die Eusebius (um 260 – um 340) erzählt – als der Klerus über einen Nachfolger für ANTERUS beriet, habe sich eine Taube auf Fabians Haupt gesenkt und so einen Mann, den niemand erwogen hatte, als die Wahl des Hl. Geistes ausgezeichnet –, spiegelt die weit verbreitete Auffassung wider, daß er ein der Kirche von Gott gesandter Führer war. Mit seinem Amtsantritt wurde der hohen Stellung der Bischöfe von Rom mehr Gewicht beigemessen, das Datum ihrer Erhebung auf den Hl. Stuhl wurde formell festgehalten und Namenslisten mit präzisen Daten angefertigt. Seiner Tätigkeit wurde mit dem Ausbruch der Christenverfolgungen, die Kaiser Decius Anfang 250 entfesselte, ein jähes Ende gesetzt; er wurde festgenommen und war eines ihrer ersten Opfer. Er starb am 20. Januar 250, vermutlich durch Mißhandlungen in der Gefangenschaft. Er wurde in der Papstgruft der Calixtus-Katakombe beerdigt, eine griechisch beschriftete Grabplatte mit seinem Namen, Titel und dem abgekürzten Wort »Märtyrer« wurde dort 1854 entdeckt. Seine sterblichen Überreste wurden später nach S. Sebastiano überführt, wo 1915 ein Sarkophag, der seinen Namen trug, identifiziert werden konnte. Festtag (mit dem hl. Sebastian): 20. Januar.

Lit.: Eusebius, *Hist. eccl.* 6,29,1–4; 6,36,4; 6,39,1; Cyprian, *Ep.* 9,1; 49,10,1; Hieronymus, *Ep.* 84,10; *LP* 1,4 (Lib. Kat.); 148 f.; Caspar 1,43 ff.; 48–53; *DCB* 2,440 f. (J. Barmby); *DHGE* 16,316 f. (P. Nautin); *LThK* 3,1331 f. (G. Schwaiger); *NCE* 5,783 (E. G. Weltin); Seppelt 1,43–45; P. Styger, »Scavi a San Sebastiano«, in: *RQ* 29 (1915) S. 100–105.

Cornelius

Heiliger (März 251 – Juni 253)

Aufgrund der gewaltigen Christenverfolgung durch Kaiser Decius (249–251) vertagte der Klerus bewußt die Wahl eines Nachfolgers für FABIAN; mehrere führende Geistliche einschließlich des Priesters Moses, auf den höchstwahrscheinlich die Wahl gefallen wäre, befanden sich im Gefängnis. Während 14 Monaten regierten sie als Kollegium mit dem Priester NOVATIAN als Sprecher die Kirche. Als die Verfolgungen im Frühjahr 251 nachließen, wurde es möglich, eine Wahl durchzuführen. Da Moses inzwischen verstorben war, fiel die Wahl der großen Mehrheit nicht etwa auf Novatian (der fest damit gerechnet hatte), sondern auf Cornelius, einen Römer, der möglicherweise dem patrizischen Geschlecht der Cornelier entstammte und den Cyprian, der damalige Bischof von Karthago, als einen ehrgeizlosen Priester beschrieb, welcher in allen niederen Kirchenämtern gedient hatte. Seine Wahl wurde von Novatian, dessen Hoffnungen zunichte gemacht waren, sogleich angefochten. Er ließ sich zum Gegenbischof weihen und vollzog mit einer kleinen Schar von Gefolgsleuten das Schisma. Die Konfrontation zwischen den beiden Männern wurde von auseinandergehenden Ansichten über die Frage der Behandlung von Christen, die während der Verfolgungen vom Glauben abgefallen waren und wieder in die Gemeinschaft aufgenommen zu werden wünschten, verschärft, wenn nicht gar ausgelöst. Cornelius trat für ihre Wiederaufnahme nach gebührender Buße ein, Novatian hingegen für ihren völligen Ausschluß. Wahrscheinlich verdankte der Papst seine Wahl seiner weithin bekannten Befürwortung einer realistischen und verständnisvollen Politik. Cornelius' Stellung war eine Zeitlang recht schwierig. Novatian arbeitete energisch und geschickt daran, seinen eigenen Bischofsrang von den führenden christlichen Glaubenszentren anerkennen zu lassen, während in Rom eine Gruppe rigoristischer Kleriker und Laien dem ihrem Urteil nach allzu nachgiebigen Cornelius die Gefolgschaft verweigerte. Cornelius konnte diese Hindernisse schließlich überwinden, besonders als sich Cyprian von Karthago und Dionysius von Alexandria auf seine Seite stellten. Bezeichnenderweise fühlte sich Cyprian jedoch dem Cornelius zum Verdruß genötigt, Erkundigungen einzuziehen, bevor er eine Entscheidung traf. Cyprian half Cornelius sehr, die rigoristische Opposition in Rom, zu der auch einige afrikanische Bekenner gehörten, für sich zu gewinnen. Als er schließlich Novatian und seine Anhänger exkommunizierte, hatte er Cyprians volle Unterstützung. Dies geschah im Herbst 251 auf einer Synode zu Rom, zu der sich 60 Bischöfe wie auch andere Geistliche versammelten, die im Einklang mit Cyprians Entscheidungen in Nordafrika die Politik der Wiederaufnahme abgefallener Christen nach angemessener Buße bekräftigten.

Ironischerweise gewährte Cornelius, der sich doch selbst über Cyprians zögernde Anerkennung seiner Wahl zum Papst beklagt hatte, den Abgesandten des oppositionellen Bischofs Fortunatus, von dem sich Cyprian in Karthago herausgefordert fühlte, eine Audienz. Obschon Cornelius diesen eine Absage erteilte, zeigte sich Cyprian verständlicherweise verärgert und bedachte den Papst mit einer scharfen Rüge. Man weiß, daß Cornelius eine Reihe von Briefen verfaßt hat, in denen er anderen Gemeinden vor allem seine Position zum Schisma auseinandersetzte; zwei davon, die an Cyprian gerichtet sind, blieben als Nr. 49 und 50 des Cyprianischen Briefwechsels erhalten. Darüber hinaus hat Eusebius (um 260 – um 340) Auszüge eines Briefes überliefert, den Cornelius an Fabius, den rigoristischen Bischof von Antiochia schrieb und in dem er diesen drängte, seine Unterstützung für Novatian einzustellen und zu akzeptieren, daß der Konsens der Gemeinde (Consensus communis) den »Gefallenen« gegenüber eine gemäßigte Haltung bevorzugte. Das Schreiben zeichnet ein abstoßendes, ja verleumderisches Bild Novatians, das Cornelius wenig Ehre macht; es enthält jedoch historisch wertvolle, detaillierte statistische Angaben über die Amtsträger verschiedener Rangstufen, die der römischen Kirche in dieser Zeit dienten. Als Kaiser Gallus (251–253) im Juni 252 die Christenverfolgung wiederaufnahm, wurde Cornelius festgesetzt und nach Centumcellae (heute: Civitavecchia, der Hafen Roms) verbannt, wo er einen Brief von Cyprian erhielt, in dem dieser ihn herzlich zu seiner Standhaftigkeit beglückwünschte. Er starb dort im folgenden Juni. Der Liberianische Katalog (4. Jh.) berichtet, daß er »in der Glorie Gottes starb«, doch wurde er zunächst nicht als Märtyrer im strengen Sinne angesehen und von der *Depositio martyrum* (4. Jh.) auch nicht als solcher geführt. Sein von *LP* festgehaltener angeblicher Prozeß vor Kaiser Decius ist einer apokryphen Leidensgeschichte des 5. Jh.s entliehen und hat keine historische Grundlage. Sein Leichnam wurde später nach Rom überführt und in der Krypta der Lucina in der Calixtus-Katakombe beigesetzt. Die Inschrift auf seinem Grabmal war das erste lateinische päpstliche Epitaph. Festtag (mit dem hl. Cyprian): 16. September.

Lit.: Cyprian, *Ep.* 44–55; Eusebius, *Hist. eccl.* 6,39,1; 6,46,3; 7,2; Hieronymus, *De vir. ill.* 66; *LP* 1,CCVIII bis CCIX; 4–6 (Lib. Kat.); 150–152; P. F. de' Cavaliere, »La persecuzione di Gallo in Roma«, in: *ST* 33 (1920) S. 181–210; *DCB* 689 f. (G. H. Moberley); *DHGE* 13,891–894 (G. Bardy); *LThK* 3,57 f. (G. Schwaiger); *NCE* 4,333 f. (J. Chapin).

Novatian

(Gegenpapst, März 251–258)

Er wurde um 200 geboren und war ein intellektuell begnadeter und, wie seine Schriften bezeugen, literarisch und philosophisch hervorragend gebildeter Mann. Eine späte Darstellung, wonach er Phryger war, ist ein Irrtum, der auf Parallelen zwischen seinem moralischen Rigorismus und dem phrygischen Montanismus beruht. Als er 250 erstmals »aktenkundig« wurde, war er führender Presbyter in der römischen Kirche, Verfasser einer bemerkenswerten Abhandlung über die Dreieinigkeit, die ihm die Bezeichnung »Begründer der römischen Theologie« eintrug. Sein Zeitgenosse, Papst CORNELIUS, beschrieb ihn als Mann von abstoßenden persönlichen Eigenschaften, der trotz starker Opposition von seiten des Klerus und der Laienschaft nicht den Regeln gemäß geweiht worden sei, doch war dies ein böswilliges Gerücht. Nicht nur befand Cornelius' Vorgänger FABIAN Novatian für würdig, geweiht zu werden; während der 14monatigen Sedisvakanz nach Fabians Tod wurde er als Führer und Sprecher des römischen Presbyterkollegs anerkannt und damit betraut, in dessen Namen wichtige Sendschreiben an andere Gemeinden aufzusetzen. Die Krise für ihn kam im März 251, als der Klerus das Abflauen der Verfolgung unter Kaiser Decius (249–251) ausnutzte und endlich daran ging, einen Nachfolger für Fabian zu erwählen. Die Wahl fiel mit überwältigender Mehrheit auf den ranggleichen Presbyter Cornelius. Aufgrund dieser persönlichen Enttäuschung, aber auch weil er die getroffene Wahl mißbilligte, ließ sich Novatian von drei Bischöfen aus Süditalien zum Bischof weihen und vollzog mit einer kleinen Schar Gleichgesinnter das Schisma. Cornelius und er vertraten deutlich entgegengesetzte Ansichten über die richtige Behandlung von Christen, die in der Zeit der Verfolgung vom Glauben abgefallen waren und um Wiederaufnahme in die kirchliche Gemeinschaft ersuchten. Der neue Papst trat für ihre Wiedereingliederung nach gebührender Buße ein, Novatian hingegen für ihren lebenslänglichen Ausschluß. Seine Haltung scheint nach der Kirchenspaltung unnachgiebiger geworden zu sein; denn von ihm während der Sedisvakanz aufgesetzte Briefe zeigen, daß seine Position zunächst gemäßigt war. Nun aber ergriff er energisch und mit Geschick Maßnahmen, um die großen Gemeinden von der Gültigkeit seiner Auffassung zu überzeugen, und sandte Rundschreiben an die verschiedenen Bischöfe. Obschon er in Antiochia Unterstützung fand und der berühmte Cyprian von Karthago zunächst zögerte, ließ die Anerkennung des Cornelius als rechtmäßigem Papst nicht lange auf sich warten. Cornelius war schon bald in der Lage, eine Synode von 60 Bischöfen und anderen Klerikern nach Rom einzuberufen, auf der Novatian und seine Anhänger exkommuniziert wurden. Dionysius, Bi-

schof von Alexandria, drängte ihn in einem Brief vergebens, seinen Frieden mit dem Papst zu machen. Die novatianische Kirche, deren Organisation sich an die der offiziellen Kirche anlehnte, breitete sich rasch aus und faßte im Westen bis nach Spanien und im Osten bis Armenien und Mesopotamien Fuß. Ihre Doktrin war orthodox, lehrte aber, daß nach der Taufe begangene schwere Sünden nicht verziehen werden könnten. Sie erhielt sich bis ins 5. Jh. hinein, in vereinzelten Gemeinden sogar viel länger.
Inzwischen mußte Novatian selbst aufgrund erneuter Christenverfolgungen Rom verlassen; der Geschichtsschreiber Sokrates († 450) berichtet, daß er 258 unter Kaiser Valerian (253–260) als Märtyrer starb oder zumindest als Bekenner. Das Martyrologium des hl. Hieronymus (5. Jh.) erwähnt unter den römischen Märtyrern für den 29. Juni auch einen Novatian, und 1932 wurde an der Via Tiburtina in Rom ein Grabstein mit einer Inschrift entdeckt, die des »seligen Märtyrers Novatian« gedenkt; doch das Fehlen des Bischofstitels läßt es ungewiß erscheinen, ob mit diesen Verweisen Novatian, der Schismatiker und Gegenpapst, gemeint ist. Er war ein produktiver Schriftsteller: der hl. Hieronymus nennt neun seiner Werke und fügt hinzu, daß es deren noch mehr gebe. Von diesen Werken haben sich neben zwei, möglicherweise drei im Namen des römischen Klerus an Cyprian von Karthago gerichteten Schreiben lediglich *Über die Dreieinigkeit*, *Über jüdische Kost*, *Über Schauspiele* sowie *Über die Vorzüglichkeit der Bescheidenheit* erhalten. Aus dem Kontext geht hervor, daß die drei letztgenannten Schriften entstanden, als er im Auftrag der Gemeinde außerhalb Roms weilte. Alle sind in eleganter rhythmischer Prosa abgefaßt und weisen den Autor als scharfsinnigen Theologen und Hirten aus, der dem bedeutenden nordafrikanischen Kirchenschriftsteller Tertullian († um 225) viel verdankt.

Lit.: Novatian, *Werke*, in: *CCL* 4 [krit. Ausg. von G. F. Diercks, 1972]; Eusebius, *Hist. eccl.* 6,43,1–21; 6,45; 6,46,3; 7,4–5,2; 7,7,618; Hieronymus, *De vir. ill.* 70; Cyprian, *Ep.* pass.; Sokrates, *Hist. eccl.* 4,28; A. d'Alès, *Novatien*, Paris 1924; J. N. D. Kelly, *Early Christian Doctrines*, London [5]1977, S. 125 f.; *DCB* 4,58–60 (G. T. Stokes); *DTC* 11,816–829 (É. Amann); *LThK* 7,1062–64 (J. Quasten); *NCE* 10,534 f. (P. H. Weyer); Seppelt 1,48–51; 55–57.

Lucius I.

Heiliger (25. 6. 253 – 5. 3. 254)

LP zufolge Römer von Geburt, wurde er im Zuge der Christenverfolgung gleich nach seiner Wahl von Kaiser Gallus (251–253) aus der Hauptstadt verbannt. Sein Exilort ist nicht bekannt, doch konnte er bald darauf zusammen mit zahlreichen gleichfalls deportierten Christen zurückkehren, da der zum neuen Kaiser proklamierte Valerian (253–260) dem Christentum anfänglich gewogen war. Nach seiner Rückkunft empfing er von Cyprian, dem einflußreichen Bischof von Karthago, einen begeisterten Brief, in dem dieser ihn zu seiner Leidensbereitschaft im Glauben beglückwünschte und erwog, ob der Herr ihn womöglich zurückberufen habe, damit er das Martyrium inmitten seiner Herde erleide. Über seine Tätigkeit ist unmittelbar nichts bekannt, doch ein Schreiben Cyprians legt nahe, daß er bei der Behandlung der Christen, die während der Verfolgung vom Glauben abgefallen waren, CORNELIUS' Politik der Wiederaufnahme in die Gemeinde nach angemessener Buße beibehielt. Deshalb kam er dem Gegenpapst NOVATIAN und dessen Anhängern, die während seiner Amtsperiode noch immer aktiv waren, keinen Schritt entgegen. Weiter wird berichtet, daß er von Bischof Dionysius von Alexandria ein Schreiben über die Gültigkeit der Ketzertaufe erhielt – ein Thema, das unter seinem Nachfolger heiß debattiert werden sollte. Zwar behauptet *LP*, daß er den Märtyrertod erlitt und enthauptet wurde, doch legt die frühere Überlieferung des Liberianischen Katalogs (4. Jh.) nahe, daß er eines natürlichen Todes starb. Er wurde in der Papstgruft der Calixtus-Katakombe beigesetzt, wo das Bruchstück einer griechischen Grabinschrift mit seinem Namen aufgefunden wurde. Festtag: 4. März.

Lit.: Cyprian, *Ep.* 61,68; Eusebius, *Hist. eccl.* 7,2; 7,10,3; *LP* 1,XCVI–XCVIII; CCXLVIII; 6 f. (Lib. Kat.); 66–69; 153; P. F. de' Cavaliere, »La persecuzione di Gallo in Roma«, in: *ST* 33 (1920) S. 181–210; Caspar 1,70; *DTC* 9,1056 f. (É. Amann); *LThK* 6,1176 (G. Schwaiger); *NCE* 8,1059 (E. G. Weltin).

Stephan I.

Heiliger (12. 5. 254 – 2. 8. 257)

Aus dem Geschlecht der Julier gebürtiger Römer, wurde er nach einer Sedisvakanz von etwa

60 Tagen Nachfolger von LUCIUS I. In der Entwicklung des Hl. Stuhls spielt er eine recht bedeutende Rolle; er ist vornehmlich für die Auseinandersetzungen mit Cyprian, dem einflußreichen Bischof von Karthago, bekannt. Die erste erwuchs aus der Absetzung zweier spanischer Bischöfe, die unter der Verfolgung abtrünnig geworden waren. Einer von ihnen reiste nach Rom und überredete Stephan, ihn und seinen Kollegen zu rehabilitieren. Daraufhin riefen die spanischen Gemeinden Cyprian an, und dieser veröffentlichte nach der Einberufung eines Konzils nordafrikanischer Bischöfe einen Synodalbrief, in dem er die Absetzung bekräftigte und Stephan damit entschuldigte, er sei, was die Fakten betreffe, irregeführt worden. Die zweite Auseinandersetzung betraf Bischof Marcian von Arles, der sich die rigoristischen Ansichten des Gegenpapstes NOVATIAN zu eigen gemacht hatte und Christen, die in der Zeit der Verfolgung abgefallen waren, selbst auf dem Totenbett die Wiederversöhnung verweigerte. Die örtlichen Bischöfe hatten Stephan schriftlich gedrängt, Marcian abzusetzen, doch hatte er keine Maßregeln ergriffen. Daher wandten sie sich an Cyprian, der sich des Falles annahm und den Papst aufforderte, Marcian zu exkommunizieren, einen neuen Bischof als Ersatz zu bestellen und seinen Namen den afrikanischen Bischöfen mitzuteilen, damit sie wüßten, mit wem sie in Verbindung zu treten hätten. Der dritte Konflikt, der um die Frage ging, ob der von Häretikern vorgenommenen Taufe Gültigkeit zukomme, war theologisch bedeutsamer. Cyprian, zusammen mit den Kirchen Nordafrikas (ausgenommen einige Zweifler), Syriens und Kleinasiens im allgemeinen, war überzeugt, daß sie ungültig sei, da die Taufe nur innerhalb der Kirche gespendet werden könne, und daß sich aufnahmesuchende Ketzer von daher der katholischen Taufe, also einer Wiedertaufe, unterziehen müßten. Stephan, der die Tradition Roms, Alexandrias und Palästinas vertrat, beharrte darauf, daß die Ketzertaufe Gültigkeit besitze: zur Wiederaufnahme bedurften Häretiker und Schismatiker nicht der nochmaligen Taufe (die er als nicht rechtens verwarf), sondern lediglich der Lossprechung durch Handauflegung. In Nordafrika handelte es sich zu dieser Zeit um ein brennendes Problem, und Cyprian hielt 255 und 256 je eine Synode ab, die seine Position bestätigten. Indessen schrieb Stephan, entschlossen, überall die römische Auffassung durchzusetzen, an die kleinasiatischen Gemeinden und kündigte ihnen die Kirchengemeinschaft auf, da Häretiker von ihnen ein zweites Mal getauft würden; als Cyprian ihn von den Entscheidungen seiner Synoden in Kenntnis setzen wollte, weigerte er sich, seine Gesandten zu empfangen oder ihnen auch nur Gastfreundschaft angedeihen zu lassen. Wiedertaufe war seiner Auffassung nach eine unakzeptable Neuerung, die die Tradition verletzte. Nun drohte ein offener Bruch zwischen Rom und großen Teilen der Christenheit; es ist daher wenig erstaunlich, daß Bischof Dionysius von Alexandria sich verpflichtet fühlte, an Stephan zu schreiben und ihn um eine versöhnlichere Haltung zu ersuchen, auch wenn er seine Auffassung von der Irrigkeit der Wiedertaufe teilte. Die Situation hätte sich verschärfen können, wenn Stephan nicht am 2. August 257 und Cyprian ein Jahr später (als Märtyrer) verstorben wären.

Diese Vorfälle erhellen die in der Mitte des 3. Jh.s zunehmende Anerkennung der herausragenden Stellung Roms als Berufungsinstanz zumindest für Gallien und Spanien sowie als denjenigen Bischofsstuhl, mit dem in Verbindung zu stehen andere Bischöfe für dienlich hielten. Stephan erweist sich als gebieterischer und kompromißloser Prälat, der sich seiner besonderen Vorrechte vollauf bewußt ist; seine Gegner unter den Bischöfen zögerten denn auch nicht, ihm die Verantwortung für die Spaltung der Kirche zuzuschieben. Interessanterweise wurde er bezichtigt, sich »seines Ansehens als Bischof zu rühmen und zu beanspruchen, die Nachfolge Petri angetreten zu haben, auf den die Kirche gegründet sei«. Tatsächlich war er, soweit bekannt, der erste Papst, der in den Einsetzungsworten des Herrn für Petrus (Mt 16,18) die formelle Basis für den Primat Roms fand. Spätere, in *LP* aufgenommene Legenden behandeln ihn als Märtyrer, doch der Römische Kalender von 354 nennt ihn lediglich im Verzeichnis verstorbener Bischöfe (nicht in dem der Märtyrer). Er wurde in der Papstgruft der Calixtus-Katakombe an der Via Appia beigesetzt. Festtag: 2. August.

Lit.: Cyprian, *Ep.* 67–75; Eusebius, *Hist. eccl.* 7,2; 7,3; 7,4–5,6; *LP* 1,68 f.; 154; Caspar 1,70 f.; 79–83; 86–92; Register; *DCB* 4,727–730 (J. Barmby); *DHGE* 15,1183 f. (B. Botte); *LThK* 9,1038 (G. Schwaiger); *NCE* 13,694 (E. G. Weltin); K. Baus, *Handbuch der Kirchengeschichte*, Bd. 1, Freiburg i. Br. 1962, S. 468–472; Seppelt 1,51–53; 56–58.

Sixtus (Xystus) II.

Heiliger (Aug. 257 – 6. 8. 258)

Wie *LP* anführt und sein Name vermuten läßt, war er griechischer Abstammung. Er wurde zu dem Zeitpunkt gewählt, da Kaiser Valerian (253–260) seine frühere tolerante Haltung aufgab und die Christen zu verfolgen begann, indem er ihnen gebot, an Ritualen der Staatsreligion teilzunehmen, und ihnen untersagte, sich auf Friedhöfen zu versammeln. Eine Zeitlang vermochte er der staatlichen Wachsamkeit zu entgehen, und widmete sich der Heilung des Bruchs, den STEPHAN I. zwischen Rom und den Kirchen Nordafrikas und Kleinasiens herbeigeführt hatte, da sie sich weigerten, die Praxis der Wiedertaufe von Häretikern und Schismatikern aufzugeben, die sich mit der Kirche aussöhnen wollten. Wie Stephan hielt auch er die römische Position aufrecht, daß die von Häretikern in gültiger Form gespendete Taufe gültig war, doch scheint er zu Cyprian, dem Bischof von Karthago, mit dem Stephan aneinandergeraten war, sowie zu den asiatischen Gemeinden wieder freundschaftliche Beziehungen hergestellt zu haben. Wie, bleibt unklar; wahrscheinlich ging er von der konfrontationsfreudigen Haltung seines Vorgängers ab und akzeptierte stillschweigend die Koexistenz verschiedenartiger Praktiken. Die Annahme dieser Politik verdankte er zu einem Gutteil den Ratschlägen, die Dionysius, Bischof von Alexandria, ihm und seinen Presbytern DIONYSIUS und Philemon zukommen ließ. Der Bischof, obwohl selbst Gegner der Wiedertaufe, hatte vergeblich versucht, Stephan zum Einlenken zu bewegen; in seinen Briefen bewährte er sich weiterhin als Vermittler und stellte Überlegungen an, die sich zur Verteidigung der Wiedertaufe vorbringen ließen. Noch mehr verdankte Sixtus freilich seinem eigenen friedfertigen Charakter; denn wie der Biograph Cyprians festhält, war er »ein gutherziger und friedliebender Priester«.

Etliche Forscher haben Sixtus fälschlich eine kurze Abhandlung zugeschrieben, in der der Gegenpapst NOVATIAN angegriffen wird; Ende des 4. Jh.s wurde er gleichfalls irrtümlich von Rufinus als Verfasser einer Sammlung erbaulicher ethischer und religiöser Aphorismen unter dem Titel *Die Sentenzen des Sextus* ausgegeben. Die angenommene Verbindung mit »Sextus« veranlaßte *LP*, ihn als ehemaligen Philosophen zu bezeichnen. Tatsächlich ist seine einzige erhaltene Schrift das winzige Fragment eines Briefes in armenischer Übersetzung an Dionysius von Alexandria, in dem er die Gültigkeit der Ketzertaufe verteidigt, solange sie im Namen der Dreieinigkeit erfolge. Seine kurze Amtszeit wurde jäh beendet mit der Veröffentlichung von Valerians zweitem, noch drastischerem Verfolgungsedikt, das die summarische Hinrichtung sämtlicher christlichen Bischöfe, Priester und Diakone sowie drakonische Strafen für Laienchristen anordnete. Die Behörden überraschten Sixtus bei einem Gottesdienst in der Praetextatus-Katakombe (6. 8. 258) – einer privaten Grabstätte, in der er und die Gläubigen sich vermutlich der Entdeckung entziehen zu können gehofft hatten, da sie nicht unter Bewachung stand –, wie er von seinem Bischofstuhl aus Worte an die Gemeinde richtete. Dort wurde er auch, zusammen mit vier Diakonen in seinem Gefolge, enthauptet. Zwei der drei übriggebliebenen Diakone wurden am selbigen Tage hingerichtet, während Laurentius, der siebte, vier Tage später den Tod erlitt. Sixtus' sterbliche Hülle wurde später in die Papstkrypta der Calixtus-Katakombe überführt, und die vier Diakone, die das Martyrium mit ihm zusammen erduldet hatten, wurden unweit davon beigesetzt. Den blutbefleckten Stuhl, auf dem er gesessen hatte, stellte man in der Kapelle hinter dem Altar auf. Ein Jahrhundert später verfaßte DAMASUS I. in schwerfälligen Hexametern ein Epitaph, in dem er das Drama seiner Hinrichtung schildert; dieses wurde auf seinen Grabstein gemeißelt. Sixtus II. wurde einer der meistverehrten Märtyrer der Kirche und sein Name zum Bestandteil der Meßkanons. Festtag: 7. August.

Lit.: *AASS* 8/2 (1735) S. 124–142; 11/2 (1931) Tl. 2, S. 420 f.; Cyprian, *Ep.* 80; Eusebius, *Hist. eccl.* 7,5,3–6; 7,6; 7,9,1–6; 7,14; 7,27,1; A. Ferrua, *Epigrammata Damasiana*, Vatikanstadt 1942, S. 123–126; *LP* 1,6 f.; 11; 68 f.; 155 f.; P. F. de'Cavaliere, »Un recente studio sul luogo del martirio di S. Sisto II«, in: *ST* 33 (1920) S. 145–178; Caspar 1,43; 46; 48; 71 f.; 91; *DCB* 4,1197–99 (J. Barmby); *DTC* 14,2194–96 (É. Amann); *DACL* 15,1501–15 (M. Combet-Farnoux); *LThK* 9,809 (B. Kötting); *NCE* 13,271 (E. G. Weltin).

Dionysius

Heiliger (22. 7. 259 – 26. 12. 268).

Wegen der scharfen Verfolgung unter Valerian (253–260), welche die summarische Hinrichtung des Klerus einschloß, bestimmte die römische Gemeinde lange niemanden zum Nachfolger von SIXTUS II., bis die Nachricht vom Tod des Kaisers in der Gefangenschaft zu Rom eintraf. Da sämtliche sieben Diakone zusammen mit Sixtus den Tod gefunden hatten, wurde die Kirche fast 2 Jahre ausschließlich von Presbytern geleitet. Der Mann, der schließlich zum Bischof gewählt wurde, Dionysius, war vermutlich griechischer Herkunft und unter Sixtus II. ein führender Presbyter gewesen. Er hatte mit Dionysius, Bischof von Alexandria, über die Streitfrage der Wiedertaufe von Häretikern korrespondiert, in der der Bischof zwischen Rom und den Gemeinden Nordafrikas und Kleinasiens zu vermitteln versucht hatte. Zunächst hatte er die starre Haltung STEPHANS I. geteilt, der die Verbindungen zu Kirchen, welche auf der Wiedertaufe von Häretikern und Schismatikern beharrten, abgebrochen hatte; doch scheint er seine Haltung während der Amtszeit von Sixtus II. gemildert zu haben; jedenfalls betrachtete ihn der Bischof als »belesen und außergewöhnlich«. Sobald er selbst Papst geworden war, empfing er zum selben Thema ein weiteres Schreiben von Bischof Dionysius, und wenig später ging er einen dritten Briefwechsel mit ihm ein, diesmal zur Frage der Beziehungen zwischen Gottvater und Gottsohn. Einige Christen in Alexandria hatten ihren Bischof beim Papst angeprangert und ihm vorgeworfen, daß er den Sohn vom Vater trenne, ihn gar als Geschöpf bezeichne und sich weigere, ihn als wesensgleich mit dem Vater anzuerkennen. Dionysius von Rom berief unverzüglich eine Synode ein, auf der die beanstandeten Formulierungen verurteilt wurden, sandte der alexandrinischen Gemeinde eine eindrucksvolle Darlegung der römischen Theologie der Trinität und schrieb seinem Amtsbruder einen taktvollen Privatbrief, in dem er sich eine Erklärung seiner Position erbat. Der Alexandriner entgegnete mit einer durchdachten Apologie, die klarstellte, daß er kein Tritheist war, auch wenn er auf der Unterschiedenheit der göttlichen Personen beharrte. Damit war die Angelegenheit anscheinend beigelegt.

Dionysius setzte sich in praktischen Dingen nicht weniger aktiv ein. Bei seinem Amtsantritt sah er sich zunächst der von Valerians Verfolgung verursachten Auflösung der römischen Kirche gegenüber, dann den Problemen, die Kaiser Gallienus (260–268) mit der Umkehrung der Politik seines Vaters und der Rückgabe beschlagnahmten Kircheneigentums sowie kircheneigener Friedhöfe heraufbeschwor. Dionysius scheint eine gründliche Reorganisation der Kirche wenn nicht unternommen, so doch zumindest eingeleitet zu haben, wie sich ansatzweise dem Bericht in *LP* entnehmen läßt: Er teilte den einzelnen Gemeinden Friedhöfe mit mehreren Priestern zu und legte im Stadtgebiet neue Bistumsgrenzen fest. Darüber hinaus hielt er an der hergebrachten Tradition der alten Kirche fest, notleidenden Christen, wo immer sie sich befanden, zu helfen; mehr als ein Jahrhundert später sollte sich Basilius d. Gr. († 379) voller Bewunderung der Großherzigkeit erinnern, mit der er der bedrängten Gemeinde von Kappadokien (Zentraltürkei) brieflich Mut zusprach oder ihr Geldmittel zukommen ließ, um gefangengehaltene Christen freizukaufen. Er wird zuletzt am Beginn eines Briefes erwähnt, den die 268/269 tagende Synode von Antiochia an ihn und an Maximus, den neuen Bischof von Alexandria, richtete und in dem sie ihre Entscheidung bekanntgab, Paulus von Samosata wegen seiner Sympathien mit dem Adoptianismus abzusetzen. Ob er ihn erhielt oder nicht, ist unklar, da er bereits Ende 268 starb. Dionysius ist eine der bedeutendsten Papstgestalten des 3. Jh.s; entgegen den Behauptungen in *LP* war er jedoch kein Märtyrer, da der Römische Kalender von 354 ihn zwar im Verzeichnis bischöflicher Begräbnisse, nicht aber in dem der Märtyrer erwähnt. Er wurde in der Papstgruft der Calixtus-Katakombe beerdigt. Festtag: 26. Dezember.

Lit.: Eusebius, *Hist. eccl.* 7,5,6; 7,7,6; 7,13; 7,26,1; 7,30,1–18; Athanasius, *De decret.* 25 f.; *De sent. Dion.* pass.; Basilius, *Ep.* 70; *LP* 1,157; C. H. Turner, »The Papal Chronology of the Third Century«, in: *JTS* 17 (1916) S. 348 f.; J. N. D. Kelly, *Early Christian Doctrines*, London [5]1977, S. 133–136; Caspar 1,54; 84; 90–93; 222; *DHGE* 14,247 f. (B. Botte); *LThK* 3,405 (G. Schwaiger); *NCE* 4,876 (E. G. Weltin); Seppelt 1,59–64.

Felix I.

Heiliger (3. 1. 269 – 30. 12. 274)

Von *LP* als gebürtiger Römer und Sohn des Constantius bezeichnet, ist er einer der obskursten Päpste, von dem selbst Geburts- und Todestag auf Annahmen beruhen. Vermutlich war er der Empfänger des Sendschreibens, mit dem die

Synode von Antiochia 268/269 Papst DIONYSIUS, Bischof Maximus von Alexandria und anderen Bischöfen die Absetzung des Bischofs von Samosata, Paulus, aufgrund seiner Irrlehre von der Trinität und die Wahl von Domnus I. an seiner Statt bekanntgab. Daraufhin scheint er eine formelle Religionsgemeinschaft mit Domnus gebildet und mit Maximus korrespondiert zu haben. Bei dem Fragment einer Art Glaubensbekenntnis, das seinen Namen trug, in Alexandria zirkulierte und von Kyrill von Alexandria († 444) im christologischen Streit des 5. Jh.s zitiert wurde, könnte es sich um einen überarbeiteten Auszug aus seinem Brief an Maximus gehandelt haben. Obwohl Paulus von Samosata abgesetzt war, weigerte er sich, die Kirche von Antiochia zu verlassen, bis Kaiser Aurelian (270–275), an den sich die Orthodoxen wandten, ihm schließlich befahl, das Gebäude an diejenigen zu übergeben, »mit denen die Bischöfe von Italien und Rom in Verbindung standen«. Daher dürfte es Felix gewesen sein, der die Entscheidung zugunsten von Timäus, dem Nachfolger von Domnus († 270/271), traf und die unwürdige Vertreibung des Paulus herbeiführte. Abgesehen von diesen Mutmaßungen ist über seine Tätigkeit nichts bekannt. Der Bericht in *LP*, wonach er den Märtyrertod erlitt und an der Via Aurelia bestattet wurde, beruht auf der Verwechslung mit wirklichen römischen Märtyrern gleichen Namens. Der Römische Kalender von 354 führt ihn zwar in seinem Verzeichnis bischöflicher Begräbnisse, nicht aber in dem der Märtyrer auf, und im Liberianischen Katalog (4. Jh.) ist vermerkt, daß er in der Papstgruft der Calixtus-Katakombe an der Via Appia beigesetzt wurde. Festtag: 30. Mai.

Lit.: Eusebius, *Hist. eccl.* 7,30,19–23; 7,32,1; *LP* 1,CXXV; 158; Caspar 1,43; 84; 468; J. Quasten, *Patrology*, Bd. 2, Utrecht/Antwerpen 1953, S. 242; H. Lietzmann, *Apollinaris von Laodicea und seine Schule*, Tübingen 1904, S. 91–94; 318–321; C. H. Turner, »The Papal Chronologie of the Third Century«, in: *JTS* 17 (1916) S. 349; F. Millar, »Paul of Samosata, Zenobia and Aurelian«, in: *JRS* 61 (1971) S. 1–17; *DHGE* 16,886 f. (P. Nautin); *LThK* 4,67 (G. Schwaiger); *NCE* 5,878 f. (E. G. Weltin).

Eutychianus

Heiliger (4. 1. 275 – 7. 12. 283)

LP zufolge war er aus der Toskana gebürtig, Sohn des Marinus. Zwar lassen sich seine Lebensdaten bis auf ein Jahr genau festlegen, doch sind weder über seine Tätigkeit noch über seine Persönlichkeit irgendwelche verläßlichen Angaben überliefert. Bei den übrigen Angaben handelt es sich entweder um anachronistische Spekulationen, wie etwa sein angebliches Dekret, daß in der Messe nur Bohnen und Trauben gesegnet werden dürften (ein Usus, der erst in den viel späteren Gelasianischen und Gregorianischen Sakramentaren bezeugt ist), oder reine Phantasterei, etwa daß er persönlich 342 Märtyrer bestattet habe. Erwähnenswert ist, daß sein Pontifikat ganz in die Zeit der inneren Ruhe zwischen den Christenverfolgungen Kaiser Valerians (253–260) und Diokletians (284–305) fiel, in der die römische Kirche ihre Stellung zu festigen und auszubauen vermochte (wovon der in dieser Zeit erfolgte Ausbau der offiziellen Friedhöfe zeugt). Etwaige Zeugnisse seiner Amtszeit dürften in den Wirrnissen der Christenverfolgung Diokletians verlorengegangen sein. Die in *LP* (2. Ausg.) zu findende Behauptung, er sei als Märtyrer gestorben, muß zurückgewiesen werden. Der Römische Kalender von 354 führte ihn in seinem Verzeichnis bischöflicher Begräbnisse, nicht jedoch in dem der Märtyrer auf. Er war der letzte Papst, der in der Papstgruft der Calixtus-Katakombe beigesetzt wurde, wo Bruchstücke seines Epitaphs in schlecht gemeißelter griechischer Schrift gefunden worden sind. Festtag: 7. Dezember.

Lit.: Eusebius, *Hist. eccl.* 7,32,1; *LP* 1,CXXXI–CLIX; 6 f.; 10; 159 f.; Caspar 1,43; 84; *DCB* 2,412 (J. Barmby); *DHGE* 16,91 f. (H. Marot); *LThK* 3,1214 (G. Schwaiger); C. H. Turner, »The Papal Chronology of the Third Century«, in: *JTS* 17 (1916) S. 350; P. Styger, *Die römischen Katakomben*, Berlin 1933, S. 49.

Gaius (Caius)

Heiliger (17. 12. 283 – 22. 4. 296)

Die Angaben von *LP*, wonach er aus Dalmatien gebürtig und ein Verwandter Kaiser Diokletians (284–305) war, sind fragwürdig; sie entstammen der Leidensgeschichte der hl. Susanna aus dem 6. Jh., deren Onkel er gewesen sein soll und mit der er in Verbindung gebracht wurde, weil ihre Verehrung auf den *titulus*, die Titelkirche des Gaius zu Rom, beschränkt blieb. Er erscheint auch in der Leidensgeschichte des hl. Sebastian, wo er den Soldaten und seine Gefährten darin bestärkte, das ihnen drohende Martyrium durchzustehen. Weitere Berichte in *LP* müssen als anachronistisch verworfen werden, besonders die Behauptung, daß er während der Christenverfolgung durch Diokletian in den Katakomben Zuflucht suchte und (nach der 2. Ausg.) den Märtyrertod starb. Seine Lebensdaten lassen sich zwar ziemlich genau bestimmen, doch ist über ihn selbst und seine Tätigkeit nichts bekannt, außer daß seine Amtszeit in eine Periode der Ruhe und der Konsolidierung der römischen Kirche fiel. Der Römische Kalender von 354 führte ihn in seinem Verzeichnis der Märtyrer nicht auf. Er wurde in der Calixtus-Katakombe in einem von der alten Papstgruft getrennten Abschnitt bestattet, da diese vermutlich voll war. Im 19. Jh. wurden Bruchstücke seiner griechisch abgefaßten Grabinschrift entdeckt; der Anfangsbuchstabe war eindeutig als Gamma zu erkennen. Festtag: 22. April.

Lit.: Eusebius, *Hist. eccl.* 7,32,1; *LP* 1,XCVIII–XCIX; 6 f.; 71 f.; 161; Caspar 1,43 f.; 50 f.; 84; 97; *DCB* 1,386 f. (E. B. Birks); *DACL* 2,1736 (H. Leclercq); *DHGE* 11,237 f. (G. Bardy); *LThK* 2,877 (G. Schwaiger); *BSS* 3,646–649 (A. Amore); *NCE* 6,241 (E. G. Weltin); C. H. Turner, »The Papal Chronology of the Third Century«, in: *JTS* 17 (1916) S. 350 f.

Marcellinus

Heiliger (30. 6. 296 – 304?; † 25. 10. 304)

Über seine Herkunft wissen wir nichts, doch fiel der größere Teil seiner Amtsperiode in eine Zeit, da die Kirche äußeren Frieden genoß. Die einzige Mitteilung über diese Jahre, die auf einer Inschrift überliefert ist, besagt, daß er einen seiner Diakone namens Severus damit betraute, an der Calixtus-Katakombe gewisse bauliche Veränderungen vorzunehmen. Indessen gab Kaiser Diokletian (284–305) sein 1. Edikt zur Christenverfolgung heraus (23. 2. 303), in dem er die Zerstörung der Kirchen, die Übergabe heiliger Schriften sowie die Darbringung von Opfern seitens aller Personen, die vor Gericht erschienen, anordnete. Marcellinus fügte sich und händigte vermutlich im Mai 303 Kopien der Hl. Schrift aus; anscheinend brachte er darüber hinaus den Göttern Weihrauchopfer dar. Einige Geistliche, darunter die Presbyter MARCELLUS, MILTIADES und SILVESTER, die alle später Papst werden sollten, handelten einvernehmlich. Anfang des 5. Jh.s benützten die Donatisten diese wohldokumentierten Tatsachen in ihrem Streit mit dem hl. Augustinus, der die Anschuldigungen leugnete, wenn auch eher mechanisch und verlegen. Die Schuld des Marcellinus ist durch die Tatsache ausgewiesen, daß sein Name im offiziellen Papstkalender getilgt wurde und DAMASUS I. ihn völlig überging, als er seinen Vorgängern in Versform Tribut zollte. Ende 5. / Anfang 6. Jh. wurde sein Abfall vom Glauben bereits freimütig eingeräumt, und Anstrengungen wurden unternommen, ihn in günstigerem Licht zu zeigen. *LP* etwa berichtet, gestützt auf eine heute nicht mehr erhaltene Leidensgeschichte des hl. Marcellinus, wie dieser dem Befehl, Opfer darzubringen, gehorchte, jedoch schon wenige Tage später seine Schwäche bitter bereute. Daraufhin wurde er auf Geheiß Diokletians zusammen mit drei anderen enthauptet. Eine unabhängige Darstellung seiner Apostasie und ihres angeblichen Eingeständnisses auf dem Pseudokonzil zu Sinuessa (westl. von Capua) taucht in den apokryphen Akten des frühen 6. Jh.s auf. Für sein Martyrium fehlt indessen jeglicher Beweis; im 4. Jh. scheint es niemandem geläufig gewesen zu sein, und selbst der hl. Augustinus verwies nicht darauf, als er sich mit den Vorwürfen der Donatisten zu befassen hatte. Andrerseits machte ihn die Preisgabe der heiligen Schriften unfähig zum Priesteramt, und wenn er nicht gar, wie einige Kirchengeschichtler annehmen, abgesetzt wurde, so muß er doch die Kirche führungslos gelassen haben. Das Datum seiner Abdankung bzw. Absetzung ist nicht bekannt. Er starb am 25. Oktober 304 und wurde in der Priscilla-Katakombe an der Via Salaria beigesetzt, die vermutlich gewählt wurde, weil sie im Privatbesitz der mächtigen Familie der Acilii Glabrioni war; die offiziellen Friedhöfe der Kirche waren zu Beginn der Verfolgung von der Regierung beschlagnahmt worden. Aufgrund der angeblichen Hinrichtung auf Befehl des Kaisers wird er als Märtyrer verehrt. Festtag: 2. Juni.

Lit.: Eusebius, *Hist. eccl.* 7,32,1; Augustinus, *C. litt. Petil.* 2,202; 2,208; *De unic. bapt.* 16,27; *Brevic. coll. cum Donat.* 3,34; *LP* 1,LXXI–LXXIV; XCIX; 72 f.; 162 f.; *PL* 6,20 (Sinuessa); E. H. Röttges, »Marcellinus – Marcellus«, in: *ZKTh* 78 (1956) S. 385–420; A. Amore, »Il preteso ›lapsus‹ di papa Marcellino«, in: *Antonianum* 32 (1955) S. 411–426; W. H. Frend, *Martyrdom and Persecution in the Early Church*, London 1965, S. 503 f.; T. D. Barnes, *Constantine and Eusebius*, Harvard 1981, S. 38; 303 f.; Caspar 1,97–99; *DCB* 3,804–806 (J. Barmby); *EC* 8,10 f. (V. Monachino); *DACL* 10,1762–73 (H. Leclercq); *LThK* 7,1 (A. Stuiber); *NCE* 9,188 (E. G. Weltin); Seppelt 1,65–67.

Marcellus I.

Heiliger (Nov./Dez. 308 – 16. 1. 308)

Wegen innerer Zwistigkeiten wie auch wegen der äußeren Verfolgung blieb der römische Stuhl nach der Apostasie des MARCELLINUS mehr als dreieinhalb Jahre vakant. Mit der Thronbesteigung des Kaisers Maxentius (306–312) und seiner Wiederaufnahme der Toleranzpolitik wurde eine Wahl möglich. Der Mann, auf den die Entscheidung fiel, Marcellus, war unter Marcellinus führender Presbyter gewesen und hatte vermutlich während der Sedisvakanz eine Schlüsselrolle innegehabt. Die späteren Anschuldigungen der Donatisten, auch er habe den Behörden heilige Bücher ausgehändigt, treffen wahrscheinlich nicht zu, da er sich als gnadenloser Richter eines solchen Verhaltens erwies und den Namen seines Vorgängers aus den offiziellen Papstkatalogen getilgt zu haben scheint. Seine Lebensdaten sind, wohlgemerkt, ungewiß; zahlreiche Gelehrte gehen beispielsweise von einer kürzeren Amtszeit aus (27. 5. / 26. 6. 308 – 16. 1. 309). Eine bedeutende Aufgabe, der er sich gegenüber sah, muß die Reorganisation der Kirche in dem günstigeren politischen Klima gewesen sein; vermutlich ist es diese Überlegung, die der anachronistischen Darstellung in *LP* zugrunde liegt, daß er die Stadt in 25 *tituli* (»Gemeinden«) aufteilte, die je einem Presbyter unterstanden. Aber ein nicht weniger brennendes Problem war die Vielzahl der Abgefallenen, die den Glauben während der Christenverfolgung verleugnet hatten. Dem Tribut nach zu urteilen, den DAMASUS I. ihm in Versform entrichtete, war Marcellus ein Rigorist, dessen harte Bußforderungen die Mehrheit der Gläubigen bald gegen ihn aufbrachte. Die hieraus folgende Störung des öffentlichen Friedens bis hin zum Blutvergießen veranlaßte Maxentius einzuschreiten, und als ein Apostat Marcellus bei ihm denunzierte, verbannte er diesen als Friedensstörer aus der Stadt. Kurz darauf starb er, wo, ist jedoch unbekannt. Seine sterbliche Hülle wurde später nach Rom überführt und in der Priscilla-Katakombe beigesetzt, einem Privatgrundstück, das während der Verfolgung nicht beschlagnahmt worden war. Spätere, in *LP* (2. Ausg.) aufgenommene Legenden schmückten seinen Tod mit folgender Geschichte: Erzürnt durch seine Weigerung, den Göttern zu opfern, habe Maxentius das Gebäude, das seine Titelkirche werden sollte, in einen Pferdestall der kaiserlichen Post umgewandelt und den Papst als Pferdeknecht zwangsverpflichtet; in dieser niedrigen Stellung sei er gestorben. Das Martyrologium des hl. Hieronymus (5. Jh.) berichtet denn auch, daß er als Bekenner starb. Festtag: 16. Januar.

Seit Ende des 19. Jh.s ist angesichts der Verwirrung über die beiden Gestalten in den Quellentexten, des Fehlens von einem oder dem anderen Namen in Schlüsseltexten und anderer, stutzig machender Umstände argumentiert worden, daß Marcellus mit Marcellinus (an dessen Existenz kein Zweifel besteht) identisch ist, oder zumindest, daß er lediglich Presbyter war, der während des langen Interregnums päpstliche Funktionen ausübte, ohne indessen das Amt des Papstes innezuhaben. Diese These findet noch immer Anhänger, hat jedoch mit erheblichen Schwierigkeiten zu kämpfen, vor allem, daß im Liberianischen Katalog, der nur 40 Jahre später zusammengestellt wurde, beide Männer als Päpste geführt werden und daß Damasus I. Marcellus in seiner für ihn verfaßten Grabinschrift als »Rektor« bezeichnet, eine Amtsbezeichnung, die er Bischöfen vorbehält.

Lit.: A. Ferrua, *Epigrammata Damasiana*, Vatikanstadt 1942, S. 181; *LP* 1,LXXIII–LXXIV; LXXIX; CCXLIX; 6 f.; 72–74; 164–166; T. Mommsen, in: *Neues Archiv* 21 (1896) S. 335–357; E. H. Röttges, »Marcellinus – Marcellus«, in: *ZKTh* 78 (1956) S. 385–420; A. Amore, »É esistito papa Marcello?«, in: *Antonianum* 33 (1958) S. 57–75; T. D. Barnes, *Constantine and Eusebius*, Harvard 1981, S. 38, 303 f.; Caspar 1,43; 54; 97–101; PW 14,1494; *EC* 8,16 f. (V. Monachino); *BSS* 8,672–676 (A. Amore); *NCE* 9,190 (E. G. Weltin).

Eusebius

Heiliger (18. 4. – 21. 10. 310)

Auch wenn über das Jahr seines Amtsantritts und Todes Ungewißheit herrscht (auch 308 und 309 sind vorgeschlagen worden), so stehen doch nach dem Liberianischen Katalog (4. Jh.) die genauen Tage und Monate fest. *LP* zufolge war er, wie auch sein Name vermuten läßt, griechischer Herkunft und hatte sich als Arzt betätigt. Daß ihm weiterhin die Auffindung des Kreuzes zugeschrieben wird, an das der Heiland genagelt wurde, ist ein offenkundiger Anachronismus. Die Zwietracht und die gewaltsamen Auseinandersetzungen innerhalb der römischen Gemeinde um die Frage, ob und wie Christen, die während der Verfolgung durch Kaiser Diokletian (284 bis 305) vom Glauben abgefallen waren, wieder zur Kommunion zugelassen werden sollten – Auseinandersetzungen, die zur Verbannung von MARCELLUS I. geführt hatten –, setzten sich auch während der kurzen Amtsperiode von Eusebius fort. Der Huldigung in Versform nach zu urteilen, die DAMASUS I. ihm zu Ehren verfaßte, scheint er die Wiederaufnahme abtrünniger Christen nach angemessener Buße zugelassen zu haben, während sich Heraclius, Führer einer oppositionellen Gruppe und eine Art Gegenpapst, ihrer Wiedereingliederung widersetzte. Trotz der Anstrengungen von Eusebius, den Frieden zu erhalten, gab der Bruch innerhalb der Kirchengemeinschaft der Regierung Anlaß einzuschreiten, und Kaiser Maxentius (306–312) ließ ihn zusammen mit Heraclius nach Sizilien deportieren, wo er bald darauf starb. Seine sterbliche Hülle wurde später nach Rom überführt und in der Calixtus-Katakombe beigesetzt. In seinen Lobreden bezeichnete Damasus ihn als Blutzeugen, doch deuten weder der Römische Kalender von 354 noch *LP* darauf hin, daß er tatsächlich zum Märtyrer wurde. Festtag: 17. August.

Lit.: A. Ferrua, *Epigrammata Damasiana*, Vatikanstadt 1942, S. 129–136; *LP* 1,CVII–CIX; 8–10; 74 f.; 167; I. Carini, *I lapsi e la deportazione in Sicilia del papa S. Eusebio*, Rom 1886; E. Caspar, »Die römischen Bischöfe der diokletianischen Verfolgung«, in: *ZKG* 46 (1927) S. 330–333; *DHGE* 15,1433 (H. Marot); *EC* 5,857 (A. Amore); Caspar 1,99–101; 128 f.; *LThK* 3,1198 f. (G. Schwaiger).

Miltiades (Melchiades)

Heiliger (2. 7. 311 – 10. 1. 314)

Als erster Papst durfte er erleben, wie die Kirche nicht nur passiv toleriert wurde, sondern die tätige Gunst der römischen Regierung zu genießen begann. Nach einer Sedisvakanz von unbestimmter Dauer (je nachdem, ob die Amtszeit des Eusebius 310 oder, wie verschiedene Kirchengeschichtler argumentieren, 308/309 war) wurde er zu einem Zeitpunkt zum Papst gewählt, als die politische Situation die Ernennung eines Nachfolgers dringend erforderlich machte. Wahrscheinlich stammte er aus Rom, wenngleich *LP* ihn als Afrikaner bezeichnet. Unter Papst MARCELLINUS war er Presbyter gewesen und wurde deswegen ein Jahrhundert später von den Donatisten der Teilhabe an dessen Apostasie bezichtigt; zu seinen Lebzeiten scheint ein diesbezüglicher Vorwurf nicht erhoben worden zu sein. Er hatte sein Amt kaum angetreten, als Kaiser Maxentius (306–312) unter Vorwegnahme der Politik, die durch die Konvention von Mailand im Februar 313 beschlossen werden sollte, die Rückgabe des gesamten Kirchenbesitzes einschließlich Ländereien und Gebäuden anordnete, der zu Beginn der Christenverfolgung unter Diokletian (303) beschlagnahmt worden war. Miltiades oblag es, seine Diakone, mit dem kaiserlichen Erlaß ausgerüstet, zum Stadtpräfekten zu entsenden und die förmliche Wiedereinsetzung der Kirche zu fordern. So vermochte die römische Kirche unter seinem Vorsitz erstmals seit Beginn der Verfolgung das Osterfest in höchster Sicherheit und im Besitz all ihrer heiligen Stätten zu feiern (13. 4. 312). Er muß sich mit Konstantin d. Gr. (306–337) kurz nach dessen triumphalem Sieg über Maxentius an der Milvischen Brücke (28. 10. 312) getroffen haben; und vermutlich geschah es während des Kaisers Aufenthalt in Rom (möglicherweise auch erst später), daß dieser ihn mit dem Palast der Kaiserin Fausta auf dem Caelius, dem Lateranpalast, beschenkte, der seitdem die Residenz der Päpste ist. Nicht einmal ein Jahr später beauftragte der Kaiser Miltiades, zusammen mit drei von ihm selbst nominierten gallischen Bischöfen über eine Angelegenheit zu befinden, welche die nordafrikanischen Rigoristen betraf: Diese hatten gegen die Weihe Cäcilians zum Bischof von Karthago eingewendet, daß einer seiner Weihbischöfe ein *traditor* gewesen sei (d. h. während der Verfolgung heilige Bücher ausgehändigt habe); sie hatten daraufhin Majorinus (der bald durch Donatus ersetzt werden sollte) zum Gegenbischof gewählt und Konstantin angerufen, den Streit zu schlichten. Das kaiserliche Schreiben, in dem dieser Miltiades bittet, ihm Bericht zu erstatten – das erste seiner Art, das ein Papst erhielt –, ist in griechischer Übersetzung überliefert. Miltiades verstand es, die Untersuchungskommission in eine regelrechte Kirchensynode umzuwandeln, indem er weitere 15 italienische Bischöfe bestellte. Die Synode trat im Palast der Fausta zusammen; sowohl Cäcilian als auch sein Hauptankläger Donatus, der Nachfolger des Majorinus, waren anwesend. Indessen befaßte sich die Synode gar nicht mit der Beschuldigung, daß der Weihbischof Felix von Aptunga ein *traditor* gewesen sei, da vom römischen Standpunkt aus die Wirksamkeit eines Sakraments nicht von der Würdigkeit des amtierenden Geistlichen abhing. Sie fällte ihren Schiedsspruch zugunsten Cäcilians (3. 10. 313); sie erklärte ihn zum rechtmäßigen Bischof von Karthago und exkommunizierte Donatus, da er die Wiedertaufe von Laien sowie die Neuweihe von Klerikern verlangte, die in der Zeit der Verfolgung vom Glauben abgefallen waren. Miltiades versuchte Donatus zusätzlich dadurch zu isolieren, daß er anderen abtrünnigen afrikanischen Bischöfen den Verbleib in der Glaubensgemeinschaft unter Beibehaltung ihrer Bischofswürde anbot. Diese Entscheidungen enttäuschten die Anhänger des Donatus, die unter dem Namen Donatisten bekannt wurden, zutiefst und führten dazu, daß sie im Lauf des Jahrhunderts ehrenrührige Gerüchte über das Verhalten des Miltiades während der Verfolgung in Umlauf setzten. Sie riefen erneut den Kaiser an, der, wenngleich er über ihre Halsstarrigkeit verärgert war, in Arles ein Konzil einberief (1. 8. 314), das sämtliche westliche Provinzen des Reichs repräsentieren sollte. Es ist bemerkenswert, daß der Kaiser demnach den Urteilsspruch des Papstes durchaus nicht als letztes Wort ansah. Bevor das Konzil zusammentrat, war Miltiades bereits verstorben. Er wurde an einer bislang nicht ausgemachten Stelle in der Calixtus-Katakombe an der Via Appia beigesetzt. Festtag: 10. Dezember.

Lit.: Eusebius, *Hist. eccl.* 10,5,18–20; Optatus Milev., *De schism. Donat.* 1,23 f.; Augustinus, *Brevic. coll. cum Donat.* 3,18,34; *De unic. bapt.* 16,28 f.; *C. ep. Parm.* 1,10; *C. part. Donat.* 17; *Ep.* 43; *LP* 1,8 f.; 168 f.; H. U. Instinsky, *Bischofsstuhl und Kaiserthron*, München 1955; ders., »Zwei Bischofsnamen Konstantinischer Zeit«, in: *RQ* 55 (1960) S. 203–211; E. Caspar, »Die römische Synode von 313«, in: *ZKG* 46 (1927) S. 333–346; Caspar 1,102; 109 ff.; 124; *DTC* 10,1764 (É. Amann); *EC* 8,1015 f. (V. Monachino); PW 15,1706 f. (W. Ensslin); *NCE* 9,857 f. (J. Chapin); Seppelt 1,72–75.

Silvester I.

Heiliger (31. 1. 314 – 31. 12. 335)

LP bezeichnet ihn zwar als Römer und Sohn des Rufinus, doch ist seine Herkunft hoffnungslos mit der späteren Legende verwoben, die ihn als Märtyrer darstellt, der bei der Christenverfolgung Diokletians (284–305) umgekommen sei. Die Verwendung der Anrede »glorreichster« bezeugt, daß die Legende zumindest in dieser Hinsicht stichhaltig ist. Sie läßt darüber hinaus die spätere Anschuldigung der Donatisten, er habe als Presbyter zusammen mit Papst MARCELLINUS den Behörden heilige Schriften ausgehändigt, als Verleumdung erscheinen. Obgleich er fast 22 Jahre unter Konstantin d. Gr. (306–337) Papst war, in einer Epoche dramatischer Entwicklungen für die Kirche, scheint er bei den großen Ereignissen, die sich abspielten, nur eine unbedeutende Rolle gespielt zu haben; jedenfalls sind über ihn lediglich zwei – negative, aber lehrreiche – Episoden überliefert. Als Konstantin das 1. Konzil zu Arles (1. 8. 314) einberief, um im zweiten Anlauf über die Ansprüche Cäcilians auf den Bischofsstuhl von Karthago zu befinden, die trotz der Entscheidung von Papst MILTIADES aus dem Vorjahr von den Donatisten nach wie vor angefochten wurden, ernannte er nicht etwa den Bischof von Rom zum Vorsitzenden, sondern betraute mit seiner allgemeinen Organisation Chrestus, den Bischof von Syrakus, während der Bischof von Arles, Marinus, den Vorsitz führte. Silvester nahm nicht persönlich teil, sondern ließ sich durch zwei Priester und zwei Diakone vertreten; seine Abwesenheit hatte nichts damit zu tun, daß er Konstantins Initiative bei der Einberufung eines Kirchenkonzils mißbilligte, sondern (vermutlich) mit den Schwierigkeiten, wenn er Rom so kurz nach seiner Amtseinsetzung verlassen würde. Als das Konzil zu Ende ging, setzte es ihn in einem Schreiben, das die Anerkennung seines Primats über die Westkirche überzeugend zum Ausdruck brachte, von den getroffenen Entscheidungen in Kenntnis und bat ihn, diese an alle anderen Kirchen weiterzuleiten. Zum zweiten war Silvester auch bei dem 1. ökumenischen Konzil nicht zugegen, das im Sommer 325 auf Wunsch Konstantins in Nicäa (heute: Iznik im NW der Türkei) zusammentrat und ein Glaubensbekenntnis verabschiedete, das Gottsohn und Gottvater für »wesenseins« erklärte und die Lehre des Arius verwarf, daß Christus ein dem Vater nachgeordnetes Geschöpf sei. Wie die anderen Bischöfe des Reiches war auch Silvester geladen, doch lehnte er die Teilnahme ab, diesmal unter Hinweis auf sein hohes Alter, obwohl er über die sich abzeichnende Kontroverse auf dem laufenden gehalten worden war. Er ließ sich von zwei Priestern vertreten; wenngleich diesen auf dem Konzil keinerlei Vorzugsrechte eingeräumt wurden, setzten sie ihre Unterschrift unter die Konzilsakten vor die aller anderen anwesenden Bischöfe, mit Ausnahme des Ossius von

Córdoba, der als Vorsitzender zuerst unterfertigte. Im 5. und 6. Jh. wurde der Auffassung mehr und mehr Glauben geschenkt, daß Ossius vom Papst selbst der Vorsitz übertragen und das Konzil von Papst und Kaiser gemeinsam einberufen worden sei, doch sind dies Legenden ohne historische Grundlage. Gewiß gab es Bischöfe, in die Konstantin sein Vertrauen setzte und mit denen er seine Kirchenpolitik abstimmte, aber Silvester gehörte nicht zu diesen. Jedoch hatte er die Genugtuung, die von ihm geleitete Kirche durch fürstliche Stiftungen des Kaisers bereichert und verschönt zu sehen. Dazu zählen großartige Kirchenbauten wie die Konstantinsbasilika (später S. Giovanni in Laterano) mit einem Baptisterium und die Basiliken St. Peter und St. Paul. Zu Recht ist der größte Teil des Berichts über Silvester in *LP* der detaillierten Aufzählung dieser Schenkungen gewidmet, begann doch Rom erst während seines Pontifikats dank der Großzügigkeit Konstantins das äußere Gepräge einer christlichen Stadt anzunehmen. Er wurde in der Priscilla-Katakombe an der Via Salaria bestattet. Festtag: 31. Dezember.
Spätere Generationen fanden es unglaubhaft, daß der Papst neben dem ersten christlichen Kaiser eine so unbedeutende Rolle gespielt oder daß Konstantin seine Taufe auf sein Sterbebett verschoben haben soll, wo er sie von dem arianischen Bischof Eusebius von Nikomedia empfing. In der 2. Hälfte des 5. Jh.s kam eine romantisierte, phantasievolle Version von Silvesters Leben in Umlauf (die *Akten des hl. Silvester*), wonach er unter anderem Konstantin als ehemaligen Christenverfolger bekehrt, ihn vom Aussatz geheilt und ihm zur Buße die Schließung der heidnischen Tempel und die Freilassung eingekerkerter Christen auferlegt haben soll. In Übereinstimmung hiermit wurde die »Konstantinische Schenkung« nach und nach für authentisch gehalten. Es handelt sich um ein Dokument, in dem der Kaiser Papst Silvester und seinen Nachfolgern allem Anschein nach den Primat über die großen Kirchenpatriarchate und die weltliche Herrschaft über Rom, Italien und überhaupt sämtliche Provinzen und Staaten des Westens verlieh. Konstantin soll Silvester darüber hinaus die Kaiserkrone angetragen haben; dieser habe zwar abgelehnt, sie zu tragen, dafür aber der Verlegung der kaiserlichen Regierung von Rom nach Konstantinopel zugestimmt. Das Dokument, eine Erfindung des 8. oder 9. Jh.s, wurde selbst von Gegnern des Papsttums für maßgeblich gehalten und erst im 16 Jh. als Fälschung entlarvt.

Lit.: Eusebius, *Hist. eccl.* 10,5,21–24; Jaffé 1,28–30; *CSEL* 21,206–210; *LP* 1,CIX–CXX; CLII–CLIV; 74–81; 170–201; H. U. Instinsky, *Bischofsstuhl und Kaiserthron*, München 1955, S. 83–102; Caspar 1,115–130; *DCB* 4,673–677 (J. Barmby); *DTC* 14,2068–75 (É. Amann); *NCE* 13,857 f. (J. Chapin). Zur Silvesterlegende vgl. W. Levison, »Konstantinische Schenkung und Silvester-Legende«, in: *ST* 38 (1924) S. 159–247; H. Fuhrmann, »Konstantinische Schenkung und Silvesterlegende in neuer Sicht«, in: *DA* 15 (1959) S. 523–540; E. Ewig, »Das Bild Constantins des Großen im abendländischen Mittelalter«, in: *HJ* 75 (1956) S. 10–46; *NCE* 4,1000 f. (W. Ullmann).

Markus

Heiliger (18. 1. – 7. 10. 336)

Auch wenn *LP* ihn als Römer und Sohn des Priscus ausgibt, ist über seine Herkunft nichts Zuverlässiges bekannt. Möglicherweise ist er jener Markus, den Konstantin d. Gr. (305–337) in seinem Brief an Papst MILTIADES von 313 erwähnt; darin ersuchte er diesen, eine Synode abzuhalten, um über den Fall Cäcilians von Karthago zu befinden. Falls dies zutrifft, muß Markus innerhalb des römischen Klerus an führender Stelle gestanden haben. Seine kurze Amtsperiode fällt in ereignisreiche Zeiten: Athanasius (um 296–373) wurde aus Alexandria nach Trier verbannt, Marcellus von Ankyra († um 374) und andere Führer der nicäischen Orthodoxie wurden abgesetzt, und der Erzhäretiker Arius lag im Sterben. Freilich gibt es keine Beweise, daß Markus sich an dem Streit beteiligte, der auf das Konzil von Nicäa (325) folgte. Ein ihm und Athanasius zugeschriebener Briefwechsel in der unter dem Namen *Falsche Dekretalen* bekannten Sammlung des 9. Jh.s ist nicht echt. *LP* behauptet, daß er den Bischöfen von Ostia das Pallium (ein vom Papst getragenes und von ihm den Metropoliten verliehenes, mit Kreuzen verziertes weißes Wollband) gewährte und verfügte, daß von nun an diese den Bischof von Rom weihen sollten. Erstere Behauptung ist zweifelhaft, denn wenngleich Päpste bereits im 4. Jh. das Pallium zu tragen begannen, so gibt es doch keinen Beweis dafür, daß sie es um diese Zeit auch schon anderen Prälaten verliehen. Doch die letztere Behauptung könnte zutreffen, hält es doch der hl. Augustinus in einem Schreiben von 413 für einen althergebrachten Brauch, daß der römische Papst den Bischof von Ostia zum ersten Weihbischof (von dreien) erhält. Anscheinend ließ Markus zwei Kirchen errichten. Erstens die Titelkirche des Markus, die zunächst nach ihm benannt, später aber dem Schutz des zweiten Evangelisten befohlen war. Vermutlich war dies ein einfaches Haus in seinem Besitz, das er in eine Kirche umwandelte. Heute steht dort der Palazzo Venezia. Zweitens eine Basilika auf dem Friedhof von S. Balbina an der Via Ardeatina, deren Ruinen bis ins 17. Jh. erhalten waren. Manches deutet darauf hin, daß während seiner Regierungszeit mit der Kompilation der *Depositio episcoporum* und der *Depositio martyrum*, den wertvollen altkirchlichen Verzeichnissen der Todestage römischer Bischöfe und Märtyrer, begonnen wurde. Festtag: 7. Oktober.

Lit.: JW 1,30–32; *LP* 1,80 f.; 202–204; Caspar 1,18; 142; *DCB* 3,825 (J. Barmby); *DTC* 9,1959 f. (É. Amann); *EC* 8,50 (V. Monachino); *BSS* 8,699 f. (G. D. Gordini); *NCE* 9,232 f. (J. Chapin); A. Ferrua, »La basilica di papa Marco«, in: *Civiltà cattolica* 99 (1948) S. 503–513; V. Monachino, *La cura pastorale a Milano, Cartagine e Roma nel IV secolo*, Rom 1947, S. 282, 300.

Julius I.

Heiliger (6. 2. 337 – 12. 4. 352)

Aus Rom gebürtig und von starker Persönlichkeit, wurde er nach viermonatiger Sedisvakanz zum Papst gewählt. Er ist vor allem für seine tatkräftige Unterstützung der nicäischen Orthodoxie und ihrer östlichen Verfechter Athanasius von Alexandria († 373) und Marcellus von Ankyra († um 376) bekannt, die von den mit Eusebius von Nikomedia († um 342) verbundenen, im Osten mittlerweile zur Vorherrschaft gelangten Parteigängern des Arius aus ihren Diözesen vertrieben worden waren. Nach dem Tod Konstantins d. Gr. (22. 5. 337) gestattete die römische Regierung den beiden, an ihre Bischofssitze zurückzukehren, und Eusebius war darüber so bestürzt, daß er, um ihre Rückkehr zu verhindern, Julius um Hilfe bat. Dieser jedoch weigerte sich nicht nur, die Absetzung der Bischöfe und ihre Ablösung durch arianische Kandidaten gutzuheißen, sondern nahm sie, als sie nach Rom flüchteten, unter seinen Schutz; Marcellus, der des Sabellianismus verdächtigt wurde, ließ er zur Kommunion zu, da er die römische Auffassung von der Taufe anerkannte. Im Herbst 340 hielt er in Rom eine Synode ab, welche die Vertreter der Ostkirche zunächst selbst angeregt hatten, an der sie sich nun aber weigerten teilzunehmen. Die Synode sprach die Bischöfe von jeder Irrlehre frei, und er teilte diese Entscheidung den Gemeinden des Ostens in einem meisterhaften Brief mit, in dem er sie dafür rügte, daß sie Bischöfe apostolischer Stühle verurteilt hatten, ohne auf den Episkopat als ganzes Bezug zu nehmen, und insbesondere dafür, daß sie im Falle des Athanasius die hergebrachten Vorrechte Roms in Alexandria mißachtet hatten. Die Situation wurde aussichtslos, als die Eusebianer auf dem Dedikationskonzil von Antiochia im Sommer 341 ihre Verurteilung des Athanasius bekräftigten und eine Glaubensformel verabschiedeten, die das nicäische Schlüsselwort von der Wesensgleichheit des Sohnes mit dem Vater ausließ und die theologische Position des Marcellus attackierte. Um aus der Sackgasse herauszufinden, beriefen die Mitkaiser Konstans (337–350) und Constantius II. (337–361) 342/343 auf Wunsch von Julius in Serdica (heute: Sofia) ein allgemeines Konzil für die Kirchen des Ostens und des Westens ein. Als die westliche Delegation darauf bestand, Athanasius und Marcellus an den Verhandlungen zu beteiligen, zog die östliche empört aus und gab eine Enzyklika heraus, in der sie nicht nur ihren Kirchenbann gegen die beiden Bischöfe wiederholte, sondern führende Bischöfe des Westens exkommunizierte, darunter auch Julius, den sie als den Urheber des ganzen Streites brandmarkte. Gleichzeitig tagte das Konzil, das nur noch aus der westlichen Mehrheit bestand, weiter. Obwohl Julius nicht persönlich zugegen war, läßt sich sein Einfluß daran ablesen, daß Athanasius und seine Kollegen erneut verteidigt und zahlreiche Eusebianer und ihre Anhänger exkommuniziert wurden, wie auch an den Kanones, insbesondere denen, die einem abgesetzten Bischof das Recht gewähren, sich an die Appellationsinstanz des Papstes zu wenden (3, 4, 5).

Über der restlichen Amtszeit Julius' liegt ein Schleier. Als indes Athanasius 345 nach Alexandria zurückkehren durfte, machte er auf seinem Weg in Rom Station, wo der Papst ihn mit einem blumigen Brief versah, in dem er seine Gemeinde zur Rückkehr ihres tapferen Hirten beglückwünschte. Als sich ihr Glück 347 allem Anschein nach wendete, hatte Julius die Genugtuung, ein unterwürfiges Widerrufungsschreiben von Bischof Ursacius und Bischof Valens, zweien der erbittertsten Gegner des Athanasius und Führern des Arianismus im Westen, zu empfangen und sie zeitweilig wieder in die Glaubensgemeinschaft aufnehmen zu können. Über seine Tätigkeit in Rom selbst gibt es wenig Anhaltspunkte: *LP* schreibt ihm vermutlich zu Recht die Reorganisation der päpstlichen Kanzlei nach dem Vorbild kaiserlicher Praktiken zu; erstmals wird der *primicerius notariorum* (»Leitender Notar«) erwähnt. Seine Fürsorge für die wachsende christliche Gemeinde Roms beflügelte ihn zum Bau mehrerer Kirchen, vornehmlich von S. Maria in Trastevere und der Juliansbasilika (heute: SS. Apostoli). Er wurde auf dem Friedhof von S. Calepodio an der Via Aurelia beerdigt und sein Name unverzüglich in den Römischen Kalender von 354 aufgenommen. Festtag: 12. April.

Lit.: Athanasius, *Apol. c. Ar.* 21–35; 52 f. (zwei Briefe); *PL* 8,857–944; *PLSupp* 1,191 f.; JW 1,30–32; E. Schwartz, *Gesammelte Schriften*, Berlin 1936–63, S. 4; H. Hess, *The Canons of the Council of Serdica a. d. 343*, Oxford 1958; *LP* 1,8 f.; 205 f.; Caspar 1,142–165; Haller 1,65–71; *DCB* 3,526–532 (J. Barmby); *DTC* 8,1914–17 (É. Amann); *PRE* 9,619–621 (H. Böhmer); *LThK* 5,1203 f. (R. Bäumer); *NCE* 8,51 f. (J. Chapin); Seppelt 1,86–95.

Liberius

(17. 5. 352 – 24. 9. 366)

Der gebürtige Römer wurde zu einer Zeit gewählt, da die arianische Mittelgruppe im Osten im Aufstieg begriffen war und Constantius II. (337–361), inzwischen Alleinherrscher, Maßnahmen ergriff, um den westlichen Episkopat zu zwingen, sich einzuordnen und gemeinsam mit dem Osten Athanasius von Alexandria († 373), den Inbegriff nicäischer Orthodoxie, mit dem Bannfluch zu belegen. Die Bischöfe des Ostens hatten JULIUS I. gerade erst in einem Brief gedrängt, den Fall des Athanasius, dessen Absetzung durch das Konzil von Tyrus (335) der Westen sich beharrlich anzuerkennen weigerte, neu zu prüfen. Der neue Papst – milde und impulsiv, aber ohne die starke Persönlichkeit seines Vorgängers – wies ihre Beschuldigungen zurück und schickte Gesandte zu Constantius, der damals in Arles residierte, mit der Bitte, in Aquileia ein Konzil einzuberufen, das über die zwischen Ost und West strittigen Fragen entscheiden solle. Statt dessen hielt der Kaiser unter dem Einfluß seiner theologischen Ratgeber, der sich zum Arianismus bekennenden Bischöfe Ursacius und Valens, an Ort und Stelle eine Synode in Arles ab, die unter Umgehung theologischer Fragestellungen die Verurteilung des Athanasius bekräftigte; selbst die Legaten des Papstes stimmten unter Druck zu. Liberius beklagte ihre Schwäche und forderte ein weiteres allgemeines Konzil; er betonte, daß nicht nur die Stellung des Athanasius, sondern der gesamte nicäische Glaube auf dem Spiel stehe. Als das Konzil im Oktober 335 in Mailand zusammentrat, kam es indessen zu keiner Diskussion über das nicäische Credo; wieder befleißigte sich der Kaiser einer Einschüchterungstaktik und konnte sämtlichen Delegierten bis auf drei überzeugten Anhängern der nicäischen Orthodoxie, die unverzüglich mit dem Bann belegt wurden, eine Verdammung des Athanasius abringen. Da Liberius weiterhin standhielt und sich Bestechungen ebenso wie Drohungen widersetzte, wurde er mit Gewalt nach Mailand geholt und, als er sich noch immer unnachgiebig zeigte, nach Beroia in Thrakien verbannt. Im Lauf der Monate, in denen ihn der örtliche Bischof bearbeitete, wurde seine Moral aufgeweicht, und in schmerzlichem Kontrast zu seiner vordem unbeirrbaren Position fügte er sich nun in die Exkommunikation des Athanasius, akzeptierte das zweideutige 1. Credo von Sirmium (das die nicäische Formel »wesenseins mit dem Vater« ausließ) und unterwarf sich auf erniedrigende Weise dem Kaiser. Seine Kapitulation drückt sich in vier Briefen aus, die er im Frühjahr 357 von seinem Exil aus an arianische Bischöfe richtete und die darauf hindeuten, daß er beinahe jeden Preis zu entrichten bereit war, solange er nur nach Hause zurückkehren durfte. Als man ihn schließlich 358 nach Sirmium (heute: Mitrovica, Jugoslawien) brachte, war er es zufrieden, eine Formel zu unterzeichnen, die den Sohn für in allen Dingen wesensähnlich mit dem Vater erklärte, auch wenn damit das nicäische »wesenseins mit dem Vater« verworfen war.

In der Überzeugung, daß die öffentliche Ordnung in Rom sich nur durch seine Anwesenheit wiederherstellen lasse, gestattete der Kaiser Liberius die Heimkehr. In seiner Abwesenheit war nämlich sein Archidiakon FELIX zum Bischof gewählt worden, der sich indes als höchst unbeliebt erwiesen hatte. Der römischen Kirche wurde mitgeteilt, Liberius könne zurückkehren, vorausgesetzt, er und Felix regierten gemeinsam. Das Volk, das den Vorschlag einer geteilten Bischofswürde mit dem Ausruf »ein Gott, ein Messias, ein Bischof« zurückwies, bereitete Liberius einen begeisterten Empfang. Felix mußte sich in die Vororte zurückziehen, doch die beiden Bischöfe scheinen schließlich einen Modus vivendi gefunden zu haben; die große Mehrheit des Klerus wie der Laien schloß sich Liberius an. Trotz seines persönlichen Triumphs in Rom hatte dieser sich freilich in den Augen der Gesamtkirche schwer kompromittiert; mehrere Jahre lang fiel die effektive Führung der Westkirche anderen zu. Vielleicht aus diesem Grund, aber auch, weil es nun zwei Bischöfe in Rom gab, wurde Liberius 359 nicht zur Synode von Rimini geladen; er schickte nicht einmal eine Delegation. Auf dieser Synode ließen sich die westlichen Bischöfe schließlich so einschüchtern, daß sie ein arianisches Glaubensbekenntnis akzeptierten. Mit dem Tod von Constantius II. (3. 11. 361) jedoch konnte Liberius seine Rolle als Verfechter der nicäischen Orthodoxie wiederaufnehmen. Zunächst veröffentlichte er ein Dekret, das die in Rimini zugunsten des Arianismus getroffenen Entscheidungen annullierte. Sodann wies er 362 die Bischöfe von Italien an, mit denjenigen, die sich in Rimini kompromittiert hatten, eine Kirchengemeinschaft einzugehen, vorausgesetzt, sie bekannten sich zum nicäischen Glauben. Damit folgte er den Aussöhnungsmaßnahmen, die im gleichen Jahr bereits von der Synode zu Alexandria ergriffen worden waren. Schließlich nahm er die östlichen Bischöfe, die Unterstützung im Westen suchten, unter der strikten Bedingung wieder in die Gemeinschaft auf, daß auch sie das nicäische Glaubensbekenntnis akzeptierten (366).

Auf diese Weise machte Liberius gegen Ende seines Lebens seine zeitweilige Kapitulation wieder gut und leistete einen Beitrag für die Kircheneinheit zwischen dem Osten und dem Westen. Freilich deuten die gewaltsamen Auseinandersetzungen, die nach seinem Tod in Rom ausbrachen, darauf hin, daß er ein schwacher Papst war, der den Zusammenhalt der römischen Gemeinde nicht zu gewährleisten vermochte. Er ließ die riesige Liberianische Basilika auf dem Esquilin erbauen, die im 5. Jh. in S. Maria Maggiore umbenannt wurde. Eine Rede zur Jungfräulichkeit Mariä, die er beim Eintritt Marcellinas, der Schwester des hl. Ambrosius, ins Kloster gehalten haben soll, geht zu großen Teilen auf Ambrosius selbst zurück. Der als Chronograph des Jahres 354 bekannte Römische Kalender mit Verzeichnissen von Kaisern, Konsuln, Päpsten, Märtyrern usw. entstand während seines Pontifikats. Im Martyrologium des hl. Hieronymus (5. Jh.) wurde seiner am 23. September gedacht, doch in späteren Kalendern taucht sein Name nicht mehr auf. Bereits im 6. Jh. stellte eine feindselige Legende ihn als Abtrünnigen und Verfolger der Gläubigen hin. Dies entspricht dem verzerrten Bild, das *LP* von ihm zeichnet.

Lit.: *PL* 8,1348–1410 [Briefe usw.]; *PLSupp* 1,197–201; *CSEL* 65,155–173 [Briefe aus dem Exil]; 35,1 f. [Liberius und Felix]; Sozomen, *Hist. eccl.* 4,15; JW 1,32–36; *LP* 1, CXX–CXXIII; 82 f.; 207–210; Caspar 1,166–195; Haller 1,71–75; *DCB* 3,717–724 (J. Barmby); *DTC* 9,631–659 (É. Amann); *EC* 7,1269–72 (V. Monachino); Seppelt 1,95–102.

Felix II.

(Gegenpapst, 355 – 22. 11. 365)

Über seine Herkunft ist nichts bekannt, außer daß er Ende 355, als Liberius von Kaiser Constantius II. (337–361) nach Beroia verbannt wurde, Archidiakon war. Unter Führung von Felix gelobten die römischen Geistlichen feierlich, solange Liberius lebe, keinen anderen Bischof anerkennen zu wollen. Ungeachtet dessen gaben sie dem Verlangen des Kaisers bald nach und wählten Felix zum Papst. Er wurde von drei sich zum Arianismus bekennenden Prälaten geweiht – allerdings nicht in einer Kirche, sondern, Athanasius von Alexandria († 373) folgend, im Palast des Kaisers, vermutlich zu Mailand – und ging mit der von Constantius begünstigten arianischen Gruppe die Kirchengemeinschaft ein. Da etliche Kleriker und fast sämtliche Laienchristen Liberius die Treue hielten, rief die Amtseinführung von Felix in Rom gewalttätige Unruhen im Volk hervor. Als Constantius im April 357 Rom aufsuchte, sah er sich Demonstrationen zugunsten des Liberius ausgesetzt; Damen der Gesellschaft, welche die Rückkehr des verbannten Bischofs verlangten, suchten ihn zu beeinflussen. Daß die Regierung weiterhin Felix anerkannte, ist durch eine Anordnung des *Codex Theodosianus* belegt, die Constantius Augustus und Julianus Caesar an ihn als Bischof richteten (6. 12. 357) und mit der sie die Befreiung der

Kleriker, ihrer Familien und ihrer Bediensteten von Steuern und anderen Abgaben bekräftigten. Constantius war indes davon überzeugt, daß die Wiedereinsetzung des Liberius zur Bewahrung der öffentlichen Ordnung unerläßlich sei, und nachdem er ihn sich gefügig gemacht hatte, erlaubte er ihm 358 die Rückkehr unter der Voraussetzung, daß Felix und er gemeinsam Bischof sein sollten. Die Bürger widersetzten sich jedoch einer solchen Vereinbarung, für die es keinen Präzedenzfall gab, und vertrieben Felix unter der Parole »Ein Gott, ein Messias, ein Bischof« aus der Stadt. Als dieser seine Rückkehr betrieb und in der Juliansbasilika die Messe zu lesen versuchte, wurde er erneut davongejagt. Er mußte sich damit abfinden, daß er nur in den Vororten Fuß fassen konnte, doch scheint er sich loyale Anhänger, darunter auch einige Geistliche, erhalten zu haben. *LP* zufolge erwarb er an der Via Aurelia ein Grundstück und errichtete darauf eine Kirche, in der er schließlich beigesetzt wurde. Offenbar hatte Rom 357–365 zwei Bischöfe: Liberius bewohnte den Lateranpalast, während Felix sich in den Vororten festsetzte; Klerus und Laienschaft waren zu ungleichen Teilen gespalten. Jeder der beiden konnte sich auf das Schreiben des Kaisers berufen, mit dem er als Mitbischof anerkannt wurde. Einzige Sorge des Stadtpräfekten war es, Zusammenstöße zwischen den beiden Gemeinden bis zum Tod eines der beiden Bischöfe zu verhüten. Felix starb zuerst – sein genauer Todestag (22. 11. 365) wurde von seinen Parteigängern sorgsam überliefert –, und Liberius war klug genug, auf die Vereinigung des Felixschen Klerus mit seinem eigenen hinzuarbeiten. Die Ironie der Geschichte verhalf jedoch Felix zu einem postumen Triumph. Wenngleich er in zeitgenössischen Dokumenten als ein von Constantius gewaltsam aufgezwungener arianischer Usurpator bezeichnet wird, wurde er am Ende nicht nur unter dem unrichtigen, aber traditionell anerkannten Namen Felix II. in das offizielle Verzeichnis römischer Päpste aufgenommen (*LP* widmet ihm einen eigenen, fast ausschließlich erdichteten Abschnitt), sondern wurde infolge einer Verwechslung mit römischen Märtyrern gleichen Namens zu guter Letzt selbst als Märtyrer verehrt (Festtag: 29. Juli). Als die Legende fortgesponnen wurde, hielt man ihn gar für einen mutigen Verteidiger des nicäischen Glaubens, der dafür sein Leben gegeben habe, wogegen Liberius als Verräter an der Orthodoxie und als Verfolger der Gläubigen dargestellt wurde.

Lit.: Athanasius, *Hist. Ar.* 75; Hieronymus, *Chron.* 237 (Helm); *De vir. ill.* 98; *Collectio Avellana, Ep.* 1 (*CSEL* 35,1–4); Sozomen, *Hist. eccl.* 4,15; 4,33; Theodoret, *Hist. eccl.* 2,17; *LP* 1,CXX–CXXV; 207–211; Caspar 1,188 f.; *DCB* 2,480–482 (J. Barmby); *EC* 5,1134 f. (A. Amore); *DHGE* 16,887–889 (P.Nautin); Th. Mommsen, *Gesammelte Schriften*, Berlin 1905–13, Bd. 6, S. 570–581.

Damasus I.

Heiliger (1. 10. 366 – 11. 12. 384)

Er wurde um 305 in Rom als Sohn eines Mannes geboren, der zum Priester der später unter dem Namen S. Lorenzo bekannten Kirche aufstieg, und hatte eine Schwester namens Irene. Er war Archidiakon unter LIBERIUS und begleitete diesen 355 in die Verbannung, doch gelangte er bald darauf nach Rom zurück. Dort nahm er sein Amt unter dem Gegenpapst FELIX wieder auf, womit er das Gelübde des römischen Klerus verletzte, keinen anderen Papst anzuerkennen, solange Liberius am Leben war. Als Liberius 358 heimkehren durfte, söhnte sich Damasus irgendwann wieder mit ihm aus. Nach seinem Tod (24. 9. 366) kam es zu gewaltsamen Auseinandersetzungen um die Wahl seines Nachfolgers. Eine Gruppe, die Liberius die ganze Zeit über die Treue gehalten hatte, entschied sich in der Juliansbasilika augenblicklich für seinen Diakon URSINUS und ließ diesen zum Bischof weihen; eine rivalisierende Fraktion von Anhängern des Felix jedoch wählte Damasus, der nicht zögerte, seinen Anspruch dadurch zu untermauern, daß er eine Bande von Meuchelmördern anheuerte, die die Juliansbasilika stürmte und an den Ursiniern ein drei Tage währendes Massaker verübte. Am Sonntag (1. Okt.) besetzten seine Parteigänger die Lateranbasilika, wo er geweiht wurde. Sodann suchte er die Unterstützung des Stadtpräfekten (das erste Mal, daß ein Papst gegen seine Widersacher die Dienste der weltlichen Macht in Anspruch nahm); prompt wies dieser Ursinus und seine Anhänger aus der Stadt. Die Gewalttätigkeiten hielten bis zum 26. Oktober an, als die Leute des Damasus die Liberianische Basilika angriffen, wo die Ursinier Zuflucht gesucht hatten. Der heidnische Geschichtsschreiber Ammianus Marcellinus berichtet, daß dabei 137 Personen ums Leben kamen. Damasus konnte sich nun auf seinem Thron sicher fühlen, doch die

Bischöfe Italiens waren entsetzt über die Berichte, die sie erhielten, und seine moralische Autorität war jahrelang unterhöhlt. Der Gegenpapst und seine Anhänger griffen ihn während seiner gesamten Amtszeit immer wieder an, auch wenn sie von der Regierung wiederholt in die Verbannung geschickt wurden. Um 371 ließen sie durch einen konvertierten Juden namens Isaak Anklage gegen ihn erheben, möglicherweise die »ehrenrührige Anklage« des Ehebruchs, und nur durch Eingreifen des Kaisers wurde er freigesprochen.

Allen diesen Schwierigkeiten zum Trotz besaß Damasus die Gunst des Hofs und des Adels, nicht zuletzt der wohlhabenden Damen; Klatschbasen verliehen ihm den Spitznamen »Ohrenbläser der Matronen«. Sein prunkvoller Lebensstil und seine Gastfreundschaft halfen ihm, bei den heidnischen Familien der Oberschicht die Vorurteile gegen das Christentum abzubauen. Er unterdrückte emsig Häresien wie den Arianismus und hatte keine Skrupel, dazu die weltliche Macht heranzuziehen. Allerdings vermochte er Auxentius († 374), den arianischen Bischof von Mailand, nicht aus seinem Amt zu entfernen. Seine Maßnahmen gegen die Schüler des Luzifer von Cagliari († 370/371), kompromißlose Anhänger der nicäischen Orthodoxie, waren besonders brutal. 380 empfahl er Zurückhaltung im Kampf gegen den Priscillianismus, eine esoterische spanische Irrlehre mit dualistischen und sabellianischen Zügen, doch auf späteren Synoden belegte er den Apollinarianismus (der den Logos im Gottmenschen anstelle der menschlichen Geistseele forderte) sowie den Mazedonianismus (der die Göttlichkeit des Hl. Geistes leugnete) mit dem Bannfluch. Seine Beziehungen zu den Kirchen des Ostens, wo Basilius d. Gr. († 379) sich darum bemühte, auf der Grundlage einer geschickten Neuformulierung der nicäischen Doktrin die Orthodoxie wiederherzustellen, waren freilich nicht sehr glücklich. Wie die Westkirche im allgemeinen verstand er die neuen Entwicklungen nicht, und als die Gemeinde von Antiochia sich unter rivalisierenden Bischöfen spaltete, beharrte er auf seiner Unterstützung für Paulinus, den unbedeutenden Führer einer reaktionären Gruppe, anstelle von Meletius, auf den sich in der Ostkirche die Hoffnungen auf Einheit richteten. Als Meletius 381 starb, weigerte sich Damasus, mit dessen Nachfolger Flavian die Kirchengemeinschaft einzugehen. Ein verzweifelter Basilius bezeichnete ihn als unerträglich arrogant. An dem 381 in Konstantinopel abgehaltenen 2. ökumenischen Konzil nahm er nicht teil und trug zu der sich anbahnenden konstruktiven Entspannung zwischen der Ost- und der Westkirche nichts bei.

In der Propagierung des römischen Primats war Damasus unermüdlich; häufig bezeichnete er Rom als den »Apostolischen Stuhl« und verfügte, daß die Probe auf die Orthodoxie eines Glaubensbekenntnisses dessen Billigung durch den Papst sei. Er konnte 378 die Regierung dazu überreden, den Hl. Stuhl als Kirchengericht erster Instanz und als Berufungsgericht für den Episkopat des Westens anzuerkennen, sie lehnte es indes ab, für den Papst selbst eine besondere Immunität vor den Zivilgerichten gelten zu lassen. In Übereinstimmung mit seinen Vorschlägen erklärte Theodosius I. (379–395) das Christentum zur Staatsreligion in der Form, in der die Römer es einst vom hl. PETRUS empfangen hätten und zu der sich Damasus von Rom und Petrus von Alexandria bekannten (27. 2. 380). Für Damasus beruhte dieser Primat nicht etwa auf den Entscheidungen irgendwelcher Synoden, wie Konstantinopel es forderte, sondern ausschließlich darauf, daß er der direkte Nachfolger des hl. Petrus war und damit der rechtmäßige Erbe der von Christus an diesen ergangenen Verheißungen (Mt 16,18). Von der Gewißheit, daß diese Nachfolge ihm eine einzigartige juristische Binde- und Löse-Gewalt verlieh, war er bei allen seinen kirchendisziplinarischen Entscheidungen zutiefst durchdrungen. Er ließ neue Kirchen erbauen (darunter S. Lorenzo in Damaso), förderte den Märtyrerkult und restaurierte die Katakomben, da er zeigen wollte, daß die wirkliche Glorie Roms nicht im Heidentum, sondern im Christentum lag. Als gebildeter Mann richtete er das päpstliche Archiv in einem neuen Gebäude ein. Er freundete sich mit dem hl. Hieronymus an und beschäftigte ihn mehrere Jahre lang als seinen Sekretär, korrespondierte mit ihm über Fragen der Exegese und beauftragte ihn damit, die vorhandenen lateinischen Bibelübersetzungen auf der Grundlage des griechischen Originals zu überarbeiten. Selber verfaßte er zu Ehren von Märtyrern und früheren Päpsten Epigramme in klangvollen, wenn auch schwülstigen Versen, die er von seinem Freund Filocalus in eleganten Lettern auf Marmorplatten einmeißeln ließ. Der hl. Hieronymus schreibt ihm Prosa- und Versessays zur Jungfräulichkeit Mariä zu. Er wurde in der Kirche, die er an der Via Ardeatina hatte bauen lassen, beigesetzt, doch wurden seine sterblichen Überreste später nach S. Lorenzo in Damaso überführt. Festtag: 11. Dezember.

Lit.: *JW* 1,37–40; *PL* 13,347–424; A. Ferrua, *Epigrammata Damasiana*, Vatikanstadt 1942; *Collectio Avellana* (*CSEL* 35,1–4; 28–30; 49; 56 f.); Hieronymus, *De vir. ill.* 103; *Ep.* 22,22; *LP* 1,212–215; A. Lippold, »Ursinus und Damasus«, in: *Historia* 14 (1965) S. 105–128; Caspar 1,196–256; *DHGE* 14,48–53 (A. van Roey); *EC* 4,1136–39 (A. Ferrua); *LThK* 3,136 f. (O. Perler); *NCE* 4,624 f. (M. R. P. McGuire); Seppelt 1,109–130.

Ursinus

(Gegenpapst, Sept. 366 – Nov. 367; † 385?)

Über seine Vergangenheit ist nichts bekannt, außer daß er einer der Diakone des LIBERIUS war. Nach dessen Tod (24. 9. 366) gelangten die Feindseligkeiten zwischen seinen und den Anhängern des Gegenpapstes FELIX II., die seit dessen Hinscheiden (22. 11. 365) geruht hatten, erneut zum Ausbruch. Die unerschütterlichen Anhänger des verstorbenen Papstes, zu denen Priester und drei Diakone zählten, versammelten sich unverzüglich in der Juliansbasilika (S. Maria in Trastevere), wählten Ursinus zum Papst und ließen ihn an Ort und Stelle von Bischof Paulus von Tibur (heute: Tivoli) weihen. Vermutlich waren sie Gegner der irenischen Politik des Liberius, der nach Felix' Tod sein Bestes getan hatte, um das Schisma zu überwinden. Die früheren Parteigänger Felix', die wahrscheinlich in der Überzahl waren, wählten jedoch den Diakon DAMASUS zum Papst, der daraufhin eine Rotte anwarb, welche die Ursinier wütend angriff, und sich am 1. Oktober selbst zum Papst weihen ließ. Die blutigen Straßenkämpfe dauerten an, aber am Ende gewann Damasus die Oberhand, indem er die Hilfe des Stadtpräfekten Viventius in Anspruch nahm, der Ursinus und seine Diakone Amantius und Lupus in die Verbannung schickte. Er ließ auch seine Priester festsetzen, aber die Ursinier konnten sie retten und richteten sich danach in der Liberianischen Basilika (heute: S. Maria Maggiore) ein, in der sie eine Zeitlang Gottesdienste abhielten. Auf ihren Appell hin befahl Kaiser Valentinian I. (364–375) dem neuen Stadtpräfekten Vettius Agorius Praetextatus, die Rückkehr des Ursinus und seiner Kollegen unter der Bedingung zu gestatten, daß sie Ruhe hielten. Der Gegenpapst und seine Diakone betraten im Triumph die Stadt (15. 9. 367). Allerdings kam es erneut zu Unruhen, und am 16. November wurde Ursinus – angeblich auf Betreiben des Damasus, der das Gericht bestochen haben soll – erneut verbannt, diesmal nach Gallien. Seine Geistlichen und viele seiner Anhänger wurden gleichfalls vertrieben, und die letzte ihnen verbliebene Kirche wurde auf Anordnung der Regierung Damasus übergeben. Gleichwohl kamen die Ursinier auch ohne Geistliche weiterhin auf Friedhöfen und in der Kirche S. Agnese an der Via Nomentana zusammen, auch wenn sie von den brutalen Gefolgsleuten des Papstes bald aufgestöbert wurden. Verständlicherweise zeigten sich die Bischöfe von Italien von den Meldungen, die sie erhielten, verstört; auf einer Synode, die im Herbst 368 zur Feier von Damasus' Geburtstag in Rom einberufen wurde, wiesen sie dessen Gesuch, Ursinus zu verdammen, ausdrücklich zurück. Dennoch erhielt die Regierung ihre Unterstützung für Damasus aufrecht und gab um 370 Anweisung, daß die Ursinier Versammlungen nicht näher als 20 Meilen von Rom abhalten dürften. So wurde denn notdürftig ein brüchiger Friede hergestellt, und Ursinus und die führenden Mitglieder seiner Fraktion durften unter der Voraussetzung aus dem Exil heimkehren, daß sie sich weder im Zentrum noch in den Randgebieten Roms aufhielten. Daraufhin setzten sie sich in Norditalien fest. Zu Beginn der 70er Jahre des 4. Jh.s ließen sie durch einen konvertierten Juden namens Isaak eine »ehrenrührige Anklage« (*LP* zufolge wegen Ehebruchs) gegen den Papst erheben. Die Anklage wurde zwar fallengelassen, aber die zivile Macht hatte keine andere Wahl, als erneut einzuschreiten und Ursinus nach Köln, Isaak nach Spanien zu verbannen; diesmal war den Ursiniern untersagt, sich Rom auf mehr als 100 Meilen zu nähern. Aber auch diese Strafe scheint abgeschwächt worden zu sein, denn im September 381 beschwerte sich die Synode von Aquileia bei den Kaisern, daß Ursinus noch immer Unheil anrichte, und bat sie, sich ein für alle Mal eines so hartnäckigen Unruhestifters zu entledigen. Ursinus indessen gab die Hoffnung, den päpstlichen Thron zu erlangen, niemals auf und schlug sich nach dem Tod des Damasus im Dezember 384 selbst als Kandidaten vor. Ein erhaltenes kaiserliches Schreiben (24. 2. 385) verleiht der Erleichterung des Hofes darüber Ausdruck, daß er niedergeschrien und SIRICIUS einhellig gewählt wurde. Der Todestag des Ursinus ist nicht bekannt.

Lit.: *Collectio Avellana, Ep.* 1; 5–13 (*CSEL* 35,2–4; 48–55); Ammianus Marcellinus, *Rer. gest.* 27,3; Rufinus, *Hist. eccl.* 2,10; Ambrosius, *Ep.* 11; JW 1,36; *LP* 1,212; A. Lippold, »Ursinus und Damasus«, in: *Historia* 14 (1965) S. 105–128; Caspar 1, 196–201; 203 f.; 208; 257; *DCB* 4,1068–70 (J. Barmby); *DHGE* 14,48–50 (A. van Roey); *PRE* 20,346–348 (A. Jülicher); *PWSupp* X,1141–48 (A. Lippold).

Siricius

Heiliger (Dez. 384 – 26. 11. 399)

Er war gebürtiger Römer und, nachdem er zuvor als Vorleser und dann als Diakon unter LIBERIUS gedient hatte, einer der Diakone von DAMASUS I. Obwohl Gegenpapst URSINUS sich erneut zur Wahl stellte, fiel die Entscheidung einstimmig auf Siricius und wurde von Kaiser Valentinian II. (375–392) mit offensichtlicher Genugtuung in einem Erlaß (25. 2. 385) bestätigt, vermutlich in der Absicht, jeglichen Intrigen im ursinischen Lager zuvorzukommen. Der Kaiser gab seine Zustimmung zu der Wahl auch dadurch zu erkennen, daß er für die Restaurierung und Erweiterung von S. Paolo, die der heutigen Größe der Basilika nahekam, Geldmittel zur Verfügung stellte. Der neue Papst konnte 390 die Kirche weihen.

Der hl. Hieronymus, der sich einst eingebildet hatte, er könne selbst Papst werden, und mit dessen Vertreibung aus Rom Siricius wenigstens einverstanden gewesen sein mußte, bezeichnete den Papst als arglos und leicht zu beeinflussen, wogegen Paulinus von Nola († um 431) seine hochmütige Reserviertheit beklagte. Bestimmt war er ein erfahrener, kraftvoller Papst, der Roms päpstlichen Primat und seine eigene Rolle als Nachfolger des hl. PETRUS ebenso bewußt vertrat wie Damasus I., auch wenn er unweigerlich im Schatten des hl. Ambrosius, Bischof von Mailand (374–397), stand. Er war der erste Papst, der Dekretalen (*decretalia*) ausgab, d. h. Direktiven, die in dem autoritativen Kanzleistil kaiserlicher Edikte abgefaßt waren und wie diese Gesetzeskraft besaßen. Der früheste überlieferte Papstbrief dieser Art (11. 2. 385) ist an Himerius, Bischof von Tarragona, gerichtet, der Damasus I. 15 Fragen zur Kirchendisziplin vorgelegt hatte. Das Schreiben beginnt mit dem Anspruch, daß der Papst bzw. der in ihm vergegenwärtigte Apostel Petrus die Last der Schwerbeladenen trage, und verfügt anschließend endgültige Entscheidungen zu Fragen wie Wiederzulassung von Häretikern, Ostern und Pfingsten als für die Taufe angemessene Jahreszeiten, Alter und sonstigen Voraussetzungen für die Priesterweihe, Enthaltsamkeit und Ehelosigkeit der Geistlichen und Bußdisziplin. Siricius bittet darum, daß diese Dekretalen, die ebenso bindend seien wie die Kanones der Synoden, den Nachbarprovinzen Afrika, Spanien und Gallien zur Kenntnis zu bringen. Im Januar 386 schickte er an die afrikanischen und anderen Kirchen neun von einer Synode »bei den Reliquien des Apostels Petrus« verabschiedete Kanones, die unter anderem festlegten, daß kein Bischof ohne die Anerkennung durch den »Apostolischen Stuhl« oder von nur einem Weihbischof geweiht werden dürfe. Auch auf Anfragen der Bischöfe Galliens antwortete er mit einer Reihe von Kanones.

Über die allgemeine Tätigkeit des Siricius läßt sich nicht allzuviel sagen. Um den römischen Einfluß im östlichen Illyrien (SO des Balkans), das inzwischen dem Ostreich eingegliedert war, aufrechtzuerhalten, übertrug er 385 dem Bischof von Thessalonike das beispiellose Privileg der Kontrolle sämtlicher Bischofsämter dieser Region, womit er die Grundlage für das spätere päpstliche Vikariat schuf. Obwohl er den Priscillianismus mißbilligte, rügte er 386 den Usurpator Maximus (383–388) wegen der Hinrichtung des Häretikers Priscillianus, verweigerte den Bischöfen, die für die tragische Einführung der Todesstrafe für Ketzer verantwortlich waren, die Kirchengemeinschaft und empfahl 397 zusammen mit dem hl. Ambrosius die schonende Behandlung reuiger Priscillianisten. Anders, als bisweilen unterstellt, war er kein Gegner der Askese; so nutzte er 392/393 eine römische Synode, um Jovinian zu exkommunizieren, einen Mönch, der zum Kritiker des Fastens und des Zölibats geworden war und behauptete, daß Maria durch die Geburt des Heilands ihre Jungfräulichkeit verloren habe. Später verurteilte er die Auffassung des Bischofs Bonosus von Naissus (heute: Niš, Jugoslawien), wonach Maria Joseph nach der Geburt des Herrn weitere Kinder geboren habe, wobei er es den Bischöfen von Illyrien überließ, über den Mann selbst zu Gericht zu sitzen. Er schaltete sich des weiteren erfolgreich

in das Antiochia zerteilende Schisma ein: Auf seinen Ratschlag hin erkannte das Konzil von Cäsarea (Palästina) Flavian und nicht Evagrius als rechtmäßigen Bischof an. Um 395 zog er sich den Zorn des damals in Bethlehem ansässigen hl. Hieronymus und seiner römischen Gönner zu, da er Johannes, Bischof von Jerusalem († 417), und Rufinus von Aquileia († 410) positiv gegenüberstand; beide waren zu dieser Zeit bei Hieronymus sehr schlecht angeschrieben.
Siricius wurde in der Basilika S. Silvestro nahe der Priscilla-Katakombe bestattet; eine zeitgenössische Säule vor dem Nordportal von S. Paolo erinnert an seine Weihung der Kirche. Obwohl in früheren Jahrhunderten als Heiliger verehrt, wurde er aufgrund seiner Kritik am hl. Hieronymus und am hl. Paulinus von Nola in der ersten Ausgabe des römischen Martyrologiums (1584) übergangen. Sein Name wurde erst 1748 durch Benedikt XIV. hinzugefügt, der eine Abhandlung zum Beweis seiner Heiligkeit verfaßte. Festtag: 26. November.

Lit.: Hieronymus, *Ep.* 127,9; Paulinus von Nola, *Ep.* 5,14; *Collectio Avellana, Ep.* 40 (*CSEL* 35,90 f.); *PL* 13,1131–96; *LP* 1,86 f.; 216 f.; JW 1,40–42; H. Getzeny, *Stil und Form der ältesten Papstbriefe*, Diss. Tübingen 1922; Caspar 1, 257–285; *DCB* 4,696–702 (J. Barmby); *BSS* 11,1234–37 (V. Monachino); *DTC* 14,2171–74 (É. Amann); *NCE* 13,258 f. (P. T. Camelot); Seppelt 1,127–133.

Anastasius I.

Heiliger (27. 11. 399 – 19. 12. 401)

Der gebürtige Römer war kaum Papst geworden, als er schon in die Auseinandersetzung um den hervorragenden, aber umstrittenen griechischen Theologen Origenes (3. Jh.) hineingezogen wurde. Diese entzündete sich an der schönfärbenden Übersetzung von *De principiis* des Origenes durch Rufinus von Aquileia (um 345–410), die bei dem inzwischen in Bethlehem ansässigen Hieronymus (331–420) und seinem einflußreichen Freundeskreis in Rom großen Anstoß erregte. Diese hatten die Wahl des Anastasius in dem Glauben begrüßt, daß er der strengen asketischen Bewegung eher gewogen sei als Siricius, und setzten ihn unter Druck, die Schriften des Origenes zu verdammen. Der Papst muß in einiger Verlegenheit gewesen sein, da Origenes für ihn nichts als ein Name war und er den Ernst der auf dem Spiel stehenden theologischen Fragestellungen nicht oder kaum erfaßte. Als ihn im Frühjahr 400 ein Brief des mächtigen Patriarchen Theophilus von Alexandria († 412) erreichte, in dem sich dieser über die von den Werken des Origenes ausgehenden Übel ausließ und mitteilte, daß sie in Ägypten gerade verurteilt worden seien, berief Anastasius eine Synode ein, welche die Irrlehren des umstrittenen Theologen mit dem Bann belegte. Danach schrieb er an Simplicianus, den Bischof von Mailand († 400), und lud ihn und andere norditalienische Bischöfe ein, sich dem Bann anzuschließen. Rufinus fühlte sich nun selbst bedroht und schickte Anastasius eine kurze, aber geistreiche Verteidigung sowohl seiner Übersetzung als auch seiner eigenen theologischen Position. Der Papst schrieb 401, noch immer unter dem Einfluß von Freunden des Hieronymus, an Bischof Johannes von Jerusalem und stellte klar, daß er Rufinus dem Urteil Gottes überließ, wiewohl er weiterhin Zweifel an seinen Beweggründen zur Abfassung der berüchtigten Übersetzung hegte.
Wie Siricius pflegte auch Anastasius besondere Beziehungen zum Bischof von Thessalonike, um zu verhindern, daß das östliche Illyrien in den kirchlichen Einflußbereich Konstantinopels geriet. Im Unterschied zu Siricius wurde er jedoch von Hieronymus sehr bewundert. Dieser behauptete, sein Pontifikat sei deswegen von so kurzer Dauer gewesen, weil Rom einen so edlen Bischof nicht verdient habe. Er unterhielt auch zu Paulinus von Nola († 431), den Siricius scharf zurechtgewiesen hatte, herzliche Beziehungen und lud ihn ein, den Jahrestag seiner Weihe mit ihm zu begehen. Als die afrikanischen Bischöfe aus Sorge um mangelnden Priesternachwuchs die Lockerung des Wiederaufnahmeverbots donatistischer Kleriker beantragten, beantwortete er ihr Gesuch im Herbst 401 auf recht wenig hilfreiche Weise, indem er sie mahnte, den Kampf gegen die Donatisten fortzusetzen – ein Rat, über den die Afrikaner sich feinsinnig hinwegsetzten. *LP* schreibt ihm (möglicherweise zu Recht) eine Anordnung zu, die verlangte, daß Bischöfe ebenso wie Priester und Diakone in der Messe während der Lesung mit gesenktem Haupt stehen mußten, und vermeldet auch den Bau der Basilika Crescentiana an einer unbekannten Stelle. Anastasius wurde auf dem Friedhof von S. Pontiano an der Via Portuense beigesetzt. Festtag: 19. Dezember.

Lit.: *PL* 20,51–80; *PLSupp* 1,790–792; Hieronymus, *Ep.* 95; 127,10; 130,16; Paulinus von Nola, *Ep.* 20; JW 1,42 f.; *LP* 1,218 f.; Caspar 1,285–287; 291 f.; *DHGE* 2,1471–73 (J. P. Kirsch); *EC* 1,1154 f. (N. Turchi); *NCE* 1,478 (P. T. Camelot); Seppelt 1,133–135.

Innozenz I.

Heiliger (21. 12. 401 – 12. 3. 417)

Sohn von ANASTASIUS I. und vermutlich sein Diakon. Er war ein äußerst fähiger Mann und eine imponierende Persönlichkeit. Zu einer Zeit, da das römische Westreich unter den Invasionen der Barbaren zusammenbrach, machte er sich jede Gelegenheit zunutze, den Primat Roms durchzusetzen, wobei er viel weitergehende Forderungen für das Papsttum geltend machte als seine Vorgänger. So erwies er sich denn nicht nur als einer der herausragenden Päpste der frühen Jahrhunderte, sondern wurde mitunter als der »erste Papst« begrüßt.

Seine Tätigkeit spiegelt sich in seiner Korrespondenz, von der sich etwa 36 Briefe erhalten haben. In den Dekretalen z. B. an Victricius von Rouen († um 407), an spanische Bischöfe, die in Toledo zu einem Konzil (400) zusammengetreten waren, an Exuperius von Toulouse († um 411) und an Decentius von Gubbio (tätig 410) legte er für eine Reihe disziplinarischer und liturgischer Angelegenheiten gültiges Kirchenrecht fest und bestand darauf, daß der »römische Brauch« (*mos*) zur Regel werde. Der Brief an Exuperius beriet diesen in der Frage der kanonischen Bücher der Bibel, während das Schreiben an Decentius für die Geschichte des Meßkanons wichtig ist; er beschäftigt sich darin auch mit Buße und Letzter Ölung und schränkt das Spenden der Firmung auf Bischöfe ein. Sein Ton ließ keine Widerrede zu; da das Evangelium die Kirchen des Westens von Rom aus erreicht habe, müßten sie Rom als führende Kraft anerkennen; Rom sei die Berufungsinstanz, vor die auch die »gewichtigeren Fälle« (*causae maiores*) gebracht werden müßten.

Innozenz legalisierte die besonderen Beziehungen mit dem Bischof von Thessalonike, die seine Vorgänger hergestellt hatten, um zu verhindern, daß das östliche Illyrien (SO des Balkans), seit 391 eine Präfektur des Ostreichs, in den kirchlichen Einflußbereich Konstantinopels gerate. Er betraute Bischof Rufus (17. 7. 415) mit der Kontrolle der Kirche dieser Region »an seiner Statt«. Somit war er der eigentliche Gründer des päpstlichen Vikariats von Thessalonike. Seine Entschlossenheit, sich nicht nur im Westen, sondern auch im Osten durchzusetzen, bewies er durch seine Parteinahme für Johannes Chrysostomus (um 347–407) und Hieronymus (331–420) in der Stunde ihrer Bedrängnis. Als Johannes 401 als Bischof von Konstantinopel abgesetzt und verbannt wurde, sprach er ihm in Briefen Mut zu, weigerte sich, seinen Nachfolger anzuerkennen, forderte ein unparteiisches Konzil und stellte eine Delegation zusammen, die beim Ostkaiser Protest einlegen sollte. Da seine Gesandten gekränkt und abgewiesen wurden und Johannes in der Verbannung sterben mußte, kündigte er den Bischöfen des Ostens, die Johannes verfolgt hatten, die Kirchengemeinschaft auf. Sofort nach der Nachricht, die Klöster des Hieronymus in Bethlehem seien verwüstet und ihre Insassen von Gewalttätern überfallen worden, erbot er sich 416 in einem Schreiben an den hl. Hieronymus, »die ganze Autorität des Apostolischen Stuhls« gegen die Übeltäter geltend zu machen, und rügte Bischof Johannes von Jerusalem († 417) in scharfen Worten, weil er in seiner Diözese derartige Greueltaten dulde.

Freilich gebot der herrische Papst nur über geringen Einfluß bei Hofe. Bei den Maßnahmen zur Niederschlagung des Donatismus in Nordafrika 405 und 412 wurde er nicht zu Rate gezogen. Doch der Streit mit Pelagius (um 354 – um 419), dem vorgeworfen wurde, daß er die göttliche Gnade gering achte und die Rolle des freien Willens überbetone, verschaffte Innozenz die willkommene Gelegenheit, Roms Anspruch auf das Lehramt herauszustreichen. Zwei von der 415 erfolgten Rehabilitation des Pelagius in Diospolis (heute: Lod bei Tel Aviv) beunruhigte afrikanische Konzilien bekräftigten im Sommer 416 seine ursprüngliche Verdammung (411) und baten den Papst ehrerbietig, ihrem Bannfluch den des Apostolischen Stuhls zuzugesellen. Auch der hl. Augustinus und vier weitere afrikanische Bischöfe schrieben an ihn und schickten ihm eine Abschrift der Abhandlung *Über die Natur* des Pelagius. In drei vom 27. Januar 417 datierten Briefen gestand Innozenz zwar seine Unkenntnis der Vorgänge zu Diospolis ein, verurteilte indes abartige Ansichten über die göttliche Gnade und erklärte Pelagius und seinen Kollegen Caelestius für ausgestoßen, es sei denn, daß sie zur Orthodoxie zurückfänden. Er lobte seine Briefpartner dafür, die Angelegenheit vor seinen Richterstuhl gebracht zu haben (was in Wahrheit gar nicht der Fall war) und damit der althergebrachten Tradition gefolgt zu sein, wonach Bischöfe überall umstrittene Glaubensartikel PETRUS, dem Gründer ihres Titels und Amtes, vorlegen müßten. Kein anderer Papst vor ihm hatte die Ansicht, daß dem Apostolischen Stuhl die höchste Lehrgewalt zukomme, so unverhüllt ausgesprochen. Der hl. Augustinus war hocherfreut, daß zwei Konzilien dem Hl. Stuhl ihre Entscheidungen hatten zukommen lassen, daß dieser endgültigen Bescheid erteilt hatte und die Angelegenheit damit erledigt war.

Als der Westgote Alarich († 419) Rom belagerte (408), wurde Innozenz Zeuge der Hungersnot und Verzweiflung, die die Stadt befielen. Obwohl er die Forderung nach (inzwischen ungesetzlichen) öffentlichen Opfern zur Besänftigung der erzürnten Götter zurückwies, scheint er doch heimliche Opfer stillschweigend geduldet zu haben. 410 suchte eine Abordnung unter seiner Führung Kaiser Honorius (393–423) in Ravenna auf, um einen Waffenstillstand auszuhandeln, doch die Verhandlungen fuhren sich fest, und Alarich stürmte und plünderte Rom (24. 8. 410). Die Abwesenheit des Papstes wurde von frommen Historikern als gnädige Fügung ausgelegt: Gott habe es ihm, wie vormals Lot, erspart, zusammen mit der sündigen Hauptstadt in den Abgrund gerissen zu werden. Erst 412 kehrte er nach Rom zurück. Er wurde auf dem Friedhof von S. Pontiano an der Via Portuense begraben wie sein Vater Anastasius I. Festtag: 28. Juli.

Lit.: *PL* 20,463–636; *Collectio Avellana, Ep.* 41–44 (*CSEL* 35,92–98); JW 1,44–49; *LP* 1,220–224; H. Gebhardt, *Die Bedeutung Innocenz I. für die Entwickelung der päpstlichen Gewalt*, Diss. Leipzig 1901; B. Capelle, »Innocent I et le canon de la messe«, in: *RTAM* 19 (1952) S. 5–16; É. Demougeot, »A propos des interventions du pape Innocent I dans la politique séculière«, in: *RH* 212 (1954) S. 23–38; Caspar 1,296–343; *DCB* 3,243–249 (J. Barmby); *DTC* 7,1940–50 (É. Amann); *NCE* 7,519 f. (P. T. Camelot); Seppelt 1,135–144.

Zosimus

Heiliger (18. 3. 417 – 26. 12. 418)

Er war Grieche von möglicherweise jüdischer Abkunft (sein Vater hieß Abraham) und wurde INNOZENZ I. von Johannes Chrysostomus (um 347 – 407) als Presbyter empfohlen. Obwohl er sich unermüdlich für die päpstlichen Machtansprüche einsetzte, war seine kurze und turbulente Amtszeit von Fehlern gezeichnet, die nicht nur seinen ungenügenden Kenntnissen des Westens, sondern auch seinem impulsiven Wesen und eigenmächtigen Vorgehen entsprangen. Bereits am 22. März 417 erließ er ein Dekretale, das Bischof Patroclus von Arles (412–426), einen zeitgenössischen römischen Abenteurer, der wahrscheinlich die Papstwahl manipuliert hatte, zum Metropoliten der Provinzen von Vienne (eines rivalisierenden Bistums) und der beiden Narbonnes machte und ihn ermächtigte, sämtliche Bischöfe zu weihen und alle Angelegenheiten zu entscheiden, die nicht an Rom weitergeleitet zu werden brauchten; gallische Kleriker, die Rom aufsuchen wollten, mußten sich ein Beglaubigungsschreiben von ihm verschaffen. Diese unerhörten Maßnahmen erregten in Gallien Unmut, doch unter dem Einfluß des Patroclus wies Zosimus alle Proteste zurück und setzte gar Bischof Proculus von Marseille ab (5. 3. 418), als dieser sich störrisch zeigte. Ein Brief an Hesychius von Salona (heute: Solin, Jugoslawien), den Metropoliten von Dalmatien († um 429), läßt vermuten, daß der Papst dort, und wahrscheinlich in der Westkirche überhaupt, ähnliche Vikariate zu errichten gedachte.

Sein Eingreifen in den Pelagianismus-Streit nimmt sich noch unbeholfener aus. Obwohl Innozenz I. Pelagius und dessen Schüler Caelestius gerade erst gerügt hatte, rollte Zosimus den Fall erneut auf und ließ sich von den kunstvollen Schreiben des Pelagius und der scharfsinnigen Selbstverteidigung des Caelestius auf einer Sitzung in S. Clemente blenden; beide bekundeten ihre Bereitschaft, sich dem Richtspruch des Hl. Stuhls zu beugen. In brüsken Briefen teilte er dem afrikanischen Episkopat mit, daß beide Häretiker ihre Unschuld bewiesen hätten, und warf ihnen vor, ihre Aktion gegen die beiden sei voreilig gewesen und habe sich auf skrupellose Zeugen gestützt. Die Entrüstung der afrikanischen Bischöfe, die ihn im November 417 geradeheraus beschieden, daß Innozenz' Urteilsspruch für sie weiterhin Gültigkeit habe, war so groß, daß sich Zosimus genötigt sah, den Rückzug anzutreten. Er sicherte ihnen nach einigen Belehrungen über den päpstlichen Primat zu, daß die Lage sich gegenüber den Tagen Innozenz' nicht verändern werde (21. 3. 418). Mittlerweile hatten die Afrikaner Kaiser Honorius (393–423) in Ravenna angerufen und vermochten sich von ihm einen Erlaß zu verschaffen, der Pelagius, Caelestius und ihre Anhänger als Häretiker und Unruhestifter verurteilte (30. 4. 418). Dem Papst blieb keine andere Wahl, als völlig zurückzustecken; an die Bischöfe des Ostens und des Westens richtete er ein als seine *Tractoria* bekanntes, umfangreiches Dokument, in dem er seine frühere Position zurücknahm und die Pelagianer und ihre Lehren mit dem Bann belegte.

Zosimus hatte einen weiteren Zusammenstoß mit der stets eifrig auf ihre Autonomie bedachten afrikanischen Kirche. Diesmal ging es um einen afrikanischen Priester namens Apiarius, der nach seiner Exkommunikation durch Bischof Urbanus von Sicca verärgert Berufung bei ihm einlegte. Obgleich das afrikanische Kirchenrecht Appellationen außerhalb der Jurisdiktion untersagte, sprach Zosimus ihn frei und schickte ihn mit drei Legaten nach Afrika zurück, die mit folgenden Forderungen beauftragt waren: 1. daß die afrikanischen Bischöfe das Recht auf Anrufung Roms und afrikanische Priester und Diakone das Recht auf Anrufung benachbarter Bischofsstühle hätten; 2. daß die afrikanischen Bischöfe aus der Zufluchtnahme zum Hof in Ravenna keine Gewohnheit machen sollten (ihr Einspruch in Sachen Pelagius und Caelestius wurmte ihn wohl sehr); 3. daß Urbanus aus der Gemeinschaft verstoßen werden solle, solange er sein Urteil über Apiarius nicht widerrufe. Zosimus rechtfertigte sein Eingreifen unter Berufung auf zwei Kanones des Konzils von Nicäa (325), bei denen es sich in Wahrheit um solche des in Afrika nicht anerkannten Konzils von Serdica (342/343; heute: Sofia) handelte. Die Afrikaner stellten die Sache dem nächsten afrikanischen Konzil anheim und informierten mittlerweile den Papst, daß sie die beiden angeblichen Kanones ohne Verzicht auf ihre Rechte bis zur weiteren Klärung der Dinge befolgen würden.

Zosimus' Unbeholfenheit und Taktlosigkeit erregte auch in Rom selbst erheblichen Widerspruch; während der letzten Monate seines Lebens intrigierte eine Gruppe gegnerischer Kleriker am kaiserlichen Hof zu Ravenna gegen ihn. Zosimus wollte gerade Maßregeln zur Exkommunikation der Rebellen ergreifen, als er erkrankte und nach längerer Krankheit starb. Er wurde in der Kirche S. Lorenzo an der Straße nach Tivoli beigesetzt. Die Cliquen, die sich nach seinem Tod bildeten, deuten darauf hin, daß sein Pontifikat nicht nur schlecht beraten war, sondern auch Uneinigkeit hervorrief. Zwar fehlt sein Name im Martyrologium des hl. Hieronymus (5. Jh.), doch taucht er bei Ado von Wien (9. Jh.) auf. Festtag: 26. Dezember.

Lit.: *PL* 20,639–686; *PLSupp* 1,796–798; JW 1,49–51; *LP* 1,CCCI; 225 f.; Caspar 1,344–360; *DCB* 4,1221–25 (J. Barmby); *DTC* 15,3708–16 (É. Amann); *BSS* 12,1493–97 (V. Monachino); Seppelt 1,145–154.

Eulalius

(Gegenpapst, 27. 12. 418 – 3. 4. 419; † 423)

ZOSIMUS war kaum beerdigt, als sich die Diakone der römischen Kirche zusammen mit einer Handvoll Priester am 27. Dezember in der Lateranbasilika verschanzten und seinen Archidiakon Eulalius – vermutlich wie er griechischer Herkunft – zu seinem Nachfolger wählten. Am folgenden Tag wählte die große Mehrheit der Presbyter ihren altersgebeugten Kollegen BONIFATIUS. Beide Männer empfingen am 29. Dezember – einem Sonntag – getrennt voneinander die Weihe, Eulalius im Lateran von der Hand des Bischofs von Ostia, der traditionell den Bischof von Rom weihte. Der heidnische Stadtpräfekt Symmachus schickte Kaiser Honorius (393–423) in Ravenna umgehend einen Bericht, in dem er sich für Eulalius aussprach, und Honorius akzeptierte diesen als Papst. Als er indessen bald darauf von den römischen Presbytern eine anderslautende Darstellung der Papstwahl erhielt, zitierte Honorius beide Kandidaten vor eine Bischofssynode in Ravenna. Da diese zu keiner Entscheidung gelangte, vertagte er die Angelegenheit auf ein repräsentativeres Konzil, auch mit gallischen und afrikanischen Bischöfen, das am 13. Juni 419 in Spoleto zusammentreten sollte. In der Zwischenzeit sollten sich beide Bischöfe aus Rom zurückziehen, und der Bischof von Spoleto, Achilleus, sollte die Osterfeierlichkeiten in Rom am 30. März leiten. Bonifatius fügte sich, doch Eulalius, entschlosen, seine Position durch den Vorsitz bei den Ostergottesdiensten zu bekräftigen, kehrte am 18. März nach Rom zurück und besetzte unter Gewaltanwendung die Lateranbasilika. Dies war sein Verderben; denn die Besetzung löste Unruhen in der Bevölkerung aus, und der Stadtpräfekt verbannte ihn aus der Stadt. Am 3. April wurde ein kaiserliches Edikt erlassen, das ihm die Papstwürde aberkannte und die Wahl des Bonifatius bestätigte. Das geplante Konzil von Spoleto fand nicht mehr statt. Eulalius akzeptierte die Entscheidung und zog sich zunächst nach Antium (heute: Anzio, 60 km von Rom) zurück, doch scheint er mit seinen Anhängern die Hoffnung gehegt zu haben, auf den Hl.Stuhl zurückkehren zu können: Als Bonifatius kurz danach erkrankte, warnte er den Kaiser jedenfalls, daß das Schisma sich im Fall seines Ablebens erneuern könne. Doch als der Papst im September 422 starb, unternahm Eulalius, obwohl seine Parteigänger ihn dazu drängten, keinen Versuch, das Amt wiederzuerlangen. *LP* zufolge wurde ihm ein Provinzbistum zugewiesen, doch die Ausgaben nennen einmal die Toskana, ein andermal die Campagna. Er starb im Jahr 423.

Lit.: *Collectio Avellana, Ep.* 14–36 (*CSEL* 35,59–84); JW 1,51 f.; *LP* 1,LXII; 88 f.; 227–229; Caspar 1,361–364; *DCB* 2,277–279; *DHGE* 15,1385 (H. Marot); Haller 1,130 f.; Seppelt 1,154 f.

Bonifatius I.

Heiliger (28. 12. 418 – 4. 9. 422)

Als Sohn eines Priesters namens Jocundus war der gebürtige Römer ein führender Presbyter, dem INNOZENZ I. wichtige Missionen in Konstantinopel anvertraute. Nach dem Tod des ZOSIMUS versammelte sich die große Mehrheit der Presbyter zusammen mit zahlreichen Laien am 28. Dezember in der Basilika der Theodora und wählte Bonifatius zum Papst, obwohl sich die Diakone und einige Presbyter am Vortag bereits für den Archidiakon EULALIUS entschieden hatten. Beide empfingen ihre Weihe getrennt voneinander am 29. Dezember, Bonifatius im Beisein von neun Bischöfen in der Kirche S. Marcello. Der heidnische Stadtpräfekt Symmachus bekannte sich in seinem Bericht an Kaiser Honorius (393–423) in Ravenna zu Eulalius, und Bonifatius wurde angewiesen, Rom zu verlassen, was er unter Protest tat. Indessen war er beim Volk beliebt und verfügte über einflußreiche Freunde bei Hofe, darunter des Honorius Schwester Galla Placidia. Als dem Kaiser eine Petition zuging, in der sich die römischen Presbyter eindeutig für Bonifatius erklärten, beschied er beide Rivalen zu einer Synode nach Ravenna. Als es dort zu keiner Einigung kam, überließ er die Entscheidung einem Konzil, das unter Einschluß von Bischöfen aus Gallien und Afrika in Spoleto zusammentreten sollte (13. 6. 419). Bis dahin sollten sich die beiden rivalisierenden Bischöfe aus Rom zurückziehen; Achilleus, der Bischof von Spoleto, sollte am 30. März die dortigen Ostermessen lesen. Bonifatius fügte sich, doch die Mißachtung der Anordnung durch Eulalius erzürnte die Regierung dermaßen, daß sie ihn aus Rom verbannte und Bonifatius als rechtmäßigen Bischof der Stadt anerkannte (3. 4. 419). Im Juli 420, als Bonifatius schwer krank war und besorgt, daß sich die Kirche bei seinem Ableben erneut spalten könnte, bat er den Kaiser, im Fall einer Neuwahl den Kirchenfrieden zu sichern. Honorius reagierte mit einem Verbot jeglicher Wahlintrigen und verfügte, daß bei einer Doppelwahl beide Kandidaten disqualifiziert würden und die Regierung nur einen Bischof anerkennen werde, der einmütig gewählt sei. Dieser erste Versuch einer Regelung der Papstwahl blieb jedoch ohne Wirkung.

Alt und geschwächt unternahm Bonifatius Schritte, um den Plan des Zosimus, Arles zum päpstlichen Vikariat zu erklären, rückgängig zu machen, und gab Marseille, Vienne und Narbonne ihre metropolitanen Rechte zurück. Das von SIRICIUS legalisierte päpstliche Vikariat von Thessalonike sah er bedroht, weil der Ostkaiser Theodosius II. (408–450) als Antwort auf eine Beschwerde der Bischöfe von Thessalien eine Verfügung (14. 7. 421) erließ, welche die ekklesiastische Jurisdiktion über das östliche Illyrien, das inzwischen eine Präfektur des Ostreiches geworden war, Konstantinopel übertrug. Bonifatius ging zielstrebig daran, seine Weisungsbefugnisse in der Region wiederzuerlangen, indem er Rufus von Thessalonike und den anderen Bischöfen bedeutete, daß die Obhut über alle, einschließlich der östlichen Kirchen kraft göttlicher Einsetzung bei Rom liege. Mit Hilfe von Honorius vermochte er Theodosius zu überreden, das Gesetz außer Kraft zu setzen, doch gelang es ihm nicht, dessen Aufnahme in den kaiserlichen Kodex zu verhindern. In Afrika mußte er sich noch immer mit dem abgesetzten Priester Apiarius abgeben, dessen Wiedereinsetzung Zosimus gebieterisch verlangt hatte. Er erhielt einen Brief der afrikanischen Bischöfe (vom 31. 5. 419), in dem es hieß, daß man Apiarius in eine andere Diözese strafversetzt habe, nachdem er sein Fehlverhalten eingestanden habe. Gleich-

zeitig baten sie den Papst, die angeblich in Nicäa, in Wirklichkeit aber in Serdica (heute: Sofia) erlassenen Kanones zu überprüfen, mit denen Zosimus sein Eingreifen gerechtfertigt hatte; aus ihrem Widerwillen gegen die Arroganz seines Legaten machten sie kein Hehl. Andrerseits legte Bonifatius selbst nicht gerade Feingefühl an den Tag, als er der Eingabe des Antonius, eines abgesetzten Bischofs von Fussala in Nordafrika, den der hl. Augustinus unbedacht berufen hatte, stattgab und ihn, ohne die Anklagepunkte gegen ihn zu kennen, mit der Anweisung nach Afrika zurückschickte, er sei zu rehabilitieren.
Im Kampf gegen den Pelagianismus erwies sich Bonifatius als beharrlicher Verfechter der Orthodoxie; er bewog Honorius, ein Edikt zu erlassen, das von allen Bischöfen die Unterzeichnung der *Tractoria* des Zosimus über die Ächtung der Irrlehre verlangte. Zwei in seine Hände gelangte Briefe pelagianischer Führer, in denen der hl. Augustinus verleumdet wurde, ließ er diesem zukommen. Der hl. Augustinus verfaßte daraufhin eine umfangreiche Entgegnung, die er dem Papst widmete. Das Begleitschreiben zeugt von dessen Güte und Demut. Als echter Römer war Bonifatius unermüdlich in der Durchsetzung des päpstlichen Machtanspruchs; er schrieb einmal: »Es ist noch nie rechtens gewesen, was einmal vom Apostolischen Stuhl entschieden worden ist, erneut zu beraten.« Auf dem Friedhof der hl. Felicitas an der Via Salaria ließ er in der Nähe ihres Grabes eine Kapelle errichten. Dort wurde er auch bestattet. Festtag: 4. September.

Lit.: *PL* 20,745–792; JW 1,51–54; *Collectio Avellana, Ep.* 14–37 (*CSEL* 35,59–84); Codex Theodosianus 16,2,45; *LP* 1,227–229; Caspar 1,359–364; *DCB* 1,327 f. (T. R. Buchanan); *DHGE* 9,895–897 (G. Bardy); *BSS* 3,328–330 (F. Caraffa); *NCE* 2,668 f. (J. Chapin); Seppelt 1,155–158.

Cölestin I.

Heiliger (10. 9. 422 – 27. 7. 432)

Aus der Campagna Romana gebürtig, war er Diakon unter INNOZENZ I. und korrespondierte 418 mit dem hl. Augustinus. Als Archidiakon von Rom wurde er ohne Gegenstimmen zum Papst gewählt. Er erwies sich in Rom selbst als tatkräftiger Bischof, der die große Minderheit der Novatianer zerschlug und ihre Kirchen beschlagnahmte, so daß sie ihre Gottesdienste in Privathäusern abhalten mußten. Er ließ die 410 bei der Plünderung der Stadt schwer beschädigte Juliansbasilika restaurieren; die neue Basilika S. Sabina wurde während seiner Amtszeit erbaut.
Die Überzeugung, daß Rom Berufungsinstanz für sämtliche Provinzen sei, stürzte ihn in Konflikt mit der nordafrikanischen Kirche. Zwar gab er den Bitten des hl. Augustinus nach, auf die Wiedereinsetzung des Antonius von Fussala zu verzichten – eines abgesetzten Bischofs, der BONIFATIUS I. angerufen hatte –, doch ordnete er die Rehabilitierung des Apiarius an, eines in Ungnade gefallenen Priesters, der auf Gesuch von ZOSIMUS wiederaufgenommen, indessen erneut vom Glauben abgefallen und daher exkommuniziert worden war; zusammen mit dem berüchtigt hochmütigen Legaten Faustinus schickte er ihn nach Afrika zurück. Auf einem um 426 abgehaltenen Plenarkonzil in Karthago brach Apiarius zusammen und gestand seine Schuld ein; die afrikanischen Bischöfe ergriffen die Gelegenheit, den Papst an ihre traditionelle Autonomie zu erinnern, und drängten ihn, mit Personen, die sie ausgestoßen hatten, keine Kirchengemeinschaft einzugehen. Cölestin vermochte als Nachfolger PETRI die allgemeine Kirchenaufsicht über das östliche Illyrien mit mehr Erfolg durchzusetzen und wies die dortigen Bischöfe 423/424 an, Bischof Rufus von Thessalonike als seinen Vikar anzuerkennen. Im Juli 428 erinnerte er die Bischöfe des südlichen Gallien daran, daß sie unter seiner Aufsicht stünden, und tadelte strengstens Mißbräuche, von denen er Kenntnis erhalten hatte, wie etwa die Einführung einer gesonderten Bischofstracht. Sein tatkräftiges Einschreiten führte dazu, daß die Anführer des Pelagianismus aus der Westkirche ausgeschlossen wurden, und 429 schickte er eine unter Führung des Germanus von Auxerre (um 378 – 448) stehende Gesandtschaft nach Britannien, um die Häresie dort auszurotten. 431 weihte er Palladius und schickte ihn als ersten Bischof nach Irland. Im selben Jahr schrieb er zur Bekämpfung des Semipelagianismus (der dem freien Willen eine Rolle bei der ersten Hinwendung zur Gnade zuerkannte) an die Bischöfe des südlichen Gallien und drängte sie ganz allgemein, dem verehrten Augustinus die Treue zu halten. Die »Kapitel des Cölestin«, die diesem Brief beigefügt waren und die Entscheidungen des Hl. Stuhls in Dingen der göttlichen Gnade zusammenfaßten, dürften

wohl eher auf Prosper Tiro von Aquitanien (um 390 – um 463) zurückgehen.
Im Verlauf seines Pontifikats wurde Cölestin in die christologische Debatte zwischen Nestorius von Konstantinopel (428–431) und Kyrill von Alexandria (412–444) hineingezogen. Der eine repräsentierte die antiochenische Schule und die Tendenz, die göttliche und menschliche Natur Christi auseinanderzuhalten, der andere die alexandrinische Lehrmeinung, die ihre dynamische Einheit hervorhob. Nestorius erregte Aufsehen mit seinem Angriff auf die volkstümliche Bezeichnung der Jungfrau Maria als »Gottesgebärerin« (*Theotokos*), und als sowohl er als auch Kyrill dem Papst ihre Positionen darlegten, wertete dieser den Schritt als eine Appellation des Ostens an Rom. Er ließ sich von Kyrill, der die Ansichten des Nestorius als Leugnung der Göttlichkeit Jesu hinstellte, und von dem Mönch Johannes Cassianus (um 360 – 435), der für ihn eine kritische Schrift vorbereitet hatte, unterrichten und verdammte die Lehre auf einer römischen Synode (10. 8. 430). Nestorius forderte er auf, innerhalb von 10 Tagen zu widerrufen, andernfalls er ausgestoßen würde, und Kyrill ersuchte er, die Strafe »an seiner Statt« auszuführen. Kyrill ging einen Schritt weiter und ließ Nestorius ein Ultimatum zustellen, verbunden mit der Forderung, 12 Anathemata zu unterschreiben, die die antiochenische Zwei-Naturen-Christologie ausschloß. Indessen berief Theodosius II. (408 bis 450) im Juni 431 ein allgemeines Konzil (das 3. ökumenische Konzil) nach Ephesus ein, auf dem die Angelegenheit beigelegt werden sollte. Cölestin nahm, obwohl geladen, nicht selbst daran teil, sondern ließ sich durch drei Legaten vertreten, die Anweisung hatten, die Entscheidungen des Hl. Stuhls aufrechtzuhalten, eng mit Kyrill zusammenzuarbeiten und seinem Urteil zu folgen. In einem Schreiben drängte er Kyrill, großherzig zu handeln, sollte Nestorius eine Sinnesänderung zeigen. Kyrill setzte sich durch. Er kam als erster in Ephesus an, eröffnete am 22. Juni, ohne die Ankunft der päpstlichen Legaten oder der antiochenischen Bischöfe abzuwarten, das Konzil und exkommunizierte Nestorius mit Hilfe der eigenen Anhänger. Als die Legaten am 10. Juli eintrafen, billigten sie die bereits getroffenen Entscheidungen. Die Akten des Konzils wurden Cölestin nicht vorgelegt, doch in Briefen (vom 15. 3. 432) drückte er seine Genugtuung über die Leistung des Konzils aus. Er bedauerte lediglich, daß es Nestorius erlaubt worden war, sich nach Antiochia zurückzuziehen, wo er weiteres Unheil anrichten konnte, und distanzierte sich von der Verstoßung des Johannes von Antiochia († 441), der den gemäßigten Flügel der Antiochener anführte. Damit beließ er letzterem die Möglichkeit, in den Schoß der Gemeinschaft zurückzukehren, falls er die Beschlüsse des Konzils akzeptierte und von Nestorius abrückte.
In seinen Briefen und durch seine Legaten auf dem Konzil beharrte Cölestin wiederholt auf dem päpstlichen Anspruch, als Nachfolger und lebender Stellvertreter Petri die väterliche Aufsicht über die Gesamtkirche des Ostens wie des Westens zu führen. Er wurde in der Priscilla-Katakombe nahe der kleinen Kirche S. Silvestro bestattet, wo sein Grabmal anscheinend mit Abbildungen des Konzils von Ephesus ausgeschmückt wurde. Festtag: 6. April.

Lit.: *PL* 50,417–558; *PLSupp* 3,18–21; *ACO* I.1,7,125–137; I.2,5–101; *LP* 1,CCXI; 230 f.; JW 1,55–57; Caspar 1,381–416; *DCB* 1,584–588 (W. Bright); *DACL* 2,2794–2802 (F. Cabrol); *DHGE* 12,56–58 (G. Bardy); *BSS* 3,1096–1100 (I. Daniele); *NCE* 3,263 f. (J. Chapin); Seppelt 1,150 f.; 158–171.

Sixtus (Xystus) III.

Heiliger (31. 7. 432 – 19. 8. 440)

Der gebürtige Römer, Sohn des Xystus, hatte vorher in dem Ruf gestanden, Pelagius wohlgesonnen zu sein, und war von den Pelagianern als Bundesgenosse bezeichnet worden. Als indes ZOSIMUS seine *Tractoria* publizierte (418), tat er den Pelagianismus öffentlich in Bann und gab seine Zurückweisung der Lehre deren Erzfeind Augustinus bekannt. Über seine Tätigkeit unter BONIFATIUS I. ist nichts bekannt, doch lassen Hinweise in seinen frühen Briefen auf die Korrespondenz CÖLESTINS I. mit dem Osten nach dem Konzil von Ephesus (431) vermuten, daß er an ihrer Formulierung beteiligt war.
Sixtus führte die Politik Cölestins I. fort und setzte sich in Zusammenarbeit mit Kaiser Theodosius II. (408–450) sehr dafür ein, den Bruch zu heilen, zu dem es in Ephesus zwischen Kyrill von Alexandria und Johannes von Antiochia († 441), dem führenden Vertreter der gemäßigten antiochenischen Christologie, gekommen war. Er vermied es, die Anathemata Kyrills zu erwähnen,

und bestand darauf, daß Johannes und seine Gesinnungsgenossen lediglich die Beschlüsse von Ephesus zu akzeptieren und von Nestorius abzurücken brauchten, um wieder in die Kirchengemeinschaft aufgenommen zu werden. Die auf der Grundlage des von den Antiochenern formulierten, aber auch von Kyrill akzeptierten Symbolums der Einheit (*Symbolum unionis unitatis*) im Frühjahr 433 erzielte Aussöhnung erfüllte Sixtus mit großer Genugtuung; den Erfolg schrieb er dem Apostel PETRUS zu, dem in ihm weiterwirkenden Garanten des wahren Glaubens. Die ausgezeichneten Beziehungen, die Rom nun mit dem Osten unterhielt, wurden vorübergehend getrübt, als Proklos, der neue Bischof von Konstantinopel (434–446/447), Schritte einleitete, um das östliche Illyrien (SO des Balkans) aus der traditionellen kirchlichen Abhängigkeit von Rom herauszulösen (434). Sixtus mußte die illyrischen Bischöfe, die Anzeichen der Unbotmäßigkeit zeigten, ermahnen, orientalischen Synoden keinerlei Aufmerksamkeit zu schenken, und daran erinnern, daß der Bischof von Thessalonike noch immer sein Vikar im östlichen Illyrien war. Zugleich ersuchte er im Dezember 437 Proklos darum, Bischöfe aus Illyrien nur zu empfangen, wenn sie Beglaubigungsschreiben seines Vikars Anastasius von Thessalonike vorweisen konnten. Um Proklos versöhnlich zu stimmen, teilte er ihm mit, daß ein Bischof von Smyrna, der in Konstantinopel verurteilt worden war, Rom angerufen hatte, daß er das Urteil aber schlicht bestätigt hatte. Unter dem Einfluß seines Diakons LEO widersetzte er sich 439 den Bitten des 418 abgesetzten und verbannten pelagianischen Führers Julian von Eclanum († 454), an seinen Bischofsstuhl in Apulien zurückkehren zu dürfen.

Mit S. Sebastiano an der Via Appia gründete Sixtus das früheste schriftlich belegte Kloster. Mit Hilfe von Geldmitteln, welche die kaiserliche Familie zur Verfügung stellte, ließ er ein größeres Bauprogramm durchführen als irgendeiner seiner Vorgänger, wobei ihn der Gedanke leitete, die 410 von den Westgoten angerichteten Verwüstungen wiedergutzumachen. Zwei seiner bemerkenswertesten Bauwerke, die neue oktogonale Taufkapelle im Lateran und der Wiederaufbau der Liberianischen Basilika unter dem Namen S. Maria Maggiore, nutzte er bewußt, um die dogmatischen Errungenschaften seines Zeitalters herauszustellen: Die Inschriften im Innern des Baptisteriums priesen die göttliche Gnade und die Theologie des Taufsakraments und unterstrichen die Niederlage des Pelagianismus, die Mosaiken der Basilika feierten den Sieg über den Nestorianismus. Sein Kult entwickelte sich erst spät; sein Name taucht erstmals im Martyrologium des Ado (9. Jh.) auf. Festtag: 28. März.

Lit.: *PL* 50,581–619; *PLSupp* 3,21 f.; JW 1,57 f.; *LP* 1,CXXVI f.; 232–237; Caspar 1,416–422; *DACL* 13,1204–07 (H. Leclercq); *DCB* 4,706–708 (J. Barmby); *DTC* 14,2196–99 (É. Amann); *BSS* 11,1262–64 (V. Monachino); *NCE* 13,271 f. (J. Chapin); Seppelt 1,171–174; R. Krautheimer, »The Architecture of Sixtus III«, in: *Essays in Honor of E. Panofsky*, hrsg. von M. Meiss, New York 1961.

Leo I.

Heiliger (Aug./Sept. 440 – 10. 11. 461)

Neben GREGOR I. der einzige Papst mit dem Beinamen »der Große«. Er wurde Ende des 4. Jh.s als Sohn toskanischer Eltern vermutlich in Rom geboren und *in absentia* zum Papst gewählt, da er eine diplomatische Mission in Gallien erfüllte, mit der ihn der kaiserliche Hof betraut hatte. Als Diakon übte er großen Einfluß auf seine beiden Vorgänger aus; so veranlaßte er 430, daß CÖLESTIN I. über die nestorianische Irrlehre unterrichtet wurde, und bestärkte 436 SIXTUS III. darin, sich der Rehabilitierung des Pelagianers Julian von Eclanum zu widersetzen. Kyrill von Alexandria († 444) versicherte sich 430 persönlich seiner Unterstützung gegen Pläne, Jerusalem den Status eines Patriarchats zu verleihen. Nach Rom zurückgekehrt, wurde Leo am 29. September geweiht – ein Tag, den er dann jährlich als seine »Geburt« feierte. Die gesamte Politik und alle Verlautbarungen, insbesondere die »Geburtstags«-Predigten, dieses energischen und entschlossenen Papstes waren von der Überzeugung durchdrungen, daß die oberste und universale Gewalt der Kirche, wie sie PETRUS ursprünglich von Christus verliehen wurde, auf alle folgenden Bischöfe Roms als Nachfolger des Apostels übergegangen sei. Als solcher nehme er die Aufgaben, Vollmachten und Privilegien des hl. Petrus wahr. Ebenso wie der Herr Petrus mehr Machtfülle verliehen habe als den anderen Aposteln, so sei der Papst »der Primas aller Bischöfe« und die mystische Verkörperung des Apostels.

Selbstsicher machte Leo überall im Westen seine Autorität geltend. Seine sich über das gesamte liturgische Jahr erstreckenden Predigten geben ihn als Hirten zu erkennen, der sich, auf der Hut vor Häresien, mit Lehre und Unterweisung befaßte. Besonders hart ging er mit den Manichäern ins Gericht; er konnte die Regierung dazu überreden, im Juni 445 die alten gegen sie gerichteten Strafgesetze wieder in Kraft zu setzen. Auch die Pelagianer griff er in aller Schärfe an. Die Bischöfe von Italien einschließlich Mailand und den Norden hatte er fest unter Kontrolle; er bestand auf einheitlicher Glaubensausübung, stellte Mißstände ab und schlichtete Streitigkeiten. Einen Hilferuf der von arianischen Westgoten beherrschten Kirche Spaniens gegen eine Wiederbelebung des Priscillianismus beantwortete er am 21. Juli 447 mit Handlungsanweisungen an die dortigen Bischöfe. Auch in Afrika, dessen Kirche traditionell auf Autonomie erpicht war, wurden seine Entscheidungen betreffs der unvorschriftsmäßigen Durchführung von Wahlen und anderer Skandale begierig erwartet und anerkannt. Als Hilarius von Arles (403–449) sein Bistum offenbar als ein von Rom unabhängiges Patriarchat betrachtete, schränkte Leo dessen Amtsgewalt auf seine Diözese ein und erhielt von Valentinian III. (425–455) einen Erlaß, der die päpstliche Jurisdiktion über sämtliche Westprovinzen anerkannte. Um die Entstehung eines Patriarchats zu verhindern, teilte er die Bistümer Galliens später (451) zwischen Arles und Vienne auf. Das päpstliche Vikariat im östlichen Illyrien (südöstl. Balkan) bestätigte er zwar, wies jedoch Anastasius von Thessalonike, seinen oft stümperhaften Statthalter, strengstens an, die Rechte seiner Metropoliten zu respektieren; als päpstlichem Vikar stehe ihm wohl ein Anteil an der päpstlichen Oberaufsicht zu, nicht aber die volle Macht.

Im Umgang mit dem Osten stieß Leo auf Abneigung, die päpstlichen Machtansprüche unbesehen zu akzeptieren. 448 ging ihm eine Appellation des Mönchs Eutyches († 454) zu, der von seinem Bischof, Flavian von Konstantinopel, abgesetzt worden war, weil er die monophysitische Lehre vertrat, wonach der fleischgewordene Christus nur eine Natur besitze, da seine menschliche Natur in seiner göttlichen Natur aufgegangen sei. Als Leo erkannte, worauf diese Lehre hinauslief, ließ er Flavian ein wichtiges Lehrschreiben zustellen (13. 6. 449), den sogenannten *Dogmatischen Brief* (*Tome*), in dem er Eutyches verdammte und die ständige Unterschiedenheit der beiden Naturen in der einen Person Christi festschrieb. Theodosius II. (408 bis 450) berief im August 449 ein Konzil nach Ephesus ein, und Leo ließ sich von drei Delegierten vertreten, die seinen *Dogmatischen Brief* verlesen und verabschieden lassen sollten. Das Konzil jedoch verwarf das Schriftstück, verurteilte Flavian und rehabilitierte Eutyches. Leo weigerte sich, die Maßnahmen anzuerkennen, brandmarkte das Konzil als »Räubersynode« (*latrocinium*) und setzte sich an die Spitze der rasch wachsenden Schar von Gegnern des Konzils. Infolgedessen wurde im Oktober 451 in Chalkedon (heute: Kadiköy) am Bosporus das 4. ökumenische Konzil abgehalten, das die Entscheidungen von Ephesus (449) widerrief und den Lehrsatz von der einen Person Christi in zwei Naturen bekräftigte. Wenngleich Leos Hoffnung, das Konzil werde unter Vorsitz seiner Legaten in Italien abgehalten, enttäuscht wurde, so wurde letzteren doch wenigstens ein Ehrenplatz zuteil, und sein *Dogmatischer Brief* wurde mit respektvollem Beifall aufgenommen. Die anwesenden Kirchenväter vernahmen in Leos Lehre die »Stimme Petri«. Nach Beilegung des christologischen Streits freilich verabschiedete das Konzil eine Reihe von Kanones; der 28. Kanon garantierte Konstantinopel mit der Begründung, daß beide Städte Kaiserresidenzen seien, den nämlichen patriarchalischen Status wie Rom. Leo fand diese Klausel so verwerflich, daß er das Risiko einging, seine Anerkennung der vom Konzil getroffenen Entscheidungen bis zum 21. März 453 hinauszuzögern; selbst dann noch erklärte er den 28. Kanon für ungültig, da er den Kanones von Nicäa (325) zuwiderlaufe. In den folgenden Jahren bestand seine Hauptsorge jedoch darin, die Regierung in ihren Bemühungen zu bestärken, die Position der in Chalkedon gebilligten Lehre zu festigen. Um sicherzustellen, daß er auf dem laufenden gehalten wurde, aber auch um seine eigene Politik in Konstantinopel verfolgen zu können, setzte er Julian von Kos, einen griechischsprachigen Italer, als seinen dortigen Nuntius (*apocrisiarius*) ein.

Leo war zwar kein origineller oder profunder Theologe, doch aufgrund seiner Bemühungen, das bestehende orthodoxe Lehrgebäude klar und systematisch darzustellen, wurde er von BENEDIKT XIV. zum Kirchenlehrer erklärt. Wiewohl liturgisch interessiert und gebildet, war er nicht der Urheber des sog. Leoninischen Sakramentars (6./7. Jh.). Seine erhaltenen 96 Predigten und 143 Briefe (in der Hauptsache Werke seiner Kanzlei) zeichnen sich durch klare, knappe und rhythmische Prosa aus, in der Inhalt und Form auf bewundernswerte Weise zusammenstimmen. Doch Leos unerschrockene Persönlichkeit beeindruckte nicht nur Kirchenmänner. Unweit von Mantua trat er höchstpersönlich dem Hunnenkönig Attila entgegen (452), der zu dieser Zeit Norditalien plünderte und nach Süden drängte, und veranlaßte ihn zur Umkehr. Vor den Stadtmauern Roms traf er mit dem Vandalen Geiserich zusammen (455); wenn er diesen auch nicht daran zu hindern vermochte, die Stadt einzunehmen und zu plündern, so konnte er ihn doch dazu bewegen, ihr wenigstens Feuer, Folter und Blutbäder zu ersparen. Nach seinem Tod wurde er in der Vorhalle von St. Peter begraben; 688 wurden seine sterblichen Überreste ins Innere der Basilika überführt. Festtag: 10. November (früher: 11. April) im Westen, 18. Februar im Osten.

Lit.: *PL* 54–56; *CCL* 138; 138 A; *ACO* II.1–4; JW 1,58–75; *LP* 1,238–241; T. G. Jalland, *The Life and Times of St Leo the Great*, London 1941; W. Ullmann, »Leo I and the Theory of Papal Primacy«, in: *JTS* 11 (1960) S. 25–51; E. Dekkers, »Autour de l'œuvre liturgique de S. Léon le Grand«, in: *Sacris erudiri* 10 (1958) S. 363–398; Caspar 1,462–564; PW 12,1962–73 (H. Lietzmann); *DTC* 9,218–301 (P. Batiffol); *NCE* 8,637–639 (F. X. Murphy); Seppelt 1,175–210.

Hilarus

Heiliger (19. 11. 461 – 29. 2. 468)

Er stammte aus Sardinien und war der Sohn des Crispinus. Als Archidiakon Leos I. und einer seiner Legaten auf der »Räubersynode« von Ephesus (August 449) protestierte er gegen die Verurteilung Flavians, Bischof von Konstantinopel (446–449), und konnte sich gerade noch lebend flüchten, um Leo einen Augenzeugenbericht von den verworrenen Vorgängen und eine Appellation des mittlerweile verstorbenen Flavian zu überbringen. Seine Flucht schrieb er Johannes dem Evangelisten zu, in dessen Grabkammer vor den Stadtmauern von Ephesus er sich verborgen gehalten hatte.
Hilarus war ein charakterstarker, energischer Papst, der sich seinen Amtsvorgänger zum Vorbild nahm. Über seinen Umgang mit der Ostkirche ist lediglich ein Dekretale bekannt, das er anscheinend unter den Bischöfen des Ostens zirkulieren ließ und in dem er die Konzilien von Nicäa (325), Ephesus (431) und Chalkedon (451) sowie Leos *Dogmatischen Brief* bekräftigte, Häresien verdammte und den Primat Roms unterstrich. Falls das Dokument echt ist, bestand seine Funktion darin, der wachsenden monophysitischen Opposition gegen das Konzil von Chalkedon entgegenzuwirken. In Italien selbst kämpfte er gegen die Ausbreitung des Arianismus, welcher unter dem Schutz des Ricimer stand, der bis zu seinem Tod (472) als Barbar über das Westreich gebot. Er mußte sich sogar mit einer von Ricimer begründeten arianischen Kirche in Rom und einem arianischen Bischof abfinden. Als ihm indessen 467 zu Ohren kam, daß der neue Imperator Anthemius (467–472) möglicherweise Versammlungsorte für Irrgläubige in der Stadt gutheiße, trat er ihm mutig entgegen und ließ ihn geloben, daß er dergleichen niemals zustimmen würde.
Hilarus schaltete sich häufig in die Angelegenheiten Galliens und Spaniens ein, um Roms Vormachtstellung zu festigen und einen Zusammenbruch der kanonischen Ordnung zu verhüten. Die gallischen Bischöfe suchte er, ohne es direkt auszusprechen, um Arles als ihre Metropolitanstadt zu scharen, damit ihm der Bischof von Arles als Informationsquelle und Befehlsempfänger zur Verfügung stehe. Daß er sein Ziel verfehlte, lag daran, daß Leontius von Arles, dem er seine Unterstützung lieh, als Mamertus von Vienne († um 475) gegen seine bischöflichen Rechte verstieß, sich der von ihm erwarteten Rolle nicht gewachsen zeigte. Auf einer in S. Maria Maggiore abgehaltenen Synode (19. 11. 465), der ersten römischen Synode, von der detaillierte Protokolle überliefert sind, befaßte er sich mit Beschwerden, die Ascanius, Metropolit von Tarragona, gegen Silvanus von Calahorra vorbrachte. Er bestätigte die Rechte der Metropoliten und untersagte Bischöfen, ihre Nachfolger selbst zu bestimmen. Einige seiner Briefe zeigen, wie sehr sich der spanische Episkopat auf Rom stützte und mit welcher Bereitwilligkeit und Entschiedenheit der Hl. Stuhl ihre Probleme löste.
Unter den von ihm errichteten Baulichkeiten in Rom befanden sich drei an das Baptisterium des Lateran grenzende Kapellen, von denen eine Johannes dem Evangelisten geweiht war als Dankopfer für die Flucht aus Ephesus (449). *LP* führt seine üppigen Geschenke an römische Kirchen

auf, die als Ersatz für die Edelmetalle gedacht waren, die während der Besetzung Roms durch die Vandalen (455) geraubt wurden. Dem Bericht zufolge gründete er bei S. Lorenzo fuori le Mura ein Kloster, wo er auch beigesetzt wurde. Festtag: 28. Februar.

Lit.: *PL* 58,11–31; *PLSupp* 3,379–381; 441–443; JW 1,75–77; Thiel 1,126–170; *LP* 1,XXXVIII; 242–248; Caspar 1,483–495; 2,10–14; *DCB* 3,72–74 (J. Barmby); *DTC* 6,2385–88 (É. Amann); *LThK* 5,339 (G. Schwaiger); *BSS* 7,737–753 (B. Cignitti); *NCE* 6,1113 (J. Chapin); Seppelt 1,191–193; 211 f.

Simplicius

Heiliger (3. 3. 468 – 10. 3. 483)

Er war der Sohn des Castinus und aus Tivoli gebürtig. Simplicius erlebte die Absetzung des letzten weströmischen Kaisers Romulus Augustulus im September 476, die Proklamation eines germanischen Generals, des Arianers Odoaker, zum König über Italien, welcher dem oströmischen Kaiser Zenon (474–491) theoretisch Gefolgschaft schuldete, und die Errichtung von Barbarenkönigtümern im übrigen weströmischen Reich. Er pflegte vor allem Beziehungen zur Ostkirche, doch in schweren Zeiten tat er alles, um die Vorrangstellung Roms im Westen aufrechtzuerhalten. So schritt er ein, um italische Bischöfe zu maßregeln, die ihre Befugnisse überschritten hatten, und ernannte als erster den Bischof von Sevilla zum päpstlichen Vikar in Spanien.

Zu Beginn seines Pontifikats widersetzte er sich unter Berufung auf eine Entscheidung Leos I. einem Antrag des Acacius von Konstantinopel (472–489), den 28. Kanon des Konzils von Chalkedon (451) anzuerkennen, der dessen Bischofsstuhl den gleichen Rang einräumte wie Rom. Doch die bedeutsamste und in den Augen der Westkirche beunruhigendste Entwicklung im Osten war der Sieg der gegnerischen monophysitischen »Eine Natur«-Lehre über die »Zwei Naturen«-Lehre von Chalkedon während der Usurpation des Kaiserthrons durch Basiliskos (Jan. 475 – Aug. 476). Hierauf erfolgten offizielle Schritte, durch eine Kompromißformel Chalkedonenser und Monophysiten zu vereinigen. Basiliskos, der auf Unterstützung seitens der Monophysiten angewiesen war, verurteilte öffentlich die chalkedonensische Christologie und Leos *Dogmatischen Brief* und gestattete Monophysiten die Übernahme der bedeutenden Bistümer. Die Wiedereinsetzung Zenons sicherte jedoch die chalkedonensische Orthodoxie keineswegs, da dieser zusammen mit Acacius bald darauf eine Politik der Aussöhnung verfolgte, die ihren Ausdruck im *Henotikon* (482) fand, einem auf den ersten Blick harmlosen Edikt, das indes dem Monophysitismus entgegenkam. Die Nachrichten von derlei Vorkommnissen gelangten oft erst spät nach Rom, und die Briefe des Simplicius zeigen, daß er sich bis 479 vergeblich darum bemühte, Einfluß auf die Entwicklung zu nehmen. Im Januar 476 ermutigte er Acacius und seinen Klerus, der monophysitischen Reaktion Widerstand entgegenzusetzen; Simplicius versuchte Basiliskos klarzumachen, wie fundiert Leos *Dogmatischer Brief* sei; im April 477 rief er Zenon, der inzwischen auf den Thron zurückgekehrt war, dazu auf, die chalkedonensische Lehre aufrechtzuerhalten; im Juni 479 akzeptierte er, wenn auch widerstrebend, eine unrechtmäßige Berufung auf den Stuhl von Antiochia. Nach 479 jedoch ließ Acacius ihn über die Ereignisse bewußt im dunkeln, besonders über die Pläne für das *Henotikon*, und er wurde zunehmend zum hilflosen Zuschauer, der Zenon und Acacius wegen der Rückkehr des Monophysiten Petros Mongos nach Alexandria wirkungslose Vorhaltungen machte, auf ungeschickte Weise einen nicht annehmbaren Bischofskandidaten, Johannes Talaia, unterstützte und wiederholt beanstandete, daß er nicht auf dem laufenden gehalten werde. Mit einem Wort: Der Hl. Stuhl galt weder Kaiser noch Patriarch sehr viel.

Simplicius förderte bemerkenswerte Baulichkeiten, darunter den Umbau eines Saals auf dem Esquilin in die Kirche S. Andrea in Catabarbara (das erste Beispiel der Umwandlung eines öffentlichen Gebäudes) sowie den Bau der architektonisch interessanten Kirche S. Stefano Rotondo auf dem Caelius. Er soll veranlaßt haben, daß Priester aus verschiedenen römischen Titelkirchen bei den Gottesdiensten in den großen Basiliken von St. Peter, S. Paolo und S. Lorenzo assistierten. Simplicius starb nach langer Krankheit und wurde in der Nähe von Leo I. in der Vorhalle von St. Peter beigesetzt. Festtag: 10. März.

Lit.: *PL* 58,35–62; *Collectio Avellana, Ep.* 56–69 (*CSEL* 35,124–155); E. Schwartz, »Publizistische Sammlungen zum Acacianischen Schisma«, in: *AAM* 10 (1934) S. 119–122;

JW 1,77–80; *LP* 1,249–251; Caspar 2,10–25; *DCB* 4,690–695 (J. Barmby); *DTC* 14,2161–64 (É. Amann); *NCE* 13,232 (J. Chapin); Seppelt 1,212–215.

Felix III. (II.)

Heiliger (13. 3. 483 – 1. 3. 492)

Als Sohn eines Priesters entstammte er einem aristokratischen Römergeschlecht. Er selbst war Witwer mit mindestens zwei Kindern (von einem stammte GREGOR I. ab). Auf Bitten seines Vorgängers spielte bei seiner Wahl zum Papst Basilius, der Prätorianerpräfekt König Odoakers von Italien (476–493), eine entscheidende Rolle. Dieser ließ auch ein Kirchengesetz verkünden, wonach den Päpsten bei Strafe des Bannfluchs untersagt war, kirchliches Eigentum zu veräußern. Aufgrund der postumen Aufnahme des Gegenpapstes FELIX II. in das Verzeichnis rechtmäßiger Päpste wurde ihm unrichtig der Titel Felix III. verliehen.

Von Anbeginn befaßte sich Felix, der sich stark auf seinen Archidiakon (und Nachfolger) GELASIUS stützte, intensiv mit der Ostkirche. In Rom war soeben die Nachricht von dem durch Kaiser Zenon (474–491) erlassenen *Henotikon*-Edikt (482) eingetroffen, einer Kompromißformel, die die monophysitische Opposition gegen die auf dem Konzil von Chalkedon (451) verabschiedete Lehre von den zwei Naturen Christi besänftigen sollte. Der Monophysit Petros Mongos war als Bischof von Alexandria eingesetzt worden, und sein verstoßener Vorgänger, der Orthodoxe Johannes Talaia, hielt sich in Rom auf und erhob voller Bitterkeit Anklage. Felix schickte eine Gesandtschaft mit Briefen für den Kaiser und den Patriarchen nach Konstantinopel. Zenon teilte er seine Wahl zum Papst mit (das erste Mal, daß ein Papst so verfuhr) und erbat sich Hilfeleistungen für die von den arianischen Vandalen verfolgten Katholiken Nordafrikas; vor allem aber verlangte er die Absetzung des Petros Mongos und die Beibehaltung der chalkedonensischen Christologie. Sein erster Brief an den Patriarchen Acacius rügte diesen wegen der Unterstützung, die er Petros Mongos und dem *Henotikon* zukommen ließ, ein zweites Schreiben beorderte ihn nach Rom, wo er sich gegen die Anklagepunkte des Johannes Talaia verteidigen sollte.

Die Gesandtschaft stellte sich als Fiasko heraus: Die päpstlichen Legaten ließen sich etwas vormachen und protestierten nicht einmal, als Acacius Mongos in die Dyptichen, die Listen mit den Namen Lebender und Verstorbener, für die während der Messe öffentlich gebetet wurde, aufnahm; damit erweckten sie den Eindruck, als billige Rom seine Bischofswürde wie auch das *Henotikon*. Nach ihrer Rückkehr ließ der erboste Papst sowohl seine Legaten als auch Acacius auf einer Synode exkommunizieren (28. 7. 484). Zornig warnte er den Kaiser, sich nicht in die Angelegenheiten der Bischöfe einzumischen, und ließ Acacius die Strafe des Kirchenausschlusses durch einen Sonderboten überbringen. Einige übereifrige orthodoxe Mönche machten das Urteil auf unverfrorene Art und Weise öffentlich, indem sie das Schriftstück an den Ornat des Acacius hefteten, als er die Messe feierte.

Die von Felix ausgesprochene Kirchenstrafe machte auf Acacius faktisch keinen Eindruck, außer daß sie ihn dazu trieb, den Namen des Papstes aus den Dyptichen zu tilgen, doch mit ihr begann das Acacianische Schisma, das die Kirchen des Ostens und Westens 35 Jahre lang (484–519) spaltete. Sogar einige Anhänger von Felix in Konstantinopel zeigten sich darüber bestürzt, aber diesbezügliche Nachrichten sowie die Ersetzung des chalkedonensischen Bischofs von Antiochia durch einen Monophysiten führten bei Felix bloß zu einer Verhärtung des Standpunkts. Er hielt eine weitere Synode ab (5. 10. 485), die einen Brief billigte, in dem er die Exkommunikation des Acacius den Gläubigen Konstantinopels zuliebe wiederholte. Zugleich setzte er, wenn auch ohne jegliche Wirkung, den monophysitischen Bischof von Antiochia wieder ab. Als Odoaker, der sich von Theoderich, dem ostgotischen König von Italien (493–526), bedroht fühlte, eine Politik der Annäherung an Zenon verfolgte (488/489), ergab sich eine Gelegenheit, die Kirchenspaltung aufzuheben, doch Felix beharrte auf der völligen Unterwerfung des Acacius. Auch als Acacius starb (28. 11. 489) und in Konstantinopel die Hoffnungen auf eine Wiedervereinigung der beiden Kirchen wieder auflebten, weigerte sich Felix, irgendwelche Friedensangebote anzunehmen, solange nicht Mongos den Bischofsstuhl von Antiochia räume und sein Name wie der des Acacius in den Dyptichen getilgt sei. 491, als sowohl Mongos (29. 10. 490) wie auch Zenon (9. 4. 491) gestorben waren, beantragte der neue Patriarch Euphemius, ein orthodoxer Chalkedonenser, der über die Thronbesteigung von Anastasius I. (491–518), eines Kaisers mit monophysitischen Tendenzen, beunruhigt war, in einem Schreiben an Felix die Wiederherstellung der Glaubensgemeinschaft zwischen den beiden Kirchen; der Papst jedoch, wiewohl er ihn für seine Rechtgläubigkeit lobte, lehnte es ab, irgendwelche Schritte zu unternehmen, solange Acacius nicht aus den Diptychen entfernt sei.

Über die Tätigkeit von Felix im Westen ist nur wenig überliefert. Als die Verfolgung nordafrikanischer Katholiken durch die Vandalen unter König Guntamund (484–496) nachließ, mußte Felix entscheiden, wie mit den zahllosen Katholiken verfahren werden sollte, die sich unter Zwang der arianischen Wiedertaufe unterzogen hatten. Sein Urteil (13. 3. 487) fiel außerordentlich hart aus: Mitglieder heiliger Orden durften nur auf dem Sterbebett wieder in die Gemeinschaft aufgenommen werden, andere erst nach langen Jahren der Buße. Einigen Kirchenforschern zufolge stammen Werke, die allgemein GELASIUS I. zugeschrieben werden, in Wahrheit von Felix: gewisse Briefe, die gegen das Wiederaufleben des Pelagianismus in Dalmatien wettern, sowie eine Abhandlung, in der das heidnische Fest der Luperkalien (15. Feb.) angegriffen wird.

Autoritär und schroff verlängerte Felix durch seine Unnachgiebigkeit das erste Schisma zwischen Ost- und Westkirche. Er wurde neben seinem Vater (der von LEO I. den Auftrag erhalten hatte, die Basilika instand zu setzen), seiner Gemahlin und seinen Kindern in S. Paolo bestattet. Festtag: 1. März.

Lit.: JW 1,80–83; Thiel 1,221–284; *LP* 1,252–254; E. Schwartz, »Publizistische Sammlungen zum Acacianischen Schisma«, in: *AAM* 10 (1934) S. 202–219; A. Grillmeier / H. Bacht, *Chalkedon*, Würzburg 1953, Bd. 1, S. 43–51; Caspar 2,25–44; *DHGE* 16,889–895 (P. Nautin); *LThK* 4,685 (G. Schwaiger); *NCE* 5,879 (J. Chapin); Seppelt 1,217–222.

Gelasius I.

Heiliger (1. 3. 492 – 21. 11. 496)

Der gebürtige Römer afrikanischer Abstammung war als Archidiakon einflußreich, formulierte er doch nicht nur die Politik, sondern auch die Briefe von FELIX III. Bei seinem Amtsantritt sah er sich einer schwierigen Situation gegenüber. Barbarische Könige, alles Arianer, herrschten über das, was einmal das weströmische Reich gewesen war; die Ostgoten hatten unter Theoderich Italien erobert und belagerten König Odoaker in Ravenna. Infolge des Krieges brach die Versorgung zusammen, Scharen von Flüchtlingen strömten nach Rom, und es herrschte akuter Mangel an Priesternachwuchs. Darüber hinaus war das Schisma zwischen der ost- und weströmischen Kirche noch immer nicht überwunden. Dieses war durch die Verhängung des von der Westkirche als Verrat am chalkedonensischen Bekenntnis (451) gewerteten *Henotikon* hervorgerufen und durch die Exkommunikation des Patriarchen Acacius von Konstantinopel durch Felix III. (484) besiegelt worden.

Als Theoderich durch die Beseitigung Odoakers 493 Herrscher über Italien wurde, stellte Gelasius ausgezeichnete Beziehungen zu ihm her. Theoderich war zwar Arianer, doch war er tolerant und mischte sich nicht in kirchliche Angelegenheiten ein. Gelasius gewann durch die Freundschaft mit ihm an Boden. Er war ein tatkräftiger Administrator, der sein Privatvermögen für die Armenhilfe verwendete, Hungersnöte milderte, indem er die Vorräte der päpstlichen Güter zur Verfügung stellte und Theoderich um Hilfe bat, und der die Anforderungen für die Priesterweihe lockerte, um mehr Geistliche zu rekrutieren. Freilich zeigte er sich in bezug auf das Acacianische Schisma noch unnachgiebiger als Felix III. So wies er die Friedensangebote des orthodoxen Patriarchen von Konstantinopel, Euphemius (489–495), zurück, der nicht einzusehen vermochte, weshalb Acacius verurteilt worden war, und beharrte auch weiterhin darauf, daß eine Aussöhnung unmöglich sei, solange nicht Acacius († 489) und andere Kirchenmänner, die wegen des *Henotikon* belastet waren, aus den Diptychen gestrichen seien. In zahllosen Briefen suchte er die Exkommunikation des Acacius zu rechtfertigen, welche die Ostkirche für nicht rechtmäßig hielt. Seine harte Haltung befremdete Kaiser Anastasius I. (491–519), bewog die Bischöfe der Ostkirche zu der Klage, er setze die Gesamtkirche aufs Spiel, und löste in einflußreichen Kreisen Roms zunehmend Unbehagen aus. Unter ihrem Druck war er gezwungen, Bischof Misenus von Cumae zu rehabilitieren (13. 5. 495), den Felix III. 484 als Legaten nach Konstantinopel entsandt, dann aber ex-

kommuniziert hatte, weil er die römische Position preisgegeben hatte.
Gelasius ließ keine Gelegenheit ungenutzt, um seine Überzeugung von der Vormachtstellung des römischen Stuhls deutlich zu machen, und war der erste Papst, der als »Stellvertreter Christi« begrüßt wurde (auf der römischen Synode vom 13. 5. 495, die Misenus wiedereinsetzte). Er behauptete, es sei das Vorrecht des Papstes, Konzilien zu ratifizieren und deren Beschlüsse durchzusetzen. Sein originellster Beitrag jedoch war die in einem Brief an Kaiser Anastasius ebenso wie in anderen Texten dargelegte Theorie der zwei Gewalten, die die Welt regierten, der »geheiligten Autorität der Bischöfe« und der »weltlich-herrscherlichen Macht«, die einerseits im Papst, andererseits im Kaiser angelegt seien. Beide seien Treuhänder Gottes und in ihrem jeweiligen Bereich souverän und unabhängig, doch sei die geistliche Gewalt, da sie für das Heil der weltlichen sorge, dieser von Natur aus übergeordnet. Jahrhundertelang sollten Kanoniker und andere sich dieser Lehre bedienen, um das Verhältnis von Kirche und Staat zu bestimmen.
Bei derartigen Auffassungen hatte Gelasius für den vom Konzil von Chalkedon (451) bestätigten Anspruch Konstantinopels, gleich hinter Rom den zweiten Platz innerhalb der Christenheit zu belegen, nicht viel übrig. Da das Schisma jedoch anhielt, konzentrierte er sich in seinen Briefen und Schriften unweigerlich darauf, die harte Linie Roms zu rechtfertigen. Hiervon zeugen die Warnungen vor der Propaganda Konstantinopels, die er mehr als einmal an die Bischöfe des südöstlichen Balkans richtete, insbesondere an Bischof Andreas von Thessalonike, der sich geweigert hatte, Acacius aus dem Gedächtnis der Kirche zu verstoßen. Gelasius fand größere Genugtuung in der Gefolgschaft der Kirchen Italiens und des Westens dem Hl. Stuhl gegenüber. Doch selbst dort galt es infolge des Zusammenbruchs, den das Eindringen der Barbaren verursachte, Mängel und Mißstände abzustellen. So hielt er die Bischöfe von Ostitalien (Picenum) und Dalmatien dazu an, die Überreste des Pelagianismus auszurotten. In Rom selbst widersetzte er sich dem heidnischen Fest der Luperkalien (15. Feb.), das ein führender Senator und seine Freunde als harmloses Karnevalsfest wiederbeleben wollten; sie revanchierten sich, indem sie ihm Laxheit bei der Disziplinierung straffälliger Geistlicher vorwarfen. Auf der Frühjahrssynode von 494 erließ er Dekretalen, die die Anstellung und Ausbildung des Klerus, die seelsorgerische Tätigkeit und die Aufteilung von Kirchengeldern regelten. Als produktiver Schriftsteller hinterließ er mehr als 100 Briefe und Brieffragmente und 6 theologische Traktate. Es gilt als sicher, daß weder das Gelasianische Dekret, das einen Kanon der Hl. Schrift und andere annehmbare Schriftstücke enthält, noch das Gelasianische Sakramentar, in welcher Ausgabe auch immer, irgend etwas mit ihm zu tun haben. Andererseits gehen 18 Meßformularien, die sich im Leoninischen Sakramentar, einem Manuskript des frühen 7. Jh.s, erhalten haben, auf ihn zurück.
Gelasius war die nach LEO I. herausragendste Papstgestalt des 5. Jh.s; im Gespür für theologische Fragen übertraf er Leo. Seine Schriften hinterlassen den Eindruck eines überheblichen, engstirnigen und barschen Pontifex. Indessen bezeugt eine Darstellung aus der Feder des Mönchs Dionysius Exiguus, der etwa 500–550 in Rom lebte und mit seinen Schülern verkehrte, die außerordentliche Verehrung, die ihm seine Zeitgenossen zollten. Dionysius betont seine Demut, seine Entschlossenheit, nicht zu herrschen, sondern zu dienen, seine Freude am Gespräch mit Gottesdienern und an der Bibelmeditation, seine Selbstkasteiung und Freigebigkeit den Armen gegenüber sowie die Art und Weise, wie er nach dem Vorbild des Guten Hirten die göttlichen Grundsätze nicht nur lehrte, sondern lebte. Er wurde in St. Peter beigesetzt. Festtag: 21. November.

Lit.: *PL* 59,13–190; *PLSupp* 3,739–788; JW 1,83–95; Thiel 1,285–613; Löwenfeld 1,1–12; *Collectio Avellana, Ep.* 94–101 (*CSEL* 35,357–468); E. Schwartz, »Publizistische Sammlungen zum Acacianischen Schisma«, in: *AAM* 10 (1934) S. 85–106; *LP* 1,255–257; *DCB* 2,617–620 (J. Barmby); *BSS* 6,90–93 (V. Monachino); *NCE* 6,315 f. (J. Chapin); *PRE* 6,315 f. (B. Moreton); JR 62–68; A. K. Ziegler, »Pope Gelasius I and his Teaching on the Relation of Church and State«, in: *CHR* 27 (1942) S. 412–437; B. Capelle, »L'œuvre liturgique de S. Gélase«, in: *JTS* 2 (1951) S. 129–144; G. Pomarès, *Gélase I: Lettre contre les Lupercales et dix-huit messes du sacramentaire léonien*, Paris 1959 (*SC* 65).

Anastasius II.

(24. 11. 496 – 19. 11. 498)

Er wurde als Sohn eines Priesters namens Petrus in Rom geboren. Seine Wahl spiegelte die Unzufriedenheit einflußreicher Kreise mit der harten

Linie wider, die Felix III. und Gelasius I. gegenüber dem Acacianischen Schisma mit der Ostkirche (484–519) eingeschlagen hatten. Als Diakon war Anastasius auf der Synode von 495 hervorgetreten, auf der Bischof Misenus rehabilitiert wurde. Diesen hatte Felix III. exkommuniziert, weil er die Position Roms als päpstlicher Legat in Konstantinopel (483) preisgegeben hatte. Nach seiner Einsetzung sandte der Papst zwei Bischöfe mit einem versöhnlich klingenden Schreiben an Kaiser Anastasius I. (491–519) nach Konstantinopel, in dem er seine Wahl mitteilte und seinem Verlangen nach der Wiederherstellung der Kircheneinheit Ausdruck verlieh. Wenngleich er auch weiterhin darauf beharrte, daß Acacius († 489) in den Diptychen nicht erwähnt werden dürfe, war sein Ton doch maßvoll, und die Gültigkeit der von Acacius und seinem Klerus gespendeten Priesterweihen und Taufen erkannte er eindeutig an. In der Form unterschieden sich seine Vorschläge keineswegs von denen Felix' III. und Gelasius' I., doch im Unterschied zu ihnen stellte er klar, daß er Frieden suchte und bereit war, Entgegenkommen zu zeigen. Roms zweites »schwarzes Schaf«, den Monophysiten Petros Mongos von Alexandria († 490), ließ er unerwähnt und bat den Kaiser lediglich, der alexandrinischen Kirche dabei zu helfen, den Weg zurück zur chalkedonensischen Rechtgläubigkeit zu finden.

Die Gesandtschaft des Papstes war mit einer Delegation des Ostgoten Theoderich verbunden, die sich zur selben Zeit in Konstantinopel aufhielt, um seine Anerkennung als König von Italien (493–526) zu erreichen. Diese Delegation wurde von dem hochrangigen römischen Senator Festus geleitet, der mit den päpstlichen Legaten eng zusammenarbeitete. Mit den Vertretern der alexandrinischen Kirche in der Stadt gab es Verhandlungen, und diese legten ein Memorandum über den rechten Glauben vor, das die Formulierungen des *Henotikon* fast Wort für Wort wiederholte. Der Kaiser machte sich die Situation zunutze. Er verbot seinem Patriarchen Macedonius, mit Anastasius II. in direkte Verhandlungen einzutreten, und erneuerte einen bereits zu Zeiten des Gelasius vorgebrachten Kompromißvorschlag, daß er Theoderich als König anerkennen werde, falls Rom im Gegenzug das *Henotikon* akzeptiere. Die Reaktion der päpstlichen Legaten auf diesen Plan ist nicht überliefert, doch verpflichtete sich Festus aus eigenem Antrieb, den Papst dazu zu überreden, sich dem Vorschlag anzuschließen. Auf diese Zusage hin verlieh Kaiser Anastasius I. vermutlich 498 Theoderich den erwünschten Titel. Im Jahr zuvor hatte der Papst wieder Beziehungen zu Bischof Andreas von Thessalonike angeknüpft, den Gelasius als Parteigänger des Acacius angeprangert hatte, und seinen Diakon Photinus empfangen. Ohne seinen Klerus zu Rate zu ziehen, war er mit Andreas die Kirchengemeinschaft eingegangen und hatte ihn sodann nach Konstantinopel geschickt, damit er in die Verhandlungen mit den Vertretern Alexandrias eingreife. Unterdessen erregte seine versöhnliche Politik Bestürzung in Rom, und die Photinus gewährte Audienz galt als endgültiger Verrat. Eine Reihe von Geistlichen kündigte die Glaubensgemeinschaft mit ihm auf, und wieder bahnte sich eine Kirchenspaltung an. Auf dem Höhepunkt der Krise jedoch, noch bevor Festus und die päpstlichen Legaten zurückgekehrt waren, starb Anastasius II. Seine Kritiker behaupteten prompt, sein Tod sei auf ein Gottesurteil zurückzuführen. Möglicherweise ging mit ihm die letzte Hoffnung auf eine Wiedervereinigung der West- und der Ostkirche auf der Grundlage einer orthodoxen Auslegung des *Henotikon* verloren.

Zeugnisse über den Umgang des Anastasius mit der Westkirche haben sich nicht erhalten bis auf einen Brief an die Bischöfe von Gallien (498), der den Traduzianismus verurteilt, d. i. die Auffassung, daß die Seele des Menschen nicht unmittelbar von Gott, sondern wie der Leib von den Eltern erschaffen sei. Ein angebliches Glückwunschschreiben an den Frankenkönig Chlodwig (481–511) zu dessen Bekehrung und Taufe wird inzwischen als Fälschung angesehen. Der Name des Papstes findet sich in keinem der alten Märtyrerverzeichnisse, und es gibt auch keine Anhaltspunkte, daß er als Heiliger verehrt wurde. Nach der mittelalterlichen Überlieferung, wie in dem verleumderischen Eintrag in *LP* und in Dantes Schilderung seines Grabes in der Hölle (*Inferno* 11,6–9), war er ein Verräter am Hl. Stuhl, der den Häretiker Acacius wieder in seine Rechte einsetzen wollte. Tatsächlich wurde er in der Vorhalle von St. Peter beigesetzt, wo sich sein Grabspruch in elegischem Versmaß erhalten hat.

Lit.: JW 1,95 f.; Thiel 1,615–639; *LP* 1,44; 258 f.; E. Schwartz, »Publizistische Sammlungen zum Acacianischen

Schisma«, in: *AAM* 10 (1934) S. 226–230; A. Grillmeier / H. Bacht, *Chalkedon*, Würzburg 1953, Bd. 2, S. 66–70; Caspar 2,82–87; Haller 1,234 f.; *DHGE* 2,1473–75 (J. P. Kirsch); *DBI* 3,22–24 (P. Bertolini); Seppelt 1,232–235; JR 67–69.

Symmachus

Heiliger (22. 11. 498 – 19. 7. 514)

Ein heidnischer Konvertit aus Sardinien und zum Zeitpunkt seines Amtsantritts Diakon, wurde er von der Mehrheit des Klerus, die mit der versöhnlichen Politik ANASTASIUS' II. zur Heilung des Acacianischen Schismas mit der Ostkirche (482–519) unzufrieden war, in der Laterankirche zum Papst gewählt. Eine Minderheit des Klerus, die von den meisten Senatoren unter Führung von Festus unterstützt wurde, sprach sich jedoch für die Fortsetzung der Entspannungspolitik aus und erkor noch am selben Tag in S. Maria Maggiore den Erzpriester Laurentius zum Papst. Die Doppelwahl endete in derartigen Raufereien, daß beide Parteien den Ostgoten Theoderich, König von Italien (493–526), um Schlichtung des Streitfalls ersuchten, obschon dieser selbst Arianer war. Theoderich verfügte, daß die Person, die zuerst oder aber mit größerer Unterstützung geweiht worden sei, den Apostolischen Stuhl einnehmen solle, und sprach ihn demgemäß Symmachus zu. Nach seiner Rückkehr aus Ravenna hielt der neue Papst mit bemerkenswerter Tatkraft eine Synode ab (1. 3. 499), die ein Statut verabschiedete, das die Erörterung eines Nachfolgers für einen amtierenden Papst untersagte und diesem gestattete, soweit möglich, einen Nachfolger zu designieren. Der Klerus sollte nur dann wählen, wenn der Papst verstarb, ohne einen Nachfolger bestimmt zu haben; die Mitwirkung des Laienstandes hingegen war ausgeschlossen. Laurentius unterschrieb diese »Papstwahlordnung« und wurde zum Bischof von Nuceria in Kampanien ernannt.

Eine Zeitlang konnte sich Symmachus sicher fühlen. Zusammen mit dem Senat hieß er Theoderich bei dessen Staatsbesuch in Rom (500) willkommen. Die aristokratischen Parteigänger des Laurentius unter Führung von Festus jedoch waren entschlossen, ihn abzusetzen, und verklagten ihn ein Jahr später bei Theoderich, das Osterfest gemäß dem alten Römischen Kalender statt des Alexandrinischen gefeiert zu haben. Der König zitierte den Papst nach Ravenna; doch als dieser in Rimini eintraf, fand er heraus, daß man ihn auch der Unkeuschheit und des Mißbrauchs von Kirchengut bezichtigte. Er geriet in Panik und kehrte nach Rom zurück, wo er in St. Peter, damals noch vor der Stadtmauer, Zuflucht suchte. Dieser unbedachte Schritt nahm nicht nur Theoderich gegen ihn ein, sondern wirkte wie ein Schuldgeständnis. Zahlreiche Geistliche versagten ihm daraufhin die Glaubensgemeinschaft. Auf ein Gesuch der Laurentianer hin leitete der König schwerwiegende Maßnahmen ein: die Ernennung des Bischofs von Altinum zum Visitarbischof von Rom, wo er 502 das Osterfest feiern und den Hl. Stuhl bis zur Entscheidung über die Anklagen gegen Symmachus verwalten sollte, und die Einberufung einer Synode italienischer Bischöfe, die über die Vorwürfe befinden sollte. Nach zwei abgebrochenen Sitzungen (auf der ersten verweigerte Symmachus die Aussage, solange der Besucher in Rom weile; an der zweiten konnte er aufgrund tätlicher Angriffe gegen ihn und sein Gefolge nicht teilnehmen) hielt die Synode ihre Schlußsitzung ab (23. 10. 502). Ihr Urteil lautete, daß Symmachus als Papst keinem menschlichen Gerichtshof unterworfen und das Urteil daher Gott vorbehalten sei. So wurde er denn von allen Anklagepunkten freigesprochen, und seine Gegner innerhalb des Klerus wurden aufgefordert, sich mit ihm auszusöhnen.

Triumphierend rief Symmachus die Bischöfe gemeinsam mit einer Reihe von Priestern und Diakonen unverzüglich zu einer eigenen Synode (6. 11. 502) in St. Peter zusammen. Diese erklärte das vom März 483 datierende Gesetz, das es Päpsten untersagte, kirchliches Eigentum zu übertragen, mit der Begründung für ungültig, es sei von Basilius, dem Prätorianerpräfekten König Odoakers (476–493), verkündet worden, und setzte es gleich darauf in beinahe identischer Form, diesmal jedoch mit der Autorität des Papstes und der Bischöfe versehen, wieder in Kraft. Symmachus hatte es sich zum Ziel gesetzt, sowohl die Einmischung seitens der Laienschaft zu unterbinden als auch zu demonstrieren, daß er Praktiken, die ihm zum Vorwurf gemacht worden waren, zurückwies. Der König war über seinen Freispruch verärgert, und die Laurentianer waren entschlossen, diesen zunichte zu machen. Laurentius durfte nach Rom zurückkehren und regierte vier Jahre lang vom Lateran aus als Papst; er übernahm die Kirchen der Stadt und das päpstliche Eigentum, während sich Symmachus nach Straßenkämpfen mit der Peterskirche zufriedengeben mußte. In dieser stürmischen Zeit wurden die »Symmachischen Fälschungen« lanciert, die mittels angeblicher Präzedenzfälle zu beweisen suchten, daß der Papst von Menschen nicht gerichtet werden könne. Erst 506, nach intensiven diplomatischen Aktivitäten durch den Diakon Ennodius (473/474–521, später Bischof von Pavia) und den alexandrinischen Diakon DIOSKUR, konnte Theoderich, der Byzanz und seinen Verbündeten in Rom inzwischen politisch entfremdet war, dazu bewogen werden, den Freispruch des Symmachus durch die Synode zu bestätigen, Anweisung zu geben, daß Festus diesem die Kirchen und das päpstliche Eigentum wieder aushändige, und somit »nur einen Pontifex in Rom zu erlauben«.

Auf diese Weise wurde das Schisma der römischen Kirche beigelegt, und Laurentius mußte abtreten. Doch die Bitterkeit der Fehde wirkte auch in der übrigen Regierungszeit des Symmachus noch nach, wozu seinen Kritikern zufolge auch sein Fehlverhalten beitrug. Viele, darunter auch der fromme Diakon Paschasius, söhnten sich mit ihm nie wieder aus. Der Papst übte sein Amt energisch aus: Er vertrieb die Manichäer aus Rom, ließ den Rechtgläubigen, die Opfer der arianischen Verfolgung wurden, großzügige Spenden zukommen und löste Gefangene aus, die in den oberitalienischen Kriegen gefangengenommen worden waren. Er stellte die Primatialrechte von Arles über Gallien wieder her (514), dehnte sie auf Spanien aus und ließ seinem Bischof, dem berühmten Caesarius (502–542), das Pallium überbringen (die erste Verleihung des Palliums an einen nichtitalienischen Bischof). Symmachus führte das »Gloria in excelsis« in die Bischofsmesse ein und ließ in Rom zahlreiche Kirchen erbauen und verschönern. Besondere Aufmerksamkeit schenkte er der Peterskirche, die er mit einer päpstlichen Residenz, Unterbringungsmöglichkeiten für den päpstlichen Haushalt und Einrichtungen für Pilger versah. Sein Sieg über die probyzantinische Opposition verhärtete seine Haltung Konstantinopel und dem Acacianischen Schisma gegenüber. Kaiser Anastasius I. (491–519) brandmarkte den »unrechtmäßig geweihten« Papst als Manichäer, worauf Symmachus mit scharfen und ausfallenden Worten reagierte. Erst 514 entschloß sich Anastasius angesichts von Krawallen in Konstantinopel und einer ernstzunehmenden Revolte in Thrakien, eine Annäherung an Rom herbeizuführen, und lud den Papst brieflich dazu ein, einem großen Konzil in Herakleia in Thrakien vorzusitzen, das die dem Schisma zugrunde liegenden doktrinären Streitfragen klären sollte. Als das Schreiben in Rom eintraf, war Symmachus bereits gestorben. Er wurde in der Vorhalle von St. Peter beigesetzt. Festtag: 19. Juli.

Lit.: JW 1,96–100; Thiel 1,639–738; *MG* AA 12,399–455; *LP* 1,44–46 [»Laurentinisches Fragment«]; 260–268; Caspar 2,87–129; *DCB* 4,751–755 (J. Barmby); *DTC* 14,2984–90 (É. Amann); *NCE* 13,876 f. (J. Chapin); *EC* 11,629–631 (A. Amore); JR 69–99; Seppelt 1,235–244.

Laurentius

(Gegenpapst, 22. 11. 498 – Feb. 499, 501–506; † 507/508)

Als Archipresbyter der römischen Kirche wurde er nach einer auf beiden Seiten von Bestechung gekennzeichneten Wahlkampagne am selben Tag wie SYMMACHUS im Lateran in S. Maria Maggiore zum Papst gewählt. Er war zwar nur der Kandidat einer Minderheit innerhalb des römischen Klerus, dafür aber eines Großteils der Aristokratie und des Senats unter dessen einflußreichem Führer Festus, der die Aussöhnungspolitik des alten Papstes zur Heilung des noch immer anhaltenden Acacianischen Schismas mit Byzanz (484–519) guthieß. Auf Symmachus entfielen die Stimmen der meisten Kleriker, welche die versöhnliche Linie von ANASTASIUS II. zurückwiesen. Die daraus folgenden Unruhen waren so gewalttätig, daß beide Parteien Theoderich, den arianischen König von Italien (493–526), um eine Entscheidung angingen. Und nach dem Grundsatz, daß die zuerst bzw. von einer Mehrheit gewählte Person den Apostolischen Stuhl einnehmen solle, sprach dieser das Amt dem Symmachus zu. Laurentius akzeptierte zunächst die Entscheidung und setzte als erster der teilnehmenden Priester seinen Namen mit der Bezeichnung »Archipresbyter der Titelkirche S. Prassede« unter die Dekrete einer Synode, die der neue Papst abhielt (1. 3. 499). Daraufhin wurde er zum Ausgleich auf den Stuhl von Nuceria in Kampanien berufen.

Auch wenn die Laurentianische Partei die Entscheidung des Königs zunächst annehmen mußte, war sie, angespornt von Festus, doch ent-

schlossen, Symmachus abzusetzen. Bereits 502 konnte sie vor Theoderich schwere Anklagen gegen ihn erheben und den König sogar dazu überreden, einen Visitarbischof zu berufen, der den römischen Stuhl bis zu einer Untersuchung der Vorwürfe verwalten sollte. Selbst als die von Theoderich zur Beurteilung des Falles einberufene Synode den Papst von allen Anklagepunkten freisprach (25. 10. 502), taten sie alles in ihrer Macht Stehende, um das Urteil umzustoßen. Unterdessen hatte der König Laurentius gestattet, aus Ravenna, wo er vor den Angriffen des Symmachus Zuflucht gesucht hatte, nach Rom zurückzukehren; von seinem Bischofsamt war er bereits zurückgetreten. Da die Laurentianer mit ihren gedungenen Banden die Straßen beherrschten, sah sich Symmachus auf die Peterskirche beschränkt, die damals außerhalb der Stadtmauer stand. Laurentius hingegen richtete sich im Lateranpalast ein, übernahm die Kirchen der Stadt und einen Großteil des päpstlichen Besitzes und herrschte 4 Jahre als Papst.
Während dieser Zeit lieferten sich die rivalisierenden Parteien blutige Straßenkämpfe, in denen die Laurentianer die Oberhand behielten. Erst im Herbst 506 machte sich Theoderich unter dem Druck der geschickten Diplomatie der Symmachianer, aber auch aufgrund seiner zunehmenden politischen Entfremdung von Byzanz die Entscheidung der Synode zugunsten des Papstes zu eigen und befahl Festus, Symmachus die Kirchen und das päpstliche Eigentum zurückzugeben. Laurentius, dem viele seiner Anhänger weiterhin die Treue hielten, wurde von Symmachus der Stadt verwiesen und ließ sich auf einem Gut nieder, das seinem Gönner Festus gehörte. Hier gab er sich ganz der Askese hin und starb bald darauf.

Lit.: *LP* 1,46–48; Theodorus Lector, *Hist. eccl.* 2,16 f. (*PG* 86a, 189–193); JW 1,100; *MG* AA 9,324; 12,416–455; G. B. Picotti, »I sinodi romani nello scismo laurenziano«, in: G. B. P., *Studi storici in onore di G. Volpe*, Florenz 1958, Bd. 2, S. 741–876; Caspar 2,87–118; *DCB* 3,629 f. (J. Barmby); *LThK* 6,829 (G. Schwaiger); Seppelt 1,235–242; JR 69–76.

Hormisdas

Heiliger (20. 7. 514 – 6. 8. 523)

Trotz seines persischen Namens war er Italiener und aus Frosinone gebürtig. Ein reicher Aristokrat, war er der vertraute Mitarbeiter von Papst SYMMACHUS gewesen, der ihn vermutlich nominierte. Aus seiner Ehe vor der Papstweihe ging ein Sohn namens SILVERIUS hervor, der später selbst Papst wurde.
Er sah sich als Friedensstifter und beseitigte zunächst die letzten Überreste des Laurentianischen Schismas, indem er die hartnäckigen Anhänger des Gegenpapstes LAURENTIUS wieder in die Glaubensgemeinschaft aufnahm. Vor allem aber wird seiner als des Mannes gedacht, der das langandauernde Acacianische Schisma zwischen Rom und der Ostkirche (484–519) beenden half. Vier Jahre lang erzielte er kaum Fortschritte, obwohl ihn der oströmische Kaiser Anastasius I. (491–518) Anfang 515 angesichts verschiedener Aufstände und des Wiederauflebens der chalkedonensischen Orthodoxie in der oströmischen Kirche einlud, den Vorsitz bei einem Konzil in Herakleia in Thrakien zu führen, das die Einheit der Kirche wiederherstellen sollte. Hormisdas, von Natur aus vorsichtig, beriet sich mit König Theoderich von Italien (493–526), bevor er im August 515 eine sorgfältig zusammengestellte Gesandtschaft nach Konstantinopel schickte. Als diese nichts auszurichten vermochte, schickte er 517 eine zweite. Beide führten detaillierte harte Bedingungen für eine Wiedervereinigung der beiden Kirchen mit sich, darunter die öffentliche Übernahme der Beschlüsse des Konzils von Chalkedon (451) und der Briefe LEOS I., die Verdammung des Acacius und anderer, die nach seinem Dafürhalten mit dem Makel des Monophysitismus behaftet waren, sowie die Neuverhandlung sämtlicher Fälle von Bischofsabsetzung oder -verbannung durch Rom (womit die Anerkennung des Primats Roms in der Kirchengerichtsbarkeit erzwungen werden sollte). Zwar setzte er die zweite Gesandtschaft geschickt ein, um die Anhänger der chalkedonensischen Orthodoxie im Osten zu sammeln und so Druck auf Anastasius auszuüben, doch schlug sie ebenso fehl wie die erste. Der Kaiser, dessen politische Macht inzwischen wieder gestärkt war, weigerte sich, den unerbittlichen Forderungen des Papstes nachzugeben.
Die festgefahrenen Verhandlungen kamen erst mit dem plötzlichen Tod des Kaisers (9. 7. 518) wieder in Gang. Sein Nachfolger Justinus I. (518–527) war überzeugter Chalkedonenser und führte die »Zwei Naturen«-Lehre mit begeisterter Unterstützung der Gemeinde von Konstantinopel unverzüglich wieder als das amtliche

Glaubensbekenntnis des Reiches ein. Auf seine herzliche Einladung (7. 9. 518) hin entsandte Hormisdas mit abermaliger Zustimmung Theoderichs eine dritte Delegation nach Konstantinopel, welche die gleichen Bedingungen für eine Schlichtung vorlegte. Eine Schlüsselstellung innerhalb der Delegation nahm der begabte alexandrinische Diakon DIOSKUR ein, der fließend Griechisch sprach. Da beide Seiten diesmal im Grunde einer Meinung waren, konnte die Mission gar nicht mißlingen, und nachdem Dioskur gewandt Roms Abneigung gegen Acacius († 489) erläutert hatte, wurde auf Befehl des Kaisers im kaiserlichen Palast die »Formel des Hormisdas« von Johannes II., dem Patriarchen von Konstantinopel, und von sämtlichen anwesenden Bischöfen und Äbten nach langer Gewissenserforschung unterzeichnet (28. 3. 519). Die Formel beinhaltete nicht nur die Annahme der chalkedonensischen Christologie, sondern auch die eindeutige Anerkennung Roms als des Apostolischen Stuhls, der den katholischen Glauben stets rein bewahrt habe, sowie die Verurteilung des Acacius und seiner vier Nachfolger. Auf sie sollte sich die Kirche in ihrer späteren Geschichte noch häufig berufen; das 1. Vatikanische Konzil nahm sie in die dogmatische Konstitution *Pastor aeternus* (18. 7. 1870) auf.

Obwohl das Acacianische Schisma nun überwunden und für das Konzil von Chalkedon (451) ein bemerkenswerter Sieg errungen war, war Hormisdas' Triumph bei weitem nicht so vollständig, wie er oft hingestellt wird. Bei aller Unnachgiebigkeit hätte Hormisdas doch nichts auszurichten vermocht, wären nicht Justinus I. und sein Neffe Justinian (Kaiser 527–565) überzeugte Chalkedonenser gewesen, die darüber hinaus auf die Wiedervereinigung mit der römischen Kirche angewiesen waren, wenn sie ihr langfristiges Ziel der Wiedergewinnung Italiens für das oströmische Reich verwirklichen wollten. Auch vermieden sie es, Rom in bezug auf die Kirchengerichtsbarkeit eine Vorrangstellung einzuräumen, indem sie die verbannten orthodoxen Bischöfe bereits vor Aufnahme der Verhandlungen wiedereinsetzten. Patriarch Johannes fügte seiner Unterschrift unter die Formel eine Glosse hinzu, in der er seiner Freude darüber Ausdruck verlieh, daß das alte und das neue Rom nunmehr eins, d. h. gleichen Ranges seien. Als die Regierung in den folgenden Monaten die Vereinbarung in die Tat umzusetzen versuchte, wurde bald ersichtlich, daß Hormisdas die Feindseligkeit, mit der das Abkommen in weiten Kreisen der Ostkirche aufgenommen wurde, entweder nicht verstehen konnte oder wollte. Er beharrte darauf, daß die Klauseln strikt angewendet würden, während der Kaiser und der Patriarch unter der Maske der Ehrerbietung ihrer eigenen Wege gingen und taten, was durchführbar war. Im März 521 ermahnte Hormisdas Kaiser Justinus, vor Zwangsmaßnahmen bei der Durchsetzung des Abkommens nicht zurückzuschrecken, und bevollmächtigte gleichzeitig den neuen Patriarchen Epiphanius als seinen Vertreter, die Überreste des Schismas im Osten zu beseitigen, womit er praktisch den 28. Kanon des Konzils von Chalkedon und das Patriarchat Konstantinopels anerkannte.

Die unterschiedliche Haltung Roms und des Ostens trat erneut an den Tag, als eine Gruppe skythischer Mönche die sogenannte theopaschitische Formel »Einer aus der Dreifaltigkeit hat im Fleisch gelitten« vorschlug, um die chalkedonensische Christologie vor jedem Verdacht des Nestorianismus zu schützen. Wiewohl in sich zutreffend, erweckte die Formel doch monophysitische Assoziationen, und sowohl die päpstlichen Legaten in Konstantinopel als auch Hormisdas in Rom behandelten sie mit großer Zurückhaltung. Ohne sie zu verurteilen, warnte der Papst den Kaiser vor ihr mit der Begründung, daß der *Dogmatische Brief* Leos I. und die chalkedonensische Definition durchaus ausreichend seien. Da Justinian andrerseits darauf aus war, gemäßigte Monophysiten auf seine Seite zu ziehen, war er bereits gewillt, die Formel zu billigen. Als Folge des Streitfalls mit den skythischen Mönchen wurde Hormisdas 520 um Rat angegangen, was die Rechtgläubigkeit des Faustus von Riez in der Provence (um 459 – um 490) anbetraf, den die Mönche als Pelagianer hingestellt hatten (obwohl er in Wahrheit Semipelagianer war). Seine besonnene Antwort lautete, daß die Kirchenlehre von CÖLESTIN I. und dem hl. Augustinus festgelegt worden sei und die Schriften des Faustus gelesen werden dürften, solange man den schädlichen Lehren, die sie enthielten, nicht Folge leiste.

Seinem Interesse an den Vorgängen im Osten folgend, beauftragte Hormisdas den um 500–550 in Rom ansässigen skythischen Mönch Dionysius Exiguus, eine lateinische Übersetzung der Kanones der griechischen Kirche anzufertigen. Des weiteren pflegte er einen lebhaften Briefwechsel mit den führenden gallischen Bischöfen Cäsarius von Arles († 542) und Avitus von Vienne († 519) und ernannte päpstliche Vikare in Spanien. Kurz vor seinem Tod vernahm er mit Genugtuung, daß die Verfolgung der afrikanischen Katholiken mit dem Tod des Vandalenkönigs Thrasamund (28. 5. 523) aufgehört habe und der Wiederaufbau einer katholischen Hierarchie endlich in die Hand genommen werden könne. Er wurde in St. Peter beigesetzt; sein Sohn Silverius verfaßte den Grabspruch im elegischen Versmaß. Festtag: 6. August.

Lit.: *PL* 63,367–534; *Collectio Avellana, Ep.* 105–242 (*CSEL* 35,495–742); Thiel 1,741–990; JW 1,101–107; *LP* 1,269–274; A. Grillmeier / H. Bacht, *Chalkedon*, Würzburg 1953, Bd. 2, S. 73–94; R. Haacke, »Die Glaubensformel des Papstes Hormisdas«, in: *AnGreg* 20 (1939); Caspar 2,129–192; *DCB* 3,155–161 (J. Barmby); *DTC* 7,161–176 (É. Amann); *LThK* 5,483 f. (R. Haacke); *NCE* 7,148 (J. Chapin); Seppelt 1,244–252; JR 100–109; 242.

Johannes I.

Heiliger (13. 8. 523 – 18. 5. 526)

Der gebürtige Toskaner und langjährige Diakon war, als er zum Papst gewählt wurde, alt und schwach. Er hatte anfangs den der Ostkirche gegenüber versöhnlich gestimmten Gegenpapst LAURENTIUS unterstützt, sich jedoch am 16. September 506 Papst SYMMACHUS unterworfen. Er war der geschätzte Freund des Philosophen und Staatsmannes Boethius (um 480–524), der ihn bei seinen Schriften zu Rate zog und ihm drei theologische Abhandlungen widmete. Seine Wahl spiegelte das Erstarken der proöstlichen Partei im Gefolge der von HORMISDAS wiedergewonnenen Einheit zwischen ost- und weströmischer Kirche wider. Es ist bedeutsam, daß er als Papst auf Vorschlag von Dionysius Exiguus für die Einführung der alexandrinischen Berechnung des Osterfestes verantwortlich zeichnete, die zwischen Laurentius und Symmachus umstritten gewesen war. Das Datum wurde schließlich im gesamten Westen akzeptiert.

Kurz vor seinem Amtsantritt begann Kaiser Justinus I. (518–527), der in seinem orthodoxen Eifer die alten Gesetze gegen Häretiker wiederaufgefrischt hatte, die Arianer in seinem Reich, unter ihnen zahlreiche Goten, zu verfolgen. Ihre Kirchen wurden beschlagnahmt, die Bekleidung öffentlicher Ämter war ihnen untersagt, und viele wurden gezwungen, dem arianischen Bekenntnis abzuschwören. Diese Schritte beunruhigten und erzürnten König Theoderich von Italien (493–526), der selber Gote und Arianer war und bis dahin gute Beziehungen zu Katholiken gepflegt hatte, sich jedoch nun zunehmend isoliert fühlte. Er zitierte den Papst nach Ravenna und wies ihn an, eine Delegation hochrangiger Bischöfe und Senatoren nach Konstantinopel zu führen, um die Einstellung der Verfolgungen und die Rückgabe der beschlagnahmten Kirchen zu erzielen wie auch die Freiheit zwangsbekehrter Arianer, sich wieder zum Arianismus bekennen zu dürfen. Aus Angst um das Schicksal der Katholiken des Westens im Falle seiner Weigerung sagte Johannes zu, sein Möglichstes zu tun, um sämtliche geforderten Zugeständnisse zu erlangen außer dem letzten; er sagte dem König geradeheraus, daß er den Kaiser nicht um die Erfüllung seines dritten Wunsches bitten werde. Theoderichs Reaktion ist nicht überliefert; man hat vermutet, daß er sich darauf verließ, daß andere Mitglieder der Delegation Justinus I. sein Gesuch übermittelten.

Die Gesandtschaft reiste Anfang 526 aus Ravenna ab und traf kurz vor Ostern (19. April) in Konstantinopel ein. Johannes war der erste Papst, der nach dem Osten reiste, dazu noch auf einem demütigenden Bittgang. Indessen bereitete man ihm einen glänzenden Empfang: Die ganze Stadt war auf den Beinen, um ihn am 12. Meilenstein zu begrüßen, und der Kaiser warf sich dem Stellvertreter PETRI zu Füßen. Am Ostertag wurde ihm ein Thron zugewiesen, erhöhter als der des Patriarchen. Er feierte die Messe gemäß der lateinischen Liturgie, und anstelle des Patriarchen setzte er Justinus die traditionelle Osterkrone aufs Haupt. Als es ans Verhandeln ging, erklärte sich der Kaiser bereit, die meisten Forderungen Theoderichs zu erfüllen, doch wies er diejenige zurück, die Theoderich am wichtigsten war: daß zwangsbekehrten Arianern erlaubt sein sollte, sich wieder zu ihrem ursprünglichen Glauben zu bekennen.

Die Legaten wußten um die Ungeduld des Königs; da sie der Meinung waren, alles erreicht zu haben, was zu erreichen war, eilten sie nach Ravenna zurück, wo sie sich Theoderichs ungezügeltem Zorn ausgeliefert sahen. In seinen Augen war die Mission gescheitert, hatte sie doch keine gegenseitige Toleranz zuwege gebracht. Darüber hinaus war er zutiefst verärgert darüber, daß der Papst dort so großartig empfangen worden war und dieser sich darob höchst erfreut gezeigt hatte. In krankhaftem Argwohn hatte Theoderich bereits seinen bewährten Minister Boethius und andere unter dem Verdacht hochverräterischer Korrespondenz mit dem Kaiser stehende führende Persönlichkeiten hinrichten lassen; das Verhalten des Papstes ließ ihn fürchten, daß auch dieser bereit war, ihn zu verraten. Berichte, wonach er Johannes und seine Mitdelegierten ins Gefängnis warf und hätte hinrichten lassen, wenn er nicht den Zorn des Kaisers gefürchtet hätte, sind mit Sicherheit falsch. Was er mit den anderen Legaten tat, ist nicht bekannt; Johannes jedenfalls wies er an, ihm in Ravenna zur Verfügung zu stehen, und setzte ihm auseinander, daß er seine Gunst, sein Vertrauen und seinen Schutz verwirkt habe. Bevor noch der König eine endgültige Entscheidung über sein Schicksal gefällt hatte, brach der sieche, von seiner Reise erschöpfte Mann, niedergeschmettert von der entsetzlichen Aussicht, zusammen und starb. Seine sterbliche Hülle, die zum Mittelpunkt der Verehrung und von Wundern wurde, wurde nach Rom überführt und am 27. Mai im Längsschiff von St. Peter beigesetzt. Sein Epitaph in elegischem Versmaß feiert ihn als »Opfer für Christus«. Festtag: 18. Mai.

Lit.: Thiel 1,697; *MG*AA 9,328; 11,37–105; 306–328; JW 1,109 f.; *LP* 1,275–278; P. Goubert, »Autour du voyage à Byzance du pape S. Jean I«, in: *OChP* 24 (1958) S. 339–352; H. Löwe, »Theoderich der Große und Papst Johann I.«, in: *HJ* 72 (1952) S. 83–100; W. Ensslin, *Theoderich der Große*, München 1947, S. 316; Caspar 2,182–192; *DTC* 8,593–595 (É. Amann); *NCE* 7,1006 f. (J. Chapin); Seppelt 1,255–257; JR 109–113; 118–120.

Felix IV. (III).

Heiliger (12. 7. 526 – 22. 9. 530)

Der gebürtige Samnite war als Diakon Mitglied der Delegation gewesen, die HORMISDAS 519 nach Konstantinopel entsandt hatte. Er wurde nach einer Sedisvakanz von 58 Tagen gewählt. Aufgrund der postumen Aufnahme des Gegenpapstes FELIX in das Verzeichnis rechtmäßiger Päpste wurde er fälschlich Felix IV. statt Felix III. tituliert. *LP* zufolge wurde er auf Befehl Theoderichs, des Ostgotenkönigs von Italien (493–526), zum Papst geweiht. Tatsächlich gibt es Anhaltspunkte, daß es zwischen der progotischen und der probyzantinischen Partei (zu letzterer zählte der Großteil des Senats) zu einem langwierigen, ergebnislosen Kampf kam, in den Theoderich, da er nach JOHANNES I. einen zuverlässigen Verbündeten der Goten zum Papst haben wollte, sich einschaltete, um aus der Sackgasse herauszukommen. Der König starb zwar (30. 8. 526), doch unterhielt Felix als sein Wahlkandidat gute Beziehungen zu seinem minderjährigen Enkel und Thronfolger Athalarich (526–534) sowie seiner Witwe, Königin Amalaswintha, welche die Regentschaft innehatte. Beweise für die königliche Gunst mögen ein Erlaß sein, der das Recht des Papstes bekräftigte, unter straf- oder zivilrechtlicher Anklage stehende Geistliche zu richten, und die Behauptung in Felix' Epitaph, daß er das Wohl des Papsttums vermehrt habe. Die außergewöhnlich hohe Anzahl der von ihm geweihten Priester (55) läßt darauf schließen, daß er die Institutionen der Kirche mit Männern besetzen wollte, die seine Auffassungen teilten.

Zu Beginn seiner Regierungszeit stimmte Felix in einem Schreiben an Bischof Caesarius von Arles (502–541) der Prüfung von Laien vor der Ordination zu und beklagte die Rückkehr geweihter Männer ins weltliche Leben. Wichtiger noch war die Unterstützung, die er Caesarius im Kampf gegen den damals in Gallien weit verbreiteten Semipelagianismus zukommen ließ. Als dessen augustinische Gnadenauffassung auf der Synode zu Valence (528) auf Widerstand stieß, wandte er sich an Felix, der ihm 25 Lehrsätze zuschickte (Anfang 529), welche die Gnaden- und Willenslehre der Kirche festlegten und im wesentlichen aus den von Prosper von Aquitanien (um 390 – um 463) zusammengestellten Texten des hl. Augustinus bestanden. Diese wurden im Juli 529 vom 2. Konzil zu Orange angenommen und brachten den Gnadenstreit nach ihrer Billigung durch BONIFATIUS II. ein für allemal zum Abschluß (25. 1. 531).

Mit Königin Amalaswinthas Erlaubnis ließ Felix etliche Tempel und öffentliche Gebäude auf dem Forum Romanum in christliche Gotteshäuser umbauen. Die wunderbaren Mosaikarbeiten in einem dieser Gebäude, der Kirche SS. Cosma e Damiano, die ein Porträt Felix' (das früheste erhaltene Bildnis eines Papstes) aufweisen, verdanken wir ihm. Mit dem Herannahen des Todes versammelte er seine Anhänger innerhalb des Klerus um sein Sterbelager und verlas ihnen eine Verfügung, mit der er seinen Archidiakon

Bonifatius zu seinem Nachfolger bestimmte. Unter der Bedingung, daß er es zurückgebe, falls er wieder genese, überreichte er diesem sogar sein Pallium. Er ließ die Verfügung in Rom bekanntgeben und an den Hof in Ravenna schicken. Die Mehrheit des Senats reagierte auf diese Verletzung der Kirchenverfassung mit einem Verbot jeglicher Diskussion über einen Nachfolgepapst sowie jede Annahme einer Designation, solange der alte Papst noch am Leben war. Heutiger Festtag: 22. September.

Lit.: *PL* 65,11–23; *PLSupp* 3,1280 f.; *MG* AA 12,246; 255; JW 1,110 f.; L. Duchesne, »La succession du pape Félix IV«, in: *MelArchHist* 3 (1883) S. 239–266; Caspar 2,151 f.; 193–197; Haller 1,255–258; *DHGE* 16,895 f. (H. Marot); *LThK* 4,68 f. (G. Schwaiger); *NCE* 5,879 f. (J. Chapin); Seppelt 1,257–260; JR 120–125.

Dioskur

(Gegenpapst, 22. 9. – 14. 10. 530)

Wiewohl Felix IV. auf dem Sterbelager seinen Archidiakon Bonifatius (gleich ihm ein Parteigänger der Goten) als Nachfolger designiert hatte, war die Mehrheit der Geistlichen und Senatoren über dieses kirchenverfassungswidrige Verfahren ungehalten; ohnehin zogen viele einen probyzantinischen Papst vor. Als in der Lateranbasilika die Wahlversammlung stattfand, wurde daher von einer großen Mehrheit der Diakon Dioskur erkoren und gleich danach geweiht. Die Minderheit zog sich in einen Saal des Palastes zurück und wählte Bonifatius, der gleichfalls noch am selben Tag geweiht wurde. Die auf diese Weise entstandene Kirchenspaltung wurde freilich bereits nach 22 Tagen mit dem plötzlichen Ableben Dioskurs beendet. Obwohl *LP* ihn nicht mit einem Eintrag bedenkt, kann kein Zweifel daran bestehen, daß Dioskur gemäß zeitgenössischem kanonischen Recht rechtmäßiger Papst war.
Dioskur, der zunächst als Diakon in Alexandria wirkte, unterstützte die chalkedonensische »Zwei Naturen«-Lehre und floh, um der Verfolgung durch die in Ägypten vorherrschenden Monophysiten zu entgehen, unter unbekannten Umständen nach Rom. Der redegewandte und politisch geschickt taktierende Mann wurde in der römischen Kirche bald führend. Während des Laurentianischen Schismas (501–506) unterstützte er Symmachus und konnte im Jahre 506 König Theoderich von Italien (493–526) dafür gewinnen, diesen als Papst anzuerkennen. Als enger Vertrauter von Hormisdas nahm er eine Schlüsselstellung in der Gesandtschaft ein, die sich 519 nach Konstantinopel begab, um über die Beilegung des Acacianischen Schismas (484–519) zu verhandeln. Da er des Griechischen mächtig war und sich im Orient auskannte, vermochte er am 27. März bei der ausschlaggebenden Zusammenkunft im kaiserlichen Palast Patriarch Johannes II. und seinen Klerus von der Rechtmäßigkeit des römischen Kirchenbanns gegen Patriarch Acacius zu überzeugen. Hormisdas bewunderte seine Fähigkeiten so sehr, daß er, wenn auch erfolglos, versuchte, Kaiser Justinus I. (518–527) dazu zu bewegen, Dioskur zum Bischof von Alexandria zu berufen. Während seines Aufenthalts in Konstantinopel leitete er eine Kampagne gegen die skythischen Mönche, welche die Annahme der theopaschitischen Formel »Einer aus der Dreifaltigkeit hat im Fleisch gelitten« forderten, und vermochte darzulegen, daß sie von den Monophysiten mißbraucht werden konnte. Da sein Einfluß und sein Prestige unvermindert anhielten, lag es nahe, daß er beim Tod Felix' IV. zum Kandidaten der probyzantinischen Partei wurde. Als er kurz darauf selbst starb, akzeptierten die 60 Presbyter, die sich für ihn ausgesprochen hatten, nach anfänglichem Zögern Bonifatius als Papst; dieser freilich zwang sie, einen demütigenden Widerruf zu unterzeichnen und das Andenken des Dioskur zu verdammen. Es gereicht Papst Agapet I. zur Ehre, daß er das betreffende Dokument 535 aus den päpstlichen Archiven holen und in St. Peter feierlich verbrennen ließ. Dennoch sorgten die Beamten der päpstlichen Kanzlei dafür, daß Dioskur in den offiziellen Papstkatalogen nicht aufgeführt wurde.

Lit.: *CSEL* 35,146; 149; 167; pass. [s. Register]; *LP* 1,46; 100–103; 265; 270; 273 f.; 281–283; JW 1,112; L. Duchesne, »La succession du pape Félix IV«, in: *MelArchHist* 3 (1883) S. 239–266; Caspar 2,116; 151–158; 195 f.; *DHGE* 14,507 f. (H. Marot); *EC* 4,1681 f. (A. Amore); *LThK* 3,410 (G. Schwaiger); *NCE* 4,878 (J. Chapin); Seppelt 1,241; 247; 260 f.; JR 76; 104; 107 f.; 123 f.; 253 f.

Bonifatius II.

(22. 9. 530 – 17. 10. 532)

Er war der Sohn Sigibalds und, obwohl in Rom geboren, der erste Papst germanischer Herkunft. Bonifatius II. diente der Kirche von Kindheit an, und als ihn FELIX IV., der das Amt in den Händen der progotischen Partei belassen wollte, auf dem Sterbebett zu seinem Nachfolger auserkor und ihm sogar sein Pallium überreichte, war der vermögende Mann Archidiakon. Der über das kirchenverfassungswidrige Vorgehen Felix' entrüstete Senat erließ ein Edikt, das die Diskussion der Nachfolgefrage zu Lebzeiten eines amtierenden Papstes sowie die Annahme einer Nominierung bei Strafe der Verbannung und der Entziehung des Vermögens untersagte. Der größte Teil des Klerus stimmte hiermit überein, und als Felix starb, wurde in der Lateranbasilika mit großer Mehrheit DIOSKUR zum Papst gewählt. Die zur progotischen Partei gehörende Minderheit zog sich in einen benachbarten Saal zurück und wählte Bonifatius. Das hieraus resultierende Schisma sollte freilich nicht lange währen, da Dioskur nach nur 22 Tagen (14. Okt.) starb und die ihrer Führung beraubten Geistlichen, die ihn gestützt hatten, nach anfänglichem Zögern Bonifatius als Papst anerkannten. Dieser erwies sich allerdings als nachtragend in seinem Triumph und zwang die 60 Priester, die gegen ihn gestimmt hatten, auf einer Synode (27. Dez.), eine Erklärung zu unterschreiben, in der sie sich schuldig bekannten, Felix' Kandidatenvorschlag mißachtet zu haben, gelobten, nie wieder so zu handeln, und das Andenken des Dioskur verdammten. Diese Urkunde hinterlegte er in den päpstlichen Archiven.

Nachdem er seine Stellung dergestalt abgesichert hatte, war er versöhnlicher gestimmt und unternahm, wie sein Grabspruch vermerkt, unermüdliche Anstrengungen, seinen zerstrittenen Sprengel zu einen. *LP* verzeichnet seine Gold- und Silbergeschenke an Priester, Diakone, Subdiakone und Notare und die Almosen, die er zur Abwendung einer drohenden Hungersnot auf die Unterstützung von Geistlichen verwendete. Jedoch war er wie Felix entschlossen, einen progotischen Nachfolger sicherzustellen. Daher schlug er, nachdem er sich die entsprechenden Befugnisse verliehen hatte, auf einer Synode in St. Peter (531) eine Konstitution vor, die den Diakon VIGILIUS zum nächsten Papst bestimmte, und verpflichtete den Klerus, sie unter Eid zu billigen. Angesichts der Empörung, die er damit auslöste, vermutlich aber auch aufgrund von Einwänden seitens des Hofes in Ravenna, machte er alsbald einen Rückzieher und gestand auf einer zweiten Synode in Gegenwart des Senats ein, seine Rechte überschritten zu haben, widerrief seine Nominierung und verbrannte das unterzeichnete Dokument vor dem Grabmal des Apostels.

Auf diese Weise befreite sich Bonifatius, wenn auch unter Gesichtsverlust, aus einer peinlichen Situation. Die wenigen Informationen, die über seine verbleibende Amtszeit überliefert sind, lassen vermuten, daß er sich bemühte, das Ansehen des Hl. Stuhls hochzuhalten. Es oblag ihm, die Akten des 2. Konzils zu Orange, das im Juli 529 den Gnadenstreit beendete, mit seiner Autorität zu bekräftigen (25. 1. 531). Als der Patriarch von Konstantinopel in Antwort auf Beschwerden zweier griechischer Bischöfe den Bischof von Larissa (Griechenland) absetzte und exkommunizierte, hielt Bonifatius 532 eine Synode ab, die nachdrücklich die Sonderrechte Roms über Illyrien, in dem Larissa lag, beanspruchte. Bonifatius II. wurde in St. Peter beigesetzt; jedoch liegen keine Anhaltspunkte dafür vor, daß er als Heiliger verehrt wurde.

Lit.: JW 1,111 f.; *LP* 1,281–284; A. Harnack, »Der erste deutsche Papst«, in: *SAB* (1924) S. 24–42; Caspar 2,193–198; *DHGE* 9,897 f. (G. Bardy); *LThK* 2,588 (G. Schwaiger); *DBI* 12,133–136 (P. Bertolini); *NCE* 2,669 f. (A. H. Skeabech); Seppelt 1,259–262; JR 122–125; 242.

Johannes II.

(2. 1. 533 – 8. 5. 535)

Auf den Tod von BONIFATIUS II. folgte eine außergewöhnlich lange Sedisvakanz von zweieinhalb Monaten – eine Periode von Intrigen und Korruption, in der die Anwärter auf den päpstlichen Thron und ihre Parteigänger sich auf Stimmenfang und Wahlbestechung verlegten; sogar Kirchenschätze und Armengelder wurden vergeudet, um Stimmen zu kaufen. Schließlich wurde mit Mercurius, einem ältlichen Priester von S. Clemente, ein Kompromißkandidat gekürt. Da er nach einer heidnischen Gottheit benannt war, nahm er den Namen des zum Märtyrer gewordenen JOHANNES I. an – der erste Papst, der eine derartige Namensänderung praktizierte. Bezeichnenderweise erneuerte und erweiterte Athalarich, Ostgotenkönig von Italien (526 bis 534), nach Einsetzung des Papstes ein 530 unter Bonifatius II. erlassenes Dekret des Senats, das unlautere Methoden bei der Papstwahl unter strengste Strafe stellte, und ordnete an, eine in Marmor gemeißelte Abschrift des Dekrets in St. Peter für alle gut sichtbar anzubringen. Er fügte eine strikte Begrenzung der Geldsummen hinzu, die auf den »Wahlkampf« bzw., im Falle vor Gericht angefochtener Wahlen, darauf verwendet werden durften, von königlichen Beamten die notwendigen Schriftstücke zu erlangen.

Johannes kam sowohl mit Athalarich als auch mit dem oströmischen Kaiser Justinian I. (527 bis 565), der ihm wertvolle Geschenke machte, gut aus. Kaiserlichen Abordnungen gewährte er Audienzen, und nach Einberufung einer Synode akzeptierte er formell ein dogmatisches Dekret, das der Kaiser erlassen hatte (15. 3. 533). Das Dekret erkannte die Lehren der ersten vier ökumenischen Konzilien an, schloß indes auch die theopaschitische Formel »Einer aus der Dreifaltigkeit hat im Fleisch gelitten« ein, die HORMISDAS als überflüssig und mißverständlich verworfen hatte. Der Kaiser hielt die Formel für gut, weil sie nestorianische Auslegungen der chalkedonensischen Christologie ausschloß, die Lehre Kyrills von Alexandria († 444) getreu wiedergab und geeignet schien, Anklang bei den Monophysiten des Reiches zu finden, die er durch seine Politik gewinnen wollte. Die akoimetischen (d. h. schlaflosen) Mönche Konstantinopels, leidenschaftliche Verfechter der chalkedonensischen Orthodoxie und traditionell die zuverlässigsten Bundesgenossen Roms, riefen hiergegen den Papst an. Johannes, dem Justinian einen Brief gesandt hatte, in welchem er Rom ehrerbietig als das »Haupt aller Kirchen« feierte, tat sein Bestes, um die Akoimeten zur Aufgabe ihrer Opposition zu bewegen; doch als sie sich weigerten, exkommunizierte er sie als Nestorianer und richtete an den Kaiser ein Schreiben, in dem er sein Dekret für rechtgläubig erklärte. Justinian war außer sich vor Freude und nahm seinen Brief wie auch die Entgegnung des Papstes in sein Gesetzbuch auf. Das Vorgehen des Johannes ist oft als krasses Beispiel dafür herangezogen worden, wie ein Papst einem Vorgänger in Glaubensfragen widerspricht.

Die einzige Angabe, die sich zu Johannes' Beziehungen mit der Westkirche erhalten hat, betrifft den Fall des Bischofs Contumeliosus von Riez in der Provence, den ein Konzil unter Vorsitz des Caesarius von Arles († 542) der Verfehlung im Amt für schuldig befunden und unter »Klosterarrest« gestellt hatte. Als Johannes hiervon Kenntnis erhielt, befahl er 533 seine Absetzung und bestellte Caesarius zum einstweiligen Visitator des Bistums. Die Angelegenheit zog sich bis in die Amtszeit von AGAPET I. hin.

Lit.: *MG* AA 12,279–282; *Collectio Avellana, Ep.* 84 (*CSEL* 35,320–328); *PL* 66,17–32; JW 1,113; *LP* 1,285 f.; *DCB* 3,390 f. (J. Barmby); *NCE* 7,1007 f. (J. Chapin); Caspar 2,217–219; Seppelt 1,263–265; JR 126 f.; 251.

Agapet I.

Heiliger (13. 3. 535 – 22. 4. 536)

Aristokrat durch Geburt und Sohn eines Priesters Gordianus, der von Parteigängern des Gegenpapstes LAURENTIUS im September 502 getötet worden war, hatte er das Amt eines Archidiakons inne, als er zum Papst gewählt wurde. Er legte als Mann von Bildung in seinem Familiensitz auf dem Caelius eine Bibliothek der Kirchenväter an und plante zusammen mit dem Staatsmann und Schriftsteller Cassiodor (um 490 – um 580) in Rom die Gründung einer christlichen Universität nach dem Vorbild der Akademien von Alexandria und Nisibis (Mesopotamien). Als einer der Geistlichen, die sich der Designation von Nachfolgern durch amtierende Päpste widersetzt hatten, leitete er sein Pontifikat damit ein, daß er den Bannspruch gegen DIOSKUR, den BONIFATIUS II. dem Klerus abgetrotzt hatte, öffentlich verbrennen ließ.

Von energischem und selbständigem Charakter, bestellte Agapet neue Richter, um die Appellation des Contumeliosus von Riez (Provence) untersuchen zu lassen, der von JOHANNES II. wegen Verfehlung im Amt abgesetzt worden war; das Urteil ist nicht überliefert. Aus Gründen der kanonischen Korrektheit verweigerte er im Juli 535 Caesarius von Arles († 542) die Erlaubnis, Kirchenbesitz für die Armenhilfe zu verwenden. Als die afrikanischen Bischöfe ihn um einen Entscheid ersuchten – nach der Rückeroberung Nordafrikas von den arianischen Vandalen durch Kaiser Justinian I. (527–565) war der Katholizismus wieder in seine Rechte eingesetzt worden –, schlug er die harte Linie ein, daß Arianer, die sich zur Orthodoxie bekehrten, niemals irgendwelche Kirchenämter einnehmen dürften. Er entsprach dem Gesuch der Bischöfe, afrikanischen katholischen Geistlichen, die ihren Sprengel im Stich gelassen und in Italien Zuflucht gesucht hatten, in Rom keine Audienz zu gewähren, es

sei denn, sie wären mit Beglaubigungsschreiben versehen. In seinem Glückwunschschreiben anläßlich seiner Wahl zum Papst bat Justinian ihn, arianische Konvertiten mit Nachsicht zu behandeln, doch erwiderte Agapet im Oktober 535 einmal mehr, daß das kanonische Recht es einem konvertierten arianischen Priester nicht gestatte, im Amt zu verbleiben.
Unterdessen bereitete Justinian mit aller Macht die Invasion Italiens vor – seit 476 ein germanisches Königreich – mit dem Ziel, das Territorium wieder dem Kaiserreich anzugliedern. Die Ermordung Amalaswinthas (5. 4. 535), der Witwe König Theoderichs, durch den letzten ostgotischen König Theodahat (534–536) verschaffte ihm einen Vorwand, da sie ein Hilfegesuch an ihn gerichtet hatte. Erschreckt beauftragte Theodahat Agapet mit der Leitung einer Mission nach Konstantinopel, die den Kaiser zur Aufgabe seines Vorhabens bewegen sollte. Die Armut der römischen Kirche war zu jener Zeit so groß, daß der Papst heilige Gefäße verpfänden mußte, um die Reisekosten aufzubringen. Obwohl ihm im Februar 536 in der Hauptstadt des Reiches ein triumphaler Empfang bereitet wurde, stellte sich seine Mission als Fehlschlag heraus: Justinian bedeutete ihm, daß die Unternehmung schon zu weit fortgeschritten sei, um sie absagen zu können. Auf kirchenpolitischem Gebiet hingegen erzielte Agapet Erfolge. Nachdem er gewarnt worden war, Anthimus, der Patriarch von Konstantinopel und Günstling Kaiserin Theodoras, sei Monophysit, weigerte er sich, mit ihm zu reden, mit der fadenscheinigen Begründung, daß er unrechtmäßig von Trapezunt nach Konstantinopel versetzt worden sei. Trotz aller Drohungen, Versprechungen und offerierter Bestechungsgelder änderte er seine Haltung nicht, vielmehr überzeugte er Justinian nach einem öffentlichen Streitgespräch mit Anthimus, daß dieser ein Ketzer sei. Anthimus wurde des Amts enthoben, und Agapet weihte Menas (536–552), nachdem dieser eine ausführlichere Fassung der »Formel des HORMISDAS« unterschrieben hatte, zu seinem Nachfolger. Auf Justinians Bitten billigte er alsdann die Erklärung von Johannes II., mit der die Rechtgläubigkeit der von Hormisdas verworfenen theopaschitischen Formel (»Einer aus der Dreifaltigkeit hat im Fleisch gelitten«) bekräftigt worden war, und verkündete, daß das Bekenntnis des Kaisers, wie es in dem Johannes zugegangenen Edikt formuliert worden war, mit der Lehre der Kirchenväter und des Apostolischen Stuhls vereinbar sei. Ostentativ fügte er die Klausel hinzu, daß Laien deswegen keine Lehrautorität besäßen.
Agapet starb in Konstantinopel (22. 4. 536). Sein entschiedenes Eintreten für die chalkedonensische Christologie flößte deren Anhängern innerhalb der Ostkirche neuen Mut ein, und im Mai und Juni fand in Konstantinopel eine Synode statt, an der die geistlichen Mitglieder seiner Delegation teilnahmen. Die Synode bestätigte die Absetzung und Exkommunikation des Anthimus und belegte andere führende Monophysiten wie Severus von Antiochia († 538) mit dem Kirchenbann. Der Leichnam des Papstes wurde, eingelassen in einen Sarg aus Blei, nach Rom überführt und in St. Peter beigesetzt (20. 9. 536). Heutiger Festtag: 22. April im Westen, 17. April im Osten.

Lit.: *PL* 66,35–80; *Collectio Avellana, Ep.* 82; 86–91 (*CSEL* 35,229 f.; 330–347); JW 1,113–115; *LP* 1, 287–289; H. I. Marrou, »Autour de la bibliothèque du pape Agapit«, in: *MelArchHist* 48 (1931) S. 124–169; Caspar 2,199–229; *DHGE* 1,887–890 (J. P. Kirsch); *DBI* 1,362–367 (O. Bertolini); *LThK* 1,182 (G. Schwaiger); *NCE* 1,194 f. (J. Chapin); Seppelt 1,265–269; JR 127 f.

Silverius

Heiliger (8. 6. 536 – 11. 11. 537, † 2. 12. 537).

Geboren in Frosinone als Sohn des HORMISDAS. Er war – einmalig in der bisherigen Kirchengeschichte – erst Subdiakon, als Theodahat, der letzte ostgotische König von Italien (534–536), nach dem Tod AGAPETS I. in Konstantinopel den Klerus in Rom so lange terrorisierte, bis er ihn zum Papst wählte. Einer Quelle zufolge war Theodahat bestochen worden; jedenfalls steht fest, daß er sich in dem Wissen, daß Agapet es nicht vermocht hatte, Kaiser Justinian I. (527–565) von seinen Plänen für die Eroberung Italiens abzuhalten, einen progotischen Papst wünschte, dem er Vertrauen schenken konnte. Nachdem Silverius erst einmal geweiht worden war, akzeptierten ihn um der Einheit der Kirche willen auch die Geistlichen, die seiner Berufung anfangs feindselig gegenübergestanden hatten.
Der neue Papst sah sich nun in einem verhängnisvollen Netz von Kabalen gefangen. Bei seinem Aufenthalt in Konstantinopel hatte Aga-

pet I. zum Verdruß Kaiserin Theodoras die Absetzung des monophysitischen Patriarchen Anthimus erwirkt. Als Agapet starb, schloß Theodora, selber Monophysitin, einen Pakt mit dem römischen Diakon VIGILIUS, dem Nuntius des Hl. Stuhls, daß sie ihm das Amt des Papstes verschaffen werde, wenn er die Rehabilitation des Anthimus sicherstelle. Vigilius eilte nach Rom, wo er Silverius bereits auf dem Thron vorfand. Über Justinians Feldherrn Belisar, der Rom besetzt hatte (10. 12. 536), wurden zunächst Versuche unternommen, Silverius den Wünschen der Kaiserin gemäß zum Rücktritt zu bewegen. Als er sich weigerte, wurde er ins Hauptquartier Belisars zitiert, wo ihm mit Hilfe gefälschter Briefe vorgehalten wurde, er habe sich auf verräterische Weise mit den inzwischen Rom belagernden Goten verschworen, ihnen die Stadttore zu öffnen. Obwohl er im Gegenteil zur Vermeidung eines Blutbads gemeinsam mit dem Senat die Bürger überredet hatte, die Stadt der kaiserlichen Armee kampflos zu übergeben, stand er als progotischer Papst natürlich unter Verdacht, und unter dem Einfluß seiner Gattin Antonina ließ Belisar ihm sein Pallium abnehmen, degradierte ihn zum Mönch und setzte ihn ab (11. 3. 537). Ein Subdiakon verkündete dem Klerus, daß er nicht länger Papst sei.
Silverius wurde nach Patara, einem Hafen in Lykien (SW-Anatolien), deportiert. Der dortige Bischof indes begab sich nach Konstantinopel, um in seinem Namen bei Justinian Protest einzulegen. Er erklärte, es gebe in der Welt viele Könige, jedoch nur einen Papst, und Silverius sei zu Unrecht verstoßen worden. Justinian befahl, Silverius nach Rom zurückzubringen und ihm einen fairen Prozeß zu machen: werde er schuldig gesprochen, so sei ihm eine andere Diözese zuzuweisen; werde er hingegen freigesprochen, so müsse er wieder eingesetzt werden. Dies war zu viel für Vigilius, den neuen Papst; als Silverius in Rom eintraf, verabredete er mit Belisar, daß sein Vorgänger ihm ausgeliefert werde. Bewacht von zwei Agenten des Vigilius, wurde Silverius auf die Insel Ponza im Golf von Gaeta geschafft, wo er anscheinend unter Zwang abdankte (11. 11. 537) und bald darauf (vermutlich am 2. Dez.) an Hunger und den von ihm erlittenen Entbehrungen starb. Er wurde auf der Insel beerdigt; seine Grabstätte wurde zum Mittelpunkt von Heilungen und Wundern, und seit dem 11. Jh. wird er als Märtyrer für den rechten Glauben verehrt. Festtag: 20. Juni.

Lit.: Liberatus von Carthago, *Brev.* 22 (*PL* 68,1039–42); Procopius, *De bello Gothico* 1,25 f.; 3,15; *Anecd.* 1,14; JW 1,115 f.; *LP* 1,270–273; P. Hildebrand, »Die Absetzung des Papstes Silverius (537)«, in: *HJ* 42 (1922) S. 213–249; O. Bertolini, »La fine del pontificato di papa Silverio«, in: *ASRomana* 47 (1924) S. 325–343; Caspar 2,230–233; *DCB* 4,670–673 (J. Barmby); *DTC* 14,2065–67 (É. Amann); *BSS* 11,1069–71 (V. Monachino); *NCE* 13,217 (J. Chapin); Seppelt 1,270–273; JR 128–133.

Vigilius

(29. 3. 537 – 7. 6. 555)

Von vornehmer Geburt und Sohn und Bruder von Konsuln, war er Diakon, als BONIFATIUS II. ihn 531 zu seinem Nachfolger bestimmte, nur um seine Nominierung angesichts eines Sturms der Entrüstung sogleich zurückzuziehen. Daraufhin wurde er als Nuntius nach Konstantinopel entsandt, wo er zum Vertrauten der monophysitischen Kaiserin Theodora aufstieg. Als AGAPET I. dort starb (22. 4. 536), schloß sie einen von ungeheuren Geschenken begleiteten Geheimpakt mit Vigilius ab, wonach sie ihm das Amt des Papstes verschaffen werde, wenn er das Konzil von Chalkedon (451) verleugne und den von Agapet wegen Monophysitismus abgesetzten Patriarchen Anthimus wiedereinsetze. Ehrgeizig und habgierig stimmte Vigilius zu, doch als er in Rom eintraf, fand er bereits SILVERIUS auf dem Thron vor. Nachdem Belisar, der siegreiche Feldherr Kaiser Justinians (527–565), Silverius entthront hatte, setzte er, vermutlich auf Geheiß Theodoras, die Wahl des Vigilius durch. Die Mitschuld des neuen Papstes bei der Verhinderung des von Justinian angeordneten fairen Gerichtsverfahrens gegen Silverius und bei seiner zweiten Verbannung, die seinen Tod herbeiführte, läßt sich nicht abstreiten.
Angesichts des Ansehens der chalkedonensischen Christologie in der Westkirche konnte Vigilius seine der Kaiserin gegebene Zusicherung öffentlich nicht einhalten. Privat jedoch versicherte er Anthimus und anderen Monophysiten in der Ostkirche, daß er ihre Auffassung teile, wenngleich es hilfreich sei, sich hierüber in Stillschweigen zu hüllen. Unterdessen war er damit beschäftigt, Kirchen und andere Gebäude Roms, die während der jüngsten Belagerung der Stadt durch die Goten verheert worden waren,

wiederaufzubauen. Die Politik seiner Vorgänger in Gallien führte er fort und bevollmächtigte den jeweiligen Bischof von Arles, als päpstlicher Vikar zu agieren. Ein an Profuturus von Braga ergangenes Dekretale über Kirchendisziplin (29. 3. 538) ist liturgisch bedeutsam, und mehrere Messen im Leoninischen Sakramentar des 7. Jh.s gehen auf ihn zurück. In seinen Beziehungen zu Byzanz freilich traten seine Verschlagenheit und seine Charakterschwäche zutage. Im September 540 richtete er ein geschmackloses Schreiben an Justinian, in dem er sich als echter Chalkedonenser bekannte, der über des Kaisers Zurückweisung des Anthimus und anderer Monophysiten erfreut sei. Dies spiegelte zwar seine wirkliche Einstellung wider, zeigte aber auch, daß er sich der damaligen theologischen Position Justinians bewußt war. Als der Kaiser im Januar 543 Lehre und Person des Origenes, des griechischen Theologen aus dem 3. Jh., mit dem Bann belegte, schloß sich Vigilius dem Edikt zusammen mit anderen Patriarchen pflichtbewußt an. Justinian erließ jedoch noch im selben Jahr ein weiteres Edikt, in dem er die »Drei Kapitel« bannte, d. h. Person und Werk Theodors von Mopsuestia († 428) sowie gewisse Schriften Theodorets von Cyrus († um 466) und Ibas' von Edessa († 457) – allesamt Anhänger der »Zwei Naturen«-Lehre, deren Rechtgläubigkeit das Konzil von Chalkedon (451) nicht in Frage gestellt hatte. Justinian war überzeugt, daß er die Monophysiten des Reiches, die diese drei praktisch als Nestorianer ansahen, mit ihrer Verurteilung auf seine Seite bringen könne, und forderte alle Patriarchen einschließlich des Papstes auf, seinem Richtspruch zu folgen.

Damit war Vigilius auf eine schwere und, wie sich zeigen sollte, verhängnisvolle Probe gestellt. Menas von Konstantinopel und, mit beachtlichen Ausnahmen, die Bischöfe des Ostens unterzeichneten, wenn auch unter Protest, den Bannfluch; in der Westkirche hingegen, die die Entscheidung von Chalkedon gefährdet sah, kam es zu einer heftigen Reaktion. Der Papst widersetzte sich dem Edikt zunächst, doch Justinian, der auf seine Unterstützung angewiesen war, ließ ihn von byzantinischer Polizei bei der Lesung der Messe festsetzen (22. 11. 545) und nach längerem Aufenthalt auf Sizilien im Januar 547 nach Konstantinopel bringen. Eine Zeitlang bot er dem Kaiser auch hier noch die Stirn und exkommunizierte den Patriarchen Menas für seine Zustimmung zum kaiserlichen Edikt (worauf er von diesem seinerseits exkommuniziert wurde). Angesichts der Entschlossenheit des Kaisers aber ließ er in seinem Widerstand allmählich nach: Im Juni 547 stellte er die Glaubensgemeinschaft mit Menas wieder her, sagte Justinian und Theodora heimlich zu, die »Drei Kapitel« zu verurteilen, und sandte Menas sein *Iudicatum* oder Urteil (11. 4. 548), daß die »Drei Kapitel« unbeschadet der Beschlüsse von Chalkedon verdammt werden sollten.

Dieser Verrat, als der er empfunden wurde, löste in der Westkirche heftige Empörung aus. Eine Synode afrikanischer Bischöfe verstieß Vigilius aus der Kirchengemeinschaft (550), und er selbst mußte Angehörige seines eigenen Gefolges exkommunizieren. Die Krise war so ernst, daß Kaiser und Papst sich darauf einigten, zu ihrer Beilegung ein Konzil einzuberufen. Vigilius durfte sein *Iudicatum* zurückziehen, mußte Justinian indessen eine persönliche, aber schriftliche Zusicherung geben, daß er alles in seiner Macht Stehende tun werde, um eine Verurteilung der »Drei Kapitel« zu bewirken. Im Juli 551 jedoch erließ Justinian, verärgert über Verzögerungen und beeinflußt von seinem theologischen Berater Askidas, ein neues Edikt, das die »Drei Kapitel« bannte. Dies war für den Papst unzumutbar; er forderte die Aufhebung des Erlasses, exkommunizierte Askidas und suchte zusammen mit seinem Klerus Zuflucht in einer Kirche. Nachdem Justinians Polizeikräfte ihn am Altar tätlich angegriffen hatten, kehrte er unter Zusicherung freien Geleits in sein Domizil zurück. Da er dort aber wie ein Gefangener behandelt wurde, floh er ein zweites Mal (23. 12. 551) über den Bosporus und nahm nicht unpassend in der Konzilskirche zu Chalkedon Zuflucht. Dort erließ er eine Enzyklika, in der er sein Verhalten zu rechtfertigen suchte und Askidas absetzte. Bereits im Juni 552 kam eine brüchige Aussöhnung zustande, doch entgegen der Forderung des Vigilius, das geplante Konzil in Sizilien oder Italien abzuhalten, berief der Kaiser das 5. ökumenische Konzil auf den 5. Mai 553 nach Konstantinopel ein.

Trotz des Drucks, der auf ihn ausgeübt wurde, weigerte sich der Papst, an dem Konzil teilzunehmen, und machte geltend, daß die Westkirche völlig unterrepräsentiert sei. Statt dessen veröffentlichte er, unterstützt von seinem Diakon PELAGIUS, am 14. Mai ein Kompromißdokument (seine 1. Konstitution oder *Constitutum*), in dem er 60 dem Theodor zugeschriebene Lehrsätze, nicht aber dessen Person verurteilte und einen Bannfluch gegen Theodoret und Ibas ganz ablehnte. Es handelte sich um ein geschickt ausgearbeitetes Manifest, wurde aber von Justinian verworfen. Als Vergeltung demütigte der Kaiser Vigilius auf der siebten Sitzung des Konzils (26. Mai), indem er die Geheimkorrespondenz zutage förderte, in der der Papst die Verurteilung aller drei ausgesprochen oder zumindest zugesagt hatte. Sodann befahl er, den Papst aus den Diptychen zu streichen, stellte jedoch zugleich klar, daß er die Glaubensgemeinschaft lediglich mit ihm persönlich, nicht aber mit dem Hl. Stuhl aufkündige. Auf seiner achten Sitzung belegte das Konzil die »Drei Kapitel« mit dem Kirchenbann.

Nachdem das Konzil sich willfährig gezeigt hatte, blieb Justinian nichts anderes mehr zu tun, als auch Vigilius auf seine Politik einzuschwören. Die engen Berater des Papstes, unter ihnen sein Diakon Pelagius, wurden in den Kerker geworfen, aufsässige lateinische Bischöfe abgesetzt und exkommuniziert und der Papst selbst unter strengen Hausarrest gestellt. Isoliert und siech, seine Widerstandskraft gebrochen, kapitulierte Vigilius nach sechs Monaten; er widerrief (8. 12. 553) unter Berufung auf den Präzedenzfall der *Retractationes* des hl. Augustinus in einem Schreiben an den neuen Patriarchen Eutychius seine vormalige Verteidigung der »Drei Kapitel« und bekannte, daß er jetzt, nachdem Gott ihm die Augen geöffnet habe, mit ihm einig sei, daß sie schärfste Verurteilung verdienten. Da dies immer noch nicht als ausreichend empfunden wurde, erließ er (23. 2. 554) seine 2. Konstitution, in der er die Entscheidungen des Konzils voll billigte. Nun wurde er auf freien Fuß gesetzt und durfte nach Rom zurückkehren, wo man ihn benötigte. Freilich blieb er noch ein weiteres Jahr in Konstantinopel und erlangte von Justinian als Belohnung für seine treuen Dienste die sogenannte Pragmatische Sanktion (13. 8. 554), die darauf abzielte, in dem von den Goten zurückeroberten Italien ordentliche kaiserliche Regierungsgewalt zu errichten, aber auch der Kirche bedeutende Rechte und Privilegien zusicherte. Im Frühjahr brach er auf, doch erlag er den Gallensteinen, an denen er schon lange gelitten hatte, und starb in Syrakus auf Sizilien. Seine sterbliche Hülle wurde nach Rom überführt; angesichts seiner Unbeliebtheit wurde er nicht in St. Peter, sondern in S. Marcello an der Via Salaria beigesetzt.

Lit.: *PL* 69,15–328; *CSEL* 35,230–320; 348–356; *MG* Ep 3,57–68; JW 1,117–124; *LP* 1, CCLIII f.; 281; 291; 296–302; E. Schwartz, »Vigiliusbriefe« und »Zur Kirchenpolitik Iustinians«, in: *SAM* 2 (1940); L. Duchesne, »Vigile et Pélage« in: *RevQuestHist* 36 (1884) S. 369–440; 37 (1885) S. 529 bis 593; A. Chavasse, »Messes du pape Vigile«, in: *ELit* 64 (1950) S. 161–213; 66 (1952) S. 145–215; Caspar 2,229–286; *DTC* 15,2994–3005 (É. Amann); *LThK* 10,787 f. (K. Baus); *NCE* 14,664–667 (F. X. Murphy); *PWSupp* 14,864–885 (A. Lippold); Seppelt 1,270–290; JR 129–133; 141–160.

Pelagius I.

(16. 4. 556 – 3. 3. 561)

Der vornehm geborene, reiche und vielseitig gebildete Römer war bei seiner Wahl bereits fortgeschrittenen Alters. Als Diakon hatte er AGAPET I. nach Konstantinopel begleitet (536) und nach dessen Tod den Hl. Stuhl auf der von Mai bis August dort abgehaltenen antimonophysitischen Synode vertreten. Als Silverius im darauffolgenden Jahr in die Verbannung geschickt wurde, soll Pelagius entgegen den Wünschen der Kaiserin Theodora dafür eingetreten sein, seine Rückkehr zu verhindern, damit VIGILIUS das Amt des Papstes zufalle. Er war als Nuntius des Vigilius in Konstantinopel geblieben und zum Vertrauten Kaiser Justinians (527–565) aufgestiegen, der ihn bei kirchlichen Bestallungen zu Rate zog, ihn auf schwierige Missionen schickte und Anfang 543 unter seinem Einfluß eine Verurteilung des griechischen Theologen Origenes († um 254) veröffentlichte. Als Justinian 544 sein Edikt zur Verdammung der »Drei Kapitel« erließ, hielt sich Pelagius gerade in Rom auf; doch hatte er bei Ferrandus von Karthago († 546/547) theologische Argumente gegen das Edikt zu erhalten versucht. Während der Belagerung Roms durch die Goten (546) spielte er als Stellvertreter des abwesenden Papstes eine bemerkenswerte Rolle, indem er großzügige Hungerhilfe leistete und beim Fall der Stadt (17. Dez.) bei dem Gotenkönig Totila intervenierte, um ein Gemetzel zu verhüten. Totila sandte ihn 546 zu Friedensverhandlungen nach Konstantinopel, freilich ohne Erfolg.

In seiner verbleibenden Amtszeit als Diakon beteiligte er sich intensiv am »Drei Kapitel«-Streit. Wie die Westkirche im allgemeinen wies er das *Iudicatum* des Vigilius zurück, das die Westkirche verurteilte. Bei seiner Rückkehr nach Konstantinopel 551 bestärkte er den wankelmütigen Papst in seinem Widerstand gegen das Verdammungsurteil, wurde ebenso mißhandelt wie er, unterstützte seine Forderung nach einem allgemeinen Konzil zur Beruhigung der Westkirche wie auch seine Weigerung, daran teilzunehmen, als es in einer Form zusammentrat, die entsprechende Entscheidungen unwahrscheinlich machte. Er entwarf das *Constitutum* (die 1. Konstitution) des Vigilius. Als der Papst schwach wurde und eine 2. Konstitution herausgab, brach er mit ihm und verfaßte während der Gefangenschaft in verschiedenen Klöstern unter anderen Streitschriften eine *Verteidigung der Drei Kapitel*, in der er Vigilius als wankelmütig brandmarkte. Freilich änderte er danach selbst abrupt seine Haltung und akzeptierte sowohl die Verurteilung der »Drei Kapitel« als auch des 5. ökumenischen Konzils. Die Gründe für diese Kehrtwendung liegen im dunkeln. Wahrscheinlich hatte er erkannt, daß mit der Billigung der Konzilsbeschlüsse durch Vigilius eine neue Situation geschaffen war, und gemerkt, daß Justinian, dessen Bewunderung für ihn trotz aller Meinungsverschiedenheiten nie nachgelassen hatte, sich ihn zum Papst wünschte, sofern er sich seiner Religionspolitik anschlösse.

Nach dem Tod des Vigilius kehrte er als Kandidat des Kaisers für das Papstamt nach Rom zurück. Anscheinend kam es nicht zu einer Wahl; *LP* deutet darauf hin, daß Justinian bereits in Konstantinopel die widerwillige Zustimmung des römischen Klerus erlangt haben könnte. Es überrascht nicht, daß Pelagius feindselig aufgenommen wurde und viele Gläubige und Adlige ihm die Glaubensgemeinschaft versagten. Da kein Bischof sie vornehmen wollte, mußte die Weihe (bis zum 16. 4. 556) verschoben werden, und selbst dann waren nur zwei Bischöfe anwesend (die von Perugia und Ferentino), wogegen der Bischof von Ostia, der normalerweise als Weihbischof des Papstes amtierte, durch einen Presbyter vertreten wurde. Gerüchten zufolge war Pelagius in den Tod des Vigilius verwickelt, und aufgrund seines, wie die Westkirche es empfand, Verrats an den »Drei Kapiteln« wurde er verflucht. Bezeichnenderweise brach er nach seiner Weihe mit der Tradition, indem er feierlich seine Treue zu den ersten vier ökumenischen Konzilien, insbesondere dem von Chalkedon (451), erklärte und in St. Peter, gestützt von dem byzantinischen Statthalter Narses, ein Kreuz und die Hl. Schrift in die Höhe hielt und schwor, Vigilius kein Leid zugefügt zu haben.

Unter Anwendung der weltlichen Befugnisse, die Justinian den Päpsten mit der Pragmatischen Sanktion gewährt hatte, arbeitete Pelagius energisch daran, in Rom und Italien nach den Verheerungen des Krieges die Ordnung und das Rechtssystem wiederherzustellen. Er war außerordentlich aktiv auf dem Gebiet der Armenversorgung und Hungerhilfe sowie des Freikaufs von Kriegsgefangenen. Mit Unterstützung eines Laien, des Bankiers Anastasius, überprüfte er die päpstlichen Finanzen und reorganisierte die päpstlichen Ländereien in Italien, Gallien, Dalmatien und Nordafrika, deren Erträge er für die Armen bestimmte. Besondere Anstrengungen unternahm er zur Wiedererlangung des Kirchensilbers, das in den Kriegswirren verlorengegangen war; er ergriff Maßnahmen, um die Lebensqualität der Mönche zu verbessern, und füllte die gelichteten Reihen des Klerus wieder auf, indem er gegen Simonie vorging und auf hohen moralischen Maßstäben bestand. Kraft einer leistungsfähigen Verwaltung und Seelsorge konnte er die öffentliche Meinung in Rom rasch versöhnlich stimmen; doch in der übrigen Westkirche, mit Ausnahme etwa Ravennas oder des suburbikarischen Italiens (d. h. der 7 Diözesen im Umkreis von 60 km um Rom), führte er einen mühsamen und im großen und ganzen erfolglosen Kampf um die Anerkennung seiner Autorität als Papst. In Gallien, wo man bittere Vergleiche zwischen seiner früheren und jetzigen Haltung anstellte, begegnete man ihm trotz wiederholter demütigender Versicherungen seiner Rechtgläubigkeit weiterhin mit Mißtrauen und Haß. Am hartnäkkigsten hielt sich die Opposition gegen seine Verurteilung der »Drei Kapitel« in Norditalien, wo die bedeutenden Bistümer von Aquileia und Mailand ihm die Religionsgemeinschaft verweigerten. Um die Schismatiker gefügig zu machen, drängte er den Exarchen (byzantinischen Statthalter oder Vizekönig) Narses sogar, seine Truppen einzusetzen, mit dem Argument, daß derartige Aktionen kraft göttlichen Gesetzes gestattet seien; doch der große Feldherr scheute davor zurück. So war die Regierungszeit dieses begabten und kraftvollen Papstes, des hervorragendsten Kirchenmannes seiner Zeit, von bitterer Enttäuschung geprägt.

Als Diakon fertigte Pelagius eine lateinische

Übersetzung von Auszügen aus den griechischen *Aussprüchen der Väter* (5. Jh.) an. Kurz vor seinem Tod begann er mit den Arbeiten an dem kreuzförmigen Kirchenbau SS. Filippo e Iacopo (heute: SS. Apostoli), der nach dem Vorbild des Justinianischen Apostoleion in Konstantinopel zum Gedenken an die Siege des Narses über die Goten angelegt war – ein passendes Symbol für seine Zusammenarbeit mit dem Kaiser und seinem Feldherrn. Pelagius wurde in St. Peter beigesetzt; eine optimistische Grabinschrift schrieb ihm größere Erfolge bei der Rückgewinnung der Schismatiker zu, als er in Wirklichkeit verbuchen konnte.

Lit.: P. M. Gasso / C. A. Batlle, *Pelagii I papae epistulae quae supersunt*, Montserrat 1956; R. Devreesse, »Pelagii diaconi: *In defensione trium capitulorum*«, in: *ST* 57 (1932); JW 1,114–136; 2,695; 738; *LP* 1,303 f.; 309 f.; Caspar 2,274–305; *DCB* 4,295–298 (J. Barmby); *DTC* 12,660–669 (R. Devreesse); *LThK* 8,249 f. (G. Schwaiger); *PWSupp* 7,836–847 (A. Nagl); *NCE* 11,55 f. (F. X. Murphy); Seppelt 1,286–292; JR 142–148; 151–153 (s. a. Register).

Johannes III.

(17. 7. 561 – 13. 7. 574)

Eigentlich hieß er Catelinus und war der Sohn eines römischen Senators und Provinzgouverneurs namens Anastasius. Vermutlich ist er identisch mit jenem Subdiakon Johannes, der die Übersetzung der griechischen *Aussprüche der Väter* (5. Jh.) durch PELAGIUS I. zu Ende führte und das *Expositum des Heptateuch* kompilierte. Als Parteigänger der oströmischen Kirche, der für Kaiser Justinian I. (527–565) und seinen Exarchen (byzantinischer Statthalter und Vizekönig) in Italien, Narses, annehmbar war, brauchte er nach seiner Wahl zum Papst nur vier Monate zu warten, bis die damals für seine Weihe erforderliche kaiserliche Vollmacht aus Konstantinopel eintraf.

Während seines Pontifikats, über das fast gar nichts bekannt ist, fielen 568 die Langobarden unter König Alboin in große Teile Italiens ein. Sie stießen auf wenig Widerstand, da Justinians Thronfolger Justinus II. (565–578) Narses auf Verlangen des Volkes entlassen hatte. Die Invasion half das Schisma zwischen Rom und den bedeutenden Kirchen des Westens zu überwinden, das Pelagius I. verursacht hatte, indem er die Verurteilung der »Drei Kapitel« billigte. Die Beziehungen zur nordafrikanischen Kirche wurden nach Justinians Tod (565) ungezwungener. Der neue Bischof von Mailand, Laurentius, der wegen der 569 erfolgten Besetzung der Stadt in Genua gewählt worden war, hielt es 573 für angebracht, die Glaubensgemeinschaft mit Rom zu erneuern. Er unterzeichnete ein vom römischen Stadtpräfekten und künftigen Papst GREGOR I. gegengezeichnetes Dokument, mit dem er sich in die Verdammung der »Drei Kapitel« fügte. Aquileia indessen zeigte sich auch weiterhin unnachgiebig. Freilich hatte Johannes nicht nur wegen kirchlicher Angelegenheiten Sorgen. Als die Langobarden nach Süden vordrangen, begab er sich 571 voll Verzweiflung nach Neapel, wo Narses sich niedergelassen hatte, und überredete ihn, nach Rom zurückzukehren, im kaiserlichen Palast zu residieren und sich der Krise anzunehmen. Ungeachtet der Hilfe, die er damit leistete, machte sich Johannes mit diesem Schritt so unbeliebt und löste derart schwere Unruhen im Volk aus, daß er es für ratsam hielt, sich aus der Stadt zurückzuziehen und sein Domizil in der Kirche SS. Tiburzio e Valeriano (3 km außerhalb, an der Via Appia) aufzuschlagen, um zu verhindern, daß er in die Streitigkeiten verwikkelt würde. Dort erledigte er bis zum Tod des Narses in Rom (573/574) sämtliche Amtsgeschäfte einschließlich Bischofsweihen. Er selbst starb bald nach seinem 80jährigen Freund und wurde in St. Peter beigesetzt. Zum Andenken an die Siege des Narses ließ er die von seinem Vorgänger begonnene Kirche SS. Filippo e Iakopo (heute: SS. Apostoli) fertigstellen.

Lit.: JW 1,136 f.; *LP* 1,305–307; O. Bertolini, *Roma di fronte a Bisanzio e ai Langobardi*, Bologna 1941, S. 220–222; Caspar 2,350 f.; *DCB* 3,391 (J. Barmby); *DACL* 13,1221 f. (H. Leclercq); *NCE* 7,1008 (J. Chapin); Seppelt 1,292 f.; JR 162–166; 241; 243.

Benedikt I.

(2. 6. 575 – 30. 7. 579)

Gebürtiger Römer und Sohn eines gewissen Bonifatius. Nach seiner Wahl zum Papst mußte er aufgrund eines Zusammenbruchs der Nachrichtenübermittlung beinahe 11 Monate warten, bis die zur Weihe erforderliche Bestätigung durch den Kaiser aus Konstantinopel eintraf. In sein Pontifikat, über das fast nichts bekannt ist, fiel die grausamste Phase der Eroberung Italiens durch die Langobarden: deren bewaffnete Kräfte drangen nach Süden vor und eroberten im Sommer 579 Rom. Eine von ihm und dem Senat mit einem Hilfegesuch nach Konstantinopel entsandte Abordnung hatte wenig Erfolg. Die von Kaiser Justinus II. (565–578) geschickten Truppen waren zahlenmäßig unterlegen, und die Getreideschiffe, die er von Ägypten aus hatte kommen lassen, brachten zwar wertvolle, aber nur vorübergehende Erleichterung. Just als die Belagerung verschärft wurde und in der Stadt Hunger um sich zu greifen begann, starb Benedikt. Einige seiner Aktivitäten treten aus dem Dunkel der Geschichte heraus. Zumindest eine Zeitlang scheint er mit dem Langobardenherzog von Spoleto gute Beziehungen gepflegt zu haben, vermochte er doch die Rückgabe von Grundbesitz an das Kloster S. Marco in der Nähe der Stadt anzuordnen. Auf dem Gebiet der Seelsorge war er außerordentlich rege und ordinierte nicht weniger als 21 Bischöfe, darunter den Römer Johannes III., den er im November 578 zum Erzbischof von Ravenna bestellte, womit er sich in der zur Residenz der kaiserlichen Statthalter von Italien gewordenen Stadt päpstlichen Einfluß sicherte. Vermutlich war er es, der den künftigen Papst GREGOR I. aus seinem Kloster holte und zur Verstärkung seiner Verwaltung zum Diakon weihte. Er wurde in der Sakristei von St. Peter beigesetzt.

Lit.: JW 1,137; 2,695 f.; *LP* 1,308; Caspar 2,350 f.; *DCB* 1,311 (T. R. Buchanan); *DHGE* 8,7–9 (F. Baix); *DBI* 8,324 f. (O. Bertolini); *NCE* 2,273 (J. Chapin); Seppelt 1,293; JR 165 f.

Pelagius II.

(26. 11. 579 – 7. 2. 590)

Der aus Rom gebürtige Sohn eines Goten namens Unigild wurde zum Papst gewählt, als die Belagerung der Stadt durch die Langobarden ihren Höhepunkt erreichte. Aufgrund der Krise wurde er unverzüglich, vermutlich im August 579, geweiht, ohne das seit der Eroberung Italiens durch Byzanz unerläßlich gewordene kaiserliche Mandat abzuwarten. Sein Pontifikat wird offiziell allerdings erst von dessen Eintreffen Ende November an gerechnet.
Er entsandte sogleich seinen Diakon GREGOR als seinen Nuntius nach Konstantinopel und ersuchte den Kaiser um Militärhilfe. Kaiser Tiberius II. (578–582), durch den Krieg mit den Persern gebunden, konnte nur wenig Truppen entbehren und riet der römischen Delegation statt dessen, die langobardischen Herzöge zu bestechen und beim Frankenkönig Childebert II. um Hilfe nachzusuchen. Daher wandte sich Pelagius im Oktober 580 an Bischof Aunarius von Auxerre; er berief sich darauf, daß die Vorsehung die Franken zu Beschützern Italiens und Roms bestimmt habe, da sie als Nachbarn sich gleichfalls zur Orthodoxie bekannten. Sein Hilfegesuch stieß auf taube Ohren, und vier Jahre später mußte er Gregor in einem Schreiben nach Konstantinopel die elende Lage Italiens auseinandersetzen und ihn bestürmen, den Kaiser zum Handeln zu drängen. Smaragdus, dem kaiserlichen Exarchen zu Ravenna, gelang es jedoch, mit den Langobarden einen Waffenstillstand auszuhandeln (585), der bis 589 währte. In dem Bemühen, das Schisma zu beenden, machte sich Pelagius die wiederhergestellten Verbindungswege nach Norditalien zunutze, um mit Bischof Elias von Aquileia und den Bischöfen von Istrien zu korrespondieren, deren Diözesen aus Empörung über die Verurteilung der »Drei Kapitel« die Glaubensgemeinschaft mit Rom aufgekündigt hatten. Seine Briefe waren versöhnlich gehalten und beeindruckten durch ihren theologischen Inhalt; allein seine Anstrengungen blieben trotz der Unterstützung durch den inzwischen aus Konstantinopel zurückgekehrten Gregor fruchtlos. Daraufhin beauftragte er Smaragdus, die Aussöhnung mit Gewalt herbeizuführen, doch auch dieser vermochte nichts auszurichten.
Während der Amtszeit des Pelagius wurde auf dem 3. Konzil von Toledo (589) die Bekehrung der spanischen Westgoten unter König Rekkared (586–601) verkündet. In sein Pontifikat fiel auch der Beginn einer langanhaltenden Kontroverse über den Titel »ökumenischer Patriarch«, den sich die Bischöfe von Konstantinopel Ende des 5. Jh.s in der ursprünglichen Bedeutung von »unangefochten innerhalb des eigenen Patriarchats« zugelegt hatten. Als Patriarch Johannes IV. sich auf einer Synode von 588 mit dem Titel schmückte, weigerte sich Pelagius, die Akten zu bestätigen, da der Titel gegen das päpstliche Supremat zu verstoßen schien, und beschied seinem Nuntius Gregor, die Kirchengemeinschaft mit Johannes aufzulösen, bis dieser den Titel zurücknehme. In Rom ließ Pelagius Kirchen erbauen und restaurieren. Vermutlich war er für die Erhöhung des Presbyteriums von St. Peter

verantwortlich, mit der der Hochaltar unmittelbar über dem Schrein des Apostels zu stehen kam. Er ließ S. Lorenzo fuori le Mura umbauen, wo sein Bildnis auf dem zeitgenössischen Mosaik des Triumphbogens zu besichtigen ist. Als im November 589 der Tiber über seine Ufer trat, begann die Pest Rom heimzusuchen, und Pelagius wurde eines ihrer ersten Opfer. Er wurde in der Vorhalle von St. Peter beigesetzt.

Lit.: *PL* 72,703–760; *ACO* IV.2,105–136; JW 1,137–140; *LP* 1,309–311; Caspar 2,353–374; *DCB* 4,298–301 (J. Barmby); *DACL* 13,1222–24 (H. Leclercq); *DTC* 12,669–675 (É. Amann); *NCE* 11,56–58 (J. Chapin); Seppelt 1,293–296; JR 166–168; 225–230.

Gregor I.

Heiliger (3. 9. 590 – 12. 3. 604)

Neben Leo I. der einzige Papst mit dem Beinamen »der Große«. Er wurde um 540 in einer reichen Patrizierfamilie geboren, die bereits zwei Päpste gestellt hatte, nämlich Felix III. und Agapet I., und genoß eine hervorragende Erziehung, zu der wahrscheinlich auch ein Rechtsstudium gehörte. Nachdem er sich als Stadtpräfekt von Rom (um 572–574) Verwaltungserfahrung erworben hatte, wurde er nach dem Tod seines Vaters Gordianus Mönch (zwei Tanten väterlicherseits waren Nonnen), verwandelte 574/575 den Familiensitz auf dem Caelius in das Kloster S. Andrea und begann ein strenges mönchisches Leben. Auf Gütern der Familie in Sizilien gründete er sechs weitere Klöster. Obwohl er seine Gesundheit durch Fasten ruinierte, war dies die glücklichste Zeit seines Lebens. Doch bald darauf wurde er zu aktiverem Kirchendienst berufen, 578 vermutlich von Benedikt I. zum Diakon geweiht und Ende 579 von Pelagius II. als Nuntius nach Konstantinopel entsandt. In dieser Schlüsselstellung wurde er zum Experten in Angelegenheiten der Ostkirche (lernte aber nie Griechisch), pflegte enge Beziehungen mit dem Hof und führenden Persönlichkeiten (auch wenn er mit dem Patriarchen Eutychius in Fragen der Glaubenslehre aneinandergeriet) und bemühte sich, wenn auch nur mit geringem Erfolg, für Rom und Italien, das seit 568 von den Langobarden überrannt wurde, militärische und materielle Hilfeleistung zu erlangen. In seiner Amtsresidenz führte er zusammen mit anderen Klosterbrüdern einen mönchischen Haushalt. Als er 585/586 nach Rom zurückgerufen wurde, wohnte er in seinem Kloster, wurde indes von Pelagius II. vor allem als Sonderberater eingesetzt, der ihm bei den schwierigen Verhandlungen zur Beilegung des Schismas mit Venetien und Istrien zur Seite stand, welches durch die Verdammung der »Drei Kapitel« seitens Rom verursacht worden war. Er war für das dritte und theologisch bedeutsamste Schreiben des Papstes verantwortlich; allerdings zeigten sich die Schismatiker unnachgiebig.

Obwohl nur untergeordneter Diakon, wurde Gregor nach dem Tod Pelagius' II. mit seltener Einhelligkeit zum Papst gewählt. Ihm war es ernst, als er vor der Beförderung zurückschreckte, und er tat alles, um ihr aus dem Weg zu gehen, ja, er bat Kaiser Mauritius (582–602) in einem Brief, seine Einwilligung nicht zu gewähren. Unterdessen widmete er sich der von der Pest heimgesuchten Stadt, organisierte Bußprozessionen und rief in seinen Predigten zur Reue auf. Als das kaiserliche Mandat eintraf, wollte er sich der Aufgabe auch weiterhin entziehen, doch wurde er trotz eigenen Protestes zum Papst geweiht (3. 9. 590). Die zu Beginn seines Pontifikats geschriebenen Briefe schildern anschaulich, wie unglücklich er darüber war, daß er aus seinem kontemplativen Leben herausgerissen und ihm diese schwere Bürde aufgeladen wurde. Auch wenn er sich gewöhnlich die Bezeichnung »Knecht der Knechte Gottes« zulegte, erwies er sich als außergewöhnlich energischer und selbstbewußter Pontifex, dessen Regierungszeit für die spätere Entwicklung der Kirche und für das Papsttum des Mittelalters folgenreich sein sollte.

Von Anbeginn beteiligte er sich infolge des Zusammenbruchs der Zivilregierung nicht weniger an weltlichen Angelegenheiten als an geistlichen. Kaum war er auf den Thron erhoben, als er die Verteilung von Nahrungsmitteln und anderen notwendigen Gütern an die notleidende Bevölkerung in die Wege leitete. Um die hierfür erforderlichen Mittel zu beschaffen, organisierte er das »Patrimonium Petri« – die riesigen, im Besitz des Hl. Stuhls befindlichen Landgüter nicht nur in Italien, sondern auch auf Sizilien, in Dalmatien, Gallien und Nordafrika – gründlich um, indem er in den verschiedenen Domänen ihm direkt unterstellte Rektoren (*rectores*) einsetzte und auf effizienter und humaner Betriebsführung bestand. Damit minderte er nicht nur das soziale Elend, sondern bereitete den Boden für den späteren Kirchenstaat. Da der kaiserliche Exarch zu Ravenna keine Verteidigungsanstrengungen unternahm, befaßte sich Gregor persönlich mit der Bedrohung Roms durch die Langobarden. Er schloß 592 mit Ariulf, dem Herzog von Spoleto, einen Waffenstillstand ab; als der Exarch diesen brach und König Agilulf auf Rom zumarschierte, alarmierte er die Garnison und bewahrte die Stadt 593 vor der Eroberung, indem er den König bestach und ihm einen jährlichen Tribut versprach. In diesen Jahren stieg er praktisch zum politischen Herrscher über Italien auf, handelte Verträge aus, besoldete Truppen und berief Generäle. Sein Ziel war ein allgemeiner Frieden und die Bekehrung der Langobarden zum Katholizismus. Als der Kaiser ihn dafür schalt, daß er so einfältig sei, sich von Barbaren übertölpeln zu lassen, schickte ihm Gregor im Juni 595 eine scharfe Erwiderung, in der er sein Handeln im Namen »meines Vaterlandes« (*patria*) verteidigte.

Mit unermüdlicher Energie und einem unbestechlichen Auge für das, was nottat, gestaltete er die Aufsicht über den Westen bald effektiver als seine Vorgänger und arbeitete, wo immer es möglich war, mit Hilfe von Metropoliten. In Italien erwirkte er einen detaillierten Kodex für die Wahl und die Amtsführung von Bischöfen, setzte den Zölibat für Geistliche durch und enthob zuwiderhandelnde Prälaten des Amtes. Wenngleich seine Bemühungen, das Schisma mit Venetien und Istrien zu beenden, fehlschlugen, da ihn der Kaiser aus politischen Gründen bat, davon abzusehen, so vermochte er doch die Unterwerfung einzelner Bischöfe zu erreichen. In Afrika kämpfte er gegen das Wiedererstehen des Donatismus und bemühte sich, die Autorität Roms geltend zu machen – eine Arbeit, die sich durch einen wenig hilfsbereiten Exarchen und die traditionelle Unabhängigkeit der afrikanischen Kirche äußerst mühsam gestaltete. Größere Erfolge konnte er bei der Kontaktpflege mit dem westgotischen Spanien verzeichnen, wo er mit dem katholischen König Rekkared und Bischof Leander von Sevilla († 600) Freundschaft schloß, sowie mit Gallien, wo er 595 das päpstliche Vikariat in Arles wiederherstellte und mit der grimmigen Königin Brunhildis († 613) in freundschaftlichem Briefwechsel stand. Die erfolgreichste Christianisierungsmission unternahm er, als er 596 den Prior seines Klosters zu Rom, Augustinus, zusammen mit 40 Mönchen nach England entsandte. Er schickte 601 unter Führung von Mellitus und Paulinus (den späteren Bischöfen von London und York) Verstärkungen und verlieh Augustinus das Pallium als Erzbischof von England.

Gregors Beziehungen mit dem Osten, wo es einen Kaiser gab, dessen Untertan zu sein er bereitwillig anerkannte, waren anders geartet. In Fragen der Kirchenpolitik mußte er sich häufig den Wünschen des Kaisers beugen. Dennoch setzte er sich unermüdlich für die Stärkung des römischen Primats ein und vermochte sich die Appellationsgerichtsbarkeit im Osten zu erhalten. Ein bedeutender Streitpunkt indessen war die Verwendung des Titels »ökumenischer Patriarch« durch den Bischof von Konstantinopel. Obschon Gregor den 28. Kanon des Konzils von Chalkedon akzeptierte, widersetzte er sich dem Titel, da er den einzigartigen Supremat des Papstes in Frage stelle. Kaiser Mauritius rügte ihn dafür, daß er so viel Aufhebens um einen bloßen Titel machte, doch Gregor argumentierte, daß mit der Einsetzung des hl. PETRUS sämtliche Kirchen, Konstantinopel eingeschlossen, Rom unterstellt worden seien. Da die oströmischen Behörden sich nachzugeben weigerten, zog sich der Streit während Gregors gesamtem Pontifikat hin. Aus Groll hierüber begrüßte er 602 die Ermordung Kaiser Mauritius' und die Usurpation des Throns durch den Tyrannen Phokas (602 bis 610) mit unwürdigem Jubel.

Gregors Interessen und Einfluß reichten weit. Als erster Mönch, der es zum Papst gebracht hatte, und Bewunderer Benedikts von Nursia (um 480 – um 550) sorgte er für die Ausbreitung des Ordenswesens, gewährte Mönchen bedeutende Privilegien und berief sie in seinen engsten Beraterkreis. Auch wenn es sich bei dem Gregorianischen Sakramentar um eine spätere Kompilation handelt, führte er eine Reihe von Neuerungen in die Liturgie ein und befaßte sich mit liturgischer Musik; wahrscheinlich gründete er eine Chorschule. Er war ein gewaltiger Schriftsteller, der sich eher zu praktischen als theoretischen Fragen äußerte, und faßte die Lehren des hl. Augustinus wirksam, wenn auch wenig originell, zusammen. Seine Werke waren so weit verbreitet, daß er zusammen mit Ambrosius, Augustinus und Hieronymus als Kirchenlehrer gefeiert wurde. Sein Register umfaßt mehr als 850 Briefe und erhellt sämtliche Aspekte seiner Tätigkeit. Die

Regula pastoralis (um 591) legt seine Auffassung vom Bischof als einem Seelenhirten dar; noch zu seinen Lebzeiten ins Griechische und von König Alfred ins Angelsächsische übertragen, wurde sie zum Leitfaden der Bischöfe des Mittelalters. Von seinen Predigten und Kommentaren haben sich 40 kurze *Homilien über die Evangelien* (590/591), 22 längere *Homilien über Ezechiel* (593), zwei *Homilien über das Lied der Lieder* und Fragmente eines *Kommentars zum 1. Buch Samuel* erhalten, allesamt anschaulich geschrieben und mit allegorischer Tendenz. In seinen *Dialogi* (593/594), die das Leben und die Wundertaten Benedikts von Nursia und anderer italienischer Heiliger nacherzählen, spiegelt sich die schlichte Gläubigkeit seiner Zeit. Seine *Moralia*, ein mystisch-allegorischer Kommentar zum Buch Hiob, den er in Konstantinopel begann und 595 vollendete, wurde in den folgenden Jahrhunderten als Schatzkästlein der Moraltheologie und des Asketismus angesehen.

Gregor war ein Mann von ungeheurer Kompetenz, Entschlossenheit und Energie, den Großen gegenüber allzu ehrerbietig, doch stets realistisch und demütig. Was seinem Denken und Handeln Nachdruck verlieh, war seine Überzeugung, daß das Ende der Welt unmittelbar bevorstehe. Seine gesamte Regierungszeit hindurch war er nicht sehr gesund; als er starb, war er gichtgeplagt und konnte nicht mehr gehen. Wieder war Rom unter der Drohung einer neuerlichen Belagerung dem Hunger ausgesetzt; die Ironie wollte es, daß sich der Pöbel in seiner Verzweiflung gegen den Mann wandte, der ihn mit Wohltaten überhäuft hatte. Gregor wurde in St. Peter beigesetzt, die Grabinschrift bezeichnet ihn als »Konsul Gottes«. Heutiger Festtag: 3. September.

Lit.: *The Earliest Life of Gregory the Great*, von einem anonymen Mönch in Whitby, hrsg. von B. Colgrave, Lawrence (KS) 1967; Beda, *Hist. eccl.* 2,1; *PL* 75–79 [Werke usw.]; *MG* Ep 1; 2; *CCL* 140–140 A [Briefe]; 142–144 [Kommentare, *Moralia*]; *JW* 1,143–219; *LP* 1,312–314; F. H. Dudden, *Gregory the Great: His Place in History and Thought*, London 1905; H. Grisar, *Gregor der Große*, Rom 1928; P. Batiffol, *St Grégoire le Grand*, Paris 1928; J. Richards, *Consul of God*, London 1980; N. Sharkey, *St Gregory the Great's Concept of Papal Power*, Washington 1956; Caspar 2,306–514; *DCB* 1,779–791 (J. Barmby); *BSS* 7,222–278 (V. Monachino); *DSp* 6,872–910 (R. Gillet); *NCE* 6,766–770 (G. Rush); Seppelt 2,9–42.

Sabinian

(13. 9. 604 – 22. 2. 606)

Der aus Volterra in der Toskana gebürtige Berufsgeistliche war während seines Diakonats (593–595) als päpstlicher Nuntius Gregors I. in Konstantinopel tätig, was darauf schließen läßt, daß Gregor zu diesem Zeitpunkt viel auf ihn hielt. Allerdings zog er sich 595 den Zorn des Papstes zu, da er Kaiser Mauritius (582–602) und dem Patriarchen Johannes IV. nicht entschieden genug entgegentrat, was dessen Verwendung des Titels »ökumenischer Patriarch« anbelangte. Er wurde zurückbeordert und noch im gleichen Jahr als Mitglied einer päpstlichen Gesandtschaft nach Gallien geschickt. Vermutlich bereits im März 604 zum Papst gewählt, mußte er jedoch das Eintreffen der Bestätigung durch den Kaiser abwarten, bevor er Mitte September geweiht wurde. Seine Wahl stellte eine Reaktion auf Gregor dar, der sich kurz vor seinem Tod in Rom unbeliebt gemacht hatte. Bezeichnenderweise kehrte er Gregors Politik der Bevorzugung von Mönchen um und zog es vor, weltliche Kleriker zu fördern. Über seine kurze Amtszeit, in die neue Feindseligkeiten mit den Langobarden und eine Verschärfung der Rom bei Gregors Tod würgenden Hungersnot fielen, ist fast nichts bekannt. *LP* scheint anzunehmen, daß er an den Waffenstillstandsverhandlungen zwischen Smaragdus, kaiserlicher Exarch zu Ravenna, und dem König der Langobarden beteiligt war. Seine Politik zur Linderung der Hungersnot stand ebenfalls im Gegensatz zu der Gregors, der das Getreide aus den päpstlichen Kornkammern kostenlos verteilt hatte: Sabinian führte strenge Aufsicht über den Verkauf des Getreides, weswegen er der Profitmacherei beschuldigt wurde. Bei den Volksmassen war er deswegen so verhaßt, daß sein Leichenzug, um zu St. Peter zu gelangen, einen Umweg außerhalb der Stadtmauern machen mußte, da es zu feindseligen Demonstrationen kam.

Lit.: JW 1,220; *LP* 1,315; Caspar 2,515 f.; *DCB* 4,574 (J. Barmby); *DTC* 14,438 f. (É. Amann); *NCE* 12,784 (P. J. Mullins); Seppelt 2,43; JR 244; 260 f.

Bonifatius III.

(19. 2. – 12. 11. 607)

Der gebürtige Römer griechischer Herkunft mußte fast ein Jahr warten, bis er geweiht wurde. Im Gegensatz zu SABINIAN war er ein Schützling und Günstling GREGORS I., der ihn nach einer Amtstätigkeit als Hauptverwalter der Kirche (*primicerius defensorum*) zum Diakon gemacht und 603 als Nuntius nach Konstantinopel entsandt hatte, wo er ihn dem neuen Kaiser Phokas (602–610) wärmstens empfahl. Der gewandte Diplomat stellte freundschaftliche Beziehungen mit Phokas her und erlangte von ihm nach seiner Wahl zum Papst eine förmliche Erklärung, wonach Rom, dem Stuhl des hl. PETRUS, der Vorrang unter allen Kirchen gebührte. Zwar hatte bereits Kaiser Justinian (527–565) eine ähnliche Erklärung abgegeben, doch diesmal war dem Anspruch der Bischöfe von Konstantinopel auf den Titel »ökumenischer Patriarch«, der PELAGIUS II. und Gregor I. zum Ärgernis geworden war, zumindest vorläufig ein Riegel vorgeschoben. Aus diesem Anlaß wurde in Rom ein vergoldetes Standbild des tyrannischen Phokas mit einer verherrlichenden Inschrift errichtet. Einen weiteren Beweis für die guten Beziehungen zwischen Bonifatius und dem Kaiser gab letzterer, indem er die Politik seines Vorgängers, der das durch den »Drei Kapitel«-Streit hervorgerufene venetisch-istrische Schisma toleriert hatte, nicht weiterführte, sondern den Exarchen Smaragdus anwies, energische Maßnahmen gegen Anhänger des Schismas zu ergreifen. Das einzige andere bemerkenswerte Ereignis während der Regierungszeit des Bonifatius war die Einberufung einer Synode zur Regelung der Papstwahl. Diese verbot bei Strafe der Exkommunikation jegliche Erörterung des Nachfolgers eines Papstes oder Bischofs zu dessen Lebzeiten und bis zum vierten Tage nach seinem Tod. Es ist möglich, daß Bonifatius' eigene Wahl von Stimmungsmache und Rivalitäten zwischen der pro- und der antigregorianischen Fraktion gekennzeichnet war. Die lange Sedisvakanz ließe sich auf diese Weise besser erklären; denn dafür, daß die notwendige kaiserliche Bestätigung auf sich warten ließ, gibt es keinen Anhaltspunkt.

Lit.: JW 1,220; 2,698; *LP* 1,316; Caspar 2,517 f.; *DCB* 1,329 (T. R. Buchanan); *DHGE* 9,898 (G. Bardy); *NCE* 2,670 (P. J. Mullins); *DBI* 12,136 f. (P. Bertolini); Seppelt 2,43 f.; JR 177; 259; 261–263.

Bonifatius IV.

Heiliger (15. 9. 608 – 8. 5. 615)

Der in der heutigen Provinz L'Aquila geborene Arztsohn wird erstmals 591 als Diakon und Schatzkämmerer GREGORS I. erwähnt. An der zehnmonatigen Sedisvakanz vor seiner Weihe zum Papst war das Ausbleiben der kaiserlichen Bestätigung aus Konstantinopel schuld. Der Schüler und Nacheiferer Gregors (wie seine Grabinschrift hervorhebt) wandelte bei seinem Amtsantritt sein Haus in Rom in ein Kloster um und unterstützte die Mönche und das Ordenswesen. Seine Regierungszeit war durch Hungersnot, Pest und Naturkatastrophen beeinträchtigt, doch pflegte er gute Beziehungen zu den Kaisern Phokas (602–610) und Herakleios (610–641). Phokas gab seinem Gesuch statt (13. 5. 609), das römische Pantheon in eine der Allerseligsten Jungfrau und allen Märtyrern geweihte Kirche umzuwandeln (die erste derartige Umwandlung eines heidnischen Tempels), und Bonifatius füllte sie mit Reliquien aus den Katakomben. Er hielt 610 eine Synode zur Regelung des Klosterlebens und der Ordensdisziplin ab, an der unter anderen auch Mellitus († 624), der erste Bischof von London, teilnahm. Der Papst beriet sich mit ihm über die Erfordernisse der englischen Kirche, und Mellitus kehrte, versehen mit Synodaldekreten und Sendschreiben für Erzbischof Lawrence von Canterbury, König Ethelbert von Kent und die englischen Gläubigen im allgemeinen, in seine Heimat zurück. 613 erhielt Bonifatius einen wohl ehrerbietigen, aber dennoch leidenschaftlich tadelnden Brief des in Bobbio in den Apenninen ansässigen irischen Mönchs Columban (543–615), der ihn auf Veranlassung des arianischen Langobardenkönigs Agilulf und seiner katholischen Gemahlin Theodolinda beschwor, die Verurteilung der »Drei Kapitel« durch seine Vorgänger abzulehnen und ein Konzil einzuberufen, auf dem er seine eigene Rechtgläubigkeit unter Beweis stellen sollte. Von Bonifatius ist keine Antwort überliefert. Er wurde in St. Peter beigesetzt; seine Verehrung als Heiliger läßt sich erst seit der Amtszeit Bonifatius' VIII. belegen. Festtag: 25. März.

Lit.: JW 1,220–222; *MG* Ep 3,163 f.; 170–177; *LP* 1,317 f.; J. Rivière, »St Columban et le jugement du pape hérétique«, in: *RevSR* 3 (1923) S. 277–282; Caspar 2,517–522; *DACL* 10,2062–68; 13,1063–67 (H. Leclercq); *DHGE*

9,898 f. (G. Bardy); *NCE* 2,670 (P. J. Mullins); *DBI* 12,137–140 (P. Bertolini); Seppelt 2,44–46; JR 53; 177; 256; 262–265.

Deusdedit (später **Adeodatus I.)**

Heiliger (19. 10. 615 – 8. 11. 618)

Der aus Rom gebürtige Sohn eines Subdiakons namens Stephan war in fortgeschrittenem Alter, als er zum Papst gewählt wurde; er hatte bereits 40 Jahre als Priester gedient. Er war der erste Priester seit JOHANNES II., der zum Papst auserkoren wurde, und der Kandidat der Partei, die sich der Politik GREGORS I. und BONIFATIUS' IV. zugunsten des Ordenswesens widersetzte. Mit Genugtuung vermerkt *LP*, daß er »den Klerus inständig liebte« und lieber Kleriker als Ordensleute mit Ämtern betraute. Mit der Ordination von 14 neuen Priestern weihte er zum erstenmal seit dem Tod Gregors I. wieder Priesternachwuchs und führte für den Klerus einen Abendgottesdienst, das Gegenstück zur Frühmette, ein. Über seine Regierungszeit ist praktisch nichts bekannt, außer daß Rom während seines Pontifikats von einem Erdbeben und einer Krätzeepidemie heimgesucht wurde und es unter den in Italien stationierten byzantinischen Streitkräften, die sich empörten, weil ihnen der Sold nicht ausbezahlt wurde, zu einer schweren Meuterei kam. Der Exarch Johannes und andere Regierungsbeamte in Ravenna wurden abgeschlachtet. Deusdedit verhielt sich während der gesamten Unruhen Kaiser Herakleios (610–641) gegenüber loyal, und als der neue Exarch Eleutherius, bevor er weitermarschierte, um den Aufstand niederzuschlagen, in Rom Station machte, hieß er ihn herzlich willkommen. Eleutherius erhob alsbald selber die Fahne der Rebellion, wurde jedoch bei seinem Marsch auf Rom von Soldaten niedergemacht. Die von HONORIUS I. verfaßte Grabinschrift beschreibt Deusdedit als schlicht, fromm, weise und klug. Auf seinem Sterbebett vermachte er jedem Mitglied des Klerus mutmaßlich das Äquivalent eines Jahresgehalts – das erste Legat eines Papstes an seine Geistlichen, von dem wir Kenntnis haben. Festtag: 8. November.

Lit.: JW 1,222; 2,698; *LP* 1,319 f.; Caspar 2,517 f.; 520; 523; *DACL* 13,1229 f. (H. Leclercq); *DHGE* 14,356 f. (B. Botte); *BSS* 1,250 f. (I. Daniele); *NCE* 4,822 (C. E. Sheedy); Seppelt 2,46; JR 178; 262–264.

Bonifatius V.

(23. 12. 619 – 25. 10. 625)

Der Neapolitaner, Sohn eines gewissen Johannes, mußte nach seiner Wahl zum Papst etwa 13 Monate warten, bis die zur Weihe erforderliche kaiserliche Bestätigung eintraf. Der Grund für die Verspätung war die Beanspruchung Kaiser Herakleios' (610–641) durch seine Feldzüge gegen die Perser. Es ist bedeutsam, daß die Verantwortung für die Bestätigung einer Papstwahl nunmehr dem Exarchen in Ravenna übertragen wurde. Über die Laufbahn des Bonifatius ist nichts bekannt, doch wie im Fall DEUSDEDITS stellt seine Wahl eine Reaktion gegen die das Ordenswesen begünstigende Politik GREGORS I. dar. Die Quellen betonen seine Wertschätzung der weltlichen Kleriker; seine Gesetzgebung beweist sein Interesse an der Erhaltung ihrer Vorrechte. So bestand er darauf, daß nur Priester, nicht jedoch Akoluthen die Reliquien von Märtyrern überbringen und letztere bei Taufen nicht als Stellvertreter von Subdiakonen amtieren durften. Als nüchterner Verwaltungsmensch bekräftigte er offiziell das kirchliche Asylrecht und glich die kirchlichen Legatpraktiken dem Zivilrecht an. Wie BONIFATIUS IV. nahm er besonderen Anteil an den Geschicken der englischen Kirche; so korrespondierte er mit Erzbischof Mellitus von Canterbury († 624) und Bischof Justus von Rochester, einem der Mönche, die Gregor I. nach England entsandt hatte († um 627), und übertrug letzterem bei seiner Ernennung zum Erzbischof (624) das Pallium und den Titel eines Metropoliten. Er richtete auch direkte Schreiben an König Edwin von Northumbrien (616–633) und seine Gemahlin Ethelburga, die bereits Christin war, um die Bekehrung des Königs und seiner Untertanen zu bewirken. Bonifatius war ein mitfühlender, gütiger Mann, der sich den Bedürftigen gegenüber als großzügig erwies und sein persönliches Vermögen als Almosen verteilte. Er ließ den Friedhof von S. Nicomede an der Via Nomentana fertigstellen und vermachte dem Klerus bei seinem Tod ein beachtliches Legat.

Lit.: *PL* 80,429–440; JW 1,222 f.; 2,698; *LP* 1,321 f.; Beda, *Hist. eccl.* 2,7 f.; 2,10 f.; Caspar 2,517–522; *DCB* 1,330 (T. R. Buchanan); *DHGE* 9,899 (G. Bardy); *NCE* 2,670 (P. J. Mullins); *DBI* 12,140–142 (P. Bertolini); Seppelt 2,46 f.; JR 178 f.; 244; 263 f.

Honorius I.

(27. 10. 625 – 12. 10. 638)

Honorius war ein vermögender Aristokrat aus Kampanien, Sohn des Konsuls Petronius. Gewählt wurde er nach einer nur zwei Tage währenden Sedisvakanz; vermutlich wurde das in dieser Zeit für die Weihe erforderliche kaiserliche Mandat vom Exarchen Isaak erlangt, der sich in Rom aufhielt. Über seine Laufbahn ist nichts bekannt, doch teilte er die Ideale GREGORS I. und nahm sich diesen während seines mit umfangreichen Aktivitäten ausgefüllten Pontifikats zum Vorbild. Wie Gregor wandelte er seine nahe dem Lateran gelegene Villa in ein Kloster um und berief lieber Mönche als weltliche Kleriker in seinen Stab.

Honorius wurde gleich nach seinem Amtsantritt in die Politik der Langobarden in Norditalien verwickelt. Nachdem er zunächst den abgesetzten katholischen König Adaloald unterstützt und den Exarchen ersucht hatte, die gegen Adaloald opponierenden Bischöfe zu bestrafen, nahm er zu seinem siegreichen Rivalen Arioald, einem mit einer Katholikin verehelichten Arianer, herzliche Beziehungen auf. Zwar ist seine Grabinschrift falsch, er habe das durch die Verurteilung der »Drei Kapitel« hervorgerufene venetisch-istrische Schisma beendet, doch vermochte er mit Hilfe des Exarchen den schismatischen Bischof Fortunatus, der den Stuhl von Aquileia-Grado usurpiert hatte, durch seinen eigenen Subdiakon Primogenius zu ersetzen. Er suchte die Rivalitäten zwischen Ravenna, der Residenz des Exarchen, und Rom zu verringern, indem er in Rom eine dem Schutzheiligen von Ravenna, dem hl. Apollinarius, geweihte Kirche stiftete und Messen zu Ehren des Heiligen und des hl. PETRUS abhalten ließ. Die sich abmühende englische Heidenmission unterstützte er aktiv; so gratulierte er 627 König Edwin von Northumbrien zu seiner Konversion, gewährte den Erzbischöfen von Canterbury und York das Pallium mit der Auflage, im Todesfall des einen solle der andere seinen Nachfolger bestellen, und entsandte 634 Birinus nach England, um die Westsachsen zu christianisieren. Bei seinen Versuchen, die keltischen Christen in Britannien zu überreden, ihre der römischen Methode zuwiderlaufende Berechnung des Osterfests aufzugeben, hatte er weniger Erfolg. Sein Eingreifen in Sardinien, Illyrien und Spanien zeugt von Entschlossenheit; sein Gesandter auf dem 6. Konzil von Toledo (638) drängte die Bischöfe, die Bekehrung der Juden energisch durchzuführen. Am 11. Juni 628 befreite er den Abt von Bobbio in den Apenninen von jeder bischöflichen Oberhoheit mit Ausnahme der päpstlichen.

Honorius erhielt 634 einen verhängnisvollen Brief von Sergius I., Patriarch von Konstantinopel (610–638), der sich dafür aussprach, alles Gerede von ein oder zwei Wirkungsweisen in Christus einzustellen; statt dessen solle verkündet werden, daß ein und derselbe Sohn das Subjekt jeder, der menschlichen wie der göttlichen Energie des Gottmenschen sei. Die Formel »zwei unterschiedene Naturen, aber eine Wirkung«, so erklärte er, sei in der Ostkirche bei der Rückgewinnung entfremdeter Monophysiten von unschätzbarem Wert gewesen, sei indessen von Sophronius, dem neuen Bischof von Jerusalem (634–638), als Monophysitismus in Verkleidung attackiert worden. In einem vorschnellen Antwortschreiben verlieh Honorius nicht nur seiner Zustimmung Ausdruck, sondern argumentierte darüber hinaus, daß das Wort, da es durch beide Naturen wirke, nur einen Willen habe. Er entwickelte die gleiche These (genau genommen »Monotheletismus«) in weiteren Briefen an Sergius, Sophronius und andere. Seine Auffassung fügte sich gut in die Politik von Sergius und Kaiser Herakleios (610–641), der 638 seine *Ekthesis* erlassen hatte – ein Dekret, mit dem die Erwähnung der Wirkungsweisen in Christus, seien es eine oder zwei, untersagt und das Bekenntnis eines einzigen Willens in ihm verfügt wurde. Als seine *Ekthesis* herauskam, war Honorius bereits verstorben, doch seine Nachfolger waren sich in der Verwerfung des Monotheletismus als einer Irrlehre einig, und er selbst wurde vom 6. ökumenischen Konzil (d. h. dem 3. Konzil von Konstantinopel, 680/681), das die Existenz zweier Willen im Erlöser, eines menschlichen und eines göttlichen, verkündete, in den Bann getan. Das Anathema, das von LEO II. ratifiziert wurde, als er 682 die Akten des Konzils bestätigte, hat seit dem 15. Jh. Verlegenheit und beträchtliche Diskussionen ausgelöst, besonders in Debatten über die päpstliche Unfehlbarkeit wie der des 1. Vatikanischen Konzils. Die Verteidigung des Honorius läuft meist auf die Versicherung hinaus, daß er nicht so sehr ein Ketzer als vielmehr unbesonnen war.

Abgesehen von seinem bedauerlichen Ausflug in die Gefilde theologischer Kontroverse war Honorius ein Pontifex, dessen Führungstätigkeit dem Papsttum neue Kraft zuführte. Er reformierte nicht nur die Ausbildung der Geistlichen, sondern übernahm wie Gregor I. mit Erfolg weltliche Verantwortung in Bereichen, mit denen die Zivilbehörden nicht mehr zurechtkamen, wie etwa der Wiederherstellung der römischen Aquädukte und der Verwaltung der Getreidevorräte. Er amtierte als Zahlmeister der kaiserlichen Truppen in Rom und gab Regierungsbeamten Anweisung, wie die Stadt Neapel zu verwalten sei. Seine Aufsicht über das Patrimonium Petri war so wirksam, daß er stets über genügend Einkommen verfügte und in der Lage war, ein bemerkenswertes Bau-, Restaurierungs- und Verschönerungsprogramm für die Kirchen in Rom durchzuführen. Darunter fiel vor allem die völlige Wiederherstellung von St. Peter und S. Agnese fuori le Mura. Er wurde in St. Peter beigesetzt und in seinem Grabspruch als »Führer des gemeinen Volkes« gewürdigt.

Lit.: *PL* 80,467–494; 601–607; Mansi 11,537–544; 549–563; 578; JW 1,223–226; *LP* 1,323–327; J. Chapman, »The Condemnation of Pope Honorius«, in: *Dublin Review* 139 (1906) S. 42–54; P. Galtier, »La première lettre du pape Honorius«, in: *Gregorianum* 29 (1948) S. 42–61; R. Bäumer, »Die Wiederentdeckung der Honoriusfrage im Abendland«, in: *RQ* 56 (1961) S. 200–214; G. Kreutzer, *Die Honoriusfrage im Mittelalter und in der Neuzeit*, Stuttgart 1975; Caspar 2,523–619; *LThK* 5,474 f. (R. Bäumer); *NCE* 7,123–125 (H. G. J. Beck); Seppelt 2,47–58; JR 179–184.

Severinus

(28. 5. – 2. 8. 640)

Der gebürtige Römer, Sohn eines gewissen Avienus (der Name zeugt von vornehmer Herkunft), war bereits in vorgerücktem Alter, als er Mitte Oktober 638 zum Papst gewählt wurde. Er mußte fast 20 Monate warten, bis das für seine Weihe erforderliche kaiserliche Mandat eintraf. Der Exarch Isaak konnte es nicht erteilen, da ihm die *Ekthesis* des Kaisers Herakleios (610–641) mit der monotheletischen Irrlehre, daß Christus nur einen Willen besitze, zugegangen war mit der Anweisung, der designierte Papst solle sie unterschreiben. Severinus weigerte sich; Vorhaltungen von Gegnern des Monotheletismus in der Ostkirche hatten bewirkt, daß sich die römische Kirche mittlerweile eine realistischere Vorstellung von den betreffenden Streitpunkten machte als zu Zeiten HONORIUS' I. So mußten Botschafter nach Konstantinopel entsandt werden, wo ihnen mitgeteilt wurde, daß die Ratifizierung der Wahl von der Annahme des Erlasses abhänge. Erst nach langwierigen Verhandlungen und der Zusicherung, sie würden alles daransetzen, um Severinus' Unterschrift zu erlangen, wurde ihnen gestattet, mit dem Mandat nach Rom zurückzukehren. Unterdessen sah sich der künftige Papst brutaler Behandlung ausgesetzt, die vermutlich einen Versuch darstellte, angesichts seiner bekannt gewordenen Einwände gegen die *Ekthesis* Druck auf ihn auszuüben. Die in und um Rom stationierten Truppen ließen sich vom Militärregistrator (*chartularius*) Mauritius überzeugen, daß bei dem von Honorius I. angehäuften päpstlichen Schatz ihr ausstehender Sold aufbewahrt sei, belagerten Severinus und andere führende Kleriker 3 Tage lang im Lateran und versiegelten den Schatz schließlich. Als der Exarch Isaak eintraf, angeblich um den Fall zu schlichten, schickte er die Verweser des Hl. Stuhls vorübergehend in die Verbannung, plünderte die Schatzkammern und beschlagnahmte ihren Inhalt. Er teilte die Beute zwischen den Soldaten und seinen Beamten auf, ließ aber klugerweise einen Teil davon Kaiser Herakleios zukommen.

Severinus überlebte seine Weihe nur um 2 Monate. Es ist nicht bekannt, ob er seine Haltung der *Ekthesis* gegenüber je offiziell festlegte. Spätere Berichte, daß er sie ausdrücklich verurteilte und erklärte, Christus habe, im Einklang mit seinen beiden Naturen, zwei Willen und zwei Energien, sind mit Vorbehalt aufzunehmen. Sein früher Tod bewahrte ihn vermutlich davor, eine endgültige Entscheidung treffen zu müssen. *LP* zufolge ein gütiger und mildtätiger Mann, gehörte er der Fraktion an, die sich der Politik GREGORS I. und seiner Schüler zugunsten der Ordensleute widersetzte und für Kleriker eintrat. Seine Hochachtung für den weltlichen Klerus bewies er durch die Anhebung der Jahresgehälter und die Gewährung eines vollen Jahresgehalts bei seinem Tod. Er wurde in St. Peter beigesetzt; das Mosaik in der Apsis der Kirche hatte er instandsetzen lassen.

Lit.: *PL* 129,583–586; Mansi 10,675–680; JW 1,227; *LP* 1,328 f.; E. Caspar, »Die Lateransynode von 649«, in: *ZKG* 51 (1932) S. 114, Anm. 87; Caspar 2,526 f.; 537 f.; *DCB*

4,628 (J. Barmby); *DTC* 14,2006–08 (É. Amann); *LThK* 9,700 f. (G. Schwaiger); Bertolini 317 f.; *NCE* 13,143 (C. M. Aherne); Seppelt 2,56 f.; JR 245; 264.

Johannes IV.

(24. 12. 640 – 12. 10. 642)

Sohn eines gewissen Venantius, eines Rechtsberaters (*scholasticus*) im Dienst des Exarchen zu Ravenna, war der Dalmatiner Johannes, als er im August 640 zum Papst gewählt wurde, Erzdiakon von Rom. Während des fünfmonatigen Interims, in dem er auf die kaiserliche Zustimmung wartete, die damals zur Weihe für notwendig erachtet wurde, sandte die römische Kirche einen Hirtenbrief an bestimmte irische Bischöfe und Äbte, die gemaßregelt wurden, weil sie an ihrem Brauch festhielten, Ostern am Tag des jüdischen Paschafestes zu feiern, und vor Pelagianismus gewarnt wurden. Bemerkenswert ist, daß der designierte Papst nur der zweite Unterzeichner war, während als erster der Erzpresbyter Hilarus unterschrieb. Hilarus und der Erste Sekretär (*primicerius*) Johannes, dessen Unterschrift sich gleichfalls unter dem Schreiben befand, bezeichneten sich darüber hinaus als »Verweser des Hl. Stuhls«.
Der Exarch hegte möglicherweise die Hoffnung, der Sohn seines Beamten werde die Regierungspolitik in dogmatischen Angelegenheiten fortführen. Im Januar 641 jedoch hielt Johannes eine Synode ab, die den von der *Ekthesis* des Kaisers Herakleios (610–641) begünstigten Monotheletismus als ketzerisch verdammte. Enttäuscht, weil die *Ekthesis* nur zu Spaltungen geführt hatte, schrieb Herakleios kurz vor seinem Tod (11. 2. 641) an den Papst, um sich vom Monotheletismus loszusagen und den früheren Patriarchen Sergius I. (610–638) für die *Ekthesis* verantwortlich zu machen. Als der neue Patriarch, Pyrrhus I. (638–641), bei seinen Bemühungen zur Durchsetzung der *Ekthesis* im Westen HONORIUS I. um seine Billigung ersuchte, brachte Johannes in einem Schreiben an Kaiser Konstantin III. (Feb. – Mai 641) seine Empörung über die Versuche zum Ausdruck, Honorius mit derartigen ketzerischen Neuerungen in Verbindung zu bringen. Sein Vorgänger habe, so argumentierte er umständlich, als er von einem Willen in Christus sprach, ausschließlich an den menschlichen Willen gedacht, der seines Erachtens frei von dem Zwiespalt war, dem der menschliche Wille aufgrund des Sündenfalls normalerweise unterworfen sei (Röm 7,14–23). Er verlangte weiterhin, daß Abschriften der *Ekthesis*, die an öffentlichen Gebäuden Konstantinopels angebracht waren, entfernt werden sollten.
Eingedenk der Not seines Heimatlandes sandte Johannes den Abt Martin mit einer stattlichen Summe Geldes nach Dalmatien, um die von eingedrungenen Awaren und Slawen in die Sklaverei geführten Christen wieder freizukaufen. Er stiftete auch eine Kapelle neben dem Baptisterium des Laterans zu Ehren der Heiligen Dalmatiens und stattete sie mit den Reliquien des hl. Venantius (der Name seines Vaters) und anderer dalmatischer Märtyrer aus, die Martin nach Rom gebracht hatte. Sein Porträt ist noch heute im Mosaik der Apsis zu besichtigen, das sein Nachfolger THEODOR I. in Auftrag gab. Bei seinem Tod vermachte er jedem Geistlichen ein Jahresgehalt.

Lit.: *PL* 80,601–608; Beda, *Hist. eccl.* 2,19; JW 1,227 f.; *LP* 1,330; Caspar 2,365–368; *DCB* 3,391 f. (J. Barmby); *DTC* 8,597–599 (É. Amann); Bertolini 325 f.; *NCE* 7,1008 (H. G. J. Beck); Seppelt 2,57–59; JR 182; 184.

Theodor I.

(24. 11. 642 – 14. 5. 649)

Der als Sohn eines Bischofs in Jerusalem geborene Grieche war wahrscheinlich auf der Flucht vor den Einfällen der Araber nach Rom gelangt. Die Wahl eines Orientalen mit engen Verbindungen zu den Hauptkritikern des Monotheletismus, dem Patriarchen Sophronius von Jerusalem (634–638) und Maximus Confessor (um 580–662), entsprang womöglich dem Wunsch, einen Papst zu küren, der den vom Hof zu Byzanz aufgezwungenen ketzerischen Auffassungen, Christus habe nur einen Willen, wirksam widerstehen konnte. Die kurze Interimsperiode zwischen seiner Wahl und Ordination zeigt, daß das für seine Weihe notwendige kaiserliche Mandat vom Exarchen zu Ravenna erteilt wurde und nicht von Konstantinopel.
Eine der ersten Amtshandlungen Theodors war, an den unmündigen Kaiser Konstans II. (641 bis 668) einen Brief mit der Anfrage zu richten, weshalb die *Ekthesis* des Kaisers Herakleios (610–641) trotz ihrer Verwerfung durch JOHANNES IV. und durch Herakleios selbst kurz vor sei-

nem Tod noch immer in Kraft sei. In ähnlichem Tenor schrieb er an Paul II., den neuen Patriarchen von Konstantinopel (641–653), und weigerte sich, diesen anzuerkennen, solange nicht sein Vorgänger Pyrrhus I. (638–641) von einer Synode, auf der der Hl. Stuhl vertreten sein müsse, rechtmäßig abgesetzt sei. Er verlangte, daß Paul die *Ekthesis* verwerfe und die an öffentlichen Gebäuden angebrachten Abschriften entfernen lasse. Als Pyrrhus sich, nachdem er Maximus Confessor in einem öffentlichen Streitgespräch unterlegen war, vom Monotheletismus lossagte (645) und nach Rom reiste, um feierlich abzuschwören, empfing Theodor ihn mit angemessenen Ehren und erkannte ihn als den rechtmäßigen Bischof von Konstantinopel an. Pyrrhus' Lossagung vom Monotheletismus wurde im Westen als bemerkenswerter Triumph der Rechtgläubigkeit angesehen, und durch die allseitige Unterstützung ermutigt, zögerte der Papst nicht, den Patriarchen Paul II., der sich inzwischen zugunsten der *Ekthesis* ausgesprochen hatte, zu exkommunizieren und abzusetzen. Daraufhin ging Pyrrhus, der sich in seinen Hoffnungen auf die Wiedererlangung seines Throns getäuscht sah, nach Ravenna, zog seinen Widerruf zurück und machte seinen Frieden mit dem Hof. Voll Zorn verstieß Theodor auch ihn aus der Kirchengemeinschaft; das Dekret soll er auf dem Grab des Apostels mit geweihtem eucharistischem Wein unterzeichnet haben.

Konstans II. verkündete 648 das von Paul abgefaßte Edikt, das unter dem Namen *Typos* (»Regel«) bekannt geworden ist, da er überzeugt war, daß die *Ekthesis* die Monophysiten im Osten nicht zu versöhnen vermocht hatte und im Westen so unbeliebt war, daß sie die politische Stabilität gefährdete. Der neue Erlaß setzte die *Ekthesis* außer Kraft, verbot jegliche Diskussion über die Anzahl der Willen und Wirkungsweisen in Christus und verlangte, daß die Lehre der Kirche sich auf die Festlegungen der fünf ökumenischen Konzilien beschränken solle. Dem Erlaß mußte zugestimmt werden, und als der päpstliche Nuntius Anastasius seine Unterschrift verweigerte, wurde er festgenommen und nach Trapezunt verbannt. Die lateinische Kapelle im Palast der Placidia, der Amtsresidenz der päpstlichen Nuntien, wurde geschlossen und der Altar zerstört. Theodors Einstellung zum *Typos* wäre sicher ablehnend gewesen, aber er starb, ehe er in der Lage war, sie darzulegen. Hauptsächlich als Erzfeind des Monotheletismus bekannt, war er den Armen Roms gegenüber freigebig und ließ – neben anderen bescheidenen Bauarbeiten – bei der Überführung der Reliquien der Heiligen Primo und Feliciano (der ersten schriftlich überlieferten Reliquientranslation) dorthin die Kirche S. Stefano Rotondo auf dem Caelius verschönern.

Lit.: *PL* 87,71–102; JW 1,228–230; 2,698; *LP* 1,331–335; Caspar 2,529; 543–553; Haller 1,317–320; 543 f.; *DCB* 4,949–951 (J. Barmby); *DTC* 15,224–226 (É. Amann); *LThK* 10,27 (G. Schwaiger); *NCE* 14,16 (P. J. Mullins); Bertolini 329–333; Seppelt 2,59–61; JR 184–186; 265; 269 f.

Martin I.

Heiliger (5. 7. 649 – 17. 6. 653; † 16. 9. 655)

Der aus Todi in Umbrien stammende Diakon diente eine Zeitlang als Nuntius THEODORS I. in Konstantinopel, wo er gründlich mit den führenden Persönlichkeiten der Stadt vertraut wurde und mit der vorherrschenden monotheletischen Lehre, daß Christus nur einen Willen habe. Der resolute und mutige Kirchenmann ist hauptsächlich für seine kompromißlose Opposition gegen diese Ketzerei und für die tragische Vergeltung, die er damit auf sich zog, bekannt geworden. Von Anfang an bewies er seine Unabhängigkeit, indem er sich weihen ließ, ohne die kaiserliche Genehmigung einzuholen, die zu dieser Zeit für notwendig erachtet wurde – eine Geste, die Kaiser Konstans II. (641–668) so erzürnte, daß er sich weigerte, Martin als rechtmäßigen Papst anzuerkennen.

Gleich nach seiner Amtsübernahme hielt Martin im Lateran eine eindrucksvolle antimonotheletische Synode ab, die von 105 Bischöfen der Westkirche besucht wurde, verstärkt durch eine sachverständige Gruppe exilierter griechischer Geistlicher. Nach eingehender Beratung aller anstehenden Fragen (5. – 31. 10. 649) bekräftigte die Synode das Bekenntnis zu den beiden Willen in Christus und verurteilte sowohl den Monotheletismus als auch – beachtlich kühn – das jüngste Edikt Konstans' II. (den *Typos*), das die bloße Diskussion über die Anzahl von Willen und Wirkungsweisen im Herrn untersagte. Die Entscheidungen der Synode ließ Martin in der Ost- wie in der Westkirche unverzüglich zur Unterzeichnung zirkulieren. Er exkommunizierte Bischof Paulus von Thessalonike, der sie ablehnte, und

berief einen orthodoxen Apostolischen Vikar nach Palästina, das damals ein Bollwerk des Monotheletismus war. Eine Abschrift der Beschlüsse sandte er an Konstans mit einem höflichen Brief, in dem er ihm vorschlug, sich von der Irrlehre loszusagen, für die er diplomatisch den falschen Rat verschiedener Patriarchen verantwortlich machte.
Der Kaiser, vom Angriff auf seine Kirchenpolitik bereits in Kenntnis gesetzt, schickte umgehend seinen Kämmerer Olympius als Exarchen nach Italien mit dem Auftrag, Martin festzunehmen und ihn nach Konstantinopel zu schaffen. Dieser Schachzug schlug fehl, denn Olympius mußte bald feststellen, daß der Papst weithin Unterstützung genoß. Daraufhin traf er mit ihm eine Vereinbarung und revoltierte schließlich, nicht ohne Martins Einverständnis, selbst gegen den Kaiser. Erst im Sommer 653 gelang es dem neuen Exarchen Theodor Kalliopas, den bettlägerigen Papst, der sich in die Lateranbasilika geflüchtet hatte, festzusetzen. Er händigte dem Klerus den kaiserlichen Haftbefehl aus, der besagte, Martin habe sich illegal zum Papst gemacht und sei daher abgesetzt, schmuggelte ihn aus Rom hinaus und brachte den von schmerzhafter Krankheit Gequälten unter Bewachung auf ein in die Hauptstadt segelndes Schiff. Nach einem Zwischenaufenthalt auf Naxos traf Martin, ermattet von Gicht und Ruhr und brutal gedemütigt, in Konstantinopel ein (17. 9. 653, nicht 654, wie oft behauptet wird). Nach dreimonatiger Einzelhaft wurde er am 19. Dezember unter der Anklage des Hochverrats vor Gericht gestellt: er habe Olympius bei seinem Versuch, den Thron an sich zu reißen, Beihilfe geleistet. Wann immer er die Glaubensfrage ansprach, wurde diese als unmaßgeblich abgetan; die ganze Zeit wurde er nicht als Papst, sondern als rebellischer Diakon und früherer Nuntius behandelt. Wie geplant, wurde er für schuldig befunden, zum Tod verurteilt und öffentlich ausgepeitscht. Auf Fürsprache des im Sterben liegenden Patriarchen Paul II. (641 – 27. 12. 653) wurde das Urteil in Verbannung umgewandelt. Nach weiteren 3 Monaten Kerkerhaft unter entsetzlichen Bedingungen wurde er per Schiff nach Chersonesus (in der Nähe des heutigen Sebastopol) auf der Krim gebracht (26. 3. 654), wo er an den Folgen von Kälte, Hunger und Mißhandlungen starb (16. 9. 655). Er wurde dort in einer der Mutter Gottes geweihten Kirche beigesetzt.
In anschaulichen Briefen aus dem Exil machte Martin deutlich, wie er in seinem Martyrium am meisten darunter litt, daß die römische Kirche ihn im Stich ließ; wie er bitterlich beklagte, versäumte sie nicht nur, ihm Lebensmittel zur Erleichterung seiner Lage zukommen zu lassen, sondern wählte, während er noch am Leben war, entgegen seinen Erwartungen und seinem ausdrücklichen Wunsch einen Nachfolger. Dennoch fügte er sich in sein Schicksal und betete zu Gott, er möge seine Kirche im rechten Glauben erhalten und ihren neuen Hirten vor Häresie und Feinden schützen. Zwar konnte das 6. ökumenische Konzil (das 3. Konzil von Konstantinopel, 680/681), auf dem die Lehre, für die er gekämpft und gelitten hatte, den Sieg davontrug, ihn nicht rehabilitieren, wurde sie doch unter der Ägide von Konstantin IV. (668–685), dem Sohn Konstans' II., abgehalten, der ihn des Hochverrats für schuldig befinden mußte. Es dauerte jedoch nicht lange, bis die römische Kirche Martin als Märtyrer verehrte – der letzte Papst, der auf diese Weise geehrt wurde –, zunächst am 12. November, dem angeblichen Jahrestag der Translation seiner Reliquien nach S. Martino ai Monti, seit 1969 am 13. April, auch in der griechischen Kirche.

Lit.: *PL* 87,105–212; 129,591–604; JW 1,230–234; *LP* 1,336–340; P. Peeters, »Une vie grecque du pape S. Martin I«, in: *AnB* 51 (1933) S. 225–262; W. M. Peitz, »Martin I. und Maximus Confessor«, in: *HJ* 38 (1917) S. 213–236; E. Caspar, »Die Lateransynode von 649«, in: *ZKG* 51 (1932) S. 73–137; Caspar 2,553–578; *DTC* 10,182–194 (É. Amann); *NCE* 9,300 f. (C. M. Aherne); *DCB* 3,848–857 (J. Barmby); Seppelt 2,61–67; JR 186–191.

Eugen I.

Heiliger (10. 8. 654 – 2. 6. 657)

Der gebürtige Römer, Sohn des Rufinianus, war schon von klein auf mit dem Kirchendienst vertraut. Als er nach der Absetzung und Verbannung MARTINS I. durch Kaiser Konstans II. (641–668) zum Papst gewählt wurde, war er Presbyter und in vorgerücktem Alter. Martin hatte gehofft, daß die römische Geistlichkeit, solange er noch am Leben war, keinen Nachfolger bestimmen würde, doch angesichts des Drucks, den der Hof in Byzanz und der Exarch in Italien ausübten, blieb ihr nichts anderes übrig. Da Eugen nicht den Eindruck machte, als würde er Unruhe stiften, zögerte die Regierung nicht, seine Wahl zu bestätigen. Nach Meinung vieler sollte er bis zu Martins Tod im September 655 nicht als rechtmäßiger Papst angesehen werden, doch scheint sich Martin mit seiner Wahl abgefunden zu haben, auch wenn er darüber enttäuscht war.

Wie zu Martins Zeiten war die Frage noch immer virulent, ob Christus, wie die römische Orthodoxie behauptete, zwei Willen hatte oder nur einen. Letzteres, der Monotheletismus, entsprach der von Konstantinopel vertretenen Auffassung – trotz des Verbots jeglicher Erörterung dieses Themas durch ein kaiserliches Edikt, den *Typos*. Eugen, ein milder und heiligmäßiger Mann, wollte nach der grausamen Behandlung, die Martin zugefügt worden war, versöhnend wirken und schickte Gesandte nach Konstantinopel, welche die Beziehungen zwischen dem Hl. Stuhl und dem Hof wiederherstellen sollten. Diese wurden von dem kurz zuvor ernannten Patriarchen Petrus (654–666) wärmstens begrüßt. Er schlug ihnen eine Kompromißformel vor, wonach zwar jede der beiden Naturen in Christus einen eigenen Willen besaß, Christus als eine Person oder Hypostase betrachtet jedoch nur einen Willen besaß. Obwohl diese These logischerweise darauf hinauslief, daß Christus drei Willen besaß, ließen die Legaten sich dazu überreden, sie zu akzeptieren, und gingen auf dieser Grundlage an Pfingsten 655 mit dem neuen Patriarchen die Kirchengemeinschaft ein. Petrus händigte den Abgesandten daraufhin zur Weitergabe an den Papst die Synodalbriefe aus, in denen seine Ernennung und sein Glaubensbekenntnis mitgeteilt wurden, und sie kehrten nach Rom zurück. Als indes das Glaubensbekenntnis, das eine zweideutige Theorie der Willen in Christus beinhaltete, in S. Maria Maggiore offiziell verlesen wurde, hinderten die Geistlichkeit und die Bevölkerung außer sich vor Empörung Eugen daran, mit der Messe fortzufahren. Erst nachdem er versprochen hatte, das Dokument, das er eigentlich zu akzeptieren geneigt war, zurückzuweisen, konnte er die Messe fortsetzen. So herrschte statt des Kirchenfriedens, für den er eintrat, zwischen Rom und Konstantinopel wieder ein Schisma. In seiner Verzweiflung drohte Konstans II. damit, Eugen dieselbe Behandlung angedeihen zu lassen wie seinem Vorgänger, sobald er die Heiden, gegen die er kämpfte, besiegt habe. Aber noch bevor es dazu kommen konnte, starb der Papst. Er wurde wegen seiner aufrichtigen Güte verehrt und hinterließ sowohl dem Klerus als auch dem Volk von Rom ein Vermächtnis. Begraben liegt er in St. Peter. Von den frühchristlichen Martyrologien übergangen, wurde sein Name erst von dem berühmten Kirchenhistoriker Cäsar Baronius (1538–1607) in das römische Märtyrerverzeichnis aufgenommen. Festtag: 2. Juni.

Lit.: JW 1,233 f.; 2,699; 740; *LP* 1,341 f.; D. Mallardo, *Papa S. Eugenio I*, Neapel 1943; Caspar 2,580–587; *DCB* 2,270 (J. Barmby); *DHGE* 15,1346 f. (H. Marot); *BSS* 5,194 f. (P. Burchi); *NCE* 5,624 f. (C. M. Aherne); Seppelt 2,580–587; JR 191–194.

Vitalian

Heiliger (30. 7. 657 – 27. 1. 672)

Geboren in Segni nahe Rom als Sohn des Anastasius, unternahm er bei seinem Amtsantritt unverzüglich Schritte zur Wiederherstellung der guten Beziehungen zwischen dem Hl. Stuhl und Konstantinopel, die unter seinen Vorgängern aufgrund entgegengesetzter Haltungen zum Monotheletismus (der Irrlehre, daß Christus nur einen Willen hatte) bis zum Zerreißen gespannt waren. In Schreiben an Kaiser Konstans II. (641–668) und an den Patriarchen Petrus (654–666), dessen zweideutige Glaubensformel EUGEN I. zurückzuweisen gezwungen war, hielt er an der römischen Auffassung fest, zeigte sich jedoch bewußt versöhnlich, spielte die Fragen der Glaubensdoktrin herunter und überging die Lateransynode von 649 mit Stillschweigen. Als Gegendienst sandte Konstans ihm reiche Geschenke und bestätigte offiziell die Privilegien der römischen Kirche in einem Erlaß, während der Patriarch seinen Namen in die Diptychen zu Konstantinopel aufnahm – der erste Papst seit HONORIUS I., dem diese Ehre widerfuhr. Als Konstans im Juli 663 Rom aus politischen Gründen einen 12tägigen Besuch abstattete, bereiteten ihm Vitalian und sein Klerus einen prächtigen Empfang, wobei sie die brutale Behandlung MARTINS I. sowie die Bekanntmachung des *Typos*, den die Lateransynode für blasphemisch erklärt hatte, diskret übergingen. Die Freundschaftsbeweise hinderten Konstans indes nicht daran, das Pantheon und andere Bauwerke ihrer Bronzeplatten und Verzierungen zu berauben und in Sizilien ein Edikt zu erlassen (1. 3. 666), das Ravenna, den Sitz seines Exarchen in Italien,

zum autokephalen, von Rom unabhängigen Bischofssitz machte, mit der Macht, einen eigenen Bischof – vorbehaltlich der kaiserlichen Zustimmung – nicht nur zu wählen, sondern auch, ganz wie den Bischof von Rom, von dreien seiner Weihbischöfe weihen zu lassen.
Tief besorgt über die Entwicklung der angelsächsischen Kirche, unterstützte Vitalian die Anstrengungen König Oswys von Northumbrien (655–670), in England das römische anstelle des keltischen Osterdatums sowie andere von der Synode von Whitby (664) beschlossene römische Bräuche zu verankern. Er weihte (26. 3. 668) den hochgebildeten griechischen Mönch Theodor von Tarsus zum Erzbischof von Canterbury (668–690) und sandte ihn nach England, um die dortige Kirche neu zu organisieren. Um sicherzustellen, daß Theodor keine fremden griechischen Ideen oder Bräuche einführte, richtete er es so ein, daß der afrikanische Abt Hadrian und Benedikt Biscop († 689/690) ihn begleiteten. Im eigenen Land baute er die Chorschule (*schola cantorum*) im Lateran aus, die GREGOR I. begründet hatte, um Sänger für die neuen, komplizierteren päpstlichen Riten im byzantinischen Stil heranzubilden; die Sänger nannten sich *Vitaliani*. Als Konstans II. in Sizilien ermordet wurde (15. 9. 668) und die Armee den Armenier Mezezius zum Kaiser erheben wollte, bot Theodor dem Sohn und rechtmäßigen Nachfolger des Konstans nachdrückliche Unterstützung; als Konstantin IV. (668–685) wußte dieser sich in der Schuld der römischen Kirche und zeigte sich erkenntlich. Da der neue Kaiser nicht den Wunsch hatte, dem *Typos* Geltung zu verschaffen, war es Vitalian nun möglich, die orthodoxe Glaubenslehre von den beiden Willen in Christus offener zu vertreten; er lehnte es sogar ab, die Synodalbriefe des neuen Patriarchen Johannes IV. (669–675) zu akzeptieren, da sie unorthodox waren. Patriarch Theodor I. (677–679) wollte daraufhin den Namen Vitalians aus den Diptychen tilgen, doch widersetzte sich der Kaiser diesem Schritt energisch. Festtag: 27. Januar.

Lit.: *LP* 87,999–1010; JW 1,235–237; 2,699; 740; *LP* 1,343–345; Beda, *Hist. eccl.* 3,29; 4,1; S. J. P. Van Dijk, »Gregory the Great Founder of the Urban ›*Schola cantorum*‹«, in: *ELit* 77 (1963) S. 345–356; Caspar 2,580–587; 678–682; Mann 1/2,1–16; *DCB* 4,1161–63 (J. Barmby); *DTC* 15,3115–17 (É. Amann); *BSS* 12,1232–35 (V. Monachino); *NCE* 14,724 (C. M. Aherne); Bertolini 355–364; Seppelt 2,68–71; JR 193–197; 201; 206; 273; 280.

Adeodatus II.

(11. 4. 672 – 17. 6. 676)

Von Jugend an war der gebürtige Römer, Sohn des Jovinianus, Mönch in der Klostergemeinschaft S. Erasmo auf dem Caelius. Er wurde im hohen Alter zum Papst gewählt zu einer Zeit, als, angeregt durch die Kenntnis des *Hypomnestikon* (um 668) des griechischen Mönchs Theodosius, in Rom wieder das Interesse an MARTIN I. und Maximus Confessor (um 580 bis 662) erwachte, die beide als Gegner der von der byzantinischen Regierung geförderten monotheletischen Lehre den Märtyrertod gefunden hatten. Es ist daher nicht verwunderlich, daß, trotz der innerhalb nur weniger Wochen erfolgten Bestätigung seiner Wahl durch den Exarchen in Ravenna, Adeodatus selbst die Synodalbriefe und das Glaubensbekenntnis verwarf, welche ihm Konstantin I., der neue monotheletische Patriarch von Konstantinopel (675–677), geschickt hatte. Infolgedessen wurde sein Name aus den Diptychen der Kaiserstadt getilgt. Von dieser Episode abgesehen, bleibt seine Regierungszeit sehr im dunkeln. Es werden ihm zwei Briefe zugeschrieben; der eine ist an Hadrian, Abt des Klosters St. Peter in Canterbury, gerichtet und bestätigt dessen Eximierung von bischöflicher Oberhoheit, der andere, dessen Echtheit in Frage gestellt worden ist, galt den Bischöfen von Gallien und setzte sie von Privilegien in Kenntnis, die dem Kloster St-Martin-de-Tours gewährt worden waren. Weitere Einzelheiten sind nicht überliefert, außer daß er sich jedermann gegenüber großzügig zeigte, Mitgefühl mit Pilgern hatte, dem Klerus, dessen gewohnte Zuwendung beim Tod eines Papstes er erhöhte, freundlich begegnete und die Basilika S. Pietro am achten Meilenstein der Via Portuense restaurieren sowie die Gebäude seines früheren Klosters umbauen ließ und dessen Rang erhöhte.

Lit.: JW 1,237; *LP* 1,364 f.; *PL* 87,1139–44; 129,681–690 [Text des *Hypomnestikon*]; Caspar 2,587; *DCB* 1,44 (G. M. Moberley); *DHGE* 1,542 (A. Noyon); *EC* 1,304 (I. Daniele); *DBI* 1,272 f. (G. Arnaldi); Bertolini 364 f.; Seppelt 2,71; JR 198; 201; 244; 266.

Donus

(2. 11. 676 – 11. 4. 678)

Der gebürtige Römer, Sohn des Mauritius, war bereits in vorgerücktem Alter, als er zum Papst gewählt wurde. Er brauchte nur wenige Monate zu warten, bevor er das für seine Weihe erforderliche kaiserliche Mandat erhielt. Seine Regierungszeit liegt noch mehr im dunkeln als die seines Vorgängers ADEODATUS II., doch wissen wir, daß er mit Erzbischof Reparatus von Ravenna, wenn auch vorläufig nur auf dem Papier, eine Übereinkunft erzielte, wonach die Diözese Ravenna ihren Anspruch auf autokephalen, von Rom unabhängigen Status aufgeben sollte, welcher ihr 666 von Kaiser Konstans II. (641–668) verliehen worden war. In Rom selbst mußte er entdecken, daß die in einem bekannten Kloster lebenden syrischen Mönche in Wahrheit Nestorianer waren; er ersetzte sie durch orthodoxe römische Mönche und verteilte sie auf andere Klöster in der Hoffnung, daß sie sich zur chalkedonensischen Lehre bekehren lassen würden. Unterdessen wuchs in Konstantinopel das Verlangen nach der Wiederherstellung der Glaubenseinheit mit dem Hl. Stuhl, die jahrzehntelang durch die monotheletische Kontroverse beeinträchtigt worden war, und Kaiser Konstantin IV. (668–685) setzte den Patriarchen Theodor I. (677–679), dem dies als Monotheleten zunächst widerstrebte, unter Druck, einem Brief an Donus nicht die übliche Glaubensformel anzuhängen, sondern dem Verlangen nach freundschaftlichen Beziehungen Ausdruck zu verleihen. Konstantin selbst richtete einen in höflichem und versöhnlichem Ton gehaltenen Brief an den Papst (12. 8. 678), in dem er ihn bat, Delegierte zu einer Konferenz zu entsenden, welche die umstrittenen theologischen Fragen ausdiskutieren sollte. Sein Exarch werde die Reise organisieren und die Spesen bezahlen. Donus war jedoch bereits gestorben, als der Brief von Konstantinopel abging. Sonst ist wenig über seine Amtszeit bekannt, außer daß er den Bau, die Restaurierung und Verschönerung von Kirchen förderte. So ließ er etwa das Atrium vor St. Peter mit Marmorplatten ausschmücken. Dem Klerus gegenüber soll er sich freigebig gezeigt haben.

Lit.: JW 1,238; *LP* 1,348 f.; FD 1, Anm. 242; Mansi 11,196–201; Caspar 2,585–588; *DHGE* 14,671 f. (H. Marot); *NCE* 4,1010 (C. M. Aherne); Bertolini 365–367; Seppelt 2,71; JR 198.

Agatho

Heiliger (27. 6. 678 – 10. 1. 681)

Die Wahl des ehemaligen Mönchs, eines Sizilianers, der fließend Griechisch und Lateinisch sprach, wurde vom kaiserlichen Exarchen zu Ravenna umgehend ratifiziert. Seine kurze Amtszeit war bedeutend, da die byzantinische Regierung dem Monotheletismus abschwor und die freundschaftlichen Beziehungen zwischen dem Hl. Stuhl und Konstantinopel wiederaufgenommen wurden.

Bald nach seiner Weihe erhielt Agatho den Brief, den Kaiser Konstantin IV. (668–685) an DONUS geschickt hatte (12. 8. 678) und in dem er eine Konferenz vorschlug, auf der die Frage, ob Christus zwei oder nur einen Wille habe, erörtert und die Glaubenseinheit zwischen den beiden Kirchen wiederhergestellt werden sollte. Der Kaiser hatte entschieden, daß der im Westen Anstoß erregende Monotheletismus zur Aussöhnung mit den Monophysiten der Ostkirche nicht länger tauge. Daher forderte er den Papst auf, beglaubigte Vertreter, darunter vier Delegierte der mittlerweile bedeutenden griechischen Klöster in Rom, nach Konstantinopel zu senden, um die anstehenden Fragen mit Theologen der Ostkirche zu erörtern. Kostenlose Reise und freies Geleit wurden ihnen zugesichert. Agatho begrüßte die Initiative, berief indessen zunächst einige vorbereitende Synoden der Westkirche (darunter eine in Hatfield unter dem Vorsitz Erzbischof Theodors von Canterbury), welche die westliche Haltung zum Monotheletismus vereinheitlichen sollte. Die größte und bedeutendste Synode wurde von Agatho selbst in Rom abgehalten (27. 3. 680). Am 10. September 680 traf in Konstantinopel eine hochrangige päpstliche Delegation ein, der zwei künftige Päpste, JOHANNES IV. und KONSTANTIN, angehörten und die zwei umfangreiche Schriftstücke mit sich führte: einen Brief Agathos an den Kaiser und das von 150 Bischöfen unterzeichnete Synodaldekret des römischen Konzils; in beiden wurde der Monotheletismus verurteilt, während Agathos Schreiben die Rolle Roms als Hüterin des wahren Glaubens hervorhob. Konstantin beschloß nun, die von ihm vorgeschlagene Konferenz zu einem feierlichen Kirchenkonzil aufzuwerten, und wies Georg I. (679–686), den Nachfolger des von ihm bereits abgesetzten monotheletischen Patriarchen Theodor I. (677–679), an, die unter seiner

Oberhoheit stehenden Metropoliten und Bischöfe zur Teilnahme zusammenzurufen. Das Konzil, als 6. ökumenisches Konzil bekannt, tagte (7. 11. 680 – 16. 9. 681) im Kuppelsaal des Kaiserpalasts (*trullos* »Kuppel«, daher: 1. Trullanum) und bekräftigte unter dem Vorsitz des Kaisers in ausdrücklichem Einklang mit dem Brief des Papstes die orthodoxe Lehre von den zwei Willen und Wirkungsweisen in Christus. Auf seiner 13. Sitzung belegte es die monotheletischen Anführer einschließlich Papst HONORIUS I. mit dem Kirchenbann, ohne daß die päpstlichen Delegierten Widerspruch eingelegt hätten. Agatho starb, bevor die Erörterungen des Konzils zum Abschluß kamen, doch wurde sein entscheidender Beitrag zum Gelingen des Konzils in einer Glückwunschadresse gewürdigt, die Konstantin auf der Schlußsitzung erhielt. Diese bestätigte, daß der von Gottes Hand niedergeschriebene wahre Glaube der Kirche vom Alten Rom überliefert sei und PETRUS durch Agatho gesprochen habe. Zugleich lobte sie den Kaiser, weil er die Initiative zur Wiederherstellung des religiösen Friedens ergriffen habe, und bezeichnete ihn als jemanden, der mit Gott selbst zusammengearbeitet habe.

Mit der Einladung Erzbischof Theodors von Ravenna (677–691) zur Teilnahme an der römischen Synode (27. 3. 680) konnte Agatho einen weiteren Erfolg verbuchen. Trotz der Einigung von Papst Donus mit Erzbischof Reparatus behielt Ravenna in der Praxis noch den autokephalen Status, den Konstans II. (641–668) der Diözese 666 gewährt hatte; jedoch stimmten Theodors Gesandte seiner Teilnahme zu, da Glaubensangelegenheiten zu erörtern waren. Als er in Rom war, begann er Verhandlungen mit dem Papst über eine Beendigung der Autokephalie Ravennas und erklärte sich als Gegenleistung für Agathos Unterstützung gegen ihm feindlich gesinnte Elemente in Ravenna damit einverstanden, daß die dortigen Erzbischöfe in Zukunft vom Papst geweiht werden und von ihm auch das Pallium empfangen sollten. Unter LEO II. wurde dieses Abkommen in der Kirchenverfassung verankert.

Als erfahrener Verwalter amtierte Agatho in Anbetracht der gespannten Kirchenfinanzen erstmals in der Kirchengeschichte auch als Schatzkämmerer (*arcarius*) des Hl. Stuhls, bis sein Gesundheitszustand ihn zwang, das Amt abzutreten. Es gelang ihm, bei Konstantin die Abschaffung der Gewohnheitsrecht gewordenen Steuern zu erwirken, die dem Exarchen bei einer Papstwahl zustanden, doch machte der Kaiser zur Bedingung, daß das frühere, zeitaufwendige Verfahren, die kaiserliche Ratifikation der Papstwahl aus Konstantinopel statt aus Ravenna einzuholen, wiedereingeführt werde. Agathos Interesse galt auch der englischen Kirche; auf der Lateransynode von 679 gab er der Appellation Bischof Wilfrids von York (634–709) gegen seine Absetzung durch Erzbischof Theodor von Canterbury (668–690) statt. Auch sandte er Johannes, den Vorsänger von St. Peter, nach England, nicht nur zur Unterweisung in liturgischen Gesängen und Praktiken, sondern auch zur Berichterstattung über die in der englischen Kirche herrschenden Verhältnisse.

Agatho, ein gütiger Mann, war allseits beliebt wegen seiner Heiterkeit und guten Laune. Obwohl es ihm sehr an Mitteln mangelte, zeigte er sich dem Klerus gegenüber großzügig und hinterließ ihm bei seinem Tod ein beträchtliches Legat. Auch den Kirchen SS. Apostoli und S. Maria Maggiore vermachte er Geschenke. Begraben in St. Peter, wurde er sowohl in der Ost- wie in der Westkirche später als Heiliger verehrt. Festtag (Westkirche): 10. Januar.

Lit.: *PL* 87,1161–1258; JW 1,238–240; 2,699; *LP* 1,350–358; FD 1, Anm. 242; Mansi 11,165–922; Beda, *Hist. eccl.* 4,18; 5,19; Caspar 2,588–610; *DHGE* 1,916–918 (J. P. Kirsch); *BSS* 1,341 f. (I. Daniele); *DBI* 1,373–376 (G. Arnaldi); Mann 1/2,23–48; *NCE* 1,197 (C. M. Aherne); Bertolini 377–383; Seppelt 2,71–75; JR 197–199; 265; 280 f.

Leo II.

Heiliger (17. 8. 682 – 3. 7. 683)

Der in der päpstlichen Chorschule ausgebildete Sizilianer, hochangesehen für seine Beredsamkeit, Bildung und Griechisch- und Lateinkenntnisse, wurde vermutlich im Januar 681 zum Papst gewählt. Er mußte indessen 18 Monate warten, bis er das für seine Weihe erforderliche kaiserliche Mandat empfing. Die Briefe der Hüter des Hl. Stuhls, in denen AGATHOS Tod und Leos Wahl mitgeteilt wurden, trafen am 10. März 681 in Konstantinopel ein, wo immer noch das 6. ökumenische Konzil tagte; doch Kaiser Konstantin IV. (668–685) zögerte die Ratifizierung der Wahl absichtlich hinaus, bis das Konzil HONORIUS I. zusammen mit anderen Vertretern des

Monotheletismus offiziell mit dem Bann belegt hatte und die Annahme seiner Beschlüsse einschließlich des Anathemas durch Rom sichergestellt war. Die Abneigung der römischen Delegierten, die Verdammung eines Papstes hinzunehmen, mußte überwunden werden, und hierfür waren lange und heikle Verhandlungen notwendig, die sich noch viele Monate nach Beendigung des Konzils (6. 9. 681) hinzogen. Erst im Juli 682 kehrten die Gesandten mit den Akten des Konzils sowie dem Mandat für Leos Weihe nach Rom zurück. Konstantin, dessen Fähigkeit zum Hinauszögern seine Trumpfkarte war, zeigte seine Genugtuung, indem er den neuen Papst einlud, einen ständigen Nuntius an seinen Hof zu senden, und die auf den päpstlichen Patrimonien in Sizilien und Kalabrien lastenden Steuern sowie die Beschlagnahme von Getreide für seine Truppen verringerte.

Leo war Realist genug, um die Situation, die eine Periode des Friedens und der Zusammenarbeit zwischen Rom und Byzanz eröffnete, zu akzeptieren. Er ließ die Konzilsakten, die den Monotheletismus verurteilten, aus dem Griechischen ins Lateinische übersetzen und in Durchführung der kaiserlichen Politik unter den Kirchenführern und Herrschern des Westens verbreiten, mit der Aufforderung, sich ihnen anzuschließen. Sein bedeutendster Brief (7. 5. 683) ging an Konstantin, versah die Beschlüsse des Konzils mit der Autorität PETRI und belegte die vom Konzil verurteilten monotheletischen Führer einschließlich Honorius' I. mit dem Kirchenbann. Im lateinischen Originaltext sprach er davon, daß Honorius versucht habe, »den reinen Glauben durch seinen profanen Verrat zu untergraben«; in der griechischen Fassung wurde dies abgemildert zu »durch seinen Verrat erlaubte er die Besudelung der reinen Lehre«. Bezeichnenderweise beschuldigte er den verstorbenen Papst in seinem Brief an die spanischen und möglicherweise andere Bischöfe des Westens lediglich der fahrlässigen Versäumnis, die Flamme der Häresie auszutreten. Auch als Makarios I., der vom Konzil abgesetzte Patriarch von Antiochia (7. 3. 681), und andere hartnäckige Monotheleten in Rom auftauchten, wohin sie der Kaiser zur Verurteilung und Bestrafung geschickt hatte, zeigte er sich nachsichtig. Mit Ausnahme zweier Monotheleten, die widerriefen und wieder zur Kommunion zugelassen wurden, verteilte er die restlichen auf verschiedene Klöster.

Ein Zeichen des neuen Geistes der Zusammenarbeit zwischen Kaiser und Papst war die ausdrückliche Beendigung des von Ravenna gesuchten kurzlebigen autokephalen Status der Unabhängigkeit von Rom. Nach der bereits unter Agatho erfolgten Annäherung zwischen Rom und Ravenna widerrief Konstantin 682/683 das Dekret Konstans' II. (1. 3. 666) über den autokephalen Status Ravennas, und es wurde vereinbart, daß die Erzbischöfe dieses Bistums von nun an vom Papst geweiht werden und von ihm auch das Pallium empfangen sollten. Dafür befreite Leo sie von den üblichen, mit der Weihe verbundenen Gebühren und von der Verpflichtung, persönlich an der Jahressynode in Rom teilzunehmen.

Als fähiger Sänger befaßte sich Leo mit Kirchenmusik. *LP* preist seine Liebe zu den Armen und die Anstrengungen, die er zur Linderung ihrer Lage unternahm. Unter anderem restaurierte er S. Bibiana auf dem Esquilin, wohin er die Reliquien von Märtyrern bringen ließ, die zuvor an der Via Portuense begraben gewesen waren, und baute S. Giorgio in Velabro zum Nutzen der mittlerweile blühenden griechischen Gemeinde in Rom um. Festtag: 3. Juli.

Lit.: *PL* 96,387–420; JW 1,240 f.; *LP* 1,359–362; FD 1, Anm. 250 f.; Mansi 11,713–922; 1046–1058; Caspar 2,610–619; 624 f.; *DTC* 9,301–304 (É. Amann); *BSS* 7,1280–82 (P. Rabikauskas); *LThK* 6,947 (G. Schwaiger); *NCE* 8,639 (H. G. J. Beck); Bertolini 383–392; Mann 1/2,49–53; Seppelt 2,75 f.; JR 182; 197; 265–267; 278.

Benedikt II.

Heiliger (26. 6. 684 – 8. 5. 685)

Nach seiner Wahl zum Papst Anfang Juni 683 mußte er fast ein Jahr warten, bis das kaiserliche Mandat zur Bestätigung seiner Weihe aus Konstantinopel eintraf. Der gebürtige Römer war dem Klerus schon als Knabe beigetreten, hatte in der päpstlichen Chorschule studiert und in einem Orden gedient. Als er berufen wurde, war er Priester. Die Wahl eines Ortsansässigen mit traditioneller Laufbahn – im Gegensatz zu seinen griechischsprachigen sizilianischen Amtsvorgängern – belegt womöglich Roms neugewonnenes Selbstbewußtsein gegenüber Byzanz als Folge der von AGATHO und Kaiser Konstantin IV. (668–685) herbeigeführten Aussöhnung zwischen West- und Ostkirche. Ein weiteres Anzeichen für den frischen Wind in der Zusammenarbeit war die Zusage des Kaisers, die künftigen Papstwahlen im Einklang mit einer Bittschrift des Papstes wieder vom Exarchen in Italien und nicht von Konstantinopel ratifizieren zu lassen, wodurch der designierte Papst sein Amt mit einem Minimum an Verspätung antreten konnte; darüber hinaus beschenkte er in einer noch nie dagewesenen Geste den Klerus, die Armee und das Volk von Rom mit Haarlocken seiner minderjährigen Söhne zum Zeichen ihrer Patenschaft über die Prinzen.

Sonst ist über Benedikts kurze Regierungszeit wenig bekannt. Schon als designierter Papst widmete er sich der Aufgabe, den Beitritt der Westkirche zum 6. ökumenischen Konzil (3. Konzil von Konstantinopel, 680/681) und seiner Verurteilung des Monotheletismus sicherzustellen. So wies er den Notar Petrus, der durch LEOS II. Tod aufgehalten worden war, an, sich mit den Akten des Konzils und den Briefen, die Leo II. ihm mit auf den Weg gegeben hatte, nach Spanien zu begeben. Die Mission war schlecht geplant; denn Rom rechnete nicht mit dem starken Unabhängigkeitsdrang der westgotischen Kirche Spaniens. Bevor das 14. Konzil von Toledo die Akten im November 684 billigte, unterzog es sie zunächst einer erschöpfenden Analyse. Julian, Metropolit von Toledo, schickte Benedikt ein eigenes Glaubensbekenntnis, und als er in Erfahrung brachte, daß der Papst bestimmte Passagen darin mündlich kritisiert hatte, ließ er ihm eine entrüstete Erwiderung zugehen. Immer noch designierter Papst, gab Benedikt die Anweisung, Wilfrid, den 768 abgesetzten Bischof von York (634–709), wieder in sein Amt einzusetzen, doch blieb dies ohne Wirkung. Ebenso erfolglos waren seine geduldigen Bemühungen, Makarios I., den abgesetzten monotheletischen Patriarchen von Antiochia, der in einem römischen Kloster unter Arrest stand, dazu zu überreden, seinem Irrglauben abzuschwören.

LP schildert Benedikt als demütigen und sanftmütigen Mann, der die Armen geliebt habe. Ostern 685 bedachte er den hohen und niederen Klerus mit Ehrentiteln und Beförderungen; bei seinem Tod vermachte er dem Klerus, den diakonischen Klöstern (Stiftungen für Wohltätigkeitszwecke nach griechischem Vorbild, die den Kirchen beigeordnet waren) und den Laiensakristanen der Kirchen 30 Pfund Gold. Er ließ in St. Peter und S. Lorenzo in Lucina Restaurierungsarbeiten ausführen und verschönerte S. Valentino an der Via Flaminia und S. Maria ad Martyres (das frühere Pantheon). Festtag: 7. Mai.

Lit.: *PL* 96,423 f.; JW 1,241 f.; 2,699; *LP* 1,363–365; FD 1, Anm. 252; Caspar 2,614–619; 674 f.; *DHGE* 8,9–14 (F. Baix); *BSS* 2,1193 f. (I. Daniele); *DBI* 8,325–329 (O. Bertolini); *NCE* 2,273 (H. G. Beck); Seppelt 2,76 f.; JR 202 f.; 265 f.; 301 f.

Johannes V.

(23. 7. 685 – 2. 8. 686)

Der aus Antiochia stammende Syrer, Sohn des Cyriacus, kam vermutlich als Flüchtling vor der arabischen Invasion nach Rom. Als Diakon war er einer der drei Delegierten AGATHOS auf dem 6. ökumenischen Konzil (dem 3. Konzil von Konstantinopel, 680/681), spielte in den Diskussionen dort eine führende Rolle und brachte die Kanones des Konzils und das Mandat Kaiser Konstantins IV. für die Wahl LEOS II. persönlich nach Rom. Als er in der Lateranbasilika einstimmig zum Papst gewählt wurde, war er Erzdiakon und ein bedeutender Kleriker; gemäß des neuen von Konstantin verfügten Modus, der auf die direkte Befragung Konstantinopels verzichtete, wurde er in unmittelbarem Anschluß an seine Wahl investiert und mußte nur noch auf die Bestätigung seiner Ernennung durch den Exarchen von Ravenna warten. Über seine Amtszeit ist nichts bekannt, außer daß er – mit Erfolg – strikte Maßnahmen ergriff, um sardische Bestrebungen nach Selbständigkeit zu unterdrücken; Citonatus von Cagliari, Metropolit von Sardinien, hatte einen Provinzbischof ohne Befragung Roms geweiht. Johannes suspendierte den Bischof und setzte ihn erst wieder ein, nachdem eine in Rom abgehaltene Synode die Autorität des Hl. Stuhls über die Insel bestätigte. Der gebildete und energische Papst war während seiner Regierungszeit häufig so krank, daß er bei Bischofsweihen kaum seines Amtes walten konnte. Er hinterließ dem Klerus, den karitativen Klöstern der Stadt und den Laiensakristanen der Kirchen ein bedeutendes Legat. Johannes wurde in St. Peter beigesetzt.

Lit.: JW 1,242 f.; *LP* 1,366 f.; FD 1, Anm. 252; Caspar 2,620–631; *DCB* 3,392 (J. Barmby); *DTC* 8,599 (É. Amann); *NCE* 7,1008 f. (H. G. J. Beck); Bertolini 395 f.; Seppelt 2,78–82; JR 202; 206 f.

Konon

(21. 10. 686 – 21. 9. 687)

Beim Tod JOHANNES' V. (2. 8. 686) war die Nachfolge zwischen dem Klerus, der sich für den Erzpresbyter Petrus aussprach, und der örtlichen Miliz, die den Presbyter THEODOR zum Papst wünschte, heiß umstritten. Als die Soldateska, die S. Stefano Rotondo auf dem Caelius besetzt hatte, bewaffnete Posten aufstellte, um die Geistlichen am Betreten der Lateranbasilika zu hindern, waren die Auseinandersetzungen festgefahren. Nachdem auch Verhandlungen nichts gefruchtet hatten, ließ der Klerus Petrus schließlich fallen und schlug den ältlichen Presbyter Konon als neutralen Kompromißkandidaten vor. Als Sohn eines Generals, der bei dem in Kleinasien stationierten thrakischen Regiment gedient hatte, war er für die Armee annehmbar; so erfolgte seine Wahl mit Unterstützung der zivilen wie der militärischen Macht und wurde rechtmäßig von Theodor, dem kaiserlichen Exarchen zu Ravenna, ratifiziert.

Wie verschiedene andere Päpste dieser Zeit war Konon auf Sizilien aufgewachsen; bei seiner Ankunft in Rom hatte er sich die Stufenleiter des Priesteramts emporgearbeitet. Er war weltabgewandt und von heiligmäßiger Erscheinung, einfältig und chronisch krank. Der neue Kaiser Justinian II. (685–695, 705–711) setzte die Entspannungspolitik seines Vaters gegenüber Rom trotz der abermaligen Ernennung Theodors I. zum Patriarchen von Konstantinopel (686–687) vorerst fort. Konon erhielt von ihm einen Brief (17. 2. 687) mit der Nachricht, daß sämtliche hohen Amtsinhaber des Reiches, staatliche wie kirchliche, die Akten des 6. ökumenischen Konzils (des 3. Konzils von Konstantinopel, 680/681) feierlich gebilligt hatten. Nichtsdestoweniger machte Justinian deutlich, daß Gott ihn zum Hüter des reinen Kirchenglaubens bestellt habe. Der Kaiser gab des weiteren willkommene Steuersenkungen für die päpstlichen Patrimonien in Lukanien und Kalabrien bekannt sowie die Freilassung von Bauern, die von der Regierung als Kaution für Steuerrückstände festgehalten worden waren. Vor seiner Haustür geriet Konon in Schwierigkeiten, als er auf Empfehlung interessierter Kreise einen Diakon der Kirche von Syrakus namens Konstantin zum Rektor der sizilianischen Patrimonien bestellte – ein einträglicher Posten, mit dem normalerweise ein römischer Geistlicher betraut wurde – und ihm das Tragen der zeremoniellen Schabracken (*mappuli*) gestattete, die der römische Klerus eifersüchtig für sich beanspruchte. Die Berufung erwies sich als doppelt verhängnisvoll, da Konstantins bedrückendes Regime eine Revolte der Pachtbauern des Papstes auslöste, die zur Festnahme und Verbannung des Rektors durch den Statthalter von Sizilien führte. Doch wie sich bereits vor seinem Tod zeigte, lag der eigentliche Fehler bei der Wahl eines schwachen und siechen Papstes, der nicht einmal die Kraft besaß, Routineaufgaben wie Ordinationen wahrzunehmen, darin, daß die in der römischen Kirche herrschenden Spannungen nicht beigelegt wurden, sondern gefährlich weiterschwelen konnten.

Lit.: JW 1,243; *LP* 1,368–370; FD 1, Anm. 254–256; Caspar 2,620–623; *EC* 4,362 (P. Goggi); *NCE* 4,182 (C. M. Aherne); Bertolini 396–399; Seppelt 2,80; JR 206–208.

Theodor

(Gegenpapst, 687)

Als römischer Presbyter war er bei der umstrittenen Papstwahl, die auf den Tod JOHANNES' V. (2. 8. 686) folgte, der Kandidat der römischen Miliz. Sein vom Klerus unterstützter Rivale war der Erzpresbyter Petrus, und in dieser ausweglosen Situation wurde mit Konon ein Kompromißkandidat vorgeschlagen, gewählt und geweiht. Bei Konons Tod (21. 9. 687) kam es wieder zum Nachfolgestreit. Von zwei getrennten Fraktionen wurde jeweils ein Kandidat nominiert und gewählt, und zwar der Erzdiakon PASCHALIS und Theodor, der inzwischen zum Erzpresbyter aufgestiegen war. Beide eilten mit ihren Anhängern zum Lateran; Theodor traf als erster ein und nahm die inneren Gemächer in Beschlag, während Paschalis nachfolgte und die äußeren belegte. Erneut einigte man sich auf einen Kompromißkandidaten, diesmal auf den Titularpriester von S. Susanna, SERGIUS, der gewählt und nach Bestätigung seiner Wahl durch den byzantinischen Exarchen von Ravenna ordnungsgemäß geweiht wurde. Als Sergius I. im Lateran in sein Amt eingesetzt wurde, akzeptierte Theodor seine Niederlage anstandslos, trat nach vorn und umarmte ihn zum Zeichen seiner Unterwerfung. Weiter ist über ihn nichts bekannt. Da er niemals geweiht wurde und Sergius als rechtmäßigen

Pontifex anerkannte, ist seine Bezeichnung als Gegenpapst fragwürdig.

Lit.: JW 1,243 f.; *LP* 1,368; 371 f.; Caspar 2,621 f.; Bertolini 396 f.; Seppelt 2,80 f.; JR 206–208.

Paschalis

(Gegenpapst, 687; † 692)

Über seine Herkunft ist nichts bekannt, doch war er unter KONON Erzdiakon von Rom und hatte den Ehrgeiz, dessen Nachfolger zu werden. Er baute darauf, daß der greise, sieche Papst nicht mehr lange zu leben hatte, und versprach dem neuen byzantinischen Exarchen zu Ravenna, Johannes Platynos, in einem Brief 100 Pfund Gold, wenn er seine Wahl sicherstelle. Er hoffte sich für die Summe durch die Legate zu entschädigen, die der Papst, wie er wußte, den Geistlichen und anderen Personen hinterlassen würde. Johannes sagte zu und instruierte persönlich die von ihm bestellten römischen Regierungsbeamten, die Wahl des Paschalis zu arrangieren. Bei Konons Tod jedoch war die Nachfolge umstritten: eine Fraktion (zu der vermutlich jene Regierungsbeamten zählten) wählte Paschalis, eine andere den Erzpresbyter THEODOR. Die beiden Rivalen verschanzten sich mit ihren Anhängern in verschiedenen Teilen des Lateranpalasts. Als deutlich wurde, daß keine der beiden Gruppierungen nachgeben würde, wurde im kaiserlichen Palast auf dem Palatin ein Treffen führender Zivilbeamter und Heeresoffiziere sowie der Mehrheit der Kleriker (insbesondere der Priester) und einiger Bürger abgehalten, auf dem der Titularpriester von S. Susanna, SERGIUS, als Kompromißkandidat zum Papst gewählt wurde. Sergius, vom Volk zum Papst ausgerufen, wurde zum Lateran geleitet und, nachdem die Tore erstürmt waren, dort eingesetzt, wo er auf die Ratifikation durch den Exarchen wartete. Als Theodor die Lage der Dinge erkannte, unterwarf er sich Sergius, Paschalis indessen mußte dazu gezwungen werden. Heimlich schrieb er an Johannes Platynos und drängte ihn unter neuerlichen Versprechungen für den Fall, daß die Wahl für ungültig erklärt würde, persönlich nach Rom zu kommen. Johannes kam ohne Voranmeldung; aber als er entdeckte, daß die Wahl des Sergius vorschriftsmäßig verlaufen war und massive Unterstützung genoß, befand er, daß ihm keine andere Möglichkeit blieb, als sie zu ratifizieren. Dennoch intrigierte Paschalis auch weiterhin gegen den Papst und wurde nach dem Kirchenrecht angeklagt, seines Amtes als Erzdiakon enthoben und unter dem Verdacht magischer Praktiken in einem Kloster in Gewahrsam genommen. Dort starb er 5 Jahre später verstockt und ohne Reue.

Lit.: JW 1,243; *LP* 1,369–372; Caspar 2,622 f.; *DCB* 4,195 (J. Barmby); *LThK* 8,127 f. (G. Schwaiger); Bertolini 399–401; Seppelt 2,80 f.; JR 207 f.

Sergius I.

Heiliger (15. 12. 687 – 9. 9. 701)

Er wurde in Palermo geboren und entstammte einer syrischen Familie aus Antiochia. Unter ADEODATUS II. kam er nach Rom, wo er zum Priester geweiht wurde, an der Chorschule studierte und Titularpriester von S. Susanna auf dem Quirinal wurde. Bei Konons Tod kam es zur Spaltung bei der Wahl des Nachfolgers: eine Fraktion wählte den Erzdiakon PASCHALIS (der sich die Unterstützung des byzantinischen Exarchen Johannes Platynos gesichert hatte, indem er ihm ein beträchtliches Bestechungsgeld versprach), die andere den Erzpresbyter THEODOR. In der hierdurch entstandenen Pattsituation wurde im Palast auf dem Palatin ein Treffen zwischen führenden Zivilbeamten und Heeresoffizieren sowie dem Großteil des Klerus abgehalten, das einhellig den bereits vorgeschlagenen Sergius zum Papst wählte. Daraufhin wurde er im Lateran eingesetzt, dessen Tore gestürmt werden mußten, da das Innere des Palastes von den beiden rivalisierenden Gruppen und ihren Kandidaten besetzt gehalten wurde. Theodor akzeptierte den neuen designierten Papst anstandslos; Paschalis jedoch nur widerstrebend und unter Zwang. Heimlich drängte er den Exarchen, nach Rom zu kommen, um das Wahlergebnis umzustoßen. Zu jedermanns Überraschung kam Johannes Platynos wirklich, und zwar unangekündigt; doch entschied er schon bald angesichts der überwältigenden Unterstützung für Sergius, daß die Wahl gültig bleibe. Daher erteilte er das für Sergius' Weihe erforderliche Mandat, allerdings erst nachdem er ihn verpflichtet hatte, ihm die 100 Pfund Gold auszuhändigen, die Paschalis ihm versprochen hatte.

Sergius erwies sich als fähiger und energischer Papst, der mit Erfolg die Autorität Roms im Westen durchsetzte. So reiste Bischof Damian von Ravenna als erster Inhaber des dortigen Stuhls seit der Beseitigung des kurzlebigen autokephalen Status (666–682/683) der Diözese nach Rom, um sich weihen zu lassen. Sergius hatte großes Interesse an der Entwicklung der englischen Kirche: er taufte den jungen Caedwalla, König der Westsachsen (10. 4. 689), gewährte 693 Berchtwald von Canterbury das Pallium und gab um 700 Anweisung, Wilfrid (634–709) wieder als Bischof von York einzusetzen. 693 bevollmächtigte er den Angelsachsen Willibrord (658–739), den Pippin von Heristal nach Rom entsandt hatte, die Friesen zu missionieren, und weihte ihn unter Verleihung des Palliums zu ihrem Erzbischof (27. 11. 695). Als Folge eines vom Langobardenkönig Kunibert 700 einberufenen Konzils in Pavia nahm er Aquileia, das sich seit der Verurteilung der »Drei Kapitel« durch VIGILIUS 553 im Schisma befunden hatte, wieder in die Kirchengemeinschaft mit Rom auf.

Sergius war nicht weniger entschlossen und erfolgreich in der Zurückweisung der Forderung Kaiser Justinians II. (685–695, 705–711), das 2. Trullanum oder die Quinisexta zu ratifizieren. Der Kaiser, der es seinem berühmten Namensvetter Justinian I. (527–565) gleichtun und einem bedeutenden Konzil vorsitzen wollte, hatte, ohne die Vertreter der Westkirche einzuladen, 692 eine Versammlung der östlichen Bischöfe einberufen, um die Arbeit des 5. (553) und 6. (680) ökumenischen Konzils fortzusetzen – daher der Name Quinisexta. Das Konzil verkündete 102 disziplinarrechtliche und liturgische Kanones, die sich, orientalisch inspiriert, über das kanonische Recht der Westkirche hinwegsetzten, im Westen übliche Bräuche (wie etwa den Zölibat und das samstägliche Fasten in der Fastenzeit) untersagten und ausdrücklich den von Rom stets angefochtenen 28. Kanon des Chalkedonensischen Konzils von 451 wiederaufgriffen, mit dem Konstantinopel der Status eines Patriarchats, das nur Rom über sich wußte, verliehen wurde. Die päpstlichen Botschafter in Konstantinopel wurden dazu verleitet, die Akten des Konzils zu unterzeichnen; doch als Sergius Abschriften der Akten mit einem freien Feld für seine Unterschrift überreicht wurden, weigerte er sich standhaft, sie zu leisten oder die Kanones auch nur öffentlich verlesen zu lassen. Verärgert über die Haltung des Papstes, griff Justinian zu nackter Gewalt und sandte, nachdem er die obersten Berater des Papstes hatte festnehmen und deportieren lassen, Zacharias, den Befehlshaber der kaiserlichen Leibwache, nach Rom mit dem Befehl, den Papst entweder zur Unterschrift zu zwingen oder ihn als Gefangenen in die Hauptstadt zu schaffen. Doch jetzt traten auf eklatante Weise die Grenzen der in Italien geschwächten Macht des Kaisers zutage. Die kaiserlichen Truppen in Ravenna und anderswo eilten dem Papst zu Hilfe, verschafften sich gewaltsam Zutritt zu Rom und setzten Zacharias so erbarmungslos zu, daß Sergius, unter dessen Bett er sich verkrochen hatte, sie um Schonung seines Lebens bitten mußte – für Justinian eine demütigende Niederlage, für die er sich indessen nicht mehr rächen konnte, da er selbst Ende 695 gestürzt und exiliert wurde.

Sergius restaurierte und verschönerte mit Eifer die römischen Kirchen, darunter St. Peter, S. Paolo und seine Stammkirche S. Susanna. Eine seiner ersten Amtshandlungen war die Überführung der sterblichen Überreste LEOS d. Gr. von ihrer unauffälligen Ruhestätte in ein prunkvolles, der Öffentlichkeit zugängliches Grabmal in der Basilika (8. 6. 688). Als hervorragender Sänger führte er das »Agnus Dei« in die Messe ein, bereicherte die vier großen Marienfeste (Mariä Verkündigung, Himmelfahrt, Geburt und Einführung in den Tempel) um feierliche Prozessionen und scheint das Fest der Kreuzeserhöhung eingeführt zu haben. Er wurde in St. Peter beigesetzt, und seine Erwähnung im frühchristlichen Kalender des hl. Willibrord läßt darauf schließen, daß sein Kult bereits kurz nach seinem Tod einsetzte. Festtag: 8. September.

Lit.: JW 1,244 f.; 2,699; 741; *LP* 1,371–382; FD 1, Anm. 259; Caspar 2,620–636; *DCB* 4,618–620 (J. Barmby); *DTC* 14,1913–16 (É. Amann); *BSS* 11,873–875 (N. Del Re); *NCE* 13,112 (C. M. Aherne); Mann 1/2,76–104; Bertolini 398–409; Seppelt 2,80–85; JR 208–211; 266 f.; 274 f.; 278 f.; 280.

Johannes VI.

(30. 10. 701 – 11. 1. 705)

Über seine Herkunft ist nichts bekannt, außer daß er von Geburt Grieche war. Die wenigen Informationen, die wir über sein Pontifikat haben, legen nahe, daß er zu einem Zeitpunkt, da

der Einfluß von Byzanz in Italien in den Wirren nach der Absetzung Kaiser Justinians II. 695 nachließ, als Führer in Italien beliebt und akzeptiert war, selbst aber einen Bruch mit dem Reich tunlichst vermied. Als die italienischen Milizen gegen den kaiserlichen Exarchen Theophylaktos, der aus Sizilien nach Rom gekommen war, ihre Waffen erhoben, schloß Johannes die Stadttore und rettete auf diese Weise sein Leben; zugleich gelang es ihm, die vor der Stadtmauer lagernden Aufständischen zu besänftigen. Anscheinend hatte Theophylaktos aufgrund ihm zugegangener Informationen vor, Vergeltung gegen Bürger zu üben, die dem Befehlshaber der kaiserlichen Leibwache, Zacharias, eine demütigende Abfuhr erteilt hatten, als er in Rom eintraf, um SERGIUS I. auf Befehl Justinians II. festzunehmen. Am Ende waren es die Denunzianten, die Theophylaktos nach seiner Errettung durch den Papst bestrafen mußte. Allerdings veranschaulichte die Invasion Kampaniens durch die Truppen des Langobardenherzogs Gisulf I. von Benevent um 702 die Schwierigkeiten des Papstes: die Soldaten plünderten und verheerten Städte und machten erst am fünften Meilenstein an der Via Latina halt. Johannes mußte enorme Summen ausgeben, um Gefangene auslösen und Gisulf zum Rückzug überreden zu können; selbst dann noch hatten die Langobarden ihren Machtbereich weit ausgedehnt.
Wilfrid von York (664–709), der dreimal von seinem Bischofsstuhl vertrieben worden war, kam 703 nach Rom, um den Papst anzurufen; es war sein dritter Besuch. Auf einer 4 Monate dauernden Synode in Rom (704) wurde er schließlich wieder in seine Rechte eingesetzt, und Johannes wies die Könige von Northumbrien und Mercien in seinem einzigen überlieferten Schreiben an, daß Berchtwald, den er in seinem Amt als Erzbischof von Canterbury (693–731) bestätigt hatte, sich bemühen sollte, auf einer Synode eine befriedigende Lösung des Streitfalls herbeizuführen. Wenn ihm dies nicht gelinge, sollten beide Parteien in Rom ihren Standpunkt vortragen, damit die Angelegenheit auf einem größeren Konzil verabschiedet werden könne.

Lit.: JW 1,245 f.; 2,700 f.; *LP* 1,383 f.; Caspar 2,624; 636; 688; 726; *DCB* 3,392 f. (J. Barmby); *DTC* 8,599 f. (É. Amann); *NCE* 7,1009 (H. G. J. Beck); Bertolini 408–410; Seppelt 2,85; JR 211.

Johannes VII.
(1. 3. 705 – 18. 10. 707)

Er war gebürtiger Grieche, Sohn des Platon und der Blatta. Sein Vater hatte als hochrangiger Beamter für die Instandhaltung des kaiserlichen Palastes auf dem Palatin zu sorgen. Johannes war der erste Papst, der von einem byzantinischen Regierungsbeamten abstammte. Ein wortgewandter, gebildeter Mann mit künstlerischem Feingefühl, war er zuvor als Verwalter (*rector*) des päpstlichen Patrimoniums an der Via Appia tätig gewesen und hatte als solcher für seinen Vater ein in anmutigen Versen gehaltenes Epitaph verfaßt und seinen Eltern ein Denkmal mit einer menschlich bewegenden Inschrift errichten lassen.
Als Papst pflegte er ausgezeichnete Beziehungen zu den Langobarden. Diese manifestierten sich in der Rückgabe wertvoller Ländereien in den Ligurischen Alpen durch König Aribert II. (701–712), die an König Rotari (625–643) verlorengegangen waren, als dieser die ligurische Küste besetzte. 706 entsandte Justinian II., der 695 gestürzt, 705 jedoch wieder als Kaiser von Byzanz eingesetzt worden war, zwei Bischöfe mit Abschriften der Kanones des antirömischen 2. Trullanums (Quinisexta) von 692 nach Rom. SERGIUS I. hatte sich geweigert, die Kanones zu billigen, und so ersuchte Justinian Papst Johannes darum, eine Synode einzuberufen, diejenigen Beschlüsse zu bestätigen, die er gutheißen konnte, und andere, die er unannehmbar fand, zurückzuweisen. Voller Angst, den notorisch skrupellosen Monarchen vor den Kopf zu stoßen, wagte Johannes nicht, den anscheinend vernünftigen Kompromißvorschlag zu seinen Gunsten auszunutzen, sondern schickte die Kanones nach Konstantinopel zurück, ohne seine Annahme oder Ablehnung erkennen zu lassen, was ihm in *LP* einen Tadel seines Biographen wegen Feigheit eintrug. Seine Bereitschaft, sich der offiziellen byzantinischen Politik zu fügen, bestätigt sich auch im bildlichen Schmuck der Kirchen. Die Christusporträts seiner Künstler waren zumeist dem von justinischen Münzen bevorzugten Typus nachempfunden, und in der Anrufung des Lamms stellten sie das Lamm nicht als Lamm, sondern in menschlicher Gestalt dar, wie es der 82. Kanon der Quinisexta verlangte.
Johannes war ein Verehrer der Jungfrau Maria, der Gefallen daran fand, sich als ihr Knecht zu

bezeichnen, und ein bedeutender Bauherr und Förderer der Künste. Er begann mit dem Bau einer neuen Papstresidenz (*episcopium*) am Fuß des Palatins, dicht beim griechischen Viertel und dem alten Kaiserpalast, der inzwischen zur Residenz des Stellvertreters des byzantinischen Exarchen geworden war. Seine Willfährigkeit gegenüber Justinian wurde scharf kritisiert, und er verspürte wohl selbst die Notwendigkeit zusätzlicher Sicherheitsmaßnahmen. Er ließ Kirchen nicht nur errichten und renovieren (vor allem S. Maria Antiqua auf dem Forum Romanum), sondern auch gern mit Mosaiken und Fresken ausschmücken. Nicht selten zählten hierzu, wie sein Biograph ironisch anmerkt, Darstellungen seiner selbst. Solch ein eindrucksvolles Mosaikporträt, das ursprünglich für eine Marienkapelle entworfen wurde, welche er an St. Peter hatte anbauen lassen, ist heute in den Grotten des Vatikans erhalten. Er starb in seinem neuen Palast und wurde in seiner Marienkapelle bestattet.

Lit.: JW 1,246 f.; *LP* 1,385–387; P. J. Nordhagen, *The Frescoes of John VII in S. Maria Antiqua*, Rom 1968; J. Breckenridge, »Evidence for the Nature of Relations between Pope John VII and the Byzantine Emperor Justinian II«, in: *BZ* 65 (1972) S. 364–374; Caspar 2,630–637; *DTC* 8,600 f. (É. Amann); *DACL* 7,2197–2212; 13,1243 f. (H. Leclercq); *NCE* 7,1009 (H. G. J. Beck); Mann 1/2,109–123; Bertolini 410–412; Seppelt 2,85; JR 211 f.; 226; 244; 267; 270.

Sisinnius

(15. 1. – 4. 2. 708)

Über seine Herkunft und frühe Laufbahn ist nichts bekannt, außer daß er Syrer von Geburt war und daß sein Vater Johannes hieß. Als er vermutlich im Oktober 707 zum Papst gewählt wurde, war er bereits ein Greis und so gichtgelähmt, daß er seine Hände nicht zum Mund führen konnte, um zu essen. Er mußte beinahe drei Monate auf die Ratifizierung seiner Ernennung durch den byzantinischen Exarchen in Ravenna warten, bevor er geweiht werden konnte. Als Mann von entschlossenem Charakter, dem das Wohl der Einwohner Roms wirklich am Herzen lag, war er hochangesehen. Obwohl nicht einmal 4 Monate designierter bzw. geweihter Papst, besaß er den Weitblick und die Tatkraft, die Bereitstellung von Kalkstein zu Ausbesserungsarbeiten an den Stadtmauern Roms anzuordnen, die, wie Zwischenfälle unter JOHANNES VI. bewiesen hatten, feindlichen Angriffen schutzlos preisgegeben waren – von den staatlichen Stellen erging hierzu keine Anordnung. Sein plötzlicher Tod verhinderte, daß diese Befehle ausgeführt wurden. Seine einzige überlieferte kirchliche Amtshandlung war die Weihe eines Bischofs für Korsika.

Lit.: JW 1,247; *LP* 1,388; Caspar 2,620; 624; *DCB* 4,705 (J. Barmby); *NCE* 13,261 (M. A. Mulholland); Seppelt 2,86.

Konstantin

(25. 3. 708 – 9. 4. 715)

Syrer wie sein Vorgänger, wurde er von seinem Biographen als »ausnehmend sanftmütig« beschrieben. Vermutlich ist er identisch mit dem Subdiakon Konstantin, der als einer von Papst AGATHOS Delegierten am 6. ökumenischen Konzil (3. Konzil von Konstantinopel, 680/681) teilnahm. Seine Amtszeit soll sowohl durch Hungersnot als auch durch Überfluß gekennzeichnet gewesen sein.

Anfang 709 geriet Konstantin mit dem neugewählten Erzbischof von Ravenna, Felix, in Konflikt. Er hatte Felix geweiht; doch dieser versuchte erneut die Autokephalie von Rom durchzusetzen, die Ravenna kurze Zeit (662–682/683) genossen hatte, und weigerte sich, den geforderten Gehorsam zu schwören und andere hergebrachte Zeichen der Unterordnung zu liefern. Als Felix 712 aus dem Exil in seine Diözese zurückkehrte – Kaiser Justinian II. hatte ihm erst die Augen ausstechen lassen und ihn dann verbannt –, machte er indes seinen Frieden mit dem Papst; er starb 723 in Kirchengemeinschaft mit Rom. Doch im Mittelpunkt des Pontifikats Konstantins stand seine ein Jahr währende Reise (Okt. 710 – Okt. 711) nach Osten. Kaiser Justinian hatte ihn ausdrücklich nach Konstantinopel beordert, weil er die Beziehungen zu Rom normalisieren wollte. Er suchte ein beiderseits zufriedenstellendes Abkommen über die disziplinarischen und liturgischen Kanones zu erzielen, welche die auf seine Veranlassung zustande gekommene Quinisexta (692) verabschiedet hatte; diese zu ratifizieren, hatte SERGIUS I. sich jedoch geweigert, da viele von ihnen einen antiwestlichen Tenor enthielten. Der Besuch, der anfangs bedrohlich schien, wurde zum triumphalen Erfolg. Konstantin und seinem eindrucksvollen Gefolge wurde überall ein fürst-

licher Empfang zuteil. Sein Diakon Gregor (bald darauf GREGOR II.), der die Einwände Roms gegen eine Reihe von Kanones als Antwort auf Fragen des Kaisers überzeugend darlegte, führte die Verhandlungen in Nikomedia (heute: Izmir, Türkei) mit unübertrefflichem Geschick. Der Papst scheint am Ende, zumindest mündlich, jene Kanones gebilligt zu haben, die den Bräuchen der Westkirche nicht zuwiderliefen. Justinian, der bei ihrer ersten Begegnung feierlich Konstantins Füße geküßt und Kommunion und Absolution von ihm empfangen hatte, war augenscheinlich sehr zufrieden und erließ ein Edikt, mit dem die Privilegien der römischen Kirche, darunter wahrscheinlich auch die Jurisdiktion über Ravenna, bestätigt wurden.
Nach einer von Krankheit getrübten Reise traf Konstantin in Rom ein (24. 10. 711). Kurz nach seiner Abreise 710 hatte der neue Exarch Johannes Rizokopos aus unbekannten Gründen einige seiner dienstältesten und am meisten geachteten Beamten brutal hinrichten lassen; die Nachricht mußte dem Papst in Konstantinopel hinterbracht worden sein, doch hatte er die Verhandlungen deswegen nicht abbrechen wollen. Zwei Wochen später (4. 11. 711) wurde Justinian von aufständischen Truppen ermordet. Das neue Einvernehmen zwischen Rom und Byzanz war mit einem Mal hinfällig, da der neue Kaiser Philippikos Bardanes (711–713) ein fanatischer Monothelet war, der das 6. ökumenische Konzil (680/681) nicht anerkannte. Er sandte dem Papst eine offizielle Darlegung seines Glaubens an einen Willen in Christus zu und verlangte, daß dieser sich daran halte. Konstantin weigerte sich; mit wütenden Reaktionen wurde Philippikos' Ansinnen in Rom abgelehnt, sein Name aus öffentlichen Schriftstücken und Meßgebeten getilgt und sein Bildnis von Kirchenbauten und Geldmünzen entfernt. Der Exarch ergriff daraufhin Maßnahmen, um die Wünsche des Kaisers durchzusetzen, und in Rom fanden blutige Straßenkämpfe statt. Der Papst zeigte sich friedfertig und schickte mit Kreuzen und Evangelienbüchern versehene Gruppen von Priestern auf die Straßen, die den kaiserfeindlichen Mob zum Rückzug bewegen konnten. Glücklicherweise wurde Philippikos bald darauf gestürzt (3. 6. 713), und sein Nachfolger Anastasius II. (713 bis 715) beeilte sich, Konstantin förmliche Versicherungen seiner Rechtgläubigkeit und seines Festhaltens am 6. ökumenischen Konzil zukommen zu lassen.
Zu den Persönlichkeiten, die während der Amtszeit Konstantins in Rom weilten, zählten König Cenred von Mercien, Offa, der umschwärmte junge Sohn des Königs der Ostsachsen, und Erzbischof Benedikt von Mailand. Die beiden ersten wurden in Mönchsorden aufgenommen und starben kurz darauf. Benedikt konfrontierte den Papst mit der Forderung, daß die Bischöfe von Pavia, wie es vor der Invasion der Langobarden der Fall war, in Mailand geweiht werden müßten. Konstantin aber beharrte darauf, daß das Recht, die Bischöfe von Pavia zu weihen, von alters her dem Papst zustehe und es dabei bleiben solle.

Lit.: JW 1,247–249; *LP* 1,389–395; 96; FD 1, Anm. 266–269; 271; 273; Beda, *Hist. eccl.* 5,19; Caspar 2,638–643; *DCB* 1,658 (G. H. Moberly); *DHGE* 13,589–591 (G. Bardy); *LThK* 3,48 (G. Schwaiger); Mann 1/2,127–140; *NCE* 4,223 f. (H. G. J. Beck); Bertolini 413–423; Seppelt 2,86–88; JR 198 f.; 202; 213–215; 267; 274 f.

Gregor II.

Heiliger (19. 5. 715 – 11. 2. 731)

Der 669 in Rom geborene und aus einer wohlhabenden Familie stammende, geistig fähige, staatsmännische und resolute Kirchendiener war im Lateran erzogen worden, wo der Subdiakon zunächst als Schatzmeister, dann unter SERGIUS I. als Bibliothekar tätig war. Als Diakon war er prominentes Mitglied der Delegation, die KONSTANTIN 710/711 nach Konstantinopel führte, und spielte in den Verhandlungen mit Kaiser Justinian II. (685–695, 705–711) über die Kanones der Quinisexta von 692 eine führende Rolle. Mit ihm wurde zum erstenmal nach sieben Päpsten griechischer oder syrischer Herkunft wieder ein Römer zum Pontifex gewählt; er erwies sich als der herausragende römische Papst des 8. Jh.s.
Gregor zeigte sein politisches Geschick in den italienischen Wirren, die eine Folge der schwindenden oströmischen Macht waren. 716 bewog er den bedeutenden Langobardenkönig Liutprand (712–744) zur Rückgabe wertvoller päpstlicher Patrimonien, die dieser in den Ligurischen Alpen an sich gerissen hatte; später stellte er die Rückkehr der wichtigen Kastelle Cumae und

Sutri durch die Langobarden in das Reich sicher. Zwischen 717 und 726 führte er, trotz seiner Loyalität dem Reich gegenüber, den zornigen Widerstand ganz Italiens gegen die von Kaiser Leon III., dem Syrer (Isaurier 712–744), verordneten erdrückenden Steuerforderungen an. Dies hatte zur Folge, daß die Regierung Pläne schmiedete, ihn ermorden oder wenigstens absetzen zu lassen – Pläne, die schließlich an seiner Beliebtheit scheiterten. Während seines Pontifikats bemühte er sich, die Expansionsbewegungen der Langobarden einzudämmen, doch 729 sah er Rom durch Liutprand und den Exarchen Eutychius bedroht, die sich in einer überraschenden (und nur vorübergehenden) Allianz zusammengefunden hatten. Gregor inszenierte im Lager der Langobarden einen dramatischen Auftritt und machte auf den Katholiken Liutprand einen so tiefen Eindruck, daß dieser nicht nur die Belagerung abbrach, sondern seine königlichen Insignien zum Zeichen seiner Unterwerfung am Grab des hl. PETRUS niederlegte. Obgleich Eutychius sich selbst in Rom einsetzte, schloß der Papst ein Abkommen mit ihm und half ihm – stets loyal – dabei, Tiberius Petasius, einen aufständischen Thronanwärter, zu unterdrücken.

Auf dem Feld der Theologie widersetzte sich Gregor entschlossen den Maßnahmen Leons III., heilige Bildnisse und deren Verehrung zu untersagen, welche teilweise dadurch begründet waren, daß sie seiner Meinung nach ein Hindernis für die Bekehrung von Juden und Moslems darstellten. Die neue Politik der Bilderstürmerei, die Leon seit 726 vertrat und die er in einem vom Patriarchen der Ostkirche Anfang 730 unterzeichneten Edikt verkündete, wirkte in Italien anstößig und rief Bestürzung und Unruhen hervor. Zwischen diesen beiden Eckdaten korrespondierte der Kaiser mit dem Papst und verlangte bei Strafe der Absetzung seine Zustimmung zum Bilderverbot. Gregors Erwiderung (2 Briefe, die heute allgemein als echt gelten, sind erhalten) war kompromißlos: er verwarf die Bilderstürmerei als Irrlehre, wies Leon darauf hin, daß die Glaubenslehre eine Angelegenheit von Priestern, nicht von Fürsten sei (beide Bereiche ergänzten einander, seien jedoch unterschieden), und begegnete seinen Drohungen mit der hochgemuten Mahnung, daß der Papst sicher sei, sobald er sich drei Meilen außerhalb Roms befinde, da der Nachfolger PETRI im gesamten Westen Verehrung genieße. Die Nachricht vom Ultimatum Leons an Gregor gab das Signal zu Aufständen in Norditalien, und des Kaisers Feindseligkeit gegenüber der Bilderverehrung diente nur dazu, seine italienischen Untertanen dem Reich noch stärker als bisher zu entfremden. Gregor selbst indessen wankte nicht in seiner Loyalität.

Gregors Interesse an den Völkern Nordeuropas war besonders bedeutsam. Er empfing 716 Herzog Theodo von Bayern und 726 Ine, den ehemaligen König von Wessex – beide waren als Pilger in Rom. Mit ersterem erarbeitete er einen vorläufigen Plan für die Schaffung einer Kirchenprovinz in Bayern; mehr als 20 Jahre später sollte er verwirklicht werden. Weitreichender war seine Unterstützung für die Missionstätigkeit in Germanien durch Winfrid (680–754), den er in Bonifatius umtaufte. Bonifatius war im Frühjahr 718 aus England nach Rom gekommen und brach im folgenden Jahr, versehen mit einem Brief Gregors vom 15. Mai 719, der ihn mit der Christianisierung der Friesen beauftragte, wieder auf. Aufgrund seiner erfolgreichen Tätigkeit in Bayern, Thüringen und Hessen weihte ihn der Papst (30. 11. 722) zum Bischof. Er stattete ihn mit einem Empfehlungsschreiben an den fränkischen Hausmeier Karl Martell (716–741) aus, dessen Protektion ihm die erfolgreiche Durchführung seiner Aufgaben ermöglichte. Nachdem er Bonifatius einen Gehorsamseid auferlegt hatte, der ihn eng an den Hl. Stuhl band, gewährte Gregor ihm volle Unterstützung und korrespondierte häufig mit ihm. Als Ergebnis seines Einflusses wurden die liturgischen Bräuche Roms von der jungen deutschen Kirche überall übernommen.

Gregor begann seine Regierungszeit mit der Reparatur der Stadtmauern zu Verteidigungszwekken; weiterhin ließ er die Überschwemmungsschäden beseitigen, die der Tiber angerichtet hatte. In zahlreichen Kirchen fanden auf seine Initiative hin umfassende Restaurierungen statt. Er förderte das Ordenswesen, den Wiederaufbau und die Neubesiedlung verlassener und verfallener Klöster und die Umwandlung seines Familiensitzes in ein der hl. Agatha geweihtes Kloster. Abt Petronax von Brescia beauftragte er 720, das von den Langobarden zerstörte Kloster auf dem Monte Cassino wiederaufzubauen. Darüber hinaus führte er liturgische Neuerungen ein, etwa eine Donnerstagmesse in der Fastenzeit. Kurz vor seinem Tod plante er eine Reise in den Norden, die er nicht mehr antreten konnte. Hinweise auf seine Verehrung als Heiliger finden sich erstmals im Martyrologium des Ado (9. Jh.). Festtag: 11. Februar.

Lit.: JW 1,249–257; *LP* 1,396–414; *PL* 89,453–534; FD 1, Anm. 279, 286 f.; 291; 298; *MG*Ep 2,698–702; Caspar 2,643–664; 692–701; E. Caspar, »Papst Gregor II. und der Bilderstreit«, in: *ZKG* 52 (1933) S. 29–89; G. Ostrogorsky, »Les débuts de la querelle des images«, in: *Mélanges Ch. Diehl*, Bd. 1, Paris 1930, S. 244–254; *DTC* 6,1781–86 (P. Moncelle); *LThK* 4,1181 (L. Spätling); *BSS* 7,287–290 (P. Rabikauskas); *NCE* 6,770 (R. E. Sullivan); Bertolini 435–452; Seppelt 2,88–101; JR 214; 218–223; 267.

Gregor III.

Heiliger (18. 3. 731 – 28. 11. 741)

Der gebürtige Syrer, ein fähiger und redegewandter Priester, der sich im Griechischen und Lateinischen gleichermaßen zu Hause fühlte, wurde während der Bestattung GREGORS II. von der jubelnden Menge ergriffen, eilends in den Lateran gebracht und per Akklamation zum Papst gewählt. Nachdem der byzantinische Exarch seine Einwilligung erteilt hatte (Gregor war der letzte Papst, der darum nachsuchte), wurde er fünf Wochen später geweiht.

Der Bilderstreit, ausgelöst vom Verbot der Kultbilder und ihrer Verehrung durch Kaiser Leon III. (717–741) Anfang Januar 730, befand sich mittlerweile auf seinem Höhepunkt. Gregor, auf eine Wiederannäherung an den Osten bedacht, rief Leon sogleich auf, seine Politik, die dem Glauben und den Bräuchen der Westkirche zutiefst widersprach, aufzugeben. Da er keine Antwort erhielt, berief er eine repräsentative Synode ein (1. 11. 731), die das Bilderverbot verurteilte und jeden exkommunizierte, der Kultbilder zerstörte; der Kaiser und der Patriarch der Ostkirche waren selbstredend in diese Strafandrohung einbezogen. Die jeweiligen Gesandten, die Gregors ursprünglichen Appell und die drastischen Beschlüsse der Synode bei sich trugen, wurden indessen von kaiserlichen Beamten auf Sizilien abgefangen und eingesperrt. Als sich einer von ihnen 733 endlich mit Briefen Gregors an Leon, an dessen Sohn, den späteren Konstantin V. (741–745), und an den Patriarchen Anastasius nach Konstantinopel durchschlagen konnte, beschloß der Kaiser, Gewalt anzuwenden, um den störrischen Papst zum Gehorsam zu zwingen. Zunächst sandte er eine Kriegsflotte nach Italien; als diese in der Adria zerschellte, beschlagnahmte er die päpstlichen Patrimonien in Kalabrien und auf Sizilien und unterstellte die päpstlichen Kirchenprovinzen Illyrien und Sizilien der Gerichtsbarkeit des Patriarchen von Konstantinopel.

Diese empfindlichen Schläge änderten jedoch nichts an Gregors Loyalität dem Reich gegenüber, das in seinen Augen noch immer die einzig legitime Macht darstellte. Als Ravenna, der Sitz der byzantinischen Herrschaft in Italien, 733 in die Hände der Langobarden fiel, trug Gregors aktive Unterstützung folglich entscheidend zu der Wiedereroberung der Stadt durch den Exarchen Eutychius bei. Sowohl Leon als auch Eutychius bezeigten ihre Dankbarkeit: der eine, indem er sich auf einen stillschweigenden Waffenstillstand mit dem Papst einließ, der andere, indem er ihn mit sechs Onyxsäulen beschenkte, die er vor der *confessio*, dem Grabmal des Apostels in St. Peter, aufstellte. Gregor erkannte, wie schutzlos er den Langobarden und ihrem König Liutprand (712–744) ausgeliefert war; also ließ er auf eigene Rechnung die Stadtmauern von Rom und Civitavecchia instand setzen und ging mit den Herzögen von Spoleto und Benevent, Gegnern Liutprands, Verteidigungsbündnisse ein. Diese Schritte steigerten die Wut des Königs nur noch, und nach der Einnahme Spoletos drang er in das Dukat Rom ein, eroberte vier beherrschende Kastelle und bedrohte die Stadt selbst. Da von Byzanz keine Hilfe zu erwarten war, unternahm Gregor in seiner Verzweiflung einen folgenschweren Schritt und suchte Beistand bei den Franken. 739 und 740 schickte er an den Hausmeier und *de-facto*-Herrscher des fränkischen Merowingerreiches Karl Martell (716–741) eindrucksvolle Gesandtschaften, die reiche Geschenke und Reliquien sowie Briefe mit sich führten, in welchen die bedauernswerte Lage der Heiligen Stadt geschildert wurde. Er flehte ihn an, »Gottes Kirche und das ihm eigene Volk« zu verteidigen und bot ihm den Titel eines Konsuls und den Rang eines Patriziers an. Zwar wurden Gregors Gesuche höflich aufgenommen, doch Hilfe blieb aus. Karl hatte nicht den Wunsch, gegen Liutprand zu marschieren, der ihm erst kürzlich (738) gegen die arabischen Eindringlinge in der Provence beigestanden hatte. Auf sich allein gestellt, appellierte Gregor zunächst an Liutprand, die Festungen zurückzuge-

ben, die er eingenommen hatte; als seine Bitte auf taube Ohren stieß, beging er den Fehler, sich mit dem unfähigen, verräterischen Herzog Trasamund von Spoleto zu verbünden, womit er erneut die Feindseligkeit des Königs erregte.
Auf dem Gebiet der eigentlichen Kirchenpolitik war sich Gregor der Bedeutung der nordeuropäischen Kirche offenbar wohl bewußt. So gewährte er der Missionstätigkeit des Bonifatius (680–754) in Deutschland volle Unterstützung, übertrug ihm 732 das Pallium und die Erzbischofswürde sowie die Vollmacht, Bistümer zu gründen. Nach Bonifatius' drittem Romaufenthalt (737/738) bestellte er ihn zum »Legaten des Apostolischen Stuhls«, der die Kirche in den Stammesgebieten der Baiern, Alemannen, Hessen und Thüringer organisieren sollte, und drängte Bischöfe, Äbte und hochgestellte Laien, ihm volle Unterstützung angedeihen zu lassen. Er festigte die Beziehungen zwischen Rom und der englischen Kirche, indem er 735 Egbert von York († 766) das Pallium gewährte; als Tatwine von Canterbury († 734) Rom besuchte, verlieh er ihm nicht nur das Pallium, sondern ernannte ihn zum päpstlichen Vikar für ganz England.
Von einigen politischen Fehlgriffen abgesehen, war Gregors Pontifikat von entscheidender Bedeutung. Wenn er ihn auch nicht zuwege brachte, so arbeitete er doch auf einen Pakt mit den Franken hin, welcher der Erhaltung der Unabhängigkeit des Hl. Stuhls diente. Er verschönerte Rom und seine Kirchen in beispiellosem Maße; mit zahlreichen großartigen, vielfarbigen Kultbildern verfolgte er den zusätzlichen Zweck, seinen Widerstand gegen die Irrlehre der Bilderstürmerei zu verkünden. Er glaubte an das Ordenswesen, gewährte bestehenden Klostergemeinschaften praktische Unterstützung und gründete neue. In den Friedhöfen um Rom ließ er Ausbesserungsarbeiten durchführen und reorganisierte die Gottesdienste, die dort abgehalten wurden. Eines der bedeutendsten Bauwerke unter Gregor war eine dem Heiland und der Mutter Gottes geweihte Kapelle in St. Peter zur Aufbewahrung von Heiligenreliquien, in der er selbst beigesetzt wurde. Als Heiliger taucht er erstmals im Martyrologium des Ado (9. Jh.) auf. Festtag: 28. November.

Lit.: JW 1,257–262; *LP* 1,415–425; *PL* 89,557–598; *MG* Ep 3,290–294; 702–709; FD 1, Anm. 301 f.; Caspar 2,664–667; *DCB* 2,796–798 (J. Barmby); *DACL* 13,1245–50 (H. Leclercq); *DTC* 6,1785–90 (P. Moncelle); *LThK* 4,1181 f. (Th. Schieffer); *BSS* 7,290–294 (P. Rabikauskas); *PRE* 7,91 f. (H. Böhmer); *NCE* 6,770 f. (R. E. Sullivan); Bertolini 453–477; Seppelt 2,102–108; JR 223–226; 268.

Zacharias

Heiliger (3. 12. 741 – 15. 3. 752)

Der griechischstämmige Kalabrese arbeitete als Diakon eng mit GREGOR III. zusammen. Als letzter der griechischen Päpste übertrug der gebildete Mann die *Dialogi* GREGORS d. Gr. ins Griechische. Für seine freundliche, mitleidvolle Haltung wurde er bewundert, doch gingen mit dieser politisches Geschick und große persönliche Überredungskunst einher.
Als erstes kehrte er Gregors III. Politik gegenüber den Langobarden um, die wichtige Festungen in der Campagna Romana eingenommen hatten und Rom selbst bedrohten. Er gab die Allianz mit Herzog Trasamund von Spoleto auf, schickte Gesandte zum Langobardenkönig Liutprand (712–744), traf diesen daraufhin persönlich im Frühjahr 742 in dessen Lager bei Terni und vermochte, als er die Hilfe der römischen Miliz zusicherte, nicht nur die Rückgabe der Festungen und andrer Städte sowie konfiszierter päpstlicher Ländereien und sämtlicher Gefangenen, sondern auch eine 20jährige Waffenruhe zwischen den Langobarden und Rom auszuhandeln. Als die Langobarden 743 ihre Angriffe gegen Ravenna und die übrigen byzantinischen Besitzungen in Italien richteten und der besorgte Exarch Eutychius ihn um Vermittlung bat, griff Zacharias erneut ein, suchte Liutprand im Juni 743 in Padua auf und bewog den widerstrebenden König, aus den besetzten Gebieten abzuziehen und einem Waffenstillstand zuzustimmen. Liutprands Nachfolger Ratchis bestätigte die 20jährige Waffenruhe mit Rom; doch als er die Offensive gegen das Exarchat wieder aufnahm, brachte der Papst 749 mit Überredung und Bestechung auch ihn dazu, von seinen Plänen Abstand zu nehmen. Dies war allerdings sein letzter Erfolg mit den Langobarden. Ratchis wurde zur Abdankung gezwungen, und sein Bruder Aistulf, der ihn im Juli 749 ablöste, erneuerte die Expansionsgelüste der Langobarden, und nach der Eroberung Ravennas im Sommer 751, die das byzantinische Exarchat beendete, wandte er den Blick gen Rom.

Mit Konstantinopel vermochte Zacharias zumindest vorläufig einen *modus vivendi* zu erreichen. Die Beziehungen zu Ostrom waren aufgrund des von Kaiser Leon III. (717–741) ausgesprochenen Verbots kultischer Bilder und ihrer Verehrung (Ikonoklasmus) stürmisch verlaufen. Wenngleich seine Wahl nicht mehr der kaiserlichen Bestätigung bedurfte, war Zacharias doch vorsichtig genug, Gesandte in die Reichshauptstadt zu schicken, die seinen Amtsantritt bekanntgeben und dem Patriarchen Synodalbriefe überreichen sollten. Er war der letzte Papst, der diesen Schritt tat. Damit machte er zwar deutlich, daß es keinen Bruch mit der Ostkirche gab, teilte Kaiser Konstantin V. (741–775) und dem Patriarchen Anastasius jedoch zugleich seine Einwände gegen die Bilderstürmerei mit. Als die Gesandten eintrafen, fanden sie den Usurpator Artavasdus (741–742) auf dem Thron vor. Wenngleich sie keine andere Wahl hatten, als diesen anzuerkennen, scheinen sie wie auch der Papst selbst mit diplomatischer Zurückhaltung verfahren zu sein. Jedenfalls hegte Konstantin, als er im November 743 wieder auf den Thron zurückkehrte, keinen Groll gegen Rom, sondern stiftete dem Hl. Stuhl die riesigen, einträglichen Güter von Norma und Noinfa im südlichen Latium. Obwohl Konstantin ein fanatischer Bilderstürmer und Zacharias ein orthodoxer Verteidiger der Bilderverehrung war, einigten sie sich anscheinend stillschweigend darauf, den Streit herunterzuspielen. Der Kaiser wußte von der Hilfe, die der Papst seinem Exarchen geleistet hatte, um Ravenna zu halten, und war ihm dafür gewiß dankbar. Vorerst zog er es vor, ihn zum Freund zu haben, während er seine Position festigte und sich mit den Arabern und Bulgaren befaßte.

Die Beziehungen des Papstes zu Bonifatius (680–754), dem »Apostel der Deutschen«, und zu den Franken, über die seit Karl Martells Tod (29. 10. 741) seine Söhne Karlmann und Pippin (I., König 751–768) als Hausmeier (ursprünglich Aufseher über den königlichen Haushalt, inzwischen jedoch quasi erblicher Erster Minister) herrschten, waren besonders bemerkenswert. Wie GREGOR II. und GREGOR III. ließ er Bonifatius bei allen Problemen seine volle Unterstützung zukommen, ermutigte und überwachte sein Programm zur Reform der fränkischen Kirche und setzte ihn als Legaten ein. Das Reformprogramm wurde in Zusammenarbeit mit Karlmann und Pippin über eine Reihe bedeutender fränkischer Synoden durchgeführt, die beschlossenen Maßnahmen zuletzt vom Papst gebilligt. Das Ergebnis war die effektive Stärkung der Bindungen zwischen der fränkischen Kirche und Rom; Anfang 747 wurde eine bemerkenswerte Ergebenheitserklärung des gesamten fränkischen Bischofskonzils an Zacharias überreicht. Im selben Jahr bekräftigte der Papst die Verdammung von Adalbert und Klemens, zweier häretischer Hochstapler, durch Bonifatius. Als Antwort auf eine von Pippin nach Rom entsandte Botschaft verkündete Zacharias 750 die folgenschwere Entscheidung, daß es besser sei, wenn den Königstitel führe, wer die effektive Macht im Fränkischen Reich ausübe, als wem keine verblieben sei. Die Folge hiervon war die Absetzung König Childerichs III., der Letzte des schwachen Merowingergeschlechts, die Wahl Pippins I. in Soissons (Nov. 751) und seine Salbung zum König durch Bonifatius. Die Übertragung der Krone auf die Dynastie der Karolinger durch Zacharias war von großer Tragweite für die zukünftigen Beziehungen zwischen Papst und Kaiser.

Zacharias war ein tatkräftiger und leistungsfähiger Verwalter, der nicht nur die römische Miliz und die römische Zivilregierung kontrollierte, sondern auch aktives Interesse an den päpstlichen Patrimonien zeigte. Um verlassenes Land neu zu besiedeln, aber auch um die Einkünfte, die ihm seit der Beschlagnahmung der sizilianischen und kalabrischen Güter durch Kaiser Leon III. verlorengegangen waren, auszugleichen, entwickelte er das System der *domus cultae* – Landgüter, die auf ewig der Kirche gehörten und von Pachtbauern bearbeitet wurden, die um eine Kapelle siedelten. Auch wenn er keine neuen Kirchen baute, ließ er doch viele Ausbesserungen und Verschönerungen an den Kirchen Roms vornehmen; er setzte die unter JOHANNES VII. begonnene Ausschmückung von S. Maria Antiqua fort, wo man noch heute ein zeitgenössisches Freskenporträt von ihm besichtigen kann. Er verlegte die Residenz des Papstes, die Johannes VII. auf den Palatin transferiert hatte, wieder in den verfallenden Lateran, den er nicht nur wiederherstellte, sondern auch mit Wandgemälden ausschmückte und durch einen prächtigen neuen Tafelsaal für offizielle Anlässe erweiterte. Festtag: 15. März.

Lit.: *LP* 1,426–435; JW 1,262–270; *MG*Ep 3,479–487; 709–711; Caspar 2,710–720; 731–740; Seppelt 2,108–119; *DTC* 15,3671–75 (É. Amann); *DACL* 8,1583; 1653 (H. Leclercq); *BSS* 12,1446–48 (N. Del Re); *NCE* 14,1106 f. (M. C. McCarthy); *LThK* 10,1298 f. (L. Spätling); Mann 1/2,225–288; Bertolini 479–513; JR 226–231; 268; 278; 300 f.; O. Bertolini, »I rapporti di Zaccaria con Constantino V e con Artavasado nel racconto del biografo e nella probabile realtà storica«, in: *ASRomana* 78 (1955) S. 1–21.

Stephan (II.)

(22./23. – 25./26. 3. 752)

Der ältliche Presbyter, über dessen Laufbahn nichts bekannt ist, wurde wenige Tage nach dem Tod des Zacharias (15. 3. 752) vom Klerus und Volk Roms zum Papst gewählt. Er wurde entsprechend im Lateranpalast in sein Amt eingesetzt, erlitt jedoch drei Tage später einen Schlaganfall und starb am vierten Tag. Da er nicht mehr geweiht werden konnte, die Weihe aber vom zeitgenössischen Kirchenrecht als unerläßlich angesehen wurde, wurde er weder in *LP* noch irgendeinem anderen Dokument des Mittelalters als Papst geführt; erst seit dem 16. Jh. verbreitete sich in katholischen Kreisen die Auffassung, daß er Papst gewesen sei, da zu diesem Zeitpunkt die gültige Wahl als hinreichendes Kriterium gewertet wurde. So wurde er vom offiziellen Verzeichnis des *Annuario Pontificio* bis 1960 als Papst Stephan II. geführt. Seit 1961 aber unterdrücken ihn sämtliche Ausgaben und geben den nachfolgenden Päpsten dieses Namens zwei Zahlen bei.

Lit.: *LP* 1,440; JW 1,270; *DCB* 4,730 (J. Barmby); *DTC* 5,973 (A. Clerval); *DHGE* 15,1184 (R. Aubert); *NCE* 13,695 (P. J. Mullins); R. L. Poole, »The Names and Numbers of Medieval Popes«, in: *EHR* 32 (1917) S. 476 f.; R. Thibaut, »Noms et chiffres pontificaux«, in: *NRT* 72 (1950) S. 834–838.

Stephan II. (III.)

(26. 3. 752 – 26. 4. 757)

Der einem wohlhabenden Adelsgeschlecht entstammende Römer wurde früh zum Waisenkind und zusammen mit seinem jüngeren Bruder Paulus im Lateran aufgezogen. Zacharias machte beide zu Diakonen, und in dieser Eigenschaft unterzeichneten sie die Akten der römischen Synode von 743. Als der Presbyter Stephan, der zum Nachfolger des Zacharias gewählt war, vier Tage später starb, wurde der ältere der beiden Brüder in der Kirche S. Maria Maggiore einhellig zum Papst bestimmt. In seine kurze Regierungszeit fiel nicht nur die Loslösung des Papsttums von Byzanz (die Kirche begab sich unter den Schutz des Frankenreichs), sondern auch die Gründung des Kirchenstaats.

Kurz nach Stephans Thronbesteigung wurde Rom durch den Langobardenkönig Aistulf (749–756) bedroht, dessen Heer gerade erst Ravenna erobert hatte. Obwohl Aistulf zunächst einen 40jährigen Waffenstillstand zugesichert hatte, stellte sich bald heraus, daß er das Dukat Rom als sein Lehen betrachtete, forderte er doch von jedem Einwohner eine Jahressteuer. Gleichzeitig wies er die Forderungen eines von dem Papstbruder Paulus begleiteten byzantinischen Gesandten zurück, der die Rückgabe der von den Langobarden annektierten Reichsgebiete verlangte. Als auch weitere Botschaften an Aistulf, Bußlitaneien in Rom und ein Hilfegesuch an Kaiser Konstantin V. (741–775) nichts fruchteten, wandte sich Stephan in seiner Verzweiflung an den Frankenkönig Pippin I. (751–768), so wie Gregor III. sich 739 an Karl Martell gewandt hatte. Er legte ihm Roms prekäre Situation dar und bat, ihm unter Zusicherung freien Geleits eine Einladung auszusprechen.

Pippin war sich bewußt, daß er in Zacharias' Schuld stand, und reagierte positiv. Als Schutz sandte er Bischof Chrodegang von Metz und seinen Schwager Autchar nach Rom, und am 14. Oktober 753 brach Stephan auf. Da der Kaiser von Byzanz ihn angewiesen hatte, den Langobarden eine neuerliche Forderung nach Rückgabe der beschlagnahmten Besitzungen vorzulegen, machte er in Pavia, der Hauptstadt des Langobardenreiches, Station. Als er abschlägig beschieden wurde, zog er am 15. November mit Aistulfs nur widerstrebend erteilter Genehmigung weiter nach Norden und überquerte als erster Papst am Großen St. Bernhard die Alpen. Er wurde von Pippin bei Ponthion (südl. von Châlons-sur-Marne) unterwürfig empfangen (6. 1. 754). Am folgenden Tag warfen er und die ihn begleitenden Geistlichen sich dem König in Bußkleidern zu Füßen und flehten ihn an, sie und das Volk von Rom den Aposteln zuliebe von den Langobarden zu erlösen. Das Resultat dieser Begegnung und weiterer Beratungen, die am 14. April in Quierzy bei Laon mit dem Osterfest ihren Höhepunkt fanden, war, daß Pippin und seine Söhne sich nicht nur allgemein verpflichteten, die römische Kirche und die Vorrechte des hl. PETRUS (d. h. des Papstes) zu schützen, sondern auch schriftlich versicherten, neben dem Dukat Rom Ravenna, das Exarchat und andere von den Langobarden besetzte Städte und vermutlich weitere ausgedehnte Gebiete in Nord- und Mittelitalien als rechtmäßigen Besitz des hl. Petrus zu garantieren (die »Pippinsche Schenkung«). Als Rechtsgrundlage der von ihm angemeldeten Ansprüche wies Stephan einem Großteil der Forschung zufolge die sog. Konstantinische Schenkung vor, eine gefälschte, in der päpstlichen Kanzlei aufgesetzte Urkunde, mit der Konstantin d. Gr. († 337) SILVESTER I. unter anderen Privilegien angeblich die Herrschaft über Rom, Italien und die »Provinzen, Ortschaften und Völkerschaften der westlichen Region« übertrug. Zur Besiegelung der Legitimität ihres Herrscherhauses salbte Stephan seinerseits (28. 7. 754), nachdem er den Winter schwer erkrankt in der Abtei St-Denis bei Paris zugebracht hatte, feierlich Pippin, seine Gemahlin und seine Söhne und übertrug Pippin und seinen Nachkommen zum Zeichen ihrer neuen Rolle als Schirmherren des Hl. Stuhls den Titel *patricius Romanorum*.

Pippin machte sein Versprechen wahr, indem er zunächst verschiedene Versuche unternahm, Aistulf auf friedlichem Wege zur Aufgabe der besetzten Gebiete zu veranlassen. Als seine diplomatischen Anstrengungen fehlschlugen, fügte er dem König in einem raschen Feldzug (Aug. 754) eine militärische Niederlage zu und ließ ihn im 1. Frieden zu Pavia schwören, dem Papst sämtliche Eroberungen im Exarchat und die Pentapolis zurückzugeben. Stephan, der Pippins Heer begleitet hatte, wurde daraufhin nach Rom geleitet, wo ihn die Bevölkerung im Freudentaumel begrüßte. Nachdem die Franken sich über die Alpen zurückgezogen hatten, brach Aistulf allerdings seinen Eid, belagerte Rom erneut (1. 1. 756) und verwüstete die Vorstädte. Auf Stephans wiederholte dringende Bitten hin marschierte Pippin abermals in Italien ein, unterwarf Aistulf und verpflichtete ihn im 2. Frieden zu Pavia (Juni 756), die bereits ausgehandelten Territorien sowie zusätzlich Comacchio südlich der Pomündung zu räumen. Um zu gewährleisten, daß die Bedingungen des Friedensvertrags erfüllt würden, ließ er diesmal Fulrad, den Abt von St-Denis, mit einer kleinen Truppe zurück. Als byzantinische Beamte dagegen protestierten, weil die betreffenden Gebiete rechtmäßiges Eigentum des Kaisers seien, entgegnete Pippin, er habe einzig aus Liebe zum hl. PETRUS und zur Vergebung seiner Sünden zu den Waffen gegriffen und werde seine Eroberungen niemandem anders als dem Apostel aushändigen. Sodann vermachte er Ravenna und die Städte des Exarchats, die sog. Pentapolis (Rimini, Pesaro, Fano, Senigallia und Ancona), sowie die Emilia auf ewig dem hl. Petrus und der römischen Kirche. Fulrad legte die Stadtschlüssel und die Schenkungsurkunde auf dem Grab des Apostels nieder. Auf diese Weise entstand der Kirchenstaat, wenngleich die Oberhoheit des Kaisers zunächst auch weiterhin theoretisch anerkannt wurde.

Als Aistulf im Dezember 756 ohne Erben starb, stellte sich Stephan mit Erfolg hinter den Thronanwärter Desiderius von Tuscien (757–774), der ihm dafür die Übergabe weiterer Städte einschließlich Bolognas zusagte. Stephan war auch daran beteiligt, die neuen Herzöge von Spoleto und Benevent dazu zu bewegen, sich von den Langobarden loszusagen und sich Pippin und dem Hl. Stuhl zu unterwerfen. Stephans Briefe an Pippin geben seinem Jubel über Aistulfs Tod und seiner Freude am Verlauf der Dinge Ausdruck. Doch seine eigene bemerkenswerte Amtszeit, die der Politik des Papsttums eine neue Richtung verliehen hatte, näherte sich bereits ihrem Ende. Wie sein Biograph in *LP* anmerkt, setzte er sich mit Gottes Segen sehr dafür ein, »die Republik zu vergrößern«, war er doch der eigentliche Begründer des Kirchenstaats. Von diesem bedeutenden Beitrag abgesehen, beschäftigte er sich mit der Restaurierung und Verschönerung römischer Kirchen, wandelte seinen Familiensitz in ein dem hl. Denis geweihtes Kloster um und gründete mehrere Hospize. Unter seinem Einfluß leitete Pippin in seinem Reich die Ablösung der gallikanischen Liturgie durch die römische in die Wege. In Rom bestand Stephan auf der strikten Einhaltung der Tag- und Nachtoffizien.

Lit.: *LP* 1,440–462; JW 1,271–277; *MG* Ep 3,487–507; *DCB* 4,730–735 (J. Barmby); *DHGE* 15,1184–90 (A. Dumas); *NCE* 13,695 (P. J. Mullins); *LThK* 9,1083 f. (Th. Schieffer); Bertolini 515–582; E. Caspar, *Pippin und die Römische Kirche*, Berlin 1914; L. P. Duchesne, *The Beginnings of the Temporal Sovereignty of the Popes*, London 1908; Mann 1/2,289–330.

Paul I.

(29. 5. 757 – 28. 6. 767)

Paul stammte aus einer wohlhabenden römischen Adelsfamilie, verwaiste früh und wurde im Lateran aufgezogen. Er wurde von ZACHARIAS zum Diakon geweiht und nach dem Tod seines älteren Bruders STEPHAN II. (III.), dessen rechte Hand und getreuer Unterhändler er gewesen war, unverzüglich zum Papst gewählt. Seine Weihe mußte um einen Monat verschoben werden, weil eine Minderheitsgruppe, die dem Bündnis mit den Franken feindselig gesinnt war, den Erzdiakon Theophylaktos vorzog. Noch während er auf seine Weihe wartete, gab er dem Frankenkönig Pippin I. (751–768) unter Verwendung der Formel, die früher zur Mitteilung an den byzantinischen Exarchen gebraucht wurde, seine Wahl bekannt. Obwohl er gar nicht um seine Ratifizierung ersuchte, gelobte er dem Pakt, den der König mit Stephan II. eingegangen war, ewige Treue. In seiner Antwort bat Pippin ihn, die Patenschaft für seine neugeborene Tochter zu übernehmen.

Pauls Regierungszeit bestand aus einem fortgesetzten Kampf zur Verteidigung und Festigung des jungen, schutzbedürftigen Kirchenstaats, der von dem neuen Langobardenkönig Desiderius (757–774) bedroht wurde. Dieser weigerte sich nicht nur, mehrere Städte herauszurücken, die er Stephan II. versprochen hatte – als Gegenleistung für die Hilfe, die dieser ihm zur Sicherung des Throns gewährt hatte –, sondern überfiel und verwüstete päpstliche Territorien, unterwarf 758 Spoleto und Benevent, die die fränkische und päpstliche Oberhoheit akzeptiert hatten, und verhandelte mit Byzanz, um von dort Militärhilfe zur Rückeroberung Ravennas und des Exarchats zu erhalten. Anläßlich eines Treffens mit Paul in Rom erklärte Desiderius, daß er nur unter der Bedingung Entgegenkommen zeigen würde, daß von Pippin gefangengehaltene langobardische Geiseln freigelassen würden. Da seine Post abgefangen wurde, mußte der Papst Pippin in offenen Briefen bitten, diesen Forderungen nachzugeben, während er ihn insgeheim drängte, ihnen zu widerstehen. Fortwährend ließ er ihm bekümmerte Klagebriefe und Hilfegesuche zugehen; da Pippin jedoch vollauf mit dem Frankenreich beschäftigt war und gleichzeitig ein langobardisch-byzantinisches Bündnis zu verhindern suchte, hatte er kein Verlangen, militärisch einzugreifen. Durch diplomatische Schritte gelang es ihm jedoch 760, einen wenn auch unsicheren *modus vivendi* zwischen Desiderius und Paul herbeizuführen. Dieser lief darauf hinaus, daß beide Seiten Zugeständnisse machten; so mußte der Papst speziell Teile seiner großartigen Vision eines Kirchenstaates aufgeben.

In diesem Stadium traten die Beziehungen mit Konstantinopel für Paul in den Vordergrund. Er war nicht nur von den Manövern Kaiser Konstantins V. (741–775) zur Aufnahme von Beziehungen mit den Langobarden und schließlich mit dem fränkischen Hof beunruhigt, sondern auch durch das vom Kaiser (Feb. – Aug. 754) in Hiereia abgehaltene Konzil der Ostkirche, das die Verurteilung von Heiligenbildern und ihre Verehrung ratifiziert hatte. Mehr als einmal schickte er Abgesandte zu Konstantin mit der Aufforderung, die traditionelle Bilderverehrung wieder in ihre Rechte einzusetzen (weswegen *LP* ihn als »mutigen Fürsprecher des rechten Glaubens« preist). Als die Verfolgung der Bilderverehrer verschärft wurde, hieß er ganze Gruppen von Ostflüchtlingen in Rom willkommen und stellte griechischen Mönchen das Kloster SS. Stefano e Silvestro, das er 761 auf seinem Familiensitz gegründet hatte, zur Verfügung. 763 verbündete er sich mit den Patriarchen von Alexandria, Antiochia und Jerusalem, die gegen die Verfolgungen protestiert hatten. Konstantin sandte 765 eine Delegation an den fränkischen Hof, um sich Pippins Unterstützung für die Bilderstürmerei zu sichern und die Franken von Rom zu trennen. Paul war tief besorgt, dann aber überglücklich, als er erfuhr, daß der König diese Annäherungsversuche zurückgewiesen hatte und daß darüber hinaus auf der Synode von Gentilly (767), die den Ikonoklasmus und die Dreieinigkeitslehre debattierte, die römische Haltung zur Bilderverehrung sich behaupten konnte.

Paul starb kurz danach (28. 6. 676) in S. Paolo, wohin er sich der großen Hitze wegen zurückgezogen hatte. Er wurde vorübergehend dort beigesetzt, aber drei Monate später überführte man seine Leiche nach St. Peter. Vom Papsttum hatte Paul eine hohe Auffassung und beschrieb sich selbst als »Mittler zwischen Gott und den Menschen, den Seelensucher«. *LP* rühmt sein Mitgefühl und den Eifer, mit dem er Arme und Gefangene besuchte, doch wurde er als gestrenger Verwalter kritisiert, der sich auf tyrannische Untergebene stützte. Seine Regierungszeit war für die Entwicklung der Katakomben wichtig; denn er ließ zahlreiche Leichname von den Katakomben in die Kirchen und Kapellen Roms überführen, insbesondere den Petronillas, die das fränkische Königshaus als vermeintliche Tochter des hl. PETRUS verehrte. Paul verfolgte damit natürlich ein politisches Ziel. Anhaltspunkte für einen Heiligenkult gibt es erst seit dem 15. Jh. Festtag: 28. Juni.

Lit.: *LP* 1,463–467; JW 1,277–283; *MG* Ep 3,507–558; *DCB* 4,263–266 (J. Barmby); *DACL* 13,1252–54 (H. Leclercq); *BSS* 10,283–285 (P. Rabikauskas); *NCE* 11,12 (R. E. Sullivan); *LThK* 8,197 f. (W. Ullmann); M. Baumont, »Le pontificat de Paul I«, in: *MelArchHist* 47 (1920) S. 7–24; Bertolini 583–624; Seppelt 2,139–147.

Konstantin

(Gegenpapst, 5. 7. 767 – 6. 8. 768; † ?)

Als Laie wurde der Bruder Herzog Totos von Nepi wider alle Regel zum Nachfolger Papst PAULS I., dessen strenge Herrschaft und dessen Vertrauen auf die Kirchenbürokratie die Adligen in der Laiengemeinde aufgebracht hatte. Für die Aristokratie war es wichtig, einen Papst zu haben, den sie zu beeinflussen vermochte, nicht zuletzt deshalb, weil das Papsttum mit der Gründung des Kirchenstaats zu einer weltlichen Macht aufgestiegen war. Als Paul bereits im Sterben lag, schmiedete Toto ein Mordkomplott, ließ sich jedoch wie andere führende Persönlichkeiten Roms von dem Obersten Notar Christophorus davon überzeugen, daß die folgende Wahl in hergebrachter Form zu vollziehen sei. Beim Tod des Papstes (28. 6. 767) indessen brach Toto seinen Schwur, ließ Konstantin von einem Haufen Soldaten und anderen Untergebenen zum Papst ausrufen, setzte ihn im Lateran in sein Amt ein und zwang Bischof Georg von Praeneste, ihn zunächst zum Subdiakon und Diakon und daraufhin mit zwei anderen Bischöfen in St. Peter zum Papst zu weihen (5. 7.).

Konstantin setzte umgehend Pippin I. (751 bis 768), den König der Franken und Schirmherrn des Hl. Stuhls, von seiner Wahl in Kenntnis und bat ihn, den Pakt zu erneuern, den er mit den beiden vorherigen Päpsten geschlossen hatte. Als er keine Antwort erhielt, schrieb er im September erneut, wobei er einen wichtigen Brief des neuen Patriarchen von Jerusalem, Theodor, als Vorwand benutzte, der am 12. August eingetroffen war. Aus seinem Schreiben ging hervor, daß er bereits mit Schwierigkeiten zu kämpfen hatte; denn der Klerus hatte sich neu formiert und sein Anführer Christophorus mit dem Herzog von Spoleto und dem Langobardenkönig Desiderius (757–774) Kontakt aufgenommen. Die Langobarden waren froh, die Lage für sich ausnutzen zu können, und mit von ihnen bereitgestellten Truppen führte Christophorus' Sohn Sergius in Rom einen Handstreich durch (30. 7. 768). Bei den Straßenkämpfen kam Toto ums Leben, und Konstantin flüchtete sich in die Kapelle im Lateran, wo er alsbald festgenommen wurde. Die Langobarden versuchten augenblicklich mit dem Presbyter PHILIPP einen eigenen Papst einzusetzen, doch wurde dieser noch am selben Tag aus dem Lateran verstoßen.

Nach der rechtmäßigen Wahl eines neuen Papstes, STEPHAN III. (IV.), wurde Konstantin in seinem Versteck aufgestöbert, schmählich in der ganzen Stadt zur Schau gestellt, auf einer Synode am 6. August seiner Amtsinsignien beraubt und formell abgesetzt. Daraufhin hielt man ihn in einem Kloster gefangen, wo ihm bei einem Überfall die Augen ausgestochen wurden. Schließlich wurde er einer von Stephan III. in den Lateran einberufenen Synode vorgeführt (12./13. 4. 769), die die Angelegenheit zu einem ordentlichen Abschluß bringen sollte. Auf der ersten Sitzung machte er geltend, daß ihm das Amt des Papstes aufgezwungen worden sei, doch dann gestand er demütig seine Schuld ein. Auf der zweiten Sitzung änderte er sein Plädoyer abermals und berief sich auf Präzedenzfälle für die Bischofsweihe von Laien, ja selbst von verheirateten Männern. Dies verärgerte seine Richter so sehr, daß sie ihn unsanft hinausbeförderten. Die Akten seiner Wahl (die von sämtlichen Geistlichen einschließlich Stephans unterzeichnet worden waren) sowie seiner Verwaltungstätigkeit wurden verbrannt, die von ihm vorgenommenen Ordinationen für ungültig erklärt und er selbst zu lebenslänglicher Buße in einem Kloster verurteilt. Damit verschwindet er aus der Geschichte.

Lit.: *LP* 1,468–472; 475 f.; JW 1,283 f.; *MG* Ep 3,649–653; Mansi 12,717–720; Seppelt 2,148–152; Z1 13–25; *DHGE* 13,591–593 (G. Bardy); Bertolini 622–638; *LThK* 3,48 (K. Baus).

Philipp

(Gegenpapst, 31. 7. 768)

Als der Oberste Notar Christophorus und sein Sohn Sergius in der Nacht vom 30. zum 31. 7. 768 mit Hilfe langobardischer Truppen Rom einnahmen und den Usurpator KONSTANTIN gefangensetzten, begab sich der Presbyter Waldipert anscheinend auf Geheiß des Langobardenkönigs Desiderius (757–774) mit einer Schar Römer zum Kloster S. Vito auf dem Esquilin, holte dessen Kaplan, den Priester Philipp, heraus und rief aus: »Der hl. Petrus hat Philipp zum Papst auserwählt.« Daraufhin geleitete er ihn zur Lateranbasilika, wo sich ein Bischof fand, der die vorgeschriebenen Gebete sprach. Waldiperts Absicht war, die verworrene Lage mit der Ernennung eines Papstes, der ein Werkzeug ihres Königs sein würde, zugunsten der Langobarden auszunutzen. Er vermochte es, Philipp im *patriarchium* in sein Amt einzusetzen, wo er vom Papstthron aus seinen Segen erteilte und dem Bankett vorsaß, das ein neugewählter Papst den Honoratioren der Stadt zu geben pflegte. Als Christophorus von den Vorgängen erfuhr, gelobte er öffentlich, keinen Fuß auf römischen Boden setzen zu wollen, solange Philipp im Palast verbleibe. Eine Gruppe seiner Anhänger verstand den Wink, begab sich zum Lateran und geleitete Philipp zurück zu seinem Kloster. Es geschah ihm kein Leid, da man erkannte, daß er lediglich ein unschuldiges Werkzeug Waldiperts und der Langobarden war. Über seinen Werdegang und sein weiteres Schicksal ist nichts bekannt. Fairerweise sollte er weder unter die Päpste noch unter die Gegenpäpste gezählt werden.

Lit.: *LP* 1,470 f.; JW 1,284; Seppelt 2,149 f.; *DCB* 4,357 (J. Barmby); Bertolini 629 f.

Stephan III. (IV.)

(7. 8. 768 – 24. 1. 772)

Der in Rom aufgewachsene Sizilianer diente unter ZACHARIAS und seinen Nachfolgern in der päpstlichen Verwaltung und war Priester von S. Cecilia. Auf Betreiben des mächtigen Obersten Notars Christophorus wurde er als Ersatz für den Usurpator KONSTANTIN zum Papst gewählt. Christophorus hatte vor, in seinem Namen zu regieren, und seine Überlegenheit war so groß, daß der neue Papst hilflos mitansehen mußte, wie er und seine Parteigänger auf barbarische Weise unverzüglich Rache an ihren Gegnern übten, darunter Waldipert, der Agent des Langobardenkönigs Desiderius (757–774).
Sobald er in sein Amt eingeführt war, schickte Stephan eine unter Führung von Christophorus' Sohn Sergius stehende Gesandtschaft an den fränkischen Hof, um seine Wahl bekanntgeben zu lassen, aber auch um die Anwesenheit der in der Hl. Schrift und dem Kirchenrecht bewanderten fränkischen Bischöfe auf einer Synode zu erbitten, die im folgenden Jahr abgehalten werden sollte. Da König Pippin I. gestorben war (24. 9. 768), wurden die päpstlichen Legaten von seinen Söhnen Karl (Karl d. Gr., 768–814) und Karlmann empfangen. Wie Pippin *patricii Romanorum* und Schirmherren des Hl. Stuhls, gaben sie dem Gesuch des Papstes statt. Hauptzweck der Synode, die in Anwesenheit von 13 fränkischen Bischöfen im Lateran zusammentrat (12. 4. 769), war die Wiederherstellung der kirchlichen Ordnung nach der Usurpation des Hl. Stuhls durch Konstantin. Nach einem dramatischen Schuldbekenntnis, daß sie die Bekleidung des Amts durch Konstantin hingenommen habe, verurteilte die Synode ihn zu lebenslänglicher Buße in einem Kloster, verbrannte sein Wahldekret, erklärte seine Amtshandlungen und Ordinationen für ungültig und beschloß, daß einzig Diakone und Geistliche im Kardinalsrang als Papst wählbar seien und dem Laienstand bei der Papstwahl kein Stimmrecht zukomme. Ferner tat die Synode das ikonoklastische Konzil der Ostkirche von Hiereia (754) in den Bann und bestätigte die traditionelle Bilderverehrung.
Während seiner restlichen Amtszeit verhielt sich Stephan angesichts der Intrigen des Desiderius und der von der Königinmutter Bertrada betriebenen neuen fränkischen Politik einer Aussöhnung mit den Langobarden schwankend und unfähig. Desiderius setzte sich über das Vorrecht Roms hinweg, versuchte 770/771 ein Werkzeug seiner Wahl auf den Bischofsstuhl von Ravenna zu bringen (dessen Weihe Stephan ablehnte) und weigerte sich, dem Kirchenstaat die Städte zu übergeben, die er STEPHAN II. für seine Hilfe, ihm den Thron zu sichern, zugesagt hatte. Der Papst zeigte sich noch stärker beunruhigt, als er 770 erfuhr, daß als Folge der neuen fränkischen Außenpolitik zwischen Karl und der Tochter des Desiderius die Ehe vereinbart worden sei. Er

verurteilte diese als teuflisch und als Bruch des feierlichen Pakts zwischen dem fränkischen Königshaus und dem hl. PETRUS, doch die Hochzeit fand statt. In Wirklichkeit hatte Karl gar nicht vor, den Schutz des Hl. Stuhls zu vernachlässigen, und es war fränkischer Druck, der Desiderius veranlaßte, von seiner Einmischung in Ravenna abzulassen und etliche vom Papst beanspruchte Gebiete im Dukat von Benevent abzutreten. Dennoch fühlte Stephan sich im Stich gelassen, und verärgert über die Vorherrschaft seines Obersten Notars Christophorus erzielte er eine Verständigung mit dessen natürlichem Feind Desiderius, der in dem päpstlichen Kämmerer Paul Afiarta einen ruchlosen Verbündeten gefunden hatte. Von den Versprechungen des Königs getäuscht, weitere Territorien an den Kirchenstaat abzutreten, überließ er ihm und Afiarta Christophorus und Sergius, womit er ihrer brutalen Ermordung und der Zerschlagung der fränkischen Partei in Rom Vorschub leistete. Zu seiner Schande behauptete er in einem Brief an Karl und Bertrada, daß sich der Kanzler, dessen Sohn und Dodo, der Gesandte Karlmanns (mit dem sich Karl nicht verstand), gegen sein Leben verschworen hätten und er nur dank der rechtzeitigen Hilfe seines »bewundernswerten Sohnes Desiderius« und des Apostels Petrus seine Haut habe retten können. Das Resultat dieser unklugen Politik war schmachvoll: Desiderius weigerte sich voller Hohn, auch nur einen Zentimeter Boden herauszurücken, Stephan befand sich in einer Lage, wo er dem König und Afiarta ebenso untertan war wie zuvor Christophorus, und die Torheit seiner Politik der Annäherung an die Langobarden wurde bloßgestellt, als Karl, seit 771 Alleinherrscher über die Franken, seine langobardische Gemahlin verstieß und sich so Desiderius zum Todfeind machte.

Lit.: *LP* 1,468–475; 89 f.; JW 1,285–288; *MG*Ep 3,558–567; Mansi 12,680–722; Seppelt 2,150–158; *DCB* 4,735–738 (J. Barmby); *DHGE* 15,1190–93 (A. Dumas); *LThK* 9,1039 (G. Schwaiger); *NCE* 13,695 f. (C. M. Aherne); Bertolini 628–664; Mann 1/2,361–393.

Hadrian I.

(1. 2. 772 – 25. 12. 795)

Hadrian stammte aus einer römischen Adelsfamilie, verwaiste jedoch früh und wurde von seinem einflußreichen Onkel Theodotus erzogen. PAUL I. machte ihn zum Subdiakon und STEPHAN III., dem er nachfolgte, zum Diakon. Der Zeitpunkt seiner Wahl war heikel, da Stephan unvorsichtigerweise mit dem Langobardenkönig Desiderius einen Pakt abgeschlossen hatte, dessen Agent, der Kämmerer Paul Afiarta, Rom beherrschte. Hadrian amnestierte die zahllosen Opfer Afiartas unverzüglich, sandte diesen als Botschafter an Desiderius' Hof und ließ ihn anschließend gefangensetzen. Er wehrte das Bündnisgesuch des Königs ab, indem er darauf beharrte, daß Desiderius zunächst gewisse Gebiete zurückgebe, die er Stephan III. zugesagt hatte. Dem kam Desiderius keineswegs nach, sondern spann Intrigen, um Hadrian und Karl d. Gr. (768–814), seit Dezember 771 Alleinherrscher des Frankenreichs, auseinanderzubringen, besetzte und bedrohte weiterhin Städte, die zum Hl. Stuhl gehörten, und zog im Winter 772/773 gegen Rom selbst. Erst als der Papst ihm die Exkommunikation androhte, trat er den Rückzug an. Unterdessen wandte sich Hadrian heimlich an Karl und appellierte an dessen Hilfsbereitschaft als Schutzherr des Hl. Stuhls.

Da seine diplomatischen Manöver bei Desiderius nichts auszurichten vermochten, zog Karl im Herbst 773 nach Italien, wo er nach einer Belagerung (Sept. 773 – Juni 774) die Langobardenhauptstadt Pavia einnahm. Nach der Zerschlagung des Langobardenreiches konnte er seinem Namen den Titel »König der Langobarden« hinzufügen. An Ostern 774 stattete er Rom überraschend einen Besuch ab und hatte am 6. April in St. Peter eine folgenschwere Begegnung mit dem Papst. Als Hadrian ihn darum ersuchte, die 754 von Pippin I. (751–768) dem Apostel PETRUS und Papst STEPHAN II. gemachten Gebietszusagen wahr zu machen, setzte der König nach dem Vorbild der früheren eine neue Schenkungsurkunde auf, die dem hl. Petrus etwa drei Viertel Italiens vermachte, und unterzeichnete sie. Obwohl Hadrian damit begann, Münzen zu prägen und Dokumente nach dem jeweiligen Jahr seines Pontifikats zu datieren, stellte sich bald heraus, daß die Urkunde weniger einer wirklichen Übertragung der Souveränität gleichkam als vielmehr einer Anerkennung von Gebietsansprüchen. Karl gab ihm die Territorien zurück, die Desiderius versprochen hatte, und fügte bei zwei weiteren Aufenthalten in Rom 781 und 787 unter fast ständigem Druck des Papstes weitere Gebiete hinzu. Hadrian mußte freilich seinerseits bedeutende

Regionen wie die Terracina, Tuscien und Spoleto abtreten, und wenngleich er mit Recht der zweite Gründer des Kirchenstaats genannt wird, so reichte dessen Ausdehnung an seine früheren ehrgeizigen Träume bei weitem nicht heran. Zu seinem Verdruß mußte er ferner feststellen, daß Karl seinen Titel *patricius Romanorum* ernst nahm und als Oberherr des Kirchenstaats nicht zögerte, nach Gutdünken in dessen innere Angelegenheiten, einschließlich der Ravenna betreffenden, einzugreifen. Obwohl er oft Protest einlegte, erwies Hadrian sich doch im allgemeinen als fügsamer Partner und war sogar bereit, die weltliche Politik des Königs mit geistlichen Bannflüchen zu unterstützen, so etwa seine Maßnahmen zur Absetzung Herzog Tassilos III. von Bayern.

Auf dem Gebiet der Kirchenpolitik unterstützte Hadrian die Kampagne Karls zur Reform der fränkischen Kirche, indem er ihm disziplinarrechtliche und liturgische Präzedenzfälle aus der Geschichte der römischen Kirche zur Verfügung stellte. Bedeutsamer war die volle Unterstützung, die er dem 2. Konzil von Nicäa (dem 7. ökumenischen Konzil) vom September 787 gab, auf dem der Bildersturm der Ostkirche verurteilt und die Bilderverehrung wieder in ihre Rechte eingesetzt wurde. Er schickte nicht nur zwei Delegierte, sondern auch eine dogmatische Abhandlung zur Rechtfertigung des angemessenen Gebrauchs von Heiligenbildern, die auf dem Konzil mit Beifall bedacht wurde. Als einziges verlangte er die Rückgabe päpstlicher Ländereien, die Kaiser Leon III. (717–741) konfisziert hatte – eine Forderung, die stillschweigend übergangen wurde –, sowie die Anerkennung Roms als Metropoliten über Illyrien. Karl indessen, der die Aussöhnung des Papstes mit dem byzantinischen Thron nicht willkommen heißen konnte und zum Konzil selbst nicht geladen war, ließ sich, ausgehend von einer fehlerhaften Übersetzung der Akten durch Rom, von seinen Hoftheologen eine detaillierte Zurückweisung der Konzilsbeschlüsse aufsetzen (die *Libri Carolini*). Hadrian besaß den Mut, die Bilderverehrung ihm gegenüber zu verteidigen, und fügte hinzu, daß er Kaiserin Irene (780–802), die Witwe Leons IV., des Chazaren (775–780), sowie ihren Sohn mit dem Bann belegen werde, falls Rom die päpstlichen Ländereien und die Gerichtsbarkeit über Illyrien nicht zurückgegeben würden. Als Karl im Juni 794 seine bedeutende Reichssynode zu Frankfurt abhielt, müssen die beiden päpstlichen Legaten und ihr Herr Erleichterung darüber verspürt haben, daß lediglich ein Lehrsatz des 2. Nicänums verurteilt wurde, und dazu noch auf der Grundlage einer fehlerhaften Übersetzung, nämlich daß Bilder *angebetet* werden dürften. Hadrian hatte die Genugtuung, die Irrlehre des Adoptianismus, die er zuvor verurteilt und dogmatisch zurückgewiesen hatte, von der Synode in Ausdrücken verdammt zu sehen, die seinem eigenen Brief entliehen waren.

Aus den durch Karl gesicherten friedlichen Verhältnissen vermochte Hadrian Nutzen zu ziehen: er ließ nicht nur eine außerordentliche Anzahl römischer Kirchen erbauen, restaurieren und verschönern, sondern auch die Stadtmauern Roms erneuern, die Uferbefestigung des Tiber verstärken und vier große Aquädukte völlig neu konstruieren. Er widmete sich den *diaconiae*, Klosterstiftungen zur Armenhilfe, und entwickelte die *domus cultae* weiter, die von der Kirche betriebenen Landgüter in der Nähe der Stadt, die Einkünfte für Wohltätigkeitszwecke oder Kirchenfonds erwirtschafteten. Eine seiner großen landwirtschaftlichen Kolonien vermochte täglich 100 Arme zu speisen. Andrerseits neigte er dazu, seine eigenen Anverwandten zu begünstigen (etwa seinen Neffen Paschalis, den er zum Obersten Notar beförderte), und säte so die Zwietracht, die seinem Nachfolger Leo III. zur Plage wurde. Trotz gelegentlicher Spannungen, die ihre Beziehung überschatteten, trauerte Karl bei seinem Tod, »als habe er einen Bruder oder ein Kind verloren«, ließ in allen Teilen seines Reiches Seelenmessen für ihn lesen und einen prächtigen Marmorstein mit Gedenkversen voller Liebe und Ehrerbietung nach Rom schicken. Dieses Meisterwerk karolingischer Kunst kann im Portikus von St. Peter besichtigt werden.

Lit.: *LP* 1,486–523; JW 1,289–306; *PL* 96,1167–1244; *MG*Ep 3,567–657; 5,1–57; Seppelt 2,158–184; *DCB* 2,838–842 (J. Barmby); *DHGE* 1,614–619 (M. Jugie); *DBI* 1,312–323 (O. Bertolini); *NCE* 1,144 f. (J. E. Bresnahan); *LThK* 4,1306 (L. Spätling); *DACL* 13,1255–64 (H. Leclercq); Mann 1/2,394–497; E. Caspar, *Das Papsttum unter fränkischer Herrschaft*, Darmstadt 1956, S. 35–113; Bertolini 663–719; 737–739; Brezzi 3–31; R. Krautheimer, *Rome: Profile of a City*, New Jersey 1980, bes. S. 109–114.

Leo III.

Heiliger (26. 12. 795 – 12. 6. 816)

Der aus einer in bescheidenen Verhältnissen lebenden süditalienischen Familie stammende gebürtige Römer diente seit seiner Kindheit in der Kurie und war zum Zeitpunkt seiner Wahl Kardinalpriester in S. Susanna. Er gab seine Wahl unverzüglich dem Frankenkönig und »Patrizier der Römer«, Karl d. Gr. (768–814), bekannt und sandte ihm in Anerkennung seiner Oberhoheit die Schlüssel zum Grab des hl. PETRUS und das Banner der Stadt Rom mit der Bitte, einen Gesandten zu schicken, um den Treueid der Bürgerschaft entgegenzunehmen. In seiner Erwiderung betonte Karl, daß es seine Aufgabe sei, die Kirche zu verteidigen und durch die Verbreitung des Glaubens zu festigen, und die des Papstes, wie Moses für das Reich und den Sieg seiner Heere zu beten.

Obwohl Leos Wahl einmütig erfolgte, riefen sowohl seine Persönlichkeit als auch seine Methoden in den von Kanzler Paschalis, dem Verwandten HADRIANS I., und dem päpstlichen Schatzkämmerer Campulus geführten Adelskreisen Feindseligkeit hervor: Als der Papst in einer Prozession zur Messe ritt (25. 4. 799), griff ihn eine Rotte gewalttätig an und versuchte, allerdings ohne Erfolg, ihm Augen und Zunge herauszuschneiden. Nach einer förmlichen Absetzungszeremonie wurde er in ein Kloster gesperrt. Mit Hilfe von Freunden konnte er jedoch nach Paderborn flüchten, wo Karl, der seine Absetzung eindeutig nicht anerkannte, ihn mit höfischem Zeremoniell empfing. Zugleich traf eine Abordnung der Aufständischen ein und klagte ihn offiziell des Meineids und des Ehebruchs an. Die Situation war heikel, da fränkische Kreise diese Anschuldigungen durchaus für gerechtfertigt hielten. Karls Berater Alkuin (um 735–804) erinnerte den König daran, daß keine Macht auf Erden den Apostolischen Stuhl richten könne. So vertagte der König seine Entscheidung und ließ Leo zurück nach Rom geleiten, wo er am 29. November eintraf. Im Dezember führten fränkische Beauftragte im Lateranpalast eine Untersuchung über das Attentat auf den Papst und die gegen ihn erhobenen Vorwürfe durch. Wenngleich sie letztere für zutreffend hielten, hatten sie doch keinerlei Entscheidungsgewalt und verwiesen die Angelegenheit an den König. In der Zwischenzeit wurden die Verschwörer vorübergehend ins Frankenland geschickt, um den Frieden in der Stadt sicherzustellen.

Karl ließ sich mit der Angelegenheit Zeit. Ende November 800 erreichte er Rom, wo er mit einem Zeremoniell begrüßt wurde, wie es einem Kaiser anstand. Am 1. Dezember hielt er in St. Peter ein Konzil mit Vertretern der fränkischen und römischen Nobilität ab. In seiner Eröffnungsrede erklärte er, daß die Aufgabe des Konzils darin bestehe, die gegen den Papst erhobenen Beschuldigungen zu untersuchen, worauf ihm die Versammlung entgegnete, daß sie nicht über den Papst zu Gericht sitzen wolle. Daraufhin erklärte Leo seine Bereitschaft, sich »dem Beispiel seiner Vorgänger folgend« von »den falschen Vorwürfen zu reinigen«, und schwor auf einer Plenarsitzung am 23. Dezember einen diesbezüglichen Bußeid. Seine Gegner wurden zum Tode verurteilt, doch auf seine Fürsprache hin wurde die Strafe in Verbannung umgewandelt. Zwei Tage später, als zu Beginn der Christmette Karl sich gerade vom Gebet am Grab des hl. Petrus erheben wollte, setzte ihm der Papst eine Kaiserkrone aufs Haupt; die versammelte Menge rief ihn zum Kaiser aus, und Leo huldigte ihm mit einem Kniefall (das erste und letzte Mal, daß ein Papst einem westlichen Kaiser diese Huldigung darbrachte). Entgegen dem Bericht des Chronisten Einhard, die Krönung sei für Karl überraschend und unerwünscht gekommen, deutet alles darauf hin, daß die für die spätere Geschichte folgenschwere Zeremonie vorher sorgfältig abgesprochen war.

Leo, inzwischen voll rehabilitiert, genoß auch weiterhin Karls Vertrauen. So reiste er etwa nach Aachen, um das Weihnachtsfest 804 mit ihm zu verbringen. Als Papst wurde er indessen von der alles überragenden Persönlichkeit des Kaisers in den Schatten gestellt. Karl schenkte den Rechten des Papstes wenig Beachtung und mischte sich trotz wiederholter Beschwerden mittels Agenten in die Angelegenheiten Roms und des Kirchenstaats ein. Als Untertan des Kaisers datierte der Papst die von ihm ausgegebenen Münzen nach Karls Regierungsjahren. Karl übernahm auch die Führung bei der Organisation religiöser Angelegenheiten in seinem Reich. Auf seine Veranlassung erhob Leo 798 Salzburg zum Erzbistum und hielt in Rom eine Synode ab, welche die Verurteilung des Adoptianismus des Felix von Urgel († 818) in Spanien bestätigte. Karl wies Leo nach seinem Sieg über die Awaren an, die Organisation der Kirche in deren Stammesgebieten in die Hand zu nehmen. Desto erstaunlicher war 810 Leos Widerstand gegen Karls Ersuchen, die von der fränkischen Kirche bereits angenommene Klausel »und vom Sohn« (*Filioque*) in den Glaubensartikel über die Ausgießung des Hl. Geistes aufzunehmen; Leo billigte zwar die Doktrin, die hinter dem vorgeschlagenen Zusatz stand, sprach sich aber gegen Änderungen des Glaubensbekenntnisses aus.

Leo hielt die Beziehungen zur englischen Kirche aufrecht; er verhalf König Eardulf von Northumbrien († 810) wieder zu seinem Thron, entzog dem Bischof von Lichfield das Pallium und schlichtete etliche Streitigkeiten zwischen den Erzbischöfen von Canterbury und York. Nach dem Tod Karls (28. 1. 814) vermochte er unabhängiger zu handeln, und als eine weitere Verschwörung zu seiner Absetzung und Ermordung entdeckt wurde, führte er persönlich gegen die Beteiligten ein Verfahren wegen Hochverrats durch (was Karl niemals erlaubt hätte) und verurteilte gnadenlos Hunderte zum Tod (815). Sein Vorgehen bestürzte den Hof zu Aachen, doch Leo konnte die Franken mit Erklärungen zufriedenstellen.

Leo erwies sich als äußerst leistungsfähiger Verwalter der päpstlichen Patrimonien, setzte sich mit Erfolg dafür ein, das Wohlfahrtssystem der Kirche auszubauen, und führte die Politik Hadrians I. zur Wiederherstellung des christlichen Rom fort, indem er verschwenderisch Kirchen bauen, restaurieren und ausschmücken ließ. Eine seiner bemerkenswertesten Taten war der Bau des neuen Lateransaals (*triclinium*), der von da an für Bankette, Empfänge, Synoden und Gerichtsprozesse benützt wurde. Die beiden großen Mosaiken betonen sein Ideal einer Zusammenarbeit zwischen Papst und Kaiser: das eine zeigt Christus selbst, wie er SILVESTER I. und Konstantin d. Gr. einsetzt, das andere stellt den Apostel PETRUS dar, wie er dem knienden Leo das Pallium und dem gleichfalls knienden Karl ein königliches Banner übergibt. Obwohl ein harter Papst, der viel Uneinigkeit schuf, wurde Leo doch 1673 in den Heiligenkalender aufgenommen, und zwar, wiewohl die Quellen nur eine versuchte Blendung und Verstümmelung erwähnen, aufgrund der angeblich wunderbaren Heilung seiner Augen und seiner Zunge. Festtag (inzwischen aufgehoben): 12. Juni.

Lit.: JW 1,307–316; *LP* 2,1–48; *PL* 102,1023–72; *MG*Ep 5,58–68; 85–104; E. Caspar, »Das Papsttum unter fränkischer Herrschaft«, in: *ZKG* 54 (1935) S. 214–264; Z 126–36; R. Baker, »The Oath of Purgation of Pope Leo III in 800«, in: *Traditio* 8 (1952) S. 35–80; L. Wallach, »The Roman Synod of December 800 and the Alleged Trial of Leo III«, in: *HTR* 49 (1965) S. 123–142; W. Mohr, »Karl d. Gr., Leo III. und der römische Aufstand von 799«, in: *BullCang* 30 (1960) S. 39–98; *DTC* 9,304–312 (É. Amann); *BSS* 7,1283–88 (P. Rabikauskas); *NCE* 8,640 (R. E. Sullivan); Mann 2,1–110; Seppelt 2,184–200.

Stephan IV. (V.)

(22. 6. 816 – 24. 1. 817)

Der adlige Römer wurde von Kindheit an unter HADRIAN I. im Lateran aufgezogen. Er wurde Nachfolger LEOS III., der ihn zum Subdiakon und Diakon geweiht hatte. Versöhnlich und allgemein beliebt, wurde er vermutlich deshalb gewählt, um die von seinem Vorgänger hervorgerufene Uneinigkeit zu überwinden. Es handelte sich zugleich um die erste Papstwahl seit Gründung des Karolingerreiches; die Rolle, die der fränkische Kaiser bei der Wahl und in bezug auf den Kirchenstaat spielte, war noch nicht festgelegt.

Stephan ließ das Volk von Rom einen Treueid auf Karls Nachfolger Ludwig den Frommen (814–840) schwören, an den er zur Bekanntgabe und Schilderung seiner Wahl eine Abordnung sandte; diese suchte zugleich um eine persönliche Begegnung nach. Das Treffen fand im Oktober 816 in Reims statt, wo der Papst mit ausgesuchtem Zeremoniell begrüßt wurde. Bei einer Festmesse im Dom salbte und krönte er Ludwig und dessen Gemahlin Irmengard mit der angeblichen »Konstantinskrone«, die er zu diesem Zweck aus Rom mitgebracht hatte – die erste Salbung eines Kaisers durch einen Papst. Ludwig, der bereits 813 zum Mitkaiser gekrönt worden war, muß die Zeremonie als geistliche Stärkung seiner königlichen Stellung empfunden haben, doch war sie auch historisch bedeutsam als Hinweis darauf, daß die Mitwirkung des Papstes zur vollen Ausübung der kaiserlichen Macht erforderlich war. Die beiden hielten tägliche Besprechungen ab, über deren Gegenstand sich nur spekulieren läßt. Es steht jedoch fest, daß der Kaiser den langjährigen Freundschafts- und Schutzvertrag zwischen der fränkischen Krone und dem Hl. Stuhl in aller Form erneuerte. Weiter muß auch die Garantie der Autonomie des

Kirchenstaats und freier Papstwahlen, die später in dem Stephans Nachfolger PASCHALIS I. von Ludwig gewährten »Privileg« enthalten war, in Reims ausgearbeitet worden sein. Ein für den Frieden in Rom wichtiges Zugeständnis, das Stephan zu erlangen vermochte, war die Begnadigung der adligen Verschwörer, die Karl d. Gr. 800 wegen ihrer Teilnahme am Aufstand gegen Leo III. nach Gallien verbannt hatte.
Als Stephan zusammen mit den amnestierten Adligen nach Rom aufbrach, überschüttete ihn Ludwig mit reichen Geschenken und machte ihm eine königliche Villa bei Troyes zum Geschenk. Drei Monate nach seiner Ankunft in Rom starb der Papst.

Lit.: *LP* 2,49–51; JW 1,316–318; *MG*SS 2,466–516; 585–548; Seppelt 2,201–203; *DHGE* 15,1193 f. (A. Dumas); *NCE* 13,696 (J. E. Bresnahan); *LThK* 9,1039 f. (G. Schwaiger); Mann 2,111–121.

Paschalis I.

Heiliger (24. 1. 817 – 11. 2. 824)

In Rom geboren und in der Lateranschule erzogen, wurde Paschalis von LEO III. zum Priester geweiht. Nach langjährigem Dienst in der päpstlichen Verwaltung war er bei seiner Wahl zum Papst Abt des Klosters S. Stefano in der Nähe von St. Peter. Er wurde in außerordentlicher Eile gleich am Tag nach seiner Wahl geweiht – ein Umstand, der die Sorge Roms vor einer Einmischung des zum neuen Schutzherrn des Hl. Stuhls aufgestiegenen Heiligen Römischen Kaisers widerspiegelt. Doch Paschalis beeilte sich, Ludwig I. den Frommen (814–840) von seiner Einsetzung zu verständigen, und betonte, daß er das Amt nicht angestrebt habe; es sei ihm vielmehr aufgezwungen worden. Wenig später ging Ludwig auf sein Ersuchen ein, die alte Freundschaft Roms mit der fränkischen Krone zu erneuern, und erließ ein Statut (das *Pactum Ludovicianum*), dessen Bestimmungen er mit STEPHAN IV. ausgehandelt hatte. Hierin bekräftigte er die Besitzrechte des Papstes im Kirchenstaat und in den außerhalb liegenden Patrimonien, verpflichtete sich – im Gegensatz zu Karl d. Gr. – dazu, sich nicht unaufgefordert in die päpstlichen Domänen einzumischen, es sei denn, Forderungen der Unterdrückten drängten ihn dazu, und garantierte freie Papstwahlen. Er forderte als einziges, daß ein neuer Papst nach seiner Weihe den Kaiser benachrichtigen und den Freundschaftsvertrag erneuern solle.
Die von diesen Zugeständnissen vorausgesetzten, harmonischen Beziehungen überdauerten fast die ganze Amtszeit des Paschalis. Päpstliche Legaten suchten häufig den Hof und kaiserliche Gesandte Rom auf. Als Ludwig Erzbischof Ebbo von Reims (um 775–851), der die Dänen christianisieren sollte, 822 nach Rom schickte, erteilte ihm Paschalis nicht nur zusammen mit Halitgar von Cambrai († 830) den entsprechenden Auftrag, sondern ernannte ihn zum päpstlichen Legaten für die Gebiete des Nordens. Als Ludwigs Sohn Lothar, der 817 zum Mitkaiser gekrönt worden war, 823 nach Italien kam, lud Paschalis ihn nach Rom ein und salbte ihn – zweifellos nicht ohne Ludwigs Zustimmung – am Ostersonntag feierlich; er überreichte ihm zugleich zum erstenmal ein Schwert als Symbol der weltlichen Macht, die zur Überwindung des Bösen vonnöten sei. Von da an wurden das Recht des Papstes, den Kaiser zu krönen, und das Recht der Stadt Rom, Krönungsstätte zu sein, immer mehr anerkannt. Bei seinem Aufenthalt in Rom scheint Lothar indes beschlossen zu haben, daß striktere Kontrolle über den Kirchenstaat angebracht sei, als im Statut Ludwigs vorgesehen war. In Ausübung seiner königlichen Rechte hielt er Gericht ab und befreite die Abtei Farfa (40 km nördl. von Rom) von Tributzahlungen, die der Hl. Stuhl reklamierte. Sein energisches Vorgehen entfachte in Rom antifränkische Ressentiments; gleichzeitig aber gingen hochgestellte Gegner der eigenmächtigen Herrschaft des Paschalis den jungen Monarchen um Hilfe gegen die Klerikalenpartei an. Nach Lothars Abreise wurden zwei führende Mitglieder der profränkischen Partei, der Oberste Notar Theodor und der Nomenklator Leo, wegen ihrer Loyalität ihm gegenüber geblendet und anschließend im Lateran enthauptet; die Täter gehörten dem päpstlichen Haushalt an, und Gerüchten zufolge hatte Paschalis selbst seine Hand im Spiel. Obwohl der Papst Aachen ein Dementi schickte, beorderte der Kaiser eine Untersuchungskommission nach Rom. Paschalis hielt es für klug, vor einer Synode von 34 Bischöfen einen Reinigungseid abzulegen, wie vor ihm Leo III. Allerdings fügte er hinzu, daß die Ermordeten rechtmäßig als Verräter hingerichtet worden seien.
In die Regierungszeit dieses Papstes fiel die Wiederbelebung des Bildersturms durch Kaiser

Leon V. (813–820) in der Ostkirche, und Theodoros Studites (759–826), der führende Verteidiger der Bilderverehrung, wandte sich an ihn um Hilfe. Paschalis scheint beim Kaiser Protest eingelegt zu haben, allerdings ohne Erfolg. Immerhin konnte er griechischen Mönchen, die der Verfolgung entkamen, Gastfreundschaft bieten. Er war außerordentlich aktiv als Erbauer und Verschönerer römischer Kirchen. Zu den unter ihm erbauten Kirchen zählten S. Prassede auf dem Esquilin, S. Maria in Domenica (oder della Navicella) auf dem Caelius und S. Cecilia in Trastevere; alle drei enthalten herrliche Mosaiken mit lebensgroßen Porträts des Papstes. Der Stil seiner Arbeiten deutet auf eine bewußte Erneuerung Roms und seiner Denkmäler im Geist der Kunst und Ideale der Epoche Konstantins d. Gr. hin.

Offensichtlich schuf sich Paschalis mit seiner eigenwilligen und strengen Regierung viele Feinde und war in Rom weithin verhaßt. Als er starb, verhinderte ein Volksaufruhr seine beabsichtigte Beisetzung in St. Peter. Sein Leichnam blieb unbestattet, bis sich sein Nachfolger das Amt gesichert hatte und dafür sorgte, daß er in S. Prassede beigesetzt wurde. Sein Name wurde Ende des 16. Jh.s von dem Geschichtsschreiber C. Baronius in den Heiligenkalender aufgenommen, sein Festtag (14. 5.) wurde jedoch 1963 abgeschafft.

Lit.: JW 1,318–320; *LP* 2,52–68; *MG* Ep 5(1),68–71; 528; 605; *MG* Cap 1,352–355, *PL* 106,405–428; O. Bertolini, »Osservazioni sulla *Constitutio Romana* ... dell' 824«, in: *Studi medievali in onore di A. de Stefano*, Palermo 1956, S. 43–78; Seppelt 2,203–206; Mann 2,122–155; *DTC* 11,2054–57 (É. Amann); *LThK* 8,128 (G. Schwaiger); *BSS* 10,353–356 (P. Rabikauskas); Brezzi 43–61; R. Krautheimer, *Rome: Profile of a City 312–1308*, Princeton 1980, S. 109–134.

Eugen II.

(5.(?) 1. 824 – 27.(?) 8. 827)

Auf den Tod PASCHALIS' I. folgten monatelange Unruhen, da Adel und geistliche Bürokratie konkurrierende Kandidaten aufstellten. Nach ausgedehnten Debatten setzte der Mönch Wala (um 755–836), der vertraute Berater Kaiser Ludwigs I. des Frommen (814–840) und seines Sohnes Lothar I. (840–855), die Wahl eines von ihm und dem Adel bevorzugten Kandidaten durch, des Erzpresbyters von S. Sabina auf dem Aventin, Eugen. Dieser verständigte nicht nur umgehend den fränkischen Hof von seiner Wahl, sondern ging weiter als seine Vorgänger, indem er die Souveränität des Kaisers über den Kirchenstaat anerkannte und ihm gegenüber ein Treuegelöbnis ablegte.

Ende August 824 sandte Ludwig seinen Sohn Lothar nach Rom, um nach den Unruhen des vorhergehenden Pontifikats die Ordnung wiederherzustellen und zwischen Kaiserreich und Kirchenstaat eine verfassungsmäßige Beziehung zu begründen, die willkürliche Exzesse wie unter Paschalis ausschlösse. In Zusammenarbeit mit dem Papst stellte dieser die angemessene Versorgung von Witwen und Waisen der unter Paschalis ermordeten Personen sicher und ordnete die Rückkehr von Exilierten an. Weitreichender war seine *Constitutio Romana*, die er, wiederum mit Eugens Zustimmung, am 11. November 824 erließ – ein Datum, das den Höhepunkt der fränkischen Kontrolle über das Papsttum bezeichnet. Das Rechtswerk gewährte erstens allen Personen unter kaiserlicher oder päpstlicher Herrschaft Schutz; zweitens sah es vor, daß sich die Bürger nach römischem, fränkischem oder langobardischem Recht richten lassen durften. Drittens rief das Gesetz, um die päpstliche Verwaltung in Rom fest unter Kontrolle zu haben, eine Überwachungskommission ins Leben, die aus je einem Vertreter des Kaisers und des Papstes bestand und ersterem jährlich Bericht erstatten sollte. Schließlich stellte sie die althergebrachte Tradition der Papstwahl durch Klerus und Volk von Rom wieder her, die man seit STEPHANS III. Synode von 769 ausgesetzt hatte, schrieb jedoch vor, daß der designierte Papst vor seiner Weihe vor dem kaiserlichen Gesandten ein Treuegelöbnis auf den Kaiser ablegen sollte. Die Souveränität des Kaisers über den Kirchenstaat wurde durch den Gefolgschaftsschwur, den sämtliche Bürger zu leisten hatten, noch betont.

Im November 826 hielt Eugen im Lateran eine bedeutende Synode ab, auf der diese Wahlprozedur ratifiziert wurde. Aber wenn er auch dem Hof in weltlichen Angelegenheiten Respekt zu bezeugen hatte, machte der Papst auf geistlichem Gebiet ein Maß an Unabhängigkeit geltend, das seinen Vorgängern unter Karl d. Gr. (768–814) mangelte. So übernahm die Synode zwar die fränkische Gesetzgebung für Eigenkirchen (d. h. Kirchen mit einem weltlichen oder geistlichen Eigentümer, der Kontrolle über sie beanspruchte), doch erließ sie zugleich eine Reihe von Kanones zur Reform des Disziplinarrechts (über Simonie, die Qualifikationen und Pflichten von Bischöfen, die Ausbildung von Geistlichen, Ordensregeln, Heilighaltung des Sonntags, Ehe usw.), die auf die fränkische Kirche ausgedehnt wurden. Und als Ludwig 824 eine Abordnung nach Rom sandte, die den Papst dazu überreden sollte, in der Frage der Heiligenbilder einen Kompromiß zu akzeptieren, bestand Eugen unerschütterlich darauf, daß der Streit durch das 2. Konzil von Nicäa (787) zugunsten der Bilderverehrung entschieden worden sei. Unter Kaiser Leon V. (813–820) war in Konstantinopel erneut der Bildersturm aufgeflammt, und sein Nachfolger Michael II. (820–829), der die Frage mit Zurückhaltung anging, hatte Ludwigs Hilfe dafür gewonnen, an Rom heranzutreten, wohl wissend, daß die fränkische Position Bilder zwar für statthaft hielt, sie aber nicht angebetet werden dürften. Ludwig berief mit Eugens Billigung eine Kommission fränkischer Theologen nach Paris (1. 11. 825), welche die Fragen untersuchen sollte; diese setzte auch richtig einen Bericht auf, in dem das 2. Konzil von Nicäa verworfen und der Papst gerügt wurde, weil er Irrtum und Aberglauben schütze. Eugen freilich ließ sich dadurch nicht zum Einlenken bewegen. Bezeichnenderweise setzte ihn Ludwig nicht unter Druck, sondern überließ ihm die letzte Entscheidung.

Unterdessen hatte Eugen mit Theodoros Studites (759–826) korrespondiert, dem geistlichen Führer der Bilderverehrer im Osten, der sich sehr auf Roms Unterstützung verließ. Auch hatte er Flüchtlinge aufgenommen, die aufgrund des Bilderverbots geflohen waren. Eugen war zudem an der Christianisierung der Heiden interessiert; 826 stellte er das Missionswerk Ansgars (801–865), des »Apostels des Nordens«, und seiner Gefährten in Dänemark der gesamten katholischen Kirche als Vorbild hin.

Lit.: JW 1,320–322; *LP* 2,69 f.; *MG* Cap 1,322–324; O. Bertolini, »Osservazioni sulla *Constitutio Romana* ... dell' 824«, in: *Studi medievali in onore di A. de Stefano*, Palermo 1956, S. 43–78; *DHGE* 15,1347 f. (A. Dumas); *LThK* 3,1171 f. (G. Schwaiger); *NCE* 5,625 (H. G. J. Beck); Brezzi 46–48; Mann 2,156–182; Seppelt 2,208–214.

Valentin

(Aug. – Sept. 827)

Der aus einer Familie der Oberschicht stammende Römer, Sohn des Leontius von der Via Lata, trat früh in den Dienst der Kirche, wurde von PASCHALIS I. ordiniert und in den Papstpalast gebracht und schließlich zum Erzdiakon geweiht. Beim Tod EUGENS II. wurde er von Klerus, Adel und Volk von Rom einmütig zum Papst gewählt. Die Teilnahme des Laienstandes an der Wahl beweist, daß die von Kaiser Lothar I. (840–855) verkündete und von Eugen II. ratifizierte *Constitutio Romana* von 824 strikt befolgt wurde. Valentin wurde ordnungsgemäß geweiht, doch starb er laut *LP* bereits 40 Tage später; die dem Biographen und Ratgeber Karls d. Gr., Einhard (um 770–840), zugeschriebenen *Annales* veranschlagen seine Regierungszeit auf weniger als einen Monat. Seine Frömmigkeit und andere Tugenden lobt *LP* auf herkömmliche Weise, doch finden sich keine Berichte über Amtshandlungen.

Lit.: *LP* 2,71 f.; JW 1,322 f.; *DTC* 15,2497 (É. Amann).

Gregor IV.

(Ende 827 – 25. 1. 844)

Der aus einer römischen Adelsfamilie stammende Kardinalpresbyter von S. Marco verdankte seine Wahl den Stimmen der adligen Laienschaft. In Übereinstimmung mit der *Constitutio Romana* Lothars I. (824) wurde seine Weihe auf den 29. März 828 verschoben, bis ein kaiserlicher Gesandter seine Wahl gebilligt und er selbst die Treue geschworen hatte. Die Abhängigkeit des Kirchenstaats vom Heiligen Römischen Kaiser blieb bis in die ersten Jahre seiner Amtszeit hinein wirksam; als ein in Rom tagendes kaiserliches Gericht zugunsten der Abtei von Farfa, die Lothar während der Regierungszeit von PASCHALIS I. von Tributzahlungen an den Hl. Stuhl befreit hatte, gegen die römische Kirche entschied, scheint der fränkische Hof die vom Papst eingelegte Berufung verworfen zu haben.

Die Abhängigkeit lockerte sich erst mit den dynastischen Auseinandersetzungen zwischen Kaiser Ludwig I. dem Frommen (814–840) und seinen Söhnen Lothar I. (840–855), Pippin († 838) und Ludwig dem Deutschen († 876). Als sich die drei Söhne gegen ihren Vater empörten, unterstützte Gregor Lothar und begleitete ihn über die Alpen ins Frankenreich in der Hoffnung, sein Vermittlungsdienst werde als Versuch zur Beförderung des Friedens verstanden. Doch der Großteil der fränkischen Bischöfe war über seine Parteinahme empört, mahnte ihn an seine Ludwig gelobte Lehnstreue und drohte ihm die Exkommunikation an, falls er bei seiner Illoyalität bleibe. Zunächst war Gregor schockiert, doch ermutigt von führenden Kirchenmännern wie Agobard von Lyon (769–840) und Wala von Corbie (um 755–836), rügte er seine Kritiker heftig; er bestand darauf, daß dem Nachfolger des hl. PETRUS die höchste Amtsautorität zukomme, daß seine Sorge dem Frieden und der Einheit des Reiches gelte und daß das Papsttum, dem die Sorge über das Seelenheil des Menschen anvertraut sei, der kaiserlichen Gewalt übergeordnet sei. Als sich die feindlichen Heere im Sommer 833 auf dem Rotfeld in der Nähe von Colmar gegenüberstanden, überredeten ihn die Brüder, sich zu Verhandlungen in Ludwigs Lager zu begeben, doch als er mit einem anscheinend vernünftigen Aussöhnungsvorschlag zurückkehrte, stellte sich heraus, daß er von Lothar hintergangen worden war. Am Abend der Rückkehr des Papstes fiel die Mehrzahl der Kaisertreuen von Ludwig ab, am 30. Juni mußte er bedingungslos kapitulieren und wurde unter demütigenden Umständen abgesetzt. Gregor, der bitter bereute, sich eingeschaltet zu haben, reiste vom »Lügenfeld« nach Rom zurück. Im März 834 wurde Ludwig wieder als Kaiser eingesetzt, und 837 nahm er erneut Beziehungen zum Papst auf, angeblich wegen einer Wallfahrt nach Rom, in Wirklichkeit aber, um Gregor und Lothar zu entzweien. Gregor war über die Ankündigung der Pilgerreise erfreut und sandte Ludwig eine Abordnung, die indes von Lothar bei Bologna aufgehalten wurde. Es gelangt ihm jedoch, einen Brief durchzuschmuggeln. Nach Ludwigs Tod (20. 6. 840) unternahm Gregor schüchterne und erfolglose Versuche, in dem blutigen Konflikt zu vermitteln, der zwischen den drei Söhnen entbrannte.

Von diesen wirkungslosen politischen Manövern abgesehen, ist über Gregors Pontifikat wenig bekannt. Die Sarazenen, die seit 827 auf Sizilien Fuß gefaßt hatten, stellten mittlerweile eine ständige Bedrohung des italienischen Festlands dar. Um dieser zu begegnen, ließ Gregor bei Ostia eine mächtige Festung namens Gregoriopolis erbauen. 831/832 empfing er Ansgar, der seit 826 Missionar in Dänemark und kurz zuvor zum Bischof von Hamburg geweiht worden war, übertrug ihm das Pallium und ernannte ihn zum päpstlichen Legaten in Skandinavien und den slawischen Missionsgebieten. 831 empfing er auch den Liturgiker Amalarius von Metz (um 780 – um 850) und teilte ihm einen Erzdiakon zu, der ihn in den liturgischen Bräuchen Roms unterweisen sollte. Vier Jahre später ließ Ludwig I. auf Vorschlag Gregors das Kirchenfest Allerheiligen in allen Teilen seines Herrschaftsgebiets feiern. In Rom selbst verwendete der Papst großzügige Summen auf den Bau und die Ausschmückung von Kirchen; sein von ihm selbst in Auftrag gegebenes Mosaikporträt ist in der Apsis von S. Marco zu sehen. Zu seinen weiteren Leistungen zählt der Wiederaufbau eines mit dem Janiculum verbundenen, verfallenen Aquädukts, der nicht nur Haushalte, sondern auch Mühlen mit Wasser versorgte.

Lit.: *LP* 2,73–85; 3,122 f.; JW 1,323–327; *MG* Ep 5,228–232; Mann 2,187–231; *EC* 6,1128 (L. Spätling); *PRE* 7,92 f. (H. Böhmer); *NCE* 6,771 (H. G. J. Beck); Brezzi 49 f.; Seppelt 2,214–221.

Johannes

(Gegenpapst, Jan. 844)

Beim Tod GREGORS IV. (25. 1. 844) rief das Volk von Rom nach gewalttätigen Demonstrationen einen Diakon namens Johannes zu seinem Nachfolger aus und besetzte den Lateranpalast, wo er auf den Thron gesetzt wurde. Der Laienadel wählte jedoch den greisen, adlig geborenen Erzpresbyter SERGIUS zum Papst, warf Johannes aus dem Lateran und zerschlug bald darauf die Opposition. Sergius wurde in aller Eile geweiht, ohne die kaiserliche Genehmigung abzuwarten. Obwohl einige seiner Anhänger Johannes für die Anmaßung, die er in ihren Augen begangen hatte, hinrichten lassen wollten, schonte Sergius sein Leben und ließ ihn statt dessen in ein Kloster sperren. Sonst ist über ihn nichts bekannt.

Lit.: *LP* 2,86 f.; JW 1,327; *LThK* 5,988 (G. Schwaiger); *EC* 6,582 (P. Brezzi).

Sergius II.

(Jan. 844 – 27. 1. 847)

Der römische Adlige wurde von LEO III. zum Akoluthen, von STEPHAN IV. (V.) – einem engen Verwandten – zum Subdiakon, von PASCHALIS I. zum Priester und von GREGOR IV. zum Erzpresbyter ernannt. Nach Gregors Tod rief die Bevölkerung Roms den Diakon JOHANNES zum Papst aus, besetzte den Lateranpalast und erhob ihn dort auf den Thron. Der Adel hingegen trat in der Basilika S. Martino zusammen und wählte mit dem greisen, gichtgeplagten Sergius einen Angehörigen der eigenen Klasse zum Papst. Die Opposition wurde rasch zerschlagen; auf Sergius' Bitte wurde Johannes vor dem Tod bewahrt. Aufgrund der gespannten Lage, aber auch als Geste zur Bekräftigung der Unabhängigkeit wurde der Papst in aller Eile geweiht, ohne die Genehmigung des fränkischen Hofs abzuwarten.

Kaiser Lothar I. (840–855) reagierte verärgert auf diese Verletzung der *Constitutio Romana* von 824. Im Juni marschierte sein Sohn Ludwig, der kurz zuvor in Pavia als Vizekönig von Italien inthronisiert worden war, zusammen mit seinem Mentor, dem fränkischen Kirchenführer Erzbischof Drogo von Metz (801–855), zur Durchführung einer Strafexpedition an der Spitze eines Heers gen Süden. Um das Mißfallen des Kaisers zu bekunden, ließ er die Gebiete des Kirchenstaates, die er passierte, gnadenlos plündern. Obwohl Sergius die erhitzten Gemüter beschwichtigte, indem er Ludwig mit zeremoniellem Respekt empfing, mußte er sich einer intensiven und langwierigen Prüfung seines Titels durch eine in St. Peter tagende Synode aussetzen, an der etwa 20 italienische Bischöfe teilnahmen. Schließlich wurde seine Wahl bestätigt. Als Gegenleistung mußte er mit den Bürgern Roms Lothar einen Treueid leisten und anerkennen, daß der designierte Papst nur auf kaiserlichen Befehl und in Gegenwart des kaiserlichen Gesandten geweiht werden dürfe. Daraufhin krönte Sergius (15. 6. 844) den jungen Ludwig zum König der Langobarden, salbte ihn und gürtete ihn mit einem Schwert. Wenngleich er es ablehnte, auch ihm die Treue zu schwören (was die Zugehörigkeit des Kirchenstaats zu seinem Königreich beinhaltet hätte), fühlte er sich doch verpflichtet, Lothar damit zufriedenzustellen, daß er Drogo zum Apostolischen Vikar für die Länder nördlich der Alpen bestellte. Allerdings gab er Drogos Vorschlag nicht statt, die Kirchenmänner Ebbo und Bartholomäus zu rehabilitieren, die 835 als Erzbischöfe von Reims und Narbonne abgesetzt worden waren, da sie sich an der Demütigung Ludwigs I. des Frommen (814 bis 840) beteiligt hatten.

Die Verwaltungstätigkeit des Sergius zog scharfe Kritik auf sich. Der ehrgeizige Bauherr, der S. Giovanni in Laterano und den Marcianischen Aquädukt restaurieren ließ, wandte fragwürdige Methoden an, wenn es darum ging, die notwendigen Gelder aufzutreiben. Infolge seines Alters und seiner Gebrechlichkeit ließ er sich von seinem skrupellosen, machtgierigen Bruder Benedikt beherrschen, den er zum Bischof von Albano machte und der sich mittels Bestechung die Anstellung als kaiserlicher Gesandter in Rom verschaffte. Unter ihnen gedieh die Simonie; Bischofsstühle und andere Kirchenämter wurden demjenigen zugeschlagen, der das höchste Angebot machte. Die inneren Unruhen wurden noch verschärft, als im August 846, trotz rechtzeitiger Warnungen, moslemische Piraten an der Tibermündung landeten, Porto und Ostia mit seiner Festung Gregoriopolis, deren Garnison floh, stürmten und St. Peter und S. Paolo (beide außerhalb der Aurelischen Mauer gelegen) plünderten und aller ihrer Schätze beraubten. Die Zeitgenossen waren überzeugt, daß die Katastrophe von der Vorsehung verhängt worden war als Strafe für die in Rom herrschenden Mißstände. Sergius selbst starb plötzlich, als er in einem Konflikt zwischen den Patriarchen Venerius von Grado und Andreas von Aquileia zu vermitteln suchte.

Lit.: *LP* 2,86–105; JW 1,327–329; *NCE* 13,112 (C. M. Aherne); *DTC* 14,1916–18 (É. Amann); *EC* 11,385 f. (G. Fasoli); Seppelt 2,221–225; Mann 2,232–257; Brezzi 50–52.

Leo IV.

Heiliger (10. 4. 847 – 17. 7. 855)

Der zum Benediktinermönch erzogene, gebürtige Römer, als Sohn des Radoald vermutlich langobardischer Herkunft, wurde von GREGOR IV. zum Subdiakon in der Kurie und von SERGIUS II. zum Kardinalpriester von SS. Quattro Coronati ernannt. Am Todestag von Sergius wurde er einmütig zum Papst gewählt und sechs Wochen später geweiht, ohne die seit der *Constitutio Romana* von 824 erforderliche Zustimmung

des Kaisers abzuwarten. Die vorgebrachte Entschuldigung lautete, daß die von den jüngsten Überfällen der Sarazenen ausgelöste Krise einen Aufschub praktisch unmöglich machte; indes mußte die Kirche zusichern, das Verfahren in Zukunft ordnungsgemäß durchzuführen.
Die dringendste Aufgabe für Leo war die Verteidigung Roms gegen die Sarazenen und die Beseitigung des Schadens, den diese 846 angerichtet hatten. Mit außergewöhnlicher Tatkraft ließ er die Stadtmauern befestigen und in Ausführung vorliegender Pläne LEOS III. sowie mit finanzieller Unterstützung durch Kaiser Lothar I. (840–855) auf dem rechten Ufer des Tiber neue Wälle errichten. Damit war die Peterskirche, die bis dahin feindlichen Angriffen ausgesetzt gewesen war, in die römischen Verteidigungsanlagen einbezogen und die *Urbs Leonina* geschaffen. Am 27. Juni 852 wurden die neuen Befestigungen feierlich übergeben. 849 organisierte Leo die Flotten Neapels, Amalfis und Gaetas und schlug die Mohammedaner in einem entscheidenden Seegefecht vor Ostia. 854 ließ er das von den Angreifern zerstörte Centumcellae auf sichererem Gelände wiederaufbauen und nannte es Leopolis (heute: Civitavecchia). In Porto siedelte er korsische Flüchtlinge als Verteidigungstruppe an.
Diese und ähnliche Erfolge mehrten zwangsläufig Leos Ansehen, und die päpstliche Autorität wurde während seiner Regierungszeit mit beachtlichem Nachdruck wiederhergestellt. Nach außen schien sich Leo den fränkischen Kaisern zu beugen, indem er oftmals ihre Zustimmung zur Bestellung von Bischöfen oder zu anderen alltäglichen Verwaltungsakten suchte. Da Lothar mehr und mehr anderweitig in Anspruch genommen war, hatte es Leo vor allem mit seinem Sohn Ludwig II. (alleiniger Kaiser 855–875) zu tun, den er Ostern 850 in Rom krönte und salbte, und dessen persönlicher Gesandter in der Papststadt residierte. Die Beziehungen zwischen Papst und Kaiser waren häufig gespannt, etwa als Leo drei kaiserliche Bevollmächtigte wegen Mordes an einem seiner Legaten hinrichten ließ oder Ludwig der Kurie nahestehende Kreise nicht ohne Grund verräterischer Gesinnung verdächtigte. Leos gebieterischer Regierungsstil zeigte sich in der Verurteilung einflußreicher Prälaten wie Erzbischof Hinkmar von Reims (845–882) und Erzbischof Johannes von Ravenna (850–861), in der Exkommunizierung von ANASTASIUS, dem von Ludwig begünstigten Kardinalpriester von S. Marcello (der bald darauf Gegenpapst werden sollte), in seinem Vorgehen gegen den Bretonenherzog Nomenoë im Namen der bretonischen Bischöfe sowie in seinem hartnäckigen Widerstand gegen das Ersuchen Lothars, Hinkmar zum Apostolischen Vikar zu ernennen und dem Bischof von Autun das Pallium zu verleihen. Einen Höhepunkt in der Durchsetzung des römischen Machtanspruchs bildete im April 853 die Annullierung der Synode von Soissons, welche die von Ebbo, dem zunächst abgesetzten, zeitweilig (840/841) jedoch wiedereingesetzten Bischof von Reims, vorgenommenen Ordinationen für ungültig erklärt hatte; Leo verlangte zugleich ein neues Konzil, dem päpstliche Legaten vorsitzen sollten. Konstantinopel gegenüber schlug er einen herrischen Ton an; so tadelte er den Patriarchen Ignatius, weil er Rom nicht konsultiert hatte, als er den Bischof von Syrakus (Sizilien) absetzte. Statt das Urteil wie gewünscht schlicht zu bestätigen, ließ Leo beide Parteien nach Rom kommen.
Leo verteidigte nicht nur heftig die päpstlichen Rechte, sondern stellte auch die Kirchendisziplin wieder voll her und führte, wo erforderlich, Reformen durch. Beachtliche Beispiele hierfür waren die erschöpfende Beantwortung eines umfassenden Fragenkatalogs der britischen Bischöfe (849) und der an Bischof Galerius von Tripolis gerichtete scharfe Verweis, die altkirchliche Bußdisziplin beizubehalten (853). Auf einer bedeutenden Synode in St. Peter (Dez. 853), deren Akten sich erhalten haben, beharrte er auf Erneuerung und Festigung der reformerischen Kanones EUGENS II. Er förderte nach Kräften die Kirchenmusik und führte die Einhaltung der Oktave von Mariä Himmelfahrt ein. 853 soll er den in Rom weilenden Alfred (849–899), zu diesem Zeitpunkt noch ein kleiner Knabe, zum künftigen König über England geweiht haben. Er ließ zahlreiche Kirchen Roms restaurieren oder umbauen, darunter sein eigenes Kloster S. Martino bei St. Peter; ein zeitgenössisches Freskoporträt von ihm ist in der unteren Basilika von S. Clemente zu besichtigen. Festtag (inzwischen abgeschafft): 17. Juli.

Lit.: *LP* 2,106–139; JW 1,329–339; *MG* Ep 5(2),585–612; Mansi 14,852–1030; Mann 2,258–307; Haller 2,31–33; 51–54; 62–66; *DTC* 9,312–316 (É. Amann); *BSS* 7,1289–93 (G. Boccanera); *NCE* 8,640 f. (R. E. Sullivan); Brezzi 53–60; Seppelt 2,225–235.

Benedikt III.

(29. 9. 855 – 17. 4. 858)

Der gebürtige Römer, dessen Frömmigkeit und Bildung großes Ansehen genoß, wurde in der Lateranschule erzogen, von GREGOR IV. zum Subdiakon geweiht und von LEO IV. zum Kardinalpriester von S. Callisto bestellt. Beim Tod Leos (17. 7. 855) fiel die Wahl von Klerus und Volk zunächst auf HADRIAN, den Kardinalpriester von S. Marco, doch, als dieser das Mandat nicht annahm, wurde Benedikt auserkoren. Eine einflußreiche Gruppe von Kaisertreuen zog ihm jedoch ANASTASIUS vor, den ehrgeizigen Kardinalpriester, den Leo IV. in den Bann getan und abgesetzt hatte, der jedoch bei Kaiser Ludwig II. (855–875) Schutz gefunden hatte. Sie nutzte den Umstand, daß Benedikt nur mit kaiserlicher Zustimmung und im Beisein der kaiserlichen Gesandten geweiht werden konnte, und verweigerte ihm die Anerkennung. Statt seiner wurde Anastasius vorgeschlagen und sogleich nach Rom geleitet, wo er im Lateran eingesetzt wurde. Benedikt hingegen wurde vom Papstthron gestoßen, aus dem Lateran verjagt und eingesperrt. Erst als die allgemeine Unterstützung für Benedikt und der Abscheu vor seinem Rivalen sichtbar wurde, gaben die Gesandten und die kaiserliche Partei nach und erlaubten den Fortgang der Papstweihe Benedikts – ein gehöriger Rückschlag für Ludwig. Seine Bevollmächtigten zwangen Benedikt jedoch, Anastasius und seine Anhänger mild zu behandeln und seine eigene Überwachung durch Bischof Arsenius, einen Verwandten und führenden Parteigänger des Anastasius, in der Rolle als kaiserlicher Vertreter in Rom zu dulden.

Von Benedikts kurzer Amtszeit, die in mancher Hinsicht bereits die seines tatkräftigen Nachfolgers (und wichtigen Ratgebers) NIKOLAUS I. ahnen läßt, haben sich nur wenige verstreute Zeugnisse erhalten. Nachdem Kaiser Lothar I. (840–855) am Tag seiner Papstweihe verstorben war, schaltete sich Leo – wir wissen nicht, auf welche Weise – ein, um wenigstens zeitweise eine friedliche Lösung im Nachfolgestreit zwischen seinen Söhnen Lothar II. (855–869), Ludwig II. (855–875) und Karl dem Kahlen (875–877) herbeizuführen. Er zögerte nicht, dem Bruder Königin Theutbergas von Lothringen, Hubert, wegen der Plünderung von Klöstern mit der Exkommunikation zu drohen oder von Ludwig II. zu verlangen, Ingeltrude, die Gattin des Grafen Boso, die sich mit ihrem Liebhaber in den Herrschaftsbereich Lothars II. geflüchtet hatte, wieder ihrem Gemahl zuzuführen. Er nahm sich energisch, wenn auch ohne Erfolg, der Sache von vier bretonischen Bischöfen an, die vom Landesfürsten zu Unrecht aus dem Amt entfernt und ersetzt worden waren. Wenngleich er auf Ersuchen Erzbischofs Hinkmars von Reims (845–882) das von LEO IV. verworfene, umstrittene Konzil von Soissons (853) billigte, machte er seine Billigung in einer vorsichtigen Klausel davon abhängig, ob der vorliegende Bericht auch wirklich zutraf. Konstantinopel gegenüber beharrte er fest auf dem Primat des römischen Kirchenrechts, als er vom Patriarchen Ignatius aufgefordert wurde, die von ihm vorgenommene Absetzung Gregors von Syrakus und andrer sizilianischer Bischöfe zu bestätigen, lehnte er dies ab, solange nicht beide Parteien sich nach Rom begäben und er die Angelegenheit selbst geprüft habe.

Im ersten Jahr seines Pontifikats weilte Ethelwulf, König von Wessex (839–858), zusammen mit seinem Sohn Alfred als Pilger in Rom; er ließ nicht nur die Ausbesserungsarbeiten an der sächsischen Siedlung nahe S. Spirito in Sassia fertigstellen, sondern machte den römischen Kirchen und, auf Wunsch des Papstes, dem Volk von Rom üppige Geschenke; für die Zukunft versprach er jährliche Geldspenden aus England. Benedikt ließ das Baptisterium von S. Maria Maggiore und verschiedene andere Kirchen, darunter S. Paolo, restaurieren und den Friedhof von S. Marco vollständig wiederherrichten. Während seiner Regierungszeit trat der Tiber wiederholt über seine Ufer, und dem Papst fiel die Aufgabe zu, den nicht unbeträchtlichen Schaden zu beseitigen.

Lit.: *LP* 2,140–150; 151; 173; JW 1,235 f.; *PL* 115,698–701; 129,1001–12; *MG* Ep 5,612–614; Mann 2,308–328; *DHGE* 8,14–27 (F. Baix); *LThK* 2,174 (G. Schwaiger); *DBI* 8,330–337 (O. Bertolini); *NCE* 2,273 (S. McKenna); Brezzi 60 f.; Seppelt 2,231–235.

Anastasius Bibliothecarius

(Gegenpapst, Aug. – Sept. 855)

Zwischen 800 und 817 geboren, eignete sich der Neffe des Arsenius († 868), des mächtigen Bischofs von Orte (südl. von Orvieto), vermutlich bei griechischen Mönchen in Rom gründliche Griechischkenntnisse an. 847/848 wurde er von LEO IV. zum Kardinalpriester von S. Marco geweiht. Der außerordentlich fähige und gebildete Mann führte fast umgehend erbitterte Auseinandersetzungen mit dem Papst und suchte im Herrschaftsgebiet Kaiser Ludwigs II. (855–875) Zuflucht, wobei er sich hauptsächlich in der Diözese Aquileia aufhielt. Leo, der seinen Ehrgeiz kannte und in ihm einen potentiellen Rivalen witterte, bestellte ihn mehrere Male nach Rom. Als er sich zurückzukehren weigerte, ließ Leo ihn auf Synoden im Dezember 850 und im Mai, Juni und Dezember 853 exkommunizieren, in den Bann tun und absetzen. Als Leo starb, unternahmen Arsenius und die fränkische Partei mit voller Unterstützung Ludwigs einen entschlossenen Versuch, statt BENEDIKTS II., der zwar bereits gewählt war, aber noch nicht die zu seiner Weihe erforderliche kaiserliche Zustimmung erlangt hatte, Anastasius zum Papst küren zu lassen. Die Gesandten, die das Dekret bei sich führten, mit dem Benedikts Wahl dem Kaiser verkündet wurde, wurden von Arsenius in Gubbio abgefangen und für dessen Vorgehen gewonnen: Die Wahl Benedikts wurde für ungültig erklärt und Anastasius regelwidrig in Orte zum Papst gewählt. In Begleitung kaiserlicher Gesandter kam er nach Rom, bemächtigte sich gewaltsam des Laterans, vertrieb Benedikt rüde und ließ ihn einkerkern. Neben geweihten Bildern des Heilands und der Jungfrau Maria ließ er ein Gemälde über dem Portal von St. Peter herunterreißen, das die Synoden abbildete, die ihn verdammt hatten, und beschwor so Tumulte herauf. Drei Tage herrschte Chaos, doch bald war ersichtlich, daß Anastasius nicht nur keinen Rückhalt im Volk besaß, sondern als jemand, der offiziell aus der Glaubensgemeinschaft ausgestoßen worden war, auch für Teile der Kurie keinesfalls annehmbar war: die Bischöfe von Ostia und Albano, zwei der drei traditionellen Weihbischöfe des Papstes, konnten auch unter Androhung der Folter nicht dazu bewogen werden, den neuen Papst zu weihen. Selbst die Gesandten Ludwigs mußten sich mit der Tatsache abfinden, daß Klerus und Volk einhellig Benedikt zum Papst wünschten, und gestatteten widerstrebend den Fortgang der Weihehandlung. Anastasius wurde seiner päpstlichen Insignien beraubt und aus dem Lateran verstoßen, doch sah Benedikt gemäß einer Vereinbarung, die er mit den kaiserlichen Gesandten ausgehandelt hatte, von Vergeltungsmaßnahmen ab; er versetzte Anastasius lediglich wieder in den Laienstand und verordnete ihm Hausarrest im Kloster S. Maria in Trastevere.

Nachdem er das Pontifikat Benedikts in Zurückgezogenheit verbracht hatte, wurde Anastasius in einer erstaunlichen Schicksalswende zum zunehmend einflußreichen Ratgeber der drei folgenden Päpste. NIKOLAUS I. beförderte ihn zum Abt von S. Maria in Trastevere und ließ sich von ihm beim Aufsetzen von Schreiben, besonders im Zusammenhang mit byzantinischen Angelegenheiten, beraten. Unterdessen schreckte er nicht davor zurück, ihn belastende Dokumente im päpstlichen Archiv zu vernichten. Am Tag der Weihe HADRIANS II. zum Papst (14. 12. 867) wurde seine Suspendierung vom Priesteramt aufgehoben, und er wurde unverzüglich zum Bibliothekar der römischen Kirche bestellt (daher sein Beiname). 868 wurde er aufgrund einer angeblichen Verwicklung in einen Skandal seines Postens enthoben, jedoch bald darauf wieder eingesetzt. Unter JOHANNES VIII. erlangte er seine Stellung als Bibliothekar wieder und eine Schlüsselrolle in der päpstlichen Kanzlei. 869 sandte ihn Ludwig II. in diplomatischer Mission nach Konstantinopel, wo er an der letzten Sitzung des 8. ökumenischen Konzils (869/870) teilnahm. Seine zahlreichen Schriften sind hauptsächlich Übersetzungen ins Lateinische, darunter vor allem die Übersetzungen der Akten des 7. (2. Nicänum von 787) und 8. ökumenischen Konzils. Jahrhundertelang wurde Anastasius als der Kompilator des *Liber Pontificalis* angesehen, doch stammen vermutlich nur die Einträge zu Nikolaus I. und Hadrian II. aus seiner Feder. Er muß zwischen dem 29. Mai 877, dem Datum seiner letzten offiziellen Erwähnung, und dem 29. März 879, als Zacharias von Anagni erstmals als Bibliothekar erwähnt wird, gestorben sein.

Lit.: *LP* 2,141–144; 175; *PL* 129,9–744 (Übersetzungen usw.); *MG* Ep 7,395–442; A. Lapôtre, *De Anastasio Bibliothecario sedis apostolicae*, Paris 1885; E. Perels, *Papst Nikolaus I. und Anastasius Bibliothecarius*, Berlin 1920; P. Devos, »Anastase le Bibliothécaire: sa contribution à la correspondance pontificale; la date de sa mort«, in: *Byzantion* 32 (1962) S. 97–115; *DBI* 3,25–37 (G. Arnaldi); Z1 42–47; *NCE* 1,480 f. (P. Devos); Seppelt 2,229–233; 243; 278; 289 f., 303.

Nikolaus I.

Heiliger (24. 4. 858 – 13. 11. 867)

Der um 820 in Rom geborene Sohn eines führenden Beamten namens Theodor übte unter SERGIUS II. und LEO IV. zunehmenden Einfluß im Lateran aus und war der vertraute Ratgeber BENEDIKTS III. Da der Kardinalpriester HADRIAN (der sein Nachfolger wurde) sich weigerte zu kandidieren, wurde Nikolaus nach Benedikts Tod im Beisein und mit Zustimmung Kaiser Ludwigs II. (855–875) zum Papst gewählt – Ludwig war, sobald er die Nachricht vom Hinscheiden des Papstes (17. 4. 858) vernommen hatte, nach Rom geeilt. Nikolaus, ein Mann von gebieterischer Persönlichkeit und gewaltiger Tatkraft, hatte eine hohe Auffassung vom Papstamt, die er von LEO I., GELASIUS I. und GREGOR I. übernommen hatte. Der Papst galt ihm als Stellvertreter Gottes auf Erden, dem die Amtsgewalt über die gesamte Kirche zustand. Die Synoden dienten lediglich als Werkzeuge, um seine Entscheidungen auszuführen. Obwohl die Bereiche von Kirche und Staat getrennt waren und jegliche Einmischung weltlicher Fürsten in die Angelegenheiten der Kirche verurteilt werden mußte, hatte die Kirche das Recht, den Staat zu beaufsichtigen und zu beeinflussen und Schutz und Unterstützung von ihm zu erwarten.

Seine Entschlossenheit, diese Vorstellung des Papsttums zu verwirklichen, beflügelte alle seine Handlungen. Zunächst setzte er seine Autorität gegen Metropoliten durch, die jedes Eingreifen des Papstes übelnahmen. Ein bekanntes Beispiel war Johannes, Erzbischof von Ravenna (850–861), der sich in der Tradition seines Bistums verhielt, als genieße er Unabhängigkeit von Rom, seine Diözesanbischöfe behinderte, die Untertanen und Bevollmächtigten des Papsts beschimpfte und sich weigerte, dessen Vorladungen Folge zu leisten. Nikolaus exkommunizierte ihn und setzte ihn ab (24. 2. 861). Johannes wurde erst wieder in sein Amt eingesetzt, nachdem er gelobt hatte (Nov. 861), sich in Zukunft Rom zu unterwerfen. Noch schärfer stieß Nikolaus mit Erzbischof Hinkmar von Reims (845–882), dem mächtigsten Metropoliten des Frankenreiches, zusammen, bestand er doch darauf, die Rechtsfälle von abgesetzten Geistlichen, die in Rom Berufung eingelegt hatten, erneut zu verhandeln und zu entscheiden. So ordnete er an, die Absetzung Bischof Rothads von Soissons († 869) durch Hinkmar 862 zu überprüfen, rehabilitierte Rothad (Jan. 865) und setzte ihn wieder ein. Bei dieser Gelegenheit berief er sich auf die Pseudo-Dekretalien, die Isidor von Sevilla († 626) zugeschrieben wurden, in Wahrheit aber um 850 in Frankreich kompiliert worden waren. Diese verteidigten die Rechte der Diözesanbischöfe gegen ihre Metropoliten und machten die Oberhoheit des Papstes über die Autorität von Synoden und Metropoliten geltend. Es bleibt offen, ob Nikolaus sich der Tatsache bewußt war, daß es sich hierbei um Fälschungen handelte.

Als kompromißloser Verfechter der Unauflöslichkeit der Ehe zögerte er nicht einzugreifen, als Theutberga, die unter dem falschen Vorwurf des Inzests von ihrem Gemahl Lothar II. von Lothringen (855–869) verstoßen worden war, sich an ihn wandte. Eine Synode zu Aachen (29. 4. 862) hatte die Scheidung sanktioniert, eine weitere in Metz (Juni 863), an der päpstliche Legaten teilnahmen, die Bestechungsgeschenken erlagen, billigte Lothars neue Ehe mit seiner Mätresse Waldrada. Als die Erzbischöfe Gunthar von Köln († 873) und Theutgaud von Trier († 868) die Synodaldekrete in Rom übergaben, kannte die Wut des Papstes keine Grenzen. Er hob die Entscheidungen nicht nur auf, sondern schuf einen Präzedenzfall, indem er beide Erzbischöfe, weil sie einen Fall von Bigamie gutgeheißen hatten, absetzte und exkommunizierte. Kaiser Ludwig II. nahm sich ihrer Sache an und bedrohte Rom mit einer Armee – Nikolaus war gezwungen, in St. Peter Zuflucht zu suchen –, doch am Ende mußte Ludwig nachgeben und die Erzbischöfe anweisen, ihre Strafe anzunehmen. Lothar war genötigt, sich dem Papst zu beugen, und söhnte sich, zumindest vorübergehend, mit seiner Gattin aus. Der moralische Sieg des Papstes war vollständig.

Hinsichtlich der Durchsetzung des römischen Primats in der Ostkirche war Nikolaus nicht weniger energisch. Er suchte nicht nur die längst obsolet gewordene Jurisdiktion über Illyrien wiederherzustellen: als Ignatius, der Patriarch von Konstantinopel (847–858, 867–877), zum Rücktritt gezwungen und durch den brillanten Laientheologen Photius (856–867, 878–886) ersetzt wurde, beschwerte sich der Papst bei Kaiser Michael III. (846–867) und schickte eine Gesandtschaft nach Konstantinopel, welche die Angelegenheit untersuchen sollte, während er sich vorerst weigerte, Photius anzuerkennen. Als der Bericht der Abgesandten zugunsten des Photius ausfiel, verleugnete er sie. Nachdem er von Anhängern des Ignatius einseitig informiert worden war, setzte er Photius auf einer Synode im Lateran (Aug. 863) ab und exkommunizierte ihn. Der Kaiser protestierte zornig, worauf ihm Nikolaus eine scharfe Rüge zukommen ließ (28. 9. 865); er verteidigte sein Vorgehen und setzte Ludwig langatmig die unveräußerlichen Rechte des Hl. Stuhls auseinander. Die Beziehungen verschlechterten sich weiter, als Nikolaus, einer Bitte des bulgarischen Königs Boris I. († 907) folgend, Missionsbischöfe (darunter auch Bischof FORMOSUS von Porto) nach Bulgarien entsandte und das Land mit detaillierten, oftmals in antibyzantinischem Tenor gehaltenen Ratschlägen zu moralischen und kirchenrechtlichen Fragen versah. Da Formosus bereits Bischof von Porto war, weigerte sich Nikolaus, ihn zum Erzbischof von Bulgarien zu ernennen. Bulgarien fiel großenteils unter die Kirchenhoheit Konstantinopels und war erst kurz zuvor von byzantinischen Missionaren christianisiert worden, so daß Photius verständlicherweise empört war. Den Patriarchen der Ostkirche gegenüber prangerte er die römische Intervention an und berief eine Synode nach Konstantinopel ein (Aug./Sept. 867), welche die Exkommunikation und Absetzung des Papstes verfügte. Noch bevor die Neuigkeit Rom erreichte, war der Papst gestorben; doch die Strafen, die er und Photius übereinander verhängten (»Photianisches Schisma«), trugen unweigerlich zur endgültigen Spaltung von Ost- und Westkirche bei.

In seiner politischen Taktik sowie bei seiner Korrespondenz bediente sich Nikolaus zwar der Hilfe seines fähigen Sekretärs ANASTASIUS BIBLIOTHECARIUS, des in Ungnade gefallenen Gegenpapstes, welchen er rehabilitiert hatte, doch lag die Verantwortung bei ihm selbst. Als herausragender und herrischer Pontifex stand er bei seinen Zeitgenossen in höchstem Ansehen und vermochte den mächtigsten Fürsten und Prälaten Furcht einzuflößen. Dank seiner Anstrengungen konnte das Papsttum das Vakuum ausfüllen, das die stetige Aushöhlung der kaiserlichen Macht seit der Aufteilung des Reichsgebiets im Vertrag von Verdun 843 hinterlassen hatte, und wurde in einem kurzen Augenblick der Geschichte als höchste weltliche Autorität anerkannt; zugleich nahm sein selbstsicherer Anspruch, die Entscheidungen der Metropoliten aufheben zu können, die volle Lehre der päpstlichen Theokratie vorweg. Kurz nach seinem Tod beschied sein Nachfolger Hadrian II. die an der Synode von Troyes (8. 5. 868) teilnehmenden Bischöfe, seinen Namen in die Meßgebete aufzunehmen; in das römische Martyrologium wurde er indessen erst 1630 in aller Form aufgenommen. Festtag: 13. November.

Lit.: *LP* 2,151–172; JW 1,341–368; *PL* 119,753–1212; *MG*Ep 6,257–690; *DTC* 11,506–526 (É. Amann); *NCE* 10,441 (H. G. J. Beck); *LThK* 7,976 f. (Th. Schieffer); *BSS* 9,860–869 (P. Rabikauskas); *PRE* 14,68–72 (H. Böhmer); Seppelt 2,241–288; F. A. Norwood, »The Political Pretensions of Pope Nicholas I«, in: *ChHist* 15 (1946) S. 271–285; F. Dvornik, »The Patriarch Photius and the Roman Primacy«, in: *Chicago Studies* 2 (1963) S. 94–107; ders., *The Photian Schism*, Cambridge 1948; Mann 3,1–148.

Hadrian II.

(14. 12. 867 – Nov./Dez. 872)

Hadrian wurde 792 in Rom geboren und entkam derselben Adelsfamilie wie STEPHAN IV. und SERGIUS II. Vor seiner Priesterweihe war er verheiratet. GREGOR IV. machte ihn zum Subdiakon und 842 zum Kardinalpriester von S. Marco. Später übte er so bedeutende Ämter im Lateran aus und stand aufgrund seiner Wohltätigkeit in so hohem Ansehen, daß er zweimal (855/858) für das Papstamt vorgeschlagen wurde; beidemal lehnte er ab. Als es nach dem Tod NIKOLAUS' I. (13. 11. 867) zu heftigen Auseinandersetzungen zwischen Kritikern und Anhängern der von dem verstorbenen Papst eingeschlagenen Politik der Stärke kam, nahm er seine Wahl als Kompromißkandidat an. Wenngleich Kaiser Ludwig II. (855–875), der in Süditalien gerade die Sarazenen bekämpfte, bereitwillig seine Zustimmung erteilte, nahm die Regierungszeit Hadrians mit der aus unerfindlichen Gründen erfolgten Plünderung Roms durch Herzog Lambert von Spoleto einen katastrophalen Anfang. Überdies wurde Hadrians Tochter von einem Bruder des ANASTASIUS, dem vormaligen Gegenpapst, der zum päpstlichen Archivar bestellt worden war, vergewaltigt und anschließend zusammen mit ihrer Mutter brutal umgebracht. Da Anastasius der Komplizenschaft in der Affäre verdächtigt wurde, sah Hadrian sich genötigt, ihn zu entlassen und in aller Form aus der Kirche auszustoßen (12. 10. 868). Es ist bezeichnend für ihn, daß er ihm nicht einmal ein Jahr später seine Ämter in der päpstlichen Kanzlei zurückgab.

Der ältliche und wankelmütige Papst besaß weder die Charakterstärke noch das persönliche Charisma, um das Papsttum auf der strahlenden Höhe zu halten, zu der Nikolaus I. es erhoben hatte. In der Behandlung der brennenden Frage der zerrütteten Ehe König Lothars II. (855–869) von Lothringen, in der Nikolaus einen entschiedenen Standpunkt vertreten hatte, zeigte er sich schwach; denn wenn er den König auch drängte, seine rechtmäßige Ehegattin Theutberga wieder anzunehmen, so glaubte er andrerseits dessen Beteuerungen seiner Willfährigkeit und ließ ihn zur Kommunion zu, bis ein Konzil in der Sache eine endgültige Entscheidung träfe. Ebenso hob er aufgrund bloßer Zusicherungen die Exkommunikation auf, die Nikolaus über Lothars Mätresse Waldrada verhängt hatte. Nach Lothars Tod (8. 8. 869) bemühte er sich ohne Energie, Ludwig II. die Thronfolge zu verschaffen; er mußte mitansehen, wie Lothringen im Vertrag von Meerssen 870 zwischen Ludwigs Onkel Karl dem Kahlen (823–877) und Ludwig dem Deutschen (um 806–876) aufgeteilt wurde, und für seine Einmischung einen scharfen Tadel einstekken. Seine Versuche, zivile und kirchliche Streitfälle in den karolingischen Teilreichen vor den päpstlichen Gerichtshof zu bringen, blieben ebenso unwirksam. Seine von dem unmäßigen Anastasius aufgesetzten gebieterischen Forderungen stießen auf noch herrischere Warnungen seitens des Erzbischofs Hinkmar von Reims (845–882), der sich gegen Einmischungen verwahrte, zu denen der Papst nicht befugt sei. So beschämend es war, der Papst mußte zurückstecken und persönlich die Briefe verleugnen, die sein Sekretär verfaßt hatte; ja, er stellte Karl die Kaiserkrone in Aussicht, wenn Ludwig II. gestorben sei.

Als Hadrian von den Kirchenstrafen erfuhr, die der erst kurz zuvor abgesetzte Patriarch Photius von Konstantinopel 867 gegen Nikolaus I. ausgesprochen hatte – Amtsenthebung und Exkommunikation –, hielt er im Juni 869 eine Synode ab, die Photius und seine Gesinnungsgenossen für ihre beispiellose Dreistigkeit mit dem Bann belegte. Auf Einladung Kaiser Basileios' I. (867–886) sandte er zwei persönliche Vertreter zur Teilnahme am 4. Konzil von Konstantinopel (869/870; seit dem 12. Jh. von der Westkirche als 8. ökumenisches Konzil anerkannt), auch wenn sie entgegen seinen Wünschen nicht den Vorsitz führen durften. Anastasius vertrat Ludwig II. Das Konzil bestätigte ohne Einschränkungen die Verurteilung des Photius durch die römische Synode, plazierte jedoch (21. Kanon) die großen Patriarchate in der von der Ostkirche akzeptierten Reihenfolge: Rom, Konstantinopel, Alexandria, Antiochia und Jerusalem. Rom hatte bis dahin Einspruch dagegen erhoben, daß Konstantinopel vor Alexandria rangieren sollte. Der Erfolg des Konzils stellte den Frieden zwischen Ost- und Westkirche vorübergehend wieder her. Drei Tage nach Tagungsende jedoch verfügten die Delegierten der östlichen Patriarchate, die von Kaiser Basileios zusammengerufen worden waren, ungeachtet der Proteste der päpstlichen Legaten, daß Bulgarien unter die Kirchenhoheit Konstantinopels und nicht, wie Nikolaus I. gefordert hatte, unter die Roms fallen sollte. Zu diesem Zwecke wurde ein byzantinischer Metropolit geweiht und die lateinischen Priester, die in Bulgarien tätig waren, des Landes verwiesen: ein neuer Konfliktherd war geschaffen, und Bulgarien ging der römischen Kirche verloren. Dafür vermochte Hadrian aber Mähren der Westkirche zu erhalten, indem er den Missionsbrüdern Kyrill († 869) und Methodius († 885) bei ihrem Besuch in Rom 867/868 die liturgische Verwendung des Altkirchenslawischen genehmigte und später Methodius zum Erzbischof von Sirmium (heute: Sremska Mitrovica, Jugoslawien) und zum päpstlichen Nuntius bei den Slawen weihte.

Hadrians letzte überlieferte Amtshandlung bestand darin, daß er zu Pfingsten (18. 5. 872) Ludwig II. in St. Peter ein zweites Mal zum Kaiser krönte – eine Geste, mit der er sein ungebrochenes Vertrauen in den Kaiser zum Ausdruck bringen wollte, der von Herzog Adelgis von Benevent als Gefangener gedemütigt worden war. Zugleich entband er ihn von seinem unter Gewaltandrohung abgelegten Eid, für seine Mißhandlung keine Rache nehmen zu wollen. Hadrian starb zwischen Mitte November und dem 13. Dezember 872; das genaue Todesdatum ist nicht festzustellen.

Lit.: *LP* 2,173–190; JW 1,368–375; *PL* 122,1259–1320; *MG* Ep 6,691–765; 7,403–405; 499; *DHGE* 1,619–624 (A. Noyon); *DBI* 1,323–329 (O. Bertolini); *EC* 1,341–344 (I. Daniele); *PRE* 7,305–307 (R. Zoepfl / C. Mirbt); Seppelt 2,302–306; Brezzi 50; 65–70; *NCE* 1,145 (A. J. Ennis); Mann 3,149–230.

Johannes VIII.
(14. 12. 872 – 16. 12. 882)

Der gebürtige Römer, Sohn des Gundo, war 20 Jahre lang Erzdiakon und enger Mitarbeiter NIKOLAUS' I. Seine Wahl zum Papst fiel in eine unsichere Zeit nach dem Tode HADRIANS II. Obwohl schon älter, zeichnete er sich durch Energie, Findigkeit und reiche Erfahrung aus. Während seiner Amtszeit bemühte er sich, inspiriert von GREGOR d. Gr. und Nikolaus I., die päpstliche Führungsposition aufrechtzuerhalten.

Außenpolitisch war es dringend erforderlich, Italien und den Kirchenstaat vor den zerstörerischen Überfällen der in Süditalien ansässigen Sarazenen zu schützen. Nicht zufrieden damit, andere um Hilfe anzurufen, übernahm Johannes höchstpersönlich die Leitung der militärischen Operationen, ließ um S. Paolo eine Verteidigungsmauer ziehen und befehligte eine von ihm begründete kleine päpstliche Flotte. Er arbeitete unermüdlich daran, die süditalienischen Staaten gegen die mohammedanische Gefahr zu einigen; als freilich seine Anstrengungen zu nichts führten, da diese mit den Eindringlingen kollaborierten, blieb auch ihm nichts anderes übrig, als die Sarazenen durch Tributzahlungen zu bestechen. Eine Zeitlang fand er in Kaiser Ludwig II. (855–875) einen Verbündeten; nach dessen Tod (12. 8. 875) veranlaßte er den Klerus und den Senat von Rom, Ludwigs Onkel, Karl den Kahlen (823–877), zum Kaiser auszurufen, rechnete er doch damit, daß dieser Rom nützlicher sein würde als sein Halbbruder, Ludwig der Deutsche (um 806–876). Weihnachten 875 krönte er Karl zum Kaiser. Karl entgalt es ihm nicht nur mit der Erweiterung der Grenzen des Kirchenstaats, sondern auch durch den Verzicht auf das kaiserliche Vorrecht, eine ständige Vertretung in Rom zu unterhalten und bei den Papstwahlen eine führende Rolle zu spielen. Um seine Position gegen die Intrigen und Komplotte machthungriger Adliger zu sichern, begann Johannes bald darauf (April 876), die gefährlichsten unter seinen Gegnern in ihrer Abwesenheit zu exkommunizieren, darunter FORMOSUS, den Bischof von Porto und künftigen Papst, der bei der Missionierung Bulgariens erfolgreich war. Johannes hatte ihn zudem im Verdacht, nach der Papstwürde zu streben, und obgleich er ihm zuvor Vertrauen geschenkt hatte, degradierte und verbannte er ihn 878.

Binnen kurzem wurde das Scheitern der päpstlichen Politik offenkundig. Karls Hilfe erwies sich als unzureichend, und als Karlmann (828–880), der Sohn Ludwigs des Deutschen, in Italien einmarschierte, um den Herrschaftsanspruch seines Hauses anzumelden, trat Karl gar den Rückzug an. Bei der Überquerung der Alpen starb er (6. 10. 877). Damit war Karlmann Herr über Italien geworden. Als er die Kaiserkrone forderte, versuchte Johannes Zeit zu gewinnen. Da erkrankte Karlmann und mußte sich zurückziehen. Seine Anhänger, die Herzöge Lambert von Spoleto und Adalbert von Tuscien besetzten jedoch zusammen mit den exkommunizierten Gegnern des Papstes Rom, nahmen Johannes gefangen und zwangen die Bürger der Stadt, Karlmann Gefolgschaft zu leisten. Johannes indessen verweigerte jegliche Konzession; nachdem er seine Freiheit wiedererlangt hatte, begab er sich per Schiff in die Provence und versuchte, einen geeigneten Erben für die Kaiserkrone aufzutreiben. Enttäuscht von Ludwig dem Stammler (846–879), den er krönte (7. 9. 878), der jedoch bereits am 10. April 879 starb, und ebenso von Ludwigs II. Schwager Boso († 887), entschied er sich schließlich trotz seiner Abneigung gegen die deutschen Franken für den zweiten Sohn Ludwigs des Deutschen, Karl den Dicken (839 bis 888). 879 erkannte er diesen als König von Italien an und krönte ihn im Februar 881 zum Kaiser. Aus diesen politischen Schachzügen ging er als wirksamer Schiedsrichter in der Frage der Kaiserwürde hervor.

Da er gegen die Sarazenen dringend der Hilfe, gleich von wem, bedurfte, fühlte er sich ermutigt, eine Annäherung an Konstantinopel herbeizuführen. Hierbei ergaben sich jedoch neue Probleme. Photius, gegen den Hadrian II. 869 den Kirchenbann ausgesprochen hatte, war inzwischen wieder als Patriarch eingesetzt worden, und Kaiser Basileios I. (867–886) erbat seine Anerkennung durch Rom. Johannes gab seine Zustimmung dazu und zur Entsendung von Legaten auf das von Basileios gewünschte Konzil, allerdings unter der strikten Bedingung, daß sich Photius öffentlich für sein früheres Fehlverhalten entschuldige und Konstantinopel seinem Anspruch auf Gerichtsbarkeit über Bulgarien entsage. Als das Konzil unter Vorsitz des Photius in der Hagia Sophia zusammentrat (Nov. 879), waren diese Bedingungen bereits für unrealistisch befunden worden; die Sendschreiben des Papstes, in denen sie aufgeführt waren, wurden in der vorgelesenen griechischen Fassung drastisch abgeändert, wobei jedoch die Passagen, die den Primat des Papstes herauskehrten, unangetastet blieben. Das geschickt geführte Konzil, das im Osten als 8. ökumenisches Konzil anerkannt ist, erklärte das 2. Konzil von Nicäa (787) zum 7. ökumenischen Konzil, annullierte die Synoden, die Photius verdammt hatten, bekräftigte das Glaubensbekenntnis von Konstantinopel (381) und verbot jegliche Zusatzformeln. Die Römer konnten ihre Zustimmung erteilen, da die Lehre vom doppelten Ursprung des Hl. Geistes nicht erörtert wurde und das in Rom gebräuchliche Credo das *Filioque* noch nicht enthielt. Johannes war Staatsmann genug, um die Beschlüsse nur mit der einschränkenden Klausel zu ratifizieren, daß er alles zurückweise, dem seine Abgesandten entgegen seinen Anweisungen zugestimmt haben mochten. Damit hatte er den Kirchenfrieden gesichert und sich die Militärhilfe verschafft, auf die er angewiesen war. Obwohl das Konzil die bulgarische Frage unter den Tisch gekehrt hatte, besagte der Kompromiß in der Praxis, daß Bulgarien unter römischer Jurisdiktion stehen sollte, die dort tätigen griechischen Missionare bei ihrer Arbeit jedoch nicht behindert werden durften. Allerdings zeitigte diese Regelung keinen Erfolg, da es den Bulgaren um eine autonome Kirche zu tun war.

Obwohl Johannes oft als vorwiegend politischer Papst angesehen wird, vernachlässigte er seine Pflichten als Kirchenmann nicht. Eine bemerkenswerte Initiative war im Januar 876 die von Erzbischof Hinkmar von Reims (845–882) vereitelte Berufung des Anségise von Sens zum Apostolischen Vikar für das Frankenreich und Germanien. Johannes mischte sich häufig sachkundig in die Nominierung – und Verurteilung – von Bischöfen ein und war allgemein ein energischer Verfechter der Unauflöslichkeit der Ehe und der Freiheit der Bischofswahl. Als Methodius († 885), der Apostel Mährens, mit der deutschen Geistlichkeit in Streit geriet und eingekerkert wurde, erwirkte er 873 seine Freilassung, und wiewohl er ihm zunächst untersagt hatte, in der Liturgie Slawisch zu verwenden, gab er im Juni 880 seine Zustimmung, als der nach Rom beorderte Methodius sich von der Anklage der Ketzerei völlig reinzuwaschen vermochte.

Johannes war der erste Papst, der durch Mörderhand ums Leben kam. Nach den Annalen von Fulda wurde er von Mitgliedern seines Gefolges zuerst vergiftet und dann erschlagen.

Lit.: *LP* 2,221–223; JW 1,376–442; *MG*Ep 7,1–133; *DTC* 8,601–613 (É. Amann); *NCE* 7,1009 f. (C. E. Sheedy); *LThK* 5,988 f. (Th. Schieffer); *PRE* 9,258–261 (H. Böhmer); F. Dvornik, *The Photian Schism*, Cambridge 1948, S. 172–225; Seppelt 2,305–329; D. Lohrmann, *Das Register Papst Johannes' VIII.*, Tübingen 1968; A. Lapôtre, *L'Europe et le saint siège à l'époque carolingien: le pape Jean VIII*, Paris 1895; F. E. Endgreen, »Pope John VIII and the Arabs«, in: *Speculum* 20 (1945) S. 318–330; Mann 3,231–352; Brezzi 69–80.

Marinus I.

(16. 12. 882 – 15. 5. 884)

Der manchmal fälschlich als Martin II. aufgeführte Toskaner, aus Gallese gebürtiger Sohn eines Priesters, trat als Zwölfjähriger in den Dienst der römischen Kirche und wurde von NIKOLAUS I. zum Diakon ernannt. Er erwies sich als erfolgreichster der drei Legaten, die HADRIAN II. beim 4. Konzil von Konstantinopel (869/870) repräsentierten, auf dem der kurz zuvor abgesetzte Patriarch Photius (858–867, 878–886) in den Bann getan wurde. Bei dieser Gelegenheit geriet er heftig mit Kaiser Basileios I. (867–886) aneinander, da er sich weigerte, von den Instruktionen des Papstes abzuweichen. Später wurde er Erzdiakon und Schatzmeister (*arcarius*) der römischen Kirche sowie Bischof von Caëre (heute: Cerveteri) in Etrurien. JOHANNES VIII. setzte ihn zu schwierigen Missionen im März 880 bei dem künftigen Kaiser Karl III. dem Dicken (881–887) und 880 bei Athanasius von Neapel ein, dessen Bündnis mit den Sarazenen zu brechen ihm gelang. Als er Nachfolger des Johannes wurde, war er der erste Bischof eines anderen Bistums, der zum Papst erhoben wurde. Damit wurden die frühkirchlichen Kanones (besonders der 15. Kanon des Nicänums) verletzt, welche die Translation von Bischöfen von einer Diözese in die andere untersagten – ein Verbot, auf das sich Nikolaus I. berufen hatte, als er sich weigerte, Bischof FORMOSUS von Porto, den späteren Papst, zum Erzbischof von Bulgarien zu ernennen.

Die Wahl des Marinus wurde ohne Konsultation Karls III. durchgeführt; aber als der Kaiser im Juni 883 nach Italien kam, traf Marinus mit ihm in Nonantula bei Modena zusammen, erreichte

seine Anerkennung und führte bedeutungsvolle Gespräche mit ihm. Ein Ergebnis davon war sein Entschluß, Formosus von Porto und andere der Verschwörung gegen Johannes VIII. Angeklagte, die dieser exkommuniziert und verbannt hatte, zu begnadigen, Formosus wieder als Bischof einzusetzen und ihn von den Gelübden zu entbinden, die er dem Papst unter Zwang geleistet hatte. Die Auffassung, daß er sich geweigert habe, dem 878 wieder in sein Amt eingesetzten Patriarchen Photius von seiner Wahl Mitteilung zu machen, und daß er und Photius sich gegenseitig exkommuniziert hätten, entbehrt jeder Grundlage. Photius tat sein Bestes, sich mit seinen ehemaligen Gegnern auszusöhnen, und Marinus war besonders darum bemüht, Zacharias von Anagni, einen Freund des Photius und Anhänger progriechischer Politik in Rom, in der Schlüsselposition des päpstlichen Bibliothekars zu belassen. Ein weiteres Ergebnis seiner Unterredungen mit Karl III. war, daß der Papst den Kaiser dazu bewegen konnte, Herzog Guido III. von Spoleto (891 zum Kaiser gekrönt; † 894), von dem sich der Kirchenstaat bis zur Verzweiflung bedrängt fühlte, abzusetzen.
Über die kurze Amtszeit des Marinus ist sonst wenig bekannt, außer daß er einen Streit zwischen den Erzbischöfen von Reims und Sens wegen eines neugegründeten Klosters schlichten mußte und zu Alfred d. Gr. von England (849–899) ausgezeichnete Beziehungen unterhielt. Mit Rücksicht auf Alfred befreite er die *Schola Saxonum*, das englische Viertel in Rom, von der Steuer.

Lit.: JW 1,425 f.; 2,704; *LP* 2,224; *PL* 126,966–970; *DTC* 9,2476 f. (É. Amann); *PRE* 12,340 (H. Böhmer); *NCE* 9,222 (V. Gellhaus); Brezzi 83 f.; Mann 3,353–360; Seppelt 2,297 f.; 331 f.; J. Duhr, »Le pape Martin I: était-il évêque ou archidiacre lors de son élection?«, in: *RSR* 24 (1934) S. 200–206.

Hadrian III.

Heiliger (17. 5. 884 – Mitte Sept. 885)

Der gebürtige Römer, Sohn eines gewissen Benedikt, folgte MARINUS I. unter bis heute ungeklärten Umständen nach. Über sein kurzes Pontifikat ist fast nichts bekannt, doch scheint er mit der Politik JOHANNES' VIII. sympathisiert zu haben, bestand doch eine seiner wenigen überlieferten Amtshandlungen in der Blendung Georgs von Aventin, einem hohen Beamten des Laterans und geschworenen Feind des Johannes, dem Marinus die Rückkehr aus dem Exil gestattet hatte. Ein Bericht, wonach Hadrian eine adelige Dame, womöglich die Witwe eines anderen Würdenträgers, der bei der Thronbesteigung des Marinus ermordet worden war, nackt durch die Straßen treiben ließ, läßt darauf schließen, daß die blutigen Rachefeldzüge, die nach dem Mordanschlag auf Johannes eingesetzt hatten, fortgeführt wurden. Wie Johannes und Marinus pflegte Hadrian der Ostkirche gegenüber eine versöhnliche Haltung und sandte dem Patriarchen Photius (878–886) den üblichen Brief mit der Mitteilung seiner Wahl. Im Sommer 885 forderte Kaiser Karl III. der Dicke (881–888), der keinen legitimen männlichen Thronerben hatte und seinem unehelichen Sohn Bernhard die Thronfolge sichern wollte, zur Teilnahme am Reichstag zu Worms auf, wo die Angelegenheit entschieden werden sollte. Als Hadrian von Rom aufbrach, vertraute er den Schutz und die Regierung der Stadt während seiner Abwesenheit dem kaiserlichen Gesandten Johannes, Bischof von Pavia, an. Dieser Umstand läßt vermuten, daß es bereits eine Verständigung zwischen Kaiser und Papst gab, daß letzterer für seine Hilfestellung beim Erbfolgestreit die volle Unterstützung des Kaisers bei seinem Kampf mit seinen inneren Feinden erhalten sollte. Alle derartigen Pläne wurden jedenfalls durch seinen Tod in S. Cesario sul Panaro bei Modena zunichte gemacht. Es besteht Verdacht auf einen gewaltsamen Tod; bezeichnenderweise wurde sein Leichnam nicht nach Rom überführt, sondern in der Abtei von Nonantula beigesetzt. Seine Verehrung als Heiliger war zunächst örtlich begrenzt und wurde am 2. Juni 1891 vom Hl. Stuhl gebilligt. Festtag: 8. Juli.

Lit.: *LP* 2,225; JW 1,426 f.; *DBI* 1,329 f. (O. Bertolini); *BSS* 1,271 f. (F. Carotta); *DHGE* 1,624 (A. Noyon); *NCE* 1,145 f. (A. J. Ennis); *LThK* 4,1307 (G. Schwaiger); Mann 3,360–366; Seppelt 2,332.

Stephan V. (VI.)

(Sept. 885 – 14. 9. 891)

Der adlige Römer trat unter HADRIAN II. in den Lateran ein und war, als er durch Zuspruch des Klerus und führender Laien zum Papst gewählt wurde, Kardinalpriester von SS. Quattro Coronati. Kaiser Karl III. der Dicke (881–888), verärgert darüber, daß er nicht konsultiert worden war, wollte einen Mann seiner Wahl zum Papst haben und sandte seinen Kanzler Liutward nach Rom, um Stephan zu stürzen. Der Papst vermochte Liutward jedoch davon zu überzeugen, daß er von der Wahlversammlung einmütig bestimmt worden war und der ständige Vertreter des Kaisers ihm sogar dabei geholfen hatte, den Papstpalast in Besitz zu nehmen. So wurde die Angelegenheit beigelegt.

Nach gründlicher Säuberung und Neuorganisation des Laterans forderte Stephan Kaiser Karl auf, nach Italien zu ziehen, um seinen Pflichten als Schutzherr der Kirche nachzukommen, denn er fühlte sich von Parteikämpfen innerhalb Roms und zunehmenden Sarazenenüberfällen bedroht. Karl trat im Frühjahr 886 seine Reise an, doch mußte er die Alpen sogleich wieder überqueren, um mit Unruhen in Frankreich fertigzuwerden. So traf die Hilfe, deren Stephan so dringend bedurfte, niemals ein. Im November des folgenden Jahres wurde Karl abgesetzt, und als er starb (13. 1. 888), brach das Reich Karls d. Gr. endgültig auseinander. Da er unbedingt einen Schutzherrn benötigte, forderte Stephan 890 zunächst Karls Neffen Arnulf von Kärnten (um 850–899), der 887 zum König der Ostfranken proklamiert worden war, auf, Italien von den Verheerungen der »Heiden und bösen Christen« zu erretten. Da Arnulf mit anderen Aufgaben zu kämpfen hatte und ihm nicht sofort beistehen konnte, machte Stephan einen drastischen Schwenk in der päpstlichen Außenpolitik und näherte sich Herzog Guido III. von Spoleto († 894) an, der 889 den italienischen Thron bestiegen hatte. Er nahm ihn als Sohn an und ließ sich schließlich wohl aus Furcht dazu verleiten, ihn in St. Peter zum Heiligen Römischen Kaiser zu krönen (21. 2. 891). Zwar ging Guido den gewohnten Vertrag ein, mit dem die Privilegien der römischen Kirche gewährleistet wurden, doch hatte er sich erfolgreich die Oberhoheit über den Kirchenstaat gesichert, auf die er es abgesehen hatte.

Obwohl sein Pontifikat vor allem von seiner politischen Tätigkeit gekennzeichnet war, setzte Stephan seine Autorität über die französischen und deutschen Bischöfe energisch durch. Wie seine unmittelbaren Amtsvorgänger unterhielt er freundschaftliche Beziehungen zu Konstantinopel, um so mehr, als er deren militärische Hilfe benötigte. Auch wenn er Kaiser Basileios I. (867–886) tadeln mußte, weil er MARINUS I. mit feindseligen Worten bedachte, kam er persönlich gut mit ihm aus; er bat ihn um Entsendung von Kriegsschiffen zur Verteidigung der Küsten des Kirchenstaats gegen die Angriffe der Sarazenen und arbeitete gegen die mohammedanische Gefahr eng mit Byzanz zusammen. Als Leon VI. (886–912) Nachfolger von Basileios wurde und der bedeutende Patriarch Photius (858–867, 878–886) zurücktreten mußte, sprach Stephan anscheinend dem neuen Patriarchen Stephan I. (dem Bruder des neuen Kaisers) die Anerkennung aus.

Der Papst wurde das Opfer von Intrigen, die er nicht durchschaute. In Mähren, wo Erzbischof Methodius, der Apostel der Slawen und Verfechter der slawischen Liturgie, gestorben war (6. 4. 885), verpaßte er eine hervorragende Gelegenheit. Methodius hatte seinen Schüler Goradz als Nachfolger ausersehen, doch der vom deutschen Klerus beeinflußte Papst zitierte Goradz nach Rom, untersagte die slawische Liturgie und setzte Bischof Wiching von Nitra, den Diözesanbischof des Methodius, zum Verwalter der Kirchenprovinz ein. Die mährische Kirche sollte nach den Wünschen der deutschen Geistlichkeit organisiert werden. Infolgedessen vermochte sich die kleine Gruppe von Schülern des Methodius nicht zu halten und setzte sich nach Bulgarien ab, wo sie wieder zum byzantinischen Ritus in slawischer Sprache zurückkehrten. Damit waren die Grundlagen für eine slawischsprachige Kirche gelegt, die sich schließlich bis nach Rußland ausbreiten sollte, Rom entfremdet war und zur griechischen Orthodoxie enge Beziehungen unterhielt.

Lit.: *LP* 2,191–198; JW 1,427–435; 2,705; *NCE* 13,696 (P. J. Mullins); *LThK* 9,1040 (G. Schwaiger); *DHGE* 15,1194–96 (A. Dumas); F. Dvornik, *Les Slaves, Byzance et Rom au IXe siècle*, Paris 1926; *The Photian Schism*, Cambridge 1948, S. 219–237 [u. ö.]; G. Lahr, »Das Schreiben Stephans V. und Sventopulk von Mähren«, in: *NA* 47 (1928) S. 159–173; Seppelt 2,333–338; Mann 3,367–401.

Formosus

(6. 10. 891 – 4. 4. 896)

Vermutlich in Rom um 815 geboren. Der begabte und gebildete Kirchenmann wurde 864 zum Bischof von Porto ernannt und erwarb sich 866/867 so große Verdienste um die Missionierung Bulgariens, daß sich König Boris I. (852–889) zunächst bei NIKOLAUS I., dann bei HADRIAN II. für seine Berufung zum Metropoliten des Landes verwandte. Beide Päpste weigerten sich jedoch, da das kanonische Recht die Translation von Bischöfen verbot. Formosus diente unter Nikolaus I. und Hadrian II. als päpstlicher Legat in Frankreich und Deutschland und spielte eine führende Rolle auf der römischen Synode vom Juli 869, auf welcher der bedeutende byzantinische Patriarch Photius (858–867, 878–887) mit dem Bann belegt wurde. JOHANNES VIII. betraute ihn 875 mit der Aufgabe, Karl II. dem Kahlen die Kaiserkrone anzutragen, begegnete ihm jedoch schon bald aus persönlichen wie politischen Gründen mit Mißtrauen und Feindschaft. Formosus wurde vom Papst exkommuniziert und abgesetzt (April 876) unter der Anklage des Verrats, weil er sein Bistum verlassen habe (er war, um sich in Sicherheit zu bringen, nach Rom geflohen) und wegen Aspirationen auf den Papstthron. Nachdem er jedoch demütig seine Schuld eingestanden und geschworen hatte, für immer in seinem Exil zu bleiben und niemals den Versuch zu unternehmen, sein Amt zurückzugewinnen, ließ Johannes ihn im April 876 wieder zur Laienkommunion zu. Im politischen Umschwung nach dem Ableben des Johannes rief MARINUS I. ihn aus seinem französischen Exil zurück, rehabilitierte ihn und setzte ihn wieder als Bischof von Porto ein. In dieser Stellung wurde er 885 Weihbischof STEPHANS V., nach dessen Tod er trotz seines fortgeschrittenen Alters selbst zum Papst gewählt wurde. Die Tatsache, daß er bereits Bischof einer anderen Diözese war, wurde erst nach seinem Tod gegen ihn geltend gemacht.

Formosus stärkte und förderte tatkräftig die Ausbreitung des Christentums in England und Norddeutschland. 893 bestätigte er – gegen den Protest des Erzbischofs von Köln – Adalgar als den Amtsinhaber des vereinigten Bistums Hamburg-Bremen und verteidigte den Karolinger Karl den Einfältigen (879–929) gegen Graf Odo von Paris, den späteren König von Frankreich (888–898). Zu Konstantinopel unterhielt er freundschaftliche Beziehungen. 892 machte er den Versuch, das Schisma zwischen den fanatischen Anhängern des vormaligen Patriarchen Ignatius († 877) und dem Patriarchen Stephan I. zu heilen, dem jene die Anerkennung verweigerten, da er von Photius geweiht worden war. Formosus schlug vor, die in der ersten Amtszeit des Photius vorgenommenen Ordinationen für ungültig zu erklären, die aus seinem zweiten Patriarchat stammenden jedoch anzuerkennen. Dieser Vermittlungsversuch war gut gemeint, erwies sich jedoch als unrealistisch und führte zu nichts. In Italien selbst sah sich der Papst schwierigen politischen Problemen gegenüber. Nachdem bereits sein Vorgänger den Herzog von Spoleto, Guido III. († 894), zum Kaiser gekrönt hatte, mußte er die Zeremonie im April 892 in Ravenna wiederholen und zugleich Guidos Sohn Lambert († 898) zum Mitherrscher krönen. Die Vormachtstellung der spoletischen Dynastie verhieß für den Hl. Stuhl nichts Gutes, und bereits im Herbst 893 wandte sich Formosus an Arnulf, den König der Ostfranken (um 850–899), mit der Bitte, Rom von der Tyrannei Guidos zu befreien. Nach wiederholtem Drängen marschierte Arnulf schließlich in Italien ein und eroberte im Februar 896 Rom. Da Guido gefallen war, konnte Formosus Mitte Februar 896 in St. Peter Arnulf zu dessen Nachfolger krönen. Der gemeinsam geplante Feldzug gegen Spoleto allerdings kam nicht zustande, da Arnulf von einer Lähmung befallen wurde und Rom sich selbst überlassen mußte, um nach Deutschland zurückzukehren. Bald nach seinem Abzug starb auch Formosus.

Als Mann von außergewöhnlicher Intelligenz, beispielhafter und streng asketischer Lebensführung (der einzige Vorwurf, der gegen ihn erhoben wurde, betraf seinen Ehrgeiz) schuf sich Formosus erbitterte und unnachgiebige Gegner, die nicht davor zurückschreckten, ihm noch im nachhinein eine äußerst makabre Demütigung zuzufügen. Unter ihnen befanden sich auch Lambert, der von neuem die Herrschaft über Rom angetreten hatte, und sein eigener Nachfolger STEPHAN VI. Neun Monate nach seinem Tod (Jan. 897) ließen sie seinen schon verwesenden Leichnam exhumieren und, angetan mit den päpstlichen Gewändern, auf einen Thron setzen. Unter Vorsitz Stephans VI. erhoben sie in einem simulierten Verfahren feierlich Anklage gegen Formosus; neben ihm stand ein Diakon, der sich in seinem Namen zu den Vorwürfen äußerte. Er wurde des Meineids, anmaßender Ansprüche auf den Papstthron und der Verletzung des Kirchenrechts, das die Translation von Bischöfen untersagte, für schuldig befunden. Seine Amtshandlungen und die von ihm gespendeten Weihen wurden für null und nichtig erklärt und seine

Überreste erst in ein Massengrab und danach in den Tiber geworfen. Zuvor hatte man ihm die drei Finger der rechten Hand abgehackt, mit denen er geschworen und den Segen erteilt hatte. Hernach wurde die Leiche von einem Eremiten geborgen und zum zweitenmal bestattet.

Lit.: JW 1,435–439; *MG* Ep 7,366–370; *PL* 129,837–848; E. Dümmler, *Auxilius und Vulgarius*, Leipzig 1896; J. Duhr, »Le concile de Ravenne en 898; la réhabilitation du pape Formose«, in: *RSR* 22 (1932) S. 541–579; »Humble vestige d'un grand espoir déçu; épisode de la vie de Formose«, in: *RSR* 42 (1954) S. 361–387; G. Arnaldi, »Papa Formoso e gli imperatori della casa di Spoleto«, in: *Annali della Facoltà di Lettere di Napoli* 1 (1951) S. 84–104; Seppelt 2,309 f.; 337–347; Mann 4,42–72; *DTC* 6,594–599 (F. Vernet); *LThK* 4,214 f. (G. Schwaiger); Z 1 47–73; *NCE* 5,1024 (S. P. Lindemans).

Bonifatius VI.

(April 896)

Der gebürtige Römer, Sohn eines Bischofs namens Hadrian, wurde vermutlich am 11. April 896 gleich nach dem Ableben von Papst FORMOSUS gewählt. Er hatte eine dunkle Vergangenheit, denn er war zweimal von JOHANNES VIII. abgesetzt worden, zunächst als Subdiakon, dann – nach seiner Rehabilitation – wegen moralischer Verfehlungen als Priester. Nach seiner zweiten Amtsenthebung war er nicht wieder berufen worden. Seine Wahl wurde durch einen Aufruhr des Volks von Rom erzwungen und stellte möglicherweise eine Herausforderung an den abwesenden deutschen Kaiser Arnulf (896–899) und seinen Statthalter Farold dar. Bonifatius litt an Gicht und starb nach nur 15 Tagen Amtszeit. Er wurde im Papstportikus von St. Peter beigesetzt. Eine von JOHANNES IX. in Rom abgehaltene Synode (898) bedauerte seine regelwidrige Erhebung zum Papst und untersagte die Wiederholung eines derartigen Vorkommnisses.

Lit.: *LP* 2,228; JW 1,439; Mansi 18,223 f.; *PL* 135,829 (Flodoard von Reims); *DBI* 12,142 f. (P. Bertolini); *DHGE* 9,899 f. (F. Baix); *EC* 2,1866 (P. Goggi); *NCE* 2,670 (A. T. Ennis); Seppelt 2,341.

Stephan VI. (VII.)

(Mai 896 – Aug. 897)

Über seine Herkunft ist nichts bekannt, außer daß er von Geburt Römer und der Sohn eines Presbyters war. Er wurde von FORMOSUS zum Bischof von Anagni geweiht, was ihn nicht daran hinderte, dessen unversöhnlicher Gegner zu werden. Obwohl er anfänglich dem von Formosus gekrönten (22. 2. 896) deutschen Kaiser Arnulf (896–899) loyal gesinnt war, übertrug er seine Gefolgschaft auf Lambert von Spoleto († 898), den Formosus 892 zum Mitkaiser seines Vaters Guido III. († 894) gekrönt hatte, als er nach Arnulfs Lähmung und Rückkehr nach Deutschland zum Herrscher über Italien aufstieg. Das einzige aus seiner Amtszeit überlieferte Ereignis von Bedeutung ist die makabre »Leichensynode« vom Januar 897, bei der er den Vorsitz führte und die zum Teil auf Betreiben Lamberts und seiner Mutter Ageltrudis zustande kam, die ihm die Krönung Arnulfs verübelten, zum Teil aber auch Ausdruck der bitteren persönlichen Feindschaft war, die Stephan und eine mächtige Partei von Römern gegen den verstorbenen Papst hegten. In dem Schauprozeß wurde des Formosus exhumierter Leichnam in vollem päpstlichen Ornat auf den Thron gesetzt und in feierlichem Tribunal des Meineids, der Verletzung von Kirchengesetzen, welche die Translation von Bischöfen verboten, sowie unziemlicher Aspirationen auf den Papstthron angeklagt. Neben ihm stand ein Diakon, der für ihn Rede und Antwort stand. Formosus wurde schuldig befunden, seine sämtlichen Amtshandlungen einschließlich der von ihm vorgenommenen Weihen wurden für null und nichtig erklärt und seine sterblichen Reste anschließend in den Tiber geworfen. Auch wenn Stephans Teilnahme an diesem gespenstischen Schauspiel nur aus einem nahezu krankhaften Haß heraus verständlich erscheint, so ist doch nicht zu leugnen, daß er von der Annullierung der Amtshandlungen seines Vorgängers persönlich profitierte, da die Annullierung seiner eigenen Einsetzung als Bischof von Anagni den Stimmen, die unter Verweis auf die gültigen kanonischen Gesetze gegen seine Erhebung zum Papst Einwendungen machen konnten, den Boden entzog.

In den folgenden Monaten war Stephan damit beschäftigt, die von Formosus geweihten Geistlichen aufzufordern, schriftlich auf die von ihnen bekleideten Ämter zu verzichten. Sein unerhörtes Verhalten blieb jedoch nicht lange ungesühnt: Wenige Monate später sah er sich einem Volksaufstand gegenüber. Die empörten Anhänger des Formosus, ermuntert durch Wunder, die sein gedemütigter Leichnam bewirkt haben sollte – sie deuteten wohl auch den plötzlichen Einsturz der Lateranbasilika als Gottesurteil –, erhoben sich gegen Stephan, setzten ihn ab, beraubten ihn seiner päpstlichen Insignien und warfen ihn ins Gefängnis, wo er kurz darauf erwürgt wurde.

Lit.: JW 1,439 f.; 2,705; *LP* 2,229; E. Dümmler, *Auxilius und Vulgarius*, Leipzig 1866; J. Duhr, »Le concile de Ravenne en 898«, in: *RSR* 22 (1932) bes. S. 576–578; Seppelt 2,341–343, 346; 349; *DHGE* 15,1196 f. (A. Dumas); *NCE* 13,696 (P. J. Mullins).

Romanus

(Aug. – Nov. 897; † ?)

Über seine Herkunft ist nichts weiter bekannt, außer daß er in Gallese bei Cività Castellana geboren wurde und Kardinalpriester von S. Pietro in Vincoli wurde. Als die empörten Parteigänger des postum gedemütigten FORMOSUS Papst STEPHAN VI. abgesetzt, eingekerkert und ermordet hatten, wurde Romanus zu seinem Nachfolger gekürt – das Datum läßt sich nicht genau feststellen. Auch über seine Regierungszeit ist fast nichts bekannt: Er war Anhänger des Formosus gewesen und verlieh Vitalis, dem Patriarchen von Grado, das Pallium; ferner bestätigte er auf ihren Antrag den Bischöfen von Elne in Roussillon und Gerona in Spanien, daß sie die rechtmäßige Amtsgewalt über ihre Bistümer ausübten. Er amtierte lediglich vier Monate als Papst; nach einer revidierten Fassung von *LP* wurde er »hinterher zum Mönch gemacht«, d. h. in einem Kloster unter Hausarrest gestellt. Falls dieser Bericht auf zuverlässigen Quellen beruht, deutet er darauf hin, daß Romanus von der Partei des Formosus gestürzt wurde, vermutlich um den Weg für einen Papst frei zu machen, der energischere Maßnahmen ergriffe, um ihren Helden zu rehabilitieren. Das Datum seines Todes läßt sich nicht erschließen.

Lit.: JW 1,441; *LP* 2,230; Mansi 18,186–188; E. Dümmler, *Auxilius und Vulgarius*, Leipzig 1866; Seppelt 2,342; *DTC* 13,2847 (É. Amann); *NCE* 12,641 (P. J. Mullins); Z1 59.

Theodor II.

(Nov. 897)

Über seine Herkunft oder Laufbahn ist nichts bekannt, außer daß er Römer von Geburt war. In dem gewaltsamen Umschwung zugunsten des postum gedemütigten FORMOSUS, in dessen Verlauf STEPHAN VI. gestürzt wurde, wurde Theodor, der als friedliebend geschildert wird, als Ersatz für den nur kurze Zeit regierenden ROMANUS zum Papst gewählt. Er übte sein Amt auch nur 20 Tage aus; der genaue Tag seines Amtsantritts und seines Todes sind unbekannt. Dennoch widmete er sich tatkräftig der Aufgabe, in die verworrene Situation der römischen Kirche etwas Ordnung zu bringen. Zunächst hielt er eine Synode ab, die definitiv die »Leichensynode« von Januar 897 annullierte, auf welcher der Leichnam des Formosus einem makabren Scheinprozeß unterzogen wurde; er rehabilitierte den verstorbenen Papst vollständig, anerkannte die Rechtmäßigkeit der von ihm gespendeten Weihen und ordnete die Verbrennung der Abschwörungsbriefe an, welche die von Formosus geweihten Kirchenmänner von Stephan VI. zu unterzeichnen gezwungen worden waren. Ferner sorgte er dafür, daß der Leichnam des Formosus, der vom Tiber angeschwemmt worden und daraufhin heimlich beerdigt worden war, erneut exhumiert und mit höchstmöglichen Ehren wieder in seiner ursprünglichen Grabstätte in St. Peter beigesetzt wurde. Die Ursache für seinen frühen Tod ist nicht bekannt.

Lit.: *LP* 2,231; JW 1,441; Mansi 18,221; E. Dümmler, *Auxilius und Vulgarius*, Leipzig 1866; *DTC* 15,226 (É. Amann); *NCE* 14,17 (C. M. Aherne); Seppelt 2,342 f.; Z1 59 f.

Johannes IX.

(Jan. 898 – Jan. 900)

Nach dem Tode THEODORS II. ergriffen die Parteigänger STEPHANS VI., geschworene Feinde seines postum verurteilten Opfers FORMOSUS, die Initiative und wählten SERGIUS, Bischof von Caëre (heute: Cerveteri), zum Papst. Obwohl sich dieser zunächst des Laterans bemächtigen konnte, vertrieben ihn die Anhänger des Formosus mit Unterstützung Lamberts von Spoleto (seit 891 König von Italien), den Formosus zum Kaiser gekrönt hatte (30. 4. 892), gewaltsam aus dem Palast und kürten statt dessen Johannes, einen aus Tivoli gebürtigen Benediktinermönch, den Formosus zum Priester geweiht hatte. Die spärlichen Aufzeichnungen aus dieser turbulenten Zeit haben den Gang der Ereignisse und die einschlägigen Daten im dunkeln gelassen.

In Zusammenarbeit mit dem Kaiser, der Rom und den größten Teil Italiens kontrollierte, setzte Johannes Theodors Politik fort. Letzterer hatte versucht, in der verworrenen Situation, die nach dem Prozeß Stephans VI. gegen den verstorbenen Formosus und den darauf folgenden gewaltsamen Zusammenstößen zwischen Anhängern und Gegnern des Formosus entstanden war, Ruhe und Ordnung wiederherzustellen. Johannes berief eine auch von norditalienischen Bischöfen besuchte Synode nach Rom ein, auf der die von der »Leichensynode« gegen Formosus verhängte Kirchenstrafe für ungültig erklärt und die betreffenden Akten verbrannt wurden. Die Teilnehmer an jener Synode wurden begnadigt, da sie sich darauf beriefen, unter Zwang gehandelt zu haben. Lediglich Sergius und fünf enge Mitarbeiter wurden abgesetzt und mit dem Bann belegt. Jeder weitere Prozeß gegen Tote wurde untersagt. Die von Formosus gespendeten Weihen wurden als gültig anerkannt, ebenso wie die Salbung Lamberts zum Kaiser. Allerdings wurde die Salbung Arnulfs, König der Ostfranken, zum Kaiser als dem Papst abgepreßter »barbarischer« Akt verworfen. Das Verbot der Translation von Bischöfen wurde bestätigt und der mögliche Präzedenzfall des Formosus als Ausnahme hingestellt. Um Unruhen bei Papstwahlen zu verhindern, wurde in einem Rückgriff auf die *Constitutio Romana* Kaiser Lothars I. (824) verfügt, daß auch in Zukunft der Papst zwar auf Ersuchen des Senats und des Volks von Bischöfen und vom Klerus gewählt werden solle, seine Weihe jedoch nur in Anwesenheit kaiserlicher Emissäre stattfinden dürfe.
Bald darauf hielt Johannes im Beisein und unter dem Schutz Kaiser Lamberts in Ravenna eine zweite, besser besuchte Synode ab, die diese Beschlüsse bekräftigte und der römischen Kirche die Unterstützung des Königshauses von Spoleto zu sichern suchte. Insbesondere verlieh die Synode jedem Römer, ob Kleriker oder Laie, das Recht, sich an den Kaiser zu wenden, und stellte damit dessen oberste Rechtsprechung wieder her. Als Gegenleistung erneuerte Lambert die alten Privilegien des Hl. Stuhls und garantierte seine territorialen Besitzungen, womit seine eigene Position als Oberherr sichergestellt war. Als der junge Kaiser überraschend bei einem Jagdunfall ums Leben kam (15. 10. 898), wurden die glänzenden Aussichten, die diese Vereinbarungen verhießen, zunichte gemacht.

Ein bedeutsames Schreiben Johannes' deutet darauf hin, daß er in der Frage des Schismas der byzantinischen Kirche die Aussöhnung zwischen den Anhängern des Patriarchen Ignatius († 877) und denen des Patriarchen Antonios Kauleas (893–901) entweder betrieb oder zumindest billigte. In ihm versicherte der Papst dem Metropoliten Stylianus, dem Führer der Partei des Ignatius, daß Rom »Ignatius, Photius (d. h. zumindest sein zweites Patriarchat, 877–886), Stephan und Antonios« voll anerkenne, und ermahnte ihn, in Glaubensgemeinschaft mit den von ihnen geweihten Geistlichen zu leben. In Mähren, wo die von STEPHAN V. getroffenen Regelungen scheiterten, versuchte Johannes durch die Entsendung eines Erzbischofs und zweier Legaten wieder geordnete Verhältnisse zu schaffen und wurde dafür von den bairischen Bischöfen der Einmischung geziehen. 906 indessen zerfiel der mährische Staat unter dem Ansturm der eindringenden Ungarn. In Frankreich setzte der Papst den von Stephan VI. seines Amtes enthobenen Bischof Argrinus von Langres wieder ein. Er soll auch die Privilegien der bedeutenden, vom hl. Benedikt (um 480 – um 550) 529 gegründeten Abtei von Monte Cassino in der Provinz Frosinone bestätigt haben.

Lit.: *LP* 2,232; JW 1,442 f.; 445; 2,705; *PL* 131,27–46; *MG* Leges 1,562–565; E. Dümmler, *Auxilius und Vulgarius*, Leipzig 1866; F. Dvornik, *The Photian Schism*, Cambridge 1948, S. 262–271; J. Duhr, »Le concile de Ravenne en 898«, In: *RSR* 22 (1932) S. 541–579; *DTC* 8,614–616 (É. Amann); *LThK* 5,989 (G. Schwaiger); *NCE* 7,1010 (P. J. Mullins); *EC* 6,584 f. (G. B. Picotti); Seppelt 2,343–345; Mann 4,91–102.

Benedikt IV.

(Mai/Juni 900 – Aug. 903)

Der Römer aus der Oberschicht, Sohn des Mammolus, folgte JOHANNES IX. zu einem Zeitpunkt, da Rom noch immer von inneren Kämpfen zwischen Anhängern und Gegnern des postum verurteilten Papstes FORMOSUS geschüttelt wurde. Der vor allem auf die vorherrschenden Unruhen zurückzuführende Mangel an Dokumenten macht die Umstände und das Datum seiner Wahl zum Papst ungewiß. Über seine Laufbahn und seine Amtszeit haben sich nur wenige verstreute Informationen erhalten. So war er wie Johannes IX. von Formosus zum Priester geweiht worden und wurde zu dessen Anhängern gezählt. In

Übereinstimmung mit der Politik seines Vorgängers hielt er im Lateran eine Synode ab (31. 8. 900), auf der er den von STEPHAN VI. abgesetzten, von Johannes IX. jedoch wieder in sein Amt eingesetzten Argrinus als Bischof von Langres bestätigte und die von Formosus vorgenommene Verleihung des Palliums an ihn ratifizierte. Ferner exkommunizierte er die Mörder Erzbischof Fulks von Reims († 17. 6. 900) und ermahnte die französischen Bischöfe, der Strafe zuzustimmen. Nach dem Tod des umstrittenen Erzbischofs von Neapel, Athanasius II. († 898), setzte er sich energisch für die Wahl Stephans, des früheren Bischofs von Sorrent, zu seinem Nachfolger ein. Großmütig nahm er sich Bischof Maclacenus' von Amasia (heute: Amasya) in Kappadokien an, der von den Sarazenen (eigtl. den Türken) aus seinem Bistum vertrieben worden war, und versah ihn mit Briefen, die ihn der Fürsorge und dem Schutz aller Christen empfahlen.

Benedikt war sich selbstverständlich des politischen Vakuums bewußt, das mit dem Tod Lamberts von Spoleto (15. 10. 898) entstanden war, da dieser keinen männlichen Thronerben hinterlassen hatte. Formosus hatte Lambert zum Kaiser gekrönt und Johannes IX. mit ihm Abmachungen getroffen, die dem Papsttum Sicherheit zu verheißen schienen. Berengar I. von Friaul (um 850–924), seit 888 König von Italien, hätte Lamberts Stelle einnehmen können, wäre er nicht 899 von den Ungarn vernichtend geschlagen worden. Dazu wurde seine Vorherrschaft in Italien noch von Ludwig dem Blinden (887–928), dem jungen König der Provence und Enkel Kaiser Ludwigs II. (855–875), angefochten. Ermutigt durch Ludwigs anfängliche Erfolge, krönte Benedikt ihn im Februar 901 zum Kaiser, doch nahm das Schicksal rasch einen anderen Verlauf: Berengar erlangte wieder die Oberhand, besiegte Ludwig (Aug. 902) und zwang ihn, über die Alpen zurückzukehren und zu schwören, nie wieder einen Fuß auf italienischen Boden zu setzen. Die Folge war, daß Rom – ohne kaiserlichen Schutzherrn – wieder in die Anarchie interner Parteikämpfe fiel.

Benedikt war ein zurückhaltender Papst, der von dem Chronisten Flodoard von Reims († 966) für seine Mildtätigkeit den Mittellosen gegenüber gepriesen wurde. Mutmaßungen zufolge wurde er von Handlangern Berengars ermordet, doch keine zeitgenössischen Zeugnisse stützen diese These.

Lit.: *PL* 131,39–44; *LP* 2, 233; JW 1,306; Flodoard, *De Chr. trium.* 14,7 (*PL* 135,831); *MG* SS XIII,624 f.; Auxilius, *Lib. in defens. Steph. episcopi*, hrsg. von E. Dümmler, Leipzig 1866; *DHGE* 8,27–31 (F. Baix); *NCE* 2,273 (S. McKenna); Brezzi 98 f.; *DBI* 8,337–342 (O. Bertolini); Mann 4,103–110; Seppelt 2,345 f.

Leo V.

(Aug. – Sept. 903; † Frühjahr 904)

Der Gemeindepriester von Priapi bei Ardea (37 km südl. von Rom) folgte BENEDIKT IV. im Amt nach. Wie jemand, der nicht dem römischen Klerus angehörte, es in dieser Periode zum Papst brachte, ist unerklärlich. Vermutlich konnten sich Klerus und Adel nicht auf einen örtlichen Kandidaten einigen und ließen sich daher auf einen Fremden ein, von dessen hohem Ansehen sie gehört hatten. Über seine Laufbahn wissen wir nichts, doch die Tatsache, daß Auxilius (um 870 – um 930), der Förderer des postum angeklagten, umstrittenen FORMOSUS, ihn als vortrefflichen und heiligmäßigen Menschen hinstellt, deutet darauf hin, daß er wie seine unmittelbaren Vorgänger Anhänger des Formosus war. Nach nur 30 Tagen im Amt kam es zu einer Palastrevolution, und ein Angehöriger seines Klerus, der Priester CHRISTOPHORUS, stürzte ihn, warf ihn ins Gefängnis und schwang sich zum Papst auf. Da vermutlich auch Christophorus Anhänger des Formosus war, muß es in der Formosus-Partei zu einer Spaltung gekommen sein, die möglicherweise von Ressentiments gegen einen von vielen als Außenseiter angesehenen Geistlichen ausgelöst wurde. Christophorus selbst wurde schon bald von SERGIUS III. verdrängt und zu Leo ins Gefängnis geschickt, wo beide nach einigen Wochen qualvollen Schmachtens schließlich ermordet wurden.

Eine Legende, die erstmals im 11. Jh. aufkam, setzt Leo V. mit Tutwal (Tual, Tugdual), dem Schutzpatron von Tréguier an der Nordküste der Bretagne gleich. Die Legende, offenbar eher französischen als bretonischen Ursprungs, berichtet, daß der Heilige, der in Wirklichkeit im 6. Jh. lebte und bei Tréguier ein Kloster gründete, sich Hoffnungen auf eine Audienz beim Papst machte und Rom aufsuchte. Aber bei seiner Ankunft fand er den Apostolischen Stuhl leer und Klerus und Volk von Rom mit einer Papstwahl beschäftigt. Wunderbarerweise fiel die Wahl auf ihn, und als Papst nahm er den Namen Leo der

Bretone (*Britigena*) an. Die Legende kam vermutlich aufgrund eines Mißverständnisses zustande: wie andere bretonische Heilige führte Tutwal den Titel *Pabu* oder *Papa*.

Lit.: *LP* 2,234; JW 1,444; 2,746; E. Dümmler, *Auxilius und Vulgarius*, Leipzig 1866; S. 60, 135; Flodoard, *De Chr. triumph.* 12,7 (*PL* 135,831); *DTC* 9,136 (É. Amann); *NCE* 8,641 (O. J. Blum); *BSS* 12,723 f. (H. Platelle [zur Legende]).

Christophorus

(Gegenpapst, Sept. 903 – Jan. 904; † Frühjahr 904)

Der gebürtige Römer, Priester von S. Damaso, einer der 25 altkirchlichen Gemeinde- oder Titelkirchen Roms, führte einen Putsch zum Sturz LEOS V. an, warf diesen ins Gefängnis und ließ sich selbst zum Papst ausrufen und weihen. Über seine Laufbahn ist nichts bekannt; doch wenn man annimmt, daß er wie Leo Anhänger des postum verurteilten FORMOSUS war, muß es innerhalb der Formosus-Partei zur Spaltung gekommen sein, möglicherweise aus Verärgerung darüber, daß der römischen Kirche mit Leo ein Außenseiter aufgedrängt worden war. Christophorus konnte seinen Triumph nur vier Monate auskosten, denn Anfang 904 rückte SERGIUS, der 898 gewählt, indes von JOHANNES IX. abgelöst worden war, mit einer bewaffneten Streitmacht gegen Rom vor, riß die Macht an sich und wurde zum Papst ausgerufen und geweiht. Christophorus, von dem nur eine Bulle, welche die Privilegien der Abtei von Corbie bekräftigt, überliefert ist, wurde abgesetzt, seiner Insignien beraubt, in eine Mönchskutte gesteckt und zu seinem Opfer Leo ins Gefängnis geschickt. Wenige Monate später ließ Sergius beide hinrichten, angeblich aus Mitgefühl für ihre elende Lage. Obwohl mitunter als Papst aufgeführt, sollte er eigentlich den Gegenpäpsten zugerechnet werden.

Lit.: *LP* 2,LXIX; JW 1,444 f.; E. Dümmler, *Auxilius und Vulgarius*, Leipzig 1866, S. 60, 135; Flodoard, *De Chr. trium.* 12,7 (*PL* 135,831); Herimannus Augiensis, *Chron.* a. 904 (*MG*SS 5,487); Mariannus Scottus, *Chron.* (*MG*SS 5,487); *DHGE* 12,778 f. (G. Bardy).

Sergius III.

(29. 1. 904 – 14. 4. 911)

Der gebürtige Römer aristokratischer Herkunft wurde von STEPHAN V. zum Diakon ernannt und von FORMOSUS – wie er behauptete, gegen seinen Willen – zum Bischof von Caëre (heute: Cerveteri) geweiht. Er nahm an der »Leichensynode« teil, die unter Vorsitz STEPHANS VI. Formosus postum verurteilte und seine Ordinationen annullierte, nahm freudig seine Degradierung zum Diakon an und ließ sich von Stephan VI. neuerlich zum Priester weihen; da er nach der Papstwürde strebte, wollte er sein Bischofsamt nicht dazwischenkommen lassen. Er war von tödlichem Haß gegen Formosus erfüllt, und nach dem Tod THEODORS II. (Dez. 897) wählten ihn die Gegner des Formosus zum Papst. Er konnte zwar noch im Lateran in sein Amt eingeführt werden, doch mußte er dem Formosus-Anhänger JOHANNES IX. weichen, der die Unterstützung Kaiser Lamberts von Spoleto († 898) genoß. Abgesetzt, verdammt und verbannt, hatte er 7 Jahre später eine zweite Chance, als die Anhänger des Formosus sich zerstritten und der Priester CHRISTOPHORUS Papst LEO V. stürzte und einkerkerte. Unterstützt durch Herzog Alberich I. von Spoleto († um 925) rückte Sergius mit einer Streitmacht gegen Rom vor, warf Christophorus ins Gefängnis, ließ sich zum Papst ausrufen und weihen (29. 1. 904). Kurz darauf ließ er Leo V. und Christophorus, angeblich aus Mitleid, im Gefängnis erdrosseln.

Sergius datierte seine Regierungszeit von seiner ersten gescheiterten Wahl im Dezember 897 an und betrachtete all seine Vorgänger seit Johannes IX. als Usurpatoren. Um ihre Werke zunichte zu machen, drängte er den Klerus unter Androhung und Anwendung von Gewalt dazu, an einer Synode teilzunehmen, auf der die Beschlüsse der Synoden Johannes' IX. zu Rom und Ravenna umgestoßen, die Verurteilung des Formosus auf der »Leichensynode« erneut bekräftigt und die Weihen, die er während seiner »Usurpation« vorgenommen hatte, wieder für null und nichtig erklärt wurden. Da Formosus viele Bischöfe ernannt hatte, die ihrerseits zahlreiche Geistliche geweiht hatten, war die hieraus resultierende Verwirrung unbeschreiblich. Sergius bestand darauf, daß diejenigen, deren Weihen annulliert wurden, sich erneut weihen lassen mußten; seine Politik wurde mit so viel Bedrohung und Gewalt ausgeführt, daß nur wenige den Mut aufbrachten, sich zu widersetzen. Zu letzteren zählte der fränkische Priester Auxilius (um 870 – um 930), dessen scharfsinnige und treffsichere Pamphlete zur Verteidigung der Ordinationen des Formosus (wie auch derjenigen Stephans von Neapel, eines weiteren Bischofs, der sein Bistum gewechselt hatte) wertvolle Informationen über die Kontroverse enthalten. Seine Proteste fanden in ganz Italien Widerhall, nur in Rom mußte die empörte Opposition schweigen. Sergius genoß die Unterstützung der Adelsfamilien, insbesondere die Theophylakts († um 920), Leiter der päpstlichen Finanzen, Konsul und Befehlshaber der städtischen Miliz, sowie seiner ehrgeizigen, entschlossenen Gemahlin Theodora der Älteren († nach 916). In Ermangelung eines Kaisers wurde Rom praktisch von deren Sippe regiert. Sergius pflegte so enge Beziehungen zu ihr, daß er mit Theodoras 15jähriger Tochter Marozia einen Sohn gehabt haben soll, den späteren Papst JOHANNES XI. Die Abhängigkeit des Papstes und seiner unmittelbaren Nachfolger von dieser Familie war so vollständig und erniedrigend, daß man die folgenden Jahrzehnte als die »Pornokratie des Hl. Stuhls« gegeißelt hat.

Abgesehen von seinem Feldzug gegen Formosus und die von ihm gespendeten Weihen ist über Sergius' allgemeine Tätigkeit wenig bekannt. Nur ein paar alltägliche Entscheidungen sind in seinem dürftigen Register überliefert. Irgendwann bat er jedoch das fränkische Episkopat um Hilfe bei der Widerlegung der Beweise des Patriarchen Photius (858–867; 878–886) gegen die lateinische Lehre von der doppelten Ausgießung des Hl. Geistes. Als der Kaiser von Byzanz, Leon VI. (886–912), da er keinen Thronerben hatte, 906 zum viertenmal heiratete und dafür vom Patriarchen Nikolaus I. Mysticus (901–907; 912–925) mit dem Bann belegt wurde, nahm er Zuflucht in Rom und bei den großen Patriarchaten des Orients. Die von Sergius nach Konstantinopel entsandten Legaten setzten sich über das strengere Kirchenrecht des Ostens und seine Ablehnung der Tetragamie hinweg und fällten einen Urteilsspruch zugunsten Leons vierter Ehe. Infolgedessen wurde Nikolaus abgesetzt und ins Exil geschickt; in der Ostkirche begann eine Periode von Wirren und Hader.

Sergius vollendete die von Johannes IX. begonnene Restaurierung der Kirche S. Giovanni in Laterano, die 897 während der »Leichensynode« von einem Erdbeben schwer beschädigt worden war. Sein Grabstein in St. Peter trug eine lobende Inschrift, die seine Wahl nach dem Tod Theodors II., sein 7jähriges Exil von seinem rechtmäßigen Thron und seinen unerbittlichen Krieg gegen die »Wölfe«, die bis zu seiner triumphalen Rückkehr sich seines Amtes bemächtigt hatten, ins Gedächtnis rief. Wie andere Päpste ließ er eigene Münzen prägen, doch war er der erste Papst seit HADRIAN I., der sie mit dem eigenen Bild (mit kegelförmiger Mitra) versah.

Lit.: *LP* 2,236–238; JW 1,445–447; E. Dümmler, *Auxilius und Vulgarius*, Leipzig 1866; Auxilius, *De ordin. a Formoso papa factis* und *Infensor et Defensor* (*PL* 129); Flodoard, *De Chr. trium.* 12,7 (*PL* 135,831); *DTC* 14,1918–21 (É. Amann); *EC* 11,386 f. (A. P. Frutaz); Seppelt 2,343 f.; 346–351; L. Duchesne, »Serge III et Jean XI«, in: *MelArch Hist* 33 (1913) S. 25–55; *NCE* 13,112 (V. Gellhaus); Mann 4,119–142.

Anastasius III.

(um Juni 911 – um Aug. 913)

Wahl- und Todestag des gebürtigen Römers, Sohn des Lucian, können nicht verläßlich ermittelt werden. Auch über seine Laufbahn oder die Umstände seiner Wahl ist nichts bekannt. Zu jener unruhigen Zeit wurde Rom von Theophylakt († um 920), dem Konsul, Senator und Leiter der Finanzen des Hl. Stuhls, und seiner ehrgeizigen, energischen Gemahlin Theodora der Älteren († nach 916) beherrscht; das Papsttum selbst stand unter der wirksamen Kontrolle dieser mächtigen und skrupellosen Sippe. Wahrscheinlich war auch Anastasius, dessen milde Regierung der Chronist Flodoard (893/894–966) rühmt, ihrem Einfluß unterworfen, und er konnte kaum selbständige Initiativen ergreifen. Jedoch verlieh er Bischof Ragimbert von Vercelli das Pallium und erwies auf Wunsch König Berengars I. von Italien (888–924) dem Bischof von Pavia gewisse Ehren; da es sich hierbei um zwei bedeutende Städte im Herrschaftsbereich Berengars handelte, legen diese Schritte nahe, daß dem König an guten Beziehungen zu Rom gelegen war und er dort in gutem Ansehen stand. 912 erhielt Anastasius einen weitschweifigen, eindringlichen Brief von Nikolaus I. Mysticus, dem inzwischen wieder in sein Amt eingesetzten Patriarchen von Konstantinopel (912–925), in dem dieser sowohl die Billigung der vierten Ehe Kaiser Leons VI. (886–912) durch Rom 906 als auch das Verhalten der Gesandten Sergius' III. beklagte und Wiedergutmachung forderte. Die Entgegnung des Papstes ist nicht erhalten, doch wird Nikolaus sie kaum als befriedigend empfunden haben, ging er doch dazu über, den Namen des Papstes aus den Diptychen zu entfernen, und zwischen Rom und Konstantinopel tat sich ein Abgrund auf.

Lit.: *LP* 2,239; JW 1,448; 706; Flodoard, *De Chr. trium.* 12,7 (*PL* 135,831); *PG* 111,196–220 [Brief des Nikolaus: Nr. 32]; *DBI* 3,24 (P. Bertolini); *DHGE* 2,1475 (A. Clerval); *NCE* 1,479 (A. J. Ennis); Z 2 43.

Lando

(um Aug. 913 – um März 914)

Der Sohn eines wohlhabenden Langobardenfürsten namens Taino aus dem sabinischen Gebiet nordöstlich von Rom regierte – einem zeitgenössischen Chronisten zufolge – sechs Monate und elf Tage. Über seine Laufbahn oder die Umstände seiner Wahl ist nichts bekannt. Auch über seine Amtszeit wissen wir nichts, außer daß er dem Dom von Sabina, S. Salvatore in Fornovo, zum Andenken an seinen Vater eine fromme Spende zukommen ließ. Aller Wahrscheinlichkeit nach war er der Kandidat, der von der mächtigen Sippe Theophylakts († um 920), Konsul, Senator und Leiter der päpstlichen Finanzen, und seiner ehrgeizigen und energischen Gemahlin Theodora († nach 916), die Rom zu dieser Zeit beherrschten und praktisch die Kontrolle über das Papsttum ausübten, vorgeschlagen oder zumindest gebilligt wurde.

Lit.: *LP* 2,239; JW 1,448; Flodoard, *De Chr. trium.* 12,7 (*PL* 135,831); *EC* 7,887 (A. Ghinato); Z 2 43.

Johannes X.

(März/April 914 – Mai 928; † 929)

Johannes wurde in Tossignano in der Romagna geboren, in Bologna zum Priester geweiht, als Diakon in Ravenna häufig nach Rom entsandt und zum Bischof von Bologna gewählt (allerdings nicht geweiht). Neun Jahre (905–914) hatte er als Erzbischof von Ravenna gedient, als er auf Betreiben des römischen Adels, genauer gesagt: der mächtigen Sippe Theophylakts († um 920) und Theodoras († nach 916) zum Nachfolger LANDOS (913–914) gewählt wurde. Daß er während seiner Zeit in Ravenna enge Beziehungen zu König Berengar I. von Italien (888–924) unterhalten hatte, zählte gleichfalls zu seinen Gunsten. Böse Zungen behaupteten, Theodora habe ihn nach Rom holen wollen, da er als Diakon bei seinen Besuchen in der Stadt ihr Geliebter gewesen sei, doch war der wahre Grund für seine Wahl, daß Rom dringend eines energischen und erfahrenen Kirchenführers bedurfte. Seine Translation löste unter den Anhängern des FORMOSUS Proteste aus, führte sie doch dessen postume Verurteilung aufgrund seines Diözesenwechsels ad absurdum. Allerdings liegen keine Anhaltspunkte vor, daß seine Politik gegen die Anhänger des Formosus gerichtet war. Da die einzigartige Stellung des Hl. Stuhls mehr und mehr Anerkennung fand, verloren die hergebrachten kirchenrechtlichen Einwände gegen die Versetzung eines Bischofs an Überzeugungskraft.

Johannes nahm sich unverzüglich der Mohammedaner an, durch deren verheerende Überfälle ganz Mittelitalien terrorisiert und ausgelaugt wurde. Die römische Aristokratie, die um ihre Ländereien besorgt war, hatte ihn – ein einmaliges Vorgehen – gerade deswegen aus Ravenna herbeigerufen, weil er dazu in der Lage schien. Zusammen mit Theophylakt und dessen Schwiegersohn Alberich I., Herzog von Spoleto († um 925), brachte er geschickt eine Allianz italienischer Herrscher zustande, und mit Graf Landulf von Capua konnte er byzantinische Hilfe zur See aushandeln. Nach dreimonatiger Belagerung ihres Stützpunkts an der Mündung des Garigliano schlug er die Sarazenen im August 915 entscheidend. Später sollte er voller Stolz an seinen persönlichen Anteil im Kampf gegen die gefürchteten Feinde erinnern, die 60 Jahre lang römisches Territorium heimgesucht hatten. Auf dem Gipfel seines politischen Erfolgs krönte er im Dezember 915 Berengar I. in St. Peter zum Kaiser; dafür schwor dieser den hergebrachten Eid, die Rechte und Territorien des Hl. Stuhls schützen zu wollen.

Indessen war Johannes mehr als nur Politiker oder ein Mann der Tat; er verfolgte eine weitreichende Kirchenpolitik, die das Ansehen des Papsttums vergrößerte. 915/920 beseitigte er verhängnisvolle Spaltungen wegen der Nachfolge für die Bistümer Narbonne und Löwen (wo er den Kandidaten König Karls III. des Einfältigen begünstigte). Im September 916 leitete der päpstliche Legat die Synode von Hohenaltheim in Schwaben; diese war bedeutsam nicht nur, weil sie die Kirchendisziplin wiederherstellte, sondern auch weil sie den wackligen Thron König Konrads I. (911–918) stützte. Jahrelang bemühte sich der Papst, Kroatien und Dalmatien wieder römischer Jurisdiktion zu unterstellen und die Verwendung der slawischen Sprache in der Liturgie zu unterdrücken; seine Anstrengungen zeitigten freilich keinen Erfolg. Mitunter waren seine Entscheidungen von Zweckdenken geprägt, etwa als er die Wahl eines fünfjährigen Grafensöhnchens zum Erzbischof bestätigte. Andrerseits erteilte er den Bischöfen von Rouen und Reims klugen seelsorgerischen Rat, wie sie mit konvertierten Normannen verfahren sollten, die in heidnische Bräuche zurückfielen. Gegen Ende 923 gelang es seinen Legaten, die Glaubensgemeinschaft mit der Ostkirche wiederherzustellen, die seit 912 gestört war. Damals hatte Patriarch Nikolaus I. aus Empörung über die unwiderrufliche Billigung der vierten Ehe Kaiser Leons VI. (886–912) durch Rom den Namen des Papstes aus den Diptychen entfernt. Einem Brief des Patriarchen an Zar Simeon von Bulgarien zufolge erklärten sich die Legaten bereit, Tetragamie als schändlichen Greuel zu verurteilen, doch dürfte es sich um eine vereinfachende Darstellung handeln. Wahrscheinlich erkannten sie die östliche Gesetzgebung von 920, die Viertehen untersagte, als örtliches Recht der byzantinischen Kirche an. Anfang 928 griff der Papst zugunsten der 909/910 gegründeten Benediktinerabtei von Cluny ein, die er nachdrücklich unter den Schutz des Hl. Stuhls stellte.

In Rom selbst ließ Johannes den Lateran gründlich erneuern und mit herrlichen Gemälden ausschmücken. Er förderte die für die Erziehung des Klerus wichtige Chorschule. Anders als die Päpste jener Zeit war er entschlossen, unabhängig von der Rom regierenden Aristokratie zu bleiben, was freilich zu seinem Sturz führte. Nach dem Tod Berengars im April 924 versuchte er seine Stellung zu sichern, indem er 926 einen Pakt mit Hugo von der Provence, dem neuen König von Italien (926–947), abschloß und eng mit seinem eigenen Bruder Petrus zusammenarbeitete, der sich mehr und mehr zu einer einflußreichen Persönlichkeit entwickelte. Diese Schachzüge beunruhigten die skrupellose *senatrix* Marozia († nach 932), Tochter Theophylakts und seit dessen Tod (um 920) uneingeschränkte Herrscherin über Rom, und ihren Gemahl, Markgraf Guido von Tuscien. Gemeinsam organisierten sie einen Aufstand gegen Johannes und seinen Bruder Petrus, von dem ein Gerücht behauptete, er habe die Magyaren ins Land gelassen. Gegen Ende 927 wurde Petrus vor den Augen des Papstes im Lateran erschlagen. Im Mai des folgenden Jahres wurde Johannes selbst abgesetzt (angeblich auf Verlangen des Volkes) und in der Engelsburg ins Gefängnis geworfen. Dort blieb er mehrere Monate, bis er Mitte 929 starb, sehr wahrscheinlich mit einem Kissen erstickt.

Lit.: *LP* 2, 240 f.: JW 1,449–453; 2,706; *NA* 9 (1883) S. 513–540 [frühe Briefe]; Grumel 1,671; 675; 711 f.; P. Fedele, in: *ASRomana* 33 (1910) S. 177–247; T. Venni, »Giovanni X«, in: *ADRomana* 59 (1936) S. 1–136; Z1 73 f.; Z2 44–75; Seppelt 2, 350–355; Mann 4, 149–187.

Leo VI.

(Mai – Dez. 928)

Der vornehme Römer, Sohn des Notars Christophorus, war Kardinalpriester von S. Susanna und bereits ein Greis, als er dem kurz zuvor abgesetzten und eingekerkerten JOHANNES X. nachfolgte. Er verdankte seine Wahl der inzwischen zum Oberhaupt des Hauses von Theophylakt († um 920) aufgestiegenen Marozia, die zusammen mit ihrem zweiten Gemahl, dem Markgrafen Guido von Tuscien, unter den Titeln *senatrix* und *patricia* allmächtige Herrscherin über Rom war. Wie sein Amtsvorgänger STEPHAN VII. war er eine Art Lückenbüßer, dessen Berufung die Zeit überbrücken sollte, bis Marozias eigener Sohn JOHANNES zur Nachfolge herangewachsen sei. Über Leos kurze Regierungszeit ist fast nichts bekannt; in seinem einzigen überlieferten Brief werden die Bischöfe von Dalmatien und Kroatien aufgefordert, Gehorsam gegenüber ihrem Erzbischof, Johannes von Spalato, dem er das Pallium gewährt hatte, zu zeigen und sich mit ihren Bistumsgrenzen zufriedenzugeben. Wahrscheinlich war er jedoch Marozia und der herrschenden Clique in Rom völlig ausgeliefert. Er starb, lange bevor sein glückloser Vorgänger im Gefängnis ermordet wurde.

Lit.: *LP* 2,242; JW 1,453; Z 2 66; 77; Watterich 1,33.

Stephan VII. (VIII.)

(Dez. 928 – Feb. 931)

Der gebürtige Römer war Priester von S. Anastasia, als er zum Nachfolger LEOS VI. gewählt wurde, während der abgesetzte Papst JOHANNES X. noch im Gefängnis schmachtete. Wie Leo verdankte er seine Berufung der allmächtigen Marozia, die inzwischen zum Oberhaupt der Dynastie des Theophylakt († um 920) und zur eigentlichen Herrscherin über Rom aufgestiegen war; wie Leo diente auch er als eine Art Lückenbüßer für die Zeit, bis Marozias eigener Sohn JOHANNES zur Nachfolge bereitstand. Als Papst unter einer Diktatorin verfügte er nicht über die Macht, eigene Initiativen zu ergreifen, außer in strikt kirchlichen Angelegenheiten. Mangels schriftlicher Quellen ist diese Periode in größtes Dunkel gehüllt. Seine einzigen schriftlich belegten Aktionen bestanden in der Bestätigung oder Erweiterung von Privilegien für Ordenshäuser in Italien und Frankreich.

Lit.: *LP* 2,242; JW 1,453 f.; *ZPR* 37–39; Z 2 77; *PL* 132, 1049–56; *DHGE* 15, 1197 f. (R. Aubert); Mann 4, 189 f.

Johannes XI.

(Feb./März 931 – Dez. 935/Jan. 936)

Der gebürtige Römer war erst Anfang Zwanzig, aber bereits Kardinalpresbyter von S. Maria in Trastevere, als er durch den Einfluß seiner Mutter Marozia († nach 916), die zu dieser Zeit allmächtige Herrscherin (*patricia* und *senatrix*) über Rom war, zum Nachfolger STEPHANS VII. berufen wurde. Sehr wahrscheinlich (nach Liutprand von Cremona, um 920–972, aber auch nach *LP*) war er der uneheliche Sproß Papst SERGIUS' III. Marozia betrachtete ihn als ihr gefügiges Werkzeug, und mit seiner Wahl verfolgte sie das Ziel, ihre eigene Autorität und Machtbasis zu erweitern.

In einer seiner ersten Amtshandlungen bestätigte er auf Bitten des dortigen Abts Odo (927 bis 942) dem Reformkloster Cluny in Burgund die Privilegien, die es seit seiner Gründung im Jahre 909 genossen hatte, nämlich Schutz durch den Hl. Stuhl und freie Wahl seiner Äbte, und er ermunterte die Abtei, zum Modell für andere reformbedachte Klöster zu werden. Zugleich gewährte er Odos Mönchskloster in Déols ähnliche Vorrechte. Als der Kaiser von Byzanz, Romanus I. (920–944), ihn Anfang 933 aufforderte, die Ernennung seines 16jährigen Sohnes Theophylakt zum Patriarchen von Konstantinopel zu billigen, erteilte er bereitwillig seine Genehmigung und entsandte zwei Bischöfe als Legaten, die an der Weihe und Thronbesteigung des Knaben teilnehmen sollten (27. 2. 933). Marozia könnte bei dieser Entscheidung, die die Ostkirche verständlicherweise empörte, ihre Hand im Spiel gehabt haben, suchte sie doch eine Ehe zwischen ihrer jungen Tochter Bertha und einem der Prinzen, die Romanus zur Würde eines Mitkaisers erhoben hatte, anzubahnen.

Im Sommer 932 vermählte sich Marozia, die zum zweitenmal verwitwet war, aber einen unstillbaren Ehrgeiz besaß, mit Hugo von der Provence, König von Italien (926–948), der sich damals auf der Höhe seiner Macht befand. Die Trauung muß Johannes vorgenommen haben, obwohl diese gegen das Kirchenrecht der Zeit verstieß, da Hugo der Schwager seiner Braut war. Der Ehebund war in Rom, das eine Fremdherrschaft witterte, unpopulär und löste einen von Alberich II. (um 905–954), Marozias Sohn aus erster Ehe, angezettelten Aufstand aus. Diesen hatte Hugo auf dem Hochzeitsfest beleidigt; außerdem hatte er seine eigenen Gründe, über die Heirat bestürzt zu sein. Im Dezember 932 stürmte der bewaffnete Pöbel die Engelsburg, wo das königliche Paar residierte und von wo aus Marozia die Stadt beherrschte. Hugo hatte Glück und kam mit dem Leben davon, doch sowohl seine Mutter als auch seinen Halbbruder, den Papst, setzte Alberich gefangen. Dann ließ er sich selbst zum Fürsten Roms und Senator aller Römer, zum Grafen und *patricius* (Patrizier) ausrufen. Bis zu seinem Tod (954) sollte er Rom mit sicherer und erfolgreicher Hand regieren. Von Marozia verliert sich jede Spur; Johannes hingegen scheint aus dem Kerker entlassen worden zu sein, auch wenn er im Lateran unter Hausarrest stand und sich auf die Ausübung rein kirchlicher Ämter beschränken mußte. Liutprand von Cremona bemerkt, daß Alberich Johannes als seinen persönlichen Sklaven behandelte, wogegen der Chronist Flodoard († 966) ihn in einem verächtlichen Hexameter als einen »macht- und würdelosen Spender von Sakramenten« abtut.

Lit.: *LP* 2,243; JW 1,454 f.: *ZPR* 40–46; *PL* 132, 1055–62; Liutprand von Cremona; *Leg.* 62 (*PL* 136,934); Flodoard, *De Chr. trium.* 12,7 (*PL* 135,832); L. Duchesne, »Serge III et Jean XI«, in: *MelArchHist* 33 (1913) S. 25–64; P. Fedele, in: *ASRomana* 33 (1910) S. 211–240; Seppelt 2,355 f.; Z 2 77–84; 88; 97; Mann 4, 191–204; *NCE* 7, 1011 (M. A. Mulholland).

Leo VII.

(3. 1. 936 – 13. 7. 939)

Der Nachfolger JOHANNES' XI. verdankte seine Erhebung zum Papst Alberich II., Fürst von Rom, Patrizier und Senator aller Römer, der die Stadt 932–954 mit absoluter Gewalt regierte. Über seine Herkunft und Laufbahn ist nichts bekannt, außer daß er von Geburt Römer, Kardinalpriester von S. Sisto und sehr wahrscheinlich Benediktiner war. Dieser letzte Umstand könnte ihn dem Fürsten empfohlen haben, war dieser doch fromm und zeigte großes Interesse am Ordenswesen und an einer Klosterreform. Obwohl von Alberich auf die Ausübung ekklesiastischer Funktionen eingeschränkt, förderte er mit dessen voller Unterstützung die Wiederbelebung der Ordensbewegung. Zu Beginn seiner Regierungszeit wurde der bedeutende Reformabt Odo von Cluny (927–942) nach Rom eingeladen, wo er auf Ersuchen des Papstes ein nicht sehr tragfähiges Abkommen zwischen Alberich und König Hugo von Italien (926–948) aushandelte. Letzterer hatte seit seiner Vertreibung aus Rom (932) beharrlich versucht, die Herrschaft über die Stadt wiederzuerlangen. In Rom wurde Odo mit der Reform der Ordenshäuser der Stadt und ihrer Umgebung betraut, zunächst der Basilika von S. Paolo. Im gleichen Jahr erneuerte Leo die Privilegien der restaurierten Abtei von Subiaco (80 km östl. von Rom), in der sich die Grotte des hl. Benedikt (um 480 – um 550) befand, im Januar 938 die von seinem Amtsvorgänger gewährten für Cluny und Déols. Später übertrug er der Abtei von Gorze (bei Metz), die einer nicht gegen den Episkopat gerichteten Reformbewegung in Lothringen den Weg bereitete, ähnliche Vorrechte.

Um 937 sandte Leo Erzbischof Adaldag von Hamburg-Bremen das Pallium und ernannte Erzbischof Friedrich von Mainz zum Apostolischen Vikar und päpstlichen Legaten für ganz Deutschland, den er mit der Durchführung eines umfassenden Programms für die dringend erforderliche Reform des Klerus aller Stufen betraute und dazu aufhetzte, Juden, welche die Taufe verweigerten, zu vertreiben. Der zeitgenössische Chronist Flodoard von Reims († 966), der ihn 936 aufsuchte und mit ihm speiste, empfing einen äußerst günstigen Eindruck von seiner Wesensart, seiner Klugheit und Warmherzigkeit.

Lit.: *LP* 2,244; JW 1,455–457; 2,706; *ZPR* 46–60; *PL* 132,1065–88; *NA* 10 (1885) S. 380–386 [Briefe]; Flodoard, *De Chr. trium.* 12,7 (*PL* 135,832); *DTC* 9,316 f. (É. Amann); Mann 4,205–207; *NCE* 8,641 (O. J. Blum); Z 2 88–90; 114.

Stephan VIII. (IX.)

(14. 7. 939 – Ende Okt. 942)

Spätere Quellen behaupten, er sei deutscher Abstammung gewesen und von Otto I. (962–973), seit 936 König von Deutschland und später Kaiser, dem Hl. Stuhl aufgezwungen worden; doch wurde er in Wahrheit im letzten Viertel des 9. Jh.s in Rom geboren und war zum Zeitpunkt seiner Wahl Kardinalpriester von SS. Silvestro e Martino. Wie sein Amtsvorgänger verdankte er seine Erhebung Alberich II. (um 905–954), Fürst von Rom, Senator und Patrizier, der 932–954 Alleinherrscher über die Stadt war und wie seine Mutter Marozia († nach 932) Päpste seiner Wahl einsetzte. Stephan, ein Gelehrter, soll in seinem Privatleben ohne Fehl und in seinem öffentlichen Wirken dem Frieden verpflichtet gewesen sein. In Rom und im Kirchenstaat, die Alberich völlig untertan waren, wurde ihm keine selbständige Rolle eingeräumt; statt dessen sah er sich auf die routinemäßige Ausführung von Verwaltungsakten beschränkt. Selbst seine Unterstützung für die von Cluny in Burgund ausgehende Klosterreformbewegung in Rom und Mittelitalien erfolgte in Zusammenarbeit mit Alberich, der für diese größtes Interesse zeigte. Was die Außenpolitik angeht, so sprach er sich Anfang 942 zugunsten Ludwigs IV. d'Outremer (936–954) aus, Sohn Karls des Einfältigen (879–929), der 936 zum König von Frankreich gekrönt worden war, sich jedoch einer bedrohlichen Rebellion gegenübersah. Er sandte Bischof Damasus als päpstlichen Legaten nach Frankreich, um den Adel und das Volk Frankreichs und Burgunds bei Strafe der Exkommunikation zur Anerkennung Ludwigs als König und zur Aufgabe ihrer Feindseligkeit ihm gegenüber zu bewegen. Später im gleichen Jahr schickte er Erzbischof Hugo von Reims, der wie-

der in sein Amt eingesetzt worden war, nachdem er mehrere Jahre lang daraus verdrängt gewesen, das Pallium. Diese versöhnliche Geste trug zur Überwindung der Opposition gegen Ludwig bei.
In den letzten Monaten seines Lebens scheint Stephan mit Alberich in Konflikt geraten zu sein und an einem gegen diesen gerichteten Komplott oder Aufstand teilgenommen zu haben. Obwohl diesbezügliche Berichte späteren Datums sind und in Einzelheiten voneinander abweichen, besteht kein Anlaß, ihren Wahrheitsgehalt anzuzweifeln. Offenbar wurde der Papst eingekerkert sowie brutal verstümmelt und starb schließlich an seinen Wunden.

LP 2,244; JW 1,457 f.; *ZPR* 60–64; Watterich 1,32; 671; *MG*SS 22,431; *DHGE* 15,1198 (R. Aubert), Z 2 84; Mann 4,212–217; *NCE* 13,677 (M. A. Mulholland).

Marinus II.

(30. 10. 942 – Anfang Mai 946)

Der oft irrtümlich als Martin III. aufgeführte Papst war Römer von Geburt und zum Zeitpunkt seiner Wahl Kardinalpriester von S. Ciriaco; sonst ist über seine Herkunft und Laufbahn nichts bekannt. Wie seine beiden Amtsvorgänger verdankte er seine Erhebung ausschließlich Alberich II. von Spoleto (um 905–954), Fürst von Rom, Senator und Patrizier, der die Stadt von 932–954 regierte und Kandidaten seiner Wahl zum Papst berufen ließ. Marinus soll es tatsächlich nicht gewagt haben, auch nur einen Schritt ohne Anweisung des Fürsten zu unternehmen. Die von ihm geprägten Münzen trugen zwar auf dem Avers sein Monogramm und das des hl. PETRUS, doch auf der Rückseite standen Alberichs Name und Titel. Ein von C. Baronius (1538–1607) zitiertes Manuskript aus dem Vatikan stellt ihn in günstigerem Licht dar als jemanden, der kriegsähnliche Konflikte scheute und sich die Reform des weltlichen Klerus und der Mönche, die Restaurierung von Kirchengebäuden und die Armenpflege angelegen sein ließ. Seine schriftlich belegte Tätigkeit besteht zum großen Teil aus routinemäßigen Verwaltungsentscheidungen. Unter den bedeutenderen Akten befinden sich drei Bullen, in denen er, erstens, Bischof Sico von Capua dafür tadelte, Eigentum der Abtei von Monte Cassino übertragen zu haben; zweitens, die Besitzungen und Privilegien der Abtei bestätigte (21. 1. 944) und, drittens, im Sommer 945 Abt Balduin von Monte Cassino mit der Leitung des an S. Paolo fuori le Mura angeschlossenen Klosters betraute. Eine vierte Bulle von Anfang 946 bestätigt die Berufung Erzbischof Friedrichs von Mainz († 954) zum Apostolischen Vikar und päpstlichen Legaten in Deutschland mit der Befugnis, Synoden abzuhalten und Amtsmißbräuchen von Geistlichen und Mönchen ein Ende zu bereiten. Friedrichs Amt und Würde waren zwei Jahrhunderte zuvor dem hl. Bonifatius (680–754), Apostel der Deutschen, gewährt worden. Das genaue Datum von Marinus' Tod Anfang Mai 946 ist ungewiß.

Lit.: *LP* 2,245; JW 1,458; *ZPR* 64–72; *DTC* 9,2477 (É. Amann); *EC* 8,163 (A. Ghinato); Mann 4,218–223; *NCE* 8,223 (M. A. Mulholland).

Agapet II.

(10. 5. 946 – Okt. 955)

Der Nachfolger MARINUS' II. verdankte seine Erhebung zum Papst Alberich II. (um 905–954), Fürst und Alleinherrscher von Rom (932–954). Über seine Herkunft und Laufbahn ist nichts bekannt, außer daß er aus Rom gebürtig war. Während sich die anderen von Alberich berufenen Päpste weitgehend auf kirchliche Aufgaben beschränkt sahen, vermochte er, jedenfalls zu Beginn seiner Regierungszeit, in der Außenpolitik beachtliche Anstöße zu geben. Im Gegensatz zu dem simplen Monogramm von Alberichs früheren Geschöpfen erschien er auf den päpstlichen Münzen mit vollem Namen.
Auf dem Gebiet der Ordensreform arbeitete er eng mit Alberich zusammen; er bestätigte den Sonderstatus von Cluny (bei Mâcon) und ließ Mönche aus Gorze (Diözese Metz) nach Rom kommen, um in der an S. Paolo fuori le Mura angeschlossenen Abtei die Disziplin wiederherzustellen. Was die außeritalienische Kirche angeht, so wurde im Frühjahr 948 Bischof Marinus als sein Legat an den Hof König Ottos I. von Deutschland (936–973, ab 962 Kaiser) gesandt und leitete zusammen mit diesem und Ludwig IV. d'Outremer von Frankreich (936–954) die bedeutende Synode von Ingelheim (7. 6. 948). Auf dieser wurde nicht nur der Streit um die Nachfolge des Bischofs von Reims zugunsten Artauds, des Kandidaten König Ludwigs, geregelt, sondern auch versucht, der in Frankreich

herrschenden Unruhe beizukommen, indem Ludwigs aufsässiger Vasall Hugo d. Gr. angewiesen wurde, sich dem König bei Strafe der Exkommunikation zu unterwerfen. Agapet ratifizierte diese Beschlüsse auf einer römischen Synode Anfang 949. In einer vom 2. Januar 948 datierten Bulle hatte er die Jurisdiktion des Erzbischofs von Hamburg auf Dänemark und andere Länder des Nordens ausgedehnt. Er arbeitete mit Otto, den er bewunderte, eng zusammen, und als der sächsische König im Herbst 951 die Alpen überquerte, in Pavia die Königswürde an sich riß und Gesandte nach Rom schickte (bezeichnenderweise nicht zum Fürsten, sondern zum Papst), um über die Verleihung der Kaiserkrone zu verhandeln, hätte Agapet sie ihm freudig angeboten, wären ihm nicht die Hände gebunden gewesen. Da Alberich, der kein Verlangen danach hatte, in Rom einen fremden Kaiser herrschen zu lassen, entschieden gegen das Projekt war, mußte Agapet dem König die Krone verweigern. Dennoch fuhr Agapet fort, Otto aktiv zu unterstützen; so sprach er ihm umfassende Jurisdiktion über Klöster zu, gestattete 954 seinem Bruder Bruno, Erzbischof von Köln (953–965), nach Belieben das Pallium zu tragen, billigte das Vorhaben des Königs, das von ihm 937 bei Magdeburg gegründete Kloster St. Moritz in den Sitz eines Erzbischofs mit Oberaufsicht über die Slawenmission zu verwandeln, und autorisierte ihn (wie aus einem Protestschreiben Erzbischof Wilhelms von Mainz an den Papst von 955 hervorgeht), Erzbistümer und Bistümer zu gründen und die Bistumsgrenzen nach eigenem Gutdünken festzulegen. Auf diese Art spielte er eine wesentliche Rolle in dem Prozeß, der zur Wiederherstellung des Kaisertums führte.

Ungeachtet der Tatkraft und Selbständigkeit des Papstes trat die Schwäche seiner Position zutage, als Alberich im Sterben lag. In Sorge um die Erhaltung der ungeteilten – geistlichen wie weltlichen – Macht in Rom in seiner Familie rief der Fürst Adel und Klerus einschließlich des Papstes in St. Peter zusammen und ließ sie schwören, daß sie nach dem Ableben Agapets seinen Bastard Oktavian, der ihm als Fürst nachfolgen sollte, auch zum Papst wählen würden. Agapet sah sich genötigt, in diese absolut unvorschriftsmäßige Abmachung einzuwilligen. Als Alberich starb (31. 8. 954), wurde Oktavian sein Nachfolger als weltlicher Herrscher. Agapet verschied ein Jahr später und wurde hinter der Apsis von S. Giovanni in Laterano beigesetzt.

Lit.: *LP* 2,245; JW 1,459–463; *ZPR* 72–98; *PL* 133,889–932; P. Jaffé, *Bibliotheca rer. Germ.*, Berlin 1866, Bd. 3, S. 345–350; *MG* Leges 2,19–26; *Rivista Ital. di numismatica* 33 (1920) S. 225–227; *DBI* 1,367 f. (G. Arnaldi); *DHGE* 1,890–892 (J. P. Kirsch); Mann 4,224–240; *NCE* 1,195 (C. M. Aherne).

Johannes XII.

(16. 12. 955 – 4. 12. 963; † 964)

Er wurde um 937 als unehelicher Sohn Alberichs II. (um 905–954), Fürst und allmächtiger Herrscher über Rom (932–954), geboren und auf den Namen Oktavian getauft. Auf seinem Totenbett ließ Alberich die Führer Roms schwören, daß sie Oktavian, der ihm als weltlicher Fürst nachfolgen sollte, nach dem Ableben des regierenden Papstes AGAPET II. auch zum obersten Kirchenfürsten wählen würden. Obwohl diese Vereinbarung dem Dekret Papst SYMMACHUS' I. (1. 3. 499) zuwiderlief, wonach die Bestimmung eines Nachfolgers noch zu Lebzeiten eines amtierenden Papstes untersagt war, trat sie in Kraft. Oktavian änderte, dem Beispiel JOHANNES' II. (533) folgend, als zweiter Papst der Geschichte seinen Geburtsnamen ab. Schon früh im geistlichen Stande, war er damals noch keine 18 Jahre alt. Zeitgenössische Berichte stimmen darin überein, daß er geistlichen Dingen wenig zugeneigt war, einer vulgären Vergnügungssucht nachgab und ein hemmungslos ausschweifendes Leben führte. Böse Zungen beschuldigten ihn, den Lateranpalast in ein Bordell verwandelt zu haben.

Trotz seines skandalösen Lebenswandels stellte Johannes seine administrative Tätigkeit unter Beweis und ergriff jede Gelegenheit, die päpstliche Autorität zu behaupten. Sein Ansehen in der Gesamtkirche wurde durch seine Lebensführung anscheinend nicht beeinträchtigt. Beispielsweise suchte die mohammedanischer Herrschaft unterworfene Kirche Spaniens seinen Rat, und bedeutende Besucher, denen er das Pallium verlieh, waren die neu berufenen Erzbischöfe Oskytel von York (957) und Dunstan von Canterbury (960). Wie sein Vater war er an der Reform des Ordenswesens interessiert. So ließ er den Äbten von Farfa (40 km nördl. von Rom) und Subiaco (80 km östl. von Rom) materielle Unterstützung zukommen und wallfahrte im Mai 958 nach Subiaco. Unterdessen verschlechterte sich seine politische Situation. Sein 958 unternommener Versuch, das Territorium des Kirchenstaats durch Angriffe auf Capua und Benevent zu vergrößern, war unbedacht und scheiterte jämmerlich. Im Norden wurde der Kirchenstaat von Berengar II., König von Italien (950–963), überfallen und geplündert; 959 eroberte dieser das Herzogtum Spoleto. Johannes war sich seiner Schwäche bewußt und schickte Ende 960 zwei Gesandte zu Otto I., seit 936 König von Deutschland, die seine Hilfe erbaten und ihm die Kaiserkrone anboten. Dies stellte eine völlige Abkehr von Alberichs Politik dar, doch handelte Johannes vermutlich unter dem Druck der römischen Opposition, die zunehmend von Reformidealen beeinflußt wurde und über seinen schändlichen Lebenswandel empört war, und konnte nicht mehr frei entscheiden.

Otto I., der sich bereits 951 vergeblich um die Kaiserkrone bemüht hatte, begrüßte das Angebot. Zunächst traf er mit den Abgesandten eine Übereinkunft zum Schutze des Papstes und des als unverletzlich erklärten *patrimonium Petri* und verpflichtete sich zur Nichteinmischung in die inneren Angelegenheiten Roms. Daraufhin marschierte er im Spätsommer 961 in der Lombardei ein, wo er rasch seine Souveränität wiederherstellen konnte, und traf am 31. Januar 962 in Rom ein. Am 2. Februar salbte und krönte Johannes ihn und Königin Adelheid in der Peterskirche, schwor ihm zusammen mit den Führern Roms die Treue und verweigerte Berengar die Gefolgschaft. Damit war zum zweitenmal das Heilige Römische Reich geschaffen, das bis zur Abdankung Kaiser Franz' II. (1806) bestehen blieb. Eine daraufhin abgehaltene Synode ermahnte Johannes zu einem besseren Lebenswandel und traf einige die deutsche Kirche betreffende Entscheidungen. Insbesondere entsprach Johannes durch die Erhebung Magdeburgs zur Erzdiözese mit Aufsichtsfunktionen über die Slawenmission den Wünschen des Kaisers. Schließlich erließ Otto am 13. Februar das »Ottonische Privileg«, in dem die Schenkungen Pippins und Karls d. Gr. feierlich bekräftigt wurden und der Kirchenstaat durch bedeutsame Erweiterungen auf zwei Drittel Italiens ausgedehnt wurde. Dieses sog. *Ottonianum* verpflichtete den Kaiser zur Verteidigung der Rechte und Besitzungen der Kirche und stellte in einer möglicherweise erst im Dezember 993 hinzugefügten Klausel die Bedingungen für freie Papstwahlen wieder her, wie sie in der *Constitutio Romana* Lothars I. von 824 festgelegt worden waren: Bestätigung des Gewählten durch den Kaiser, seine Verpflichtung, dem Kaiser den Lehnseid zu schwören, und Anerkennung des Kaisers als Oberherrn über den Kirchenstaat.

Papst und Kaiser waren von gegenseitigem Mißtrauen erfüllt gewesen, und als Otto Rom verließ, um gegen Berengar vorzugehen, begann Johannes, der sich einen Schutzherrn, aber keinen Herrn gewünscht hatte, auf der Stelle mit Hilfe Adalberts, Sohn Berengars, und mit Hilfe der Ungarn Intrigen gegen den Kaiser zu spinnen. Otto kehrte erbost nach Rom zurück (7. 11. 963); Johannes, der zunächst an bewaffneten Widerstand gedacht hatte, flüchtete mit dem päpstlichen Schatz nach Tivoli. Otto ließ die Römer schwören, nie wieder einen Papst ohne seine Zustimmung zu wählen, und präsidierte in St. Peter einer Synode, auf der der Klerus Johannes eines lasterhaften Lebenswandels bezichtigte und er selbst ihn der Untreue und des Verrats anklagte. Die Synode forderte Johannes dreimal schriftlich auf, sich vor ihr zu rechtfertigen, doch weigerte er sich und drohte den Synodalen die Exkommunikation an. Am 4. Dezember wurde er in Abwesenheit abgesetzt, und Otto, den die Synode bat, den »Apostaten« durch einen würdigen Nachfolger zu ersetzen, schlug einen hochgestellten Lateranbeamten, den Kanzler (*protoscriniarius*) Leo, vor. Dieser wurde gewählt und zwei Tage später als LEO VIII. zum Papst geweiht. Es ist angezweifelt worden, ob die Absetzung des Johannes wirklich Gültigkeit besaß, verletzte sie doch das althergebrachte Prinzip, wonach der Hl. Stuhl von keiner Erdenmacht gerichtet werden darf.

Ein von Johannes angezettelter Aufstand wurde blutig niedergeschlagen (3. 1. 964). Seine eigenen Intrigen wie auch das ungeschickte Vorgehen Leos VIII. ermöglichten es Johannes, sein Ansehen in der Stadt so weit wiederherzustellen, daß er sich, als Otto Ende Januar aus Rom abzog, um sich mit seinem Heer zu vereinigen, wieder an die Spitze des Vatikans stellen konnte (Feb. 964). Leo war geflohen, aber an all den Widersachern, die er auftreiben konnte, nahm Johannes grausame Rache. Auf einer Synode vom 26. Februar ließ er die Akten der kaiserlichen Synode annullieren, setzte Leo als Usurpator ab und erklärte die von diesem vorgenommenen Weihen für ungültig. Indessen war sein Triumph kurzlebig. Otto marschierte auf Rom, und Johannes, der sich eine Einigung mit ihm erhoffte, suchte im April vorsorglich Schutz in der Campagna. Dort erlitt er Anfang Mai einen Schlaganfall (angeblich, während er mit einer verheirateten Frau im Bett war) und starb, erst Mitte Zwanzig, eine Woche später.

Lit.: *PL* 133,1013–41; *LP* 2,246–249; JW 1,463–467; *ZPR* 98–139; *MG* Const 1,23–27 [*Ottonianum*]: 532–536; Watterich 1,41–62; 672–679; K. Hampe, »Die Berufung Ottos d. Gr. zu Rom durch Papst Johannes XII.«, in: *Fs. für K. Zeuner*, Weimar 1910; P. Schramm, *Kaiser, Rom und Renovatio*, Darmstadt [2]1957; W. Ullmann, »The Origins of the *Ottonianum*«, in: *CHJ* 11 (1953), S. 114–128; *DTC* 8,619–626 (É. Amann); Z 1 77–92; Z 2 134–152; Mann 4,241–272; *NCE* 7,1011 (S. McKenna); Seppelt 2,361–371.

Leo VIII.

(4. 12. 963 – 1. 3. 965)

Als die römische Synode unter Leitung Kaiser Ottos I. (962–973) JOHANNES XII. (955–963) in Abwesenheit seines Amtes enthob (4. 12. 963), wurde Leo, Kanzler (*protoscriniarius*) der Kirche und erfahrener Lateranbeamter von vorbildlichem Charakter, mit Ottos Billigung per Zuruf zum neuen Papst gewählt. Obwohl er Laie war, wurde er sofort im Lateran in sein Amt eingeführt und empfing entgegen den Bestimmungen des Kirchenrechts an einem einzigen Tag hintereinander die niederen Weihen. Am 6. Dezember wurde er von den Bischöfen zu Ostia, Porto und Albano geweiht, wobei zum erstenmal bei einer Papstweihe die von Otto in Italien eingeführten, geänderten Riten angewandt wurden. Wahrscheinlich schwor er vor der Zeremonie dem Kaiser die Lehnstreue (vermutlich wurde der Abschnitt des *Ottonianum*, der einen solchen Eid vorschrieb, zu diesem Zeitpunkt eingefügt). Die Rechtmäßigkeit seines Pontifikats, zumindest bis zum Tod Johannes' XII., ist umstritten und hängt davon ab, ob dessen Absetzung gültig ist oder nicht – eine Frage, die von Kirchenrechtlern debattiert wird.

Weder Ottos souveräne Herrschaft noch anscheinend die Wahl Leos fanden den Beifall des Volkes; ein von Johannes XII. in Tivoli angezettelter Aufstand, der ihrer beider Leben bedrohte, mußte von kaiserlichen Truppen niedergeschlagen werden (3. 1. 964). Unklugerweise überredete Leo, der dem Blutvergießen Einhalt zu gebieten suchte, Otto dazu, die von den Römern gestellten Geiseln freizulassen und sich mit einem neuerlichen Treueid zufriedenzugeben. Doch weit davon entfernt, dem Papst Zulauf zu verschaffen, führte dies nach dem Abzug des Kaisers und seiner Streitkräfte aus Rom Mitte Januar zu gewaltsamen Unruhen, in deren Verlauf der Papst schließlich genötigt war, am kaiserlichen Hof Zuflucht zu suchen, und Johannes die Zügel der Herrschaft wieder an sich zu reißen vermochte. Auf einer am 26. Februar in St. Peter abgehaltenen Synode setzte er Leo ab und exkommunizierte ihn als nicht nach dem Kirchenrecht geweihten Usurpator des Hl. Stuhls, der des Treubruchs gegenüber seinem rechtmäßigen Papst schuldig sei. Sämtliche Geistlichen, die er ordiniert hatte, wurden zu dem Bekenntnis gezwungen, daß die von ihm gespendeten Weihen nichtig seien.

Nach dem Tod des Johannes (14. 5. 964) ersuchten die Römer unter Mißachtung Leos den Kaiser um Genehmigung, den Kardinaldiakon BENEDIKT zum Papst wählen zu dürfen. Doch Otto, dessen persönliches Prestige an der Wiedereinsetzung Leos hing, schlug die Bitte rundweg ab. Dessen ungeachtet wählten die Römer Benedikt zum Papst und inthronisierten ihn als Benedikt V. Erst als Ottos Heer die Stadt belagerte und aushungerte, kapitulierten sie und ließen Benedikt fallen. Am 23. Juni war Otto in Rom und setzte Leo wieder ein. Dieser hielt wenige Tage später eine Synode ab, auf der Benedikt abgesetzt und degradiert wurde.

Von ein paar alltäglichen Entscheidungen abgesehen, ist über Leos Regierungszeit wenig bekannt. Drei ihm zugeschriebene Dokumente (*Cessatio donationum, Privilegium maius* und *Privilegium minus*), mit denen Otto und seinen Thronfolgern angeblich einige Territorien des Kirchenstaats zurückgegeben werden und das Recht zugesprochen wird, Erzbischöfe und Bischöfe zu nominieren und einzusetzen, sind als italienische Fälschungen des 11. Jh.s zur Unterstützung der Position Kaiser Heinrichs IV. im Investiturstreit ausgewiesen; sie spiegeln die Überzeugung wider, daß Leo nur eine Marionette Ottos war.

Lit.: *LP* 2,246–250; JW 1,466–470; 2,706; *MG*Const 1,532–536 [Absetzung]; 663–678 [gefälschte Privilegien]; *ZPR* 129–150; *DTC* 9,317–320 (É. Amann); Seppelt 2,367–372; Z1 88–95; 235–251; Z2 150–154; Th. Klauser, in: *HJ* 53 (1936) S. 186–189; M. Andrieu, »La carrière ecclésiastique des papes«, in: *RevSR* 21 (1947) S. 109 f.; W. Ullmann, *The Growth of Papal Government*, London ³1970, bes. S. 352–358.

Benedikt V.

(22. 5. – 23. 6. 964; † 4. 7. 966)

Der gebürtige Römer, von seinen Zeitgenossen als fromm, von vorbildlichem Lebenswandel und gelehrt (sein Beiname war »Grammaticus«) geschildert, trat als Diakon für die Reformbewegung in der Kirche ein. Wenngleich er nach der vorübergehenden Abwahl JOHANNES' XII. allem Anschein nach an der Wahl LEOS VIII. (6. 12. 963) teilnahm, spielte er in dem erbitterten Parteienzwist der Zeit keine herausragende Rolle. Als Johannes im Februar 964 wieder die Kontrolle über den Hl. Stuhl an sich riß und Leo absetzen ließ, blieb Benedikt, der sich in der Stadt aufhielt, unangetastet. Nach Johannes' Tod am 14. Mai riefen die Römer nicht etwa Leo zurück, sondern schickten an Kaiser Otto I. (962–973) in Rieti Gesandte mit der Bitte, Benedikt zum Papst küren zu dürfen. Sie wollten statt eines Libertin lieber einen Reformer haben, und Leo war nicht nach ihrem Geschmack. Vielleicht hofften sie, daß Otto bereit sein würde, diesen zugunsten eines untadeligen Kandidaten fallen zu lassen. Otto jedoch weigerte, sich erzürnt. Gleichwohl wurde Benedikt unter dem Versprechen, ihn unter allen Umständen verteidigen zu wollen, von Klerus und Volk gewählt und inthronisiert. Erst als Otto die Stadt belagerte und unbeeindruckt von den Bannflüchen, die Benedikt gegen das Belagerungsheer schleuderte, daran ging, Rom auszuhungern, kapitulierte die Bürgerschaft und lieferte den Papst am 23. Juni aus. Im Lateran wurde unverzüglich eine von Leo und Otto geleitete Synode einberufen, auf der Benedikt als Usurpator verurteilt wurde (in der Tat mußte er, solange Leo VIII. rechtmäßiger Papst war, als Usurpator gelten). Benedikt war zu demütig, um sich zu verteidigen, und wurde offiziell seines päpstlichen Ornats und seiner päpstlichen Insignien entledigt; seinen Hirtenstab (die erste überlieferte Erwähnung des päpstlichen Szepters) zerbrach Leo höchstpersönlich über dem Kopf des ausgestreckt auf dem Boden Liegenden. Der Bericht des Chronisten Liutprand († 972), wonach er seinen Ornat selbst ablegte, ist eine »Ente«, erfunden, um die Absetzung als freiwilligen Rücktritt hinzustellen. Auf Betreiben des Kaisers durfte er die Diakonswürde behalten, wurde indes nach Hamburg verbannt, wo ihn Bischof Adaldag mit deutlicher Ehrerbietung behandelte. Nach Leos Tod kam der Ruf nach seiner Wiedereinsetzung auf, verhallte jedoch ungehört. Hochverehrt für sein heiligmäßiges Leben, starb er am 4. Juli 966 in Hamburg. Seine Gebeine wurden 988 von Kaiser Otto III. nach Rom überführt.

Lit.: *LP* 2,251; JW 1,469 f.; *ZPR* 139–151; Mann 4,273–281; *DBI* 8,342–344 (P. Delogu); *DHGE* 8,31–38 (F. Baix); Seppelt 2,371; *NCE* 2,273 f. (S. McKenna); Z1 92–95; Z2 151–153.

Johannes XIII.

(1. 10. 965 – 6. 9. 972)

Der aus Rom gebürtige Sohn des Johannes Episcopus (ein Nachname, kein Titel!), der entgegen vielen anderslautenden Annahmen nicht mit den mächtigen Crescentiern verwandt war, wurde am päpstlichen Hof erzogen, übte verschiedene Ämter aus, war unter JOHANNES XII. Bibliothekar und wurde anschließend zum Bischof von Narnia in Umbrien befördert. Fünf Monate nach LEOS VIII. Tod (in der Zwischenzeit hatten die Römer vergebens um die Wiedereinsetzung BENEDIKTS V. nachgesucht) wurde er mit Billigung zweier Bischöfe, die Kaiser Otto I. (962–973) als seine Stellvertreter nach Rom entsandt hatte, zum Papst gewählt. Er war ein Kompromißkandidat; doch wenn Otto geglaubt hatte, er werde Rom mit einem Anhänger seiner Regierung als Papst besser im Griff haben, so sah er sich getäuscht, ja, die Wahl des Johannes schien zunächst katastrophale Auswirkungen zu haben; denn Johannes' Abhängigkeit von einem deutschen Souverän zusammen mit seiner anmaßenden Herrschaft machten ihn in der von Parteienstreit zerrissenen Stadt verhaßt. Im Dezember 965 kam es zur Empörung; Johannes wurde tätlich angegriffen, eingekerkert und in die römische Campagna verbannt. Es gelang ihm jedoch, zu entfliehen und Kontakt mit dem Kaiser aufzunehmen, und am 14. November 966 zog er im Triumph wieder in die Stadt ein, die ihre Kühnheit bitter bereute. An Weihnachten traf auch Otto in Rom ein, und alle an der Erhebung Be-

teiligten wurden mit grausamer Brutalität bestraft.
Von nun an stand Johannes unter dem Schutz des Kaisers, der bis zum Sommer 972 in Italien Hof hielt. Obwohl Johannes meist ein unterwürfiger Partner war, arbeiteten Papst und Kaiser zum gegenseitigen Vorteil zusammen. Auf einer Synode in Ravenna (April 967) bekräftigte Otto die Rückgabe weiter Gebiete einschließlich des früheren Exarchats an den Kirchenstaat, dem sie verlorengegangen waren. Vermutlich auf Ottos Betreiben wurden Maßnahmen zur Förderung des Zölibats der Geistlichen und zur Gewährung weiterer Vorrechte an das Kloster Cluny (bei Mâcon) ergriffen. Johannes seinerseits erhob Magdeburg zur Erzdiözese – ein Lieblingsprojekt des Kaisers, dem Johannes XII. 962 zugestimmt hatte, das aber bis dahin von den Bischöfen von Mainz und Halberstadt blockiert worden war. Otto hatte ursprünglich den Plan gefaßt, die Diözese zum Ausgangspunkt für die Bekehrung aller Slawen östlich von Saale und Elbe zu machen, doch in seinen Bullen (20. 4. 967 und 18. 10. 968), mit denen er ihre Privilegien bestätigte und ihrem ersten Erzbischof, Adalbert, das Pallium verlieh, begrenzte Johannes die Aufgaben des Sitzes auf die »jüngst bekehrten Slawen« und sprach die Schaffung neuer Bistümer nicht dem Kaiser, sondern dem Metropoliten zu – wie es heißt, ein Beweis für ein gewisses Maß an Unabhängigkeit, das sich der Papst zu erhalten vermochte.
Weihnachten 967 krönte Johannes Ottos 12jährigen Sohn, Otto II. (955–983), zum Mitkaiser. Angesichts der Wiedererrichtung des abendländischen Kaiserreichs 962 und der Bestrebungen Ottos, seine Herrschaft auf die süditalienischen Gebiete unter byzantinischem Protektorat auszudehnen, lag die Notwendigkeit der Aufnahme konstruktiver Beziehungen mit Konstantinopel auf der Hand. Otto suchte dies durch eine politische Heirat zu erreichen, und Johannes traute Otto II. und die griechische Prinzessin Theophano, Nichte Kaiser Johannes' I. Tzimiskes (969–976), die er krönte (14. 4. 972). Doch die Spannungen zwischen Ost- und Westkirche ließen selbst dann nicht nach. Als Johannes im Einklang mit Ottos politischen Absichten Capua und Benevent zu Erzbischofssitzen erhob, rächte sich der Patriarch von Konstantinopel mit der Ernennung des Bischofs von Otranto zum Erzbischof, dem er fünf Suffraganbischöfe unterstellte, und dem Versuch, den römischen Einfluß in den byzantinischen Provinzen Apulien und Kalabrien einzudämmen.
Vich in Nordostspanien machte Johannes zu einem eigenen Erzbistum – wenn auch nur für ein Jahr. 972 suchte Oswald († 992), der kurz zuvor bestallte Erzbischof von York, ihn auf, angeblich um das Pallium in Empfang zu nehmen, vermutlich aber auch, um die Neuordnung des Klosterlebens in England auf der Grundlage der inzwischen mehr und mehr akzeptierten Regel auf dem Kontinent zu erörtern. Mit Hilfe des päpstlichen Patronats gelang es der Familie der Crescentier – ein Mitglied derselben hatte in den unruhigen Tagen des Jahres 965 für Johannes gefochten –, ihre Macht in Rom zu vergrößern. Johannes wurde in S. Paolo fuori le Mura beigesetzt.

Lit.: *LP* 2,253 f.; JW 1,470–477; 2,706 f.; *ZPR* 150–203; Watterich 1,44; 684–686; Brezzi 142–148; A. Brackmann, »Die Ostpolitik Ottos des Großen«, in: *HZ* 134 (1926) S. 242–256; *DTC* 8,626–628 (É. Amann); Mann 4,282–304; Seppelt 2,372–378; Z 1 95–98; Z 2 153–185.

Benedikt VI.

(19. 1. 973 – Juli 974)

Über seine Herkunft ist nur bekannt, daß er Römer und Sohn eines gewissen Hildebrand war, der später Mönch wurde. Als er zum Papst gewählt wurde, war er Kardinalpriester von S. Teodoro. Das genaue Datum und die Umstände seiner Wahl sind unbekannt. Jedenfalls stellte sich die zunehmend mächtigere Familie der Crescentier voll hinter einen Kandidaten ihrer Wahl, den Diakon Franco. Benedikt jedoch hatte die Unterstützung sowohl der kaiserlichen Partei als auch aller Wahrscheinlichkeit nach der reformerischen Kreise, die einer rein politisch motivierten Berufung entgegentraten. Er muß im September oder Oktober 972 gewählt worden sein; die Verzögerung seiner Weihe hatte mit der im *Privilegium Ottonianum* von 962 festgelegten Verpflichtung zu tun, die Genehmigung Kaiser Ottos I. ((962–973) einzuholen, der sich damals in Deutschland aufhielt.
Die Crescentier mußten sich daraufhin zuerst einmal mit ihrem Fehlschlag abfinden. Benedikt verfolgte eine für das ottonische Papsttum kennzeichnende Politik; so bestätigte er die Vorrangstellung Triers als des ältesten deutschen Bischofssitzes, begünstigte die Reformklöster und

untersagte den Bischöfen strengstens, Gebühren für Priester- und Bischofsweihen zu erheben. Ottos Tod (7. 5. 973) indessen unterhöhlte auf verhängnisvolle Weise die Stellung des Papstes in dem von Parteienstreit zerrissenen Rom; ein Jahr später, zu einem Zeitpunkt, da der neue Kaiser Otto II. (973–983) mit Unruhen in Deutschland beschäftigt war, erhob sich eine von Konsul Crescentius I. († 984), Sohn Theodoras d. J. († um 950) und Oberhaupt der Sippe der Crescentier, angeführte nationalistische Partei gegen Benedikt. Zwar gibt es kaum konkrete Beweise, aber wahrscheinlich spielten die Byzantiner, darauf erpicht, die Krise im Reich auszunutzen und die deutsche Oberherrschaft in Italien zu stürzen, bei dem Aufstand eine Rolle. Im Juni 974 wurde Benedikt von den Rebellen ergriffen und in der Engelsburg eingekerkert, wo er seines Verfahrens harrte. Weder über die Anklageerhebung noch über den Ausgang der Verhandlung ist etwas bekannt; jedenfalls wurde der Diakon Franco eiligst zum Papst gewählt und unter dem Namen BONIFATIUS VII. geweiht. Der Vertreter des Kaisers, Graf Sicco von Spoleto, eilte im Juli nach Rom und verlangte kategorisch Benedikts Freilassung, aber umsonst. Bonifatius ließ ihn von einem Priester namens Stephan erdrosseln, wohl in der Annahme, daß sein Anspruch auf den Hl. Stuhl sich glaubwürdiger ausnähme, wenn dessen rechtmäßiger Inhaber aus dem Weg geschafft wäre.

Zwei Privilegien, die von Benedikt ergangen sein sollen und mit denen ein Streit zwischen Erzbischof Friedrich von Salzburg und Bischof Pilgrim von Passau um die Kirchenhoheit über Ungarn geschlichtet werden sollte, haben sich als Fälschungen herausgestellt.

Lit.: *LP* 2,255–257; JW 1,477–479; 2,707; *ZPR* 203–211; *DHGE* 8,38–43 (F. Baix); *DBI* 8,344–346 (P. Delogu); P. E. Schramm, »Kaiser, Basileus und Papst in der Zeit der Ottonen«, in: *HZ* 33 (1924) bes. S. 436 f.; Mann 4,305–314; Z 1 99 f.; Z 2 202 f.; 209; Seppelt 2,377–379.

Bonifatius VII.

(Gegenpapst, Juni – Juli 974; Aug. 984 – 20. 7. 985)

Der gebürtige Römer, der sich Franco nannte, Sohn des Ferrucius, war 972 Kardinaldiakon und scheint nach dem Tod JOHANNES' XIII. am 6. September der bevorzugte Kandidat der damals in Rom herrschenden Familie der Crescentier gewesen zu sein. Der von der kaiserlichen Partei erwählte und von Kaiser Otto I. (962–973) bestätigte Mann war indessen BENEDIKT VI., der nur wenige Anhänger unter der Aristokratie besaß und dessen Schwäche sich bei Ottos Tod im Mai 973 zeigte. Im Juni 974, als der neue Kaiser Otto II. (973–983) mit Schwierigkeiten in Deutschland zu kämpfen hatte, kam es unter Führung von Crescentius I. de Theodora zu einem Aufstand gegen Benedikt; dieser wurde in der Engelsburg eingekerkert und Franco als Bonifatius VII. zum Papst geweiht. Der Vertreter des Kaisers, Graf Sicco, eilte aus Spoleto herbei und forderte Benedikts Freilassung; doch Bonifatius, dem klar war, daß Sicco den rechtmäßigen Papst auf jeden Fall wiedereinsetzen würde, ließ diesen erdrosseln. Das Entsetzen über diesen Mord kehrte die Stimmung in der Bevölkerung gegen ihn, und bald darauf mußte er selbst in der Engelsburg Schutz suchen. Sicco stürmte die Festung, aber Bonifatius konnte flüchten, nahm einen Teil des päpstlichen Schatzes mit und begab sich nach Süditalien auf byzantinisches Territorium.

Unterdessen wurde im Oktober mit Billigung Siccos und anscheinend auch der Crescentier BENEDIKT VII. (974–983) zum Papst gewählt. Eine seiner ersten Maßnahmen war die Einberufung einer Synode, auf der Bonifatius aus der Kirche ausgestoßen wurde; die Strafe wurde in der Ost- wie in der Westkirche bekanntgemacht. Der Usurpator war freilich alles andre als erledigt und vermochte sich im Sommer 980, möglicherweise während der Abwesenheit des Papstes, zeitweise sogar wieder in Rom zu etablieren. Benedikt sandte ein dringendes Hilfegesuch an Otto, konnte aber erst im März 981 in Begleitung des Kaisers und bewaffneter Soldaten zurückkehren. Bonifatius wurde erneut vertrieben und floh nach Konstantinopel.

Vier Jahre später gelang Bonifatius, der sich die Wirren nach Ottos II. Tod (7. 12. 983) und die Unbeliebtheit von Benedikts Nachfolger, JOHANNES XIV., zunutze machte, eine zweite, erfolgreiche Rückkehr, die freilich nur von kurzer Dauer war. Reichlich mit byzantinischen Geldern ausgestattet, zog er im April 984 in Rom ein, wo er mächtige Verbündete fand, ließ Johannes einsperren, absetzen und vier Monate später (20. 8. 984) ermorden. Daraufhin bestieg er erneut den Papstthron. Über sein Pontifikat ist fast nichts bekannt, aber allein die Tatsache, daß es elf Monate währte, ohne daß der Kaiser eingegriffen hätte, beweist nicht nur die Schwäche der Regierung, sondern auch die Unterstützung, die Bonifatius trotz der ihm entgegenschlagenden Opposition (die zu unterdrücken, ließ er den Kardinaldiakon Johannes blenden) zuteil wurde.

Am 20. Juli 985 starb Bonifatius überraschend. Die Vermutung, daß er zum Opfer einer Palastintrige und ermordet wurde, klingt plausibel, wird von den Quellen allerdings nicht belegt. Ganz gewiß wurde er von der öffentlichen Meinung verabscheut, denn auf seinen Tod folgte ein wilder Ausbruch der Empörung gegen ihn: Sein Leichnam wurde des päpstlichen Ornats entkleidet, durch die Straßen gezerrt und unter dem Reiterstandbild Mark Aurels (das damals nicht auf dem Kapitol stand, sondern vor dem Lateranpalast) nackt zur Schau gestellt; die Menge trampelte auf ihm herum und durchbohrte ihn mit Lanzen. Im Volksmund wurde sein Name von »Bonifatius« zu »Malefatius« geändert.

Bonifatius wurde, wenn auch gewöhnlich unter der Bezeichnung eines Usurpators, in den offiziellen altkirchlichen Papstkatalogen geführt und erst 1904 als Gegenpapst eingestuft. Der nächste Papst, der den Namen Bonifatius führte, wurde als Bonifatius VIII. gezählt. Von einigen Seiten wird argumentiert, daß er zumindest vom Todestag JOHANNES' XIV. im August 984 an legitimer Papst gewesen sei. Er selbst bekundete seine Auffassung, daß Benedikt VII. und Johannes XIV. sich ihr Amt angemaßt hätten, und beharrte auf der Datierung seiner Regierungszeit von seiner Weihe 974 an.

Lit.: *LP* 2,255–259; JW 1,485; 2,707; 747; *ZPR* 211 f.; 231–233; 253–256; Brezzi 148–157; *DHGE* 9,900–904 (F. Baix); *LThK* 2,589 (G. Schwaiger); *EC* 2,1866 (P. Goggi); *DBI* 12,143–146 (P. Delogu); Seppelt 2,378–383; Z 1 99–103; Z 2 202–204; 206; 213; 225–227.

Benedikt VII.

(Okt. 974 – 10. 7. 983)

Ein römischer Adliger, Sohn eines gewissen David, verwandt mit Fürst Alberich II., der in Rom 932–954 geherrscht hatte, und verbunden mit der mächtigen Sippe der Crescentier, war Benedikt Bischof von Sutri bei Viterbo, als er mit Billigung Graf Siccos, Vertreter Kaiser Ottos II. (973 bis 983), zum Nachfolger BENEDIKTS VI. bestellt wurde, den der Usurpator BONIFATIUS VII. hatte ermorden lassen. Sicco verweigerte Bonifatius die Anerkennung, dieser floh daraufhin nach Süditalien, und es fand eine Neuwahl statt. Die Erhebung Benedikts war ein nützlicher Kompromiß: obwohl Kandidat der kaiserlichen Partei, war er auch in den Augen der Adelsfamilien annehmbar. Er berief unverzüglich eine Synode ein, auf der Bonifatius exkommuniziert wurde, aber selbst damit war seine Stellung nicht gesichert. Von seinem Stützpunkt auf byzantinischem Territorium in Süditalien aus landete Bonifatius im Sommer 980 nämlich einen Coup, der den Papst zur Flucht aus Rom zwang. Benedikt richtete ein dringendes Hilfegesuch an den Kaiser, konnte indes erst im März 981 zurückkehren, nachdem Otto sich in Italien Geltung verschafft hatte.

Benedikt, ein tief religiöser Mensch, förderte das Ordenswesen und die cluniazensische Kirchenreform. Mit dem Kaiser arbeitete er beflissen zusammen. Daher zielten viele seiner Verfügungen in den ersten Jahren seines Pontifikats darauf ab, nach den Kriegswirren der Jahre zuvor den Status der bedeutenden deutschen Bistümer zu regeln. So gewährte er dem Bischof von Mainz 975 das Recht, die deutschen Könige zu krönen, und bekräftigte seinen Primat als Apostolischer Vikar, genehmigte Dietrich von Trier einzigartige zeremonielle Privilegien und teilte ihm die kleine Kirche SS. Quattro Coronati auf dem Caelius zu (als erster Ausländer besaß dieser damit eine römische Titelkirche). Anfang 976 bestätigte er die Ernennung Thietmars zum Bischof der neu errichteten Diözese Prag, der zunächst die Oberaufsicht über Mähren und Böhmen zustehen sollte. Daneben ließ er Bischöfen, die – insbesondere in Deutschland – Klöster im Geist der Reform neu belebten, tatkräftige Unterstützung zukommen, so beispielsweise Dietrich von Trier. Er selbst stand mit Majolus, dem heiligmäßigen vierten Abt von Cluny (bei Mâcon, Burgund), in Kontakt und unterstellte die Insel Lérins dessen Kloster. In Rom gründete er 977 das Kloster SS. Bonifacio e Alexio auf dem Aventin neu, das Beziehungen zur Christenheit des Ostens, insbesondere den Slawen, pflegte; es unterstand dem aus Damaskus geflüchteten Patriarchen Sergius, den die Araber vertrieben hatten. Der Papst zeigte lebhaftes Interesse an Subiaco (östl. von Rom), wo

sich die Grotte des hl. Benedikt befand und er die Kirche S. Scholastica weihte (4. 12. 980). Seine Beziehungen zu Otto wurden nach dessen Rückkehr in die Stadt Rom im Frühjahr 981 noch enger. Der Kaiser residierte inzwischen in Italien und nahm im März 981 mit dem Papst an einer bedeutenden Synode in St. Peter teil, auf der die Simonie, d. h. Kauf oder Verkauf heiliger Weihen jedweden Ranges, untersagt wurde. Dieser Beschluß wurde in der gesamten christlichen Welt bekanntgegeben. Auf der Lateransynode (9./10. 9. 981) löste Benedikt im Einklang mit den Wünschen des Kaisers das Bistum Merseburg auf und verteilte dessen Gebiete auf die Diözesen Halberstadt, Zeitz und Meissen. Obwohl durchaus auch praktische Überlegungen hinter dieser Neuregelung standen, bezweckte er damit vor allem, die Ambitionen von Ottos Günstling, Bischof Giselher von Merseburg, zu befriedigen, der nun in das bedeutendere Bistum Magdeburg versetzt werden konnte. Benedikt schloß sich auch der antibyzantinischen Politik Ottos in Süditalien an, machte Salerno zu einem Erzbistum und gründete die Diözese Trani, die nicht von dem von Byzanz kontrollierten Bari abhängig war, sondern der lateinischen Kirche Gehorsam schuldete.
Bei aller Unterwürfigkeit dem Kaiser gegenüber vergrößerte sich während Benedikts Pontifikat das Ansehen des Hl. Stuhls in der Westkirche. Es häuften sich Besuche führender Prälaten wie Laien *ad limina* (d. h. »an die Schwelle«, nämlich die Grabmäler der Apostel PETRUS und Paulus – ein Fachausdruck für offizielle Audienzen beim Hl. Stuhl); mehr und mehr Streitfragen wurden an den Papst verwiesen: Nicht nur Sergius von Damaskus suchte in Rom Zuflucht, auch Jakob, der unter schwierigen Umständen gewählte Bischof von Karthago, begab sich für seine Weihe nach Rom. Benedikt wurde in S. Croce in Gerusalemme, einer der sieben alten Patriarchalbasiliken Roms, beigesetzt. Vor seiner Wahl, heißt es, habe er eine Pilgerreise nach Jerusalem unternommen, von wo er einen Splitter des Kreuzes Jesu mitgebracht haben soll.

Lit.: *LP* 2,LXX; 256; 258; JW 1,479–484; 2,707; *ZPR* 213–258; *PL* 137,315–358; Brezzi 152 f.; Mann 4,315–327; *DHGE* 8,46–51 (F. Baix); *EC* 2,1271 f. (B. Pesci); *DBI* 8,346–350 (P. Delogu); Z1 101 f.; Z2 204–207; Seppelt 2,378–380.

Johannes XIV.
(Dez. 983 – 20. 8. 984)

Nach dem Tod BENEDIKTS VII. (10. 7. 983) scheint Kaiser Otto II. (973–983) den Papstthron zunächst Majolus, dem heiligmäßigen vierten Abt von Cluny (964–994), angeboten zu haben, der indes ablehnte. Daraufhin nominierte er seinen vormaligen Erzkanzler für Italien, Petrus Canepanova, seit 966 Bischof von Pavia, seinem Geburtsort. Die lange Sedisvakanz erklärt sich aus den zeitraubenden Verhandlungen, die er führen mußte. Otto scheint Petrus ohne Befragen des Klerus und Volks von Rom eingesetzt zu haben; für eine regelgerechte Wahl liegen keine Anhaltspunkte vor. Daher besaß der neue Papst – der den Namen Johannes annahm, um nicht mit dem des Apostelfürsten belastet zu sein – in keiner Schicht der römischen Gesellschaft Verbündete und war völlig auf den Schutz seines Gönners angewiesen.
Zweifelsohne erwartete Otto von seinem früheren Minister loyale Zusammenarbeit; in der einzigen überlieferten Bulle des Papstes verleiht dieser denn auch zur Förderung der Süditalienpolitik des Kaisers Erzbischof Alo von Benevent das Pallium. Zu seinem Leidwesen war er gerade erst im Lateran in sein Amt eingeführt worden, als Otto, der mit Malariafieber aus dem Süden nach Rom zurückgekehrt war, in seinen Armen verschied (7. 12. 983), nachdem er noch die Absolution empfangen hatte. Kaiserin Theophano mußte unverzüglich nach Deutschland zurückreisen, um die Interessen ihres dreijährigen Sohnes Otto III. (980–1002) wahrzunehmen. Ohne Freunde stand Johannes auf verlorenem Posten; die Römer waren der Auffassung, daß er ihnen aufgezwungen worden war, und so wurde er eine leichte Beute für BONIFATIUS VII., der, von der mächtigen Sippe der Crescentier 974 zum Gegenpapst erhoben und von Benedikt VII. exkommuniziert, sich in Konstantinopel in Wartestellung befand. Im April 984 kehrte Bonifatius nach Rom zurück, Johannes wurde ergriffen, brutal mißhandelt, in aller Form abgesetzt und in das Verlies der Engelsburg geworfen. Über die Anklage oder den Prozeß haben sich keine Angaben erhalten. Vier Monate später starb er in der Festung den Hungertod; einigen Berichten zufolge wurde er vergiftet. Seine Grabinschrift in St. Peter, die den 20. August als Todesdatum verzeichnet, wurde noch zu Lebzeiten des Boni-

fatius eingemeißelt und vermerkt bezeichnenderweise die Umstände seines Todes nicht.

Lit.: *LP* 2,259; JW 1,484 f.; *ZPR* 250–255; *PL* 137,357; Mann 4,330–338; *DTC* 8,628 (É. Amann); *NCE* 7,1012 (S. McKenna); Z 1 102; Z 2 223 f.; Seppelt 2,380 f.

Johannes XV.

(Mitte Aug. 985 – März 996)

Johannes war Römer, Sohn eines Priesters namens Leo und Verfasser von gelehrten Büchern. Als er in der turbulenten Situation nach dem Tod des Gegenpapstes BONIFATIUS VII. Ende Juli 985 als gemeinsamer Kandidat führender Beamter der Kurie und des Familienoberhaupts der mächtigen Crescentier, Johannes Crescentius († 988), zum Papst gewählt wurde, war er Kardinalpriester von S. Vitale. Da die Regentin Theophano, Witwe Kaiser Ottos II. (973–983), in Deutschland beschäftigt war, amtierte Johannes Crescentius unter dem offiziellen Titel *patricius* als politischer Herrscher Roms und des Kirchenstaates. Obwohl in seinem Handlungsspielraum auf kirchliche Angelegenheiten beschränkt, tat sich der Papst mit dem Adel zusammen – eine Politik, die den Klerus befremdete, zumal auch seine Habsucht die Geistlichkeit gegen ihn aufbrachte. Die kaiserliche Regierung hatte an der Papstwahl keinen Anteil genommen, willigte jedoch in seine Berufung ein, und als Theophano im Winter 989/990 einige Monate in Rom verbrachte, um die Souveränität ihres noch jugendlichen Sohnes durchzusetzen, unterhielt sie zu Papst wie Patrizier herzliche Beziehungen.

So eingeschränkt seine Rolle in Rom war, so tatkräftig wirkte Johannes für die Kirche insgesamt. Als zwischen König Ethelred II. von England (978–1016) und dem Herzog der Normandie, Richard I. (946–996), Krieg auszubrechen drohte, vermittelte er und konnte eine friedliche Beilegung erreichen (1. 3. 991). 992 vermachte Herzog Mieszko I. von Polen (um 960–992) sein gesamtes Reich dem hl. PETRUS und dem Papst in der Absicht, wirksameren Schutz gegen Deutschland und Böhmen zu erlangen. In Deutschland ging Johannes mit der Kirchenpolitik der kaiserlichen Regierung konform und sprach auf einer Synode im Lateran (31. 1. 993) feierlich den früheren Bischof von Augsburg, Ulrich (923–973), heilig – die erste Kanonisierung eines Heiligen durch einen Papst. Vom deutschen Episkopat angespornt, griff er 992 in ein Absetzungsverfahren ein: Auf Betreiben Hugo Capets, König von Frankreich (987–996), war Erzbischof Arnoul von Reims (988–1021) im Juni 991 von der Synode zu St-Basle bei Verzy seines Amtes enthoben und durch Gerbert von Aurillac (den künftigen Papst SILVESTER II.) ersetzt worden. Die französischen Bischöfe hatten in der Überzeugung, daß sie dazu befugt seien und das Papsttum jegliche moralische Autorität verscherzt habe, eigenmächtig gehandelt. Als Abt Leo, der päpstliche Legat, sie zusammen mit Hugo Capet und dessen Bruder Robert aufforderte, sich in Rom zu verantworten, erwiderten sie auf der Synode von Chelles (993/994), ein Papst, der den Erlassen der Kirchenväter zuwiderhandle, sei nicht besser als ein Ketzer. Dennoch gelang es Johannes durch seinen Legaten, Gerbert 995 von der Synode zu Mouzon in den Ardennen suspendieren zu lassen. Dieser Vorfall gilt als eine der ersten und ernstesten Manifestationen des Gallikanismus, d. h. des Anspruchs der französischen Kirche, von der päpstlichen Autorität mehr oder weniger unabhängig zu sein.

Nach Theophanos Tod (15. 6. 991) verschlechterte sich Johannes' Position in Rom. 988 starb Johannes Crescentius, und sein Bruder Crescentius II. Nomentanus ergriff die Macht im Kirchenstaat und regierte wie ein Tyrann. Die französischen Bischöfe beschwerten sich in St-Basle, daß er ihren Gesandten den Zutritt zum Papst verweigert und diesen daran gehindert habe, sich mit ihren Anfragen zu befassen, solange nicht großzügige Bestechungsgeschenke gewährt würden. Abt Leo mußte zugeben, daß er Johannes »in solchem Leid und solcher Not« halte, daß er sie oder andere keiner Antwort würdigen könne. Im März 995 war Johannes, der von Crescentius verfolgt wurde und bei der Geistlichkeit wegen seiner Habgier und seines Nepotismus verhaßt war, genötigt, in Sutri Zuflucht zu suchen. Im Sommer schickte er Abgesandte an den deutschen König Otto III., der inzwischen 15 Jahre alt war und für mündig galt, und er flehte um Hilfe gegen seine Bedränger. Die Nachricht von diesem diplomatischen Schritt und Ottos Entschluß, gen Süden zu marschieren, zwang Crescentius und den römischen Stadtadel, ihren Frieden mit dem Papst zu machen, ihn zur Rückkehr aufzufordern und mit allen Ehren im Lateran wieder einzusetzen. Otto brach im Februar 996 von Regensburg auf, aber noch bevor er Rom erreichte, war Johannes einem heftigen Fieberanfall erlegen.

Lit.: *LP* 2,260; JW 1,486–489; 2,707 f.; *ZPR* 256–296; Z 1 104 f.; Z 2 227–254; Seppelt 2,381–387; W. Koelmel, »Beiträge zur Verfassungsgeschichte Roms im 10. Jahrhundert«, in: *HJ* 55 (1935) S. 527–544; K. G. von Žimgrod-Stadnicki, *Die Schenkung Polens an Papst Johannes XV.*, Fribourg 1911; F. Schneider, »Johannes XV., Papst, und Ottos III. Romfahrt«, in: *MIÖG* 39 (1923) S. 193–218; *DTC* 8,628 f.; (É. Amann); *NCE* 7,1012 (W. M. Plöchl).

Gregor V.

(3. 5. 996 – 18. 2. 999)

Als Kaiser Otto III. (996–1002) von Deutschland nach Italien zog, um dem Hilfegesuch JOHANNES' XV. nachzukommen, und Ostern 996 in Pavia eintraf, erfuhr er, daß der Papst im März verstorben war. Unverzüglich wartete in Ravenna eine Gesandtschaft des römischen Adels auf ihn, die ihn um die Ernennung eines neuen Pontifex ersuchte; ihre Haltung verriet, daß sie seinen Zorn fürchtete, hatte der Adel Johannes XV. doch übel mitgespielt. Ottos Wahl fiel auf einen 24jährigen Verwandten namens Brun (* 972), den Sohn seines Vetters Herzog Otto von Kärnten, einen Priester von hervorragender Bildung, der als Hauskaplan des Königs Verwaltungserfahrung gesammelt hatte. In Begleitung von Erzbischof Willigis von Mainz und Bischof Hildibald von Worms, dem Kanzler Ottos, reiste Brun nach Rom, wurde in aller Form gewählt und nahm bei seiner Weihe zum ersten deutschen Papst den Namen Gregor V. an; als Vorbild nahm er sich GREGOR d. Gr. (590 bis 604).
Am Himmelfahrtstag (21. 5.) krönte er Otto in St. Peter zum Kaiser und Patrizier und machte ihn somit zum Schutzherrn der Kirche. Am 22. Mai fällte Otto ein Urteil über den Diktator Crescentius II. Nomentanus, der Johannes XV. verfolgt hatte; er wurde in die Verbannung geschickt, auf die unüberlegte Fürsprache Gregors hin, der sich die Aussöhnung mit den mächtigen Familien Roms erhoffte, allerdings begnadigt. Unterdessen trübten sich die Beziehungen zwischen Papst und Kaiser zusehends, versuchte doch der neue Papst seine Selbständigkeit zu behaupten und sich den Standpunkt der Kurie zu eigen zu machen. Otto weigerte sich, den Pakt mit dem Hl. Stuhl, den Kaiser Otto I. (962–973) in seinem und seines Sohnes Namen abgeschlossen hatte, zu erneuern oder dem Kirchenstaat, wie von Gregor gefordert, die Pentapolis (einen Teil der Pippinschen Schenkung) zurückzugeben. Gregor seinerseits zögerte nicht, im Mai 996 Gerbert (den zukünftigen Papst SILVESTER), den Johannes XV. suspendiert hatte, der jedoch ein enger Freund Ottos geworden war, zum Usurpator des Bischofsstuhls von Reims zu erklären und seinen abgesetzten Amtsvorgänger Arnoul (988 bis 1021) zu dessen rechtmäßigem Inhaber.
Anfang Juni zog Otto, den es nach einem kühleren Klima verlangte, aus Rom ab. Einen Monat später ersuchte Gregor – der seine Position gefährdet sah, da er den in Rom aufgekommenen Widerwillen gegen einen ausländischen Papst verspürte – den Kaiser zurückzukehren; dieser jedoch lehnte unter Hinweis auf seine schlechte Gesundheit ab und verwies den Schutzsuchenden an die Herzöge von Tuscien und Spoleto. Anfang Oktober, als Otto sich wieder in Deutschland aufhielt, erhoben sich die Römer unter Führung von Crescentius II. und vertrieben Gregor unter Aberkennung all seiner Titel aus der Stadt. Er flüchtete sich nach Spoleto; zwei Versuche, sich Roms mit Waffengewalt wieder zu bemächtigen, schlugen fehl.
Im Januar 997 begab sich Gregor in die Lombardei, wo er sich mit örtlichen Bischöfen unterredete, vermutlich auch mit Erzbischof Johannes Philagathos von Piacenza, der erst kurz zuvor von diplomatischer Mission aus Byzanz heimgekehrt war. Anfang Februar hielt Gregor in Pavia eine Synode ab, auf der Crescentius exkommuniziert wurde und die alten, auf SYMMACHUS (1. 3. 499) zurückgehenden Richtlinien bekräftigt wurden, wonach zu Lebzeiten eines Papstes getroffene Absprachen über seinen Nachfolger sowie der Kauf kirchlicher Ämter untersagt waren. Später im selben Monat sorgten Crescentius und seine Anhänger unter dem Vorwand, der Papstthron sei vakant, mit aktiver Unterstützung des byzantinischen Gesandten Leon für die Wahl des Johannes Philagathos und für seine Inthronisation unter dem Namen JOHANNES XVI. Der Usurpator wurde schon bald darauf vom Episkopat der Westkirche exkommuniziert; da der Kaiser jedoch vorläufig in Deutschland zu tun hatte, konnte er erst im Februar 998 von Rom Besitz ergreifen. Der wieder in sein Amt eingeführte Gregor leitete eine Synode, in deren Verlauf Jo-

hannes Philagathos, den man bereits furchtbar verstümmelt hatte, abgesetzt und in ein Kloster gesperrt wurde. Crescentius wurde auf den Zinnen der Engelsburg enthauptet.
Während seiner restlichen Amtszeit arbeitete Gregor eng mit Otto zusammen, wenngleich die unterschiedliche Auffassung von ihrer jeweiligen Rolle die Beziehungen nicht gerade erleichterte. Entschlossen, den päpstlichen Standpunkt durchzufechten, suspendierte Gregor die französischen Bischöfe, die an der Absetzung Arnouls von Reims Anteil gehabt hatten, und ratifizierte im Februar 997 in Pavia dessen Wiedereinsetzung als Bischof. Doch als Otto Gerbert zum Erzbischof von Ravenna machte, mußte er die Berufung dulden und ihm das Pallium zusenden. Der reformbewußte Papst exkommunizierte König Robert II. von Frankreich (996–1031), weil der es ablehnte, sich von seiner Base Bertha zu trennen, die er gegen das Kirchenrecht geehelicht hatte. Gegen den Willen des Kaisers ergriff er Anfang 999 Maßnahmen zur Wiedererrichtung des Bistums Merseburg, das 981 aufgelöst worden war.
Sein unerwarteter Tod im Februar 999 löste das Gerücht aus, er sei vergiftet worden. In Wahrheit wurde er ein Opfer der Malaria. Er zählte nicht einmal 30 Jahre, ein harter und entschlossener Mann von rastloser Tatkraft. Seine Grabschrift rühmt seine Fähigkeit, nicht nur auf lateinisch, sondern auch auf französisch und deutsch zu predigen.

Lit.: *LP* 2,261 f.; JW 1,489–495; *ZPR* 296–342; Z1 104–113; Z2, Kap. 10; Seppelt 2,387–392; K. Guggenberger, *Die deutschen Päpste*, Köln 1916, S. 15–28; K. und M. Uhlirz, *Jahrbücher des deutschen Reiches: Otto III.*, Berlin 1954, pass.; Mann 4,389–446; *LThK* 4,1182 (Th. Schieffer); *NCE* 6,771 (F. Dressler).

Johannes XVI.

(Gegenpapst, Feb. 997 – Mai 998; † 26. 8. 1001)

Der aus Rossano in Kalabrien gebürtige Grieche mit Namen Johannes Philagathos wurde von Kaiser Otto II. (973–983) zum Kanzler von Italien (980) und zum Abt von Nonantola bei Modena (982) ernannt. Nach Ottos Tod bestellte ihn dessen Witwe Theophano 987 zunächst zum Lehrer ihres siebenjährigen Sohnes, König Otto III. (Kaiser 996–1002), und dann zum Bischof von Piacenza (988). Papst JOHANNES XV. erhob dieses Bistum um seinetwillen zum Erzbistum und löste es aus dem von Ravenna heraus. 991 wurde er erneut Kanzler von Italien; 994 sandte man ihn als Sonderbotschafter nach Konstantinopel, um für Otto III. eine byzantinische Prinzessin als Braut zu gewinnen. Kurz nach dem römischen Aufstand gegen GREGOR V. und dessen Vertreibung durch Crescentius II. Nomentanus, den neuen Diktator über Rom, kehrte er Anfang November 996 in Begleitung eines byzantinischen Gesandten, Bischof Leon von Synada, nach Italien zurück. Während Leon sich nach Rom begab, verbrachte Johannes Philagathos einige Wochen in Norditalien, wo er sowohl mit Kaiser Otto III. in Aachen als auch mit Crescentius in Verbindung stand. Als Gregor, noch immer im Exil, Anfang Februar 997 in Pavia eine Synode abhielt, kam das Gerücht auf, daß eine neue Papstwahl bevorstehe, und kurz danach suchte Johannes Philagathos angeblich als Pilger Rom auf, wo er sich zum Papst wählen und als Johannes XVI. einsetzen ließ.
Was ihn, abgesehen von törichtem Ehrgeiz, zu diesem Schritt veranlaßte, war der übermächtige Druck, den Crescentius und der griechische Gesandte Leon auf ihn ausübten. Ersterer hoffte, daß der Kaiser, der sich im Bewußtsein der Unbeliebtheit Gregors von diesem abgewandt hatte, einen so vertrauten Freund gern auf dem Papstthron sehen würde, wogegen letzterer (wie er in seinen Briefen nach Hause prahlte), in der Entzweiung Roms von seinem deutschen Oberherrn für Konstantinopel nur Vorteile erblickte. Doch der Usurpator sollte seine neue Rolle nicht lange genießen. Im März wurde er auf Anweisung von Kaiser und Papst seiner Ämter als Abt von Nonantola und Erzbischof von Piacenza enthoben; zur gleichen Zeit oder kurz darauf erfolgte seine offizielle Exkommunikation. Im Sommer 997 empfing er ein Schreiben von seinem heiligmäßigen Landsmann Abt Nilus von Rossano (um 910–1004), der ihn schärfstens für seinen unchristlichen Ehrgeiz rügte, wie auch geharnischte Proteste von seinem ehemaligen Schüler Otto, der in Deutschland unabkömmlich war. In diesem Augenblick muß ihm aufgegangen sein, daß er nichts als ein Werkzeug des Crescentius und auf rein geistliche Aktivitäten beschränkt war. Schon im Herbst versprach er allen Forderungen des Kaisers stattzugeben, doch verhinderte Crescentius jegliche Ver-

handlungen, indem er die kaiserlichen Gesandten hinter Schloß und Riegel steckte.
Im Dezember 997 marschierte Otto mit seinem Heer in Italien ein; Johannes gab seine Sache verloren und floh in die römische Campagna – wodurch sich die Datierung seiner Regierungszeit in den meisten Papstkatalogen auf zehn Monate erklärt. Im Februar 998 zog Otto in Begleitung Gregors in Rom ein, das ihm seine Tore öffnete, ohne Widerstand zu leisten. Eine Abteilung seines Heeres unter Befehl des Grafen Berthold entdeckte den Usurpator in einer befestigten Burg, ergriff ihn und übergab ihn einem römischen Kloster. Bei seiner Festnahme oder, was wahrscheinlicher ist, später mit Zustimmung von Kaiser und Papst wurde er geblendet und an Nase, Zunge, Lippen und Händen furchtbar verstümmelt. Danach wurde er, rücklings auf einem Esel sitzend, durch die Straßen geführt. Später, vermutlich im Mai, wurde ihm unter Vorsitz Gregors förmlich der Prozeß gemacht; er wurde verurteilt, abgesetzt, des Priesteramts enthoben und seiner päpstlichen Gewänder rituell entkleidet. Abt Nilus, der sich vergeblich für ihn verwendet hatte, verließ noch am selben Tag im Zorn die Stadt und verfluchte sowohl Otto als auch Gregor. Zu guter Letzt wurde der gebrochene und gedemütigte Mann in ein römisches Kloster gesperrt, wo ihm gelegentliche Besuche erlaubt waren und er bis zum 26. August 1001 dahinvegetierte.

Lit.: *LP* 2,261 f.; JW 1,495 f.; *ZPR* 313–335; 378; Z 1 105–113; Z 2 259–264; Seppelt 2,388 f.; K. und M. Uhlirz, *Jahrbücher des deutschen Reiches: Otto III.*, Berlin 1954, Register; T. De Luca, *Giovanni Filagato, Almanacco Calabrese*, Rom 1955, S. 81–92; P. E. Schramm, »Kaiser, Basileus und Papst in der Zeit der Ottonen«, in: *HZ* 129 (1924) S. 424–475; »Neun Briefe des Byzantinischen Gesandten Leon«, in: *BZ* 25 (1925) S. 89–105.

Silvester II.

(2. 4. 999 - 12. 5. 1003)

Beim Ableben GREGORS V. berief Kaiser Otto III. (996–1002) auf Anraten Abt Odilos von Cluny († 1049) seinen Freund und Erzieher Gerbert, Erzbischof von Ravenna, zum ersten französischen Papst. Dieser übernahm den Namen SILVESTERS I. (314–335), der traditionell als Vorbild für gute Zusammenarbeit zwischen Papst und Kaiser galt.
Um 945 in der Auvergne geboren und aus einfachen Verhältnissen stammend, erhielt er eine sorgfältige Erziehung, zunächst in Aurillac und dann in Vich, wo er sich außergewöhnliche Kenntnisse in Mathematik und Astronomie erwarb. 970 kam er nach Rom, beeindruckte JOHANNES XIII. mit seiner Intelligenz und wurde Kaiser Otto I. (962–973) vorgestellt. 972 ging er nach Reims, um Dialektik zu studieren; der dortige Erzbischof Adalbero bestellte ihn bald zum Leiter seiner Domschule. Sein Ruf als verblüffend origineller Lehrer mit weitgefächertem Wissen verbreitete sich rasch, und als er 980 mit Adalbero den Hof Ottos II. (973–983) aufsuchte, disputierte er in Gegenwart des Kaisers mit Otrich, dem Leiter der Domschule zu Magdeburg. Otto war so angetan, daß er ihn zum Abt von Bobbio (60 km nordöstl. von Genua) berief. Trotz der Anziehungskraft der dortigen bedeutenden Bibliothek stieß er als Ausländer auf so zahlreiche administrative und praktische Schwierigkeiten, daß er 984 seine Lehrtätigkeit in Reims wieder aufnahm.
Auf politischem Gebiet half er Bischof Adalbero dabei, Hugo Capet zum König von Frankreich (987–996) wählen zu lassen. Nach Adalberos Tod (23. 1. 989) hoffte er dessen Nachfolger in Reims zu werden, doch Hugo Capet nominierte Arnoul, den unehelichen Sohn des früheren Karolingerkönigs Lothar (954–986). Erst als der König herausfand, daß Arnoul, der ihm die Lehnstreue geschworen hatte, mit seinem Rivalen Karl, Herzog von Lothringen († um 994), gegen ihn intrigierte, ließ er ihn, nachdem er vergeblich auf die Zustimmung JOHANNES' XV. gewartet hatte, auf der Synode von St-Basle bei Verzy absetzen (17. 7. 991) und durch Gerbert ersetzen. Von Gerbert mit Argumenten versehen, wies Bischof Arnoul von Orléans den Einwand zurück, daß für eine Amtsentsetzung die Einwilligung des Papstes erforderlich sei, und machte geltend, daß Synoden dann über Bischöfe richten könnten, wenn der Fall eindeutig und vom Kirchenrecht geregelt sei (eine frühe Erscheinungsform des Gallikanismus); außerdem habe der Hl. Stuhl jede moralische Glaubwürdigkeit verwirkt. Johannes XV. weigerte sich jedoch, Arnouls erzwungenen Rücktritt anzuerkennen, und im Juni 995 wurde Gerbert, der die Machtansprüche des Papstes inzwischen offen angriff, auf der Synode von Mouzon vom päpstlichen Legaten abgesetzt. Damit war seine Stellung in Reims unhaltbar geworden, und im Frühjahr 996 begab

er sich an den Hof Ottos III., dessen enger Freund und Ratgeber er wurde, und verteidigte sich geschickt auf der im Mai abgehaltenen Krönungssynode. Seine Probleme in Reims lösten sich, als Otto im April 998 seine Berufung zum Erzbischof von Ravenna erreichte.

Auf dem Papstthron erwies sich Silvester als unnachgiebiger Verfechter eben der traditionellen Rechte des Papsttums, die er zuvor angegriffen hatte. So ermächtigte er seinen alten Gegenspieler Arnoul, seine Tätigkeit als Erzbischof von Reims wiederaufzunehmen, mit der Begründung, daß seine Absetzung vom Hl. Stuhl nicht sanktioniert worden sei, und begann gegen Metropoliten und Bischöfe, die sich seine Mißbilligung zuzogen, willkürlich vorzugehen. Der tatkräftige Reformer verurteilte Ämterkauf und Vetternwirtschaft, rief zur Beachtung des Zölibats auf und beharrte auf freier Abtwahl durch die Mönche. Er arbeitete in allem mit Otto eng zusammen, dem er die Vision eines erneuerten christlich-römischen Reiches zu gestalten half. Otto schätzte ihn so sehr, daß er ihm als dem Stellvertreter PETRI im Januar 1001 die acht Grafschaften der Pentapolis abtrat, die GREGOR V. vergebens eingeklagt hatte. Dabei machte er jedoch klar, daß er dies aus freiem Willen tat und nicht etwa in Erfüllung der Konstantinischen Schenkung, die er als Fälschung abtat. Während Ottos Plan von seiner Rolle in einem neuen christlichen Kaiserreich Gestalt annahm, blieb Silvester zwangsläufig der untergeordnete Partner. Eine ihrer erfolgreichen gemeinsamen Leistungen war indes der Aufbau der Kirchen in Polen und Ungarn, wo die Erzbistümer Gnesen und Gran gegründet wurden. 1001 übersandte Silvester König Stephan I. von Ungarn die Königskrone.

Im Februar 1001 erhoben sich die Römer, unzufrieden mit der Fremdherrschaft, gegen Kaiser und Papst und nötigten beide, die Stadt zu verlassen. Bevor er seine Macht wieder aufrichten konnte, starb Otto an Malaria (23. 1. 1002). Nun regierte Johannes II. Crescentius († 1012) mit eiserner Hand als Patrizier (1003–12) die Stadt. Allerdings erlaubte er Silvester zurückzukehren und bis zu seinem Tod, kaum ein Jahr später, als geistliches Oberhaupt zu amtieren. Silvester, der zwar politisch im Schatten des Kaisers stand, jedoch selbst ein kluger Staatsmann war und mit den meisten führenden Persönlichkeiten der Zeit in Kontakt stand, verblüffte seine Zeitgenossen durch geistige Beweglichkeit und Scharfsinn. Sein Ansehen beruht weniger auf seiner Tätigkeit als Kirchenmann denn auf seiner umfassenden Bildung, besonders auf den Gebieten der Naturwissenschaft, Musik und Mathematik, aber auch in der Literatur (z. B. die Sammlung und Pflege von Handschriften klassischer lateinischer Autoren). Er war ein Wegbereiter des Rechenbretts, des Erd- und des Himmelsglobus sowie der Orgel. Späterer Leichtgläubigkeit ist die Legende zuzuschreiben, er sei ein Magier gewesen, der einen Pakt mit dem Teufel geschlossen habe; diesem habe er seine beispiellose Beförderung von Reims nach Ravenna und von dort nach Rom zu verdanken gehabt – allein die drei Rs als Anfangsbuchstaben seien ungeheuer bedeutungsvoll.

Lit.: *PL* 139,57–338 [Werke]; A. Olleris (Hrsg.), *Œuvres de Gerbert*, Clermont-Ferrand 1867; N. Bubnov (Hrsg.), *Gerberti opera mathematica*, Berlin 1899, Nachdr. 1963; F. Weigle, *Die Briefsammlung Gerberts von Reims*, in: *MG* Epsaec 2 (1966); H. P. Lattin (Hrsg.), *The Letters of Gerbert and his Papal Privileges*, New York 1961; *LP* 2,263 f.; JW 1,496–501; *ZPR* 343–386; K. und M. Uhlirz, *Jahrbücher der deutschen Geschichte: Otto III.*, s. Register; *DTC* 14,2075–83 (É. Amann), Z 2, s. Register; J. Leflon, *Gerbert: Humanisme et chrétienté au Xe siècle*, St-Wandrille 1946; P. E. Schramm, *Kaiser, Rom und Renovatio*, Darmstadt 1957; Seppelt 2,384–386; 390–401; *NCE* 13,858–860 (H. P. Lattin).

Johannes XVII.

(16. 5. – 6. 11. 1003)

Der Nachfolger SILVESTERS II. war Johannes Sicco, im römischen Stadtbezirk Biberetica nahe der Trajanssäule geboren, dessen Vater ebenfalls Johannes hieß. Über seine Laufbahn oder die Umstände seiner Wahl ist lediglich bekannt, daß er Kandidat von Johannes II. Crescentius († 1012) gewesen sein muß, der seit dem Tod Kaiser Ottos III. (996–1002) ohne Thronfolger – im Rang eines Patriziers der Römer (1003–12) – in Rom, dem Kirchenstaat und im Papsttum selbst die eigentliche Macht ausübte. Dieser war der Sohn jenes Crescentius, der 998 wegen seiner Teilnahme am Aufstand gegen GREGOR V. hingerichtet worden war. Vermutlich war Johannes mit der Sippe der Crescentier verwandt; jedenfalls scheint er die Marionette des Patriziers gewesen zu sein. Ein Chronist berichtet, daß er darauf bedacht war – wie konnte es anders sein –, zu dem neuen deutschen König Heinrich II. (1002–24) Beziehungen herzustellen, indessen von Johannes Crescentius an Schritten in dieser Richtung gehindert wurde. Seine einzige bedeutsame, schriftlich belegte Handlung war die Ermächtigung des polnischen Missionars Benedikt, eines Schülers Brunos von Querfurt, und seiner Brüder im Herrn, sich für die Christianisierung der Slawen einzusetzen. Wie er starb oder wie alt er war, ist nicht bekannt. Drei seiner Verwandten – ein Bischof, ein Diakon und ein hoher Würdenträger der Laterankanzlei (*secundicerius*) – werden in einer Grabschrift von 1040 erwähnt. Anscheinend waren sie stolz darauf, mit einem Papst verwandt zu sein, auch wenn dieser das Amt nur kurz ausübte und unbedeutend war.

Lit.: *LP* 2,265; JW 1,501; *ZPR* 386–388; R. Poupardin, »Note sur la chronologie du pontificat de Jean XVII«, in: *MelArchHist* 21 (1901) S. 387–390; *DTC* 8,629 (É. Amann).

Johannes XVIII.

(25. 12. 1003 – Juni/Juli 1009)

Der gebürtige Römer namens Johannes Fasanus, Sohn von Ursus und Stephania, war Kardinalpriester von St. Peter, als er zum Nachfolger JOHANNES' XVII. bestellt wurde. Wie dieser verdankte er seine Erhebung dem Patrizier Johannes II. Crescentius, dem Alleinherrscher über Rom (1003–12), mit dessen Familie er verwandt gewesen sein könnte.
Obwohl Kandidat des Crescentius, scheint Johannes – nach den spärlich überlieferten Quellen – in Kirchenfragen energisch die Initiative ergriffen zu haben. Indem er Druck auf den neuen deutschen König Heinrich II. (1002–24) ausübte, erreichte er 1004 die Wiederherstellung des Bistums Merseburg, das BENEDIKT VII. aufgelöst hatte und GREGOR V. wiedererrichten wollte. 1007 billigte er die Gründung der Diözese Bamberg (Bayern) durch Heinrich, der sie zu einem Stützpunkt für die Missionstätigkeit unter slawischen Einwanderern, aber auch zu einem politischen Zentrum am Oberlauf des Mains machen wollte. Allerdings schlug er sie nicht der Erzdiözese Würzburg zu, wie der dortige Bischof wünschte, sondern der Erzdiözese Mainz und unterstellte sie dem Schutz des Papstes. Als er Ende 1007 erfuhr, daß die Bischöfe von Sens und Orléans die Privilegien der Abtei Fleury bedroht und deren Abt angewiesen hatten, die päpstlichen Bullen zu verbrennen, welche ihr Vorrechte sicherten, rief er sie bei Strafe der Exkommunikation gebieterisch nach Rom und drohte König Robert II. von Frankreich (996–1031) mit dem Bann für sein gesamtes Königreich, sollten sie es versäumen, vor ihm zu erscheinen.
Der Chronist Thietmar von Merseburg (975 bis 1018) berichtet, daß Johannes einen Besuch Heinrichs II. in Rom gern gesehen hätte (wohl im Mai 1004, als dieser in Pavia zum König von Italien gekrönt wurde), daß Crescentius aber dagegen war. Andrerseits dürfte es Crescentius mit seinen Sympathien für Byzanz gewesen sein, der während seines Pontifikats die vorübergehende Einstellung des Schismas zwischen Rom und der Ostkirche herbeiführte. Jedenfalls gibt es Belege dafür, daß der Name des Papstes irgendwann in die Diptychen von Konstantinopel aufgenommen wurde. Der Papst folgte dem Beispiel JOHANNES' XV. und sprach Mitte 1004 feierlich die fünf polnischen Märtyrer Benedikt, Johannes, Isaak, Matthäus und Christian heilig. Den Erzbischöfen Megingaud von Trier und Alphege von Canterbury († 1012) sandte er das Pallium.
Bei seinem Tod soll Johannes in S. Paolo fuori le Mura Mönch gewesen sein. Nach allgemeiner Auffassung zog er sich, möglicherweise nach einem Rücktritt, kurz vor seinem Tod dorthin zurück, doch sind die genaueren Umstände unbekannt. Es kann gut sein, daß seine Zurückgezogenheit nicht selbstgewählt war, sondern ihm aufgezwungen wurde.

Lit.: *LP* 2,266; JW 1,501–503; 2,708; *ZPR* 388–409; *DTC* 8,629 f. (É. Amann); Brezzi 185; Z 1 114; *NCE* 7,1012 (W. M. Plöchl); Seppelt 2,401.

Sergius IV.

(31. 7. 1009 – 12. 5. 1012)

Der in Rom geborene Sohn des Schusters Petrus aus dem Bezirk Ad Pinea und seiner Frau Stephania hieß ursprünglich selbst Petrus mit dem Spitznamen *Os* oder *Bucca Porci* (»Schweineschnauze«). Als er JOHANNES XVIII. nachfolgte, war er fünf Jahre Bischof von Albano gewesen. Die Umstände seiner Berufung bleiben unklar, doch wie Johannes verdankte er sie dem Patrizier Johannes II. Crescentius, absoluter Herrscher über Rom 1003–12. Er legte seinen Geburtsnamen aus Respekt vor dem Apostelfürsten ab. Verläßliche Informationen über seine Tätigkeit sind, abgesehen von der üblichen Gewährung oder Bestätigung von Privilegien, recht spärlich. Erwähnenswert ist, daß er Beziehungen zu Heinrich II. von Deutschland (1002–24) unterhielt, schickte er doch im April 1012 Gesandte zur Teilnahme an der Weihe des Bamberger Doms und ratifizierte die Privilegien, die Johannes XVIII. Heinrichs geliebtem Bamberg zugesprochen hatte. Er wird die Gelegenheit genutzt und beim König angefragt haben, ob er nicht Rom einen Besuch abstatten wolle. Ein derartiges Vorhaben scheiterte indessen nicht nur an der politischen Lage in Deutschland, sondern auch an der kompromißlosen Opposition des Crescentius. Auf Wunsch des dortigen Bischofs, des Chronisten Thietmar (975–1018), bestätigte er 1009 die Besitzungen des kurz zuvor wiederhergestellten Bistums Merseburg. Einer Überlieferung zufolge entfernte zwar der byzantinische Patriarch Sergius II. (1001–19) nach vorübergehender Anerkennung Johannes' XVIII. den Namen des Papstes wieder aus den Diptychen in Konstantinopel, doch die These, daß Sergius IV. hierfür selbst verantwortlich sei, da er zusammen mit der Ankündigung seiner Wahl ein Glaubensbekenntnis mit der Klausel *Filioque* nach Konstantinopel schickte, verdient keinen Glauben. Eine Enzyklika, in der er die Gläubigen allerorten aufgerufen haben soll, sich für einen bewaffneten Feldzug zur Vergeltung für die Zerstörung des Hl. Grabes in Jerusalem durch Kalif al-Hakim (18. 10. 1009) zu rüsten, ist höchstwahrscheinlich eine Fälschung. Wahr an dieser Geschichte sind das unbestrittene Eintreffen der Neuigkeiten von der Katastrophe in Rom während seines Pontifikats und seine davon unabhängigen Versuche, die italienischen Kräfte zur Vertreibung der Araber aus Sizilien zu mobilisieren.

Das Abtreten sowohl des Sergius als auch des Crescentius von der politischen Bühne in weniger als einer Woche (12./18. Mai), die gewaltsamen politischen Umwälzungen der Zeit sowie die unmittelbar darauf erfolgte Wahl eines Papstes aus dem rivalisierenden tuscischen Geschlecht haben den Verdacht genährt, daß beide Männer eines unnatürlichen Todes gestorben sein könnten. Sergius wurde in S. Giovanni in Laterano beigesetzt, wo seine lobende Grabinschrift noch zu lesen ist.

Lit.: *LP* 2,266 f.; JW 1,504 f.; *ZPR* 409–424; *PL* 139,1499–1528; A. Gieysztor, »The Genesis of the Crusades: the Encyclical of Sergius IV«, in: *Medievalia et Humanistica* 5 (1948) S. 3–34; Mann 5,142–154; *DTC* 14,1921 f. (É. Amann); J. Gay, *Les papes du XIe siècle et le chrétienté*, Paris 1926; Seppelt 2,401 f.

Benedikt VIII.

(17. 5. 1012 – 9. 4. 1024)

Der beinahe gleichzeitige Tod von SERGIUS IV. (12. Mai) und dem Patrizier Johannes II. Crescentius (18. Mai) fiel mit politischen Wirren in Rom zusammen, in deren Verlauf die Sippe der Grafen von Tusculum (bei Frascati), Nachfahren des Senators Theophylakt († um 926), dem seit 1002 herrschenden Haus der Crescentier das Heft aus der Hand nahm. In erbitterter Rivalität kürten die Crescentier GREGOR zum Papst, wogegen die Tuskulaner Theophylakt, den zweiten Sohn Graf Gregors von Tusculum (* um 980), zum Papst wählten und einsetzten. Dieser nahm den Namen Benedikt an und fügte den Crescentiern im Juni/Juli unter Anwendung von Waffengewalt in ihren Stützpunkten in den Bergen eine Niederlage zu, während sein Bruder Romanus (später JOHANNES XIX.) die zivile Verwaltung in Rom übernahm. Sein Rivale Gregor flüchtete nach Deutschland, um Heinrich II. (1002–24) seinen Fall vorzutragen, doch noch vor Jahresende anerkannte der König Benedikt, indem er ihn ersuchte, die Rechte des ihm teuren Bistums Bamberg zu bestätigen. Er muß gewußt haben, daß Benedikt fest auf dem Papstthron saß und in Kirchenfragen auf eine respektgebietende Weise verfuhr, die ihm zusagte (z. B. übertrug er den Erzbischöfen von Mainz im August und Oktober das Pallium).

Eine der Leistungen Benedikts war, die Beziehungen zum deutschen Reich wiederhergestellt zu haben; er bestätigte nicht nur die Privilegien Bambergs, sondern schlug Heinrich einen Besuch in Rom vor. Der König willigte ein und wurde im Februar 1014 in St. Peter zum Kaiser gekrönt; zuvor hatte er gelobt, getreuer Schirmherr der Kirche zu sein, auf die traditionelle Oberhoheit indes verzichtet. Benedikt hatte ihn bereits im Januar in Ravenna ermächtigt, seinen Halbbruder Arnold wieder als dortigen Erzbischof einzusetzen. Auf der Krönungssynode weihte der Papst nicht nur Arnold zum Erzbischof, sondern gab Heinrichs Drängen nach, daß bei der Messe das Glaubensbekenntnis einschließlich des *Filioque* gesungen werden solle, ein Brauch des Nordens, der von Rom bis dahin nicht akzeptiert worden war. Papst und Kaiser begaben sich daraufhin nach Ravenna, wo sie eine Reformsynode abhielten, die das Mindestalter für Weihen festlegte und Gesetze gegen Simonie und andere Amtsmißbräuche erließ.

Heinrich brach nun nach Deutschland auf, nicht ohne den Papst zu sich eingeladen zu haben. Auf sein Geheiß gab Benedikt der Abtei Farfa (40 km nördl. von Rom) mit Waffengewalt einige Besitzungen zurück, welche die Crescentier an sich gerissen hatten. Der Papst, der mit einem Feudalherrn verglichen worden ist, war ein leistungsfähiger Verwalter und Soldat und verbrachte einen Großteil der folgenden 6 Jahre auf Feldzügen mit dem Ziel, Rom zum politischen Mittelpunkt Italiens zu machen. Mit Waffengewalt stellte er die päpstliche Hoheit in der römischen Campagna und im römischen Tuscien wieder her. Im Bündnis mit Pisa und Genua schlug er in einem Seegefecht, an dem er selbst teilnahm, arabische Eindringlinge in Norditalien und befreite 1016 Sardinien. Gleichzeitig unterstützte er im Hinblick auf die päpstlichen Besitzungen und Besitzansprüche in Süditalien dort Aufstände gegen die byzantinische Herrschaft, indem er den Führern der Rebellen normannische Ritter zur Verfügung stellte. Als die Byzantiner die Aufständischen 1019 bei Cannae schlugen und nach Norden vorrückten, begab er sich nach Deutschland, angeblich um Heinrichs persönlicher Einladung Folge zu leisten, in Wahrheit jedoch suchte er dessen Hilfe. Das persönliche Erscheinen des Papstes auf deutschem Boden hinterließ einen tiefen Eindruck. Ostern 1020 berieten sich die beiden in Bamberg, und Heinrich gewährte Benedikt ein kaiserliches Privileg, welches das von Otto I. 962 erlassene *Ottonianum* wortgetreu bestätigte (einschließlich der dem Kaiser übertragenen Souveränität); ebenso sagte er Militärhilfe zu. Der Kaiser löste sein Versprechen ein, als er 1022 in Begleitung des Papstes mit einem mächtigen Heer nach Süditalien zog; aber obwohl er anfänglich einige Erfolge erzielte, verflogen diese rasch, und Benedikt mußte sich damit zufriedengeben, daß wenigstens der Vormarsch der byzantinischen Streitkräfte aufgehalten worden war.

Die italienische Expedition versetzte Heinrich und Benedikt in die Lage, das Reformprogramm auszuweiten, das sie 1014 eingeleitet hatten, und auf der Synode von Pavia (1. 8. 1022) erließen sie drastische Vorschriften, die Klerikern jeden Ranges, also auch Subdiakonen, die Ehe oder das Konkubinat untersagten und die Kinder aus derartigen Vereinigungen in den Stand von Leibeigenen versetzten. Wichtig war, daß Heinrich diese Kanones umgehend in den kaiserlichen Kodex aufnahm. Er war der *spiritus rector* dieser Reformen; Benedikt bewunderte zwar persönlich Odilo, den fünften Abt von Cluny († 1049), und begünstigte Reformabteien, doch seine Hauptsorge galt, wie seine Ansprache auf der Synode klarmachte, dem Kirchenbesitz, der leicht vergeudet wurde, wenn die Geistlichkeit sich Familien erlaubte.

Benedikt, von dem ein Zeitgenosse sagte, daß er mehr Macht besaß als irgendeiner seiner Vorgänger, war eher ein Mann der Tat und der Staatskunst als des geistlichen Lebens. Er hielt zäh an den Rechten des Hl. Stuhls fest und zögerte nicht, schärfste Maßnahmen gegen Erzbischof Aribo von Mainz (1021–31) zu ergreifen, als dieser auf der Synode von Seligenstadt (1023) in Sachen Kirchendisziplin Appellationen an Rom über die Köpfe der Erzbischöfe hinweg verbot. Einem Bericht zufolge entfernte Patriarch Sergius (1001–19) den Namen des Papstes aus den Diptychen zu Konstantinopel, in die er während der Amtszeit JOHANNES' XVIII. wiederaufgenommen worden war; falls dem so ist, war vermutlich die begeisterte Unterstützung Benedikts für die Aufstände gegen die byzantinische Herrschaft in Süditalien dafür verantwortlich. Als Mann mit Energie, Scharfblick und Entschlußkraft, der die Bedeutung der Zusammenarbeit zwischen dem Papsttum und der deutschen Krone voll erkannte, die Allianz des Hl. Stuhls mit den Normannen vorbereitete und die Unabhängigkeit Italiens von den Sarazenen verfocht, vermehrte Benedikt das Ansehen seines Amtes im »dunklen Zeitalter«.

Lit.: *LP* 2,268; JW 1,506–514; *ZPR* 425–501; *PL* 139,1579–1638; K. J. Herrmann, *Das Tuskulaner Papsttum* (1012–1046), Stuttgart 1973; E. Joranson, »The Inception of the Career of the Normans in Italy«, in: *Speculum* 23 (1948) S. 353–396; M. Fornasari, »Enrico II e Benedetto VIII ed i canoni del presunto concilio di Ravenna del 1014«, in: *RSTI* 18 (1964) S. 46–55; P. G. Wappler, *Papst Benedikt VIII.*, Leipzig 1897; *DHGE* 6,61–92 (F. Baix); Mann 5,155–211; *DBI* 8,350–354 (G. Tellenbach); *NCE* 2,274 (V. Gellhaus); Seppelt 2,403–408.

Gregor (VI.)

(Gegenpapst, Mai – Dez. 1012)

Nach dem Tod SERGIUS' IV. (12. 5. 1012), dem der des Patriziers Johannes II. Crescentius sogleich folgte (18. Mai), mußte die Familie der Crescentier, welche seit dem Tod Kaiser Ottos III. (1002) in Rom geherrscht und die letzten drei Päpste nominiert hatte, mitansehen, wie ihr die rivalisierende Sippe der Grafen von Tusculum die Macht entriß. In einem erbitterten Machtkampf wählten und inthronisierten die Tuskulaner einen der ihren, Theophylakt, unter dem Namen BENEDIKT VIII. als Papst, während die Crescentier einen gewissen Gregor (entweder sein Geburtsname oder ein angenommener Name) aufstellten und kürten. Über seine Vorfahren und damalige Stellung ist nichts bekannt. Es ist nicht klar, ob er wirklich eingesetzt wurde, doch sein späteres Vorgehen läßt es als gesichert erscheinen, daß seine Berufung eine erkennbare Rechtsgrundlage hatte. Freilich war seine Position von Anfang an hoffnungslos: Benedikt hatte sich im Lateran festgesetzt und führte einen Feldzug gegen die Crescentier. Gregor werden von der Überlieferung keinerlei Amtshandlungen zugeschrieben. Im Verlauf des Sommers wurde er aus Rom verjagt; trotz der traditionellen Feindseligkeit der Crescentier gegenüber dem deutschen Reich ging er an den Hof Heinrichs II. (1002–24), dessen Anerkennung er suchte. Weihnachten 1012 erschien er in vollem päpstlichen Ornat in Pöhlde (Sachsen) vor dem König und führte bittere Klage über seine Vertreibung. Nach dem Chronisten Thietmar (975–1018) empfing Heinrich ihn mit zurückhaltender Höflichkeit; zwar versprach er ihm, bei einem Besuch in Rom die umstrittene Wahl »nach römischer Sitte« zu klären, doch nahm er ihm sein päpstliches Kreuz ab und ersuchte ihn, in der Zwischenzeit von der Ausübung seines Amtes Abstand zu nehmen. Gregor beugte sich, zweifellos in der Erwartung, daß der König seinen Rivalen ähnlich behandeln werde. Heinrich hatte jedoch bereits Verbindung zu Benedikt, und dessen offizielle Anerkennung erfolgte innerhalb weniger Wochen. Von diesem Augenblick an verschwindet der glücklose Gregor von der Bildfläche.

Lit.: *ZPR* 425 f.; 435; Thietmar, *Chron.* 6,101 (*MG* SS NF 9,394); K. J. Herrmann, *Das Tuskulaner Papsttum (1012–1046)*, Stuttgart 1973, S. 5; 7; 25–27; *EC* 6,1129 (A. Frutaz); Z 1 115–117; Seppelt 2,402 f.

Johannes XIX.

(19. 4. 1024 – 20. 10. 1032)

Die Familie der Tuskulaner, die das Papsttum als ihren Privatbesitz betrachtete, ließ nach dem Tod BENEDIKTS VIII. (1012–24) dessen Bruder Romanus unter dem Namen Johannes zum Papst wählen und inthronisieren. Der Laie, der bereits die Ämter eines Konsuls, Herzogs und Senators ausübte, soll sich die Nachfolge mit großzügigen Bestechungsgeschenken gesichert haben; seine Beförderung vom Laien zum Papst innerhalb eines einzigen Tages schockierte viele Zeitgenossen. Zwar wird er im allgemeinen als unfähiger Papst eingestuft, doch war er politisch klug und vermochte sowohl seine eigene Position zu stärken als auch den Frieden zu sichern, indem er eine Aussöhnung mit anderen Adelsfamilien, einschließlich der verdrängten Crescentier, herbeiführte und seinen Bruder Alberich von den Gerichtsbehörden der Stadt in den Lateranpalast berief.

In seinem ersten Amtsjahr empfing er, falls dem Chronisten Rudolfus Glaber (um 990–1046/47) Glauben zu schenken ist, eine Abordnung des Patriarchen und Ostkaisers, Basileios II. (976 bis 1025), die seine Zustimmung zu Konstantinopels universaler Jurisdiktion über die Ostkirche in Parallele zu der Roms über die Westkirche wünschte – die alte Frage des Titels »Ökumenischer Patriarch«. Die Delegation brachte üppige Geschenke, und Johannes fühlte sich nicht abgeneigt; doch als bekannt wurde, daß er daran dachte, den universalen Primat Roms aufs Spiel zu setzen, erhob sich ein Proteststurm, besonders von seiten der Mönche von Cluny und Abt Wilhelms von Dijon (990–1031), und Johannes mußte einlenken. So, wie die Geschichte berichtet wird, ist sie fragwürdig; es ist unvorstellbar, daß die Kurie einem solchen Handel zugestimmt hätte. Doch könnte damit – in entstellter Form – ein ernstlicher Versuch der byzantinischen Machthaber wiedergegeben werden, mit Rom eine Abgrenzung der Einflußsphären auszuhandeln, zumal in Hinblick auf die antibyzantinische Politik Benedikts VIII. in Süditalien. Jedenfalls wurde der Name des Papstes von diesem Zeitpunkt an in den Diptychen von Konstantinopel nicht mehr erwähnt.

Nach dem Empfang der Langobardenkrone traf Anfang 1027 Konrad II. (1024–39), Nachfolger Heinrichs II. (1002–24) als deutscher König, in

Rom ein und wurde am 26. März von Johannes in Anwesenheit König Rudolfs II. von Burgund (993–1032) und König Knuts von England und Dänemark (1016/17–35) in St. Peter zum Kaiser gekrönt. Bezeichnenderweise gelobte der neue Kaiser nicht, die römische Kirche zu beschirmen, und erneuerte auch nicht das Ottonische Privileg, das seine Vorgänger gewährt hatten. Weit davon entfernt, mit Johannes eine gedeihliche Zusammenarbeit zu pflegen wie Heinrich II. mit Benedikt VIII., betrachtete Konrad den Papst als unbedeutende Persönlichkeit, die er nach Gutdünken benutzen, ja demütigen konnte. So nötigte er, um seinen getreuen Freund Poppo, den deutschen Erzbischof von Aquileia, zu erfreuen, den willfährigen Papst zu Erlassen, mit denen Grado entgegen einem eigenen früheren Beschluß des Papstes Aquileia zugeschlagen und die Erzdiözese selbst zur »Metropole aller Kirchen Italiens« erklärt wurde (April/Sept. 1027). Als Bischof Warmann von Konstanz sich darüber beschwerte, daß Johannes dem Abt von Reichenau das Recht zugesprochen hatte, bei der Messe bischöflichen Ornat zu tragen, befahl Konrad dem Abt umgehend, die entsprechende Bulle und seine Insignien dem Bischof auszuhändigen, der sie öffentlich verbrannte. Trotz derartiger Unstimmigkeiten stand der Papst in der Kirche allgemein in hohem Ansehen. Auf König Knut machte er 1027 großen Eindruck. Dieser erlangte von ihm als Gegenleistung für die regelmäßige Zahlung des Peterspfennigs den Erlaß der astronomischen Summen, die er für die Gewährung des Palliums zu erheben pflegte, wie auch die Befreiung der englischen Kolonie in Rom von den üblichen Tributen. Fast während seiner gesamten Regierungszeit unterhielt er ausgezeichnete Beziehungen zu Abt Odilo von Cluny; er bestätigte zweimal in unmißverständlichen Worten die Privilegien der Abtei und ging entschieden gegen Bischof Gouzlin von Mâcon vor, als dieser sie scharf kritisierte. In Frankreich wurde seine Entscheidung vom Mai 1031, Martial, den ersten Bischof von Limoges aus dem 3. Jh., als Apostel einzustufen und jährlich am 30. Juni seinen Gedenktag zu begehen, von allen Seiten als gültig akzeptiert.

Lit.: *LP* 2,269; JW 1,514–519; 2,709; 748; Watterich 1,70; 75; 708–711; Rudolfus Glaber, *Hist.* 1,4 (hrsg. von M. Prou, Paris 1886, S. 93 f.); K. J. Herrmann, *Das Tuskulaner Papsttum (1012–1046)*, Stuttgart 1973, s. Register; *DTC* 8,630–632 (É. Amann); A. Michel, »Die Weltreichs- und Kirchenteilung bei Rudolf Glaber«, in: *HJ* 70 (1950) S. 53–64; Mann 5,212–237; Seppelt 2,408–412.

Benedikt IX.

(21. 10. 1032 – Sept. 1044, 10. 3. – 1. 5. 1045, 8. 11. 1047 – 16. 7. 1048; † 1055/56)

Nach dem Tod JOHANNES' XIX. bestach sein Bruder Alberich III., inzwischen Oberhaupt der herrschenden Dynastie der Tuskulaner, die Wählerschaft und setzte so die Wahl und Inthronisation seines Sohnes Theophylakt, des Neffen Johannes' XIX. und BENEDIKTS VIII., unter dem Namen Benedikt IX. durch. Dieser war zwar Laie, jedoch nicht, wie spätere Gerüchte behaupten, ein Bürschchen von zehn oder zwölf Jahren, sondern vermutlich Ende Zwanzig. Selbst wenn man Übertreibungen abstreicht, so muß sein Privatleben empörend gewaltsam und ausschweifend gewesen sein. Wenn er sich dennoch zwölf Jahre lang als fähiger Pontifex erwies, so verdankte er dies zum Teil seiner eigenen Findigkeit, zum Teil aber auch einem fähigen Gefolge und der strengen Kontrolle, die sein Vater über Rom ausübte. Er war der einzige Papst, der – zumindest *de facto* – sein Amt dreimal hintereinander innehatte.

Seine Politik folgte im allgemeinen der seiner Vorgänger. 1037 jedoch unterzog er die Kurie einer wichtigen Reform, die stärkere Zentralisierung und womöglich das Abschütteln der deutschen Oberhoheit erstrebte. Kaiser Konrad II. (1024–39) fand ihn weniger fügsam als Johannes XIX.; als er den Papst 1037 in der Erwartung, daß er die Amtsenthebung Ariberts, des rebellischen Erzbischofs von Mailand (1018 bis 1045), bestätigen würde, nach Cremona einlud, versuchte Benedikt zunächst einen Kompromiß auszuhandeln. Erst ein Jahr später exkommunizierte er Aribert und erkannte den vom Kaiser eingesetzten Nachfolger an. Unterdessen konnte er, da seine Tante den Bruder Graf Waimars von Salerno, Pandulf, geheiratet hatte, Konrad bei seinem Feldzug in Süditalien behilflich sein. Nutznießer war die Benediktinerabtei Monte Cassino, auf halbem Weg zwischen Rom und Neapel, die er dem päpstlichen Schutz unterstellte (1. 7. 1038). Seine Beziehungen zu Konrads Nachfolger Heinrich III. (1039–56) waren anfangs freundschaftlich. Auf der römischen

Synode vom April 1044 behauptete er jedoch seine Selbständigkeit und verlieh Grado wieder den Status eines Patriarchats, den Johannes XIX. der Stadt 1027 in unterwürfigem Respekt vor Konrad aberkannt hatte.

Im September 1044 erfuhr sein Schicksal eine plötzliche Wende. Ein Aufstand in Rom – zu dem die wachsende Empörung über seinen lokkeren Lebenswandel und mehr noch die Verärgerung über die Vorherrschaft der Tuskulaner beigetragen hatten – zwang ihn, die Stadt zu verlassen. Nach blutigen Kämpfen gelang es dem stephanischen Zweig der Crescentier (20. 1. 1045), ihren örtlichen Bischof, Johannes von Sabina, als Papst SILVESTER III. einzusetzen. Benedikt, der nie formell abgesetzt worden war und dessen Parteigänger sich in Trastevere aufhielten, exkommunizierte Silvester prompt, verwies ihn am 10. März aus der Stadt und trat sein Amt wieder an. Seine zweite Amtsperiode im Lateran währte indessen nicht einmal zwei Monate. Am 1. Mai stellte er eine Rücktrittsurkunde zugunsten seines Taufpaten Johannes Gratianus aus, der daraufhin gewählt wurde und den Namen GREGOR VI. annahm. Ein Gefühl der Unsicherheit angesichts der feindseligen Bevölkerung, vielleicht aber auch der Druck, den Freunde auf ihn ausübten, und einigen Quellen zufolge der Wunsch zu heiraten scheinen ihn zu diesem unerwarteten Schritt bewogen zu haben. Freilich mußte Johannes eine riesige Geldsumme beschaffen und ihm übergeben; diese ist anstelle der pünktlichen Zahlung für das Papstamt, als die sie ziemlich sicher intendiert war, wenig einleuchtend als finanzieller Anreiz zum Thronverzicht dargestellt worden.

Benedikt zog sich nun auf einen Familiensitz bei Tusculum (bei Frascati) zurück. Im Herbst 1046 erschien Heinrich III., der auf eine Kirchenreform sowie auf seine Krönung zum Kaiser von makelloser Hand bedacht war, in Italien. Zusammen mit Silvester III. und Gregor VI. wurde Benedikt vor eine Synode geladen, die der Kaiser am 20. Dezember in Sutri bei Rom abhielt. Als er der Aufforderung nicht nachkam, wurde er auf der römischen Synode vom 24. Dezember offiziell abgesetzt. Heinrich hatte Silvester und Gregor bereits in Sutri absetzen lassen und berief nun Suidger von Bamberg unter dem Namen KLEMENS II. zum Papst. Dessen unerwarteter Tod nach einer Regierungszeit von weniger als acht Monaten war nach einigem Widerstand seitens der kaiserlichen Partei das Signal zur Wiedereinsetzung Benedikts (8. 11. 1047) auf einer Welle der Begeisterung, der mit Bestechung nachgeholfen wurde. Die Beweise, die zuweilen für eine Neuwahl durch den Klerus und das Volk von Rom erbracht werden, halten einer näheren Prüfung nicht stand. Von diesem Datum bis zum 16. Juli 1048, als Graf Bonifatius von Tuscien, sich widerwillig dem Befehl Heinrichs fügend, ihn unter Zwang aus der Stadt verwies und Poppo von Brixen als DAMASUS II. auf den Papstthron setzte, regierte Benedikt als »*De facto*«-Papst. In seiner Heimatregion Tusculum ungefährdet, betrachtete sich Benedikt auch weiterhin als rechtmäßigen Papst und drohte Damasus II. und nach dessen Tod LEO IX. mit Rache. Eine Synode, die im April 1049 im Lateran zusammentrat, lud ihn unter der Anklage der Simonie vor und exkommunizierte ihn, als er der Vorladung nicht Folge leistete. Später soll Leo IX. die Strafe aufgehoben und auf seinem Sterbebett gebetet haben, daß der Widerspenstige das Licht der Wahrheit erblicken möge. Benedikt war noch am Leben, als er, schriftlichen Quellen zufolge, dem Kloster SS. Cosma e Damiano in Rom gemeinsam mit seinen drei Brüdern eine Schenkung machte (18. 9. 1055). Er muß aber vor dem Tag gestorben sein, an dem die Brüder Messen für sein Seelenheil lesen ließen (9. 1. 1056). Er wurde in Grottaferrata in den Albaner Bergen begraben, wo er vermutlich auch starb. Die Geschichte, daß er sich mit dem kontemplativen Leben im dortigen Kloster zufriedengegeben haben soll, muß zweifelhaft bleiben.

Lit.: *LP* 2,270–272; 331; JW 1,519–523; Watterich 1,71–76; 711–717; R. Lane Poole, »Benedict IX and Gregory VI«, in *ProceedBritAcad* 8 (1917/18) S. 199–235; K. J. Herrmann, *Das Tuskulaner Papsttum (1012–1046)*, Stuttgart 1973, s. Register; *DHGE* 8,93–105 (F. Baix / L. Jadin); Mann 5,212–237; *DBI* 8,354–366 (O. Capitani); Z 1 110–135; Seppelt 2,412–418.

Silvester III.

(20. 1. – 10. 3. 1045; † 1063)

Als BENEDIKT IX. im September 1044 mit Gewalt aus Rom vertrieben wurde, wählten und inthronisierten die Römer im Januar 1045 nach bitteren und lang andauernden Fraktionskämpfen Bischof Johannes von Sabina (der Heimatregion der Crescentier). Hinter diesem Kandidaten steckten die Crescentier, die ihn – vermutlich als widerstrebendes – Werkzeug benutzten, um die absolute Macht, welche die Tuskulaner ihnen 1012 entrissen hatten, zurückzugewinnen. Später wurde er, wohl verleumderisch, der Bestechung angeklagt, der er seine Wahl unter dem Namen Silvester zu verdanken habe. Als Benedikt von seiner Berufung vernahm, versuchte er jede Rechtmäßigkeit, die ihm etwa zukam, dadurch zu untergraben, daß er ihn sofort exkommunizierte. Seine Amtszeit war kurz, denn am 10. März zog Benedikt wieder in Rom ein und verjagte ihn mit Schimpf und Schande. Er kehrte an seinen ursprünglichen Bischofssitz zurück, den er nicht aufgegeben hatte; dank dem Schutz der Crescentier, unter dem er hier stand, konnte er sich über den päpstlichen Bannfluch hinwegsetzen und seinen bischöflichen Aufgaben nachgehen. Etwa 18 Monate später griff König Heinrich III. von Deutschland (1039–56) ein, und Silvester wurde vor die Synode zu Sutri zitiert (20. 12. 1046), als Usurpator des Hl. Stuhls verdammt und zu Hausarrest in einem Kloster sowie zum Verlust seiner Weihen verurteilt. Die Strafe muß jedoch ausgesetzt worden sein, da er sein Amt weiter ausübte und wenigstens bis 1062 als Bischof von Sabina anerkannt wurde. Er ist wohl vor Oktober 1063 gestorben, denn ab dieser Zeit ist der Name eines Nachfolgers schriftlich belegt. Die ihm folgenden Päpste ließen ihn vermutlich in Frieden, da man wußte, daß er keinerlei Ambitionen auf den Papstthron hegte. Ob er zu Recht als legitimer Papst gelten kann, sei dahingestellt.

Lit.: JW 1,523 f.; 525; Watterich 1,70; 72–76; 713–715; *DTC* 14,2083 f. (É. Amann); Seppelt 2,414–417; Z 1 121–134; J. Gay, *Les papes du XIe siècle et la chrétienté*, Paris 1926.

Gregor VI.

(1. 5. 1045 – 20. 12. 1046; † Ende 1047)

Johannes Gratianus – ein Greis, der in reformerischen Kreisen geachtet und vermutlich mit der wohlhabenden Bankiersfamilie der Pierleoni verwandt war – war Erzpriester von S. Giovanni a Porta Latina, als sein Patenkind BENEDIKT IX., erst kurz zuvor wieder als Papst eingesetzt, seine Rücktrittsurkunde zu seinen Gunsten ausstellte (1. 5. 1045). Allgemein wird vermutet, daß sich Johannes unter denen befand, die ihn zu diesem Schritt überredeten. Anscheinend wechselte eine riesige Geldsumme den Besitzer; den meisten Quellen zufolge verkaufte Benedikt das päpstliche Amt, andren zufolge mußte damit das Volk von Rom bestochen werden. Die ganze Transaktion bleibt unklar, vermutlich weil sie damals absichtlich in Dunkel gehüllt wurde. Doch die überzeugendste Erklärung ist die, daß Johannes, der auf Benedikts Rücktritt erpicht war, das Geld in vertraulicher Naivität ihm oder seinen Verwandten oder beiden als Entschädigung für die Aufgabe des Pontifikats und die mit ihm verbundenen Diäten auszahlte.

Obwohl Gregor von Benedikt als Nachfolger ausersehen wurde (an sich bereits ein schwerer Verstoß gegen den Kanon), gibt es Anzeichen dafür, daß die Formen einer Wahl gewahrt wurden. Es heißt, daß der neue Papst den Namen Gregor durch den Zuruf des Volkes verliehen bekam. Seine Thronbesteigung wurde von den Freunden der Kirchenreform zunächst begrüßt; der Reformer und Kirchenlehrer Petrus Damiani (1007–72) gratulierte ihm mit übertriebenen Worten und behauptete, seine Wahl habe dem Ämterkauf einen Schlag versetzt (die Nachricht von den finanziellen Machenschaften war noch nicht durchgedrungen). Ein Geistlicher, der unter ihm in der Kurie diente und sein enger Freund wurde, war Hildebrand (später GREGOR VII.). Doch Gregors Position war alles andere als gesichert. Als König Heinrich III. von Deutschland (1039–56) im Herbst 1046 die Alpen überquerte, war sein Hauptziel wohl, die Kaiserkrone in Empfang zu nehmen, doch die Kirchenreform und die Wiederherstellung geordneter Verhältnisse im Papsttum, über dessen desolaten Zustand er informiert war, standen ihm auch vor Augen. Eine Synode in Pavia, der er vorstand, erließ ein allgemeines Verbot des Ämterkaufs und bereitete so auf die kommenden Ereignisse vor. Gregor, dem anscheinend unbehaglich zumute war, traf sich mit Heinrich in Piacenza; er soll höflich empfangen worden sein, doch sonst ist über die Begegnung nichts bekannt. Am 20. Dezember erschien er vor der Synode in Sutri (bei Rom), zu der er zusammen mit Benedikt IX. und SILVESTER III. vorgeladen war. Nachdem die Umstände seiner Wahl untersucht worden waren, sprachen ihn Kaiser und Synode der Simonie schuldig und enthoben ihn des Papstamtes, das er mit Hilfe von Geld erlangt habe. Einigen Darstellungen zufolge brachte man ihn zum Eingeständnis seiner Schuld, und er legte sein Amt freiwillig nieder, da er seiner nicht würdig sei. Doch diese Berichte ebenso wie andere, wonach nicht Heinrich, sondern Gregor selbst die Synode einberufen und geleitet habe, zeigen lediglich die Beschämung späterer Zeiten darüber, daß der Kaiser sich erdreistet hatte, einem Konzil zu präsidieren und über den Papst zu richten.

Die Synode hatte freilich nicht entschieden, wie mit Gregor verfahren werden sollte. Zunächst blieb er in Haft, doch schließlich entschloß sich Heinrich angesichts der Gefahr, die es bedeutete, einen abgesetzten Papst in Rom zu belassen, Gregor mit sich ins Exil nach Deutschland zu nehmen. Im Frühjahr brach er in Begleitung Hildebrands an »die Ufer des Rheins« auf, wo Bischof Hermann von Köln, Reichskanzler für Italien, damit beauftragt wurde, über ihn zu wachen. Als der Kaiser nach dem unerwarteten Tod KLEMENS' II. (9. 10. 1047) den Episkopat wegen eines Nachfolgers befragte, argumentierte Bischof Wazo von Lüttich (1042–48) zugunsten der Wiedereinsetzung Gregors: seine Absetzung sei ungültig gewesen, da niemand über den Papst richten könne. Heinrich ließ sich nicht dazu bewegen; überdies starb Gregor gegen Ende des Jahres in Köln an einer Krankheit, die nicht näher bestimmt worden ist.

Lit.: JW 1,524 f.; *LP* 2,270 f.; Watterich 1,72 f.; 75–78; 79–80; 712–716; Anselm, *Gesta episcop. Leod.* (*MG* SS 7,228 f.); G. B. Borino, »L'elezione e la deposizione di Gregorio VI«, in: *ASRomana* 39 (1916) S. 142–252; 295–410; R. Lane Poole, »Benedict IX and Gregory VI«, in: *Proceed BritAcad* 8 (1917/18) S. 199–235; K. J. Herrmann, *Das Tuskulaner Papsttum (1012–1046)*, Stuttgart 1973, S. 154–160; Z 1 122–136; Seppelt 2,415–418; D. Freymans, »Grégoire VI, était-il simoniaque?«, in: *Revbelge* 11 (1932) S. 130–137; *EC* 6,1129 f. (L. Spätling).

Klemens II.

(24. 12. 1046 – 9. 10. 1047)

Als Bischof von Bamberg begleitete er, dessen Geburtsname Suidger lautete, König Heinrich III. von Deutschland (1030–56) im Herbst 1046 nach Italien. Nach der Absetzung von SILVESTER III., GREGOR VI. und BENEDIKT IX. am 20. und 24. Dezember wurde er auf Vorschlag des Königs zum Papst gewählt – der erste von vier Päpsten, die Heinrich einsetzte. Heinrichs erste Wahl war Erzbischof Adalbert von Hamburg-Bremen gewesen, der indessen ablehnte. Suidger hatte lange das Vertrauen des Königs genossen. Der sächsische Adlige (Graf von Morsleben und Hornburg) war Domkanoniker in Halberstadt gewesen, Kaplan seines Propsts Hermann geworden, als dieser 1032 zum Erzbischof von Hamburg berufen wurde, und nach Hermanns Tod 1035 ins königliche Kapitel eingetreten. Auf Heinrichs Vorschlag war er noch als Diakon zum Bischof von Bamberg geweiht worden (28. 12. 1040).

Heinrichs Initiative, das Papsttum aus den Händen der einander befehdenden römischen Adelsfamilien zu befreien, wurde in Reformkreisen allgemein begrüßt. Suidger teilte sein Interesse an einer Kirchenreform. Die Wahl des Namens Klemens unterstrich seine Entschlossenheit, sich von der Urgemeinde inspirieren zu lassen. Nach seiner Inthronisation (25. 12. 1046) krönte er noch am selben Tag Heinrich und Königin Agnes als Kaiser und Kaiserin. Heinrich übertrug sich dann selbst den Titel *patricius*, was ihn ermächtigte, bei der Ernennung des Papstes die ausschlaggebende Rolle zu spielen, und die Römer mußten sich aufs neue verpflichten, in Zukunft keinen Papst ohne Zustimmung des Kaisers und *patricius* zu wählen. Nach der Beilegung des Verfassungskonflikts machte sich Klemens an die Durchführung seines Reformprogramms: Er leitete eine Synode, auf der Simonie scharf verurteilt und eine 40tägige Buße über jeden verhängt wurde, der sich wissentlich von einem simonistischen Bischof hatte weihen lassen (5. 1. 1047). Nach Beendigung der Synode begleitete er Mitte Januar Heinrich auf dessen Zug nach Süditalien. In Salerno bestätigte er am 18. Februar Johannes von Paestum in seinem Amt als Erzbischof, nachdem er sich vergewissert hatte, daß dieser sein Bistum ohne Simonie erlangt hatte, und belegte Benevent mit dem Kirchenbann, als die Stadt sich weigerte, dem Kaiser ihre Tore zu öffnen. Ende Februar kehrte er nach Rom zurück, wo er sich im Frühjahr oder Sommer mit dem greisen Odilo, fünfter Abt von Cluny († 1049), beriet und eine Bulle erließ, in der er dessen Abtei führenden Persönlichkeiten Frankreichs anempfahl. Der Reformer Petrus Damiani (1007 bis 1072) verlieh in einem Schreiben an ihn seiner Enttäuschung über den langsamen Fortgang seiner Reformpolitik Ausdruck. Im Spätsommer zog der Papst in die Marken (einigen Quellen zufolge mußte er Rom wegen schwerer Unruhen verlassen), und am 24. September erließ er in lyrischem Ton eine Bulle, mit der er die Privilegien Bambergs bestätigte, seiner »süßesten

Braut«, von der getrennt zu sein er nicht ertrage; seine gesamte Amtszeit hindurch behielt er denn auch die Leitung seines Bistums bei. Am 1. Oktober besuchte er die Abtei S. Tommaso bei Pesaro, wo er schwer erkrankte und am 9. Oktober starb. Ein bald danach umlaufendes Gerücht, er sei von Benedikt IX. vergiftet worden, ist wahrscheinlich nicht stichhaltig. Sein Leichnam wurde nach Bamberg überführt und im Dom beigesetzt. Als das Grab geöffnet wurde (22. 10. 1731), stellte sich heraus, daß er über 1,83 m maß und »viele licht-gelbe Haare« hatte. Sein Grab wurde erneut geöffnet (3. 6. 1942) und die sterblichen Überreste einer gründlichen Untersuchung unterzogen. Diese ergab, daß er vermutlich an Bleivergiftung starb.

Lit.: JW 1,525–528; *LP* 2,272; *PL* 142,577–590; Watterich 1,73 f.; 77–80; 714–717; Petrus Damiani, *Ep.* 1,3 (*PL* 144,297 f.); E. von Guttenberg, *Die Regesten der Bischöfe und des Domkapitels von Bamberg*, Bd. 1, Würzburg 1932, S. 99–108; *DHGE* 12,1093–96 (F. Foreville); *NCE* 3,928 f. (F. Dressler); Z 1 132 f.; Seppelt 3,9–11; *NDB* 3,281 f.; K. Guggenberger, *Die deutschen Päpste*, Köln 1916, S. 29–37; K. Hauch, »Zum Tode Papst Clemens' II.«, in: *Jahrbuch für fränkische Landesforschung* 19 (1959) S. 265–274; S. Müller-Christiansen, *Das Grab des Papstes Clemens II. im Dom zu Bamberg*, München 1960.

Damasus II.

(1. 7. – 9. 8. 1048)

Damasus, der eigentlich Poppo hieß, war der zweite von Kaiser Heinrich III. (1039–56) designierte deutsche Papst. Der Bayer wurde erstmals als Bischof von Brixen in Tirol urkundlich erwähnt (16. 1. 1040) und stand offensichtlich bereits beim König in hoher Gunst. Er befand sich in Heinrichs Gefolge, als dieser im Herbst 1046 nach Italien reiste, und hatte entscheidenden Anteil an der römischen Synode (5. 1. 1047). Vermutlich kehrte er mit dem Kaiser Mitte Mai wieder nach Deutschland zurück. Nach dem Tod KLEMENS' II. am 9. Oktober schickten Klerus und Volk von Rom an Heinrich, der sich in Pöhlde aufhielt, eine Gesandtschaft, die ihn ersuchte, einen Nachfolger zu bestimmen. Bischof Wazo von Lüttich hatte argumentiert, daß GREGOR VI., derzeit in Köln in Verbannung, wieder in sein Amt eingesetzt werden müsse, da er seiner Meinung nach rechtswidrig abgesetzt worden war, aber am 25. Dezember designierte der Kaiser in seiner Eigenschaft als *patricius Romanorum* Poppo zum neuen Papst. Unterdessen war jedoch BENEDIKT IX. aus seinem Zufluchtsort bei Tusculum aufgetaucht und hatte sich des päpstlichen Throns bemächtigt sowie den einflußreichen Markgrafen Bonifatius von Tuscien auf seine Seite gebracht. Poppo, der das Bistum von Brixen bis zu seinem Tod beibehielt, brach nach Rom auf, wurde jedoch von Bonifatius, der sich darauf berief, daß Benedikt sich erfolgreich wieder als Papst etabliert habe, am Betreten der Stadt gehindert. Als Poppo zurückkehrte und dem Kaiser berichtete, drohte dieser Bonifatius damit, selbst nach Rom zu ziehen und den Römern einen neuen Papst zu geben, falls dieser seine Befehle nicht ausführe. Bonifatius fand es klüger zu gehorchen, ließ Benedikt am 16. Juli aus der Stadt weisen und Poppo am 17. Juli zum Papst weihen und inthronisieren. Um seine Ergebenheit der reinen Urkirche gegenüber kenntlich zu machen, nahm dieser den Namen Damasus II. an. Nach nur 23 Tagen starb er jedoch in Palestrina, wohin er sich begeben hatte, um der Hitze zu entfliehen. Obwohl einige Kommentatoren einen Gifttod andeuten, war die Todesursache sehr wahrscheinlich Malaria.

Lit.: JW 1,528 f.; *LP* 2,274; 332 f. (*Annales Romani*); Watterich 1,74; 78–80; 716 f.; *NDB* 3,498 (R. Elze); *DHGE* 14,53 f. (A. van Roey); Seppelt 3,9–11; K. Guggenberger, *Die deutschen Päpste*, Köln 1916, S. 38–40; Mann 5,286–292.

Leo IX.

Heiliger (12. 2. 1049 – 19. 4. 1054)

Als Bruno, Sohn des Grafen Hugo von Egisheim und Dagsburg, im Elsässischen geboren (21. 6. 1002) und mit dem Kaiserhaus verwandt, war Leo der dritte und bedeutendste der vom deutschen Kaiser Heinrich III. (1039–56) designierten Päpste. Er wurde in Toul erzogen, wo er Domkanoniker und bei Hof bereits bekannt war. Unter seinem Verwandten König Konrad II. (1024–39) diente er 1025/26 in der Lombardei als Anführer der Truppen, die sein siecher Bischof zur Verfügung gestellt hatte. Als der Bischof starb, bestellte Konrad ihn zum Nachfolger (9. 9. 1027). Als Bischof hob er voller Tatkraft die Moral der Klöster und des Klerus seiner Diözese; sein diplomatisches Geschick zeigte sich in Verhandlungen, die er 1032 zwischen Konrad und König Heinrich I. von Frankreich (1031–60) führte. Nach dem Tod DAMASUS' II. (9. 8. 1048) setzte sich Heinrich III. darüber hinweg, daß eine römische Delegation Halinard von Lyon vorzog, und nominierte Bruno, dessen Reformeifer er schätzte, im Dezember 1048 in Worms zum Papst. Bruno nahm Berichten zufolge seine Nominierung nur unter der Bedingung an, daß Klerus und Volk von Rom die Designation bestätigten; auch behielt er bis 1051 die Leitung des Bistums Toul bei. Als er, absichtlich in das Gewand eines Pilgers gehüllt, in Rom eintraf, wurde er mit lautem Beifall empfangen und zum Papst gekrönt (12. 2. 1049). Er wählte einen Namen, der die unbefleckte Urkirche ins Gedächtnis rufen sollte.

Der neue Papst stellte auf seiner ersten Synode (9.–15. 4. 1049) in Rom seinen Reformeifer unter Beweis; er wetterte gegen Simonie und Unkeuschheit des Klerus (d. h. die Priesterehe). Mehrere Simonie treibende Bischöfe wurden ihres Amtes enthoben, und die Buße, welche KLEMENS II. über wissentlich von simonistischen Bischöfen ordinierte Geistliche verhängt hatte, wurde erneuert. Anfangs hatte Leo vorgehabt, diese des Amtes zu entheben, doch waren sie dafür zu zahlreich. Unterdessen zog er, zumeist aus Lothringen, fähige, gleichgesinnte Mitarbeiter heran: Hildebrand (später GREGOR VII.), Hugo Candidus von Remiremont (um 1020 – um 1098), Friedrich von Lüttich (später STEPHAN IX.) und vor allem Humbert von Moyenmoutier († 1061), später Kardinalbischof von Silva Candida, sein engster Vertrauter und praktisch sein Staatssekretär. Indem er diese zu seinem Beraterstab (das spätere Kardinalskollegium) machte, begann er eine radikale Neugliederung der Kurie. Er verließ sich auch auf den Rat führender Reformer wie Abt Hugo von Cluny († 1109), Erzbischof Halinard von Lyon († 1052) und Petrus Damiani (1007–72).

Um seiner Politik größtmöglichen Nachdruck zu verleihen, befleißigte er sich der revolutionären Methode eindrucksvoller Reisen durch ganz Europa; auf Synoden in den Hauptzentren der Kirche – 1049 in Pavia, Reims und Mainz, 1050, 1051 und 1053 in Rom, 1050 in Siponto, Salerno und Vercelli sowie 1053 in Mantua und Bari – beharrte er auf der Notwendigkeit einer Erneuerung. Wenngleich seine Hauptsorge der Unkeuschheit des Klerus und dem Ämterkauf galt (letzterer war ihm so zuwider, daß er Kirchenmänner, die von simonistischen Bischöfen geweiht worden waren, gelegentlich noch einmal ordinierte), so bestand er in Reims darauf, daß Bischöfe und Äbte von Klerus und Volk gewählt sein mußten, und ergriff die Gelegenheit, eine Bekräftigung des einzigartigen päpstlichen Primats über die Universalkirche auszusprechen. 1050 verurteilte er in Rom und Vercelli die Lehre Berengars von Tours (um 1010–88), wonach Brot und Wein in der Eucharistie zwar zu Christi Leib und Blut würden, jedoch lediglich im übertragenen Sinne, nicht der Substanz nach.

Leos letzte Lebensjahre waren von Niederlagen und Enttäuschungen überschattet. Im Mai 1053 führte er höchstpersönlich ein kleines, schlecht ausgerüstetes Heer gegen die Normannen in Süditalien an, um den Kirchenstaat und seine Bevölkerung vor deren Raubzügen zu schützen. Durch den Widerstand des Reichskanzlers, Gebhard von Eichstätt (der als VIKTOR II. sein Nachfolger werden sollte), war es ihm nicht gelungen, vom Kaiser Verstärkung zu erhalten, doch hoffte er sich mit den byzantinischen Streitkräften unter Führung des Statthalters in Süditalien, Argyros, vereinen zu können. Bevor es dazu kam, wurde seine Armee bei Civitate überwältigt und er selbst am 18. Juni gefangen. Zwar wurde er von den Normannen ehrenvoll behandelt, doch hielten sie ihn, auch wenn sie ihm Kontakte mit der Außenwelt gestatteten, neun Monate lang fest und setzten ihn erst nach vermutlich demütigenden Zugeständnissen auf freien Fuß. Sein militärisches Abenteuer wurde in Reformkreisen scharf kritisiert; es sollte jedoch zum historisch bedeutsamsten Ereignis seines Pontifikats führen, dem Bruch mit der Ostkirche. Der fanatisch antilateinische Patriarch Michael Cerularius (1043–58), der nicht nur über die Einmischung des Papstes in Gebieten Süditaliens, die von Byzanz beansprucht wurden, verärgert war, sondern nicht weniger über die Abhaltung einer Synode in Siponto und die Ernennung Humberts zum Erzbischof von Sizilien durch Leo, schloß 1053 die lateinischen Kirchen in Konstantinopel und ritt eine leidenschaftliche Attacke gegen religiöse Praktiken der Westkirche wie etwa die Benutzung ungesäuerten Brots bei der Eucharistie. Im Namen des Papstes arbeitete Humbert von Silva Candida eine scharfe Erwiderung aus und vertrat die Sache des päpstlichen Primats mit ausführlichen Zitaten aus der (gefälschten) Konstantinischen Schenkung. Da ein politisches Bündnis indessen dringend erforderlich war, unternahmen sowohl Kaiser als auch Papst einen Versuch zur Aussöhnung. Im Januar 1054 schickte Leo, noch immer Gefangener, eine von Humbert geleitete Abordnung nach Konstantinopel. Aufgrund der unnachgiebigen Haltung beider Hauptverhandlungspartner erwies sich die Mission als verheerender Fehlschlag, Humbert legte vor den Augen der versammelten Gemeinde eine Bulle auf den Hochaltar der Hagia Sophia, mit welcher der Patriarch und seine Gefolgschaft exkommuniziert wurden (16. 7. 1054). Cerularius beantwortete dies am 24. Juli mit Gegenflüchen. Das Schisma zwischen Ost- und Westkirche wird allgemein auf dieses Ereignis datiert; auch wenn Leo zu diesem Zeitpunkt bereits gestorben war, muß die Kirchenspaltung seinem Pontifikat zur Last gelegt werden, handelten die römischen Legaten doch in seinem Namen.

Leo wurde von Benevent nach Rom gebracht (12. 3. 1054), wo er krank und geistig gebrochen einen Monat später starb; seine letzten Gebete stieß er in seiner Muttersprache hervor. Als echter, wenn auch begrenzter Vorläufer der gregorianischen Reformen, der nach Jahrzehnten der Erniedrigung das Ansehen des Papsttums glänzend erneuerte, wurde er bald nach seinem Tod als Heiliger verehrt. 1087 soll VIKTOR III. veranlaßt haben, daß sein Leichnam ausgegraben und aufgrund der Wunder, die er bewirkt haben soll, auf einem Altar in St. Peter ausgestellt wurde. Festtag: 19. April.

Lit.: *AASS* 2. April (1675) S. 648–727; JW 1,529–549; *PL* 143,457–800 [Briefe, Erlasse usw.]; Watterich 1,93–177; 731–738; *AnB* 25 (1906) S. 258–296; *EB* (15. Aufl.) 10,804 f. (W. Ullmann); *BSS* 7,1293–1301 (J. Choux); *DTC* 9,320–329 (É. Amann); K. Guggenberger, *Die deutschen Päpste*, Köln 1916, S. 41–71; Seppelt 3,12–31; L. Sittler / P. Stinzi, *S. Léon IX: le pape alsacien*, Kolmar 1950; P. P. Bruckner, *Das Leben Papst Leos IX.*, Straßburg 1902; D. M. Nicol, »Byzantium and the Papacy in the 11th Century«, in: *JEH* 13 (1962) S. 1–20; Mann 6,19–182.

Viktor II.

(13. 4. 1055 – 28. 7. 1057)

Der um 1018 geborene Schwabe Gebhard von Dollnstein-Hirschberg, Sohn Graf Hartwigs, war der letzte der vier von Heinrich III. (1039–56) ernannten deutschen Päpste. 1042 wurde der Mittzwanziger zum Bischof von Eichstätt befördert; sein großes Verwaltungstalent befähigte ihn dazu, dem Kaiser, dessen unentbehrlicher Ratgeber er bald nach 1050 wurde, bedeutende Dienste zu leisten. Ein Beispiel für seinen Einfluß war die Verweigerung militärischer Hilfe für den Feldzug LEOS IX. gegen die Normannen (1053). Nach Leos Tod (19. 4. 1054) ernannte Heinrich nach langwierigen Diskussionen mit einer römischen Gesandtschaft unter Führung des Diakons Hildebrand (später GREGOR VII.) in Mainz im November 1054 Gebhard zum neuen Papst. Die Legaten hätten vermutlich einen andern Kandidaten vorgezogen, doch Heinrich wünschte sich in Rom einen kaiserlichen Pontifex, der ihm treu ergeben wäre – nicht zuletzt als Gegengewicht zu seinem alten Widersacher, Herzog Gottfried dem Bärtigen von Lothringen (um 1040–96), der sich inzwischen mit der Witwe des Markgrafen Bonifatius von Tuscien (um 986–1052) vermählt und auf bedrohliche Art in Mittel- und Oberitalien festgesetzt hatte. Gebhard zögerte vier oder fünf Monate lang und willigte erst (im März 1055 in Regensburg) in seine Nominierung ein, als ihm die Rückgabe gewisser dem Hl. Stuhl entrissener Gebiete und Besitzungen zugesichert wurde. Bei seiner Inthronisation fast ein Jahr nach Leos Tod nahm er den Namen Viktor an; während seines Pontifikats behielt er die Leitung des Bistums Eichstätt bei.

Obzwar in erster Linie ein einflußreicher Politiker, war Viktor gleichwohl auch an der Reform der Kirche interessiert. Eine von ihm und dem Kaiser in Florenz abgehaltene Synode (4. 6. 1055) belegte nicht nur Ämterkauf und Priesterehe mit dem Bann, sondern auch die Übertragung von Kircheneigentum; mehrere Bischöfe wurden daraufhin abgesetzt. Ähnliche Entscheidungen wurden 1056 in Frankreich von Synoden unter Leitung örtlicher Bischöfe als seiner Repräsentanten und Hildebrands als seines Legaten erlassen. Indessen verfolgte Heinrich bei seiner Reise nach Italien im Sommer 1055 politische Ziele. Sein tatkräftiges Handeln trieb Gottfried von Lothringen in die Flucht; dessen Gemahlin und Stieftochter Mathilde (die künftige Markgräfin von Tuscien) wurden als Geiseln festgehalten. Gottfrieds Bruder Friedrich, Kanzler der römischen Kirche, zog sich klugerweise als Mönch nach Monte Cassino zurück. Um Viktors Stellung gegenüber Tuscien und den Normannen im Süden zu stärken, ernannte Heinrich ihn zum Herzog von Spoleto und Grafen von Fermo. Nach der Abreise des Kaisers befaßte sich Viktor mehr und mehr mit den Expansionsgelüsten der Normannen in Süditalien, und im Herbst 1056 begab er sich nach Deutschland, um (ironischerweise wie sein Vorgänger Leo IX.) Verstärkung gegen dieselben zu suchen. Am 5. Oktober starb Heinrich jedoch nach kurzer Krankheit und vertraute seinem getreuen Papst die Sorge für das Reich und seinen fünfjährigen Sohn an. Mit großem politischen Geschick vermochte Viktor in Aachen die Thronfolge Heinrichs IV. (1056–1106) und die Berufung seiner Mutter Agnes als Regentin sicherzustellen; diese hatte das Recht, einen Nachfolger zu bestimmen, falls ihr Sohn starb. Im Dezember brachte Viktor in Köln vorausschauend eine Aussöhnung zwischen dem Kaiserhaus und seinen beiden mächtigsten Vasallen, Gottfried von Lothringen und Graf Balduin von Flandern (1036 bis 1067), zustande.

Nach seiner Rückkehr nach Italien Mitte Februar 1057 berief Viktor am 18. April im Lateran eine Synode ein. Er wollte Gottfried von Lothringen, der inzwischen eine starke Stütze sowohl des Papst- als auch des Kaisertums in Mittel- und Norditalien geworden war, gefällig sein und setzte die Wahl seines Bruders Friedrich zum Abt von Monte Cassino durch. Bevor er ihn zum Abt weihte, machte er ihn am 14. Juni zum Kardinalpriester von S. Crisogono. Doch war Viktor bereits leidend, und nach Abhaltung einer örtlichen Synode in Arezzo (23. Juli) erlag er am 28. Juli einem Fieberanfall. Seine deutschen Anhänger wollten seinen Leichnam nach Eichstätt überführen, um ihn dort im Dom beizusetzen, doch die Bürger von Ravenna ergriffen Besitz von ihm, und am Ende wurde er in S. Maria Rotonda (dem Mausoleum Theoderichs d. Gr., † 526) unmittelbar vor der Stadtmauer bestattet.

Lit.: *LP* 2,277; 333 f. (*Annales Romani*); JW 1,549–553; Watterich 1,177–188; 738; Mansi 19,833–862; F. Heidingsfelder, *Die Regesten der Bischöfe von Eichstätt*, Erlangen 1915, S. 66–76; Anon. Haserensis, *Lib. de episc. Eichstet.* (*MG* SS 7,263–266); *Chron. monast. Casin.* (*MG* SS 35,1980, Register); *DTC* 15,2863–66 (É. Amann); Mann 6,183–206; Seppelt 3,32–35; K. Guggenberger, *Die deutschen Päpste*, Köln 1916, S. 72–78; *NCE* 14,646 f. (O. J. Blum).

Stephan IX. (X.)

(2. 8. 1057 – 29. 3. 1058)

Als die Nachricht von Viktors II. plötzlichem Ableben (28. 7. 1057) in Rom eintraf, berieten sich die führenden Reformer unverzüglich mit Friedrich von Lothringen, dem Abt von Monte Cassino, über einen Nachfolger. Dieser schlug fünf Kandidaten vor, darunter Hildebrand (später Gregor VII.) und Humbert von Silva Candida (um 1000–1061), aber schließlich wurde er am 2. August selbst gewählt und am nächsten Tag geweiht. Er wählte den Namen Stephans I., dessen Festtag auf den 2. August fiel. An die deutsche Kaiserfamilie, welche die letzten vier Päpste bestimmt hatte, trat man nicht heran. Diese Unterlassung ist als Versuch gewertet worden, die Minderjährigkeit Heinrichs IV. (1056–1106) und die Schwäche der Kaiserin und Regentin Agnes auszunutzen, um das Papsttum ihrer Kontrolle zu entreißen. Einleuchtender ist wohl, daß man rasches Handeln für erforderlich hielt, um jedem Versuch römischer Adelsfamilien, die ihren Einfluß bei der Berufung des Papstes wiedererringen wollten, zuvorzukommen. Der Umstand, daß der gewählte Papst, falls es zu Unruhen gekommen wäre, auf die Unterstützung seines mächtigen Bruders Gottfried, Herzog von Lothringen und Graf von Tuscien (um 1040–1096), rechnen konnte, muß zu seinen Gunsten gesprochen haben. Bezeichnenderweise traf im Dezember eine Delegation unter Führung Hildebrands am Hof zu Pöhlde in Sachsen ein, wo sie rückwirkend die Genehmigung der getroffenen Wahl erlangt haben muß.

Stephans bisherige Laufbahn ließ auf ein starkes, progressives Pontifikat hoffen. Als jüngster Sohn Herzog Gozelons I. von Lothringen war er nach seiner Ausbildung in Lüttich dort unter Bischöfen, die der Reform der Kirche wohlwollend gegenüberstanden, zunächst Kanonikus und dann Archidiakon gewesen. Leo IX., der ihm vermutlich auf der Reformsynode von Mainz im Oktober 1049 begegnete, brachte ihn als einen seiner engen Mitarbeiter nach Rom und ernannte ihn zum Kanzler und Bibliothekar der römischen Kirche (12. 3. 1051). Stephan begleitete Leo auf seinem Feldzug gegen die Normannen und war 1054 einer seiner Legaten in Konstantinopel. Obwohl ein führendes Mitglied der Kurie, hielt er es 1055 angesichts des bevorstehenden Besuchs Kaiser Heinrichs III. (1030–56),

der mit seinem Bruder Gottfried verfeindet war, für klüger, sich als Mönch nach Monte Cassino zurückzuziehen. Er genoß jedoch das Vertrauen Viktors II., der bei Heinrichs Tod (3. 10. 1056) Gottfried mit dem Königshaus aussöhnte und Friedrich im darauffolgenden Sommer zunächst (23. Mai) zum Abt von Monte Cassino wählen ließ (Humbert hatte den amtierenden Abt zum Rücktritt gezwungen) und danach (14. Juni) zum Kardinalpriester von S. Crisogono beförderte (eine derartige Berufung erfolgte zum erstenmal).
Während seiner kurzen Amtszeit gab Stephan dem Reformwerk Impulse. In Monte Cassino, dessen Abt er blieb, suchte er die Armutsforderung wieder zu verankern. Dem Reformpropagandisten Petrus Damiani (1007–1072) verschaffte er eine breitere Plattform, indem er ihn trotz seiner Proteste zum Kardinalbischof von Ostia machte. Humbert von Silva Candida, dessen Auffassung, die Berufung von Bischöfen solle ohne Einmischung von Laien vonstatten gehen, er vermutlich teilte, war sein Kanzler und Hildebrand ein enger Berater. Er verurteilte oft Priesterehe und Eheschließung zwischen Blutsverwandten; im Sommer 1057 zeigte er sein Interesse an den Patarenern (Pataria), einer revolutionären Reformbewegung in Mailand, die Ämterkauf und Priesterehe feindlich gegenüberstand, indem er Hildebrand nach Mailand entsandte, um über ihre Anhänger zu ermitteln. Im Frühjahr 1058 plante er, die Politik Leos IX. wiederaufnehmend, einen Feldzug gegen die Normannen in Süditalien, der mit dem Schatz von Monte Cassino finanziert werden sollte. Um sich dessen Unterstützung zu versichern, scheint er erwogen zu haben, Herzog Gottfried zum Kaiser zu krönen. Auch schickte er Gesandte nach Konstantinopel, um ein Bündnis gegen den gemeinsamen Feind auszuhandeln. Im März reiste er nach Florenz, um Gottfried wegen der Unternehmung um Rat zu fragen; dort starb er und wurde in S. Reparata begraben. Da er bereits schwer erkrankt gewesen war, hatte er Klerus und Volk von Rom vor seiner Abreise einen feierlichen Eid schwören lassen, im Fall seines Todes keinen Nachfolger zu wählen, bevor Hildebrand von seiner Mission am deutschen Hof zurückgekehrt sei. Wahrscheinlich wollte er damit sicherstellen, daß nur ein Papst gewählt werde, der das Reformwerk fortführen würde.

Lit.: *LP* 2,278; 334; 356; JW 1,553–556; Watterich 1,188–204; 738; 748 f.; *PL* 143,865–884; V. Robert, *Un pape belge: Histoire du pape Étienne IX*, Brüssel 1892; G. Depsy, »La carrière lotharingienne du pape Étienne IX«, in: *Revbelge* 31 (1953) S. 955–972; *DHGE* 15,1198–1203 (F. J. Schmale); *LThK* 9,1041 (K. Rendel); Seppelt 3,34–38; *NCE* 13,697 (J. Gilchrist).

Benedikt X.

(Gegenpapst, 5. 4. 1058 – Jan. 1059, † nach 1073)

Nach dem Tod STEPHANS IX. verschob die führende Geistlichkeit Roms in Befolgung des Gelübdes, das sie ihm geleistet hatte, die Wahl eines Nachfolgers, bis Hildebrand (später GREGOR VII.) von einer diplomatischen Mission aus Deutschland zurückkehrte. Eine Adelsclique unter Führung Gregors von Tuscien und Gerhards von Galeria sah jedoch die Chance gekommen, Kontrolle über das Papstamt zu erlangen, und ließ, indem sie das Volk durch Bestechungsgeschenke auf ihre Seite brachte, Kardinalbischof Johannes Mincius von Velletri unter dem Namen Benedikt X. wählen und inthronisieren. Ihre Wahl war durchaus klug; Johannes nämlich, obwohl aus Rom gebürtig und Mitglied der Tuskulaner Familie, stand in Reformkreisen in hohem Ansehen und war einer der fünf Kandidaten gewesen, die Friedrich von Lothringen (später Stephan IX.), im Juli/August 1057 über einen Nachfolger für VIKTOR II. befragt, vorgeschlagen hatte. Doch wenn seine Anhänger gehofft hatten, die Reformer würden ihren Überraschungsschlag als *fait accompli* hinnehmen, sahen sie sich getäuscht. Die Reformer flüchteten vielmehr aus Rom und verhängten den Bannfluch über Benedikt, der regelwidrig geweiht werden mußte, da Petrus Damiani, als Bischof von Ostia zum Weiheamt befugt, sich weigerte.
Dennoch gelang es Benedikt, solange die Reformer ihre Pläne aufeinander abstimmten, neun Monate als Papst zu amtieren. Eine seiner wenigen schriftlich belegten Amtshandlungen bestand in der Übersendung des Palliums an Erzbischof Stigand von Canterbury († um 1072). Im Dezember 1058 indessen wählten die Kardinäle in Siena NIKOLAUS II. zum neuen Papst. Anfang Januar 1059 hielt Nikolaus zusammen mit dem kaiserlichen Kanzler Wibert, der die Regentin Agnes repräsentierte, in Sutri eine Synode ab, auf der Benedikt als Usurpator des Hl. Stuhls und als Meineidiger (er hatte seinen Schwur dem

sterbenden Stephan IX. gegenüber gebrochen) exkommuniziert wurde. Als Nikolaus am 24. Januar Rom in Besitz nahm, suchte Benedikt in Gerhards Burg in Galeria Zuflucht. Als dieser schließlich nach zwei Belagerungen im Herbst 1059 kapitulierte, gab Benedikt jeden Anspruch auf den Hl. Stuhl auf, legte zum Beweis die päpstlichen Insignien ab und zog sich auf einen Familiensitz in der Nähe der Kirche S. Maria Maggiore zurück; einen Monat später jedoch ließ ihn Hildebrand, der inzwischen zum Archidiakon aufgestiegen war, einkerkern. Im April 1060 wurde ihm, da sein freiwilliger Rücktritt als unzureichend angesehen wurde, endlich ein öffentlicher Prozeß gemacht, bei dem Hildebrand Anklage erhob, und er wurde trotz seiner Beteuerungen, daß ihm das Papstamt gegen seinen Willen aufgezwungen worden sei, feierlich abgesetzt, degradiert und im Hospiz S. Agnese an der Via Nomentana unter Hausarrest gestellt. Dort lebte er zumindest bis zur Thronbesteigung Hildebrands als Gregor VII. (1073). Als er starb, gab sein alter Widersacher immerhin so weit nach, daß er ihn in der Kirche ehrenvoll begraben ließ.

Lit.: *LP* 2,279; 334–336 (*Ann. Romani*); JW 1,556 f.; Watterich 1,203–205; 738; Leo Ostiensis, *Chron.* 2,99 (*MG* SS 7,695); Bonizo von Sutri, *Ad amicum* VI (*MG* Liblit 1,592 f.); Petrus Damiani, *Ep.* 3,4 (*PL* 144,291); *DHGE* 8,105 f. (J. Gay); *DBI* 8,366–370 (O. Capitani); Z1 141–146.

Nikolaus II.

(6. 12. 1058 – 19./26. 7. 1061)

Nikolaus wurde um 1010 in Lothringen oder dem französischen Burgund geboren und hieß ursprünglich Gerhard. Seit 1045 Bischof von Florenz, war er bei seiner Wahl ein führender Vertreter der Reformbewegung des 11. Jh.s. Nach STEPHANS IX. Tod (28. 3. 1058) kürte eine einflußreiche antireformerische Adelsclique am 5. April Bischof Johannes von Velletri als BENEDIKT X. zum Papst, aber die Reformkardinäle weigerten sich, diesen anzuerkennen, getreu ihrem dem sterbenden Stephan abgegebenen Versprechen, mit der Wahl zu warten, bis Hildebrand (später GREGOR VII.) von einer Mission in Deutschland zurückkäme. Sie verließen Rom, und nachdem sie sich die Zustimmung Herzog Gottfrieds von Lothringen und Tuscien (um 1040–1096) gesichert und von der guten Absicht des deutschen Hofs überzeugt hatten, wählten sie unter dem Einfluß Hildebrands Gerhard im Dezember in Siena zum Papst. Der neue Papst, der sich nach NIKOLAUS I. nannte und die Leitung des Bistums Florenz beibehielt, leitete Anfang Januar 1059 in Sutri bei Rom im Beisein des Reichskanzlers Wibert und des mit dem Bannfluch belegten Benedikt eine Synode. Mit Unterstützung der Truppen Gottfrieds zog er daraufhin in Rom ein, von wo Benedikt geflohen war, und wurde unter dem Jubel der Bevölkerung, die Hildebrand mit großzügigen Gaben umgestimmt hatte, eingesetzt (24. 1. 1059).

Als Freund des Desiderius von Monte Cassino (später VIKTOR III.) war Nikolaus stark beeinflußt von Reformern wie Humbert von Silva Candida (um 1000–1061), Hildebrand (den er zum Archidiakon machte) und Petrus Damiani (1007–72), dem Propagandisten der Reform. Auf der Lateransynode (13. 4. 1059) verkündete er ein Papstwahldekret von großer Tragweite, wonach die Papstwahl den Prinzipien der Reformer entsprechen sollte. Daneben verfolgte es den unmittelbaren Zweck, die Wahl Benedikts als unkanonisch zu brandmarken und regelwidrige Umstände bei seiner eigenen Wahl für rechtmäßig zu erklären. Das Dekret verfügte, daß zur Vermeidung von Ämterkauf die Kardinalbischöfe den Papst rechtswirksam wählen sollten. Danach sollten die Kardinalsekretäre einbezogen werden, und schließlich die übrigen Geistlichen und das Volk von Rom ihre Zustimmung erteilen. Falls die Umstände es erforderten, war auch die Wahl eines nichtrömischen Geistlichen und die Abhaltung der Wahl außerhalb Roms statthaft. Das Dekret enthielt eine vage Klausel über das Recht des Kaisers auf Zustimmung, das jedem Thronfolger erteilt werden mußte – wenn auch nicht vorbehaltlos – und nur bei Mißbrauch verwirkt wurde. Danach erließ die Synode Bestimmungen gegen Priesterehe und -konkubinat, verabschiedete erstmals ein allgemeines Verbot der Laieninvestitur (Geistlichen wurde untersagt, Kirchen von Laien zu erwerben) und verlangte, daß die an einer Kirche tätigen Geistlichen ein gemeinsames Leben führten. Berengar von Tours wurde vor die Synode zitiert und gezwungen, ein von Humbert aufgesetztes, primitiv-realistisches Dokument zur wirklichen Gegenwart Christi beim hl. Abendmahl zu unterzeichnen.

Auf politischem Gebiet traf Nikolaus nun auf

Anraten von Desiderius und Hildebrand die weitreichende Entscheidung, die bisherige Politik umzustoßen und zwischen dem Papsttum und den Normannen in Süditalien eine Allianz herbeizuführen. Er zementierte dies auf der Synode von Melfi (23. 8. 1059), der Hauptstadt des normannischen Apulien, wo er Maßnahmen zur Durchsetzung des Zölibats ergriff und gegen den Treueid und das Versprechen militärischen Beistands Richard von Aversa mit dem Fürstentum Capua sowie Robert Guiscard (um 1015–1085) mit den Herzogtümern Apulien und Kalabrien und der Herrschaft über Sizilien belehnte. Auf diese Weise gewann die römische Kirche mit einem Schlag die Lehnsherrschaft über weite Landstriche Süditaliens. Dies zahlte sich sogleich aus: Richard stürmte die Festung Galeria, wohin Gegenpapst Benedikt sich geflüchtet hatte, nahm diesen gefangen und lieferte ihn Nikolaus aus, der ihn später offiziell seines Amtes und seiner Würden enthob.
1060 und 1061 wurden weitere Synoden abgehalten, die sich hauptsächlich mit der Simonie und den mit simonistischen Weihen verbundenen Problemen befaßten. Zur Stärkung des um sich greifenden Reformgeists in den westeuropäischen Ländern bediente sich Nikolaus seiner Legaten. In Norditalien trieb er die Reform voran und festigte die Stellung des Hl. Stuhls, indem er Petrus Damiani und Anselm von Lucca (später ALEXANDER II.) 1059 nach Mailand sandte, um mit der volkstümlichen Reformbewegung Pataria Kontakt aufzunehmen. Ein eindrucksvolles Ergebnis ihrer Tätigkeit war die (zeitweise) Bekehrung Erzbischof Guidos von Mailand und seiner Geistlichkeit zum Ideal des Zölibats und die Zurückweisung der Simonie. Guido nahm an der römischen Synode von 1060 teil und nahm dort aus der Hand des Papstes seinen Bischofsring an. Damit gestand er ein, daß seine frühere Investitur durch den Kaiser simonistisch gewesen war. Unterdessen hatte Nikolaus' Bündnis mit den Normannen einerseits und seine strengen Anforderungen an die Kirchendisziplin andrerseits den heftigen Ärger sowohl des deutschen Königshauses als auch des deutschen Episkopats unter Führung des Erzbischofs Anno von Köln (1056 bis 1075) erregt. Als Kardinal Stephan 1061 als päpstlicher Legat bei Hof erschien, um die Politik des Papstes zu rechtfertigen, wurde er nicht empfangen. Schlimmer noch, eine Synode dem Hof verbundener deutscher Bischöfe erklärte die Anordnungen des Papstes für null und nichtig und kündigte ihm die Gemeinschaft auf. Bevor er reagieren konnte, starb er in Florenz. Wie Stephan IX. wurde er dort in der Kirche S. Reparata beigesetzt.

Lit.: *LP* 2,280; 335 f.; JW 1,557–566; *MG* Const 1,537–551; Watterich 1,206–235; A. Clavel, *Le Pape Nicholas II: son œuvre disciplinaire*, Lyon 1906; K. Guggenberger, *Die deutschen Päpste*, Köln 1916, S. 89–94; H. G. Krause, »Das Papstwahldekret von 1059«, in: *StGreg* 7 (1960); *DTC* 11,526–532 (É. Amann); Mann 5,226–260; *LThK* 7,977 f. (Th. Schieffer); *NCE* 10,441 f. (W. M. Plöchl); Seppelt 2,37–50.

Alexander II.

(30. 9. 1061 – 21. 4. 1073)

Er entstammte einer prominenten Familie in Baggio bei Mailand und hieß ursprünglich Anselm. Nach Studien an der Schule Lanfrancs (um 1010–89) in Bec empfing er um 1055 in Mailand die Priesterweihe, wurde eine bekannte Persönlichkeit am Hof Kaiser Heinrichs III. (1039–56) und 1057 zum Bischof von Lucca ernannt. Nachfolger Papst NIKOLAUS' II. wurde er auf Betreiben des Archidiakons Hildebrand (später GREGOR VII.) und infolge von Unruhen in Rom von normannischen Truppen als Papst eingesetzt. Früher hatte er sich in der neuen revolutionären Bewegung Pataria in Mailand engagiert; nun erwies er sich als Verfechter der Kirchenreform und der Befreiung christlicher Länder vom Islam.
Entsprechend dem Geist des Papstwahldekrets von 1059 konsultierten die Kardinäle den deutschen Hof nicht, mit dem sich in den letzten Jahren Papst Nikolaus' II. ein Bruch abgezeichnet hatte. Daraufhin ernannte der Hof einen Gegenpapst, HONORIUS II. (Cadalus von Parma), mit dem sich Alexander etliche Jahre abfinden mußte. Obwohl der Hof Honorius am Ende fallen ließ, mußte Alexander die Demütigung erdulden, sich im Mai 1062 in Erwartung einer Entscheidung ins Bistum Lucca, dessen Leitung er beibehalten hatte, zurückziehen zu müssen. Außerdem hatte er sich im Mai 1064 vor einer Synode in Mantua zu verantworten, bei der er zwar den Vorsitz führte, die indes von der Reichsregierung einberufen worden war. Ihm wurde zur Last gelegt, die Papstwürde durch Bestechung und Waffengewalt erlangt zu haben. Er bewies erfolgreich seine Unschuld, indem er vor Anno,

Erzbischof von Köln (1056–78) und nunmehriger Regent für Heinrich IV. (1056–1106), einen Reinigungseid ablegte.
Noch vor der Entscheidung von Mantua wurden die Hauptzüge seines Programms deutlich, bei dessen Durchführung er von Hildebrand sicher geleitet wurde. Auf der Lateransynode von 1063 erneuerte er das Dekret Nikolaus' II. gegen die Simonie, untersagte die Teilnahme an Meßfeiern, die von verheirateten Priestern gelesen wurden, und die Anerkennung der Laieninvestitur ohne Genehmigung der Diözese und empfahl dem jeweiligen Klerus eine gemeinsame Lebensführung. Von 1063 an beschleunigte sich das Tempo, und in Frankreich und Spanien hielten seine Legaten eine Reihe von Reformsynoden und Ketzergerichten ab. König Sancho V. Ramirez von Aragón (1063–94) unterstellte 1068 sein Land der Lehnshoheit des Papstes und ersetzte 1071 die mozarabische Liturgie durch die römische. Auf Anraten Hildebrands unterstützte Alexander Herzog Wilhelm von der Normandie (1028–87), einen tatkräftigen Verfechter der Reform, gegen Harold von England und segnete seinen Feldzug, indem er ihm das St.-Peters-Banner zuschickte, unter welchem Wilhelm 1066 siegreich in der Schlacht von Hastings focht. 1063 sandte er normannischen Kriegern und französischen Rittern, die auf Sizilien bzw. in Spanien gegen die Mohammedaner kämpften, Banner und gewährte ihnen Ablässe. 1072 erteilte er einer ähnlichen Expedition unter Leitung des französischen Grafen Ebolus von Roucy seinen Segen. In Deutschland zeigte er sich unnachgiebig: So händigte er Udo von Trier das Pallium erst aus, nachdem dieser beweisen konnte, daß er sich keinen Ämterkauf hatte zuschulden kommen lassen, zitierte 1070 einflußreiche Prälaten nach Rom, damit sie sich dort von denselben Vorwürfen reinwaschen konnten, und erzwang den Rücktritt eines der Simonie verdächtigen Bischofs von Konstanz. Selbst König Heinrich IV. hielt es für geboten, seine geplante Scheidung von seiner Gemahlin Bertha aufzugeben, nachdem ihm der Reformer Petrus Damiani (1007 bis 1072) 1068 die Einwände des Papstes vorgetragen hatte.
Mit dem Tod Erzbischof Guidos von Mailand (23. 8. 1071) erreichten die Beziehungen zwischen Hof und Kurie ihren Tiefpunkt. Heinrich versuchte den Mailändern seinen Kandidaten Gottfried als Guidos Nachfolger aufzuzwingen und überredete die langobardischen Bischöfe, diesen zu weihen; doch die empörten Anhänger der Pataria wählten mit voller Unterstützung des päpstlichen Legaten den Priester Atto, der ihrer Sache wohlwollend gegenüberstand. Die Folge war ein Schisma; da Heinrich weiterhin zu Gottfried hielt, stieß Alexander auf seiner letzten Fastensynode fünf königliche Räte wegen Simonie aus der Kirche aus.
Zu Beginn seiner Amtszeit knüpfte Alexander Kontakte mit Byzanz, die erste derartige Initiative seit dem Bruch unter LEO IX. (1054). 1071 sandte er Petrus von Anagni († 1105) als seinen Repräsentanten zu Kaiser Michael VII. Dukas (1071–78). Konkrete Verhandlungen über eine Wiedervereinigung dürften begonnen haben, doch zeitigten sie keine Ergebnisse.

Lit.: *LP* 2,281; 358–360; JW 1,566–592; *PL* 146,1271–1430; Watterich 1,235–290; C. Violante, *La pataria milanese e la riforma ecclesiastica*, Rom 1955; V. Grumel, »Le premier contact de Rome avec l'Orient après le schisme de Michel Cérulaire«, in: *BullLittEccl* 43 (1942) S. 21–29; *DBI* 2,176–183 (C. Violante); Mann 5,261–369; *NCE* 1,288 (J. J. Ryan); Seppelt 3,50–64.

Honorius (II.)

(Gegenpapst, 28. 10. 1061 – 31. 5. 1064; † 1071/72)

Peter Cadalus wurde 1009/10 in der Nähe von Verona geboren und entstammte einer wohlhabenden deutschen Familie. 1041 wurde er Bücherrevisor des Bistums Verona und im Mai 1046 Bischof von Parma. Nach dem Tod NIKOLAUS' II. im Juli 1061 wurde er auf Vorschlag von Kaiserin Agnes, die die Regentschaft für den jungen Heinrich IV. (1056–1106) führte, von einer gemischten Versammlung in Basel zum Papst gewählt und nahm den Namen Honorius II. an. Der römische Adel, darauf bedacht, sich das Papsttum zu sichern, hatte eine Gesandtschaft mit den Insignien des *patricius Romanorum* an den deutschen Hof geschickt, um Heinrich zu bitten, als Inhaber dieses Amtes einen neuen Papst zu benennen. Auch eine Delegation der Reformbewegung feindlich gesinnter langobardischer Bischöfe unter Führung des Reichskanzlers Wibert war eingetroffen. Aufgrund seiner Bekanntheit, seiner engen Beziehungen zum Königshaus und seines Reichtums war Cadalus eine naheliegende Wahl. 1046 hatte er zwar das Kloster S. Giorgio in Verona gegründet, war

aber Gegner der Kirchenreform, insbesondere der unter dem Namen Pataria bekannten revolutionären Reformbewegung in Mailand.
Einen Monat zuvor (30. Sept.) hatte die Reformpartei in Rom Bischof Anselm von Lucca zum Papst gewählt (ALEXANDER II.). Im April 1062 setzte sich Honorius nach dem Sieg über die Truppen seines Kontrahenten in Rom selbst ein, doch gelang es ihm nicht, seinen Erfolg auszuwerten. Im Mai traf Herzog Gottfried von Lothringen mit überlegenen Truppen ein und überredete beide Päpste zum Rückzug in ihre jeweiligen Diözesen, bis der deutsche Hof über ihre Ansprüche entschieden habe. Dies bedeutete in der Praxis, daß die Entscheidung bei Anno, dem reformfreudigen Erzbischof von Köln (1056–78), lag, der inzwischen Agnes als Regent abgelöst hatte und Alexander persönlich bevorzugte. Nach einigen Untersuchungen zunächst in Augsburg (Okt. 1062), dann in Rom (gegen Ende des Jahres) fiel die Entscheidung zugunsten Alexanders. Honorius war aber damit noch lange nicht am Ende. Von Alexander mit dem Bannfluch belegt (20. 4. 1062), tat er diesen von Parma aus seinerseits in den Bann. Im Mai 1063 griff er Rom an, eroberte die Engelsburg und hielt sie einige Monate besetzt. Da das Schisma andauerte und Alexanders Titel weiterhin angefochten wurde, ließ sich Anno von dem Reformer Petrus Damiani (1007–72) dazu überreden, im Mai 1064 eine Synode deutscher und italienischer Bischöfe nach Mantua einzuberufen, zu der beide Päpste geladen wurden. Honorius weigerte sich, daran teilzunehmen, da seiner Bitte, die Synode leiten zu dürfen, nicht stattgegeben wurde; Alexander hingegen erschien, hatte den Vorsitz inne und wurde, nachdem er den Vorwurf der Simonie unter Eid abgestritten hatte, endgültig als Papst anerkannt. Honorius wurde daraufhin formell mit dem Bann belegt. Er kehrte nach Parma zurück, wo er bis zu seinem Tod (Ende 1071 / Anfang 1072) das Bischofsamt ausübte. Seine Ansprüche auf die Papstwürde gab er nie auf, und mindestens zweimal (1065/1068) hatte er ernstlich Grund zu hoffen, daß die Haltung des deutschen Hofes wieder zu seinen Gunsten umschlagen würde.

Lit.: JW 1,530; 566–594; *LP* 2,281; 284; 336 f.; 358–360; Watterich 1,235–290; *DHGE* 11,53–99 (F. Baix [vollst. Bibliogr. bis 1949]); *DBI* 2,176–182 (C. Violante [zu Alexander II.]); Z1 148–158; Seppelt 3,51–56; F. Herberhold, »Die Angriffe des Cadalus von Parma . . . auf Rom in den Jahren 1062 und 1063«, in: *StGreg* 2 (1947) S. 477–503.

Gregor VII.

Heiliger (22. 4. 1073 – 25. 5. 1085)

Um 1020 als Hildebrand geboren, stammte er aus einem einfachen Elternhaus in Tuscien. Er kam als Kind nach Rom und wurde in S. Maria all'Aventino und im Lateranpalast erzogen. Nach dem Empfang der niederen Weihen wurde er Kaplan GREGORS VI., den er 1046 ins Exil nach Köln begleitete. Nach Gregors Tod 1047 trat er vermutlich ins Kloster Cluny (bei Mâcon) oder ein anderes cluniazensisches Kloster ein, doch berief LEO IX. ihn schon bald nach Rom, weihte ihn zum Subdiakon und bestellte ihn zum Vermögensverwalter der römischen Kirche und Prior des Klosters S. Paolo. In Reformkreisen anerkannt, wurde er 1054 und 1056 mit besonderen Aufträgen nach Frankreich und 1057 nach Deutschland geschickt. Seit 1059 war er Archidiakon und leitete die politischen Unternehmungen unter NIKOLAUS II. und noch mehr unter ALEXANDER II. Bei Alexanders Ableben wurde er durch Zuruf des Volkes zum Papst gewählt und nannte sich nach GREGOR I. d. Gr. Seine Weihe verschob er aus Ehrfurcht vor den Aposteln Peter und Paul bis nach deren Festtag am 29. Juni. Weder benachrichtigte er König Heinrich IV. (1056–1106), noch suchte er dessen Zustimmung. Die Beziehungen des Hofes zum Hl. Stuhl waren zu dieser Zeit getrübt, da sich Heinrich noch immer mit Ratgebern umgab, die Alexander II. exkommuniziert hatte.
Gregor, ein Mann von außergewöhnlichen Fähigkeiten, Entschlußkraft und Erfahrung, dessen intellektuelles Format aus seinen Briefen hervorleuchtet, machte die Kirchenreform zum Leitgedanken seines Programms. Der erhabene Nimbus des Papsttums, den er in den 27 Leitsätzen seines *Dictatus papae* (März 1075) darlegte, schloß nicht nur die vom hl. PETRUS ererbte persönliche Heiligkeit des Papstes ein, sondern auch die Oberhoheit und das Recht zur Absetzung aller Fürsten, weltlicher wie geistlicher. Alle Christen waren dem Papst untertan, der die oberste gesetzgebende und richtende Gewalt innehatte. Da er sich vorgenommen hatte, Mißbräuche in der Kirche mit der Wurzel auszureißen und sie von der Kontrolle durch Laien zu befreien, bekräftigte er zunächst auf seinen Fastensynoden (1074/75) die Dekrete seiner Vorgänger gegen Priesterehe und Simonie, was besonders in Frankreich und Deutschland großen Widerstand

auslöste. Mit außerordentlichen Vollmachten ausgerüstete Sonderbeauftragte vermochten den Widerstand freilich meistens zu brechen. Sein Verbot der Laieninvestitur (d. h. Eingreifen in die Vergabe kirchlicher Ämter kraft des Rechts weltlicher Fürsten, Geistliche in ihr Amt einzusetzen), das 1075 in allgemeiner Form erging und auf späteren Synoden präzisiert wurde, rief einen noch größeren Protest hervor und brachte Gregor auf Kollisionskurs mit Heinrich IV., sah sein Programm doch die Abschaffung der königlichen Kontrolle über die Bischöfe vor. Zunächst schien der König, der sich mit einem Aufstand in Sachsen herumschlagen mußte, zur Zusammenarbeit bereit; nach dem Sieg über die Sachsen (9. 6. 1075) aber ging er dazu über, seine eigenen Günstlinge zu benennen, und zwar nicht nur für Mailand und deutsche Bistümer, sondern auch für Fermo und Spoleto. Als Gregor ihn scharf zurechtwies (Dez. 1075), berief er in Worms eine Synode deutscher Bischöfe ein (24. 1. 1076), auf welcher der Papst abgesetzt wurde, und forderte ihn persönlich zum Rücktritt auf. Die langobardischen Bischöfe taten es dem deutschen Episkopat in Piacenza nach. Auf seiner Fastensynode reagierte Gregor, indem er Heinrich exkommunizierte, ihm die Ausübung königlicher Macht absprach und alle seine Untertanen von ihrem Treueid entband. Anfänglich verschaffte dieser Schritt den Gegnern Heinrichs Auftrieb, und in dieser gefährlichen Situation hielt Heinrich es für klüger, dem Papst Gehorsam zu leisten. Im Januar 1077 tat er den Gang nach Canossa (nahe Reggio Emilia, Norditalien) und bat im Büßergewand um die Lösung vom Kirchenbann. Gregors Milde als Seelsorger erwies sich jedoch als politisches Verhängnis. Drei Jahre lang versuchte er zwischen Heinrich und dessen Gegenspieler Rudolf von Schwaben († 1080), der 1077 zum Gegenkönig gewählt wurde, zu vermitteln; doch überzeugt davon, daß der König sich unnachgiebig zeigte, exkommunizierte er ihn 1080 abermals, setzte ihn ab (sein Recht zur Absetzung war unter den Zeitgenossen heiß umstritten) und anerkannte Rudolf als rechtmäßigen König. Heinrich reagierte auf diese Strafe mit einem Konzil der Reichsbischöfe in Brixen (25. 6. 1080), das Gregor für abgesetzt erklärte und Wibert von Ravenna als KLEMENS III. zu seinem Nachfolger wählte. Da Heinrich darauf aus war, sich zum Kaiser krönen zu lassen, wäre ein Kompromiß noch immer möglich gewesen; doch Gregor war kein Mann der Kompromisse. Im Gegenteil, seine unbeugsame Haltung trieb viele seiner Anhänger, darunter 13 Kardinäle, in die Opposition. Als Heinrich im März 1084 Rom einnahm, vermochte der Normannenherzog Robert Guiscard (um 1015–85) Gregor zwar zu retten, doch die Bevölkerung war über die Greueltaten seiner Soldaten so aufgebracht, daß sie ihren Zorn am Papst ausließ. Er mußte die Stadt verlassen, wandte sich zunächst nach Monte Cassino und von dort nach Salerno, wo er unter der Beteuerung starb, er habe die Gerechtigkeit geliebt und das Unrecht gehaßt. Dort wurde er auch begraben.

Gregors Pontifikat war nicht nur hinsichtlich seiner dramatischen Auseinandersetzung mit dem Reich bemerkenswert. Seine Briefe bezeugen sein starkes Interesse am Geschick der Kirche in fernen Ländern wie Norwegen und Dänemark im Norden, Spanien im Westen, Polen und Ungarn im Osten. Stets strebte er, mit unterschiedlichem Erfolg, danach, weltliche Herrscher durch Lehnsvergabe an den Hl. Stuhl zu binden. Mit dem Ziel, die Amtsgewalt in der Kirche zu zentralisieren, erweiterte er den Einsatz von Legaten, beharrte darauf, daß Erzbischöfe zur Entgegennahme des Palliums nach Rom reisen müßten, und hatte wenig Verwendung für das Kardinalskollegium. Seine vergleichsweise Zurückhaltung gegenüber Philipp I. von Frankreich (1060–1108) – trotz erbitterter Beschwerden und heftiger Drohungen – wie auch die guten Beziehungen, die ihn mit Wilhelm dem Eroberer (1066–87) von England verbanden – trotz der Weigerung des Königs, in der Frage der Laieninvestitur nachzugeben –, legen Zeugnis von seinem klugen politischen Realismus ab, wann immer dieser gefordert war. Einen beachtlichen Erfolg erzielte er in Spanien, als Alfons VI. von Kastilien (1072–1109) 1080 in seinem Herrschaftsbereich die bereits in Aragón verwendete römische Liturgie statt der alten mozarabischen Riten festsetzte. In den ersten Jahren seiner Amtszeit beschäftigte sich Gregor stark mit Plänen zu einem Kreuzzug unter seiner persönlichen Führung, der das byzantinische Reich von dem Joch der Türken befreien und anschließend die Glaubensgemeinschaft mit der Ostkirche wiederherstellen würde. Seine Aufrufe sahen die Wiedereroberung des Hl. Grabes in Jerusalem als Ziel der gesamten Unternehmung vor. Die anderen Streitfragen lenkten ihn jedoch von diesem Vorhaben ab. Gleichwohl unterhielt er freundliche Beziehungen zu Kaiser Michael VII. Dukas (1071–78). Auch sein Eintreten für die Reinheit der Lehre sollte man nicht übersehen; 1079 bewog er Berengar von Tours zur Anerkennung einer eucharistischen These, mit der die Transsubstantiation des geweihten Brotes und Weines zugegeben wurde.

Gregor wird im allgemeinen als eine der bedeutendsten Gestalten des Papsttums und eine der eindrucksvollsten Persönlichkeiten des Mittelalters gewürdigt; dennoch ist er wie schon zu seiner Zeit noch immer Gegenstand von Auseinandersetzungen. Im großen und ganzen herrisch und unnachgiebig, aber mit einer tief religiösen Leidenschaft für »Gerechtigkeit« begabt, verfolgte er seine Vision einer »reinen« und »freien« Kirche mit einem beharrlichen Fanatismus, der selbst einige seiner engsten Freunde vor den Kopf stieß. Obwohl seine Bemühungen mit einer Niederlage endeten, verbreiteten sich die Ideen, für die er kämpfte, durch seine Nachfolger und trugen zur Entwicklung der abendländischen Christenheit entscheidend bei.

Er wurde 1584 selig- und 1606 von PAUL V. heiliggesprochen. Festtag: 25. Mai.

Lit.: JW 1,594–649; *PL* 148,283–645; E. Caspar (Hrsg.), *Das Register Gregors*, in: *MG* Epsel 2 (1955); Watterich 1,293–546; E. Caspar, »Studien zum Register Gregors VII.«, in: *NA* 38 (1913) S. 145–226; P. Jaffé, *Monumenta Gregoriana*, 1865 (*Bibl. rer. Germ.*); H. E. J. Cowdrey, *Epistolae Vagantes*, Oxford 1972; Mann 7,1–217; H. X. Arquillière, *Saint Grégoire VII*, Paris 1934; J. P. Whitney, *Hildebrandine Essays*, Cambridge 1932; A. J. Macdonald, *Hildebrand*, London 1932; A. Murray, »Pope Gregory VII and his Letters«, in: *Traditio* 22 (1966) S. 149–201; *LThK* 4,1183–85 (Th. Schieffer); *BSS* 7,294–379 (G. Miccoli); *NCE* 6,772–775 (W. Ullmann); Seppelt 3,65–120 und Register.

Klemens III.

(Gegenpapst, 25. 6. 1080, März 1084 – 8. 9. 1100)

Der um 1025 in Parma geborene und mit den Grafen von Canossa verwandte Wibert gelangte 1054 an den deutschen Hof und wurde auf Vorschlag von Kaiserin Agnes Reichskanzler von Italien (1058–63). In dieser Eigenschaft nahm er im Januar 1059 an der Synode zu Sutri teil, auf der NIKOLAUS II. den Gegenpapst BENEDIKT X. mit dem Bann belegte. Es ist fraglich, ob die Erwähnung des Königs im Papstwahldekret des gleichen Jahres sein Kompromißvorschlag gewesen ist. Nach dem Tod von Nikolaus, als die Reformpartei in Rom ALEXANDER II. zum Papst wählte, war Wibert eine der treibenden Kräfte bei der Wahl des Cadalus zum Gegenpapst HONORIUS II. in Basel (Okt. 1061). 1072 wurde er von König Heinrich IV. (1056–1106) zum Erzbischof von Ravenna berufen; Alexander II. zögerte zunächst, jemanden zu weihen, der seinen Rivalen unterstützte, doch ließ er sich, nachdem Wibert einen Treueid geschworen hatte, von seinem Archidiakon Hildebrand dazu überreden. Als Hildebrand 1073 unter dem Namen GREGOR VII. Papst wurde, arbeitete Wibert zunächst mit ihm zusammen, schlug sich aber bald ins Lager seiner Gegner. 1075 suspendierte ihn Gregor, da er es versäumte, vor der Fastensynode zu erscheinen, und im Februar 1076 wurde er aufgrund seiner Teilnahme an der Zusammenkunft langobardischer Bischöfe, die den Zweck verfolgte, Gregor abzusetzen, exkommuniziert. Als es zwischen Heinrich IV. und Gregor zum endgültigen Bruch kam, ließ der König im Juni 1080 Wibert in Brixen zum Papst wählen. Als Heinrich schließlich vier Jahre später von Rom Besitz ergriff, wählten Geistlichkeit und Volk von Rom Wibert zum Papst, und er wurde unter dem Namen KLEMENS III. in der Lateranbasilika inthronisiert (24. 3. 1084). Als Gregor noch in der Engelsburg ausharrte, krönte er am 31. März Heinrich in St. Peter zum Kaiser. Der Vormarsch Robert Guiscards, Herzog von Apulien (um 1015–85), an der Spitze eines Normannenheeres nötigte Heinrich und Klemens zum Verlassen Roms. Der Gegenpapst begab sich nach Ravenna (die Leitung des Bistums hatte er beibehalten) und machte die Stadt von etwa 1080 an zum Mittelpunkt eines Propagandakrieges gegen Gregor und seine Anhänger.

Als Mann von untadeligem Charakter, herausragender Fähigkeit und Bildung sowie bemerkenswerter Beredsamkeit beeindruckte Klemens Freunde und Feinde gleichermaßen. Anders als zuweilen angenommen, war er nicht etwa ein Werkzeug des Kaisers, sondern entwarf seine eigene Politik und war persönlich verantwortlich für die wirksame antigregorianische Propaganda. Aufgrund des Rückhalts, den er beim Klerus (13 Kardinäle waren zu ihm übergelaufen) wie auch beim Volk genoß, konnte er nach Rom zurückkehren und sein Papstamt während der gesamten Regierungszeit VIKTORS III. und teilweise URBANS II. ausüben. Mit unterschiedlichem

Erfolg unternahm er unermüdliche Anstrengungen zur Anerkennung seiner Rechtmäßigkeit nicht nur in Deutschland und Norditalien, sondern auch in England, Portugal, Dänemark, Ungarn, Kroatien und Serbien. Sowohl mit Erzbischof Johannes II. von Kiew als auch mit dem Kaiser und Patriarchen des Ostreichs führte er Verhandlungen im Interesse der Kircheneinheit. Er war kein Reformgegner und erließ 1089 auf einer römischen Synode Bestimmungen gegen Simonie und Priesterehe sowie zugunsten des gemeinschaftlichen Lebens des Klerus. Die kirchenrechtswidrige Praxis der Gregorianer, von schismatischen Priestern gespendete Sakramente als ungültig anzusehen, verdammte er. Indirekt war er für die Weiterentwicklung des Kardinalskollegiums verantwortlich, da er den Kardinalpriestern, die auf seine Seite übergelaufen waren, so viel Einfluß einräumte, daß Urban II. seine Parteigänger mit ebensoviel Rücksicht behandeln mußte. Mitte der 90er Jahre nahmen seine Macht und Autorität ab. Von der Familie der Pierleoni wurde er 1098 aus Rom vertrieben, und die Engelsburg, der letzte Stützpunkt, der den Klementinern in der Stadt verblieben war, fiel am 24. August desselben Jahres an Urban II. Als PASCHALIS II. den Thron bestieg (1099), rüstete er sich für eine Wiederaufnahme des Kampfes, wurde jedoch von normannischen Truppen aus Albano verjagt. Er starb im September 1100 in Civita Castellana (57 km nördl. von Rom).

Lit.: JW 1,649–655; Watterich 1,293; *MG* Liblit 1,621–626; 2,169–172; *MG* Const 1,541–546, Anm. 383; O. Köhncke, *Wibert von Ravenna*, Leipzig 1888; P. Kehr, »Zur Geschichte Wiberts von Ravenna«, in: *SAB* (1921) S. 355–368; 973–988; K. Jordan, »Die Stellung Wiberts in der Publizistik des Investiturstreits«, in: *MIÖG* 62 (1954) S. 155–164; Seppelt 3,93–134; *NCE* 6,836 f. (F. Dressler); *LThK* 10,1087 f. (K. Reindel).

Viktor III.

Seliger (24. 5. 1086, 9. 5. – 16. 9. 1087)

Der Tod GREGORS VII. in seinem Exil in Salerno (25. 5. 1085) stiftete in der Reformpartei zu Rom, die bereits durch Überläufer zu Gegenpapst KLEMENS III. geschwächt war, heillose Verwirrung. Fast ein ganzes Jahr verging, bevor die Kardinäle unter dem Druck des Normannenfürsten Jordan von Capua Abt Desiderius von Monte Cassino gegen dessen Willen zum Papst wählten. Obwohl er nicht zu den drei Männern zählte, die der sterbende Gregor empfohlen hatte, schien er der geeignete Kandidat; denn bei den Normannen, deren Unterstützung wichtiger denn je geworden war, verfügte er über Einfluß, und seine Vergangenheit ließ vermuten, daß er eine Annäherung an Kaiser Heinrich IV. (1056–1106) herbeiführen könne. Zum Zeichen seiner Versöhnungsbereitschaft nahm er den Namen VIKTORS II., des Kandidaten Heinrichs III. (1039–56) und Vormunds Heinrichs IV., an.

Viktor hieß ursprünglich Daufer oder Daufari, wurde um 1027 geboren und war mit den Langobardenfürsten von Benevent verwandt. Er hatte bereits früh das Leben eines Einsiedlers geführt, war danach Mönch in Benevent gewesen (wo er den Namen Desiderius annahm) und schließlich, nachdem er unter Leo IX. gedient hatte, 1055 in das Kloster Monte Cassino eingetreten, dessen Abt er wurde (19. 4. 1058). Seine Amtszeit bezeichnete ein goldenes Zeitalter: nicht nur die Abtei ließ er völlig umbauen, sondern auch die Besitzungen und die Bibliothek erweitern und förderte Literatur und Künste. Er selbst schrieb eine Abhandlung (1076–79) über die vom hl. Benedikt bewirkten Wunder. Im März 1059 ernannte ihn NIKOLAUS II. zum Kardinalpriester und päpstlichen Vikar bei den süditalienischen Klöstern. Im Sommer des gleichen Jahres handelte er das Bündnis zwischen dem Papst und den Normannen aus, zu denen er gute Beziehungen gepflegt hatte, und söhnte im Juni 1080 Gregor VII. und den Normannen Robert Guiscard, Herzog von Apulien (um 1015–85), miteinander aus. 1082 zog er sich den Zorn des Papstes zu (wenn auch vermutlich nicht den Ausstoß aus der Gemeinschaft), als er versuchte, zwischen ihm und Heinrich IV. zu vermitteln, und letzterem versprach, alles Ehrenhafte zu unternehmen, um ihm zur Kaiserkrone zu verhelfen. Ungeachtet dessen nahm er Gregor in Monte Cassino auf, als dieser im Frühjahr 1084 aus Rom floh, und war an seinem Sterbebett.

Vier Tage nach seiner Wahl, noch bevor er geweiht werden konnte, sah sich Viktor aufgrund von Krawallen und anderen Unruhen genötigt, Rom zu verlassen. Entmutigt legte er, möglicherweise auch im Bewußtsein der Empörung, die seine Erhebung unter den fanatischeren Gregorianern ausgelöst hatte, die päpstlichen Insignien ab, zog sich nach Monte Cassino zurück und nahm wieder seine Aufgaben als Abt wahr. Im März

1087 jedoch berief er auf Betreiben Jordans von Capua dort eine Synode ein, allerdings nicht in seiner Eigenschaft als Papst, sondern kraft seines Amts als päpstlicher Vikar in Süditalien. Auf dieser Synode wurde seine Wahl vom Jahr zuvor bestätigt, und er ließ sich trotz erbitterter Gegenwehr einer Minderheit unter Führung von Erzbischof Hugo von Lyon (um 1040–1106) dazu überreden, sein Amt schließlich doch noch anzunehmen. Nachdem die normannischen Truppen dem Gegenpapst Klemens III. die Leoninische Stadt entrissen hatten, konnte er endlich am 9. Mai in St. Peter geweiht werden.

Trotz der Anstrengungen, die seine mächtigen Freunde Jordan von Capua und Gräfin Mathilde von Tuscien (1046–1115) unternahmen, konnte er sich in Rom, das zu großen Teilen von Soldaten Klemens' III. besetzt war, nicht behaupten. So kehrte er nach etwa einer Woche nach Monte Cassino zurück. Anfang Juni jedoch wandte er sich trotz schlechter Gesundheit auf Drängen der Gräfin auf dem Seeweg erneut nach Rom, und am 1. Juli gelang es ihm, den Streitkräften des Gegenpapstes die Kontrolle über die Stadt vollständig zu entreißen. Mitte Juli kehrte er wieder nach Monte Cassino zurück, da Gerüchten zufolge Heinrichs IV. Einmarsch in Italien bevorstand. Ende August hielt er in Benevent ein bedeutendes Konzil ab. Obwohl bereits schwer krank, scheint er sowohl in Monte Cassino, dessen Abt er bis drei Tage vor seinem Tod blieb, als auch in der Kirche im allgemeinen weiterhin unvermindert aktiv gewesen zu sein. Es gibt Anhaltspunkte, daß er nicht nur in Norditalien, sondern auch in Frankreich und Deutschland eine gewisse Wirkung ausübte. Allem Anschein nach hat das Konzil von Benevent das Verbot der Laieninvestitur durch Gregor VII. bekräftigt, simonistische Priesterweihen für ungültig erklärt und nicht nur KLEMENS III., sondern auch die gregorianischen Radikalen, darunter Hugo von Lyon, mit dem Bann belegt. Die Darstellung, daß das Konzil auch den Bannfluch gegen Heinrich IV. erneuerte, muß zurückgewiesen werden. In Viktors Regierungszeit fiel auch ein bedeutender Seesieg gegen die Sarazenen bei Mahdia (Osttunesien); Schiffe aus Pisa und Genua plünderten im August 1087 die Stadt und beschenkten St. Peter mit Teilen der Beute. Als umsichtiger und kluger Papst betrachtete er sich allem Anschein nach als den Treuhänder der gregorianischen Sache und wurde so von der Partei des Gegenpapsts als Usurpator des Hl. Stuhls angesehen. Während des Konzils von Benevent verschlechterte sich sein Gesundheitszustand, und er eilte nach Monte Cassino, wo er starb. Seine Verehrung setzte bald nach seinem Tod ein, und 1887 sprach LEO XIII. ihn selig. Festtag: 16. September.

Lit.: Desiderius, *Dialogi de miraculis S. Benedicti*, in: *MG* SS 30/2,1111–52; JW 1,655; Watterich 1,549–571; F. Hirsch, »Desiderius von Monte Cassino als Papst Victor III.«, in: *Forschungen zur deutschen Geschichte* 7 (1867) S. 1–112; H. E. J. Cowdrey, *The Age of Abbot Desiderius*, Oxford 1983; *DTC* 14,2866–72 (É. Amann); *LThK* 10,769 f. (K. Reindel); *NCE* 14,667 (H. Bloch); Seppelt 3,95–100; 115–118.

Urban II.

Seliger (12. 3. 1088 – 29. 7. 1099)

Odo (oder Eudes) de Lagery wurde um 1035 in Châtillon-sur-Marne geboren, war von vornehmer Abstammung, studierte unter dem hl. Bruno, dem Begründer der Kartäuser (um 1032 bis 1101), in Reims, wurde dort Kanonikus und später Archidiakon und trat um 1068 als Mönch in das Kloster Cluny ein, wo er zum Prior aufstieg. Er trat in die Dienste GREGORS VII., wurde um 1080 zum Kardinalbischof von Ostia berufen und diente 1084/85 als päpstlicher Legat in Deutschland. Im Konflikt mit Heinrich IV. (1056–1106) unterstützte er Gregor loyal und saß 1085 der Synode in Quedlinburg (Sachsen) vor, auf welcher der Gegenpapst KLEMENS III. in den Bann getan wurde. Nach VIKTORS III. Tod in Monte Cassino wurde er, da Rom sich in der Hand Klemens' III. befand und die Kardinäle keinen Zutritt erhielten, nach langem Aufschub in Terracina (bei Gaeta, südl. von Rom) zum Papst gewählt und nahm den Namen Urban an. Mit einem feindlich gesinnten Kaiser und einem erfolgreichen Gegenpapst konfrontiert, hielt er es für seine unmittelbare Aufgabe, seine Stellung als rechtmäßiger Pontifex zu festigen, und war bereit, Gregors Reformprogramm, auch wenn er ein eifriges Bekenntnis dazu ablegte, mit diplomatischer Zurückhaltung durchzuführen.

So erneuerte er zwar im September 1089 in Melfi Gregors Gesetzgebung gegen Priesterehe, Simonie und Laieninvestitur, doch gab er seinem Legaten in Deutschland vergleichsweise gemäßigte Richtlinien mit auf den Weg. Er selbst zog es vor, etwa einen Bischof, der von seinem Souverän ernannt, jedoch kanonisch gewählt war, die Anerkennung auszusprechen und Messen, die von ordnungsgemäß geweihten Priestern gelesen wurden, für gültig zu erklären, auch wenn diese zu den Schismatikern übergelaufen waren. Er ging von Gregors Methoden ab und verzichtete zeitweilig auf den Einsatz ständiger Vertreter zur Durchsetzung der Reform. Diese versöhnliche Haltung trug ihm Kritik aus gregorianischen Kreisen ein, führte indes zu einer Abschwächung des Konflikts und einer schrittweisen Stärkung seiner Position. Allerdings wurden die Beziehungen zu Heinrich IV. deshalb nicht besser, zwangen ihn doch dessen erfolgreiche italienischen Feldzüge von 1090/92, Rom seinem Gegenspieler Klemens III. zu überlassen und bei den Normannen in Süditalien Zuflucht zu suchen. Doch durch geschickte Diplomatie und indem er die vom Kaiser erlittenen Rückschläge ausnutzte, vermochte er dessen Vormachtstellung zu neutralisieren. Als Heinrich mehrere Jahre in der Region Verona eingeschlossen war, konnte Urban Ende 1093 endgültig nach Rom zurückkehren und durch listige Bestechung 1094 den Lateran in Besitz nehmen; wahrscheinlich verdankte er auch die Eroberung der Engelsburg (1098) der Bestechung.

Sein Realismus und seine versöhnliche Haltung verschafften ihm auch in anderen Ländern Erfolge. Mit England hatte er zwar besondere Schwierigkeiten; Wilhelm II. (1087–1100), anfänglich neutral, anerkannte ihn erst 1095 und nur nach bedeutenden Zugeständnissen (so erklärte Urban sich damit einverstanden, daß seine Legaten der Zustimmung des Königs bedurften, wollten sie in das Königreich einreisen). Und in dem langwährenden Streit zwischen dem König und Anselm von Canterbury (1093–1109) gelangte er zu keiner abschließenden Entscheidung. In Frankreich hingegen, wo er sich dem ehebrecherischen Bund Philipps I. (1060–1108) gegenüber zurückhaltend verhielt, stieß er auf zunehmende Unterstützung für das Reformpapsttum und seine Politik. In Spanien spornte er mit Erfolg die Rückeroberung der von Mauren besetzten Gebiete an, dehnte die Lehnshoheit des Hl. Stuhls auf Staaten wie Aragón und Katalonien aus und reorganisierte die kirchliche Verwaltung des Landes. Toledo erhob er 1088 wieder zum Erzbistum und gewährte dem neuen Erzbischof als dem Primas von ganz Spanien das Pallium. Die Normannen Süditaliens und Siziliens waren seine besonderen Verbündeten, und um die fruchtbaren Beziehungen zu Roger I., Graf von Sizilien (1072–1101), aufrechtzuerhalten, billigte er ihm und seinem Nachfolger eine legatenähnliche Kontrollmacht über die Kirche der Insel zu (5. 7. 1098; die »Monarchia sicula«, die erst im Oktober 1867 von Pius IX. zurückgenommen wurde).

Bis 1095 hatte Urban trotz des fortgesetzten Schismas seine Stellung sichern können, und er begann eine Reihe triumphaler Synoden zu organisieren. Im März 1095 erklärte er in Piacenza sämtliche von Klemens III. und seinen Anhängern vorgenommenen Ordinationen für ungültig, verurteilte erneut die Eucharistielehre des Berengar von Tours (um 1010–88), erließ Reformgesetze und rief die Krieger der Christenheit als Antwort auf einen Appell des byzantinischen Kaisers Alexius I. Comnenus (1081–1118) dazu auf, die Ostkirche zu verteidigen. Er reiste nach Frankreich, wo er in Clermont die Reformgesetzgebung Gregors VII. aufs neue bekräftigte und erweiterte (Nov. 1095): Bischöfen und Geistlichen war es nun untersagt, Vasallen von Königen oder anderen Laien zu werden. Ferner verfügte er, daß der Gottesfriede (*treuga dei*), d. h. die Einstellung von Feindseligkeiten an von der Kirche geheiligten Tagen in der gesamten Christenheit wöchentlich befolgt werden müsse. Die Synode ist vor allem berühmt, weil Urban am 27. November den Aufruf zum 1. Kreuzzug (1095–99) erließ, mit dem alle Christen aufgefordert wurden, Jerusalem von der Herrschaft der Mohammedaner zu befreien. In Bari, wo er sich mit den griechischen Bischöfen Süditaliens über Lehre und Brauchtum zu verständigen suchte, gelang es ihm mit Hilfe der feinsinnigen Argumentation Anselms von Canterbury, die Mitglieder der Ostkirche davon zu überzeugen, daß der Glaube an die zweifache Ausgießung des Hl. Geistes von Vater und Sohn (das *Filioque*) korrekt sei.

Der von Urban eingeleitete Beginn der Kreuzzüge – seine denkwürdigste Leistung – stellte den Höhepunkt seiner Politik der Annäherung an Byzanz dar, deren oberstes Ziel seit 1088 die Wiederherstellung der Kircheneinheit war. Doch wenn seine erfolgreichen Aufrufe zum Kreuzzug das erstaunliche Wiedererstarken des Papsttums unter seiner Ägide erhellen, so war seine Vision engerer Beziehungen zur Ostkirche zum Scheitern verurteilt. Unter seinem Pontifi-

kat wurden die Kirchenverwaltung zunehmend zentralisiert, die Finanzen des Kirchenstaats neu gegliedert, die Kurie (der Ausdruck *curia Romana* taucht erstmals 1098 in einer Bulle auf) als dem königlichen oder kaiserlichen Hof vergleichbare Institution gebildet sowie der Einfluß des Kardinalskollegiums verstärkt. Selbst Mönch, richtete er sein besonderes Augenmerk auf das Ordenswesen und förderte die Stellung von Regularkanonikern, d. h. Kanonikern, die unter der Ordensregel lebten. Er war ein gelehrter Kirchenrechtler, und viele seiner Entscheidungen sollten in das Kirchenrecht aufgenommen werden.
Urban starb zwei Wochen nach der Einnahme Jerusalems durch Kreuzritter (15. 7. 1099). Von LEO XIII. wurde er 1881 seliggesprochen. Festtag: 29. Juli.

Lit.: *LP* 2,293–295; JW 1,657–701; *PL* 151,9–582 [mit Ruinarts Lebensbeschreibung]; Watterich 1,571–620; L. Paulot, *Un pape français: Urban II*, Paris 1903; A. Becker, *Papst Urban II.*, Tl. 1, Stuttgart 1964; H. E. J. Cowdrey, »Pope Urban II's Preaching of the First Crusade«, in: *History* 55 (1970) S. 177–188; W. Holtzmann, »Die Unionsverhandlungen zwischen Kaiser Alexios I. und Papst Urban II. im Jahre 1089«, in: *BZ* 28 (1928) S. 38–66; Mann 7,250–346; *EB* (15. Aufl.) 18,1044 f. (A. Becker); *DTC* 15,2269–85 (É. Amann); *NCE* 14,477 f. (M. W. Baldwin); Seppelt 3,118–134.

Paschalis II.

(13. 8. 1099 – 21. 1. 1118)

Rainerius wurde in Bieda di Galeata in der Romagna geboren und kam aus bescheidenen Verhältnissen. Als Knabe wurde er Mönch in einer heute nicht mehr feststellbaren Klostergemeinschaft. GREGOR VII. berief ihn zum Abt von S. Lorenzo fuori le Mura, und um 1078 wurde er Kardinalpriester von S. Clemente. URBAN II. vertraute ihm eine wichtige Mission in Spanien an. 16 Tage nach Urbans Tod (29. 7. 1099) wurde er unter dem Namen Paschalis II. zum Papst gewählt. Furchtsam und schwächlich, aber auch unflexibel, erbte er den Investiturstreit und sah sich wie Urban anfänglich sowohl einem feindlich gesinnten Kaiser (Heinrich IV., 1056–1106) als auch einem Gegenpapst (KLEMENS III.) gegenüber.
Zunächst schienen die Vorzeichen günstig. Mit Hilfe von normannischem Gold verjagte er Klemens III. aus der Umgebung Roms; als dieser starb (8. 9. 1100), entledigte er sich bald auch der auf ihn folgenden Gegenpäpste THEODERICH, ALBERT und SILVESTER IV. Heinrich IV. hatte bei deren Erhebung seine Hand nicht im Spiel gehabt und suchte nach dem Tod von Klemens die Aussöhnung, immer vorausgesetzt, daß er weiterhin das Recht ausüben durfte, Bischöfe und Äbte mit Ring und Stab einzusetzen. Dies war das Kernproblem, worauf der Streit zwischen Reich und Reformpapsttum um die Kontrolle der Kirchenämter nun hinauslief. Als Paschalis die Abschaffung der Laieninvestitur zum zentralen Anliegen seiner Politik machte, war der Konflikt unausweichlich.
Im März 1102 bekräftigte Paschalis zunächst Urbans Investiturverbot und erneuerte den von Gregor VII. über Heinrich und seine Ratgeber verhängten Bannfluch. 1105 unterstützte er die erfolgreiche Empörung Heinrichs V. (1106–25) gegen seinen Vater, indem er ihn aus seinem Treueid entließ. Er stellte aber bald fest, daß der neue König nach anfänglichen Zeichen der Willfährigkeit ebenso hartnäckig wie der alte König auf dem königlichen Prärogativ der Investitur bestand: Nachdem der Papst die Investitur auch noch auf den Synoden von Guastalla (1106), Troyes (1107), Benevent (1108) und dem Lateran (1110) verboten hatte, brach Heinrich V., entschlossen, sich zum Kaiser krönen zu lassen und dem Investiturstreit ein Ende zu setzen, nach Rom auf. In Sutri (9. 2. 1111) schlug Paschalis, um weiteren Konflikten aus dem Weg zu gehen, eine radikale Lösung vor: Heinrich sollte auf die Investitur verzichten und freie Wahlen gestatten; als Gegenleistung sollten die deutschen Kirchen die Regalien, d. h. sämtliche Güter und Rechte, die ihnen vom Reich übertragen worden waren, aufgeben und nur kirchliche Einnahmen im engeren Sinne (wie den Zehnten) einbehalten dürfen. Heinrich akzeptierte dieses Konkordat, so unrealistisch es auch war. Als jedoch die Vereinbarung am 12. Februar während der Krönungsmesse in St. Peter verlesen wurde, brach ein Proteststurm los, und die Zeremonie mußte abgebrochen werden. Heinrich zog darauf seine Zustimmung zurück und ließ Paschalis und seine Kardinäle festnehmen. Mit zweimonatiger strenger Haft und der Drohung, im Falle der Weigerung den Gegenpapst Silvester IV. anzuerkennen, zwang Heinrich den Papst (12. 4. 1111), mit dem »Privileg von Ponte Mammolo« (bei Tivoli) dem deutschen König das Recht einzuräumen, Bischöfe und Äbte nach der mit kö-

niglicher Zustimmung erfolgten kanonischen Wahl und vor der Weihe mit Ring und Stab einzusetzen. Am folgenden Tag wurde Heinrich in St. Peter von Paschalis, der auch noch schwören mußte, ihn niemals zu exkommunizieren, zum Kaiser gekrönt.

Die Kapitulation des Papstes rief einen Sturm der Empörung hervor, erschien sie doch als Umkehrung alles dessen, wofür die Reformpartei gekämpft hatte. Er selbst war darüber tief beschämt und erwog im Sommer 1111 seinen Rücktritt. Auf der Lateransynode von 1112 willigte er in die Annullierung des *pravilegium* (dieser »Spottgeburt« eines Privilegs, wie das Privileg von Ponte Mammolo satirisch bezeichnet wurde) ein und nahm es 1116 ausdrücklich zurück, indem er das Verbot der Investitur erneuerte. In England hingegen, wo Heinrich I. (1100–35) auf dem Konzil von London (Aug. 1107) auf die Investitur verzichtet, sich jedoch das Recht auf Huldigung der Bischöfe vor ihrer Weihe vorbehalten hatte, wie auch – weniger förmlich – in Frankreich, wo der König gleichfalls auf die Investitur verzichtet, sich indes mit einem Treueid begnügt hatte, waren inzwischen praktische Lösungen der schwierigen Streitfrage ausgearbeitet worden. Diese Vereinbarungen, welche die hauptsächlich von Bischof Ivo von Chartres (um 1040–1115) entwickelte Unterscheidung zwischen dem geistlichen Amt und den dazugehörenden Temporalien widerspiegelten, wurden von Paschalis befürwortet, obwohl sie ohne seine direkte Beteiligung erzielt worden waren.

Die Nachricht von der Eroberung Jerusalems (15. 7. 1099) durch die Ritter des 1. Kreuzzugs traf kurz nach der Thronbesteigung Paschalis' in Rom ein, und er begrüßte die Kreuzfahrerbewegung wärmstens. 1105 erteilte er der Expedition Bohemunds I. von Antiochia (um 1052–1111) gegen das Oströmische Reich seinen Segen, da er zu der Annahme verleitet worden war, es handele sich um einen echten Kreuzzug und nicht um ein eigennütziges, militärisches Abenteuer. Seine Unterstützung belastete die Haltung der griechischen Kirche gegenüber der abendländischen Christenheit. 1112 trat Kaiser Alexius I. (1081–1118) mit Paschalis in Verhandlungen über die Wiederherstellung der Kircheneinheit ein (womit er auch politische Absichten verfolgte), doch scheiterten diese daran, daß der Papst auf der Anerkennung des Primats des Hl. Stuhls als Vorbedingung bestand.

Die letzten Jahre des Papstes verliefen unruhig. Straßenkämpfe in Rom veranlaßten ihn 1116, die Stadt zu verlassen, und als Heinrich V. eintraf (1117), um einige Monate in der Stadt zu verbringen, begab Paschalis sich nach Benevent. Von dort exkommunizierte er Erzbischof Mauritius von Braga (Gegenpapst GREGOR VIII.), der ohne Befugnis Heinrich und seine Gemahlin Mathilde Ostern gekrönt hatte. Kaum war er in die von Parteienstreit zerrissene Stadt zurückgekehrt, als er in der Engelsburg starb – ein Pontifex, unter dessen Führung das Papsttum einen deutlichen Rückschlag erlitten hatte.

Lit.: JW 1,702–772; *LP* 2,296–310; 3,143–156; *MG* Const 1,134–152; 564–574; *PL* 163,31–448; C. Servatius, *Paschalis II.*, Stuttgart 1979; J. G. Rowe, »Paschal II and the Relation between the Spiritual and Temporal Powers in the Kingdom of Jerusalem«, in: *Speculum* 32 (1957) S. 470–501; ders., »Paschal II, Bohemond of Antioch and the Byzantine Empire«, in: *BullJRL* 49 (1967) S. 165–202; *PRE* 14,717–724 (C. Mirbt); *LThK* 8,128 f. (Th. Schieffer); *DTC* 11,2057–74 (É. Amann); *NCE* 10,1049 (J. Gilchrist); Seppelt 3,134–152; Mann 8,1–119.

Theoderich

(Gegenpapst, Sept. 1100 – Jan. 1101; † 1102)

Nach dem Tod von Gegenpapst KLEMENS III. (8. 9. 1100) wählten, weihten und inthronisierten dessen Anhänger auf einem nächtlichen Geheimtreffen in St. Peter Theoderich, Kardinalbischof von Albano (nicht, wie fälschlich verzeichnet, von S. Rufina) zu seinem Nachfolger. Über ihn ist wenig bekannt, außer daß er 1085 Kardinaldiakon von S. Maria in Via Lata war, einer der führenden Anhänger von Klemens wurde, ihm als Legat in Deutschland diente und ihn möglicherweise in den Albaner Bergen verbarg, als er aus der Engelsburg gejagt wurde. Da Papst PASCHALIS II. zu dieser Zeit außerhalb Roms in Süditalien weilte, vermochte er seine Position 105 Tage lang zu halten; nach Paschalis' Rückkehr versuchte er jedoch zu Kaiser Heinrich IV. (1056–1106) zu fliehen, der keinen Anteil an seiner Erhebung gehabt hatte und einer Verständigung mit dem neuen Papst nicht abgeneigt war. Die Anhänger des Paschalis konnten ihn rasch ergreifen, brachten ihn vor den Papst und verurteilten ihn zur Haft im Dreifaltigkeitskloster La Cava bei Salerno, wo sie sich darauf verlassen konnten, daß die Normannen ihn in Gewahrsam hielten. Dort wurde er Mönch und starb 1102. Er wurde auf dem Friedhof des Klosters beigesetzt; der Grabstein mit seinem Namen und dem Todesdatum ist erhalten.

Lit.: *LP* 2,298; 345 (*Ann. Romani*); Watterich 2,89–91; P. Kehr, »Zur Geschichte Wiberts von Ravenna (Clemens III.)«, in: *SAB* (1921) S. 981–988; C. Servatius, *Paschalis II.*, Stuttgart 1979, S. 42 f.; 70–72; 339.

Albert (Adalbert)

(Gegenpapst, 1101; † ?)

Gleich nach Festnahme und Einkerkerung des Gegenpapstes THEODERICH Anfang 1101 versammelten sich die Anhänger des früheren Gegenpapstes KLEMENS III. in der Kirche SS. Apostoli und wählten Albert, den Kardinalbischof von Silva Candida (S. Rufina), als Nachfolger. Über ihn ist nur bekannt, daß er um 1084 von Klemens zum Bischof ernannt und geweiht worden sein muß und als erster ein Schreiben der klementinischen Kardinäle vom August 1098 unterzeichnete, in dem diese ihre gregorianischen Gegner unter der Zusicherung freien Geleits für den 1. November zu einer Synode in Rom luden. Als sich die Nachricht von seiner Wahl verbreitete, brachen in der Stadt Unruhen aus, und Albert suchte Zuflucht im Haus eines Anhängers des Klemens in der Nähe von S. Marcello (einem Zentrum der Klementiner). Bevor es zu ernsthaftem Kampfgeschehen kam, erlag sein Beschützer der Bestechung und lieferte ihn PASCHALIS II. aus. Nach Verlust seiner Insignien, öffentlichen Demütigungen und kurzer Inhaftierung in einem Turm des Laterans wurde er zu lebenslänglicher Haft im Kloster S. Lorenzo bei Aversa (nördl. von Neapel) verurteilt, wo man sich darauf verlassen konnte, daß die Normannen ihn in sicherem Gewahrsam halten würden. Über sein weiteres Geschick oder seinen Todestag ist nichts bekannt.

Lit.: *LP* 2,298; 345; JW 1,773; *MG* Liblit 2,405–407; P. Kehr, »Zur Geschichte Wiberts von Ravenna (Clemens III.)«, in: *SAB* (1921) S. 980–988; C. Servatius, *Paschalis II.*, Stuttgart 1979, S. 42 f.; 71 f.; 339; *EC* 1,687 (P. Brezzi).

Silvester IV.

(Gegenpapst, 18. 11. 1105 – 12. 4. 1111; † ?)

Im November 1105 wurde ein Versuch unternommen, an Stelle PASCHALIS' II. einen anderen Papst aufzustellen. Die Beteiligten waren wahrscheinlich nicht, wie es gewöhnlich heißt, Anhänger des verstorbenen Gegenpapstes KLEMENS III., sondern unzufriedene Kaisertreue, die der römischen Aristokratie angehörten. Sie versammelten sich in S. Maria Rotonda (dem umgewandelten Pantheon), und mit der Behauptung, Paschalis habe sich der Simonie und Häresie schuldig gemacht, wählten sie Maginulf, Erzpriester von S. Angelo, zum Papst. Über ihn ist nichts Verläßliches bekannt. Paschalis ließ verlautbaren, er sei fremd in Rom und ihm sei nicht bekannt, wer ihn ordiniert habe; seine Feinde bezichtigten ihn, er habe sich der Magie ergeben. Die Angelegenheit scheint nicht nach Plan verlaufen zu sein, mußten sich doch seine Parteigänger an Graf Werner von Ancona um Hilfe wenden. Werner begab sich, zweifellos in der Hoffnung, Kaiser Heinrich V. (1106–25) einen Dienst erweisen zu können, mit einer Abteilung Soldaten unverzüglich nach Rom. Da Paschalis sich außerhalb Roms in der Leoninischen Stadt aufhielt, zog Maginulf unter Werners Schutz in den Lateran ein und ließ sich unter dem Namen Silvester IV. weihen und inthronisieren. Nach der Rückkehr des Paschalis kam es eine Zeitlang zu blutigen Kämpfen, in deren Verlauf die Truppen des Usurpators das päpstliche Heer mehr als einmal gründlich schlugen. Als Silvesters Gelder versiegten, bröckelte indessen seine Gefolgschaft ab, und er sah sich genötigt, der Stadt den Rücken zu kehren. Nach kurzem Aufenthalt in Tivoli ließ er sich unter dem Schutz Werners in Osimo (Provinz Ancona) nieder. Hier lebte er in Vergessenheit bis zum Frühjahr 1111, als Heinrich V. ihn, um auf Paschalis Druck auszuüben, in sein Lager bei Rom schaffen ließ als Warnung, daß ein Rivale bereitstand, ihn zu ersetzen, falls Paschalis sich den Wünschen des Königs nicht beuge. Als Heinrich erreicht hatte, was er wollte, ließ er Silvester fallen; am 12. April widerrief dieser auf Geheiß des Königs sämtliche Ansprüche auf den Papsttitel und versprach Paschalis Gehorsam. Den Rest seines Lebens verbrachte er unter der Fürsorge seines Gönners Werner. Sein Todestag ist unbekannt.

Lit.: *LP* 2,298; 348 f.; JW 1,773 f.; *MG* Const 1,146, Nr. 98; *MG* SS 19,281 f. (*Ann. Ceccanenses*); C. Servatius, *Paschalis II.*, Stuttgart 1979, S. 43; 71–74; 220; 232; 245; 251.

Gelasius II.

(24. 1. 1118 – 29. 1. 1119)

Der Nachfolger PASCHALIS' II., Johannes von Gaeta, entstammte einer angesehenen Familie, studierte noch als Knabe in Monte Cassino, wurde dort Mönch und schrieb drei Heiligenviten, die den stilistischen Einfluß seines Lehrers Alberich, des berühmten Autors von Monte Cassino, verraten. 1088 ernannte URBAN II. ihn zum Kardinaldiakon und 1089 zum Kanzler. Er hatte dieses Schlüsselamt drei Jahrzehnte inne und war für die Aufstockung des Mitarbeiterstabs in der Kanzlei sowie für die Wiederbelebung des eleganten, rhythmisierten Stils päpstlicher Schriftsätze verantwortlich. Als Kanzler arbeitete er loyal mit Paschalis II. zusammen, dessen von Kaiser Heinrich V. (1106–25) angeordnete Kerkerhaft er teilte (Febr.–April 1111). Auf der Lateransynode von 1116 verteidigte er Paschalis entschieden gegen die Kritik an seinem Einlenken im Investiturstreit.

Der Greis hatte eine außergewöhnlich anfechtungsreiche Amtszeit. Nach seiner Wahl in S. Maria in Pallara auf dem Palatin wurde er auf der Stelle von Cencius Frangipani, dem Haupt einer Patrizierfamilie, die Paschalis und seine Kollegen verabscheute, brutal überwältigt und eingesperrt. Er wurde erst auf Verlangen der Römer unter Führung des Stadtpräfekten wieder auf freien Fuß gesetzt. Am 1. März floh er aus Furcht vor Heinrich V., der, als er von seiner Wahl hörte, aus der Lombardei nach Rom eilte, zusammen mit den Kardinälen an seinen Geburtsort Gaeta, wo er am 9./10. März ordiniert und zum Bischof und Papst geweiht wurde. Heinrich forderte ihn daraufhin zur Rückkehr auf, damit sie im Investiturstreit eine gütliche Einigung erzielen könnten; Gelasius weigerte sich jedoch und verwies darauf, daß er im Herbst zu eben diesem Zweck in Mailand oder Cremona ein Konzil abzuhalten gedenke. In seiner Verzweiflung ließ Heinrich am 8. März Erzbischof Mauritius von Braga unter dem Namen GREGOR VIII. zum Papst ausrufen. Gelasius übte Vergeltung, indem er sowohl den Kaiser als auch seinen Gegenpapst am 9. April in Capua mit dem Bannfluch belegte. Durch Briefe an alle bedeutenden Glaubenszentren, in denen er Gregor verdammte, vernichtete er praktisch jede Hoffnung, die dieser sich auf seine Anerkennung als Papst gemacht haben mochte. Als Heinrich aus Rom abzog, konnte Gelasius zurückkehren; indessen befand sich die Stadt unter der Kontrolle des Gegenpapstes und anderer feindlich gesinnter Elemente, und er war nicht in der Lage, sich im Lateran oder in St. Peter niederzulassen. Am 21. Juli wurde er während einer Messe in S. Prassede aufs neue von den Frangipani überfallen. Es gelang ihm zwar zu entkommen, doch hielt er es für ratsam, sich nach Frankreich zurückzuziehen; mit mehreren Kardinälen segelte er von Genua los und traf am 23. Oktober in Marseille ein. In St-Gilles (bei Nîmes) suchte ihn Norbert von Xanten (um 1080–1134) auf, der später den strengen *Candidus et Canonicus Ordo* der evangelistischen Prämonstratenser begründete, und erhielt die Genehmigung, das Evangelium zu predigen, wo immer er wolle. Gelasius hielt Anfang Januar 1119 in Vienne eine Synode ab und zog sich, schwer erkrankt, nach Cluny zurück, wo er Ende des Monats starb, ohne das Konzil durchgeführt zu haben, das die Streitigkeiten zwischen Kirche und Reich hätte beilegen können. Er wurde in der Abtei beigesetzt.

Lit.: *LP* 2,311–321; 347; *PL* 163,473–514; JW 1,775–780; Watterich 2,91–114; R. Krohn, *Der päpstliche Kanzler Johannes von Gaeta*, (Diss.) Marburg 1918; Mann 8,120–138; *NCE* 6,316 f. (H. Bloch); Seppelt 3,151–154.

Gregor (VIII.)

(Gegenpapst, 8. 3. 1118 – April 1121; † um 1140)

In Südfrankreich in einem einfachen Elternhaus geboren, trat Mauritius Burdinus (Spitzname: »Dummkopf«) in Limoges bei den Cluniazensern ein, wurde nach Spanien geschickt und von Erzbischof Bernhard von Toledo ausgebildet. Dort wurde er Archidiakon und 1099 zum Bischof von Coimbra befördert. Als sein Erzbischof Gerald von Braga im Sommer 1103 Rom besuchte, vertraute er die Leitung der Erzdiözese Mauritius an. Zwischen Herbst 1104 und Frühjahr 1108 befand er sich auf Pilgerfahrt ins Heilige Land und wurde im Januar 1109 selbst Erzbischof von Braga; das Pallium empfing er in Rom von PASCHALIS II. Schon bald lag er mit Bernhard von Toledo wegen der Grenzziehung ihrer Diözesen in Streit, aber nachdem er sich persönlich nach Rom begeben hatte, entschied Paschalis (Nov. 1114) den Disput eindeutig zu seinen Gunsten. Er konnte seinen Triumph in Braga nur kurze Zeit auskosten, denn im Herbst

1116 stand er wieder vor dem päpstlichen Gerichtshof; diesmal, um gegen Beschlüsse zu protestieren, mit denen Santiago de Compostela zum Nachteil des Erzbistums Braga begünstigt wurde. Wohl beeindruckt von seiner Wortgewandtheit und seinem diplomatischen Geschick, sandte Paschalis ihn nun auf eine Friedensmission in die Lombardei zu Kaiser Heinrich V. (1106–25), der eine endgültige Klärung des Verhältnisses zum Hl. Stuhl wünschte. In diesem Augenblick lief Mauritius zum Kaiser über. Als dieser Anfang 1117 in Rom einzog (Paschalis hatte sich nach Süditalien gewandt), befand sich Mauritius in seinem Gefolge. Während der Ostermesse am 25. März, bei der Monarchen üblicherweise ihre Krone aufgesetzt bekamen, war es Mauritius, der den Kaiser krönte, ungeachtet der Bannflüche, die etliche Prälaten über ihn verhängten. Auf einer Synode in Benevent setzte ihn Paschalis sogleich ab, verstieß ihn aus der Kirche und wies die spanischen Kirchenbehörden an, einen neuen Erzbischof für Braga zu wählen.
Als GELASIUS II. Nachfolger Paschalis' II. wurde (24. 1. 1118), reiste Heinrich unverzüglich nach Rom und forderte den neuen Papst, der sich in seine Heimatstadt Gaeta zurückgezogen hatte, zur Rückkehr auf, damit der langwährende Streit zwischen Kirche und Staat über die Einsetzung in Kirchenämter gütlich beigelegt werden könne. Als Gelasius sich weigerte, ließ der verärgerte Kaiser auf Anraten seiner Juristen (besonders Irnerius von Bologna, † um 1130) Mauritius zum Papst proklamieren (8. 3. 1118). Dieser wählte den Namen Gregor VIII. und machte die Aussöhnung zwischen Kirche und Reich zum Thema seiner frühen Predigten. Als Heinrich im Sommer nach Deutschland zurückkehrte, blieb er in Rom, Herr über St. Peter, die Engelsburg und die Teile der Stadt, die von den Türmen der Frangipani beherrscht wurden. Gelasius freilich, der ihn zusammen mit seinem Schutzherrn am 8. April exkommuniziert hatte, hatte ihn in Briefen an die Kirchen ganz Europas bereits verdammt und so alle seine Hoffnungen auf Anerkennung effektiv zunichte gemacht. Aber auch Heinrich hatte keine weitere Verwendung für ihn; nach dem Tod des Gelasius (29. 1. 1119) erstrebte er rasch die Annäherung an CALIXTUS II. 1119 zog sich Gregor in seinen Stützpunkt Sutri zurück, doch im April 1121 belagerte Calixtus die Stadt, bis die Bürgerschaft ihn auslieferte. Um ihm für immer seine Glaubwürdigkeit zu rauben, ließ der Papst ihn in falschem Triumph in Rom einherführen: rücklings auf einem Kamel dem Hohngelächter und den Steinwürfen der Menge ausgesetzt. Danach wurde er in lebenslänglicher Haft gehalten, zunächst in Rom, dann in Passerone, La Cava bei Salerno, Rocca Iemolo bei Monte Cassino und 1125 in Castel Fumone bei Alatri und Frosinone. Im August 1137 war er noch am Leben, als Häftling in La Cava.

Lit: JW 1,821 f.; 2,715; *LP* 2,315; 347; 3,162 f.; 169; Watterich 2,15; 119 f.; C. Erdmann, »Mauritius Burdinus«, in: *QFIAB* 19 (1927) S. 205–261; P. David, »L'énigme de Maurice Bourdin«, in: *Études historiques sur la Galice et le Portugal*, Lissabon 1947, S. 441–501.

Calixtus II.

(2. 2. 1119 – 14. 12. 1124)

Guido wurde um 1050 als Sohn des Grafen Wilhelm von Burgund geboren. Er war mit dem deutschen, dem französischen und dem englischen Herrscherhaus verwandt. 1088 wurde er Erzbischof von Vienne. Wenn er auch keine Skrupel hatte, gefälschte Dokumente zu verwenden, um den Primatialanspruch Viennes gegen Arles durchzusetzen, war er doch ein unermüdlicher Befürworter der Kirchenreform. Er führte den Angriff gegen das Einlenken PASCHALIS' II. im Investiturstreit mit Kaiser Heinrich V. (1106 bis 1125) und leitete im September 1112 eine Synode zu Vienne, auf der die Laieninvestitur als Ketzerei gebrandmarkt und der »König« (dessen Kaisertum nicht anerkannt wurde) für exkommuniziert erklärt wurde. Nach dem Tod des GELASIUS II. (19. 1. 1119) in Cluny wählte eine Handvoll Kardinäle, die bei ihm weilten, Guido zu seinem Nachfolger; am 9. Februar wurde er in Vienne als Calixtus II. gekrönt. In der schwierigen Lage, in der sich die Kirche befand, hatte die Mehrheit der Kardinäle in Rom sowie Klerus und Volk kaum eine andere Wahl, als seine Erhebung nachträglich zu bestätigen (1. 3. 1119).
Ungeachtet seiner früheren Unnachgiebigkeit war sich Calixtus wohl bewußt, wie wichtig es war, im Investiturstreit einen ehrenvollen Ausgleich zwischen Kirche und Reich herbeizuführen. Er schickte Abgesandte zu Verhandlungen mit Heinrich nach Straßburg. Auch der Kaiser war zu einer Annäherung bereit; die in Frankreich vorherrschende Praxis überzeugte ihn, daß

die Aufgabe des Rechts auf Investitur keineswegs den Verlust der Dienste und Tribute sowie der Gefolgschaft der Kirchenmänner beinhaltete. Beide Seiten einigten sich auf die Unterfertigung eines Vertragsentwurfs in Mouzon an der Maas; doch die Klauseln waren Calixtus zu zweideutig, und die erste Initiative zu einem Ausgleich scheiterte an Mißverständnissen und gegenseitigem Mißtrauen. Desillusioniert erneuerte Calixtus (29./30. 10. 1119) in Reims das Verbot der Laieninvestitur und den Bann gegen Heinrich. Daraufhin veranstaltete er eine triumphale Reise durch die Lombardei und die Toskana und wurde in Rom begeistert empfangen (3. 6. 1120). Gegenpapst Gregor VIII., den Heinrich inzwischen fallenlassen hatte, war nach Sutri geflüchtet; aber nach einer Belagerung lieferten ihn die Bürger der Stadt an Calixtus aus, der ihn öffentlich demütigte und in ein Kloster sperrte.

Inzwischen war die Zeit reif zur Wiederaufnahme der Verhandlungen. Die Stellung des Calixtus wurde enorm gestärkt, als sich die deutschen Fürsten im Herbst 1121 in Würzburg darauf einigten, daß Heinrich ihn als Papst anerkennen solle, und sich zugleich verpflichteten, zum Ausgleich hierfür zwischen ihm und der Kirche ein Abkommen zu vermitteln, das die Ehre des Reiches nicht beflecken würde. Anfang 1122 wurde eine Gesandtschaft nach Rom geschickt, die von Calixtus günstig aufgenommen wurde. Er sandte Lamberto von Ostia (später Honorius II.) und zwei weitere Kardinäle als Generalbevollmächtigte nach Deutschland. Nach dreiwöchigen zähen Verhandlungen wurde in Worms das berühmte Wormser Konkordat vereinbart (23. 9. 1122), worin der Kaiser auf das Recht der Investitur mit Ring und Kreuzstab, Symbole geistlicher Macht, verzichtete und die kanonische Wahl und unabhängige Weihe garantierte. Calixtus gestand Heinrich persönlich das Recht zu, Bischofs- und Abtwahlen in Deutschland abzuhalten; auch dürfe er der gewählten Person durch Verleihung des Zepters als des Symbols der weltlichen Macht die Temporalien zuerkennen. Bei umstrittenen Wahlen dürfe der Kaiser zugunsten »des gesünderen Teils« entscheiden. Bei Wahlen außerhalb Deutschlands sei die Gegenwart des Kaisers nicht erforderlich, und die Investitur mit den Temporalien müsse binnen sechs Monaten nach der Weihe erfolgen.

Das Wormser Konkordat (*Pactum Calixtinum*) beendete den langen Investiturstreit zwischen Kirche und Reich. Calixtus hatte zwar Konzessionen gemacht, die Freiheit der Kirche in der zentralen Frage der Investitur jedoch gesichert. Daß er auf diese Leistung stolz war, belegen ausdrucksvoll die Fresken, mit denen er den Lateran zur Feier des Abkommens schmückte. Im März 1123 berief er ein großes Konzil (das 1. Lateranum; im Westen als das 9. ökumenische Konzil anerkannt) ein, welches das Konkordat feierlich ratifizierte. Den Einwänden der strengen Gregorianer begegnete er mit dem Argument, daß die von ihm gemachten Zugeständnisse nicht prinzipiell akzeptiert, sondern lediglich um des lieben Friedens willen toleriert zu werden brauchten. Das Konzil erließ 22 disziplinarische Kanones (meistens zur Bekräftigung früherer Bestimmungen), erneuerte den Ablaß Urbans II. für Kreuzritter, erklärte die von Gegenpapst Gregor VIII. gespendeten Weihen für ungültig und sah Schutzmaßnahmen für Pilger und Bußen für Verletzer des »Gottesfriedens« vor.

Lit.: *LP* 2,322–326; 376–379; JW 1,780–821; U. Robert, *Bullaire du pape Calixte II*, 2 Bde., Paris 1891; Watterich 2,115–153; *MG* Const 1,159–161 [Worms]; *MG* Liblit 3,21–28; *DBI* 16,761–768 (G. Miccoli); *EC* 3,391–393 (P. F. Palumbo); *NCE* 2,1081 (D. D. McGarry); *DHGE* 11,424–438 (E. Jordan); Seppelt 3,153–164; S. A. Chodorow, »Ecclesiastical Politics and the Ending of the Investiture Contest«, in: *Speculum* 46 (1971) S. 613–640; Mann 8,139–230.

Honorius II.

(21. 12. 1124 – 13. 2. 1130)

Auf den Tod von Calixtus II. folgte eine turbulente Wahl. Zunächst stellte die Mehrheit der Kardinäle zusammen mit der Familie der Pierleoni Kardinal Saxo von S. Stefano auf, nur um ihn dann wieder fallenzulassen und den Kardinalpriester Teobaldo unter dem Namen Cölestin II. einmütig zum Papst zu bestimmen. Noch während seiner Einsetzung stürmten Angehörige der Familie Frangipani mit stillschweigendem Einverständnis des Kanzlers Haimerich die Versammlung und ließen mit gezücktem Schwert Kardinal Lamberto von Ostia zum Papst ausrufen. Cölestin trat zurück; nachdem Haimerich und Leo Frangipani den Stadtpräfekten und die Pierleoni mit erklecklichen Bestechungsgeldern »geschmiert« hatten, wurde Lamberto offiziell gewählt und als Honorius II. inthronisiert.

Diese Vorgänge, die oft als das Ergebnis von

Rivalitäten zwischen Patrizierfamilien erklärt werden, spiegelten in Wahrheit einen Machtkampf unter den Kardinälen selbst wider; die Gregorianer alter Schule, welche die Mehrheit stellten, wurden von einer jüngeren Gruppe unter Führung Haimerichs ausmanövriert, die den Investiturstreit als beigelegt betrachteten und sich auf die innere Erneuerung der Kirche konzentrieren wollten. Zu diesen zählte auch der aus einfachen Verhältnissen stammende, bei Imola (Provinz Bologna) geborene Lamberto Scannabecchi, der 1117 von PASCHALIS II. zum Kardinalbischof von Ostia gemacht worden war, GELASIUS II. nach Frankreich begleitet hatte, ein vertrauter Ratgeber CALIXTUS' II. gewesen war und an den Verhandlungen über das Wormser Konkordat (1122) entscheidenden Anteil gehabt hatte. Wie Haimerich, den er in seinem Amt als Kanzler bestätigte, war er Regularkanoniker.

Honorius nutzte den Frieden mit dem Reich, den die Kirche in Worms gesichert hatte, um ihre Position zu festigen und Reformen durchzuführen. 1125 unterstützte er Graf Lothar III. von Supplinburg in seinen Bemühungen um die deutsche Krone (1125–37); in einem beispiellosen Schritt bat ihn der neue König, seine Wahl zu bestätigen. Er unterstützte Lothar auch weiterhin, indem er 1128 nicht nur über seinen Rivalen Konrad, sondern auch über Erzbischof Anselm von Mailand, der Konrad zum König der Lombarden gekrönt hatte, den Bann verhängte. In Frankreich führte seine diplomatische Geduld, sehr zum Verdruß des zunehmend einflußreicher werdenden Bernhard von Clairvaux (1090 bis 1153), schließlich zur Beilegung des Konflikts zwischen König Ludwig VI. (1108–37) und dem Episkopat. In England erreichte er ab 1125 die Zulassung päpstlicher Legaten. Mit seinen Anstrengungen, die Bildung eines normannischen Königreichs in Süditalien zu verhindern, hatte er weniger Erfolg: im April 1128 war er gezwungen, Graf Roger II. von Sizilien (1095–1154) im Gegenzug für den Lehnseid als Herzog von Apulien anzuerkennen.

Die kirchliche Innenpolitik des Honorius stand unter Leitung des immer mächtiger werdenden Haimerich. Die meisten der von ihm berufenen Kardinäle sowie seiner Legaten teilten ihr Trachten nach moralischer und spiritueller Reform der Kirche. Den Regularkanonikern, die ihm für eine Zusammenarbeit geeigneter erschienen als die alten Orden, bezeigte er ausgesprochene Gunst. Im selben Geist sanktionierte er 1126 den von Norbert von Xanten (um 1080–1134) erst kurz zuvor begründeten Orden der Prämonstratenser; zwei Jahre später ließ er durch seinen Legaten auf dem Konzil von Troyes die Regel der Tempelritter billigen, an deren Gründung Bernhard von Clairvaux, Haimerichs enger Freund, bedeutenden Anteil hatte. Den früheren Abt von Cluny, Pontius, ließ er 1126 verurteilen und in Haft nehmen; kurz danach erzwang er in Monte Cassino den Rücktritt von Abt Oderisius. Sein Eingreifen ist auf die unausweichlichen Reibungen zwischen der älteren und der jüngeren Generation von Reformern zurückgeführt worden.

Honorius wurde im Januar 1130 schwer krank, und Haimerich, der ein Wiederaufleben des Parteienstreits nach seinem Tod voraussah und entschlossen war, für einen gleichgesinnten Nachfolger zu sorgen, ließ ihn in das Kloster S. Gregorio auf dem Caelius schaffen, das sich im Schutz der Festungen der ihm wohlgesonnenen Familie Frangipani befand. Als der Papst in der Nacht vom 13./14. Februar starb, ließ er ihn sogleich vorübergehend in einem behelfsmäßigen Grab auf dem Klosterfriedhof beerdigen, so daß man ohne Aufschub zur Wahl schreiten konnte. Sein Leichnam wurde erst in den Lateran überführt, als INNOZENZ II. gewählt war.

Lit.: JW 1,823–839; 2,755; *PL* 166,1217–1320; *LP* 2,327 f.; 379; 3,136 f.; 170 f.; *LPDert* 203–217 [zuverlässiger]; Watterich 2,157–173; *DTC* 7,132–135 (É. Amann); *NCE* 7,125 f. (J. M. Muldoon); Seppelt 3,165–171; H. W. Klewitz, *Reformpapsttum und Kardinalkolleg*, Darmstadt 1957; ders., »Das Ende des Reformpapsttums«, in: *DA* 3 (1939) S. 372–412; F. J. Schmale, *Studien zum Schisma des Jahres 1130*, Köln 1961; G. Tellenbach, »Der Sturz des Abtes Pontius von Cluny und seine geschichtliche Bedeutung«, in: *QFIAB* 42/43 (1963) S. 13–55; H. E. J. Cowdrey, »Two Studies in Cluniac History 1049–1126«, in: *St.Greg* 11; Mann 8,228–305.

Cölestin (II.)

(15./16. 12. 1124; † 1125/26)

In der turbulenten Wahl, die auf den Tod CALIXTUS' II. folgte, unterstützte die Mehrheit der Kardinäle zunächst die Kandidatur des Kardinals Saxo von S. Stefano. Sie ließen ihn dann fallen und wählten auf Antrag des Kardinaldiakons Jonathan, eines engen Freundes der mächtigen Familie der Pierleoni, einstimmig den Kardinalpriester Teobaldo unter dem Namen Cölestin II. Kaum war er mit dem purpurnen Mantel angetan und das *Te Deum* angestimmt worden, als Roberto Frangipani mit bewaffneten Soldaten die Versammlung stürmte und Kardinal Lamberto von Ostia zum Papst proklamierte. Es kam zu gewaltsamen Auseinandersetzungen, in deren Verlauf Teobaldo Schläge einstecken mußte und schwer verwundet wurde; am Ende wurde er zum Rücktritt entweder gezwungen oder überredet, während Lamberto gewählt und als Honorius II. eingesetzt wurde.

Teobaldo Boccapecci, ein gebürtiger Römer aus der Familie der Boccapecorini, war von Calixtus II. 1123 zum Kardinalpriester von S. Anastasia ernannt worden. Vorher war er mindestens 20 Jahre Kardinaldiakon von S. Maria Nuova gewesen, wozu ihn Paschalis II. berufen hatte. Das Durcheinander bei der Wahl, auf den ersten Blick ein Machtkampf zwischen verschiedenen Familien, spiegelte eher einen Kampf innerhalb des Kardinalskollegiums wider, und zwar zwischen älteren Gregorianern, die noch immer den Konflikt zwischen Kirche und Reich betonten, und den jüngeren Reformern, die sich auf eine gründliche Erneuerung der Kirche konzentrieren wollten. Wahrscheinlich hoffte die erstere Gruppe von der Aufstellung Teobaldos, daß die jüngere Fraktion ihn aufgrund der Kontakte, die er als Kardinaldiakon von S. Maria Nuova mit dem benachbarten Frangipani geknüpft hatte, als Kompromißkandidaten akzeptieren würde, benutzte sie doch diese zur Realisierung ihrer Pläne. Jedenfalls wurden diese Hoffnungen zunichte gemacht. Teobaldo selbst, bereits in fortgeschrittenem Alter, scheint bald nach der Wahl den Wunden erlegen zu sein, die er während der gewaltsamen Auseinandersetzungen empfing. Da er, obwohl kanonisch gewählt, weder geweiht noch inthronisiert wurde, wird er in den offiziellen Papstkatalogen nicht geführt, sondern zu Unrecht als Gegenpapst gezählt.

Lit.: *LPDert* 204 f.; 211; Watterich 2,157–159; Petrus, *Chron. mon. Cassin.* (*MG* SS 6,804); H. W. Klewitz, »Das Ende des Reformpapsttums«, in: *DA* 3 (1939) S. 400–402; *DHGE* 12,58 f. (R. Mols).

Innozenz II.

(14. 2. 1130 – 24. 9. 1143)

Gregorio Papareschi, ein Römer aus patrizischer Familie, war spätestens 1116 Kardinaldiakon von S. Angelo und half 1122 das Wormser Konkordat auszuhandeln. Im folgenden Jahr war er zusammen mit seinem späteren Rivalen Pietro Pierleoni päpstlicher Legat in Frankreich. Als Honorius II. in der Nacht vom 13./14. Februar 1130 im Kloster S. Gregorio starb, ließ der mächtige Kanzler Haimerich, der wie eine Minderheit der Kardinäle den zumeist aus Norditalien und Frankreich hervorgegangenen neueren Reformbestrebungen wohlwollend gegenüberstand, den verstorbenen Papst hastig in einem provisorischen Grab beisetzen und Gregorio heimlich als Innozenz II. zum Papst wählen; bei Morgengrauen inthronisierte er ihn im Lateran. Als die Nachricht sich verbreitete, weigerte sich die Mehrheit der Kardinäle, zumeist alte Gregorianer aus Rom und Süditalien, den Streich hinzunehmen, trat am späten Vormittag in S. Marco zusammen und wählte Kardinal Pietro Pierleoni unter dem Namen Anaklet II. zum Papst. Beide Wahlen waren regelwidrig; besonders die Wahl Innozenz'. Dennoch wurden beide Päpste am 23. Februar geweiht, Innozenz in Haimerichs Titelkirche S. Maria Nuova durch den Bischof von Ostia.

Das Ergebnis war ein achtjähriges Schisma und der Wettlauf beider (verschiedene Reformkonzepte vertretenden) Prätendenten um die Anerkennung. Anfangs hatte Anaklet aufgrund seiner Herrschaft über Rom und seines Bündnisses mit dem Normannen Roger II. (1095–1154), dem er die Krone Siziliens, Apuliens und Kalabriens übertrug, einen Vorteil, und Innozenz mußte nach Frankreich fliehen. Doch schon bald wurde sein Anspruch überall außer in Schottland, Aquitanien und Süditalien anerkannt. Er verdankte dies den engen Beziehungen, die Haimerich und die anderen Kardinäle, die für ihn gestimmt hatten, zu einflußreichen Reformkreisen, insbesondere zu Regularkanonikern, besaßen. Seine wirksamsten Befürworter waren Abt Bernhard von Clairvaux (1090–1153), der Ludwig VI. von Frankreich (1108–37) und Heinrich I. von England (1100–35) für ihn gewann, und der Erzbischof von Magdeburg, Norbert von Xanten (um 1080–1134), Begründer des Prämonstratenser-Ordens, der den deutschen Episkopat und König Lothar III. (1125–37) für ihn einnahm. Bereits 1132 fühlte er sich sicher genug, einen Schlichtungsvorschlag Anaklets mit der Begründung zurückzuweisen, die Christenheit habe sich bereits zu seinen Gunsten entschieden.

Im März 1131 traf er Lothar in Lüttich und überredete ihn durch die Zusage der Kaiserkrone, gegen Anaklet zu kämpfen und ihn nach Rom zu begleiten. Vergeblich bat Lothar um die Wiederherstellung der königlichen Investiturrechte, die in Worms abgetreten worden waren. Nach Abhaltung einer Synode in Reims, auf der er Anaklet in den Bann tat und den Thronerben des französischen Königs krönte, vereinigte sich Innozenz mit Lothar im August 1132 in Piacenza. Im Frühjahr 1133 zog Lothar gegen Rom; da die Anhänger Anaklets St. Peter und die Leoninische Stadt jedoch fest in der Hand hatten, mußte der Papst ihn im Lateran krönen (3. Juni). Lothar erneuerte seine Forderung nach Wiederherstellung der Investiturrechte, aber das einzige Zugeständnis von Innozenz war eine Verfügung, daß die deutschen Bischöfe und Äbte ihm huldigen sollten, bevor sie die mit ihrem Amt verbundenen Temporalien (weltliche Regalien) in Empfang nahmen. Zusätzlich belehnte er ihn mit den riesigen Besitzungen der Gräfin Mathilde von Tuscien (1046–1115), die den Kaiser 1111 zum Erben ihrer ursprünglich für den Hl. Stuhl vorgesehenen Erbgüter bestellt hatte, wenngleich er den päpstlichen Eigentumsvorbehalt aufrechterhielt. Als Lothar nach Deutschland zurückkehrte, vermochte der Papst sich aber in Rom nicht zu halten und mußte sich nach Pisa zurückziehen, wo er eine Synode abhielt, die den Bann gegen Anaklet und Roger II. aussprach. Nachdem Bernhard von Clairvaux Mailand auf Innozenz' Seite gezogen hatte, marschierte Lothar 1136 wieder in Italien ein, doch sein Feldzug gegen Roger verlief im Sande, er hatte Meinungsverschiedenheiten mit Innozenz und konnte Rom nicht einnehmen. Der Kaiser starb (4. 12. 1137) auf dem Heimweg nach Deutschland; Innozenz und seine Anhänger, darunter auch Bernhard, waren bereits in Verhandlungen mit Roger eingetreten, die unter Verweis auf die überlegenen Ansprüche Innozenz' das Ziel hatten, Roger und Anaklet zu entzweien.

Tatsächlich beendete erst der Tod Anaklets (25. 1. 1138) das Schisma. Seine Anhänger wählten VIKTOR IV. zum Gegenpapst, doch trat dieser am 29. Mai zurück, und die Kardinäle, die für ihn gestimmt hatten, sowie die Familie der Pierleoni unterwarfen sich Innozenz, der am 21. März wieder in den Lateran einzog. Im April 1139 hielt Innozenz das 2. Lateranum ab (im Westen später als 10. ökumenisches Konzil anerkannt), welches alle sich aus dem Schisma ergebenden Fragen löste; insbesondere wurden sämtliche Beschlüsse, Akten und Ordinationen von Anaklet und seinen Anhängern annulliert – die Schärfe dieser Maßnahmen schockierte Bernhard. Ferner bestätigte und konsolidierte das Konzil die Reformbeschlüsse der vorhergehenden Jahrzehnte. 1140 bekräftigte der Papst die Verurteilung des Philosophen und Theologen Petrus Abälard (1079–1142) und seiner Lehren durch das Konzil von Sens (Juni 1140). In den letzten Jahren vor seinem Tod rissen die Schwierigkeiten nicht ab. Militärisch geschlagen und von Roger II. im Juli 1139 gefangengesetzt, war er gezwungen, diesen als König von Sizilien anzuerkennen (Vertrag von Migniano, 25. 7. 1139). 1141 entzweite er sich mit Ludwig VII. von Frankreich (1137–79) wegen einer Ernennung auf den Bischofssitz von Bourges und verhängte die Strafe des Kirchenausschlusses über jeden Ort, der dem König Schutz gewährte. 1143 gründeten die Bürger Roms eine Kommune mit einem unabhängigen Senat, und Innozenz sah sich Aufruhr und Gewalt gegenüber.

Entgegen einer weitverbreiteten Auffassung war Innozenz keine mittelmäßige Persönlichkeit und Anaklet in Bildung und Führungskraft nicht unterlegen. An politischer Fähigkeit und an Festigkeit im Amt war er ihm eindeutig überlegen. Seine Amtszeit und sein Sieg über das Schisma waren bedeutsam, weil er – in Fortsetzung des neuen Kurses von Calixtus II. – die Kirche ein für allemal von fruchtlosen rechtlichen Streitigkeiten mit den weltlichen Mächten wegführte, um sich nun mit den grundsätzlicheren, weitreichenden Reformen zu befassen, zu denen GREGOR VII. auf der Lateransynode von 1059 aufgerufen hatte, die aber übersehen zu werden drohten.

Lit.: JW 1,840–911; *LP* 2,379–385; PL 179,55–686; Watterich 2,174–275; *DTC* 7,1950–61 (É. Amann); *EC* 7,7–10 (P. F. Palumbo); *NCE* 7,520f. (J. R. Sommerfeldt); *LThK* 5,686 (F. J. Schmale); F. J. Schmale, *Studien zum Schisma des Jahres 1130*, Köln 1961; H. W. Klewitz, »Das Ende des Reformpapsttums«, in: *DA* 3 (1939) S. 372–412; Mann 9,1–101; Seppelt 3,171–187.

Anaklet II.

(Gegenpapst, 14. 2. 1130 – 25. 1. 1138)

Nach dem Tod HONORIUS' II. (13. 2. 1130), während eine Minderheit der Kardinäle unter Führung des Kanzlers Haimerich heimlich die Wahl von INNOZENZ II. durchpaukte, trat die Mehrheit im Verlauf des Tages im Beisein von Klerus und Volk in S. Marco zusammen und wählte Kardinal Pietro von S. Maria in Trastevere zum Papst, der als Anaklet II. vom Bischof von Porto in St. Peter inthronisiert wurde. Die umstrittene Doppelwahl spiegelte weniger eine Rivalität zwischen zwei mächtigen Sippen wider, vielmehr eine tiefsitzende Spaltung des Kardinalskollegiums zwischen einer jüngeren Gruppe, die seit dem Wormser Konkordat die innere Erneuerung der Kirche betrieb, und einer älteren Gruppe, welche die Kirchenreform noch immer im Sinne von Zugeständnissen seitens des Reiches verstand.

Pietro, aus der berühmten Familie der Pierleoni und Urenkel des zum Christentum übergetretenen Juden Baruch-Benedikt, war das führende Mitglied der zweiten Gruppe. In Paris erzogen und später Mönch in Cluny unter Abt Pontius, wurde er 1111/12, möglicherweise auf Drängen der Familie, von PASCHALIS II. zum Kardinaldiakon von SS. Cosma e Damiano gemacht. Er war einer der Kardinäle, die GELASIUS II. 1118 nach Frankreich begleiteten, und spielte bei der Wahl von CALIXTUS II. in Cluny (Februar 1119) eine entscheidende Rolle. Bis dahin hatte sich Calixtus als einer der schärfsten Gegner Kaiser Heinrichs V. (1106–25) erwiesen, und auch Pietro selbst hatte im Investiturstreit unzweifelhaft die harte Linie vertreten. Die Gelder von Pietros Vater hatten die Rückkehr des Calixtus und der Kurie nach Rom sichergestellt, und die Beförderung des Sohnes zum Kardinalpriester von S. Maria in Trastevere 1120 kann als Dankesbezeigung des Papstes gewertet werden. 1121 und 1122/23 diente Pietro als Legat in England und Frankreich, doch zwischen 1123 und 1130 verschwindet er fast vollständig von der Bildfläche. Dies ist nicht erstaunlich, wurden doch fast sämtliche Missionen während dieser Zeit Freunden des Kanzlers Haimerich anvertraut, dem Führer der neueren Reformbestrebungen. Macht und Ansehen der Pierleoni nahmen unterdessen deutlich zu; die Familie identifizierte sich mit Versuchen, die Rolle des Volkes bei der Papstwahl wiederzubeleben.

Nach seiner Wahl war Anaklet aufgrund des Reichtums, des Einflusses und der Waffengewalt seiner Familie unumstrittener Herrscher über Rom. Sein unmittelbares Ziel war es (wie bei Innozenz II.), die Anerkennung der ganzen Christenheit zu erlangen, und er sandte eine Flut von Briefen an die Könige Deutschlands und Frankreichs sowie führende Kirchenleute in aller Welt. Darin betonte er, daß ganz Rom an seiner Wahl teilgenommen habe, im Gegensatz zu der bloßen Handvoll Kardinäle, die Innozenz gewählt hatten. Auffälliger noch ist seine offensichtliche Unsicherheit und sein Vertrauen auf persönliche Appelle. Doch schon bald war der Propagandakrieg für ihn verloren. Überwiegend aufgrund der Bemühungen Bernhards von Clairvaux (1090–1153) und Norberts von Xanten (um 1080–1134) sprach sich das Abendland für Innozenz aus – mit Ausnahme von Aquitanien, Schottland, Mailand und einigen anderen Städten Norditaliens sowie Süditalien. Letzteres brachte Anaklet auf seine Seite, indem er Roger II. von Sizilien zum König nicht nur von Sizilien, sondern auch von Kalabrien und Apulien sowie zum Lehnsherrn von Capua, Neapel und Benevent machte (27. 9. 1130).

Als Lothar III. von Deutschland (1125–37) im Frühjahr 1133 mit Innozenz nach Italien zog, schlug Anaklet voller Besorgnis vor, daß seine und seines Rivalen Ansprüche vor ein Schiedsgericht gebracht werden sollten; doch sein Vorschlag wurde verworfen. Wenn er auch in der uneinnehmbaren Leoninischen Stadt sicher war, konnte er nichts tun, um die Kaiserkrönung Lothars durch Innozenz im Juni zu verhindern. Aber als Lothar wenige Tage später nach Deutschland zurückkehrte, konnte er die Lage in Rom für Innozenz so gefährlich gestalten, daß dieser sich eiligst nach Pisa zurückzog. Doch von nun an war Anaklets Stern im Sinken begriffen; als Bernhard von Clairvaux 1136 Mailand für Innozenz zu gewinnen vermochte, war seine Machtbasis auf das Königreich Rogers zusammengeschmolzen. Der letzte Schlag für ihn kam im November und Dezember 1137, als Vertreter beider Päpste ihre Sache Roger in Salerno vorlegten. Einige führende Anhänger Anaklets, unter ihnen der hervorragende Kanonist Petrus von Pisa, erlagen Bernhards Wortgewandtheit und gaben seine Sache auf. Er selbst, in Rom unangreifbar, harrte weiterhin aus bis zu seinem Tod (25. 1. 1138). Dieser beendete das Schisma in Wirklichkeit; denn Anaklets Anhänger wählten zwar mit Gegenpapst VIKTOR IV. einen Nachfolger, doch unterwarf sich dieser Innozenz bereits nach zwei Monaten.

Man neigt dazu, Anaklet als Papst von herausragender Charakterstärke, Persönlichkeit und Fähigkeit darzustellen und Berichte über seinen Ehrgeiz, seine Käuflichkeit und seinen lockeren Lebenswandel als Klatsch seiner Gegner abzutun. Demgegenüber scheint erwiesen, daß er in jedem Stadium seiner Laufbahn dem Einfluß seiner Familie mindestens ebensoviel verdankte wie seinem eigenen Scharfsinn; sein unmäßiger Ehrgeiz und seine Bereitschaft, Wohlstand und Waffenstärke der Pierleoni skrupellos auszunutzen, können jedenfalls nicht abgestritten werden.

Lit.: *PL* 179,687–731 [Briefe usw.]; JW 1,911–919; *DHGE* 2,1408–19 (E. Vacandard); *DBI* 3,17–19 (R. Manselli); P. F. Palumbo, »La cancellaria d'Anacleto II«, in: *Scritti di paleografia e diplomatica in onore di Vincenzo Federici*, Florenz 1946; H. W. Klewitz, »Das Ende des Reformpapsttums«, in: *DA* 3 (1939) S. 371–412; F. J. Schmale, *Studien zum Schisma des Jahres 1130*, Köln 1961; *EC* 1,1126–28 (P. Brezzi).

Viktor IV.

(Gegenpapst, Mitte März – 29. 5. 1138; † ?)

Der aus Ceccano (Provinz Frosinone) gebürtige Gregorio Conti wurde unter PASCHALIS II. im ersten Jahrzehnt seines Pontifikats Kardinalpriester von SS. Apostoli. 1111 war er einer der 16 Kardinäle, die unter Eid das Privileg bestätigten, das Kaiser Heinrich V. (1106–25) im Vertrag von Mammolo Paschalis abverlangt hatte. Er handelte unter Zwang, denn auf der Lateransynode vom März 1112 war er einer der schärfsten Kritiker des Papstes und arbeitete zusammen mit Gerhard von Angoulême eine formelle Verurteilung des Privilegs aus. Diese Opposition scheint ihn seinen Titel gekostet zu haben, doch setzte CALIXTUS II. ihn im Dezember 1122 wieder in sein Amt ein. Bei seinen unbeugsamen Ansichten konnte es nicht ausbleiben, daß er sich bei der Doppelwahl von 1130 unter den Kardinälen befand, die sich gegen INNOZENZ II. stellten und für Pietro Pierleoni (ANAKLET II.) stimmten. Als Roger II. von Sizilien (1095–1154) die rivalisierenden Päpste aufforderte, ihm in Salerno ihre Ansprüche vorzulegen (Nov. 1137), war Gregorio einer der drei Vertreter Anaklets. Beim Tod des Gegenpapstes (25. 1. 1138) wählten seine Anhänger, nachdem sie die Genehmigung Rogers II. eingeholt hatten, Gregorio unter dem Namen Viktor IV. zu seinem Nachfolger. Seine Amtszeit erwies sich jedoch als unbedeutendes Zwischenspiel; Pontifikalakten von ihm haben sich nicht erhalten. Seine bereits geschrumpfte Gefolgschaft fiel, teilweise durch Bestechungsgelder, die Innozenz II. zahlte, rasch von ihm ab. Er trat nach einer Intervention Bernhards von Clairvaux (1090–1153) ab (29. 5. 1138); dieser ließ ihn und die anderen führenden Anhänger Anaklets Innozenz vorführen, dem sie sich unterwarfen. Der Papst begnadigte sie und versprach, Viktor und die anderen Kardinäle in Amt und Würden zu belassen. Auf dem 2. Lateranum (April 1139) brach er aber sein Wort und setzte Viktor und die andern ab, womit er sich einen scharfen Verweis Bernhards eintrug. Über Gregorios weiteres Leben oder seinen Todestag ist nichts bekannt.

Lit.: *LP* 2,383; 3,138; Mansi 21,535; *MG* Const 1,143; 573; JW 1,919; Watterich 2,178; 248 ff.; Bernhard von Clairvaux, *Ep.* 213,317 (*PL* 182,378; 523); H. W. Klewitz, »Das Ende des Reformpapsttums«, in: *DA* 3 (1939) S. 376 f.; 397; F. J. Schmale, *Studien zum Schisma des Jahres 1130*, Köln 1961, S. 60 f.; 175 f.; *EC* 12,1543 (A. F. Frutaz); Seppelt 3,184.

Cölestin II.

(26. 9. 1143 – 8. 3. 1144)

Guido war Sohn adliger Eltern aus Città di Castello in Umbrien. Er war Schüler des Philosophen und Theologen Petrus Abälard (1079 bis 1142), den er sein Leben lang bewunderte, und selbst ein Gelehrter mit dem Anrecht auf die Anrede »Magister«. CALIXTUS II. brachte ihn nach Rom, HONORIUS II. machte ihn 1127 zum Kardinaldiakon von S. Maria in Via Lata, und 1134 erhob ihn INNOZENZ II., den er bei der Doppelwahl von 1130 unterstützt hatte, zum Kardinalpriester von S. Marco. 1131/32 diente er als päpstlicher Legat in Köln und Aachen und war einer der drei Vertreter Innozenz' II., die im November 1137 Roger II. von Sizilien (1095 bis 1154) die Rechtmäßigkeit von dessen Ansprüchen darlegten. 1140/41 schrieb Bernhard von Clairvaux (1090–1153), der sich im klaren war über den Widerstand in der Kurie gegen die Verurteilung Abälards in Sens (1140), an Guido, um

ihn davor zu warnen, seine Sympathien für seinen alten Lehrer in Sympathien für dessen Lehre zu verkehren. Zwei Tage nach dem Tod Innozenz' II. wurde er einstimmig zu dessen Nachfolger gewählt und nahm den Namen Cölestin an. Er hatte zu den fünf Personen gehört, die der verstorbene Papst für das Amt empfohlen hatte; seine Wahl soll zudem auf die herzliche Unterstützung Kaiserin Mathildes, Witwe Heinrichs V. (1106–25), gestoßen sein.
Der Greis hatte jahrelang zu dem Zirkel enger Freunde Haimerichs, Kanzler der römischen Kirche (1123–41), gehört und deren Sorge um die innere Erneuerung der Kirche geteilt. Seine beiden bedeutendsten Amtshandlungen widerriefen Entscheidungen seines Vorgängers. Zum einen hob er – durch die freundliche Vermittlung von Abt Suger von St-Denis und Bernhard von Clairvaux – das Interdikt auf, das Innozenz über sämtliche Stätten verhängt hatte, die Ludwig VII. von Frankreich (1137–1179) Schutz gewährten; der König hatte den rechtmäßig gewählten Erzbischof von Bourges akzeptiert, den er zuvor abgelehnt hatte. Zum andern weigerte er sich, den Vertrag von Migniano (Juli 1139) zu bestätigen, mit dem Innozenz als Kriegsgefangener verpflichtet worden war, die Souveränität Rogers II. über Süditalien sowie Sizilien anzuerkennen. Doch die brenzlige Lage an den Grenzen des Kirchenstaats, besonders in Benevent, zwang den Papst schon bald, seine Unnachgiebigkeit abzuschwächen und Abgesandte an Rogers Hof in Palermo zu schicken.
»Als Lösegeld für seine Seele« vermachte Cölestin 65 Bände seiner persönlichen Bibliothek (darunter zwei von Abälard) der Kirche S. Florido in Città di Castello; das silberne Antependium, das er ihr gleichfalls zum Geschenk machte, zählt nach wie vor zu den Schätzen der Stadt.

Lit.: JW 2,1–7; 716; 758; *LP* 2,385; 449; *PL* 179,761–820; Watterich 2,276–278; Johannes von Salisbury, *Hist. pontif.* 42,85 (hrsg. von M. Chibnall); *DHGE* 12,59–62 (R. Mols); *LThK* 2,1254 (H. Wolter); *NCE* 3,364 f. (M. W. Baldwin); A. Wilmart, »Les livres légués par Célestin II a Città de Castello«, in: *RBen* 35 (1923) S. 98–102; Mann 9,102–112.

Lucius II.

(12. 3. 1144 – 15. 2. 1145)

Der Nachfolger CÖLESTINS II., Gherardo Caccianemici, wurde in Bologna geboren und war, bevor er der Kurie beitrat, Kanonikus von S. Frediano in Lucca, der bedeutendsten Kongregation von Regularkanonikern Italiens. CALIXTUS II. bestellte ihn zum Kardinalpriester der Kirche S. Croce (die er renovieren ließ und der er eine Gruppe Regularkanoniker angliederte). Von da an war er ein führendes Mitglied der Kurie, das sich durch seinen vorbildlichen Charakter und seine tatkräftigen Dienste unter verschiedenen Päpsten auszeichnete. Als Legat von HONORIUS II. in Deutschland trat er 1125 für die Wahl Lothars III. (1125–37) zum König und 1126 für die Nominierung Norberts von Xanten (um 1080 bis 1134) zum Erzbischof von Magdeburg ein. 1130 Rektor, d. h. Gouverneur, von Benevent geworden, arbeitete er 1138 mit Kanzler Haimerich zusammen und unterstützte INNOZENZ II. in dessen Streit mit Lothar über Monte Cassino. Nach Haimerichs Tod 1141 ernannte Innozenz ihn zum Kanzler und Bibliothekar. Zu seinen Freunden zählten Bernhard von Clairvaux (1090 bis 1153), Walter von Ravenna und Abt Petrus Venerabilis von Cluny (um 1092–1156).
Lucius stellte im Mai 1144 die erzbischöfliche Gerichtsbarkeit von Tours über die Bretagne wieder her, die vorübergehend vom Bischof von Dol (bei Mont St-Michel) beansprucht worden war. Er bestätigte den Primat Toledos über die Iberische Halbinsel einschließlich Portugals und akzeptierte Portugal als Lehen des Hl. Stuhls. In Rom selbst hingegen, wo kurz zuvor eine Volkskommune ausgerufen worden war, sah er sich politischen Schwierigkeiten gegenüber. Die Kommune gründete einen von der Herrschaft des Hl. Stuhls unabhängigen Senat und berief als ihren Führer mit dem Titel *patricius* keinen anderen als Giordano Pierleoni, den Bruder des verstorbenen Gegenpapstes ANAKLET II.
Um sich Beistand zu sichern, suchte Lucius eine Verständigung mit Roger II. von Sizilien (1095–1154) zu erzielen, mit dem er seit seiner Zeit als Rektor von Benevent freundschaftliche Beziehungen gepflegt hatte. Eine Zusammenkunft in Ceprano blieb indes ergebnislos. Rogers Söhne nahmen ihre Angriffe auf den Kirchenstaat wieder auf, und der Papst mußte sich mit einem siebenjährigen Waffenstillstand zufriedengeben, der vorsah, daß Roger die von ihm besetzten Gebiete behalten, jedoch keine weiteren Aktionen gegen Benevent oder andere Länder im Besitz des Papstes vornehmen durfte. In seiner Not wandte sich Lucius an den neuen

deutschen König, den Staufer Konrad III. (1138 bis 1152), der jedoch zu sehr mit innenpolitischen Unruhen befaßt war, als daß er ihm Beistand gegen die aufständischen Bürger Roms hätte gewähren können, die die Unabhängigkeit von kirchlicher Kontrolle und die Beschränkung des Klerus auf geistliche Aufgaben und Abgaben verlangten. Daraufhin entschloß sich Lucius, die Spitze der ihm verbliebenen Streitkräfte zu übernehmen und seine Machtposition in Rom mit Waffengewalt wiederherzustellen. Bei einem erfolglosen Angriff auf das Kapitol, wo der Senat seinen Sitz hatte, wurde er durch schwere Steingeschosse verletzt und starb kurz darauf im Kloster S. Gregorio.

Lit.: *PL* 179,819–938; *LP* 2,385 f.; JW 2,7–19; 717; 758; Watterich 2,278–281; F. J. Schmale, *Studien zum Schisma des Jahres 1130*, Köln 1961, bes. S. 48–50; *DTC* 9,1057 f. (É. Amann); *EC* 7,1633 (S. Majarelli); Seppelt 3,187–189; Mann 9,113–126.

Eugen III.

Seliger (15. 2. 1145 – 8. 7. 1153)

Der in Pisa in einem einfachen (und nicht identifizierten) Elternhaus geborene Bernardo Pignatelli wurde eilends noch am gleichen Tag gewählt, an dem Lucius II. durch einen Steinwurf den Tod fand. Zu diesem Zeitpunkt war er Abt des Zisterzienserklosters SS. Vincenzo e Anastasio (in der Nähe von Rom). Vermutlich war er 1128 Prior von S. Zeno in Pisa und Ende der 30er Jahre Verwalter des Bistums Pisa. Als er Abt Bernhard von Clairvaux (1090–1153) begegnete, geriet er so in dessen Bann, daß er in das Kloster Clairvaux eintrat. Als Bernhard von seiner Wahl hörte, zeigte er sich bestürzt darüber, daß die Kardinäle einen so unerfahrenen und weltfremden Mann gewählt hatten. Der neue Papst jedoch, den er drängte, eine radikale Kirchenreform in die Hand zu nehmen, erwies sich fähiger, als er vermeint hatte. Als erster Zisterzienserpapst legte Eugen die Mönchskutte niemals ab und führte ein einfaches, mönchisches Leben.

Da er sich weigerte, die republikanische Kommune anzuerkennen, die in Rom die Macht ausübte und die weltliche Herrschaft des Papstes ablehnte, mußte sich Eugen in Farfa (40 km nördl. von Rom) weihen lassen. Zu seinem Sitz wählte er Viterbo. Von dort übte er Druck auf die Kommune aus und zwang sie, wenigstens seine Oberhoheit zu akzeptieren; Weihnachten 1145 konnte er so in Rom feiern. Der Kompromiß brach jedoch bald auseinander, und im Januar 1146 mußte er sich wieder in Viterbo aufhalten. Dort erfuhr er 1145 von der Einnahme des Kreuzrittervorpostens Edessa (Urfa im SO der Türkei) durch die Türken (23. 12. 1144) und empfing eine Gesandtschaft armenischer Bischöfe, die seinen Beistand gegen Byzanz suchten. Zum Handeln getrieben, sandte er (1. 12. 1145) an Ludwig VII. von Frankreich (1137–79) eine Bulle, in der er zum 2. Kreuzzug aufrief; am 6. März 1146 erneuerte er die Bulle und beauftragte Bernhard von Clairvaux, den Kreuzzug zu verkünden. Unterdessen reiste er selbst (Jan. 1146) über Pisa nach Frankreich, um die Vorbereitungen voranzutreiben. Er hatte seinen Aufruf auf Frankreich begrenzt, da er gegen die aufständischen Römer sowie gegen Roger II. von Sizilien (1095–1145) der Hilfe Konrads III. von Deutschland (1138–52) bedurfte; doch als Bernhards Beredsamkeit Konrad ebenfalls bewog, das Kreuz zu nehmen, hatte er keine andere Wahl, als widerstrebend seine Einwilligung zu geben. Die Niederlage in diesem aufwendigsten aller Kreuzzüge war eine herbe Enttäuschung für ihn, um so mehr, als er gehofft hatte, daß sein Gelingen der Aussöhnung mit der Ostkirche zugute kommen würde. Plänen Rogers von Sizilien und Ludwigs VII. (1150) für einen Kreuzzug gegen Byzanz stand er kühl gegenüber, obwohl er sich mit seiner Haltung Vorwürfe Bernhards einhandelte.

Im Einklang mit Bernhards Ratschlägen war Eugen ein leidenschaftlicher Reformer, der sich stets um die Anhebung der sittlichen Maßstäbe von Klerus und Mönchtum bemühte. Auf der Höhe seiner Macht hielt er in Paris (April–Juni 1147), Trier (Winter 1147/48) und Reims (März 1148) wichtige Synoden ab, auf denen nicht nur Reformbeschlüsse verabschiedet wurden, sondern auch Fragen der Lehre wie die Orthodoxie des scholastischen Realisten Gilbert de la Porrée (um 1083–1154) und die Visionen der Hildegard von Bingen (1098–1179) geprüft wurden. In England griff er energisch ein: er unterstützte Erzbischof Theobald von Canterbury (1138–61) gegenüber König Stephan (1135–54) und enthob William Fitzherbert (hl. Wilhelm von York, † 1154) seines Bischofsamtes in York. Er verstärkte die Beziehungen des Hl. Stuhls zu Irland, wo er vier Erzdiözesen einrichtete. Bei seiner

Einladung zur Synode von Reims vertrat er die Lehre, daß Christus dem Papst durch den hl. PETRUS die oberste Herrschaft in weltlichen wie in geistlichen Dingen übertragen habe. Auf seine Veranlassung stellte Burgundio von Pisa lateinische Übersetzungen mehrerer Homilien des Johannes Chrysostomus und der Abhandlung *De fide orthodoxa* des Johannes von Damaskus her.

Im Juni 1148 kehrte Eugen nach Italien zurück; am 15. Juli exkommunizierte er in Cremona den radikalen Reformer Arnold von Brescia († 1155), der sich nach seiner Begnadigung 1146 mit der römischen Kommune verbündet und den Papst als »Bluthund« denunziert hatte. Im Dezember 1149 zog er mit militärischer Unterstützung Rogers von Sizilien in Rom ein, doch die feindselige Stimmung nötigte ihn bald zum Verlassen der Stadt. Daraufhin begann er Verhandlungen mit Konrad III., an den die Kommune ihrerseits herangetreten war, und es wurde vereinbart, daß der König im Herbst 1152 nach Rom kommen solle, um sich zum Kaiser krönen zu lassen. Als Konrad dann starb (15. 2. 1152), schickte sein Nachfolger Friedrich I. Barbarossa (1152–90) dem Papst Gesandte, die diesen von seiner Wahl in Kenntnis setzten und Schutz zusagten. Friedrich ersuchte den Papst nicht um Zustimmung zu seiner Wahl, doch in seiner Erwiderung erteilte Eugen sie ihm. Trotz anfänglicher Spannungen wurde auf dem Reichstag von Würzburg (Okt. 1152) eine Expedition Friedrichs nach Italien beschlossen. Auf Vermittlung der Gesandten des Königs erzielte Eugen mit der Bürgerschaft Roms eine Verständigung, die ihn endlich in die Lage versetzte, in der Stadt seinen – stets gefährdeten – Sitz zu nehmen. Er schloß mit Friedrich den Vertrag von Konstanz ab (23. 3. 1153), der beide Seiten verpflichtete, die »Ehre«, d. h. die souveränen Rechte, des anderen zu schützen und zu sichern. Der Papst versprach dem König die Kaiserkrone, und der König schwor, ohne Zustimmung des Papstes keinen Frieden mit der Bürgerschaft Roms oder mit den Normannen zu schließen. Beide Seiten kamen überein, keine Gebiete an Byzanz abzutreten.

Lange bevor Friedrich nach Rom kommen konnte, starb Eugen in Tivoli. Er hatte das Glück gehabt, in Bernhard von Clairvaux, der für ihn ein Traktat über die Pflichten eines Pontifex verfaßte (*De consideratione*), einen ständigen Ratgeber zu besitzen, doch das Ausmaß von dessen Einfluß sollte nicht überschätzt werden. Eugen war zwar seinem eigenen Bekenntnis zufolge auf Bernhard häufig angewiesen, doch handelte er nicht selten unabhängig von ihm oder gar gegen ihn. Der letzte Repräsentant des Reformpapsttums wurde in St. Peter neben GREGOR III. beigesetzt. Bereits zu Lebzeiten verehrt, wurden bald nach seinem Tod seiner Fürbitte Wunder zugesprochen. 1872 sprach PIUS IX. ihn selig. Festtag: 8. Juli.

Lit.: *PL* 180,1013–1642; JW 2,20–89; 717–719; 759; *LP* 2,386 f.; Watterich 2,283–321; *BSS* 5,196–200 (I. Daniele); *DHGE* 15,1349–55 (M. A. Dimier); *NCE* 5,625 f. (M. W. Baldwin); H. Gleber, *Papst Eugen III.*, Jena 1936; E. Caspar, »Die Kreuzzugsbullen Eugens III.«, in: *NA* 45 (1924) S. 285–305; P. Rassow, *Honor Imperii*, Darmstadt 1961 [Wortlaut des Vertrags von Konstanz]; Seppelt 3,189–213; Mann 9,127–220.

Anastasius IV.

(8. 7. 1153 – 3. 12. 1154)

Der Römer aus der Suburra, dem Viertel zwischen Esquilin, Viminal und Quirinal, hieß ursprünglich Corrado und war vermutlich bürgerlicher Herkunft. Über seine Laufbahn ist bis zu dem Zeitpunkt (zwischen 1111 und 1114), da PASCHALIS II. ihn zum Kardinalpriester von S. Pudenziana berief, nichts bekannt. 1125 schaltete er sich im Namen HONORIUS' II. in die umstrittene Wahl des Abts von Farfa ein und schlichtete 1127 die Nachfolge des abgesetzten Abts von Monte Cassino. In der 2. Hälfte des Jahres 1126 wurde er Kardinalbischof von Sabina. Nach der Doppelwahl (1130) erwies er sich als entschiedener Parteigänger INNOZENZ' II. und Gegner ANAKLETS II. Während der Abwesenheit des Innozenz von Rom (1130–37, 1139) hielt er sich als dessen Stellvertreter in der Stadt oder in ihrer Nähe auf. Auch unter EUGEN III. diente er als päpstlicher Vikar, möglicherweise im Sommer 1145, sicher von Anfang 1147 bis November 1149 und vom Sommer 1150 bis Dezember 1152. Noch am Tag von Eugens Tod wurde er zum Papst gewählt und am 12. Juli als Anastasius IV. im Lateran inthronisiert.

Anastasius war bereits sehr alt, hatte in Kurienangelegenheiten große Erfahrung sammeln können und als Vikar des Hl. Stuhls in schwierigen Zeiten seine Fähigkeiten unter Beweis gestellt. Vermutlich fiel die Wahl auf ihn, weil der gebürtige Römer und lange Zeit Einwohner der Stadt aufgrund seiner Kontakte zur Bürgerschaft einzigartig qualifiziert schien, wirksame Beziehungen zur republikanischen Kommune herzustellen, die Rom seit 1143 beherrschte und der Kurie im allgemeinen feindlich gesinnt war. Er muß das Vertrauen des Volkssenats genossen haben, denn er wurde nicht nur im Lateran geweiht, sondern konnte in deutlichem Gegensatz zu Eugen III. und HADRIAN IV. ungestört in Rom residieren. Anders als in der Vergangenheit und später wieder unternahm die Kommune auch nicht den geringsten Versuch, den Papst und den deutschen König gegeneinander auszuspielen. Auch die Tatsache, daß er in der Nähe des Pantheons einen neuen Palast errichten lassen konnte, beweist die guten Beziehungen, die er zu den Behörden der Stadt unterhielt.

Eine ähnlich konziliante Haltung charakterisierte andere von ihm getroffene Entscheidungen, die später als Zeichen der Schwäche bemängelt wurden. So ratifizierte Anastasius die Berufung des Erzbischofs von Magdeburg durch Friedrich I. Barbarossa (1152–90), was diesem von Eugen III. verweigert worden war, nachdem es seinem Gesandten nicht gelungen war, den König umzustimmen, und überreichte dem Erzbischof bei dessen Besuch in Rom das Pallium. Nach dem Tod Heinrich Murdacs, Erzbischof von York (1147–53), schlichtete er den Streit um die Berufung William Fitzherberts (hl. Wilhelm von York, † 1154), der während vier Pontifikaten getobt hatte, indem er den von Eugen abgesetzten Erzbischof von York wiedereinsetzte und ihm das Pallium übersandte. In seine Regierungszeit fällt die Entrichtung des Peterpfennigs durch Norwegen und Schweden dank der organisatorischen Anstrengungen des päpstlichen Legaten in Skandinavien, Nicholas Breakspear (später HADRIAN IV.).

Anastasius wurde in dem Porphyrsarkophag der hl. Helena im Lateran beigesetzt, den er innig geliebt und verschönert hatte.

Lit.: *PL* 188,989–1088; JW 2,89–102; *LP* 2,388; Watterich 2,321 f.; F. J. Schmale, *Studien zum Schisma des Jahres 1130*, Köln 1961, Register; P. Classen, »Zur Geschichte Papst Anastasius' IV.«, in: *QFIAB* 48 (1968) S. 36–63; *DBI* 3,24 f. (R. Manselli); *DHGE* 2,1475 f. (A. Clerval); *NCE* 1,479 (M. W. Baldwin); Mann 9,221–230.

Hadrian IV.

(4. 12. 1154 – 1. 9. 1159)

Nicholas Breakspear, bis heute der einzige englische Papst, wurde um 1100 als Sohn eines armen Schreibers, der als Mönch in die dortige Abtei eintrat, in Abbot's Langley bei St. Albans geboren. In jugendlichem Alter verließ er England, um in Frankreich zu studieren, und trat schließlich den Regularkanonikern von St-Rufus in Avignon bei, wo er zunächst zum Prior und 1137 zum Abt aufstieg. Die Gemeinschaft beschwerte sich in Rom über seine übertriebene Strenge, und EUGEN III., entfernte ihn von seinem Posten, ernannte ihn aber 1149, da er seine Fähigkeiten erkannte, zum Kardinalbischof von Albano. 1150–53 zeichnete er sich als glänzender päpstlicher Legat in Skandinavien aus, wo er die Kirche im Geist der Reform reorganisierte, Trondheim als Sitz des Metropoliten für Norwegen bestimmte und den Weg für die spätere Erhebung Uppsalas zum Erzbistum bahnte. Er kehrte im Triumph zurück und wurde nach dem Tod ANASTASIUS' I. einstimmig zum Papst gewählt.

Hadrian – willensstark, klarsichtig und entschlossen, die monarchischen Ansprüche des Papsttums voll durchzusetzen – bestätigte unverzüglich (Jan. 1155) den Vertrag von Konstanz mit dem deutschen König Friedrich I. Barbarossa (1152–90), auf dessen Beistand gegen die feindlich gesinnte römische Republik und Wilhelm I. von Sizilien (1154–66), der den Kirchenstaat attackierte, er angewiesen war. Er selbst ging gleich darauf entschlossen gegen die Kommune vor und verhängte über Rom ein Interdikt, bis sie den führenden Aufrührer Arnold von Brescia ausweise. In Zusammenarbeit mit Friedrich ließ er Arnold später festnehmen und hinrichten (1155). Dennoch konnte er die Kommune nie endgültig bezwingen; sie machte ihm in Rom das Leben schwer, bot Friedrich unabhängig von ihm die Kaiserkrone an und verhandelte mit diesem noch kurz vor Hadrians Tod über ihre Anerkennung.

Der Abschluß eines Abkommens mit dem deutschen König war lebenswichtig, indessen zum Scheitern verurteilt, da Hadrians Bestrebungen als Papst und Friedrichs Entschlossenheit, das Reich zu erneuern, wie es unter Karl d. Gr. (800–814) und Otto I. (962–973) bestanden hatte, einander gleichkamen. Ihre erste Begegnung

(8. 6. 1155) in Sutri ließ sich schlecht an, da Friedrich nur widerstrebend bereit war, dem Papst die übliche Ehrerbietung zu bezeigen. Am 18. Juni krönte ihn Hadrian in St. Peter zum Kaiser, wobei er den Gottesdienst bezeichnenderweise so änderte, daß die Unterordnung des Kaisers unter den Papst deutlich wurde. Die Römer, deren Angebot der Krone Friedrich verschmäht hatte, erhoben sich, und der Kaiser entschloß sich zur Rückkehr nach Deutschland, obwohl der Aufstand rasch niedergeschlagen war. Es gab bereits Spannungen zwischen ihm und Hadrian, beharrte er doch auf seinen kaiserlichen Rechten und hatte dem Papste nicht die erwünschte Hilfe geleistet.
Enttäuschung, Mißtrauen gegen Friedrich und seine eigene schwierige militärische Lage bewogen Hadrian nun zu einer folgenschweren Kehrtwendung in der päpstlichen Politik, welche die Mehrheit der Kardinäle beunruhigte. Im Vertrag von Benevent (18. 6. 1156) machte er seinen Frieden mit Wilhelm I. von Sizilien und anerkannte ihn als König mit Hoheitsbefugnissen über den größten Teil Süditaliens und Sonderrechten über die Kirche auf Sizilien. Dafür akzeptierte Wilhelm die Lehnshoheit des Papstes und erklärte sich zur Zahlung eines jährlichen Tributs bereit. Somit war Hadrian in der Lage, seine Stellung im Kirchenstaat zu festigen, und konnte sogar nach Rom zurückkehren (Nov. 1156). Friedrich freilich faßte die Abmachung als Verrat am Vertrag von Konstanz auf. Auf dem Reichstag zu Besançon (Okt. 1157), den Hadrian mit Gesandten beschickte, welche die Lage erläutern wie auch Beschwerden äußern sollten, verschärften sich die entstandenen Spannungen weiter. In seinem Schreiben erwähnte er die *beneficia* (»Wohltaten«, »Lehen«), die er Friedrich verliehen hatte, und als der Reichskanzler diesen Begriff so auslegte, wie er vermutlich intendiert war, nämlich daß der Kaiser Vasall des Papstes sei, kam es zu Tumulten. Die Gesandten mußten ihre Koffer packen, und im folgenden Juni hielt Hadrian es für klug, Friedrich einen Brief zu schicken, in dem er erklärte, daß seine Verwendung des Terminus *beneficia* keinerlei beleidigende Implikationen enthalten habe.
Obwohl der Friede notdürftig gewahrt blieb, schien ein endgültiger Bruch unvermeidlich, als Friedrich auf dem Reichstag von Roncaglia (Nov. 1158) kaiserliche Ansprüche auf Norditalien und Korsika anmeldete, die päpstliche Vorrechte verletzten, und Hadrian sich weigerte, seinen Kandidaten für den Stuhl von Ravenna zu akzeptieren. Als der Schlagabtausch zwischen den beiden Herrschern härter wurde, zog sich Hadrian aus Sicherheitsgründen nach Anagni zurück, wo er mit unzufriedenen lombardischen Städten ein Bündnis gegen Friedrich besprach und die Zusage gab, diesen zu exkommunizieren, falls er die Beschlüsse von Roncaglia nicht innerhalb von 40 Tagen annulliere. Aber noch bevor die gesetzte Frist verstrichen war, starb Hadrian.
Hadrian vereinte in sich unnachgiebige Entschlossenheit, Liebenswürdigkeit und, wie sein Freund Johannes von Salisbury (um 1115–80) bemerkte, die Bereitschaft, sich kritisieren zu lassen. Sein engster Berater war Kardinal Roland (später ALEXANDER III.). Aber die Kurie war geteilter Ansicht über seine Politik einer Allianz mit Sizilien gegen das Reich. Während seines Pontifikats wurde der päpstliche Titel »Stellvertreter Christi« geläufig. Seine wichtigste Einmischung in englische Angelegenheiten war die Aufforderung an König Heinrich II. (1154–89), Irland dem englischen Reich anzugliedern; die Echtheit seiner Bulle *Laudabiliter*, mit der er die Eroberung Irlands gebilligt haben soll, ist allerdings noch umstritten.

Lit.: *PL* 188,1361–1640; JW 2,102–145; 720 f.; 760 f.; *LP* 2,388–397; Watterich 2,323–374; Johannes von Salisbury, *Matalogicon* 4,42; ders. *Policraticus* 6,24; *DNB* 1,143–146 (M. Creighton); Mann 9,231–340; *NCE* 1,146 (W. Ullmann); *LThK* 4,1307 f. (G. Schwaiger); Seppelt 3,213–234; FM 9,5–49 (R. Foreville); E. M. Almedingen, *The English Pope*, London 1925; W. Ullmann, »The Pontificate of Adrian IV«, in: *CHJ* 11 (1953–55) S. 233–252; R. W. Southern, *Medieval Humanism and Other Studies*, Oxford 1970, S. 234–252; M. P. Sheehy, *Pontifica Hibernica*, Bd. 1, Dublin 1962, S. 15 f. [Wortlaut des *Laudabiliter*]; W. L. Warren, *Henry II*, London 1973, S. 194–198.

Alexander III.

(7. 9. 1159 – 30. 8. 1181)

Orlando (Roland) Bandinelli, Sohn des Ranuccio, wurde um 1100 in Siena geboren, war gefeierter Rechtsprofessor in Bologna (1139–42) und anschließend Kanonikus von Pisa. Der Autor eines Kommentars zu Gratian, dem Kirchenrechtler des 12. Jh.s, sowie theologischer *Sentenzen*, die den Einfluß des Philosophen und Theologen Petrus Abälard (1079–1142) verraten, wurde

1150 zum Kardinaldiakon, 1151 zum Kardinalpriester und 1153 zum Kanzler ernannt. Er war HADRIANS IV. engster Berater, identifizierte sich mit dessen pronormannischer und antikaiserlicher Politik und geriet auf dem Reichstag von Besançon (Okt. 1157) mit Friedrich I. Barbarossa (1152–90) aneinander. Nach Hadrians Tod wählte eine Handvoll kaisertreuer Kardinäle Kardinal Ottaviano zum Papst, doch die große Mehrheit entschied sich für Orlando. Es kam zu gewaltsamen Szenen, da vereinbart worden war, daß die Wahl einstimmig zu erfolgen habe, und Orlando flüchtete sich in die Vatikanfestung neben St. Peter. Am 20. September wurde er in Ninfa (südöstl. von Velletri) vom Bischof von Ostia unter dem Namen Alexander III. geweiht; Ottaviano hingegen am 4. Oktober unter dem Namen VIKTOR IV. in der Kaiserabtei Farfa (nordöstl. von Rom).

Das Schisma kam dem Kaiser zustatten; zu seiner Beilegung berief er im Februar 1160 in Pavia ein hauptsächlich aus deutschen und italienischen Bischöfen bestehendes Konzil ein, das Viktor bestätigte und Alexander exkommunizierte. Der Papst, der Viktor bereits exkommuniziert hatte, antwortete am 24. Februar mit dem Bannspruch gegen Friedrich. Im Oktober traten die Episkopate und Orden der meisten westeuropäischen Länder einschließlich Spaniens in Gegenwart Heinrichs II. von England (1154–89) und Ludwigs VII. von Frankreich (1137–79) in Toulouse zusammen und sprachen sich für Alexander aus. Das Schisma währte 18 Jahre, denn als Viktor starb, wurde er durch die Gegenpäpste PASCHALIS III. (1164) und CALIXTUS III. (1168) ersetzt. Angesichts kaisertreuer Opposition in Italien begab sich Alexander im April 1162 nach Frankreich und ließ sich mit der Kurie in Sens nieder (1163–65). Obwohl er im November 1165 auf Einladung der Bürgerschaft nach Rom zurückkehrte, vermochte er die Besetzung der Stadt durch Friedrich oder dessen Krönung durch Paschalis III. im Sommer 1167 nicht zu verhindern und schlug seine Residenz schließlich in Benevent auf. 1166/67 wurden dort – erfolglos – Verhandlungen mit dem Kaiser von Byzanz, Manuel I. Comnenus (1143–80), geführt, der für den Fall, daß Alexander ihn zum Universalkaiser kröne, die Wiedervereinigung der griechischen und lateinischen Kirche in Aussicht stellte. Unterdessen hatte sich Alexander nach und nach in Burgund und nach Viktors Tod (April 1164) auch in Deutschland durchsetzen können. In Italien zeigte sich der lombardische Städtebund, der zum Kampf gegen Friedrichs Politik gebildet worden war, für seine Unterstützung erkenntlich, indem er die 1168 frisch gegründete Stadt Alessandria nach ihm benannte. Seine Geduld zahlte sich aus: nach dem Sieg des lombardischen Städtebunds in Legnano (29. 5. 1176) ließ sich Friedrich auf Verhandlungen ein. Im Frieden von Venedig (24. 7. 1177) erkannte der Kaiser ihn im Austausch für den Widerruf der Exkommunikation als Papst an und stimmte einem Waffenstillstand mit der Lombardei und Sizilien zu.

Wenngleich Alexander aus dem Schisma als moralischer Sieger hervorging, war er von Friedrich, der einen Keil zwischen ihn und den lombardischen Städtebund hatte treiben können, ausmanövriert worden. Der Friede von Venedig war nichts als ein Waffenstillstand, und die bedeutenden Streitfragen zwischen Kirche und Reich waren lediglich aufgeschoben worden. In der Zwischenzeit hatte Alexander die Autorität des Hl. Stuhls im Rahmen des politisch Möglichen gegen andere Herrscher geltend machen können. So unterstützte er Thomas Becket, Erzbischof von Canterbury (1162–70), in seinem Streit (1164–70) mit König Heinrich über die Konstitutionen von Clarendon (1164), die darauf zielten, die wachsende Unabhängigkeit der englischen Kirche von der Krone rückgängig zu machen; allerdings war sein Vorgehen aus Furcht, der König könne sich dem Lager des Gegenpapstes anschließen, halbherzig und gelegentlich doppelzüngig. Erst nach dem Mord an Thomas (29. 12. 1170) konnte er über den König volle Sanktionen verhängen und mit ihm schließlich eine wirksame Absprache treffen. 1179 bestätigte er gegen einen jährlichen Tribut das Recht Alfons' I. von Portugal (1139–85) auf die portugiesische Krone und erklärte gegen Wilhelm I. von Schottland (1165–1214) und sein Reich das Interdikt, da dieser sich in die kirchliche Ämterbesetzung eingemischt hatte. Schließlich leitete er (5.–19. 3. 1179) das sehr gut besuchte 3. Lateranum (das 11. ökumenische Konzil), das nicht nur dem Schisma ein eindeutiges Ende setzte, sondern auch ein wichtiges Stadium in der Entwicklung der gesetzgeberischen Macht des Papstes bezeichnet. Zu seinen wichtigsten Beschlüssen zählte das (noch heute gültige, kaum modifizierte) Dekret, wonach bei Papstwahlen eine Zweidrittelmehrheit der Kardinäle erforderlich ist; ein zweites, das zur Gründung von Universitäten und Domschulen aufrief; und ein weiteres, das die Verfolgung von Ketzern verfügte, besonders der Katharer oder Albigenser, einer in Deutschland und Südfrankreich verbreiteten puritanischen, dualistischen Sekte. Alexander selbst war der erste große Rechtsgelehrte auf dem Papstthron; viele seiner Entscheidungen wurden in spätere Gesetzbücher des Kirchenrechts aufgenommen. Er stand entschieden in der Reformtradition; so bestand eine für ihn charakteristische Maßnahme in der Reduzierung (und damit praktisch der Aufhebung) des Rechts, sich Eigenkirchen zu halten, auf das Patronatsrecht. Er hatte eine klare Vorstellung von dem, was nötig war, bevorzugte aber friedliche Lösungen, solange die lebenswichtigen Interessen der Kirche gesichert waren. Gelegentlich zwar unentschlossen und wankelmütig, gab er doch in Prinzipienfragen nicht nach, und es gebührt ihm das Verdienst, Friedrich davon abgehalten zu haben, die Kirche in eine Position der Abhängigkeit zu manövrieren.

Bald nach dem Lateranum wurde Alexander von der republikanischen Kommune in Rom in die Flucht getrieben. Im September 1179 wurde ein vierter Gegenpapst, INNOZENZ IV., aufgestellt, doch hatte er keine Schwierigkeiten, diesen loszuwerden. Seine beiden letzten Lebensjahre verbrachte er in verschiedenen Städten des Kirchenstaats, und er starb in Cività Castellana (55 km nördl. von Rom). Sein Leichnam wurde nach Rom überführt, wo er in der Lateranbasilika beigesetzt werden sollte; die Bürger überschütteten ihn mit Schmähungen. Alexander war ein bedeutender Papst, der der Kirche nachhaltig seinen Stempel aufdrückte.

Werke: F. Thaner (Hrsg.), *Die Summa Magistri Rolandi*, Innsbruck 1874; A. Gietl (Hrsg.), *Die Sentenzen Rolands*, Freiburg 1891.

Lit.: *PL* 200,69–1320 [Briefe usw.]; *LP* 2,397–446; JW 2,145–431; Watterich 2,377–649; W. Holtzmann, »Die Register Papst Alexanders III. in den Händen der Kanonisten«, in: *QFIAB* 30 (1940) S. 13–87; ders., »Quellen und Forschungen zur Geschichte Friedrich Barbarossas«, in: *NA* 48 (1930) S. 384–413; U. Stutz, »Papst Alexander III. gegen die Freiung langobardischer Eigenkirchen«, in: *AAB* 1936, Nr. 6; M. Pacaut, *Alexandre III*, Paris 1956; M. W. Baldwin, *Alexander III and the Twelfth Century*, London 1968; Haller 3,145–252; *DBI* 2,183–189 (P. Brezzi); *NCE* 1,288–290 (M. W. Baldwin); *EB* (1977) 1,466 f. (J. M. Powell); *EC* 1,790–792 (P. Paschini); Mann 10,1–238.

Viktor IV.

(Gegenpapst, 7. 9. 1159 – 20. 4. 1164)

Auf den Tod HADRIANS IV. (1. 9. 1159) folgte eine umstrittene Papstwahl: die große Mehrheit der Kardinäle wählte Kardinal Orlando Bandinelli, einen Vertreter Hadrianscher Politik der Gegnerschaft zu Kaiser Friedrich I. Barbarossa (1152–90), während eine Handvoll kaisertreuer Kardinäle für Kardinal Ottaviano di Monticelli stimmte. Es kam zu gewaltsamen Auseinandersetzungen, in deren Verlauf Ottaviano, dessen bewaffnete Anhänger die Versammlung gestürmt hatten, Orlando den purpurnen Papstmantel von den Schultern riß und ihn zum Rückzug zwang, wogegen er selbst sich inthronisieren ließ. Das Resultat war eine 18jährige Kirchenspaltung, denn während Orlando am 20. September als ALEXANDER III. zum Papst geweiht wurde, ließ sich Ottaviano am 4. Oktober in der Kaiserabtei Farfa unter dem Namen Viktor IV. weihen (der kurzlebige Gegenpapst Viktor IV. von 1138 wurde nicht mitgezählt). Dies erreichte er, trotz geringen Rückhalts in der Kurie, aufgrund der moralischen und militärischen Unterstützung des in Rom residierenden kaiserlichen Gesandten Otto von Wittelsbach sowie des Beistands von Senat und Volk von Rom.

Ottaviano wurde in der Provinz Sabina geboren, war von Adel und hatte eine hervorragende Laufbahn hinter sich. 1138 war er zum Kardinal von S. Cecilia aufgerückt und hatte unter CÖLESTIN II. und LUCIUS II. an den Friedensverhandlungen mit Roger II. von Sizilien (1095–1154) teilgenommen. Er war bei Friedrich Barbarossas Krönung im Mai 1152 zugegen gewesen, hatte enge persönliche Beziehungen zu ihm und bereits seit längerem die Interessen des Reiches bei der Kurie vertreten. In einer früheren Enzyklika unterstrich er seine aufrichtige Liebe für die »Ehre« des Reiches.

Obwohl nicht zu bezweifeln ist, daß Friedrich Gegenpapst Viktor vorzog, gab er sich nach der Doppelwahl neutral. Freilich war es keine Überraschung, daß sich die von ihm im Februar 1160 einberufene Synode von Pavia, die zwischen den Rivalen entscheiden sollte und von etwa 50 deutschen und norditalienischen Bischöfen besucht wurde, zugunsten Viktors aussprach. Von nun an behandelte der Kaiser diesen mit der Ehrerbietung, die einem Papst traditionell zustand, und unternahm, was er konnte, um seine Anerkennung voranzutreiben. Im Oktober 1160 traten jedoch die Episkopate und Orden der westlichen Länder in Gegenwart Heinrichs II. von England (1154–89) und Ludwigs VII. von Frankreich (1137–79) in Toulouse zusammen. Nachdem sie die von Vertretern der beiden Prätendenten vorgetragenen Argumente vernommen hatten, fällten sie einen Urteilsspruch zugunsten Alexanders und sprachen gegen Viktor den Bann aus (was Alexander bereits getan hatte). Die große Abtei Cluny hatte ihre Gründe, an Viktor festzuhalten; doch im großen und ganzen beschränkte sich die Unterstützung für ihn auf die Herrschaftsgebiete des Kaisers, und selbst da war sie nicht allgemein. 1162 sah es um seine Chancen besser aus, als Friedrich seinen Einfluß in Norditalien und im Kirchenstaat festigen konnte und seine aufständischen Vasallen im normannischen Königreich in Süditalien ihn anerkannten, erst recht, als der Kaiser und Ludwig VII. sich im September des Jahres in St-Jean-de-Losne darauf einigten, zwischen den rivalisierenden Päpsten zu vermitteln. Doch aus dem Vorhaben wurde nichts. Obwohl Viktor am 7. September in Dôle einer Synode vorsitzen und seinen Bannspruch gegen Alexander erneuern konnte, war offensichtlich, daß Friedrichs Bemühungen, ihm allgemeine Anerkennung zu verschaffen, nichts fruchteten. Der Kaiser hatte mit dem weitverbreiteten Widerstand in anderen Teilen Europas gegen die Wiederherstellung der kaiserlichen Kontrolle über das Papsttum nicht gerechnet. Von da an war Viktors Stern im Sinken begriffen; immer mehr Anhänger fielen von ihm ab, und Alexander gewann in Deutschland an Boden. Als Viktor im Frühjahr 1164 mit Rainald von Dassel, dem früheren Kanzler Friedrichs und damaligen Erzbischof von Köln (1159 bis 1167), in der Lombardei, der Romagna und der Toskana unterwegs war, starb er am 20. April nach kurzer, schmerzhafter Krankheit in Lucca. Da sich die Geistlichen der Kathedrale und S. Fredianos weigerten, einem exkommunizierten Kardinal die letzte Ruhestätte zu gewähren, wurde er in einem ärmlichen Kloster vor der Stadtmauer beerdigt. Als Alexander die Nachricht von seinem Tod vernahm, weinte er und tadelte seine Kardinäle, weil sie in unziemlichen Jubel ausbrachen. Es blieb GREGOR VIII. bei einem Besuch in Lucca (Dez. 1187) vorbehalten, das Grab des Gegenpapstes aufbrechen und seine sterblichen Reste aus der Kirche werfen zu lassen.

Lit.: JW 2,418–426; Watterich 2,377–537; P. Kehr, »Zur Geschichte Viktors IV.«, in: *NA* 46 (1926) S. 58–85; H. Schwarzmaier, »Zur Familie Viktors IV. in der Sabina«, in: *QFIAB* 48 (1968) S. 64–79; P. Brezzi, »Lo ›schisma inter regnum et sacerdotium‹«, in: *ADRomana* 63 (1940) S. 1–98; Seppelt 3,232–248.

Paschalis III.

(Gegenpapst, 22. 4. 1164 – 20. 9. 1168)

Nach dem Tod VIKTORS IV., des ersten von der kaiserlichen Partei gegen ALEXANDER III. aufgestellten Gegenpapstes, in Lucca (20. 4. 1164), ließ Rainald von Dassel, Kaiser Friedrich Barbarossas (1152–90) Reichskanzler und Stellvertreter in Italien, auf eigene Initiative Guido von Crema, Kardinalpriester von S. Callisto, zu seinem Nachfolger wählen. Diese Wahl war ein eklatanter Verstoß gegen das Kirchenrecht, da sie von zwei schismatischen Kardinälen, zwei deutschen Bischöfen und dem Stadtpräfekten von Rom vorgenommen wurde. Guido wurde am 26. April als Paschalis III. vom Bischof von Lüttich in Lucca geweiht. Von adliger Abstammung, hatte er seit der Zeit INNOZENZ' II. im Dienste des Hl. Stuhls gestanden und war bei der Doppelwahl (7. 9. 1159) der prominenteste unter den Kardinälen gewesen, die für Kardinal Ottaviano (Gegenpapst Viktor IV.) gestimmt hatten.

Der Kaiser hatte seine Hand bei der Wahl nicht im Spiel, doch ratifizierte er sie schon bald. Die Bischöfe von Italien und Burgund jedoch verweigerten Paschalis die Anerkennung; in Deutschland begann die Opposition gegen Alexander III. nach Viktors Tod abzubröckeln, und mehrere führende Prälaten wechselten zu ihm über. Um sich dieser Entwicklung entgegenzustellen, schwor Friedrich auf dem Reichstag zu Würzburg (22. 5. 1165) einen feierlichen Eid, einzig Paschalis anzuerkennen, niemals aber Alexander. Sämtliche anwesenden Prälaten und Fürsten einschließlich der Botschafter Heinrichs II. von England (1154–89) taten es ihm nach. Der nämliche Schwur wurde unter Androhung schrecklicher Strafen auch allen anderen Geistlichen und Laien abverlangt. Friedrich ließ, vermutlich mit Zustimmung des Paschalis, Karl d. Gr. (768–814), sein »bewundertes Vorbild«, von Rainald von Dassel in seiner Eigenschaft als Erzbischof von Köln (1159–67) in Aachen heiligsprechen (8. 1. 1166). In Burgund und Italien bestand er nun energisch auf Loyalität gegenüber Paschalis, und an vielen Orten wurden Bischöfe, die Alexander III. vorzogen, durch willfährige Kirchenmänner ersetzt. Im Juli 1167 hatte Paschalis die Genugtuung, Friedrich nach Rom begleiten zu können, wo Alexander III. sich verstecken mußte; am 22. Juli wurde er endlich in St. Peter inthronisiert, am 30. Juli weihte er rund 15 Patriarchen und Bischöfe, und am 1. August krönte er den Kaiser (dessen zweite Kaiserkrönung) sowie dessen Gemahlin Beatrix.

Dies war sein letzter Triumph. Friedrich schlug bereits vor, daß Paschalis und Alexander beide abdanken und den Weg für Neuwahlen freimachen sollten. In diesem Augenblick lichtete eine Malaria-Epidemie in Rom die Reihen der kaiserlichen Armee. Friedrich, selbst schwer erkrankt, kehrte mit dem Rest seines Heeres nach Deutschland zurück und nahm Paschalis mit. Paschalis reiste erst Anfang 1168, und zwar in Begleitung des Erzbischofs Christian von Mainz, wieder nach Rom. Doch selbst jetzt duldeten die Römer seine Gegenwart nur, weil sie Wohlverhalten demonstrieren mußten, wenn ihre Mitbürger, die von den kaiserlichen Truppen gefangengenommen worden waren, freigelassen werden sollten. Es gab Gerüchte, wonach der neue Senat, der am 1. November gewählt werden sollte, sich für Alexander erklären würde, und Paschalis verbarrikadierte sich in der Festung neben St. Peter. Noch vor Abhaltung der Wahlen starb er.

Lit.: JW 2,426–429; *LP* 2,410–420; Watterich 2,537–578; Johannes von Salisbury, *Letter* 280 (hrsg. von Millor und Brooke, Bd. 2, S. 610 f.); *PRE* 14,724 f. (H. Böhmer); *EC* 9,904 f. (G. Mollat); Seppelt 3,248 f.; 273–275; 278.

Calixtus (III.)

(Gegenpapst, Sept. 1168–29. 8. 1178; † um 1183)

Calixtus, ursprünglich Giovanni, war der dritte im Verlauf des Kampfes zwischen ALEXANDER III. und Friedrich I. Barbarossa (1152–90) aufgestellte kaisertreue Gegenpapst. Er war Abt von Struma, einem vallambrosischen Kloster bei Arezzo, als die kaiserliche Partei in Rom ihn zum Nachfolger des Gegenpapstes PASCHALIS III. wählte, der dort (20. 9. 1168) gestorben war. Bis auf die Tatsache, daß er dem Kloster als Knabe beitrat und später Abt wurde, ist über sein früheres Leben nichts bekannt. Er war einer der leidenschaftlichsten Anhänger Friedrichs in der Toskana und sprach sich nach der Doppelwahl von 1159 zugunsten von Gegenpapst VIKTOR IV. und gegen Alexander III. aus. Obwohl Viktor ihn zum Kardinalbischof von Albano ernannte, wurde er nicht gleich geweiht, sondern amtierte weiterhin als Abt.

Der neue Gegenpapst, der sich den Namen Calixtus III. zulegte, suchte durch Gesandte auf dem Reichstag von Bamberg im Juni 1169 Kontakt mit dem Kaiser, doch Friedrich, der bei seiner Wahl nicht direkt die Hand im Spiel gehabt hatte, erkannte ihn nicht eindeutig an, bis die Verhandlungen, die er damals mit Alexander führte, scheiterten. Im Herbst des Jahres sandte Calixtus, der dringend wünschte, daß Friedrich nach Italien und ihm zu Hilfe käme, eine zweite Delegation nach Deutschland, aber obwohl der Kaiser ihm finanzielle Unterstützung zukommen ließ, benutzte er ihn bloß als Druckmittel gegen Alexander. In der Tat verfügte Calixtus im Vergleich zu seinen Vorgängern über eine bescheidene Anhängerschar; in Italien wurde er lediglich von Rom und einigen Distrikten des Kirchenstaats sowie von der Toskana als Papst anerkannt, in Deutschland nur von Teilen des Rheinlands. Seine Residenz hatte er vor allem in Viterbo. 1173 sandte er seinen Kanzler, Martin von Tusculum, nach Deutschland, wo dieser an Unterredungen über ein Bündnis zwischen Friedrich und Ludwig VII. von Frankreich (1137–79) teilnahm; über seine Aktivitäten in den Folgejahren ist nichts bekannt.

Als Friedrich im November 1176 in Anagni und schließlich im Juli 1177 in Venedig zu einer Verständigung mit Alexander gelangte, ließ er seinen Papst fallen und verlangte nur, daß dieser mit einer Abtei abgefunden werde und die von ihm ernannten Kardinäle wieder in ihre vormaligen Ämter eingesetzt würden. Ungeachtet des Friedensschlusses von Venedig harrte Calixtus zum großen Verdruß des Kaisers weiter aus. Als indessen der kaiserliche Kanzler im Frühjahr 1178 Alexander wieder in Rom einsetzte, konnte er nicht länger in Viterbo bleiben, sondern flüchtete nach Monte Albano, einem Dorf bei Mentana (23 km von Rom). Schließlich unterwarf er sich Alexander und schwor dem Schisma ab

(29. 8. 1178). Der Papst bewirtete ihn großmütig und bestellte ihn zum Rektor, d. h. Statthalter, von Benevent, wo er vor 1184 gestorben sein muß, da in diesem Jahr ein anderer Rektor als Amtsinhaber verzeichnet wird.

Lit.: *PL* 2,429 f.; *LP* 2,420 f.; Watterich 2,411 f.; 577; 640–642; *DBI* 16,768 f. (K. Jordan); *EC* 6,610 (P. F. Palumbo); Seppelt 3,259; 266 f.; 271 f.

Innozenz (III.)

(Gegenpapst, 29. 9. 1179 – Jan. 1180; † ?)

Lando, wie er ursprünglich hieß, wurde in Sezze, einem Bergstädtchen in der Provinz Latina mit Blick über die Po-Ebene, geboren und stammte aus einer alten lombardischen Familie. Über seinen Werdegang ist nichts bekannt, außer daß er von VIKTOR IV., dem ersten von der kaisertreuen Partei gegen ALEXANDER III. aufgestellten Gegenpapst, zum Kardinaldiakon von S. Angelo bestellt wurde. Ein gutes Jahr nach der Unterwerfung CALIXTUS' III., dem dritten in der Reihe der Gegenpäpste, wurde Lando von einer kleinen Gruppe schismatischer Kardinäle in Rom zum Papst ausgerufen und als Innozenz III. geweiht; die feindselige Haltung der Bürger hatte Alexander genötigt, die Stadt den Sommer über zu verlassen. Zu den Anhängern des Gegenpapstes zählten Angehörige von Gegenpapst Viktor IV.; einer von diesen, ein Ritter, Bruder Viktors, gewährte ihm Gastfreundschaft in einem Bergfried zwischen Palombara und Rom. Nach Konsultationen mit seinen Kardinälen entsandte Alexander Kardinal Ugo Pierleoni zu Unterhandlungen mit dem Ritter, der ihm gegen eine namhafte Summe Geldes die Festung mitsamt Innozenz und seiner bescheidenen Gefolgschaft übergab. Der Papst verurteilte Innozenz zu lebenslänglichem Hausarrest in der Benediktinerabtei SS. Trinità della Cava in der Provinz Salerno. Sein Todestag ist unbekannt.

Lit.: JW 2,431; Watterich 2,647 f.; F. Gregorovius, *Geschichte der Stadt Rom*, Bd. 4, Stuttgart 1877, S. 563 f.; Brezzi 367; *PRE* 9,111 (R. O. Zöpffel / C. Mirbt); *EC* 7,886 (A. Ghinato); *LThK* 5,687 (G. Schwaiger).

Lucius III.

(1. 9. 1181 – 25. 11. 1185)

Der Nachfolger ALEXANDERS III., Ubaldo Allucingoli, wurde um 1110 in Lucca geboren, von Bernhard von Clairvaux (1090–1153) in den Zisterzienserorden aufgenommen, von INNOZENZ II. zum Kardinaldiakon ernannt und 1159 von HADRIAN IV. zum Kardinalbischof von Ostia und Velletri berufen. Er hatte entscheidenden Anteil an den Verhandlungen, die 1156 zum Vertrag von Benevent führten, und als engster Berater Alexanders III. auch am Frieden von Venedig 1177. Er genoß das Vertrauen Kaiser Friedrichs I. Barbarossa (1152–90), der ihn in die Schlichtungskommission berief, welche sich offen gebliebenen Fragen widmen sollte. Obschon er in Rom gewählt wurde, hielt er es für klüger, sich in Velletri krönen zu lassen (6. Sept.) und mit Ausnahme der Zeit von November 1181 bis März 1182 außerhalb Roms zu residieren, vorwiegend in Velletri und Anagni. Er hatte die römische Bürgerschaft erzürnt, weil er ihnen die reichen Geschenke verweigerte, die sie erhofften, und Tusculum vor ihren Verwüstungen zu schützen suchte.
Lucius – bereits fortgeschrittenen Alters, ehrlich (einer von nur zwei Kardinälen, die Thomas Becket für unbestechlich hielt) und wohlmeinend, wenn auch schwach – wollte Frieden; auch Kaiser Friedrich war auf die Beilegung der Kirche und Reich trennenden Streitfragen aus. Zu diesen zählte vor allem das Erbe der Gräfin Mathilde von Tuscien (1046–1115), dessen Rückgabe an die Kirche der Kaiser, »vorbehaltlich der Rechte des Reiches«, in Venedig zugesagt hatte. Lucius fühlte sich verpflichtet, Friedrichs Kompromißvorschlag zu verwerfen, wonach der Hl. Stuhl entweder gegen ein jährliches Einkommen auf seine Ansprüche verzichten (Frühjahr 1182) oder einen Austausch von Territorien akzeptieren (Sommer 1185) solle. Schließlich trafen die beiden in gegenseitigem Einvernehmen in Verona zusammen (Okt./Nov. 1184). Sie formulierten zunächst ein Programm zur Ketzerverfolgung; dieses wurde in das Dekretale *Ad abolendum* (4. Nov.) aufgenommen und wird mitunter als die Charta der Inquisition bezeichnet: Ketzer sollten, wenn für aufsässig befunden, von der Kirche exkommuniziert und anschließend dem »weltlichen Arm« zur Bestrafung übergeben werden. Sodann ging Lucius auf die Hilfegesu-

che des Lateinischen Patriarchen von Jerusalem sowie der Großmeister der Ritterorden ein und drängte den Kaiser zu einem neuen Kreuzzug; dieser verpflichtete sich dazu, bis Weihnachten die notwendigen Vorbereitungen zu treffen. Allerdings erhielt Lucius vom Kaiser keine Zusage über Hilfe gegen die aufständischen Römer, und in anderen Fragen fuhren sie sich fest. So mußte das Problem der Mathildischen Güter einmal mehr vertagt werden. In Hinblick auf Geistliche, die während des Pontifikats von Alexander III. von Schismatikern ordiniert wurden, fühlte sich Lucius zunächst geneigt, Friedrichs Ersuchen um ihre Wiedereinsetzung nachzugeben; dann jedoch legte er fest, daß diese Frage von einem allgemeinen Konzil entschieden werden müsse. Drittens war Lucius angesichts einer Doppelwahl auf den Bischofssitz von Trier anfangs gewillt, den vom Kaiser begünstigten und bereits eingesetzten Kandidaten zu weihen; dann allerdings verschob er eine Entscheidung mit der Begründung, daß der Gegenkandidat Rom angerufen habe. Und schließlich, nachdem er sich dazu bereit erklärt hatte, eine Bitte Friedrichs zu erfüllen und seinen Sohn Heinrich (Kaiser Heinrich VI., 1191–97) zu krönen, weigerte er sich mit dem Argument, es könne nicht zwei Kaiser gleichzeitig geben.
Dieser Wankelmut und seine zunehmende Zurückhaltung dem Kaiser gegenüber mochte auf die Kurie oder die Gegner Friedrichs unter den deutschen Bischöfen zurückgehen. Wahrscheinlicher ist die Erklärung, daß die Verlobung Heinrichs mit Konstanze, der Tochter Rogers II. von Sizilien (1130–54) und Tante Wilhelms II., des regierenden Königs von Sizilien (1166–89), Furcht hervorrief. Lucius selbst, der die Erhaltung des Friedens und die Durchführung eines Kreuzzugs im Sinn hatte, hielt die Verbindung wahrscheinlich für günstig; die Kurie indes muß die Gefahren vorausgesehen haben, die dem Hl. Stuhl von einer Allianz zwischen dem Reich und Sizilien drohten. Auf jeden Fall wurden die Verhandlungen in Verona, die so hoffnungsvoll begonnen hatten, abrupt abgebrochen, und Friedrich zog wenige Tage nach Bekanntgabe der Verlobung, verärgert über die mangelnde Kooperationsbereitschaft des Papstes, aus der Stadt ab. Obwohl die Gespräche fortgesetzt wurden, waren die Beziehungen zwischen dem Hof des Kaisers und dem des Papstes belastet, aber Lucius starb, bevor es zum offenen Bruch kam. Seine sterbliche Hülle liegt im Dom von Verona.

Lit.: *PL* 201,1067–1380; *LP* 2,450; Watterich 2,650–662; JW 2,431–492; 725; 766–769; *NCE* 8,1060 (M. W. Baldwin); Brezzi 367–369; Seppelt 3,291–298, K. Wenck, »Die römischen Päpste zwischen Alexander III. und Innozenz III.«, in: A. Brackmann (Hrsg.), *Papsttum und Kaisertum*, Fs. P. Kehr, München 1926, S. 415–474; *DTC* 9,1058–62 (É. Amann); Mann 10,239–283.

Urban III.

(25. 11. 1185 – 19./20. 10. 1187)

Am Todestag von Lucius III. wurde der aus einer Mailänder Adelsfamilie stammende Umberto Crivelli in Verona einstimmig zu dessen Nachfolger gewählt. Er war Archidiakon von Bourges, danach von Mailand gewesen, bevor er 1182 von Lucius zum Kardinal von S. Lorenzo und dann zum Erzbischof von Mailand ernannt wurde (9. 1. 1185). Die Entscheidung der Kardinäle deutet darauf hin, daß ihnen an einem Papst gelegen war, der weniger zu einer Beschwichtigungspolitik gegenüber Kaiser Friedrich I. Barbarossa (1152–90) neigte als Lucius. Falls dem so ist, sollten sie eine herbe Enttäuschung erleben. Urban, wie er sich nannte, war zwar ein erklärter Gegner des Kaisers; seine Familie hatte unter der Plünderung Mailands im März 1162 schwer gelitten. Als Papst behielt er die Leitung des Bistums bei, um zu verhindern, daß dessen Einkünfte (*regalia*) wie üblich für die Dauer eines Jahres in den kaiserlichen Schatz flossen.
In dem Schreiben, das seine Wahl verkündete, versicherte Urban, der aufgrund der papstfeindlichen Atmosphäre in Rom in Verona residierte, den Kaiser seiner Bereitwilligkeit, eine Einigung über die ausstehenden, Kirche und Reich betreffenden Fragen zu erzielen; und wirklich wurden die bereits laufenden Verhandlungen weitergeführt. In dem lästigen Streitfall einer Doppelwahl auf den Bischofssitz von Trier schwor Urban, keinen Kandidaten weihen zu wollen, der dem Kaiser nicht genehm sei. Nach Mailand sandte er Legaten, die ihn bei der Heirat (27. 1. 1186) von Friedrichs Sohn Heinrich (Kaiser Heinrich VI., 1191–97) mit Konstanze von Sizilien vertreten sollten; dies trotz der bedrohlichen Aussicht einer möglichen Herrschaft Deutschlands über Süditalien. Wie Lucius weigerte er sich jedoch, Heinrich zum Mitkaiser zu krönen, nahm aber auch Anstoß daran, als Friedrich die-

sen vom Patriarchen von Aquileia zum König von Italien krönen ließ. Auf der Stelle suspendierte er den Patriarchen, dessen Metropolit er in seiner Eigenschaft als Erzbischof von Mailand war. Er selbst vertiefte die Kluft weiter, indem er gegen die in Frankreich und England wie auch im Reich geltende Praxis protestierte, wonach die Einkünfte eines Bistums oder einer Abtei während einer Sedisvakanz der Krone zufielen. Auch gegen das sog. Spolienrecht, d. h. das Recht der Krone auf das bewegliche Eigentum eines verstorbenen Prälaten, legte er Einspruch ein. Der endgültige Bruch erfolgte, als Urban entgegen seinem früheren Eid den Kandidaten des Kaisers ablehnte und dessen Rivalen Folmar zum Erzbischof von Trier weihte (1. 6. 1186).

Friedrich rächte sich sofort, indem er Heinrich befahl, den Kirchenstaat anzugreifen und zu besetzen sowie den Papst und die Kurie in Verona einzuschließen, so daß ihnen jeglicher Kontakt zur Außenwelt abgeschnitten wäre. Die Lage verschlechterte sich, da Urban Cremona unklug zur Revolte ermuntert hatte und Friedrichs Feldzug gegen die Stadt zu vereiteln suchte. Nunmehr bemühte er sich, den deutschen Episkopat auf seine Seite zu ziehen, und ernannte Philipp, den einflußreichen Erzbischof von Köln und Führer der Opposition gegen Friedrich in Deutschland, zu seinem Legaten. Auf dem Reichstag zu Gelnhausen (Nov. 1186) gelang es dem Kaiser jedoch, Philipp zu isolieren und die Bischöfe hinter sich zu bringen. In einem Brief sprachen diese Papst und Kardinälen einen Tadel aus und bedrängten sie, Friedrichs berechtigten Beschwerden Gehör zu schenken; er sei stets bereit, die Rechte der Kirche zu respektieren.

Urban sah sich von Friedrichs diplomatischen Vorstößen in die Enge getrieben, und in seiner Bestürzung steckte er vollständig zurück. Er erbat die Vermittlungsdienste Erzbischof Wichmanns von Magdeburg (1152–92), ließ Folmar fallen und akzeptierte den Vorschlag des Kaisers, in Trier Neuwahlen abzuhalten. Friedrich war zu einer neuen Verhandlungsrunde bereit, erklärte sich mit dem Vertragsentwurf, den seine Gesandten mit der Kurie ausgearbeitet hatten, zufrieden und sandte sie zurück nach Verona. In der Zwischenzeit aber war Urbans ursprüngliche Unnachgiebigkeit wiedererwacht, und er plante die Exkommunikation Friedrichs. Die dem Reich treugesinnten Zivilbehörden verweigerten ihm den Aufenthalt in Trier, obwohl er gerade erst den Dom geweiht hatte, und er brach zu Pferd nach Ferrara auf. Unterwegs erkrankte er und starb bei seiner Ankunft, womit er der Kirche eine neuerliche Krise ersparte. Seine sterbliche Hülle ruht im Dom von Ferrara.

Lit.: *PL* 202,1331–1534; *LP* 2,451; JW 2,492–528; 726; 769 f.; Watterich 2,663–683; K. Wenck, »Die römischen Päpste zwischen Alexander III. und Innozenz III.«, in: A. Brackmann (Hrsg.), *Papsttum und Kaisertum*, Fs. P. Kehr, München 1926, S. 415–474; Haller 3,259–262; Mann 10,284–311; *DTC* 15,2285–88 (É. Amann); Seppelt 3,297–301.

Gregor VIII.

(21. 10. – 17. 12. 1187)

Am Tag nach URBANS III. Tod wählten die Kardinäle zu Ferrara, nach Erwägung zweier weiterer Kandidaten, Alberto de Morra, seit 1178 Kanzler der römischen Kirche, zu seinem Nachfolger. Alberto war bereits ein Greis (er wurde um 1110 in Benevent geboren), zuvor Regularkanoniker in Laon und danach Rechtslehrer in Bologna gewesen. HADRIAN IV. ernannte ihn zum Kardinal, und ALEXANDER III. stellte ihn zu Missionen in England, Dalmatien und Portugal ab. Auf seiner ersten Auslandsmission (1171–73) fiel ihm die große Verantwortung zu, nach dem Mord an Thomas Becket (29. 12. 1170) eine Aussöhnung mit Heinrich II. (1154–89) herbeizuführen. Als Kanzler verfaßte er eine *Forma dictandi*, die Einfluß auf die Gestaltung der rhythmisierten Prosa päpstlicher Dokumente hatte.

Was die Kurie zu ihrer Entscheidung veranlaßte, war neben seinen Fähigkeiten und seiner Erfahrung ihre Ernüchterung über die katastrophale Konfrontationspolitik Urbans gegenüber Friedrich I. Barbarossa (1152–90). Alberto war dafür bekannt, das Vertrauen des Kaisers zu genießen, und empfing dessen Gesandtschaft, die für Urban bestimmt war, aufs herzlichste. Später schrieb er an Friedrich und seinen Sohn Heinrich (Kaiser Heinrich VI., 1191–97) in versöhnlichen Worten und redete Heinrich, obwohl Urban es abgelehnt hatte, diesen zu krönen, mit »künftiger Kaiser« an. Desgleichen tadelte er Folmar, den Urban trotz der Investitur eines anderen Kandidaten durch Friedrich, zum Erzbischof von Trier geweiht hatte, für seine Strenge gegenüber den Anhängern seines Konkurrenten. Diese und ähnliche Entscheidungen schufen rasch eine Atmosphäre der Entspannung; der Kaiser hob den Hausarrest auf, den er über Urban und die Kurie verhängt hatte, und unterwies den römischen Konsul Leone de Monumento und den Reichsvikar in der Toskana, daß Gregor unter militärischem Geleitschutz reisen und empfangen werden durfte, wohin und wo immer er begehrte. Ganz offensichtlich hielt er die Rückkehr Gregors nach Rom für wahrscheinlich.

Alberto, fromm und demütig, hatte kurz vor seiner Wahl ein Kloster in Benevent gegründet, dessen Statuten ihn als einen um Strenge und apostolische Einfachheit bemühten Reformer ausweisen. Als Papst erklärte er, daß es den Geistlichen zukomme, nicht zu den Waffen zu greifen, sondern sich dem Almosenspenden und dem Lobpreis Gottes zu widmen; er untersagte ihnen den Luxus kostspieliger Kleidung und Glücksspiele. Zugleich versuchte er sich an einer Reform der Kurie, indem er ihr vorgelegte Appellationen in geringfügigen Angelegenheiten an Bischöfe und Archidiakone zurückverwies. Seine Hauptbeschäftigung während seines hektischen 57tägigen Pontifikats jedoch war die Vorbereitung eines neuen Kreuzzugs. Die Nachricht von der verheerenden Niederlage der Christen bei Hattin in Galiläa (4. 7. 1187), der bald schon Berichte über die Einnahme Jerusalems durch Sultan Saladin (2. Okt.) folgten, rief im gesamten Abendland Bestürzung hervor. Noch vor seiner Krönung rief Gregor zu einem Kreuzzug auf und schickte bald Legaten nach Deutschland, Frankreich, Dänemark, ja selbst Polen, um ihn predigen zu lassen. In seinen Augen waren die Katastrophen im Heiligen Land Gottes Strafe für die Sünden der Christenheit, und von allen Teilnehmern des Kreuzzugs verlangte er das Bußgewand und -benehmen.

Mitte November verließ er Ferrara und zog über Modena und Parma nach Süden. Bei einem Aufenthalt in Lucca ließ er das Grab des Gegenpapstes VIKTOR IV. erbrechen und seine sterblichen Reste aus der Kirche werfen. Am 10. Dezember traf er in Pisa ein, das er mit seinem Rivalen Genua auszusöhnen hoffte, auf daß beide Hafenstädte bei der Kreuzfahrt zusammenarbeiteten. Er erkrankte jedoch und starb am 17. Dezember. Er hatte sich auf dem Weg nach Rom befunden, das seit Jahrzehnten dem Papsttum feindselig gesonnen war, doch ereilte ihn vorzeitig der Tod, und er wurde im Dom von Pisa beigesetzt.

Lit.: *PL* 202,1537–64; *LP* 2,349; 451; JW 2,528–535; Watterich 2,683–692; G. Kleemann, *Papst Gregor VIII.*, Bonn 1913; P. Kehr, »Gregor VIII. als Ordensgründer«, in: *Miscell. F. Ehrle* 2,248–275 (*ST* 38, 1924); W. Holtzmann, »Die Dekretalen Gregors VIII.«, in: *MIÖG* 58 (1950) S. 113–123; K. Wenck, »Die römischen Päpste zwischen Alexander III. und Innozenz II.«, in: A. Brackmann (Hrsg.), *Papsttum und Kaisertum*, Fs. P. Kehr, München 1926, S. 415–474; Mann 10,312–340; *PRE* 7,1164 (C. Mirbt); Seppelt 3,301–304.

Klemens III.

(19. 12. 1187 – Ende März 1191)

Zwei Tage nach dem Tod GREGORS VIII. wählten die Kardinäle, nachdem ihr erster Kandidat, Teobaldo von Ostia, die Papstwürde ausgeschlagen hatte, den Kardinalbischof von Praeneste (heute: Palestrina), Paolo Scolari, zu seinem Nachfolger. Der wohlhabende Römer, verwandt mit einflußreichen Familien der Stadt, war in S. Maria Maggiore erzogen worden, deren Kardinalpriester er später wurde. Trotz schlechter Gesundheit und mangelnder Erfahrung in politischen Aufgaben vermochte er, wenn auch zu einem hohen Preis, nicht nur die Rückkehr des Papsttums nach Rom zuwege zu bringen (von wo es aufgrund der Feindseligkeit der an der Macht befindlichen Kommune sechs Jahre lang verbannt gewesen war), sondern auch den von Gregor erfolgreich eingeleiteten Aussöhnungsprozeß zwischen Kirche und Reich zu vollenden. Bei der Durchführung dieser Aufgaben hatte er die Hilfe Leone de Monumentos, eines Vertrauten Kaiser Friedrichs I. (1152–90) und römischen Senators, der durch seine Gegenwart seine Wahl durchaus beeinflußt haben mochte.

Nach Gesprächen mit der Kommune wurde er Mitte Februar 1188 im Triumph in der Stadt empfangen und residierte seitdem im Lateran, in den keiner seiner Vorgänger einen Fuß hatte setzen können. In einer am 31. Mai unterzeichneten Übereinkunft erkannten die Senatoren die Souveränität des Papstes an, erklärten sich bereit, einen Treueid zu leisten, und gaben dem Papst seine Einkünfte und das Münzrecht zurück. Er seinerseits mußte, sowohl jährlich wie auch zu besonderen Gelegenheiten, beträchtliche Summen zahlen, ihnen die Verwaltung der Stadt zum größten Teil überlassen sowie ihre verhaßte

Nachbarstadt Tusculum auf Gedeih und Verderb ausliefern. Die Übereinstimmung, die er mit dem Reich erzielte, wurde mit dem Vertrag von Straßburg (3. 4. 1189) besiegelt. Der lästige Streit um das Erzbistum Trier wurde geschlichtet, indem beide konkurrierende Kandidaten verworfen wurden und der Vorschlag des Kaisers von Neuwahlen angenommen wurde. Der von Friedrichs Sohn Heinrich (Kaiser Heinrich VI., 1191–97) 1186 als Vergeltungsmaßnahme gegen URBAN III. okkupierte Kirchenstaat wurde dem Hl. Stuhl zurückerstattet, wobei sich das Reich allerdings die Eigentumsrechte ausdrücklich vorbehielt. Dafür verpflichtete sich Klemens, Heinrich zum Kaiser zu krönen. Es ist nicht bekannt, ob und welche Übereinkunft wegen der Mathildischen Ländereien erzielt wurde; wahrscheinlich verblieben sie ohne formelle Klärung der Eigentumsverhältnisse im Besitz des Kaisers.

Beide Abmachungen bedeuteten die Aufgabe entscheidender Positionen des Hl. Stuhls, der sie, teils aufgrund seiner verzweifelten Finanzlage, hinnehmen mußte. Bezeichnenderweise führte Klemens, sobald er sich in Rom etabliert hatte, ein strenges finanzielles Regiment ein und bestellte Cencio Savelli (später HONORIUS III.) zum Kämmerer. Ein noch zwingenderes Motiv stellte der Beginn des von Gregor verkündeten 3. Kreuzzugs (1189–91) dar; sein Erfolg hing von einer Verständigung mit dem Reich ab. Auch wenn Organisation und Führung des Kreuzzuges den weltlichen Fürsten oblag, allen voran Friedrich, richtete Klemens doch all seine Anstrengungen darauf, ihn zu fördern. Eine seiner ersten Amtshandlungen war der Abschluß der von Gregor begonnenen Verhandlungen zur Herstellung des Friedens zwischen den Seemächten Pisa und Genua, deren Zusammenarbeit notwendig war. Gregors Beispiel folgend schickte auch Klemens seine Legaten in ganz Europa umher, nicht nur um den Kreuzzug predigen zu lassen, sondern auch um die Einheit der Nationen zu fördern, die er für den Fortbestand der »christlichen Republik« in der Stunde der Not für unerläßlich hielt. Die Folge war, daß er das Papsttum, trotz seiner Schwäche gegenüber dem Reich, zum Zentrum der Einheit und Koordination machte.

Im Interesse des allgemeinen Friedens fand Klemens eine Kompromißlösung für die Doppelwahl im schottischen Bistum St. Andrews, das seit 1178 umstritten war, und entließ 1188 die schottische Kirche aus der Jurisdiktion Yorks, indem er sie Rom direkt unterstellte. Doch mit dem Tod Wilhelms II. von Sizilien (1166–89) ohne männlichen Thronerben (18. 11. 1189) drohte just die Gefahr, welche die Kurie vorhergesehen hatte, als Friedrichs Sohn Heinrich sich während der Amtszeit von LUCIUS III. mit Konstanze von Sizilien verlobte und sie im Januar 1186 heiratete. Konstanze war nun Erbin des normannischen Reiches geworden, und Heinrich, der als Regent für seinen auf dem Kreuzzug befindlichen Vater handelte, war entschlossen, auf dieses Erbteil Anspruch zu erheben, sobald er sich von drängenden Problemen in Deutschland freimachen konnte. Auf Sizilien herrschte eine nationalistische Abneigung gegen einen fremden Herrscher, und Graf Tankred von Lecce, ein Enkel König Rogers II. (1130–54), der den meisten Rückhalt hatte, wurde im Januar 1190 von einer Versammlung sizilischer Granden zum König gewählt. Klemens erteilte seiner Krönung in Palermo seine Zustimmung, unterließ es jedoch, ihn einzusetzen. Diese zwiespältige Haltung bezeugt nicht so sehr seine Schwäche als vielmehr das Dilemma, in dem er sich befand, war er doch bestrebt, einerseits die guten Beziehungen zum Reich aufrechtzuerhalten, andrerseits aber die gefürchtete Personalunion zwischen dem Reich und Süditalien abzuwenden. Erst im Januar 1191 marschierte Heinrich, seit Friedrichs Tod in Anatolien (10. 6. 1190) Alleinherrscher, in Italien ein, um die Kaiserkrone in Empfang zu nehmen und weiter nach Sizilien zu ziehen. Als er in Anguillara, am Südufer des Bracciano-Sees, eintraf, erfuhr er vom Tod des Papstes. Dessen genauer Sterbetag ist nicht bekannt.

Lit.: *PL* 204,1275–1506; JW 2,535–576; Watterich 2,693–707; Haller 3,265–273; K. Wenck, »Die römischen Päpste zwischen Alexander III. und Innozenz III.«, in: A. Brackmann (Hrsg.), *Papsttum und Kaisertum*, Fs. P. Kehr, München 1926, S. 432–444; H. Kauffmann, *Die italienische Politik Kaiser Friedrichs I. nach dem Frieden von Constanz (1183–1189)*, Greifswald 1933, S. 131–147; P. Zerbi, *Papato, impero e »respublica christiana« dal 1187 al 1198*, Mailand 1955, S. 11–62; *DHGE* 12,1096–1109 (R. Foreville); *NCE* 3,928 (J. R. Sommerfeldt); Seppelt 3,304–309; Mann 10,341–382.

Cölestin III.

(März/April 1191 – 8. 1. 1198)

Als der Kardinaldiakon Giacinto Bobo aus der Adelsfamilie der Boboni (später: Orsini) zum

Nachfolger KLEMENS' III. gewählt wurde, zählte er 85 Jahre. Seine Wahl nahm er nur widerstrebend und zur Vermeidung eines Schismas an. Um 1105 geboren, hatte er unter Abälard (1079–1142) in Paris studiert und seinen Lehrer 1140 als Subdiakon in den Diensten der Kurie auf dem Konzil von Sens verteidigt, sehr zur Verärgerung Bernhards von Clairvaux. Von CÖLESTIN II., einem ehemaligen Kommilitonen, wurde er 1144 zum Kardinal ernannt und erwies sich als erfolgreicher Schiedsmann. So besänftigte er Friedrich I. (1152–90), als dieser nach dem Reichstag von Besançon (1157) HADRIAN IV. grollte, drängte seinen Freund Thomas Becket (1118–70) zur Mäßigung und wurde von ALEXANDER III. beauftragt, Friedrich von der Kirchenstrafe der Exkommunikation zu entbinden. Obwohl loyal gegenüber Alexander, genoß er auch das volle Vertrauen des Kaisers, der ihn nach dem Frieden von Venedig (1177) in die Kommission zur Klärung umstrittener Gebietsansprüche berief. Becket meinte, daß er einer von nur zwei unbestechlichen Kardinälen sei. Das Datum seiner Wahl ist unklar, doch wurde er am 13. April zum Priester und am 14. April (Ostern) zum Papst geweiht. Seinen Titel übernahm er von seinem alten Freund und Gönner Cölestin II.

Seine Regierungszeit war von seinen Beziehungen zu dem beeindruckenden jungen Stauferkönig Heinrich VI. (1191–97) beherrscht, der bereits vor den Toren Roms auf die Kaiserkrone wartete, bevor er weiter nach Süden zog, um seinen Anspruch auf das Königreich Sizilien anzumelden, das er durch seine Gemahlin Konstanze geerbt hatte. Jedoch war im Januar 1190 bereits Tankred von Lecce († Feb. 1194) mit Einwilligung Klemens' III. zum König von Sizilien gekrönt worden. Cölestin krönte Heinrich am 15. April unter Bedenken zum Kaiser, ohne die delikate Frage anzuschneiden. Um die Römer, welche die verhaßte Rivalin Tusculum zerstören wollten, günstig zu stimmen, verleitete der Papst den Kaiser allerdings dazu, die Stadt preiszugeben. Heinrich marschierte, ungeachtet der Warnungen Cölestins, gen Süden; indessen schlug seine Expedition noch vor Neapel fehl, und er zog sich nach Deutschland zurück. Obwohl er sich auch dort einer wachsenden Opposition gegenübersah, forderte er den Papst aufs neue heraus, indem er willkürlich Bischöfe bestimmte, Albert von Brabant, den gewählten und von Cölestin bestätigten Bischof von Lüttich, ablehnte und stillschweigend seine Ermordung duldete, sowie Richard I. Löwenherz (1189–99) einkerkerte, der doch als heimkehrender Kreuzfahrer unter dem Schutz des Papstes stand. Cölestins Reaktion war zweideutig. Wann immer möglich, stand er Heinrichs Gegnern in Deutschland bei; er belegte die kaisertreue Abtei Monte Cassino mit dem Interdikt, belehnte Tankred mit Sizilien und schloß mit diesem das für ihn vorteilhafte Konkordat von Gravina ab (Mai/Juli 1192). Aber er unternahm keine direkt gegen den Kaiser gerichteten Aktionen, nicht einmal in den *causes célèbres* Alberts und Richards, sondern bevorzugte eine vorsichtige Verzögerungstaktik.

Im Frühjahr 1194 verbesserte sich die innenpolitische Lage für Heinrich, und da Tankred gestorben war (20. Feb.), unternahm er einen zweiten, schnell erfolgreichen Feldzug zur Gewinnung des normannischen Königreichs. An Weihnachten wurde er in Palermo gekrönt. Er dachte nicht daran, dem Papst Gefolgschaft zu schwören; vielmehr unternahm er Schritte, um dessen Macht, sich in sizilische Kirchenangelegenheiten einzumischen, zu beschneiden. Cölestin brach zwar die Beziehungen ab, nahm aber von drastischen Maßnahmen erneut Abstand. Für Heinrich jedoch, der von einer ständigen Union zwischen Sizilien und dem Reich als einer Erbmonarchie träumte und seinen kurz zuvor geborenen Sohn Friedrich vom Papst taufen lassen wollte, war die Zusammenarbeit mit Cölestin unerläßlich. Um ihn für sich zu gewinnen, schlug er einen weiteren Kreuzzug vor. Cölestin griff den Vorschlag mit unguten Gefühlen auf, ließ den Kreuzzug indessen mit Erfolg in England und anderen Ländern sowie in Deutschland predigen. Heinrich, der auf eine Beilegung des Konflikts aus war, kam im Juni 1196 nach Italien, aber wieder wandte Cölestin Verzögerungstaktiken an, indem er sich wegen Übergriffen auf päpstliches Territorium und der Inhaftierung von Bischöfen auf Sizilien beschwerte. Heinrich blieb hartnäckig und bot der Kirche in Verhandlungen (20. Okt. – 17. Nov.) ein von allen bedeutenden Domkirchen zu erbringendes, ständiges festes Einkommen, falls sie sich bereitfände, auf sämtliche umstrittenen Gebiete zu verzichten. Finanziell war dieses Angebot sehr verlockend, aber die Kirche hätte ihre Unabhängigkeit verloren. Wieder verschob Cölestin eine Entscheidung, möglicherweise weil er davon unterrichtet war, daß Heinrichs Projekt einer Erbmonarchie

in Deutschland an Rückhalt verlor. Schließlich brachen auf Sizilien, nicht ohne stillschweigendes Einverständnis des Papstes, schwere Unruhen aus; nachdem er sie brutal erstickt hatte, starb Heinrich am 28. September in Messina. Er wurde in Palermo bestattet.
Cölestins Beziehungen zu anderen Ländern kamen notgedrungen an zweiter Stelle. Seine Versuche, im englisch-französischen Konflikt zu vermitteln, der ausgebrochen war, als Philipp II. Augustus (1180–1223) die englischen Besitzungen in Frankreich bedrohte, waren wirkungslos. Als er Philipps Scheidung von seiner dänischen Gemahlin Ingeborg (Mai 1195) für ungültig erklärte, hinderte dies den König nicht daran, eine neue Ehe einzugehen. In England wirkte sich die Unbeliebtheit seines Legaten, William von Ely, gegen ihn aus. Er sorgte sich um die Iberische Halbinsel, wo er mit wechselndem Erfolg die rivalisierenden christlichen Fürsten gegen den Islam zu einigen suchte (die Reconquista, d. h. die Feldzüge zur Wiedereroberung spanischen Gebiets aus den Händen der Mohammedaner). In Rom selbst stärkte er die Zentralverwaltung der Kirche, erwies sich als scharfsichtiger Jurist und vermochte mit Hilfe seines hervorragenden Kämmerers, Kardinal Cencio Savelli (später HONORIUS III.), Ordnung in die Finanzen der Kirche zu bringen. Letzterer stellte 1192 mit dem *Liber censuum* eine umfassende Erhebung sämtlicher Besitzungen, die dem Hl. Stuhl untertan waren und ihm Abgaben schuldeten, zusammen.
Nach Heinrichs Tod ergriff der Hl. Stuhl sogleich Maßnahmen zur Wiedergewinnung der verlorenen Territorien in Mittelitalien und ging mit der kaiserfeindlichen toskanischen Liga ein Bündnis ein. Allerdings ist zweifelhaft, ob Cölestin selbst hierin verwickelt war. Krankheit und Alter forderten ihren Tribut, und Weihnachten 1197 verlieh er seinem Rücktrittswunsch Ausdruck, vorausgesetzt, die Kardinäle könnten sich auf die Wahl seines engen Mitarbeiters, Kardinal Giovanni von S. Prisca, einigen. Sein Vorschlag wurde zurückgewiesen, und wenige Wochen später starb er. Seine Hinhaltetaktik gegenüber Heinrich VI. entsprang weniger der Schwäche eines hochbetagten Mannes als vielmehr einer Haltung der Mäßigung und der Geduld.

Lit.: *PL* 206,864–1240; JW 2,577–644; 727; 771 f.; Watterich 2,708–748; *LP* 2,405 f., 423; 439; 443; 451; P. Fabre / L. Duchesne (Hrsg.), *Le »Liber censuum« de l'église romaine*, 3 Bde., Paris 1889–1910, 1952); K. Wenck, »Die römischen Päpste zwischen Alexander III. und Innozenz III.«, in: A. Brackmann (Hrsg.), *Papsttum und Kaisertum*, Fs. P. Kehr, München 1926, S. 441–456; ders., »Die innere Verwaltung der Kirche unter Papst Coelestin III.«, in: *Archiv für Diplomatik* 18 (1972) S. 342–398; Haller 3,273–299; 522–53; Mann 10,383–441; *DHGE* 12,62–77 (R. Mols); *DBI* 23, 392–398 (V. Pfaff); *LThK* 2,1254 f. (P. Zerbi); Seppelt 3,317–324.

Innozenz III.

(8. 1. 1198 – 16. 7. 1216)

Am Todestag CÖLESTINS III. wählten die Kardinäle im zweiten Wahlgang einstimmig Lotario, den Kardinaldiakon von SS. Sergio e Bacco, zu seinem Nachfolger. Er wurde am 21. Februar zum Priester geweiht und anderntags (dem Fest St. Petri Stuhl) geweiht. 1160/61 in Anagni als Sohn des Trasimondo di Conti, Graf von Segni, und der Claricia aus der Patrizierfamilie der Scotti geboren, zählte er bei Amtsantritt erst 37 Jahre. Als junger Mann studierte er in Paris unter Petrus von Corbeil Theologie und in Bologna Kirchenrecht unter dem gefeierten Dekretisten (d. h. Experten für kirchliche Dekrete) Huguccio von Pisa († 1210). Sein Onkel KLEMENS III. ernannte ihn 1190 zum Kardinal, doch Cölestin III. hielt ihn im Hintergrund, da seine und die Familie der Scotti miteinander verfeindet waren. So hatte er Muße zur Abfassung gelehrter, wenn auch geschraubter und wenig origineller, mystischer und dogmatischer Schriften, wichtig *Das Elend des Menschseins* und *Die Mysterien der Messe*. Diese deuteten keineswegs auf die glänzende und dominierende Rolle, die ihr Verfasser als Papst spielen sollte.
Innozenz – eine Herrschernatur, die außergewöhnliche intellektuelle Begabung und Charakterstärke mit Entschlossenheit, Flexibilität, seltenem Geschick im Umgang mit Menschen und Humanität vereinte – hatte eine hohe Auffassung von seiner Position als »Stellvertreter Christi« (ein Titel, den er geläufig machte), der »in die Mitte gestellt zwischen Gott und die Menschen, geringer als Gott, aber größer als der Mensch« sei und dem »nicht nur die universale Kirche, sondern der ganze Erdkreis zum Regieren anvertraut« sei. Doch diese theokratische Doktrin bedeutete für ihn eher ein Ideal als die Wirklichkeit; die »Machtvollkommenheit« des Papstes war für ihn eine geistliche, und er bestritt das Recht des Papstes, sich in weltliche Angelegenheiten einzumischen, außer wo ihm wie

im Kirchenstaat oder seinen Vasallenstaaten Lehnsgefolgschaft geschuldet wurde, wo moralische oder geistliche Fragen zur Debatte standen oder wo es keinen höheren Richter gab.

Mit charakteristischer Bestimmtheit setzte er unverzüglich seine Autorität in Rom durch, indem er kaiserliche und städtische Beamte durch Männer ersetzte, die ihm huldigten. Es folgten jedoch Jahre erbitterter Auseinandersetzungen, die zu seinem erzwungenen Rückzug nach Praeneste (heute: Palestrina) führten, bevor er 1205 die internen Machtkämpfe rivalisierender Familien unter Kontrolle brachte. Unterdessen machte er nicht nur seine Herrschaft über den Kirchenstaat wieder geltend, die durch die Politik der Staufer fast verloren war, sondern griff eine Initiative Cölestins III. auf und bereicherte ihn um das Herzogtum Spoleto und die Mark von Ancona unter Berufung auf bis dahin uneingelöste Versprechungen Pippins I. (751–768) und Karls d. Gr. (768–814). Obwohl es ihm nicht gelang, die Romagna oder die Mathildischen Ländereien in seinen Besitz zu bringen, trennte nun das Gebiet unter seiner Herrschaft Norditalien und das Königreich Sizilien praktisch voneinander. Kaiserin Konstanze, die nach dem Tod Heinrichs VI. (1197) als Regentin von Sizilien herrschte, erkannte ihn als Oberherrn an, trat ihm die traditionellen Rechte des Staates über die Kirche ab und setzte ihn bei ihrem Tod (28. 11. 1198) zum Regenten und Vormund ihres kleinen Sohnes Friedrich II. (Kaiser 1220–50) ein.

Innozenz mußte sich zunächst mit der Krise in Deutschland befassen, wo 1198 zwei rivalisierende Kandidaten, Philipp von Schwaben (1198 bis 1208) und Otto von Braunschweig (1198–1218), zu Nachfolgern König Heinrichs VI. gewählt worden waren. Zuerst blieb er neutral; als jedoch beide Könige sich bei ihm um die Kaiserkrone bemühten, verwies er in seinem Dekretale *Venerabilem* (1202) darauf, daß der Papst das Recht zur Intervention besitze, da allein er die Kaiserwürde vergeben könne und den Mann bestimmen müsse, der zur Verteidigung der Kirche am besten geeignet sei. Was ihn zugunsten Ottos stimmte, den er schließlich krönte (4. 10. 1209), war dessen Zusage, den vergrößerten Kirchenstaat anzuerkennen und auf das heißumstrittene Spolienrecht (d. h. den persönlichen Nachlaß verstorbener Bischöfe und anderer Kleriker) in Deutschland zu verzichten. Als Otto IV. allerdings in Süditalien und Sizilien einmarschierte, verstieß der Papst ihn aus der Kirche, setzte ihn ab (18. 11. 1210) und, da Philipp verstorben war, ließ er seine Unterstützung Friedrich von Sizilien zukommen, der Ottos Zusicherungen in der Goldenen Bulle zu Eger (12. 7. 1213) erneuerte und zugleich versprach, Sizilien die Unabhängigkeit zu belassen. Die deutsche Frage beschäftigte Innozenz auf Jahre, aber auch in anderen Ländern schaltete er sich mit der Begründung ein, daß die Fürsten dem Richtspruch des Papstes über ihre Sündigkeit unterworfen seien. So exkommunizierte er zuerst (1209) König Johann »Ohneland« von England (1199–1216), da dieser sich weigerte, Stephan Langton († 1228) als Erzbischof von Canterbury anzuerkennen; als Johann sich untertänig zeigte und sein Herrschaftsgebiet in England und Irland dem Papst als Lehen antrug, erklärte Innozenz die Magna Charta (1215) für ungültig, da sie dem König ohne päpstliche Zustimmung von den Baronen unbillig abverlangt worden sei. Mehrere Male versuchte er in dem ständigen Streit zwischen Frankreich und England zu vermitteln, aber 1203 mußte er bestätigen, daß Philipp II. von Frankreich (1179–1223) in seinem Umgang mit seinen Vasallen nicht an die Ermahnungen des Papstes gebunden war. Jahrelang übte er auf Philipp Druck aus, seine geschiedene Gemahlin wieder in ihre Rechte einzusetzen, doch als der König seine Gattin wieder zu sich nahm, geschah dies aus rein politischen Erwägungen. Auch andere Königreiche wie Aragón, Portugal und Polen wurden zu Lehen des Hl. Stuhls; 1204 erkannte der Papst Joannitza als König von Bulgarien an (1197–1207) und sandte ihm die Königskrone.

Innozenz war zwar ein meisterhafter Politiker, doch galt sein vordringliches Interesse dem Kreuzzug, der Kirchenreform und der Bekämpfung der Ketzerei. Um einen Kreuzzug durchführen zu können, korrespondierte er mit Kaiser Alexius III. Angelus (1195–1203) über die Frage der Kircheneinheit und erlegte dem Klerus eine Sondersteuer auf. Aufgrund von Intrigen Venedigs wurde der 4. Kreuzzug (1202–04) gegen seinen Willen nach Konstantinopel umgeleitet, doch als die Stadt fiel (12. 4. 1204), nahm er die Tatsache in der irrigen Ansicht hin, daß die Errichtung eines Lateinischen Patriarchats der Wiedervereinigung der beiden Kirchen zugute komme. Er ließ sich nicht entmutigen und rief 1213 zu einem neuen Kreuzzug gegen den Islam auf, den er auf dem 4. Laterankonzil für 1217 festsetzte. Als Reformer begann er mit der Kurie, die er zu einem einfachen Lebenswandel und ehrlichen Geschäftspraktiken anhielt. Er stellte das Gleichgewicht zwischen bischöflicher und päpstlicher Verwaltung wieder her, indem er das Recht auf Anrufung Roms einschränkte und Provinz- und Landeskonzilien förderte. Doch achtete er darauf, gewichtigere Angelegenheiten sich selbst vorzubehalten, und bestand darauf, daß die Bischöfe alle vier Jahre Rom aufsuchten. Er ergriff Maßnahmen, um den Ausbildungsstand und das moralische Verhalten des Klerus anzuheben sowie die Beachtung der Ordensregeln durchzusetzen. Da er der von gewissen Häretikergruppen gepredigten apostolischen Armut zuneigte, vermochte er einige von ihnen (etwa die Humiliaten der Lombardei) zurückzugewinnen; er ermunterte sie zur Verwirklichung ihrer Ideale innerhalb der Kirche, besonders indem er die ersten franziskanischen Wanderprediger genehmigte. Gegen Irrlehren selbst ging er energisch vor und erklärte sie zum Hochverrat an Gott (25. 3. 1199). Allerdings forderte er die Bischöfe auf, nach ihren Ursachen und nach Lösungen zu fahnden, und beauftragte den asketischen Spanier Dominicus Guzmán (1170–1221), später Begründer des Predigerordens, die Albigenser des Midi mit ihrer eigenen Waffe des öffentlichen Streitgesprächs zu schlagen. Erst nach dem Mord (1208) an dem päpstlichen Legaten, den er zu ihrer Bekehrung entsandt hatte, ordnete er einen Kreuzzug gegen die Albigenser in Südfrankreich an, der in Blutvergießen und Verwüstung endete und seinen Schatten über die zweite Hälfte seines Pontifikats warf.

Innozenz' juristisches Werk war gewaltig. Viele seiner 6000 erhaltenen Briefe sind Dekretalen, die Kanonisten noch zu seinen Lebzeiten zu sammeln begannen. Er selbst gab 1209/10 eine Zusammenstellung (die *Compilatio tertia*) heraus und schickte sie der Universität Bologna. Das 4. Lateranum (12. ökumenisches Konzil), das er im November 1215 abhielt und das von mehr als 1200 Prälaten besucht wurde, faßte seine bisherige Reformtätigkeit zusammen und bereitete zugleich den Boden für einen neuen, von ihm erwogenen Kreuzzug. Zu den 70 Dekretalen des Konzils gehörten die Definition der Eucharistie im Sinne der Wesensverwandlung (Transsubstantiation); die Verdammung sämtlicher Irrlehren und ein Aufruf an die weltliche Macht, bei deren Unterdrückung mitzuwirken; ein Verbot der Gründung neuer Orden und die Forderungen einer jährlichen Beichte für Katholiken, einer besonderen Kleidung für Juden und Mohammedaner und die Einhaltung eines vierjährigen Waffenstillstands unter den christlichen Herrschern zur Durchführung des Kreuzzugs.

Im Sommer 1216 reiste Innozenz nordwärts, um persönlich die Meinungsverschiedenheiten zwischen Pisa und Genua im Interesse des Kreuzzuges zu schlichten. In Perugia starb er überraschend an einem der Fieberanfälle, die er häufig erlitt. Er wurde in Perugia begraben, doch LEO XIII. (vormals Bischof von Perugia) ließ seine sterblichen Reste nach S. Giovanni in Laterano überführen, wo sein von G. Lucchetti 1891 geschaffenes Grab im rechten Querschiff zu besichtigen ist. Er war ein bedeutender und einflußreicher Papst, dessen Regierungszeit den Höhepunkt des Papsttums im Mittelalter bezeichnet.

Lit.: *PL* 214–217 [Werke, Briefe usw.]; F. Kempf (Hrsg.), *Regestum Innocentii III papae super negotio Romani imperii*, Rom 1947; C. R. Cheney / W. H. Semple, *Selected Letters of Pope Innocent III concerning England 1198–1216*, London 1953; O. Hageneder / A. Haidacher, *Die Register Innozenz' III.*, Graz [u. a.] 1965 ff.; M. Maccarone (Hrsg.), *De miseria humanae conditionis*, krit. Ausg., Lugano 1955; F. Kempf, *Papsttum und Kaisertum bei Innozenz III.*, Rom 1954; J. A. Watt, *The Theory of Papal Monarchy in the Thirteenth Century*, London 1965; L. E. Binns, *Innocent III*, London 1931; J. Clayton, *Pope Innocent III and His Times*, Milwaukee 1941; Mann 11; 12; *EB* (15. Ausg.) 9,604–606 (G. B. Ladner); *NCE* 7,521–524 (W. Ullmann); Seppelt 3,317–392.

Honorius III.

(18. 7. 1216 – 18. 3. 1227)

Zwei Tage nach dem Tod INNOZENZ' III. in Perugia kamen die Kardinäle dort zusammen und wählten, nachdem sie die eigentliche Auswahl an zwei ihrer Kollegen delegiert hatten, einstimmig Cencio Savelli zu seinem Nachfolger. Der betagte und gebrechliche römische Aristokrat war Kanonikus von S. Maria Maggiore gewesen, 1188 päpstlicher Kämmerer geworden und von Innozenz III. 1193 zum Kardinaldiakon und später zum Kardinalpriester ernannt worden. 1197 wurde er Erzieher des künftigen Kaisers, Friedrich II. Der sanftmütige und friedliebende Kirchenmann war ein tüchtiger Verwalter, der geholfen hatte, Ordnung in die Finanzen der Kirche zu bringen, indem er 1192 den *Liber censuum* kompilierte, eine nach Provinzen und Diözesen gegliederte Liste der sakralen und profanen Institutionen, die vom Hl. Stuhl abhängig und ihm Abgaben schuldig waren.

Seine Hauptsorge galt dem Kreuzzug, zu dem Innozenz III. auf dem 4. Laterankonzil (Nov. 1215) aufgerufen hatte. Um die hierfür notwendige politische Einheit zu erreichen, vermittelte er zwischen Philipp II. von Frankreich (1179 bis 1223) und Jakob I. von Aragón (1213–76), übte auf Frankreich Druck aus, die Invasion Englands abzubrechen, und verhalf dem noch minderjährigen Sohn von König Johann »Ohneland« († Okt. 1216), Heinrich III. (1216–72), zur englischen Krone. Dennoch endete der 5. Kreuzzug (1217–21) mit einer Niederlage, da sich seine Kraft in einzelnen Unternehmungen verzettelte. Die Schuld hierfür war hauptsächlich dem sturen und ehrgeizigen päpstlichen Legaten »vor Ort«, Kardinal Pelagius, zuzuschreiben. Aber auch König Friedrich II. von Deutschland (Kaiser 1220–50) trug einen Teil der Schuld. Obwohl er sich 1215 in Aachen verpflichtet hatte, einen Kreuzzug zu unternehmen, verschob er den Abmarsch immer wieder. Seine Teilnahme schien Honorius aber unentbehrlich, und um seiner Unterstützung sicher zu sein, krönte er ihn in St. Peter zum Kaiser (22. 11. 1220), obwohl er seinen Sohn Heinrich entgegen den der Kurie gemachten Versprechungen im selben Jahr zum deutschen König hatte wählen lassen. Friedrich hatte nach Honorius' von Unruhen erzwungener einjähriger Abwesenheit die Rückkehr des Papstes nach Rom ermöglicht und schwor nun, loszuziehen und sich dem Kreuzzug bis August 1221 anzuschließen. Statt dessen aber wandte er sich gen Süden, um auf Sizilien nach dem Rechten zu sehen. Honorius mußte im April 1222 in Veroli und im März 1223 in Ferentino erneut Aufschub dulden, bis Friedrich schließlich im Vertrag von S. Germano (Juli 1225) der Exkommunikation zustimmte, falls er bis zum Sommer 1227 nicht aufgebrochen sei.

Friedrichs ständiges Ziel war in diesen Jahren, die Union seines Königreichs Sizilien mit dem Kaiserreich zu sichern und in Italien die Macht des Reichs wiederherzustellen. Dies stand jedoch im Gegensatz sowohl zur Politik des Papstes als auch zu seinen eigenen feierlichen Versprechungen gegenüber Innozenz III.; doch wann immer Honorius Einwände erhob, beeilte er sich, diesen zu beschwichtigen. So wiederholte er 1219 die weitreichenden Zusicherungen, die er Innozenz III. in der Goldenen Bulle zu Eger (1213) gemacht hatte, und bestätigte vor seiner Krönung (1220) die verfassungsmäßige Trennung zwischen dem Reich und dem Königreich Sizilien. Papst und Kurie reagierten jedoch heftig auf seine Versuche, die Besetzung von Kirchenämtern auf Sizilien zu steuern und die Mark Ancona sowie das Herzogtum Spoleto, die Innozenz III. dem Kirchenstaat einverleibt hatte, zurückzugewinnen. Als der wiederbelebte lombardische Städtebund Friedrichs Pläne für die Neuordnung Oberitaliens durchkreuzte, brachte er Honorius dazu, zwischen ihm und dem Bund zu vermitteln – eine unangenehme Aufgabe.

Politisch vom Kaiser völlig kaltgestellt, machte Honorius sich auf anderen Gebieten einen Namen. Um die Kreuzzugsbewegung zu fördern, krönte er Peter von Courtenay zum Lateinischen Kaiser von Konstantinopel (9. 4. 1217). Aber bevor dieser seinen Thron besteigen konnte, kam er um 1219 auf schmähliche Weise ums Leben. Honorius unterstützte tatkräftig die Missionsbewegung im Baltikum und führte 1218 einen Kreuzzug gegen die Mauren in Spanien durch. Er verstärkte den Kreuzzug, den Innozenz III. gegen die Albigenser begonnen hatte, und forderte Ludwig VIII. von Frankreich (1223–26) auf, seine Leitung zu übernehmen. Mit seiner Billigung erließen Friedrich (1220) und Ludwig (1226) Verordnungen, die für die Entwicklung der Inquisition von großer Bedeutung waren und Ketzern schwere Strafen auferlegten. Er bestätigte den Dominikanerorden (22. 12. 1216), dessen Namen und Predigtmission er guthieß (17. 1. 1217), und billigte die endgültige Regel der Franziskaner (29. 12. 1223) und der Karmeliter (30. 1. 1226). Auch förderte er das Erstarken der zu diesen Orden gehörenden Laientertiarier. Mit seiner Genehmigung wurden seine Dekretalen in der sog. *Compilatio quinta* gesammelt und an den Universitäten in Umlauf gebracht. Die Sammlung gilt als das erste offizielle Kompendium des Kirchenrechts und bezeugt seine große Verwaltungskenntnis.

Lit.: C. A. Horoy, *Honorii III opera*, 5 Bde., Paris 1879–83; *MG* Epsaec XIII 1,1–260; P. Pressutti, *Regesta Honorii III*, 2 Bde., Rom 1888–95; P. Fabre / L. Duchesne (Hrsg.), *Le »Liber censuum« de l'église romaine*, 3 Bde., Paris

1889–1910, 1952; J. Clausen, *Papst Honorius III. (1216–1227)*, Bonn 1895; Mann 13,1–164; Haller 4,1–46; *EC* 9,141–143 (G. Mollat); *LThK* 5,476 f. (P. Mikat); *NCE* 7,126 f. (S. Williams); Seppelt 3,390–411.

Gregor IX.

(19. 3. 1227 – 22. 8. 1241)

Nach dem Tod von HONORIUS III. delegierten die Kardinäle ihre Entscheidung über die Nachfolge an drei Kollegiumsmitglieder, die als zweite Wahl Ugo oder Ugolino vorschlugen, einen Neffen INNOZENZ' III. und Sohn eines Grafen von Segni. Um 1155 in Anagni geboren, zeichnete sich dieser in Paris und Bologna auf den Gebieten des Kirchenrechts und der Theologie aus und wurde 1198 von seinem Onkel zum Kardinaldiakon und 1206 zum Kardinalbischof von Ostia ernannt. 1199–1218 stellte er seine große politische Begabung als päpstlicher Legat in Süditalien, Deutschland, der Lombardei und der Toskana unter Beweis. 1220 überreichte er Friedrich II. (1220–50) bei dessen Kaiserkrönung das Kreuz und predigte 1221 in Mittel- und Oberitalien den Kreuzzug. Im Gegensatz zu seinem gemäßigten Vorgänger war er gebieterisch, unnachgiebig und außergewöhnlich tatkräftig, zugleich aber zutiefst religiös. Er hielt Verbindung mit zeitgenössischen geistlichen Bewegungen und war mit Dominicus Guzmán (1170 bis 1221) und vor allem mit Franz von Assisi (1181/82–1226) befreundet. Als Schirmherr des Franziskanerordens beeinflußte er die Gestaltung seiner endgültigen Regel (1223) und förderte die Entwicklung der Armen Klarissen.

Am Anfang wie am Ende seiner Amtszeit war Gregor in eine dramatische Auseinandersetzung mit Friedrich II. verwickelt, zu dem er zuvor freundliche Beziehungen unterhalten hatte. Die erste Phase (1227–30) wurde ausgelöst durch Friedrichs Abbruch des 6. Kreuzzugs (1227–29), den er im August 1227 von Brindisi aus in Angriff genommen hatte. Friedrich war schwer erkrankt, aber Gregor, der sich an Friedrichs Zaudern zur Zeit Honorius' III. erinnerte, wies seine Erklärungen zurück und exkommunizierte ihn (29. Sept.). Nach seiner Genesung brach Friedrich im Juni 1228 erneut auf und handelte trotz der Hindernisse, die ihm der Papst in den Weg legte, erfolgreich die Übergabe Jerusalems aus. Außer sich vor Zorn, daß ein ausgestoßenes Kirchenmitglied einen Kreuzzug anführte, hielt Gregor dennoch an seinem Bannstrahl fest. Obendrein versuchte er in Deutschland einen Gegenkönig aufzustellen, entband die sizilischen Untertanen Friedrichs von ihrem Treueid und hob ein Heer aus, um die in den Kirchenstaat eindringenden kaiserlichen Truppen anzugreifen und in Sizilien einzufallen. Bei seiner Rückkehr im Juni 1230 fiel es Friedrich nicht schwer, die Landsknechte des Papstes zu schlagen, doch achtete er darauf, daß die Grenzen des Kirchenstaats nicht verletzt wurden. Ihm war an Versöhnung gelegen, und im Vertrag von Ceprano vom Juli 1230, in welchem er erhebliche Konzessionen in der sizilischen Frage machte und sich dazu bereit fand, den Kirchenstaat nicht anzutasten, wurde sie ihm zuteil: Gregor hob den Bannfluch gegen ihn auf.

Der unsichere Friede währte neun Jahre, und Papst und Kaiser arbeiteten zu gegenseitigem Nutz und Frommen zusammen. So half Friedrich dem Papst, als dieser 1232 und erneut 1234 nach schweren Auseinandersetzungen mit den Bürgern der Stadt aus Rom fliehen mußte. Gregor seinerseits versuchte zwischen dem Kaiser und den lombardischen Städten zu vermitteln und exkommunizierte 1234 Friedrichs rebellischen Sohn Heinrich. Unterdessen begünstigte er weiterhin die Bettelorden und sprach 1228 Franz sowie 1234 Dominicus heilig. Er veröffentlichte den *Liber extra* (1234), die erste vollständige und maßgebende Sammlung päpstlicher Dekrete, die der spanische Kanoniker Raimund von Peñafort († 1275) in seinem Auftrag zusammengestellt hatte und die bis zu PIUS X. und BENEDIKT XV. die grundlegende Quelle des Kirchenrechts blieb. Seine Abgesandten verhandelten im Januar 1234 in Nicäa mit Vertretern der Ostkirche über eine Wiedervereinigung, allerdings ohne Ergebnis. Im Februar 1231 verschärfte er die bestehende Gesetzgebung gegen Ketzer, indem er sie mit der Todesstrafe von der Hand der weltlichen Macht bedrohte und, ohne dabei die Rechte der Bischöfe zu schmälern, im Unterschied zur bischöflichen eine eigene päpstliche Inquisition begründete, deren Durchführung er den Dominikanern anvertraute. Selbst ehemals dort Student, eröffnete er 1231 nach zweijähriger Schließung die Pariser Universität wieder und gewährte ihr am 13. April in der Bulle *Parens scientiarum* das Recht, eine eigene Verfassung aufzusetzen. Zugleich ermöglichte er das konstruktive Studium der philosophischen

Schriften des Aristoteles durch Theologen, indem er das in Paris bestehende Lektüreverbot beträchtlich modifizierte. 1233 gründete er in Toulouse eine Universität, welche dieselben Freiheiten genoß wie die von Paris.
1238 brach sein Konflikt mit dem Kaiser verschärft wieder auf. 1231 hatte er vergeblich Friedrich davon abzuhalten versucht, seine Konstitutionen von Melfi zu verkünden, mit denen er Sizilien in einen zentralisierten Staat unter seiner Herrschaft umwandeln wollte. Diese enthielten zwar Strafbestimmungen gegen Häretiker einschließlich der Verbrennung, doch Gregor erblickte in dem Absolutheitsanspruch eine Gefahr für die Kirche. Als Friedrich 1236 gegen die lombardischen Städte vorging und den Papst um deren Exkommunikation ersuchte, verschlechterten sich die Beziehungen. Gregor revanchierte sich (23. 10. 1236), indem er über die Unterdrückung der sizilischen Kirche Klage führte und den Kaiser streng daran gemahnte, daß weltliche Herrscher dem Nachfolger PETRI untertan seien. Bereits 1238 war indessen deutlich erkennbar, daß Friedrich, der das lombardische Heer bei Cortenuova besiegt hatte (Nov. 1237), auf nichts Geringeres abzielte als die Herrschaft über ganz Italien einschließlich Rom. Im Oktober 1238 sandte er seinen natürlichen Sohn Enzio nach Sardinien, einem päpstlichen Lehen, arrangierte zwischen ihm und einer sardischen Prinzessin die Ehe und bestimmte ihn zum König der Insel. Anfang März 1239 versuchte er listig einen Keil zwischen Papst und Kurie zu treiben. Gregor erneuerte den Bannfluch gegen den Kaiser (20. 3. 1239), dessen Korrespondenz mit den Kardinälen er hatte abfangen lassen; er hatte zwischenzeitlich eine Allianz der kaiserfeindlichen Städte zusammengetrommelt und seine Autorität in Rom wieder behaupten können. Der Kampf ging nun aufs Ganze: Friedrich verlangte öffentlich die Beurteilung des Papstes durch ein allgemeines Konzil, während Gregor ihn als Gotteslästerer und Vorläufer des Antichrist brandmarkte. Als Friedrich in den Kirchenstaat einfiel und Rom umzingelte, berief Gregor ein allgemeines Konzil ein, das Ostern 1242 in der Stadt tagen sollte. Der Kaiser vereitelte dies jedoch, indem er die meisten nichtitalienischen Teilnehmer – die zur See angereist kamen, da er ihnen den Landweg versperrt hatte – am 3. Mai nach einem Seegefecht bei Elba gefangennahm. Anfang April zogen seine Truppen den Belagerungsring um Rom enger, doch blieb der drohende Angriff aus: in der glühenden Augusthitze starb der greise Papst, der seinem Schicksal mit unerschütterlichem Mut ins Auge geblickt hatte. Friedrich, der all die Jahre hindurch behauptet hatte, daß er nicht mit der Kirche, sondern lediglich mit dem Papst im Streit liege, zog sich nach Sizilien zurück und harrte der weiteren Dinge.

Lit.: G. Levi (Hrsg.), *Registri dei cardinali Ugolino d'Ostia e Ottaviano degli Ubaldini*, Rom 1890, S. 3–154; L. Auvray (Hrsg.), *Les Registres de Grégoire IX*, 4 Bde., Paris 1890–1955; P. Fabre / L. Duchesne (Hrsg.), *Le »Liber censuum« de l'église romaine*, Bd. 2, Paris 1910, S. 18–36 [zeitgenössische Lebensbeschreibung, vermutlich von Johannes von Ferentino]; B. Guido, *Vita pontif. Rom*,. in: Muratori 3.575–587; Potthast 1,680–939; J. Felten, *Papst Gregor IX.*, Freiburg 1886; J. M. Powell, »Frederick II and the Church: a Revisionist View«, in: *CHR* 48 (1963) S. 485–497; *EB* (15. Aufl.) 8,419 f. (J. M. Powell); *NCE* 6,775–777 (G. Mollat); Mann 13,165–441; Seppelt 3,411–452.

Cölestin IV.

(25. 10. – 10. 11. 1241)

Goffredo da Castiglione, der Nachfolger GREGORS IX., war Mailänder und stammte aus einer Adelsfamilie. Er wird erstmals in den 20er Jahren als Kanonikus und Kanzler von Mailand erwähnt. Berichte, wonach er ein Neffe URBANS III. und eine Zeitlang Zisterziensermönch in Hautecombe in Savoyen war, lassen sich nicht bestätigen. Der kundige Theologe wurde von Gregor IX. im September 1227 zum Kardinalpriester von S. Marco ernannt und 1228 sowie 1229 mit politischen und antihäretischen Missionen in der Toskana und der Lombardei betraut. Vermutlich aufgrund ihrer enttäuschenden Ergebnisse blieb er an der Kurie, wo er 1229–38 Routineaufgaben nachging, doch 1238 wurde er zum Kardinalbischof von Sabina ernannt.
In der Krise, die auf den Tod Gregors IX. (22. 8. 1241) folgte, war die Zahl der Kardinäle auf zwölf zusammengeschmolzen, von denen zwei von Kaiser Friedrich II. (1220–50) gefangengehalten wurden. Die übrigen zehn waren tief zerstritten; einige teilten die erbitterte Feindschaft des verstorbenen Papstes gegenüber dem Kaiser, während andere sie bedauerten. Um sie zu einer Entscheidung zu zwingen, ließ Senator Matteo Rosso Orsini, der in Rom praktisch diktatorische Gewalt innehatte, sie nach dem Vorbild einer in norditalienischen Kommunen und

einigen Orden häufig angewandten Prozedur einsperren, und zwar unter bewußt grausamen und entwürdigenden Bedingungen in einem zerfallenden Palast, bekannt als das Septizonium. Im ersten Wahlgang entfielen zwar auf Goffredo, den Kandidaten des mit dem Kaiser verbündeten Kardinals Johannes Colonna, mehr Stimmen als auf den kaiserfeindlichen Kandidaten, aber es reichte nicht zu der vom 3. Laterankonzil (1179) geforderten Zweidrittelmehrheit. Daraufhin beschlossen sie, eine Persönlichkeit außerhalb der eigenen Reihen zu wählen; Orsini hielt sie jedoch mit brutalen Drohungen davon ab. Erschöpft von der rauhen Behandlung, von Krankheit und dem Tod eines ihrer Kollegen, wählten sie schließlich am 25. Oktober nach 60 Tagen erzwungener Isolation (dem ersten Konklave der Papstgeschichte) Goffredo zum neuen Papst, der den Namen CÖLESTIN IV. annahm. Vermutlich deuteten sein fortgeschrittenes Alter und seine miserable Gesundheit darauf hin, daß sein Pontifikat nicht von Dauer sein würde und man später zu freien Wahlen in weniger beschränkten Umständen übergehen könnte. Genau das trat ein: zwei Tage nach seiner Wahl erkrankte Cölestin schwer und starb am 10. November. Zwar berichtet ein Chronist, daß er am 28. Oktober gekrönt wurde und an Allerseelen eine Messe las, doch ist es wahrscheinlicher, daß er noch vor seiner Weihe starb, ohne je eine Amtshandlung ausgeführt zu haben.

Lit.: Potthast 1,938; 940 f.; K. Hampe, »Ein ungedruckter Bericht über das Konklave von 1241«, in: *SBHeid* 4 (1913) S. 1–31; K. Wenck, »Das erste Konklave der Papstgeschichte«, in: *QFIAB* 18 (1926) S. 101–170; *DHGE* 12,77–79 (R. Mols); *DBI* 23,398–402 (A. Paravicini Bagliani); Seppelt 3,449–451.

Innozenz IV.

(25. 6. 1243 – 7. 12. 1254)

Dem Tod CÖLESTINS IV. folgte eine 18monatige Sedisvakanz, währenddessen die Kardinäle mit Kaiser Friedrich II. (1220–50) über die Freilassung zweier Kollegen verhandelten, die dieser seit Mai 1241 gefangenhielt, und der von GREGOR IX. exkommunizierte Friedrich setzte seinerseits alles daran, einen ihm gefälligen Papst durchzubringen. Der Mann, auf den in Anagni schließlich die Wahl fiel, war der Genuese Sinibaldo Fieschi, Sohn des Grafen Hugo von Lavagna, ein glänzender Rechtslehrer, der in Bologna studiert und später dort auch unterrichtet hatte. 1226 wurde er zum Richter der Kurie berufen, stieg im Dienst Gregors IX. rasch auf und brachte es 1227 zum Kardinalpriester und Vizekanzler. 1235–40 war er Statthalter der Mark von Ancona. Wie Gregor eine Herrschernatur, dem freilich sowohl dessen ungezügelte Leidenschaft als auch dessen mystische Pietät abging, war er ebenso skrupellos in der Wahl seiner Mittel wie entschlossen bei der Durchsetzung seiner Ziele. Bezeichnenderweise frönte er, um ein Netz politischer Stützpunkte zu schaffen, in nie dagewesenem Ausmaß der Vetternwirtschaft. Wie INNOZENZ III. ging er davon aus, daß der Papst als »Stellvertreter Christi« den weltlichen Fürsten übergeordnet sei, auch wenn er anerkannte, daß er diese Oberhoheit lediglich *de jure*, nicht jedoch *de facto* besaß.

Unter Innozenz IV. erreichte der Konflikt zwischen dem Papsttum und den Staufern seinen Höhepunkt. Da er glaubte, sein Wohlwollen zu besitzen, war Friedrich über Fieschis Wahl beglückt und begann Verhandlungen über seine Lösung vom Bann. Ein Vertragsentwurf wurde vereinbart (31. 3. 1244), der ebendies als Gegenleistung für die Räumung des Kirchenstaats und andere weitreichende Zugeständnisse vorsah. Freilich wurde dieser Vertrag nie ratifiziert, teils weil er zur Verärgerung der lombardischen Adelsfamilien der entscheidenden Frage der vom Reich in der Lombardei beanspruchten Rechte aus dem Weg ging, aber mehr noch, weil Innozenz dem Kaiser mißtraute. Entschlossen, in der Angelegenheit ein für allemal eine Entscheidung herbeizuführen, unternahm Innozenz nun einen drastischen Schritt: Er floh heimlich zu Wasser nach Genua (28. 6. 1244) und ließ sich dann (Dez. 1244) in Lyon nieder, wo er unbehelligt seinen Plänen nachgehen konnte. Die rege Tätigkeit der Kurie während seiner Abwesenheit bewies, daß das Papsttum auch außerhalb Roms reibungslos funktionierte.

Hier hielt er das 1. Konzil zu Lyon ab (26. 6. – 17. 7. 1245, das 13. ökumenische Konzil), das Gregor IX. geplant, Friedrich aber vereitelt hatte. Auf der Tagesordnung standen die Kirchenreform, Unterstützung für das Heilige Land und besonders die Befreiung des Hl. Grabes, der Einfall der Mongolen und das »Geschäft zwischen Kirche und Kaiser«. Friedrich, der geladen war aber nicht erschien, wurde des Meineids, des Friedensbruchs, des Sakrilegs und der Ketzerei angeklagt. Obwohl er von seinem Justitiar Thaddäus von Suessa geschickt verteidigt wurde, wurde er für schuldig befunden und abgesetzt; seine Untertanen wurden ihres Treueids entbunden und die deutschen Fürsten aufgefordert, einen neuen König zu wählen. In öffentlichen Erklärungen stellte Friedrich die Kompetenz des Papstes in Abrede, einen Kaiser abzusetzen. Innozenz entgegnete, daß Christus den Apostel PETRUS und seine Nachfolger mit absoluter weltlicher wie geistlicher Souveränität ausgestattet habe. In Deutschland unterstützte er verschiedene von den Fürsten gewählte Gegenkönige und setzte die Bettelorden ein, um einen Kreuzzug gegen Friedrich zu predigen; er duldete sogar stillschweigend ein Mordkomplott gegen diesen. Als Friedrich starb (13. 12. 1250), war der Konflikt trotz der Vermittlungsversuche Ludwigs IX. von Frankreich (1226–70) noch nicht beigelegt. Innozenz kehrte im Triumph nach Italien zurück (1251) und setzte den Kampf gegen Friedrichs zweitältesten Sohn Konrad IV., designierter Thronfolger in Deutschland (1237 bis 1254), fort, fest entschlossen, das Königreich Sizilien den Staufern zu entreißen und als päpstliches Lehen wiederherzustellen. Nacheinander bot er die sizilische Krone Richard von Cornwall, Karl von Anjou und Heinrich III. von England (1216–72) an; letzterer akzeptierte sie für seinen achtjährigen Sohn Edmund. Als jedoch Konrad starb (21. 5. 1254) und Manfred (um 1232–1266), der uneheliche Sohn Friedrichs, den dieser zum Regenten des Königreichs bestellt hatte, den Papst als Oberherrn anerkannte, verleibte Innozenz Sizilien dem Kirchenstaat ein (24. 10. 1254) und schlug seine Residenz in Neapel auf. Er schien sein Ziel verwirklicht zu haben. Doch Anfang November erhob sich Manfred gegen ihn und schlug das päpstliche Heer bei Foggia in die Flucht. Die Nachricht erreichte Innozenz, als er bereits im Sterben lag, und beschleunigte sein Ende.

Innozenz verringerte das Ansehen des Papsttums, da er seine geistliche Macht ständig benutzte, um Geld aufzutreiben, Freunde zu kaufen und Feinden zu schaden. Kirchliche Stiftungsgelder behandelte er als päpstliche Einkünfte, und seine Ausbeutung des Systems der päpstlichen Pfründenprovision (d. h. das Recht des Papstes, leerstehende Pfründen über den Kopf des eigentlichen Schutzherrn hinweg zu besetzen) rief einen Skandal hervor. 1252 führte er in Italien die Inquisition als ständige Einrichtung ein und vereinigte alle früheren päpstlichen und kaiserlichen Verfügungen in der Bulle *Ad extirpanda* (15. Mai), die den Einsatz der Folter zur Erpressung von Bekenntnissen sanktionierte. Mit seiner Ermunterung brach Ludwig IX. von Frankreich 1248 zum glücklosen 7. Kreuzzug (1248–54) auf. Weder seine kühne Idee, den Großen Khan der Mongolen mit Hilfe von Missionaren zum Christentum zu bekehren (1245 bis 1247), noch die Wiedervereinigungsgespräche, die er 1253/54 mit Kaiser Johannes III. Vatatzes von Nicäa (1222–54) führte und auf der beide Seiten beispiellose Konzessionen machten, trugen Früchte. Größeren Erfolg hatte er mit Hilfe seines Legaten Wilhelm von Modena bei der Aufgliederung der kurz zuvor christianisierten Provinzen der Preußen in vier Diözesen. Als einer der bedeutenden Juristenpäpste brachte er nicht nur drei amtlich bestätigte Sammlungen seiner eigenen Konstitutionen und Dekretalen heraus, sondern auch einen umfassenden Kommentar zu den Dekretalen Gregors IX. (*Commentaria super quinque libros decretalium*).

Sein Grabmal, ursprünglich in der Basilika S. Restituta in Neapel, inzwischen aber in dem Ende des 13. Jh.s errichteten Dom, der sie umschließt, verkündet stolz, daß er »den Feind Christi, den Drachen Friedrich, zu Boden streckte«.

Lit.: T. T. Haluščynskyi / M. M. Wojnar (Hrsg.), *Acta Innocentii PP. IV 1243–1254*, Rom 1962; E. Berger (Hrsg.), *Les Registres d'Innocent IV*, 4 Bde., Paris 1884–1919; Potthast 2,943–1286; *Commentaria Innocenti IV super quinque libros decretalium*, Frankfurt a. M. / Venedig 1570; G. v. Puttkamer, *Papst Innocenz IV.*, Münster i. W. 1930; M. Pacaut, »L'Autorité pontificale selon Innocent IV«, in: *MA* 66 (1960) S. 85–119; J. A. Watt, *The Theory of Papal Monarchy in the Thirteenth Century: the Contribution of the Canonists*, London 1965; J. A. Cantini, »De autonomia judicis saecularis et de Romani pontificis plenitudine potestatis in temporalibus secundum Innocentem IV«, in: *Salesianum* 23 (1961) S. 407–480; J. M. Powell, »Frederick II and the Church: a Revisionist View«, in: *CHR* 48 (1963) S. 487–497; *DTC* 7,1981–95 (É. Amann); *EB* (15. Aufl.) 9,606–608 (F. Guerello); *NCE* 7,524 f. (J. M. Muldoon); Mann 14.

Alexander IV.

(12. 12. 1254 – 25. 5. 1261)

Nach dem Tod INNOZENZ' IV. in Neapel wollten die Kardinäle nach Rom zurückkehren, doch der

Bürgermeister der Stadt zwang sie, auf der Stelle zur Wahl zu schreiten, indem er die Stadttore verriegeln ließ. Daraufhin einigten sie sich auf Rinaldo Graf von Segni, einen Neffen GREGORS IX., der ihn 1227 zum Kardinaldiakon und 1231 zum Kardinalbischof von Ostia berufen hatte. Der in den letzten Jahren des 12. Jh.s geborene Kirchenmann war sanftmütig, unentschlossen und mittelmäßig. Unter Gregor IX. waren ihm relativ unbedeutende Aufgaben anvertraut gewesen, und auch unter Innozenz IV. blieb er im Hintergrund und befaßte sich vorwiegend mit den Problemen des Franziskanerordens, dessen Kardinalprotektor er war. Die Kurie, deren eine Fraktion der unversöhnlichen Feindschaft Innozenz' IV. gegen die Staufer kritisch gegenüberstand, hatte wohl gehofft, daß Rinaldo, der zuvor ausgezeichnete Beziehungen zu Kaiser Friedrich II. (1220–50) gepflegt hatte, eine versöhnlichere Linie einschlagen würde.

Als es dann aber so weit war, erwies sich Alexander als zu schwach oder unwillig, von der Politik seines Vorgängers abzugehen. Das dringlichste Problem war Sizilien, welches die Kurie dem Hl. Stuhl zurückgewinnen wollte, das indessen von Friedrichs II. natürlichem Sohn Manfred (um 1232–66) als Regent im Namen Konradins († 1268), unmündiger Sohn von Friedrichs Thronfolger Konrad IV. († 1254), beherrscht wurde. Nach ergebnislosen Verhandlungen exkommunizierte der Papst Manfred (März 1255). Obwohl Konradin ein Mündel des Hl. Stuhls war und der Papst versprochen hatte, dessen Rechte zu schützen, wozu auch das Herzogtum Schwaben und das Königreich Sizilien gehörten, rief er die schwäbischen Adligen dazu auf, statt dessen die Ansprüche Alfons' X. von Kastilien (1252–84) anzuerkennen; und er belehnte Edmund (1245–96), zweiter Sohn Heinrichs III. von England (1216–72), mit Sizilien (9. 4. 1255). Er widerrief die Absprache allerdings (1258), da Heinrich die festgesetzten, übertriebenen militärischen und finanziellen Bedingungen nicht erfüllen konnte, hatte aber keine andere Lösung parat. Unterdessen endete ein Feldzug zur Wiedererrichtung der päpstlichen Oberherrschaft mit einer Niederlage; bereits 1258 befand sich das gesamte Königreich fest in Manfreds Hand, und am 10. August ließ er sich, nach Gerüchten von Konradins Tod, in Palermo zum König ausrufen. Alexanders Bannflüche wurden mit Verachtung aufgenommen, und nicht lange danach brachte sich Manfred in den Besitz der größten Teile des Kirchenstaats, der Mark von Ancona, Spoleto und der Romagna. Durch einen Städtebund unter seiner Führung beherrschte er auch Norditalien. Selbst in Rom – einer Stadt, die von Machtkämpfen so zerrissen war, daß Alexander vornehmlich in Viterbo residierte – brachten es die Ghibellinen (die staufische Partei) zuwege, Manfred im Frühjahr 1261 zum Senator wählen zu lassen.

In dem Interregnum, das in Deutschland auf Konrads IV. Tod (1254) folgte, sprach sich Alexander für den Gegenkönig Wilhelm von Oranien aus, der nach der Absetzung Friedrichs II. durch Innozenz IV. gewählt worden war. Er kam aber bezeichnenderweise zu keiner Entscheidung, als nach Wilhelms Tod (1256) sowohl Richard von Cornwall (1209–72) als auch Alfons von Kastilien gewählt wurden. Seine Hauptsorge war, daß auf keinen Fall Konradin gewählt werden sollte. Wenngleich ihm politisches Verständnis abging und er nicht einmal irgendwelche Kardinäle ernannte, war er in reinen Kirchenangelegenheiten durchaus bewandert. So ergriff er Maßnahmen, um die von Innozenz IV. praktizierte Ausbeutung des Systems päpstlicher Pfründenprovision zu beseitigen. Mit Kaiser Theodoros II. Laskaris von Nicäa (1254–58) nahm er 1256 die Wiedervereinigungsgespräche auf, die unter Innozenz IV. begonnen hatten, aber ohne Ergebnis. Gegen die Mongolen suchte er einen Kreuzzug zu organisieren. Da er sich den Bettelorden besonders widmete, widerrief er die Beschränkungen, die Innozenz IV. über deren seelsorgerische und Predigertätigkeit verhängt hatte; er selbst gründete 1256 den Bettelorden der Augustinereremiten, indem er mehrere italienische Bruderschaften von Einsiedlern unter der Regel des hl. Augustinus zusammenfaßte. 1255 sprach er Klara von Assisi (1194 bis 1253), Begründerin der Armen Klarissen, heilig. Als der weltliche Klerus im folgenden Jahr die Lehren der an der Pariser Universität tätigen Bettelmönche angriff, entschied er zu deren Gunsten. Doch diese bescheidenen Interventionen wurden von der Demütigung überschattet, mit der sein Pontifikat bei seinem Tod in Viterbo endete.

Lit.: C. Bourel de la Roncière [u. a.] (Hrsg.), *Les Registres d'Alexandre IV*, 3 Bde., Paris 1902–50; Potthast 2,1286–1473; 2124–29; Haluščynskyi-Wojnar (Hrsg.), *Acta Alexandri PP. IV*, Rom 1966; F. Tenckhoff, *Papst Alexan-*

der IV., Paderborn 1907; G. Barraclough, »The Constitution *Execrabilis* of Alexander IV«, in: *EHR* 49 (1934) S. 193–218; D. L. Douie, *The Conflict between the Seculars and the Mendicants at the University of Paris in the XIIIth Century*, London 1954; *DBI* 2,189–193 (R. Manselli); Mann 15,1–129; Seppelt 3, 288–501.

Urban IV.

(29. 8. 1261 – 2. 10. 1264)

Da ALEXANDER IV. keine neuen Kardinäle ernannte, gab es zum Zeitpunkt seines Todes nur noch deren acht, und das klägliche, in Viterbo zusammentretende Konklave beriet sich drei Monate lang vergebens. Schließlich fiel die Wahl auf einen Außenseiter, Jacques Pantaléon, Lateinischer Patriarch von Jerusalem, der die Kurie geschäftlich wegen des Heiligen Landes aufgesucht hatte. Sohn eines Schusters und um 1200 in Troyes geboren, hatte er in Paris studiert und war um 1245 Kanonikus von Laon und anschließend Archidiakon von Lüttich geworden. In dieser Eigenschaft hatte er 1245 am 1. Konzil von Lyon teilgenommen. Er fiel INNOZENZ IV. auf, der ihn 1247 als seinen Legaten nach Polen, Preußen und Pommern entsandte. 1252 wurde er Bischof von Verdun, und 1255 bestellte Alexander IV. ihn zum Patriarchen von Jerusalem und zum päpstlichen Legaten im Lateinischen Kaiserreich. Der sehr erfahrene, wortgewandte und tatkräftige Diplomat wußte, was er wollte, und arbeitete daran mit dem unabhängigen Geist eines Franzosen, der von den Verwicklungen italienischer Politik frei war.

Urban erkannte deutlich, daß anstelle Manfreds (um 1232–66), unehelicher Sohn Kaiser Friedrichs II. (1220–50), im Königreich Sizilien ein vom Hl. Stuhl abhängiger Souverän eingesetzt und die Macht der Stauferdynastie in Italien ein für allemal gebrochen werden mußte, sollte der Sieg Innozenz' IV. über das Reich gefestigt werden. Zunächst einmal verstärkte er jedoch das dezimierte Hl. Kollegium, indem er 14 Kardinäle ernannte, darunter sechs Franzosen von bemerkenswerten Fähigkeiten. Obwohl er infolge bürgerkriegsähnlicher Zustände als Papst nie in Rom residieren konnte, bemühte er sich um eine Regierung, die seine ständig gefährdete Oberhoheit anerkennen würde. In wenigen Monaten hatte er den Großteil des Kirchenstaats zurückerobert, dessen Kontrolle Alexander IV. entglitten war. Indem er auf die Bankiers und Kaufleute der Toskana Druck ausübte, gelang es ihm nicht nur, die guelfische oder papstfreundliche Partei dort wiederzubeleben, sondern auch sich die für seine Projekte erforderlichen Gelder zu sichern. Er widersetzte sich Pallavicini, dem Stellvertreter Manfreds in der Lombardei, förderte dessen Feinde, die Familien der Este und Visconti, und begann so das päpstliche Ansehen im Norden wiederherzustellen.

Zur Lösung des sizilischen Problems schlug Urban einen verhängnisvollen Weg ein; nachdem Ludwig IX. von Frankreich (1226–70) sie abgelehnt hatte, bot er die sizilische Krone dessen fähigem und ehrgeizigem Bruder Karl, Graf von Anjou (1226–85), an. Die Ansprüche Edmunds von England (1245–96), den Alexander IV. mit dem Königreich Sizilien belehnt hatte, wurden in aller Freundschaft getilgt, Ludwigs IX. Bedenken ausgeräumt und Verhandlungen mit Karl eröffnet. Diese gerieten einige Monate lang ins Stocken, da Manfred sich bereit erklärte, die Oberhoheit des Papstes anzuerkennen und Tribut zu entrichten, und der geflüchtete Lateinische Kaiser Balduin II. von Konstantinopel (1237–1261) ihm in der Hoffnung, er werde einen Kreuzzug zur Rückeroberung des Lateinischen Kaiserreichs führen, den Rücken stärkte. Doch der tiefe Argwohn, den die Kurie gegen die Staufer hegte, gewann die Oberhand, und ein Vertrag wurde aufgesetzt (17. 6. 1263). Danach wurde Karl gegen eine Pauschale von 50000 Silbermark und die Zusage eines jährlichen Tributs in Höhe von 10000 Unzen Gold, Freiheit für die Kirche des Königreichs und Militärhilfe je nach Bedarf mit dem Königreich von Süditalien und Sizilien belehnt. Er durfte ein etwaiges Angebot der deutschen Königs- oder der Kaiserkrone nicht annehmen und in den kaiserlichen Provinzen Italiens oder im Kirchenstaat keine Herrschaft ausüben. Darüber hinaus mußte er sich innerhalb eines Jahres in den Besitz seines Lehens bringen. Als Manfred von dem Plan hörte, eröffnete er im Verlauf des Sommers erneut Feindseligkeiten in der Toskana, in Kampanien und im Kirchenstaat. Urban mußte in Orvieto Zuflucht suchen, wo er genötigt war, gewisse von Karl verlangte Abänderungen des Vertragsentwurfs hinzunehmen und sogar dessen vertragswidrige Wahl zum Senator von Rom anzuerkennen. Als auch Orvieto bedroht war, zog er sich nach Perugia zurück, wo er starb. Zuvor war der

Vertrag jedoch bereits unterzeichnet worden, und die Vorherrschaft des Hauses Anjou nicht nur über das Königreich Sizilien, sondern, wie die Ereignisse zeigen sollten, über Italien selbst war gesichert.
Abgesehen davon, daß er die Wahl von Friedrichs II. Enkel Konradin († 1268), dem letzten Staufer, verbot, unternahm Urban nichts, um die Frage des deutschen Interregnums zu lösen. Sobald die beiden rivalisierenden Thronanwärter, Richard Earl von Cornwall (1227–72) und König Alfons X. von Kastilien (1252–84), sein Schiedsrecht anerkannt hatten, verschob er seine Entscheidung unbefristet. Seine Sorge galt eher dem Osten; im August 1261 fiel Konstantinopel in die Hände Kaiser Michaels VIII. Palaeologus von Nicäa (1259–82), und der Papst setzte sich nachdrücklich für die Wiedererrichtung des Lateinischen Kaiserreichs ein. Im Sommer 1262 schlug ihm Michael, der jeden Plan zu einem Kreuzzug gegen Konstantinopel zu verhindern suchte, in einem Schreiben die Beendigung des Schismas vor, und 1263/64 führte Urban umfassende Verhandlungen mit dem Kaiser, der bereit war, den Primat Roms anzuerkennen und weitere Zugeständnisse zu machen. Doch bevor es zu einer Vereinbarung kam, starb der Papst.
Den Anstoß zur Einführung des Fronleichnamsfestes gaben die Visionen Julianas von Lüttich (1209), einer ekstatischen Nonne. 1246 begann man mit dem Fest in Lüttich, 1264 schrieb es Urban IV. mit der Bulle *Transiturus* für die ganze Kirche vor und beauftragte den dominikanischen Philosophen und Theologen Thomas von Aquin (um 1225–74), ein Hochamt hierfür zu entwerfen.

Lit.: J. Guiraud / S. Clémencet, *Les Registres d'Urbain IV*, 4 Bde., Paris 1901–58; Potthast 2,1474–1542; W. Sievert, »Das Vorleben des Papstes Urban IV.«, in: *RQ* 10 (1896) S. 451–505; 12 (1898) S. 127–161; K. Hampe, *Urban IV. und Manfred 1261–64*, Heidelberg 1905; Mann 15,131–206; *DTC* 15,2288–95 (É. Amann); *LThK* 10,544 f. (H. Schmidinger); *NCE* 14,478 f. (H. Wieruszowski); Seppelt 3,501–512.

Klemens IV.

(5. 2. 1265 – 29. 11. 1268)

Nach Urbans IV. Tod waren die in Perugia versammelten Kardinäle so gespalten, daß sie vier Monate brauchten, um einen Nachfolger zu wählen. Dieser war ein weiterer Franzose, Guy Foulques, der um 1195 in St-Gilles-sur-Rhône geborene Sohn eines erfolgreichen Richters. Nach einem Jurastudium in Paris wurde er Rechtsberater König Ludwigs IX. (1226–70). Er heiratete und hatte zwei Töchter, doch nach dem Tod seiner Frau empfing er die Weihen und diente als Archidiakon in Le Puy. Sein Aufstieg war rasant: 1257 Bischof von Le Puy, 1259 Erzbischof von Narbonne; im Dezember 1261 ernannte ihn Urban IV. zum Kardinalbischof von Sabina und sandte ihn im November 1263 als päpstlichen Legaten nach England, um Heinrich III. (1216–72) gegen die Barone beizustehen. Da er sich noch auf der Heimreise befand, wurde er in Abwesenheit zum Papst gewählt und mußte sich wegen der in Norditalien herrschenden feindseligen Stimmung in Mönchskleidung nach Perugia begeben. Als Papst residierte er, wiederum wegen der feindseligen Atmosphäre in Rom, zunächst in Perugia und danach in Viterbo.
Obschon er sich streng an den Buchstaben des Gesetzes hielt und ängstlicher war als Urban IV., vollendete er dessen Politik, die Staufer aus Italien zu vertreiben und Karl, Graf von Anjou (1226–85), anstelle Manfreds (um 1232–66), dem natürlichen Sohn Kaiser Friedrichs II., als König von Sizilien und Neapel einzusetzen. Da er befürchtete, daß Manfred Rom einnehmen würde, drängte er Karl, nach Rom zu kommen. Dieser traf im Mai 1265 in der Stadt ein, wo ihn am 28. Juni fünf vom Papst beauftragte Kardinäle mit dem Königreich von Süditalien und Sizilien belehnten. Nach eingehender Gewissenserforschung half Klemens ihm bei der durch einen 30jährigen Zehnten an Frankreichs Kirche gedeckten Anleihe riesiger Geldsummen bei toskanischen Bankiers, um den sizilischen Feldzug zu finanzieren, den zu unternehmen er verpflichtet war. In Frankreich war ein Kreuzzug gegen Manfred gepredigt worden, und ein mächtiges französisches Heer marschierte an die Grenzen des Königreichs. Die Entscheidungsschlacht wurde bei Benevent ausgetragen (26. 2. 1266) und endete mit Manfreds Niederlage und Tod. Sein neues Reich lag nun offen vor Karl; doch zwei Jahre später, auf der Welle einer Empörung über die Ausschreitungen unter seiner Herrschaft, zog der letzte Staufer, der Knabe Konradin, Herzog von Schwaben und König von Jerusalem, nach Italien, um sein kaiserliches Erbe zurückzuerobern. Während des deutschen Interre-

gnums hatte Klemens seine Wahl zum König untersagt und versuchte seinen Vormarsch jetzt aufzuhalten, indem er ihn und seine Anhänger exkommunizierte und ihn als König von Jerusalem absetzte. In Rom wurde Konradin ein begeisterter Empfang zuteil (Juli 1268), aber am 23. August wurde er bei Tagliacozzo (Provinz L'Aquila) von Karl geschlagen, gefangengenommen und nach einem Prozeß enthauptet. Klemens tat nichts, um diese unwürdige Handlung zu verhindern. Absichtlich hatte er Karl am 17. April zum Reichsvikar in der Toskana bestellt, womit er ihm die gesetzliche Vollmacht übertrug, den jungen Prinzen als Friedensstörer hinrichten zu lassen.

Das Papsttum hatte seine Absichten verwirklicht, doch in seinen Triumph mischte sich Ernüchterung. War es sein Ziel gewesen, den neuen Herrn über Sizilien auf sein Königreich zu beschränken, so mußte Klemens sich in die Vorherrschaft schicken, die Karl in Mittel- und Norditalien und im Kirchenstaat selbst errungen hatte. Als die Bedrohung durch Konradin sich abzeichnete, sah er sich genötigt, seinen jungen Vasallen in Positionen mit ungeheurer Machtbefugnis in Italien zu berufen, an die im ursprünglichen Vertrag nicht einmal gedacht worden war. So war er zwar den Staufer losgeworden, mußte nun aber erkennen, daß das Haus Anjou für die Unabhängigkeit des Hl. Stuhls eine nicht minder große Bedrohung darstellte.

1267/68 korrespondierte Klemens mit dem byzantinischen Kaiser Michael VIII. Palaeologus (1259–82), der Konstantinopel 1261 von der Herrschaft der Lateiner befreit hatte und nun darauf bedacht war, daß der Papst die von König Karl zur Wiedereroberung der Stadt geplante Expedition verhinderte. Zugleich zeigte sich der Kaiser stark an der Wiederherstellung der Kircheneinheit interessiert. Klemens indessen, der Karls Vorhaben bereits gebilligt hatte, sandte ihm ein herrisches Antwortschreiben (4. 3. 1267), in dem er die völlige Unterwerfung der Griechen forderte. Der Briefwechsel ging weiter, zeitigte aber kein Ergebnis. Die päpstliche Bulle *Licet ecclesiarum* (27. 8. 1265), die dem Hl. Stuhl die Besetzung aller Pfründen vorbehielt, wenn der Inhaber bei einem Besuch der Kurie starb, war ein Markstein auf dem Weg zur Zentralisierung der Westkirche: in der Präambel wurde verankert, daß die Vergabe sämtlicher Pfründen dem Papst oblag. Klemens starb in Viterbo und wurde im Dominikanerkloster S. Maria in Gradi vor der Stadtmauer bestattet.

Lit.: E. Jordan, *Les Registres de Clément IV*, Paris 1904; Potthast 2,1542–1650; J. Heidemann, *Papst Clemens IV: Das Vorleben des Papstes und sein Legationsregister*, Münster 1903; E. Jordan, *Les Origines de la domination angevienne en Italie*, Paris 1910; A. Nitschke, »Der Prozeß gegen Konradin«, in: *ZSavRG* Kan 42 (1956) S. 25–54 [vgl. H. M. Schaller, in: *QFIAB* 37, 1957, S. 311–327; A. Nitschke, in: *QFIAB* 38, 1958, S. 268–277]; Mann 15,207–345; *DHGE* 12,1109–15 (G. Mollat); *DBI* 26,192–202 (N. Kamp); Seppelt 3,512–519; 521–523.

Gregor X.

Seliger (1. 9. 1271 – 10. 1. 1276)

Nach dem Tod KLEMENS' IV. rangen die Kardinäle beinahe drei Jahre lang in Viterbo um einen Nachfolger. Sie waren ebenso aufgrund menschlicher Rivalitäten gespalten wie auch infolge ihrer abweichenden Haltungen gegenüber Karl I., Graf von Anjou und König von Sizilien (1266 bis 1285), dessen Gewalt über Mittel- und Norditalien sich mit der Stauferherrschaft messen konnte. Als in der Öffentlichkeit die Empörung wuchs, ließen die Zivilbehörden, um die Entscheidung zu beschleunigen, die Kardinäle zunächst in den Papstpalast einsperren, sodann dessen Dach abdecken und eine Hungerkur androhen. Schließlich delegierten diese die Wahl an ein Sechserkomitee, das Tedaldo Visconti, Archidiakon von Lüttich, erkor, der sich gerade auf einem Kreuzzug unter Führung des künftigen Königs von England, Edmund I., befand. Tedaldo, um 1210 in Piacenza geboren und adliger Herkunft, hatte jahrelang unter Kardinal Jakob von Praeneste gedient, bei der Organisation des 1. Konzils zu Lyon (1245) geholfen, 1265 Kardinal Ottobono auf seiner Mission nach England begleitet und war der Vertraute des französischen und englischen Königshauses. 1248–52 studierte er in Paris, wo er den bedeutenden Theologen Thomas von Aquin (um 1225 bis 1274) und Bonaventura (um 1217–74) begegnete. Nachdem er in Akre (heute: Akko, Israel) von seiner Wahl unterrichtet worden war, traf er am 10. Februar 1272 in Viterbo ein. Dann begab er sich nach Rom, wohin keiner seiner beiden Vorgänger einen Fuß hatte setzen können, und wurde nach seiner Ordination zum Priester am 27. März in St. Peter geweiht.

Beim Verlassen Palästinas gelobte Gregor, Jerusalem niemals zu vergessen; im Herzen ein

Kreuzfahrer, machte er die Befreiung der hl. Stätten zum Inhalt seiner kurzen Regierungszeit. Bereits am 13. April 1272 verschickte er Einladungen zu einem allgemeinen Konzil mit drei Tagesordnungspunkten: ein neuer Kreuzzug, die Wiedervereinigung mit der griechischen Kirche und die Reform des Klerus. Unterdessen bemühte er sich zur Schaffung der für einen Kreuzzug notwendigen Bedingungen um die Beendigung des mörderischen Streits zwischen den papstfreundlichen Guelfen und den kaiserfreundlichen Ghibellinen in den Städten der Toskana und der Lombardei, und er ermunterte die deutschen Kurfürsten zur Wahl eines neuen deutschen Königs, nachdem durch den Tod eines der beiden Rivalen um den Thron, Richard von Cornwall (1209–72), der Weg frei gemacht war. Dies würde Europa für den Kreuzzug einigen und ein Gegengewicht zur Vorherrschaft des Hauses Anjou in Italien bieten. Als der andere Thronanwärter, Alfons X. von Kastilien (1252–84), um die Anerkennung des Papstes ersuchte, verwies Gregor ihn an die Kurfürsten, unterstützte zu Karls Verdruß nicht etwa den von diesem favorisierten Kandidaten Philipp III. von Frankreich (1270–85), sondern erteilte schließlich der Wahl Rudolfs (1. 10. 1273), Graf von Habsburg und Landgraf des Elsaß (1218 bis 1291), seine Zustimmung. Am 24. Oktober wurde dieser in Aachen zum römischen König gekrönt. Auf dem Konzil zu Lyon erfüllten Rudolfs Vertreter die Hoffnungen der Kurie, indem sie in seinem Namen sämtliche Anrechte auf päpstliches Territorium abtraten und die dauernde Abtrennung Siziliens vom Reich akzeptierten. Rudolf selbst erneuerte seine Zusagen bei einem Treffen mit Gregor in Lausanne (Okt. 1275).

Noch in Palästina hatte der designierte Papst den byzantinischen Kaiser Michael VIII. Palaeologus (1259–82) von seinem Verlangen nach Wiederherstellung der Kircheneinheit in Kenntnis gesetzt. Beide Männer suchten die Vereinigung; Gregor, weil sie dem Kreuzzug zugute käme, Michael, um das ehrgeizige Vorhaben Karls von Sizilien, dem Westen Konstantinopel zurückzuerobern, zu vereiteln. Trotz des verachtungsvollen Widerstands durch Karl und die französische Gruppierung innerhalb der Kurie trieb Gregor sein Projekt voran; im Oktober 1272 schickte er Gesandte nach Konstantinopel und lud Michael nach ihrer Rückkehr ein, auf das bevorstehende Konzil (später als 14. ökumenisches Konzil anerkannt) Delegierte zu entsenden. Das Konzil wurde in Lyon eröffnet (7. 5. 1274) – Gregor wählte die Stadt, um dem Druck Karls zu entgehen –, und am 24. Juni trafen die griechischen Delegierten ein. Der König hatte ihnen widerstrebend freies Geleit gewährt. Übereinstimmend mit den bereits getroffenen Vereinbarungen billigten sie das römische Glaubensbekenntnis einschließlich der Formel von der zweifachen Ausgießung des Hl. Geistes sowie den Primat des Hl. Stuhls, und auf der vierten Sitzung (6. Juli) konnte der Papst die Union formell ratifizieren.

In seinen Augen noch bedeutsamer waren die vom Konzil ausgearbeiteten Pläne für einen Kreuzzug, der durch einen Zehnten auf kirchliche Einkünfte finanziert werden sollte. Die Könige Englands, Frankreichs, Aragóns und Siziliens erklärten sich grundsätzlich zur Teilnahme bereit. Unter der Voraussetzung, daß der Westen einen dauerhaften Frieden mit ihm schließe und König Karl und seinen Verbündeten Balduin II., den exilierten Lateinischen Kaiser von Konstantinopel (1237–61), im Zaum halte, war auch Michael Palaeologus dazu gewillt. Zu den verabschiedeten Reformen zählte die berühmte Konstitution *Ubi periculum* (16. Juli). Um überlange Sedisvakanzen beim Hl. Stuhl zu vermeiden, sah diese vor, daß die Kardinäle sich nicht später als 10 Tage nach dem Tod eines Papstes an seinem Sterbeort versammeln, ohne Kontakt mit der Außenwelt (Konklave) zusammenbleiben und, je länger die Wahlprozedur andauere, um so strengeren Bedingungen unterworfen werden sollten. Andere Dekrete machten Schluß mit verschiedenen Mißbräuchen wie ungerechtfertigt langer Vakanz einer Pfründe, Ämterhäufung und unerlaubter Abwesenheit. Mit Ausnahme der Franziskaner und Dominikaner wurden sämtliche Orden strengen Bestimmungen unterworfen.

Auf der Rückreise von Lyon nach Rom traf Gregor im Oktober 1275 in Lausanne König Rudolf. Er war zwei Jahre zuvor in Aachen zum König gekrönt worden, und nun wurden Vorbereitungen für die Kaiserkrönung (2. 2. 1276) getroffen. Danach überquerte Gregor die Alpen und besuchte mehrere norditalienische Städte, um Streitfragen zu klären. Er erlitt aber einen Fieberanfall und starb in Arezzo (10. 1. 1276). Er wurde im Dom beigesetzt; in Arezzo und anderen ihm verbundenen Orten entwickelte sich rasch ein Kult. BENEDIKT XIV. ließ seinen Namen in das römische Martyrologium setzen. Der vorzeitige Tod dieses ausgezeichneten, vielfach begabten Papstes bedeutete das Ende für Rudolfs Hoffnungen auf die Kaiserkrone wie für die Aussichten auf einen Kreuzzug. Auch die Einheit mit der griechischen Kirche erwies sich als kurzlebig. Festtag: 10. Januar, seit 1963: 9. Januar.

Lit.: J. Guiraud, *Les Registres de Grégoire X*, 12 Bde., Paris 1892–1906, Neuausg. 1960; Potthast 2,1651–1703; B. Guido, *Vita pontif. Rom.*, in: Muratori 3. 1,587 f.; 2,424–426; G. Pachymeres, *De Michaele Palaeologo* (*PG* 143,822–854); L. Gatto, *Il pontificato di Gregorio X*, Rom 1959; D. J. Geanakoplos, *Emperor Michael Palaeologus and the West, 1258–1282*, Cambridge (Mass.) 1959; *BSS* 7,379–387 (F. Molinari); *NCE* 6,777 (M. François); Mann 15, 347–561; Seppelt 3,521–538.

Innozenz V.

Seliger (21. 1. – 22. 6. 1276)

Der Konklaveregelung folgend, die GREGOR X. selbst vorgeschrieben hatte, traten die verfügbaren Kardinäle am elften Tage nach seinem Tod in Arezzo zusammen und wählten Pierre de Tarentaise (im oberen Val d'Isère, Savoyen) zu seinem Nachfolger. Um 1224 geboren, trat er um 1240 in das Dominikanerkloster zu Lyon ein, studierte in Paris und erwarb im Juni 1259 den Magister der Theologie. 1259–64 hatte er den »Stuhl der Franzosen« inne. 1259 arbeitete er mit Albertus Magnus (um 1200–80) und Thomas von Aquin (um 1225–74) am Entwurf einer Studienregel für Dominikaner. Sein bedeutender Kommentar zu Petrus Lombardus' (um 1100 bis 1160) theologischem Traktat *Sententiae*, der Ende des 12. Jh.s als anfechtbar denunziert, vom 4. Laterankonzil (1215) jedoch rehabilitiert worden war, bezeichnet den Übergang von den älteren augustinischen zu neuaristotelischen Vorstellungen; desgleichen schrieb Pierre über praktische Ethik und Bibelexegese. Zweimal war er Provinzial von Frankreich (1264–67 und 1269 bis 1272) und predigte unter KLEMENS IV. den Kreuzzug. Gregor X. ernannte ihn 1272 zum Erzbischof von Lyon und 1273 zum Kardinalbischof von Ostia. Er half bei den Vorbereitungen zum 2. Konzil von Lyon (1274), an dem er führenden Anteil hatte; nach seiner Bestellung zum Generalpönitentiar begleitete er im Winter 1275/1276 Gregor X. auf dessen Rückreise von Lyon nach Italien. 1274 hatte er in Lyon die Grabrede auf den großen franziskanischen Theologen Bonaventura (um 1217–74) gehalten, dessen Freund er war.

Der erste Dominikanerpapst war eher ein Mann der Gelehrsamkeit und strenger Frömmigkeit und zeigte wenig politische Initiative. Seine Wahl signalisierte die Abkehr der Kurie von Gregors X. Politik; dieser hatte mit der Kaiserkrönung Rudolfs I. von Habsburg (1218–91) ein Gegengewicht zur Vorherrschaft Karls von Anjou, König von Sizilien (1266–85), in Italien schaffen wollen. Innozenz hingegen bestätigte noch am 2. März Karl in seinen Funktionen als Senator von Rom und Reichsvikar in der Toskana und ersuchte am 9. und 17. März König Rudolf, den Gregor zur Kaiserkrönung nach Rom eingeladen hatte, seine Reise zu verschieben, bis die Meinungsverschiedenheiten mit der Kurie und König Karl beigelegt und die Frage kaiserlicher Ansprüche in der Romagna geregelt seien. Inzwischen solle er den Treueid, den seine Beamten dort erzwungen hätten, für null und nichtig erklären. Der Papst folgte Gregor, indem er einen neuen Kreuzzug und den für seine Ausschreibung erforderlichen Frieden in den Vordergrund seines politischen Programms rückte, Genua mit König Karl aussöhnte und die Feindseligkeiten zwischen dem ghibellinischen (kaiserfreundlichen) Pisa und der guelfischen (papstfreundlichen) toskanischen Liga beendigte; doch als er Gregors Verhandlungen mit dem byzantinischen Kaiser Michael VIII. Palaeologus (1259 bis 1282) um dessen Teilnahme am Kreuzzug und die Durchführung der auf dem 2. Konzil zu Lyon vereinbarten Kirchenunion wiederaufnahm, geriet er unter dem kontinuierlichen Druck Karls ins Wanken. Als er Michael von Karls Vorhaben einer gewaltsamen Wiedereroberung Konstantinopels unterrichtete, betonte er, daß die Stadt den Lateinern mit Waffengewalt entrissen worden sei; in der Frage der Kircheneinheit verlangte er, daß der griechische Klerus einen persönlichen Eid in vorgeschriebener Form auf sich nehme und das *Filioque* und den päpstlichen Primat anerkenne. Jedoch starb Innozenz just, als die Gesandten, die diese strengen Forderungen überbringen sollten, in Ancona ihr Schiff bestiegen.

Karl bezeigte dem frommen, empfindsamen, wenn auch schwachen Papst seine Dankbarkeit, indem er ihm in der Lateranbasilika ein Porphyrgrabmal errichten ließ (nicht erhalten). 1898 wurde er von LEO XIII. seliggesprochen. Festtag: 22. Juni.

Lit.: T. Turco / G. B. de Marinis, *Innocentii V in quattuor libros sententiarum commentaria*, 4 Bde., Toulouse 1649–52; Potthast 2,1704–10; M. H. Laurent, »Le Bienheureux Innocent V et son temps«, in: *ST* 129 (1947); *Beatus Innocentius PP. V. (Petrus de Tarantasia OP)*, in: *Studia et documenta*, Rom 1943; *BSS* 7,844–846 (N. Del Re); *DTC* 7,1996 f. (J. Forget); *EC* 7,14–16 (A. P. Frutaz); *NCE* 7,525 (W. H. Principe); Seppelt 3,535–538.

Hadrian V.

(11. 7. – 18. 8. 1276)

Als in der Stadt selbst residierender Senator von Rom übte Karl von Anjou, König von Sizilien (1266–85), der auf dem 2. Konzil von Lyon (1274) verabschiedeten Konklavekonstitution folgend die Oberaufsicht über die Versammlungen der Kardinäle in S. Giovanni in Laterano aus, die einen Nachfolger für INNOZENZ V. bestimmen sollten. Da ihre Beratungen sich hinzogen, wandte er die vorgesehenen Maßnahmen in aller Schärfe an; er reduzierte ihre Verpflegung und isolierte die Kardinäle in einem solchen Ausmaß von der Außenwelt, daß einige von ihnen in der glühenden Hitze zusammenbrachen. Schließlich fiel die Wahl unter dem Einfluß des Königs, dessen Parteigänger er war, auf Kardinal Ottobono Fieschi. Geboren um 1205 in Genua, entstammte er dem Geschlecht der Grafen von Lavagna und war ein Neffe INNOZENZ' IV., der ihn nach einer Reihe von Ämtern in Reims, Paris und Parma 1251 zum Kardinaldiakon von S. Adriano ernannte. 1265 sandte KLEMENS IV. ihn, mit großen Machtbefugnissen ausgestattet, als päpstlichen Legaten nach England, wo er einen Kreuzzug predigen, Kirchenangelegenheiten organisieren und die Streitigkeiten zwischen Heinrich III. (1216–72) und seinen Baronen beilegen sollte. Seine Mission war von Erfolg gekrönt, und im Juni 1268 kehrte er zur Kurie zurück, wo er für die Förderung der Politik des Hauses Anjou in Italien wirkte und zu einem der angesehensten und einflußreichsten Mitglieder des hl. Kollegiums aufstieg.

Am Tag nach seiner Wahl versammelte Hadrian die Kardinäle im Lateran und setzte wegen ihrer »vielen unannehmbaren und unverständlichen Bestimmungen« die Konklaveregelung GREGORS X. außer Kraft, mit der Zusage, eine neue vorzulegen – seine einzige schriftlich aufgezeichnete Amtshandlung. Einige Tage später floh er die drückende Hitze Roms und ließ sich, schwer erkrankt, in Viterbo nieder. Dort starb er ohne Ordination, Weihe oder Krönung am 18. August. Dante warf ihm später (*Purg* 19,88–145) die Sünde der Habgier vor. Sein Grabmal in S. Francesco ist ein prachtvolles Meisterwerk des zeitgenössischen Florentiner Bildhauers Arnolfo di Cambio (um 1245–1302).

Lit.: Potthast 2,1709 f.; R. Graham, »Letters of Cardinal Ottobono«, in: *EHR* 15 (1900) S. 87–120; *LP* 2,457; N. Schöpp, *Papst Hadrian V. (Kardinal Ottobuono Fieschi)*, Heidelberg 1916; *DBI* 1,335–337 (L. Gatto).

Johannes XXI.

(8. 9. 1276 – 20. 5. 1277)

Als der Bürgermeister von Viterbo zehn Tage nach dem Tod HADRIANS V. vorschlug, das Konklave zu versiegeln, und sich sagen lassen mußte, daß der verstorbene Papst die Konklaveregelung GREGORS X. aufgehoben habe, kam es in der Stadt zu Aufruhr und Gewalt. Nachdem die Aufregung sich gelegt hatte, wählten die Kardinäle auf Anregung des Kardinals Orsini (später NIKOLAUS III.), der erkannte, daß er selbst keine Chance hatte, Kardinal Pedro Julião (besser bekannt unter dem Namen Petrus Hispanus) zum neuen Papst. Der 1210/20 geborene Portugiese, ein aus Lissabon stammender Arztsohn, war ein hingebungsvoller Gelehrter, der um 1240 in Paris ein Studium der Artes abschloß und 1247–50 an der neuen Universität Siena Medizin lehrte. Nach einer Tätigkeit als Dekan von Lissabon und Archidiakon von Braga lernte er über seinen Freund Kardinal Ottobono (Hadrian V.) Papst Gregor X. kennen, der ihn zu seinem Leibarzt ernannte und 1272 (nicht bestätigt) zum Erzbischof von Braga sowie 1273 zum Kardinalbischof von Tusculum erhob. Er nahm am 2. Konzil zu Lyon (1274) teil, seine Hauptleistungen waren aber zahlreiche Schriften zu wissenschaftlichen und philosophischen Themen, am bekanntesten ein weitverbreitetes Lehrbuch der Logik, *Summulae logicales* (um 1250), das manchen als Quelle der im 14. Jh. beliebten Wahrscheinlichkeitsargumente gilt. Er verfaßte jedoch auch eine Abhandlung *De anima*, Kommentare zu Aristoteles und dem mystischen Theologen Pseudo-Dionysius (um 500), eine ophthalmologische Studie über *Das Auge*, ein

weit verbreitetes Handbuch über Heilkunde, *Thesaurus pauperum*, und eine Menge anderer Traktate.
Die Wahl des Namens Johannes XXI. (es gab keinen Johannes XX.) entsprang möglicherweise einer Unklarheit über die Numerierung der verschiedenen Päpste namens Johannes im 10. und 11. Jh. Obwohl er seine Wahl annahm, hegte er nicht die Absicht, seine wissenschaftlichen Interessen aufzugeben; in Kurienangelegenheiten verfügte er ohnedies kaum über Erfahrung. Er zog sich in eine Zelle zurück, die er im rückwärtigen Teil seines Palastes in Viterbo hatte anlegen lassen, und überließ die meisten Entscheidungen Kardinal Orsini. Es überrascht daher nicht, daß seine Regierungszeit eine Rückkehr zur Politik Gregors X. bezeichnet. Seine ersten Amtshandlungen waren, die Aufhebung des Konklavebeschlusses durch Hadrian V. zu bestätigen und die für die Unruhen in Viterbo Verantwortlichen aufzuspüren und zu bestrafen – Orsini befürwortete freie Papstwahlen. Als Karl von Anjou, König von Sizilien (1266–85), ihm seine Ehrerbietung erwies, unterließ er es ostentativ, ihn als Senator von Rom und Reichsvikar in der Toskana zu bestätigen, suchte ihn aber mit König Rudolf I. von Habsburg (1273–91) auszusöhnen, um den Weg für dessen Krönung zum Kaiser zu bereiten. Da er einen Kreuzzug beabsichtigte, unternahm er jede Anstrengung, zwischen Alfons X. von Kastilien (1252–84) und Philipp III. von Frankreich (1270–85) Frieden zu stiften, trieb den Zehnten ein, um die erforderlichen Gelder zu beschaffen, und verhandelte sogar mit den Tartaren über einen gemeinsamen Feldzug gegen die Mohammedaner. Unter seiner Ägide wurden die Verhandlungen mit den Griechen, die durch den Tod INNOZENZ' V. unterbrochen worden waren, wieder aufgenommen und dem byzantinischen Hof gleichlautende Forderungen übermittelt. Wenngleich die griechische Kirche als ganzes unbeweglich blieb, hoffte Kaiser Michael VIII. Palaeologus (1259–82) darauf, daß der Papst König Karls beabsichtigten Feldzug zur Wiedereroberung Konstantinopels für den Westen verhindern würde, und unterwarf sich zusammen mit seinem Erben Andronicus und dem Patriarchen Johannes Beccus († 1297) vollständig den Forderungen Roms. Infolge der päpstlichen Bulle *Relatio nimis implacida* (18. 1. 1277) verurteilte Stephan Tempier, Bischof von Paris, 219 averroistische (d. h. heterodoxe aristotelische) Thesen, darunter 19 Thesen des Thomas von Aquin (um 1225–74).
Für einen Mann von guter Gesundheit und mit medizinischer Ausbildung kam sein Tod überraschend: das Dach seines hastig erbauten Arbeitszimmers stürzte ein und begrub Johannes unter sich; wenige Tage später erlag er seinen Verletzungen. Von Dante wurde er zwar (*Par.* 12,134 f.) unter die Theologen im »Himmel der Sonne« im Paradies eingereiht, doch von Zeitgenossen wegen moralischer Labilität und seiner Abneigung gegen religiöse Orden kritisiert. Das Bildnis des Liegenden (spätes 13. Jh.), das früher sein Grabmal zierte, ist im Dom zu Viterbo zu besichtigen.

Lit.: E. Cadier, *Le Registre de Jean XXI*, Paris 1898; Potthast 2,1710–18; M. A. Alonso, *Obras filosóficas*, Madrid 1961; J. P. Mullally, *The Summulae logicales of Peter of Spain*, Notre Dame 1945; M. Grabmann, »Handschriftliche Forschungen und Funde zu den philosophischen Schriften des Petrus Hispanus, des späteren Papstes Johannes XXI.«, in: *SAM* 9 (1936); ders., »Die Lehre vom Intellectus possibilis und Intellectus agens im Liber *De anima* des Petrus Hispanus«, in: *Archiv. d'hist. doct. et litt. du moyen âge* 11 (1937/38) S. 167–208; M. H. da Rocha Pereira, *Obras médicas de Pedro Hispano*, Coimbra 1973; J. M. Da Cruz Pontes, *A Obra filosófica de Pedro Hispano Portugalense*, Coimbra 1972; F. Copleston, *A History of Philosophy*, Bd. 3, London 1953, S. 51–53; *EC* 6,590–592 (G. B. Picotti); *NCE* 8,1013 f. (J. Ferreira); Seppelt 3,539–542; 550 f.

Nikolaus III.

(25. 11. 1277 – 22. 8. 1280)

Nach JOHANNES' XXI. unerwartetem Tod benötigten die sieben Kardinäle zur Bestimmung eines Nachfolgers sechs Monate. Der naheliegendste Kandidat war Kardinal Giovanni Gaetano, der 1210/20 in Rom geborene Sohn von Matteo Rossi und Perna Gaetani aus dem Adelsgeschlecht der Orsini. Er war seit mehr als 30 Jahren Mitglied des Hl. Kollegiums, ein fähiger und überaus erfahrener Staatsmann und die treibende Kraft hinter den Manövern Johannes' XXI. zur Beschneidung der Vorherrschaft König Karls von Sizilien (1266–85) aus dem Hause Anjou in Italien. Aus diesem Grund war ihm zwar die Unterstützung dreier Kardinäle sicher, doch die drei Parteigänger Karls widersetzten sich ihm heftig. Als das Kollegium endlich aus der Sackgasse herausfand und Orsini zum nächsten Papst wählte, nahm er den Namen Nikolaus an, da er Kardinaldiakon von S. Niccolò in Carcere gewesen war.

Als Papst setzte er sich zum Ziel – wie GREGOR X., aber anders als INNOZENZ V. –, in Italien die politische Unabhängigkeit des Hl. Stuhls gegenüber dem Haus Anjou wiederzugewinnen. In Rom überredete er Karl von Sizilien, als dessen Senatorenamt im September 1278 auslief, keine zweite Amtsperiode anzustreben, und erließ ein Dekret (11. Juli), wonach ab sofort kein nichtrömischer Fürst das Amt ohne Sondergenehmigung ausüben dürfe. Danach ließ er sich selbst auf Lebenszeit in das Amt wählen, womit er die päpstliche Signoria über Rom begründete. Desgleichen suchte er Karls Einfluß in Mittelitalien einzudämmen, bewog ihn zum Rücktritt als Reichsvikar in der Toskana und söhnte die kriegführenden städtischen Parteien, die Karl einen Vorwand zum Eingreifen verschafften, mit unterschiedlichem Erfolg miteinander aus. Unterdessen verhandelte er mit König Rudolf I. von Habsburg (1273–91), dem von Gregor X. benannten Kaiser; dieser bestätigte nicht nur die von früheren Kaisern gewährten Privilegien und Schenkungen, sondern widerrief offiziell sämtliche Ansprüche des Reiches auf die Romagna (14. 2. 1279). Da das Territorium seit Generationen umstritten gewesen war, vergrößerte Nikolaus damit den Kirchenstaat wirksam und rundete dessen Grenzen so ab, wie sie bis 1860 bestehen blieben. Schließlich entfaltete er sein ganzes diplomatisches Geschick, um eine langfristige Verständigung zwischen den Häusern Anjou und Habsburg zu erzielen, die die Suprematie des Papstes in Italien garantieren würde, und besiegelte eine Allianz zwischen den beiden Dynastien durch die Heirat zwischen Rudolfs Tochter Klementia und Karls Enkel Karl Martell (1271–95). Beide Seiten mußten beeiden, daß sie das Reich des Bündnispartners respektieren und verteidigen würden, es sei denn, daß dieser die Kirche angreife. Anscheinend – die Deutung ist umstritten – schloß das komplizierte Vorhaben, zu dem die Übertragung Burgunds auf Klementia als deren Mitgift gehörte, auch die spätere Teilung des Reiches in die vier Königreiche Deutschland, Burgund, Lombardei und Toskana ein; Deutschland sollte von einer Wahl- in eine Erbmonarchie umgewandelt werden und der Kaiser Oberherr aller vier Königreiche sein.

Im Interesse des auf dem 2. Konzil zu Lyon (1274) beschlossenen Kreuzzugs setzte Nikolaus, wenn auch ohne Erfolg, die Bemühungen Johannes' XXI. um eine Vermittlung zwischen Alfons X. von Kastilien (1252–84) und Philipp III. von Frankreich (1270–85) fort, die beide das Königreich Navarra beanspruchten, und betrieb weiterhin die Einziehung der vom Konzil beschlossenen Hilfsgelder. Der byzantinische Kaiser Michael VIII. Palaeologus (1259–82) war von seiner Weigerung, Karls lateinische Verbündete in Epirus und Thessalien zu exkommunizieren, enttäuscht, doch indem er byzantinische Abgesandte zu Gesprächen über Friedensbedingungen einlud und Karl (der aus seiner Abneigung keinen Hehl machte) dazu brachte, ihnen freies Geleit zu gewähren, blockierte er praktisch die Angriffspläne des Königs gegen Konstantinopel. Die Bedingungen, die er Michael für die Durchführung der Wiedervereinigung beider Kirchen zustellte, waren noch schärfer als die von Papst Innozenz V. und schlossen die Akkreditierung eines ständigen päpstlichen Legaten in Konstantinopel ein. Nikolaus hegte freilich nicht die Absicht, die anfällige Kircheneinheit zu gefährden, und bevollmächtigte seine Gesandten, wann immer sie es für angemessen hielten, entgegenkommend zu sein. Im Innern der Kirche reformierte er die Verwaltungspraxis der päpstlichen Kanzlei und verbesserte das Niveau des hl. Kollegiums dank etlicher hervorragender Berufungen. Als Freund der Franziskaner, deren Kardinalprotektor er gewesen war, sowie der Dominikaner besetzte er diplomatische Posten und Bischofsstühle mit Mitgliedern beider Orden. Durch seine Bulle *Exiit qui seminat* (14. 8. 1279) löste er vorübergehend die Frage der Ausdeutung des absoluten Armutsgebots für Franziskaner, indem er wie der franziskanische Theologe Bonaventura (um 1217–74) zwischen dem für verdienstvoll erklärten vollständigen Verzicht auf jegliches Eigentum und der »mäßigen Verwendung« lebensnotwendiger Dinge sowie der Erfüllung der Berufung unterschied. Neben anderen Bauarbeiten ließ er St. Peter, dessen oberster Priester er als Kardinal gewesen war, von Grund auf restaurieren. Als erster Papst der Geschichte nahm er den Vatikanpalast als Residenz, ließ ihn vergrößern und umbauen und erwarb Grundstücke, die zur Anlage der Vatikanischen Gärten bestimmt wurden.

Mitten in seiner rastlosen Tätigkeit traf ihn ein Schlaganfall, und er starb in seiner neuen Sommerresidenz bei Soriano (bei Viterbo), noch bevor er seine Unterhandlungen zwischen Karl und Rudolf von Habsburg zum Abschluß bringen konnte. Als Mann von eindrucksvoller Haltung und beherrschender Persönlichkeit wurde er von Dante (*Inferno* 19,61 ff.) aufgrund seines Nepotismus und seiner Habsucht in die Hölle verbannt. Ein zeitgenössischer Chronist bemerkte, »es hätte seinesgleichen auf Erden nicht gegeben, hätte er nur keine Verwandten gehabt, denen er übermäßige Gunst erweisen konnte«. Nikolaus wurde in der Kapelle S. Niccolò beigesetzt, die er in St. Peter hatte bauen lassen.

Lit.: Potthast 2,1719–56; 2132; J. Gay / S. Vitte, *Les Registres de Nicholas III*, Paris 1898–1938; A. Demski, *Papst Nikolaus III.*, München 1903; R. Sternfeld, *Der Kardinal Johann Gaetan Orsini (Papst Nikolaus III., 1244–77)*, Berlin 1905; E. Dupré-Theseides, *Roma dal commune di popolo alla signoria pontifica*, Bologna 1952; G. Barraclough, »The Chancery Ordinance of Nicholas III«, in: *QFIAB* 25 (1933/34) S. 192–250; D. P. Waley, *The Papal State in the 13th Century*, New York 1961; *DTC* 11,532–536 (É. Amann); Mann 16,57–166; *NCE* 10,442 f. (J. M. Muldoon); Seppelt 3,539–558.

Martin IV.

(22. 2. 1281 – 28. 3. 1285)

Nach dem Tod NIKOLAUS' III. versammelten sich die Kardinäle in Viterbo; da aber die Konklaveregelung GREGORS X. ausgesetzt war, feilschten sie sechs Monate in einer von Intrigen und Parteiengezänk geschwängerten Atmosphäre um einen Nachfolger. Auch dann war es nur die Gewaltsamkeit eines neuen, mit dem Hause Anjou sympathisierenden Bürgermeisters, die eine Wahl erzwang: er ließ zwei Kardinäle aus der Familie der Orsini einsperren und hinderte Matteo Orsini, den Anführer der Anhänger des verstorbenen Papstes, an der Teilnahme. Infolge des mächtigen Drucks durch König Karl von Sizilien aus dem Hause Anjou (1266–85) wurde der 1210/20 in Brie (Seine-et-Marne) geborene Simon de Brie (oder Brion) gekürt, ein sanftmütiger, unschlüssiger Franzose, der nach einer Tätigkeit als Archidiakon und Kanzler von Rouen, danach als Schatzmeister von St-Martin in Tours 1260 zum Kanzler und Siegelbewahrer König Ludwigs IX. (1226–70) aufstieg. Von URBAN IV. zum Kardinalpriester von S. Cecilia bestimmt, spielte er bei der Übertragung der Macht in Italien auf Karl von Anjou (1264/65) eine bedeutende Rolle und diente sowohl unter KLEMENS IV. als auch unter Gregor X. als päpstlicher Legat in Frankreich. Sein Papstname war der des französischen Schutzpatrons, und er nannte sich Martin IV., da MARINUS I. und MARINUS II. in den Papstkatalogen des 13. Jh.s irrtümlich als Martin II. und Martin III. geführt wurden. Tatsächlich war er also erst der zweite Papst dieses Namens. Da die Römer ihm den Zugang zu ihrer Stadt verwehrten, wurde er in Orvieto gekrönt, wo er zumeist auch seine Residenz hatte.

Der »französischste« aller Päpste des 13. Jh.s kehrte die Politik seines Vorgängers vollständig um. Als die Römer Martin zum Senator auf Lebenszeit gewählt hatten, bemühte er sich, Karl in jeder Beziehung entgegenzukommen, überließ ihm das Amt und praktisch den Kirchenstaat, denn er ernannte Karls Beamte zu Rektoren, d. h. Statthaltern. In der Romagna ersetzte er den Neffen Nikolaus' III. auf dem Rektorenposten durch einen Franzosen aus Karls Gefolge und ernannte den französischen Kanonisten Wilhelm Durandus (um 1230–96) zum Generalvikar. Er duldete sizilische Garnisonen innerhalb des Kirchenstaates, was in der Romagna Kämpfe mit den (kaisertreuen) Ghibellinen auslöste, in deren Verlauf die Truppen des Papstes besiegt wurden (Mai 1282). Seine Beziehungen zu König Rudolf I. von Habsburg (1273–91) waren infolge der Bemühungen Nikolaus' III. um dessen Aussöhnung mit Karl als korrekt zu bezeichnen. Obwohl über eine zukünftige Kaiserkrönung Rudolfs nicht gesprochen wurde, hatte der Papst keine Einwände, daß jener im Frühjahr 1281 seinen Kanzler als Interessenvertreter in die Toskana entsandte. Andrerseits unterstützte er energisch Karls Vorhaben einer gewaltsamen Wiedereroberung Konstantinopels für den Westen durch die Billigung eines Seebündnisses zwischen Sizilien und Venedig (Juli 1281). Es überrascht daher nicht, daß er Kaiser Michael VIII. Palaeologus (1259–82) als Schismatiker exkommunizierte (18. 11. 1281), obwohl dieser alles in seiner Macht Stehende unternommen hatte, um den Forderungen des Papstes nachzukommen. Damit provozierte der Papst die Annullierung (1283) der auf dem 2. Konzil zu Lyon (1274) beschlossenen Vereinigung der Kirchen durch Kaiser Andronicus II. Palaeologus (1282–1328). Karl wollte seinen Feldzug, dem Martin gefälligerweise das Gepräge eines Kreuzzugs verlieh, im April 1283 antreten; doch das Vorhaben wurde durch den Aufstand Siziliens gegen die Franzosen zunichte gemacht, wozu das Glockengeläut für die Ostermontagsvesper (30. 3. 1282) das Signal gab (»Sizilianische Vesper«). Martins mangelndes politisches Urteilsvermögen und sein blindes Festhalten an Karl wurden deutlich, als die siegreichen Aufständischen dem Hl. Stuhl die Insel zum Lehen anboten: der Papst schlug das Angebot aus, forderte die Rebellen auf, sich Karl zu unterwerfen, versprach diesem jeglichen Beistand zur Wiedergewinnung der Insel und belegte König Peter III. d. Gr. von Aragón (1276–85), als dieser die ihm angetragene sizilische Krone annahm, mit dem Bann und setzte ihn ab (21. 3. 1283).

Martin war Freund und Schirmherr der Bettelorden, deren Mitgliedern er in seiner Bulle *Ad fructus uberes* (13. 12. 1282) mehr Rechte zum Predigen und zur Anhörung der Beichte zugestand – ein Schritt, der den weltlichen Klerus verärgerte und an den Universitäten Streitgespräche auslöste. Die Bulle, eine gefährliche Verletzung der seelsorgerischen Rechte und Pflichten der Pfarrgeistlichkeit, mußte 1300 von BONIFATIUS VIII. abgeändert werden. Von deutschen Zeitgenossen wurde der ob seines zaudernden Geschäftsgebarens berüchtigte Papst wegen seiner unverhohlen profranzösischen Haltung gerügt. Martin starb in Perugia wenige Wochen nach seinem Freund und Gönner Karl I. von Sizilien (7. 1. 1285).

Lit.: F. Olivier-Martin [u. a.], *Les Registres de Martin IV*, 3 Tle., Paris 1901–35; Potthast 2,1756–95; *LP* 2,459–465; M. Backes, *Kardinal Simon de Brion*, Breslau 1910; R. Sternfeld, »Das Konklave von 1280 und die Wahl Martins IV.«, in: *MIÖG* 31 (1910) S. 1–53; J. R. Strayer, »The Crusade against Aragón«, in: *Speculum* 28 (1953) S. 102–113; R. Kay, »Martin IV. and the Fugitive Bishop of Bayeux«, in: *Speculum* 40 (1965) S. 460–483; A. Fábrega Grau, »Actitud de Pedro III el Grande de Aragón ante la propria deposición fulminada por Martín IV«, in *MiscHistPont* 18, Rom 1954; Mann 16,167–356; *NCE* 9,301 (H. Wieruszowski); Seppelt 3,555–565.

Honorius IV.

(2. 4. 1285 – 3. 4. 1287)

Als MARTIN IV. in Perugia starb, handelten die dort versammelten Kardinäle rasch, um jeden fremden Einfluß auszuschalten, und wählten bereits vier Tage später einmütig Giacomo Savelli, den Kardinaldiakon von S. Maria in Cosmedin, zu seinem Nachfolger. Savelli wurde 1210 geboren, entstammte einem römischen Adelsgeschlecht, studierte in Paris und wurde 1261 von URBAN IV. zum Kardinal ernannt. Er war der Großneffe von HONORIUS III., dessen Namen er annahm. Wenngleich seine Wahl dem Wunsch entsprang, die Bindungen an das Haus Anjou zu lockern, hatten er und seine Familie zu Karl von Anjou, König von Sizilien (1266–85), doch ausgezeichnete Beziehungen gepflegt, und er war Mitglied der Kommission gewesen, die diesen 1265 mit dem sizilischen Thron belehnte. In Rom wurde seine Wahl mit Begeisterung aufgenommen, und am 20. Mai wurde er dort gekrönt (ein Privileg, das man Martin IV. vorenthalten hatte). Zum Senator auf Lebenszeit gewählt, bestellte er seinen Bruder Pandolfo zu seinem Stellvertreter, der mit starker Hand Ordnung in der Stadt schuf. Im Kirchenstaat, namentlich in der Romagna, vermochte Honorius mit beständigen, versöhnlichen Methoden wieder friedliche Verhältnisse herzustellen. Der gichtgeplagte Greis konnte ungestört in Rom residieren, zuerst im Vatikan und später in einem neuen Palast, den er auf dem Aventin errichten ließ.

Die dringlichste politische Aufgabe, der Honorius sich gegenübersah, war Sizilien. Im Einklang mit den Wünschen der französischen Kollegiumsmehrheit entschloß er sich, die Politik Martins IV. fortzusetzen und einen Versuch zur Zurückgewinnung der Insel für das Haus Anjou zu unternehmen. So gewährte er Philipp III. von Frankreich (1270–85) bei dessen sog. Kreuzzug zur Eroberung Aragóns – Martin hatte König Peter III. (1276–85) nach dessen Annahme der sizilischen Krone abgesetzt – finanzielle und moralische Unterstützung und wies die Vermittlungsversuche Eduards I. von England (1272 bis 1307) zurück. Der Kreuzzug war ein völliger Fehlschlag, und im Spätherbst 1285 starben sowohl Philipp III. wie auch Peter III. In der neuen Situation folgte Peters ältester Sohn als Alfons III. (1285–91) auf dem Thron von Aragón, während sein jüngerer Sohn Jakob König von Sizilien wurde (1285–95). Von Honorius wurde nun erwartet, daß er Alfons vom Bann löse, besonders da er den von Eduard I. arrangierten Waffenstillstand zwischen Frankreich und Aragón bestätigt hatte; doch er weigerte sich. Er beharrte darauf, daß Sizilien dem Haus von Anjou zustehe, und exkommunizierte Jakob, als dieser sich in Palermo krönen ließ (2. 2. 1286). Als der Thronerbe Karls I. von Anjou, Karl II. von Salerno (1285–1309), den Peter III. von Aragón hatte gefangensetzen lassen, seinen Anspruch

auf Sizilien zugunsten Jakobs aufgab, um seine Freiheit zu erlangen, war der Papst so erzürnt, daß er sich weigerte, den Vertrag von Barcelona (Feb. 1287) anzuerkennen, der den Verzicht enthielt.
Trotz aller Anstrengungen der Kurie blieb Sizilien dem Haus Anjou verloren. Da Karl von Anjou tot war und sein Erbe Kriegsgefangener, mußte sich Honorius damit begnügen, als Lehnsherr auf dem Festlandteil des Königreichs nach der Gewaltherrschaft der Franzosen Maßnahmen zur Wiederherstellung einer ordentlichen Regierung zu ergreifen. Dies gelang ihm mit dem Erlaß zweier Bullen (17. 9. 1285), von denen eine die Rechte und Privilegien des Klerus, die andere sämtliche Aspekte der Zivilverwaltung regelte. Unterdessen fand er zur Politik GREGORS X. zurück und nahm die Beziehungen zu dessen designiertem Kaiser, Rudolf I. von Habsburg (1273–91), wieder auf. Dessen Krönung wurde auf den 2. Februar 1287 festgelegt. Doch wieder mußte Honorius eine Enttäuschung hinnehmen: da Rudolf die Reise nach Rom nicht rechtzeitig antreten konnte, mußte er einer Vertagung zustimmen. Auf dem Reichstag zu Würzburg (16.–18. 3. 1287) erteilten die um ihre Wahlfreiheit bangenden deutschen Prälaten und Fürsten dem von Honorius entsandten Legaten Johannes von Tusculum (dem einzigen von ihm berufenen Kardinal), der über neue Reisepläne verhandeln sollte, eine Abfuhr und wiesen sämtliche Forderungen nach finanzieller Beteiligung brüsk zurück. Die Gesandtschaft mußte Deutschland Hals über Kopf verlassen, und Rudolfs Krönung wurde erneut verschoben; tatsächlich fand sie nie statt.
1286 verurteilte Honorius die sog. Apostoliker, eine 1260 in Parma gegründete Sekte, die extreme Auffassungen zur apostolischen Armut vertrat. Im allgemeinen jedoch unterstützte er die Ordenshäuser leidenschaftlich. Von Anfang an erneuerte und erweiterte er die Privilegien der Dominikaner und Franziskaner, ernannte ihre Mitglieder gelegentlich zu Bischöfen und vertraute ausschließlich ihnen die Inquisition an. In Paris förderte er, um der Wiedervereinigung der Kirchen näherzukommen, das Studium der orientalischen Sprachen. Während seines Pontifikats ließ das Interesse an dem von Gregor X. auf dem 2. Konzil zu Lyon (1274) ausgeschriebenen Kreuzzug nach, und die zu seiner Finanzierung aufgebrachten Geldmittel wurden für politische Zwecke der Kurie wie den Krieg mit Aragón und die Wiedereroberung Siziliens für das Haus Anjou – beide trugen die Bezeichnung »Kreuzzug« – vergeudet.

Lit.: Potthast 2,1795–1825; M. Prou, *Les Registres d'Honorius IV*, Paris 1888; B. Pawlicki, *Papst Honorius IV.*, Münster 1896; G. von Gaisberg-Schockingen, *Das Konzil und der Reichstag von Würzburg 1287*, Marburg 1928; *PRE* 8,324–327 (H. Schulz); *NCE* 7,127 f. (J. M. Muldoon); Mann 16,357–450; Seppelt 3,555 f.; 565–574.

Nikolaus IV.

(22. 2. 1288 – 4. 4. 1292)

Die Sedisvakanz nach dem Tod HONORIUS' IV. zog sich über fast elf Monate hin. Das Konklave war hoffnungslos gespalten, und als in der großen Sommerhitze sechs Kardinäle starben und die meisten anderen erkrankten, mußte das Kollegium seine Sitzungen vertagen. Einzig ein Franziskanerbruder namens Girolamo Masci blieb in Rom; als die Kardinäle wieder zusammentraten (Feb. 1288), wählten sie ihn am 15. Februar als einen Kompromißkandidaten einstimmig zum neuen Papst – der erste Franziskaner auf dem Papststuhl. Nachdem er die Annahme der Wahl zunächst verweigert hatte, wählten sie ihn am 22. Februar erneut. Der am 30. September 1227 in Lisciano (bei Ascoli Picena) geborene Sohn eines Schreibers war frühzeitig den Franziskanern beigetreten, 1272 Provinzial ihrer dalmatinischen Provinz und 1274 als Nachfolger des Theologen und Mystikers Bonaventura (um 1217–74) General des Ordens geworden. 1272 befand er sich unter den von GREGOR X. nach Konstantinopel entsandten Diplomaten, die über die Anwesenheit griechischer Delegierter auf dem geplanten 2. Konzil von Lyon (1274) verhandeln sollten. Als er 1278 auf Friedensmission in Frankreich weilte, ernannte NIKOLAUS III. ihn zum Kardinalpriester von S. Pudenziana und suchte bei der Vorbereitung seiner Bulle über die Armut, *Exiit qui seminat* (14. 8. 1279), seinen Rat. MARTIN IV. machte ihn zum Kardinalbischof von Palestrina.
Wie sein Vorgänger wurde Nikolaus zum Senator von Rom auf Lebenszeit gewählt, doch hinderten ihn periodisch ausbrechende Unruhen daran, ständig dort zu residieren. An den Auseinandersetzungen zwischen den Adelshäusern der Stadt trug er teilweise selbst Schuld, da er bei seinen Bemühungen, die Stellung des Papsttums

zu stützen, im Gegensatz zu seinen Vorgängern eine einzige Familie auswählte, der er seine Gunst schenkte: der Familie Colonna, zu der er bereits vorher Verbindungen hatte. Ein Familienmitglied erhob er zum Kardinal, andere berief er auf Verwaltungsstellen im Kirchenstaat, und 1290 ließ er den tatkräftigen Giovanni Colonna zum alleinigen Senator wählen. Seine Unterwürfigkeit den Colonna gegenüber war so augenfällig, daß er vom Volk in Darstellungen verspottet wurde, die ihn in eine Säule (das Familienwappen der Colonna) eingeschlossen zeigen, aus der lediglich sein Tiara-gekröntes Haupt hervorschaut. Doch solcher Hohn hielt ihn nicht davon ab, Rom zum Zentrum berühmter Künstler wie Arnolfo di Cambio, Pietro Cavallini und Giacomo Torriti zu machen und deren künstlerisches Talent zum Umbau und zur Ausschmükkung der Basiliken S. Giovanni in Laterano und S. Maria Maggiore einzusetzen. In der Nähe der letzteren ließ er einen Palast errichten, den er bei seinen Aufenthalten in Rom als Hauptsitz benutzte.

Gegenüber Rudolf I. von Habsburg (1273–91), dem designierten Kaiser, und auch Sizilien verfolgte Nikolaus die Politik der Kurie. Mit Rudolf korrespondierte er über das Datum seiner mehrfach verschobenen Kaiserkrönung, doch führte der Briefwechsel zu keinem Ergebnis, und der König starb 1291 ohne kaiserliches Diadem. Der Papst verwandte Zeit und Mühe darauf, den König von Aragón zur Übergabe Siziliens an das Haus Anjou zu zwingen, dem die Insel nach der Sizilianischen Vesper (30. 3. 1282) verlorengegangen war. Er brachte ein gegen Aragón gerichtetes Bündnis Kastiliens mit Frankreich zuwege, erklärte den Vertrag von Champfranc (28. 10. 1288) für nichtig, in dem Jakob von Aragón als König von Sizilien (1285–95) bestätigt wurde, und krönte Karl II. von Salerno (1285–1309), den Erben Karls I. von Anjou (1265–85), in Rieti zum König von Neapel und Sizilien (29. 5. 1289), nachdem dieser ihm freilich als seinem Oberherrn gehuldigt und versprochen hatte, in Rom und im Kirchenstaat kein Amt ohne päpstliche Billigung anzunehmen. Als Jakob erfolgreich in das süditalienische Festland einfiel, erhob er einen Zehnten, um Karls Widerstand zu finanzieren, doch im August 1289 mußte er einem von Eduard I. von England (1272–1307) ausgearbeiteten Waffenstillstand zustimmen. Er löste Alfons III. von Aragón (1285–91) vom Bann, als dieser sich in einem Vertrag mit Karl II. und Philipp IV. von Frankreich (1285–1314) verpflichtete, seinem Bruder Jakob von Sizilien nicht beizustehen. Entgegen seinen Hoffnungen gelang es ihm jedoch nicht, Sizilien zu isolieren. Als Alfons starb (18. 6. 1291), wurde Jakob zusätzlich zu Sizilien König von Aragón und bestellte seinen Bruder Friedrich zum Verweser der Insel.

Nikolaus zeigte sich stärker an einem Kreuzzug interessiert als seine Vorgänger. Nach der Plünderung von Tripoli (Libanon) im April 1289 erließ er einen entsprechenden Aufruf und schickte selber eine kleine Flotte. Der Fall von Akre (heute: Akko, Israel), dem letzten christlichen Vorposten im Heiligen Land, im Mai 1291 bewog ihn zu neuen Appellen, die jedoch ohne Echo blieben. Das Ergebnis hätte anders ausfallen können, wenn der Papst und die europäischen Monarchen mit Il-Khan Arghun, dem Herrscher des Iran, eine Allianz gegen die Mohammedaner gebildet hätten; doch auf dessen dringende Gesuche um gemeinsame Aktionen reagierten sie nur mit Versprechungen. Nikolaus erhielt indes den Titel eines Missionspapstes, weil er 1289 den Franziskaner Giovanni di Monte Corvino († um 1330) an den Hof des Großen Kublai-Khan (1260–94) sandte; diese Mission führte zur Gründung der ersten katholischen Kirche in China, wo zuvor nur Nestorianer über einigen Einfluß verfügt hatten. 1307 wurde Giovanni von KLEMENS V. zum ersten Erzbischof von Peking ernannt. Missionare, zumeist Franziskaner, schickte Nikolaus auch auf den Balkan und in den Nahen Osten. Seine Bulle *Coelistis altitudo* (18. 6. 1289), die bis zu einem gewissen Grad bereits bestehende Praktiken des 13. Jh.s festigte, war ein verfassungsrechtlicher Schritt von weitreichender Bedeutung: mit ihr überschrieb er die Hälfte aller Einkünfte des Hl. Stuhls dem Kardinalskollegium. Zugleich gewährte er diesem einen Anteil an der Verwaltung (unter der Kontrolle des Kardinalkämmerers) und machte die Berufung in Rektorate und andere Ämter im Kirchenstaat von seiner Zustimmung abhängig.

Nikolaus wurde in seiner geliebten Kirche S. Maria Maggiore begraben, wo ein von Domenico Fontana und anderen geschaffenes Denkmal aus dem 16. Jh. sein Grab überwölbt.

Lit.: E. Langlois, *Les Registres de Nicolas IV*, 2 Bde., Paris 1886–1905; *LP* 2,466 f.; Potthast 2,1826–1915; O. Schiff,

Studien zur Geschichte Papst Nikolaus' IV., Berlin 1897, Vaduz 1965; R. Röhricht, »Der Untergang des Königreichs Jerusalem«, in: *MIÖG* 15 (1894) S. 1–58; J. R. Strayer, »The Crusade against Aragón«, in: *Speculum* 28 (1953) S. 102–113; S. Runciman, *The Sicilian Vespers*, Cambridge 1959; J. Richard, »Le début des relations entre la papauté et les Mongols de Perse«, in: *Journal Asiatique* 237 (1949) S. 291–297; Mann 17,1–253; *NCE* 10,443 (J. M. Muldoon); Seppelt 3,572–580.

Cölestin V.

Hl. Pietro (5. 7. – 13. 12. 1294; † 19. 5. 1296)

Nach dem Tod NIKOLAUS' IV. waren die zwölf Kardinäle aufgrund familiärer und persönlicher (und weniger politischer) Animositäten so uneins, daß sie die erforderliche Zweidrittelmehrheit nicht zusammenbrachten und der Papststuhl 27 Monate lang vakant blieb. Zweimal verließen einige von ihnen das unruhige Rom und seine gesundheitsschädigende Hitze. 1293 unternahmen die Kardinäle aus dem Geschlecht der Colonna, die zurückgeblieben waren, einen vergeblichen Anlauf, im Alleingang eine Wahl durchzuführen. Im Oktober 1293 jedoch trat das Konklave in Perugia erneut zusammen, und als König Karl II. von Sizilien und Neapel (1285–1309) im März 1294 dort eintraf, um einen Geheimvertrag über die Räumung Siziliens durch seinen Bruder Friedrich genehmigen zu lassen, den er 1293 mit Jakob II. von Aragón (1291–1327) bei La Junquera abgeschlossen hatte, wurde die Abhaltung einer Wahl immer dringlicher. Die Kardinäle lehnten das Ansinnen ab, doch Karl versuchte die Wahlprozedur zu beschleunigen, indem er ihnen eine kurze Liste mit vier Namen vorlegte – ohne Erfolg. Nach seiner Abreise verstärkte sich jedoch der Druck: im Mai und Juni Unruhen in Rom, Kämpfe in der Region Orvieto und der tragische Tod des jüngeren Bruders von Kardinal Napoleone. Als sie am 5. Juli in gespannter Atmosphäre zusammentraten, enthüllte Kardinal Latino Malabranca, daß ein frommer Einsiedler geschrieben und göttliche Rache vorhergesagt habe, falls sie die Kirche noch länger ohne Oberhaupt beließen. Auf Fragen teilte er mit, daß der Eremit kein anderer sei als der angesehene Pietro del Morrone. Als Dekan des Kollegiums gab er daraufhin seine Stimme für Pietro ab, und nach und nach wurden zunächst die Zweidrittelmehrheit und schließlich Einmütigkeit erreicht.
Pietro zählte damals 85 Jahre. Er wurde 1209 oder Anfang 1210 als elftes Kind einfacher Bauern namens Angelerio und Maria in der Grafschaft Molise geboren. Noch als Knabe trat er in das Benediktinerkloster S. Maria di Faifula (bei Montagano) ein, doch um 1231 verlangte es ihn nach einem Einsiedlerdasein in den wilden Abruzzen. Nach seiner Priesterweihe in Rom lebte er mehrere Jahre in einer Höhle auf dem Berg Morrone (oberhalb Sulmona), zog sich um 1245 jedoch in die noch weniger zugänglichen Höhen des Maiella-Gebirges zurück, um der öffentlichen Neugier zu entfliehen. Er gründete eine Eremitengenossenschaft – später Cölestiner genannt –, die im Juni 1263 von URBAN IV. dem Benediktinerorden angegliedert wurden. Der örtliche Bischof hatte Pietro 1259 gestattet, am Fuß des Morrone eine Kirche (S. Maria) zu erbauen. Seine Bruderschaft hatte Verbindungen zu den radikalen Franziskanern oder »Spiritualen«. Um ihre Unabhängigkeit von bischöflichen Eingriffen zu wahren, reiste Pietro 1274 zu Fuß nach Lyon, wo er unmittelbar nach dem 2. Konzil eintraf und von GREGOR X. ein feierliches Privileg erhielt, das sowohl die Eingliederung in den Benediktinerorden als auch sein Eigentum bestätigte. Nach seiner Rückkehr aus Lyon hielt er in S. Spirito in Maiella das erste Generalkapitel seines Ordens ab, auf der die Regel des hl. Benedikt (um 480 – um 550) als verbindlich anerkannt und liturgische und disziplinarische Richtlinien erlassen wurden. Im folgenden Jahrzehnt erreichten seine Aktivitäten ihren Höhepunkt: 1276 wurde er sowohl Abt von S. Maria di Faifula als auch Prior von S. Spirito in Maiella und knüpfte Verbindungen zu Karl I. von Anjou, König von Sizilien (1266–85), der S. Maria 1278 unter königlichen Schutz stellte. Sein Ruhm als Asket, Wunderheiler und Ordensführer verbreitete sich über die Abruzzen hinaus, und in der Kurie wie am Hof zu Neapel war sein Name ein Begriff. 1293 zog er von der Maiella wieder zum Berg Morrone, wo er das Kloster S. Spirito erbauen ließ (heute ein Gefängnis) und sich in einer winzigen Berggrotte in 637 m Höhe (S. Onofrio) einrichtete. Die Leitung der Gemeinschaft überließ er anderen.
Mehrere Faktoren trugen zu der erstaunlichen Wahl der Kardinäle bei: Überdruß wegen der Pattsituation; Hoffnung, daß ein kühner Schachzug das Papsttum erneuern würde; der Traum des 13. Jh.s von einem »Engelpapst«, der eine Ära des Hl. Geistes einleiten werde. Daß

Karl II. seine Hand im Spiel hatte, ist eher unwahrscheinlich. Die Wahl, die Pietro nur unter äußerstem Protest annahm, stieß indes auf großen Beifall, und in radikalen Kreisen wurde er als der erhoffte »Engelpapst« begrüßt. Karl II. und sein Sohn Karl Martell begleiteten ihn – der rittlings auf einem Esel saß – nach L'Aquila, wo er am 29. August in seiner eigenen Kirche S. Maria di Colmaggio als Cölestin V. zum Papst geweiht wurde. Die Kardinäle wünschten die Zeremonie in Perugia oder Rieti, doch Karl beharrte auf einer Stadt in seinem Herrschaftsgebiet. Er sorgte auch dafür, daß der neue Papst nicht, wie die Kurie verlangte, in Rom, sondern im Castel Nuovo in Neapel residierte (5. Nov.). Cölestin war recht eigentlich eine Marionette Karls; er berief dessen Günstlinge in Schlüsselpositionen der Kurie und des Kirchenstaats, und bei der Ernennung von zwölf neuen Kardinälen (18. Sept.) akzeptierte er lammfromm die Kandidaten Karls (einschließlich sieben Franzosen). Auf Karls Bitten ratifizierte er den Vertrag von La Junquera (1. Okt.), darunter auch eine Klausel, die Jakob II. aufforderte, Sizilien innerhalb von drei Jahren der Kirche zurückzugeben, und führte die Konklaveregelung Gregors X. wieder ein, wobei er den König zum Schutzherrn über die nächste Wahl ernannte. Cölestin war naiv, inkompetent und so ungebildet, daß sich das Konsistorium des Italienischen statt des Lateinischen bedienen mußte. Er stürzte die Routineverwaltung der Kirche ins Chaos, indem er etwa ein und dieselbe Pfründe mehr als einem Bewerber zusprach. Wenn er Initiative zeigte, dann bei der Überhäufung seiner eigenen Kongregation mit Privilegien. Er ging sogar daran, ihr große Benediktinerabteien wie Monte Cassino einzugliedern. Die Franziskaner-Spiritualen standen unter seinem Schutz.

Als die Adventszeit nahte, kam ihm der Gedanke, die Regierung der Kirche, während er fastete und betete, drei Kardinälen zu überlassen, doch stieß sein Plan auf starken Widerstand. In seiner Seelenqual dachte er bereits daran, abzudanken, und beriet sich mit Kardinal Benedetto Gaetani, einem angesehenen Kanonisten, über die Möglichkeit eines freiwilligen Rücktritts. Als Benedetto ihm (irrtümlich) versicherte, daß es für einen solchen Schritt Präzedenzfälle gegeben habe, ließ er zunächst ein Kommuniqué aufsetzen, das die Gründe für seinen Verzicht anführte. Am 10. Dezember erließ er eine Bulle mit der Erklärung, daß die Konklaveregelung Gregors X. im Fall einer Abdankung Geltung besitze, und am 13. Dezember schließlich verlas er vor dem versammelten Konsistorium eine von Benedetto vorbereitete Abdankungsformel, legte die päpstlichen Insignien ab und wurde wieder »Bruder Pietro«. In einem letzten Appell bat er die Kardinäle, zum Besten der Kirche rasch zur Neuwahl zu schreiten.

Pietro hegte den aufrichtigen Wunsch, in sein Refugium auf dem Berg Morrone zurückzukehren, doch sein Nachfolger BONIFATIUS VIII. (niemand anders als Benedetto Caetani) konnte dies nicht gestatten; denn Pietro, so formbar in geschickten Händen, konnte leicht zum Werkzeug von Schismatikern werden. Daher wurde er unter Bewachung gehalten. Zwar gelang es ihm, zu entkommen und mehrere Monate lang auf freiem Fuß zu sein, doch am Ende wurde er eingefangen und im Turm von Castel Fumone (östl. von Ferentino) unter strengen Hausarrest gestellt. Es gibt keinen Beweis, daß er mit unbilliger Härte behandelt wurde. Als er an einer durch einen Abszeß hervorgerufenen Infektion starb (19. 5. 1296), wurden seine sterblichen Überreste zunächst in Ferentino beigesetzt, doch 1317 nach S. Maria di Colmaggio überführt, wo er zum Papst gekrönt worden war. Auf Drängen Philipps IV. von Frankreich, der einen Rachefeldzug gegen Bonifatius VIII. führte, sprach KLEMENS V. ihn heilig (4. 5. 1313), allerdings nicht als Märtyrer, wie Philipp vorgeschlagen hatte, sondern als Bekenner. Festtag (nicht mehr überall begangen): 19. Mai.

Lit.: *AASS* (Mai) 4,418–537; A. M. Frugoni, *Celestiniana*, Rom 1954; F. X. Seppelt, *Monumenta Coelestiniana*, Paderborn 1921; F. Baethgen, *Der Engelpapst*, Leipzig 1943; ders., *Beiträge zur Geschichte Cölestins V.*, Halle 1934; P. Herde, *Papst Cölestin V. (Peter vom Morrone)*, Stuttgart 1981; *DBI* 23,402–415 (P. Herde); *DHGE* 12,79–101 (R. Mols); Mann 17,247–341; Seppelt 3,555; 582–587.

Bonifatius VIII.

(24. 12. 1294 – 11. 10. 1303)

Im Einklang mit der Konklaveregelung GREGORS X., die CÖLESTIN V. wieder in Kraft gesetzt hatte, traten die Kardinäle zehn Tage nach dessen Abdankung im Castel Nuovo (Neapel) zusammen und wählten am folgenden Tag im dritten Wahlgang Kardinal Benedetto Gaetani zu seinem Nachfolger. Gaetani, aus einer bescheidenen adligen Familie der Campagna, wurde um 1235 in Anagni geboren, studierte in Bologna die Rechte, begleitete 1264 und 1265–68 päpstliche Legaten nach Frankreich bzw. England und wurde Ende der 70er Jahre päpstlicher Notar. 1281 ernannte ihn MARTIN IV. zum Kardinaldiakon, 1291 machte NIKOLAUS IV. ihn zum Kardinalpriester. Bei beiden Gelegenheiten wurde ihm gestattet, seine zahlreichen Pfründen beizubehalten und ihre Einkünfte zur Förderung seiner Familie zu nutzen. Seine Aggressivität und sein diplomatisches Geschick kamen 1290/91 in Frankreich zur Geltung, als er in Paris auf glänzende Weise für die Rechte der Bettelorden eintrat, später erfolgreich den Vertrag von Tarascon (Feb. 1291) mit Aragón vermittelte und den Ausbruch eines Krieges mit England verhinderte. Als anerkannte Autorität auf dem Gebiet des Kirchenrechts beriet er Cölestin V. in der Frage seiner Abdankung – eine Rolle, die ihm den Haß der Franziskaner-Spiritualen eintrug (die im Gegensatz zur Mehrheit der Franziskaner die buchstabengetreue Befolgung der Regel und des Vermächtnisses des hl. Franz, besonders des Armutsgebots, forderten). Kaum gewählt, widerrief er (27. Dez.) die meisten Privilegien, die Cölestin so leichtsinnig gewährt hatte, entließ die von dem Angeviner Karl II. von Sizilien und Neapel (1285–1309) aufgezwungenen Kurienbeamten und verlegte seinen Hof von Neapel nach Rom, wo er unter dem Namen Bonifatius VIII. geweiht und gekrönt wurde (23. 1. 1295).

Bonifatius, der sich seiner intellektuellen Überlegenheit bewußt war, mischte sich ständig gebieterisch in die internationale Politik ein, doch schlug seine Politik allzu häufig fehl, nicht nur weil sie zu impulsiv war, sondern mehr noch, weil seine Auffassung vom Papst als Herrn des Erdkreises der neuen politischen Ordnung nicht mehr entsprach. So endete sein langer Kampf um die Rückgabe Siziliens an Karl II. von Neapel nach scheinbarem Erfolg (1295) mit seiner widerstrebenden Anerkennung der Unabhängigkeit der Insel unter Friedrich von Aragón (1296–1337) im Frieden von Caltabellotta (1302). Seine Bemühungen, im Interesse eines Kreuzzugs zwischen Venedig und Genua zu vermitteln (1295), Schottlands Unabhängigkeit gegen England zu unterstützen (1299) und dem Enkel Karls II., Karl I. Robert bzw. Karobert (1288–1342), die ungarische Krone zu sichern, blieben ergebnislos. Größeren Erfolg hatte er in der Unterwerfung Erik VI. Menveds von Dänemark (1286–1319), der 1294 den Erzbischof von Lund eingekerkert hatte. Obwohl er ursprünglich dem 1298 zum deutschen König gewählten Albrecht I. von Österreich (1298–1308) feindlich gesinnt war, fand er es im April 1203 klüger, ihn im Austausch für wertvolle Zugeständnisse als designierten Kaiser anzuerkennen. Seine Versuche, die Feindseligkeiten zwischen Frankreich und England über die beiden Lehen des englischen Königs, Guyenne und Gascogne, zu beenden, führten zu einem verhängnisvollen Zerwürfnis zwischen ihm und Philipp IV. von Frankreich (1285–1314). Beide Länder brachten die für den Krieg erforderlichen Gelder durch Besteuerung der Geistlichkeit auf – eine Praxis, die ohne Zustimmung des Papstes im Kirchenrecht untersagt war. Als Bonifatius die Steuer jedoch mit seiner Bulle *Clericis laicos* (25. 2. 1296) unterbinden wollte, rächte sich Philipp mit einem Ausfuhrverbot für Geld und Kostbarkeiten und der Ausweisung ausländischer Kaufleute – ein geschickter Schachzug, war der Etat des Papstes doch auf die Einkünfte aus Frankreich angewiesen. Nach einigem Protest mußte der Papst einen Rückzieher machen: im Juli 1297 ermächtigte er den König, den Klerus im Notfall auch ohne Konsultation mit Rom zu besteuern. Der auf diese Weise vorübergehend wiederhergestellte Friede wurde mit der Heiligsprechung (11. 8. 1297) von Philipps verehrtem Großvater Ludwig IX. (1214–70) besiegelt.

Bonifatius hätte Philipp wohl nicht so leicht nachgegeben, hätte er sich nicht einem Aufstand der mächtigen Familie Colonna gegenübergesehen. Die Colonna hatten, obwohl sie mit ihm wegen Besitzungen in der Campagna aneinandergeraten waren, seine Wahl unterstützt, waren jedoch durch seinen herrischen Regierungsstil ernüchtert, widersetzten sich seiner Sizilienpolitik und zweifelten wie die Franziskaner-Spiritualen die Gültigkeit von Cölestins V. Rücktritt und damit seine eigene Wahl an. Sie starteten eine Verleumdungskampagne gegen ihn. Als sie aber im Mai 1297 einen Konvoi mit dem päpstlichen Schatz überfielen, schlug der Papst hart zurück und setzte zwei ihrer Kardinäle ab, die er exkommunizierte. Hierauf reagierten die Colonna mit einer feierlichen Denkschrift, in der sie ein allgemeines Konzil zur Beurteilung der Rechtmäßigkeit seiner Papstwürde und zur Untersuchung des ihm angelasteten Mordes an Cölestin forderten. Als Antwort organisierte er einen heiligen Krieg gegen sie, ließ ihre Festungen schleifen und ihre Länder zu seiner eigenen Bereicherung enteignen. Bereits im Oktober 1298 mußten sich die Colonna, die ein Dossier mit angeblichen Verbrechen des Papstes bei den europäischen Fürsten in Umlauf gebracht hatten, unterwerfen; während der damals herrschenden Entspannung wurde ihnen die erwartete Hilfe der Franzosen nicht zuteil. Freilich suchten die beiden abgesetzten Colonna-Kardinäle an Philipps Hof Zuflucht, um dort ihre Hetze fortzusetzen. Unterdessen schien der Triumph des Papstes vollendet; das Jahr 1300 konnte er zum Jubeljahr (das erste Heilige Jahr) erklären; Pilgern zu den Gräbern der Apostel wurde vollkommener Ablaß gewährt. Sein Selbstbewußtsein war nie größer: gelegentlich schmückte er sich mit den Reichsinsignien und prahlte, er sei nicht nur Papst, sondern auch Kaiser.

Im Herbst 1301 flackerte der Konflikt mit Philipp erneut auf und steigerte sich zu verheerender Gewalttätigkeit. Der König hatte den ihm ungehorsamen Bischof von Pamiers zu einer unbefristeten Gefängnisstrafe verurteilt und verlangte seine Degradierung, doch Bonifatius begriff, daß die Frage königlicher oder päpstlicher Kontrolle über den Klerus auf dem Spiel stand. Ohne den Fall selbst zu untersuchen, verdammte er (*Ausculta fili*, 5. 12. 1301) die Verletzung der kirchlichen Freiheit, zog die zuvor bewilligten Steuerbefreiungen zurück und berief den höheren Klerus Frankreichs im November 1302 zu einer Synode nach Rom, um seine Beschwerden zu erörtern. Die Oberhoheit des Papstes über die weltliche Macht wurde nachdrücklich hervorgehoben. Es folgte ein Propagandafeldzug, in dem der Hof die Bulle karikierte und behauptete, daß der König in weltlichen Angelegenheiten niemandem unterworfen sei, während der Papst entgegnete, daß er zwar keine Oberhoheit über Frankreich beanspruche, den König jedoch ins Gebet nehmen könne, sofern dieser sündige. Nach der römischen Synode, an der 39 französische Bischöfe teilzunehmen wagten, erließ Bonifatius seine vieldiskutierte Bulle *Unam sanctam* (18. 11. 1302), eine extreme, wenn auch keineswegs neue Darlegung der Suprematie der geistlichen über die weltliche Macht; im Schlußsatz wurde behauptet, daß jedes Geschöpf für die Erlangung seines Seelenheils dem Pontifex untertan sein müsse. Bonifatius schlug Bedingungen für eine Aussöhnung vor, doch Philipp ging unter dem Einfluß seines neuen Ratgebers Guillaume de Nogaret (um 1260–1313) zu einem massiven persönlichen Angriff über. Er veröffentlichte eine Zusammenstellung sämtlicher Anklagen gegen den Papst, die auf den Denkschriften der Colonna beruhte und von Unrechtmäßigkeit über sexuelles Fehlverhalten bis zur Ketzerei reichte, und es erhob sich die hartnäckige Forderung nach einem Konzil, um ihn abzusetzen. In Anagni wies Bonifatius die Vorwürfe zurück und bereitete seine Bulle *Super Petri solio* vor, in der Philipp exkommuniziert wurde und die er am 8. September 1303 zu veröffentlichen gedachte. Am Vortag indessen traf Nogaret, der mit der Vollmacht zur Festnahme des Papstes nach Italien gekommen war, zusammen mit Sciarra, dem Oberhaupt der Colonna, und einem Söldnerhaufen in Anagni ein, stürmte den Papstpalast und verlangte den Rücktritt des Papstes. Als dieser sich weigerte, ergriffen sie ihn, um ihn nach Frankreich zu schaffen, wo er von einem Konzil verurteilt werden sollte. Die Stimmung in der Stadt schlug jedoch um; die Bürger befreiten ihn und vertrieben seine Häscher. Nach einigen Tagen Rast kehrte er (25. Sept.) unter dem Schutz der Orsini nach Rom zurück, wo er am 12. Oktober, gebrochen an Leib und Seele, im Vatikan verstarb.

Bonifatius hatte mit seinen politischen Aktivitäten wenig Erfolg, doch mit der Veröffentlichung des *Liber sextus* (1298), der die fünf Bücher des *Liber extra* (1234) von GREGOR IX. fortsetzt und den dritten Teil des *Corpus iuris canonici* bildet, leistete er einen bleibenden Beitrag und stellte seinen juristischen Scharfsinn unter Beweis. Auch schuf er im Verwaltungssystem der Kurie die dringend benötigte Ordnung, ließ die päpstliche Bibliothek katalogisieren und das Vatikanische Archiv neu ordnen. Mit der Bulle *Super cathedram* (18. 2. 1301) beschnitt er zur Verminderung von Spannungen mit dem weltlichen Klerus drastisch das Recht der Bettelorden, zu predigen und die Beichte zu hören. Er förderte Wissenschaften und Künste; so gründete er 1303 eine Universität in Rom, plante eine weitere in Avignon und unterstützte Giotto und Arnolfo di Cambio. Er gab die Aufstellung so vieler Standbilder von sich selbst in Auftrag (oder duldete sie zumindest), daß Lästerzungen ihm die Förderung des Götzendienstes vorwarfen. Dies waren die Leistungen eines Mannes, der, auch wenn die gegen ihn vorgetragenen und nach seinem Tod ungestüm durchgesetzten Anklagen zumeist Erfindungen oder Verzerrungen waren, ungewöhnlich unsympathisch war; der außerordentliche Fähigkeiten mit Arroganz und Grausamkeit, unersättliche Habgier zugunsten seiner Familie mit empfindungsloser Verachtung für seine Mitmenschen in sich vereinte; der gefürchtet und verhaßt und zur Freundschaft unfähig war.

Lit.: G. A. L. Digard [u. a.], *Les Registres de Boniface VIII*, 4 Bde., Paris 1884–1939; H. Denifle, »Die Denkschriften der Colonna gegen Bonifaz VIII.«, in: *ALKGMA* 5 (1889) S. 493–529; T. S. R. Boase, *Boniface VIII*, London 1933; F. M. Powicke, »Pope Boniface VIII«, in: *History* 18 (1934) S. 307–329; G. A. L. Digard, *Philipp le Bel et le saint siège de 1295 à 1304*, Paris 1936; H. Finke, *Aus den Tagen Bonifaz' VIII.*, Münster 1902; C. T. Wood, *Philipp the Fair and Boniface VIII*, London ²1971; *EB* (15. Aufl.) 3,32–34 (G. B. Ladner); *NCE* 2,671–673 (B. Tierney) *DBI* 12,146–170 (E. Dupré-Theseider); Mann 18,1–420; Seppelt 4,9–61.

Benedikt XI.

Seliger (22. 10. 1303 – 7. 7. 1304)

In der auf BONIFATIUS' unerwarteten Tod folgenden Empörung in Rom wählten die Kardinäle nach dem Ausschluß der mit dem Bann belegten Brüder Giacomo und Pietro Colonna einstimmig Niccolò Boccasino, den Kardinalbischof von Ostia, zum Papst. Dieser wurde 1240 in Treviso geboren und war der Sohn eines Notars aus einfachen Verhältnissen. Als Junge trat er dem Dominikanerorden bei, lehrte mehr als 10 Jahre lang Theologie und verfaßte Kommentare zu den Psalmen, dem Buch Hiob, dem Matthäus-Evangelium und der Offenbarung. 1286 wurde er Ordensprovinzial in der Lombardei und 1296 zum Ordensgeneral gewählt. In dieser Eigenschaft verteidigte er energisch die Rechtmäßigkeit von Papst Bonifatius VIII., die von den Colonna-Kardinälen und den Franziskaner-Spiritualen in Abrede gestellt wurde. In Anerkennung seiner Loyalität ernannte Bonifatius ihn 1298 zum Kardinal (nachdem er ihn bereits 1297 zu Friedensverhandlungen zwischen Frankreich und England für brauchbar befunden hatte) und sandte ihn 1301 als Legaten nach Ungarn, wo er die Ansprüche Karls I. Robert oder Karoberts (1288–1342), Großenkel Karls II. von Neapel (1285–1309), auf den Thron unterstützen sollte. Obwohl seine Mission keinen Erfolg zeitigte, kam ihm Karls Dankbarkeit für seine guten Dienste bei der Papstwahl zustatten, denn der König besetzte Rom während des Konklaves. Die Anhänger des Bonifatius unter den Kardinälen traten für ihn als einen Fürsprecher des verstorbenen Papstes ein, der sich niemals mit dessen antifranzösischer Politik identifiziert hatte, ihm aber mutig zur Seite stand, als in Anagni ein brutales Attentat auf ihn verübt wurde. Er nannte sich Benedikt nach dem Geburtsnamen des Bonifatius, Benedetto.

Benedikt – schwach, friedfertig und gelehrt (er fühlte sich nur bei den Dominikanern geborgen) – tat alles in seiner Macht stehende, um in einer schweren Krisenzeit die Aussöhnung zu erzielen. Zunächst befaßte er sich mit den beiden Colonna-Kardinälen, die seine Wahl zum Papst als ungültig anprangerten, da sie davon ausgeschlossen gewesen waren. Hin- und hergerissen zwischen entgegengesetzten Ratschlägen, löste er sie und ihre Verwandten (23. 12. 1303) von dem Bann, den Bonifatius über sie verhängt hatte, ohne ihnen indessen ihre Kirchenämter oder ihre beschlagnahmten Ländereien zurückzugeben. Dieser Kompromiß erfüllte zwar ihre Hoffnungen nicht, doch zugleich empörte er ihre Feinde unter den Anhängern des Bonifatius. Die folgenden Fraktionskämpfe lösten in Rom derartige Tumulte aus, daß Benedikt es im April 1304 für sicherer hielt, seinen Sitz nach Perugia zu verlegen. Gegenüber Friedrich III. von Sizilien (1296–1337), den Bonifatius 1303 nur widerstrebend anerkannt hatte und der aus der Verlegenheit des Hl. Stuhls inzwischen Kapital schlug, zeigte er mehr Festigkeit und verpflichtete ihn (1304) dazu, seinen Treueid zu erneuern und seine Abgaben zu entrichten. Demgegenüber hatten seine Anstrengungen, in Florenz und in der Toskana – beide von Parteienhader zerrissen – den Frieden wiederherzustellen, keinen Erfolg. Das heikelste Problem jedoch war Bonifatius' Todfeind Philipp IV. der Schöne von Frankreich (1285–1314), der ein allgemeines Konzil zur postumen Verurteilung des Papstes verlangte. Benedikt suchte den Ausgleich, doch ohne Prinzipien aufgeben oder seinen Vorgänger beleidigen lassen zu müssen. Da er Philipp tatsächlich für exkommuniziert hielt, unterrichtete er ihn zunächst nicht offiziell von seiner Wahl. Als die Gesandten des Königs indes im März 1304 in Rom mit dem Auftrag eintrafen, ihm zu seiner Wahl zu gratulieren und jede notwendige Absolution zu »akzeptieren«, erließ der Papst am 25. März eine Bulle, mit der er Philipp und seine

Familie von allen Zensuren, die sie sich aufgeladen hatten, löste. Diese bedingungslose Absolution bewirkte jedoch kein Nachlassen der französischen Kampagne für ein allgemeines Konzil, und im April und Mai widerrief Benedikt sämtliche gegen Frankreich oder den französischen König, seine Berater und seine Beamten gerichteten Strafmaßnahmen durch Bonifatius. Allen Franzosen, die in Anagni an der Schandtat gegen Bonifatius beteiligt gewesen waren, mit Ausnahme ihres Rädelsführers, des königlichen Ministers Guillaume de Nogaret (um 1260–1313), wurde Straferlaß gewährt; Bonifatius' Bulle *Clericis laicos*, mit der den Fürsten die Besteuerung ihres Klerus ohne Zustimmung Roms untersagt war, wurde fast vollständig zurückgezogen; Philipp wurde auf zwei Jahre der Zehnte bewilligt. Alle diese Zugeständnisse waren Ausdruck der schwierigen Stellung Benedikts. Doch da Frankreich auf diese Weise beschwichtigt und die Gefahr eines allgemeinen Konzils für den Augenblick gebannt war, fühlte sich Benedikt schon am 7. Juni stark genug, um Nogaret und seine italienischen Komplizen, was ihre Verbrechen in Anagni anging, des Sakrilegs zu bezichtigen und ihnen bei Strafe der Exkommunikation aufzuerlegen, noch vor dem 29. Juni vor ihm zu erscheinen.

Eine schwere Krankheit hinderte den Papst daran, seine Drohung wahrzumachen. Am 7. Juli starb Benedikt in Perugia als Opfer akuter Dysenterie und nicht, wie weithin behauptet wurde, einer Vergiftung. Anders als sein herrischer Vorgänger konnte er ohne die Mitwirkung der Kardinäle nicht handeln. Alle drei von ihm selbst berufenen Kardinäle waren Dominikaner; die Hingabe an seinen Orden bewog ihn auch, Bonifatius' Bulle *Super cathedram* (18. 2. 1301), mit der das Recht der Bettelorden, zu predigen und die Beichte zu hören, beschnitten wurde, rückgängig zu machen. Er schikanierte die Franziskaner-Spiritualen, und als Arnold von Villanova, Bonifatius' katalanischer Leibarzt und selbst glühender Spirituale, ihn mit drohenden Worten tadelte, ließ er ihn ohne Verfahren ins Gefängnis werfen. Benedikt wurde in S. Domenico bestattet; bald nach seinem Tod wurden von seinem Grabmal die ersten Wunderheilungen vermeldet. Er wurde 1736 von KLEMENS XII. seliggesprochen. Festtag: 7. Juli.

Lit.: C. Grandjean, *Les Registres de Benoît XI*, 5 Tle., Paris 1883–1905; B. Guido, *Vitae pontif. Rom.* –, in Muratori 3. 1,672 f.; P. Funke, *Papst Benedikt XI.*, Münster 1891; A. M. Ferrero, *Benedetto XI papa domenicano*, Rom 1934; *DHGE* 8,106–116 (L. Jadin); Mann 18,421–486; *DBI* 8,370–378 (I. Walter); Seppelt 4,56–60.

Klemens V.

(5. 6. 1305 – 20. 4. 1314)

Nach dem Tod BENEDIKTS XI. waren die in Perugia versammelten Kardinäle fast gleichmäßig gespalten in eine antifranzösische Fraktion, die Rache für das Attentat auf BONIFATIUS VIII. in Anagni (7. 9. 1303) forderte, und eine profranzösische Gruppe, welche die Rehabilitation der bei Bonifatius in Unehre gefallenen Colonna-Kardinäle und eine Annäherung an Philipp IV. den Schönen von Frankreich (1285–1314) anstrebte. Nach elf Monaten erbitterter Debatten und Intrigen gelang es ihnen, da die Anhänger des Bonifatius geschickt gespalten worden waren, immer noch nicht, sich auf einen der Ihren zu einigen, und so wählten sie statt dessen genau mit Zweidrittelmehrheit Bertrand de Got, seit 1299 Erzbischof von Bordeaux, zum neuen Papst. Das war ein Sieg für die profranzösische Minderheit, denn wenngleich man davon ausgehen konnte, daß Bertrand das Gedächtnis Bonifatius' VIII. ehren würde, so hatte er doch schon lange in der besonderen Gunst des französischen Hofes gestanden. Bertrand wurde um 1260 in Villandraut (Gironde) geboren und entstammte einer einflußreichen Familie der Gascogne. Er studierte in Orléans und danach in Bologna Zivil- und Kirchenrecht. Nachdem er in Bordeaux und anderswo Kanoniker gewesen war, wurde er Generalvikar seines Bruders Bérard, Erzbischof von Lyon. 1294 befand er sich auf diplomatischer Mission in England, und im März 1295 wurde er zum Bischof von Comminges ernannt. Bemerkenswerterweise wohnte er in dieser Eigenschaft der von Bonifatius VIII. einberufenen römischen Synode vom November 1302 bei, ohne sich Philipps IV. Mißfallen zuzuziehen.

Klemens war klug, jedoch unschlüssig und schwächlich. Er litt an Krebs und war gezwungen, sich monatelang von der Öffentlichkeit fernzuhalten. Klemens sah sich ständigem Druck durch den kühl kalkulierenden französischen König ausgesetzt. So plante er zunächst, sich in Vienne krönen zu lassen, wo er im Interesse eines Kreuzzugs zwischen dem englischen und dem französischen König dauerhaften Frieden herzustellen hoffte, doch ließ er dies mit Rücksicht auf Philipps Wünsche fallen und wurde in Lyon gekrönt (15. Nov.). Als er im Dezember 1305 zehn Kardinäle berief, waren neun davon Franzosen (darunter vier Neffen); weitere Ernennungen 1310/12 verstärkten die französische Vorherrschaft im Kollegium. Sowohl zu Beginn wie auch im Verlauf seines Pontifikats dachte er ernsthaft an eine Umsiedlung nach Rom, doch nachdem er mehrere Jahre in der Provence und der Gascogne umhergezogen war, gab er Philipps Drängen schließlich nach und ließ sich im März 1309 mit der Kurie in Avignon nieder. Damit leitete er die 70jährige »Babylonische Gefangenschaft« der Päpste ein. Avignon wählte er, weil die Stadt nicht zur französischen Krone, sondern seinen Vasallen, den angevinischen Königen von Neapel, gehörte; sie bildete eine Enklave in der päpstlichen Grafschaft Venaissin und bot leichten Zugang zur See. Dennoch hatte seine Residenz dort den Anstrich eines Provisoriums; wenn er sich überhaupt in der Stadt aufhielt, wohnte er im Dominikaner-Kloster; doch weit mehr Zeit verbrachte er in der Umgebung; aus Rom ließ er lediglich die unbedingt erforderlichen päpstlichen Archive herbeischaffen.

Die Abhängigkeit des Papstes trat schmerzlich zutage, als Philipp ihn für seinen Rachefeldzug gegen Bonifatius VIII. ausnutzte. Volle sechs Jahre hatte der König darauf gedrängt, ein allgemeines Konzil einzuberufen, um den toten Papst wegen Ketzerei und anderer verabscheuenswürdiger Verbrechen verurteilen zu lassen – für die Kurie eine schreckliche Aussicht. Klemens widersetzte sich zwar und suchte Zeit zu gewinnen, doch am Ende ließ er sich dazu herbei, den Prozeß an Mariä Lichtmeß 1309 zu eröffnen. Politische Ereignisse zögerten diesen jedoch hinaus, und im April 1311 setzte der König das Verfahren aus. Der Preis, den Klemens hierfür zu zahlen hatte, war demütigend: Rehabilitation der Colonna-Kardinäle, volle Entschädigung für ihre Familie, Annullierung sämtlicher, den französischen Interessen abträglicher Verfügungen Bonifatius', Absolution für Philipps Minister Guillaume de Nogaret, den Rädelsführer bei dem Attentat auf Bonifatius, die Bulle *Rex gloriae* (17. 4. 1311), in der Philipp für seinen Angriffseifer auf den verstorbenen Papst gepriesen wurde, sowie die Heiligsprechung (5. 5. 1313) CÖLESTINS V. (allerdings als Bekenner und nicht, wie Philipp wollte, als Märtyrer durch die Hand des Bonifatius). Noch demütigender indessen war die Kollaboration des Papstes mit dem König bei der Unterdrückung der Tempelritter. Diese waren nach der Rückkehr aus dem Heiligen Land zu Großbankiers und Großgrundbesitzern geworden, und über ihre ketzerischen Ideen, blasphemischen Rituale und unmoralischen Bräuche liefen (heute wenig glaubhafte) Gerüchte um. Philipp, der wahrscheinlich ihren Reichtum begehrte, ließ (13. 10. 1307) sämtliche Tempelritter in Frankreich festnehmen. Die ihnen unter Folter abgepreßten Geständnisse gingen dem Papst zu, der aufgefordert wurde, ihren Orden zu verdammen. Klemens, der anfänglich zauderte, gab unter einem Hagel von Drohungen nach und erklärte sich bereit, in Vienne ein allgemeines Konzil (das 15. ökumenische Konzil) abzuhalten (Okt. 1311 – Mai 1312). Vermutlich hatte er das allgemeine Schuldgeständnis der Tempelritter inzwischen akzeptiert. Da die Stimmung des Konzils zu deren Gunsten ausschlug, wurde Klemens aufgrund der persönlichen Intervention des Königs und vermutlich durch die Drohung, den Prozeß gegen Bonifatius VIII. wiederzueröffnen, dazu gebracht, den Templerorden in einem privaten Konsistorium durch eine Verwaltungsverordnung (*Vox clamantis*) aufzulösen (22. 3. 1312). Das Konzil mußte sich sein Urteil schweigend anhören (3. April). Der Papst verfügte, daß das Eigentum des Ordens auf französischem Boden den Johannitern (den Rittern des hl. Johannes von Jerusalem) übertragen werden solle. In Wahrheit behielt es Philipp bis zu seinem Tod.

Ohne französischen Druck war Klemens zu unabhängiger Politik fähig. 1305/06 löste er Eduard I. von England (1272–1307) von seinen den englischen Baronen geleisteten Schwüren und suspendierte auf seine Proteste hin Robert von Winchelsea († 1313) als Erzbischof von Canterbury – 1308 setzte er diesen auf Bitten Eduards II. (1307–27) wieder ein. 1306 bannte er Robert I. Bruce von Schottland (1306–29) für den Mord an seinem alten Feind und möglichen Rivalen John (»der Rote«) Comyn in einer Kirche und setzte zwei Bischöfe ab, welche die schottischen Aufständischen unterstützt hatten. Seine Entscheidung zugunsten Karls I. Robert oder Karoberts († 1342) als König von Ungarn (1307) beendete 15 Jahre währende verheerende Zwie-

tracht. Gegen Venedig führte er einen grausamen, aber erfolgreichen Krieg zur Wiedergewinnung der päpstlichen Anrechte auf Ferrara. Als der deutsche König Albrecht I. von Habsburg 1308 ermordet wurde, konnte er erfolgreich eine Empfehlung Karls von Valois, Bruder Philipps IV., als Nachfolger umgehen und gewährte Heinrich IV. von Luxemburg (1308–13) die Anerkennung. Dieser wurde von drei Kardinälen im Lateran (St. Peter wurde von den Truppen Roberts von Neapel, 1309–43, besetzt gehalten) als Kaiser Heinrich VII. gekrönt (29. 6. 1312). Als Heinrich jedoch mit Robert von Neapel und also mit französischen Interessen in Konflikt geriet, gab Klemens dem Einfluß Philipps IV. nach und verlangte vom Kaiser bei Strafe der Exkommunikation einen Waffenstillstand. Nach Heinrichs frühem Tod (24. 8. 1313) erließ der Papst seine berühmte Bulle *Pastoralis cura*, in der er die theokratischen Vorstellungen Bonifatius' VIII. ausbaute und die Oberhoheit des Papsttums über das Reich einschließlich des Rechts, während einer Vakanz Reichsvikare zu bestellen, geltend machte. Danach ernannte er Robert von Neapel zum Reichsvikar von Italien.
In Durchführung der Verfügungen des Konzils von Vienne versuchte Klemens mit der Bulle *Exivi de paradiso* (6. 5. 1312) den ständigen Streit zwischen Franziskanern und Spiritualen um das Wesen der apostolischen Armut zu schlichten, weniger streng, als die Radikalen wünschten, aber strenger, als der Orden vorschlug. Im Interesse der Missionsarbeit ordnete er die Einrichtung von Lehrstühlen für orientalische Sprachen in Paris, Oxford, Bologna und Salamanca an. In Orléans und Perugia gründete er Universitäten. In seiner Amtszeit nahm die Zentralisierung der Kirchenverwaltung zu: bei neuen Arten von Pfründen war die Nominierung dem Papst vorbehalten; und dies wurde auch das häufigste Verfahren bei der Besetzung von Bischofsstühlen. Der ausgebildete Jurist veröffentlichte (21. 3. 1314) zusammen mit den Erlassen des Konzils von Vienne die unter der Bezeichnung *Klementinen* bekanntgewordene Sammlung eigener Dekretalen und solcher seiner beiden Amtsvorgänger. Er war ein frommer, umgänglicher und freundlicher Mann, doch sein Nepotismus war selbst für sein Zeitalter übertrieben: allein fünf Familienangehörige wurden zu Kardinälen befördert, und bei seinem Tod vermachte er seinen Erben so riesige Summen aus dem Papstschatz, daß dieser nicht nur erschöpft war, sondern unter seinem Nachfolger ein peinlicher Prozeß eröffnet wurde. Klemens starb in Roquemaure (bei Carpentras) und wurde in Uzeste (5 km von Villandraut) in der Pfarrkirche begraben, die er kurz zuvor hatte bauen lassen.

Lit.: *Regestum Clementis papae V ex Vaticanis archetypis*, 9 Bde., Rom 1885–92; R. Fawtier / Y. Lanhers, *Tables de registres de Clément V*, 2 Bde., Paris 1948–57; Baluze-Mollat 1,1–106; 2,31–175; 3,1–234; G. Lizerand, *Clément V et Philippe le Bel*, Paris 1910; G. Mollat, *Les papes d'Avignon*, Paris [9]1950; G. Lizerand, *Le dossier de l'affaire des Templiers*, Paris 1923; H. G. Richardson, »Clement V and the See of Canterbury«, in: *EHR* 56 (1941) S. 96–103; J. Bernard, »Le Népotisme de Clément V et ses complaisances pour la Gascogne«, in: *Annales du Midi* 61 (1949) S. 369–411; *DHGE* 12,1115–29 (G. Mollat); *DBI* 26,202–215 (A. Paravicini Bagliani); *NCE* 3,929 f. (E. R. Labande); Seppelt 4,60–91.

Johannes XXII.

(7. 8. 1316 – 4. 12. 1334)

Die Kardinäle brauchten zwei Jahre, um einen Nachfolger für KLEMENS V. zu finden. Ihre erste Zusammenkunft in Carpentras lösten sie wegen grober Störungen auf und traten erst im März 1316 auf Drängen des Grafen Philipp von Poitiers (bald darauf Philipp V. von Frankreich, 1316–22) in Lyon wieder zusammen. Uneinigkeit aufgrund nationaler Differenzen (Gaskogner, Italiener usw.) erregte leidenschaftliche Gefühlsausbrüche, doch am Ende einigten sich die Kardinäle auf einen Kompromißkandidaten, Jacques Duèse, der Rückhalt bei Philipp wie bei König Robert von Neapel (1309–43) hatte. Duèse war um 1244 als Sohn reicher Bürger in Cahors geboren worden und hatte die Rechte in Montpellier studiert. 1300 wurde er Bischof von Fréjus, und 1308–10 war er Kanzler zunächst unter Karl II. (1285–1309) und dann unter Robert von Neapel. 1310 wurde er Bischof von Avignon, 1312 Kardinalpriester von S. Vitale und 1313 Kardinalbischof von Porto. Als zweiter Papst bekräftigte er Avignon als Amtssitz des Papstes, trotz früherer Verlautbarungen, er wolle diesen wieder nach Rom verlegen. Er residierte zunächst im Dominikanerkloster und dann im Bischofspalast.
Wenn auch betagt, von schwacher Gesundheit, kleinwüchsig und elfenhaft, so war Johannes doch äußerst tatkräftig und erfahren in Verwaltungsdingen. Er tat viel, um die unter seinem

Vorgänger stark verminderte Leistungsfähigkeit und finanzielle Rentabilität der Kurie wiederherzustellen. Von Natur autoritär, erweiterte er die unmittelbare päpstliche Provision (Besetzung) von Benefizien beträchtlich, vergrößerte die Anzahl der verfügbaren Pfründen, indem er in der Bulle *Execrabilis* (19. 11. 1317) den Besitz von mehr als zwei Pfründen untersagte, und nahm im Grunde den Kapiteln die Bischofswahl aus der Hand. Zur Erhöhung der Effektivität teilte er übergroße Diözesen auf und legte die Grenzen anderer Bistümer neu fest. Er schuf auch ein neues Steuersystem: Die Entrichtung der Annaten an den Hl. Stuhl dehnte er auf alle Länder aus, reservierte 1319 sämtliche kleineren Pfründen auf drei Jahre dem Papst und erhob Sonderabgaben. Er ließ ein neues Steuerbuch zusammenstellen, in dem die Gebühren für Dokumente seiner Kanzlei festgelegt wurden, und vergrößerte und reorganisierte die Kurie teilweise. 1317 veröffentlichte er offiziell die Dekretalen Klemens' V. (*Klementinen*), da deren Autorität nicht gesichert war; seine eigenen Dekretalen (*Extravagantes*) bildeten lange Zeit die Grundlage der kirchlichen Rechtswissenschaft.

Zu Beginn seiner Regierungszeit ging Johannes auf Betreiben Michaels von Cesena, General der Franziskaner (1316–29), scharf gegen die Spiritualen vor, verbot ihre gekürzte Ordenstracht und wies sie 1317 an, ihren Oberen Gehorsam zu leisten und das Recht der Einlagerung von Lebensmitteln zu akzeptieren. Wer sich widerspenstig zeigte, wurde der Inquisition überantwortet, und 1318 wurden vier Spiritualen auf dem Scheiterhaufen verbrannt. Bald geriet er jedoch mit dem Orden selbst in Streit, als dessen Vollversammlung unter Leitung von Michael von Cesena im Juni 1322 in Perugia entgegen einer Entscheidung der Inquisition verkündete, die Lehre, daß Christus und die Apostel kein Eigentum besessen hätten, sei rechtgläubig. Johannes' Reaktion war zunächst der Verzicht auf den Besitz des nominell dem Hl. Stuhl zustehenden Eigentums des Ordens und dann die Verdammung der Erklärung von Perugia als Ketzerei (12. 11. 1323). Der gesamte Orden war empört, einige Mitglieder brandmarkten den Papst selbst als Ketzer, und obwohl die Mehrheit sich ihm im Sommer 1325 unterwarf, wählte eine starke Minderheit das Schisma, unter ihnen Michael von Cesena, der im Mai 1328 aus der Haft in Avignon entwich und mit Wilhelm von Ockham (um 1285–1347) und Bonagratia von Bergamo an den Hof Ludwigs IV. des Bayern (1314–47) in Pisa floh. Johannes exkommunizierte sie im April 1329 und erließ eine Bulle (*Quia vir reprobus*, 16. Nov.), die besagte, daß das Recht auf Eigentum dem Sündenfall zeitlich vorangehe und daß die Hl. Schrift die Apostel als Besitzer persönlichen Eigentums schildere.

Die abtrünnigen Franziskaner wurden bald zu Verbündeten Ludwigs IV., der dem Papst feindlich gesinnt war. Bei seiner Thronbesteigung hatte Johannes Ludwig und Friedrich den Schönen von Österreich (1308–30), die beide zum deutschen König gekürt worden waren (Okt. 1314), aufgefordert, ihren Streit gütlich beizulegen. Im Einklang mit der theokratischen Lehre, daß die Reichsverwaltung in Italien dem Hl. Stuhl zufalle, wenn der Kaiserthron leerstehe, entließ er die Regierungsbeamten des früheren Kaisers, Heinrichs VII. (1308–13), bestätigte die von Klemens V. vorgenommene Ernennung Roberts von Neapel zum Reichsvikar in Italien und war bestrebt, die päpstliche Autorität dort durchzusetzen. Als Ludwig seinen Rivalen im September 1322 besiegte, seinen eigenen Reichsvikar bestellte, in Italien Rechtsansprüche stellte und den Gegnern des Papstes in Mailand und anderswo beistand, nahm der Konflikt an Erbitterung zu; Johannes rügte den König öffentlich und stieß schreckliche Warnungen aus, Ludwig wies die Forderungen des Papstes zurück, Johannes verhängte schließlich den Kirchenbann über den König (23. 3. 1324), und Ludwig rief ein allgemeines Konzil an und brandmarkte Johannes aufgrund seiner Haltung zur Armutslehre der Franziskaner-Spiritualen als Ketzer. Ludwig wurde nicht nur von den schismatischen Franziskanern unterstützt, sondern auch von Marsilius von Padua (um 1275–1342), führender Vertreter der Theorie des Laienstaats, dessen Schrift *Defensor pacis* (1324) Johannes mitsamt ihrem Verfasser 1327 verurteilt hatte. In Begleitung des Marsilius zog Ludwig im Januar 1328 in Rom ein, ließ sich am 17. Januar von dem betagten Sciarra Colonna, Syndicus des Volkes, zum Kaiser krönen und erließ am 18. April ein Dekret, mit dem »Jacques von Cahors« wegen Ketzerei für abgesetzt erklärt wurde; eine Strohpuppe in päpstlichem Ornat wurde feierlich verbrannt. An seiner Stelle ließ Ludwig von Vertretern des römischen Klerus den Franziskaner-Spiritualen Pietro Rainalducci als NIKOLAUS V. zum Papst wählen; er setzte ihn persönlich ein. Doch die Scharade dauerte nicht lange. Als seine Position in Rom unhaltbar wurde, verließ Ludwig die Stadt und kehrte nach sechsmonatigem Aufenthalt in Pisa nach Deutschland zurück. Unterdessen wetterte Johannes weiter gegen ihn und verlangte seine Abdankung. Der von seinem Schutzherrn im Stich gelassene Gegenpapst tauchte unter, unterwarf sich aber bald darauf in Avignon dem Papst, der ihn begnadigte und ihn in ehrenvoller Haft hielt.

Johannes förderte tatkräftig das Missionswerk in Asien und errichtete Bistümer in Anatolien, Armenien und Indien sowie 1318 im Iran die Erzdiözese Sultaniye mit sechs Weihbischöfen, deren Sitze er den Dominikanern anvertraute. Er begann mit dem Aufbau der päpstlichen Bibliothek in Avignon und gründete in Cahors eine Universität. Im März 1329 verurteilte er 28 Lehrsätze des bedeutenden deutschen Mystikers Meister Eckhart (um 1260–1327); doch waren seine eigenen letzten Lebensjahre von neuerlichen Vorwürfen der Ketzerei überschattet, ausgelöst durch vier Predigten, die er im Winter 1331/32 hielt. Während die traditionelle Lehrmeinung besagte, die Seelen der Heiligen befänden sich bereits im Paradies und genössen den vollen Anblick Gottes, war Johannes der Auffassung, daß sie erst nach dem Jüngsten Gericht in diesen Genuß kämen und bis dahin nur die Menschlichkeit Christi erschauten. Diese als persönliche Meinung vorgetragenen Ansichten wurden 1333 von der Universität Paris wie auch von der Mehrheit der von ihm zu Rate gezogenen Theologen scharf verurteilt. Seine Gegner, besonders Wilhelm von Ockham, machten sich den Skandal voll zunutze, und Ludwig IV. der Bayer zielte zusammen mit Kardinal Napoleone Orsini auf seine Verurteilung und Absetzung durch ein allgemeines Konzil ab. Johannes erkrankte und machte auf dem Sterbelager in Gegenwart der Kardinäle einen Rückzieher, indem er bekannte, daß die Seelen der Seligen das göttliche Wesen von Angesicht zu Angesicht erblicken, so klar es ihr Zustand zulasse.

Ein fähiger, wenn auch ungestümer Oberhirte der Kirche, der scharfsinnig Charakter und Absichten seiner Mitmenschen erfaßte, festigte Johannes den französischen Einfluß im Kardinalskollegium; alle seine Berufungen, bis auf einen Spanier und vier Römer, waren Franzosen. Obwohl er persönlich äußerst genügsam und schlicht lebte, häufte er ein beträchtliches Vermögen an, dessen Umfang von zeitgenössischen Lästerzungen freilich gewaltig übertrieben wurde. Sein größter Fehler war sein grenzenloser Nepotismus: Seine Verwandten und gaskognischen Landsleute überschüttete er mit Geld und Geschenken und wählte vorzugsweise sie, wann immer Ämter – oftmals höchste Kirchenämter – besetzt werden mußten.

Lit.: G. Mollat (Hrsg.), *Lettres communes de Jean XXII*, 17 Bde., Paris 1904–59; A. Coulon / S. Clémencet, *Lettres secrètes et curiales du pape Jean XXII*, 7 Bde., Paris 1900–65; Baluze-Mollat 1, 107–194; G. Mollat, *Les papes d'Avignon*, Paris [9]1950; N. Valois, »Jacques Duèse, pape sous le nom de Jean XXII«, in: *Hist. litt. de la France* 34 (1915) S. 391–630; H. Otto, »Zur italienischen Politik Johanns XXII.«, in: *QFIAB* 14 (1911) S. 140–265; D. L. Douie, »John XXII and the Beatific Vision«, in: *Dominican Studies* 3 (1950) S. 154–174; *CE* 8,431–434 (J. P. Kirsch); *DTC* 8,633–641 (G. Mollat); *NCE* 7,1014 f. (D. L. Douie); *EB* (15. Aufl.) 10,233 f. (J. Cogley); Seppelt 4,89–121; 124–127; 132–134; s. a. Register.

Nikolaus (V.)

(Gegenpapst, 12. 5. 1328 – 25. 7. 1330; † 16. 10. 1333)

Pietro Rainalducci wurde im 3. Viertel des 13. Jh.s in Corvaro in den Abruzzen geboren und wuchs in ärmlichen Verhältnissen auf. Nach fünfjähriger Ehe verließ er seine Frau Giovanna Mattei, trat 1310 den Franziskanern bei und lebte mehrere Jahre im Franziskanerkloster S. Maria in Aracoeli in Rom. Von einigen Zeitgenossen als heiligmäßiger Asket beschrieben, von anderen als Heuchler von zweifelhaftem Ruf, scheint er ein harmloser Mensch von geringer Bedeutung gewesen zu sein. Als Kaiser Ludwig IV. der Bayer (1314–47) den in Avignon residierenden Papst JOHANNES XXII. absetzen wollte (18. 4. 1328), ließ er am 12. Mai an seiner Statt von einem Ausschuß von 13 Vertretern des römischen Klerus Pietro wählen. Dieser wurde am 15. Mai als Nikolaus V. von Ludwig gekrönt, ernannte am 22. Mai sechs Kardinäle und schritt zur Bildung einer Kurie. Insgesamt berief er neun Kardinäle und etwa 20 Bischöfe, die sich in der Hauptsache aus Augustinermönchen und Franziskanern rekrutierten, welche über die Politik Johannes' XXII. aufgebracht waren. Das Schisma breitete sich von Rom nach Mailand aus, wo immer die deutschfreundliche Partei im

Aufsteigen war, und verdankte viel der wütenden Propaganda unzufriedener Klosterbrüder beider Orden. Wilhelm von Ockham (um 1285–1347), ein unermüdlicher Kritiker Johannes' XXII., sowie der von diesem abgesetzte General der Franziskaner, Michael von Cesena (um 1270–1342), gaben Nikolaus begeistert Rückendeckung. Das Königreich Sizilien, des päpstlichen Interdikts überdrüssig, das seit langem über die Insel verhängt war, unterwarf sich seiner Oberhoheit und erhielt von seiner Hand in Gestalt Jacopo Albertis, einem seiner Kardinäle, einen neuen Erzbischof von Monreale (18. 5. 1328).

Als Ludwig unter dem Johlen und Pfeifen der Menge aus Rom abzog (4. 8. 1328), nahm er sein »Idol« (wie Zeitgenossen Nikolaus spöttisch bezeichneten) mit. Der Einfluß des Gegenpapstes, der ohnedies auf Teile Italiens begrenzt war, nahm rasch ab, doch verbrachte dieser einige Monate damit, im Kirchenstaat umherzureisen, und fand Zeit, die Kirche S. Fortunato in Todi all ihrer Schätze zu berauben. Am 2./3. Januar 1329 gesellte er sich in Pisa, wo ihm ein prachtvoller Empfang zuteil wurde, wieder zum Kaiser. Michael von Cesena, Wilhelm von Ockham und andere Führer der abtrünnigen Franziskaner hielten sich in der Stadt auf, und am 19. Februar leitete Nikolaus, gestärkt durch ihre Unterstützung, im Dom der Stadt eine bizarre Zeremonie, in deren Verlauf eine Strohpuppe, die Johannes XXII. in päpstlichem Ornat darstellte, offiziell verurteilt, degradiert und dem »weltlichen Arm« überantwortet wurde. Als jedoch der Abfall Azzone Viscontis Kaiser Ludwig am 11. April nötigte, nach Oberitalien zu ziehen, begleitete Nikolaus ihn diesmal nicht. Nach seiner eigenen Darstellung hatte er sich entschlossen, mit seinem Beschützer zu brechen; da Michael von Cesena, Wilhelm von Ockham sowie alle Kardinäle mit einer Ausnahme nun von ihm abrückten, stimmt dies vermutlich. Er fand zeitweise Aufnahme bei Graf Bonifatius von Doronatico, der ihn drei Monate lang in seiner Burg Burgaro versteckte. Aufgeschreckt durch die herannahende florentinische Flotte, ließ der Graf ihn dann heimlich nach Pisa zurückschaffen. Als er von seiner Anwesenheit erfuhr, forderte Johannes XXII., der Nikolaus exkommuniziert hatte, den Grafen am 10. Mai auf, ihm seinen Gegenspieler auszuliefern. Verhandlungen wurden eröffnet, und der Papst verpflichtete sich, das Leben des Gegenpapstes zu schonen, ihn zu begnadigen und ihm eine Pension von 3000 Gulden auszusetzen. Nikolaus nahm das Angebot in Demut an, trat die Papstwürde am 25. Juli vor dem Erzbischof in Pisa und dem Bischof von Lucca ab, ließ am 4. August Segel setzen und landete am 6. August in Nizza. Nach seiner Ankunft in Avignon (24. Aug.) erschien er – wieder Pietro aus Corvaro – am folgenden Morgen, in die Mönchskutte eines Franziskaners gehüllt und mit einem Strick um den Hals, im päpstlichen Konsistorium. Nachdem er seinen Amtsverzicht in aller Ausführlichkeit wiederholt und sich als »schismatischer Papst« bekannt hatte, begnadigte ihn Johannes und behandelte ihn so nachsichtig, wie er versprochen hatte. Für die letzten drei Jahre seines Lebens wurde er in der Papstresidenz unter ehrenvollen Hausarrest gestellt. Er starb am 16. Oktober 1333 und wurde in der Franziskanerkirche von Avignon beigesetzt.

Werke: Baluze-Mollat 1,143–151; 2,196–210; 3,433–450; K. Eubel, »Der Registerband des Gegenpapstes Nikolaus V.«, in: *Archiv. Zeitschrift* NF 4 (1893) S. 123–212; A. Mercati, »Supplementi al registro dell'antipapa Nicolò V«, in: *ST* 134 (1947) S. 59–76.

Lit.: K. Eubel, »Der Gegenpapst Nikolaus V. und seine Hierarchie«, in: *HJ* 12 (1891) S. 277–308; G. Mollat, *Les papes d'Avignon*, Paris [9]1950; *EC* 10,505 f. (A. Pietro Frutaz).

Benedikt XII.

(20. 12. 1334 – 25. 4. 1342)

Jacques Fournier wurde zwischen 1280 und 1285 in Saverdun bei Toulouse geboren und stammte aus bescheidenen Verhältnissen. Er trat als Knabe in das Zisterzienserkloster Boubonne (Haute-Garonne) ein, schloß sein Theologiestudium in Paris mit dem Magister ab und trat 1311 die Nachfolge seines Onkels als Abt von Fontfroide (bei Narbonne) an. Als Bischof von Pamiers (1317) und Mirepoix (1326) erwies er sich als unermüdlicher Inquisitor, welcher den der Ketzerei Verdächtigen geschickt Bekenntnisse abrang, aber nur eine Handvoll von ihnen auf den Scheiterhaufen schickte. JOHANNES XXII., der ihm sein uneingeschränktes Vertrauen schenkte, beglückwünschte ihn zweimal zur Ausrottung der Häresie in seinen Diözesen und beförderte ihn zum Kardinalpriester von S. Prisca (Dez. 1327). Der hochgelehrte Theologe beriet nicht nur Johannes in Fragen der Glaubensdoktrin, sondern verfaßte mehrere Traktate zur Bekämpfung verbreiteter Irrlehren. Einer Überlieferung zufolge wurde nach dem Tod des Johannes der naheliegendste Kandidat für die Nachfolge, Kardinal Jean de Comminges, übergangen, weil er das Versprechen ablehnte, den Hl. Stuhl nicht wieder nach Rom zu verlegen. Zutreffend oder nicht, erhellt dies eine allem Anschein nach brennende Frage, mit der das Konklave sich befassen mußte. Die rasche Wahl Jacques', der als Benedikt XII. der dritte Papst in Avignon wurde, soll Überraschung ausgelöst haben, nicht zuletzt bei ihm selbst. Möglicherweise verspürten die Kardinäle die Notwendigkeit, nach einem Dilettanten wie Johannes XXII. einen theologischen Fachmann mit dem höchsten Kirchenamt zu betrauen.

Benedikt unterschied sich von seinem Vorgänger in seiner Erscheinung wie in seinem Vorgehen. Er war hochgewachsen, korpulent und lautstark und mehr am Abstellen von Mißbräuchen interessiert als an Politik. Kurz nach seiner Krönung wurden alle geistlichen Schmarotzer, die keinen triftigen Grund zum Aufenthalt in Avignon hatten, zu ihren Pfründen zurückgeschickt, und auch später nahm er es peinlich genau mit dem Wohnort von Geistlichen. Er reorganisierte die verschiedenen Abteilungen der Kurie und ließ eine gründliche Prüfung der Zuwendungen vornehmen, die Beamte jeden Ranges erwarten durften. Über Bittschriften, denen stattgegeben worden war, mußte streng Buch geführt werden, um die Möglichkeit illegaler Gebührenerhebung auszuschließen. Das Betätigungsfeld der hl. Pönitentiarie, die Ablässe und Dispense erteilte, wurde mit der Bulle *In agro dominico* (8. 4. 1338) genau umrissen. Die ersten schriftlich überlieferten Entscheidungen des unter dem Namen Rota bekannten päpstlichen Gerichtshofes stammen aus seiner Amtszeit. Der Papst widerrief mit einem Schlag die von seinen Vorgängern gewährten Anwartschaften auf die Übertragung von Benefizien in Erwartung ihres Freiwerdens und untersagte, außer im Fall von Kardinälen und Patriarchen, das System des Besitzes »anvertrauter« Benefizien, wodurch der Pfründeninhaber (der ein Laie sein konnte) Einkünfte während einer Amtsvakanz bezog. Auch suchte er Pfründenhäufung zu verhindern und bestand auf einer so sorgfältigen Prüfung von Bewerbern, daß viele Pfründen lange Zeit vakant blieben, was zu dem Gerücht Anlaß gab, er selbst beziehe Einkommen aus ihnen. Um der Habgier der Kleriker entgegenzuwirken, schränkte er die Gebühren für Dokumente ein, die sie ausgaben, und machte die Visitationen von Bischöfen und anderen Würdenträgern weniger beschwerlich, indem er die zu verhängenden Gebühren festlegte. Selbst ein Mönch, unternahm er besondere Anstrengungen, um die Orden zu altkirchlicher Strenge zurückzuführen. Wandermönche, die ihre Klöster verlassen hatten, wurden dorthin zurückbeordert und Bettelmönchen wurde untersagt, in Orden einzutreten, die sie in Pfründen einsetzen könnten. Den Zisterziensern, Franziskanern und Benediktinern wurden neue strenge Satzungen vorgeschrieben, die ihre weltliche Macht regelten, regelmäßige Kapitel und Visitationen der Klöster vorsahen und Internate und eine verbesserte Ausbildung der Novizen einführten.

So gut gemeint diese Maßnahmen Benedikts auch waren, die kurze Dauer seiner Amtszeit, die Schwäche seines Nachfolgers und die Übergenauigkeit seiner Klostergesetzgebung ohne Rücksicht auf Traditionen und Erfordernisse der Orden, für die sie gedacht war, machten sie weitgehend wirkungslos. Allerdings blieb die Bulle *Summi magistri* (20. 6. 1336) für den Benediktinerorden bis zum Konzil von Trient (1545–63) in Kraft. Auf theologischem Gebiet verlor er keine Zeit, das umstrittene Problem, bis zu welchem Ausmaß die Seligen nach ihrem Tod Gott schauten, zu klären – eine Frage, die Johannes XXII. in seinen letzten Lebensjahren beunruhigt hatte. In der Bulle *Benedictus deus* (29. 1. 1336) entschied er, daß diese Seelen »die intuitive Schau des göttlichen Wesens von Angesicht zu Angesicht« genießen. Auf diplomatischem Feld bewegte er sich weniger selbstbewußt; sein Friedenswille wurde von französischen Interessen durchkreuzt. Seine Bemühungen, den Ausbruch des Hundertjährigen Krieges (1337–1453) zwischen Frankreich und England zu verhindern oder wenigstens den Feindseligkeiten Einhalt zu gebieten, blieben ergebnislos; der Krieg zerstörte alle seine Hoffnungen auf einen Kreuzzug. Seine Unterwürfigkeit der französischen Politik gegenüber war in der Tat größer als die seines Vorgängers und rief in England Verärgerung hervor. In Italien mißlang ihm die Fortführung der militärischen Maßnahmen Johannes' XXII. zur Durchsetzung der Freiheit und Unabhängigkeit des Papsttums; infolgedessen bestand die weltliche Macht der Kirche in der Romagna, in der Mark Ancona und selbst in Bologna (bis Juni 1340) praktisch nicht mehr. Zu Beginn seiner Regierungszeit schienen die Aussichten für eine Übereinkunft mit Kaiser Ludwig IV. dem Bayern (1314–47) glänzend, und es kam zu Verhandlungen über die Bedingungen, unter denen das von Johannes XXII. verhängte Interdikt aufgehoben werden könnte. Ludwig war zum Entgegenkommen bereit, doch als die Aussöhnung greifbar war, widersetzten sich ihr Philipp VI. von Frankreich (1328–50) und der König von Neapel, denen eine solche Annäherung ein Greuel war. Weiterer Widerstand kam aus Deutschland selbst, wo viele Fürsten durch die Hinhaltetaktik der Kurie befremdet waren. Als Folge erließ der 1. Reichstag zu Frankfurt (Mai 1338) die berühmte Denkschrift *Fidem Catholicam*, welche die Doktrin verkündete, daß die Autorität des Kaisers direkt von Gott und nicht vom Papst verliehen sei. Im August 1338 verkündete Ludwig selbst auf dem 2. Reichstag zu Frankfurt das Reichsgesetz *Licet iuris*, wonach die kaiserliche Würde und Macht, die allein von Gott abhängig sei, von Rechts wegen demjenigen gehöre, der von den Kurfürsten ordentlich gewählt sei; die Bestätigung oder Zustimmung des Hl. Stuhls sei nicht erforderlich. Selbst die Annäherung Ludwigs an Frankreich brachte keine Vereinbarung mit dem Papst zuwege.

Bei seiner Thronbesteigung scheint Benedikt auf Drängen der Gesandten Roms ernsthaft erwogen zu haben, den Sitz des Papstes nach Rom zurückzuverlegen, und eine nur provisorische Amtseinführung in Bologna ins Auge gefaßt zu haben. Bereits 1335 begann er die Renovierung und Neudeckung von St. Peter, und 1335–41 gab er große Geldsummen für die Basilika und den Lateran aus. Jedoch nicht nur der französische König, auch die Mehrheit der Kardinäle waren gegen einen derartigen Schritt; die anarchische Situation in Italien und im Kirchenstaat versah sie mit scheinbar einleuchtenden Argumenten. So ließ er sich zu Maßnahmen verleiten, welche die Kurie sogar noch fester in Avignon verankerten, und erhob bei seiner einzigen Kardinalsernennung (18. 12. 1338) fünf französische Kardinäle und nur einen Italiener. Zugleich veranlaßte er die Verlagerung der gesamten päpstlichen Archive von Assisi nach Avignon. Von allergrößter Tragweite indessen war der Bau eines ständigen Palastes in Avignon, den er in den ersten Monaten seines Pontifikats begann und als uneinnehmbare Festung wie als Residenz für Papst und Kurie anlegte. Das nüchterne Palais Vieux ist sein Werk.

Gerecht, aber strikt und streng und ein phantasieloser Reformer, zog Benedikt die Kritik der Zeitgenossen auf sich; Petrarca zeichnete ihn sogar als unfähigen und trunkenen Steuermann der Kirche. Die meisten dieser Vorwürfe stammten jedoch von Kritikern, die wegen seiner Reformen aufgebracht waren; Petrarca wiederum hegte Groll gegen ihn wegen seiner Abhängigkeit von Frankreich und dem Bau des Palastes in Avignon. Der Lebensstil des Papstes selbst war unprätentiös; gewöhnlich trug er seine Mönchskutte. In einem Zeitalter des zügellosen Nepotismus ließ er sich in dieser Beziehung nicht das Geringste zuschulden kommen.

Lit.: J. M. Vidal (Hrsg.); *Benoît XII: Lettres communes*, 3 Bde., Paris 1903–11; ders., *Benoît XII: Lettres closes et patentes intéressant les pays autres que la France*, 2 Bde., Paris 1913–50; C. Daumet (Hrsg.), *Lettres closes, patentes et curiales se rapportant à la France*, 2 Bde., Paris 1899–1920; Baluze-Mollat 1,193–240; 576–580; 3,483–487; J. M. Vidal, »Notice sur les œuvres de Benoît XII«, in: *RHE* 6 (1905) S. 557–565; 785–810; A. L. Tàutu, *Acta Benedicti PP. XII*, Rom 1958; J. Duvernoy (Hrsg.), *Le registre de l'inquisition de Jacques Fournier, évêque de Pamiers (1318–1325)*, Toulouse 1965; B. Guillemain, *La politique bénéficiale du pape Benoît XII*, Paris 1952; ders., *La cour pontificale d'Avignon 1309–1376*, Paris 1962; G. Mollat, *Les papes d'Avignon*, Paris 9 1950; *DHGE* 8,116–135 (L. Jadin); *NCE* 2,275 f. (G. Mollat); Seppelt 4,119–134; *DBI* 8,378–384 (B. Guillemain).

Klemens VI.

(7. 5. 1342 – 6. 12. 1352)

Klemens wurde 1291 in Maumont im Limousin als zweiter Sohn Guillaume Rogers, der 1333 die Lehnsherrschaft über Rosier d'Egleton (Corrèze) kaufte, geboren und auf den Namen Pierre getauft. Als Zehnjähriger trat er in das Internat der Benediktiner in La Chaise-Dieu (Haute-Loire) ein. Nach einer gründlichen Erziehung in Paris, wo er seine Liebe zum Buch entdeckte, wurde ihm im Mai 1323 von JOHANNES XXII. der Doktor der Theologie verliehen; 1326 wurde er Abt von Fécamp, 1328 Bischof von Arras, 1329 Erzbischof von Sens und 1330 schließlich Erzbischof von Rouen. Er war bereits Kanzler von Frankreich und stand sowohl mit Philipp VI. von Frankreich (1328–50) als auch mit Johannes XXII. auf gutem Fuß. Seiner Karriere war sein hohes Ansehen als Redner und Diplomat förderlich. Die Regierung betraute ihn mit bedeutenden Missionen und berief ihn 1333, den Kreuzzug zu predigen, der gerade vorbereitet wurde. Im Dezember 1338 wurde er zum Kardinal ernannt. Philipp legte so großen Wert auf ihn als Nachfolger BENEDIKTS XII., daß er seinen Sohn nach Avignon sandte, um die Wahl zu beeinflussen; doch noch bevor dieser dort eintraf, hatte des Konklave Pierre bereits einmütig zum Papst erkoren. Die Kardinäle, die Benedikts rigides Sparsamkeitsregime leid waren, fühlten sich von seiner natürlichen Gelassenheit, seinem verbindlicheren Wesen und seinem vornehmen Auftreten angezogen.

Als vierter Papst in Avignon empfing Klemens im Januar 1343 eine römische Abordnung, die ihm die Senatorenwürde verlieh und ihn bat, den Sitz des Papstes wieder nach Rom zu verlegen und den Abstand zwischen den dort gefeierten Jubeljahren angesichts der Kürze des Lebens von 100 Jahren (wie sie von BENEDIKT VIII. festgelegt worden waren) auf 50 zu reduzieren. Er gab der zweiten Bitte statt, und das Jahr 1350 wurde pünktlich als Heiliges Jahr gefeiert – sehr zum wirtschaftlichen Nutzen der verarmten Stadt. Seine Bulle *Unigenitus* (27. 1. 1343), in der das Jubeljahr angekündigt wurde, ist bedeutsam, weil in ihr der »Schatz der Verdienste«, nämlich Christi und der Heiligen, der Kirche als Ablaßgrundlage zur Verfügung gestellt wird. Weit davon entfernt, die Rückkehr der Kurie nach Rom zu versprechen, tat er alles, um ihren Aufenthalt in Avignon auch für die Zukunft zu festigen: Von Königin Johanna I. von Neapel (1343–82) erwarb er 1348 Stadt und Grafschaft Venaissin, ließ den Palast beträchtlich ausbauen und berief zum größten Teil Franzosen ins hl. Kollegium. Eigentlich war er noch mehr als seine Vorgänger in Avignon ein französischer Papst. Freilich befaßte er sich tatkräftig mit der politischen Situation in Rom; so unterstützte er anfänglich Cola di Rienzo (um 1313–54), den messianischen Volkstribun, der im Mai 1347 in der Stadt einen gewaltlosen Staatsstreich durchgeführt hatte; später ließ er ihn wieder fallen. 1343, bei einem Besuch in Avignon mit dem Auftrag, ihn zum Umzug nach Rom zu bewegen, hatte Cola den Papst durch seine Anprangerung der Mißwirtschaft unter dem römischen Adel fasziniert; doch seine Ausrufung zum Diktator eines souveränen römischen Volkes, das von Papst und Kaiser unabhängig sei (Sommer 1347), schreckte die Kurie auf, und im Dezember erklärte Klemens' Legat ihn seiner Ämter verlustig und für exkommuniziert. Im Dezember 1351 bestätigte Klemens erneut einen Volkstribunen, Giovanni Cerroni, als Senator und Kommandanten, doch erwies sich dessen Herrschaft als von ebenso kurzer Dauer.

Trotz seines diplomatischen Geschicks und seiner persönlichen Freundschaft mit den Königen beider Länder, vermochte Klemens den Hundertjährigen Krieg (1337–1453) zwischen England und Frankreich nicht zu beenden; immerhin trug er 1343 entscheidend zum Waffenstillstand von Malestroit bei. Seine Sympathien gehörten Frankreich, das er mit Anleihen und Subventionen unterstützte. Mit seinem Versuch, die päpstliche Autorität in Italien wieder durchzusetzen, kehrte er zur tatkräftigen Politik JOHANNES' XII. zurück, allerdings mit unzureichenden Mitteln und Ergebnissen. Ein 1350/51 vom päpstlichen Heer in der Romagna durchgeführter Feldzug scheiterte kläglich, und der Papst war genötigt, seinem verschlagenen Gegenspieler Giovanni Visconti, Erzbischof und Lehnsherr von Mailand, Bologna auf zwölf Jahre als Lehen zu gewähren. Das Bündnis, das er mit Venedig, Zypern und den Johannitern gegen die Türken schloß, hatte etwas größeren Erfolg, es führte zur zeitweisen Besetzung Smyrnas (heute: Izmir) im Oktober 1344 und zum Seesieg bei Imbros (1347). Später verhandelte er, freilich ergebnislos, mit den Armeniern und dem byzantinischen Kaiser Johannes VI. Kantakuzenos (um 1291–1383) über eine mögliche Wiedervereinigung der Kirche.

Klemens – stets ein entschiedener Gegner Kaiser Ludwigs IV. des Bayern (1314–47) – hatte die Genugtuung, den Streit zwischen diesem und dem Papsttum, der seit dem Pontifikat Johannes' XXII. währte, zum Abschluß zu bringen. Im August 1342 erneuerte er Johannes' Bannflüche gegen Ludwig, und im April 1343 reichte er nach etlichen Monaten ergebnisloser Verhandlungen neue Anklagen gegen ihn ein und forderte ihn auf, innerhalb von drei Monaten auf die Kaiserwürde zu verzichten. Ludwig war zu wesentlichen Zugeständnissen bereit, aber Klemens arbeitete bereits auf dessen Absetzung und die Wahl König Karls von Böhmen (1346–78) hin. Er erklärte Ludwig feierlich für exkommuniziert (13. 4. 1346) und abgesetzt, und am 11. Juli wurde Karl von der Mehrheit der Kurfürsten in Rense zum König der Deutschen gewählt. Karl hatte Klemens gegenüber bereits gelobt, den Herrschaftsbereich der Kirche zu respektieren und ohne Genehmigung des Hl. Stuhls – mit Ausnahme des Krönungstages – weder Italien noch Rom zu betreten, und andere Verpflichtungen auf sich genommen, die ihm den Spitznamen »Pfaffenkönig« eintrugen. Ludwig weigerte sich, seine Wahl anzuerkennen, doch noch bevor Feindseligkeiten ausbrachen, kam er bei einer Eberjagd ums Leben (11. 10. 1347). Sein Tod bewirkte die allgemeine Anerkennung Karls, der in Bonn gekrönt wurde (26. Nov.), und zwang den Philosophen und Theologen Wilhelm von Ockham (um 1285–1347) sowie die schismatischen Franziskaner, die von Ludwig beschützt worden waren, sich dem Hl. Stuhl zu unterwerfen.

Klemens' verschwenderische Hofhaltung und sein prächtiges Gefolge waren einem weltlichen Fürsten, nicht aber einem Kirchenfürsten angemessen. Er genoß Bankette und farbenfrohe Feste und erklärte, seine Vorgänger hätten nicht gewußt, wie man als Papst zu leben habe. Der freigebige Mäzen der Künstler und Gelehrten war von Natur großzügig und der Auffassung, daß kein Bittsteller abschlägig beschieden werden dürfe. Er war ein schamloser Nepotist, der Verwandte und Landsleute mit Ämtern und Geschenken überhäufte. Die enormen Ausgaben, die der Kirche nicht nur aufgrund dieser Maßlosigkeit, sondern auch durch riesige Kredite an Frankreich, den Erwerb von Avignon (80000 Goldstücken) und den aufwendigen Bau des Palais Neuf erwuchsen, sowie die Feldzüge in Italien und gegen die Türken, fraßen alsbald die umfangreichen Gelder auf, die Johannes XXII. und Benedikt XII. angehäuft hatten. Der Papst mußte neue Steuern erheben und erhöhte stetig die Zahl der ihm selbst vorbehaltenen Besetzungen von Bischofsstühlen und Benefizien. Dies rief, besonders in Deutschland und England, Widerstand hervor. In England wurden zur Ächtung der päpstlichen Besetzung von Pfründen und der Appellationen an römische Gerichtshöfe das 1. Statut der Provisoren (1351) und das Statut von Praemunire (1353) erlassen. Die Vorwürfe der Zeitgenossen gegen das Sexualleben des Papstes lassen sich nicht wegdiskutieren; aber er war fromm und ein Beschützer der Armen und Bedürftigen, der Barmherzigkeit und Mut bewies, als 1348/49 der Schwarze Tod Avignon heimsuchte, und der die Juden verteidigte, als diesen die Pest angelastet wurde. Er starb nach kurzer Krankheit und wurde in La Chaise-Dieu bestattet. 1562 wurde sein Grab von Hugenotten geschändet und seine Überreste verbrannt.

Lit.: E. Déprez [u. a.] (Hrsg.), *Clément VI (1342–52): Lettres closes, patentes et curiales se rapportant à la France*, 4 Bde., Paris 1901–59; E. Déprez / G. Mollat (Hrsg.), *Clément VI (1342–52): Lettres closes, patentes et curiales intéressant les pays autres que la France*, Paris 1960/61; Baluze-Mollat 1,241–308; 2,335–433; A. Pélissier, *Clément VI le magnifique*, Paris 1951; P. Fournier, »Pierre Roger (Clément VI)«, in: *Hist. litt. de la France 37* (1938) S. 209–238; P. Schmitz, »Les sermons et discours de Clément VI O.S.B.«, in: *RBen* 41 (1929) S. 15–34; G. Mollat, »Le Saint-Siège et la France sous le pontificat de Clément VI (1342–1352)«, in: *RHE* 55 (1960) S. 5–24; ders., *Les papes d'Avignon*, Paris [9]1950; Y. Renouard, *La papauté à Avignon*, Paris [3]1969; *DHGE* 12,1129–62 (G. Mollat); *DBI* 26,215–222 (B. Guillemain).

Innozenz VI.

(18. 12. 1352 – 12. 9. 1362)

Obwohl das Konklave nach dem Tod von Klemens VI. nur zwei Tage lang in Avignon beriet, unternahm es einen entschlossenen Versuch, die Alleinherrschaft des Papstes zu beschneiden und den Einfluß des hl. Kollegiums zu vergrößern. Alle 25 anwesenden Kardinäle schworen – einige freilich unter Vorbehalt –, daß der Papst keine Kardinäle ernennen dürfe, bis die Gesamtzahl unter 16 sinke, daß es insgesamt nicht mehr als 20 Kardinäle geben dürfe und die Auswahl neuer Kardinäle auf die Zustimmung mindestens einer Zweidrittelmehrheit der vorhandenen angewiesen sei. Deren Zustimmung sei gleichfalls erforderlich für Verfahren gegen Kardinäle oder die Übertragung von Teilen des Kirchenstaats. Die Hälfte der Einkünfte des Hl. Stuhls solle, wie von Nikolaus IV. (1298) vorgesehen, dem Kollegium vorbehalten sein. Nachdem diese Bestimmungen verabschiedet waren, wählte das Konklave, das eine Einmischung durch den französischen König zu verhindern suchte, eilends Étienne Aubert aus dem Limousin, 1282 in Monts (bei Pompadour) geboren, zum neuen Papst. Dieser war ein hervorragender Jurist, der Rechtsprofessor in Toulouse und später Oberster Richter der Stadt gewesen war. Nach dem Empfang der Weihen stieg er 1338 zum Bischof von Noyon auf und wurde 1340 Bischof von Clermont. Sein Landsmann Klemens VI. ernannte ihn 1342 zum Kardinalpriester sowie 1352 zum Kardinalbischof von Ostia und berief ihn zum Großpönitentiar und Verwalter des Bischofssitzes in Avignon während der Abwesenheit des Bischofs.

Innozenz, der fünfte Papst in Avignon, war früh gealtert, von labiler Gesundheit und zuweilen unentschlossen. Indessen bewies er bald seine Unabhängigkeit, als er den vom Konklave verabschiedeten Vertrag (Kapitulation), dem er selbst unter dem Vorbehalt seiner Rechtmäßigkeit zugestimmt hatte, für nichtig erklärte (6. 7. 1353), weil sie gegen die Regel verstoße, daß sich ein Konklave lediglich mit der Wahl des Papstes befassen dürfe, und die dem Papstamt innewohnende Machtvollkommenheit verletze. Zugleich machte er sich im Geist BENEDIKTS XII. an die Reform der Kurie und die Beseitigung von Mißständen. Der päpstliche Haushalt wurde verkleinert und die päpstliche Lebensführung vereinfacht (Veränderungen, die die prekäre Finanzlage ohnedies notwendig machte). Die Geistlichen wurden dazu verpflichtet, in ihren Pfründen zu wohnen; Pfründenhäufung wurde mißbilligt. Amtsanwärter mußten ihre Befähigung nachweisen; um Unparteilichkeit zu gewährleisten, wurden den Auditoren (Richter) der Rota feste Gehälter angewiesen. Der Reformeifer des Papstes erstreckte sich auch auf die Orden. Den Großmeister der Dominikaner unterstützte er sehr bei der Wiederherstellung der Ordensdisziplin, und gegen die Johanniter ergriff er strenge Maßnahmen. Besonders hart verfuhr er mit den Franziskaner-Spiritualen; auf seinen Befehl schickte die Inquisition etliche von ihnen ins Gefängnis oder auf den Scheiterhaufen. Seiner Härte wegen wandte sich die hl. Birgitta von Schweden († 1373), die sich damals in Rom aufhielt und seine Wahl begeistert begrüßt hatte, gegen ihn und prangerte ihn als Verfolger der Lämmer Christi an. Andrerseits sah er 1357 davon ab, die im Konsistorium vorgetragenen Angriffe des Erzbischofs FitzRalph von Armagh (1347–60) gegen die Privilegien der Bettelmönche öffentlich gutzuheißen.

Da er die Rückkehr des Papsttums nach Rom ins Auge gefaßt hatte, war Innozenz ständig mit der Befriedung des von kleinen Tyrannen beherrschten Kirchenstaats und seiner neuerlichen Anbindung an den Hl. Stuhl beschäftigt. Durch die glänzenden Feldzüge des spanischen Kardinals Gil de Albornoz (um 1295–1367), der als päpstlicher Legat in Italien bis Mitte 1357 die meisten Territorien unterwarf und ihre Verwaltung modernisierte, gelang es ihm, sein Ziel zu erreichen. Freilich fiel Innozenz den Intrigen der Visconti in Mailand zum Opfer, denen Albornoz Bologna nicht abtreten wollte, und setzte 1357 den Kardinal in einem Anfall von Schwäche ab, doch mußte er ihn im September 1358 zurückberufen, als dieser dem Hl. Stuhl Bologna zurückgewann. Römischen Gesuchen Gehör leistend, entschloß sich Innozenz, den von Klemens VI. exkommunizierten Visionär und Volkstribun Cola di Rienzo (um 1313–54), der gerade in einem Prozeß zu Avignon freigesprochen worden war, zu benutzen, um Albornoz bei der Durchsetzung der päpstlichen Autorität in Rom behilflich zu sein. Mit Cola hoffte er die Massen zu gewinnen und die Opposition gegen den Adel zu führen. Daher setzte er Cola auf freien Fuß, und dieser zog, vom Papst mit der Senatorenwürde versehen, im Triumph in Rom ein (1. 8. 1354). Der Plan schlug jedoch fehl; Colas Wiedereinsetzung war nicht von langer Dauer, und er kam bei einem Aufruhr unrühmlich ums Leben (8. 10. 1354). Die Beziehungen des Papstes zu Karl IV. von Böhmen (1346–78), der 1346 zum König der Römer gewählt worden war, waren freundschaftlich. Mit päpstlicher Billigung (wie in Verhandlungen mit Klemens VI. vorgesehen) überquerte der König im Herbst 1354 die Alpen, wurde zum König der Lombardei gekrönt (6. 1. 1355) und empfing am Ostersonntag (5. April) im Auftrag des Papstes aus der Hand des Kardinalbischofs von Ostia die Kaiserkrone. Wie ebenfalls schon mit Klemens VI. festgelegt, brach Karl noch am selben Abend von Rom nach Deutschland auf. Seine Stippvisite rief spöttische Kommentare hervor, aber schon im folgenden Jahr erließ der Kaiser nach Beratungen auf den Reichstagen zu Nürnberg und Metz die »Goldene Bulle«, welche die Wahl der deutschen Könige endgültig regelte, das Recht des Papstes auf Bestätigung des Gewählten allerdings mit keinem Wort erwähnte und folglich auch sein Recht ausschloß, während einer Thronvakanz als Reichsverweser zu fungieren. Es ist bezeichnend, daß Innozenz keinen Widerspruch dagegen einlegte und durch die Neuregelung seine guten Beziehungen zu Karl nicht trüben ließ.

Auf anderen Gebieten erfuhr Innozenz wiederholt Enttäuschungen. Die 1354 in Avignon zwischen englischen und französischen Generalbevollmächtigten geführten Verhandlungen vermochten die Wiederaufnahme (1355) des Hundertjährigen Krieges nicht zu verhindern. Als König Johann II. von Frankreich (1350–64) im September 1356 in Poitiers vom Schwarzen Prinzen gefangengenommen wurde, konnte er Karl IV., dem Frankreichs Schwäche gelegen kam, nicht dazu bewegen, seinen Einfluß geltend zu machen, um seine Freilassung zu erreichen. Wenigstens hatte er die Genugtuung, den Vertrag von Brétigny (1360) auszuhandeln, mit dem der Konflikt für ein Jahrzehnt ausgesetzt wurde. Wieder und wieder, doch stets vergeblich, verhängte er Kirchenstrafen über Peter I. von Kastilien (1350–69), der seine Gemahlin verstoßen hatte. Die Bemühungen der Kurie als Friedensmittler zwischen Kastilien und Aragón blieben gleichfalls fruchtlos. Seine Pläne für einen Kreuzzug und seine Verhandlungen über die Wiedervereinigung mit der griechischen Kirche, die er von deren bedingungsloser Unterwerfung unter den Papst abhängig machte, zeitigten kein Ergebnis. Auch hatte er finanzielle Sorgen, da die Kriege in Italien ungeheure Summen verschlangen, und im November 1358 war er gezwungen, Teile des Papstschatzes zu veräußern. Zu guter Letzt wurde es in Avignon selbst immer gefahrvoller, die Stadt war Raubzügen von Söldnertruppen ausgesetzt, die der Friedensschluß von Bordeaux (1357) und erst recht der von Brétigny (1360) aus dem Kriegsdienst entlassen hatte. Ab 1357 wurden starke Schutzwälle und ausgedehnte Befestigungsanlagen errichtet, aber selbst dann gelang es einer der sogenannten Freischaren Ende Dezember 1360, Pont-Saint-Esprit einzunehmen und die Verbindungen Avignons zur Außenwelt zu unterbrechen. Innozenz mußte die Plünderer mit Lösegeld zum Abzug bewegen. Als er zwei Jahre später starb, nahm er ein gerüttelt Maß an Sorgen und vereitelten Hoffnungen mit ins Grab; sein häufig geäußerter Wunsch, nach Rom zurückzukehren, war unerfüllt geblieben.

Lit.: A. L. Tàutu (Hrsg.), *Acta Innocentii PP. VI*, Rom 1961; E. Déprez (Hrsg.), *Innocent VI: Lettres closes, patentes et curiales se rapportant à la France*, Paris 1909; P. Gasnault [u. a.] (Hrsg.), *Innocent VI: Lettres secrètes et curiales*, 4 Bde., Paris 1959–76; *LP* 2,492 f.; Baluze-Mollat 1,309–348; 2,433–491; W. Scheffler, *Karl IV. und Innozenz VI. 1355–60*, Berlin 1911; A. Pélissier, *Innocent VI le réformateur*, Tulle 1961; G. Mollat, *Les papes d'Avignon*, Paris ⁹1950; B. Guillemain, *La Cour pontificale d'Avignon (1309–1376)*, Paris 1962, bes. S. 140 f.; Y. Renouard, *La papauté à Avignon*, Paris ³1969; *DTC* 7,1997–2001 (G. Mollat); *LThK* 5,690 f. (G. Schwaiger); *NCE* 7,525 f. (W. R. Bonniwell); Seppelt 4,147–157.

Urban V.

Seliger (28. 9. 1362 – 19. 12. 1370)

Guillaume de Grimoard war der sechste Papst in Avignon und der erste, der die Kurie wieder nach Rom verlegte. Er wurde 1310 auf Schloß Grisac (Lozère) in einer Adelsfamilie geboren. Nach dem Studium in Montpellier und Toulouse legte er im Benediktinerkloster St-Victor in Marseille das Gelübde ab und lehrte nach Erlangung der Doktorwürde 1342 in Montpellier und Avignon Kirchenrecht. Nachdem er in Clermont und Uzès als Generalvikar gedient hatte, wurde er 1352 Abt von St-Germain in Auxerre sowie 1362 Abt von St-Victor in Marseille. 1352, 1354, 1360 und 1362 erwarb er sich als päpstlicher Legat in Italien gründliche politische Kenntnisse. Nach dem Tod von INNOZENZ VI. schlug ein Bruder von KLEMENS VI., auf den die Wahl zunächst gefallen war, die Nachfolge aus, und da die Kardinäle sich nicht auf einen der ihren einigen konnten, wählten sie einmütig Guillaume, der sich gerade auf einer Mission in Neapel befand. Nach seiner Landung in Marseille (27. Okt.) wurde er in Avignon inthronisiert (31. Okt.) und gekrönt (6. Nov.), bezeichnenderweise ohne das übliche Gepränge.

Auch als Papst setzte Urban das entsagungsvolle, tiefreligiöse und weltabgewandte Leben eines Benediktiners fort, behielt seine schwarze Kutte an und verwendete seine Zeit nicht nur für Verwaltungsangelegenheiten, sondern auch für Gebet und Studium. Da er niemals Kardinal gewesen war, fühlte er sich dem Kollegium oder mächtigen Potentaten gegenüber oft unsicher. Er führte die Reformen von Innozenz VI. fort, schränkte den Luxus der Hofhaltung ein, zügelte die Gier der Kirchenbeamten und bremste die Pfründenhäufung. Er halbierte den Kirchenzehnten und ermunterte zur Abhaltung von Provinzkonzilien; zugleich dehnte er freilich die zentralistische Politik der Avignon-Päpste aus und behielt die Besetzung sämtlicher Patriarchen- und Bischofssitze sowie die Leitung größerer Klöster dem Hl. Stuhl vor. Selbst Gelehrter, förderte er Hunderte armer Studenten durch Stipendien, stiftete Kollegs in Montpellier, unterzog die Statuten verschiedener Universitäten einer Reform und gründete neue in Orange, Krakau und Wien. All dies sowie seine Förderung der Künste und eine großzügige Bautätigkeit gewannen ihm Lob, leerten aber die päpstliche Schatzkammer.

Urbans weiterreichende Politik war nach Osten gerichtet und die Wiedervereinigung mit der byzantinischen Kirche sein oberstes Ziel. Auf Anregung von Pierre de Lusignan, König von Zypern (1359–69), der gerade in Kilikien Erfolge gegen die Türken erzielt hatte, rief er im April 1363 gegen diese einen neuen Kreuzzug aus, an dessen Spitze er König Johann II. von Frankreich (1350–64) stellte. Da es Urban nicht gelang, die erforderliche umfangreiche Unterstützung aufzubieten, und Johann 1364 starb, zeitigte der Kreuzzug nur magere Ergebnisse; zwar eroberte Pierre im Oktober 1365 Alexandria, doch konnte er die Stadt nicht halten. Im Februar 1364 schloß Urban einen demütigenden Frieden mit Bernabò Visconti von Mailand (1323–85), dem aggressiven Gegner der Kirche in Oberitalien, gegen den sein Kardinallegat Gil de Albornoz (um 1295–1367) einen erfolgreichen Feldzug führte und den er anfangs in den Kirchenbann getan hatte. Was zu dieser Änderung des Vorgehens geführt und die Zahlung riesiger Summen an Bernabò für die Räumung Bolognas zur Folge hatte, war seine Überzeugung, daß Frieden für den Kreuzzug unerläßlich sei, sowie sein naiver Glaube, die hierdurch frei werdenden Söldnertruppen könnten, statt das Land zu plündern, gegen die Türken eingesetzt werden.

Urban hatte die Römer von seinem aufrichtigen Wunsch unterrichtet (23. 5. 1363), seinen Hof nach Rom zu verlegen, sobald gewisse schwerwiegende Hindernisse aus dem Weg geräumt seien. Eines dieser Hindernisse, Bernabò Visconti, war mit dem Friedensschluß (Feb. 1364) für den Augenblick beseitigt; der Kirchenstaat war durch Albornoz' glänzende Feldzüge unterworfen. Andere Hindernisse freilich blieben nach wie vor bestehen, nicht zuletzt der baufällige Zustand Roms und die Unbewohnbarkeit des Vatikans. Es war Urban zunehmend klar geworden, daß er seine großen Ziele – die Vernichtung der marodierenden Söldnertruppen, gegen die er vergebens ein Bündnis zu schmieden gesucht hatte, seinen ihm teuren Kreuzzug und die Union mit der Kirche des Ostens – nur mit Rom als Basis erreichen konnte. Besonders schwer wog das dritte Ziel; denn nur vom Alten Rom aus konnte der Papst mit dem Neuen Rom angemessen verhandeln. Kaiser Karl IV. (1355–78), der lebhaftes Interesse daran hatte, das Papsttum aus dem französischen Einfluß zu lösen, besuchte Avignon (Mai 1366), ließ seine Überredungskünste spielen und erbot sich, dem Papst eine Eskorte zu stellen. Schließlich bewies dieser wirklichen Mut, traf gegen den heftigen Widerstand der französischen Kardinäle und die überlegten Bitten des französischen Hofes seine Entscheidung und verließ mit der widerstrebenden Kurie Avignon (30. 4. 1367). Bei seiner Landung in Corneto (heute: Tarquinia) im Kirchenstaat wurde er am 3. Juni von Kardinal Albornoz empfangen, dessen militärische und administrative Leistungen allein seine Rückkehr ermöglicht hatten. Nach kurzem, aber unruhigem Aufenthalt in Viterbo zog er unter starkem militärischem Schutz in Rom ein (16. Okt.). Da der Lateran unbewohnbar war, residierte er im Vatikan, dessen Restaurierung er noch von Avignon aus angeordnet hatte. Hier blieb er fast drei Jahre und wich nur während der heißen Sommermonate nach Viterbo und Montefiascone aus.

Urban hatte in Avignon einen starken Verwaltungsapparat zurückgelassen, der auch weiterhin die Finanzen der Kirche betreute. In Rom befaßte er sich mit der Ausbesserung und Ausschmükkung verfallener Kirchen und anderer Gebäude. Insbesondere begann er mit der vollständigen Erneuerung der Basilika S. Giovanni in Laterano, die 1360 abgebrannt war. Ebenso unternahm er Schritte zur Reform der Zivilverwaltung. Als er im September 1368 acht Kardinäle ernannte, zeigte seine Wahl – sechs Franzosen und nur ein Römer –, daß sein Herz noch immer an Frankreich hing. Die beiden bedeutenden Ereignisse während seines Aufenthalts in Rom waren das Eintreffen Kaiser Karls IV. im Oktober 1368 und der Besuch des byzantinischen Kaisers Johannes V. Palaeologus (1354–91) im Juni 1369. Während Karls Besuch krönte Urban dessen Gemahlin zur Kaiserin und hielt mit ihm ausführliche Besprechungen über die Lage in Ober- und Mittelitalien ab. Kaiser Johannes verfolgte im Einklang mit Verhandlungen von 1364 das Ziel, sich die Hilfe des Westens gegen die türkische Gefahr für Konstantinopel zu sichern; als Gegenleistung war er bereit, sich persönlich dem Hl. Stuhl zu unterwerfen. Dies tat er in feierlicher Zeremonie: auf den Stufen von St. Peter entsagte er vor dem Papst dem orthodoxen Glauben und bekannte sich zum lateinischen Katholizismus. Indessen waren keine byzantinischen Geistlichen anwesend, und zur Wiedervereinigung der Kirchen kam es nicht. Die Führer der

Ostkirche wünschten ein ökumenisches Konzil, doch Urban stemmte sich gegen diesen Vorschlag, da er es vorzog, innerhalb des griechischen Reiches eine lateinische Kirche zu gründen und Mönche als Missionare in den Osten zu entsenden.

Noch vor 1370 begann Urban ernüchtert an eine Rückkehr nach Avignon zu denken. Nicht nur die französischen Kardinäle drängten ihn ständig dazu; auch die Lage in Italien wurde immer beunruhigender. Perugia erhob sich und mußte mit einem Interdikt belegt werden; im Frühjahr 1370 verbündeten sich die Römer mit der Stadt, und Urban mußte in Viterbo und dann in Montefiascone Zuflucht suchen. Wieder einmal bedrohten von Bernabò Visconti angeheuerte Söldner die Grenzen des Kirchenstaates. Das Aufflackern des Hundertjährigen Krieges (1369) war ein weiteres Motiv; über den Frieden zwischen England und Frankreich, der für seinen Kreuzzug unbedingt erforderlich war, konnte er in Avignon wirksamer verhandeln. Er war fest überzeugt, daß der Hl. Geist, der ihn nach Rom geleitet hatte, ihn nun nach Avignon zurückrief. Am 26. August verließ er Montefiascone, ohne den Appellen der Römer, den Bitten Petrarcas oder den schrecklichen Warnungen der hl. Birgitta von Schweden (um 1303–73), die seinen baldigen Tod voraussagte, Gehör zu schenken; am 5. September schiffte er sich in Corneto ein und erreichte am 16. September Marseille. Am 27. September hielt er mit großem Gefolge in Avignon Einzug. Allerdings erkrankte er im November schwer und starb am 19. Dezember. Er wurde im Dom zu Avignon beigesetzt; sein Bruder, Kardinal Anglico, ließ seine Gebeine in die Abtei St-Victor in Marseille überführen (5. 6. 1372). Sein Grab wurde bald danach zum Gegenstand der Verehrung, doch wurde er erst 1870 durch Pius IX. seliggesprochen. Festtag: 19. Dezember.

Lit.: A. Fierens / C. Tihon (Hrsg.), *Lettres d'Urbain V (1362–1370)*, 2 Bde., Rom 1928–32; P. Lecacheux / G. Mollat (Hrsg.), *Lettres secrètes et curiales du pape Urbain V (1362–70) se rapportant à la France*, 3 Bde., Paris 1902–55; M. H. Laurent (Hrsg.), *Urbain V: Lettres communes*, 2 Bde., Paris 1954–58; M. Dubruelle (Hrsg.), *Les registres d'Urbain V*, Paris 1928; A. L. Tăutu (Hrsg.), *Acta Urbani PP. V (1362–70)*, Rom 1964; T. Leccisotti, *Documenti Vaticani di Urbano V*, Montecassino 1952; Baluze-Mollat 1,349–414; E. de Lanouvel, *Urbain V*, Paris 1929; J. P. Kirsch, *Die Rückkehr der Päpste Urban V. und Gregor XI. von Avignon nach Rom*, Paderborn 1898; G. Mollat, *Les papes d'Avignon*, Paris [9]1950; Y. Renouard, *La papauté à Avignon*, Paris [3]1969, bes. S. 55–63; W. P. de Vries, »Die Päpste von Avignon und der christliche Osten«, in: *OChP 30* (1964) S. 85–128; *DTC* 15,2295–2302 (G. Mollat); *EC* 12,908 f. (G. Tabacco); Seppelt 4,157–164.

Gregor XI.

(30. 12. 1370 – 27. 3. 1378)

Die 17 Kardinäle, die in Avignon zusammentraten, um einen Nachfolger für Urban V. zu finden, brauchten nur zwei Tage, bevor sie sich einhellig auf den 42jährigen Kardinal Pierre Roger de Beaufort einigten. 1329 als Sohn von Guillaume de Beaufort und Marie du Chambon auf Schloß Maumont bei Limoges geboren, war er bereits mit elf Jahren Kanonikus von Rodez und von Paris. Mit 19 Jahren ernannte ihn sein Onkel Klemens VI. zum Kardinaldiakon und schickte ihn an die Universität von Perugia, wo er unter Pietro Baldo degli Ubaldi eine gründliche Ausbildung in der Jurisprudenz genoß. Seiner Gelehrtheit und Vertrautheit mit der italienischen Politik wegen war er angesehen und fiel bald im hl. Kollegium auf. Als er 1367–70 in Rom weilte, betraute Urban V. ihn mit verantwortungsvollen Aufgaben. Gregor litt unter schlechter Gesundheit, war tiefreligiös bis hin zur Mystik und vereinte ein einfühlsames und bescheidenes Auftreten mit, wenn nötig, hartnäckiger Entschlossenheit.

Der letzte authentische Papst in Avignon bekundete häufig seine Überzeugung, daß Rom der eigentliche Sitz des Papstes sei. Nur dort könne er die Herrschaft über den von Kardinal Gil de Albornoz (um 1295–1367) gerade erst befriedeten und neugeordneten Kirchenstaat ausüben. Er hegte auch Hoffnungen auf einen Kreuzzug und die Herstellung der Kircheneinheit mit dem Osten; für beide Ziele war Rom der einzig angemessene Ort. Wenn er auch seine Umzugsabsichten von Anfang an klarmachte, so verstrichen doch etliche Jahre, bevor er sie verwirklichen konnte. Erstens war die päpstliche Schatzkammer leer, und bis zum Eingang von Abgaben, die er dem Episkopat abverlangte, war er auf Anleihen angewiesen. Zweitens ließ sich ein Frieden zwischen England und Frankreich im Hundertjährigen Krieg – eine unerläßliche Vorbedingung für jeden Kreuzzug – von Avignon aus wirksamer aushandeln. So reisten denn Gesandte hin und her, und Anfang der 70er Jahre wurden wiederholt Konferenzen abgehalten, die freilich keine Ergebnisse zeitigten. Drittens mußte die gefährliche Lage in Oberitalien bereinigt werden, wo die expansionistische Politik der Visconti von Mailand die Romagna und Piemont bedrohte. Entschlossen, die Angelegenheit ein für allemal zu erledigen, schloß Gregor im August 1371 ein Bündnis gegen die Visconti, schickte einen neuen Gesandten in die Lombardei und vertraute Amadeus VI. von Savoyen (1343–83) den Oberbefehl über das päpstliche Heer an. Anfang 1373 verhängte er über die Visconti das Interdikt und predigte anschließend einen Kreuzzug gegen sie. Im Frühjahr 1375 waren die Vorbereitungen für Gregors Zug nach Italien, mit dem er ihre Vernichtung vollenden wollte, in vollem Gange; doch mußten sie abgebrochen werden, da die Kurie, geschwächt vom Abfall ihrer Verbündeten und finanziell in Not, im Juni Frieden mit Mailand machen mußte. Just in diesem Augenblick ersuchten die Könige von England und Frankreich sowie Herzog Ludwig I. von Anjou (1360–84) und Peter IV. von Aragón (1336–87) Gregor um seine Vermittlungsdienste. Daher mußte die Abreise nach Italien erneut, und zwar bis Frühjahr 1376, aufgeschoben werden.

Die Nachricht von der neuen Verzögerung rief in Rom und in Italien überhaupt Unzufriedenheit hervor, die sich Florenz geschickt zunutze machte. Die Stadt, gewöhnlich ein Bündnispartner des Hl. Stuhls, war empört über dessen Vorenthaltung von Lebensmittellieferungen aus der Romagna während der Hungersnot von 1374/75, und es gelang ihr, fast den gesamten Kirchenstaat zum Aufstand anzustacheln; innerhalb weniger Monate nahm auch Bologna daran teil. Gregor reagierte auf die Revolte mit der Verhängung des Interdikts gegen Florenz, seine Verbündeten und die anderen aufständischen Städte, legte das Bankwesen und den Handel der Stadt lahm und entsandte ein mächtiges Söldnerheer unter Befehl des Kardinals Robert von Genf (später Gegenpapst KLEMENS VII.) nach Italien, das den Kirchenstaat rasch zurückeroberte. Schließlich verließ er selbst Avignon für immer (13. 9. 1376); er widerstand den leidenschaftlichen Appellen seiner Verwandten, der Kardinäle und des französischen Hofes und sah sich in seinem Entschluß von der hl. Katharina von Siena (1347–80) bestärkt, die von Mitte Juni an drei Monate in Avignon zugebracht hatte. Zwar verließ er mit der Flotte Marseille bereits am 2. Oktober 1376; da die Fahrt so stürmisch war, daß sie Corneto (heute: Tarquinia) im Kirchenstaat nicht vor dem 6. Dezember erreichte, konnte er erst am 17. Januar 1377 in Rom feierlich Einzug halten und seinen Sitz im Vatikan nehmen.

Wenngleich die Angelegenheiten in Italien den größten Teil seiner Aufmerksamkeit beanspruchten, widmete Gregor Zeit und Gedanken der Reform der religiösen Orden. So unterstützte er den Großmeister des Johanniterordens bei der Überwindung von Laxheit und der Wiederherstellung der Disziplin und führte 1373 in der Verfassung der Dominikaner bedeutende Änderungen durch, einschließlich der Einsetzung eines Kardinalprotektors. Besonders tatkräftig war er bei der Unterdrückung von Irrlehren in der Provence, Deutschland und Spanien; in Frankreich machte er rücksichtslosen Gebrauch von der Inquisition und erfuhr von König Karl V. (1364–80) so wirksame Unterstützung, daß die Gefängnisse zu überfüllt waren, um jene aufzunehmen, die dem Scheiterhaufen entgangen waren. Er richtete an Eduard III. von England (1327–77), den Erzbischof von Canterbury, den Bischof von London und die Universität Oxford fünf Bullen (22. 5. 1377), in denen er 19 Lehrsätze aus frühen Schriften des Reformers John Wyclif (um 1330–84) verdammte, zur Überprüfung seiner Lehre aufrief und der Universität Strafen androhte, falls sie nicht unverzüglich handle, um Irrlehren auszurotten. Seine Pläne, den Christen des Ostens gegen die Türken mit einem Kreuzzug beizustehen, führten zu nichts, doch eilte er den Dominikanermissionen im Osten zu Hilfe, die von der Pest dezimiert worden waren. Seine Beziehungen zum Heiligen Römischen Reich waren freundschaftlicher Natur; allerdings mußte der Hl. Stuhl einen Rückschlag hinnehmen, als Kaiser Karl IV. (1355–78) seinen 15jährigen Sohn Wenzel im Juni/Juli 1376 zum König der Römer wählen und krönen ließ, ohne Rom zu konsultieren. Erst im nachhinein suchte der Kaiser in einem Schreiben mit fingiertem Datum der Form halber die Einwilligung des Papstes.

Gregors Aufenthalt in Rom war ernüchternd und auch unerwartet kurz. Die von Florenz eröffneten Friedensverhandlungen wurden abgebrochen, da der Papst auf allzu strikten Bedingungen bestand. Aufgrund des entsetzlichen Blutbads, das der päpstliche Legat Robert von Genf in Cesena anrichtete (Feb. 1377), verschlimmerte sich die Atmosphäre noch. Die Feindseligkeit, die dem Papst in Rom entgegenschlug, wurde so heftig, daß Gregor sich nach Anagni zurückzog. Zwar verschaffte ihm die erneute Gefolgschaft Bolognas und die Fahnenflucht des florentinischen Oberbefehlshabers etwas Trost, doch der Streit zwischen ihm und Florenz zog sich weiter hin, und Katharina von Siena beschuldigte ihn der Unversöhnlichkeit. Indessen waren beide Seiten kriegsmüde, und im März 1378 trat unter dem Vorsitz Bernabò Viscontis (1323–85) in Sarzana eine Friedenskonferenz zusammen. Noch bevor diese ihre Arbeit abschließen konnte, starb Gregor; seine Anstrengungen hatten ihn erschöpft, und düstere Vorboten der Zwietracht und eines möglichen Schismas bedrängten ihn. Der letzte der französischen Päpste, der einerseits Frankreich so ergeben war, daß die von ihm ernannten Kardinäle fast ausschließlich Franzosen waren, andrerseits aber das Papsttum nach Rom zurückbrachte, wurde in S. Francesca Romana auf dem Forum Romanum begraben.

Lit.: Mirot [u. a.] (Hrsg.), *Lettres secrètes et curiales relatives à la France*, 5 Bde., Paris 1935–57; G. Mollat (Hrsg.), *Lettres secrètes et curiales intéressant les pays autres que la France*, 3 Bde., Paris 1962–65; C. Tihon (Hrsg.), *Lettres de Grégoire XI*, 3 Bde., Brüssel 1953–62; A. L. Tàutu (Hrsg.), *Acta Gregorii XI*, Rom 1966; Baluze-Mollat 1,415–467; A. Pélissier, *Grégoire XI ramène la papauté à Rome*, Tulle 1962; J. P. Kirsch, *Die Rückkehr der Päpste Urban V. und Gregor XI. von Avignon nach Rom*, Paderborn 1898; G. Mollat, *Les papes d'Avignon*, Paris [9]1950; Y. Renouard, *La papauté à Avignon*, Paris [3]1969; *NCE* 6,778 (E. R. Labande); Seppelt 4,164–171.

Urban VI.

(8. 4. 1378 – 15. 10. 1389)

Das nach dem Tod GREGORS XI. im Vatikan zusammentretende Konklave (das erste in Rom seit 1303) erlebte beispiellose Tumultszenen. Die aufgeregte Volksmenge, die die Wahl eines Franzosen und die Rückkehr des Papsttums nach Avignon befürchtete, demonstrierte in den Straßen, drang sogar in den Palast ein und verlangte nach einem »Römer oder wenigstens einem Italiener« als Papst. Die Stadtteilpräfekten begaben sich am Abend in den Palast, um die 16 Kardinäle (Gregor hatte sechs in Avignon belassen) vor der Gefahr zu warnen, welche die Nichtachtung des Volkswillens heraufbeschwören würde. Anderntags brachen erneut Unruhen aus, und auf einer von Panik erfüllten Sitzung gaben alle Kardinäle, mit einer Ausnahme, ihre Stimme für Bartolomeo Prignano, Erzbischof von Bari, ab. Bevor dessen Zustimmung eingeholt werden konnte, stürmte der Pöbel herein, den die erschrockenen Kardinäle nur mit unklugem Theaterspiel zu besänftigen vermochten: sie gaben vor, einen betagten römischen Kardinal gewählt zu haben, und gingen auseinander. Am folgenden Tag kehrten jedoch zwölf von ihnen zurück und bestätigten die Wahl Bartolomeos. Dieser war um 1318 in Neapel geboren und nun fast 60 Jahre alt. Der Fachmann in Kirchenrecht war Erzbischof von Acerenza (1363) und anschließend von Bari (1377) gewesen. 20 Jahre hatte er in Avignon eine führende Stellung bekleidet und seit Gregors XI. Umzug nach Rom 1376 die Leitung der päpstlichen Kanzlei übernommen. Als Beamter wie als Prälat wurde er wegen seiner Sparsamkeit, Tatkraft und skrupulösen Gewissenhaftigkeit bewundert; sein unnachgiebiger Starrsinn, sein Jähzorn und seine Entschlossenheit, Rechte auch dort durchzusetzen, wo es nicht tunlich war, waren noch nicht zutage getreten.

Die Kardinäle inthronisierten Bartolomeo unter dem Namen Urban VI. ordnungsgemäß am 18. April (Ostern), setzten die noch in Avignon befindlichen Kardinäle, Kaiser Karl IV. (1355–78) und die übrigen Herrscher des Abendlandes von seiner Thronbesteigung in Kenntnis und versuchten einige Wochen lang mit ihm zusammenzuarbeiten; anscheinend hatten sie keine Vorbehalte gegenüber seiner Wahl. Von Anfang an setzte Urban sie heftigen Beleidigungen und unbeherrschten Schimpfkanonaden aus. Der Papst plante eine Kirchenreform, zu der auch eine radikale Vereinfachung der Lebenshaltung der Kardinäle und die Befreiung der Kirche aus der Abhängigkeit von weltlichen Staaten zählten, doch ging er mit demütigender Brutalität und einem paranoischen Autoritätsglauben an die Aufgabe. Laien wie Otto von Braunschweig, die Gesandten Königin Johannas von Neapel (1343–82) und der Herzog von Fondi erhielten eine nicht weniger heftige Abfuhr. Den Vorschlag, die Kurie nach Avignon zurückzuverlegen, beantwortete er mit der wütenden Drohung, er werde genügend italienische Kardinäle ernennen, um die französische Mehrheit beiseite zu fegen. Seine unverhoffte Erhebung zum Papst scheint sein geistiges Gleichgewicht gestört zu haben, und die Überzeugung wuchs, daß er geistig umnachtet und unfähig sei. Ein französischer Kardinal nach dem andern zog sich nach Avignon zurück, um die nächsten Schritte zu beraten. Die radikaler Gesinnten unter ihnen wollten sich seiner Person bemächtigen, andere hofften ihm Koadjutoren zur Seite zu stellen, aber Urban lehnte jedes Entgegenkommen ab. So gaben die Kardinäle am 2. August eine Erklärung heraus, wonach die Aprilwahl ungültig war, da sie »nicht frei, sondern aus Furcht« vor der Gewalttätigkeit des Pöbels erfolgte, und forderten ihn zum Rücktritt auf. Am 9. August informierten sie die Christenheit, daß er als Usurpator abgesetzt wurde. Daraufhin zogen sie nach Fondi, wo sie unter dem Schutz Königin Johannas standen, und wählten am 20. September Kardinal Robert von Genf zum Papst. Dessen Krönung als KLEMENS VII. (31. Okt.) leitete das große abendländische Schisma (1378–1417) ein.

Europa mußte sich nun zwischen Urban und Klemens entscheiden, die alle beide Briefe und Gesandte an Herrscher, Universitäten und Städte schickten und den Anspruch erhoben, der wahre Papst zu sein. Während sich Frankreich nach kurzer Neutralität zusammen mit Burgund, Savoyen, Neapel und Schottland an Klemens hielt, erklärten sich England und Deutschland zusammen mit dem Großteil Italiens und den Ländern Mitteleuropas für Urban; nationale Interessen gaben allgemein den Ausschlag. Urban besaß in der Visionärin Katharina von Siena (1347–80) noch eine leidenschaftliche Befürworterin. Spanien blieb eine Zeitlang neutral. Unterdessen traten sich die beiden Rivalen nach gegenseitiger Exkommunikation in Italien mit Waffengewalt gegenüber; der Sieg der Söldnertruppen Urbans bei Marino im April 1379 und die Einnahme der Engelsburg sicherte ihm die uneingeschränkte Kontrolle über Rom und zwang Klemens zum Rückzug, zunächst nach Neapel und im Juni 1379 nach Avignon. Da die ursprüngliche Kurie zu Klemens übergegangen war, hatte Urban mit der Ernennung von 29 Kardinälen, die er klugerweise aus verschiedenen Nationalitäten rekrutierte, bereits eine neue Kurie gebildet (17. 9. 1378).

Danach hatte Urban keine direkten Kontakte mehr mit seinem Rivalen; ein Feldzug, für den Klemens warb, um Teile des Kirchenstaates zu besetzen, endete verheerend (1384). Da Urban die Rechtmäßigkeit seiner eigenen Position nie in Frage stellte, zeigte er wenig Interesse an Vorschlägen zur Beilegung des Konflikts, die an Höfen und Universitäten eifrig erörtert wurden. Zum Beispiel wies er 1386 die Idee eines allgemeinen Konzils zurück, wie sie von einigen deutschen Fürsten vorgebracht wurde. Seine Hauptbeschäftigung war ein kleinlicher, stets wechselvoller Kampf um das Königreich Neapel, zu dem er einem nichtsnutzigen Neffen verhelfen wollte – von Wutausbrüchen unterbrochen, wie sie für seinen labilen Geisteszustand kennzeichnend waren. Zunächst exkommunizierte und entthronte er Königin Johanna (1380), weil sie Klemens anerkannt und unterstützt hatte, und ersetzte sie durch ihren Vetter Karl von Durazzo (1381–86), den er 1381 in Rom krönte. Daraufhin stritt er mit Karl um die Ansprüche seines Neffen und begann sich 1384 in die Angelegenheiten des Königreichs einzumischen. Unterdessen plante Karl im Verein mit einigen Kardinälen, Urban wegen Unfähigkeit einem Regentschaftsrat zu unterstellen. Als der Papst davon erfuhr, ließ er empört sechs Kardinäle einkerkern und brutal foltern, worauf Karl mit der Belagerung von Nocera reagierte. Urban entkam und flüchtete sich nach Genua, wo fünf Kardinäle unter mysteriösen Umständen verschwanden. Bei Karls Tod in Ungarn (Feb. 1386) lehnte der Papst es ab, sich mit dessen Witwe auszusöhnen, zog im Dezember 1386 nach Lucca und im Oktober 1387 nach Pisa, wo er Söldner für einen Feldzug gegen Neapel anwarb, das inzwischen in die Hände der Anhänger von Klemens gefallen war; doch Geldmangel hinderte ihn an der Ausführung seines Vorhabens. Im Oktober 1388 zerstritt er sich mit seinen Söldnern und begab sich nach Rom, wo sein Eigensinn die Bevölkerung vor den Kopf stieß. Ein Jahr später starb er dort, möglicherweise an einer Vergiftung. Etliche seiner Kardinäle hatten ihn verlassen, der Kirchenstaat befand sich im Zustand der Anarchie, die Schatzkammern waren leer, und sein Ansehen war an einem Tiefpunkt angelangt. Außer der Entscheidung, jedes 33. Jahr (die Lebensspanne des Heilands) als Heiliges Jahr zu feiern und das bis dahin nur von den Franziskanern begangene Fest Mariä Heimsuchung auf die Gesamtkirche auszudehnen, führte Urban nur wenige, falls überhaupt, denkwürdige Kirchenakte durch. Sein Grabmal befindet sich in der Krypta von St. Peter.

Lit.: K. Krofta (Hrsg.), *Acta Urbani VI*, Prag 1903; H. V. Sauerland, »Aktenstücke zur Geschichte des Papstes Urban VI.«, in: *HJ* 14 (1893) S. 820–832; Dietrich von Niem, *De schismate*, hrsg. von G. Erler, Leipzig 1890; L. Macfarlane, »An English Account of the Election of Urban VI, 1378«, in: *BullInstHistRes* 26 (1953) S. 75–83; T. Lindner, »Papst Urban VI.«, in: *ZKG* 3 (1879) S. 409–428; 534–546; M. Seidlmayer, *Die Anfänge des großen abendländischen Schismas*, Münster 1940; W. Ullmann, *The Origins of the Great Schism*, London 1948; O Přerovský, *L'elezione di Urbano VI e l'insorgere dello scismo d'Occidente*, Rom 1960; *DTC* 15,2302–05 (G. Mollat); *NCE* 14,480 (G. Mollat); Seppelt 4,188–206.

Klemens (VII.)

(Gegenpapst, 20. 9. 1378 – 16. 9. 1394)

Robert wurde 1342 als Sohn des Grafen Amadeus III. von Genf und der Marie de Boulogne (einer Kusine des französischen Königs) in Genf geboren. Als junger Mann wurde er Kanzler von Amiens und Kanonikus von Paris. 1361 rückte er zum Bischof von Thérouanne auf, 1368 zum Bischof von Cambrai, und im Mai 1371 wurde er von Gregor XI. zum Kardinal ernannt. Als Gregors Legat in Italien stand er an der Spitze eines bretonischen Söldnerheers und war für die furchtbaren Massaker im Krieg gegen Florenz verantwortlich, insbesondere für das von Cesena (Feb. 1377). In der auf Gregors Tod folgenden stürmischen Wahl gab er seine Stimme URBAN VI., erwies ihm als erster die Ehre und suchte als erster seine Gunst. Er benachrichtigte Kaiser Karl IV. (1355–78) schriftlich von der Wahl Urbans (14. 4. 1378). Empört über das beleidigende Benehmen des Papstes begann er jedoch Ende Mai, einen Aufstand gegen ihn zu organisieren. Als die französischen Kardinäle sich nach Anagni zurückzogen und überzeugt, daß der Papst geistig umnachtet und unfähig sei, Urbans Wahl für ungültig erklärten (2. Aug.), weil sie unter Gewaltandrohung zustande gekommen sei, und Urban am 9. August absetzten, war Robert eine treibende Kraft. Am 20. September wählten ihn die Kardinäle auf einer Sitzung im Dom zu Fondi (Königreich Neapel) im ersten Wahlgang zum Papst; daß er weder Franzose noch Italiener war, könnte zu seinen Gunsten gewirkt haben. Die drei italienischen Kardinäle wählten zwar nicht selbst, gaben jedoch durch ihre Anwesenheit ihre Zustimmung zu erkennen. Die Wahl Klemens', gefolgt von seiner Ausrufung (21. Sept.) und seiner Krönung (31. Okt.), leitete das große abendländische Schisma (1378–1417) ein, dessen erster Gegenpapst er war.

Zunächst war dem fähigen Politiker das Glück hold. Fast die gesamte Kurie lief zu ihm über, und er genoß starke militärische Unterstützung sowie die Freundschaft Königin Johannas von Neapel (1343–82). Doch im April 1379 wurden seine Truppen bei Marino von Urbans Söldnern geschlagen. Da seine Garnison in der Engelsburg sich Urban bereits im selben Monat ergeben hatte, zog Klemens sich nach Neapel zurück, mußte jedoch erkennen, daß die Bevölkerung ihm trotz der Unterstützung Königin Johannas feindlich gesinnt war; am 22. Mai zog er für immer nach Avignon. Unterdessen exkommunizierten sich die beiden rivalisierenden Päpste nicht nur gegenseitig, sondern suchten die Christenheit durch Briefe und Gesandtschaften von ihrer jeweiligen Rechtmäßigkeit zu überzeugen. Nach kurzer Neutralität ergriff Karl V. von Frankreich (1364–80) im November 1379 Klemens' Partei und ebenso Burgund, Savoyen, Neapel und Frankreichs Bündnispartner Schottland. Der Papst unternahm gewaltige Anstrengungen, um auch die Anerkennung des Reiches zu gewinnen, hatte aber nur vereinzelt Erfolg. Im allgemeinen hielten das Reich und der deutsche König Wenzel (1378–1400) ebenso wie die Länder des Ostens und Nordens, Ungarn und England an Urban fest. Mit beträchtlicher Verspätung erklärten sich Kastilien, Aragón und auch lateinische Enklaven im Osten wie Zypern und Morea für Klemens.

In Avignon baute Klemens in Kürze für jede Abteilung der Kurie eine Verwaltungsmaschinerie auf und etablierte eine Hofhaltung, die an Glanz und Luxus der eines Königs gleichkam. Doch oberstes Ziel seiner Politik war, Rom von seinem Rivalen zu befreien. Schon im April 1379 hatte er Ludwig I. von Anjou (1360–84), Sohn des französischen Königs, zu einem Waffengang in seinem Namen ermuntert und ihm ein Adriatisches Königreich angeboten, das aus dem Kirchenstaat herausgelöst werden sollte. Ein Feldzug gegen Karl von Durazzo (1381–86), dem Urban nach der Absetzung Johannas Neapel vermacht hatte, zur Wiedergewinnung des Königreichs nahm einen glänzenden Anfang, geriet jedoch mit dem Tod Ludwigs (Sept. 1384) ins Stocken. Nach der Ermordung Karls (Feb. 1386) trat Ludwig II. von Anjou (1384–1417) den Feldzug erneut an, siegte und wurde im Juli 1386 vom

Volk von Neapel zum König ausgerufen. Klemens' Position wurde nicht nur durch diesen und andere Erfolge in Süditalien gestärkt, sondern auch durch den Einfluß, den er mit der Heirat zwischen Ludwig von Touraine, dem künftigen Herzog von Orléans, und einer Visconti in der Lombardei gewonnen hatte. Gerade hatte er Verhandlungen mit Florenz und Bologna eröffnet, als ihn der Tod Urbans (15. 10. 1389), der jetzt gänzlich unbeliebt war, seiner Trumpfkarte beraubte: Er hatte bereits zwei Kardinäle in sein Hl. Kollegium aufnehmen können, die Urbans Brutalität und Grausamkeit ernüchtert hatte. Urbans Nachfolger BONIFATIUS IX. sah sich ernster Gefahr ausgesetzt, als der neue französische König Karl VI. (1380–1422) Klemens mit der Aussicht schmeichelte, ihn im März 1391 persönlich nach Rom zu begleiten, und Frankreich 1392/93 das Projekt eines Adriatischen Königreichs als päpstliches Lehen aufgriff. Aus dem ersten Vorschlag wurde allerdings nichts, und wenngleich Klemens sich erbot, den Herzog von Orléans mit ausgedehnten Gebieten im Besitz des Hl. Stuhls zu belehnen, war er bereits zu argwöhnisch, um den zweiten Plan weiterzuverfolgen. 1400 mußte er einen schweren Schlag einstecken, als der junge König Ladislaus von Sizilien (1386–1414) Ludwig II. von Anjou aus Neapel vertrieb und das Königreich wieder der Obödienz Bonifatius' IX. unterwarf.

Während seiner gesamten Regierungszeit wurde Klemens von erdrückenden finanziellen Schwierigkeiten geplagt. Mäzenatentum, die Extravaganz seiner Hofhaltung, die in alle Richtungen entsandten diplomatischen Missionen und seine Feldzüge in Süditalien: dies alles verschlang Geld und zehrte seinen Schatz auf. Er mußte sich auf ständige Anleihen und hohe Besteuerung verlegen; freilich hatte er Glück, zählte doch zu den Ländern, die er besteuern konnte, Frankreich, das reichste und bevölkerungsreichste Land des Westens. Er wurde sogar dazu getrieben, Abgaben auch von solchen religiösen Einrichtungen zu verlangen, die bis dahin ausgenommen gewesen waren. Von den Klagen des übermäßig besteuerten Klerus ließ er sich nicht beirren. Ein ziemlich kostspieliges Ärgernis waren die Raubüberfälle Raimunds von Turenne, eines Neffen Gregors XI., der bedeutende Besitztümer in der Provence hatte (darunter vor allem Les Baux) und dessen Söldner 1386–92 Burgen und Dörfer einzunehmen und Reisende zu plündern pflegten: diese mußten mit riesigen Abfindungssummen bestochen werden.

Klemens bewies mit der Auswahl seiner Kardinäle politische Klugheit und feines Gespür. Einer der ersten war der 16jährige Peter von Luxemburg (1527 seliggesprochen), den er 1384 zum Bischof von Metz und zum Kardinal ernannte und von dessen außerordentlicher Askese und Nächstenliebe er sich scharfsinnig mehr Glanz für sein Pontifikat erhoffte. Weder die Gültigkeit seiner Wahl noch die der Absetzung seines Rivalen zweifelte er je an; bei Urbans Tod hegte er die eitle Hoffnung, daß das römische Konklave die Nachfolgefrage mit seiner Anerkennung lösen werde. Damals sowie in seinen letzten Lebensjahren wurde er häufig zur Abdankung gedrängt. Die öffentliche Meinung in Frankreich, bestimmt von der Pariser Universität, tendierte dazu, daß der einzige Weg zur Beendigung des Schismas die *via cessionis*, d. h. der freiwillige Rücktritt beider Päpste, sei. Klemens blieb jedoch ebenso wie sein Rivale derartigen Vorschlägen gegenüber taub. Das einzige, wozu er sich bereit fand, um das weitverbreitete Unbehagen abzubauen, war seine Anordnung, eine Messe »für die Beseitigung des Schismas« zu lesen (29. 10. 1393), Gebete zu sprechen und Prozessionen abzuhalten. Am Morgen des 16. September 1394 erlag Klemens einem Schlaganfall.

Lit.: E. Göller (Hrsg.), *Repertorium Germanicum*, Bd. 1: *Clemens VII. von Avignon*, Berlin 1916; Baluze-Mollat 1,469–539; Dietrich von Niem, *De schismate*, hrsg. von G. Erler, Leipzig 1890; N. Valois, *La France et le grand schisme d'Occident*, 4 Bde., Paris 1896–1902; W. Ullmann, *The Origins of the Great Schism*, London 1948; O Přerovský, *L'elezione di Urbano VI*, Rom 1960; Y. Renouard, *La papauté à Avignon*, Paris ³1969; Seppelt 4,198–209; *DHGE* 12,1162–75 (G. Mollat); *NCE* 3,392 (G. Mollat).

Bonifatius IX.

(2. 11. 1389 – 1. 10. 1404)

Zum Nachfolger URBANS VI. wählten die 14 römischen Kardinäle einen Kompromißkandidaten, den um 1350 in Neapel in einer Adelsfamilie geborenen Pietro Tomacelli. Über seinen Werdegang ist nur wenig bekannt, außer daß Urban VI., wie er Neapolitaner, ihn 1381 zum Kardinaldiakon von S. Giorgio und 1385 zum Kardinalpriester von S. Anastasia bestellte. Bonifatius war das genaue Gegenteil seines Vorgängers: wenig gebildet oder amtserfahren, dafür aber

kontaktfreudig, praktisch und realistisch, geschickt in der Menschenführung und von überzeugender Wortgewandtheit. Das große abendländische Schisma (1378–1417) dauerte auch unter seiner Ägide fort; die Kardinäle hatten eine Verschiebung der Wahl im Interesse eines Kompromisses nicht ernsthaft erwogen. Bonifatius wurde von dem Avignonesischen Papst KLEMENS VII. exkommuniziert und tat es ihm prompt nach. 1391 verurteilte er das Ansinnen, das Schisma durch ein allgemeines Konzil beizulegen, als sündhaft und erfuhr bald darauf die Genugtuung, mehrere Kardinäle, die aus Enttäuschung über Urban zu Klemens übergelaufen waren, wieder willkommen heißen zu können.
Bonifatius, ein geschickter und fähiger Herrscher, bemühte sich, im wirren Italien die päpstliche Autorität wiederherzustellen. Er brach unverzüglich mit Urbans nepotistischer Politik für das Königreich Neapel, zu dessen König Klemens VII. gerade erst Ludwig II. von Anjou (1384–1417) gemacht hatte, stellte sich voll hinter Ladislaus (1386–1414), Sohn des Karl von Durazzo, und ließ diesen in Gaeta zum König krönen (29. 5. 1390), nachdem er einen Treueid geleistet hatte. Die Auseinandersetzung währte zehn Jahre, doch mit Hilfe von Söldnern und Geldern, die Bonifatius ihm zur Verfügung stellte, gelang es Ladislaus, die Klementinischen Streitkräfte zu schlagen, in Neapel einzuziehen (Juli 1400) und das Königreich der römischen Obödienz zu unterstellen. In Oberitalien dehnte Bonifatius seinen Einfluß durch taktvolle Vermittlung aus. Im Kirchenstaat selbst, den Urban in Anarchie hinterlassen hatte, gewann er mit militärischer Unterstützung seiner beiden Brüder, die er zu Herrschern über Spoleto bzw. Ancona einsetzte, schrittweise die Kontrolle über die wichtigsten Stützpunkte zurück. Die von ihm verfolgte Politik überließ die Macht den vorherrschenden Adelsgeschlechtern vor Ort, solange diese ihm huldigten und Tribut entrichteten. Seine Beziehungen zu Rom waren anfänglich ausgezeichnet, wozu das von Urban im April 1389 angeordnete, gewinnbringende Jubeljahr 1390 beitrug, dem er präsidierte. Mit Rückendeckung der Stadt führte er im März 1392 einen erfolgreichen Feldzug gegen das aufständische Viterbo. Die Beziehungen verschlechterten sich indessen rasch, und im Sommer 1392 mußte er sich zunächst nach Perugia und dann nach Assisi begeben. Kurz darauf war er jedoch wieder zurück – zu seinen Bedingungen; denn die Römer fürchteten, er könne den Sitz des Papstes in eine andere Stadt verlegen. Im Sommer 1398 nutzte er die Aufdeckung eines Komplotts gegen sich und machte sich zum uneingeschränkten Herrscher über Rom. Er schaffte die republikanisch verfaßte Unabhängigkeit der Stadt ab und vertraute ihre Verwaltung von ihm selbst ernannten Senatoren an. Das Volk und sogar das Bürgertum waren mit seinem aufgeklärten Despotismus zufrieden, der sich unter anderem im Wiederaufbau der zerstörten Engelsburg und der Befestigung des Kapitols niederschlug.
Zur Beendigung des Schismas unternahm Bonifatius keine ernsthaften Schritte. In der Überzeugung, als Papst zu Rom der wahre Papst zu sein, setzte er alles daran, sich die Loyalität Deutschlands und Englands, der führenden Nationen römischer Obödienz, zu erhalten, und schenkte den überall erörterten Vorschlägen zur Beendigung der Kirchenspaltung keine Beachtung. Um den Verdacht zu zerstreuen, daß er die Spaltung absichtlich verlängere, versprach er Klemens VII. (1390), ihn und seine Kardinäle für den Fall seiner Abdankung im Kardinalsstand belassen zu wollen und ihn zum päpstlichen Legaten in Frankreich und Spanien zu bestellen. 1392 machte er Annäherungsversuche bei Karl VI. von Frankreich (1380–1422) und versuchte diesen im Juni 1393 von der Rechtmäßigkeit der Papstwahl Urbans VI. zu überzeugen. Karls Einwilligung, so behauptete er, werde auch den Gegenpapst umstimmen. Als Klemens VII. starb, widersetzte er sich den Versuchen des neuen Gegenpapstes, BENEDIKT XIII., direkte Verhandlungen mit ihm zu eröffnen. Während der Periode 1398–1403, in der Frankreich Avignon die Anerkennung verweigerte, hatte er von Benedikt nichts zu befürchten. Freilich mißlang es ihm, seine Einflußsphäre in Europa auszudehnen; Sizilien und Genua fielen sogar von ihm ab. Um die Ausbreitung der Unterstützung für Klemens und seinen Nachfolger in Deutschland zu verhindern, überschüttete er den deutschen König Wenzel (1378–1400) mit Gunstbezeigungen, ermächtigte ihn, auf Kircheneigentum den Zehnten zu erheben, und drängte ihn, nach Rom zu kommen, um die Kaiserkrone in Empfang zu nehmen. Als Wenzel im August 1400 abgesetzt und Ruprecht von der Pfalz († 1410) zu seinem Nachfolger gewählt wurde, argwöhnte er

mögliche Auswirkungen und verzögerte die von den Kurfürsten verlangte offizielle Billigung. Als er sie schließlich doch erteilte (1. 10. 1404), stellte er in der von ihm erlassenen Bulle die Tatsachen auf den Kopf, indem er behauptete, Wenzel sei auf sein Geheiß abgesetzt worden.
Von seinen Zeitgenossen als geschickter Lenker von Menschen und Ereignissen bewundert, hatte Bonifatius aufgrund seiner Vetternwirtschaft und finanziellen Skrupellosigkeit zugleich einen ausgesprochen schlechten Ruf. War er selbst auch frei von Begehrlichkeit und Habsucht, deren man ihn bezichtigte, so trieb ihn doch sein verzweifelter Geldmangel dazu, sich Finanzmittel auf eine Weise zu verschaffen, die selbst zu seiner Zeit als skandalös gelten mußte. Unter seiner Amtsführung wurde die Vergabe von Benefizien, die ohnehin schon ausgeufert war, zu einer Angelegenheit blanker Vermarktung: Provisionen, Exspektativen und Kirchenämter wurden gegen Barzahlung an den Meistbietenden verhökert. Die Kirchensteuern erhöhte er so sehr, daß die »Annaten des Bonifatius« zu einem geflügelten Wort wurden. Auch die kommerziellen Möglichkeiten von Ablässen wurden voll ausgeschöpft; so wurden etwa die Vergünstigungen der Jubeljahre weit über Rom hinaus ausgedehnt; erlangt wurden sie, indem der auswärtige Käufer die Reisekosten zahlte und den Betrag, den er als Pilger an den römischen Altären dargebracht hätte. Finanzberater des Bonifatius war Baldassare Cossa (später Gegenpapst JOHANNES XXIII.), den er 1402 zum Kardinal erhob.
Bonifatius empfing eine Abordnung des Gegenpapstes Benedikt XIII. (22. 9. 1404), der ein Treffen der beiden Gegenspieler oder ihrer Generalbevollmächtigten vorschlug, um die Beilegung des Schismas einschließlich der Möglichkeit eines Doppelrücktritts zu erörtern. Der Papst, der schwer an einem Gallenstein litt, machte geltend, daß er zu einem solchen Treffen nicht in der Lage sei. In Wahrheit hegte er nicht die Absicht, mit dem Gegenpapst von gleich zu gleich zu verhandeln. Bei einem zweiten Treffen (29. Sept.) kam es zu einem heftigen Wortwechsel. Bonifatius' Gesundheitszustand verschlimmerte sich rasch, und innerhalb weniger Tage starb er. Die Römer machten die Abgesandten verantwortlich; diese wurden in den Kerker geworfen und erst nach Zahlung eines enormen Lösegelds auf freien Fuß gesetzt. Während seiner Amtszeit ernannte Bonifatius sechs Kardinäle und sprach Birgitta von Schweden (1302/03 bis 1373) heilig (7. 10. 1391).

Lit.: Muratori 3.2,830–832; 1115; *LP* 2,507; 530 f.; 549–551; Dietrich von Niem, *De schismate*, hrsg. von G. Erler, Leipzig 1890; O. Raynaldus, *Annales ecclesiastici* [1390–1404], hrsg. von J. D. Mansi, 15 Bde., Lucca 1747–56; L. Zanuto, *Il pontificato di Bonifacio IX.*, Udine 1904; *DHGE* 9,909–922 (E. Vansteenberghe); *EC* 2,1875 f. (P. Paschini); *NCE* 2,673 f. (E. J. Smyth); Seppelt 4,206–213; 215; 220 f.; P 1.

Benedikt (XIII.)

(Gegenpapst, 28. 9. 1394 – 26. 7. 1417; † 23. Mai 1423)

Als Gegenpapst KLEMENS VII. starb, hoffte man, das große abendländische Schisma (1378 bis 1417) beilegen zu können, falls die Avignon-Kardinäle keinen Nachfolger wählten. Als diese im Konklave zusammentraten (26. 9. 1394), wurden ihnen Briefe König Karls VI. von Frankreich (1380–1422) überreicht, in denen er sie aufforderte, die Wahl zu verschieben, doch sie ließen sie ungeöffnet. Alle 21 Kardinäle gelobten aber, auf die Beseitigung des Schismas hinzuarbeiten, und verpflichteten sich, falls gewählt, abzutreten, wenn und wann die Mehrheit es für richtig halte. Daraufhin kürten sie einstimmig Pedro de Luna, Kardinaldiakon von S. Maria in Cosmedin, der sich gegen den Eid ausgesprochen und ihn nur widerstrebend geleistet hatte. Pedro de Luna war um 1328 in Illueca (Aragón) als Sohn adliger Eltern geboren und hatte Kirchenrecht in Montpellier studiert, promoviert und Kirchenrecht gelehrt, bevor er 1375 von GREGOR XI. zum Kardinal ernannt worden war. Als Mann von tadelloser Lebensführung und unbeugsamer Entschlossenheit, hatte er vollkommen gelassen an der tumultuösen Wahl URBANS VI. teilgenommen und war einer der letzten, die ihn verließen. Nachdem er sich überzeugt hatte, daß die Wahl Urbans ungültig war, wurde er ein entschiedener Anhänger von Klemens VII. Im Dezember 1378 ging er für elf Jahre als dessen Legat auf die Iberische Halbinsel und bewog durch Diplomatie Aragón, Kastilien, Navarra und Portugal zum Gehorsam gegen den Papst. 1393 wurde er bevollmächtigter Gesandter in Frankreich und anderen Ländern; in Paris trat er als Befürworter einer Beilegung des Schismas durch den Amtsverzicht beider Päpste auf und erklärte, falls er Papst wäre, würde er diesen Weg einschlagen.

Wenngleich seine scheinbare Rücktrittswilligkeit ihm zu seiner Wahl verhalf, trug er in Wirklichkeit durch seine Gewandtheit, seine Hartnäckigkeit und den unerschütterlichen Glauben an seine Rechtmäßigkeit mehr als irgendeiner zur tragischen Verlängerung des Schismas bei, trotz des Drängens seitens des französischen Hofs, des Episkopats und der Universitäten. Die erste Phase begann im Mai 1395 mit der Ankunft einer mächtigen Gesandtschaft Karls VI. von Frankreich in Avignon, die ihn entsprechend seinem Gelübde zum Rücktritt drängte. Benedikt konterte dieses Ansinnen mit endlosen, ausweichenden Einwänden und argumentierte, daß Verhandlungen der bessere Weg seien. Karl sicherte sich die Unterstützung anderer Fürsten für seine Politik der Abdankung, doch weder eine englisch-französische Gesandtschaft im Juni 1397 noch eine deutsche im Mai 1398 waren imstande, Benedikt umzustimmen. Letzterer gegenüber verurteilte er den Rücktritt eines rechtmäßigen Papstes als Sünde. Unterdessen hatte er, seiner bevorzugten »Methode des Gesprächs« folgend, von Dezember 1395 bis Herbst 1396 versucht, mit seinem römischen Rivalen BONIFATIUS IX. zu verhandeln – aber erfolglos. Sein ausweichendes Verhalten verärgerte den französischen Hof, doch erst im Juli 1398 entzog ihm die französische Regierung im Einklang mit dem Rat einer repräsentativen Landessynode offiziell den Gehorsam, womit sie ihn praktisch seiner Einnahmen aus der französischen Kirche beraubte. Nun ließen ihn nicht nur die meisten seiner Kardinäle im Stich, auch Navarra, Kastilien und andere Regionen verweigerten ihm den Gehorsam.

Die nächste Phase begann, teilweise aufgrund seines resoluten Verhaltens, mit einer Reaktion zugunsten Benedikts. Nachdem er in seinem Palast zunächst belagert und anschließend jahrelang gefangengehalten worden war, entkam er verkleidet in die Provence (März 1403). Am 29. März unterwarfen sich ihm seine Kardinäle erneut, und binnen kurzem stellten Frankreich (vor allem dank der Bemühungen Herzog Ludwigs von Orléans) und Kastilien den Gehorsam wieder her. Allerdings mußte sich Benedikt verpflichten, bei Ableben, Abdankung oder Absetzung seines Rivalen in Rom zurückzutreten und sich konstruktiv für die Beendigung des Schismas einzusetzen; doch seine bevorzugte Methode war noch immer die direkte Verhandlung. Im September 1404 sandte er eine Abordnung nach Rom, die eine Zusammenkunft beider Päpste oder ihrer Generalbevollmächtigten mit der Möglichkeit des Doppelrücktritts als Verhandlungspunkt vorschlagen sollte; der Vorschlag scheiterte jedoch an der Unnachgiebigkeit Bonifatius' IX. Auch während der kurzen Amtsperiode INNOZENZ' VII. wurden keinerlei Fortschritte hinsichtlich einer Kircheneinheit erzielt, aber als GREGOR XII., der sich zu einer Politik der Aussöhnung verpflichtet hatte, zu seinem Nachfolger gewählt wurde, waren die Aussichten besser. Im Vertrag von Marseille (21. 4. 1407) einigten sich beide Päpste auf ein Treffen in Savona bei Genua am 29. September, spätestens aber bis zum 1. November. Indessen fand die Begegnung, von der sich das Abendland so viel erhoffte, niemals statt, da Gregor zauderte und schließlich absagte; beide Anwärter – Benedikt in Portovenere und Gregor in Lucca – führten noch etliche Monate einen unfruchtbaren Notenwechsel. Der Zusammenbruch der Verhandlungen rief weiterhin Enttäuschung und Verdruß hervor; im Mai 1408 löste die französische Regierung, unbeeindruckt durch Benedikts Androhung des Banns und Interdikts, abermals den Gehorsam und erklärte ihre Neutralität in dem Streit; sie ordnete sogar seine Festnahme an.

Benedikt gelang die ungehinderte Flucht von Italien nach Perpignan, wo er nun Hof hielt. Seine Kardinäle ließen ihn erneut im Stich, taten sich mit den Kardinälen Gregors XII. zusammen und beriefen gemeinsam ein allgemeines Konzil ein (29. 6. 1408), das im März 1409 in Pisa zusammentreten sollte. Benedikt schlug wie Gregor die Einladung zur Teilnahme aus und berief für den 1. November ein eigenes Konzil nach Perpignan ein. Als das Konzil zu Pisa zusammentrat, wurde er auf der 15. Sitzung (5. 6. 1409) zusammen mit Gregor verurteilt und abgesetzt. Am 16. Juni wurde ALEXANDER V. mit Zustimmung des Konzils zum neuen Papst gewählt. Voller Tatkraft (und voller Illusionen) setzte Benedikt seinen Kampf grimmig fort, wenngleich seine Obödienz inzwischen auf Spanien, Portugal und Schottland zusammengeschrumpft war; in Barcelona sprach er (1. Dez.) gegen seine Gegner und den neuen Pontifex die Exkommunikation aus und verfaßte zugleich polemische Schriften zu seiner Verteidigung. Während des Konzils von Konstanz (1414–17) begab sich Sigismund, deutscher König und späterer Kaiser (1433–37), nach Perpignan, um ihn zum ehrenvollen Rücktritt zu bewegen, doch wurden seine Annäherungsversuche starrsinnig zurückgewiesen. 1415 suchte Benedikt Zuflucht in der uneinnehmbaren Festung Peñiscola auf einem Felsenvorsprung an der Küste von Valencia; gegenüber Abgeordneten des Konzils behauptete er, dies sei die wahre Kirche, die Arche Noah. Auf der 37. Sitzung des Konzils (26. 7. 1417) wurde er erneut abgesetzt und aus der Kirche ausgestoßen. In Kastilien verfügte er noch über zahlreiche Anhänger, und er ernannte vier weitere Kardinäle (27. 11. 1422). Er starb als unbeugsamer, halsstarriger Neunzigjähriger in Peñiscola (23. 5. 1423), wo seiner unter dem Namen »Papa Luna« noch immer gedacht wird. Sein Hirtenstab und sein Abendmahlskelch sind in der Pfarrkirche ausgestellt; seine sterblichen Reste wurden 1429 in sein Familienschloß Illueca überführt, wo sie 1811 von französischen Truppen geschändet und mit Ausnahme seines Schädels in alle vier Himmelsrichtungen verstreut wurden.

Werke: Pedro de Luna, *Libro de las consolaciones de la vida humana*, hrsg. von P. de Gayangos, Madrid 1860.

Lit.: Baluze-Mollat 1,423–542; 597 f.; Dietrich von Niem, *De schismate*, hrsg. von G. Erler, Leipzig 1890; M. de Alpartil, *Chronica actitatorum temporibus domini B. XIII*, in: *QFGG* 12 (1906); S. Puig y Puig, *Pedro de Luna*, Barcelona 1920; N. Valois, *La France et le grand schisme d'Occident*, 4 Bde., Paris 1896–1902; A. Glasfurd, *The Antipope (Peter de Luna, 1342–1423)*, London 1965; *DTC* 12,2020–29 (É. Amann); *DHGE* 8,135–163 (F. Baix / L. Jadin); *NCE* 2,277 (G. Mollat); Seppelt 4,213–255.

Innozenz VII.

(17. 10. 1404 – 6. 11. 1406)

Der dritte römische Papst während des großen abendländischen Schismas (1378–1417), Cosimo Gentile de' Migliorati, wurde um 1336 in Sulmona (Abruzzen) geboren und entstammte einer bürgerlichen Familie. Bei dem gefeierten Juristen Lignano in Bologna studierte er die Rechte, wurde selbst Professor in Perugia und Padua und von URBAN VI., unter dem er zehn Jahre als päpstlicher Steuereinnehmer in England diente, in die Kurie aufgenommen. 1387 stieg er zum Erzbischof von Ravenna auf und wurde 1389 nach Bologna versetzt. Im gleichen Jahr ernannte ihn BONIFATIUS IX. zum Kardinalpriester von S. Croce in Gerusalemme und schickte ihn als seinen Legaten in die Toskana und die Lombardei, um zwischen den Visconti von Mailand und den Städten Florenz und Bologna Frieden herzustellen. Der einflußreiche und geachtete Mann wurde von den acht verfügbaren Kardinälen zum Nachfolger Bonifatius' IX. gewählt, obwohl die zu dieser Zeit in Rom weilenden Gesandten des Gegenpapstes Benedikt XIII. die Bitte geäußert hatten, das Konklave möge die Wahl vertagen.

Im Konklave hatte Innozenz wie die anderen Kardinäle gelobt, im Fall seiner Wahl alles in seiner Macht Stehende zu tun, um das Schisma zu beendigen, notfalls abzudanken. Dessenungeachtet verwarf er die Vorschläge Benedikts XIII. für ein persönliches Zusammentreffen der beiden Päpste. Gegen Ende des Jahres 1404 gab er dem starken Druck des im August zum deutschen König gewählten Ruprecht nach und berief für den 1. November 1405 ein Konzil seines eigenen Gehorsamsbereichs ein. Als Benedikt XIII. in Genua landete (Mai 1405) und für die Abordnung, die er nach Rom senden wollte, freies Geleit erbat, erhielt er einen abschlägigen Bescheid, der seine Aufrichtigkeit in Zweifel zog. Daß das geplante Konzil zweimal vertagt und schließlich ganz fallengelassen werden mußte, lag nicht so sehr an Innozenz. Seine Wahl war in Rom auf beträchtlichen Widerstand gestoßen, und er mußte Ladislaus, König von Neapel (1386–1414), ersuchen, die Revolte zu unterdrücken und einen Vertrag auszuhandeln, der der römischen Bevölkerung bürgerliche Freiheiten sicherte (24. 10. 1404). Im Gegenzug mußte er sich durch Eid verpflichten, mit dem Papst zu Avignon keine Vereinbarungen einzugehen, in denen Ladislaus' Anspruch auf das Königreich von Neapel nicht anerkannt würde (eine Zusage, die seinen Spielraum bei etwelchen Verhandlungen über die Beilegung des Schismas einengen mußte). Einige Monate später versuchten die Römer, die mit den ihnen gewährten Zugeständnissen unzufrieden waren, ihm weitere Konzessionen abzuringen, zunächst in Gesprächen, dann mit Waffengewalt. Im Verlauf der Auseinandersetzungen ließ ein nichtswürdiger Neffe des Papstes, Ludovico Migliorati, der seinem bedrängten Onkel zur Seite stehen wollte, elf führende Bürger ermorden, mit dem Ergebnis, daß ein aufgebrachter Mob den Vatikan stürmte. Innozenz und seine Kardinäle hatten das Glück, lebend nach Viterbo zu entkommen. Ladislaus nutzte die Lage, festigte seine Herrschaft über

Rom und dessen Umgebung und besetzte die Engelsburg. Da das Volk die Herrschaft des Papstes der von König Ladislaus vorzog und einsah, daß jener an den ruchlosen Taten Ludovicos keinen Anteil gehabt hatte, konnte Innozenz auf ihr Geheiß Anfang März 1406 nach Rom zurückkehren. Er mußte Ladislaus exkommunizieren, bevor dieser seine Truppen aus dem Kastell abzog, doch sobald er sich ihm unterworfen hatte, ernannte Innozenz ihn zum Verteidiger und Bannerträger der Kirche (1. 9. 1406).

Zwar wurde Innozenz wegen seines strengen Lebenswandels und juristischen Sachverstands bewundert, doch erwies er sich als träge und wenig wirksam. Seinem Neffen gegenüber war er so nachsichtig, daß er ihn nicht nur mit einer rein geistlichen Strafe für seine Mordtaten davonkommen ließ, sondern ihn zum Herrn über Ancona und Ferma erhob. Er war ein Förderer der Wissenschaften und gab die Neuorganisation der Universität Rom bekannt, die zur Gründung einer medizinischen, philosophischen, logischen und rhetorischen Fakultät sowie eines Lehrstuhls für griechische Sprache führte (1. 9. 1406).

Lit.: *LP* 2,508–510; 531–533; 552–554; Muratori 3.2,832 bis 837; O. Raynaldus, *Annales ecclesiastici* [1404–06], hrsg. von J. D. Mansi, 15 Bde., Lucca 1747–56; Dietrich von Niem, *De schismate*, Bd. 2, hrsg. von G. Erler, Leipzig 1890; N. Valois, *La France et le grand schisme d'Occident*, 4 Bde., Paris 1896–1902; *PRE* 9,135–137 (Zöpffel-Beurath); *EC* 7,17 f. (P. Brezzi); Seppelt 4,224 f.

Gregor XII.

(30. 11. 1406 – 4. 7. 1415; †18. 10. 1417)

Angelo Correr, der Nachfolger von INNOZENZ VII., wurde um 1325 in Venedig geboren und entstammte einem Adelsgeschlecht. Nacheinander wurde er Bischof von Castello (1380), Lateinischer Patriarch von Konstantinopel (1390), Kardinalpriester von S. Marco (1405) und päpstlicher Sekretär. Darauf bedacht, die Beendigung des großen abendländischen Schismas (1378–1417) herbeizuführen, schwor jeder der 14 römischen Kardinäle auf dem Konklave nach dem Tod Innozenz' VII., falls gewählt, abdanken zu wollen, vorausgesetzt, Gegenpapst BENEDIKT XIII. tue das gleiche oder finde den Tod; keine weiteren Kardinäle zu schaffen, außer um Zahlengleichheit mit den Avignon-Kardinälen zu wahren; binnen drei Monaten mit seinem Rivalen in Verhandlungen über einen Treffpunkt einzutreten. Angelo, gelehrt und belesen und über 80 Jahre alt, von vorbildlicher Schlichtheit, aber schwankendem Charakter, verdankte seine Wahl vornehmlich seiner großen Sorge um Wiederherstellung der Kircheneinheit, die er bis dahin gezeigt hatte.

Zunächst schien es, als würden sich die Hoffnungen, die seine Wahl überall geweckt hatte, rasch erfüllen. Gregor teilte der Christenheit unverzüglich seine Bereitschaft mit, unter den entsprechenden Umständen auf seinen Titel zu verzichten, und sandte eine Delegation (unter Führung eines unerfahrenen und ungeeigneten Neffen) nach Marseille zu Benedikt XIII., um einen Konferenzort zu vereinbaren. Nach heftigen Diskussionen wurde beschlossen (21. 4. 1407), daß die beiden Päpste in Begleitung ihrer jeweiligen Kardinäle und unter freiem Geleit bis spätestens 1. November in Savona, einer unter der Obrigkeit von Avignon stehenden Stadt, zusammentreffen sollten. Danach aber änderte Gregor seine Haltung; persönliche Zweifel und Ängste und politischer Druck aus Kreisen, welche die Folgen eines etwaigen Rücktritts fürchteten – König Ladislaus von Neapel (1386–1414), die Könige von Ungarn und Böhmen und selbst die Neffen, die sich in Gregors Nachsichtigkeit sonnten –, führten dazu, daß er die geplante Zusammenkunft verzögerte und endlich verweigerte. Monatelang ließen sich die beiden Päpste, Gregor in Lucca und Benedikt in Portovenere, auf fruchtlose Verhandlungen ein; offenbar hegte Benedikt, trotz aller gegenteiligen Beteuerungen, keine Rücktrittsabsichten, und Gregor hatte allen Grund, seine feindseligen Pläne zu fürchten. Als die Verhandlungen sich hinzogen, wurden Gregors Kardinäle zusehends widerspenstiger. Es mußte zum offenen Bruch kommen, als Gregor, der ihrer Loyalität mißtraute, sein Wahlversprechen brach und am 12. Mai die Ernennung von vier neuen Kardinälen bekanntgab (darunter zwei seiner Neffen). Bis auf drei wandten sich alle ursprünglichen Kardinäle von ihm ab und flohen nach Pisa; von dort riefen sie in einem an ihn gerichteten Brief über seinen Kopf hinweg Christus und ein allgemeines Konzil an und ließen unter den christlichen Fürsten ein Schreiben zirkulieren, in dem sie ihr Eintreten für die Kircheneinheit bekundeten. Daraufhin taten sie sich mit vier von Benedikts Kardinälen in Livorno zusammen, trafen mit diesen ein feierliches Abkommen, den Kirchenfrieden durch

ein allgemeines Konzil wiederherzustellen, und verschickten Anfang Juli eine gemeinsame Einladung zu einem solchen Konzil, das im März 1409 in Pisa tagen sollte.
Beide Päpste wurden aufgefordert, an dem bevorstehenden Konzil teilzunehmen, aber selbstredend weigerten sich beide (Gregor sehr ungehalten) und beriefen eigene Konzilien ein. Das Konzil von Pisa trat rechtmäßig am 25. März unter dem Vorsitz des vereinten Kardinalskollegiums im Dom zusammen. Gegen beide Päpste wurde in allen Einzelheiten der Vorwurf böser Absichten und sogar geheimer Absprachen erhoben. Man rief sich in Erinnerung, daß Gregor nach einem günstigen Anfang den »Weg der Abdankung« als ketzerisch verdammt und erklärt hatte, als Papst sterben zu wollen. Gesandte des 1400 gewählten deutschen Königs Ruprecht legten am 15. April eine Denkschrift vor, in der gegen das Konzil protestiert und Gregor unterstützt wurde, doch vergebens. Ein wenige Tage später unternommener Versuch seines Beschützers Carlo Malatesta, zwischen ihm und dem Konzil zu vermitteln, zeitigte ebensowenig Erfolg. Auf der 15. Sitzung des Konzils am 5. Juni wurden sowohl Gregor wie Benedikt als Schismatiker, hartnäckige Häretiker und Meineidige offiziell abgesetzt und der Hl. Stuhl für vakant erklärt. Am 26. Juni wählten die Kardinäle mit ALEXANDER V. einen neuen Papst.
Obwohl das Konzil anscheinend Erfolg hatte, löste es das Schisma nicht. Denn war auch ihr Anhang stark zusammengeschmolzen, so waren doch Gregor und Benedikt XIII. nach wie vor nicht zu unterschätzen und hielten beharrlich an ihren Ansprüchen fest. Gregor eröffnete sein eigenes Konzil (6. 6. 1409) in Cividale (bei Aquileia). Es war jedoch schlecht besucht, und am 6. September brach er es nach nur acht oder neun Sitzungen ab, allerdings nicht ohne Benedikt und Alexander V. exkommuniziert zu haben. Da der Erzbischof von Aquileia ihm feindlich gesinnt war, floh er verkleidet nach Gaeta, das unter dem Schutz König Ladislaus' von Neapel stand. Er genoß nach wie vor die Unterstützung Neapels, Ungarns und Bayerns sowie des deutschen Königs Ruprecht. Als JOHANNES XXIII., der 1410 zum Nachfolger Alexanders V. bestellte Konzilspapst, mit dem verräterischen Ladislaus einen Vertrag abschloß, wurde Gregor aus Neapel verbannt (31. 10. 1411) und mußte bei Carlo Malatesta, Landesherr von Rimini, Zuflucht suchen. Nachdem das auf Betreiben des deutschen Königs und späteren Kaisers Sigismund (1433–1437) ursprünglich von Johannes XXIII. zur endgültigen Beilegung des Schismas einberufene Konzil von Konstanz (das ganz oder teilweise als das 16. ökumenische Konzil gilt, 1414–17) Johannes selbst abgesetzt hatte, trat es in Verhandlungen mit Gregor ein. Dieser signalisierte seine Rücktrittsbereitschaft, vorausgesetzt, es sei ihm gestattet, die versammelten Prälaten und Würdenträger offiziell zu einem neuen allgemeinen Konzil zusammenzurufen; als Papst könne er kein Konzil anerkennen, das von Johannes einberufen sei. Auf diese Vorgehensweise einigte man sich, und auf der 14. feierlichen Sitzung (4. 7. 1415) verlas Kardinal Giovanni Dominici seine Bulle zur Einberufung des Konzils, woraufhin Carlo Malatesta Gregors Rücktritt bekanntgab. Die beiden Kardinalskollegien wurden vereint, Gregors Amtshandlungen bestätigt und er selbst zum Kardinalbischof von Porto und Legaten der Mark Ancona auf Lebenszeit bestellt. Er konnte für eine Papstwahl nicht mehr aufgestellt werden, sollte aber gleich hinter dem neuen Papst rangieren. Indessen starb er (18. 10. 1417) drei Wochen vor der Wahl MARTINS V. in Recanati unweit Ancona.

Lit.: *LP* 2,510 f.; 533–536; 554 f.; Muratori 3.2,837–842; A. Finke (Hrsg.), *Acta concilii Constanciensis*, Bd. 2–4, Münster 1923–28; N. Valois, *La France et le grand schisme d'Occident*, 4 Bde., Paris 1896–1902; A. Mercati, »La biblioteca privata e gli arredi della capella di Gregorio XII«, in: *ST* 42 (1924) S. 128–165; MC 1,199–256; 2,59; P 1; Seppelt 4,228–248; *EC* 6,1141–43 (R. Ciasca); *NCE* 6,778 f. (J. Muldoon).

Alexander V.

(Gegenpapst, 26. 6. 1409 – 3. 5. 1410)

Nachdem das Konzil von Pisa (März–Aug. 1409) in einem Versuch zur Beilegung des großen abendländischen Schismas (1378–1417) GREGOR XII. und Gegenpapst BENEDIKT XIII. abgesetzt hatte (5. 6. 1409), wählte ein gemeinsames Konklave ihrer Kardinäle einhellig Pietro Philargi (Peter von Candia) zum Papst. Der aus dem Norden der damals venetischen Insel Kreta stammende, früh verwaiste Grieche aus einfachen Verhältnissen wurde von einem Minoriten aufgenommen und unterrichtet, trat um 1357 selbst dem Franziskanerorden bei und studierte in Padua, Norwich und Oxford, wo er den Grad eines Bakkalaureus der theologischen Fakultät erlangte. Nachdem er in Franziskanerklöstern in Rußland, Böhmen und Polen gelehrt hatte, hielt er (1378–80) Vorlesungen über die *Sententiae* des Petrus Lombardus (um 1100–60) in Paris, wo er 1381 den Doktorgrad erwarb. 1386 hatte er den theologischen Lehrstuhl an der Universität Pavia inne, und sein Ruf als Humanist empfahl ihn Gian Galeazzo Visconti, später Herzog von Mailand (1395–1402). Von diesem gefördert, wurde er nacheinander Bischof von Piacenza (1386), Vicenza (1388) und Novara (1389) sowie Erzbischof von Mailand (1402). Während dieser Zeit führte er für seinen Gönner bedeutende diplomatische Missionen durch; 1395 erlangte er für ihn von dem deutschen König Wenzel (1378–1400) den Herzogstitel. Seine Laufbahn erfuhr eine Veränderung, als INNOZENZ VII. ihn 1405 zum Kardinalpriester von SS. Apostoli und zum Legaten für die Lombardei ernannte. Er zählte zu den Kardinälen, die, ungeduldig wegen der Langsamkeit Gregors XII. bei der Beendigung des Schismas, im Mai 1408 mit ihm brachen und mit Baldassare Cossa (später Gegenpapst JOHANNES XXIII.) bei der Vorbereitung des Konzils zu Pisa zusammenarbeiteten. Auf dem Konzil spielte Alexander eine bedeutende Rolle: er hielt eine programmatische Rede und führte den Vorsitz bei den Theologen, die Gregor XII. und Benedikt XIII. zu Häretikern erklärten. Seine Wahl verdankte er dem Vorschlag Kardinal Baldassares, an den man zunächst gedacht hatte. Wie alle anderen Kardinäle hatte er einen Eid abgelegt, daß er, falls gewählt, das Konzil nicht eher aufheben werde, bis er die Kirche reformiert habe.

Alexander, obwohl ein geschickter und erfahrener Verwalter, erfüllte die in ihn gesetzten Hoffnungen kaum. Seine Regierungszeit war unerwartet kurz; auch war es bereits offensichtlich, daß die Kirchenspaltung keineswegs beendet war. Obwohl sich Frankreich, England, Böhmen, Preußen, Nord- und Mittelitalien auf die Seite Alexanders stellten, verfügten Gregor XII. und Benedikt XIII. nach wie vor über einen, wenn auch reduzierten Anhang. Anstelle von zwei Päpsten gab es also deren drei. Auch die sehnlichst erwarteten Reformen kamen nicht zustande. Alexanders erste Amtshandlung bestand darin, an Freunde und Schützlinge großzügig Bistümer und andere Gunstbeweise zu verteilen; am 1. Juli erließ er Dekrete, mit denen alle Amtshandlungen der Kardinäle seit Mai 1408 bestätigt und die beiden Kollegien zusammengelegt wurden. Am 7. August ergingen weitere Erlasse, die allen Anhängern des Konzils ihre Benefizien und Besitzungen bestätigten, ihre Akte bekräftigten sowie ein neues Konzil ankündigten, das in drei Jahren zusammentreten sollte. Daraufhin löste er das Konzil auf und vertagte Reformen auf das künftige. Ohnehin war die Rückeroberung des Kirchenstaats eine dringlichere Aufgabe als die Reform der Kirche; Umbrien und Rom selbst wurden im Namen Gregors XII. von König Ladislaus von Neapel (1386–1414) besetzt gehalten. Um Gregor zu schwächen, exkommunizierte Alexander König Ladislaus, setzte Ludwig II. von Anjou († 1417) in sein Königreich ein und sandte ein Heer unter Befehl Ludwigs und Baldassare Cossas gegen Rom. Der Feldzug hatte anfänglich Erfolg, die Stadt konnte indessen erst nach langwieriger Belagerung eingenommen werden (Jan. 1410). Alexander – der die Lehren des Reformers John Wyclif (um 1330–84) verdammt hatte (12. 12. 1409) – schlug jedoch nicht in Rom seine Residenz auf, sondern ließ sich auf Drängen Baldassares in Bologna nieder. Dort empfing er am 2. Februar eine römische Abordnung, die ihm huldigte und ihn bat, in ihre Stadt zu ziehen. Er zauderte und starb überraschend (3. 5. 1410) in Bologna. Böse Zungen behaupteten, wahrscheinlich zu Unrecht, daß Baldassare ihn vergiftet habe.

Der fromme Franziskaner (er wurde angemessen in der Kirche S. Francesco in Bologna beigesetzt) löste mit einer Bulle (12. 10. 1409), mit der er – zum Nachteil des weltlichen Klerus – die Rechte der Bettelmönche auf Predigen und das Abnehmen der Beichte ausdehnte, einen Sturm der Entrüstung aus. Alexander war ein vielbewunderter Gelehrter und Lehrer, dessen *Principia* und Kommentar zu den *Sententiae*, im Tenor entschieden nominalistisch, zunehmend anerkannt werden, da sie die Entwicklung der Philosophie des Mittelalters erhellen. Er wird zwar gewöhnlich zu den Gegenpäpsten gerechnet, doch sein Anspruch auf das authentische Papstamt wird noch immer debattiert, und einige Historiker nennen ihn – als Kompromiß – einen »Konzilspapst«.

Werke: F. Ehrle (Hrsg.), *Der Sentenzenkommentar Peters von Candia*, Münster 1925; A. Emmen (Hrsg.), *Petri de Candia Tractatus quattuor de immaculata conceptione*, Flo-

renz 1954; ders. (Hrsg.), *Petri de Candia Tractatus de immaculata Deiparae conceptione*, Florenz 1955.
Lit.: Muratori 3.2,842 A; *LP* 2,511 f.; 531; B. Platina, *De vita Christi ac omnium pontificum*, Bd. 212 (207), hrsg. von G. Gaida, Città di Castello 1913; A. B. Emden, *A Biographical Register of the University of Oxford to AD 1500*, Bd. 1, Oxford 1957, S. 345 f.; MC 1; N. Valois, *La France et le grand schisme d'Occident*, 4 Bde., Paris 1896–1902; P 1; *DBI* 2,193–196 (A. Petrucci); *EC* 1,794 f. (P. Paschini); *NCE* 11,213 (F. J. Gray).

Johannes (XXIII.)

(Gegenpapst, 17. 5. 1410 – 29. 5. 1415; † 22. 11. 1419)

Der Neapolitaner Baldassare Cossa entstammte einer verarmten Adelsfamilie und begann seine Laufbahn als Pirat und Abenteurer im Seekrieg zwischen Ludwig II. von Anjou († 1417) und Ladislaus von Neapel (1386–1414). Nach einem Studium der Rechte und der Promotion in Bologna wurde er von seinem Landsmann BONIFATIUS IX. zum Archidiakon der Stadt ernannt. Später bestellte Bonifatius, der seine administrativen wie soldatischen Fähigkeiten erkannte, Baldassare zum päpstlichen Kämmerer. Der skrupellose, raffgierige und ehrgeizige Mann und schamlose Wüstling assistierte dem Papst bei seiner zwielichtigen Politik der Geldbeschaffung, und im Februar 1402 machte Bonifatius ihn zum Kardinaldiakon von S. Eustachio und sandte ihn als seinen Legaten in die Romagna und nach Bologna. Dort setzte er seine lasterhaften Gewohnheiten fort (Gerüchten zufolge verführte er während seiner Amtszeit 200 Frauen), vermochte Bologna aber aufgrund seiner schonungslosen Strenge dem Kirchenstaat wieder zuzuschlagen. Als das große abendländische Schisma (1378 bis 1417) seinen Höhepunkt erreichte, gehörte er zu den Kardinälen, die, ungeduldig über GREGORS XII. Zögern, eine Lösung herbeizuführen, im Mai 1408 mit ihm brachen und sich mit den Kardinälen BENEDIKTS XIII. zusammentaten, die ihrerseits von diesem abgerückt waren. Gemeinsam mit Kardinal Pietro Philargi übernahm er die Führung bei der Vorbereitung des Konzils zu Pisa (März–August 1409); nachdem Gregor XII. und Benedikt XIII. von diesem abgesetzt worden waren, fädelte er die Wahl Pietros als Papst ALEXANDER V. ein. Er übte auf Alexander während dessen kurzem Pontifikat größten Einfluß aus, und als der Papst überraschend in Bologna starb, wurde Baldassare verleumderisch bezichtigt, ihn vergiftet zu haben. Die pisanischen Kardinäle, die in Bologna zusammentraten, wählten ihn einstimmig zum Nachfolger Alexanders. Was sie bei ihrer Wahl beeinflußte, war neben Bestechung das Drängen Ludwigs II. von Anjou, Furcht vor den bedrohlichen Streitkräften unter Baldassares Befehl und ihre Erkenntnis, daß ein Papst mit militärischer Erfahrung unentbehrlich sei, wenn Rom den Händen Ladislaus' von Neapel, dem hauptsächlichen Beschützer Gregors XII., entrissen werden wollte.

Obwohl es nach wie vor drei Anwärter auf den Papstthron gab, verfügte Johannes über den größten Anhang; Frankreich, England und mehrere italienische und deutsche Staaten erkannten ihn an. Mit Hilfe Ludwigs von Anjou, der Ladislaus bei Roccasecca besiegte (19. 5. 1411), vermochte er sich in Rom festzusetzen. Übereinstimmend mit den Beschlüssen des Konzils von Pisa hatte er bereits für den 1. April 1412 ein Reformkonzil nach Rom einberufen. Dieses trat auch rechtmäßig zusammen, war jedoch so schlecht besucht, daß seine einzige Leistung in der Verurteilung sämtlicher Schriften des englischen Reformers John Wyclif bestand (10. 2. 1413). Im Februar 1411 hatte Johannes den böhmischen Reformator Jan Hus (um 1369–1415) in den Bann getan, und im August 1412 verfügte er über ihn die große Exkommunikation (wozu das Verbot jeglichen Kontakts mit anderen Christen gehörte), weil er seinen Kreuzzug gegen Ladislaus verurteilt hatte. Da es Ludwig nicht gelang, seinen Sieg auszunutzen, verständigte sich Johannes mit Ladislaus; Ladislaus ließ sich für die Belehnung mit dem Königreich Neapel dazu bewegen, Gregor XII. fallenzulassen. Im Sommer 1413 wandte sich Ladislaus jedoch erneut gegen Johannes; dieser mußte Hals über Kopf aus Rom fliehen und vor den Toren von Florenz um Zuflucht bitten. In seiner verzweifelten Notlage rief er den deutschen König und späteren Kaiser (1433–37) Sigismund um Hilfe an, der davon überzeugt war, daß nur ein allgemeines Konzil das Schisma beenden könne, und als Preis für seine Unterstützung die Abhaltung eines solchen Konzils in Konstanz forderte. Wenngleich Johannes es vorgezogen hätte, das Konzil an einem Ort eigener Wahl abzuhalten, blieb ihm nichts anderes übrig, als zuzustimmen; er erließ eine Bulle (9. 12. 1413), mit der für November 1414 ein Konzil nach Konstanz einberufen wurde.

Nach dem plötzlichen Tod des Ladislaus (6. 8. 1414) war sein erster Gedanke, sich der Wiedergewinnung des Kirchenstaats zu widmen, doch unter dem starken Druck seiner Kardinäle (zu den von ihm ernannten gehörten etliche hervorragende Persönlichkeiten) begab er sich nach Konstanz, wo er am 5. November das Konzil (das ganz oder teilweise als das 16. ökumenische Konzil gezählt wird) feierlich eröffnete. Zu Beginn dieses erstaunlich gut besuchten Treffens drängte die vielköpfige italienische Partei, die Johannes begleitet hatte, auf eine Bestätigung der Akten des Konzils von Pisa. Damit wären Gregor XII. und Benedikt XIII. ausgeschaltet worden, wogegen Johannes sicher gewesen wäre. Nachdem man sich darauf geeinigt hatte, nach »Nationen« abzustimmen, traten Deutschland, Frankreich und England (15. 2. 1415) dafür ein, daß alle drei Anwärter gleichermaßen abdanken sollten. Johannes gab dem Druck endlich nach, doch feilschte er eine geschlagene Woche um die Rücktrittsbedingungen. In der Nacht des 20./21. Mai floh er, als Pferdeknecht verkleidet, aus der Stadt und suchte Zuflucht in Freiburg. Mit seiner Flucht hoffte er das Konzil zu sprengen, doch provozierte er die Versammlung lediglich dazu, auf der 4. und 5. Sitzung (30. 3. / 6. 4. 1415) revolutionäre Dekrete zu erlassen, mit denen die Oberhoheit des Konzils über den Papst erklärt wurde, ihn schließlich (14. Mai) seines Amtes als Papst zu entbinden (er war als Gefangener zurückgebracht worden) und nach einer Verhandlung, auf der er der Simonie, des Meineids und »eines verabscheuungswürdigen Lebens« beschuldigt wurde, auf der 12. Sitzung am 29. Mai für abgesetzt zu erklären. Johannes, ein gebrochener Mann, gestand die Schuld ein, die er mit seiner Flucht auf sich geladen hatte, nahm das Urteil des Konzils an, das er für unfehlbar erklärte, ratifizierte aus freien Stücken dessen kanonisch unrechtmäßige Strafen der Suspendierung und Absetzung und entsagte jeglichem Anspruch auf die Papstwürde.

Johannes hielt sein Wort und legte keine Berufung gegen seine Verurteilung ein. Drei Jahre lang wurde er unter Obhut Kurfürst Ludwigs III. von Bayern in Deutschland unter strengen Hausarrest gestellt; aber 1419 erkaufte er sich für eine riesige Geldsumme seine Freiheit. Daraufhin reiste er nach Florenz, wo er sich dem kurz zuvor gewählten neuen Papst unterwarf. MARTIN V. ernannte ihn zum Kardinalbischof von Tusculum (heute: Frascati), doch übte er dieses Amt nur wenige Monate aus. Sein prachtvolles Grabmal mit seinem düster dreinblickenden Bildnis und den päpstlichen Insignien, eine Arbeit Bartolomeo di Michelozzos und Donatellos, ist im Baptisterium von Florenz zu besichtigen.

Lit.: *LP* 2,512 f.; 536 f.; Muratori 3.2,854 f.; B. Platina, *De vita Christi ac omnium pontificum*, Bd. 213 (208), hrsg. von G. Gaida, Città di Castello 1913; Dietrich von Niem, *De schismate*, Bd. 3, hrsg. von G. Erler, Leipzig 1890; *Acta concilii Costanciensis*, hrsg. von H. Finke [u. a.], 4 Bde., Münster 1896–1928; J. Blumenthal, »Johann XXIII.: seine Wahl und seine Persönlichkeit«, in: *ZKG* 21 (1901) S. 488–516; E. J. Kitts, *Pope John the Twenty-third and Master John Hus of Bohemia*, London 1910; MC 1, *PRE* 9,271 f. (B. Bess); *DTC* 8,641–644 (G. Mollat); *EC* 4,708 f. (P. Paschini); *EB* (Ausg. 1961) 13,87 (C. H. Lawrence); Seppelt 4,241–253.

Martin V.

(11. 11. 1417 – 20. 2. 1431)

Nachdem das zur Beendigung des großen abendländischen Schismas (1378–1417) und zur Reform der Kirche einberufene Konstanzer Konzil (1414–18) JOHANNES XXIII. und BENEDIKT XIII. abgesetzt und die Abdankung GREGORS XII. entgegengenommen hatte, kam es zu langwierigen Erörterungen über die Wahlprozedur. Daraufhin wählte ein einzigartiges Konklave von 22 Kardinälen und 30 Vertretern der anwesenden fünf »Nationen« in nur drei Tagen Kardinal Oddo Colonna zum neuen Papst. Er war der einzige Angehörige dieser mächtigen Familie, der es bis zum Papst brachte. 1368 in Genazano geboren, studierte er die Rechte in Perugia und wurde unter URBAN VI. Notar der päpstlichen Kanzlei. INNOZENZ VII. machte ihn zum Kardinaldiakon von S. Giorgio in Velabro; aber im Sommer 1408 brach er mit Gregor XII. und beteiligte sich an den Vorbereitungen zum Konzil von Pisa (1409). In Konstanz blieb er bis zu dessen überstürzter Flucht JOHANNES XXIII. ergeben. Bescheiden, aber autoritär und von eisernem Willen, nannte er sich nach dem Heiligen des Wahltags Martin.

Mit seiner Wahl war die Kirchenspaltung nun wirklich überwunden; denn Johannes XXIII. nahm seine Absetzung an, und Benedikt XIII. und nach ihm KLEMENS VIII. harrten zwar bis 1429 als Gegenpäpste aus, aber sie geboten nur über einen winzigen Anhang. Doch wenn das Konzil erwartete, daß Martin eine Reform der

Kirche »an Haupt und Gliedern« bewerkstelligen würde, sah es sich getäuscht. Aus Rücksicht auf die öffentliche Meinung führte er eine Reihe begrenzter Reformen durch, doch war er entschlossen, die päpstliche Macht nicht zu vermindern, sondern wiederherzustellen, zumal er sich eine ernstliche Einkommenseinbuße nicht leisten konnte. Gemäß den Auflagen des Konzils reorganisierte er unverzüglich die Kurie, indem er auf Kuriale der Obödienz Roms wie auch Avignons zurückgriff, doch seine Geschäftsordnung für die päpstliche Kanzlei (26. 2. 1418) vermochte Mißbräuche nicht zu verhindern und behielt dem Papst das Recht der Verleihung von Benefizien vor. Er erließ sieben Reformdekrete (20. 3. 1418), die sich hauptsächlich mit dem päpstlichen Steueraufkommen und dem Mißbrauch päpstlicher Provisionen befaßten und z. B. den Anspruch des Papstes auf die Einnahmen aus vakanten Bischofsstühlen aufgaben. Dann handelte er getrennte Konkordate mit Deutschland, Frankreich, Italien, Spanien und England aus. Wenn diese auch die päpstlichen Vorrechte beschnitten, so war ihre Gültigkeit außer im Fall Englands auf fünf Jahre beschränkt, nach deren Ablauf Martin zur althergebrachten Politik päpstlicher Reservationen zurückkehrte, wofern die einzelnen Regierungen es zuließen. So konnte er sowohl im Norden (1425) wie im Süden (1426) Frankreichs erhebliche Erfolge bei der Wiedererlangung von Privilegien verbuchen, die während des Schismas verlorengegangen waren. Allerdings gelang es ihm trotz wiederholter Bemühungen nicht, die englischen Statuten der Provisoren (Verhinderung der päpstlichen Nominierung auf vakante Pfründen) rückgängig zu machen. Er löste das Konzil auf (22. 4. 1418), und in einer unveröffentlichten Konstitution vom 10. Mai untersagte er jeglichen Appell eines Papstes an zukünftige Konzilien.

Martin machte sich umgehend an die Aufgabe, den Kirchenstaat aus dem Chaos zu retten, in das er durch das Schisma geraten war. Obwohl er bedrängt wurde, entweder in Deutschland oder Avignon zu residieren, verließ er Konstanz (16. 5. 1418), um nach längeren Aufenthalten in Mantua und Florenz in Rom einzuziehen (28. 9. 1420). Durch Zugeständnisse an Königin Johanna II. von Neapel (1414–35) hatte er den Abzug der neapolitanischen Besatzungstruppen erreichen können. Das größte Hindernis stellte nun der übermächtige Condottiere Braccione di Montone dar, der Mittelitalien beherrschte. Martin hielt ihn zunächst mit seiner Anerkennung als Herrscher über Perugia und andere Städte in Schranken und besiegte ihn schließlich in der Schlacht von L'Aquila (2. 6. 1424); einen Aufstand Bolognas, der ganz Oberitalien einbezog, warf er 1429 mit Waffengewalt nieder. Die Neuordnung des Kirchenstaates erlaubte ihm nicht nur, seine Schatzkämmerei zu entschädigen, sondern auch die Bereicherung seiner Familienangehörigen in Form riesiger Ländereien auf Kirchenstaatsgebiet.

Martin vergrößerte das Ansehen seines Amtes in Europa und schickte besonders nach England und Frankreich, die noch immer in den Hundertjährigen Krieg (1337–1453) verstrickt waren, zahlreiche Gesandtschaften auf Friedensmission. Mit Konstantinopel pflegte er Kontakte und erklärte sich prinzipiell bereit, dort ein Konzil zur Wiedervereinigung abzuhalten. Aufgrund der politischen Lage und der weitreichenden Forderungen des byzantinischen Kaisers wurde hieraus jedoch vorerst nichts. Auch mit den Kreuzzügen, die er gegen die Anhänger des Reformators Jan Hus (um 1369–1415) in Böhmen predigte, hatte er keinen Erfolg. Den Juden gegenüber legte er ungewöhnliche Mäßigung an den Tag; 1422 und 1429 verurteilte er judenfeindliche Hetzpredigten und verbot die Zwangstaufe an jüdischen Kindern unter zwölf Jahren. 1427 empfing er den franziskanischen Reformer Bernardino di Siena (1380–1444) und billigte die von ihm propagierte Verehrung des Heiligen Namens. In Rom ließ er ein umfangreiches Programm zum Wiederaufbau zerstörter Kirchen und öffentlicher Gebäude durchführen, wobei er sich der Mitwirkung berühmter Künstler versicherte. Die von ihm ins hl. Kollegium berufenen Männer waren von außergewöhnlich hohem Rang, doch hielt er bei seinen Kardinälen die Zügel straff und duldete keine Einmischung durch sie.

Obwohl er Konzilien und der Theorie ihrer Oberhoheit über den Papst abgeneigt war, hielt er sich an das Konstanzer Dekret *Frequens* (5. 10. 1417), das die regelmäßige Abhaltung von Konzilien gebot, und berief ein Konzil ein (22. 9. 1423), das fünf Jahre später in Pavia zusammentreten sollte. Er nahm nicht persönlich daran teil, und seine Legaten verlegten es nach Siena, da in Pavia eine Epidemie ausgebrochen war. Weil sich wie zuvor in Konstanz schon bald

papstfeindliche Tendenzen bemerkbar machten, nahm Martin im März 1424 die spärliche Anwesenheit zum Vorwand, das Konzil aufzulösen, und kündigte für 1431 die Abhaltung eines weiteren Konzils in Basel an. Indessen hielt er es für klüger, eine eigene Reformverfassung zu erlassen (16. 5. 1425), die sich vornehmlich mit der Lebensführung der Kurie und den Amtssitzen der Prälaten befaßte.
Ende 1430 verstärkte sich der öffentliche Druck, das versprochene Konzil in Basel abzuhalten, und Martin gab diesem widerstrebend nach. Er bestimmte Kardinal Cesarini, den er gerade erst als seinen Legaten nach Deutschland entsandt hatte, zum Vorsitzenden (1. 2. 1431) mit der Befugnis, das Konzil nach Belieben zu verschieben oder aufzulösen. Kaum drei Wochen später erlag er einem Schlaganfall. Er wurde in S. Giovanni in Laterano beigesetzt, wo ein Bildnis des Liegenden aus Messing zu sehen ist.

Lit.: Muratori 3.2,857–868; B. Platina, *De vita Christi ac omnium pontificum*, Bd. 214 (207), hrsg. von G. Gaida, Città di Castello 1913; E. von Ottenthal, »Die Bullenregister Martins V. und Eugens IV.«, in: *MIÖG*, Erg.bd. 1 (1885) S. 401–589; K. A. Fink, »Martin V. und Bologna«; »Die ältesten Breven und Brevenregister«; »Die politische Korrespondenz Martins V. nach den Brevenregistern«, in: *QFIAB 23* (1931/32) S. 182–217; 25 (1933/34) S. 292–307; 26 (1935/36) S. 292–307; P. Partner, *The Papal State under Martin V*, London 1958; MC 2; *DTC* 10,197–202 (G. Mollat); *NCE* 9,301 f. (K. A. Fink); Seppelt 4, bes. S. 258–276; J. Haller, »England und Rom unter Martin V.«, in: *QFIAB* 8 (1905) S. 249–304.

Klemens (VIII.)

(Gegenpapst, 10. 6. 1423 – 26. 7. 1429; † 28. 12. 1446)

Vor seinem Tod ließ BENEDIKT XIII., der letzte Avignon-Papst im großen abendländischen Schisma (1378–1417), seine vier Kardinäle schwören, einen Nachfolger zu bestimmen. So wählten die drei in Peñiscola an der spanischen Mittelmeerküste anwesenden Kardinäle Gil Sanchez Muñoz (10. 6. 1423). Dieser wurde um 1360 in Teruel geboren und hatte einen gleichnamigen Onkel, der bei den Ereignissen, welche die Doppelwahl URBANS VI. und KLEMENS' VIII. und das daraus resultierende Schisma im Westen herbeiführten, eine bedeutende Rolle gespielt hatte. Sein Neffe teilte diese Ideen; nach dem Tod seines Onkels (1389) wurde er an seiner Stelle ins Gefolge Kardinal Pedro de Lunas aufgenommen. Nach dessen Wahl als Benedikt XIII. wurde er sein enger Vertrauter. Als Benedikt starb, war er Propst von Valencia und Erzpriester von Teruel. Aus Ehrerbietung gegen Robert von Genf (Gegenpapst KLEMENS VII.) wählte er den Namen Klemens VIII.
Obwohl er von Königin Maria von Aragón, die als Regentin für den in Italien weilenden Alfons V. (1416–58) amtierte, getadelt und in seiner uneinnehmbaren Felsenfestung Peñiscola eine Zeitlang von königlichen Truppen belagert wurde, stand Klemens einem päpstlichen Hof im kleinen vor, ernannte zwei Kardinäle und umgab sich mit einem angemessenen Kreis von Würdenträgern. Eine seiner Amtshandlungen war die Exkommunikation Jean Carriers, des Kardinals, der während seiner Wahl abwesend gewesen war, diese wegen Ämterhandel für ungültig befunden und im Alleingang einen anderen Gegenpapst, BENEDIKT XIV., nominiert hatte; er erkannte ihm auch die Kardinalswürde ab. Als MARTIN V. in Rom die Kunde von Klemens' Wahl vernahm, wies er den Erzbischof von Tarragona und die Bischöfe von Tortosa und Barcelona an, die fehlgeleiteten Prälaten, die an ihr beteiligt waren, freizusprechen, sofern sie wieder zur Vernunft kämen. Die Farce von Peñiscola konnte nicht lange währen. Obwohl er ihn nie als den wahren Papst ansah, fand Alfons V. von Aragón den Gegenpapst nützlich, um Druck auf Martin V. ausüben zu können, und hob im August 1423 die von Königin Maria ergriffenen Maßnahmen gegen ihn wieder auf. Doch als er schließlich seine unerledigten Meinungsverschiedenheiten mit dem Papst beigelegt hatte, sandte er eine Delegation unter Führung seines Privatsekretärs Alonso de Borja (ital.: Borgia, später CALIXTUS III.) nach Peñiscola, um dem Gegenpapst und seiner Kurie die freiwillige Abdankung zu empfehlen. Klemens befolgte diesen Rat anstandslos, und in einer würdigen Zeremonie (26. 7. 1429) widerrief er die von ihm und seinen Vorgängern erlassenen Verurteilungen des rechtmäßigen Papstes, verzichtete auf sein Amt und legte den päpstlichen Ornat ab. Im Konklave folgte er mit seinen Kardinälen der Prozedur der Wahl Oddo Colonnas (Martins V.) zum Papst. Drei Wochen später (14. Aug.) söhnte sich der päpstliche Legat offiziell mit ihm aus, und er schwor dem Papst den Treueid. Martin V. empfand ihm gegenüber keine Bitterkeit und ernannte ihn zum Bischof von

Mallorca (26. 8. 1429). Dieses Amt hatte er bis zu seinem Tod (28. 12. 1446) inne. Im Kapitel der Kathedrale von Palma de Mallorca befindet sich sein prächtiges Grabmal.

Lit.: M. de Alpartils, *Chronica actitatorum temporibus domini Benedicti XIII*, hrsg. von F. Ehrle, Paderborn 1906; Mansi 23,1117–24; S. Puig y Puig, *Pedro de Luna*, Barcelona 1920, S. 363–453; 606–617; M. Garcia Miralles, *La personalidad de Gil Sanchez Muñoz y la solución del cisma de Occidente*, Teruel 1954; *EC* 10,1749 f. (A. Amore); *DHGE* 12,1245–49 (R. Mols).

Benedikt (XIV.)

(Gegenpapst, 12. 11. 1425 – ?; † ?)

Als drei der Kardinäle Gegenpapst BENEDIKTS XIII., die sich in Peñiscola an der spanischen Küste nördlich von Valencia aufhielten, nach dessen Tod (10. 6. 1423) Gil Sanchez Muñoz unter dem Namen KLEMENS VIII. wählten, befand sich der vierte, Jean Carrier, fernab in der Grafschaft Armagnac, wo er als Benedikts Generalvikar wirkte. Nachdem er sich wieder zu seinen Kollegen gesellt hatte (12. 12. 1423), erklärte er nach ausführlicher Prüfung die Wahl Sanchez Muñoz' wegen Ämterkaufs und anderer Unregelmäßigkeiten für ungültig. Er fühlte sich berufen, einen gewissen Bernard Garnier, Sakristan in Rodez, zum Papst nominieren zu müssen, und weihte ihn (12. 11. 1425). Aus Ehrerbietung gegen Benedikt XIII. nahm der so plötzlich erhobene Pontifex dessen Namen an, doch von diesem Zeitpunkt an gerät er aus dem Blickfeld. Über seine frühere oder spätere Laufbahn ist nichts bekannt; ebensowenig kennen wir sein Todesdatum. 1467 freilich gab es in der Region Armagnac noch immer einige Fanatiker, die der Rehabilitation Benedikts XIV. harrten.

Lit.: A. Degert, »La fin du Schisme d'Occident«, in: *Mélanges Léon Couture* (1902) S. 223–242; *DHGE* 12,1247 (R. Mols); Seppelt 4,273.

Eugen IV.

(3. 3. 1431 – 23. 2. 1447)

Als MARTIN V. starb, verpflichteten sich sämtliche Kardinäle, noch aufgebracht durch dessen hartes Joch, daß, wer immer sein Nachfolger werde, sich auf dem bevorstehenden Konzil zu Basel nicht nur der Kirchenreform widmen, sondern auch die volle Beteiligung des hl. Kollegiums an den Regierungsgeschäften der Kirche und des Kirchenstaats akzeptieren werde. Ihre Wahl fiel auf den um 1383 in Venedig geborenen Gabriele Condulmaro, einen Sohn wohlhabender Bürger, der sich in jungen Jahren mit einigen Freunden als Mönch in einem Augustinerkloster an der Lagune niedergelassen hatte und den sein Onkel GREGOR XII. 1407 zum Bischof von Siena und in der umstrittenen Ernennungszeremonie (12. 5. 1408) zum Kardinal erhob. Nach Gregors Rücktritt (4. 7. 1415) nahm er am Konzil von Konstanz (1414–18) teil, und Martin V. bestellte ihn zum Statthalter der Mark Ancona und Bolognas. Unmittelbar nach seiner Wahl erließ er eine Bulle, in der er den Wahlpakt bekräftigte. Freilich schenkte er diesem während seines stürmischen Pontifikats wenig Beachtung.

Als erstes ging Eugen gegen die Familie der Colonna vor. Er zwang sie, riesige Gebiete, die Martin V. seinen Neffen zugesprochen hatte, wieder herauszurücken. Seine gewalttätigen Maßnahmen führten zu langanhaltenden Unruhen in allen Teilen des Kirchenstaats und machten die Colonna zu seinen lebenslangen Feinden. Doch der ständige Schatten über seiner Amtszeit war das Reformkonzil von Basel, das Martin V. einberufen hatte und zu dessen Vorsitzenden Eugen selbst Kardinal Giuliano Cesarini († 1444) bestimmte. Das Konzil wurde in Abwesenheit Cesarinis von Vertretern des Papstes eröffnet (23. 7. 1431). Die Teilnahme war anfangs gering, was Eugen, der den Absichten des Konzils ohnedies tief mißtraute, veranlaßte, es aufzulösen (18. 12. 1431) und ein neues Konzil unter seinem eigenen Vorsitz 18 Monate später zu versprechen. Sein übereiltes Vorgehen rief in Basel Bestürzung hervor, empörte Cesarini und befremdete die öffentliche Meinung. Das Konzil weigerte sich auseinanderzugehen und berief sich (15. 2. 1432) auf die Lehre des Konzils zu Konstanz, wonach ein allgemeines Konzil dem Papst übergeordnet ist, und stellte Eugen ein Ultimatum (18. 12. 1432). Da nur sechs der 21 Kardinäle auf seiner Seite standen, schien ein Schisma unabwendbar. Indessen konnte es vor allem durch die Vermittlung des deutschen Königs Sigismund (1410–37), den Eugen im Mai 1433 in Rom zum Kaiser krönte, vermieden werden. Eugen freilich mußte seine Auflösungsbulle widerrufen (15. 12. 1433) und die Rechtmäßigkeit und ununterbrochene Fortdauer des Konzils in demütigenden Formeln anerkennen.

In Rom sah sich Eugen einer chaotischen Lage gegenüber: der Condottiere Francesco Sforza hielt den Kirchenstaat besetzt, und im Mai 1434 brach in der Stadt ein Aufruhr aus, der von den rachsüchtigen Colonna angezettelt wurde. Verkleidet (und dennoch von der Menge verprügelt) floh Eugen nach Florenz, wo er bis 1443 hauptsächlich lebte. Dieser Aufenthalt brachte ihn und die Kurie in Kontakt mit den künstlerischen und geistigen Bestrebungen der Renaissance. Unterdessen hatten seine Zugeständnisse an das Konzil lediglich das Verlangen der Prälaten nach radikalen Lösungen bestärkt. Das Konzil, das einige längst überfällige Reformen absegnen wollte, beschloß die Abschaffung von Annaten und anderen päpstlichen Abgaben (9. 6. 1435) und machte sich daran, Papst und Kurie auf ihre Plätze zu verweisen. Eugen verurteilte die konziliaren Anmaßungen in einer Denkschrift, die er im Juni 1436 unter den christlichen Fürsten verbreitete. Doch der endgültige Bruch erfolgte wegen der auf der Tagesordnung stehenden Frage der Kircheneinheit mit dem Osten, der Papst und Konzil gleich große Bedeutung beimaßen. Während die große Mehrheit des Konzils Basel selbst, Avignon oder Savoyen als Verhandlungsort vorschlugen, bevorzugte Eugen eine italienische Stadt. Er konnte die Griechen für seinen Plan gewinnen und verlegte das Konzil nach Ferrara (18. 9. 1437). Dort ließ er es durch seinen Legaten Kardinal Albergati eröffnen (8. 1. 1438), verlegte es jedoch im Januar 1439 – angeblich aus Sorge vor der Pest, in Wahrheit aber aus finanziellen Gründen – abermals nach Florenz. Im Dekret *Laetentur coeli* (6. 7. 1439) wurde die Wiedervereinigung zwischen den beiden Kirchen verkündet; sie war dem byzantinischen Kaiser Johannes VIII. Palaeologus (1425–48) wegen der drohenden Gefahr einer türkischen Invasion aufgezwungen worden, sollte sich jedoch als kurzlebig erweisen. Später unterzeichnete Eugen mit den monophysitischen Armeniern (1439), mit den Kopten oder Jakobiten Ägyptens (1443) und den bis dahin nestorianischen Gruppen in Mesopotamien (1444) und auf Zypern (1445) auf der Orthodoxie beruhende Abkommen. Ein Kreuzzug, den er 1443 finanzierte, endete mit einer verheerenden Niederlage bei Varna in Bulgarien (10. 11. 1444).

Die Vereinigung stärkte Eugens Autorität beträchtlich: die Griechen erkannten den Primat des Papstes an und akzeptierten die vereinbarten Thesen zu Purgatorium, Eucharistie und *Filioque*. Außerdem waren ihm die meisten Väter von Basel nach Ferrara und Florenz gefolgt. Das Rumpfkonzil in Basel enthob ihn seines Amtes (24. 1. 1438), setzte ihn ab (25. 6. 1439) und wählte FELIX V. zum Gegenpapst (5. 11. 1439). Eugen parierte dies (4. 9. 1439) mit der Ablehnung der ersten Phasen des Konzils von Konstanz und der Verurteilung des Konzils von Basel. Das Konzil wurde durch die erklärte Neutralität Frankreichs und Deutschlands ermutigt und durch die Aufnahme von 23 seiner Reformbeschlüsse zur Beschneidung der päpstlichen Gewalt in die Pragmatische Sanktion von Bourges, die der französische Klerus herausgab (7. 7. 1438) und die das Recht der französischen Kirche bestätigte, ihr weltliches Eigentum unabhängig vom Hl. Stuhl zu verwalten, und päpstliche Besetzungen vakanter Pfründen verbot. Doch der Marionettenpapst des Konzils verfügte nur über einen geringen Anhang, und als Eugen im Frühjahr 1443 die Ansprüche von Alfons V. von Aragón (1416–58) auf die Krone von Neapel anerkannte, verlor das Konzil seine wichtigste Stütze, denn der König zog seine Bischöfe ab. Zugleich vermochte Eugen im September 1443 nach neunjähriger Abwesenheit wieder nach Rom zurückzukehren, wo er sich bemühte, die Auswirkungen des Schismas zu bekämpfen. Enea Silvio Piccolomini (später PIUS II.), der fähigste Ratgeber des Gegenpapstes Felix V., der 1442 seinen Frieden mit Eugen gemacht hatte, half eine Vereinbarung zwischen ihm und Friedrich III., dem neuen deutschen König (1440 bis 1493), zu erzielen (Sept. 1445). Eugens Proteste gegen die Pragmatische Sanktion von Bourges waren wirkungslos, aber im Fürstenkonkordat, das Piccolomini im Februar 1447 mit den deutschen Kurfürsten ausgehandelt hatte, sprach sich ganz Deutschland für ihn aus. Beide Seiten machten Zugeständnisse, doch Eugen sicherte seine Position ab, indem er noch auf dem Totenbett eine Bulle erließ, in der er erklärte, daß es nicht in seiner Absicht gelegen habe, mit diesen Konzessionen die Autorität oder die Vorrechte des Hl. Stuhls zu schmälern.

Eugens Amtszeit war zwar alles andere als friedlich, doch endete sie mit dem Sieg des Papsttums über das Konzil und versetzte dem Versuch, in die Kirchenleitung die Demokratie einzuführen, den Todesstoß. Er selbst aber – impulsiv und ohne großes politisches Geschick, äußerst fromm, aber zu Fehlern neigend – war den Ereignissen eher ausgeliefert, als daß er sie gelenkt hätte. Als er im Sterben lag, soll er es bitterlich bereut haben, daß er je sein Kloster verlassen hatte.

Lit.: E. von Ottenthal, »Die Bullenregister Martins V. und Eugens IV.«, in: *MIÖG*, Erg.bd. 1 (1885); J. Gill, *Eugenius IV: Pope of Christian Union*, Westminster (Md.) 1961; F. P. Abert, *Papst Eugen der Vierte*, Mainz 1884; P 1; MC 2; *DHGE* 15,1355–59 (P. de Vooght); *EC* 5,802–804 (P. Paschini); *NCE* 5,626 f. (J. Gill); Seppelt 4,274–306.

Felix V.

(Gegenpapst, 5. 11. 1439 – 7. 4. 1449; † 7. 1. 1451)

Nachdem das Konzil von Basel (1431–49) EUGEN IV. abgesetzt hatte, wählte es an seiner Statt Herzog Amadeus VIII. von Savoyen zum Papst. Die Wahl widersprach dem Kirchenrecht, da nur ein Kardinal und 32 von einer Kommission nominierte Wahlmänner daran teilnahmen, doch demonstrierte sie die Entschlossenheit des Konzils, nicht nur einen heiligmäßigen, sondern auch wohlhabenden und international anerkannten Kandidaten zu küren. Amadeus wurde am 4. Dezember 1383 in Chambéry geboren und folgte 1391 seinem Vater Graf Amadeus VII. nach. Durch geschickte Diplomatie erweiterte er sein Herrschaftsgebiet, bis es schließlich Piemont einschloß und sich von Neuchâtel im Norden bis zur ligurischen Küste erstreckte. In Anerkennung seiner Macht erhob der deutsche König und spätere Kaiser (1433–37) Sigismund Savoyen 1416 zum Herzogtum. Im Oktober 1434 zog sich Amadeus, tief getroffen durch den Tod seiner Frau (1422) und seines ältesten Sohnes (1431), auf Schloß Ripaille bei Thonon am Genfer See zurück, wo er den Orden der Rittereremiten vom hl. Mauritius gründete und leitete. Die diplomatischen Angelegenheiten Savoyens gedachte er in eigenen Händen zu behalten, während er die Verwaltungsroutine seinem zweiten Sohn Ludovico überließ.

Der tiefreligiöse Laie nahm seine Wahl erst nach langem Zögern an (14. 12. 1439), dankte als Herzog ab (6. 1. 1440) und wurde nach seiner Ordination und Konsekration am 24. Juni in Basel als Felix V. zum Papst gekrönt. Außerhalb des eigenen Herrschaftsgebiets und einiger kleiner Staaten fand er jedoch keinerlei Anerkennung; die Großmächte verhielten sich zurückhaltend bis ablehnend. Er ernannte mehrere bedeutende Männer zu Kardinälen, obwohl einige seine Einladung ausschlugen. Eine Zeitlang beschäftigte er Enea Silvio Piccolomini (später PIUS II.) als Sekretär. Seine Beziehungen zum Rumpfkonzil, das seine Hauptstütze hätte sein müssen, waren indessen niemals ungetrübt. Zermürbt von den gezielten Beleidigungen der Väter, zog er sich nach Lausanne und von dort nach Genf zurück (17. 11. 1442). Bereits 1445 begann er nach einem Ausweg aus der Sackgasse zu suchen, die für ihn ebenso peinlich war, wie sie für seine Familie gefährlich wurde. 1449 endlich erzielte er durch die Vermittlung Karls VII. von Frankreich (1422–61) eine Verständigung mit NIKOLAUS V., dem neuen römischen Papst. Felix dankte folglich am 7. April feierlich ab, nachdem er die über seine Gegner ausgesprochenen Verweise zurückgenommen hatte. Dafür bestellte ihn Nikolaus am 18. Juni mit einem stattlichen Ruhegehalt zum Kardinalbischof von S. Sabina sowie zum päpstlichen Vikar und Legaten in Savoyen und den umliegenden Diözesen. Freilich erfreute er sich dieser Würden nicht lange; denn er starb am 7. Januar 1451 in Genf. Der letzte Gegenpapst wurde in Ripaille bestattet.

Werke: *Bullarium*, 8 Bde. [ungedruckt, im Staatsarchiv zu Turin].

Lit.: F. Cognasso, *Amadeo VIII*, Turin 1930; *DBI* 2,749–753 (F. Cognasso); *DHGE* 2,1166–74 (G. Mollat); *EC* 5,1136 f. (G. B. Picotti); MC 2; Seppelt 4,295 f.; 299 f.; 302 f.

Nikolaus V.

(6. 3. 1447 – 24. 3. 1455)

Tommaso Parentucelli, ein am 15. November 1397 in Sarzana (bei La Spezia) geborener Arztsohn, war Student in Bologna. Um seinen Unterhalt zu verdienen, verdingte er sich eine Zeitlang als Lehrer bei reichen Florentiner Familien und wurde so mit führenden Vertretern von Kunst und Kultur bekannt. Nachdem er seinen Doktor der Theologie erworben hatte, diente er 20 Jahre unter Bischof Niccolò Albergati in Bologna, zog mit diesem 1426 nach Rom und trat auf diese Weise in die Kurie ein. Nach Niccolòs Tod ernannte ihn EUGEN IV., dem er im Verlauf der Verhandlungen mit den Griechen in Florenz (1439) aufgefallen war, 1447 zum Bischof von Bologna; allerdings konnte er seine Stelle nicht antreten, da sich die Stadt in Aufruhr befand. Im

Herbst 1446 reiste er als päpstlicher Legat zum Reichstag von Frankfurt, den er im Verein mit seinen Kollegen dazu bewegen konnte, Eugen IV. anzuerkennen. Hierfür wurde er (Dez. 1446) mit der Kardinalswürde belohnt. Auf dem Konklave nach Eugens Tod war er der Kompromißkandidat, da der Spitzenkandidat, ein Colonna, an familiären Eifersüchteleien scheiterte. Aus Ehrerbietung gegen seinen alten Beschützer nahm er den Namen Nikolaus an.

Nikolaus, der geduldiger und politisch gewandter war als Eugen, erwies sich als der konstruktive Schlichter, den die Kirche benötigte. Da er gute Beziehungen zu den römischen Adelsfamilien pflegte, hatte er erheblichen Erfolg bei der Wiederherstellung von Ruhe und Ordnung in der Stadt. Im Kirchenstaat wurde er die Söldnertruppen los, gewann oder kaufte Städte zurück und erkannte kleine Fürsten als seine Statthalter an. Dem widerspenstigen Bologna gewährte er die fast uneingeschränkte Unabhängigkeit und hielt sich klugerweise aus dem Machtkampf heraus, der mit dem Tod Herzog Filippo Maria Viscontis von Mailand entbrannte; ihm genügte, daß am Ende der Condottiere Francesco Sforza siegte und die Mark Ancona unangefochten im Besitz des Papsttums beließ. Das Abkommen, das Eugen mit der deutschen Kirche geschlossen hatte, wurde von ihm unverzüglich ratifiziert; im Wiener Konkordat (Feb. 1448) erreichte er die Anerkennung des päpstlichen Rechts auf Annaten und Kirchenbestallungen in Deutschland durch Friedrich III. (1440–93). Eine bemerkenswerte Leistung war die friedliche Beilegung des Schismas mit dem Rumpfkonzil zu Basel und dessen Papst FELIX V. Bereits 1447 brachte er Karl VII. von Frankreich (1422–61) dazu, sich als Vermittler zu betätigen, und vermochte Felix mit Ausdauer und taktvollem Entgegenkommen und für einen ehrenhaften Status und hohe Bezüge zum Rücktritt (7. 4. 1449) zu bewegen. Das Konzil, das in Lausanne tagte, seit Friedrich III. ihm das freie Geleit in Basel entzogen hatte, löste sich am 14. April selbst auf, nachdem es Tommaso di Sarzana zum Papst gewählt hatte. Die gegenseitigen Verweise und Verfahren wurden annulliert, der Besitz von Pfründen bestätigt, und mehrere von Felix' Kardinälen wurden in das römische Kollegium aufgenommen. Zum Dank für die wiedererrungene Kircheneinheit rief Nikolaus das Jahr 1450 zum Jubeljahr aus, und Tausende von Pilgern, die nach Rom strömten, bestätigten nicht nur die Ewige Stadt als den Mittelpunkt der Christenheit, sondern füllten nutzbringend zugleich die päpstlichen Kassen. Im selben Jahr sprach Nikolaus den franziskanischen Reformator Bernardino di Siena (1380–1444) heilig und sandte die Kardinäle Nikolaus von Kues und Capistrano auf Reformmission nach Deutschland sowie Kardinal d'Estouteville nach Frankreich.

Obwohl es dem Papst nicht gelang, ein Reformprogramm einzuleiten, brachte er bewußt die geistigen und künstlerischen Bestrebungen der Renaissance in die Kirche ein. Als Gelehrter und Literat pflegte er Umgang mit Wissenschaftlern und Humanisten und ließ zahllose griechische Autoren, Klassiker wie Kirchenväter, ins Lateinische übersetzen. Der lebenslang fast zwanghafte Bibliophile verwendete Unsummen auf die Sammlung und Abschrift von Manuskripten und war der eigentliche Begründer der Vatikanischen Bibliothek; bei seinem Tod hinterließ er etwa 1200 griechische und lateinische Manuskripte. Die Anregungen, die er der Renaissance gab, waren in Architektur und bildender Kunst gleich groß. Er unternahm nicht nur den Wiederaufbau zahlloser Kirchen, Paläste und Brücken in Rom, sondern plante auch eine Verstärkung der römischen Befestigungsanlagen; im Kirchenstaat ließ er zahlreiche Festungen bauen. Zur Verschönerung seiner Bauwerke zog er herausragende Künstler heran, darunter Fra Angelico und dessen Gehilfen Benozzo Gozzoli. Bei all diesen Unternehmungen war sein Ziel die Förderung der Kirche, indem er sie zur kulturell führenden Kraft machte.

Am 19. März 1452 krönte Nikolaus König Friedrich III. in der Peterskirche zum Kaiser (die letzte Kaiserkrönung, die in Rom stattfand). Trotz aller Erfolge waren seine letzten Lebensjahre überschattet. Anfang Januar 1453 wurde eine Verschwörung gegen den Papst aufgedeckt, die von dem republikanischen Visionär Stefano Porcaro inspiriert war (den Nikolaus zuvor nachsichtig behandelt hatte). Sie offenbarte, wie trügerisch die Ruhe war, die nach außen hin in Rom herrschte. Nikolaus ließ Stefano und seine Mitverschwörer hinrichten, war jedoch von da an unruhig und argwöhnisch. Im Juni 1453 erfüllte die Nachricht von der Eroberung Konstantinopels durch die Türken (29. Mai) Europa mit Furcht und Schrecken. Der Papst versuchte vergebens (30. 9. 1453), die Christenheit zu einem

Kreuzzug aufzurütteln. Auch sein Aufruf zu einem Kongreß der italienischen Staaten, auf dem ein Friedensvertrag für Italien ausgearbeitet werden sollte, verhallte ungehört. Endlich führten Geheimverhandlungen zwischen Venedig und Mailand zum Frieden von Lodi (9. 4. 1454), dem Florenz bald darauf beitrat. Zwar war König Alfons I. von Neapel und Sizilien (1442–58) verärgert darüber, daß er bisher übergangen worden war, doch ließ auch er sich von Nikolaus zur Annahme des Friedens überreden. Am 26. Juni 1455 wurde feierlich ein 25jähriger Frieden vereinbart, der für sämtliche italienischen Mächte mit Ausnahme Genuas galt.

Nikolaus war enttäuscht und in die Defensive gedrängt, als er, von der Gicht geschwächt, starb (März 1455). Die Vision seiner selbst als Wiedererbauer Roms, Mäzen der Schriftsteller und Verfechter des Papsttums im Sinn der führenden Zivilisationsmacht war getrübt von der harten Wirklichkeit des Falls von Konstantinopel, der ihm aufgebürdeten neuen Verantwortung und dem Bewußtsein der eigenen Unfähigkeit, ihr gewachsen zu sein. Der erste Renaissance-Papst ließ sich keinen Nepotismus zuschulden kommen, doch das drängende Problem der Kirchenreform blieb unbewältigt.

Lit.: Vespasiano da Bisticci, *Vite di uomini illustri*, hrsg. von P. d'Ancona und E. Aeschlimann, Mailand 1951; B. Platina, in: Muratori[2] 3.1,328–339; G. Manetti, in: Muratori 3.2,907–960; G. Sforza, *Ricerche su Niccolò V*, Lucca 1884; K. Pleyer, *Die Politik Nikolaus' V.*, Stuttgart 1927; P 2,1–314; MC 3; *DTC* 11,541–548 (G. Mollat); *NCE* 10,443–445 (J. Gill); Seppelt 4,307–326.

Calixtus III.

(8. 4. 1455 – 6. 8. 1458)

Alonso de Borja (ital.: Borgia), Sohn eines kleinen Landbesitzers, wurde am 31. Dezember 1378 in Játiva (Valencia) geboren. Nachdem er in Lérida die Rechte studiert und dann gelehrt hatte, wurde er angesehener Jurist am Hof von Aragón und Privatsekretär König Alfons' V. (1416–58). 1429 handelte er in dessen Auftrag die Abdankung von Gegenpapst KLEMENS VIII. aus, wofür er mit dem reichen Bischofssitz Valencia belohnt wurde. Seine diplomatischen Fähigkeiten bewies er 1443 erneut durch die Aussöhnung des Königs mit EUGEN IV. und seinen Abzug vom Baseler Konzil (1431–49). Dafür wurde er zum Kardinalpriester von SS. Quattro Coronati ernannt. Während seines zwölf Jahre währenden Kardinalamts fiel er nicht sonderlich auf, sondern führte in seinem Palast ein einfaches, zurückgezogenes Leben, jedem Luxus und jeder Schaustellung angeblich abhold. Seine überraschende Wahl zum Nachfolger NIKOLAUS' V. verdankte er einem Kompromiß; einer der beiden favorisierten Kandidaten war als Freund der Colonna unannehmbar, der andere, der hervorragende griechische Theologe und Humanist Johannes Bessarion (1403–72), als Grieche. Sein hohes Alter schien auf ein Übergangspontifikat zu deuten.

Calixtus warf sich sogleich mit einer Energie, die bei einem gichtgeplagten Greis verwunderte, auf die Organisation eines Kreuzzugs zur Wiedereroberung des im Mai 1453 von den Türken eingenommenen Konstantinopel. Dies war seine vordringliche Beschäftigung; er gelobte, alle seine Kräfte, notfalls sein Leben, auf den Hl. Krieg zu verwenden. Er sandte in alle Himmelsrichtungen mit Ablässen ausgerüstete Prediger und Legaten aus, verhängte Steuern und setzte den 1. März 1456 als gemeinsamen Aufbruchstermin einer Flotte und eines Heeres fest. In Rom begann er auf dem Tiber Galeeren zimmern zu lassen und durch den Verkauf von Gold- und Silberschmiedearbeiten sowie von wertvollen Bucheinbänden Geld zu beschaffen. Sein Enthusiasmus stieß indessen bei den christlichen Mächten, die mit ihren eigenen nationalen Angelegenheiten genug zu tun hatten, auf ein nur mäßiges Echo. Deshalb ließen sich die sporadischen militärischen Erfolge wie die Schlappe der Türken vor Belgrad (Juli 1456), die Niederlage ihrer Flotte vor Lesbos (Aug. 1457) und die Befreiung mehrerer christlicher Inseln in der Ägäis, wenngleich stürmisch bejubelt, nicht ausnutzen. Unterdessen rief der Türkenzehnte des Papstes in Frankreich (wo die Universität Paris ein allgemeines Konzil verlangte) und in Deutschland (wo er die wachsende Unzufriedenheit mit der Einmischung und den Forderungen des Papstes nährte) Verärgerung hervor. Es bedurfte der findigen Diplomatie seines neuen Kardinals Enea Silvio Piccolomini (später PIUS II.), um deutsche Forderungen nach einem Gegenstück zu den »gallikanischen Freiheiten« der französischen Kirche abzuwehren. Erbost über die Umleitung einer Kreuzzugflotte durch König Alfons von Aragón und Neapel zum Angriff gegen Genua und dessen Verfolgung eigener territorialer Ansprüche anstelle des Kampfes gegen die Türken, entzweite er sich mit seinem alten Beschützer. Der Streit hielt an, und als Alfons starb, plante Calixtus, daß einer seiner Neffen und nicht der uneheliche Sohn des Königs, Ferrante oder Ferdinand I. (1458–94), sein Nachfolger werden sollte.

Calixtus war zwar asketisch, strenggläubig und wohltätig, aber er war auch starrsinnig und eigenwillig und duldete von seiten seiner Kardinäle keinen Widerspruch. Sein Desinteresse an den Künsten enttäuschte zwar die Humanisten, die sich an Nikolaus V. gewöhnt hatten, doch nahm er ihnen gegenüber nicht, wie sie behaupteten, eine entschieden feindselige Haltung ein. Wenn er die hochfliegenden Pläne Nikolaus' für den Wiederaufbau Roms zum Erliegen brachte, dann waren daran sein angeborener Geiz und noch weit mehr die Erfordernisse des Kreuzzugs schuld. Seine Gunstbeweise an Verwandte und Landsleute lösten tiefe Verbitterung aus. Zu seiner eigenen Sicherheit belegte er die Festungen des Kirchenstaats mit spanischen Befehlshabern und bestellte seinen Neffen Pedro Luis, Herzog von Spoleto, zum Gouverneur der Engelsburg und Stadtpräfekten von Rom. Zwei weitere Neffen, die gerade erst 20 Jahre zählten, machte er zu Kardinälen; einen von ihnen, Rodrigo Borgia (später ALEXANDER VI.), ernannte er zum Vizekanzler der Kurie. Seine spanischen Kardinäle beherrrschten den päpstlichen Hof, doch befanden sich die Pfründen, die er ihnen aussetzte, zumeist in Spanien, nicht in Italien.

Calixtus eröffnete erneut den Prozeß gegen Johanna von Orléans, die, der Hexerei und Ketzerei angeklagt, in Rouen auf dem Scheiterhaufen verbrannt worden war (30. 5. 1431). Der ursprüngliche Richtspruch wurde aufgehoben (16. 6. 1456) und Johanna für unschuldig erklärt. Im gleichen Jahr erneuerte er die von seinen Vorgängern fallengelassene strenge Gesetzgebung, wonach gesellschaftlicher Kontakt zwischen Christen und Juden untersagt war. Unter den Heiligen, die er kanonisierte, befand sich (1. 1. 1457) Osmund von Salisbury († 1099). Zur Feier des Siegs über die Türken bei Belgrad ordnete er an, daß das Fest der Verklärung Jesu in der gesamten Kirche am 6. August begangen werden sollte. Sein Tod an eben diesem Tag des Jahres 1458 war das Signal für einen gewaltsamen Aufruhr gegen die verhaßten »Katalanen«.

Werke: *Regesto de Calixto III*, hrsg. von J. Rius Serra, Madrid 1948 ff.

Lit.: B. Platina, in: Muratori² 3.1,339–345; *LP* 2,546–560; O. Raynaldus, *Annales ecclesiastici* [1455–58], hrsg. von J. D. Mansi, 15 Bde., Lucca 1747–56; M. E. Mallett, *The Borgias: The Rise and Fall of a Renaissance Dynasty*, London 1969, s. Register; P. Brezzi, »La política di Callisto III«, in: *Studi Romani* 7 (1959) S. 31–51; MC 3; P 1; *PRE* 3,642 f. (G. Voigt); *DHGE* 11,438–444 (E. Vansteenberghe); *NCE* 2,1081 f. (M. Batllori); *DBI* 16,769–774 (M. E. Mallett); Seppelt 4,326–331.

Pius II.

(19. 8. 1458 – 15. 8. 1464)

Enea Silvio Piccolomini wurde am 18. Oktober 1405 als Sohn verarmter Adliger in Corsignano (das er später in Pienza umbenannte) bei Siena geboren und arbeitete als Knabe auf dem Feld. Danach versenkte er sich in Siena und Florenz acht Jahre lang in das Studium der humanistischen Kultur. 1432–35 war er auf dem Konzil von Basel (1431–49) Sekretär von Kardinal Domenico Capranica und weiteren Prälaten, und 1435 reiste er als Diplomat mit oder für Kardinal Niccolò Albergati umher. Im folgenden Jahr wurde er Konzilsbeamter und konnte so seine glänzenden Rednerkünste zur Schau stellen. Als entschiedener Gegner EUGENS IV. wurde er zum Sekretär von Gegenpapst FELIX V. (gewählt am 5. 11. 1439) berufen und verfaßte Dialoge, in denen er die Autorität des Konzils verteidigte. Als Felix ihn 1442 zum Reichstag von Frankfurt schickte, fiel er durch sein erstaunliches literarisches Talent dem deutschen König Friedrich III. (1440–93) auf, der ihn zum *poeta laureatus* krönte und aufforderte, Felix zu verlassen und in seine Dienste einzutreten. Enea nahm das Angebot an und wurde ein enger Freund von Friedrichs Reichskanzler Kaspar Schlick. In diese Periode fallen seine vielgelesene Novelle *Euryalus et Lucretia*, in dem Schlicks Liebesabenteuer gerühmt werden, und sein erotisches Lustspiel *Chrysis*. 1445 löste er seine Verbindung zu Felix V. und wurde offiziell mit Eugen IV. ausgesöhnt. Im gleichen Jahr veranlaßte ihn eine schwere Krankheit, seinen ausschweifenden Lebenswandel aufzugeben (er hatte etliche uneheliche Kinder gezeugt), und er ließ sich zum Priester weihen (4. 3. 1446). In den folgenden Jahren war es vor allem er, der Friedrich III. und die deutschen Kurfürsten dazu überredete, ihre Neutralität in der Kirchenspaltung aufzugeben und Eugen IV.

anzuerkennen. Für seine Dienste ernannte Nikolaus V. ihn 1447 zum Bischof von Triest und 1450 zum Bischof von Siena, während Friedrich sich seine diplomatischen Fähigkeiten noch bis 1455 zunutze machte. Calixtus III. erhob ihn zum Lohn für die erfolgreichen Verhandlungen mit König Alfons V. von Aragón und Neapel (1416–58) in den Kardinalsstand (18. 12. 1456), den er schon lange angestrebt hatte. In diese Periode gehört seine bedeutende *Geschichte Kaiser Friedrichs*. Auf einem Konklave, das von verschiedenen Seiten – nicht zuletzt von ihm selbst – beeinflußt wurde, fiel die Wahl auf Enea als Nachfolger Calixtus' III.; er wählte den Namen Pius im Anklang an Vergils »pius Aeneas«.

Die Wahl eines Mannes, der sich literarisch glänzend auskannte und betätigte, fand den Beifall der Humanisten, doch obgleich Pius weiter seinen schriftstellerischen Neigungen frönte (z. B. verfaßte er seine Memoiren), erwies er sich weniger als ihr Förderer denn als freundschaftlicher Kritiker. Er machte die Organisation eines Kreuzzugs, mit dem der Vormarsch der Türken in Europa aufgehalten werden konnte, zu seiner vordringlichen Aufgabe, hatte er doch jahrelang zum Widerstand gegen diese aufgerufen. Bereits im Oktober 1458 erließ er eine eindrucksvoll formulierte Kreuzzugsbulle und berief einen Kongreß der christlichen Herrscher nach Mantua ein (1. 6. 1459). Zugleich sah er sich einem Machtkampf zwischen René I., Herzog von Anjou (1436–80), und Ferrante oder Ferdinand I. (1458–94), natürlicher Sohn Alfons' V. von Aragón, um den Thron von Neapel gegenüber und entschied im Interesse eines Gleichgewichts der Kräfte in Italien zugunsten Ferrantes. Als der Kreuzzugskongreß nach einer Weile zusammentrat, stießen seine Vorschläge zur Aushebung von Truppen und Finanzierung des Unternehmens sofort auf Widerstand. Frankreich, verärgert über die Zurückweisung Herzog Renés, wollte sich gar nicht beteiligen. Die Deutschen sagten schließlich ein Heer zu, doch obwohl man sich auf einen dreijährigen Feldzug einigte, war der Kongreß ein Fehlschlag. In der Überzeugung, daß der Rückgang des päpstlichen Einflusses auf das übersteigerte Ansehen der Konzilien zurückzuführen war, erließ Pius die Bulle *Execrabilis* (18. 1. 1460), mit der er seinen früheren Auffassungen zum Trotz die Anrufung eines künftigen Konzils durch den Papst verurteilte.

Pius eilte von Mantua nach Rom zurück und sah sich dem Ausbruch eines Krieges zwischen Franzosen und Spaniern in Süditalien und einer Empörung der Barone in der Campagna gegenüber. Mit diesen Problemen wurde er zwar ohne Schwierigkeiten fertig, doch um den Preis einer weiteren Entfremdung der Franzosen, von denen er die Zurücknahme der Pragmatischen Sanktion von Bourges erwartete. Als 1461 Ludwig XI. (1461–83) auf den Thron gelangte, gab er die Aufhebung der Sanktion bekannt; es handelte sich jedoch lediglich um eine Finte, um den Papst zur Änderung seiner Haltung gegenüber Neapel zu bewegen. Als Pius weiterhin Ferrante unterstützte, gab der König dem Druck der öffentlichen Meinung nach und führte die traditionellen Freiheiten der französischen Kirche per Dekret wieder ein. In Deutschland gab es mächtige papstfeindliche Strömungen, und Pius exkommunizierte Herzog Sigismund von Tirol wegen seiner Ablehnung des Reformprogramms, das Nikolaus von Kues in Brixen einzuführen gedachte; darauf wandte sich der Herzog an ein allgemeines Konzil. Gleichzeitig legte sich der Papst mit Diether von Isenburg, Erzbischof von Mainz, an, der die eigennützigen Anstrengungen Georgs von Podiebrad, König von Böhmen (1458–71), zum Sturz Friedrichs III. als König der Römer unterstützte. Auch Diether rief ein allgemeines Konzil an, worauf Pius ihn für abgesetzt erklärte. Er kreuzte auch mit Georg von Podiebrad selbst die Klinge; dieser stellte aus Verärgerung über die Weigerung des Papstes, die 1437 zwischen Katholiken und konservativen Hussiten vereinbarten Verträge von Basel zu akzeptieren, Pius' Führung des Kreuzzugs sowie seine traditionelle Position als Herr der Christenheit öffentlich in Frage. All diese Schwierigkeiten wie auch die Anforderungen des Kreuzzugs hinderten Pius an der Durchführung des Programms zur Reform von Kirche und Kurie, an dem er seit seiner Wahl gearbeitet hatte, obwohl er sich mehr als jeder andere des Grolls, der in Europa gegen die Kurie bestand, bewußt war.

Den Kreuzzug verlor Pius nie aus den Augen. 1460/61 setzte er, von den europäischen Fürsten im Stich gelassen, seinen denkwürdigen, noch immer umstrittenen Brief an Sultan Mohammed II. auf, in dem er den Koran eingehend widerlegt, den christlichen Glauben abhandelt und Mohammed bittet, dem Islam abzusagen, sich taufen zu lassen und die Krone des Byzantinischen Reichs anzunehmen. Der Brief wurde nie abgeschickt, aber er wirft ein bezeichnendes Licht auf die Persönlichkeit des Papstes und seine unrealistischen Ziele. Im Oktober 1463 rief er, ermutigt durch die Zusage Venedigs und Ungarns, ihre Streitkräfte zur Verfügung zu stellen, erneut zum Kreuzzug auf und erklärte Ancona für den folgenden Sommer zum Sammelplatz. Um die christlichen Herrscher moralisch zum Handeln zu zwingen, wollte er sich höchstpersönlich an die Spitze stellen. Doch während sich im Volk einige Unterstützung regte, zauderten die Herrscher. Dennoch hielt Pius an seinem großen Vorhaben fest, nahm im Juni 1464 in St. Peter das Kreuz und machte sich, schwer krank, auf den Weg nach Ancona. Zu seiner Enttäuschung fand er dort lediglich eine Handvoll Kreuzritter vor; als schließlich die venetischen Galeeren in Sicht kamen, starb er, und die Unternehmung zerschlug sich. Sein Herz wurde in Ancona beigesetzt, während man seine Leiche nach Rom brachte. Unter den Päpsten seiner Epoche ragte er aufgrund seiner glänzenden Talente, seiner unübertroffenen Erfahrung und seiner literarischen Leistungen hervor. Wenngleich die Begünstigung seiner Verwandten und Landsleute aus Siena ein ernstlicher Makel war, so ehrte ihn doch sein oft kritisierter Loyalitätswechsel. Auch wenn Ehrgeiz und Opportunismus eine Rolle spielten, war er doch vom Konzil zu Basel aufrichtig enttäuscht, und er meinte es ehrlich, als er seine Kritiker in seiner Widerrufungsbulle (26. 4. 1463) dazu herausforderte, »Aeneas zu verwerfen und Pius anzuhören«. Seine moralische Bekehrung war tiefgehend und dauerhaft und seine Vision eines geeinten christlichen Europa originell und erfrischend.

Werke: *Opera quae extant omnia*, hrsg. von M. Hopperus, Basel 1551; *Orationes politicae et ecclesiasticae*, hrsg. von J. D. Mansi, 2 Bde., Lucca 1755–59; *Opera inedita*, hrsg. von J. Cugnoni, Rom 1883; *Epistolae*, hrsg. von R. Wolkan, Wien 1909–18.

Lit.: Zu den Lebensbeschreibungen von G. A. Campano und B. Platina s. G. C. Zimolo, *Raccolta degli storici Italiani*, Bd. 3/2, Bologna 1964. Zu den *Commentarii* (Memoiren) s. L. C. Gabel, *Memoirs of a Renaissance Pope*, London 1960, C. M. Ady, *Pius II*, London 1913; R. J. Mitchell, *The Laurels and the Tiara; Pope Pius II*, New York 1963; G. Paparelli, *Enea Silvio Piccolomini: L'umanesimo sul soglio di Pietro*, Ravenna ²1978; J. G. Rowe, »The Tragedy of Aeneas Silvius Piccolomini (Pope Pius II)«, in: *ChHist* 30 (1961) S. 288–313; MC 3; P 3; *DTC* 12,1613–32 (E. Vansteenberghe); *NCE* 11,393 f. (J. G. Rowe); Seppelt 4,331–348; 350–352; 361 f.

Paul II.

(30. 8. 1464 – 26. 7. 1471)

Pietro Barbo, geboren am 23. Februar 1417 in Venedig, entstammte einer reichen Kaufmannsfamilie und sollte ursprünglich eine geschäftliche Laufbahn einschlagen. Doch als sein Onkel mütterlicherseits unter dem Namen EUGEN IV. Papst wurde, trat er in den geistlichen Stand. Dank der Protektion Eugens wurde er in rascher Folge Archidiakon von Bologna, Bischof von Cervia und dann von Vicenza, Erster Notar der römischen Kirche und (1440, erst 23 Jahre alt) Kardinaldiakon. Unter NIKOLAUS V., der ihn zum Kardinalpriester der Titelkirche S. Marco ernannte, und CALIXTUS III. übte er mehr Einfluß aus als unter PIUS II., zu dessen Nachfolger er im ersten Wahlgang überraschend gewählt wurde. Das Konklave, das mit dem unabhängigen Regierungsstil und der Vetternwirtschaft Pius' unzufrieden war, hatte unter Eid einen 18 Punkte umfassenden Wahlvertrag beschlossen, in dem die Amtsführung des künftigen Papstes sowie die Beziehung zu seinen Kardinälen festgelegt und die Einberufung eines allgemeinen Konzils innerhalb von drei Jahren verlangt wurde. Nach seiner Wahl erklärte Paul umgehend, daß er diese Regeln lediglich als Richtlinien akzeptiere. Dem hl. Kollegium zwang er eine veränderte Fassung auf, womit er dessen volles Vertrauen verlor. Hätte er den Reformvorschriften ganz Folge geleistet, so wären die Exzesse des sog. Renaissance-Papsttums möglicherweise im Keim erstickt worden.

Gutaussehend und eitel (er spielte mit dem Gedanken, den Namen Formosus II. anzunehmen), aber ohne geistige Brillanz, liebte Paul Gepränge und entzückte das Volk mit Sport und Spiel. Er war ein großer Förderer des Karnevals, zu dessen Unkosten die Juden beizutragen gezwungen waren. Sein Dekret (19. 4. 1470), wonach Heilige Jahre ab 1475 alle 25 Jahre abgehalten werden sollten, war bezeichnend. Seine Vorliebe für Pracht zeigt sich am Palazzo S. Marco (heute: Palazzo Venezia), mit dessen Bau er als Kardinal 1455 begonnen hatte und den er von 1466 an zu seiner Hauptresidenz in Rom machte. Die Abschaffung des Kollegiums der Abbreviatoren (hohe päpstliche Beamte, die Schriftstücke u. ä. entwerfen), bei denen es sich oft um Gelehrte oder Schriftsteller handelte (1466), und die Einkerkerung und Folterung des Historikers

Bartolomeo Platina (1421–81), als er dagegen protestiert hatte, machten ihn in humanistischen Kreisen verhaßt; ebenso die Auflösung der römischen Akademie (1468), die er der Pflege heidnischer Gebräuche und Gedanken verdächtigte, und sein Verbot der Lektüre heidnischer Dichter durch die Kinder Roms. Von einer feindseligen Haltung gegen Kunst oder den Humanismus war er jedoch weit entfernt, umgab sich mit Gelehrten, ließ antike Monumente restaurieren und sammelte fleißig Kunstwerke; in Rom errichtete er die erste Druckerpresse. 1469 begann er mit Zustimmung der Bürgerschaft das römische Verfassungsstatut zu überarbeiten. Die Annahme von Geschenken durch Beamte des Kirchenstaats mißbilligte er. 1470 erlegte er Körperschaften im Besitz von Pfründen eine alle 15 Jahre fällige Steuer auf, die unter dem Namen *quindemia* bekannt war.

Die Fortsetzung des Krieges gegen die Türken und die Verwendung der bei Tolfa entdeckten bedeutenden Alaunvorkommen zu seiner Finanzierung waren Punkte des Wahlvertrags, die Paul akzeptieren konnte. Er begann unverzüglich mit der Beschaffung von Geld und ließ dem schwerbedrängten Ungarn und dem heroischen Generalkapitän der Albaner, Georg Skanderbeg († 1468), finanzielle, wenn nicht militärische Hilfe zukommen. Um die notwendigen friedlichen Bedingungen herzustellen, versuchte er 1469 in Oberitalien einzugreifen, wo der Tod Francesco Sforzas von Mailand (1466) ein gefährliches Machtvakuum hervorgerufen hatte. Unglücklicherweise stand der Fürst, der für die Führung des Feldzugs gegen die Türken am besten geeignet war, Georg von Podiebrad, König von Böhmen (1458–71), in Rom unter dem Verdacht hussitischer Häresie. Als Paul auf den Thron gelangte, unternahmen beide Seiten Anstrengungen, um die Angelegenheit gütlich beizulegen, aber im Dezember 1466 sah sich der Papst genötigt, den König zu exkommunizieren und gar zu einem Kreuzzug gegen ihn aufzurufen. Als Negroponte (heute: Evvia, Griechenland), der letzte Vorposten Venedigs in der Levante, 1470 an Sultan Mohammed II. (der 1453 Konstantinopel erobert hatte) fiel, erließ Paul einen allgemeinen Aufruf zu einem Kreuzzug gegen die Türken und lud die italienischen Mächte zu einer Versammlung nach Rom; das einzige, was er zur erreichen vermochte, war ein Verteidigungsbündnis (22. 12. 1470). Im Nahen Osten, wo er mit dem iranischen Fürsten Uzun-Hassan einen Pakt gegen die Türken schloß, war seiner Diplomatie größerer Erfolg beschieden.

Paul pflegte ausgezeichnete Beziehungen zu Kaiser Friedrich III. (1440–93). Dieser stattete ihm 1468 einen Privatbesuch ab, vermochte ihn aber nicht dazu zu bewegen, in Konstanz ein Konzil abzuhalten. Die Gefahr eines allgemeinen Konzils schwebte ständig über seinen schwierigen und letztendlich erfolglosen Verhandlungen mit Ludwig XI. von Frankreich (1461 bis 1483) um die Beseitigung der »gallikanischen Freiheiten«, welche die französische Kirche in der Pragmatischen Sanktion von Bourges beanspruchte. In den letzten Monaten seines Lebens beabsichtigte Paul die russisch-orthodoxe Kirche durch die Anbahnung einer Heirat zwischen Iwan III. von Rußland (1462–1505) und der katholisch gewordenen Tochter des exilierten Despoten von Morea, Thomas Palaeologus († 1465), mit Rom auszusöhnen. Aber noch vor Abschluß der Verhandlungen erlag er überraschend einem Gehirnschlag. Der Papstbiograph Platina, 1475 Bibliothekar im Vatikan, rächte sich an ihm, indem er sein Porträt in den schwärzesten Farben malte.

Werke: J. Ammanati (Hrsg.), *Pauli II. Epistolae et commentarii*, Mailand 1506.
Lit.: Michael Canensius / Caspar da Verona, in: Muratori 3.2,994–1022; 1025–50; B. Platina, in: Muratori² 3.1,363–398; O. Raynaldus, *Annales ecclesiastici* [1465–71], hrsg. von J. D. Mansi, 15 Bde., Lucca 1747–56; R. Weiss, *Un umanista Veneziano: papa Paolo II*, Rom 1958; P 4, MC 4; *PRE* 15,28–31 (C. Beurath); *DTC* 12,3–9 (É. Amann); *NCE* 11,12 f. (M. François); Seppelt 4,342 f.; 348–353.

Sixtus IV.

(9. 8. 1471 – 12. 8. 1484)

Francesco della Rovere wurde am 21. Juli 1414 in Celle (bei Savona) als Sohn verarmter Eltern geboren, von Franziskanern erzogen und trat frühzeitig in den Orden ein. Nach Studien in Bologna und Padua lehrte er an verschiedenen Universitäten. Der gefragte Prediger war zugleich ein scharfsinniger Theologe und verfaßte Abhandlungen zu Streitfragen, die Franziskaner und Dominikaner voneinander trennten. Nach seiner Zeit als Provinzial von Ligurien wurde er zum Ordensgeneral gewählt (19. 5. 1464). Auf Empfehlung des Griechen Johannes Bessarion, der seine Gelehrsamkeit bewunderte, wurde er zum

Kardinal von S. Pietro in Vincoli ernannt (18. 9. 1467). Auf dem unschlüssigen Konklave, das dem plötzlichen Tod PAULS II. folgte, wurde er unerwartet zum Favoriten. Er half seiner Wahl mit üppigen Geschenken nach, die er dem ihn aktiv unterstützenden Herzog von Mailand machte, sowie mit Beförderungen, die sein Neffe und Begleiter Pietro Riario den Kardinälen in Aussicht stellte. Streng in seiner persönlichen Lebensführung, doch von rücksichtsloser Entschlossenheit und skrupellos in der Wahl seiner Mittel, begründete er die Reihe der Päpste, die das Papsttum systematisch verweltlichten.

Zunächst begeisterte sich Sixtus für einen Kreuzzug gegen die Türken und verwandte Unsummen auf die Ausrüstung einer Flotte. Doch die Mächtigen des Abendlandes hielten sich trotz seiner Appelle zurück, und seine Flotte konnte lediglich einige bescheidene Erfolge in der Ägäis erzielen, wo sie z. B. 1472 an Landungen bei Smyrna (heute: Izmir) teilnahm. Nachdem die Stadt Otranto auf dem italienischen Festland in die Hände der Türken gefallen war (11. 8. 1480), rief er 1481 einen weiteren Kreuzzug aus. Freilich war ihre Wiedereroberung (Sept. 1482) weniger den päpstlichen Galeeren als vielmehr dem plötzlichen Tod Sultan Mohammeds II. (3. Mai) zu verdanken. Seine Beziehungen zu Ludwig XI. von Frankreich (1461–83), der an der Pragmatischen Sanktion von Bourges (1438) entschieden festhielt, waren gespannt. So verurteilte der Papst seine Verordnung vom 8. 1. 1475, wonach die Veröffentlichung päpstlicher Erlasse in Frankreich der Zustimmung des Königs bedurfte. 1474/76 führte er die Verhandlungen weiter, die Paul II. mit Iwan III. von Rußland (1462–1505) über eine Wiedervereinigung der russischen Kirche mit Rom eingeleitet hatte und über russische Unterstützung gegen die Türken, allerdings ohne Erfolg. Als treuer Franziskaner erweiterte er die Privilegien der Bettelorden beträchtlich, erkannte 1476 das Fest der Unbefleckten Empfängnis mit einer eigenen Messe und einem eigenen Offizium an und sprach 1482 den franziskanischen Theologen Bonaventura († 1274) heilig. Auf Ersuchen des katholischen Königspaars gründete er (1. 11. 1478) die spanische Inquisition (deren Mißbräuche er 1482/83 einzudämmen suchte) und bestätigte Tomás de Torquemada (1420–98) als Großinquisitor. 1478 erklärte er die Beschlüsse des Konstanzer Konzils (1414–17) für ungültig.

Freilich nahm die Verwaltungsroutine des Hl. Stuhls in den Augen des Papstes nur den zweiten Platz ein hinter der Bereicherung des Kirchenstaats und seiner eigenen Familie. Bald nach seiner Wahl machte er in Mißachtung seines Wahlgelübdes zwei junge Neffen, Pietro Riario und Giuliano della Rovere (später JULIUS II.), zu Kardinälen und gewährte ihnen ein lukratives Amt nach dem andern. Eine ganze Schar weiterer Verwandter wurde in beispiellosem Maße beschenkt und befördert. Als Pietro 1474 seinem ausschweifenden Leben zum Opfer fiel, nahm sein Bruder Girolamo, inzwischen Graf und Gatte einer Tochter Herzog Galeazzo Sforzas von Mailand (1447–76), seine Stellung als graue Eminenz ein. Er und Giuliano, Männer von dämonischen Kräften, verwickelten den Papst, der oft Protest vortäuschte, in die Streitigkeiten und Querelen italienischer Politik. Die anrüchigste Affäre, in die Girolamo den Papst hineinzog, war die Pazzi-Verschwörung von 1478, mit der der Mord an Lorenzo und Giuliano de' Medici geplant wurde und über die der Papst, selbst wenn er dem Blutbad nicht seine Zustimmung erteilte, genauestens Bescheid wußte. Lorenzo entkam verwundet, Giuliano aber wurde getötet. Als Folge begann Sixtus einen ebenso zwecklosen wie unrühmlichen Krieg gegen Florenz (1478–80) und stachelte, den Einflüsterungen Girolamos folgend, die Venetier zum Angriff gegen Ferrara auf. 1483 wechselte er die Fronten und wandte sich unter Verhängung geistlicher Strafen gegen Venedig. Der Friede von Bagnolo (1484) brachte dem Kirchenstaat nicht die Landgewinne in der Romagna, auf die er und sein Neffe gehofft hatten, statt dessen gefährliche Aufstände in Rom und Latium. Durch kostspielige militärische Operationen und Bauprogramme sowie die Forderungen seiner habgierigen Verwandten erhöhten sich die päpstlichen Ausgaben unter Sixtus ungeheuerlich. Obwohl er neue, höchst anfechtbare Einnahmequellen erschloß und die Erteilung von Ablässen voll ausnutzte, hinterließ er seinem Nachfolger ein riesiges Defizit. Die weitverbreitete Sorge angesichts der Mißstände am Hof des Papstes machte sich im März 1482 bemerkbar, als ein reformfreudiger Erzbischof, der Kroate Andrea Zamometič, in alten Tagen mit Sixtus befreundet, den vergeblichen Versuch unternahm, das Konzil von Basel (1431–49) erneut einzuberufen und den Papst seines Amtes zu entheben, bis es sein Urteil gefällt habe. Sixtus reagierte 1483 mit dem erneuten Verbot der Appellationen an ein Generalkonzil. Sein Tod im folgenden Jahr soll durch die Verärgerung darüber beschleunigt worden sein, daß die Fürsten und Städte Italiens ihm den Frieden aufzwangen.

Die meisten der 34 Kardinäle, die er ernannte (darunter sechs Neffen), waren unbedeutende Männer. Ein erfreulicherer Aspekt seiner selbstgewählten Rolle als Renaissance-Fürst war seine Großzügigkeit als Begründer und Erneuerer nützlicher Einrichtungen und Mäzen von Kunst und Literatur. Rom gestaltete er von einer mittelalterlichen zu einer Renaissance-Stadt um, ließ neue Straßen anlegen sowie alte verbreitern und pflastern, den Ponte Sisto erbauen, Kirchen errichten – S. Maria del Popolo (wo sich sein Familiengrab befindet), S. Maria della Pace, die Sixtinische Kapelle mit ihren Wandgemälden umbrischer Meister – und das Hospital S. Spirito restaurieren. Er zog die bedeutendsten Maler und Bildhauer nach Rom, verbesserte die Kirchenmusik und gründete den Sixtinischen Chor, richtete die Vatikanischen Archive ein und war der Neubegründer der Vatikanischen Bibliothek. Sein bronzenes Grabmal in den Vatikanischen Grotten ist ein Meisterwerk von Antonio del Pollaiuolo.

Lit.: B. Platina, *Vita*, in: Muratori² 3.1,1053–68; Infessura, *Diario della città di Roma*, hrsg. von O. Tommasini, Rom 1890; ders., *Diario di Roma di Notajo*, in: Muratori 3.2,1071–1108; V. Pacifici, *Un carme biografico di Sisto IV del 1477*, Tivoli 1924; *AFrH* 28 (1935) S. 198–234; 477–499; C. Bauer, »Studi per la storia delle finanze papali durante il pontificato di Sisto IV«, in: *Arch. Rom. Soc. Storia Patria* 1 (1927) S. 314–404; *DTC* 14,2199–2217 (A. Teetaert); MC 4; P 4; *LThK* 9,810 f. (G. Schwaiger); *NCE* 13,272 f. (E. G. Gleeson); *EC* 11,780–782 (P. Paschini); Seppelt 4,353–370.

Innozenz VIII.

(29. 8. 1484 – 25. 7. 1492).

Das auf den Tod SIXTUS' IV. folgende Konklave war eine Brutstätte der Intrige; denn seinem Neffen Giuliano della Rovere (später JULIUS II.) war klar, daß er selbst keine Chance hatte, und so versuchte er einen Kandidaten durchzusetzen, den er beherrschen konnte. Die Wahl fiel auf den leichtlebigen, aber unfähigen Giovanni Battista Cibò, nachdem dieser in der Nacht zuvor in seiner Zelle den Bittgesuchen verschiedener Kardinäle um Gunsterweise nachgegeben hatte. Cibò wurde 1432 als Sohn eines römischen Senators in Genua geboren, verbrachte seine Jugend am Hof zu Neapel, studierte anschließend in Padua und Rom, empfing die hl. Weihen und wurde 1467 durch die Gunst Kardinal Calandrinis zum Bischof von Savona und 1472 zum Bischof von Molfetta ernannt. 1473 beförderte Sixtus IV. ihn zum Kardinal. Er verfügte nur über geringe politische Erfahrung. Für etliche uneheliche Kinder, die er vor seiner Priesterweihe gezeugt hatte, sorgte er nun durch Verheiratung in Fürstenhäuser.

Innozenz war persönlich umgänglich, doch zu unentschieden und lax, und chronisch krank, so daß in seiner Amtszeit von einer Kirchenreform keine Rede sein konnte. Seine Hofhaltung war wie die seines Vorgängers so prächtig und unmoralisch wie die eines italienischen Fürsten; seine Kardinäle, zumeist noch von Sixtus nominiert, waren vornehme, weltliche Herren. Von Sixtus übernahm er hohe Schulden, und die Finanzlage der Kurie verschlimmerte sich noch weiter. Um sie zu lindern, griff er zu einem Notbehelf: er schuf unzählige überflüssige Ämter in der Kurie und anderswo und verkaufte sie an den Meistbietenden. Seiner Insolvenz ließ sich auch nicht dadurch beikommen, daß er sich 1485 auf Anraten Giulianos auf die Seite der aufständischen neapolitanischen Barone gegen Ferdinand I. von Neapel (1458–94) stellte, der sich weigerte, die päpstlichen Abgaben zu entrichten. Das Ergebnis war für Rom und den Kirchenstaat eine Katastrophe, und im August 1486 mußte er einen ungünstigen Friedensschluß akzeptieren. Da er sich eine Zeitlang von Giulianos Einfluß frei machen konnte, ging er nun ein Bündnis mit Lorenzo de' Medici ein, dessen Tochter er seinem unwürdigen Sohn Franceschetto vermählte und dessen 13jährigen Sohn er zur Kardinalswürde erhob. Die Feindseligkeiten mit Neapel gelangten indes 1489 erneut zum Ausbruch, da Ferdinand seine Auflagen nicht erfüllte, und im September exkommunizierte ihn Innozenz und setzte ihn ab. Im Januar 1492 wurden die Streitigkeiten notdürftig beigelegt, doch dem Papsttum gingen L'Aquila und ein Gutteil seines politischen Ansehens verloren.

Die Versuche, die Innozenz zur Mobilisierung gegen die türkische Bedrohung unternahm, erwiesen sich als erfolglos, wozu die Tatsache beigetragen haben kann, daß er der erste Papst war, der Beziehungen zum osmanischen Reich einging. 1489 einigte er sich mit dem osmanischen Sultan Bajesid II. (1481–1512) auf einen Handel, wonach er für die Zahlung von jährlich 40000 Dukaten und die Hergabe der hl. Lanze (mit der bei seiner Kreuzigung Christi Seite durchbohrt worden sein soll) den flüchtigen Bruder und möglichen Rivalen des Sultans, Djem, in Rom unter Hausarrest stellen wollte. Djem hatte sich dem Zugriff Bajesids durch die Flucht nach Rhodos entzogen, und der Großmeister des Johanniterordens lieferte ihn gegen einen Kardinalshut an den Papst aus, der erfreut war, eine so bedeutende Geisel für das Wohlverhalten des Sultans zu besitzen.

1486 erkannte Innozenz mit der dreifachen Begründung von Eroberung, Vererbung und Wunsch der Nation feierlich Heinrich VII. als rechtmäßigen König von England an. Er ist berüchtigt für seine »Hexenbulle« *Summis desiderantes* (5. 12. 1484), in der er der deutschen Inquisition befahl, mit allergrößter Schärfe gegen angebliche Hexen vorzugehen, was der Verfolgung von Hexerei einen gewaltigen Antrieb gab. 1486 untersagte er die Diskussion und das Studium der Thesen Pico della Mirandolas (1463 bis 1494), Exponent des Renaissance-Platonismus. Als sich seine unwirksame Regierungszeit ihrem Ende zuneigte, hatten er und Rom noch einmal Grund zum Jubeln: Die Mauren wurden aus Granada vertrieben (2. 1. 1492). Dieser Triumph war jedoch keineswegs dem Hl. Stuhl, sondern vielmehr Ferdinand V. und Isabella von Kastilien (1474–1504) zu verdanken. In Anerkennung dieser Tatsache verlieh der Papst Ferdinand und seinen Nachfolgern den Titel »Katholische Könige«. Als Papst war er nicht in der Lage, sichere Kontrolle über Rom auszuüben, er hinterließ den Kirchenstaat in Anarchie, und sein Tod gab das Signal zum Ausbruch beispielloser Gewalt und Verwirrung.

Lit.: *Diarium Romanae urbis ab anno 1481 ad 1492*, in: Muratori 3. 2,1070–1108; Infessura, *Diarium*, in: Muratori 3.2,1189–1243; J. Burckard, *Liber notarum ab anno 1483 usque ad annum 1506*, in: Muratori² 23.1,2; J. da Volterra, *Diarium Romanum (1479–1484)*, in: Muratori² 23.3; *PRE* 9,137–139 (Zöpffel-Beurath); MC 4; P 5; *NCE* 7,526 f. (W. R. Bonniwell); *EC* 7,18 f. (P. Brezzi); Seppelt 4,369–376.

Alexander VI.

(11. 8. 1492 – 18. 8. 1503)

Rodrigo de Borja y Borja (ital.: Borgia) wurde am 1. Januar 1431 in Játiva (Valencia) geboren. Sein Onkel mütterlicherseits, damals noch Bischof von Valencia, aber ab 1455 Papst CALIXTUS III., überhäufte den jungen Mann mit Benefizien, sandte ihn zum Studium nach Bologna und ernannte ihn im Februar 1456 zum Kardinaldiakon. Rodrigo leitete eine ganze Reihe von Bistümern und Abteien und wurde 1457 Vizekanzler des Hl. Stuhls. Dieses Amt, das er unter den folgenden vier Päpsten ausübte, war so einträglich, daß er riesige Reichtümer anhäufte und als der zweitreichste Kardinal galt. Zugleich führte er ganz öffentlich ein ausschweifendes Leben und zeugte mehrere Kinder. Am liebsten waren ihm die vier, die ihm die römische Aristokratin Vanozza de Catanei gebar – Juan, Cesare, Lucrezia und Goffredo (Giofré). Sein skandalöser Lebenswandel trug ihm 1460 einen scharfen, aber unbeachteten Verweis von PIUS II. ein. Getrieben von Ehrgeiz, Tatkraft und vielseitigen Talenten, bemühte er sich sehr, wenn auch vergebens, um die Nachfolge SIXTUS' IV. Aus dem Konklave (6.–11. Aug.) nach dem Ableben INNOZENZ' VIII., obwohl als Spanier zunächst ohne ernsthafte Aussichten, ging er schließlich als Sieger hervor. Mehrere Kardinäle brachte er unverfroren durch Bestechungsgelder und die Zusage einträglicher Ämter auf seine Seite.

Als erfahrener Verwalter hatte Alexander einen verheißungsvollen Start: Er stellte in Rom die Ordnung wieder her, sprach energisch Recht und versprach eine Reform der Kurie und gemeinsame Anstrengungen gegen die türkische Gefahr. Allerdings wurde schon bald deutlich, daß seine brennende Leidenschaft, außer Gold und Frauen, der Bereicherung seiner Verwandten galt, besonders der Kinder Vanozzas. So ernannte er bald den erst 18jährigen Cesare zum Bischof verschiedener Diözesen einschließlich der wohlhabenden Diözese Valencia und ein Jahr später zusammen mit Alessandro Farnese, einem Bruder seiner damaligen Mätresse Giulia, zum Kardinal. Cesares Bruder Juan, Herzog von Gandía, vermählte er mit einer spanischen Prinzessin und belehnte ihn 1497 mit dem Herzogtum Benevent, das er aus dem Kirchenstaat herauslöste. Für Lucrezia arrangierte er eine prachtvolle Hochzeit nach der anderen; wenn er nicht in

Rom weilte, überließ er ihr als einer Art Regentin die Verantwortung für die offiziellen Kirchengeschäfte. Im Juni 1497 erschütterte ihn vorübergehend der Mord an Juan, seinem besonderen Liebling; sein Verdacht fiel auf Cesare. Gramgebeugt gelobte er, sich fortan der Kirchenreform zu widmen, und ließ eine Bulle mit bewunderswerten Vorschlägen ausarbeiten, doch blieb es beim Entwurf. Es fehlte ihm an Entschlossenheit, der Wollust abzuschwören. Bald schon nahm er seine Vergnügungen und Familienintrigen wieder auf, wobei Cesare mehr und mehr zu seinem bösen Geist wurde.

Familieninteressen lösten den Wandel in Alexanders Italienpolitik aus. Zunächst im Streit mit Ferdinand I. von Neapel (1458–94), unterstützte er ihn gegen die Ansprüche Karls VIII. von Frankreich (1483–98), nachdem sich sein Sohn Goffredo 1493 mit der Enkelin des Königs vermählt hatte (deren Mitgift war das reiche Fürstentum Squillace). Nach Ferdinands Tod (25. 1. 1494) erkannte er dessen Sohn Alfons II. als König an und krönte ihn (1494/95). Darauf marschierte Karl, aufgewiegelt von Alexanders Todfeind Kardinal della Rovere (später JULIUS II.), in Italien ein und drohte mit einem Konzil zur Absetzung des Papstes, welcher nicht zögerte, in dieser Zwangslage den türkischen Sultan Bajesid II. (1481–1512) um Hilfe anzugehen. Da er Rom nicht verteidigen konnte, mußte er sich mit Karl, dem die Eroberung Neapels leicht gefallen war, arrangieren. Doch trotz starken Drucks weigerte sich Alexander, Karl mit Neapel zu belehnen. Schließlich gelang es ihm durch eine »heilige Liga« (31. 3. 1493) mit anderen Mächten, die Karl im Rücken bedrohten, diesen zum Rückzug aus Italien zu zwingen, und im Juni 1497 konnte er Cesare als Legaten nach Neapel schicken, um Friedrich von Aragón (1496–1501) zu krönen. Ab 1498 näherte er sich unter dem Einfluß Cesares, den er aus dem Kardinalsstand entließ, Frankreich wieder an und annullierte die Ehe des neuen Königs, Ludwigs XII. Er schickte Cesare als seinen Gesandten nach Frankreich, wo ihn der dankbare Ludwig zum Herzog von Valence machte und ihm eine Prinzessin zur Frau gab. Alexanders Kehrtwendung war so vollständig, daß er 1501 die Aufteilung Neapels zwischen Frankreich und Spanien billigte. Unterdessen führte Cesare mit französischer Hilfe die Unterwerfung der Romagna fort, der größten Provinz des Kirchenstaats, deren Herzog er 1501 geworden war. Aber die Ambitionen Cesares und Alexanders, nun völlig unter dessen Einfluß, richteten sich auf die Übernahme des gesamten Kirchenstaats und ganz Mittelitaliens durch die Familie Borgia; dieses Unterfangen der Vernichtung der bedeutenden römischen Adelsgeschlechter nahm den Rest seiner Amtszeit in Anspruch. Die Unsummen, deren es zur Verwirklichung der Pläne bedurfte, wurden durch Mordanschläge, die Beschlagnahme des Eigentums der Opfer sowie die zynische Ernennung von Kardinälen, die für ihre Erhebung teuer bezahlen mußten, beschafft.

1493 zog Alexander auf Veranlassung des kastilischen Königspaars 100 Seemeilen westlich der Azoren eine Demarkationslinie zwischen der spanischen und der portugiesischen Eroberungssphäre in der Neuen Welt. Da diese Spanien begünstigte, wurde ihr Verlauf im Vertrag von Tordesillas (7. 6. 1494) abgeändert. Die Kirche in den kolonisierten Ländern unterstellte er der jeweiligen königlichen Macht. 1495 begann er seinen langwierigen Zweikampf mit dem Prediger und Reformator Girolamo Savonarola (1452–98), der nach anfänglicher Geduld im Mai 1498 mit der Exkommunikation, Folterung und Hinrichtung des Florentiner Mönchs endete: Alexander fand dessen Opposition gegen den Beitritt der Stadt Florenz zur antifranzösischen Koalition ebenso unbequem wie seine Anprangerung päpstlichen Sittenverfalls und seinen Ruf nach einem Konzil zur Reform der Kirche und zur Absetzung des Papstes. Trotz seiner persönlichen Verworfenheit war Alexander fromm und rechtgläubig genug, um das Heilige Jahr 1500 mit gebührender Pracht zu begehen. Hierfür wandte er die ungeheuren Summen aus dem Verkauf von Ablässen zur Finanzierung der Expeditionen Cesares auf. Im allgemeinen sorgte er sich um kirchliche Angelegenheiten (die Reform der Klöster, die Orden und die Missionierung der Neuen Welt) entschieden weniger als um weltliche. Seine echte Liebe galt jedoch den Künsten. Obwohl er als Mäzen weniger verschwenderisch war als Sixtus IV. oder Julius II., ließ er die Engelsburg prächtig restaurieren, den Vatikan durch die von Pinturicchio ausgemalten Borgia-Räume verschönern und überredete Michelangelo, Pläne für den Umbau der Peterskirche zu entwerfen. Im August 1503 erkrankten Alexander und Cesare beide plötzlich; während der Jüngere gerade noch mit dem Leben davonkam, starb der Papst, der bis an sein Ende in politische und Familienintrigen verwickelt war. Sein Tod wird allgemein der Malaria zugeschrieben, doch gibt es gewichtige Anhaltspunkte für die Vermutung, daß Vater und Sohn Opfer eines Giftanschlags wurden, der einem zu Tisch geladenen Kardinal galt, aus Versehen aber sie selbst traf.

Lit.: O. Raynaldus, *Annales ecclesiastici* [1492–1503], hrsg. von J. D. Mansi, 15 Bde., Lucca 1747–56, S. 208–416; J. Burckard, *Liber notarum*, in: Muratori² 32.1; P. de Roo, *Materials for a History of Pope Alexander VI, his Relations and his Times*, Brügge 1924; G. Parker, *At the Court of the Borgia*, London 1963; G. Pepe, *La politica dei Borgia*, Neapel 1945; G. Soranzo, *Studi intorno a papa Alessandro VI*, Mailand 1950; O. Ferrara, *El Papa Borgia*, Madrid 1943; J. Schnitzer, *Der Tod Alexanders VI.*, Münster 1929; ders., »Um den Tod Alexanders VI.«, in: *HJ* 50 (1930) S. 256–260; P 5; 6; MC 4; 5; *DBI* 2,196–205 (G. B. Picotti); *EC* 1,795–801 (G. M. Pou y Marti); *NCE* 1,290–292 (M. Batllori); *EB* (15. Aufl.) 1,467 f. (F. X. Murphy); Seppelt 4,376–394.

Pius III.

(22. 9. – 18. 10. 1503)

Der 1439 in Siena geborene Francesco Todeschini war über seine Mutter ein Neffe PIUS' II., der ihm die Übernahme seines Familiennamens (Piccolomini) und -wappens gestattete, ihn in seinen Haushalt aufnahm und ihm das Rechtsstudium in Perugia ermöglichte. Nach Erlangung des Doktorgrades wurde er als Diakon im Alter von nur 21 Jahren von seinem Onkel zum Erzbischof von Siena und wenige Wochen später (5. 3. 1460) zum Kardinaldiakon von S. Eustachio ernannt. Dann sandte ihn Pius II. als Legaten in die Mark Ancona und vertraute ihm 1464 die Stadt Rom und den Kirchenstaat an, als er selbst sich nach Ancona begab, um den Kreuzzug anzuführen. Als jahrelanger Kardinalprotektor von England und Deutschland wurde er zum vertrauten Freund beider Nationen. PAUL II. bestellte ihn zum Apostolischen Legaten in Deutschland, wo ihm seine deutschen Sprachkenntnisse halfen, die Interessen der Kirche gegen den Kaiser und den Reichstag zu Regensburg (1471) zu verteidigen. Einflußreich auch unter ALEXANDER VI., der ihn im November 1494 auf eine erfolglose Mission an den Hof Karls VIII. von Frankreich schickte, war er doch auf Abstand bedacht. Auf dem Konklave (Aug. 1492) hatte er sich zornig geweigert, seine Stimme von ihm kaufen zu lassen, und im Juni 1497 hatte er als einziges Mitglied des hl. Kollegiums gegen die geplante Übertragung umfangreicher päpstlicher Gebiete an Alexanders Sohn Juan, Herzog von Gandía, protestiert. Als ebenso gebildeter wie integrer Mann, gründete er die Libreria Piccolomini in Siena, um die Bibliothek seines Onkels unterzubringen, und betraute Pinturicchio mit der Ausschmückung (1502).

Francesco verdankte seine Erhebung auf dem Konklave (16.–22. 9. 1503) nach Alexanders VI. Tod weniger seinen wirklichen Verdiensten (er war mehr als einmal ernsthaft in Erwägung gezogen worden) als der Notwendigkeit eines neutralen Kandidaten, um aus der Sackgasse herauszufinden, in die unvereinbare nationale Interessen und die Gefahr der Einflußnahme durch Cesare Borgia die Kardinäle manövriert hatten. Auch seine labile Gesundheit (er litt an Gicht), und daß er früh gealtert war, sprach für ihn, denn man erhoffte sich ein kurzes Pontifikat, das eine Atempause bot. Tatsächlich war seine Amtszeit noch kürzer, als erwartet. Er war so schwach bei Kräften, daß einige der üblichen Rituale bei seiner Krönung (8. 10. 1503) ausgelassen werden mußten, und zehn Tage später verschied er. Sein Tod galt den Zeitgenossen als Unglück, da es Anzeichen dafür gab, daß er, hätte er weitergelebt, innerhalb von zwei Jahren ein allgemeines Konzil einberufen und die einschneidenden Reformmaßnahmen vorangetrieben hätte, deren die Kirche so dringend bedurfte.

Lit.: E. Piccolomini, »La famiglia di Pio III«, in: *ASRomana* 26 (1903) S. 146–164; ders., »Il pontificato di Pio III«, in: *AstIt* 32 (1903) S. 102–138; J. Schlecht, *Pius III. und die deutsche Nation*, Münster 1914; *PRE* 15,435 f. (Zöpffel-Beurath); P 6; *DTC* 12,1632 f. (É. Amann); *EC* 9,1496 (G. B. Picotti); *NCE* 11,394 f. (D. R. Campbell); Seppelt 4,394 f.

Julius II.

(1. 11. 1503 – 21. 2. 1513)

Giuliano della Rovere wurde armen Eltern am 5. Dezember 1453 in Albissola (Savona) geboren. Auf Betreiben seines Onkels Francesco wurde er von Franziskanern in Perugia erzogen und empfing anschließend die hl. Weihen. Als sein Onkel 1471 Papst SIXTUS IV. wurde, ernannte er Giuliano zum Bischof von Carpentras und zum Kardinalpriester von S. Pietro in Vincoli (16. 12. 1471). Bald darauf erwarb er weitere Bistümer, Abteien und Pfründen einschließlich der Kardinalsdiözese S. Sabina. Als Legat in Frankreich (1480–82) vermittelte er erfolgreich zwischen Ludwig XI. (1461–83) und Maximilian I. von Österreich (1486–1519) im burgundischen Erbfolgestreit. Unter INNOZENZ VIII., dessen Wahl er betrieb, spielte er eine wichtige Rolle, war jedoch ein Gegner ALEXANDERS VI. Aus Furcht um sein Leben flüchtete er 1494 nach Frankreich, wo er Karl VIII. (1483–98) zur Eroberung Neapels ermunterte. Er begleitete den König auf dessen Feldzug (1494/95); seine Bemühungen um dessen Unterstützung für ein Konzil zur Absetzung Alexanders wegen Simonie wurden vom Papst listig durchkreuzt. Wenngleich er Cesare Borgias Vermählung mit einer französischen Prinzessin (1499) vermittelte, entging er nur mit Glück Alexanders Mordplänen und hielt sich bis zu dessen Tod versteckt. Auf dem folgenden Konklave wurde er nicht gewählt, doch war PIUS III. nur 26 Tage im Amt. Nach seinem Tod gelang es Giuliano endlich, seinen Ehrgeiz zu stillen und sich in einem Konklave, das nur einen einzigen Tag dauerte, durch verschwenderische Bestechungen und Versprechungen unterstützt, einstimmig zum Papst wählen zu lassen.

Julius, ein tatkräftiger, rücksichtsloser und gewalttätiger Herrscher, vermied es, seine Familie zu bereichern. Er setzte aber alle verfügbaren diplomatischen und militärischen Mittel ein, um den Kirchenstaat, den die Borgia veräußert hatten, wiederherzustellen und zu vergrößern sowie in einem von Fremdherrschaft freien Italien ein starkes, unabhängiges Papsttum zu errichten. Nachdem er sich des noch immer gefährlichen Cesare Borgia († 1507) geschickt entledigt hatte, indem er ihm Italien verleidete, bedrängte er Venedig vergebens, die Landstriche der Romagna zu räumen, die es 1503 besetzt hatte. Doch als er sich mit Frankreich und Deutschland verbündete, konnte er 1504 die ganze Romagna mit Ausnahme von Rimini und Faenza zurückgewinnen. 1506 entriß er Perugia und Bologna den örtlichen Tyrannen in einem glänzenden Feldzug, den er selbst in voller Rüstung anführte. Im März 1509 schloß er sich der Liga von Cambrai an, die im Jahr zuvor von Frankreich, Deutschland und Spanien gegründet worden war, exkommunizierte am 27. April Venedig und fügte der Republik im Mai eine so vernichtende Niederlage bei, daß sie auch Rimini und Faenza sowie die Verfügung über Kirchenämter und -steuern abtreten mußte, die sie sich angemaßt hatte. Freilich wollte er Venedig nicht allzusehr schwächen, war die Stadt doch für einen Krieg gegen die Türken unentbehrlich. Vielmehr befand er, die wirkliche Gefahr für Italien gehe von den Franzosen aus, die aus Norditalien, wo sie sich massiv festgesetzt hatten, vertrieben werden müßten. Daher schloß er Frieden mit Venedig und belehnte, um Spaniens Unterstützung zu gewinnen, Ferdinand II. von Aragón (1476–1516) ungeachtet der Ansprüche Frankreichs mit Neapel (3. 7. 1510).

Julius griff als erstes Ferrara an, einen Verbündeten Frankreichs und den einzigen Vasallenstaat, der noch nicht unterworfen war. 1510 eroberten seine Truppen Modena, und im Januar 1511 nahmen sie unter seiner Führung Mirandola ein. Es gelang ihm jedoch nicht, Ferrara zu gewinnen, und er mußte zusehen, wie Bologna vorübergehend an Frankreich fiel. Er selbst entging knapp der Gefangennahme. Inzwischen ging Ludwig XII. von Frankreich (1498–1515) zum Gegenangriff über, indem er in Tours eine Synode (Sept. 1510) abhielt, auf der die Pragmatische Sanktion von Bourges erneuert wurde, und – im Namen einer Gruppe aufsässiger Kardinäle – ein Konzil zur Absetzung des Papstes nach Pisa (1. 9. 1511) einberief. Das Konzil trat am 1. Oktober zusammen, hielt mehrere Sitzungen ab und beschloß die Suspendierung des Papstes. Julius begegnete der Gefahr – Kaiser Maximilian I. unterstützte das Konzil von Pisa –, indem er für 1512 das 5. Lateranum nach Rom einberief. Auf politischer Ebene gründete er mit Venedig und Spanien die Heilige Liga (Okt. 1511) zur Verteidigung des Papsttums, der im Lauf des Jahres auch Heinrich VIII. von England (1509–47) beitrat. Das Heer der Liga erlitt bei Ravenna (11. 4. 1512) eine schwer Niederlage, doch wendete sich das Blatt mit dem Eintreffen schweizerischer Truppen; noch vor Ablauf des Jahres 1512 mußten die Franzosen den italienischen Boden verlassen. Parma, Piacenza und Reggio Emilia wurden dem Kirchenstaat einverleibt. Damit hatte Julius Anspruch auf den Titel des Neubegründers des Kirchenstaats.

Julius' Amtszeit wurde von Politik und Krieg beherrscht. In seinem *Lob der Torheit* (1509) machte Erasmus von Rotterdam die militärische Begeisterung des Papstes lächerlich; der florentinische Geschichtsschreiber Guicciardini bemerkte, daß Julius nichts von einem Priester an sich habe als den Rock und den Namen. Seine kirchliche Tätigkeit im engeren Sinne erschöpfte sich meistens in Routine. So erließ er 1503 den Dispens, der es Heinrich VIII. später erlaubte, die Witwe seines Bruders, Katharina von Aragón, zu ehelichen. Allerdings gab er eine Bulle heraus (14. 1. 1505), mit der er Papstwahlen, die dank Simonie zustande kommen, für null und nichtig erklärte, und gründete die ersten Diözesen in Südamerika. Er eröffnete (3. 5. 1512) das 5. Lateranum (das 18. ökumenische Konzil, 1512–17) und konnte sich auf der 3. Sitzung der Zustimmung Kaiser Maximilians erfreuen. Doch die fünf zu seinen Lebzeiten abgehaltenen Sitzungen galten vornehmlich der Verurteilung des schismatischen Konzils von Pisa (1511/12) und der Pragmatischen Sanktion von Bourges. Seine dauerhaftesten Leistungen erbrachte Julius als Gönner und Auftraggeber von Künstlern, wichtig sind Michelangelo, der junge Raffael und Bramante. Letzteren betraute er mit der Ausarbeitung von Plänen für den Neubau des Petersdoms, dessen Grundstein er legen half (18. 4. 1506). Die Kosten wurden auf seine Veranlassung durch den Verkauf von Ablässen gedeckt (was von den protestantischen Reformatoren scharf kritisiert wurde). Trotz aufwendiger Kriege und Bauprogramme war er ein sparsamer Verwalter, der die päpstliche Kasse, die er leer übernommen hatte, mehr als gefüllt hinterließ. Als Mensch war Julius halsstarrig, jähzornig und sinnenfroh (als Kardinal zeugte er drei Töchter) und trug den Spitznamen *il terribile*. Als Papst verfolgte er eine Politik, die wenigstens unvoreingenommen und nachvollziehbar war, auch wenn sie keine höheren Ziele kannte, als den Kirchenstaat zur bedeutendsten Macht Italiens zu machen. Nachdem er einem Fieber erlegen war, wurde er als Befreier Italiens von der Fremdherrschaft betrauert und später als Vorreiter der Einigung des Landes gefeiert.

Lit.: J. Burckard, *Liber notarum* [Register], in: Muratori² 32.1; O. Raynaldus, *Annales ecclesiastici* [1503–13], hrsg. von J. D. Mansi, 15 Bde., Lucca 1747–56; M. Brosch, *Papst Julius II. und die Gründung des Kirchenstaates*, Gotha 1878; E. Rodocanachi, *Le pontificat de Jules II*, Paris 1928; F. Seneca, *Venezia e Papa Giulio II*, Padua 1962; P 6; MC 5; *DTC* 8,1918–20 (G. Mollat); *NCE* 8,52–54; (D. R. Campbell); *EB* (15. Aufl.), 10,333–335 (H. Kühner); Seppelt 4,394–408.

Leo X.

(11. 3. 1513 – 1. 12. 1521)

Das Konklave vom März 1513 wählte ohne Umschweife und – dank dem strengen Verbot JULIUS' II. – ohne Simonie den 37jährigen Kardinal Giovanni de' Medici. Der zweitälteste Sohn Lorenzos des Prächtigen wurde am 11. Dezember 1475 in Florenz geboren, erhielt schon früh, mit sieben Jahren, die Tonsur und wurde mit dreizehn zum Kardinaldiakon ernannt. Der Knabe wurde von führenden Humanisten unterrichtet und studierte 1489–91 Theologie und Kirchenrecht in Pisa. Mit 17 Jahren trat er in das hl. Kollegium in Rom ein, kehrte jedoch nach seines Vaters Tod Ende 1492 nach Florenz zurück. Als seine Familie 1494 aus der Stadt vertrieben wurde, reiste er (1494–1500) nach Frankreich, Holland (wo er Erasmus begegnete) und Deutschland. Nach seiner Rückkehr nach Rom im Mai 1500 vertiefte er sich ganz in Literatur, Kunst, Theater und Musik, doch nach dem Tod ALEXANDERS VI. begann er politischen Einfluß zu gewinnen. 1511 wurde er zum päpstlichen Legaten in Bologna bestellt, erhielt den Befehl über das päpstliche Heer und wurde im April 1512 in Ravenna gefangengenommen, konnte jedoch entfliehen. 1512 gelang es ihm, die Macht der Medici in Florenz wiederherzustellen, dessen wirklicher Herrscher er bis zum Konklave und eigentlich auch während seines Pontifikats blieb.

Leo war nicht nur ein glänzender Renaissance-Fürst, sondern auch ein verschlagener, doppelzüngiger Politiker und unverbesserlich in der Bevorzugung seiner Verwandten. Sein Ziel war es, Italien und sein Florenz von Fremdherrschaft freizuhalten und die Interessen seiner Familie über Florenz hinaus zu fördern. 1513 schloß er sich, angesichts eines Versuchs des mit Venedig verbündeten Frankreich, Mailand und Neapel wiederzugewinnen, am 5. April widerstrebend der Liga von Mechlin an, der Kaiser Maximilian I. (1493–1519), Spanien und England angehörten. Nach der Niederlage Frankreichs bei Novara am 6. Juni gelangte er mit Ludwig XII. (1498–1515) zu einer Verständigung, wonach Frankreich dem schismatischen Konzil von Pisa (1511/12) seine Unterstützung entzog. Als Ludwigs Nachfolger Franz I. (1515–47) die französischen Ansprüche neu formulierte, die Alliierten bei Marignano schlug (13./14. 9. 1515) und Mailand für Frankreich zurückgewann, änderte Leo seine Politik und traf sich gegen den Ratschlag der Kardinäle mit dem König in Bologna, wo er ein Abkommen mit ihm schloß. Der Hl. Stuhl mußte Parma und Piacenza abtreten, doch konnte Leo Florenz den Medici unversehrt erhalten und, weit wichtiger, mit Frankreich ein Konkordat verabreden, das, obwohl von der Kurie nur unter Schwierigkeiten angenommen, bis zur Französischen Revolution in Kraft blieb. Das Konkordat enthielt zwar beispiellose Konzessionen – so gestattete es der Krone, alle höheren Kirchenämter zu besetzen, und behielt dem Papst lediglich die niederen Benefizien vor –, doch beseitigte es endlich die Pragmatische Sanktion von Bourges. Weniger rühmlich war der Krieg, den Leo 1516 wagte, um Francesco della Rovere als Herzog von Urbino durch seinen Neffen Lorenzo, Sohn seines Bruders Piero de' Medici, zu ersetzen; er endete mit einem politischen und finanziellen Fiasko. Als ihn 1517 einige unzufriedene Kardinäle vergiften wollten, drehte er den Spieß um, ließ ihren Anführer Alfonso Petrucci hinrichten sowie mehrere andere Verschwörer einkerkern und besetzte das hl. Kollegium mit 31 eigenen Kardinälen (1. Juli). Die Frage der kaiserlichen Thronfolge (1519) erwies seine Diplomatie als höchst unlauter: Zunächst schien er Franz I. von Frankreich zu bevorzugen, dann setzte er sich zeitweise für Kurfürst Friedrich von Sachsen († 1525) ein, und erst, als es nicht anders ging, anerkannte er den Habsburger Karl I. von Spanien (Karl V., 1519–56), mit dem er im Mai 1521 ein Bündnis gegen Frankreich schloß.

In seinem Wahlgelübde hatte sich Leo verpflichtet, das 5. Laterankonzil (1512–17) fortzusetzen, und da konstruktive Vorschläge für eine Kirchenreform greifbar waren, richteten sich auf seine Führung große Hoffnungen. Er eröffnete ordnungsgemäß die 6. Sitzung (27. 4. 1513) und nahm auf der 8. und 9. Sitzung (19. 12. 1513 / 5. 3. 1514) die Verwerfung des papstfeindlichen 2. Konzils von Pisa (1511/12) durch Ludwig XII. bzw. den Beitritt des französischen Episkopats entgegen. Auf der 8. Sitzung wurde dann eine Lehrdefinition der Individualität der menschlichen Seele verabschiedet. Später bestätigte das Konzil die Aufhebung der Pragmatischen Sanktion und Leos Konkordat mit Franz I. In den übrigen Sitzungen ging es um die Kirchenreform, wobei ein feines Gespür für die wesentlichen Mißstände, die nach Abschaffung verlangten, deutlich wurde. Doch obwohl eine Reformkommission gebildet und Reformbeschlüsse veröffentlicht wurden, strafften diese doch praktisch nur die bestehenden Rechtsverhältnisse, ohne Mittel zu ihrer Durchsetzung an die Hand zu geben. Als Leo das Konzil mit einem Aufruf zum Kreuzzug gegen die Türken und einer dreijährigen Pfründensteuer zu seiner Finanzierung beschloß (16. 3. 1517), war offenkundig, daß die Dringlichkeit der Lage nicht erkannt worden war und der Pontifex eine wirkliche Führung hatte vermissen lassen.

Unbeschwert und vergnügungssüchtig, leichtsinnig und extravagant, Mäzen der Künste und Wiederbegründer der Universität Rom (Nov. 1513), benötigte Leo so dringend Geld, daß er Möbel und Geschirr aus seinem Palast verpfändete. Neben den Lustbarkeiten mußte er für seine Kriege, den geplanten Kreuzzug und nicht zuletzt für den Neubau der Peterskirche aufkommen. Um Geld zu beschaffen, nahm er umfangreiche Kredite auf und verkaufte Ämter, sogar Kardinalshüte. Für den Bau des Petersdoms erneuerte er den von Julius II. genehmigten Ablaß und vereinbarte in einem einträglichen, aber simonistischen Handel mit Albrecht von Brandenburg, Erzbischof von Magdeburg und Mainz (1490–1548), daß Prediger in dessen Diözesen für den Ablaß werben durften. Als der Dominikaner Johannes Tetzel (um 1465–1519) im Januar 1517 den Ablaß zu predigen begann, protestierte der Augustinermönch Martin Luther (1483–1546) dagegen, indem er seine 95 Thesen am Portal der Schloßkirche zu Wittenberg anschlug. Als eine Zusammenfassung der Ideen Luthers Anfang 1518 in Rom eintraf, wies Leo dessen Ordensgeneral an, ihn zum Schweigen zu bringen. Dann versuchte er Luthers Schutzherrn, Kurfürst Friedrich von Sachsen, für sich zu gewinnen, hatte aber keinen Erfolg. Nach der Leipziger Disputation (1519) zwischen dem Theologen Johannes Eck (1486–1543) und Luther erließ Leo (15. 6. 1520) die Bulle *Exsurge Domine*, in der er 41 Glaubenssätze Luthers verdammte. Als Luther die Bulle öffentlich verbrannte, exkommunizierte ihn der Papst (3. 1. 1521) mit der Bulle *Decet Romanum pontificem*. Er verlieh Heinrich VIII. von England in Anerkennung seines Traktats, das die sieben Sakramente gegen Luther verteidigte, den Titel *Defensor fidei* (11. 10. 1521). Sein zögerndes und hinhaltendes Vorgehen gegen den Reformator läßt sich teilweise damit erklären, daß er vollauf mit politischen und Familienangelegenheiten beschäftigt war, mehr noch aber mit seinem und der Kurie Unvermögen, die Bedeutung der Revolution abzuschätzen, die in der Kirche um sich griff. Als er plötzlich an Malaria starb, hinterließ er Italien in politischem Aufruhr, Nordeuropa in wachsender religiöser Entrüstung und die päpstliche Schatzkammer hoch verschuldet.

Lit.: P. Bembo, *Libri XVI epistolarum Leonis P. M. nomine scriptarum*, Venedig 1535/36, Basel 1539; P. Giovio, *Vita Leonis*, Florenz 1548; P. de Grassis, *Il diario di Leone X*, hrsg. von D. Delicati / M. Armellini, Rom 1884; J. Hergenröther, *Regesta Leonis X*, 2 Bde., Freiburg i. Br. 1884–91; W. Roscoe, *The Life and Pontificate of Leo the Tenth*, London 1853; E. Rodocanachi, *Le pontificat de Léon X*, Paris 1931; F. Nitti, *Leone X e la sua politica*, Florenz 1892; P 7; 8; MC 6; *DTC* 9,329–332 (G. Mollat); *LThK* 6,950–952 (G. Schwaiger); *NCE* 8,643–645 (J. G. Gallaher); Seppelt 4,408–430.

Hadrian VI.

(9. 1. 1522 – 14. 9. 1523)

Aufgrund politischer Rivalitäten tief gespalten, konnte sich das nach Leos X. Tod zusammentretende Konklave nicht zwischen den mächtigen Anwärtern (darunter der englische Großsiegelbewahrer Thomas Wolsey) entscheiden, und die Wahl fiel schließlich auf einen Kardinal, der sich gerade auf Reisen in Spanien befand. Der am 2. März 1459 in Utrecht geborene Zimmermannssohn Adrian Florensz Dedal wurde von seiner verwitweten Mutter und der Bruderschaft des gemeinsamen Lebens erzogen, besuchte mit 17 Jahren die Universität Löwen, wurde ein berühmter Professor, zweimal Rektor und schließlich (1497) Kanzler. Seine Vorlesungsnotizen zu den *Sententiae* des Petrus Lombardus († 1160) und seine zwölf *Quodlibeta* erweisen ihn als Spätscholastiker mit einer Neigung für Kirchenrecht und Morallehre. 1507 stellte ihn Kaiser Maximilian I. (1493–1519) als Lehrer für seinen Enkel Karl V. (1519–56) ein, und 1515 begab er sich als Berater Margaretes, Regentin der Niederlande, nach Spanien, um die Thronfolge seines Zöglings sicherzustellen. Nach dem Tod König Ferdinands von Aragón (1516) wirkte er zusammen mit dem Humanisten Kardinal Ximénes (1436–1517) als Reichsverweser, bis Karl 1517 die Regierung übernahm. 1516 wurde er zum Bischof von Tortosa und Inquisitor für Aragón und Navarra ernannt (1518 auch zum Inquisitor für Kastilien und Léon) und 1517 auf Karls ausdrückliche Bitte zum Kardinal von Utrecht erhoben. Während der durch seine Krönung bedingten Abwesenheit Karls (1520–22) diente er als Vizekönig und bekämpfte, wenn auch unzulänglich, einen ernstzunehmenden Aufstand. Zu seiner Wahl trugen sowohl das Vertrauen Kaiser Karls als auch sein eigenes hohes moralisches Ansehen bei.

Asketisch, fromm, doch stets ein Bekenner, sah Hadrian (er behielt seinen Taufnamen bei) seine Hauptaufgaben in der Zurückdrängung der Reformation durch die Reform der Zentralverwaltung der Kirche und der Einigung des christlichen Abendlands gegen die Türken, die unter Sultan Süleiman I. dem Prächtigen (1520–66) Belgrad erstürmt hatten (1521) und inzwischen Ungarn bedrohten sowie Rhodos belagerten. Auf seinem ersten Konsistorium (1. 9. 1522) erläuterte er dieses Programm. Um seine Unabhängigkeit von Frankreich und dem Kaiserreich zu unterstreichen, war er auf dem Seeweg nach Rom gereist. Sein Empfang durch die römische Bevölkerung, empört über die Wahl eines »Barbaren« aus dem Norden, war feindselig, und die Stimmung verschlimmerte sich durch die drastischen Einsparungen, die Leos X. erdrückender Schuldenberg ihm auferlegte, und sein offensichtliches Desinteresse an der Renaissancekunst. Die Kardinäle waren über seine Weigerung bestürzt, die lukrativen Pfründen wie gewohnt zu vergeben, und über seine Entschlossenheit, die verweltlichte Kurie zu säubern. Anstatt mit ihm zusammenzuarbeiten, behinderten sie ihn in seinem Bemühen um Verbesserungen. Er wurde zunehmend isoliert und mußte sich auf einige wenige spanische und flämische Vertraute stützen.

Was die lutherische Reformbewegung in Deutschland betraf, so begriff Hadrian den Ernst der Lage nicht. Auf dem Reichstag zu Nürnberg (Dez. 1522) ließ er sich von Francesco Chieregati vertreten, zu dessen Instruktion das freimütige Eingeständnis zählte, daß für die in der Kirche herrschende Unruhe vor allem die Kurie selbst verantwortlich sei – ein Eingeständnis, das ganz richtig als erster Schritt zur Gegenreformation beschrieben worden ist. Allerdings war Hadrian strikt gegen jede Revision der Glaubenslehre und verlangte, daß Martin Luther (1483 bis 1546), dessen Lehrmeinungen er als Inquisitor in Spanien verurteilt hatte, als Ketzer bestraft und das Wormser Edikt (8. 5. 1521), das seine Lehre mit dem Bann belegte, durchgeführt werde. Hadrians gleichzeitig unternommener Versuch, eine europäische Front gegen die Türken aufzubieten, war von diplomatischem Ungeschick gekennzeichnet und endete mit einem Fehlschlag. Zuerst stieß er Karl V., der von ihm erwartete, daß er sich seiner Liga gegen Franz I. von Frankreich (1515–47) anschloß, vor den Kopf, da er streng neutral zu bleiben versuchte. Als Rhodos in die Hände der Türken geriet (21. 12. 1522), suchte er der Christenheit unter Androhung härtester Kirchenstrafen eine dreijährige Waffenruhe aufzuzwingen. Dies, verbunden mit der Inhaftierung Kardinal Soderinis, dessen Geheimkontakte mit Franz I. aufgedeckt wurden, bewog den König zum offenen Bruch; er sperrte den Geldverkehr von Frankreich nach Rom und bereitete die Invasion der Lombardei vor. Hadrian hatte keine andere Wahl, als mit dem Reich, Österreich, Mailand und anderen italienischen Städten ein Verteidigungsbündnis einzugehen (3. 8. 1523). Enttäuscht, überanstrengt und von der Sommerhitze erschöpft, erkrankte er kurz darauf schwer und starb nach einer Amtszeit voll guter Vorsätze, die aber zu kurz war, um wirksam zu sein.

Lit.: M. von Domarus / P. Kalkoff, in: *HJ* 16 (1895) S. 70–91; 39 (1918) S. 31–72 [zu Quellen über sein Leben]; A. Mercati, »Diarii di concistori del pontificato di Adriano VI«, in: *ST* 157 (1951) S. 83–113; E. H. J. Reusens, *Analecta historica de Adriano VI*, Löwen 1862; ders., *Syntagma doctrinae theologicae Adriani VI*, Löwen 1862; E. Hocks, *Der letzte deutsche Papst, Adrian VI.*, Freiburg i. Br. 1939; J. Posner, *Der deutsche Papst Adrian VI.*, Recklinghausen 1962; P 9; MC 6; *LThK* 4,1309 (R. R. Post); *NCE* 1,147 f. (K. M. Sanu); Seppelt 4,426–438.

Klemens VII.

(19. 11. 1523 – 25. 9. 1534)

Das 50tägige Konklave nach Hadrians VI. Tod endete mit der Wahl des von Kaiser Karl V. (1519–56) bevorzugten Kandidaten Giulio de' Medici. Der Bastard Giuliano de' Medicis und seiner Mätresse Fioretta wurde am 26. Mai 1479 kurz nach der Ermordung seines Vaters in Florenz geboren und von seinem Großvater Lorenzo dem Prächtigen aufgezogen. 1513 ernannte ihn sein Vetter Leo X., unbeschadet seiner illegitimen Herkunft, zum Erzbischof von Florenz und zum Kardinal. Von März 1517 an Vizekanzler, war er weitgehend für Leos Politik einschließlich seiner Maßnahmen gegen den deutschen Reformator Martin Luther (1483–1546) verantwortlich. Seit Mai 1519 regierte er Florenz und handelte 1521 an führender Stelle eine Allianz zwischen dem Papst und Karl V. aus. Unter Hadrian VI. gewann er wieder Einfluß in der Kurie und trug zum Verteidigungsbündnis zwischen dem Hl. Stuhl und dem Reich bei. Seine Wahl wurde weithin begrüßt, doch stellte sich bald heraus, daß er als zweiter Mann ausgezeichnete Fähigkeiten bewiesen hatte, aber nicht genug Charakterstärke und Kompetenz für das höchste Amt in einer Zeit der Krise besaß. Einerseits gebildet, erfahren und fleißig, war er zugleich entschlußlos, leicht zu entmutigen, beschränkt in seinen Ansichten und Interessen. Die geistige Umwälzung, die sich in der Kirche abspielte, vermochte er nicht zu begreifen, sondern handelte vor allem als italienischer Fürst und als ein Medici; selbst in weltlichen Dingen war er zu zaghaft und wankelmütig, um eine konsequente Politik durchzuführen.

Klemens wurde in den Kampf zwischen Karl V. und Franz I. von Frankreich (1515–47) um die Vorherrschaft in Italien hineingerissen und setzte sich, angeblich um der türkischen Gefahr zu begegnen, aber auch um Florenz und den Kirchenstaat zu sichern, für den Frieden zwischen den christlichen Mächten ein. Zunächst enttäuschte er Karl mit seiner Absage an die Erneuerung von Hadrians VI. Verteidigungsbündnis. Sodann ging er, beeindruckt von der erfolgreichen Rückeroberung Mailands durch Franz (Okt. 1524), eine Allianz mit diesem und Venedig ein (Dez. 1524 / Jan. 1525), die Karl erzürnte. Die Niederlage der Franzosen bei Pavia und die Gefangennahme des französischen Königs im folgenden Jahr zwangen ihn jedoch, wieder den Schutz des Kaisers zu suchen. Im Mai 1526 wechselte er erneut die Seite und schloß sich der von Frankreich, Mailand, Florenz und Venedig gebildeten Liga von Cognac an, um die wachsende Macht Karls einzudämmen. Unvermeidliches Ergebnis dieser Politik war der Einmarsch des Kaisers in Italien und der *Sacco di Roma* (Plünderung Roms; 6. 5. 1527). Klemens nahm Zuflucht in der Engelsburg, mußte sich jedoch ergeben und wurde sechs Monate von Karls Truppen gefangengehalten. Er erreichte seine Freilassung (6. 12. 1527), indem er der Besetzung bedeutender Städte im Kirchenstaat zustimmte, versprach, neutral zu bleiben, und gewaltige Entschädigungssummen zahlte. Bis Oktober 1528 lebte er außerhalb der verheerten Stadt in Orvieto und Viterbo. Er erkannte nun, daß seine Interessen auf seiten des Kaisers lagen, und einigte sich mit Karl (Juni 1529) auf ein gemeinsames Vorgehen gegen die Ketzerei in Deutschland und die auf Wien vorrückenden Türken. Die Aussöhnung wurde mit Karls Kaiserkrönung in Bologna (24. 2. 1530) – der letzten Kaiserkrönung durch einen Papst – und der Wiedererrichtung der Mediciherrschaft in Florenz besiegelt. Klemens hatte den größten Teil seiner weltlichen Macht wiederherstellen können, blieb jedoch dem Kaiser untergeordnet. Dennoch unternahm er 1531 im Interesse seiner Familie und aus Furcht vor der Vorherrschaft Karls in Italien einen erneuten Annäherungsversuch an Frankreich und reiste im Oktober 1533 selbst nach Marseille, um seine Großnichte mit dem zweitältesten Sohn Franz' I. zu vermählen und ausführliche Gespräche mit dem König zu führen.

Die heikle Beziehung zwischen Papst und Kaiser verhinderte eine angemessene Reaktion auf die Erfolge der Türken in Ungarn (1526) und kam der Ausbreitung der Reformation in Deutschland entgegen. Im Januar 1524 sandte Klemens Kardinal Lorenzo Campeggio (1472–1539) auf den Reichstag zu Nürnberg, um Karl seiner Unterstützung für das Wormser Edikt von 1521 zu versichern, mit dem Luther in die Reichsacht getan worden war. Aber die Tatsache, daß sich Karl im Krieg mit dem Papst befand, ermöglichte es dem Reichstag zu Speyer (Juni 1526), das Edikt zurückzuweisen, und verschaffte den Protestanten eine wertvolle Atempause. Wie wenig sich Klemens über die Erfordernisse seiner Zeit im klaren war, zeigte sich besonders an seiner Weigerung, das allgemeine Konzil einzuberufen, zu dem Karl ihn drängte und das er unter Vorbehalt zugesagt hatte. Dieses hätte selbst zu diesem Zeitpunkt noch konstruktive Wirkung ausüben können. Wie er die Scheidung Heinrichs VIII. von Katharina von Aragón handhabte, verriet das gleiche Schwanken und Zaudern; zuerst schien er bereit, dem König entgegenzukommen, doch auf Drängen von Katharinas Neffen, Karl V., überwies er den Fall nach Rom (Juli 1529), und erst am 11. Juli 1533 erklärte er Heinrich für exkommuniziert (die Strafe wurde ausgesetzt) und seine Scheidung und Neuvermählung für ungültig. Daraufhin geriet die englische Kirche unvermeidlich ins Schisma. Klemens bemühte sich, die Annahme des lutherischen Glaubens in Norwegen, Dänemark und Schweden zu verhindern und der Lehre Zwinglis in der Schweiz Einhalt zu gebieten, doch ohne Erfolg; und für die bereits angelaufene Reform- und Erneuerungsbewegung innerhalb der Kirche hatte er keine Zeit. Es war ein schwacher Trost, daß er zur gleichen Zeit, als die Kirche in Europa Verluste hinnehmen mußte, die Errichtung neuer Bistümer in Mexiko und die Ausbreitung des Katholizismus in Lateinamerika leiten konnte.

Als Mäzen von Schriftstellern wie dem Geschichtsschreiber Francesco Guicciardini und dem politischen Theoretiker Niccolò Machiavelli und von Künstlern wie Cellini, Raffael und Michelangelo war Klemens ein echter Medici. Letzteren beauftragte er mit der Gestaltung von Grabmälern für Familienangehörige in der Neuen Sakristei von S. Lorenzo in Florenz und kurz vor seinem Tod mit dem »Jüngsten Gericht« für die Sixtinische Kapelle.

Lit.: *BullRom* 6; H. M. Vaughan, *The Medici Popes, Leo X and Clement VII*, London 1908; St. Ehses, »Die Politik des Papstes Clemens VII., bis zur Schlacht von Pavia«, in: *HJ* 6 (1885) S. 557–603; 7 (1886) S. 553–593; P 9; 10; MC 5; *DHGE* 12,1175–1224 (R. Mols); *DBI* 26,237–259 (A. Prosperi); Seppelt 4,426 f.; 437–453.

Paul III.

(13. 10. 1534 – 10. 11. 1549)

Alessandro Farnese, am 29. Februar 1468 in Canino geborener Sproß einer berühmten Condottiere-Familie mit Besitztümern um den Lago di Bolsena und südlich von Viterbo, genoß eine glänzende humanistische Erziehung in Rom und Florenz, studierte in Pisa und wurde von ALEXANDER VI. 1492 zum Schatzmeister der römischen Kirche und 1493 zum Kardinaldiakon ernannt. Er trug den Spitznamen »Kardinal Unterrock«, denn seine Schwester Giulia war die Geliebte des Papstes. Obwohl er erst 1519 zum Priester geweiht wurde, hatte er zahlreiche Bistümer und lukrative Pfründen inne. Er verband weitgefächerte künstlerische und philosophische Interessen mit diplomatischen Aufträgen und hielt sich eine Geliebte aus römischem Adel, die ihm drei Söhne und eine Tochter schenkte. Als er 1509 von JULIUS II. zum Bischof von Parma bestellt wurde, nahm er seine neuen Aufgaben ernst, hielt eine Diözesansynode ab und setzte die Reformbeschlüsse des 5. Laterankonzils (1512–17) in die Praxis um. 1513 brach er das Verhältnis mit seiner Mätresse ab und änderte sein Privatleben von Grund auf; nach seiner Ordination (Juni 1519) wurde er der Reformpartei in der Kurie zugerechnet. Als KLEMENS VII. starb, war er mit 67 Jahren der älteste Kardinal. Nach einem zweitägigen Konklave wurde der ob seiner Erfahrung und Klugheit geachtete Dekan des hl. Kollegiums einstimmig zum Papst gewählt.

Als echter Renaissance-Papst förderte Paul Künstler, Schriftsteller und Gelehrte. Er richtete die Universität Rom wieder ein, stockte die Vatikanische Bibliothek auf und machte sich die Talente von Malern und Architekten zunutze. Michelangelo beauftragte er mit der Vollendung des »Jüngsten Gerichts« in der Sixtinischen Kapelle und der Beaufsichtigung der Bauarbeiten am neuen Petersdom. Der unter ihm begonnene Palazzo Farnese bezeugt seinen Familienstolz. Der Vatikan hallte während seines Pontifikats von Maskenbällen und glänzenden Festen wider; 1536 ließ er den Karneval wiederaufleben, seine entschiedene Bevorzugung der Familie löste Proteste aus, als er (Dez. 1534) zwei Enkel, Knaben von 14 und 16 Jahren, zu Kardinälen machte und dann mit Schlüsselämtern betraute. Überall setzte er sich, oft auf Kosten des Kircheninteresses, dafür ein, die Farnese in die mächtigen Dynastien Italiens einzureihen. Doch trotz dieser Inanspruchnahme widmete er sein Pontifikat einer neuen Behandlung der großen Fragen, welche die Christenheit beschäftigten. Zwar war er nicht, wie oft behauptet wird, der erste Papst der katholischen Reform, aber er ahnte die Notwendigkeit, der Herausforderung des Protestantismus konstruktiv zu begegnen, und unternahm gewisse zögernde Schritte, um die Erneuerung der katholischen Kirche selbst anzuspornen. An vorderster Stelle seines politischen Programms standen deshalb ein allgemeines Konzil und die Kirchenreform.

Obwohl das Konzil, das nach Mantua (1537) und Vicenza (1538) einberufen wurde, aufgrund des Widerstands von Franz I. von Frankreich (1515 bis 1547) und Kaiser Karl V. (1519–56) verschoben werden mußte, verringerte er unverzüglich die Ausgaben des hl. Kollegiums und führte ihm mit einer Reihe glänzender Nominierungen neue Kräfte zu, zu denen Giampietro Carafa (später PAUL IV.), Casparo Contarini (1483–1542), Reginald Pole (1500–58) sowie Marcello Cervini (später MARCELLUS II.) zählten. 1536 richtete er eine Kommission ein, die den Zustand der Kirche überprüfen sollte. Diese legte unter dem Titel *Consilium de emendenda ecclesia* (9. 3. 1537) einen freimütigen umfassenden Bericht vor, der, obwohl der Öffentlichkeit zugespielt und mißbraucht, die Grundlage für die Arbeit des Konzils von Trient abgab. Paul regte Ordensreformen und die Gründung neuer Kongregationen an – der Theatiner, Barnabiten, Somasker und Ursulinen. Am bemerkenswertesten war seine Billigung der Gesellschaft Jesu in der Bulle *Regimini militantis ecclesiae* (27. 9. 1540) und seine Gründung einer Kurienkongregation für die römische Inquisition (das Hl. Offizium), des obersten Tribunals zur Bekämpfung der Häresie mit der Strafgewalt der Bücherzensur (21. 7. 1542). Als der Frieden von Crépy (18. 9. 1544) dem Krieg zwischen Frankreich und dem Reich ein Ende setzte, konnte Paul nach jahrelangen Rückschlägen endlich sein allgemeines Konzil abhalten; dies trat, wie vom Kaiser empfohlen, in Trient zusammen (13. 12. 1545). Der Papst wurde von drei Legaten vertreten. Das Konzil war weder das offene Konzil aller Christen, wie die Protestanten es verlangten, noch beschränkte es sich – was Karl V. wünschte, Paul jedoch verweigerte – auf Disziplin und Reform. Man einigte sich vielmehr darauf, Fragen des Dogmas und der Reform gleichzeitig zu erörtern, und auf den ersten sieben Sitzungen wurden Beschlüsse zur Hl. Schrift, Überlieferung, Erbsünde, Rechtfertigung durch den Glauben und zu den Sakramenten ausgearbeitet. Da es indes bereits wieder zu Spannungen zwischen Papst und Kaiser kam, diente der Ausbruch von Typhus als Vorwand zur Verlegung des Konzils nach Bologna, das direkt in der päpstlichen Einflußsphäre lag (11. 3. 1547). Als Karl protestierte und seinen Bischöfen die Teilnahme untersagte, mußte Paul die 8. Sitzung (1. 2. 1548) aufheben (dies wurde offiziell am 14. 9. 1549 bekanntgegeben), ohne weitere Reformbeschlüsse zu fassen.

Paul exkommunizierte König Heinrich VIII. von England (17. 12. 1538) in einer Bulle, die bereits seit August 1535 vorlag (Klemens' VII. früher ausgesprochene Strafe war ausgesetzt worden), und verhängte über England ein Interdikt; freilich gelang es ihm entgegen seinen Hoffnungen nicht, die Kontinentalmächte gleichfalls zu

Sanktionen zu überreden; im Endergebnis wurde England lediglich noch weiter isoliert. Während seines ganzen Pontifikats suchte Paul, wiewohl er Frankreich als natürliches Gegengewicht gegen die Vorherrschaft des Kaisers in Italien ansah, zwischen Karl V. und Franz I. eine neutrale Position zu wahren; die ständige Rivalität zwischen den beiden Mächten stellte das Haupthindernis für ein wirksames Vorgehen gegen die osmanischen Türken dar, welche die Küstengebiete Italiens wie auch die christlichen Vorposten im Osten bedrohten. Der Papst unterstützte Karl in seinem Krieg zur Vernichtung des Verteidigungsbündnisses der deutschen Protestanten, des Schmalkaldischen Bundes (1545–47); und er ermunterte Franz, die Hugenotten in Frankreich zu verfolgen. Am Ende freilich brachte ihn sein Familienehrgeiz mit dem Kaiser in Streit. 1545 vermachte er seinem zügellosen Sohn Pierluigi, einem Gegner Karls, die päpstlichen Ländereien Parma und Piacenza; als Pierluigi 1549 ermordet wurde, beanspruchte Karl die beiden Herzogtümer für seinen Schwiegersohn Ottavio, einen Enkel des Papstes. Dieser Rückschlag sowie die Verbitterung darüber, daß sich seine eigene Familie gegen ihn stellte, beschleunigte Pauls Tod. Als er, von heftigem Fieber geplagt, im Sterben lag, machte sich die Zuneigung, die der Papst für seine Familie empfand, wieder geltend; er verzieh Ottavio und veranlaßte die Abtretung Parmas an ihn. Tizians Porträt des 75jährigen Papstes zeigt Paul III. auf der Höhe seines Pontifikats.

Lit.: BullRom 6; C. Capasso, *Paolo III, 1534–49*, Messina 1923/24; L. Dorez, *La Cour du Pape Paul III*, Paris 1932; W. H. Edwards, *Paul III. oder die geistliche Gegenreformation*, Leipzig 1932; P 11; 12; *DTC* 12,9–20 (L. Marchal); *EC* 9,734–736 (H. Jedin); *LThK* 8,198–200 (G. Schwaiger); *NCE* 11,13 f. (C. L. Hohl jr.); *EB* (15. Aufl.) 13,1087 f. (F. X. Murphy); Seppelt 5,12–59.

Julius III.

(8. 2. 1550 – 23. 3. 1555)

Das Konklave nach dem Tod PAULS III. hatte mit unüberbrückbaren Meinungsverschiedenheiten zwischen der französischen und der kaiserlichen Partei zu kämpfen und dauerte zehn Wochen. Dem Engländer Reginald Pole (1500–58) fehlte zu seiner Wahl lediglich eine Stimme. Schließlich brachte ein Kompromiß zwischen französischen Kardinälen und Anhängern der Farnese trotz des Widerstands Kaiser Karls V. (1519–56) eine Mehrheit zugunsten von Giovanni Maria Ciocchi del Monte zustande. Der am 10. September 1487 in Rom geborene Sohn eines bekannten Juristen studierte in Perugia und Siena die Rechte und wurde unter JULIUS II. (dessen Namen er annahm) Kämmerer. 1511 folgte er seinem Onkel als Erzbischof von Siponto, wurde 1520 Bischof von Pavia und diente unter KLEMENS V. zweimal als Statthalter von Rom. Paul III. machte ihn 1534 zu seinem Vizelegaten in Bologna, zum Kardinalpriester (Dez. 1536) und zum Kardinalbischof von Palestrina (Okt. 1543). Als einer seiner Mitvorsitzenden eröffnete er das Konzil von Trient (13. 12. 1545); 1547 verärgerte er Karl V., da er in derselben Eigenschaft für die Verlegung des Konzils nach Bologna verantwortlich war.

Der hervorragende Kirchenrechtler war zugleich ein typischer Renaissance-Papst, großzügig zu seinen Verwandten, vergnügungssüchtig und Gastmählern, Theaterbesuchen und der Jagd ergeben. Sein schwacher Charakter löste einen Skandal aus, als er einem auf den Straßen Parmas aufgelesenen 15jährigen Knaben namens Innocenzo verfiel, den er als seinen Bruder adoptierte und zum Kardinal ernannte. Allerdings war er sich seines Oberhirtenamts ebenso bewußt wie der Notwendigkeit einer Kirchenreform und der Wiederaufnahme des ausgesetzten Konzils. In einem von 14 Kardinälen abgelegten Wahlgelübde hatte er sich zu letzterem eidlich verpflichtet. Und so rief er nach zermürbenden Verhandlungen das Konzil im Einvernehmen mit dem erfreuten Kaiser dazu auf (*Cum ad tollenda*, 14. 11. 1550), in Trient (1. 5. 1551) wieder zusammenzutreten. Das Konzil folgte seinem Ruf und hielt mehrere Sitzungen (Nr. 11–16) ab; einigen wohnten Theologen bei, welche die deutschen protestantischen Stände vertraten. Heinrich II. von Frankreich (1547–59) indessen mißachtete die Drohungen von Papst und Konzil und verweigerte die französische Teilnahme. Das Konzil wurde somit zum Opfer des Krieges zwischen Habsburg und Valois, der aus dem Versuch des Papstes resultierte, Ottavio Farnese, den Enkel Pauls III., aus Parma zu vertreiben, das von Karl für das Reich reklamiert wurde. Dabei hatte Julius im Einklang mit dem letzten Wunsch seines Vorgängers und seinem eigenen Wahlversprechen Ottavio ursprünglich als einen Vasallen des Hl. Stuhls mit Parma belehnt.

Als es den vereinten päpstlich-kaiserlichen Truppen nicht gelang, die Franzosen zu schlagen, und der Aufstand der deutschen Fürsten gegen Karl im Frühjahr 1552 den Kaiser nötigte, seinen Stützpunkt in Innsbruck zu räumen, mußte Julius das Konzil auf dessen 16. Sitzung (28. April) auf unbestimmte Zeit verschieben und am folgenden Tag mit Frankreich einen unvorteilhaften Waffenstillstand schließen, wodurch Parma wieder an Ottavio fiel.

Vom Fehlschlag seiner Politik entmutigt, verbrachte Julius nun die meiste Zeit in der luxuriösen Villa di Papa Giulio, die er direkt vor der Porta del Popolo hatte erbauen lassen. Von Natur träge, widmete er sich hier angenehmerem Zeitvertreib, von dem ihn nur anfallsweise ernsthaftere Arbeit abhielt. In der Politik versuchte er, ohne Erfolg, zwischen Heinrich II. und Karl V. einen Frieden zu vermitteln; seine neutrale Haltung flößte beiden Seiten Mißtrauen ein. Mit Hilfe eines Kardinalsgremiums führte er stückweise Reformen durch, dämmte die Ämterhäufung ein, stellte die Ordensdisziplin wieder her und änderte die Kurialverwaltung. Er ermutigte die 1534 gegründete Gesellschaft Jesu, bestätigte ihre Verfassung (21. 6. 1550) und gründete auf Anregung Ignatius von Loyolas (1491–1556) das Collegium Germanicum (31. 8. 1552) zur Ausbildung deutscher weltlicher Priester, die in Deutschland den Katholizismus wieder verankern sollten. Er kümmerte sich um die Verbreitung des Glaubens in Vorder- und Hinterindien, im Fernen Osten und in den beiden Amerika. Doch der überraschendste Erfolg seines Pontifikats war die, wenn auch nur zeitweise, Rückkehr Englands unter die Oberhoheit des Hl. Stuhls. Die Thronbesteigung der katholischen Maria I. (6. 7. 1553) wurde in Rom mit großer Freude begrüßt, und Julius bestellte Reginald Pole, einen Verwandten der Königin, zu seinem mit weitreichenden Vollmachten ausgestatteten Legaten. Pole löste die englische Nation feierlich aus dem Schisma (30. Nov.) und führte bei einer Synode beider Glaubensrichtungen den Vorsitz.

Als großzügiger Schutzherr der Künste und des Humanismus ernannte Julius den bibliophilen Gelehrten Marcello Cervini (später MARCELLUS II.) zum Bibliothekar des Vatikans, Michelangelo zum federführenden Architekten des Petersdoms und den Komponisten Palestrina zum Chormeister der Cappella Giulia. Zum Gedenken an seine Errettung vom Tode, als er nach dem *Sacco di Roma* (Mai 1527) vom Kaiser als Geisel genommen worden war, ließ er S. Andrea della Via Flaminia erbauen. Lange Jahre von der Gicht geplagt, starb Julius, kurz nachdem er Kardinal Morone auf Bitten Karls V. in der eitlen Hoffnung, Deutschland nach dem Vorbild Englands wieder zum Gehorsam gegenüber dem Papst bewegen zu können, auf den Reichstag zu Augsburg (1555) entsandt hatte.

Lit.: A. Massarelli, *Diaria* [5–7], hrsg. von S. Merkle, in: *Concilii Tridentini Diariorum*, Bd. 2, Freiburg i. Br. 1911; H. Jedin, »Analekten zur Reformtätigkeit der Päpste Julius III. und Paul IV.«, in: *RQ* 42 (1934) S. 305–332; 43 (1935) S. 87–156; L. Miran, »Le dernier pape de la Renaissance, Jules III«, in: *Revue des études historiques* 94 (1928) S. 247–260; P 13; *DTC* 8,1920 f. (G. Mollat); *EC* 6,758–760 (G. B. Picotti); *LThK* 5,1205 f. (G. Schwaiger); *NCE* 8,54 f. (E. D. McShane).

Marcellus II.

(9. 4. – 1. 5. 1555)

Nach einem kurzen, zerstrittenen Konklave, in dem die französische und die kaiserliche Partei gleich stark waren, konnte die Reformpartei die Wahl ihres Kandidaten, Marcello Cervini, zum Nachfolger JULIUS' III. durchdrücken. Der am 6. Mai 1501 in Montepulciano geborene Sohn eines ausgebildeten Chronologen und Beamten der hl. Pönitentiarie studierte in Siena und danach in Rom, wo KLEMENS VII. ihn beauftragte, die von seinem Vater begonnene Kalenderreform zu Ende zu führen. Der gebildete und gelehrte Bibliophile übersetzte, als ihn 1526 die Pest aus Rom vertrieb, lateinische und griechische Texte ins Italienische und Lateinische und freundete sich mit führenden Humanisten an. Nach seiner Rückkehr nach Rom (1531) nahm sich Kardinal Farnese seiner an, der ihn als Papst PAUL III. zum Apostolischen Protonotar und zum Erzieher seines Neffen, Kardinal Alessandro, bestellte. Da Paul von Alessandro sehr abhängig war, wuchs Marcellus' Einfluß in kirchlichen und politischen Angelegenheiten. 1539, 1540 und 1544 wurde er nacheinander Bischof von Nicastro, Reggio Emilia und Gubbio und Kardinalpriester von S. Croce (5. 12. 1539). Obwohl meist abwesend, kümmerte er sich gewissenhaft um seine Bistümer und förderte tatkräftig die anstehenden Reformen. Zugleich erwies er sich als getreuer Schirmherr der Serviten und der Augustiner-Eremiten. In diesen Jahren wurde er oft zu diplomatischen Missionen am französischen und kaiserlichen Hof eingesetzt, 1543 zum päpstlichen Legaten in Deutschland bestellt und zu einem der drei Vorsitzenden des Konzils von Trient gewählt (6. 2. 1545), wobei er sich durch seine unerschütterliche Unterstützung der päpstlichen Politik die Mißbilligung des Kaisers zuzog. 1548 erhielt er die ihm angemessene Aufgabe, die Vatikanische Bibliothek neu zu ordnen, und er wurde in die Reformkommission Pauls III. berufen. Unter Julius III. wurde er deren Präsident, doch seine offene Kritik am Nepotismus, Luxus und Müßiggang des Papstes führte dazu, daß er sich nach Gubbio zurückziehen mußte.

Wenige Papstwahlen haben so gespannte Erwartungen geweckt wie die des Marcellus (der seinen Taufnamen ausnahmsweise beibehielt). Der fähige, erfahrene, aufrechte und eifrig auf Reform bedachte Mann versprach eben der Oberhirte zu werden, nach dem die von der Krise geschüttelte Kirche verlangte. Seine Entschlossenheit, sich von den strengsten Reformmaßstäben leiten zu lassen, bewies er umgehend: Er kürzte die Krönungskosten auf ein Mindestmaß, verringerte den Umfang und die Ausgaben seiner Hofhaltung, verschob die Prüfung von Bittschriften und bestand auf unparteiischer Rechtsprechung. Um Vetternwirtschaft von vornherein auszuschalten, verbot er seinen zahlreichen Verwandten, Rom auch nur nahe zu kommen. In der Absicht, eine umfassende Reformbulle zu erlassen, traf er Maßnahmen zur Sammlung sämtlicher unter Julius III. aufgesetzten Reformdokumente. Doch seine rastlose Tätigkeit und die Bürde seiner Verantwortung forderten ihren Tribut; nach einer Regierungszeit von nur 22 Tagen gab seine gebrechliche Konstitution nach, und er erlag einem Schlaganfall. Des ersten wirklichen Reformpapsts wird in der »Missa Papae Marcelli« gedacht, mit deren Komposition Palestrina, damals Sänger in der Sixtinischen Kapelle, die Klage des Papstes über die Qualität der liturgischen Gesänge am Karfreitag beantwortete.

Lit.: P. Polidori, *De vita, gestis et moribus Marcelli II*, Rom 1744; O. Raynaldus, *Annales ecclesiastici* [1555], hrsg. von J. D. Mansi, 15 Bde., Lucca 1747–56; G. B. Manucci, *Il conclave di papa Marcello*, Siena 1921; S. Morison, »Marcello Cervini [...] Bibliography's Patron Saint«, in: *Italia mediev. e uman.* 5 (1962) S. 301–319; P 14; *EC* 8,17–19 (R. Palmarocchi); *NCE* 9,190 f. (E. D. McShane); Seppelt 5,68–71.

Paul IV.

(23. 5. 1555 – 18. 8. 1559)

Der als Sproß eines neapolitanischen Barons am 28. Juni 1476 bei Benevent geborene Giampietro Carafa wurde im Hause seines Onkels Oliviero Carafa in Rom erzogen, wo er die Grundlagen des Griechischen und Hebräischen erwarb. Dank seinem Onkel stieg er in der Kirche rasch auf; 1505–24 war er Bischof von Chieti (heute: Theate), 1513/14 Legat Leos XI. am Hof Heinrichs VIII. von England, 1518 Erzbischof von Brindisi und 1515–20 päpstlicher Nuntius in Flandern und Spanien. Als Anhänger der Reform verband er zu dieser Zeit strenge persönliche Askese mit humanistischen Interessen und korrespondierte mit Erasmus; als Neapolitaner hegte er Abneigung gegen Spanien und den spanischen Aufstieg. Nach seiner Rückkehr nach Rom trat er in das Oratorium der göttlichen Liebe ein und tat alles, um Mißstände in seinen Diözesen abzustellen. Als er 1524 von Hadrian VI. aufgefordert wurde, an dessen geplantem Reformprogramm mitzuarbeiten, verzichtete er auf seine Diözesen und gründete zusammen mit Gaetano di Thiene (Cajetan, 1480–1547) die Theatiner, die sich der Aufgabe weihten, ein apostolisches Leben in strengster Armut zu führen und Mißstände in der Kirche zu beseitigen; er wurde ihr erster Superior. Von da an war er, ob in Venedig nach dem *Sacco di Roma* (1527) oder in Rom nach seiner Ernennung zum Kardinal (Dez. 1536), ein dynamischer Führer der Reformpartei, der seine humanistischen Neigungen aus Feindseligkeit gegen jede Aussöhnung mit den Lutheranern ablegte. Als Haupt der wiederbelebten Inquisition war er von unmenschlicher Härte. Im Februar 1549 zum Erzbischof von Neapel berufen, wurde er 1553 Dekan des hl. Kollegiums. Der bewunderte und zugleich gefürchtete Mann war 79 Jahre, als er gegen den Wunsch Kaiser Karls V. zum Nachfolger Marcellus' II. gewählt wurde.

Seine Wahl wurde von den Anhängern der Reform willkommen geheißen, doch sollten sich ihre Hoffnungen nicht erfüllen. Selbstherrlich und leidenschaftlich, inspiriert von einer mittelalterlichen Vorstellung päpstlicher Suprematie, gab er die Neutralität seines Vorgängers auf und ließ sich in seiner Empörung über die spanische Herrschaft in Italien von seinem Neffen Carlo Carafa zu einem Bündnis mit Frankreich und einem Krieg gegen Spanien verleiten. Die päpstlichen Truppen wurden von Herzog Alba, Vizekönig von Neapel, geschlagen, der Kirchenstaat überrannt und der Papst gezwungen, den glücklicherweise großzügigen Frieden von Cave (12. 9. 1557) zu akzeptieren. Auch seine anderen Ausflüge in die Politik ließen Mäßigung vermissen. Er verurteilte den Augsburger Religionsfrieden (25. 9. 1555), der die Koexistenz von Katholiken und Lutheranern in Deutschland anerkannte, als einen Pakt mit der Ketzerei und weigerte sich, 1556 die Abdankung Kaiser Karls V. oder 1558 die Wahl Ferdinands I. (1558–64) anzuerkennen, mit der Begründung, daß man nicht um die päpstliche Zustimmung nachgesucht habe. Seine Abneigung gegen Spanien führte zum Zerwürfnis mit Maria I. von England; nach deren Tod (17. 11. 1558) begünstigte er den endgültigen Sieg des Protestantismus in England, weil er auf der Rückgabe beschlagnahmter geistlicher Güter bestand und von Elisabeth I. verlangte, ihm ihre Ansprüche vorzulegen.

Als Reformer wirkte der asketische und eigenwillige Papst mit fanatischer Tatkraft und großem Eifer. Eine Wiederaufnahme des suspendierten Konzils von Trient (28. 4. 1552) kam für ihn nicht in Frage. Von heftigen antiprotestantischen Gefühlen beseelt, glaubte er die notwendigen Reformen im Alleingang rascher und wirksamer durchführen zu können. Im Frühjahr 1556 richtete er eine aus etwa 60 Prälaten bestehende Sonderkommission ein, die nach seinen Überlegungen das Konzil ersetzen und durch die Aufnahme ausländischer Bischöfe zu einem päpstlichen Konzil ausgedehnt werden sollte. Der Plan wurde niemals verwirklicht, und nach dem Frieden von Cave widmete er seine Kräfte der römischen Inquisition, deren Zuständigkeitsbereich er beträchtlich erweiterte und an deren Spitze er Michele Ghislieri (später PIUS V.) stellte. An ihren Sitzungen nahm der Papst regelmäßig teil; seine Leidenschaft für die Orthodoxie war so ausgeprägt, daß er einen unschuldigen Mann wie Kardinal Giovanni Morone (1509–80) wegen Ketzerei in der Engelsburg einkerkern ließ und Reginald Pole (1500–58) als Legaten am englischen Hof absetzte. Ein weiteres Werkzeug beispielloser und zugleich realitätsferner Härte, das er sich durch die Inquisitionskongregation schuf, war der *Index librorum prohibitorum* (1557, Neufassung Jan. 1559). Da er die Juden verdächtigte, dem Protestantismus Vorschub zu leisten, ließ er sie in Rom und im Kirchenstaat streng in Ghettos einpferchen und zwang sie, als Kennzeichen eine bestimmte Kopfbedekkung zu tragen. Obwohl sein Pontifikat die herbeigesehnte Erneuerung der Kirche nicht zustande brachte, bereitete es doch den Boden dafür. So war er gewissenhaft in der Wahl seiner Kardinäle, beharrte darauf, daß Bischöfe an ihrem Amtssitz weilten, verbot das Vorschlagsrecht weltlicher Beamter für Klöster und befahl die Haft für entlaufene Mönche. Es entbehrt nicht der Ironie, daß er in seinem blinden Haß gegen die Habsburger und seinem Mißtrauen gegen Fremde seinen sittlich haltlosen Neffen Carlo nicht nur zum Kardinal, sondern auch zu seinem politischen Ratgeber machte und daß er weiteren Verwandten sehr vertraute und sie auf einträgliche Posten setzte. Erst als ihm die Augen für ihr gewissenloses Verhalten geöffnet wurden, prangerte er sie an, sprach ihnen ihre Ämter ab und verstieß sie aus Rom (Jan. 1559). Doch der Schaden für seine Politik und sein Ansehen war weltlicheren Geistern offenkundig.

Paul berief eine Kommission zur Überarbeitung des Missale und des römischen Breviers. Er unternahm Schritte, um den Gottesdienst in Rom würdiger zu gestalten und – mit Hilfe des Statthalters – die öffentliche Sittenlosigkeit und Gewalt einzudämmen. Doch die Engstirnigkeit und Härte seiner Maßnahmen, seine eigene Intoleranz, seine Blindheit gegenüber den Fehlern seiner Neffen kosteten ihn seine Popularität und machten seine Regierung zu einer Enttäuschung. Bei seinem Tod entlud sich der allgemeine Haß auf ihn und seine Familie; die aufrührerische Menge verwüstete das Hauptquartier der Inquisition und befreite deren unglückliche Gefangene; seine Bildsäule auf dem Kapitol wurde umgestürzt und zerschlagen.

Lit.: *BullRom* 6; Lebensbeschreibungen: A. Caracciolo, in: *Collectanea de vita Pauli*, Bd. 4, Köln 1642, und B. Carrara, *Vita*, 2 Bde., Ravenna 1748–53; G. M. Monti, *Ricerche su Paolo IV Carafa*, Benevent 1925; R. Ancel, »Paul IV et le concile«, in: *RHE* 8 (1907) S. 716–741; »L'activité reformatrice de Paul IV: le choix des cardinaux«, in: *RevQuestHist* 86 (1909) S. 67–103; T. Torriani, *Una tragedia nel cinquecento romano: Paolo IV e i suoi nepoti*, Rom 1951; P 14; *DTC* 12,20–23 (G. Mollat); *EC* 9,736–738 (H. Jedin); *LThK* 8,200–202 (G. Schwaiger); Seppelt 5,70–91.

Pius IV.
(25. 12. 1559 – 9. 12. 1565)

Nach einem beinahe vier Monate währenden Konklave, auf dem die französische und spanische Partei sich festfuhren, wurde Giovanni Angelo Medici, hinter den sich eine dritte Gruppierung unter Führung Kardinal Carafas stellte, zum Nachfolger PAULS IV. gewählt. Der Sohn eines (nicht mit den florentinischen Medici verwandten) Notars wurde am 31. März 1499 in Mailand geboren, studierte zunächst Medizin und dann die Rechte, erwarb 1525 in Bologna seinen Doktor und stellte unter PAUL III. als Gouverneur des Kirchenstaats, Kommissar der päpstlichen Truppen in Ungarn und Transsylvanien (1542/43) sowie Vizelegat in Bologna seine Fähigkeiten in der Verwaltung unter Beweis. Der Stern des dreifachen Vaters ging auf, als ein älterer Bruder in die Familie des Papstes einheiratete; er wurde zum Erzbischof von Ragusa (14. 12. 1545) und zum Kardinal ernannt (8. 4. 1549). Unter JULIUS III. diente er im Tribunal der *Signatura gratiae*, fiel jedoch unter Paul IV., für dessen spanienfeindliche Haltung und dessen Fanatismus er sich nicht erwärmen konnte, in Ungnade und zog sich 1558 aus freien Stücken aus Rom zurück. Als Jurist zwar bewundert, war er keineswegs als Befürworter der Kirchenreform bekannt.

Im Gegensatz zu seinem despotischen Vorgänger war Pius umgänglich und gesellig – sein Privatleben faszinierte Klatschmäuler –, doch zugleich ein kluger Politiker. Er machte Pauls repressive Maßnahmen umgehend rückgängig, rehabilitierte den zu Unrecht der Ketzerei verdächtigten Kardinal Giovanni Morone (1509 bis 1580), hob den Erlaß gegen umherziehende Klosterbrüder auf, schränkte die Kompetenzen der Inquisition ein und begann mit der Überarbeitung des undurchführbaren *Index librorum prohibitorum* (1559). Pauls habsburgfeindliche Politik gab er auf, ging mit Philipp II. von Spanien (1556–98) und Kaiser Ferdinand I. (1558 bis 1564) freundschaftliche Beziehungen ein und besetzte die vakanten Nuntiaturen in Wien, Venedig und Florenz. Als Antwort auf den Haß des Volkes auf Pauls Neffen ließ er zwei von ihnen, Kardinal Carlo Carafa und Herzog Giovanni von Palino, vor Gericht stellen und wegen Kriegshetze gegen Spanien, Mordes und andrer Verbrechen hinrichten (5. 3. 1561). Doch auch er frönte unverfroren der Vetternwirtschaft. Freilich erwies sich die Ernennung des jungen Carlo Borromeo (1538–84) zum Kardinal und Erzbischof von Mailand (31. 1. 1560) als segensreich für die Kirche und verschaffte ihm einen Sekretär, der seinen weltzugewandten Onkel mehr und mehr zugunsten einer Reform des päpstlichen Hofes beeinflußte.

Die historische Leistung Pius' bestand in der Wiedereinberufung des 1552 suspendierten Tridentinum und in dessen erfolgreichem Abschluß. Das Verdienst hieran kam ihm selbst und nicht, wie früher behauptet, Borromeo zu. Die von Pius in seinem Wahlversprechen zugesagte Rückrufung des Konzils wurde beschleunigt durch das Vordringen des Calvinismus in Frankreich – einer Gefahr, der allein ein allgemeines Konzil begegnen konnte. Die Frage war, ob es sich, wie Frankreich und Kaiser Ferdinand I. wünschten (letzterer, weil er noch immer auf einen Ausgleich mit den Lutheranern hoffte), um ein neues Konzil handeln sollte oder um die von Philipp II. verlangte Fortsetzung des alten. Pius' Einberufungsbulle *Ad ecclesiae regimen* (29. 11. 1560) umging die Frage, doch als das Konzil in Trient zusammentrat (18. 1. 1562), nahm es die unterbrochene Tagesordnung wieder auf. Das Konzil machte mehrere Krisen durch, besonders wegen der Streitfrage, ob der Papst Bischöfe von der Verpflichtung, in ihrer Diözese zu wohnen, befreien könne; und einmal wäre es beinahe zusammengebrochen, da die Großmächte seine Unabhängigkeit gefährdeten. Pius behauptete indessen die Führung und überwand alle Schwierigkeiten, vor allem dank der Ratschläge und des diplomatischen Geschicks seines Kardinals Morone, den er im Frühjahr 1563 zum Vorsitzenden ernannte. Auf seiner 25. Sitzung (4. 12. 1563) wurde das Konzil aufgelöst, und Pius bekräftigte mündlich seine Beschlüsse (26. 1. 1564), bevor er die offizielle Bulle *Benedictus Deus* (30. 6. 1564) herausgab.

Nun machte sich Pius – nicht immer erfolgreich – daran, die Beschlüsse des Konzils in den katholischen Ländern durchzusetzen. Nachdem er sich die authentische Auslegung der Dekrete vorbehalten hatte, vertraute er sie sowie die Umsetzung einer Kardinalskongregation an (2. 8. 1564). Ihre Durchsetzung in Italien begann er am 1. März mit der Anweisung an die in Rom weilenden Bischöfe, ihre Residenz in ihren Diözesen aufzuschlagen. Er veröffentlichte in der Bulle *Dominici gregis* (24. 3. 1564) den *Index librorum prohibitorum* des Konzils. Da das Konzil ihm die Frage des Abendmahls in beiderlei Gestalt anheimgestellt hatte, erlaubte er Deutschen, Österreichern, Ungarn und den Christen anderer Regionen, um dem Protestantismus den Wind aus den Segeln zu nehmen, den Laienkelch, den er ins Ermessen der Landesbischöfe stellte, vertagte jedoch die Frage des Zölibats. Bischöfe, Klosteroberen und Theologen wies er an (13. 11. 1564), das neue »Tridentinische Glaubensbekenntnis« zu unterschreiben. Da die Reform der Kirchenverwaltung seines Erachtens außerhalb der Kompetenz des Konzils lag, hatte er 1561/62 bereits Erlasse zur Reform der Rota, der hl. Pönitentiarie, der Kanzlei und der Schatzkammer veröffentlicht. Bei der Durchführung dieser Änderungen stand ihm Kardinal Borromeo tatkräftig zur Seite. Er leitete die Zusammenstellung des Katechismus und die Reform des Missale und des Breviers ein, deren Vollendung er nicht mehr erlebte.

Zwar wuchs unter Pius das Ansehen des Papsttums aufgrund der tatkräftigen Führungsrolle bei der katholischen Reform, doch konnte er die Ausbreitung des Protestantismus in Deutschland, Frankreich und England nicht verhindern, obwohl er der französischen Krone finanzielle Unterstützung im Krieg gegen die Hugenotten gewährte und es in der Hoffnung, England würde die katholische Oberhoheit wieder anerkennen, unterließ, Elizabeth I. zu exkommunizieren. Den Kirchenstaat, der durch den Spanienkrieg Pauls IV. verheert war, verwaltete er nicht sehr geschickt. Er mußte neue Steuern erheben, was verbreitete Unzufriedenheit hervorrief, und in seinem letzten Amtsjahr provozierte er einen – mißlungenen – Anschlag auf sein Leben. Er nahm die von Paul IV. fallengelassene Renaissance-Tradition wieder auf und zeigte sich großzügig gegenüber Künstlern und Gelehrten, restaurierte und gründete Universitäten, rief in Rom eine Presse für christliche Druckerzeugnisse ins Leben, verstärkte die Stadtbefestigungen und verschönerte Rom mit Bauwerken wie der Porta Pia, S. Maria degli Angeli (in den Bädern des Diokletian) und der Villa Pia in den Vatikanischen Gärten.

Lit.: *BullRom* 6; 7; Onofrio Panvinio, *Vita Pii IV*, Bologna 1599; J. Šusta (Hrsg.), *Die römische Kurie und das Konzil von Trient unter Pius IV.*, 4 Bde., Wien 1904–14; G. Constant, *Concessions à l'Allemagne de la communion sous les deux espèces*, Paris 1923; P. Paschini, *Venezia e l'Inquisizione romana da Giulio III a Pio IV*, Padua 1959; P 15; 16; *DTC* 12,1633–47 (G. Constant); *EC* 9,1496–98 (H. Jedin); *NCE* 11,395 f. (H. H. Davis); Seppelt 5,90–118.

Pius V.

(7. 1. 1566 – 1. 5. 1572)

Auf dem 19tägigen Konklave nach dem Tod PIUS' IV. setzte die rigoristische Partei unter Führung von Kardinal Carlo Borromeo (1538 bis 1584) überraschend die Wahl Michele Ghislieris durch. Dieser wurde am 17. Januar 1504 in Bosco (Alessandria) geboren und stammte von armen Leuten. Bevor er mit 14 Jahren Dominikaner wurde und den Namen Michele annahm, hieß er Antonio und war Schafhirt. Nach dem Studium in Bologna, der Priesterweihe (1528) und 16 Jahren Lehramt an der Universität Pavia wurde er Inquisitor für Como und Bergamo. Sein Eifer ließ Kardinal Giampietro Carafa auf ihn aufmerksam werden, der ihn JULIUS III. als Generalkommissar der römischen Inquisition empfahl. Als Carafa unter dem Namen PAUL IV. Papst wurde, ernannte er seinen Schützling zum Bischof von Nepi und Sutri (1556), zum Kardinal (1557) und schließlich zum Generalinquisitor (1558). Aufgrund seiner engen Freundschaft mit der Familie Carafa und seiner Härte als Inquisitor fiel er unter Pius IV. in Ungnade, doch als Protektor der Barnabiten und als Bischof von Mondovì (Piemont; beides seit 1560) widmete er sich uneingeschränkt der Reform. Sein Ernst, seine Askese und seine apostolische Armut ließen selbst den spanischen Gesandten vermuten, daß er der Papst sei, dessen man zu dieser Zeit bedurfte.

Pius machte die Umsetzung der Beschlüsse des Tridentinischen Konzils auf allen Gebieten zu seinem erklärten Ziel. Als jemand, der stets spirituell dachte und handelte, nahm er in seiner Selbstkasteiung keine Änderung vor und trug unter seinem päpstlichen Ornat weiterhin die rauhen Unterkleider eines Mönchs. Seinem stark verkleinerten Hof erlegte er die strengsten Maßstäbe auf und suchte mit einer Reihe von Erlassen die Entweihung heiliger Festtage, Blasphemie und öffentliche Unmoral in Rom auszurotten. Seinen Zeitgenossen schien es, als wolle er die Stadt in ein Kloster verwandeln. Obwohl er gedrängt wurde, einen Großneffen, den Dominikaner Michele Bonelli, zum Kardinal zu machen und als Staatssekretär zu verwenden, widersetzte er sich dem Nepotismus und ließ seinen Angehörigen nur das Mindestmaß an Unterstützung angedeihen. Er untersagte (29. 3. 1567) die Wiederbelehnung mit Lehen, die dem Hl. Stuhl anheimfielen; jede weitere Übereignung von Territorien des Kirchenstaats wurde unter schärfste Strafe gestellt. Noch nachdrücklicher setzte er die Residenzpflicht der Geistlichen durch und führte eine systematische Überprüfung der Orden durch; einige wie die Humiliaten (1571) verbot er, da sie verkommen waren. Die von ihm berufenen Kardinäle waren alle gewissenhaft ausgesucht, und er beauftragte (3. 5. 1567) eine Kommission damit, die Ernennung von Bischöfen zu überprüfen. Dem Tridentinum gemäß gab er den römischen Katechismus heraus (1566), das überarbeitete römische Breviarium (1568) und das römische Missale (1570); 1569 richtete er eine Kommission zur Neubearbeitung der Vulgata ein. Pius beschränkte die Erteilung von Ablässen und Befreiungen und gestaltete das Bußsystem um. Im Bemühen, in Italien die Tridentinischen Reformen zu befördern, suchte er persönlich die römischen Basiliken auf, veranlaßte, daß eine Kommission die Gemeinden besuchte, und stellte apostolische Inspektoren für den Kirchenstaat und Neapel ein. Ferner unternahm er Schritte zur Verbreitung der Beschlüsse des Konzils von Trient über den ganzen Erdball bis hin nach Mexiko, Goa und in den Kongo.

In seinem Eifer, die Ketzerei auszurotten, vertraute Pius der Inquisition; er ließ ihr einen neuen Palast errichten, verschärfte ihre Regeln und Praktiken und wohnte persönlich ihren Sitzungen bei. Unter ihm schnellte die Anzahl der Angeklagten und Verurteilten, oft Männer von Bildung und Rang, in die Höhe. So konnte er sich selbst dazu beglückwünschen, Italien von jeder Spur von Protestantismus freigehalten zu haben. Dennoch machte er sich seiner Nachsicht wegen Vorwürfe. Den Juden gegenüber zeigte er sich nicht weniger streng: einigen erlaubte er aus kommerziellen Gründen, in Rom und Ancona in Ghettos zu leben, alle anderen aber ließ er aus dem Kirchenstaat vertreiben. Im März 1571 gründete er als neue Verwaltungsabteilung mit Exekutivgewalt die Kongregation für den Index, mit dem Ergebnis, daß Hunderte von Druckern nach Deutschland und in die Schweiz flüchteten. Im Oktober 1576 verdammte er 79 Thesen des Michael Bajus (1513–89), flämischer Vorreiter des Jansenismus, der pessimistische Ansichten über die Erbsünde und die Notwendigkeit der Gnade vertrat; am 11. April des gleichen Jahres erklärte er den bedeutenden dominikanischen Denker Thomas von Aquin (um 1225–1274) zum Kirchenlehrer und ließ 1570 eine Neuausgabe seiner Schriften veröffentlichen.

Beim Eingreifen auf internationaler Ebene mangelte es dem Papst oft an politischem Realitätssinn. Seine Rehabilitierung der in Ungnade gefallenen Familie Carafa und sein kompromißloser Standpunkt gegen staatliche Kontrolle der Kirche – den er in strengerer Form 1568 in der Neuausgabe der Bulle *In coena Domini* aussprach, die am Gründonnerstag verlesen wurde und die dem Papst vorbehaltenen Kirchenzensuren aufzählt – stießen die katholischen Herrscher vor den Kopf, auf deren Unterstützung er angewiesen war. Bereits vor der Verschärfung ihrer Bestimmungen durch Pius war diese Bulle weltlichen Machthabern aufgrund ihrer überhöhten Ansprüche für das Papsttum ein ständiges Ärgernis gewesen. Seine Exkommunikation und sogenannte Absetzung Elisabeths I. von England (25. 2. 1570) – die letzte derartige von einem Papst ausgesprochene Kirchenstrafe gegen einen regierenden Monarchen – war ein unwirksamer Anachronismus und erschwerte die Lage ihrer katholischen Untertanen; auch brachte er damit Spanien, Frankreich und das Reich gegen sich auf. In Frankreich stand er der Regentin Katharina de' Medici finanziell und militärisch gegen die Hugenotten bei und war ernüchtert, als diesen im Frieden von Saint-Germain (8. 8. 1570) Religionsfreiheit zugestanden wurde. Seine Beziehungen zu Maximilian II. (1564–76), die wegen dessen zweideutiger Haltung zum Protestantismus belastet waren, verschlechterten sich dramatisch, als Pius die kaiserliche Einflußsphäre verletzte und Cosimo I. zum Großherzog der Toskana ernannte (5. 3. 1570). Auch mit Philipp II. von Spanien (1556–98), seinem natürlichsten Verbündeten, geriet er wegen der Kontrolle, welche die Krone in Spanien über die Kirche ausübte, ständig in Konflikt. Ein vollständiger Bruch konnte nur dank der unermüdlichen Anstrengungen seines Nuntius, Erzbischof Giambattista Castagna (später URBAN VII.), verhindert werden. Sein ehrgeizigstes und erfolgreichstes Unternehmen war die Bildung einer heiligen Liga mit Venedig und Spanien gegen die Türken;

eine vereinigte Seestreitmacht griff die türkische Flotte im Golf von Korinth an (7. 10. 1571) und fügte ihr bei Lepanto eine Niederlage bei, welche die türkische Überlegenheit im Mittelmeer zunichte machte. Der Papst schrieb den Sieg der Fürbitte der Hl. Jungfrau Maria zu und erklärte den 7. Oktober zum Fest Unserer Lieben Frau des Sieges, das von Gregor XIII. in das Rosenkranzfest umgewandelt wurde.

Pius überlebte diesen Sieg nicht lange. Der bedeutende Reformpapst – unbeirrbar, fromm bis zur Bigotterie, unerbittlich bei der Verfolgung der Häresie –, dessen Werk noch jahrzehntelang Früchte trug und der Kirche einen unverkennbar Tridentinischen Stempel aufdrückte, wurde am 1. Mai 1672 von KLEMENS X. selig- und am 22. Mai von KLEMENS XI. heiliggesprochen. Festtag: 30. April (früher: 5. Mai).

Werke: *AASS* 1 (Mai 1680) S. 617–714 [enthält frühe Lebensbeschreibungen]; *BullRom* 7; Pius V., *Epistulae apostolicae*, hrsg. von F. Goubeau, Antwerpen 1640. W. E. Schwartz (Hrsg.), *Der Briefwechsel Maximilians II. mit Pius V.*, Paderborn 1889.

Lit.: F. van Ortroy, in: *AnB* 33 (1914) S. 187–215 [älteste anonyme Lebensbeschreibung]; G. Alberigo, »Studi e problemi relativi all'applicazione del Concilio di Trento in Italia«, in: *RSTI* 62 (1958) S. 239–298; Ch. Hirschauer, *La politique de St Pie V en France (1566–72)*, Paris 1926; L. Browne-Olf, *The Sword of St Michael: St. Pius V*, Milwaukee 1943; G. Grente, *Le pape des grands combats: St Pie V*, Paris 1956; P 17; 18; *DTC* 12,1647–53 (R. Hedde / É. Amann); *EC* 9,1498–1500 (H. Jedin); *LThK* 8,531 f. (A. Franzen); Seppelt 5,119–152.

Gregor XIII.

(14. 5. 1572 – 10. 4. 1585)

Ugo Boncompagni, vierter Sohn eines Kaufmanns, wurde am 1. Januar 1502 in Bologna geboren, erwarb an der dortigen Universität den Doktor der Rechte und war acht Jahre ihr Professor (1531–39). In dieser Zeit führte er ein unbeschwertes Leben und zeugte einen unehelichen Sohn namens Giacomo, den er später zum Gouverneur der Engelsburg ernannte. 1539 ging er nach Rom, empfing mit etwa 40 Jahren die Weihen und erlangte unter PAUL III. so hohes Ansehen als Jurist und Verwalter, daß ihm eine Reihe verantwortungsvoller juristischer Aufgaben übertragen wurde. PAUL IV. sandte ihn mit diplomatischen Aufträgen nach Frankreich (1556) und Brüssel (1557) und ernannte ihn im Juli 1558 zum Bischof von Vieste. 1561–63 nahm er als Kirchenrechtsexperte am Tridentinischen Konzil teil, wo er beachtlichen Anteil am Entwurf der Konzilsbeschlüsse hatte. In Anerkennung seiner Verdienste erhob PIUS IV. ihn zum Kardinalpriester von S. Sisto (12. 3. 1565) und betraute ihn mit der wichtigen Gesandtschaft in Spanien. Hier gewann er das Vertrauen Philipps II. (1556–98), dessen Einfluß es hauptsächlich zuzuschreiben war, daß er auf dem außergewöhnlich kurzen Konklave nach dem Ableben PIUS' V. zum Papst gewählt wurde.

Gregor war zwar gelassener und kompromißbereiter als Pius V., doch erwies er sich als nicht weniger entschlossen, was die Durchsetzung der Tridentinischen Beschlüsse und die katholische Reform anging. Teilweise unter dem Einfluß Carlo Borromeos (1538–84) hatte er seinen früheren weltlichen Sinn in religiösen Ernst verwandelt. An unabhängiges Arbeiten gewöhnt, räumte er seinem engsten Berater, Tolomeo Galli, dem ersten päpstlichen Staatssekretär im modernen Sinn des Wortes, nur eine begrenzte Rolle ein. Er berief eine Kardinalskommission zur Durchführung der Beschlüsse und legte besonderen Wert darauf, daß die Bischöfe sorgfältig ausgewählt wurden und die Residenzpflicht einhielten. Er veranlaßte die Umwandlung der Nuntiaturen, die bis dahin in erster Linie diplomatische Vertretungen gewesen waren, in Instrumente der Kirchenreform, was zur Errichtung neuer Nuntiaturen in Luzern (1579), Graz (1580) und Köln (1584) führte; denn dort verlangte die kritische Lage die direkte Vertretung des Hl. Stuhls. In voller Übereinstimmung mit der Tridentinischen Auffassung, daß die Reform ohne eine gute Ausbildung des Klerus nicht möglich sei, gründete er in Rom und anderen Städten mit hohen Kosten verbundene Studienkollegs, welche er zumeist den Jesuiten anvertraute, deren Privilegien er erweiterte. In Rom ließ er das Collegium Romanum, das später ihm zu Ehren in Universitas Gregoriana umbenannt wurde, ausbauen und 1572 reichlich mit Stiftungsgeldern ausstatten, sicherte die Zukunft des Collegium Germanicum und errichtete 1579 ein Collegium Anglicum. Desgleichen gründete er ein griechisches, ein maronitisches und ein armenisches sowie ein ungarisches Kolleg (das später mit dem deutschen zusammengelegt wurde). Diese berühmten Seminare, besonders das deutsche und das englische, sollten bald reiche Früchte tragen: ein ständiger Strom professionell ge-

schulter Priester ergoß sich in deren protestantische Heimatländer.
In seinem inbrünstigen Wunsch, den Katholizismus zu behaupten und zu erneuern, verlieh Gregor der Gegenreformation eine militantere Richtung. Als in Rom die Nachricht vom Massaker an den Hugenotten in der französischen Bartholomäusnacht (23./24. 8. 1572) eintraf, feierte er das Ereignis mit *Te Deums* und Dankgottesdiensten als einen Sieg der Kirche über die Ungläubigen und als einen Denkzettel für politischen Verrat. Der Katholischen Liga gegen die Hugenotten verabreichte er kräftige Finanzspritzen. Dennoch verliefen seine Anstrengungen, die Beschlüsse von Trient im katholischen Frankreich durchzusetzen, enttäuschend. Er ermunterte Philipp II. von Spanien, seine Aufmerksamkeit den Niederlanden und Irland zuzuwenden, und hoffte, daß von Irland ein Angriff gegen Elisabeth I. von England erfolgen würde. Als sein Traum von einer irischen Invasion gegen England zerrann (1578/79), unterstützte er persönlich Verschwörungen zur Ermordung der Königin. In den Niederlanden erfuhr er die Genugtuung, daß sich die südlichen Provinzen zur Verteidigung des katholischen Glaubens in der Union von Arras (6. 1. 1579) zusammenschlossen, doch seine Unterhandlungen mit Johann III. von Schweden (1568–92), der Zugeständnisse wie die Priesterehe, das Verbot der Anrufung von Heiligen und das Abendmahl in beiderlei Gestalt forderte, brachten kein Ergebnis, und das Land blieb in den Händen der Lutheraner. Auch seine Versuche, die Vereinigung der russisch-orthodoxen Kirche mit Rom herbeizuführen, scheiterten. Allerdings wurde Polen endgültig der Kirche zurückgewonnen, und in Deutschland konnte der Vormarsch des Protestantismus aufgehalten und zahlreiche Territorien dem Katholizismus zurückgegeben werden. Hier stand ihm seit 1573 die Deutsche Kongregation zur Seite, eine Sonderkommission von Kardinälen, die mit der Förderung des Katholizismus in Deutschland betraut war. Es war typisch für Gregor, daß er, um katholische Eigentumsrechte in Nordwestdeutschland zu sichern, dem weltlich gesinnten Ernst von Bayern, jüngster Sohn Herzog Albrechts V. (1550–79), die Anhäufung von fünf Bischofssitzen gestattete, obwohl das Tridentinum den Besitz mehrerer Ämter verboten hatte.
Die Jesuiten unterstützte Gregor nicht nur in Europa, sondern auch bei ihrer Missionstätigkeit in anderen Teilen der Welt: Indien, China, Japan und Brasilien. 1575 bestätigte er die Kongregation der Oratorianer des Filippo Neri (1515–95) sowie 1580 die Reform der Beschuhten Karmelitinnen der Theresa von Avila (1515–82). Er veranlaßte 1582 die von Trient geforderte Veröffentlichung des *Corpus iuris canonici* und erkannte rasch die Bedeutung der Entdeckung (1578) der römischen Katakomben für die Kirchengeschichte. Schließlich bleibt sein Name mit der Reform des Julianischen Kalenders verbunden, die unter früheren Päpsten in Angriff genommen, aber erst von einer Kommission in der päpstlichen Villa Mondragone (Frascati) vollendet worden war (24. 2. 1582). Der neue Kalender, der zehn Tage (5.–14. 10. 1582) ausließ und eine neue Regel für Schaltjahre enthielt, wurde von den katholischen Staaten angenommen, doch die protestantischen folgten ihm erst mehr als ein Jahrhundert später.
Gregor förderte nicht nur die Forschung, sondern war auch ein beachtlicher Bauherr; so ließ er etwa die Gesù, die Mutterkirche des Jesuitenordens, vollenden und begann mit dem Bau eines großen Palastes, einer päpstlichen Sommerresidenz auf dem Quirinal. Die Aufwendungen für derartige Arbeiten wie auch die Subventionen zugunsten katholischer Fürsten und die Dotationen für seine Kollegien und Stiftungen waren erdrückend, und der Papst sah sich gezwungen, aus päpstlichen Monopolen und Zöllen zusätzliche Einnahmen zu erschließen. Mit juristischem und administrativem Geschick versuchte er auch zu erreichen, daß päpstliche Besitztümer an die Kurie zurückfielen, wann immer der Rechtstitel mangelhaft schien. Eine der Folgen war verbreitetes Banditentum durch die enteigneten und darob verärgerten Adligen. In den letzten Jahren seines Lebens herrschten daher schlimme Unordnung und Gesetzlosigkeit im Kirchenstaat und in Rom selbst.

Lit.: *BullRom* 8; A. Ciappi, *Compendio delle attioni e vita di Gregorio XIII*, Rom 1591; G. P. Maffei, *Annali di Gregorio XIII pontifice massimo*, Rom 1742; I. Bompiano, *Historia pontificatus Gregorii XIII*, Rom 1655; L. Karttunen, *Grégoire XIII comme politicien et souverain*, Helsinki 1911; G. Levi della Vida, »Documenti intorno alle relazioni delle chiese orientali con la S. Sede durante il pontificato di G. XIII«, in: *ST* 143 (1948); P 19; 20; *DTC* 6,1809–15 (P. Moncelle); *EC* 6,1143 (M. E. Viora); *LThK* 4,1188–90 (G. Schwaiger); *NCE* 6,779–781 (D. R. Campbell); Seppelt 5,151–178.

Sixtus V.
(24. 4. 1585 – 27. 8. 1590)

Felice Peretti wurde am 13. Dezember 1520 als Sohn eines Landarbeiters in Grottammare (Mark Ancona) geboren. Ein Onkel, der Franziskaner war, kümmerte sich um seine Erziehung, und mit zwölf Jahren trat er in den Orden im nahegelegenen Montalto ein. Nach einem glänzenden Studium wurde er 1547 in Siena ordiniert und erwarb 1548 in Fermo den Doktor der Theologie. Er war bereits ein hervorragender Prediger, als er 1552 von Kardinal Carpi, dem Protektor der Franziskaner, nach Rom geholt wurde. Hier erlangte er mit seinen Fastenpredigten Berühmtheit. 1556 berief ihn PAUL IV., dem der asketische Fra Felice aufgefallen war, in seine Reformkommissionen und ernannte ihn 1557 zum Inquisitor für Venedig. Seine Härte führte zu seinem Rückruf, doch PIUS IV. stellte ihn 1560 erneut ein. 1566 ernannte ihn PIUS V., der ihn als Großinquisitor schätzen gelernt hatte, zum Generalvikar der Franziskaner und zum Bischof von S. Agata dei Goti (bei Caserta), 1570 zum Kardinal. 1571–77 war er Bischof von Fermo. Unter GREGOR XIII., mit dem er 1565 auf einer Mission in Spanien aneinandergeraten war, fiel Kardinal Montalto (wie er inzwischen genannt wurde) in Ungnade, so daß er dessen lange Regierungszeit in seiner Villa auf dem Esquilin mit der Vorbereitung einer – ziemlich ungleichmäßig gearbeiteten – Ausgabe des hl. Ambrosius verbrachte. Diese Jahre der Zurückgezogenheit wie auch sein Bemühen, niemanden zu kränken, hatten zur Folge, daß er fast unbekannt war – außer einem Kreis mächtiger Freunde, denen er auf einem vom Einfluß der Großmächte fast gänzlich freien Konklave seine einstimmige Wahl zum Nachfolger Gregors verdankte. Aus Hochachtung für SIXTUS IV., der gleichfalls Franziskaner war, wählte er diesen Namen.

Zum Herrschen geboren, energisch, hart zupakkend und unbeugsam, machte sich Sixtus unverzüglich daran, die Ordnung im Kirchenstaat wiederherzustellen, den Gregor der Gewalt übermächtiger Banditen überlassen hatte. Dies gelang ihm durch schonungslose Unterdrückungsmaßnahmen innerhalb von zwei Jahren. Tausende von Briganten wurden öffentlich hingerichtet und die Vornehmen, die ihnen Zuflucht boten, gnadenlos bestraft. Danach wandte sich der Papst der Wirtschafts- und Finanzreform zu. Indem er Nahrungsmittelpreise festsetzte, Sümpfe trockenlegen ließ und Landwirtschaft sowie Woll- und Seidenindustrie förderte, verbesserte er das Los seiner Untertanen. Mit der Auffüllung der päpstlichen Schatzkammer, die Gregor leer hinterlassen hatte, hatte er einen eindrucksvollen Erfolg. Er kürzte die Ausgaben auf ein Minimum (seine persönliche Lebensführung war die eines Franziskaners), erhob neue Steuern, schöpfte den Verkauf von Ämtern aus und legte neue Darlehen auf; so häufte er, trotz enormer Aufwendungen für öffentliche Bauten, in der Engelsburg einen Schatz von mehr als vier Millionen Scudi, größtenteils in Gold, an. Dies machte ihn zu einem der reichsten Fürsten Europas und sicherte ihm beispiellose finanzielle Unabhängigkeit.

Sixtus verdankt sein Ansehen als Papst der dauerhaften Reorganisation der kirchlichen Zentralverwaltung. In der Konstitution *Postquam verus* (3. 12. 1586) legte er die Höchstzahl der Kardinäle, die erst unter JOHANNES XXIII. überschritten wurde, auf 70 fest. Seine eigenen Ernennungen waren im allgemeinen verantwortungsbewußt, auch wenn die Berufung seines 15jährigen Neffen Alessandro einen Schock auslöste. Auch das Staatssekretariat gestaltete er um, indem er 15 ständige Kardinalskongregationen einrichtete (22. 1. 1588), von denen sechs die weltliche Verwaltung überwachen sollten, während die übrigen geistliche Angelegenheiten beaufsichtigten. Diese Aufgabenteilung, die im großen und ganzen bis zum 2. Vatikanischen Konzil (1962–65) beibehalten wurde, verringerte die Bedeutung des Konsistoriums und damit die Ansprüche des hl. Kollegiums auf Mitbestimmung an der Seite des Papstes. Sixtus bediente sich der neuen Kurialverwaltung zur wirksamen Durchsetzung der Tridentinischen Beschlüsse, vor allem des Verbots der Simonie und der Pfründenhäufung. Einen Wendepunkt in der katholischen Reform stellte sein Neuerlaß der Vorschrift dar, daß die Bischöfe regelmäßig den Hl. Stuhl aufsuchen und einen Bericht zur Lage ihrer Diözese vorlegen müßten (20. 12. 1585). Gemäß dem Konzil von Trient richtete er auch eine Kommission zur Überarbeitung der Vulgata ein; da er jedoch mit dem Fortgang ihrer Arbeit unzufrieden war, nahm er die Aufgabe selbst in die Hand und veröffentlichte (2. 5. 1590) eine Ausgabe, die allerdings so voller Fehler steckte, daß sie nach seinem Tod zurückgezogen werden mußte. Während er die Jesuiten kühl behandelte, zeigte er sich den Franziskanern gegenüber großzügig und erklärte den franziskanischen Theologen und Heiligen Bonaventura († 1274) zum Kirchenlehrer.

In internationalen Angelegenheiten verfolgte Sixtus die unterschiedlichsten Interessen. In visionären Augenblicken träumte er von der Verwendung seines Schatzes zur Zerschlagung der Türken und zur Errichtung eines christlichen Staates mit dem Hl. Grab als Mittelpunkt. Weit praktischere Hilfe ließ er König Stephan Báthory (1576–86) und König Sigismund III. Wasa (1587–1632) angedeihen, um den Katholizismus in Polen zu fördern. Und er bewog Herzog Karl Emmanuel von Savoyen (1580–1630), Genf seinem Reich einzuverleiben, und versprach Philipp II. von Spanien (1556–98) großzügige Subventionen für eine Invasion Englands. Freilich weigerte er sich nach der Niederlage der spanischen Armada (Juli/Aug. 1588), diese auch wirklich zu leisten. Mißtrauisch gegenüber der spanischen Vorherrschaft, suchte er ein Gleichgewicht der katholischen Mächte zu bewahren; allerdings fühlte er sich verpflichtet, Philipp gegen den Hugenotten Heinrich von Navarra (Heinrich IV. von Frankreich, 1589–1610) beizustehen, den er 1585 mit dem Bann belegte. In den letzten Monaten seines Lebens jedoch bewirkte die Aussicht auf Heinrichs Durchsetzung seines Anspruchs auf die französische Krone und auf seine Konversion zum Katholizismus, daß er sich Philipps Forderungen selbst auf das Risiko eines offenen Bruchs hin widersetzte. In der Ferne förderte er die Missionsbestrebungen in Japan, China, auf den Philippinen und in Südamerika.

Sixtus, treffend »der eiserne Papst« genannt, war ein glänzender Förderer von Architektur und Wissenschaft im Geist der katholischen Erneuerung. Rom wurde vor allem aufgrund seiner Bauten zu einer großartigen »Stadt des Barock«. Er gestaltete das Stadtbild einfallsreich um, ließ breite Straßenzüge anlegen, um die sieben Wallfahrtskirchen miteinander zu verbinden, an wichtigen Punkten Obelisken mit Kreuzen aufstellen und neue Aquädukte zur Wasserversorgung, die »Acqua Felice«, errichten. Unter seinem Pontifikat wurde der Lateranpalast umgebaut und die Kuppel des Petersdoms vollendet. Der Vatikan erhielt eine neue geräumigere Bibliothek, ferner eine eigene Druckerei, die 1587 eine Ausgabe der Septuaginta herausbrachte. Sein Ende, das sich durch mehrere Anfälle von Malaria ankündigte, wurde in den letzten Wochen von erbitterten Wortgefechten mit dem spanischen Botschafter über die Frage des französischen Königtums noch beschleunigt. Sixtus, der im allgemeinen als bedeutender Papst gilt, wurde von seinen Untertanen verabscheut; auf die Nachricht von seinem Tod hin stürzte die Volksmenge seine Statue auf dem Kapitol um.

Lit.: *BullRom* 8; 9.; J. A. Santorio, »Acta consistorialia Sixti V«, in: *Analecta iuris pontificii*, Bd. 11, Rom [u. a.] 1872, S. 830–874; C. Cugnoni, »Documenti chigiani concernenti Felice Peretti, Sisto V«, in: *ASRomana* 5 (1882) S. 1–32; 210–304; 542–589; J. A. von Hübner, *Der eiserne Papst*, Leipzig 1932; L. M. Personé, *Sisto Quinto*, Florenz 1935; R. Canestrari, *Sisto V*, Turin 1954; P 21; 22; *DTC* 14,2217–38 (A. Teetaert); *EC* 11,780–787 (G. B. Picotti); *NCE* 13,273–275 (D. R. Campbell); Seppelt 5,175–209.

Urban VII.

(15. – 27. 9. 1590)

Zum Nachfolger SIXTUS' V. wurde vor allem durch spanische Einflußnahme Giambattista Castagna gewählt. Der am 4. August 1521 in Rom geborene Sohn eines adligen Genuesen und einer Römerin studierte in Perugia und Padua, erwarb in Bologna den Doktor der Rechte und diente 1551 unter seinem Onkel, Kardinal Girolamo Verallo, als dieser als päpstlicher Legat an den Hof Heinrichs II. von Frankreich (1547–59) ging. Nach seiner Heimkehr wurde er hoher Beamter der Signatura, des höchsten Tribunals der Kirche, und 1553 zum Erzbischof von Rossano (Kalabrien) ernannt. Nach einer kurzen Periode als Gouverneur des Kirchenstaats unter PAUL IV. hatte er entscheidenden Anteil an den Beschlüssen der Endphase (1562/63) des Konzils von Trient. 1564 beauftragte ihn PIUS IV., Kardinal Boncompagni (später GREGOR XIII.) auf seiner Gesandtschaft nach Spanien zu begleiten. Als Nuntius blieb er dort bis 1572; wenngleich das Verhältnis zwischen PIUS V. und Philipp II. (1556–98) einen kritischen Punkt erreichte, gelang es ihm, den völligen Abbruch der diplomatischen Beziehungen zu vermeiden. Nach Aufgabe des Bistums Rossano wurde er 1573 Nuntius in Venedig und anschließend Gouverneur von Bologna. Gregor XIII. berief ihn zum Konsultor (dem sachverständigen Ratgeber) des Hl. Offiziums und erhob ihn (12. 12. 1583) zum Kardinalpriester. Sixtus V., dessen Wahl er nicht unterstützt hatte, wußte seine Fähigkeiten zu schätzen, bestätigte ihn als Gouverneur von Bologna und bediente sich seiner bei der Inquisition.

Die Wahl eines gemäßigten, ernsten und erfahrenen Kirchenmannes weckte große Hoffnungen; die wenigen Zeichen zukünftiger Politik, die er zu setzen vermochte, bezeugen seine großmütigen und reformerischen Ziele. Indessen wurde er, obwohl von robuster Gesundheit, noch in der Nacht nach seiner Wahl von der Malaria erfaßt und starb, bevor seine Krönung stattfinden konnte. Sein persönliches Vermögen im Wert von 30 000 Skudi vermachte er einer Stiftung, die unbemittelte römische Mädchen mit einer Mitgift versah.

Lit.: L. Arrighi. *Vita Urbani VII*, Bologna 1614; G. Moroni, *Dizionario di erudizione storico-ecclesiastico*, Bd. 46, Venedig 1857, S. 36–41; P 22; *EC* 12,910–912 (R. Ciasca); *NCE* 14,480 f. (E. D. McShane).

Gregor XIV.

(5. 12. 1590 – 16. 10. 1591)

Nach einem mehr als zwei Monate währenden Konklave, das für seine Parteiintrigen und die brutale Einflußnahme der spanischen Regierung berüchtigt war, wurde Kardinal Niccolò Sfondrati als der für alle Seiten annehmbarste Kandidat (auf einer Liste mit sieben Namen) zum Nachfolger URBANS VII. gewählt. Am 11. Februar 1535 in Somma (Lombardei) geboren, studierte er in Perugia und Padua, erwarb in Pavia den Doktor der Rechte und empfing danach die Weihen. Von entscheidendem Einfluß auf sein Leben war seine Freundschaft mit dem später heiliggesprochenen Carlo Borromeo (Karl Borromäus, 1538–84). Bereits mit 25 Jahren wurde er von PIUS IV. zum Bischof von Cremona ernannt. Kurz darauf nahm er an dem neu einberufenen Konzil von Trient (1562/1563) teil, wo er gegen Pfründenhäufung und für die Verpflichtung der Bischöfe zur Residenz in ihren Diözesen nach göttlichem Recht eintrat. Nach Beendigung des Konzils widmete er sich gewissenhaft seiner Diözese, führte religiöse Unterweisung zur Heranbildung des Priesternachwuchses ein und setzte die Reformbeschlüsse von Trient in die Tat um. GREGOR XIII. ernannte ihn zum Kardinal von S. Cecilia (12. 12. 1583), wodurch er zwar nur mit bescheidenen Kurialaufgaben befaßt war, doch trugen ihm sein Reformeifer und seine Hingabe an den (hl.) Filippo Neri (1515–95) und die Oratorianer Bewunderung ein.

Gregor, der den Namen seines Schutzherrn annahm, war körperlich schwach (er litt unter starken Schmerzen), aber noch schwächer an Willenskraft. Vorbildliche, zurückhaltende Frömmigkeit zeichnete ihn aus, jedoch besaß er kaum kuriale oder politische Erfahrung. Da er sich dessen bewußt war, berief er seinen selbstsüchtigen Neffen, den 29jährigen Paolo Emilio Sfondrati, zum Kardinal (19. 12. 1590) und betraute ihn als Staatssekretär mit der Amtsführung. Paolo, der nicht mehr Erfahrung als sein Onkel besaß, begann augenblicklich mit dem Ausbau einer eigenen Machtbasis und setzte seine Verwandten in einflußreiche Positionen im Kirchenstaat. All dies, besonders aber seine Handhabung der Angelegenheiten, die eigentlich dem Papst anstanden, sowie die neue Richtung, die er der päpstlichen Politik gab, riefen im hl. Kollegium Verärgerung und Klagen hervor. Als Mailänder geneigt, sich den spanischen Interessen zu beugen, setzte Gregor die Bemühungen Sixtus' V. um die Erhaltung des Gleichgewichts nicht fort, sondern ließ den spanischen Bestrebungen in Frankreich volle Unterstützung zukommen. Der von dem noch immer protestantischen Heinrich von Navarra (seit August 1589 Heinrich IV. von Frankreich) bedrohten Stadt Paris schickte er monatlich eine namhafte Hilfszahlung, unterstützte die von Spanien geförderte Katholische Liga, bekräftigte den Bannfluch Sixtus' gegen Heinrich (1. 3. 1591), mit dem dieser der französischen Krone für unwürdig erklärt worden war, und sandte ein päpstliches Heer nach Frankreich, das er mit dem von Sixtus so sorgfältig angesammelten Schatz finanzierte. Diese Maßnahmen erwiesen sich im großen und ganzen als unwirksam, außer daß sich die gemäßigten Katholiken um Heinrich scharten und dessen Konversion beschleunigten.

Während seines kurzen Pontifikats bemühte sich Gregor, die Folgen von Pest, Lebensmittelmangel und Räuberei zu lindern, unter denen Rom litt, obwohl die Unfähigkeit seines Neffen die

Knappheit noch vergrößerte. Von seinem Krankenlager aus fuhr er mit der Arbeit an den Reformen fort; er achtete streng auf die Residenzpflicht der Bischöfe, legte die Qualifikationen von Bischofsanwärtern fest (15. 5. 1591), verbot die Lesung von Messen in Privathäusern und veranlaßte die Überarbeitung der fehlerhaften Vulgata Sixtus' V. Den Abschluß von Wetten auf Papstwahlen, auf die Dauer eines Pontifikats oder auf die Ernennung von Kardinälen untersagte er (21. 3. 1591).

Lit.: A. B. Ciaconius, *Vitae et res gestae summ. pontif. Romanorum*, Rom 1601/02; A. Cicarelli, *Vita Gregorii XIV* [Forts. zu B. Platina, Venedig 1685]; M. Facini, *Il pontificato di Gregorio XIV*, Rom 1911; D. L. Càstano, *Gregorio XIV*, Turin 1957; P 22; *EC* 6,1144–46 (R. Ciasca); *NCE* 6,781 f. (R. L. Foley); Seppelt 5,210–212.

Innozenz IX.

(29. 10. – 30. 12. 1591)

Zum Nachfolger GREGORS XIV. wurde Kardinal Giovanni Antonio Fachinetti gewählt. Der spanische Einfluß auf das Konklave konnte zurückgedrängt werden, doch stand sein Name auf der Liste der Kandidaten, die König Philipp II. (1556–98) genehm waren. Er wurde am 20. Juli 1519 in Bologna geboren, wohin seine Familie von Verona gezogen war, studierte dort an der Universität und erwarb 1544 den Doktor der Rechte. Er ging nach Rom und trat in die Dienste des Kardinals Alessandro Farnese, der ihn als seinen Vertreter für vier Jahre nach Avignon schickte und danach mit seinen Geschäften in Parma betraute. PIUS IV. machte ihn 1560 zum Bischof von Nicastro (Kalabrien). Zwei Jahre später spielte er eine aktive Rolle in der Schlußphase des Konzils von Trient. 1566–72 war er unter PIUS V. und GREGOR XIII. Nuntius in Venedig und handelte die antitürkische Liga aus, die mit dem Seesieg bei Lepanto (Okt. 1571) triumphieren konnte. Aus gesundheitlichen Gründen verzichtete er 1575 auf seine Diözese und kehrte nach Rom zurück, wo Gregor XIII. ihn nicht nur in verantwortliche Positionen in Kurie und Inquisition brachte, sondern zum Lateinischen Patriarchen von Jerusalem (12. 11. 1576) und zum Kardinal (12. 12. 1583) ernannte. Da er damals einer der führenden Prälaten war, kam seine Wahl nicht überraschend, war er doch bereits auf früheren Konklaven ein ernstzunehmender Kandidat gewesen. Sein Alter und seine Gebrechlichkeit ließen ein kurzes Pontifikat erwarten, das der spanienfeindlichen Partei eine Verschnaufpause zu gewähren schien.

Wie Gregor XIV. verfolgte er in Frankreich erwartungsgemäß eine spanienfreundliche Politik und unterstützte Philipp II. und die Katholische Liga gegen den noch immer protestantischen Heinrich IV. (1589–1610), auch wenn er mit charakteristischer Sparsamkeit seine finanziellen Zuwendungen drastisch kürzte. Dennoch zwangen ihn Heinrichs Erfolge kurz vor seinem Tod, dem päpstlichen Heer, das die Belagerung Rouens aufzuheben versuchte, 36000 Dukaten zuzuweisen. Bestrebt, die päpstlichen Finanzen auf eine gesunde Basis zu stellen, legte er im Konsistorium (3. 11. 1591) seinen Plan dar, wie SIXTUS V. in der Engelsburg eine umfangreiche Reserve für Notfälle einzulagern. Am 4. November erneuerte und verschärfte er Pius' V. Verbot der Übereignung von Kirchenbesitz. Eine seiner ersten Amtshandlungen bestand in der Aufteilung der Arbeit des Staatssekretariats in drei Abteilungen: eine für Frankreich und Polen, eine zweite für Italien und Spanien und eine dritte für Deutschland. Er ergriff Maßnahmen zur Bekämpfung des Räuberunwesens, das Rom bedrohte, zur Regulierung des Tiber und zur Verbesserung der sanitären Zustände im Borgo. Am 18. Dezember erkrankte er, doch beharrte er darauf, zu den Sieben Kirchen zu pilgern. Er erkältete sich und starb innerhalb weniger Tage. Der gelehrte Mann hatte über die *Politik* des Aristoteles und andere Themen geschrieben, doch sind seine Werke nie veröffentlicht worden.

Lit.: A. Cicarelli, *Vita Innocentii IX* [Forts. zu B. Platina, Venedig 1685]; A. B. Ciaconius, *Viate et res gestae summ. pontif. Romanorum*, Rom 1601/02; *BullRom* 19; P 22; *EC* 7,19 (P. Brezzi); *NCE* 7,527 f. (R. L. Foley).

Klemens VIII.

(30. 1. 1592 – 5. 3. 1605)

Der am 24. Februar 1536 in Fano geborene Ippolito Aldobrandini war der Sohn eines angesehenen florentinischen Rechtsanwalts, den seine Opposition gegen die Medici aus Florenz vertrieben hatte. Die Großzügigkeit Kardinal Alessandro Farneses verhalf dem jungen Mann zu einem

Studium der Rechte in Padua, Perugia und Bologna. Danach nahm sich der Gönner seiner Familie, Pius V., seiner an, berief ihn zum Konsistorialrat und später (1569) zum Richter an der Rota. 1571/72 begleitete er den Neffen des Papstes, Kardinal Bonelli, auf einer diplomatischen Mission nach Spanien und Frankreich, die, obwohl erfolglos, ihn in die große Welt der Politik einführte. Unter Gregor XIII. trat er in den Hintergrund. Ende 1580 wurde er, vermutlich unter dem Einfluß des (hl.) Filippo Neri (1515–95), zum Priester geweiht. Unter Sixtus V. erfolgte sein rascher Aufstieg: er wurde Leiter der Datarie (päpstliche Behörde für die Verleihung niederer Benefizien, 15. 5. 1585) und Kardinalpriester (18. Dez.). Nachdem er 1586 als Großpönitentiar gewirkt hatte, erwarb er 1588/89 diplomatische Lorbeeren als Legat in Polen, wo er einen gefährlichen Streit zwischen König Sigismund III. Wasa (1587–1632) und dem Haus Habsburg zufriedenstellend schlichtete. Auf den drei Konklaven von 1590/91 wurde er ernsthaft in Betracht gezogen, und war er auch nicht der Favorit der Spanier, so verfügte er doch über genügend spanische Unterstützung, um sich zum Nachfolger Innozenz' IX. wählen zu lassen.

Als Papst entsprach Klemens VIII. den Idealen der katholischen Reform. Er war nicht nur, obwohl durch Gicht ans Bett gefesselt, ein unermüdlicher Arbeiter, der allen Einzelheiten gewissenhaft Beachtung schenkte; auch seine Frömmigkeit und Einfachheit waren offenkundig. Er fastete, meditierte, las die Messe, legte mit beispielhafter Regelmäßigkeit die Beichte ab und begab sich monatlich einmal zu Fuß zu den Wallfahrtskirchen. Sein Vertrauter war Filippo Neri, sein Beichtvater der Kirchenhistoriker und Oratorianer Cesare Baronius (1538–1607). Zu den von ihm ernannten Kardinälen gehörte der heiligmäßige jesuitische Theologe Robert Bellarmin (1542–1621). Andererseits war Klemens entschlußlos, neigte zum Aufschieben von Geschäften und mußte aufgrund seiner schmerzhaften Krankheit ständig seinen Wohnsitz wechseln, was die päpstlichen Finanzen ebenso schwer belastete wie seine Vorliebe für Gepränge und seine übergroße Freigebigkeit gegenüber seiner Familie. Seine Hofhaltung kostete viermal so viel wie die von Sixtus V. Obwohl er als Kardinal den Nepotismus kritisiert hatte, erhob er seine Neffen Cinzio und Pietro Aldobrandini im Herbst 1593 in den Kardinalsstand und überließ ihnen die Amtsführung fast ausschließlich. Andere Verwandte sonnten sich in seinem Glanz, und einen 14jährigen Neffen liebte er so abgöttisch, daß er ihn zum Kardinal machte.

Obwohl die Erneuerungsbewegung zu erlahmen begann, fuhr auch Klemens mit der Aufgabe fort, die Beschlüsse des Konzils von Trient umzusetzen. Mit einer Reihe von Maßnahmen förderte er die Reform der Ordenshäuser. 1592 veröffentlichte er die korrigierte Fassung der fehlerhaften Vulgata Sixtus' V. von 1590, die *Clementina*, die bis ins 20. Jh. maßgeblich blieb. Dann gab er Neubearbeitungen der wichtigsten liturgischen Bücher heraus: das Pontifikale Romanum (1596), das Breviarium (Brevier, 1602) sowie das Missale (Meßbuch, 1604). 1596 kam eine strengere, erweiterte Fassung des Index heraus, der ein Verbot jüdischer Bücher aufwies. Doch die Furcht vor möglichen politischen Auswirkungen hielt ihn davon ab, in Ergänzung zu der von Klemens V. herausgegebenen, eine Sammlung von Dekretalen herauszubringen. Er verschärfte das Vorgehen der Inquisition, die während seiner Regierungszeit mehr als 30 Häretiker (darunter der Ex-Dominikaner und Philosoph Giordano Bruno, 1548–1600) auf dem Scheiterhaufen verbrennen ließ. Seine Sorge um die Orthodoxie und seine Unschlüssigkeit zeigten sich darin, daß er 1595–1605 den Streit zwischen Jesuiten und Dominikanern um die Lehre des Luis de Molina (1535–1600) über die Gnade, den freien Willen und die göttliche Vorsehung zwar aufmerksam verfolgte, aber zu keiner Lösung gelangte.

Auf politischem Gebiet faßte Klemens nach langer Gewissenserforschung und zögernd den folgenschweren Entschluß, den 1593 zum Katholizismus übergetretenen Heinrich IV. als König von Frankreich (1589–1610) anzuerkennen und ihn vom Bann Sixtus' V. loszusprechen (17. 9. 1595). Damit akzeptierte er zwar widerstrebend das Edikt von Nantes (13. 4. 1598), das den Hugenotten Religionsfreiheit, bürgerliche Gleichheit und andere Rechte zugestand; doch war das Papsttum von der spanischen Vorherrschaft befreit, und Klemens konnte für den Frieden von Vervins verantwortlich zeichnen, der 1598 zwischen Frankreich und Spanien ausgehandelt wurde. Mit Heinrichs Hilfe vermochte er außerdem 1597 der Opposition Spaniens und des Reiches zu trotzen und nach dem Erlöschen des

Hauses Este sicherzustellen, daß das Herzogtum Ferrara an den Hl. Stuhl zurückfiel. Er billigte (23. 12. 1595) die später von der Synode von Brest-Litowsk (6.–10. 10. 1596) angenommenen Vorschläge, wonach Millionen orthodoxer Christen in Polen der römischen Kirche beitreten durften, ohne ihre Liturgie aufgeben zu müssen. Die Berufung des Franz von Salis (1567–1622) zum Bischof-Koadjutor von Genf (1599; ab 1602 Bischof) verschaffte der Gegenreformation in der Schweiz einen spürbaren Aufschwung. Dagegen gelang es ihm trotz beharrlicher Anstrengungen nicht, gegen die Ungarn und Österreich bedrohenden Türken eine wirksame Koalition der christlichen Mächte aufzubieten. In England war er 1598–1602 in den Meinungsstreit um den Erzpriester George Blackwell verwickelt, den er 1598 berufen hatte. Jakobs I. (VI.) machiavellistisch beteuertes Interesse hatte seine Hoffnungen genährt, daß Großbritannien zum Katholizismus zurückfinden werde, sie erwiesen sich aber als trügerisch. Auch in Schweden zerrann sein Traum von einer katholischen Restauration, als der Katholik Sigismund III. von Polen, der 1593 die Thronfolge angetreten hatte, 1598 von seinem protestantischen Onkel Herzog Karl von Södermanland (Karl IX., 1604–11) besiegt und abgesetzt wurde.

Klemens hinterließ das Papsttum stärker und unabhängiger, als er es übernommen hatte. Um den päpstlichen Handlungsspielraum zu erweitern, ergriff er Maßnahmen zur Zurückdrängung des übermäßigen spanischen Einflusses im hl. Kollegium. Das Jubeljahr 1600, das Millionen Pilger nach Rom lockte – allein der Öffnung der Porta Santa, der hl. Pforte zum Petersdom, wohnten 80000 Menschen bei (31. 12. 1599) –, legte von dem verjüngten Papsttum der Gegenreformation ein glänzendes Zeugnis ab.

Lit.: *BullRom* 9; 101; 11; P. van Isacker, »Notes sur l'intervention militaire de Clément VIII en France à la fin du XVIe siècle«, in: *RHE* 12 (1911) S. 702–713; P 23; 24; *DBI* 26,259–282 (A. Borromeo); *DHGE* 12,1249–97 (R. Mols); *EC* 3,1827–30 (G. Soranzo); *NCE* 3,933 f. (J. C. Willke); Seppelt 5,213–243.

Leo XI.

(1. – 27. 8. 1605)

Alessandro Ottaviano de' Medici, geboren am 2. Juni 1535 in Florenz, entstammte einer Seitenlinie des florentinischen Herrschergeschlechts und war über seine Mutter Francesca Salviati ein Neffe Leos X. Seine Mutter hielt ihn, solange sie lebte, von der Priesterweihe ab, und er diente 15 Jahre als Botschafter Großherzog Cosimos I. in Rom, wo er Lieblingsschüler des (hl.) Filippo Neri (1515–95) wurde. Auf Gregor XIII. machte er einen so günstigen Eindruck, daß ihn dieser 1573 zum Bischof von Pistoia, 1574 zum Erzbischof von Florenz und 1583 zum Kardinal machte. Der tiefreligiöse Mann, der enge Beziehungen zu den Dominikanern von S. Marco pflegte, leitete in seinen Diözesen tatkräftig die Tridentinischen Reformen ein. Zugleich wandte er Unsummen für die Restauration römischer Kirchen und später für den Erwerb der Villa Medici auf. Er half, Klemens VIII. zu überreden, Heinrich IV. von Frankreich (1589–1610) vom Bann loszusprechen, wurde im April 1596 zum Legaten in Frankreich bestellt und blieb zwei Jahre dort. Als Legat setzte er sich sehr für die Wiederherstellung der Kirchendisziplin ein, die während der Religionskriege zusammengebrochen war, vermochte indessen Heinrich nicht dazu zu bewegen, die Beschlüsse des Tridentinischen Konzils, wie versprochen, in Frankreich zu veröffentlichen. Er wurde mit den Verhandlungen zwischen Frankreich und Spanien betraut, die zum Friedensschluß von Vervins (2. 5. 1598) führten. 1600 wurde er Kardinalbischof von Palestrina. Mit starker Rückendeckung der französischen, aber gegen den Widerstand der spanischen Kardinäle wurde er zum Nachfolger Klemens' VIII. gewählt und nahm den Namen seines Onkels an.

Der neue Papst, dessen Wahl allgemein begrüßt wurde, war betagt und gebrechlich. Bei der feierlichen Inbesitznahme des Laterans zog er sich eine Erkältung zu, an deren Folgen er noch vor Ablauf des Monats starb. Es war ihm nicht mehr vergönnt, eine Politik zu konzipieren, doch wissen wir, daß er vereinbarte, Kaiser Rudolf II. (1576–1612) für dessen Krieg gegen die Türken großzügige Hilfe zukommen zu lassen, einen peinlichen Streit zwischen dem Klerus von Kastilien und León und dem Jesuitenorden schlichtete (10. April), eine Kommission zur Reform der Wahlprozedur des Konklaves bestellte und die römische Bevölkerung mit der Abschaffung einiger drückender Steuern beglückte.

Lit.: *BullRom* 11; V. Martin, »Le reprise des relations diplomatiques entre la France et le St-Siège en 1595«, in: *RevSR* 2 (1922) S. 237–270; *DTC* 9,332 f. (G. Mollat); *EC* 7,1155 (G. B. Picotti); P 25; Seppelt 5,22 f.; 241–243.

Paul V.

(16. 5. 1605 – 28. 1. 1621)

Camillo Borghese wurde am 17. September 1552 in Rom geboren, seine Familie stammte aber aus Siena. Sein Vater war ein bekannter Professor der Rechte. Nach Studien in Perugia und Padua mit dem Abschluß als Doktor der Rechte bekleidete er – zunehmend bedeutendere – Kurialämter. Nach einem erfolgreichen Auftrag in Spanien wurde er 1596 zum Kardinal und 1603 zum Statthalter von Rom und Inquisitor ernannt. Seine überraschende Wahl zum Nachfolger Leos XI., erst 52 Jahre alt und der Außenwelt kaum bekannt, ergab sich aus einem Kompromiß zwischen rivalisierenden Parteien.

Das Herzstück der Politik Pauls war die Neutralität im Gerangel zwischen Frankreich und Spanien. Von der päpstlichen Oberhoheit hatte er Vorstellungen, die nicht nur in protestantischen, sondern auch in katholischen Ländern überholt waren und ihn, was die Vorrechte der Kirche anbelangte, umgehend auf Kollisionskurs mit den italienischen Staaten brachte. Savoyen, Genua und selbst Neapel gaben nach, doch Venedig hielt ihm stand; nachdem die Stadt den Bau neuer Kirchengebäude und den Grundstückskauf durch die Kirche ohne Genehmigung untersagt hatte, brachte sie nun zwei Geistliche vor ein weltliches Gericht. Paul legte Widerspruch ein (10. 12. 1605 / 26. 3. 1606), und als die Republik standhaft blieb, sprach er gegen den Senat die Exkommunikation aus und verhängte über die Stadt das Interdikt (17. 4. 1606). Venedig erklärte das Interdikt für ungültig, die Mehrzahl der Geistlichen am Ort setzten sich darüber hinweg, und diejenigen, welche sich daran hielten, vornehmlich die Jesuiten, wurden davongejagt. Ein heftiger Propagandakrieg brach aus, wobei der servitische Theologe Fra Paolo Sarpi (1552 bis 1623) die Position der Republik glänzend vertrat und die Kardinäle Robert Bellarmin (1542–1621) und Cesare Baronius (1538–1607) die Sache des Papstes. Der Übertritt Venedigs zum Protestantismus, ja, ein europäischer Krieg schien möglich; doch durch die Vermittlung Frankreichs wurde schließlich ein Abkommen getroffen und die Stadt vom päpstlichen Verdikt losgesprochen (21. 4. 1607). Für Paul stellte der Zwischenfall eine moralische Niederlage dar, denn obwohl die inhaftierten Geistlichen auf freien Fuß gesetzt wurden, erlangte er doch von der Republik keine vollständige Genugtuung und konnte erst recht nicht die Aufgabe des umstrittenen Prinzips durchsetzen. Die Jesuiten blieben auch weiterhin von venetischem Gebiet ausgeschlossen, das Interdikt hatte sich als stumpfe Waffe erwiesen.

Nach dieser ernüchternden Erfahrung war Paul vorsichtiger in seinem Bemühen, der Kirche solche Positionen, die sie besaß, zu erhalten, und solche, die sie verloren hatte, zurückzugewinnen. In einem Schreiben an Jakob I. von England drang er darauf, daß dieser die »Pulververschwörung« (5. 11. 1605) nicht die Katholiken entgelten lassen sollte. Als indes das Parlament den Katholiken einen Eid abverlangte, der dem Papst das Recht zur Absetzung von Fürsten bestritt, verurteilte er diesen und untersagte den Katholiken, den Schwur zu leisten (1606/07). Da ihnen aber ihr Erzpriester George Blackwell riet, den Eid abzulegen, waren die englischen Katholiken gespalten; Blackwell wurde 1608 abgelöst. In Frankreich provozierte Pauls Verurteilung des Gallikanismus (1613) die Generalstände zu der Erklärung (Okt. 1614), daß dem König die Krone von Gott allein verliehen sei. Über seine Nuntien gelang ihm freilich die Widerrufung dieser Behauptung ebenso wie die Entlassung Edmond Richers, Dekan der Sorbonne, der sich 1611 gegen päpstliche Anmaßungen gewandt hatte. Zwar weigerten sich die Generalstände 1614/15, die Bekanntmachung der Tridentinischen Beschlüsse in Frankreich zu genehmigen, doch als der französische Klerus Mut faßte und in Provinzialsynoden (7. 7. 1615) für ihre Veröffentlichung stimmte, war Paul hocherfreut. In Pauls Regierungszeit fiel der Ausbruch des Dreißigjährigen Krieges (1618–48) in Deutschland. Obwohl er anfänglich davor zurückschreckte, die Katholische Liga zu unterstützen (als Legalist wollte er sich keiner Verletzung des Augsburger Religionsfriedens von 1555 schuldig machen), ließ er Kaiser Ferdinand II. und der Liga ab 1620 beträchtliche Hilfsgelder zukommen.

Paul ließ sich die Kirchenreform angelegen sein, und er erneuerte (19. 10. 1605) die Residenzpflicht der Bischöfe, ohne irgendwelche Ausnah-

men zuzulassen. Er gab (20. 6. 1614) das revidierte *Rituale Romanum* heraus und sorgte für straffere Disziplin der religiösen Orden. Die von Filippo Neri gegründete *Confoederatio Oratorii* bestätigte er (24. 2. 1612) ebenso wie die französische *Congregatio Oratorii* Pierre de Bérulles (10. 5. 1613). Er sprach Carlo Borromeo (1538 bis 1584) und Francesca Romana (1384–1440) heilig und Ignatius von Loyola (1491–1556), Franz Xaver (1506–52), Filippo Neri (1515–95) sowie Theresa von Avila (1515–82) selig (1. 11. 1610). Er förderte die Missionsarbeit und billigte (27. 6. 1615) die Verwendung der Landessprache in der chinesischen Liturgie. Unter Verweis darauf, daß die Zeit für eine Entscheidung noch nicht reif sei, vertagte er (28. 8. 1607) bis auf weiteres die Debatte über den Molinismus, die bereits KLEMENS VIII. in Anspruch genommen hatte. Andrerseits tadelte er (5. 3. 1616) Galileo Galilei (1564–1642), weil er die kopernikanische Theorie des Sonnensystems lehrte, und ließ die Abhandlung des Kopernikus durch die Kongregation auf den Index setzen, »bis sie verbessert ist«.
Pauls lebhaftes Interesse an Rom zeigte sich darin, daß er nicht nur das Schiff, die Fassade und den Portikus des Petersdoms vollenden, sondern auch den Trajansaquädukt wiederherrichten ließ; diesem gab er den neuen Namen »Acqua Paola«, durch ihn strömte das Wasser in die zahlreichen Brunnen der Stadt. Indem er die vatikanischen Geheimarchive zugänglich machte, verpflichtete er sich die Wissenschaftler. Wenn es um seine Verwandten ging, war er verschwenderisch, bei seinem Tod hatten die Borghese mit den Orsini und Colonna an Wohlstand und Einfluß gleichgezogen. Die enormen Einkünfte seines Neffen Kardinal Scipioni ermöglichten diesem, die Villa Borghese zu bauen.
Während des Umzugs zur Feier des Sieges über Kurfürst Friedrich V. (1596–1632), den calvinistischen »Winterkönig« von Böhmen, in der Schlacht am Weißen Berg bei Prag (8. 11. 1620) erlitt Paul einen Schlaganfall. Kurz darauf erlag er einem zweiten.

Lit.: *BullRom* 11; 12; A. Bzowski, *Paulus V Papa*, Rom 1626; C. P. Goujet, *Histoire du pontificat de Paul V*, Amsterdam 1765; C. P. de Magistris, *Per la storia del componimento della contesa tra la Rep. Veneta e Paolo V, 1605–1607*, Turin 1941; P 25; 26; *DTC* 12,23–37 (L. Marchal); *EC* 9,738–741 (G. B. Picotti); *NCE* 11,16 (T. F. Casey); Seppelt 5,248–268.

Gregor XV.
(9. 2. 1621 – 8. 7. 1623)

Als Sohn des Grafen Pompeio wurde Alessandro Ludovisi am 9. Januar 1554 in Bologna geboren, studierte 1569–71 bei den Jesuiten am Collegium Romanum die freien Künste und erwarb 1575 in Bologna den Doktor der Rechte. Danach empfing er die hl. Weihen, und die Kurie machte sich bald die Talente des jungen Mannes zunutze. Eine Reihe zunehmend verantwortungsvollerer juristischer Aufgaben wurde ihm anvertraut, und er war an schwierigen diplomatischen Gesandtschaften beteiligt, etwa in Polen und Benevent. 1612 zum Erzbischof von Bologna ernannt, vermittelte er 1616 den Friedensschluß zwischen Karl Emmanuel I. von Savoyen (1580–1630) und Philipp III. von Spanien (1598–1621), und als Anerkennung erhielt er (19. Sept.) den Kardinalshut. Vor allem durch die Einflußnahme von Kardinal Borghese, Neffe PAULS V., wurde er durch Akklamation zu dessen Nachfolger gewählt. Gregor, ob seiner Freundlichkeit sehr beliebt, war bereits 67 Jahre alt und gebrechlich; er bedurfte daher eines tatkräftigen Mitarbeiters und fand ihn sogleich in seinem 25jährigen Neffen Ludovico Ludovisi, den er zum Kardinal erhob. Dieser hochbegabte, anspruchsvolle junge Mann besaß den nötigen Schwung, Einfallsreichtum, Flexibilität, Besonnenheit und Mut, und ihm gebührt das größte Verdienst an Gregors Leistungen. Dafür überschüttete ihn sein Onkel mit Ehren und mit Reichtümern, die er zur Selbstverherrlichung benutzte, zum Bau von Kirchen, Villen und Kunstgalerien sowie zu Wohltätigkeitszwekken.
Der erste von Jesuiten ausgebildete Papst bemühte sich ebenso wie Ludovico nicht nur darum, mit der inneren Erneuerung der Kirche fortzufahren, sondern auch verlorengegangenen Boden zurückzugewinnen. Zwei seiner die Kirche im engeren Sinne betreffenden Maßnahmen waren von außergewöhnlichem Gewicht: Erstens reformierte er, um der verbreiteten Kritik an den Papstwahlen und ihrer Beeinflussung zu begegnen, die Wahlprozedur in allen Einzelheiten und bestimmte in den Bullen *Aeterni patris filius* (15. 11. 1621) und *Decet Romanum pontificem* (12. 3. 1622), daß Akklamation zwar nicht ausgeschlossen sei, die Papstwahl jedoch in der Regel nach Schließung des Konklaves und in geheimer Ab-

stimmung zu erfolgen habe. Auch wenn es Jahrhunderte brauchte, um äußeren politischen Druck auszuschalten, so ist dieses revidierte Wahlsystem doch im wesentlichen unverändert gültig. Zweitens gründete er (6. 1. 1622), um die Kirche mit einer obersten Zentralgewalt für das gesamte Missionswesen zu versehen, die hl. Kongregation für die Glaubensverbreitung; am 22. Juni unterzeichnete er die Bulle *Inscrutabili*, mit der sie eingesetzt wurde. Der Kongregation wurden 13 Kardinäle zugewiesen; ihre Leitidee lautete, daß der Papst als universaler Oberhirte die vorrangige Aufgabe habe, den Glauben zu verbreiten. Die Kongregation sollte das Organ zur Koordinierung der Missionstätigkeit werden, nicht nur in den Heidengebieten, die bislang katholischen Souveränen unterstanden, sondern auch in protestantisch gewordenen Ländern, die ihr Episkopat eingebüßt hatten. Auf diese Weise entwickelte sie sich zur Schaltstelle der Gegenreformation – gegen den lebhaften Widerstand der weltlichen Herrscher.

Auf politischem Gebiet ging Gregor in die Offensive. Er entsandte Bischof Carlo Carafa als Nuntius an den kaiserlichen Hof und beauftragte ihn, den Kaiser und die katholischen Fürsten für eine tatkräftige Unterstützung der katholischen Restauration zu gewinnen. Das Ziel des Papsttums bestand seiner Auffassung nach darin, die Einheit der katholischen Mächte zu fördern und zu erhalten. So stellte er Kaiser Ferdinand II. (1619–37) und der Katholischen Liga riesige Summen zur Verfügung, damit sie ihren Sieg über den protestantischen Kurfürsten Friedrich V. (1596–1632) bei Prag (8. 11. 1620) voll ausnutzen konnten. Carafa sorgte dafür, daß in Böhmen der Protestantismus ausgerottet und der Katholizismus wiedereingeführt wurde. Mit Hilfe von Carafa und dem Kapuziner Hyazinth von Casale konnte er durchsetzen, daß die pfälzische Kurwürde von Friedrich V. im Februar 1623 auf Maximilian I. von Bayern überging (1573–1651). Hierin erblickte er einen Triumph für die Kirche, da die Katholiken unter den fünf Kurfürsten nun über eine Mehrheit verfügten. Aus Dankbarkeit beschenkte ihn Maximilian mit der Landesbibliothek von Heidelberg und deren wertvollen Manuskripten. Unterdessen drang der Papst in Philipp III. von Spanien, den 12jährigen Waffenstillstand in den Niederlanden aufzukündigen. In Frankreich unterstützte er die anticalvinistische Politik des Königs und verlieh seiner Genugtuung über ihre Erfolge mit der Erhebung von Paris zur Erzdiözese Ausdruck (Okt. 1622). In dem Streit Frankreichs mit Spanien um das strategisch wichtige Gebiet des Veltlin ließ er sich von beiden Seiten als Schiedsrichter anerkennen und besetzte es mit päpstlichen Truppen, womit er einen Krieg zwischen den beiden Mächten verhinderte und gewährleistete, daß die Bevölkerung katholisch blieb. In England willigte er in die Vermählung von Prinz Karl, Thronfolger Jakobs I. (später Karl I.), mit der spanischen Infantin Maria ein gegen das Versprechen, die Strafgesetze gegen Jakobs katholische Untertanen erheblich abzumildern. Die Heirat fand nie statt.

Gregors kurzes Pontifikat war für die katholische Erneuerung von großer Bedeutung. Es paßte zu ihm, daß er etliche ihrer Vorreiter in einer glanzvollen Zeremonie heiligsprach (12. 3. 1622): Theresa von Avila (1515–82), Ignatius von Loyola (1491–1556), Filippo Neri (1515–95) und Franz Xaver (1506–52), einen der größten christlichen Missionare.

Lit.: *BullRom* 12; 13; G. Gabriele, »Il conclave di Gregorio XV«, in: *ASRomana* 50 (1927) S. 5–32; D. Albrecht, *Die deutsche Politik Papst Gregors XV.*, München 1956; *DTC* 6,1815–22 (P. Moncelle); *EC* 6,1146–48 (R. Ciasca); *LThK* 4,1190 (D. Albrecht); *NCE* 6,782 f. (M. L. Shay); P 27; Seppelt 5,262–275.

Urban VIII.

(6. 8. 1623 – 29. 7. 1644)

Nach einem langwierigen, zerstrittenen und unter der Hitze leidenden Konklave (19. Juli – 6. Aug.) wurde Maffeo Barberini mit 50 von 55 Stimmen zum Nachfolger GREGORS XV. gewählt. Barberini wurde 1568 (getauft am 5. April) in Florenz geboren und entstammte einer alteingesessenen reichen Kaufmannsfamilie. Er ging auf das dortige Jesuitenkolleg, studierte in Rom, erwarb 1589 in Pisa den Doktor der Rechte und schlug mit Hilfe eines Onkels, der Apostolischer Protonotar war, eine erfolgreiche Laufbahn in der Kurie ein. 1601 wurde er als außerordentlicher Gesandter an den Hof Heinrichs IV. (1589–1610) geschickt, 1604 kehrte er, inzwischen Titularerzbischof von Nazareth, als päpstlicher Nuntius dorthin zurück. In Anerkennung seiner Verdienste ernannte ihn PAUL V. 1606 zum Kardinal, 1608 zum Bischof von Spo-

leto, 1611 zum Legaten in Bologna und 1617 zum Präfekten der Signatura.
Machtbewußt und selbstherrlich veranlagt, behielt Urban die Geschäfte selbst in Händen und erörterte sie nur selten mit seinen Kardinälen. Gesandte äußerten sich anerkennend über seine diplomatische Kenntnis und Gewandtheit. Als Literaturkenner und Besitzer einer gut ausgestatteten Bibliothek verfaßte und veröffentlichte er wohlgeformte, wenn auch schwülstige Gedichte in Latein. Rücksichtslos in der Begünstigung von Verwandten, erhob er einen Bruder und zwei Neffen in den Kardinalsstand, förderte seine weiteren Brüder und überhäufte sie so maßlos mit Reichtümern, daß ihn im Alter sein Gewissen plagte und er den Rat von Theologen darüber einholte, wie seine Verwendung der päpstlichen Einkünfte zu beurteilen sei. Er selbst steckte Unsummen in die Verschönerung Roms und weihte (18. 11. 1626) den neuerbauten Petersdom ein. Auch sorgte er sich um die Sicherheit der Stadt und des Kirchenstaates; er errichtete Castelfranco an der Nordgrenze, befestigte den Hafen von Civitavecchia, verstärkte die Engelsburg und bestückte sie mit Kanonen aus Bronze, die aus dem Pantheon stammte. Castel Gandolfo (etwa 25 km südöstl. von Rom) wählte er sich zur Sommerresidenz, wo er Gelehrte zu Gast hatte.
Urbans Regierungszeit fiel in die Zeit des Dreißigjährigen Krieges (1618–48). Kardinal Richelieu (1585–1642) verfolgte das Ziel der französischen Vorherrschaft in Europa, und die Siege Gustav Adolfs von Schweden (1611–32) stärkten den Protestantismus in Deutschland. Trotz seiner unverhohlenen Sympathien für Frankreich und seiner Antipathie gegen Spanien bemühte er sich, zwischen den streitenden Parteien eine heikle Neutralität zu wahren, war er sich doch seiner Rolle als der gemeinsame Vater der Christenheit bewußt, der die Pflicht hatte, für die Wiederherstellung des Friedens einzutreten. Wegen seiner tiefverwurzelten Angst vor der Herrschaft der Habsburger in Italien war seine Politik jedoch eigentlich frankreichfreundlich. So hielt er die Geldmittel zurück, die sein Amtsvorgänger Kaiser Ferdinand II. (1619–37) gewährt hatte, bis es zu spät war, unterstützte den französischen Kandidaten im Mantuanischen Erbfolgekrieg, und obwohl er versuchte, die Allianz zwischen Frankreich und dem protestantischen Schweden (1631) zu verhindern, ergriff er keine wirksamen Maßnahmen gegen Richelieu, bis die Folgen deutlich wurden. Als Frankreichs offener Kriegseintritt 1635 Ferdinand dazu zwang, den Protestanten im Prager Frieden (30. 5. 1635) Zugeständnisse zu machen, schob er die Schuld hierfür ernstlich dem Kaiser zu, wogegen er den Kardinal lediglich ermahnte, Frieden zu halten. Es wurde offensichtlich, daß er Neutralität nur vortäuschte, in Wirklichkeit aber Frankreich unterstützte. Die Nachricht vom Tod Gustav Adolfs auf dem Schlachtfeld (16. 11. 1632) war in Rom Anlaß für Dankgottesdienste, doch die Folgen der einseitigen Neutralität Urbans brachten die Gegenreformation im Reich zum Stillstand.
Urbans kircheninterne Aktivitäten verdienen Beachtung, auch wenn sie von seinen Verstrikkungen in die Politik überschattet werden. Er hatte persönlichen Anteil an der Neufassung des römischen Breviers (1631) und schrieb selbst zahlreiche Hymnen um. 1625 legte er das Verfahren der Selig- und Heiligsprechung kirchenrechtlich fest (1634 bestätigt) und gab der Bulle *In coena Domini*, die am Gründonnerstag zu verlesen war und bestimmte, der Exkommunikation unterliegende Vergehen aufführte, ihre endgültige Fassung. Das Missionswesen unterstützte er intensiv, gründete 1627 das Collegium Urbanum zur Ausbildung von Missionaren, richtete eine Druckerei ein, die Schriften in vielen Sprachen produzierte, und sandte Missionare in den Fernen Osten. Er bestätigte neue Orden wie die Visitationisten (1626) und die Lazaristen (1632) des hl. Vinzenz von Paul (um 1580–1660). Entsprechend den Beschlüssen von Trient beharrte er 1634 darauf, daß die Bischöfe einschließlich der Kardinäle in ihren Diözesen wohnen müßten. Unter Urban wurde Galileo Galilei (1564 bis 1642), jahrelang ein persönlicher Freund, zum zweitenmal verurteilt und unter der Androhung der Folter gezwungen (22. 6. 1633), dem kopernikanischen System abzuschwören; in der Bulle *In eminenti* (1642; veröff. Juni 1643) wurde der *Augustinus* des Cornelius Jansen (1585 bis 1638) in allgemeiner Form zensiert. Diese berühmte Zusammenfassung extremerer Ansichten des hl. Augustinus (354–430) zur Frage der Gnade und der göttlichen Prädestination löste eine Debatte aus, die noch Generationen später die Kirche bewegen sollte.
Obwohl Urban sich um den Erhalt des Kirchenstaates sorgte, bestand sein einziger Erfolg auf

diesem Gebiet in der Eingliederung Urbinos (1625–31), nachdem der letzte Herzog auf seinen Titel verzichtet hatte. In seinen letzten Jahren (1641–44) ließ sich der Papst, angestachelt von der Habgier seiner Neffen, unter dem Vorwand, der Vasall Odoardo Farnese sei mit seinen Abgaben im Verzug, in einen Krieg um das päpstliche Lehen Castro verwickeln. Odoardo sicherte sich die Unterstützung Frankreichs und einer aus Venedig, der Toskana und Modena bestehenden Liga, und das Ergebnis war eine demütigende Niederlage des Papstes. Der Kleinkrieg verheerte den Kirchenstaat und schwächte seine Finanzen. Es ist nicht verwunderlich, daß die Bevölkerung Roms, die bereits unter seiner verschwenderischen Extravaganz zu leiden hatte, bei der Nachricht vom Tod des Papstes in stürmischen Jubel ausbrach.

Lit.: *BullRom* 13–15; A. Nicoletti, *Vita di Papa Urbano VIII: Storia del suo pontificato* [Manuskript in der Vatikanischen Bibliothek, Coll. Barberini]; W. N. Weech, *Urban VIII*, London 1905; A. Leman, *Urbain VIII et la rivalité de la France et de la Maison de l'Autriche de 1631 à 1635*, Lille 1920; A. Kraus, »Das päpstliche Staatssekretariat unter Urban VIII.«, in: *RQ* Suppl. 29 (1964); J. Grisar, *Päpstliche Finanzen, Nepotismus und Kirchenrecht unter Urban VIII.*, Rom 1943; P 28; 29; *EC* 12,912–916 (R. Ciasca); *NCE* 14,482 f. (V. Ponko); Seppelt 5,274–306.

Innozenz X.

(15. 9. 1644 – 1. 1. 1655)

Giambattista Pamfili wurde am 7. Mai 1574 in Rom geboren, studierte mit Unterstützung eines Onkels am Collegium Romanum, erwarb den Doktor der Rechte und schlug eine juristische Laufbahn bei der Kurie ein. Nach seiner Richterzeit an der Rota (1604–21) war er Nuntius in Neapel und begleitete 1625 den Neffen URBANS VIII., Francesco Barberini, auf dessen Gesandtschaft nach Frankreich und Spanien. Francesco war offensichtlich von ihm beeindruckt, denn 1626 berief Urban ihn zum Nuntius in Spanien und im August 1627 zum Kardinal (*in petto*: Bekanntgabe der Ernennung im Nov. 1629). Seine Wahl nach einem 37tägigen Konklave war eine Reaktion gegen die profranzösischen Tendenzen Urbans; sie wurde vom französischen Hof abgelehnt, doch traf das Veto Kardinal Mazarins (1602–61) zu spät ein.

Innozenz war bereits ein alter Mann, wortkarg, argwöhnisch und wenig entscheidungsfreudig. Aber unverzüglich ging er gegen die Barberini, die verhaßten Verwandten Urbans VIII., vor, berief eine Untersuchungskommission ein, die sich mit den von ihnen angehäuften Reichtümern befassen sollte, und beschlagnahmte mittlerweile ihre Besitzungen. Nur die Drohungen des übermächtigen französischen Ministers Mazarin, der sie seinem Schutz unterstellte, bewogen ihn zu ihrer Begnadigung. Allein, auch Innozenz war gegen den Nepotismus nicht gefeit, selbst wenn keiner seiner Anverwandten, die er mit Ämtern, Reichtümern und Gunstbezeigungen überhäufte, die Fähigkeit besaß, die Rolle des Kardinalnepoten auszufüllen (so hießen die Familienangehörigen, meist Neffen, welche die Päpste von PAUL III. bis Ende des 17. Jh.s als ihre engsten Mitarbeiter einstellten). Mächtiger und unheimlicher an seinem Hof war vielmehr Donna Olimpia Maidalchini, eine Schwägerin von unstillbarem Ehrgeiz und unersättlicher Habgier. Die Behauptung, daß ihre Verbindung unmoralischer Natur gewesen sei, beruht auf boshaftem Klatsch, doch war sie so einflußreich, daß Innozenz keine wichtige Entscheidung fällte, ohne sie um Rat zu fragen. Ihren Sohn, Kardinal Camillo Pamfili, bestellte er aber nicht zum Staatssekretär; diesen Posten vergab er an Kardinal Panciroli und nach 1651 an Fabio Chigi (später ALEXANDER VII.), dem ersten anerkannten Staatssekretär, mit dem Nuntien und Legaten direkt korrespondierten und der Briefschaften und Anweisungen selber unterzeichnete.

Innozenz bestätigte Chigi als Vertreter der Kurie auf dem in Münster zusammentretenden Kongreß zur Beendigung des Dreißigjährigen Krieges (1618–48). Wie Chigi widersetzte er sich entschieden den weitreichenden Konzessionen an die Protestanten, die Kaiser Ferdinand III. (1637–57) und Kurfürst Maximilian I. von Bayern (1623–51) für unvermeidbar hielten und in die Bestimmungen des Westfälischen Friedens (24. 10. 1648) aufnahmen, und verurteilte beide in dem Breve *Zelus domus Dei*. Obwohl vom 26. November 1648 datiert, zögerte er mit dessen Veröffentlichung (20. 8. 1650), um die Lage der deutschen Katholiken nicht zu verschlimmern. Sein Protest wurde übergangen und zeitigte keine praktische Wirkung. Trotz des Friedensschlusses zog sich der Krieg zwischen Frankreich und Spanien weiter hin, und Innozenz versuchte zwischen diesen Mächten das Gleichgewicht zu wahren, auch wenn er geneigt war, Spanien zu

begünstigen, da er die Bedrohung der Kirche und Italiens durch Spanien geringer einschätzte. Nachdem Portugal 1640 von Spanien abgefallen war, lehnte er die von Spanien geforderte formelle Verurteilung der Revolte ab, weigerte sich 1648 indessen auch, Johann IV. von Bragança (1640–56) als König anzuerkennen oder vakante Bischofssitze mit seinen Kandidaten zu besetzen. Als Neapel sich 1647 gegen Spanien erhob und der französische Botschafter ihn dazu drängte, als Lehnsherr die Gelegenheit zu ergreifen, um das Königreich dem Kirchenstaat anzugliedern, zog er hinhaltendes Abwarten und die Wiederherstellung der spanischen Herrschaft vor; es erschien ihm sinnvoller, eine im Niedergang befindliche Macht wie Spanien in Neapel regieren, als Frankreich Fuß fassen zu lassen. Venedig und Polen gewährte er finanzielle Unterstützung im Kampf gegen die Türken, doch standen ihm nicht genügend Gelder zur Verfügung, um auch Ferdinand III. beizustehen.
Innozenz förderte die Missionstätigkeit in nichtchristlichen Ländern, weitete die Befugnisse der Kongregation für die Glaubensverbreitung aus, gründete in Ravenna ein maronitisches Kolleg und verlieh dem Dominikanerkolleg in Manila (Philippinen) Universitätsstatus. Er äußerte sich in der hitzigen Debatte über die Annahme gewisser traditioneller chinesischer Riten und billigte (12. 9. 1645) einen Erlaß der Kongregation, mit dem diese Praxis verurteilt wurde. Die bei weitem bedeutsamste Streitfrage, die er zu entscheiden hatte, war der Jansenismus, die extremistische Darlegung der Lehre des hl. Augustinus über Gnade und freien Willen, wie sie in dem 1640 in Löwen publizierten *Augustinus* des Cornelius Jansen zum Ausdruck kam. Im April 1651 berief er eine Sonderkommission zur Untersuchung von fünf dem Werk entnommenen Lehrsätzen und nahm selbst an einigen Sitzungen teil. Jansens Anhänger unter Führung Antoine Arnaulds (1612–94) antworteten, daß sie zwar die Verdammung der betreffenden Lehrsätze akzeptierten, jedoch bestritten, daß sie sich im *Augustinus* fänden. Sie unterschieden zwischen der Unfehlbarkeit der Kirche in dogmatischen Fragen und ihrer Schweigepflicht angesichts von Tatsachen (die Unterscheidung zwischen *droit* und *fait*). Kurz vor seinem Tod erklärte Innozenz, dessen antijansenistische Auffassung mit der Politik der französischen Regierung übereinstimmte, daß er mit den fünf Lehrsätzen die Lehre Jansens, wie sie im *Augustinus* dargelegt sei, verurteilt habe.
Bescheidene Mittel und eigene Sparsamkeit hinderten Innozenz daran, Rom im selben Maß wie seine Vorgänger zu verschönern; immerhin wurde unter ihm die Innenausstattung des Petersdoms vollendet, die Piazza Navona im antiken Stil als Stadion wiederhergestellt und mit Brunnen verziert, und vor der Porta San Pancrazio entstand die Prachtvilla Doria Pamfili. Innozenz reformierte die Gefängnisse des Kirchenstaates nach humaneren Richtlinien. In der Galleria Doria ist ein sonderbar einfühlsames Porträt des Papstes von Velázquez (1650) zu sehen.

Lit.: *BullRom* 15; A. Tauretto, *Vita*, Bologna 1674; I. Ciampi, *Innocenzo X Pamfili e la sua corte*, Imola 1878; W. Friedensburg, »Regesten zur deutschen Geschichte aus der Zeit des Pontifikats Innocenz' X.«, in: *QFIAB* 4 (1902) S. 236–285; 5 (1903) S. 60–124; 207–222; 6 (1904) S. 146–173; 7 (1905) S. 121–138; N. J. Abercrombie, *The Origins of Jansenism*, Oxford 1936; H. Couville, *Étude sur Mazarin et ses démêlés avec le pape Innocent X, 1644–1648*, Paris 1914; P 30; *EC* 7,19–22 (G. B. Picotti); *LThK* 5,692 f. (B. Sutter); *NCE* 7,528 f. (J. S. Brusher); Seppelt 5,302–322.

Alexander VII.

(7. 4. 1655 – 22. 5. 1667)

Fabio Chigi, geboren am 13. Februar 1599 in Siena, studierte dort an der Universität Philosophie, Jurisprudenz und Theologie, verkehrte ab Dezember 1626 in intellektuellen Kreisen Roms und trat 1628 in den päpstlichen Dienst ein. 1629–34 arbeitete er als Vizelegat in Ferrara. 1634 kehrte er nach Rom zurück und empfing die Priesterweihe. Er wurde 1635 zum Bischof von Nardò (Apulien) ernannt und dann als Inquisitor und Apostolischer Legat nach Malta entsandt. Sein Ruf beruhte jedoch vor allem auf seinen Verdiensten als Nuntius in Köln (1639–51); in dieser Eigenschaft vertrat er den Papst bei den Verhandlungen, die zum Westfälischen Frieden von 1648 führten. Die ganze Zeit weigerte er sich strikt, in Diskussionen mit Ketzern einzutreten, und als die Verträge abgeschlossen wurden, protestierte er heftig gegen Klauseln, die er dem Katholizismus für abträglich erachtete. 1651 ernannte ihn INNOZENZ X. zum Staatssekretär und 1652 zum Kardinal und Bischof von Imola. Der Berufsdiplomat mit weitgefächerten geistlichen Interessen wurde trotz anfänglichen (nur sehr zögernd aufgegebenen) Widerstands von seiten

des mächtigen französischen Ministers und Kardinals Jules Mazarin (1602–61) nach einem 80tägigen Konklave zum Nachfolger Innozenz' X. gewählt.
Alexanders Charakterschwäche wie auch seine schwache Position als Papst traten bald deutlich zutage. Man hatte darauf gesetzt, daß er den Nepotismus ablehnen würde, und zu Anfang verbot er auch seinen Blutsverwandten jeden Besuch Roms. Doch bereits 1656 ließ er sich bereitwillig durch die Kurie davon überzeugen, daß die Familienangehörigen eines Papstes stilgerecht leben müßten und auf diese Weise seine Stellung stärken würden, und er begann sie mit Ämtern, Palästen und Gütern zu überhäufen. Freilich war der Einfluß, den er ihnen einräumte, außer in der Verwaltung des Kirchenstaates, begrenzt. Noch schädlicher war – angesichts ihrer feindseligen Haltung – Alexanders Unfähigkeit, gute Beziehungen zu Kardinal Mazarin und, nach dessen Tod, zu Ludwig XIV. von Frankreich (1643–1715) herzustellen. Weil Rom seinem 1654 aus Frankreich entflohenen, verhaßten Rivalen, Kardinal de Retz, Schutz bot, rächte sich Mazarin, indem er den Ansprüchen der Farnese und der Este auf päpstliches Gebiet französische Unterstützung gewährte und Alexander von jeder Teilnahme am Pyrenäenfrieden (7. 11. 1659) zwischen Frankreich und Spanien ausschloß. Nach Mazarins Tod zog Ludwig XIV. unter dem Vorwand, die Immunität der französischen Botschaft in Rom sei verletzt worden und das Leben seines Botschafters von korsischen Soldaten im Dienst des Papstes gefährdet gewesen, seinen Gesandten aus Rom ab, wies den Nuntius in Paris aus, besetzte die päpstlichen Enklaven Avignon und Venaissin und drohte mit der Invasion des Kirchenstaates. Da Alexander ohne Verbündete dastand, hatte er keine andere Wahl, als eine unterwürfige Entschuldigung abzugeben und die demütigenden Bedingungen des Vertrags von Pisa (12. 2. 1664) zu akzeptieren; dazu gehörte auch die Errichtung einer Pyramide in Rom, auf der das Eingeständnis der Schuld seiner Soldaten eingemeißelt werden sollte. Den Wünschen des Königs hinsichtlich der Besetzung von Bischofssitzen mußte er sich ganz beugen. Es überrascht nicht, daß er von Ludwig kaum oder gar keine Unterstützung für seine Liga der europäischen Mächte erhielt, die er gegen die türkische Bedrohung auf die Beine zu stellen versuchte.
Alexanders Beziehungen zu Venedig waren zufriedenstellender; er konnte die Stadt dazu überreden, den im Konflikt mit PAUL V. ausgewiesenen Jesuiten die Rückkehr zu gestatten (Dez. 1656). Im Austausch gewährte er bescheidene Finanz- und Militärhilfe gegen die Türken. Beim Tod Kaiser Ferdinands III. (April 1657) unterstützte er die Kandidatur Leopolds I. von Österreich (Kaiser 1658–1705), der trotz Mazarins Widerstand gewählt wurde. Andrerseits weigerte sich die spanische Regierung, seinen Nuntius zu empfangen, und als er es wie Innozenz X. ablehnte, Johann IV. von Portugal (1640–56) anzuerkennen und Diözesen mit dessen Kandidaten zu besetzen, ließ der König sie verwaisen, beschlagnahmte ihre Einkünfte und spielte sogar mit dem Gedanken einer Nationalkirche.
Die Abdankung (Juni 1654) Königin Christines von Schweden (1632–54), Tochter des protestantischen Königs Gustav Adolf (1594–1632), ihre Konversion (24. 12. 1654) und ihre offizielle Aufnahme in die Kirche (3. 11. 1655) erfüllte Alexander mit besonderer Genugtuung, auch wenn sich die Ex-Königin, die sich in Rom niederließ und ihren Palast zu einem geistigen Mittelpunkt der Stadt machte, als große persönliche und finanzielle Belastung herausstellte. In einem Erlaß (23. 3. 1656) akzeptierte Alexander die Auffassung jesuitischer Missionare in China, wonach die Beachtung gewisser einheimischer Riten als letztlich zivile Zeremonien zulässig waren, und befreite (9. 9. 1659) die chinesischen Geistlichen von der Pflicht, die Messe auf lateinisch zu lesen. In die Debatte über den Jansenismus, die unvermindert andauerte, schaltete sich Alexander (16. 10. 1656) mit der Erklärung ein, daß die fünf von Innozenz X. verdammten (31. 5. 1653) Thesen in Cornelius Jansens *Augustinus* enthalten und entsprechend seiner Lehre verurteilt worden seien. Gemäß den Wünschen Ludwigs XIV. erließ er (15. 2. 1665) eine Konstitution (*Regiminis apostolici*), in der alle Geistlichen aufgefordert wurden, ein Formular zu unterzeichnen, mit dem sie die Entscheidungen des Papstes annahmen und die fünf Lehrsätze ohne Vorbehalt verwarfen. In diesen Jahren war Alexander auch in die Kontroverse um den Probabilismus verwickelt – die von den Jesuiten unterstützte Theorie, wonach es bei Zweifeln über die Billigkeit einer Handlung Rechtens sei, einer ernsthaft probablen (annehmbaren) Meinung, die zu ihren Gunsten spricht, auch dann anzu-

hängen, sie sogar zu bevorzugen, wenn die gegen sie geltend gemachten Gründe noch probabler sind. Zwar verdammte er den Probabilismus nicht direkt, aber er verurteilte, ungeachtet seiner Parteinahme für die Jesuiten, 45 moralische Grundsätze, die ihm lax erschienen (24. 9. 1665 / 18. 3. 1666).

Als Papst fand Alexander die Verwaltung des Kirchenstaats, an der er als Kardinal Vergnügen gefunden hatte, unangenehm und delegierte die meisten Geschäfte an die Kongregation für den Staat. Der feinfühlige Mann verfolgte literarische Interessen, die in seiner Jugend in Gedichtbänden wie *Philomathi Musae iuveniles* ihren Niederschlag gefunden hatten. Er war ebenso tiefreligiös; täglich meditierte er über den Werken des Franz von Salis (1567–1622), den er 1661 selig- und 1665 heiligsprach; die Hauptthemen salesianischer Frömmigkeit legte er in kleinen anonym verfaßten Erbauungsschriften dar. Er erfreute sich der Gesellschaft von Gelehrten und Schriftstellern, verbesserte die Ausstattung der Universität Rom und der Vatikanischen Bibliothek und war ein glänzender Mäzen der Künste. So beauftragte er unter anderem Bernini mit der Einfassung des Petersplatzes durch zwei Kolonnadenhalbkreise.

Werke: *Philomathi Musae iuveniles*, Köln 1645, Antwerpen 1654 [u. ö.].

Lit.: *BullRom* 16; 17; V. Borg, »Fabio Chigi, Apostolic Delegate in Malta« [offizieller Schriftverkehr], in: *ST* 249 (1967); S. Pallavicino, *Della vita di Alessandro VII*, 5 Bde., Prato 1839/40; P 31; N. J. Abercrombie, *The Origins of Jansenism*, Oxford 1936; *DBI* 2,205–215 (M. Rosa); *DHGE* 2,230–244 (P. Richard); *EC* 1,801–803 (G. I. della Rochetta); Seppelt 5,305–308; 321–335.

Klemens IX.

(20. 6. 1667 – 9. 12. 1669)

Giulio Rospigliosi wurde am 27. Januar 1600 in Pistoia geboren und entstammte einem Adelsgeschlecht, das seinen Reichtum aus der Schafzucht bezog. Bei den Jesuiten in Rom studierte er die freien Künste und anschließend in Pisa Theologie und Jura. Unter der Gönnerschaft der Barberini, die sein künstlerisches Flair bewunderten, und Papst Urbans VIII. erlebte er 1624–44 in der Kurie einen stetigen Aufstieg. 1644 wurde er zum Titularerzbischof von Tarsus ernannt und erhielt den verantwortungsvollen Posten als Nuntius in Spanien. Er kehrte im Januar 1653 aus Madrid zurück, wurde nach dem Tod Innozenz' X. zum Gouverneur von Rom bestellt und 1657 von dem neuen Papst Alexander VII. zum Kardinalstaatssekretär berufen. In dieser Eigenschaft gelang es ihm, trotz der Feindschaft des mächtigen Ministers Kardinal Mazarin (1602–61) und Ludwigs XIV. (1643 bis 1715) gegen Alexander, sich die Wertschätzung des französischen Hofes zu erhalten. Beim Tod Alexanders genoß er deshalb französische Rückendeckung. Da auch Spanien ihn bevorzugte und die Kardinäle einen Pontifex wünschten, der in der Lage wäre, den Riß zwischen Paris und Rom zu heilen, war seine Wahl gesichert. Er nahm einen Namen an, der auf Beschwichtigungspolitik hindeutete, brach mit dem überkommenen Nepotismus und wies seinen Verwandten bescheidene und nur mäßig einträgliche Posten zu.

Einen Großteil seiner kurzen Amtszeit verbrachte Klemens damit, bereits bestehende Spannungen zu entschärfen. Als etwa Spanien die Unabhängigkeit Portugals anerkannte (Feb. 1668), konnte er endlich der verworrenen Lage der Kirche in Portugal abhelfen, indem er die zahlreichen vakanten Bischofsstühle besetzte. Wichtiger noch war die Entspannung mit Frankreich. Eine demütigende Inschrift mit dem Schuldeingeständnis päpstlicher Soldaten, deren Anbringung in Rom Papst Alexander VII. durch Ludwig XIV. aufgezwungen worden war, ließ er entfernen; allerdings mußte er der französischen Kirche dafür freie Hand bei der Besetzung von Kirchenämtern lassen. Auch wenn es ihm schmeichelte, eine Rolle bei den Verhandlungen über das Ende des Devolutionskriegs (1667/68) zwischen Frankreich und Spanien spielen zu können, so war er doch Mazarins scharfsinnigem Nachfolger im Amt des französischen Außenministers, Hugues de Lionne (1611–71), diplomatisch nicht gewachsen; der Frieden von Aachen (2. 5. 1668) ließ die befestigten flandrischen Städte, wie von Frankreich gewünscht, in französischer Hand. De Lionne war auch der eigentliche Architekt des »Klementinischen Friedens« (Feb. 1669), welcher der erregten Diskussion über den Jansenismus eine zeitweilige Ruhepause verschaffte. Zwar weigerte sich eine jansenistische Minderheit, zu der vier Bischöfe und die Nonnen des jansenistischen Konvents von Port-Royal (südwestl. Paris) gehörten, noch immer, das von Alexander VII. (Feb. 1665) aufgezwungene Formular zu unterschreiben, mit dem fünf Lehrsätze aus dem *Augustinus* des Cornelius Jansen verdammt wurden; doch nach Gesprächen zwischen de Lionne und dem päpstlichen Nuntius ließ Klemens sich dazu bewegen (19. 1. 1669), die Unterschriften der aufsässigen Bischöfe anzunehmen, obwohl sie unter zahlreichen Vorbehalten erfolgten, über die er hinwegsehen mußte. Das Ganze war ein Sieg für Ludwig XIV., der die Jansenisten als eine Gefahr für die Einheit seines Reiches ansah. In Rom war man sich bald klar, daß der »Friede« als Zeichen einer schwachen Kirche gegenüber französischem Druck gewertet wurde.

Klemens lag sehr viel daran, Venedig bei der Rückeroberung der in den vergangenen zwei Jahrzehnten fast ganz von den Türken besetzten Insel Kreta beizustehen; im Frühjahr 1668/69 gelang ihm mit Frankreichs, Spaniens und des Reiches Hilfe die Organisation zweier Feldzüge. Trotz der Seeüberlegenheit der christlichen Verbände scheiterte das Unternehmen an inneren Streitigkeiten und schließlich am Abzug der Franzosen. Die Venetier mußten ihre letzte Festung auf der Insel, die Hauptstadt Candia (heute: Heraklion), aufgeben (6. 9. 1669); sie überließen es dem Hl. Stuhl, die Venedig und den anderen Teilnehmern der Expedition entstandenen erdrückenden Kosten zu tragen.

Im Herbst 1669 verschlechterte sich Klemens' Gesundheitszustand, und er erlag einem Schlaganfall – sein Ende wurde durch die bitteren Nachrichten aus Kreta noch beschleunigt. Der Literaturkenner war selbst Dichter und verfaßte religiöse Dramen, die mit Erfolg aufgeführt wurden. Diese basierten auf spanischen Vorbildern und wurden musikalisch ausgestaltet. Er ist auch dafür berühmt, daß er die Gattung der komischen Oper geschaffen hat; der Prototyp, *Chi soffre speri*, wurde im Palazzo Barberini uraufgeführt (27. 2. 1639).

Werke: *Lettere famigliari* [Manuskript in: *Vat. lat.* 13,362–13,367].

Lit.: *BullRom* 17; C. Gerin, *Louis XIV et le S. Siège*, Bd. 2, Paris 1894, S. 179–390; N. J. Abercrombie, *The Origins of Jansenism*, Oxford 1936; *DHGE* 12,1297–1313 (R. Mols); *DBI* 26,282–293 (L. Osbat / R. Meloncelli); Seppelt 5,334–343.

Klemens X.

(29. 4. 1670 – 22. 7. 1676)

Da keine der Parteien im hl. Kollegium eine Mehrheit zustande brachte und Frankreich wie Spanien gegen bestimmte Kandidaten ihr Veto geltend machten, zog sich das auf den Tod KLEMENS' IX. folgende Konklave beinahe fünf Monate hin, ehe der 79jährige Emilio Altieri gewählt wurde. Dieser wurde am 12. Juli 1590 in einer vornehmen römischen Familie geboren, studierte am Collegium Romanum, erwarb 1611 den juristischen Doktorgrad, arbeitete als Rechtsanwalt unter Giambattista Pamfili (später INNOZENZ X.), als dieser Richter an der Rota war, und wurde im April 1624 zum Priester geweiht. Nach drei Jahren als Auditor der polnischen Nuntiatur war er 1627–54 Bischof von Camerino und wurde 1644 von Innozenz X. als Nuntius nach Neapel entsandt. Wie er mit dieser schwierigen Aufgabe fertig wurde, befriedigte Innozenz nicht, und so wurde er 1652 zurückgerufen. Das Blatt wendete sich jedoch unter ALEXANDER VII., der ihn 1657 zum Sekretär der Kongregation für die Bischöfe und Regularkleriker und zum Konsultor (sachverständigen Berater) des Hl. Stuhls berief. Einen Monat vor seinem Tod ernannte Klemens IX. ihn zum Kardinal. Nach seiner Wahl zum Papst nahm er den Namen seines Gönners an.

Klemens war sich bewußt, daß er bei seinem Alter eines Assistenten bedurfte, und wies die Rolle des Kardinalnepoten Kardinal Paluzzi degli Albertoni zu, dessen Neffe die Nichte des Papstes und Alleinerbin der Altieri geehelicht hatte. Er veranlaßte den Kardinal und seinen Familienzweig, sich zum Zeichen ihrer Verwandtschaft den Namen Altieri zuzulegen. Allerdings war die Berufung nicht sehr glücklich, denn Paluzzi übernahm nicht nur die Kontrolle sämtlicher Geschäfte, so daß die Staatssekretäre zu unbedeutenden Nebenfiguren herabsanken, sondern nutzte die Güte des Papstes aus, um sich und seine Familie mit Ämtern und Reichtümern einzudecken. Die ungeheuren Summen, die er für den Ausbau des Palazzo Altieri ausgab, erregten die Öffentlichkeit so sehr, daß es Klemens klüger dünkte, ihn nicht zu besuchen. Paluzzi war mitunter auch ungeschickt, etwa als er im Herbst 1674 das diplomatische Korps durch die Umwandlung ihrer Steuerfreiheit schreckte. Damit

löste er eine Krise aus, die einen unwürdigen Rückzieher nötig machte.
Klemens war vor allem mit der türkischen Gefahr für das innerlich zerrissene und geschwächte Polen beschäftigt und bemühte sich, ein Verteidigungsbündnis gegen die Türken zustande zu bringen, wobei er sich sogar (ohne Erfolg) an den protestantischen König Karl XI. von Schweden (1660–97) wandte. Sowohl Klemens als auch Kardinal Odescalchi (später INNOZENZ XI.) ließen Johann Sobieski (1624–96) finanzielle Hilfe zukommen. Dieser brachte nicht nur den Türken (11. 11. 1673) am Dnjestr eine entscheidende Niederlage bei, sondern wurde, da der polnische Thron verwaist war, im Mai 1674 zum König gewählt. Ludwig XIV. von Frankreich (1643 bis 1715) hielt sich bei der Bildung einer gemeinsamen antitürkischen Front zurück, da er einen Eroberungskrieg gegen Holland vorbereitete. Eine Zeitlang wiegte er Klemens in dem Glauben, daß es sich um einen Glaubenskrieg zur Wiederherstellung des Katholizismus handle, so daß dieser die Intervention Spaniens und die Militärhilfe Kaiser Leopolds I. (1658–1705) für die Holländer mißbilligte. Erst im Sommer 1674 bemerkte der Papst, daß er hinters Licht geführt worden war, und im Oktober 1675 schickte er seine Gesandten nach Paris, Wien und Madrid, um Friedensverhandlungen einzuleiten. Ludwig tat aber alles, um diese Anstrengungen zunichte zu machen, und sie blieben auch ergebnislos. Die Beziehungen zwischen König und Papst verschlechterten sich zusehends; als Ludwig Kirchenprivilegien verletzte, Kirchenbesitz einzog und Ordenshäuser beschlagnahmte, um ihre Einkünfte für seine Kriegsvorbereitungen zu verwenden, fanden die Beschwerden Klemens' kein Gehör. Die 1673/75 von Ludwig aufgestellte Forderung nach uneingeschränktem Regalienrecht hingegen forderte den Hl. Stuhl anscheinend zu keiner Antwort heraus. Der Nachfolger Klemens' sollte das Problem erben.
Der betagte Papst sah sich einem beispiellosen Druck der katholischen Mächte ausgesetzt, was die Erhebung ihrer Kandidaten in den Kardinalsstand anging. Ein berühmter Vorfall ereignete sich bei einer Audienz im Mai 1675, als der französische Botschafter mit Gewaltanwendung drohte, weil er nach erbitterten Wortgefechten aufgefordert worden war, den Saal zu verlassen. Zuweilen mußte sich Klemens jedoch den Forderungen unter solchen Umständen beugen. Auf einen einseitigen Erlaß der französischen Regierung, wonach sogar Mitglieder eximierter Orden der bischöflichen Jurisdiktion unterworfen seien, reagierte er (21. 6. 1670) mit der Entscheidung, daß Ordensleute die Genehmigung des örtlichen Bischofs einholen müßten, wenn sie außerhalb der eigenen Kirchen predigen oder die Beichte hören wollten. Seine ungewöhnlich zahlreichen Heiligsprechungen galten u. a. Cajetan von Thiene (1480–1547), dem Begründer des Theatinerordens, dem Jesuiten Franz Borgia (1510–72) und Rosa von Lima (1586–1617), der ersten Heiligen Südamerikas; PIUS V., den spanischen Mystiker Johannes vom Kreuz (1542–91) und die Märtyrer von Gorkum in Südholland (am 9. 7. 1572 von Calvinisten getötet) sprach er selig.

Lit.: *BullRom* 18; C. Gerin, *Louis XIV et le S. Siège*, Bd. 2, Paris 1894, S. 391–646; M. Dubruel, »La cour de Rome et l'extension de la régale«, in: *Rev. hist. église de France 9* (1923) S. 161–176; P 31; *DHGE* 12, 1313–26 (R. Mols); *DBI* 26,293–302 (L. Osbat); Seppelt 5,344–346.

Innozenz XI.

Seliger (21. 9. 1676 – 12. 8. 1689)

Nach einem zweimonatigen Konklave wurde Benedetto Odescalchi einstimmig zum Nachfolger KLEMENS' X. gewählt, nachdem Ludwig XIV. von Frankreich (1643–1715) sich bereit gefunden hatte, das von ihm angedrohte Veto zurückzuziehen. Odescalchi wurde am 19. Mai 1611 in Como geboren und entstammte einer wohlhabenden Kaufmannsfamilie. Er selbst wurde nach dem Besuch des Jesuitenkollegs in Como mit 15 Jahren als Lehrling an die väterliche Bank in Genua geschickt. Unter dem Einfluß eines ihm gewogenen Kardinals studierte er daraufhin die Rechte in Rom und Neapel, erwarb 1639 seinen Doktor, trat unter URBAN VIII. in päpstliche Dienste und wurde nacheinander Protonotar, Präsident der Apostolischen Kammer, Gouverneur von Macerata und Finanzkommissar in den Marken. INNOZENZ X. ernannte ihn 1645 zum Kardinal, 1648 – in einer Zeit akuter Hungersnot – zum Legaten in Ferrara und 1650 zum Bischof von Novara. Auf diesen Posten zeichnete er sich durch gewissenhafte, bürgernahe Verwaltungstätigkeit und eine strenge Frömmigkeit aus; als Bischof gab er sein Einkommen den Armen. Nachdem er sein Bischofsamt 1654 aus gesund-

heitlichen Gründen aufgegeben hatte, lebte er, mit kurialen Angelegenheiten beschäftigt, zurückgezogen in Rom. Durch seine Wahl überrascht und beschämt, wollte er sie erst annehmen, wenn die Kardinäle einem Vierzehn-Punkte-Programm zustimmten, das er im Konklave vorgeschlagen hatte.
Innozenz, der selbst ein genügsames Leben führte, begann sofort, moralische und Verwaltungsmißstände auszuräumen. Selbst völlig unbelastet durch Vetternwirtschaft, suchte er auch seine Kardinäle davon abzuhalten, doch vergebens. Durch Verringerung der Ämter und Stipendien und drastische Einsparungen trug er zur Gesundung der päpstlichen Finanzen bei. Er rief dazu auf, das Evangelium zu predigen und zu katechisieren, verlangte strenge Befolgung der Ordensgelübde und den regelmäßigen Empfang der hl. Kommunion. Seine Maßnahmen zur Kontrolle der öffentlichen Moral, etwa sein Verbot des Karnevals, blieben im großen und ganzen unwirksam und wurden verhöhnt. Aufgrund seines sittlichen Ernstes neigte er zum Jansenismus und kritisierte die Jesuiten. Ohne den in jesuitischen Kreisen herrschenden Probabilismus beim Namen zu nennen, verurteilte er 65 Lehrsätze (2. 3. 1679), deren moralische Laxheit an diesen gemahnte. Als der Jesuit Tirso González de Santalla aus Salamanca sich gegen den Probabilismus wandte, pflichtete Innozenz 1680 dessen System des Probabiliorismus bei (d. h. der Lehre, daß man im Zweifel, ob eine Handlung erlaubt sei oder nicht, der probableren [annehmbareren] Meinung folgen soll); 1687 erreichte er Tirsos Wahl zum Ordensgeneral. Obwohl er zuvor mit dem spanischen Quietisten Miguel de Molinos (um 1640–1697), dem Verfasser eines *Geistlichen Führers* (der vollständige Passivität empfiehlt und menschliches Bemühen auf ein Minimum reduzieren möchte) sympathisiert hatte, ließ er sich andrerseits von dem durch Jesuiten beherrschten Hl. Offizium dazu verleiten, Miguels Arrest zu genehmigen (1685) und seine radikaleren Ansichten in der Bulle *Coelestis pastor* zu verurteilen (19. 11. 1687).
Innozenz' unbeugsamer Widerstand gegen Eingriffe in die Rechte der Kirche brachte ihn in ständigen Konflikt mit den absolutistischen Ambitionen Ludwigs XIV. Klemens X. hatte auf die Erlasse von 1673/75, in denen Ludwig die Regalienrechte auf sein gesamtes Reich ausdehnte, nicht geantwortet. Nahezu der gesamte französische Klerus nahm sein Schweigen für Zustimmung und schickte sich darein. Als zwei Bischöfe protestierten, wies Innozenz die Ausdehnung zurück, worauf eine Versammlung französischer Geistlicher auf Veranlassung Ludwigs die vier sog. Gallikanischen Artikel annahm (19. 3. 1682), mit denen dem Papst jede Macht in weltlichen Angelegenheiten oder Oberhoheit über Könige abgesprochen, die höchste Gewalt für das Generalkonzil beansprucht und die überlieferten Freiheiten der gallikanischen Kirche bekräftigt wurden. In seiner Entgegnung (11. 4. 1682) verwarf Innozenz die Artikel und verweigerte die Amtseinsetzung von Bischöfen, die sie unterzeichnet hatten. Im Januar 1688 standen in Frankreich bereits 35 Bischofsstühle leer. Ludwig hoffte, daß seine Angriffe gegen die Hugenotten, die mit der Aufhebung des Edikts von Nantes (18. 10. 1685) ihren Höhepunkt erreichten, den Papst zur Zusammenarbeit bewegen würden; doch wenngleich dieser die Rücknahme billigte, durchschaute er doch Ludwigs Motive und bedauerte die grausamen Maßnahmen während der gegen die Protestanten entfesselten Verfolgung. Der Konflikt spitzte sich 1687 zu, als Innozenz nach der Aufkündigung des Asylrechts, das von den Gesandtschaften in Rom genutzt und mißbraucht worden war, sich weigerte, den aufsässigen neuen französischen Botschafter zu empfangen; und noch mehr, als er 1688 Ludwigs Kandidaten für das Erzbistum und die Kurwürde von Köln ablehnte und statt dessen Kaiser Leopolds I. (1658–1705) Favoriten einstellte. Im Januar 1688 verständigte er Ludwig heimlich, daß er und seine Minister aus der Kirche ausgestoßen seien; im September besetzte der König die päpstlichen Territorien Avignon und Venaissin. Das offene Schisma konnte nur durch das Eingreifen Fénelons (1651–1715), später Erzbischof von Cambrai, und durch die Thronbesteigung Wilhelms von Oranien in England vermieden werden.
Besonders aber lag Innozenz die Mobilisierung des Widerstands gegen den Vormarsch der Türken im Abendland am Herzen. Hierin liegt seine größte Leistung. Obwohl ihn die expansionistische Politik Ludwigs behinderte, brachte er (31. 3. 1683) zwischen Kaiser Leopold I. und Johann III. Sobieski von Polen (1674–96) ein Bündnis zuwege, das zur Aufhebung der Belagerung Wiens (12. 9. 1683) führte. Um die türkische Gefahr weiter zurückzudrängen, bildete er darauf-

hin die Hl. Liga zwischen dem Reich, Polen, Venedig und Rußland, der die triumphale Befreiung Ungarns (1686) und die Wiedergewinnung Belgrads (1688) gelang. Für diese Unternehmung stellte er von Anfang an erhebliche Geldmittel zur Verfügung. Obwohl Innozenz die Thronbesteigung des römisch-katholischen Jakob II. in England (1685) begrüßte, mißtraute er dessen Unterwürfigkeit gegenüber Ludwig XIV.; auch mißbilligte er Jakobs unüberlegtes Vorgehen bei der Erneuerung des Katholizismus in seinem Land. Als Jakob seinen Thron verlor und um Hilfe bat, erwiderte Innozenz folgerichtig, er könne ihm nicht beistehen, da seine Kräfte völlig von der Auseinandersetzung mit Ludwig in Anspruch genommen seien. Der Vorwurf, der Papst habe von den Plänen des Protestanten Wilhelm von Oranien zur Verdrängung Jakobs Kenntnis gehabt und sie insgeheim unterstützt, entbehrt jeder Grundlage.
Innozenz starb im Alter von 78 Jahren. Historiker aller Lager anerkennen ihn als die herausragende Papstgestalt des 17. Jh.s. Obwohl die Römer seine Strenge zu Lebzeiten als bedrückend empfanden, begannen sie ihn bald nach seinem Tod zu verehren. 1714 leitete KLEMENS XI. die Heiligsprechung in die Wege, die jedoch 1744 durch Einwände des französischen Hofes verhindert wurde. Erst in der veränderten Atmosphäre des 20. Jh.s kam man darauf zurück; PIUS XII. verkündete seine Seligsprechung (7. 10. 1956). Festtag: 12. August.

Lit.: *AAS* 48 (1956) S. 754–759; 762–778; M. Santi, *Bibliografia di papa I. XI (1676–1689) fino al 1927,* Como 1957; *BullRom* 19; F. de Bojani (Hrsg.), *Innocent XI: Sa correspondance avec ses nonces 1676–84*, 3 Bde., Rom 1910–12; I. I. Berthier (Hrsg.), *Innocentii P. P. XI espistolae ad Principes*, 2 Bde., Rom 1891–95; G. Papasogli, *Innocenzo XI*, Rom 1956; J. Orcibal, *Louis XIV contre Innocent XI*, Paris 1949; L. O'Brien, *Innocent XI and the Renunciation of the Edict of Nantes*, Berkeley 1930; P 32; *DTC* 7,2006–13 (J. Paquier); *NCE* 7,529 f. (S. V. Ramge); Seppelt 5,346–371.

Alexander VIII.

(6. 10. 1689 – 1. 2. 1691)

Pietro Ottoboni wurde am 22. April 1610 als Sproß einer kurz zuvor geadelten Familie in Venedig geboren. In Padua erwies er sich als glänzender Student, erwarb mit 17 Jahren den Doktor der Rechte und trat als 20jähriger mit Unterstützung eines Landsmanns, der Dekan der Rota war, in den Dienst der Kurie. Nachdem er 1638–43 Gouverneur des Kirchenstaates gewesen war, arbeitete er 1643–52 als Richter in der Rota, wo er für seine Rechtsentscheidungen bekannt wurde. Im Februar 1652 wurde er zum Kardinal ernannt und war ab 1654 Bischof von Brescia. 1664 kehrte er nach Rom zurück, wo er in der Kurie eine führende Rolle spielte. Er war ein vertrauter Mitarbeiter INNOZENZ' XI., der ihn zum Großinquisitor von Rom und zum Sekretär des Hl. Offiziums berief. Obwohl das Reich und Frankreich auf dem Konklave von 1689 zum erstenmal durch außerordentliche Botschafter vertreten waren, hatten die Kardinäle bereits entschieden, noch bevor sie die Wünsche der Monarchen ermittelten, daß sein Wissen und seine Erfahrung, seine zügige Erledigung schwieriger Geschäfte und sein Charakter ihn zum Papst bestimmten. Ludwig XIV. von Frankreich (1643 bis 1715), der ihn aufgrund seiner früheren Haltung zur französischen Frage zunächst nicht gemocht hatte, stimmte der Wahl zu, als sowohl Ottoboni als auch sein Neffe ihm die Zusicherung gaben, daß er im Fall seiner Wahl eine Aussöhnungspolitik verfolgen werde.
In der Tat unternahm Alexander ernsthafte, teils erfolgreiche Anstrengungen, die Beziehungen zu Frankreich aus der Sackgasse herauszuführen. Da die Stellung Ludwigs XIV. seit der englischen Revolution (1688) geschwächt war, legte er auf ein verbessertes Verhältnis zu Rom Wert; er übergab Avignon und Venaissin (besetzt Sept. 1688) dem Hl. Stuhl und willigte in die Abschaffung des von den Gesandtschaften in Rom in Anspruch genommenen übertriebenen Asyl- und Steuerbefreiungsrechts durch Innozenz XI. ein. Dafür verlieh Alexander zu seiner Freude Bischof Toussaint de Forbin-Janson von Beauvais gegen den Protest Kaiser Leopolds I. (1657 bis 1705) die Kardinalswürde, wobei er seine Teilnahme an der gallikanischen Versammlung (1682) geflissentlich übersah. Zugleich akkreditierte er den von Innozenz XI. abgewiesenen französischen Botschafter. In der wichtigsten Streitfrage jedoch gab er nicht nach, sondern weigerte sich, die Einsetzung der vom König nominierten Bischöfe zu bestätigen, solange sie die vier Gallikanischen Artikel (1682) nicht ablehnten. Daraufhin brach der Streit erneut aus, und Alexander sah sich genötigt, sowohl Ludwigs Ausdehnung der Regalienrechte auf sein gesamtes Reich wie auch die vier Artikel in der Konsti-

tution *Inter multiplices* für null und nichtig zu erklären. Die Konstitution setzte er bereits am 4. August 1690 auf, doch veröffentlichte er sie erst auf seinem Sterbebett (31. 1. 1691), nachdem sein Plan, den König mit Hilfe Madame de Maintenons, seit 1684 dessen heimliche Gattin, umzustimmen, nichts gefruchtet hatte. So begrenzt seine Annäherung an Frankreich auch war, trug sie doch zur Abkühlung der Beziehungen zum Reich bei; da er keinen von Leopolds Kandidaten mit dem Purpur belieh, wurde der kaiserliche Gesandte zurückgerufen. Alexander kürzte auch die Subsidien, die Innozenz XI. Kaiser Leopold für den Krieg gegen die Türken hatte zukommen lassen, da er es vorzog, seinem geliebten Venedig großzügige Unterstützung in Form von Geldern, Truppen und Galeeren zu gewähren.

Nach seinen Erfahrungen im Hl. Offizium war Alexander ein strenger Hüter des Glaubens. Er verurteilte zwei unter Jesuiten verbreitete moralisch laxe Lehrsätze (24. 8. 1690); der eine leugnete, daß es eines ausdrücklichen Aktes der Liebe zu Gott nach der Erlangung der Einsicht bedurfte; der andere ließ den Begriff der »philosophischen Sünde« zu, d. h. einer Sünde, die Gott nicht kränkt, da sie ohne Wissen von oder Gedanken an ihn begangen wurde. Dann verdammte er 31 jansenistische Lehrsätze (7. 12. 1690), welche die Buße, die Jungfrau Maria, die Taufe und die Autorität der Kirche betrafen. Die noch lebenden Anhänger des spanischen Quietisten Miguel de Molinos (um 1640–92) bestrafte er mit lebenslanger Haft.

Alexander, der bei seiner Wahl 79 Jahre zählte, war das völlige Gegenstück zu seinem ernsten Vorgänger. Er erfreute die Römer durch seine aufwendige Amtsführung und ließ den Nepotismus unbekümmert wiederaufleben, den Innozenz verschmäht hatte. Er soll erklärt haben, er müsse schnell arbeiten, da die 23. Stunde geschlagen habe. Seinen 20jährigen Großneffen Pietro ernannte er zum Kardinalnepoten und seinen Neffen Giambattista zum Staatssekretär; sowohl sie als auch andere Angehörige stattete er mit lukrativen Pfründen aus. Im Kirchenstaat, wo er die Steuerlast verringerte, die Einfuhr billiger Nahrungsmittel erleichterte und andere Verbesserungen einführte, war er beliebt, doch seine Truppenaushebung zur Unterstützung Venedigs gegen die Türken stieß auf wütenden Widerstand. Der Literaturkenner bewegte sich ungezwungen in literarischen Kreisen und bereicherte die Vatikanische Bibliothek durch den Ankauf wertvoller Manuskripte (»Reginenses«) und anderer Sammlungen Königin Christines von Schweden (1626–89), die sich nach ihrer Abdankung und öffentlichen Aufnahme in die Kirche 1655 in Rom niedergelassen hatte.

Lit.: *BullRom* 20; *Decisiones S., Rotae Romanae coram P. Ottobono*, Rom 1657; G. A. Hanotaux, *Recueil des instructions données aux ambassadeurs et ministres de France*, 25 Bde., Paris 1888–1913; S. V. Bischoffshausen, *Papst A. VIII. und der Wiener Hof*, Stuttgart 1900; P 32; *DHGE* 2,244–251 (P. Richard); *EC* 1,803–805 (P. dalla Torre); NCE 1,293 (S. V. Ramge); *LThK* 1,318 f. (K. Repson); *DBI* 2,215–219 (A. Petrucci); Seppelt 5,370–374.

Innozenz XII.

(12. 7. 1691 – 27. 9. 1700)

Das Konklave nach dem Tod ALEXANDERS VIII. dauerte fünf Monate, da die gegnerischen französischen und kaiserlichen Parteien auch in sich zerstritten waren. Als Unruhen in Rom und die Sommerhitze eine Entscheidung erzwangen, wurde schließlich als Kompromißkandidat Antonio Pignatelli gewählt. Der neapolitanische Aristokrat wurde am 13. März 1615 bei Spinazzola (Apulien) geboren und am Jesuitenkolleg in Rom erzogen. Unter URBAN VIII. trat er in die Kurie ein und wurde nacheinander Vizelegat in Urbino, Gouverneur von Viterbo und Nuntius in der Toskana (1652), Polen (1660) und Wien (1668). Unter KLEMENS X. fiel er in Ungnade und wurde als Bischof nach Lecce gesandt. 1673 wurde er nach Rom zurückgerufen, um Sekretär der Kongregation der Bischöfe und Regularkleriker zu werden. INNOZENZ XI. erhob ihn zum Kardinal (1. 9. 1681), danach zum Bischof von Faenza, Legaten in Bologna und schließlich zum Erzbischof von Neapel (1687).

Als frommer Wohltäter, der ein anspruchsloses Leben führte, wählte er den Namen INNOZENZ' XI., den er sich zum Vorbild nahm. Er begann unverzüglich mit einem Reformprogramm für Rom und den Kirchenstaat und pochte auf sparsame Verwaltung und unparteiische Justiz. Er schränkte den Ämterhandel drastisch ein und entschädigte die päpstliche Kämmerei für die sich hieraus ergebenden Einbußen durch radikale Ausgabenkürzungen seines Hofes und den Ausbau der Häfen Civitavecchia und Nettuno aus, wodurch er den Handel zu fördern hoffte. Er gründete Wohltätigkeitseinrichtungen wie das Hospital S. Michele für Armenkinder und stellte Arbeitsunfähigen den Lateran als Hospiz zur Verfügung. Die Armen und Bedürftigen seien seine Nepoten, erklärte er. Zur besseren Ausbildung des Klerus rief er 1694 die Kongregation für Disziplin und Reform der Regularkleriker ins Leben und untersagte 1695 die in Deutschland verbreitete Praxis der Wahlkapitel für die Besetzung von Bistümern und Klöstern. Am revolutionärsten jedoch war sein Erlaß *Romanum decet pontificem* (22. 6. 1692), mit dem er dem Nepotismus an die Wurzeln ging: Der Papst durfte seinen Verwandten hinfort keine Ländereien, Ämter oder Einkünfte mehr gewähren. Waren sie arm, so sollte er sie behandeln wie alle anderen Notleidenden auch. Ferner komme für den Purpur lediglich ein einziger Verwandter in Frage, und der auch nur, sofern er auch sonst geeignet sei. Sein Einkommen sollte eine bestimmte Höhe nicht überschreiten. Nach einigem Widerstand überredete er alle Kardinäle zur Unterzeichnung des Erlasses.

Mit Ludwig XIV. von Frankreich (1643–1715), dessen politische Lage nach der Bildung der Großen Allianz ihm eine Annäherung an Rom wünschenswert erscheinen ließ, konnte Innozenz einen Kompromiß erzielen, der den 50jährigen politisch-religiösen Konflikt zwischen Frankreich und dem Hl. Stuhl beendete. Zunächst ratifizierte er die Einsetzung jener vom König seit 1682 nominierten Bischöfe, die an der Versammlung des Klerus im selben Jahr nicht teilgenommen hatten. Daraufhin versprach Ludwig (14. 9. 1693), die Erklärung des französischen Klerus zu widerrufen, welche die französischen Bischöfe verpflichtete, die vier Gallikanischen Artikel zu unterschreiben, und die Bischöfe, die der Versammlung von 1682 beigewohnt hatten, zogen ihre Unterschrift schriftlich zurück. Nun gewährte Innozenz den Bischöfen ihre kanonische Einsetzung, und Ende 1693 war die französische Hierarchie wiederhergestellt. Diesen offensichtlichen Erfolgen stand entgegen, daß der Papst Ludwigs Ausweitung der Regalienrechte auf sein gesamtes Reich hinnehmen mußte und daß die Zugeständnisse des Königs die Gallikanischen Artikel selbst nicht berührten; der Gallikanismus sollte die kirchlichen Angelegenheiten Frankreichs noch bis zur Französischen Revolution und Napoleon regeln. Die Übereinkunft zwischen Frankreich und Rom stieß jedoch in Wien auf Argwohn; obwohl Innozenz Kaiser Leopold I. (1688–1705) zunächst großzügige Unterstützung für die Verteidigung gegen die Türken gewährte, nahmen die Spannungen zwischen beiden Höfen allmählich zu, ungebührlich verschärft durch das arrogante Auftreten der kaiserlichen Gesandten. Die Krise kam, als der Kaiser auf Betreiben des Grafen Martinitz anordnete, alle Vasallen des Reiches in Italien müßten die Rechtmäßigkeit ihrer Lehen nachweisen; der Papst sah sich gezwungen, den kaiserlichen Erlaß, soweit er den Kirchenstaat betraf, als grobe Verletzung seiner Souveränität zu annullieren. Der französische Botschafter schlug schnell aus der gespannten Lage Kapital.

Zur Vermeidung leichtfertiger Vorwürfe gegen vermutliche Jansenisten in Belgien untersagte Innozenz den Bischöfen (6. 2. 1694), Zusätze zu der Konstitution ALEXANDERS VII. von 1665 zu fordern. Diese verwarf die fünf aus dem *Augustinus* des Cornelius Jansen abgeleiteten Lehrsätze in dem Sinne, wie der Verfasser sie gemeint hatte. Da die Jansenisten dies als günstiges Zeichen werteten, gab der Papst (25. 11. 1696) ein weiteres Breve heraus, in welchem er erklärte, nichts habe ihm ferner gelegen, als von den Ausführungen seines Vorgängers zur jansenistischen Häresie abzuweichen. Gegen Ende seines Lebens sah er sich gegen seinen Willen, aber durch starken Druck Ludwigs XIV. aufgerufen, ein Urteil über die mystischen Lehren der Madame de Guyon (1648–1717) zu fällen, die von Erzbischof François Fénelon von Cambrai (1651–1715) unterstützt wurden. Er veröffentlichte das Breve *Cum alias* (12. 3. 1699), in dem er 23 Lehrsätze aus Fénelons *Explications des maximes des saints* verdammte. Aber er lehnte es ab, ein Buch Celestino Sfondratis über die Prädestination zu zensieren, dem Bischof Jacques Bénigue Bossuet 1697 Quietismus vorgeworfen hatte.

Obwohl Innozenz nach 1696 seine Anstrengungen verdoppelte, um Ludwigs Eroberungskrieg gegen die Pfalz zu beenden, war der Hl. Stuhl auf dem Kongreß, der zum Frieden von Ryswijk (20. 9. 1697) führte, nicht vertreten. Allerdings konnte Innozenz die Aufnahme einer wichtigen Klausel in das Vertragswerk erzwingen, wonach das römisch-katholische Bekenntnis in allen Orten, die der Vertrag protestantischer Herrschaft unterstellte, unangetastet bleiben sollte. Am Ende seiner Regierungszeit trat die Frage der spanischen Thronfolge auf, als der designierte Thronerbe des kinderlosen Karl II. (1665–1700), der bayerische Kurprinz Joseph Ferdinand, plötzlich starb (6. 2. 1699). Karl II. neigte zunächst dazu, sein Erbe Erzherzog Karl von Österreich (später Kaiser Karl VI., 1711–40) zu überlassen, doch der spanische Primas, Kardinal Portocarrero, und der Staatsrat bevorzugten Herzog Philipp von Anjou, den Enkel Ludwigs XIV. Als Karl ihn befragte, faßte Innozenz auf Anraten seiner Kardinalskommission den verhängnisvollen Entschluß, Philipp zu empfehlen, und der König hinterließ diesem in seinem Letzten Willen die spanischen Herrschaftsgebiete. Philipp V. wurde 1700–46 König von Spanien. Als der Papst starb (27. 9. 1700), folgte ihm Karl (1. Nov.) im Tod.

Lit.: *BullRom* 20; P 32; *DTC* 7,2013–15 (J. Paquier); *LThK* 5,695 (G. Schwaiger); *EC* 7,25–27 (R. Palmarocchi); *NCE* 7,530 f. (J. Calicchio); Seppelt 5,374–383.

Klemens XI.

(23. 11. 1700 – 19. 3. 1721)

Giovanni Francesco Albani wurde am 23. Juli 1649 in Urbino geboren und entstammte einem umbrischen Adelsgeschlecht. In Rom, wo ihn die vormalige Königin Christine von Schweden (1626–89) in ihre Akademie aufnahm, empfing er eine gründliche klassische Bildung. Nach dem Studium der Philosophie und der Rechte trat er 1677 in den Dienst der Kurie. Zuerst war er Gouverneur in verschiedenen Gebieten des Kirchenstaats, 1687 wurde er zum Kuriensekretär befördert und im Februar 1690 zum Kardinal ernannt. Unter ALEXANDER VIII. und INNOZENZ XII. übte er beherrschenden Einfluß aus; so setzte er die Bulle auf, mit der Innozenz den Nepotismus ächtete. Erst im September 1700 wurde er zum Priester geweiht. Auf einem 46tägigen Konklave im Herbst vermochte sich weder die französische noch die kaiserliche Partei durchzusetzen; Albani wurde als Kandidat der *zelanti* gewählt, d. h. der Kardinäle, die einen unpolitischen Papst wünschten, dem die Interessen der Kirche am Herzen lagen. Erst 51 Jahre alt, fromm und streng, mangelte es ihm doch an politischem Talent, und so nahm er seine Wahl erst nach mehrtägiger banger Bedenkzeit und mit echtem Widerstreben an; dabei wurde seine Erhebung selbst in protestantischen Ländern stürmisch begrüßt.

Der Spanische Erbfolgekrieg (1701–14), der einen Großteil seiner Regierungszeit währte, enthüllte bald schon seine eigene und die Wirkungslosigkeit des Papsttums. Nachdem er sich zunächst zugunsten des Bourbonen Philipp von Anjou (Philipp V. von Spanien, 1700–46) als Erben der spanischen Herrschaft ausgesprochen hatte, versuchte er, als der Krieg nahte, neutral zu bleiben. Seine Vermittlungsangebote fanden kein Echo, ebensowenig sein Protest vom April 1701 gegen die Annahme des Titels »König von Preußen« durch Kurfürst Friedrich III. von Brandenburg ohne päpstliche Einwilligung. Bald saß er zwischen zwei Stühlen, als sowohl Philipp V. wie Kaiser Leopold I. (1658–1705), der den Habsburger Erzherzog Karl (Kaiser Karl VI., 1711–40) auf den spanischen Thron bringen wollte, von ihm die Belehnung mit Neapel und Sizilien verlangten. Außerdem verdächtigte Leopold ihn aus gutem Grund, auf der Seite Frankreichs zu stehen. Der Papst konnte auch nicht verhindern, daß Italien zum Kriegsschauplatz wurde. Im Januar 1709, als die Truppen von Leopolds Nachfolger Joseph I. (1705–11) im Kirchenstaat eingefallen waren, Neapel erobert hatten und vor den Toren Roms standen, mußte Klemens die harten Bedingungen des neuen Kaisers akzeptieren, das hieß u. a. Philipp V. fallenzulassen und Erzherzog Karl als spanischen König anzuerkennen. Dies führte sofort zum Bruch mit Spanien. Im Vertrag von Utrecht (1713) sah sich Klemens übergangen; über Sardinien, Sizilien, Parma und Piacenza wurde unter zynischer Mißachtung der Oberhoheit des Papstes verfügt. Sizilien ging zusammen mit der Kontrolle der Kirche (»Sizilische Monarchie«) an Herzog Viktor Amadeus II. von Savoyen (1675–1730); als Klemens dagegen protestierte und eine Bulle erließ (20. 2. 1715), in der er die »Monarchie« annullierte, schenkte ihm Viktor keine Beachtung. Nach der Kriegserklärung der Türken gegen Venedig (1714) träumte Klemens davon, PIUS V. nachzueifern, doch all seine Bemühungen, ein Bündnis gegen die Türken zustande zu bringen, konnten nicht verhindern, daß die gesamte Peloponnes in ihre Hände fiel. 1717 mußte er die Demütigung erleiden, daß eine spanische Flotte, die er zum Kampf gegen die Türken ausgerüstet hatte, entgegen seinen Garantien gegenüber dem Kaiser, von Kardinal Giulio Alberoni umgelenkt wurde, um Sardinien dem Reich zu entreißen.

Vor allem auf Betreiben Ludwigs XIV. von Frankreich (1643–1715) spielte Klemens eine entscheidende Rolle bei der Unterdrückung des Jansenismus. Er verurteilte in der Bulle *Vineam Domini Sabaoth* (15. 7. 1705) den von der Sorbonne gebilligten Vorschlag, daß man die von INNOZENZ X. verworfenen fünf jansenistischen Lehrsätze gut und gerne zurückweisen könne und doch darin »achtungsvolles Stillschweigen« bewahren, ob sie wirklich in den Werken des Cornelius Jansen zu finden seien. Der Papst verdammte (3. 7. 1708) die *Réflexions morales* des gelehrten Oratorianers Pasquier Quesnel (1634 bis 1719), der inzwischen Wortführer der jansenistischen Partei war, da sie sich auf eine verderbte Stelle des Neuen Testaments gründeten und von jansenistischen Irrtümern durchsetzt seien. Schließlich erließ er (8. 9. 1713) die berühmte Bulle *Unigenitus Dei Filius*, in der 101 angeblich jansenistische Lehrsätze aus Quesnels Schrift verurteilt wurden. Die Bulle löste heftigen Widerstand aus, und nach dem Tod Ludwigs XIV. (1715) riefen die Führer der jansenistischen Bewegung ein allgemeines Konzil an. Klemens gab jedoch nicht nach, sondern exkommunizierte die »Appellanten« (28. 8. 1718), ohne daß diese davon Notiz genommen hätten. Schließlich zwang die französische Regierung (4. 12. 1720) das *parlement*, die Bulle zu verabschieden, wenn auch unter dem Vorbehalt der Garantie für die überlieferten Freiheiten der gallikanischen Kirche.

Klemens zeigte großes Interesse am Missionswesen; er gründete nicht nur Missionarskollegien, sondern förderte die Arbeit der Mission in Übersee, vor allem in Indien, auf den Philippinen und in China. Ihm oblag es, über die zwischen Dominikanern und Jesuiten umstrittene Richtigkeit der Anpassung heidnischer Glaubensinhalte und Gebräuche an die christliche Religionspraxis zu befinden, wie sie sich in den Missionsgebieten ergab. Er billigte (20. 11. 1704) einen Urteilsspruch des Hl. Offiziums und entschied mit der Begründung, es handele sich in erster Linie um zivile Handlungen, gegen die Beachtung chinesischer Riten durch die Missionare, besonders des Konfuzianismus und des Ahnenkults. In seiner Konstitution *Ex illa die* (19. 3. 1715) wiederholte er seinen Erlaß. Im Gegensatz zu den Dominikanern begünstigten die jesuitischen Missionare die chinesischen Riten, und 1656 hatte ALEXANDER VII. dies gebilligt. Ihr Verbot durch Klemens – erst 1939 durch PIUS XII. aufgehoben – führte zur chinesischen Christenverfolgung und zur Schließung der Missionsstationen.

1708 erklärte Klemens das Fest der Unbefleckten Empfängnis als für die ganze Christenheit verbindlich. Der geschäftige und gewissenhafte, wenn auch unschlüssige Papst ernannte während seiner langen Amtszeit 70 Kardinäle. Er war ein großzügiger Gönner von Künstlern und Gelehrten und besonders an Archäologie interessiert. Als großer Wohltäter der Vatikanischen Bibliothek bestellte er J. S. Assemani (1687–1768) zu ihrem Leiter und sandte ihn in den Osten, um Manuskripte zu sammeln.

Werke: *Opera omnia* [einschl. *Bullarium*], hrsg. von Kardinal Albani, 23 Bde., Rom 1722–24.

Lit.: *BullRom* 21; P. Polidori, *De vita et rebus gestis Clementis XI*, Urbino 1727; A. Aldobrandini, *La guerra di successione di Spagna negli stati dell'Alta Italia dal 1701 al 1705 e la politica di Clemente XI*, Rom 1931; F. Pometti, »Studi sul pontificato di Clemente XI«, in: *ASRomana* 21 (1898) S. 279–457; 22 (1899) S. 109–179; 23 (1900) S. 239–276; 449–515; P 33; *DHGE* 12,1326–61 (R. Mols); *LThK* 2,1227 f. (A. Cornaro); *DBI* 26,302–320 (S. Andretta); Seppelt 5,382–413.

Innozenz XIII.

(8. 5. 1721 – 7. 3. 1724)

Nach einem langen, zerstrittenen Konklave, in dem Kardinal Althan im Namen des Kaisers sein Veto gegen den anfänglichen Favoriten, den Staatssekretär KLEMENS' XI., Fabrizio Paolucci, einlegte, wurde einstimmig Michelangelo dei Conti zum Papst gewählt. Er wurde am 13. Mai 1655 als Sohn des Herzogs von Poli (bei Palestrina) dort geboren, studierte in Ancona, anschließend bei den Jesuiten in Rom und trat frühzeitig in den Dienst der Kurie. Nachdem er in verschiedenen Teilen des Kirchenstaats Gouverneur gewesen war, wirkte er 1695–98 in der Schweiz und 1698–1709 in Portugal als päpstlicher Nuntius. Klemens XI. ernannte ihn (7. 6. 1706) zum Kardinal. 1709–12 war er Bischof von Osimo, 1712–19 von Viterbo – ein Posten, den er aus Gesundheitsgründen aufgab. Nach seiner Wahl nannte er sich nach INNOZENZ III., dessen Familie er entstammte.

Innozenz besaß sowohl diplomatisches Geschick als auch den Wunsch nach einem ruhigen Leben, und er begann, die Spannungen mit den Großmächten beizulegen, unter denen die Regierungszeit seines Vorgängers gelitten hatte. So belehnte er (9. 6. 1722) Kaiser Karl VI. (1711–40) mit Neapel und Sizilien, was Klemens XI. unter Berufung darauf verweigert hatte, daß er bei ihrer Übertragung auf das Reich (1720) nicht konsultiert worden sei. Im Juli 1721 war er dem Regenten Frankreichs (Philipp II. von Orléans, 1715–23) gefällig, indem er seinen mächtigen, aber korrupten Minister Guillaume Dubois (1656–1723) mit dem Purpur belieh. Andrerseits vermochte er Karl VI. nicht daran zu hindern, die Oberhoheit über die sizilische Kirche für sich in Anspruch zu nehmen, obwohl Klemens VI. die »Sizilische Monarchie« 1715 abgeschafft hatte, oder daran, den spanischen Prinzen Don Carlos mit Parma und Piacenza zu betrauen, mit Herzogtümern, die eigentlich Lehen des Papstes waren. Ferner zogen sich die 1709 begonnenen Verhandlungen mit dem Kaiser über den Abzug der Besatzungstruppen aus Comacchio (zwischen Ravenna und Ferrara) ergebnislos in die Länge. Wie seine Vorgänger erkannte er den »Alten Prätendenten« Jakob III. als König von England und Schottland an, setzte ihm nicht nur Bezüge aus, sondern versprach ihm 10000 Dukaten, wenn er in Britannien den römischen Katholizismus wiedererrichte.

Innozenz hegte eine tiefe Abneigung gegen die Jesuiten, die auf seine Zeit als Nuntius in Portugal zurückging, und hatte nicht übel Lust, den Orden zu verbieten, als er erfuhr, daß dessen Missionare sich nicht an das Verbot der chinesischen Riten durch Klemens XI. hielten. Statt dessen untersagte er ihm die Aufnahme von Novizen, sofern er nicht innerhalb von drei Jahren überzeugende Gehorsamsbeweise hätte. Seine Antipathie gegen die Jesuiten wie auch die Tatsache, daß er als Kardinal gegen Klemens' Versäumnis protestiert hatte, vor der Veröffentlichung der Bulle *Unigenitus* mit der Verdammung des Jansenismus das hl. Kollegium zu Rate zu ziehen, weckte in jansenistischen Kreisen die Hoffnung, daß er ihnen gegenüber eine freundlichere Haltung einnehmen werde. Indessen bestätigte er die Bulle nach seiner Erhebung zum Papst, und als sieben französische Bischöfe ihn im Juni 1721 in einem Schreiben baten, die Bulle zu widerrufen, ließ er ihre Bittschrift vom Hl. Offizium rügen. In einem Brief an den französischen König bekundete er seine völlige Übereinstimmung mit der Konstitution Klemens' XI. und ersuchte ihn, gegen die Bischöfe energische Maßnahmen zu ergreifen.

Innozenz ernannte seinen Bruder Bernardo zum Kardinal, doch die Sorge, er könne dem Nepotismus verfallen, erwies sich als grundlos; er begrenzte Bernardos Einkünfte auf die von INNOZENZ XI. in seinem Verbot des Nepotismus vorgeschriebene Summe. Im Kirchenstaat kümmerte er sich um die wirtschaftliche und kulturelle Entwicklung, doch war seine kurze Regierungszeit ständig von Krankheiten überschattet.

Lit.: *BullRom* 21; A. Ciaconius, *Vitae et res gestae Pontificum Romanorum*, Bd. 6, Rom 1751, S. 381–408; M. von Mayer, *Die Papstwahl Innocenz' XIII.*, Wien 1874; E. Michaud, »La fin de Clément XI et le commencement du pontificat d'Innocent XIII«, in *RevIntTheol* 5 (1897) S. 42–60; 304–331; P 34; *DTC* 7,2015 f. (J. Paquier); *EC* 7,27 (F. Fonzi); Seppelt 5,413–415.

Benedikt XIII.

(29. 5. 1724 – 21. 2. 1730)

Pietro Francesco Orsini war der älteste Sohn des Herzogs von Gravina (Apulien) und wurde dort am 2. Februar 1649 geboren. Seine Familie hatte bereits die Päpste CÖLESTIN III. und NIKOLAUS III. hervorgebracht. Als Knabe verzichtete er trotz Widerstands seiner Angehörigen auf sein Erbteil und trat bei den Dominikanern ein. Sein Gelübde legte er in Rom (9. 2. 1669) ab, als Ordensnamen wählte er Vincenzo Maria. Nachdem er in Brescia Philosophie gelehrt hatte, wurde er gegen seinen Willen von KLEMENS X., dessen Nichte seinen Bruder geheiratet hatte, zum Kardinal ernannt (Feb. 1672). Auch als Erzbischof von Manfredonia (1675), Bischof von Cesena (1680) und Erzbischof von Benevent (1686) lebte er als einfacher Bruder, der sich ganz seinen seelsorgerischen Aufgaben widmete. Er hielt mehrere Provinzial- und Diözesansynoden ab und fand dennoch Muße, Schriften vor allem über Askese und Moraltheologie zu veröffentlichen. Nach neunwöchigem ergebnislosen Gerangel wählte ihn das Konklave von 1724 einstimmig zum Papst, denn die französische, spanische und habsburgische Partei versprachen sich von seinem Mangel an politischer Erfahrung übereinstimmend eine neutrale Haltung. Erst auf Geheiß seines Ordensgenerals nahm er die Wahl an; er wählte den Namen Benedikt XIV., doch änderte er diesen in Benedikt XIII., da der frü-

here Namensträger Pedro de Luna Gegenpapst gewesen war.
Als Papst behielt er seine mönchische Lebensweise bei und verschmähte die Prunkgemächer des Vatikans. Er blieb auch Erzbischof seines geliebten Benevent und führte 1727/29 wochenlange Visitationen durch. In Rom konzentrierte er sich auf seine Diözese, hatte besondere Freude an Kirch- und Altarweihen, suchte die Kranken auf, spendete die hl. Sakramente und erteilte religiöse Unterweisung. Aus Sorge um die Kirchendisziplin tadelte er die Extravaganz der Kardinäle sowie das Perückentragen und modisch gestutzte Bärte; auch verbot er die beliebte und einträgliche öffentliche Lotterie im Kirchenstaat. Im Frühjahr 1725, einem Jubeljahr, hielt er persönlich eine Provinzialsynode im Lateran ab, deren Beschlüsse er unverzüglich drucken und verbreiten ließ. Er hatte die törichte Hoffnung, daß die Bischöfe überall seinem Beispiel folgen und die seelsorgerischen Ideale, welche die Synode einschärfte, eifrig in die Tat umgesetzt würden. Da er vor allem durch religiöse Fragen in Anspruch genommen war, bedurfte er verläßlicher Mitarbeiter für die Interessen der Gesamtkirche. Zwar behielt er Fabrizio Paolucci als Staatssekretär bei, doch setzte er sein unbedingtes Vertrauen unglücklicherweise in einen skrupellosen Schurken namens Niccolò Coscia, den er in Benevent nützlich gefunden hatte und dem er jetzt freie Hand ließ. Coscia, 1725 gegen den Protest des hl. Kollegiums zum Kardinal ernannt, holte selbstsüchtige Gleichgesinnte aus Benevent in einflußreiche Positionen und ließ nach Paoluccis Tod eines seiner Werkzeuge, Niccolò Maria Lercari, zum neuen Staatssekretär bestellen. Seine Politik verfolgte die Absicht, seinen Herrn von den Kardinälen zu isolieren und sich und seine Clique durch den Verkauf von Ämtern sowie die Annahme von Bestechungsgeldern systematisch zu bereichern. Am Ende ließ sich der Papst ausschließlich von diesem korrupten und gewissenlosen engeren Kreis beraten.
Die Schwäche der Außenpolitik Benedikts und der finanzielle Zusammenbruch des Kirchenstaats gehen in erster Linie zu Lasten von Coscias Wirken. Dies allein erklärt z. B. die Leichtigkeit, mit der Viktor Amadeus II. von Savoyen (1675–1730) sowohl die Anerkennung seines 1713 unter Mißbilligung des Papstes angemaßten Königstitels wie auch das Vorschlagsrecht für sämtliche Bischofsstühle auf Sardinien erlangte (1725). Im Konkordat von 1727 erreichte der König sogar noch weitere Zugeständnisse und lohnte es den käuflichen päpstlichen Unterhändlern in angemessenem Rahmen. Mit ähnlichen Methoden entlockten die Vertreter Kaiser Karls VI. (1711–40) Benedikt eine Bulle (30. 8. 1728), welche die von KLEMENS XI. 1715 aufgelöste »Sizilische Monarchie« zwar nicht ausdrücklich anerkannte, dem Herrscher Siziliens aber die tatsächliche Kontrolle über die kirchlichen Angelegenheiten zusprach. Bezeichnenderweise stand Benedikt, als er sich den Forderungen Johanns V. von Portugal (1706–50) widersetzte, den Nuntius in Lissabon zum Kardinal zu erheben (womit er ein Schisma riskierte), nicht unter Coscias Einfluß, sondern hatte die Rückenstärkung des hl. Kollegiums.
Die Hoffnungen der Jansenisten in Frankreich aufgrund der Wahl eines Dominikaners zum Papst zerstoben schon bald. Um ihrer Behauptung entgegenzutreten, die Bulle *Unigenitus* widerspreche der Lehre des hl. Augustinus und des hl. Thomas von Aquin, wies Benedikt die Dominikaner an (6. 11. 1724), sich trotz ihrer Verfälschung strikt an die Lehre dieser Kirchenlehrer zu halten; auf der Lateransynode (1725) rief er zur bedingungslosen Annahme der Bulle auf. In seiner Bulle *Pretiosus* (28. 6. 1727) erklärte er, die Lehre des hl. Thomas und der thomistischen Schule sei unvereinbar mit den Irrtümern des Cornelius Jansen (1585–1638) und Pasquier Quesnels (1634–1719). Von da an spielte er in der jansenistischen Debatte nur noch eine untergeordnete Rolle; die Kurie hingegen sicherte sich nach langwierigen Verhandlungen die Unterwerfung Kardinal de Noailles' (11. 10. 1728), Erzbischof von Paris, unter die Bulle *Unigenitus*, die er von Anfang an bekämpft hatte.
Entsprechend seiner religiösen Lebensanschauung sprach Benedikt viele Menschen heilig, unter ihnen Johannes vom Kreuz (Juan de la Cruz, 1542–91) und Aloysius Gonzaga (1568–91). Als er den Festtag des hl. GREGOR VII. auf die ganze Kirche ausdehnte, löste er eine Krise in den internationalen Beziehungen des Hl. Stuhls aus, da etliche Regierungen die Passagen des vorgesehenen Offiziums, die sich auf die Absetzung Kaiser Heinrichs IV. (1056–1106) durch Gregor bezogen, als Provokation empfanden und den Liturgietext untersagten. Trotz aller seelsorgerischen Güte war Benedikt bei der Bevölkerung

Roms unbeliebt, teils wegen seiner Mißwirtschaft im Kirchenstaat, aber viel mehr wegen ihres Hasses auf Coscia und dessen Günstlinge, die dafür verantwortlich waren. Beim Tod des Papstes ließen sie ihre Wut an den schuldigen Beneventern aus, die Glück hatten, mit dem Leben davonzukommen.

Werke: *Opere tutte Latine ed Italiane*, 3 Bde., Ravenna 1728–34.

Lit.: *BullRom* 22; G. B. Pittoni, Vita, Venedig 1730; A. Borgia, *Vita*, Rom 1752; G. Vignato, *Storia di Benedetto XIII*, Mailand 1953; G. Cardillo, »Benedetto XIII e il giansenismo«, in: *Memorie Domenicane* 58 (1941) S. 217–222; 59 (1942) S. 38–43; P 34; *DHGE* 7,163 f. (J. Carreyre); *EC* 2,1279–82 (C. Castiglioni); *DBI* 8,384–393 (G. De Caro); Seppelt 5,415–424.

Klemens XII.

(12. 7. 1730 – 6. 2. 1740)

Das vier Monate währende Konklave von 1730 war außergewöhnlich heftig zerstritten; die Hälfte der anwesenden Kardinäle wurde irgendwann einmal zur Wahl vorgeschlagen. Schließlich wurde einstimmig der Florentiner Lorenzo Corsini erkoren. Er wurde am 7. April 1652 als ältester Sohn einer adligen Familie geboren, die durch Handel reich geworden war, erhielt seine Schulbildung in Florenz und studierte im Anschluß am Collegium Romanum und in Pisa, wo er 1675 zum Doktor der Rechte promovierte. Nach dem Tod seines Vaters (1685) entschloß er sich zu einer kirchlichen Laufbahn, verzichtete auf sein Erbteil und trat in den Dienst der Kurie, wobei ihm die Hilfe von Verwandten zustatten kam. Sein Reichtum ermöglichte ihm, sich einträgliche Posten zu verschaffen, und im April 1690 ernannte ihn ALEXANDER VIII. zum Titularerzbischof von Nikomedia. Im folgenden Jahr wurde er zum päpstlichen Nuntius in Wien bestimmt, doch aus Verärgerung, daß seine Kandidaten nicht in den Kardinalsstand erhoben worden waren, empfing ihn der Kaiser nicht. Daher blieb er in Rom und sammelte als Apostolischer Kämmerer (1696) Erfahrung in der Finanzverwaltung. Im Mai 1706 wurde er von KLEMENS XI. zum Kardinal erhoben und zählte in mehreren Konklaven zu den wichtigsten *papabili*, d. h. den Kardinälen, die als ernsthafte Kandidaten für die Papstwürde galten. Sein neuer Familiensitz im Palazzo Pamfili (an der Piazza Navona) war Mittelpunkt des geistigen und künstlerischen Lebens in Rom. Er nahm den Namen seines Gönners Klemens XI. an.

Klemens war bereits 79 Jahre, oft bettlägerig – er hatte Gicht – und seit 1732 blind. So war er mehr und mehr auf seinen unmittelbaren Beraterkreis angewiesen, vor allem auf seinen Neffen Neri Corsini, den er zum Kardinal ernannt hatte, der freilich nur geringe Fähigkeiten in Staatsgeschäften bewies. Als allererstes ließ Klemens Kardinal Niccolò Coscia, den bösen Geist BENEDIKTS XIII., und seine Clique vor Gericht stellen; Coscia wurde zu einer hohen Geldstrafe und zehn Jahren Kerkerhaft in der Engelsburg verurteilt. Dann unternahm Klemens unermüdliche Anstrengungen, den erbarmungswürdigen Zustand, in den die Finanzen und die Verwaltung des Kirchenstaats geraten waren, zu beseitigen. Zu den von ihm ergriffenen Maßnahmen zählte die Neugründung der Staatslotterie, die Benedikt XIII. verboten hatte, die Ausgabe von Papiergeld, Ausfuhrbeschränkungen für Wertsachen und neue Einfuhrsteuern. In Ancona wurde ein Freihafen geschaffen und Versuche unternommen, Handel und Industrie anzukurbeln. Die Bemühungen des Papstes wurden jedoch erschwert durch eine korrupte Verwaltung, rückläufige Einkünfte aus den katholischen Staaten und den aus der Invasion des Kirchenstaats resultierenden Verlusten. Bei seinem Tod nahm die Schuldenlast noch immer zu. Zahlreiche Vorteile, die Benedikt XIII. in seiner übergroßen Güte gewährt hatte, wurden von Klemens abgeschafft oder wenigstens eingeschränkt.

Der Niedergang im internationalen Ansehen des Papsttums, der sich bereits unter den vorhergehenden Päpsten bemerkbar gemacht hatte, hielt auch unter Klemens XII. an; die Staaten nötigten oder übergingen ihn, wie es ihnen beliebte. 1731 mußte er hilflos mitansehen, wie Kaiser Karl VI. (1711–40) im Namen Don Carlos' von Spanien (später Karl III., 1759–88) seine Oberherrschaft über Parma und Piacenza durchsetzte, die traditionell dem Hl. Stuhl Lehnstreue schuldeten. Auch im Polnischen Erbfolgekrieg (1733–38) war er nur Zuschauer; erfolglos unterstützte er zunächst den einen, dann den anderen Kandidaten und mußte schließlich einer Machtverlagerung innerhalb Italiens zustimmen, die über seinen Kopf im Frieden von Wien (1735/38) vereinbart worden war. Unterdessen wurde der Kirchenstaat von spanischen Heeresverbänden überrannt, die römische Bevölkerung empörte sich gegen die Aushebung von Truppen durch die Spanier, und im Mai 1736 brach Spanien, gefolgt von Neapel, die diplomatischen Beziehungen zum Hl. Stuhl ab. Um sie wieder aufzunehmen, mußte Klemens der spanischen Regierung erhebliche Zugeständnisse machen und Don Carlos bedingungslos das Königreich beider Sizilien zugestehen (1738). Aufgrund eines feindseligen Plebiszits sah er sich gezwungen, die Annexion San Marinos durch den Kirchenstaat, die sein Legat (Okt. 1739) verkündete, zu dementieren. Eine oft als Beispiel für seine politische Naivität zitierte Bulle, welche er 1732 an die Protestanten in Sachsen richtete, dessen Herrscherhaus 1697 katholisch geworden war, zeitigte keine Ergebnisse, obwohl er ihnen versicherte, ihr Besitz aus säkularisiertem Kircheneigentum bleibe im Fall ihres Übertritts zum katholischen Glauben unangetastet.

Aufgrund der feindlichen Haltung der Staaten gegenüber dem Hl. Stuhl ernannte Klemens anfangs nur italienische Kardinäle, doch fühlte er sich später nicht stark genug, um sich ihren drängenden Forderungen zu widersetzen. In Konstitutionen (10. 1. 1731 / 5. 10. 1732) beschnitt er die Rechte der Kardinäle während einer Sedisvakanz besonders in der Finanzverwaltung. In seiner Konstitution *In eminenti* (28. 4. 1738) erließ er das erste päpstliche Verdammungsurteil gegen die Freimaurerei (1. Großloge London, 1717); scharf kritisierte er deren kosmische Neigungen, ihre Geheimbündelei, ihre religiöse Gleichgültigkeit und warnte vor der möglichen Gefahr, die sie für Kirche und Staat darstellten. Als eifriger Anhänger des Missionswesens, besonders im Fernen Osten, erneuerte er (26. 9. 1735) das Verbot chinesischer Riten durch Klemens XI. und begann eine neue Untersuchung des gesamten Fragenkomplexes (sog. Akkommodationsstreit). Er hielt Verbindung zu den mit Rom unierten Maroniten im Libanon, gründete 1732 für sie in Rom ein Kolleg und sandte 1736 J. S. Assemani, Orientalist und Kustos der Vatikanischen Bibliothek, als päpstlichen Legaten in den Libanon, wo er den Vorsitz auf der Synode vom Libanon-Gebirge führte, die im liturgischen und kanonischen Leben der Maroniten tiefgreifende Veränderungen herbeiführte. 1737 sprach er mit Vinzenz von Paul (um 1580–1660) einen kompromißlosen Gegner des Jansenismus heilig.

Mit Hilfe der Reichtümer seiner Familie, aber auch mit dem Erlös der wiederbelebten Lotterie verschönerte Klemens Rom mit bemerkenswerten Bauwerken, worunter das Museum antiker Skulpturen auf dem Kapitol, die Hauptfassade von S. Giovanni in Laterano und die Andrea-Corsini-Kapelle im Innern der Basilika besonders zu nennen sind. Die Besucher Roms verdanken ihm die Anlage der Piazza di Trevi und die Errichtung der berühmten Fontana di Trevi. Er erweiterte die Vatikanische Bibliothek und beschenkte sie mit wertvollen Manuskript-, Medaillen- und Vasensammlungen.

Lit.: *BullRom* 23; 24; A. Fabroni (Hrsg.), *De vita et rebus gestis Clementis XII commentarius*, Rom 1760; L. P. Raybaud, *Papauté et pouvoir temporel sous les pontificats de Clément XII et Benoît XIV*, Paris 1963; P 34; *DHGE* 12,1361–81 (R. Mols); *NCE* 3,936 f. (J. S. Brusher); *DBI* 26,320–328 (A. Caracciolo); Seppelt 5,422–428.

Benedikt XIV.

(17. 8. 1740 – 3. 5. 1758)

Prospero Lorenzo Lambertini wurde am 31. März 1675 in Bologna in einer verarmten Adelsfamilie geboren, studierte am Collegio Clementino in Rom und erwarb 1694 den Doktor der Theologie und der Rechte. Aufgrund hervorragender Fähigkeiten und seiner juristischen Ausbildung stieg er in der Kurie rasch auf; 1720 wurde er Sekretär der Kongregation für die Konzilien. Als *promotor fidei* war er 1708–27 für Heiligsprechungen verantwortlich und verfaßte über diesen Gegenstand eine klassische Abhandlung (*De servorum Dei beatificatione et beatorum canonisatione*, 1734–38), die sich durch einen neuartigen historischen Zugriff auszeichnet und nach wie vor eine unentbehrliche Studie darstellt. BENEDIKT XIII., dessen enger Ratgeber er war, machte ihn zum Titularbischof von Theodosia (1724), Erzbischof von Ancona (1727) und Kardinal (1728). 1731 nach Bologna versetzt, erwies er sich als fähiger, allseits beliebter Seelsorger und fand noch Zeit, eine bahnbrechende Abhandlung über Diözesansynoden sowie Werke über Christus- und Marienfeste und die hl. Messe abzufassen. Auf dem sechs Monate währenden Konklave von 1740, dem längsten der Neuzeit, wurde er erst im allerletzten Moment in Betracht gezogen und zu jedermanns Überraschung als Kompromißkandidat gewählt.

Es war eine glückliche Wahl, denn Benedikt verband außergewöhnlich freundliches Wesen mit hochgradigem politischen Realismus. Von Natur und Neigung versöhnlich gestimmt, schloß er mit Sardinien (1741), Neapel (1741), Spanien (1753) und Österreich (für Mailand, 1757) Konkordate ab, die erhebliche Zugeständnisse enthielten. Am weitreichendsten war das Konkordat mit Spanien, das praktisch die Besetzung sämtlicher Kirchenämter der Krone überließ. Im gleichen Geist stellte er die unter Benedikt XIII. abgebrochenen Beziehungen zu Portugal wieder her, verlieh Johann V. (1706–50) den Titel »Allertreuester König« und gestand ihm seine maßlosen Forderungen nach Kontrolle der kirchlichen Angelegenheiten zu. Protestantischen Herrschern gegenüber verhielt er sich im Interesse ihrer katholischen Untertanen nicht weniger entgegenkommend. So pflegte er gute Beziehungen zu Friedrich II. von Preußen (1740–86), dessen katholische Bevölkerung durch die Eroberung Schlesiens beträchtlich zugenommen hatte, und anerkannte seinen Königstitel, den ihm frühere Päpste bestritten hatten. Durch diese Annäherungspolitik gelang es ihm, die Gründung einer vom Hl. Stuhl praktisch unabhängigen preußischen Staatskirche mit eigenem Generalvikar zu verhindern. Der Abschluß solcher Vereinbarungen, oft als Schwäche kritisiert, war ein Beweis für seine Kenntnis dessen, was in einer Welt absolutistischer Staaten möglich war. Er zeigte sich nicht ganz so souverän in der komplexen Situation, die sich aus dem Tod Kaiser Karls VI. (20. 10. 1740) und aus dem Österreichischen Erbfolgekrieg (1740–48) ergab. Zunächst verärgerte er Maria Theresia von Österreich (1740–80), weil er ihr Erbrecht erst verspätet (20. 12. 1740) anerkannte. Dann vertiefte er den Graben, indem er Kurfürst Karl Albert von Bayern als Kaiser Karl VII. (1742–45) anerkannte (Feb. 1742). Dies führte zur Beschlagnahme sämtlicher Benefizien in Österreich und zur Invasion des Kirchenstaats durch Kriegstruppen. Nach dem Tod Karls VII. (Jan. 1745) nahm er eine neutrale Haltung ein und erkannte (Dez. 1745) Franz I., Gemahl Maria Theresias, als Kaiser (1745–65) an. Im Frieden von Aachen (1748) wurde über Parma und Piacenza ohne Rücksicht auf die feudalen Rechte des Hl. Stuhls verfügt; Benedikts Protest wurde lediglich als abweichende Meinung zur Kenntnis genommen.

Trotz der durch die Kriege verursachten Schuldenlast trug Benedikt erheblich zur Sanierung der Finanzen im Kirchenstaat bei; er senkte die Steuern und förderte die Landwirtschaft und den freien Handel. Den päpstlichen Militärhaushalt kürzte er drastisch, versäumte aber, die notwendige gründliche Verwaltungsreform durchzuführen. Im eigentlichen Kirchenwesen, dem seine Neigung galt, erließ er weitreichende Gesetze. Mehr als einmal schärfte er den Bischöfen ihre Residenzpflicht, die Pflicht zur Ausbildung ihres Klerus sowie die Notwendigkeit seelsorgerischer Visitationen ein und bestellte eine Sonderkommission, um verdiente Bischöfe auszuwählen und sich mit ihren Problemen zu befassen. In dem ursprünglich für Belgien und Holland bestimmten, später aber auf andere Länder ausgedehnten Dekret *Matrimonia quae* (4. 11. 1741) befreite er die Ehen von Nichtkatholiken sowie Mischehen von der juristischen Form, wie sie auf dem Konzil zu Trient vorgeschrieben wurde. Aus Sorge um die Reinheit der Liturgie berief er 1741 eine Kommission zur Reform des Breviers. Da er mit ihren Vorschlägen unzufrieden war, nahm er die Arbeit 1747 selbst in die Hand, konnte sie allerdings nicht mehr abschließen. Zwischen 1748 und 1754 verringerte er die Zahl der religiösen Feiertage in Italien und verschiedenen anderen Ländern. In einem Breve an die portugiesischen Bischöfe Südamerikas (1741) verlangte er eine menschlichere Behandlung der Indios. Mit der Bulle *Ex quo singulari* (11. 7. 1742) unterdrückte er endgültig die von den jesuitischen Missionaren begünstigten chinesischen Riten; dem ließ er eine weitere Bulle folgen, die das Verbot in milderer Form auf die malabarischen Riten in Indien ausdehnte (*Omnium sollicitudinem*, 12. 9. 1744). Er erneuerte (18. 5. 1751) die Verurteilung der Freimaurerei durch KLEMENS XII. und verdammte mehrere Schriften der Aufklärung wie etwa Montesquieus *Esprit des lois* (13. 3. 1752). Seine charakteristische Zurückhaltung zeigte sich jedoch in der Veröffentlichung einer verbesserten Fassung des Index (1758), der 1753 eine Konstitution vorausging, welche gerechtere und wissenschaftlichere Maßstäbe für die Aufnahme von Titeln vorschrieb. Auch ein Brief an die französischen Bischöfe (16. 10. 1756), in dem er zwar die Verbindlichkeit der Bulle *Unigenitus* unterstrich, zugleich aber entschied, daß nur den schamlosesten Spöttern die Sterbesakramente vorenthalten werden sollten, weist dieselbe Haltung auf. Einen Monat vor seinem Tod wies er Kardinal Saldanha, den Patriarchen von Portugal, angesichts der Angriffe gegen die Jesuiten des Landes an, den Orden unter die Lupe zu nehmen, besonders in bezug auf Vorwürfe, wonach er seine Regel vernachlässigt habe und sich im Handel betätige.

Benedikt war umgänglich und geistreich, hatte eine scharfe Zunge und zugleich eine Offenherzigkeit, die seine Vertrauten zuweilen mißbrauchten. Seine wissenschaftlichen Interessen pflegte er bis ans Ende seines Lebens. Selbst ein Kenner der Kirchengeschichte, gründete er nicht nur Akademien für literarische Debatten, sondern auch Lehrstühle für höhere Mathematik, Chemie und Chirurgie. Sein großes Verständnis gewann ihm die Achtung der Protestanten und selbst der französischen Philosophen; Voltaire widmete ihm seine Tragödie *Mahomet*, was in streng katholischen Kreisen Verwunderung hervorrief. Der fromme Kirchenmann und zugleich »moderne« Mensch wurde von Horace Walpole als »Priester ohne Anmaßung oder Eigennutz, Fürst ohne Günstlinge, Papst ohne Nepoten« beschrieben.

Werke: *Bullarium*, 4 Bde., Rom 1746–57; *Benedicti XIV. Opera omnia*, hrsg. von E. de Azevedo, 12 Bde., Rom 1747–51; *Opera* [vollst. Ausg. einschl. der Bullen], 25 Bde., Prato 1839–46; F. Heiner (Hrsg.), *Benedicti XIV papae opera omnia inedita*, Freiburg i. Br. 1904; E. de Heeckeren, *Correspondance*, Paris 1912; E. Morelli (Hrsg.); *Le lettere [. . .] al Cardinale de Tencin*, Rom 1955–65.
Lit.: L. A. de Caracciolí, *Vita*, Paris 1783; P 35; 36; *DHGE* 8,164–167 (J. Carreyre); *EC* 2,1281–85 (L. Oliger); *DBI* 8,393–408 (M. Rosa); *NCE* 2,278 (M. L. Shay); Seppelt 5,428–455.

Klemens XIII.

(6. 7. 1758 – 2. 2. 1769)

Nachdem Frankreich auf dem Konklave von 1758 gegen die erste Wahl sein Veto eingelegt hatte, erkoren die Kardinäle, die sich einen Papst wünschten, der anders als Benedikt XIV. und kein Anti-Jesuit wäre, Carlo della Torre Rezzonico. Dieser wurde am 7. März 1693 in Venedig in einer ausgesprochen wohlhabenden Kaufmannsfamilie geboren, die sich ihr Adelspatent 1687 käuflich erworben hatte, studierte bei den Jesuiten in Bologna, erwarb 1713 in Padua den Doktor der Rechte und wurde an der *Accademia ecclesiastica* in Rom zum Diplomaten ausgebildet. Im Mai 1716 trat er in die Kurie ein, wo er eine Reihe verantwortungsvoller Posten innehatte; 1728 wurde er Richter an der Rota für Venedig. Im Jahr nach seiner Erhebung zum Papst wurden drei Bände seiner Rechtsentscheidungen veröffentlicht. Im Dezember 1737 ernannte ihn Klemens XII. zum Kardinal. Nach seiner Berufung zum Bischof von Padua (1743) nahm er sich die seelsorgerische Tätigkeit des hl. Carlo Borromeo (1538–84) zum Vorbild, bemühte sich um die Anhebung des Niveaus der Geistlichen, baute das Seminar auf eigene Kosten um und verwandte riesige Summen für die Armenhilfe. 1751 schlichtete er einen Streit zwischen Venedig und dem Reich, der seit langem um das Patriarchat Aquileia ging. Venedig war über seine Wahl erfreut und hob seine papstfeindliche Gesetzgebung von 1754 auf.

Klemens war sanft und wohlwollend, aber entschlußlos, so daß er auf seine Umgebung, besonders den herrischen jesuitenfreundlichen Staatssekretär Luigi Torrigiano, angewiesen war. Er meinte die Rechte des Hl. Stuhls kompromißlos verteidigen zu müssen. Gleich zu Beginn sah er sich einer umfassenden Offensive gegen die Societas Jesu gegenüber, die sich bereits in der Bitte Benedikts XIV. um eine Untersuchung ihres Auftretens in Portugal angedeutet hatte und die dank der vereinten Anstrengungen der katholischen Bourbonenkönige die Regierungszeit Klemens' beherrschen sollte. Der allmächtige Minister Pombal, ein Vertreter des absolutistischen Staates und unversöhnlicher Gegner der Jesuiten, klagte die Gesellschaft unerlaubter Handelsgeschäfte, der Aufhetzung zu Aufständen in Paraguay und der Komplizenschaft in einem Mordkomplott gegen den König an und ließ ihre Güter in Portugal und den portugiesischen Kolonien beschlagnahmen sowie ihre Mitglieder in den Kirchenstaat deportieren (1759). Vergebens protestierte Klemens; sein Nuntius wurde ausgewiesen und die diplomatischen Beziehungen für ein Jahrzehnt abgebrochen. Bald folgte Frankreich mit seiner tiefsitzenden Feindschaft gegen die Jesuiten dem portugiesischen Beispiel. Beschwichtigungsversuche blieben fruchtlos. Klemens wies Vorschläge zur Einsetzung eines eigenen Generalvikars in Frankreich mit den Worten »Entweder sollen sie so sein, wie sie sind, oder sie sollen gar nicht sein« zurück. Die Societas Jesu wurde durch königlichen Erlaß aufgelöst (1. 12. 1764). Klemens gab die Bulle *Apostolicum pascendi* (7. 1. 1765) heraus, in der er seine Unterstützung der Gesellschaft bekräftigte und ihre Verdienste rühmte; doch zeitigte die Bulle keine

Wirkung, und die Angriffe gegen die Jesuiten häuften sich. Im Februar 1767 wurden die Jesuiten ungeachtet seiner Appelle aus Spanien ausgewiesen und im November 1767 aus Neapel und Sizilien. Verärgert über einen Mahnbrief des Papstes, in dem dieser gewisse Erlasse annullierte, die in die Rechte der Kirche im Herzogtum eingriffen, und die in der Gründonnerstagsbulle *In coena Domini* enthaltenen Vorwürfe auf ihre Verfasser herabbeschwor, zog das Herzogtum Parma (Feb. 1768) nach. Die bourbonischen Höfe protestierten einhellig gegen das Vorgehen des Papstes, und als Klemens sich weigerte, sein Breve zu widerrufen, besetzte Frankreich die päpstlichen Enklaven Avignon und Venaissin, Neapel die Kirchenstaatsgebiete Benevent und Pontecorvo. Im Januar 1769 kam es zur Krise: Die Staaten forderten den Papst offiziell auf, den Orden aufzulösen; dieser freilich hatte nicht die geringste Absicht, sich zu fügen, und berief für den 3. Februar eine Sondersitzung des Konsistoriums ein. Er erlitt jedoch einen Schlaganfall und starb am Tag vor der anberaumten Sitzung.

1764 verwarf Klemens den Febronianismus, das deutsche Gegenstück zum französischen Gallikanismus und wie dieser – von Justinus Febronius alias Johann Nikolaus von Hontheim (1701–90) verbreitet – die Jurisdiktion des Papstes auf rein geistliche Angelegenheiten begrenzend. Der Papst forderte die deutschen Bischöfe zum Verbot der Bewegung in ihren Diözesen auf, doch kamen sie dem nur langsam und zaghaft nach. Klemens stand der Aufklärung ablehnend gegenüber und ließ 1759 *De l'esprit* von Helvétius sowie Diderots *Encyclopédie*, 1763 Rousseaus *Émile* auf den Index setzen. Seine eigene Enzyklika *Christianae reipublicae salus* (25. 11. 1766) sprach eine allgemeine Verdammung aller Veröffentlichungen aus, die nicht mit dem katholischen Dogma übereinstimmten. Er sprach unter anderen Jeanne de Chantal (1572 bis 1641), die Gefährtin des hl. Franz von Salis heilig; 1765 genehmigte er Messe und Offizium des Herz-Jesu-Festes, eine Andacht, die den Jesuiten teuer war. Er förderte Wissenschaften und Künste, erschreckte aber die Künstler Roms, als er die herausfordernden Blößen bei Statuen und auf Gemälden, besonders auf den Fresken in der Sixtinischen Kapelle, diskret bedecken ließ.

Lit.: *BullRomCon* 1–3; G. J. X. de Lacroix de Ravignon, *Clément XIII et Clément XIV*, Bd. 1, Paris 1854; P. Dudon, »De la suppression de la Compagnie de Jésus (1758–73)«, in: *Revue des questions historiques* 132 (1938) S. 75–107; P 36; 37; DHGE 12,1381–1410 (R. Mols); *DBI* 26,328–343 (L. Cajani / A. Foa); *NCE* 3,937–940 (E. D. McShane); Seppelt 5,456–469.

Klemens XIV.

(19. 5. 1769 – 22. 9. 1774)

Das stürmische Konklave von 1769 stand ganz unter dem Zeichen politischer Manöver der katholischen Staaten, vor allem der Forderung der bourbonischen Monarchen nach Aufhebung der Societas Jesu durch Klemens XIII. und der Androhung ihres Vetos gegen einen pro-jesuitischen Kandidaten. Lorenzo Ganganelli (Taufname: Giovanni Vincenzo Antonio), auf den schließlich die Wahl der Kardinäle fiel, hatte anscheinend zwar keine Zusage gegeben – eine vieldiskutierte Frage –, aber auf Befragen zugestimmt, daß ein Verbot des Ordens kirchenrechtlich möglich sei und gewisse Vorteile habe. Ganganelli wurde am 31. Oktober 1705 als Sohn des Dorfarztes in Sant'Arcangelo (bei Rimini) geboren, trat mit 17 Jahren in ein Franziskanerkloster ein und nahm den Namen seines Vaters an. 1731 promovierte er zum Doktor der Theologie, danach lehrte er mehrere Jahre an franziskanischen Kollegien; 1740 wurde er zum Rektor von S. Bonifacio in Rom berufen. Er war bereits ein bewunderter Autor und widmete seine *Diatriba theologica* dem hl. Ignatius von Loyola (1495–1556). 1746 wurde er zum Berater des Hl. Offiziums ernannt. Zweimal, 1753 und 1756, lehnte er das Amt des Ordensgenerals ab, vermutlich weil er nach höheren Ämtern strebte. Klemens XIII. erhob ihn zum Kardinal (24. 9. 1759). Galt er bis dahin als Freund der Jesuiten, so distanzierte er sich nun von ihnen ebenso wie von der unnachgiebigen Opposition Klemens' XIII. gegen die Bourbonen. Der gebildete Theologe liebte Musik und Poesie und das Reiten. Nach außen zurückhaltend, fehlte es ihm an Selbstvertrauen, und aus Angst vor Beeinflussung arbeitete er lieber allein. Als Papst räumte er den Kardinälen wenig Mitspracherecht bei seinen Entscheidungen ein.

Klemens meinte, es sei seine vordringlichste Aufgabe, die katholischen Mächte zu beschwichtigen. Diese mahnten ihn bald (22. 7. 1769), daß sie von ihm nicht weniger als die Auflösung der Gesellschaft Jesu erwarteten. Als Staatssekretär berief er Kardinal Pallavicini, den beliebten früheren Nuntius in Madrid, und versprach in Schreiben an Ludwig XV. von Frankreich (1. Okt.) und Karl III. von Spanien (30. Nov.) unter dem Druck ihrer Botschafter eine rasche Lösung der Jesuitenfrage. Nach zehnjähriger Unterbrechung stellte er wieder diplomatische Beziehungen zu Portugal her; dafür mußte er einen den Portugiesen genehmen Nuntius entsenden, den Bruder des Premierministers Marquis von Pombal zum Kardinal erheben und Pombals Nominierungen für Bischofsämter bestätigen. Am Gründonnerstag 1770 erhielt er großen Beifall, als er die Verlesung der Bulle *In coena Domini* aussetzte (sie wurde nie mehr erneuert), deren umstrittene Bannflüche Klemens XIII. 1768 gegen Parma gebraucht hatte, womit er das Ultimatum der Bourbonen auslöste. Vier Jahre zögerte Klemens ein entschiedenes Vorgehen hinaus in der Hoffnung, ein Kompromiß, z. B. eine radikale Reform der Jesuiten oder ihre allmähliche Zermürbung durch ein Verbot der Rekrutierung von Novizen, würde die Staaten besänftigen. Sein Wille wurde schließlich im Frühjahr 1773 gebrochen, als er gewarnt wurde, daß die bourbonischen Staaten zu einem vollständigen Bruch mit Rom bereit seien, und als die bis dahin den Jesuiten freundlich gesonnene Kaiserin Maria Theresia (1740–80) ihre Neutralität erklärte. Der Entwurf einer Auflösungsbulle war bereits in Verhandlungen mit der spanischen Botschaft ausgearbeitet worden, und Klemens veröffentlichte ihn als Breve unter dem Namen *Dominus ac Redemptor noster* (16. 8. 1773). Darin verfügte er die vollständige Tilgung des Ordens; er zitierte Präzedenzfälle, zählte die Schwierigkeiten auf, die Jesuiten mit anderen Orden und weltlichen Herrschern hatten, und betonte die Notwendigkeit, den Frieden in der Kirche wiederherzustellen, sowie die Unfähigkeit der Gesellschaft, in ihrer augenblicklichen Verfassung die Aufgaben zu erfüllen, um derentwillen sie gegründet worden sei.

Unter diesen Umständen hatte Klemens keine andere Wahl, als das folgenschwere Breve herauszugeben, das als Triumph der Aufklärung gefeiert wurde. Es hatte jedoch – in unterschiedlicher Schärfe – in allen Ländern, außer Preußen und Rußland (deren Herrscher die Verbreitung des Breve untersagten), die Aufhebung des Jesuitenordens zur Folge. Der entstandene Schaden für das katholische Schulwesen in Europa sowie die Missionsarbeit in Übersee kann nicht hoch genug veranschlagt werden. Aber Klemens hatte wenigstens die Genugtuung der Rückkehr Avignons und Venaissins – von Frankreich aus Protest gegen Klemens XIII. besetzt – zum Hl. Stuhl. Auch Neapel gab Benevent und Pontecorvo zurück, wenn auch spät und mit demütigenden Auflagen. Die Bemühungen des Papstes zur Verhinderung der 1. Teilung Polens blieben ergebnislos; Preußen, Rußland und Österreich eigneten sich große Teile des Landes an (Feb./Aug. 1772). Den Katholiken Englands machte er neue Hoffnung, als er 1772–74 äußerst gastfreundlich Mitglieder des britischen Königshauses in Rom empfing und die traditionelle Unterstützung des Papsttums für die exilierten Stuarts einschränkte, wenn auch nicht ganz einstellte. Mit seinen gutgemeinten Plänen zur finanziellen Gesundung des Kirchenstaats durch die Entwicklung von Industrie und Landwirtschaft hatte er keinen Erfolg. In Rom selbst hingegen vermochte er die Vatikanischen Sammlungen auszubauen und begann mit dem Bau des Museo Pio-Clementino. Gegen Ende seines Lebens wurde er von Depressionen und krankhafter Furcht vor einem Attentat heimgesucht; als er schließlich starb, nährte die rasche Verwesung seines Leichnams Gerüchte über einen Giftmord. Eine Autopsie ergab jedoch, daß diese jeder Grundlage entbehrten. Die Grabrede, wie üblich des Lobes voll, erwähnte seine Unterdrückung der Gesellschaft Jesu mit keinem Wort. Unter Klemens sank das Ansehen des Papsttums auf seinen niedrigsten Stand seit Jahrhunderten.

Werke: *BullRomCon* 4; *Lettere ed altre opere*, 2 Bde., Mailand 1831; *Lettere, bolle e discursi*, hrsg. von C. Frediani, Florenz 1845; *Epistolae et brevia selectiora*, hrsg. von A. Theiner, Florenz 1854.

Lit.: A. von Reumont, *Ganganelli, Papst Clemens XIV.: seine Briefe und seine Zeit*, Berlin 1847; A. L. de Carracioli, *Vita*, Florenz 1776; A. Theiner, *Geschichte des Pontificats Clemens' XIV.*, Leipzig 1853; P 38; *DHGE* 12,1411–23 (E. Préclin); *EC* 3,1836–41 (P. Paschini); *NCE* 3,940–942; (E. D. McShane); *DBI* 26,343–362 (M. Rosa); Seppelt 5,469–484.

Pius VI.

(15. 2. 1775 – 29. 8. 1799)

Giovanni Angelo Braschi wurde als Sohn verarmter Edelleute am 25. Dezember 1717 in Cesena (Emilia Romagna) geboren, promovierte 1735 in Cesena zum Doktor der Rechte, studierte in Ferrara und wurde Sekretär Kardinal Antonio Ruffos, der damals päpstlicher Legat in Ferrara war. Auf dem sechsmonatigen Konklave von 1740 wirkte er als Ruffos Berater; nach Ruffos Berufung zum Bischof von Ostia und Velletri verwaltete er dessen Diözesen. Sein diplomatisches Geschick empfahl ihn BENEDIKT XIV., der ihn 1753 als Privatsekretär einstellte. 1758 wurde er Prälat und 1766 von KLEMENS XIII. zum Apostolischen Kämmerer bestellt. KLEMENS XIV. erhob ihn im April 1773 zum Kardinal. Da er sich aus den jüngsten Kontroversen herausgehalten hatte, wurde er auf dem Konklave von 1774/75, das 134 Tage währte, von beiden Lagern zum Papst gewählt: Die einen hielten ihn für jesuitenfreundlich und erhofften sich von ihm eine Milderung des Breve, mit dem Klemens XIV. die Gesellschaft Jesu aufgelöst hatte; mit den Gegnern der Jesuiten war er im unausgesprochenen Einverständnis, daß er Klemens' Politik fortsetzen werde.

Würdig, aber weltlich, stolz auf seine stattliche Erscheinung, hielt Pius sehr auf Gepränge und obsoletes Protokoll; den Forderungen seiner Zeit war er hingegen nicht gewachsen. Er ließ den Nepotismus wieder aufleben, wies seinen Verwandten beträchtliche Unterhaltsgelder an und erlaubte seinem Neffen Luigi den Bau des Palazzo Braschi. Ihm lag daran, als Mäzen der Künste in die Geschichte einzugehen, und so verschwendete er riesige Summen für Prachtbauten wie die Sakristei von St. Peter oder das Museo Pio-Clementino, aber auch für die Verbesserung von Straßen und Wegen. All diese Aufwendungen, nicht zuletzt sein unerschrockener, aber erfolgloser Versuch, die Pontinischen Sümpfe trockenzulegen, ruinierten seine Schatzkammer. Bezeichnenderweise übertrug er die Eigentumstitel an einem Großteil des gewonnenen Sumpflandes seinen Neffen.

Auf politischem Gebiet sah sich Pius sowohl dem aufkommenden Säkularismus und Atheismus gegenüber als auch den steigenden Forderungen der Regierungen nach Kontrolle über die jeweilige Landeskirche. Er hatte Glück, daß die Souveräne Frankreichs, Spaniens und Portugals ihm vergleichsweise wohlgesonnen waren, auch wenn sie an traditionellen Rechten zäh festhielten und sein Verhalten gegenüber den Jesuiten wachsam verfolgten. Neapel verhärtete jedoch seine Haltung, verweigerte (zum Verdruß des kleinlichen Papstes) den Lehnseid und beanspruchte für seinen König das Recht, Bischöfe einzusetzen. Pius dünkte es würdevoller, die kanonische Investitur zu versagen. Im Reich war der Gang der Dinge noch alarmierender: Joseph II. (1765–90) begründete unter dem Einfluß des Febronianismus und der Aufklärung ein System (»Josephinismus«), zu dem uneingeschränkte religiöse Toleranz, die Beschneidung päpstlicher Eingriffe in die geistliche Sphäre sowie die allgemeine Unterwerfung der Kirche unter den Staat zählten. Sein Toleranzpatent (Okt. 1781) unterdrückte verschiedene religiöse Orden und unterstellte die Klöster nicht mehr der Jurisdiktion des Papstes, sondern der der Diözesanbischöfe. 1782 begab sich Pius sogar selbst nach Wien, um Joseph davon abzubringen, doch gelang es ihm nicht, auch nur das geringste Zugeständnis zu erlangen. 1781 ließ sich der Urheber der Febronianischen Ideen, J. N. von Hontheim (1701–90), zu einem förmlichen (wenn auch inhaltsleeren) Widerruf bewegen; seine Ideen wirkten ungehindert in Süd- und Westdeutschland. Als Pius 1786 in München eine Nuntiatur errichten wollte, bedeuteten ihm die deutschen Erzbischöfe in der »Emser Punktation« (25. Aug.) herausfordernd, daß die deutsche Kirche unter der Kontrolle ihrer Bischöfe stehe und keiner päpstlichen Einmischung bedürfe. Der Josephinismus sprang auf die Toskana über, wo Josephs Bruder, Großherzog Leopold II. (Kaiser 1790–92), die Kirche vom Papst loszulösen beabsichtigte. Die Synode von Pistoia (Sept. 1786) unter Vorsitz von Bischof Scipio de' Ricci unterstützte ihn, nahm die vier Gallikanischen Artikel von 1682 an und löste die Bischöfe aus der Autorität des Papstes. Schließlich bot Pius all seine Kräfte auf, zwang de' Ricci zum Rücktritt und verdammte 85 Artikel der Synode in seiner Bulle *Auctorem fidei* (28. 8. 1794). Unterdessen versuchte er aus Respekt vor den bourbonischen Höfen Friedrich II. von Preußen (1740–86) und Katharina II. von Rußland (1762–96), in deren Herrschaftsgebieten zahlreiche Jesuiten Zuflucht gefunden hatten, unter Druck zur Anwendung des Auflösungsbreves von Klemens XIV. zu bewegen. Bei Katharina gelang ihm das nicht; sie gründete 1780 ein Noviziat für Jesuiten. 1783/1784 erteilte Pius heimlich seine Einwilligung zum Fortbestand der Societas Jesu in Rußland.

Mit der Französischen Revolution wurde ein weit verhängnisvolleres Kapitel eröffnet. Pius verhielt sich abwartend; der Zivilkonstitution des Klerus (12. 7. 1790), mit der die französische Kirche neu organisiert wurde und Geistliche zu beamteten Gehaltsempfängern wurden, trat er zunächst nicht entgegen. Als ihnen jedoch ein Treueid auf die Verfassung abverlangt wurde, verurteilte er die Konstitution (10. 3. / 13. 4. 1791) als schismatisch, erklärte die Weihe der neuen Staatsbischöfe zum Sakrileg, enthob Priester und Prälaten, die den zivilen Eid abgelegt hatten, ihres Amtes und verwarf die Menschenrechtserklärung von 1789. Die diplomatischen Beziehungen wurden umgehend abgebrochen. Frankreich annektierte die Enklaven Avignon und Venaissin, und die französische Geistlichkeit war zutiefst gespalten. Mit seiner Unterstützung der 1. Koalition gegen Frankreich und seiner freundlichen Aufnahme zahlreicher flüchtiger Royalisten verärgerte Pius die Franzosen. Spanische Vermittlungsangebote schlug er 1795 aus. Als Napoleon Bonaparte im Frühjahr 1796 Mailand besetzte, wies er die französische Forderung nach Widerruf seiner Verurteilung der Zivilkonstitution und der Revolution zurück. Daraufhin marschierte Napoleon in den Kirchenstaat ein; im Frieden von Tolentino (19. 2. 1797) mußte Pius Friedensbedingungen akzeptieren, die umfangreiche Reparationszahlungen, die Übergabe wertvoller Manuskripte und Kunstwerke sowie die Abtretung bedeutender Teile des Kirchenstaats umfaßten. Sein Breve *Pastoralis sollicitudo* (5. 7. 1796) erkannte zwar die Republik an und forderte die französischen Katholiken zum Gehorsam auf, doch stellte sie das Direktorium nicht zufrieden.

Die Situation verschlimmerte sich bald; als der französische General L. Duphot bei Unruhen in Rom ums Leben kam, ordnete das Direktorium die Besetzung des Kirchenstaats an. General Louis Berthier zog in Rom ein (15. 2. 1798), rief die Römische Republik aus, gab die Absetzung des Papstes als Staatsoberhaupt bekannt und zwang Pius zum Rückzug in die Toskana. Etliche Monate lang hauste er, von fast all seinen Beratern abgeschnitten, in der Kartause von Florenz; immerhin konnte er seinen Nuntius in Florenz als Staatssekretär verwenden. Das Direktorium beabsichtigte, ihn nach Sardinien zu verbannen, aber aufgrund seiner angegriffenen Gesundheit war dies ausgeschlossen. Als der Krieg erneut ausbrach, ließ ihn das Direktorium aus Furcht vor Befreiungsversuchen aus Florenz (28. 3. 1799) über Turin und die Alpen nach Briançon schaffen (30. April) und anschließend nach Valence (13. Juli). Dort starb er als Gefangener in der Zitadelle und wurde auf dem Ortsfriedhof begraben. Sein Leichnam wurde im Februar 1802 in den Petersdom überführt. Bei seinem Tod nach einem der längsten Pontifikate der Geschichte wurde vielerorts angenommen, daß die Vernichtung des Hl. Stuhls damit nun vollzogen sei; tatsächlich erreichte das Papsttum unter ihm seinen Tiefpunkt. Doch Pius hatte Anweisungen zur Abhaltung des nächsten Konklaves unter Notstandsbedingungen hinterlassen (13. 1. 1797 / 13. 11. 1798).

Lit.: *BullRomCon* 5–10; J. M. Gendry, *Pie VI*, Paris 1907; J. Flory, *Pie VI*, Paris 1942; A. Latreille, *L'Église catholique et la Révolution française*, Bd. 1, Paris 1946; P 39; 40; *DTC* 12,1653–69 (G. Bourgin); *NCE* 11,398–400 (A. Latreille); *LThK* 8,532 f. (H. Raab).

Pius VII.

(14. 3. 1800 – 20. 7. 1823)

Das auf den Tod PIUS' VI. folgende Konklave trat gemäß dessen Wunsch, daß der älteste Kardinal es an einen Ort seiner Wahl einberufen möge, unter österreichischem Schutz in Venedig zusammen. Eine 14 Wochen währende Pattsituation wurde mit der Wahl des Kompromißkandidaten Luigi Barnabà Chiaramonte beendet. Dieser wurde am 14. April 1742 in Cesena (Emilia Romagna) geboren und entstammte einer Adelsfamilie. Mit 14 Jahren trat er den Benediktinern bei und nahm den Namen Gregorio an. Er studierte in Padua und Rom und war Professor der Theologie in Parma (1766–75) und in S. Anselmo in Rom (1775–81). Pius VI. ernannte ihn 1782 zum Bischof von Tivoli und versetzte ihn 1785 unter Verleihung der Kardinalswürde in das bedeutendere Bistum Imola. Als Bischof, der allen modernen Strömungen aufgeschlossen gegenüberstand, erwies er sich in einer Zeit politischen Umbruchs als beherzter Führer. Weihnachten 1797 verblüffte er die Konservativen, als er in einer Predigt erklärte, daß zwischen Christentum und Demokratie nicht notwendigerweise ein Konflikt bestehe. Nach seiner Wahl zum Papst bewies er seine Unabhängigkeit, indem er dem Druck widerstand, auf österreichischem Boden zu bleiben, und so schnell wie irgend möglich nach Rom zog (3. 7. 1800). Sein Staats-

sekretär, den er zum Kardinal ernannte, war der geniale Ercole Consalvi (1757–1824).
Pius konnte zunächst die Österreicher und Neapolitaner (nicht aber die Franzosen) überreden, aus den Gebieten des Kirchenstaats abzuziehen, die sie während des vorhergehenden Pontifikats besetzt hatten, und setzte deren Verwaltung, unterstützt von Consalvi, mit einigen bescheidenen Reformen wieder in Gang. Sowohl er als auch Consalvi suchten, soweit sich dies mit katholischen Prinzipien vertrug, eine Verständigung mit dem revolutionären Frankreich, gingen auf Angebote Napoleon Bonapartes, damals Erster Konsul, ein und schlossen mit ihm ein Konkordat (16. 7. 1801). Durch die Anerkennung des Katholizismus als der Religion der überwiegenden Mehrheit in Frankreich wurde der römische Glaube dort wiederhergestellt; nach harten Verhandlungen brachte die Neuregelung der Kirche eindeutige Vorteile. Freilich wurden sie durch die Organischen Artikel, die Napoleon dem Abkommen einseitig hinzufügte (6. 4. 1802), gleich wieder gemindert: diese strafften die Staatskontrolle über die Kirche und begrenzten die Einmischung des Papstes in Frankreich. Pius schloß ein ähnliches, freilich günstigeres Konkordat mit der Italienischen Republik ab (Sept. 1803); in Deutschland allerdings konnte er nach der Säkularisation der Kirchengüter (1803) keines durchsetzen. 1804 begab er sich gegen den Rat der Kurie nach Paris, um an der Kaiserkrönung Napoleons (2. Dez.) teilzunehmen; aber seine Hoffnung, daß dieser Abänderungen an den Organischen Artikeln akzeptieren oder die noch im Besitz Frankreichs befindlichen päpstlichen Territorien herausgeben würde, waren vergebens. Als der Krieg in Europa wieder aufflackerte, verschlechterten sich seine Beziehungen zum Kaiser, da Napoleon seine Mitwirkung erwartete, wo er sich zur Neutralität verpflichtet fühlte. Napoleon erreichte zwar den Rücktritt Consalvis (17. 6. 1806), doch führte die Weigerung des Papstes, sich der Kontinentalsperre gegen England anzuschließen, zur Besetzung Roms durch kaiserliche Truppen (2. 2. 1808) und zur Annexion der Restbestände des Kirchenstaats (17. 5. 1809). Pius entgegnete am 10. Juni mit der Exkommunikation aller »Räuber des Erbguts Petri«, ohne indes Napoleon beim Namen zu nennen. Daraufhin wurde er festgenommen (5. Juli) und in Savona (bei Genua) praktisch isoliert. Pius seinerseits weigerte sich, die vom Kaiser nominierten Bischöfe zu bestätigen; allerdings stimmte er schließlich unter stärkstem Druck (Sept. 1811) mündlich ihrer Einsetzung durch ihren jeweiligen Erzbischof zu. Napoleon war damit nicht zufrieden und ließ Pius im Mai/Juni 1812 nach Fontainebleau verlegen. Hier zwang er den erschöpften und kranken Papst (25. 1. 1813), den Entwurf einer Konvention (das sog. Konkordat von Fontainebleau) zu unterzeichnen, in dem Pius weitgehend nachgab, einschließlich des indirekten Verzichts auf den Kirchenstaat. Reumütig zog Pius bald darauf (24. März) seine Unterschrift zurück; militärische Rückschläge nötigten Napoleon, ihn nach Savona zurückzuschaffen (Jan. 1814) und auf freien Fuß zu setzen (10. 3. 1814). Am 24. März zog der Papst wieder in Rom ein, mußte aber schon im Frühjahr 1815 in Genua Zuflucht suchen, nachdem Napoleon von Elba entflohen war. Am 7. Juni 1815 kehrte er endgültig in den Vatikan zurück.
Pius persönlich wie auch das Papsttum überhaupt gewannen aufgrund seiner harten Gefangenschaft, die er dank seiner Disziplin als Benediktiner mutig erduldete, an Ansehen und Sympathie. Eine seiner ersten Handlungen nach seiner Freilassung war die Wiedereinsetzung Consalvis (7. 5. 1814), der auf dem Wiener Kongreß (1814/15) die Rückerstattung fast aller weltlichen Besitzungen des Hl. Stuhls außer Avignon und Venaissin erreichte. Pius weigerte sich, der Heiligen Allianz von 1812 beizutreten, da er zusammen mit Schismatikern und Häretikern ein religiöses Manifest hätte unterzeichnen müssen. Consalvi nahm nun eine zweite Neugliederung des Kirchenstaats in Angriff; sein Versuch, eine Verwaltungs-, Rechts- und Finanzreform nach dem liberalen Vorbild Frankreichs mit dem antiquierten päpstlichen System in Einklang zu bringen, verärgerte Konservative und Progressive gleichermaßen und löste ernsthafte Revolten aus. Unterdessen machte sich Pius, der sich noch fest auf ihn verließ, an den organisatorischen Wiederaufbau der Kirche, die durch die jüngsten Unruhen überall in Auflösung begriffen war; in Frankreich und Spanien arbeitete er mit der Konterrevolution zusammen, während er sich in nichtkatholischen Ländern mit Staatskirchen auf die neuen Ideen der Toleranz und Freiheit berief. Sowohl die auf dem Wiener Kongreß herbeigeführten Gebietsveränderungen als auch das günstigere allgemeine Klima versetzten ihn in die Lage, mit verschiedenen Staaten – darunter

das protestantische Preußen (1821) und das orthodoxe Rußland (1818) – Konkordate abzuschließen. In Frankreich wurde schließlich das Konkordat von 1801 angenommen, nachdem ein Vorschlag Ludwigs XVIII. von 1817, der für den Hl. Stuhl vorteilhafter gewesen wäre, auf Opposition gestoßen war. 1817 richtete Pius die hl. Kongregation für die Glaubensverbreitung wieder ein. Obwohl er zunächst gegen die südamerikanischen Republiken eingestellt war, die sich gegen Spanien erhoben hatten, bekräftigte er bereits 1822 die Neutralität des Hl. Stuhls in der Frage politischen Wandels auf diesem Kontinent.
Die Hauptsorgen des Papstes waren jedoch eher religiöser als politischer und administrativer Natur. Charakteristisch für ihn war angesichts des Widerstands der politischen Mächte die Neuzulassung der Gesellschaft Jesu (31. 7. 1814) kurz nach seiner Rückkehr, nachdem er bereits 1801/1804 ihr Bestehen in Rußland und Neapel normalisiert hatte. Er betrachtete sich als Beschützer einer untadeligen Glaubenslehre und verurteilte die protestantischen Bibelgesellschaften (Juni 1816), den von der Aufklärung geförderten Indifferentismus sowie die Freimaurerei (Sept. 1821). Als ebenso gütiger wie mutiger Mann bot er den Verwandten seines gestürzten Verfolgers Napoleon gern Asyl in Rom. Er förderte Künstler wie Canova, eröffnete die von den Franzosen geschlossenen Kollegien wieder und bemühte sich, die Stadt erneut zum Mittelpunkt der Künste zu machen. Er unternahm den ernsthaften Versuch, das Papsttum in gewissen Grenzen der Neuzeit anzupassen, und als er starb, genoß es wieder eine gewisse Achtung, die ihm bei seinem Amtsantritt gefehlt hatte. Zum ersten Mal wurde die Institution des Papsttums wieder als übernationale Autorität angesehen.

Lit.: *BullRomCon* 11–15; *RaccCon* 1; A. F. Artaud de Montor, *Histoire de la vie et du pontificat du pape Pie VII*, Paris 1836; A. Latreille, *Napoléon et le Saint-Siège*, Paris 1935; FM 20 (J. Leflon); J. Leflon, *Pie VII*, Bd. 1 [bis 1800], Paris 1958; Schmidlin 1,16–366; *DTC* 12,1670–83 (G. Bourgin); *EC* 9,1504–08 (F. Cognasso); *LThK* 8,533–535 (R. Aubert); *NCE* 11,400–404 (J. Leflon).

Leo XII.

(28. 9. 1823 – 10. 2. 1829)

Annibale Sermattei della Genga war adliger Herkunft und wurde am 22. August 1760 im Castello della Genga (bei Spoleto) geboren. Er studierte in Rom und wurde nach seiner Ordination 1783 Privatsekretär Pius' VI., der ihn 1784 als Botschafter nach Luzern schickte. 1793 wurde er Titularerzbischof von Tyrus, und 1794–1805 war er Nuntius in Köln und Bayern, wo er verschiedene diplomatische Aufträge erledigte. Pius VII. sandte ihn 1805 als Bevollmächtigten auf den Reichstag zu Regensburg und übertrug ihm 1806 die Verhandlungen über Konkordate mit Bayern, Baden und Württemberg (die freilich zu nichts führten). 1808 war er zu Gesprächen mit Napoleon in Paris, aber nach einem kühlen Empfang kehrte er bald nach Rom zurück. Während der Gefangenschaft Pius' VII. lebte er, im Grunde als Staatsgefangener, in seiner Abtei Monticelli (bei Piacenza). Nach der Rückkehr des Papstes in sein Amt (1814) wurde er als Nuntius nach Paris geschickt. Hier entzweite er sich mit Staatssekretär Kardinal Ercole Consalvi (1757–1824), der ihn kritisierte, weil er die Rückgabe Avignons nicht erwirkt hatte, und zog sich wiederum nach Monticelli zurück. 1816 jedoch ernannte ihn Pius VII. zum Kardinal und Bischof von Senigallia, 1818 zum Bischof von Spoleto. 1820 wurde er Generalvikar von Rom und Präfekt verschiedener Kongregationen. Auf dem tief zerstrittenen Konklave von 1823 wurde er mit den Stimmen der *zelanti* gewählt, der Konservativen, die in erster Linie religiöse Interessen vertraten und einen Bruch mit dem »liberalen« Consalvi sowie die Rückkehr zu einer eher reaktionären Politik forderten.
Leo – ein schlichter, frommer Mann, moralisch stark, aber ohne den feinen Instinkt zur Führung der Kirche – teilte das Verlangen der *zelanti* nach einem Pontifikat, das weniger politisch als vielmehr religiös orientiert wäre. Er ersetzte Staatssekretär Consalvi umgehend durch einen Konservativen, berief eine Kongregation für den Staat, die ihn auf politischem wie religiösem Gebiet beraten sollte, und erließ im Mai 1825 Verfügungen, die Indifferentismus, Toleranz und Freimaurerei verdammten, den Index und das Hl. Offizium stärkten, die Jesuiten begünstigten sowie das Jahr 1825 (gegen den Rat der Großmächte) zum Hl. Jahr erklärten. Seine reaktionäre Haltung wurde vor allem in seinem Umgang mit dem Kirchenstaat deutlich. Obwohl einige Reformen Pius' VII. unangetastet blieben und nützliche, wenngleich unpopuläre Steuern eingeführt wurden, so erhielt der Feudaladel doch wieder seine privilegierten Positionen; die Kir-

chengerichtshöfe vor 1800 kehrten wieder; die Laisierung der Verwaltung wurde zum Stillstand gebracht; an den Universitäten gab es neue Lehrstühle, deren Tätigkeit jedoch überwacht wurde, um jede Kritik zu unterbinden, und die Juden kamen erneut in Ghettos. Das moderne Staatsgebilde, das Consalvi vorsichtig zu fördern gesucht hatte, verkehrte sich wieder in einen von Spitzeln durchsetzten Polizeistaat, der fest entschlossen war, jede revolutionäre Regung zu ersticken, durch Strafen von kleinlicher kirchlicher Überwachung des Privatlebens bis hin zur Exekution. Das unausbleibliche Resultat waren wirtschaftliche Stagnation, die Entfremdung der Mittelschichten und Haß gegen einen im persönlichen Umgang sanften Papst, der dafür verantwortlich gemacht wurde, daß der Kirchenstaat zu einem der rückständigsten in ganz Europa geworden war.

Leos Wahl weckte an den europäischen Höfen Befürchtungen, daß er die Aussöhnungspolitik Pius' VII. rückgängig machen würde. Angesichts seiner ersten Amtshandlungen schien sich dies zu bewahrheiten: Leo beharrte auf der erneuten symbolischen Anerkennung des Vasallenstatus Neapels und bedauerte in einem Schreiben an Ludwig XVIII. (4. 6. 1824), daß dieser sich nicht an das Konkordat von 1817 gehalten habe und seine Toleranzgesetze von der Revolution beeinflußt seien. Doch schon bald lernte er den Stellenwert guter Beziehungen zu den Staaten schätzen, verblüffte die *zelanti* durch die Konsultierung Consalvis, den er zum Präfekten der Kongregation für die Glaubensverbreitung berief, und nahm eine gemäßigte, bewegliche Haltung ein. So griff er Consalvis Konkordatspolitik auf und schloß für die Kirche vorteilhafte Abkommen mit Hannover (1824) und den Vereinigten Niederlanden (1827) ab. Seine Vermittlung beim türkischen Sultan bewirkte 1830 die Gleichstellung der katholischen Gemeinden Armeniens. Nach anfänglichem Zögern aus Furcht, Ferdinand VII. von Spanien (1814–33) vor den Kopf zu stoßen, erklärte er im Konsistorium (21. 5. 1827), die verwaisten Bischofssitze in den neuen unabhängigen Republiken Südamerikas, ungeachtet des auch weiterhin vom König beanspruchten Patronatsrechts, von nun an selbst besetzen zu wollen. Eine Zeitlang war er von den Theorien G. Venturas (1792–1861) und F. R. de Lamennais' (1782–1854) beeinflußt, die dahin zielten, daß das Papsttum als geistliches Führungszentrum der Menschheit sich nicht länger auf politische Aktionen stützen dürfe – de Lamennais empfing er herzlich und stellte sich ihn als möglichen Kardinal vor –, aber im allgemeinen verfolgte er im Bemühen, den aufkommenden Liberalismus aufzuhalten, eine Politik der Zusammenarbeit mit den konservativen Herrschern.

Obwohl der *Roman Catholic Relief Act* erst kurz nach seinem Tod (13. 4. 1829) verabschiedet wurde, ergriff Leo jede Gelegenheit, die Gleichstellung des Katholizismus in Großbritannien zu fördern; Consalvi hatte ihm bedeutet, daß er bald die Genugtuung erleben werde, dieses Ziel verwirklicht zu sehen. Sein Interesse an dieser Angelegenheit verdeutlicht das Leitmotiv seines Pontifikats: nicht Politik, sondern religiöse Erneuerung und der unaufhörliche Kampf gegen Irrtümer, die den Glauben zu gefährden schienen. Für ihn war der Zweck des Hl. Jahres 1825, an dessen Gestaltung er trotz Krankheit bis zur Erschöpfung teilnahm, die Wiederherstellung des Kontakts zwischen Papst und Christenvolk und damit die Förderung einer allgemeinen Rückkehr zum Glauben. Daher auch seine Versuche, die Klöster nach den apostolischen Anstrengungen der Kirche auszurichten, das Niveau von Ausbildung und Lebensführung der Geistlichkeit anzuheben und in den breiten Massen religiöse Gesinnung zu wecken. Allzu häufig wurden seine Bemühungen durch engstirnige klerikale Auffassungen behindert, durch eine Einstellung, die weder auf Einsicht in noch Verständnis für die Welt beruhte, wie sie sich um ihn herum entwickelte. Als er starb, war er äußerst unbeliebt.

Lit.: *BullRomCon* 16; 17; *RaccCon* 1,402–405; 689–722; A. F. Artaud de Montor, *Histoire du Pape Léon XII*, Paris 1843; N. Wiseman, *Recollections of the Last Four Popes*, London 1858; R. Colapietra, *La Chiesa tra Lamennais e Metternich: il pontificato di Leone XII*, Brescia 1963; Schmidlin 1,367–474; *EC* 7,1156–58 (F. Fonzi); *NCE* 8,646 f. (T. F. Casey).

Pius VIII.

(31. 3. 1829 – 30. 11. 1830)

Francesco Saverio Castiglione wurde am 20. November 1761 in Cingoli bei Ancona geboren und war adliger Herkunft. Er wurde in Osimo erzogen und studierte später Kirchenrecht in Bologna und Rom. Als Fachmann auf diesem

Gebiet diente er als Sekretär der Kommission, welche die Synode von Pistoia (1786) untersuchte. Er wurde Generalvikar einer Reihe fähiger Bischöfe, danach Probst von Cingoli und 1800 zum Bischof von Montalto berufen. 1808–14 wurde er inhaftiert, weil er sich weigerte, den Treueid auf das napoleonische Regime in Italien zu leisten. PIUS VII. erhob ihn 1816 zum Kardinal und Bischof von Cesena (Emilia Romagna) und holte ihn 1821 nach Rom, wo er zum Bischof von Frascati und Großpönitentiar ernannt wurde. Pius, der ihn sehr schätzte, hoffte, daß er sein Nachfolger würde; in der Tat verfehlte er die Wahl (1823) nur knapp. Auf dem fünfwöchigen Konklave (1829) war er der Kandidat der Gemäßigten. Trotz angegriffener Gesundheit wurde er mit der Unterstützung Frankreichs und Österreichs gewählt.

Pius strebte danach, die Tradition Pius' VII., dessen Namen er übernahm, wiederzubeleben. An Politik war er nicht sehr interessiert, dafür um so mehr an Seelsorge und Glaubenslehre. In seiner ersten (und einzigen) Enzyklika *Traditi humilitati nostrae* (24. 5. 1829) führte er den Zusammenbruch von Religion und gesellschaftlicher und politischer Ordnung auf den Indifferentismus in Glaubensfragen, die Aktivitäten protestantischer Bibelgesellschaften, auf Angriffe gegen die Unauflöslichkeit der Ehe und die Heiligkeit kirchlicher Dogmen sowie auf Geheimbünde zurück. In einem Breve (25. 3. 1830) verurteilte er sowohl den Einfluß der Freimaurerei auf das Bildungswesen als auch die lockere Moral der jungen Generation. Aber auch wenn er die überkommenen Positionen unbeugsam verteidigte, konnte er gelegentlich entgegenkommend sein. So milderte er das strenge Polizeiregime, das LEO XII. dem Kirchenstaat auferlegt hatte, und führte auf wirtschaftlichem und sozialem Gebiet eine Reihe kluger Neuerungen ein. Als in Preußen, das 1815 die katholischen Länder Rheinland und Westfalen erworben hatte, die Frage der Mischehe aufkam, bekräftigte er zwar, daß die Kirche einer Mischehe nur dann ihren Segen erteilen könne, wenn die Kinder bestimmt im katholischen Glauben erzogen würden; wenn dies nicht der Fall wäre, erlaube er die Gegenwart eines katholischen Priesters in passiver Funktion. Die Regierung, welche die deutsche Regelung unterstützte, daß der Wunsch des Vaters entscheidend sei, war damit nicht zufrieden; unter dem nächsten Papst sollte der Konflikt erneut ausbrechen.

Auswärtige Angelegenheiten delegierte Pius vor allem an den unverhüllt pro-österreichischen Kardinal Giuseppe Albani, der ihm zu seiner Wahl verholfen hatte und den er sofort zum Staatssekretär bestellt hatte. Infolgedessen war seine Politik hinsichtlich der lateinamerikanischen Diözesen, die zuvor der spanischen Krone unterstanden hatten, weniger fortschrittlich als die Leos XII. und geradezu reaktionär, verglichen mit der seines Nachfolgers. Unter Albani nahm die Kurie gegenüber den nationalen Befreiungsbewegungen, die 1830 in Belgien, Irland und Polen ausbrachen, eine feindselige Haltung ein. Albani brandmarkte das Bündnis belgischer Katholiken und Liberaler gegen König Wilhelm I. (1815–40) als »ungeheuerlich«. Andrerseits akzeptierte Pius gegen den Rat der Kurie und seines Nuntius bald die Pariser Julirevolution (1830), die den unbeliebten König Karl X. (1824–30) zugunsten Louis-Philippes (1830–48) absetzte. Als einige Bischöfe und Priester, weil sie die Rechtmäßigkeit des bourbonischen Königshauses vertraten, aus Frankreich flohen, zeigte er ihnen seine Mißbilligung, indem er ihnen den Zutritt zum Kirchenstaat verwehrte. Angesichts der Zusagen des neuen Regimes, das Konkordat von 1801 zu respektieren, forderte er die französische Geistlichkeit zur Unterstützung auf und bestand auf der Verleihung des traditionellen Titels »Allerchristlichster König« an Louis-Philippe.

Obwohl er zu seiner Vorbereitung nichts beigetragen hatte, war Pius Zeuge der Verabschiedung des *Roman Catholic Relief Act* (13. 4. 1829) in Großbritannien. Mit dem türkischen Sultan handelte er Bürgerrechte und religiöse Freiheiten für die armenischen Katholiken aus und gründete (16. 7. 1830) in Konstantinopel ein Erzbistum des armenischen Ritus. In den USA hielten die Bischöfe in Baltimore ihre erste Provinzialsynode ab (Okt. 1829); 1830 bestätigte Pius ihre Beschlüsse, die eine stärkere Bindung der amerikanischen Kirche an Rom zur Folge hatten.

Lit.: *BullRomCon* 18; A. F. Artaud de Montor, *Histoire du Pape Pie VIII*, Paris 1844; N. Wiseman, *Recollections of the Last Four Popes*, London 1858; E. Vercesi, *Tre Pontificati*, Turin 1936; Schmidlin 1,474–510; P. de Leturia, »Pio VIII y la independencia de Hispanoamérica«, in: *MiscHistPont* 21 (1959) S. 387–400; *EC* 9,1508–10 (F. Fonzi); *LThK* 8,535 f. (R. Aubert); *NCE* 11,404 f. (T. F. Casey).

Gregor XVI.
(2. 2. 1831 – 1. 6. 1846)

Bartolomeo Alberto Cappellari wurde am 18. September 1765 als Sohn eines adligen Rechtsanwalts in Belluno (Venetien) geboren und trat mit 18 Jahren in das Kloster S. Michele der Kamaldulenser (d. h. strenger Benediktiner) in Murano (Venedig) ein, wo er sich den Namen Mauro zulegte. Nach seiner Ordination (1787) wurde er 1790 Professor für Naturwissenschaften und Philosophie. 1795 kam er nach Rom, wo er 1799 während der Gefangenschaft PIUS' VI. durch das französische Direktorium seine Schrift *Der Triumph des Heiligen Stuhles und der Kirche über die Angriffe der mit ihren eigenen Waffen bekämpften und geschlagenen Neuerer* veröffentlichte. Darin stützte er die Unfehlbarkeit des Papstes und die weltliche Souveränität des Hl. Stuhls und wies alle Forderungen zurück, diesen staatlicher Kontrolle zu unterstellen. 1805 wurde er Abt von S. Gregorio al Celio und 1807 Generalprokurator des Kamaldulenserordens. Als er nach der Gefangennahme PIUS' VII. durch Napoleon Rom verlassen mußte, lehrte er in Murano und Padua. 1814 konnte er zurückkehren. Er diente als Berater verschiedener Kongregationen und bei der Prüfung künftiger Bischöfe, wurde 1823 zum Generalvikar der Kamaldulenser ernannt und 1826 zum Kardinal. Als Präfekt der Kongregation für die Glaubensverbreitung (1826) gab er der Missionstätigkeit neue Impulse; auch war er LEO XII. und PIUS VIII. bei bedeutenden Amtsgeschäften behilflich. Auf dem schwierigen, 50tägigen Konklave (1830) wurde er schließlich mit Unterstützung der *zelanti*, Konservative mit in erster Linie religiösen Interessen, und des österreichischen Staatsmannes Klemens von Metternich (1773–1859) gewählt, der einen dem Absolutismus freundlich gesinnten Papst wünschte, welcher der »politischen Tollheit des Zeitalters« nicht nachgeben würde.

Der strenge, gelehrte Mönch, der allen modernen Tendenzen (Eisenbahnen waren in seinem Reich verboten, er nannte sie »*chemins d'enfer*«) und besonders dem italienischen Nationalismus feindselig gegenüberstand, sah sich sogleich Aufständen im Kirchenstaat und in Rom selbst und Forderungen nach einer föderativen Republik gegenüber. Er mußte die Österreicher um Militärhilfe ersuchen, welche die Revolte dann allerdings rasch niederschlugen. Dann schalteten sich die Großmächte ein (31. 5. 1831) und verlangten eine radikale Verwaltungs-, Rechts- und Verfassungsreform des Kirchenstaates. Gregor war zu begrenzten Veränderungen bereit, nicht aber zur Bewilligung gewählter Versammlungen oder eines aus Laien bestehenden Staatsrates. Infolgedessen brachen erneut Unruhen aus, wiederum mußten österreichische Truppen herbeigerufen werden, Frankreich annektierte Ancona, und der Kirchenstaat stand sieben Jahre unter militärischer Besatzung. Unterstützt von den reaktionären Staatssekretären T. Bernetti und (ab 1836) L. Lambruschini, mußte sich Gregor während seines gesamten Pontifikats mit wachsender Unzufriedenheit und schwelender Rebellion auseinandersetzen, und die Kosten zur Aufrechterhaltung eines repressiven Regimes mit Hilfe entliehener Truppen leerten seine Schatzkammer.

Auf freiere Gedanken reagierte Gregor ebenso kompromißlos; in seiner Enzyklika *Mirari vos* (15. 8. 1832) verurteilte er die Vorstellungen von Gewissensfreiheit, Pressefreiheit und der Trennung von Kirche und Staat, wie sie von F. R. de Lamennais (1782–1854), dem Verfechter des katholischen Liberalismus, und seiner Zeitschrift *L'Avenir* vorgetragen wurden. Obwohl er Lamennais im November 1831 eine freundliche Audienz gewährt hatte, verurteilte er im Juni 1834 dessen Entgegnung auf *Mirari vos*. Überzeugt, daß der moderne Liberalismus seine Wurzeln im Indifferentismus habe, brandmarkte er diese geistige Haltung ebenso wie die Aktivitäten der Londoner Bibelgesellschaft und der New Yorker Christian Alliance in der Bulle *Inter praecipuas machinationes* (8. 5. 1844). Weitere Lehren, die er zensierte (26. 9. 1835), waren der Rationalismus Georg Hermes' (1775–1831) und der Fideismus des Abtes L. E. M. Bautain (1796–1867), der die Rolle des Glaubens überbetonte. Auf dem Gebiet der Politik vertrat er die Unabhängigkeit der Kirche und verabscheute die Revolution; seine Regierungszeit war ein fortwährender Kampf im Dienst konservativer Ideale. Jahrelang lag er mit Portugal und Spanien im Streit, deren Regierungen mit unannehmbar antiklerikaler Gesetzgebung begonnen hatten, wie auch mit der Schweiz, wo die Artikel von Baden (21. 1. 1834) die päpstliche Oberhoheit über die Schweizer Katholiken zu beseitigen suchten. 1845 protestierte er mit einigem Erfolg gegen die Verfolgung der russischen Katholiken durch Nikolaus I., doch als sich 1830/31 die Polen gegen den Zaren erhoben, richtete er eine Enzyklika (9. 6. 1832) an die polnischen Bischöfe, in der revolutionäre Bewegungen verdammt wurden. Der nämliche Respekt vor verfassungsmäßiger Gewalt veranlaßte ihn dazu, die irische Geistlichkeit in einem Privatschreiben der Kongregation für die Glaubensverbreitung (25. 10. 1844) von politischem Handeln abzuhalten. Freilich zeigte er sich gelegentlich auch entgegenkommend; so gab er französischem Druck nach und willigte 1845 in den vorübergehenden Abzug der Jesuiten aus Frankreich ein. In Preußen, welches darauf beharrte, daß die Kinder aus Mischehen das Bekenntnis ihres Vaters annehmen sollten, schlug er hingegen eine harte Linie ein; er rief (27. 3. 1832 / 12. 9. 1834) die Entscheidung Pius' VIII. in Erinnerung und protestierte (12. 12. 1837) gegen die Inhaftierung eines Erzbischofs, der sich an diese gehalten hatte. Nach der Thronbesteigung Friedrich Wilhelms IV. (Juni 1840) hatte seine Diplomatie Erfolg, und 1841 kam er mit Preußen zu einem vorteilhaften Abkommen, wonach Preußen das Recht zur Intervention bei Mischehen aufgab; ferner wurde die Freiheit der Bischofswahlen zugesichert und im Religionsministerium eine Sonderabteilung für katholische Angelegenheiten eingerichtet.

In Gregors Pontifikat fiel die Reorganisation der Hierarchie, die Reform bestehender und die Gründung neuer Orden. Was die Glaubenslehre betrifft, so förderte er die Begehung des Festes der Unbefleckten Empfängnis Mariä, ohne diese zum Dogma zu erheben. Am bemerkenswertesten jedoch waren die Anstrengungen, die er, der ehemalige Präfekt der Kongregation für die Glaubensverbreitung, zugunsten der außereuropäischen Kirche unternahm. Das Wiederaufleben der Missionen im 19. Jh. geht auf ihn zurück; durch ihre Umgestaltung brachte er sie unter päpstliche Kontrolle. Durch ihn wurden etwa 70 Diözesen und Apostolische Vikariate geschaffen und fast 200 Missionsbischöfe ernannt. In der Bulle *Sollicitudo ecclesiarum* (7. 8. 1831) legte er seine Verhandlungspolitik mit der jeweiligen *de facto*-Regierung dar in Ländern, wo es einen Regimewechsel gab. So gelang es ihm, die schwierige Streitfrage der Besetzung bischöflicher Stellen in Lateinamerika und Indien ungeachtet der Proteste Spaniens und Portugals ein für allemal beizulegen. In dem Breve *In supremo* (3. 12. 1839) verurteilte er Sklaverei und Sklavenhandel als eines Christen unwürdig und billigte (12. 11. 1845) die Anweisung der Kongregation für die Glaubensverbreitung, mit der in Missionsgebieten eine aus Einheimischen bestehende Geistlichkeit und Hierarchie angeregt wurde. Gregors Interesse erstreckte sich auch auf Nordamerika; in Kanada schuf er 1834–43 vier Diözesen und reorganisierte 1844 das Bistum Quebec; in den USA gründete er zehn Diözesen und gliederte das Bistum Baltimore neu.

Gregor hatte echtes Interesse an Kunst und Forschung und regte nicht nur Grabungen auf dem Forum Romanum und in den Katakomben an, sondern gründete auch das Etruskische und Ägyptische Museum im Vatikan und das Christliche Museum im Lateran. Der als Mönch erzogene, gutmütige, aber starrsinnige und engstirnige Papst, der für die moderne Welt nur wenig Verständnis zeigte, hinterließ seinem Nachfolger sowohl in der Kirche wie im Kirchenstaat ein schwerwiegendes Vermächtnis.

Werke: M. Cappellari, *Il trionfo della Santa Sede*, Venedig 1799; Acta Gregorii papae XVI, hrsg. von A. Bernasconi, Rom 1901–04 [unvollst.]; *RaccCon*, 1,724–750; *Bull RomCon* 19; 20; *Gregorio XVI: Miscellanea commemorativa*, 2 Bde., Rom 1948.

Lit.: Schmidlin 1,511–687; P. de Leturia, *Relaciones entre la Santa Sede Y Hispanoamérica*, in: *AnGreg* 1959/60; J. Schmidlin, »Gregor XVI. als Missionspapst«, in: *Zeitschrift für Missionswissenschaft und Religionswissenschaft* 21 (1931) S. 209–228; A. Ventrone, *L'amministrazione dello Stato Pontificale 1814–1870*, Rom 1942; *DTC* 6,1822–36 (É. Amann); *EC* 6,1148–56 (P. dalla Torre); *LThK* 4,1190–92 (G. Schwaiger); *NCE* 6,783–788 (A. Simon).

Pius IX.

(16. 6. 1846 – 7. 2. 1878)

Giovanni Maria Mastai-Ferretti wurde am 13. Mai 1792 als vierter Sohn eines Grafen in Senigallia (Mark Ancona) geboren und studierte in Viterbo und Rom. Der Knabe litt unter Epilepsie, konnte jedoch geheilt werden. 1819 wurde er zum Priester geweiht, diente 1823–25 in einer päpstlichen Gesandtschaft in Chile, übernahm 1825–27 die Leitung des Hospizes S. Michele in Rom, war 1827–32 Erzbischof von Spoleto und 1832–40 Bischof von Imola. Der unermüdliche Seelsorger galt als Liberaler, da er im Kirchenstaat eine Verwaltungsreform befürwortete und gefühlsmäßig den nationalen Bestrebungen Italiens nahe stand. 1840 wurde er zum Kardinal ernannt; auf dem zweitägigen Konklave (1846)

wurde er als gemäßigt fortschrittlicher Kandidat gegen den Reaktionär L. Lambruschini zum Papst gewählt.
Pius verkündete gleich (16. Juli) eine politische Amnestie und billigte im Kirchenstaat einige praktische Reformen; 1847 richtete er einen Stadt- und einen Staatsrat ein. Sein rasch gestiegenes Ansehen wie sein Ruf als Liberaler ließen jedoch bald nach, als er deutlich machte, daß er die weltliche Souveränität des Hl. Stuhls als unerläßlich für seine spirituelle Unabhängigkeit ansehe und deswegen nicht die Absicht hege, einen Verfassungsstaat zu errichten. Im März 1848 mußte er ein Zweikammernparlament bewilligen; als er sich strikt weigerte (29. 4. 1848), in den Krieg zur Vertreibung Österreichs von italienischem Boden einzutreten, wurde seine Neutralität als Verrat aufgefaßt. Auf dem Höhepunkt der Krise, die sich durch den wirtschaftlichen Zusammenbruch des Kirchenstaates noch verschärfte, wurde sein Premierminister, Graf Rossi, ermordet (15. 11. 1848); er selbst mußte (24. Nov.) verkleidet nach Gaeta (südl. Neapel) flüchten. Dann wurde die Römische Republik ausgerufen (9. 2. 1849). Von Gaeta aus appellierte Pius an die katholischen Mächte; nachdem französische Truppen am 15. Juli den Kirchenstaat wiederhergestellt hatten, konnte er (12. 4. 1850) durch ihre Hilfe wieder in Rom einziehen. Seinen liberalen Standpunkt gab er nun auf und errichtete mit Giacomo Antonelli als Staatssekretär (1848–76) im Kirchenstaat ein paternalistisches Regime, das die Gebildeten befremdete und nationale Bestrebungen mißbilligte. Graf Camillo Cavour, seit 1852 Premierminister von Piemont, nutzte die Lage im Interesse der nationalen Einigung Italiens geschickt aus, und bald (Sept. 1860) erlebte Pius nach der Niederlage seiner frisch ausgehobenen Armee bei Castel Fidardo, wie sein Herrschaftsbereich mit Ausnahme Roms und seiner unmittelbaren Umgebung dem neuen Königreich Italien einverleibt wurde. Zehn Jahre lang genoß er den Schutz einer französischen Garnison, doch mit dem Ausbruch des Deutsch-Französischen Krieges mußte diese abziehen, und italienische Streitkräfte besetzten (20. 9. 1870) auch die Stadt Rom selbst. Im Oktober wurde Rom durch ein Plebiszit dem italienischen Staat angegliedert. Im Garantiegesetz (13. 5. 1871) sicherte die Regierung dem Papst die persönliche Unverletzlichkeit, die Exterritorialität des Vatikans und anderer Gebäude sowie bedeutende Immunitätsrechte zu. Pius jedoch weigerte sich, die vollendete Tatsache hinzunehmen und damit das hl. Vermächtnis seiner Vorgänger preiszugeben. Fortan verließ er den Vatikan nie mehr und betrachtete sich als Gefangenen. Bereits in seinem Dekret *Non expedit* (»Es ist nicht ratsam«; 29. 2. 1868) hatte er Katholiken untersagt, sich am politischen Leben des »usurpierenden« Königreichs Italien zu beteiligen.
Politisch gesehen, mag das Pontifikat Pius', das längste der Geschichte, als eine einzige Katastrophe erscheinen, doch unter kirchlichen Gesichtspunkten sind viele positive Leistungen hervorzuheben. In der Alten und Neuen Welt gründete er mehr als 200 neue Diözesen und Apostolische Vikariate, vor allem in den USA und den britischen Kolonien. Er begründete die Hierarchien in England (1850) und den Niederlanden (1853) neu und errichtete auch das Lateinische Patriarchat in Jerusalem (1847) wieder. Mit zahlreichen Staaten, darunter Rußland (1847), Spanien (1851), Österreich (1855) und lateinamerikanische Republiken (1852–62), schloß er Konkordate ab und ließ der Katholischen Union in Deutschland und der Zentrumspartei in Preußen 1852 kräftige Unterstützung zukommen. Ein Merkmal seines Regierungsstils war die zunehmende Zentralisierung der Macht; diese wurde durch die modernen Transportmittel erleichtert und noch verstärkt durch den Verlust der politischen Macht der Bischöfe und die hieraus folgende Notwendigkeit, eng mit dem Papst zusammenzuarbeiten. Auf diese Weise wurden die letzten Überreste des Gallikanismus und Josephinismus beseitigt. Pius führte Selig- und Heiligsprechungen in beispielloser Zahl durch und weihte die katholische Welt (16. 6. 1875) dem Herzen Jesu, dessen Fest er schon 1856 auf die Gesamtkirche ausgedehnt hatte. Von herausragender Bedeutung waren jedoch drei andere Ereignisse. Das erste war seine Definition der Unbefleckten Empfängnis Mariä, d. h. ihrer Befreiung von der Erbsünde (8. 12. 1854). Ohne eine Billigung durch die Bischöfe zu erwähnen, gab diese dem Marienkult mächtigen Auftrieb und eröffnete neue Möglichkeiten theologischer Entwicklung. Zweitens veröffentlichte Pius (8. 12. 1864) nach wiederholter Verurteilung anfechtbarer Lehren und Aufrufen, zur Lehre des hl. Thomas von Aquin († 1274) zurückzukehren, die Enzyklika *Quanta cura* mit dem *Syllabus errorum* im Anhang. Letzterer verdammte die

»hauptsächlichen Irrtümer unserer Zeit« einschließlich der Auffassung, der Papst »könne oder solle sich mit Fortschritt, Liberalismus und moderner Zivilisation abfinden oder diesen zustimmen«. Dies versetzte dem liberalen Katholizismus den Todesstoß und bekräftigte die Autonomie der Kirche hinsichtlich des konfessionell neutralen Staates der Moderne. Drittens berief Pius das 1. Vatikanische (20. ökumenische) Konzil (1869/70) ein, das in der Konstitution *Pastor aeternus* (18. 7. 1870) *ex cathedra*-Äußerungen des Papstes in Glaubens- und Sittenfragen für unfehlbar erklärte, und zwar aus sich heraus, nicht erst durch die Zustimmung der Kirche. Mit diesem Infallibilitätsdogma wurde eine jahrhundertelange Entwicklung der Papstdoktrin abgeschlossen und sämtliche konziliaristischen Auslegungen der Rolle des Papsttums beiseite geschoben. Dies ging zu einem Gutteil auf die persönliche Initiative des Papstes zurück. Aber die Konstitution des Konzils über den Glauben (*Dei filius*, 24. 4. 1870), die den zeitgenössischen Pantheismus, Materialismus und Atheismus beklagte, die Sphären des Verstandes und Glaubens bestimmte und die positive katholische Glaubenslehre an der Offenbarung festmachte, war für sein Programm ebenso repräsentativ.

Pius identifizierte sich als erster Papst uneingeschränkt mit dem Ultramontanismus, d. h. mit der Tendenz, alle Autorität in Kirchenregierung und Glaubenslehre für den Hl. Stuhl in Anspruch zu nehmen. Der Triumph des Ultramontanismus auf dem 1. Vaticanum ließ jedoch nicht nur das altkatholische Schisma in Holland auf andere Länder überspringen, sondern führte auch zu einem Ausbruch des Antiklerikalismus in Europa überhaupt, der 1874 mit der Aufkündigung des Konkordats durch Österreich und Bismarcks Unterdrückung der Kirche in Deutschland seinen Höhepunkt fand. Den deutschen »Kulturkampf« verurteilte Pius in der Enzyklika *Quod nunquam* (5. 2. 1875). Als er starb, hatte er praktisch das moderne Papsttum geschaffen, das – von ihm stets bedauert – seiner weltlichen Herrschaft beraubt, dafür aber mit ungeheuer gesteigerter geistlicher Autorität bewehrt war. Da er selbst sich den modernen politischen und geistigen Strömungen verschloß, hinterließ er eine Kirche, die den Herausforderungen der Zeit nicht zu begegnen wußte; andrerseits jedoch hatte er für einen tiefgreifenden Wandel und eine Stärkung ihres inneren Lebens gesorgt. Ob innerhalb des Klerus oder der großen Gemeinschaft der Gläubigen, seine Regierungszeit erlebte eine wirksame geistige Erneuerung, die sich unmittelbar auf seine hartnäckigen Bemühungen um eine Vertiefung des religiösen Lebens zurückführen läßt, aber auch auf seine Entschlossenheit, vor allem ein vorbildlicher Priester und Seelenhirte seiner Herde zu sein. Ein Aspekt, der nicht übersehen werden sollte, ist die außerordentliche Frömmigkeit, die »Pio Nono« durch seine gewinnende Persönlichkeit, geistreiche Freundlichkeit und Geduld in Zeiten der Not einflößte – eine Frömmigkeit, die selbst seinen politischen Gegnern Respekt abnötigte und bei seinen Jubiläen als Priester (1869), Papst (1871/76) und Bischof (1873) begeisterten Ausdruck fand. Diese Zuneigung hinderte indes den antiklerikalen römischen Pöbel nicht daran, die Prozession aufzuhalten, die seinen Leichnam von der vorübergehenden Ruhestätte im Petersdom nach S. Lorenzo fuori le Mura begleitete, und zu versuchen, seinen Sarkophag in den Tiber zu werfen. Der erste Schritt zu seiner Heiligsprechung erfolgte 1985 mit der offiziellen Anerkennung seiner »heroischen Tugend«.

Werke: *Acti Pii IX Papae*, 9 Bde., Rom 1854–78.
Lit.: R. Aubert, *Le pontificat de Pie IX*, in: FM 21 ([2]1964); F. Hayward, *Pie IX et son temps*, Paris 1948; E. E. Y. Hales, *Pio Nono*, London [2]1956; E. Vercesi, *Pio IX*, Mailand 1930; G. Mollat, *La Question romaine de Pie VI à Pie IX*, Paris 1932; Schmidlin 2,1–330; *LThK* 8,536–538 (R. Aubert); *EC* 9,1510–23 (P. Pirri); *NCE* 11,405–408 (R. Aubert); *EB* (15. Aufl.) 14,482–486 (R. Aubert).

Leo XIII.

(20. 2. 1878 – 20. 7. 1903)

Gioacchino Vincenzo Pecci wurde als sechstes Kind von Eltern niederen Adels am 2. März 1810 in Carpineto in den Hügeln südlich von Rom geboren. Der hochbegabte Knabe mit einer Vorliebe fürs Lateinische, die er sich für immer erhielt, studierte 1818–24 in Viterbo, 1824–32 am Collegium Romanum und 1832–37 an der Akademie für adlige Geistliche. Nach seiner Priesterweihe 1837 trat er unverzüglich in päpstliche Dienste, wurde erst zum Gouverneur von Benevent (1838 bis 1841) und danach von Perugia (1841–43) bestellt, wo er sich beide Male als sicherer und fähiger Verwalter erwies. Nachdem er ihn zum Titularerzbischof von Damietta ernannt hatte, sandte ihn GREGOR XVI. als Nuntius nach Belgien (1843–46). Dies war, mit kurzen Abstechern nach Köln, London und Paris, seine erste Fühlungnahme mit dem Europa der Industrien und Parlamente; schlecht beraten war er in der Unterstützung der Bischöfe im Bildungsstreit mit der Regierung, was König Leopold I. (1831 bis 1865) veranlaßte, seine Rückrufung zu verlangen. Daraufhin wurde er Bischof von Perugia (1846–78) und 1853 Kardinal. Indessen mußte er sich von Rom und von kurialen Aufgaben fernhalten, da er Kardinal Antonelli, Staatssekretär PIUS' IX., verdächtig schien. Als Bischof von Perugia protestierte er gegen die Annexion Perugias durch Sardinien (1860) und die Säkularisierungsgesetze der Folgezeit. Er modernisierte den Lehrplan seines Seminars, förderte die Wiederbelebung des Thomismus, gründete 1859 die Akademie des hl. Thomas von Aquin und begann, wie seine Hirtenbriefe von 1874–77 belegen, für eine Annäherung zwischen Katholizismus und zeitgenössischer Kultur einzutreten. Nach Antonellis Tod rief Pius IX. ihn 1877 als *camerlengo* (Beamter, der die Kirche bei einer Sedisvakanz verwaltet) nach Rom zurück. Auf dem Konklave vom Februar 1878, dem ersten seit dem Verlust der weltlichen Macht des Hl. Stuhls, wurde er als kluger Gemäßigter im dritten Wahlgang gewählt. Er mußte in der Abgeschlossenheit der Sixtinischen Kapelle gekrönt werden, da die Regierung papstfreundliche Demonstrationen befürchtete, wenn er die Menge von der Loggia des Petersdoms aus segnete. Leo zählte beinahe 68 Jahre und war gesundheitlich angeschlagen, so daß sein Pontifikat als Übergangslösung galt; doch lenkte er die Kirche mit meisterlicher Hand mehr als 25 Jahre.

Leos größte Leistung war sein Versuch, die Kirche im Rahmen der überlieferten Lehre mit der neuen Zeit zu versöhnen. Gleichzeitig vollzog er keinen scharfen Bruch mit Pius IX., dessen Politik er auf mehreren Gebieten fortsetzte. Seine Angriffe gegen Sozialismus, Kommunismus und Nihilismus in *Quod apostolici muneris* (28. 12. 1878) oder gegen die Freimaurerei in *Humanum genus* (20. 4. 1884) sowie seine Behandlung der Ehe in *Arcanum illud* (10. 2. 1880) hätten allesamt aus Pius' Feder stammen können. Weit davon entfernt, die Zentralisierung der Kirchengewalt aufzuhalten, worauf die Progressiven hofften, beschleunigte er sie noch, indem er in die Episkopate der einzelnen Länder eingriff, die Position der Nuntien stärkte sowie Orden und Kongregationen in Rom konzentrierte. Doch sein eigener Beitrag bestand in der Eröffnung des Dialogs zwischen Kirche und Gesellschaft durch eine Reihe bemerkenswerter Entscheidungen. Auf geistigem Gebiet lenkte er die Katholiken in *Aeterna Patris* (4. 8. 1879) auf die Philosophie des hl. Thomas von Aquin († 1274) hin und gründete in Rom eine Akademie, um sie zu erforschen. Er förderte das Studium der Astronomie und Naturwissenschaften im Vatikan, forderte katholische Geschichtswissenschaftler zu objektiver Darstellung auf und öffnete (18. 8. 1883) Forschern ungeachtet ihres Glaubens die Vatikanischen Archive. Um der Herausforderung neuer kritischer Methoden gerecht zu werden, formulierte er in *Providentissimus Deus* (18. 11. 1893) Richtlinien zur Bibelforschung. Mehrere Enzykliken widmete er der sozialpolitischen Ordnung: in *Immortale Dei* (1. 11. 1885) grenzte er z. B. die Sphären der weltlichen und geistlichen Gewalt voneinander ab, in *Diuturnum illud* (29. 6. 1881) sprach er der Demokratie widerstrebend seine Anerkennung aus, in *Libertas praestantissimum* (20. 6. 1888) trat er für die Kirche als Hüterin der »recht verstandenen« Freiheit ein. In diesen Enzykliken, besonders in *Immortale Dei*, war er sehr bemüht, die Rechtmäßigkeit jeder Regierung, selbst einer republikanischen, anzuerkennen, sofern diese das Allgemeinwohl sicherstellte. Sein berühmtestes Manifest, die Sozialenzyklika *Rerum novarum* (15. 5. 1891), unterstützte das Privateigentum, befürwortete aber auch gerechten Lohn, Arbeiterrechte und Gewerkschaften. Leos Eintreten für soziale Gerechtigkeit trug ihm den Titel »Arbeiterpapst« ein.

Wie Pius IX. war Leo von der Wiederherstellung des Kirchenstaats und der weltlichen Gewalt des Hl. Stuhls besessen, doch indem er Pius' Verbot der Wahlbeteiligung für Katholiken erneuerte, verwirkte er den Einfluß der Kirche im neugestalteten Italien. Im Gegensatz zu Pius war er ein politischer Papst, der den Starrsinn seines Vorgängers durch flexible und geschickte Diplomatie ersetzte und mehrere Erfolge für sich verbuchen konnte. Die wichtigsten waren die Überarbeitung der antiklerikalen Gesetzgebung (des »Kulturkampfes«) von deutscher Seite (1886/87) und seine Vermittlung (1885) zwischen Deutschland und Spanien im Streit um die Karolinen-Inseln im Pazifik. Auch mit Belgien (1884) und

Rußland (1894) gelangte er zu einem Einvernehmen. Die Hoffnung, seine Unterstützung Großbritanniens gegen die aufständischen irischen Katholiken (1888) würde zur Aufnahme offizieller diplomatischer Beziehungen führen, trog allerdings. Seine Außenpolitik wurde von Bemühungen zur Wiedererlangung weltlicher Souveränität beherrscht. Als die Konzessionen, die er Deutschland gemacht hatte, nicht zur deutschen Unterstützung gegen Italien führten und Deutschland und Österreich 1887 den Dreibund mit Italien erneuerten, folgte er dem Rat seines neuen Staatssekretärs Mariano Rampolla (Sekretär 1887–1903) und suchte Frankreich als Verbündeten zu gewinnen. Seine Anstrengungen, die französischen Katholiken zur Unterstützung der Dritten Republik zu bewegen, blieben fruchtlos. Die katholischen Royalisten waren empört, die Regierung behielt das Konkordat von 1801 bei, verschärfte aber ihre katholikenfeindliche Gesetzgebung, und Leo blieb in der römischen Frage ohne Beistand.

Für die weite Verbreitung des Katholizismus außerhalb Europas im 19. Jh. setzte sich Leo mit aller Kraft ein; er gründete 248 Bistümer, 48 Vikariate oder Präfekturen und zwei Patriarchate. Dazu zählten reguläre Hierarchien in Schottland (1878), Nordafrika (1884), Indien (1886) und Japan (1891) sowie 28 neue Diözesen in den USA. 1892 berief er den ersten Apostolischen Legaten in den USA, und im Januar 1899 mißbilligte er den »Amerikanismus«, eine Bewegung, die den Katholizismus zeitgenössischen Ideen und Praktiken anzupassen versuchte. Seine Sorge um die Wiedervereinigung der Kirche (er sprach als erster von »getrennten Brüdern«) schlug sich in seinen Briefen *Praeclara* (1894) und *Satis cognitum* (1896) nieder; ersterer forderte sowohl Orthodoxe als auch Protestanten zur Rückkehr in den Schoß der Kirche auf, ohne das Schisma zu erwähnen, letzterer verwarf einen Kirchenbund, da dieser den mystischen Leib des Herrn verfehle. Leos Rundschreiben *Ad Anglos* (14. 4. 1895) verriet besondere Besorgnis um die Konversion Englands: 1895 setzte er eine Kommission zur Untersuchung der Rechtmäßigkeit anglikanischer Orden ein; als dieser einen negativen Befund vorlegte, erklärte er die Orden in *Apostolicae curae* (13. 9. 1896) für ungültig. 1879 ernannte er John Henry Newman (1801–90) zum Kardinal.

Trotz seines wachen Gespürs für zeitgenössische Strömungen verharrte Leo in tiefer konservativer Frömmigkeit; elf Enzykliken widmete er der Hl. Jungfrau und dem Rosenkranz und je eine dem Erlösungswerk Christi und der Eucharistie. 1893 führte er das Fest der Hl. Familie ein und weihte im Jubeljahr 1900 unter Ausweitung einer Initiative Pius' IX. die gesamte Menschheit dem Herzen Jesu. Gegen Ende seiner Amtszeit verhärtete sich seine Haltung merklich; dies zeigte sich an der Bildung einer ständigen Bibelkommission (30. 10. 1902), dem Erlaß neuer Zensurnormen (1897) und eines neuen Index (17. 9. 1900) sowie daran, daß er den Christdemokraten Italiens jede wirkliche politische Bedeutung absprach (*Graves de communi*, 18. 1. 1901). Immerhin wandelte er das internationale Ansehen des Papsttums, das unter Pius IX. politisch und geistig isoliert gewesen war, von Grund auf und gewann ihm die Anerkennung, die ihm jahrhundertelang gefehlt hatte. So war es eine bittere Enttäuschung für ihn, als der Hl. Stuhl aufgrund des Einspruchs der italienischen Regierung von der ersten Internationalen Friedenskonferenz in Den Haag (Mai – Juli 1899), die auf Betreiben Zar Nikolaus' II. von Rußland (1895–1917) zu Beratungen über Abrüstung zusammentrat, ausgeschlossen wurde.

Werke: *ASS* 11–35 (1878–1903); *Leonis Pont. Max. Acta*, 23 Bde., Rom 1881–1905; *Epistolae encyclicae*, 6 Bde., Freiburg i. Br. 1878–1904.

Lit.: J. Bach (Hrsg.), *Carmina, inscriptiones, numismata*, Köln 1903; C. de T'Serclaes, *Le Pape Léon XIII*, 2 Bde., Paris/Brügge 1894–1906; E. Soderini, *Il pontificato di Leone XIII*, 2 Bde., Mailand 1932/33; F. Hayward, Léon XIII, Paris 1937; Lillian P. Wallace, *Leo XIII*, Durham (N. C.) 1966; G. Jarlot, »L'Enseignement social de Léon XIII, Pie X et Benoît XV«, in: Studia Socialia 9 (1964) S. 17–257; Schmidlin 2,331–589; *LThK* 6,953–956 (R. Aubert); *EB* (15. Aufl.) 10,807 f. (R. Aubert).

Pius X.

Heiliger (4. 8. 1903 – 20. 8. 1914)

Giuseppe Melchiorre Sarto wurde am 2. Juni 1835 als Sohn des Dorfpostboten und einer Näherin in Riese (Obervenetien) geboren. Er besuchte die Schule im nahegelegenen Castelfranco und studierte 1850–58 am Priesterseminar in Padua. Nach seiner Priesterweihe (18. 9. 1858) verbrachte er neun Jahre als Landkurat und weitere acht als Gemeindepfarrer von Salzano. Nach einer Tätigkeit als Kanzler von Treviso und geistlicher Leiter des dortigen Seminars (1875 bis 1884) wurde er Bischof von Mantua, einer heruntergekommenen Diözese, die er rasch wieder mit Leben erfüllte. Im Juni 1893 berief ihn LEO XIII. zum Patriarchen von Venedig und zum Kardinal, und ein Jahrzehnt erwies er sich dort als fleißiger Seelsorger, der ganz in seinem Klerus und seiner Herde aufging, diskret mit der italienischen Regierung zusammenarbeitete und in der Kommunalpolitik ein Bündnis von Katholiken und gemäßigt Liberalen gegen den Sozialismus befürwortete. Auf dem Konklave nach Leos XIII. Tod schien zunächst Kardinal Rampolla, Leos Staatssekretär, der Favorit zu sein, aber am 2. August wurde das Veto Kaiser Franz Josephs von Österreich bekanntgegeben. Freilich war dies nicht entscheidend, da die Kardinäle einschließlich Rampollas gegen diesen Einspruch stürmisch protestierten und die Wahl fortsetzten. Es stellte sich bald heraus, daß eine einflußreiche Gruppe einen Papst bevorzugte, der sich im Stil von Leo unterschied, und im siebten Wahlgang fiel die Wahl auf Sarto. Er nannte sich Pius X. aus Respekt vor den letzten Päpsten dieses Namens, die der Verfolgung mutig widerstanden hatten.

Zu seinem Motto wählte Pius »daß alle Dinge zusammengefaßt würden in Christo« (Eph 1,10) und machte so von Anfang an deutlich, daß er eher ein religiöser als ein politischer Papst zu sein gedachte. Die Beschwichtigungspolitik Leos XIII. gegenüber den weltlichen Mächten sah er als mißglückt an, und so unternahm er es mit seinem Staatssekretär, dem Spanier Rafael Merry del Val (1865–1930), unnachgiebig auf den Rechten der Kirche zu beharren. Dies führte alsbald zum diplomatischen Bruch mit Frankreich; dort hatte Minister Émile Combes (1902–05) das Konkordat von 1801 für ungültig erklärt und die Kirchengüter weltlichen Korporationen übertragen (9. 12. 1905). Pius verurteilte das Trennungsgesetz (11. 2. 1906) und untersagte gegen den Rat der meisten Bischöfe (10. 8. 1906) jegliche Kompromißlösung. Damit sicherte er die Unabhängigkeit der Kirche um den Preis ihres materiellen Ruins. Gegen die Trennung von Kirche und Staat in Portugal 1911 protestierte er nicht weniger energisch; seine Unterstützung für die Katholiken in Polen und Irland verärgerte die russische und die britische Regierung. Die öffentliche Meinung in den USA war empört, als er sich 1910 weigerte, den vormaligen Präsidenten Theodore Roosevelt zu empfangen, nachdem dieser in der methodistischen Kirche in Rom eine Ansprache gehalten hatte. In Italien hingegen führte er allmählich eine Entspannung zwischen dem Vatikan und der Regierung herbei, auch wenn er in der römischen Frage, wie der Konflikt zwischen Kirche und Staat in Italien seit 1870 inzwischen hieß, unerbittlich blieb. Teilweise aus Furcht vor dem Sozialismus erlaubte er den Bischöfen (11. 6. 1905), das Verbot der Wahlbeteiligung für Katholiken durch seinen Vorgänger (*Non expedit*) zu lockern.

Auf dem Gebiet der Theologie und der Sozialpolitik zeigte sich Pius ebenso unnachgiebig. Bereits in Venedig hatte er die unter dem Namen Modernismus bekannte Bewegung zur Liberalisierung mit Besorgnis verfolgt. Nach wiederholten Warnungen und der Indizierung verdächtiger Schriften prangerte er den Modernismus in seinem Dekret *Lamentabili* (3. 7. 1907), das 65 modernistische Lehrsätze verwarf, und in der Enzyklika *Pascendi* (8. 9. 1907) als »Sammelbekken aller Häresien« an. Die Unterdrückung wurde durch einen Sondererlaß (*Sacrorum antistitum*, 1. 9. 1910) vervollständigt, wodurch die Geistlichkeit zu einem Eid genötigt wurde, mit dem sie dem Modernismus abschwören mußte. Es folgten – in großem Ausmaß, oft in peinlicher Manier – Schikanen gegen Gelehrte, was die Kluft zwischen Kirche und Intelligenz vertiefte. Pius förderte zwar die katholische Bewegung in Italien, doch versuchte er diese von allzu eifrigem politischem Engagement abzuhalten und der kirchlichen Hierarchie zu unterstellen. Getreu seiner paternalistischen Haltung hob er in *Il fermo proposito* (11. 6. 1905) hervor, das Hauptziel sozialer Gruppen müsse darin bestehen, »Jesus Christus in der Familie, der Schule, der Gemeinde im allgemeinen wieder in den Mittelpunkt zu rücken«. Entsprechend hob er (28. 6. 1904) die *Opera dei congressi* auf, welche die katholischen Vereine in Italien zusammenfaßten, verurteilte (25. 8. 1910) Marc Sangiers französische *Le Sillon*-Bewegung, die auf eine Aussöhnung des Katholizismus mit den politischen Ideen der Linken hinarbeitete, und stemmte sich gegen interkonfessionelle Gewerkschaften. Im Gegensatz hierzu war er der von Monarchisten des rechten Flügels gebildeten *Action Française* gegenüber tolerant bis zum letzten.

Waren diese Maßnahmen weitgehend defensiver Natur, so zeichnete Pius auch für eine konstruktive Erneuerung im Innern der Kirche verantwortlich. Erstens gestaltete er die Kurie um, legte ihre Kongregationen und Gerichtshöfe neu fest, schaffte überholte Ämter ab und modernisierte die Zentralverwaltung (*Sapienti consilio*, 29. 6. 1908). Zweitens überarbeitete und kodifizierte er, unterstützt durch eine Sonderkommission und den Rat katholischer Universitäten, gründlich das Kirchenrecht. Die Veröffentlichung des Kodex mußte bis 1917 verschoben werden, doch war das Gesetzeswerk im wesentlichen bei seinem Tod fertig. Bezeichnenderweise enthielt seine Gesetzgebung ein Verbot des Vetos, das die katholischen Mächte bei Papstwahlen gewöhnlich ausübten und das vor kurzem bei seiner Wahl Anstoß erregt hatte (*Commissum nobis*, 20. 1. 1904). Drittens unternahm der Papst, der sich vor allem als Seelsorger begriff, Schritte zur Anhebung des geistlichen und moralischen Niveaus der Geistlichen sowie deren seelsorgerischer Leistungsfähigkeit. Er reformierte dazu die Seminare und ihre Lehrpläne, reorganisierte den katechetischen Unterricht und veranlaßte die Vorbereitung eines neuen Katechismus. Indem er versuchte, Laien zur Mitarbeit an den apostolischen Aufgaben der Kirche unter Aufsicht der Priesterschaft zu gewinnen, wurde er ein Vorreiter der Katholischen Aktion. Viertens gab er dem geistlichen Leben der Katholiken allgemein bleibenden Auftrieb durch (a) zahlreiche Dekrete, die zu häufiger, ja täglicher Kommunion, zur Zulassung von verständig gewordenen Kindern zur Kommunion und zur Erleichterung der Kommunion für die Kranken ermahnten, (b) seine Reform der Kirchenmusik (22. 11. 1903) und die Wiederbelebung des Gregorianischen Gesangs als Vorbild, seine Neufassung des Breviers (*Divino afflatu*, 1. 11. 1911) und seinen Beginn einer Überarbeitung des Meßbuches (1914). Diese Initiativen waren so einschneidend, daß Pius als Vorkämpfer der modernen Liturgiebewegung gerühmt worden ist.

Pius war einerseits – auch in den Augen der Zeitgenossen – in vielem höchst konservativ, andrerseits war er einer der schöpferischsten Reformpäpste. Von dem so offenkundig gütigen und demütigen Mann, der zugleich entschlossen und organisatorisch begabt war, sprach man wie von einem Heiligen und schrieb ihm noch zu Lebzeiten Wunder zu. 1923 wurde der Prozeß zu seiner Heiligsprechung eingeleitet; am 3. Juni 1951 wurde er selig- und am 29. Mai 1954 heiliggesprochen. Festtag: 21. August.

Werke: *ASS* 36–41 (1903–08); *AAS* 1–6 (1909–14); N. Vian (Hrsg.), *Lettere*, Rom 1954.

Lit.: R. Bazin, *Pie X*, Paris 1928; E. Vercesi, *Il pontificato di Pio X*, Mailand 1935; R. Merry del Val, *El papa Pío X; memorias*, Madrid ²1954; C. Ledré, *Pie X*, Paris 1952; Schmidlin 3,1–177; *DTC* 12,1716–40 (É. Amann); *EC* 9,1523–30 (G. Urbani); *LThK* 8,538–540 (R. Aubert); *NCE* 11,408–411 (C. Ledré).

Benedikt XV.

(3. 9. 1914 – 22. 1. 1922)

Giacomo Della Chiesa wurde am 21. November 1854 in Genua geboren und entstammte einem alten Patriziergeschlecht. 1875 promovierte er in Zivilrecht an der Universität Genua und studierte anschließend am Capranica-Kolleg und an der Gregorianischen Universität in Rom. Nach dem Empfang der Priesterweihe (21. 12. 1878) wurde er 1878–82 an der Akademie für adlige Geistliche zum päpstlichen diplomatischen Dienst ausgebildet. 1883–87 war er Sekretär des damaligen Nuntius in Spanien, Mariano Rampolla, dem er nicht nur in diplomatischen Angelegenheiten wie der päpstlichen Vermittlung zwischen Deutschland und Spanien wegen der Karolinen-Inseln (1885) zur Seite stand, sondern auch bei Hilfsmaßnahmen während einer Choleraepidemie. Als Rampolla 1887 Staatssekretär und Kardinal wurde, blieb Della Chiesa bei ihm; 1901 wurde er zum Unterstaatssekretär befördert und war dies auch, als Rampolla 1903 von Rafael Merry del Val abgelöst wurde. Er hatte gehofft, Nuntius in Spanien zu werden, doch Pius X., der in ihm einen Schüler Rampollas vermutete, bestellte ihn 1907 zum Erzbischof von Bologna. Erst im Mai 1914 erhob Pius ihn zum Kardinal; bereits drei Monate später wurde er zum Papst gewählt. Pius' Tod fiel mit dem Ausbruch des Ersten Weltkriegs zusammen, und die überraschende Wahl Della Chiesas beruhte auf der Einsicht, daß die Kirche in der Krise einen erfahrenen Diplomaten an ihrer Spitze brauche.

Benedikts Regierungszeit war unvermeidlich vom Krieg und seinen Folgen überschattet. Freilich verdammte die diplomatische Isolation des Hl. Stuhls – das Resultat der ungelösten römischen Frage – den Papst in allen Rollen zum bloßen Statisten. Zwar protestierte er gegen unmenschliche Kriegführung, doch wahrte er strengste Neutralität und sah davon ab, irgendeine der kriegführenden Parteien zu verurteilen, so daß beide Seiten ihn der Begünstigung des

Gegners ziehen. In den ersten Jahren konzentrierte er sich auf die Linderung des Leidens, eröffnete im Vatikan ein Büro zur Familienzusammenführung von Kriegsgefangenen und überredete die Schweiz zur Aufnahme von Soldaten aller Länder, die an Tuberkulose erkrankt waren. Jedoch ließ er den Alliierten wie den Achsenmächten einen Sieben-Punkte-Plan zukommen (1. 8. 1917), der einen mehr auf Gerechtigkeit als auf militärischem Sieg beruhenden Friedensschluß vorsah. Der Plan blieb Makulatur: Frankreich und Großbritannien werteten ihn angesichts der damaligen militärischen Lage als gegen sie gerichtet und übergingen ihn, während die zunächst positive deutsche Haltung wieder abkühlte, als der Zusammenbruch Rußlands erneut einen Sieg in greifbare Nähe zu rükken schien. Benedikt fand das deutsche Angebot, Rom dem Hl. Stuhl nach der Niederlage Italiens zurückzugeben, zweifellos verlockend und fürchtete im Fall eines alliierten Sieges die Ausdehnung der russisch-orthodoxen Kirche. Am Friedensabkommen (1919) mitzuwirken blieb Benedikt versagt; die Alliierten hatten im Vertrag von London (April 1915) mit Italien heimlich abgesprochen, daß der Vatikan von allen Friedensverhandlungen ausgeschlossen werden solle. Auf jeden Fall betrachtete der Papst den Versailler Vertrag als ein rachsüchtiges Diktat.

Nach dem Krieg sprach sich Benedikt in *Pacem Dei munus* (23. 5. 1920) für internationale Versöhnung aus und gab dem Völkerbund bei aller Kritik einzelner Aspekte seine Unterstützung. In den neu entstandenen Staaten setzte er sich für eine Neuordnung der Beziehungen zwischen Kirche und Staat ein; 1919 sandte er Achille Ratti (später PIUS XI.) als Apostolischen Visitator nach Polen und Litauen, 1920 Eugenio Pacelli (später PIUS XII.) als Nuntius nach Deutschland. Er machte sich Sorgen um die neuen Konkordate, die nach der Neugliederung der politischen Landkarte Europas wünschenswert erschienen, und widmete dieser Frage seine letzte Ansprache vor dem Konsistorium (21. 11. 1921). Während seiner Amtszeit stieg die Zahl der am Hl. Stuhl mit Diplomaten vertretenen Staaten von 14 (1914) auf 27 (1922) an. Großbritannien entsandte 1915 einen Geschäftsträger an den Vatikan (den ersten seit dem 17. Jh.). Die Beziehungen zu Frankreich (1905 abgebrochen) wurden 1921 mit der Ernennung eines außerordentlichen Botschafters wiederaufgenommen, wobei die Heiligsprechung der Jungfrau von Orléans (1412–31) durch Benedikt (9. 5. 1920) hilfreich war. Auch wenn er selbst keine Lösung der römischen Frage vorlegen konnte, so bereitete er doch den Boden für sie. Durch Staatssekretär Pietro Gasparri (28. 6. 1915) und Kardinal Bonaventura Cerretti (Juni 1919 in Paris) ließ er Fühler ausstrecken, mit denen die Bereitschaft des Vatikans zu einer ehrenhaften Lösung signalisiert wurde. Der von Dom Luigi Sturzo (Jan. 1919) gegründeten Volkspartei erteilte er seinen Segen (womit er praktisch die Bulle *Non expedit* zurücknahm) und hob (Mai 1920) das päpstliche Verbot offizieller Staatsbesuche von Staatsoberhäuptern katholischer Länder im Quirinal auf (der ehemaligen Sommerresidenz der Päpste, die 1870 zum Amtssitz des italienischen Königs geworden war).

Benedikt verkündete die neue Kodifizierung des Kirchenrechts (28. 6. 1917), die zum großen Teil bereits unter Pius X. fertiggestellt worden war; im September berief er eine Kommission zur Auslegung des Gesetzeswerks. Mit seiner ersten Enzyklika *Ad beatissimi* (1. 11. 1914) begann er die erfolgreiche Beilegung der bitteren Feindschaft zwischen unverbesserlichen Traditionalisten und Modernisten, einem Erbe der Unterdrückung des Modernismus durch Pius X. Wie andere Päpste träumte auch er von einer Wiedervereinigung mit den separaten Kirchen des Ostens; als in Rußland die Revolution ausbrach, hielt er den Augenblick für gekommen. Um den Prozeß zu fördern, gründete er (1. 5. 1917) die Kongregation für die Ostkirchen sowie das Istituto Orientale Pontificale in Rom (15. 10. 1917). Er erklärte den hl. Ephräm, syrischer Exeget und Theologe (um 306–373), zum Kirchenlehrer (5. 10. 1920). Der Weltkrieg verursachte dem Missionswesen eine Menge Probleme, und Benedikt wurde »Missionspapst« genannt, teils weil er tatkräftiges Interesse an der Mission zeigte, teils weil er die Missionsbischöfe in seinem Rundschreiben *Maximum illud* (30. 11. 1919) drängte, die Bildung der einheimischen Geistlichkeit voranzutreiben und das Wohlergehen der Menschen, unter denen sie tätig waren, im Sinn zu haben, nicht die imperialistischen Interessen ihrer eigenen Herkunftsländer.

Benedikt starb unerwartet früh, im Alter von 67 Jahren, an einer Grippe, die sich zu einer Lungenentzündung auswuchs. Zwei Jahre zuvor hatten ihm die Türken in Istanbul ein Standbild von Canarica errichten lassen, das ihn als »den großen Papst der Welttragödie [...], den Wohltäter aller Menschen ungeachtet ihrer Nationalität oder Religion« feierte.

Lit.: *AAS* 6–14; H. E. G. Rope, *Benedict XV: the Pope of Peace*, London 1941; F. Hayward, *Un Pape méconnu: Benoît XV*, Tournai 1955; W. H. Peters, *The Life of Benedict XV*, Milwaukee 1959; P. Piffl, »The Conclaves of Benedict XV and Pius XI«, in: *Tablet* 217 (1963) S. 1004–06; 1028 f.; 1059–61; Schmidlin 3,179–339; *DHGE* 8,167–172 (E. de Moreau); *DBI* 8,408–417 (G. de Rosa); *EC* 2,1285 bis 94 (G. Della Torre); *NCE* 2,279 f. (W. H. Peters).

Pius XI.

(6. 2. 1922 - 10. 2. 1939)

Ambrogio Damiano Achille Ratti wurde als Sohn des Geschäftsführers einer Seidenweberei am 31. Mai 1857 in Desio (bei Mailand) geboren. Er empfing (27. 12. 1879) im Lateran die Priesterweihe, erwarb an der Gregorianischen Universität in Rom drei Doktorgrade, lehrte 1882–88 als Professor am Priesterseminar in Padua und arbeitete 1888–1911 an der Ambrosianischen Bibliothek in Mailand. Der Fachmann in Paläographie gab das Ambrosianische Meßbuch heraus und publizierte weitere Werke; in seiner Freizeit war er begeisterter Bergsteiger. 1911 kam er an die Vatikanische Bibliothek und wurde 1914 deren Leiter. BENEDIKT XV., der seine Sprachbegabung erkannte, sandte ihn im April 1918 als Apostolischen Visitator nach Polen und ernannte ihn (Okt. 1919) zum Nuntius und zum Erzbischof von Lepanto. Seine schwierige Aufgabe als Nuntius führte er geschickt und ehrenvoll aus; als im August 1920 ein Angriff der Bolschewisten drohte, weigerte er sich, Warschau zu verlassen. Jedoch wurde er im November 1920 als päpstlicher Vertreter in der Interalliierten Regierungs- und Plebiszitkommission für Oberschlesien ohne eigenes Verschulden zur Zielscheibe für empörte polnische Nationalisten. Aus der unhaltbar gewordenen Situation befreite ihn Benedikt XV. (13. 6. 1921) durch die Ernennung zum Erzbischof von Mailand und zum Kardinal. Auf dem Konklave (2.–6. Feb. 1922) wurde er im 14. Wahlgang als Kompromißkandidat gewählt. Seine erste öffentliche Amtshandlung war die Erteilung des Segens *Urbi et Orbi* vom Balkon der Peterskirche – eine Friedensgeste in Richtung Quirinal, wie sie seit 1870 nicht mehr vorgekommen war.

Zu seinem Motto machte Pius »der Friede Christi im Reich Christi«, was er dahingehend auslegte, daß Kirche und Christentum in der Gesellschaft und nicht von ihr isoliert handeln sollten. Daher die Einführung der Katholischen Aktion, d. h. der Zusammenarbeit zwischen Laien und Priesterschaft bei der Mission der Kirche, in seiner ersten Enzyklika *Urbi arcano* (23. 12. 1922), die Ausbreitung der Katholischen Aktion in zahlreiche Länder und die Förderung besonderer Gruppierungen wie etwa der *Jocistes*, einer christlichen Organisation für die Arbeiterjugend. Daher auch die Einführung des Christkönigfestes (*Quas primas*, 11. 12. 1925) als Gegengewicht zum zeitgenössischen Säkularismus und der zweckdienliche Einsatz der Jubeljahre 1925, 1929 und 1933 sowie eucharistischer Kongresse alle zwei Jahre. Die nämliche Thematik erscheint in unterschiedlicher Gewichtung auch in Enzykliken wie *Divini illius magistri* (31. 12. 1929) zur christlichen Erziehung; *Casti connubii* (30. 12. 1930), in der die christliche Ehe definiert und die Empfängnisverhütung verurteilt wird; *Quadragesimo anno* (15. 5. 1931), welche die Soziallehre LEOS XIII. bekräftigt, aber über sie hinausführt, und ihrer durch Arbeitslosigkeit und Wettrüsten veranlaßten Ergänzung *Nova impendet* (2. 10. 1931); *Caritate Christi* (3. 5. 1932) zur Weltwirtschaftskrise. Mit zahlreichen Heiligsprechungen versuchte Pius die gleichen religiösen Ziele zu befördern; zu ihnen zählen John Fisher (1469–1535), Thomas Morus (1478 bis 1535), Giovanni (Don) Bosco (1815–88) und Theresa von Lisieux (1873–97). Albertus Magnus (um 1200–80), Petrus Canisius (1521 bis 1597), Johannes vom Kreuz (1542–91) und Robert Bellarmin (1542–1621) erklärte er zu Kirchenlehrern.

Bei der Bewältigung der politischen Fragen nach dem Ersten Weltkrieg standen Pius fähige Staatssekretäre zur Seite: 1922–30 Pietro Gasparri und 1930–39 Eugenio Pacelli (später PIUS XII.). Um Stellung und Rechte der Kirche zu regeln, schloß er mit etwa 20 Staaten Konkordate oder entsprechende Abkommen ab. In Frankreich gelang ihm eine erhebliche Verbesserung der Beziehungen zwischen Kirche und Staat, denn er bestätigte in *Maximam gravissimamque* (18. 1. 1924) eine gütliche Einigung über die schwierigen Fragen, die das Trennungsgesetz von 1905 mit sich gebracht hatte. Seine bedeutendste Leistung waren die mit Benito Mussolini (seit 1922 italienischer Premierminister) ausgehandelten Lateranverträge (11. 2. 1929), mit denen die Vatikanstadt als unabhängiger und neutraler Staat begründet wurde. Zum erstenmal seit 1870 erkannte der Hl. Stuhl Italien als Königreich mit der Hauptstadt Rom an; im Gegenzug entschädigte Italien ihn für den Verlust des Kirchenstaats und akzeptierte den Katholizismus als Staatsreligion. Im Lauf der Zeit wurde Pius von den neuen totalitären Staaten immer stärker in Anspruch genommen. Seine wiederholten Bemühungen, die Christenverfolgung in der Sowjetunion einzudämmen, hatten keinen Erfolg, so daß er in *Divini Redemptoris* (19. 3. 1937) den atheistischen Kommunismus scharf verurteilte. Im Vertrauen auf die Versicherungen Adolf Hitlers und auch aus Furcht vor dem Kommunismus schloß er mit dem nationalsozialistischen Deutschland ein Konkordat ab (20. 7. 1933), welches das Ansehen des Regimes zeitweilig stärkte und die katholische Opposition behinderte; dafür wurde er stark kritisiert. Wegen der sich verschärfenden Unterdrückung der Kirche mußte er der nationalsozialistischen Regierung 34 Protestnoten überreichen (1933–36). 1937 erfolgte der Bruch, als Pius anordnete, daß seine Enzyklika *Mit brennender Sorge* (14. März), mit der er wiederholte Verstöße gegen das Konkordat anprangerte und den Nationalsozialismus als von Grund auf antichristlich brandmarkte, von allen Kanzeln herab verlesen werde. In den 20er und 30er Jahren protestierte er etliche Male gegen die heftige Verfolgung der Kirche in Mexiko, und im April 1937 beschwor er die Katholiken Mexikos, sich nach Beruhigung der Lage friedlich zu organisieren und die Katholische Aktion zu befördern. Er verurteilte in *Dilectissima nobis* (3. 6. 1933) die von der republikanischen Regierung in Spanien vorgenommene scharfe Trennung zwischen Kirche und Staat, und als im Juli 1936 der Spanische Bürgerkrieg ausbrach, unterstützte er General Francisco Franco. Seine Haltung gegenüber dem italienischen Faschismus, die bereits 1931, nachdem Mussolini die katholischen Jugendbewegungen aufgelöst hatte, erschüttert war, verhärtete sich 1938 dramatisch, als das Regime die Rassengesetze Hitlers übernahm.

Pius engagierte sich leidenschaftlich für das Missionswesen in Übersee, befahl jedem Orden, sich am Missionswerk zu beteiligen, und so verdoppelte sich während seiner Amtszeit die Zahl der Missionare. In der Nachfolge Benedikts XV. fuhr er mit der Ausdehnung des »eingeborenen« Katholizismus fort und weihte, trotz einigen Widerstands, die ersten sechs chinesischen Bischöfe (28. 10. 1926). Dem folgten Weihen für einen japanischen Bischof (1927) sowie für einheimische Priester in Indien, Südostasien und China (1933). Die Gesamtzahl »eingeborener« Priester stieg während seines Pontifikats von unter 3000 auf über 7000 an. An der Gregorianischen Universität gründete er eine Fakultät für Missionswissenschaft und im Lateran ein missionarisches und ethnologisches Museum. Seine Aufforderungen zur Wiederherstellung der Kircheneinheit zwischen Rom und der orthodoxen Kirche fanden wenig Widerhall, doch verwandte er viel Aufmerksamkeit auf die Unierten Kirchen des Ostens (mit östlichem Ritus, aber in Kirchengemeinschaft mit Rom). Die von ihm zunächst genehmigten Gespräche, die 1921–26 in Malines zwischen Römisch-Katholischen und Anglikanern stattfanden, billigte er später. Der wachsenden gesamtprotestantischen ökumenischen Bewegung gegenüber verhielt er sich jedoch äußerst ablehnend; als er in *Mortalium animos* (6. 1. 1928) erklärte, daß die Kirche Christi niemals ein Zusammenschluß unabhängiger Gruppen sein könne, die unterschiedlichen Lehren folgten, und römischen Katholiken die Teilnahme an Konferenzen mit Nicht-Katholiken untersagte, rief er Bestürzung hervor.

Als erster Gelehrter auf dem Papststuhl seit BENEDIKT XIV. beseitigte Pius in aller Stille die Spannungen, die aus der Modernismus-Debatte erwachsen waren, und rehabilitierte einige führende Persönlichkeiten, die ihres Amtes enthoben worden waren. Die Förderung der Wissenschaften und strenger Forschung sah er als persönliche Herausforderung an; unter anderem modernisierte und erweiterte er den Lesesaal der Vatikanischen Bibliothek, erhob drei ihrer gelehrtesten Präfekten in den Kardinalsrang, gründete (Dez. 1925) das Päpstliche Institut für Christliche Archäologie, ließ die Pinacoteca für die Vatikanische Gemäldesammlung erbauen und verlegte das vatikanische Observatorium, mit modernen Geräten ausgestattet, nach Castel Gandolfo. Er wies die italienischen Bischöfe an, sich sorgfältig um ihre Archive zu kümmern, und leitete mit *Deus scientiarum* (24. 5. 1931) eine radikale Reform der klerikalen Ausbildung ein. 1936 gründete er die Päpstliche Akademie der Wissenschaften, die ausgezeichnete Wissenschaftler aus vielen Ländern als Mitglieder aufnahm. Wegen seines ausgeprägten Sinns für persönliche Autorität zog Pius es vor, so wenige Aufgaben wie möglich zu delegieren; die Rolle des hl. Kollegiums wurde von ihm stark beschnitten. 1931 ließ er in der Vatikanstadt einen Rundfunksender installieren – der erste Papst, der das Radio für das Hirtenamt einsetzte.

Werke: *Scritti storici* [Auswahl], Florenz 1932; *AAS* 14–31 (1922–39).

Lit.: E. Pacelli (Hrsg.), *Discorsi panegirici*, Mailand ²1939; D. Bertetto (Hrsg.), *Discorsi di Pio XI*, Turin 1961; *RaccCon* 11; D. A. Binchy, *Church and State in Fascist Italy*, London 1941; W. M. Harrigan, »Nazi Germany and the Holy See«, in: *Catholic Historical Review* 47 (1961/62) S. 164–198; P. Hughes, *Pope Pius the Eleventh*, London 1937; Schmidlin 4; *LThK* 8,540–542 (G. Schwaiger); *EC* 9,1531–43 (A. Frutaz); *NCE* 11,411–414 (G. Schwaiger).

Pius XII.

(2. 3. 1939 – 9. 10. 1958)

Eugenio Maria Giuseppe Giovanni Pacelli wurde am 2. März 1876 als Sohn eines Rechtsanwalts und Sproß einer Juristenfamilie in Rom geboren, besuchte eine staatliche höhere Schule und studierte an der Gregorianischen Universität, am Capranica-Kolleg und am Istituto S. Apollinare in Rom. Nach dem Empfang der Priesterweihe im April 1899 trat er 1901 in den päpstlichen Dienst und war 1904–16 Kardinal Gasparris rechte Hand bei der Kodifizierung des Kirchenrechts. Etliche Jahre lehrte er auch Völkerrecht an der Akademie für adlige Geistliche. BENEDIKT XV. ernannte ihn im April 1917 zum Nuntius in München und zum Titularerzbischof von Sardes und im Juni 1920 zum Nuntius in der Weimarer Republik. Dies waren arbeitsreiche Jahre: Während des Ersten Weltkriegs mußte er mit der kaiserlichen Regierung über Benedikts XV. erfolglosen Friedensplan verhandeln (1917), nach dem Krieg einigte er sich auf ein für die Kirche günstiges Konkordat mit Bayern (1924) sowie auf ein weniger vorteilhaftes mit Preußen (1929). Er wurde zum Kardinal erhoben (16. 12. 1929) und Nachfolger Gasparris als Staatssekretär (7. 2. 1930). In dieser Eigenschaft war er für die Konkordate mit Österreich (Juni 1933) und dem nationalsozialistischen Deutschland (Juli 1933) verantwortlich. Obwohl Berlin zu letzterem die Initiative ergriffen hatte, bereiteten Adolf Hitlers wiederholte Verstöße gegen das Abkommen sowie die sich verschlechternde Lage der Kirche in Deutschland dem Hl. Stuhl wachsende Schwierigkeiten. Unterdessen stattete der sprachkundige Pacelli, der zuvor schon nach Großbritannien gereist war, Argentinien (1934), Frankreich (1935/37) und Ungarn (1938) offizielle Besuche sowie den USA (1936) einen ausgedehnten Privatbesuch ab. Angesichts des drohenden Zweiten Weltkriegs wurde er auf einem eintägigen Konklave im dritten Wahlgang mit 48 von 53 Stimmen gewählt. Seit KLEMENS IX. war kein Staatssekretär mehr zum Papst gewählt worden, aber Pacelli war der bekannteste unter den Kardinälen und besaß die Eignung und die Erfahrung, die geboten schienen.

Pius betrachtete sich als Friedenspapst und versuchte bis zum 1. September 1939 den Krieg durch diplomatische Manöver abzuwenden; so rief er am 3. Mai zu einer internationalen Konferenz auf, um Meinungsverschiedenheiten friedlich beizulegen, und am 24. August appellierte er über Rundfunk an alle Verantwortlichen, vom Krieg als letztem Ausweg abzulassen. Bis zum Kriegseintritt des italienischen Premierministers Benito Mussolini (10. 6. 1940) suchte er Italien herauszuhalten. Er erreichte keines der beiden Ziele, doch dank seiner Bemühungen und seiner Anwesenheit wurde Rom als offene Stadt behandelt. Getreu den Lateranverträgen (Art. 24) und seiner Auffassung von der Rolle der Kirche, verhielt er sich strikt neutral (»unparteiisch«, wie er es lieber nannte), rief aber wiederholt zu einem gerechten und dauerhaften Frieden auf der Grundlage des Naturrechts auf. In seiner Weihnachtsansprache 1939 legte er fünf unentbehrliche Bedingungen für einen Frieden dar; hierzu zählten allseitige Abrüstung, Anerkennung der Rechte von Minderheiten und das Selbstbestimmungsrecht jeder Nation. Trotz seiner Überzeugung, daß der Kommunismus noch gefährlicher sei als der Nationalsozialismus, billigte er Hitlers Angriff gegen die Sowjetunion nicht und beklagte die Forderung der Alliierten nach bedingungsloser Kapitulation (Casablanca, Jan. 1943). Während des ganzen Krieges ließ er durch die Päpstliche Hilfskommission ein umfangreiches Hilfsprogramm für Kriegsopfer durchführen, vor allem für Kriegsgefangene. Als Hitler Rom besetzte (10. 9. 1943), machte Pius die Vatikanstadt zum Asyl für ungezählte Flüchtlinge einschließlich zahlreicher Juden. Er ist jedoch dafür kritisiert worden, daß er sich nicht entschieden genug gegen die Grausamkeiten der Nazis, besonders gegen die Verfolgung der Juden, aussprach. Seine Verteidiger haben verwiesen (a) auf unzweideutige, wenn auch allgemein gehaltene Verurteilungen der Ausrottung aus rassischen Gründen (besonders am 24. 12. 1942 / 2. 6. 1943), (b) auf seine mehrfach geäußerte Überzeugung, daß eindeutigere Proteste lediglich barbarische Vergeltungsaktionen ausgelöst hätten, (c) auf den Beistand, den er persönlich im Einzelfall sehr vielen Juden geleistet oder aber stillschweigend geduldet habe. In jedem Falle steht fest, daß die verhüllte oder verallgemeinernde Sprache, die der Kurie eigentümlich ist, kein geeignetes Instrument zum Widerstand gegen zynisch geplante Weltherrschaft und Völkermord abgab.

In seinem Lehramt vom Krieg unangefochten, erließ Pius noch während des Krieges zwei bedeutende Enzykliken. In *Mystici corporis Christi* (29. 6. 1943) erläuterte er das Wesen der Kirche als mystischen Leib Christi, in *Divino afflante Spiritu* (30. 9. 1943) gestattete er den Bibelexegeten die Anwendung moderner Methoden der Geschichtswissenschaft. Mit der ersten Enzyklika eng verknüpft war *Mediator Dei* (20. 11. 1947), worin eine sinnvolle Beteiligung des Laienstandes an der Messe gefordert wurde. 1951 und später reformierte er die gesamte Liturgie der Karwoche; in *Christus dominus* (16. 1. 1953) und *Sacram communionem* (19. 3. 1957) genehmigte er Erleichterungen in den Fastenbestimmungen vor dem Abendmahl und die Beibehaltung der Abendmessen, die durch die Kriegszeit erforderlich geworden waren. In marianischer Frömmigkeit definierte er in *Munificentissimus Deus* (1. 11. 1950) das Glaubensdogma von der leibhaftigen Himmelfahrt Mariä und widmete *Ad coeli reginam* (11. 10. 1954) ihrer Würde als Himmelskönigin, wobei er freilich die Frage ihrer Rolle als Mittlerin und Miterlöserin offenließ. Als erster würdigte er die Bedeutung Fátimas für den Marienkult. Ein konservativer Ton wurde in *Humani generis* (12. 8. 1950) angeschlagen, worin vor einer Anpassung der katholischen Theologie an zeitgenössische intellektuelle Strömungen gewarnt wird. Auf politischem Gebiet wetterte er gegen den Kommunismus und drohte Parteimitgliedern und Befürwortern (z. B. 1. 7. 1949 / 28. 7. 1950) mit der Exkommunikation. Mit Salazars Portugal (18. 7. 1950) und General Francos Spanien (27. 8. 1955) schloß er für die Kirche vorteilhafte Abkommen. Auf moralischem Gebiet verwarf er im Hinblick auf Deutschland den Begriff der Kollektivschuld (24. 12. 1944 / 20. 2. 1946) und außerdem jede Art künstlicher Besamung (29. 9. 1949). In *Miranda prorsus* (8. 9. 1957) versuchte er Richtlinien für audiovisuelle Medien festzulegen.

Pius sprach 33 Personen, unter ihnen PIUS X., heilig. Er ernannte eine beispiellose Anzahl von Kardinälen (1946: 32, 1953: 24), die er aus vielen Ländern herbeiholte – der Anteil der Italiener im hl. Kollegium sank daher auf ein Drittel. Zwar mußte die Kirche unter seiner Regierung starke Einschränkungen und Verluste hinnehmen, doch erzielte sie andrerseits bemerkenswerte Fortschritte. So stieg die Zahl der Diözesen von 1696 (1939) auf 2048 (1958) an, und in China (1946), Burma (1955) und etlichen afrikanischen Ländern konnten katholische Hierarchien errichtet werden. Pius förderte bedeutsame Ausgrabungen unter dem Petersdom, um die Grablege des Apostels festzustellen (1939–49). Die Beziehungen zu den unierten und orthodoxen Kirchen des Ostens suchte er zu beleben und lockerte die starre, negative Haltung seines Vorgängers gegenüber der ökumenischen Bewegung ein wenig; am 20. Dezember (nach der Bildung des Weltkirchenrats, 1948) erkannte er die Bewegung offiziell an und erlaubte römischen Katholiken die Teilnahme an Gesprächen mit Nicht-Katholiken über Glaubensfragen. Der schlanke, hochgewachsene und asketisch wirkende, aber sich freundlich gebende Mann machte tiefen Eindruck auf Millionen, die im Hl. Jahr 1950 und im »Marianischen Jahr« 1954 nach Rom strömten, wie auch auf Tausende, die er in zahllosen Audienzen empfing. Als erster Papst wurde er über Rundfunk und Fernsehen weithin bekannt. In seinem autoritären Regierungsstil fungierte er seit 1944 als sein eigener Staatssekretär und schwächte mehr und mehr die Rolle seiner Kardinäle. In seinen letzten Lebensjahren, als er von schweren Krankheiten häufig ans Bett gefesselt war, geriet jedoch durch seine Neigung zur Abkapselung die Macht ungebührlich in die Hände eines engen, nicht immer gerade zimperlichen Kreises, von dem er notgedrungen abhängig war. Dies lastete wie ein Schatten auf seinem Pontifikat, und als Pius in Castel Gandolfo starb, stand seine moralische Autorität bei Nicht-Katholiken möglicherweise in höherem Ansehen als bei Katholiken.

Werke: *La personalità e la territorialità delle leggi specialmente nel diritto canonico*, Rom 1912; *AAS* 33–50 (1939 bis 1958); *Discorsi e radiomessagi di S. S. Pio XII*, 20 Bde., Vatikanstadt 1939–58.

Lit.: P. Blet [u. a.] (Hrsg.): *Actes et documents du S. Siège relatifs à la seconde grande guerre mondiale*, Rom 1965 ff.; S. Friedländer, *Pius XII. und das Dritte Reich*, Reinbek b. Hamburg 1965; I. Giordani, *Pio XII, un grande papa*, Turin 1961; L. Chaigne, *Portrait et vie de Pie XII*, Paris 1966; M. O'Carroll, *Pius XII: Greatness Dishonoured*, Dublin 1980; R. Leiber, »Pius XII as I knew him«, in: *Catholic Mind* 57 (1959) S. 292–304; *LThK* 8,542 f. (R. Leiber); *NCE* 11,414–418 (R. Leiber); *ODCC* 1098 f.

Johannes XXIII.

(28. 10. 1958 – 3. 6. 1963)

Angelo Giuseppe Roncalli wurde am 25. November 1881 in Sotto il Monte (bei Bergamo) als drittes von dreizehn Kindern einfacher Bauersleute geboren. Nach dem Besuch der Dorfschule und der beiden Priesterseminare in Bergamo ging er 1901 mit Hilfe eines Stipendiums an das Istituto S. Apollinare in Rom, wo er 1904 zum Doktor der Theologie promovierte. 1905–14 war er Sekretär des Bischofs Radini-Tedeschi von Bergamo und lehrte gleichzeitig Kirchengeschichte am Seminar der Diözese. Im Ersten Weltkrieg wurde er eingezogen und diente zunächst als Sanitäter, danach als Feldgeistlicher. 1921 ernannte ihn BENEDIKT XV. zum nationalen Direktor der Kongregation für die Glaubensverbreitung. In seinen Mußestunden verfaßte er Monographien über die Geschichte der Diözese und den hl. Carlo Borromeo (1538–84); seine Arbeiten in der Ambrosianischen Bibliothek in Mailand brachten ihn mit Achille Ratti in Kontakt. Als PIUS XI. verhalf ihm dieser zu einer diplomatischen Laufbahn, indem er ihn im März 1925 zum Titularerzbischof von Areopolis und zum Apostolischen Visitator (ab 1931 Apostolischer Legat) in Bulgarien bestellte und 1934 zum Apostolischen Legaten in der Türkei und Griechenland. Im ersten Amt war er vielbeschäftigt, aber einsam, während ihm letzteres sehr zusagte, konnte er doch mit Mitgliedern der türkischen Regierung und Führern der orthodoxen Kirchen freundschaftliche Beziehungen herstellen. Während der deutschen Besetzung Griechenlands (1941–44) bemühte er sich, die Not zu lindern und die Deportation der Juden zu verhindern. Als er zum Nuntius in Frankreich berufen wurde (22. 12. 1944), befaßte er sich taktvoll, aber entschieden mit dem Problem der zahlreichen Bischöfe, die der Kollaboration mit dem Vichy-Regime angeklagt waren, verhandelte mit der Regierung über die Finanzierung kirchlicher Schulen und die Nominierung von Bischöfen und veranlaßte, daß deutsche Kriegsgefangene, die vor der Ordination standen, Theologiekurse in Chartres besuchen konnten. Experimenten mit Arbeiterpriestern stand er aufgeschlossen gegenüber. 1952 wurde er ständiger Beobachter des Hl. Stuhls bei der UNESCO. Er wurde zum Kardinal (12. 1. 1953) und zum Patriarchen von Venedig (15. Jan.) ernannt, wo er für seine seelsorgerische Hingabe, seinen ungezwungenen Umgang und seinen entschlossenen Widerstand gegen kommunistische Winkelzüge bekannt war. 1958 schloß er den fünften und letzten Band seiner Studien zum hl. Carlo Borromeo ab. Auf dem Konklave (25.–28. 10. 1958) wurde er im zwölften Wahlgang gewählt; gekrönt wurde er am 4. November, dem Festtag seines verehrten Carlo Borromeo. Da er fast 77 Jahre zählte, wurde seine Regierung von vielen als Übergangszeit angesehen; doch erwies sie sich als entscheidender Wendepunkt.

Während seiner Krönungsmesse verlieh Johannes dem Wunsch Ausdruck, vor allem ein guter Hirte zu sein, und dies wurde kennzeichnend für sein Pontifikat. In seinem ersten Konsistorium schaffte er die von SIXTUS V. stammende Regelung ab, wonach die Anzahl der Kardinäle 70 nicht überschreiten dürfe; 1962 erweiterte er das hl. Kollegium auf 87 Kardinäle, womit es umfassender und internationaler wurde als je zuvor. Er schlug drei bedeutende Projekte vor (25. 1. 1959): eine römische Diözesansynode, ein ökumenisches Konzil und eine Überarbeitung des Kirchenrechts. Die Synode, die erste in der Geschichte Roms, hielt er in S. Giovanni in Laterano ab (24.–31. 1. 1960). Als Vorspiel zum Konzil war ihr Ziel, das kirchliche Leben in Rom selbst zu erneuern. Johannes' herausragende Leistung ist jedoch das 2. Vatikanische Konzil, dessen Einberufung er einer plötzlichen Eingebung des Hl. Geistes zuschrieb. Wie er später erläuterte, sollte das Konzil ein zweites Pfingsten sein, ein Instrument zur Erneuerung der Kirche, zur Modernisierung ihrer Lehre, Disziplin und Organisation sowie zur Wegbereitung einer Wiedervereinigung mit den getrennten Brüdern in Ost und West. Er setzte vorbereitende Ausschüsse und Sekretariate ein (5. 6. 1960) und eröffnete das Konzil selbst (11. 10. 1962) in St. Peter. Seiner Einladung folgten offizielle Beobachter von 18 nichtkatholischen Kirchen; in seiner Eröffnungsansprache drang er in die versammelten Väter, die Wahrheit eindeutig auszulegen, ohne sich auf Bannflüche zu stützen. Obwohl er selbst an den Erörterungen nicht teilnahm, griff er (21. 11. 1962) entschlossen ein und entschied, daß die konservative Darstellung der Offenbarung, die von mehr als der Hälfte der Prälaten, aber nicht von der erforderlichen Zweidrittelmehrheit verworfen worden war, von einem gemischten Ausschuß umformuliert werden sollte. Er beendete (8. 12. 1962) die 1. Sitzung und vertagte das Konzil für neun Monate. Bereits leidend, sollte er sein neues Zusammentreten nicht mehr erleben.

Die geplante Neufassung des Kirchenrechts setzte Johannes mit der Schaffung einer päpstlichen Kommission in Gang (28. 3. 1962). Er hatte schon früher (22. 2. 1959) eine neue päpstliche Kommission für Kino, Rundfunk und Fernsehen ins Leben gerufen. Seine Sorge um die Liturgie zeigte sich in der Billigung neuer liturgischer Anweisungen für das Brevier und das Missale (25. 7. 1960) sowie darin, daß er den Namen des hl. Joseph in den Meßkanon aufnahm (13. 11. 1962) und die Verwendung der Landessprache durch mehrere Unierte Kirchen genehmigte. In der Lehre wandte er sich deutlich von Pius' XII. Betonung der Mariologie ab; aber einige seiner Erklärungen, so sein Rat an die Exegeten des Neuen Testaments, Zurückhaltung zu üben (20. 6. 1961), oder seine Warnung vor Gefahren in den Werken Teilhard de Chardins (30. 6. 1962), klangen reaktionär. Seine Enzykliken und sonstigen Äußerungen galten weniger der Glaubenslehre als der Seelsorge. In *Ad cathedram Petri* (29. 6. 1959) setzte er sich dafür ein, Wahrheit, Einheit und Frieden im Geist der Liebe zu fördern, und er grüßte Nicht-Katholiken als »getrennte Brüder und Söhne«. In *Mater et magistra* (15. 5. 1961) bekräftigte und aktualisierte er die Soziallehre Leos XIII. und Pius' XI. und forderte die reichen Nationen auf, den ärmeren beizustehen. *Pacem in terris* (11. 4. 1963) richtete er an die gesamte Menschheit: Er stellte die Anerkennung der Menschenrechte und -pflichten als Grundlage des Weltfriedens dar, unterschied zwischen der marxistischen Ideologie und den Ambitionen kommunistischer Regime und drängte auf friedliche Koexistenz zwischen West und Ost. Letzteres machte überall Eindruck, nicht zuletzt im Ostblock, und führte im Frühjahr 1963 zu einer Privataudienz für den Schwiegersohn Nikita Chruschtschows. Zugleich stellte es einen wichtigen Schritt bei der Einleitung einer offeneren Ostpolitik des Vatikans dar. Während der Kubakrise 1962 forderte Johannes sowohl die USA als auch die UdSSR öffentlich auf, Zurückhaltung zu üben, und gewann die Achtung von Ministerpräsident Chruschtschow ebenso wie von Präsident John F. Kennedy. Im folgenden Jahr verlieh ihm die International Balzan Foundation ihren Friedenspreis.

Mehr als jeder andere Papst wünschte Johannes den Dialog mit der Welt unabhängig vom Glaubensbekenntnis. Seine Sorge um die Einheit des Christentums drückte sich in der Gründung des Sekretariats für die Einheit der Christen unter seinem Präsidenten Augustinus Kardinal Bea aus (5. 6. 1960). Weitere bedeutende Gesten waren die Entsendung persönlicher Gesandter nach Istanbul (27. 6. 1961) zur Übermittlung von Grüßen an den ökumenischen Patriarchen Athenagoras I. (1948–72) sowie sein Empfang Erzbischof Geoffrey Fishers von Canterbury (20. 12. 1960) – der erste Empfang eines anglikanischen Erzbischofs in Rom. Auch mit Patriarch Alexis von Moskau tauschte er Grüße aus. Im November 1961 nahmen mit seiner Genehmigung fünf offizielle Beobachter der römisch-katholischen Kirche am Kongreß des Weltkirchenrats in Neu-Delhi teil. Aus der Karfreitagsliturgie entfernte er Passagen, die auf Juden anstößig wirkten, und bei Gelegenheit stellte er sich jüdischen Besuchern mit den Worten vor: »Ich bin Joseph, euer Bruder.«

Johannes war warmherzig und trotz seiner Bildung und Vielsprachigkeit von ungekünstelter Schlichtheit, stolz auf seine einfache Herkunft und bewahrte sich stets die Schläue und den jovialen Humor eines Bauern. Er lockerte die hieratische Steifheit seines Amtes und brachte frischen Wind hinein, und nach Jahrzehnten zunehmender Zentralisierung verlieh er dem Episkopat neues Selbstbewußtsein. Es war typisch für ihn, daß er Weihnachten 1958 das Gefängnis Regina Coeli sowie ein Krankenhaus in Rom aufsuchte und so einen Brauch wiederbelebte, der 1870 aufgegeben worden war. Als er nach langer und schmerzhafter Krankheit verschied, kommentierte *The Times*, daß nur wenige Pontifikate das Interesse der Welt so gefesselt hätten.

Werke: *Gli atti della visita apostolica di s. Carlo Borromeo a Bergamo*, Florenz 1936; *Mons. G. M. Radini-Tedeschi, vescovo di Bergamo*, Rom [3]1963; *Erinnerungen eines Nuntius*, Freiburg i. Br. 1965; *Geistliches Tagebuch und andere geistliche Schriften*, Freiburg i. Br. [9]1965; *Briefe an die Familie, 1901–1962*, hrsg. von F. Capovilla, Freiburg 1971; *AAS* 50–55 (1958–63).

Lit.: E. E. Y. Hales, *Pope John and his Revolution*, London 1965; M. Trevor, *Pope John*, London 1967; P. B. Johnson, *Pope John XXIII*, London 1975; P. Hebblethwaite, *John XXIII: Pope of the Council*, London 1985.

Paul VI.

(21. 6. 1963 – 6. 8. 1978)

Giovanni Battista Montini wurde am 26. September 1897 in Concesio (bei Brescia) geboren. Er war der Sohn eines wohlhabenden Anwalts, politischen Redakteurs und Parlamentsabgeordneten und einer frommen Mutter, die er verehrte. Der schüchterne, gesundheitlich gefährdete, aber lesewütige junge Mann besuchte das Diözesanseminar von seinem Elternhaus aus, empfing (29. 5. 1920) die Priesterweihe und setzte seine Studien in Rom fort. Von 1922 an arbeitete er im päpstlichen Staatssekretariat. Einen kurzen Aufenthalt (Mai – Nov. 1923) in der Warschauer Nuntiatur mußte er aus Gesundheitsgründen abbrechen. Er arbeitete weiterhin im Sekretariat, engagierte sich sehr in der katholischen Studentenbewegung (1924–33) und lehrte ab 1931 Geschichte der Diplomatie an der päpstlichen Akademie für Diplomaten. Er wurde Hausprälat am Hl. Stuhl (8. 7. 1931) und Assistent Kardinal Eugenio Pacellis, des damaligen Staatssekretärs (13. 12. 1937). Als Pacelli 1939 Papst wurde (PIUS XII.), arbeitete Montini weiter eng mit ihm zusammen, und 1944 wurde ihm die Verantwortung für innere Kirchenangelegenheiten übertragen. Im November 1952 wurde er zum Unterstaatssekretär ernannt, doch den Kardinalshut schlug er aus (Dez. 1953). Dann wurde er zum Erzbischof von Mailand, einer riesigen Diözese voller sozialer Probleme, berufen (1. 11. 1954) – eine Berufung, die als Zeichen päpstlicher Ungunst aufgefaßt worden ist. Er nannte sich »Erzbischof der Arbeiter«, und ausgestattet mit seinen inzwischen legendären 90 Bücherkisten, stürzte er sich mit ungeheurer Energie in die Aufgabe, die vom Krieg geschundene Diözese wieder aufzubauen und die Masse der unzufriedenen Industriearbeiter zurückzugewinnen. Im November 1957 führte er eine dreiwöchige intensive Mission durch, die zum Ziel hatte, alle Gemeinden der Stadt zu erreichen. Wenn seine Anstrengungen als Missionar und Diözesan auch nicht den Erfolg zeitigten, den er sich erhofft hatte, so fand er doch Zeit zu Vorstößen auf dem Gebiet der christlichen Einheit und führte z. B. 1956 mit einer Gruppe von Anglikanern Gespräche. JOHANNES XXIII. ernannte ihn (5. 6. 1958) zum Kardinal – eine übliche Beförderung, die Pius XII. trotz wiederholter Appelle der Mailänder nicht mehr ausgesprochen hatte. Als Vertrauter des Papstes spielte er bei den Vorbereitungen für das 2. Vatikanische Konzil (1962–65) eine wichtige Rolle. Seine Einstellung zur 1. Sitzung (11. 10. – 8. 12. 1962), auf der er nur zweimal das Wort ergriff, war kühl, um nicht zu sagen, kritisch. Während dieser Jahre reiste er viel: Er besuchte Ungarn (1938), die USA (1951/60), Dublin (1961) und Afrika (1964). Auf dem Konklave vom Juni 1963 – dem bislang größten der Kirchengeschichte, an dem 80 Kardinäle teilnahmen – wurde er im fünften Wahlgang zu Johannes' Nachfolger gewählt. Er legte sich einen Namen bei, der eine weltoffene Haltung verhieß.

Paul, der ganz unter dem Einfluß seines Vorgängers stand, versprach gleich (22. Juni) eine Fortsetzung des durch Johannes' Tod unterbrochenen 2. Vaticanum; er versprach auch, das Kirchenrecht einer Revision zu unterziehen, im politischen, sozialen und internationalen Leben die Gerechtigkeit zu fördern und für den Frieden und die Union der Christenheit einzutreten (ein Thema, das ihm immer mehr am Herzen lag). Die 2. Sitzung des Konzils eröffnete er (29. 9. 1963) mit der Einführung wichtiger Verfahrensregeln (z. B. die Zulassung von Laien als Zuhörern, die Ernennung von vier Moderatoren und die Lockerung des Vertraulichkeitsgebots) und schloß sie mit der Bekanntgabe der Konstitution *Über die Liturgie* und des Dekrets *Über die Massenmedien* (4. 12. 1963). Als erster Papst unternahm er eine Pilgerfahrt per Flugzeug ins Heilige Land (4. – 6. 1. 1964), wo es zu einer Begegnung mit dem ökumenischen Patriarchen Athenagoras I. in Jerusalem kam. Nachdem er die Zulassung von Frauen – Nonnen wie Laien – als Zuhörerinnen des Konzils verkündet hatte (6. Sept.), eröffnete er (15. 9. 1964) die 3. Sitzung des Konzils, die er mit dem Dekret *Über den Ökumenismus* (in dem er mehrere Passagen aus eigenem Ermessen abänderte) und dem Dekret *Über die katholischen Ostkirchen* beschloß (21. 11. 1964). Die von ihm erlassene Konstitution *Über die Kirche* enthielt eine nachträgliche Note, welche die Kollegialität der Bischöfe erläuterte, d. h. die Lehre, wonach die Bischöfe ein Kollegium bilden, das in der Kirche die höchste Gewalt ausübt, wenn es im Einklang mit seinem Oberhaupt, dem Papst, und nicht unabhängig von ihm handelt. Ferner erklärte er die Hl. Jungfrau Maria gegen den Widerstand der Väter zur »Mutter der Kirche«. Während der Tagungspause flog er (2. – 5. 12. 1964) nach Bombay zum Internationalen Eucharistischen Kongreß. Auf der 4. und letzten Sitzung des Konzils (14. 9. – 8. 12. 1965), in deren Verlauf er nach New York flog, um sich vor den Vereinten Nationen für den Frieden (4. Okt.) zu verwenden, verpflichtete er sich, eine ständige Bischofssynode mit beratender Stimme ins Leben zu rufen. Am 7. Dezember wurde vor der Messe eine gemeinsame Erklärung des Papstes und des Patriarchen Athenagoras I. verlesen, worin die Bannflüche, mit denen sich die Vertreter der West- und der Ostkirche 1054 in Konstantinopel gegenseitig bedacht hatten, sowie das daraus resultierende Schisma bedauert wurden. Am folgenden Tag bestätigte Paul feierlich sämtliche Entschließungen des Konzils und rief zur Besinnung und Erneuerung im Lichte der Lehren des Konzils eine außerordentliche Jubelzeit (1. 1. – 29. 5. 1966) aus.

Der Schwierigkeiten voll bewußt und mit großem Mut begann Paul nun mit der Durchführung der Konzilsbeschlüsse. Es war sein Verdienst, daß er die Kirche durch eine Periode der Umwälzung zu steuern vermochte, ohne ein Schisma hervorzurufen. Er setzte mehrere wichtige Nachkonzilskommissionen ein (etwa für die Neufassung des Breviers, des Lektionars, der Meßordnung, der Sakralmusik und des Kirchenrechts) und führte die Verwendung der Volkssprache in der Liturgie mit unbeirrbarer Entschlossenheit durch. Er reorganisierte die Kurie und die Finanzen des Vatikans (Verwaltung und Kapitalanlagen) und bestätigte die ständigen Sekretariate für die Förderung der Einheit der Christen, für die nicht-christlichen Religionen und für die Nichtgläubigen. Gemäß dem ökumenischen Gedanken hielt er Gespräche mit dem Erzbischof von Canterbury, Michael Ramsey, (Rom, 24. 3. 1966) und dem ökumenischen Patriarchen Athenagoras I. (Istanbul, 25. 7. 1967, und Rom, 26. 10. 1967). Im Mai 1967 flog er – er behauptete, auf ihr persönliches Geheiß – zum Schrein der Hl. Jungfrau Maria in Fátima (Portugal), um für den Frieden zu beten. Zu seinen öffentlichen Verlautbarungen gehören: *Mysterium fidei* (3. 9. 1965), das den Weg für eine Reform der Liturgie bahnte und die überlieferte Eucharistielehre bekräftigte; *Populorum progressio* (26. 3. 1967), ein deutliches Plädoyer für soziale Gerechtigkeit; *Sacerdotalis coelibatus* (24. 6. 1967), in dem er auf der Notwendigkeit des Priesterzölibats beharrte, und *Humanae vitae* (25. 7. 1968), in dem künstliche Methoden zur Empfängnisverhütung verurteilt werden. Während die Enzyklika *Matrimonia mixta* (31. 3. 1970) eine bescheidene Lockerung der Regelungen für Mischehen zuließ, die Nicht-Katholiken freilich kaum zufriedenstellen konnte, zeigten sich von *Humanae vitae* auch viele Angehörige der Kirche enttäuscht, nicht zuletzt deshalb, weil die Mehrheit der 1963 zur Berichterstattung über dieses Thema eingesetzten päpstlichen Kommission Empfängnisverhütung unter bestimmten Umständen befürwortet hatte. Die Enzyklika wurde von der Konferenz der Anglikanischen Bischöfe in Lambeth zurückgewiesen (6. 8. 1968). Paul blieb zwar auch weiterhin von der Richtigkeit seiner Entscheidung überzeugt, doch war er von der weltweiten kritischen Reaktion darauf zutiefst erschüttert.

Nach 1968 vermeinten einige Beobachter einen länger werdenden Schatten über dem Pontifikat zu entdecken. Paul schien sich auf sich selbst zurückzuziehen, war beunruhigt von Entwicklungen wie dem internationalen Terrorismus und Spannungen innerhalb der Kirche (z. B. die lauter werdenden Forderungen nach der Priesterehe, der trotzige Widerstand des französischen Erzbischofs Marcel Lefebvre und anderer gegen die Liturgiereform, die Auseinandersetzung zwischen Traditionalisten und Progressiven, Anzeichen für das Wiederaufleben eines neuen Modernismus). 1974 gab es Gerüchte über einen möglichen Rücktritt; ein inneres Unbehagen des Papstes mochte auch wirklich vorhanden gewesen sein, aber wahrscheinlich waren die Berichte darüber aufgebauscht. Immerhin fallen in diese Jahre einige der bemerkenswertesten

Weltreisen des »Pilgerpapstes«: In Genf hielt er Ansprachen vor der Internationalen Arbeitsorganisation und dem Weltkirchenrat (Juni 1969), in Uganda ehrte er Märtyrer (Juli 1969), auf Sardinien feierte er Unsere Liebe Frau von Bonaria (April 1970). Als er sich im Fernen Osten aufhielt (Nov./Dez. 1970), entging er in Manila mit knapper Not einem Anschlag auf sein Leben. Er kanonisierte, ungeachtet vorheriger Proteste der anglikanischen Kirche, 40 englische und walisische römisch-katholische Märtyrer des 16. und 17. Jh.s. Die hl. Theresa von Avila (1515–82) und die hl. Katharina von Siena (1357–80) erklärte er zu Kirchenlehrern – als erste Frauen erhielten sie diesen Titel. Im gleichen Jahr legte er die Altersgrenze für Priester und Bischöfe fest (75 Jahre) und bestimmte, daß Kardinäle über 80 nicht mehr an Kuriengeschäften teilhaben dürften. Zur Förderung des Kollegialitätsprinzips berief er internationale Bischofskonferenzen ein (1971 zum Priesteramt, 1974 zur Evangelisierung, 1977 zur Katechese). Im April 1972 gab er mit dem Erzbischof von Canterbury, Donald Coggan, eine gemeinsame Erklärung heraus, welche gemeinsames Wirken für die Kircheneinheit zusicherte, die vom Erzbischof geforderte Abendmahlsgemeinschaft jedoch nicht erwähnte. Sein vielleicht wichtigstes Vermächtnis, das er in seinen letzten Amtsjahren abrundete, war jedoch die stetige Erweiterung und Internationalisierung des hl. Kollegiums. Bei seiner Wahl bestand dieses aus 80 Mitgliedern; bis 1976 hatte er die Gesamtzahl auf 138 erhöht; überdies waren die italienischen Mitglieder eine kleine Minderheit geworden, und zahlreiche Vertreter der Dritten Welt gehörten ihm an.

Obwohl er nichts Gewöhnliches an sich hatte, bediente sich Paul gern spektakulärer Gesten, dennoch war der Eindruck, den er hinterließ, eher zwiespältig. Johannes XXIII. schilderte ihn als »ein wenig wie Hamlet«. Er war stets hin- und hergerissen zwischen seiner vorausweisenden Vision und seinem Argwohn gegen jede Neuerung, welche die Integrität und Autorität der kirchlichen Lehre aushöhlen könnte. Er unterstrich stets das Mysterium und die Jenseitigkeit des Glaubens und fürchtete jeden Anflug von wissenschaftlichem Naturalismus. Kennzeichnend für ihn war, daß er Pomp und Prunk des Papsttums verringerte und die Tiara, die ihm bei seiner Wahl geschenkt wurde, zum Nutzen der Armen verkaufte. In seinem letzten Lebensjahr war er zutiefst erregt über die Entführung und schließliche Ermordung (um den 9. 5. 1978) seines lebenslangen Freundes Aldo Moro; sein letzter öffentlicher Auftritt war die Leitung der Bestattung des christdemokratischen Staatsmannes in S. Giovanni in Laterano. Bald darauf wurde er von Arthritis befallen, und nachdem er während der Lesung der Messe an seinem Bett einen Herzinfarkt erlitten hatte, starb er am 6. August in Castel Gandolfo.

Werke: *AAS* 55–70; N. Vian (Hrsg.), *Anni e opere di Paolo VI*, Rom 1978; *Insegnamento di Paolo VI*, 15 Bde., Vatikanstadt 1963–77; *Paulus PP. Elenchus bibliographicus*, Brescia ²1981.

Lit.: E. Noel, *The Montini Story: Portrait of Pope Paul VI*, London 1968; F. Bea, *Vocabor Paulus*, Turin 1963; J. M. P. Guitton, *Le pape parle: Dialogues de Paul VI avec J. Guitton*, Paris 1966, dt. *Dialog mit Paul VI.*, Wien 1967; P. Ambrogiani, *Paul VI, le pape pèlerin*, Paris 1971; P. Poupard, »De Paul VI à Jean-Paul II«, in: *Communio* 1 (1979) S. 71–76; Daniel-Ange, *Paul VI: un regard prophétique*, Paris 1979; *NCE* 11 (1967) S. 16–23 (R. Tusco); *EB* (15. Aufl.) 13,1088–90 (E. L. Heston); *DSp* 12 (1983) S. 522–536 (A. Boland); *La Documentation catholique*, Nr. 1748 (3. – 17. 9. 1978).

Johannes Paul I.

(26. 8. – 28. 9. 1978)

Albino Luciani wurde am 17. Oktober 1912 als Sohn armer Arbeiter in Forno di Canale (seit 1964 Canale d'Agordo), einem Bergdorf bei Belluno, geboren. Sein Vater ging häufig als Wanderarbeiter in die Schweiz; seine Familie bekannte sich freimütig zum Sozialismus. Nach der Ausbildung an Priesterseminaren der Region und der Ableistung des Militärdienstes wurde Luciani zum Priester geweiht (7. 7. 1935). Nachdem er an der Gregorianischen Universität Rom sein Studium mit der Promotion abgeschlossen und als Hilfsgeistlicher in seiner Heimatgemeinde gearbeitet hatte, wurde er im Herbst 1937 Vizerektor des Priesterseminars in Belluno, wo er zehn Jahre die Hauptfächer unterrichtete. Gleichzeitig wurde er Generalvikar des Bischofs von Belluno. 1949 wurde ihm die Leitung der Katechetik-Sektion beim Eucharistischen Kongreß in Belluno übertragen; seine Erlebnisse zeichnete er in seinem Buch *Catechetica in Briciole* auf. Zu dieser Zeit pflegte er gute Arbeitsbeziehungen zu den Kommunisten vor Ort. Im Dezember 1958 ernannte ihn JOHANNES XXIII. zum Bischof von Vittorio Veneto, wo er ein entschieden seelsorgerisches und bürgernahes Hirtenamt ausübte. Auf dem 2. Vatikanischen Konzil (1962–65) spielte er eine untergeordnete Rolle, doch wurde er in der italienischen Bischofskonferenz als aktives Mitglied der Kommission für die Glaubensdoktrin bekannt. Zum Partriarchen von Venedig wurde er in erster Linie als Reaktion auf die dort bestehenden Wünsche ernannt (15. 12. 1969). In den neun Jahren, die er in Venedig zubrachte, war er Gastgeber fünf ökumenischer Konferenzen, darunter der anglikanisch-römisch-katholischen internationalen Kommission, die 1976 eine gemeinsame Erklärung zur Frage der Autorität abgab. Politisch bewegte er sich unmerklich nach rechts und erklärte während der Wahlen (Juni 1975) öffentlich, daß Kommunismus und Christentum unvereinbar seien. Er veröffentlichte seine *Illustrissimi* (dt.: *Ihr ergebener* . . .), eine Reihe launiger, teils auch bissiger Briefe an historische oder fiktive Figuren (Pinocchio, Figaro usw.), die u. a. eine Vorliebe für Dickens und Mr. Pickwick verrieten. Einmal soll er bemerkt haben, daß er, wäre er nicht Priester geworden, durchaus eine Laufbahn als Journalist hätte einschlagen können. 1972–75 war er Vizepräsident der Italienischen Bischofskonferenz und wurde zum Kardinal erhoben (5. 3. 1973). Obwohl theologisch konservativ und ein Verteidiger der Enzyklika *Humanae vitae* (ebenso wie der Gewissensfreiheit), hatte er für kirchliches Gepränge nicht viel übrig; Gemeindepfarrer ermunterte er, kostbare Gefäße und sonstige Wertsachen der Kirche zugunsten der Armen zu verkaufen, und 1971 schlug er den reichen Kirchen des Westens vor, ein Prozent ihrer Einkünfte an die mittellosen Kirchen der Dritten Welt abzutreten.

Obwohl er außerhalb Italiens fast unbekannt war, wurde er bereits am ersten Tag des Konklaves (Aug. 1978), das dem Tod PAULS VI. folgte, im dritten Wahlgang gewählt. Seine Kandidatur lag nahe, als sich herausstellte, daß die Mehrheit der Kardinäle einen Papst völlig neuen Stils, ohne Verbindungen zur etablierten Kurie wünschte. Nach seiner Wahl war die vorherrschende Stimmung unter den Kardinälen ungezügelte Freude; der Mann, den sie erwählt, war der »Kandidat Gottes«. Die Wahl seines Namens soll seinem Wunsch entsprochen haben, die progressiven Qualitäten Johannes' XXIII. und die traditionellen Pauls VI. in sich zu vereinen; am 27. August verkündete er den Kardinälen – er verlas einen offiziell formulierten Text – seine Absicht, die Beschlüsse des 2. Vatikanischen Konzils auch weiterhin durchzuführen und gleichzeitig die »große Disziplin der Kirche im Leben der Priester und der Gläubigen« intakt zu halten. Spontaner verlief die von ihm gehaltene Pressekonferenz, auf der er die 1000 anwesenden Journalisten in seinen Bann schlug. Stets unduldsam gegen Pomp und äußeres Drum und Dran und offenkundig demütig, verzichtete er auf die traditionelle Papstkrönung und ließ sich bei seiner Amtseinsetzung auf dem Petersplatz (3. Sept.) lediglich mit dem Pallium als Zeichen seines Hirtenamts bekleiden. Drei Wochen später (Donnerstag, 28. 9. 1978, gegen 23 Uhr) erlag er bei der Bettlektüre einiger Papiere mit persönlichen Aufzeichnungen einem Herzinfarkt. Als er gegen 5 Uhr 30 am nächsten Morgen tot aufgefunden wurde, brannte seine Nachttischlampe noch. Gerüchte über ein Verbrechen, angefacht durch den Verzicht auf eine Autopsie, wurden später (1984) zu der Behauptung aufgebauscht, er sei vergiftet worden, weil er die Vatikanische Bank säubern, bedeutende Mitglieder der Kurie ihres Amtes entheben und *Humanae Vitae* umschreiben wollte; doch die vorgelegten Beweise waren ein Gespinst von Unwahrscheinlichkeiten. Es ist kaum abzuschätzen, wie seine Politik ausgefallen wäre, hätte er länger gelebt – der erste Papst, der nachweislich aus einer Arbeiterfamilie stammte, ein Mann mit gesundem Menschenverstand, der die Menschen mit seinem freundlichen Lächeln gefangennahm.

Werke: *Catechetica in Briciole*, Rom ²1953; *Ihr ergebener Albino Luciani: Briefe an Persönlichkeiten*, München 1978; *Il magistero di Albino Luciani: scritti e discorsi*, hrsg. von A. Cattabiani, Padua 1979; *AAS* 70 (1978) S. 677–776; 779–903.

Lit.: *The Times*, Nr. 60420 (30. 9. 1978) S. 16; P. Hebblethwaite, *The Year of Three Popes*, London 1978; D. Yallop, *In God's Name*, London 1984; V. J. Willi, *Im Namen des Teufels*, Stein a. Rh. 1987.

Johannes Paul II.

(16. 10. 1978 –)

Der erste slawische Papst und der erste Nicht-Italiener seit HADRIAN VI., Karol Wojtyla, wurde am 18. Mai 1920 in Wadowice, einer Industriestadt (50 km südwestl. von Krakau, Polen), geboren. Sein Vater war Leutnant a. D., und die Familie lebte bescheiden von der Pension. Da seine Mutter starb, als er noch ein kleiner Junge war, schloß sich Karol seinem Vater besonders eng an. Mit sieben Jahren besuchte er die Grundschule des Ortes, und mit elf wechselte er auf die staatliche höhere Schule, wo er sich als hervorragender Schüler und ausgezeichneter Sportler entpuppte, besonders begeistert für Fußball, Schwimmen und Kanufahren (später lernte er Skifahren); daneben liebte er Dichtung und bewies beträchtliches Schauspieltalent. 1938 zogen Vater und Sohn nach Krakau, wo Karol die Jagiellonische Universität besuchte, um polnische Sprache und Literatur zu studieren. Der Student spielte eine führende Rolle im Amateurtheater und wurde für seine Gedichte gerühmt. Als die Deutschen Polen besetzten (Sept. 1939), wurde die Universität zwangsweise geschlossen; dennoch wurde im Untergrund ein Studienzirkel beibehalten (ebenso wie das Rhapsodietheater, das Karol zusammen mit einem Freund im Untergrund organisierte). So fuhr Karol mit seinen Studien und mit dem Verfassen von Gedichten fort. Eine Zeitlang war er mit einem Mädchen befreundet. Im Winter 1940 erhielt er eine Stelle als Hilfsarbeiter in einem Steinbruch in Zakrówek am Stadtrand von Krakau, 1941 wurde er in die Wasserkläranlage der Solway-Werke in Borek Falęcki versetzt; aus diesen Erfahrungen entstanden in späterer Zeit einige seiner einprägsameren Gedichte. Nachdem sein Vater gestorben und er selbst von zwei beinahe tödlichen Unfällen genesen war, fühlte er sich zum Priesteramt berufen und begann heimlich Theologie zu studieren; nach der Befreiung Polens durch die sowjetischen Truppen (Jan. 1945) konnte er jedoch wieder offen in die Jagiellonische Universität eintreten. Im August 1946 bestand er mit Auszeichnung sein Theologieexamen und wurde von Adam Kardinal Sapieha, Erzbischof von Krakau, zum Priester geweiht (1. Nov.). Im März dieses Jahres war seine erste Gedichtsammlung *Gesang vom verborgenen Gott* veröffentlicht worden. Von Sapieha wurde er an die Päpstliche Universität in Rom (Gregoriana) geschickt, wo er im Juni 1948 für seine Dissertation über die Glaubensauffassung des hl. Johannes vom Kreuz den Doktortitel erhielt. Nachdem er 1948–51 als Gemeindepfarrer in Niegowice und danach in St. Florian in Krakau gedient hatte, kehrte er an die Jagiellonische Universität zurück, um Philosophie zu studieren (Martin Buber, Gabriel Marcel und vor allem Max Scheler, über den er 1960 eine Doktorarbeit veröffentlichte). Während dieser Jahre (1952–58) lehrte er zugleich am Krakauer Priesterseminar Sozialethik, und 1956 wurde er zum Professor für Ethik nach Lublin berufen; er erwarb sich den Ruf eines der bedeutendsten ethischen Denker Polens (*Lubliner Vorlesungen*, dt. 1981). Als er sich gerade mit seinen Studenten auf einer Kanufahrt befand (4. 7. 1954), wurde er von Pius XII. zum Titularbischof von Ombi und zum Hilfsbischof der Diözese Krakau nominiert. Paul VI. ernannte ihn zum Erzbischof von Krakau (30. 12. 1963) – ein Amt, in dem er sich als politisch gewiegter und gefährlicher Gegner der repressiven kommunistischen Regierung erwies – und erhob ihn (26. 6. 1967) zum Kardinal. Schon 1960 hatte er *Liebe und Verantwortung* (dt. 1979) veröffentlicht, eine seelsorgerische Abhandlung zur Sexualität, und auf dem 2. Vatikanischen Konzil wurde er international bekannt. Als Mitglied der vorbereitenden Kommission nahm er an allen vier Sitzungsperioden teil und leistete einen einflußreichen Beitrag zur Debatte über Religionsfreiheit; er vertrat die Ansicht, daß die Kirche die Freiheit zu denken, zu handeln und zu sprechen, die sie für sich selbst beansprucht, auch anderen zugestehen müsse. Nach dem Konzil half er sowohl in Rom wie in Polen, die Beschlüsse in die Tat umzusetzen; so nahm er an vier der fünf allgemeinen Bischofssynoden teil, die von dem Konzil gebildet worden waren. Auf der Synode von 1971 wurde er in den leitenden Ausschuß gewählt. Ferner war er Mitglied verschiedener Kongregationen bzw. Ministerien des Vatikans. In den 60er und 70er Jahren wurde er auf der internationalen Bühne eine vertraute Gestalt; wiederholt besuchte er Nordamerika (z. B. als Teilnehmer am Eucharistischen Kongreß in Philadelphia, 1976) und reiste in den Nahen Osten, nach Afrika, Süd- und Ostasien und Australien. In Polen bemühte er sich zusammen mit seinem Primas, Stefan Kardinal Wyszyński recht erfolgreich darum, dem Regime einen annehmbaren juristischen Status für die Kirche abzuringen. 1976 hielt er auf Einladung Pauls VI. (der seine Schrift *Liebe und Verantwortung* gelesen und für die Abfassung seiner Enzyklika *Humanae vitae* verwendet hatte) die traditionellen Fastenansprachen (dt. *Zeichen des Widerspruchs: Besinnung auf Christus*, 1979) an den Papst und den päpstlichen Hof. So war er eine wohlbekannte und weithin respektierte Persönlichkeit, als die Kardinäle auf dem Konklave

(Okt. 1978) sich auf keinen italienischen Kandidaten einigen konnten und ihn anscheinend im achten Wahlgang mit überwältigender Mehrheit (103 von 109 Stimmen) zum Papst wählten. Wie bei JOHANNES PAUL I., dessen Namen er übernahm, gab es keine Krönungszeremonie. Die Einführung des relativ jugendlichen Papstes (58 Jahre) in sein Amt als »universaler Hirte der Kirche« (ein bezeichnender neuer Titel) erfolgte am 21. Oktober auf dem Petersplatz.

In seiner Ansprache an die Kardinäle (17. Okt.) verpflichtete sich der neue Papst vorbehaltlos, die getreue Erfüllung des 2. Vaticanum »mit besonnener, aber ermutigender Tatkraft zu fördern«. Am 18. Oktober versicherte er den Botschaftern, daß sein Rollenverständnis das eines »Zeugen universaler Liebe« sei; auf politischem Gebiet suche der Hl. Stuhl nicht den eigenen Vorteil, sondern lediglich wahre Religionsfreiheit für die Gläubigen. Seine erste Enzyklika, *Redemptor hominis* (März 1979), war eine beredte Darlegung des christlichen Humanismus: wahre Freiheit finde sich in der Kirche, bei der auch die Menschenwürde in den besten Händen sei. Die zweite Enzyklika, *Dives in misericordia* (Dez. 1980), entwickelte das gleiche Thema weiter und forderte die Menschen auf, in einer zunehmend gefährdeten Welt gegenseitiges Erbarmen zu zeigen. Bei einer Fahrt um den Petersplatz in einem Jeep wurde der Papst von einem jungen Türken namens Mehmet Ali Agça angeschossen und schwer verwundet (13. 5. 1981); er mußte sich einer komplizierten Operation unterziehen und genas erst im Oktober 1981. In seiner dritten Enzyklika, *Laborem exercens* (Sept. 1981), die er während seiner Genesung überarbeitete und die an den Jahrestag von Leos XIII. *Rerum novarum* erinnerte, forderte er eine neue Wirtschaftsordnung, weder kapitalistisch noch marxistisch, sondern auf den Rechten der Arbeiter und der Würde der Arbeit beruhend; er insistierte auf dem Primat des Menschen über die Dinge. Eine vierte Enzyklika, *Slavorum apostolo* (Juli 1985), rief die Völker Osteuropas dazu auf, ihre Meinungsverschiedenheiten auf der Grundlage gemeinsamer Kultur und Religion auszuräumen. Die fünfte, *Redemptoris mater* (März 1987), unterstrich die Rolle der Hl. Jungfrau Maria im Leben der Pilgerkirche. Doch die von ihm bevorzugte und ungeheuer erfolgreiche Methode, der Welt seine Botschaft einzuprägen, sind spektakuläre und geschickt organisierte Flugreisen in Länder nah und fern. Im Januar 1979 flog er nach Mittelamerika, um die lateinamerikanische Bischofskonferenz in Puebla (Mexiko) zu eröffnen, dann kehrte er nach Polen zurück, wo er an der 900-Jahr-Feier des Nationalheiligen Stanislaus teilnahm (2. – 10. Juni). Seitdem erhält jedes Jahr seines Pontifikats durch derartige Pilgerfahrten seine Höhepunkte, die der Verwaltung des Vatikans eine ungeheure Belastung aufbürden, aber die weltweite Mission des Papsttums hervorheben und dem Papst die Möglichkeit geben, Kollegialität in die Tat umzusetzen. Von den zahlreichen Reisen, die er seit seiner Wahl zum Papst unternommen hat (bis Sept. 1987: 36), seien folgende erwähnt: Türkei (1979), in deren Verlauf er und der ökumenische Patriarch ihrer jeweiligen Meßfeier beiwohnten, ohne freilich das Abendmahl gemeinsam einzunehmen; Bundesrepublik (1980); Großbritannien (1982), der erste dortige Papstbesuch überhaupt; Fátima (Portugal, 1982), wo er der Jungfrau Maria für die Errettung von dem Mordanschlag dankte (später verehrte er ihr die Kugel); Mittelamerika (1983), wo er für gewaltfreie Lösungen sozialer Probleme eintrat; Österreich (1983); Ferner Osten (1984), wo er Südkorea, Papua-Neuguinea und Thailand aufsuchte; Schweiz (1984); Holland (Mai 1985), wo ihm von progressiven Katholiken ein kühler, bisweilen feindseliger Empfang bereitet wurde; sieben afrikanische Staaten (Aug. 1985). Allein 1987 besuchte er Chile, Argentinien und Uruguay, die Bundesrepublik (wo er in Köln die jüdische, zum christlichen Glauben übergetretene Philosophin Edith Stein und in München Pater Rupert Mayer seligsprach), Polen und die USA. Diese Besuche laufen alle nach dem gleichen Muster ab: Er küßt den Boden bei seiner Ankunft, feiert vor ungeheuren Menschenmassen die Messe, hält Predigten, die sorgfältig auf die jeweilige Situation abgestimmt sind, und läßt seinem Schauspieltalent und seiner extrovertierten Persönlichkeit freien Lauf.

Im Februar 1984 schloß Johannes Paul mit der italienischen Regierung eine Neufassung der Lateranverträge von 1929 ab, welche die Trennung von Kirche und Staat in Italien festschrieb und neben anderen Zugeständnisse vorsah, daß Rom nicht länger als »heilige Stadt« anerkannt wurde. Im Januar 1982 wurde der Vertreter des Vereinigten Königreichs beim Hl. Stuhl zum erstenmal vom Rang eines Ministers in den eines Botschafters erhoben. In zwei Konsistorien (2. 2. 1983 / 25. 5. 1985) ernannte er 46 neue Kardinäle; er setzte nicht nur die Politik Pauls VI. fort, das hl. Kollegium internationaler zu machen, sondern versuchte durch seine Ernennungen die Kirche in Ländern mit marxistischen Regierungen zu stärken. Wenige Päpste hatten eine so weitgefächerte intellektuelle Begabung wie Johannes Paul, und keiner erzielte eine so weitreichende Wirkung. Seine Haltung auf politischem, theologischem und ethischem Gebiet ist ausgesprochen konservativ. So ist er von der Konferenz von Puebla (1979) bis zum Disput zwischen dem brasilianischen Theologen Leonardo Boff und Josef Kardinal Ratzinger (Sept. 1984) ein entschiedener Gegner der Befreiungstheologie gewesen, die den Begriff des Klassenkampfes gelten läßt und von der Kirche verlangt, sich mit den Unterdrückten zu vereinigen – denn dies verwickle die Kirche allzusehr in politisches Handeln. Bereits im Dezember 1979 wurde der niederländische Professor Edward Schillebeeckx nach Rom beordert, wo er seine heterodoxen Ansichten zur Christologie darlegen sollte; 1980 entzogen die westdeutschen Bischöfe dem Tübinger Theologen Hans Küng mit ausdrücklicher Genehmigung des Papstes die Lehrbefugnis. Johannes Paul warnt häufig vor gefährlichen Strömungen in der Theologie und mahnt die Gläubigen von Zeit zu Zeit an die reale Existenz von Himmel und Hölle und den zentralen Stellenwert, den die Eucharistie und die Hl. Jungfrau Maria im katholischen Glauben einnehmen. Er ergriff energische Maßnahmen zur Wiederherstellung von Moral und Leistungsfähigkeit der Societas Jesu. 1980 bekräftigte er in Chicago die traditionelle Lehre der Kirche über Ehe, Empfängnisverhütung, Abtreibung und Homosexualität und unterstrich gezielt Papst Pauls VI. *Humanae vitae*. Diese Haltung hat er während seines ganzen Pontifikats stets beibehalten und sich gegen Vorschläge zur Auflockerung der priesterlichen Zölibatsregel oder zur Ordination von Frauen gestellt. In seiner Enzyklika *Sollicitudo rei socialis* (Feb. 1988) nimmt er Stellung zu sozialen Fragen in Ost und West. Während Progressive durch seine Haltung enttäuscht wurden, sind andere der Auffassung, daß Johannes Paul der Kirche jene Orientierung zurückgegeben habe, die in den letzten Jahren der Regierungszeit Pauls VI. verlorenzugehen drohte.

Werke: AAS 70,906–; K. Wojtyla, *Gesang vom verborgenen Gott*, Gedichte, Freiburg i. Br. 1946; Andrzej Jawień (Pseud.), *Der Gedanke ist eine seltsame Weite* (1952), Gedichte, Freiburg i. Br. 1980; K. Wojtyla, *Liebe und Verantwortung* (1959), München 1979; *Erziehung zur Liebe* (1960), Stuttgart 1979; A. Jawień (Pseud.), *Der Laden des Goldschmieds* (1960), Stuttgart 1979; K. Wojtyla, *Person und Tat* (1960), Freiburg (Schweiz) 1981; ders. [u. a.] (Hrsg.), *Ethik* (poln.), 20 Bde., Lublin 1962–72; *Von der Königswürde des Menschen* (1964), Stuttgart 1980; *Der Weg zur Glückseligkeit* (1965), Konstanz 1980; *Der Rosenkranz* (1976), Freiburg i. Br. 1981; *Der Kreuzweg* (1976), Freiburg i. Br. 1981; *Zeichen des Widerspruchs* (1977), Freiburg i. Br. 1979; *Streit um den Menschen* (1977), Kevelaer 1979; *Mut zum Glauben*, St. Augustin 1979; *Primat des Geistes*, Stuttgart 1980; *Der Bruder unsres Gottes / Strahlung des Vaters*, Dramen, Freiburg (Schweiz) 1981; *Quellen der Erneuerung*, Freiburg (Schweiz) 1981; s. bes. in der poln.-ital. Biographie von: W. Gramatowski / Z. Wilińska, *Karol Wojtyla negli scritti*, Vatikanstadt 1980.

Lit.: P. Hebblethwaite, *The Year of Three Popes*, London 1978; ders., *Introducing John Paul II.*, London 1982; Th. Mechtenberg, *Papst Johannes Paul II.*, Freiburg (Schweiz) [3]1979; Z. J. Blazynsk, *Der Papst aus Polen*, Reinbek b. Hamburg 1979; Lord Longford, *Pope John Paul II.; an Authorized Biography*, London 1982; P. Johnson, *Pope John Paul II.*, London 1982; M. Malinski, *Johannes Paul II.: sein Leben, von einem Freund erzählt*, Freiburg i. Br. 1982.

Anhang

Päpstin Johanna

Von der Mitte des 13. Jh.s bis zum 17. Jh. wurde die Überlieferung, daß um 855 eine Päpstin mehr als zweieinhalb Jahre den Papstthron innegehabt habe, fast allgemein akzeptiert. Noch Ende des 19. Jh.s lieferte diese Legende den Gegnern des Papsttums und der römischen Kirche Munition. Die Geschichte erscheint erstmals zwischen 1240 und 1250 in der dem Dominikaner Jean de Mailly zugeschriebenen *Universalchronik von Metz*. Danach wurde eine begabte Frau Nachfolgerin Viktors III. († 1087), die sich, als Mann verkleidet, in der Kurie als Notar emporgedient hatte und schließlich zum Kardinal erhoben worden war. Sie verriet sich, als sie beim Besteigen ihres Pferdes ein Kind gebar, wurde schmachvoll an den Schwanz des Pferdes angebunden, durch die ganze Stadt geschleift und anschließend zu Tode gesteinigt. Der Dominikaner Stephan von Bourbon († um 1262) und der Franziskaner aus Erfurt, der um 1265 das *Chronicon minor* verfaßte, gaben ganz ähnlich lautende Schilderungen; allerdings siedelte der eine die Geschichte der »Päpstin« um 1100, der andere sie um 915 an. Ihre endgültige Form und weite Verbreitung erhielt die Legende jedoch erst durch die späteren Auflagen der ungeheuer volkstümlichen und einflußreichen *Chronik der Päpste und Kaiser* des polnischen Dominikaners Martin von Troppau († 1297). Demnach wurde ein gewisser Johannes Anglicus zum Nachfolger Papst Leos IV. († 855) ernannt und regierte zwei Jahre, sieben Monate und vier Tage. In Wahrheit habe es sich um eine Frau gehandelt. Ein aus Mainz gebürtiges Mädchen sei in Männerkleidern, aber in Begleitung ihres Geliebten nach Athen gegangen, habe dort ein glänzendes Studium absolviert und sich dann in Rom niedergelassen, wo ihre Vorlesungen ein so erlauchtes Publikum angezogen hätten und ihr Leben so erbaulich gewesen sei, daß sie einstimmig zum Papst gewählt wurde. Ihr Betrug sei erst aufgeflogen, als sie beim Prozessionsritt von St. Peter zum Lateran in einer engen Gasse zwischen dem Kolosseum und S. Clemente ein Kind geboren habe. Sie starb auf der Stelle und wurde in der Gasse begraben. Der beschämenden Episode wegen mieden spätere Päpste tunlichst die Gasse. Martin gab ihren Namen mit Johannes (weibl. Form: Johanna) an, während sie in anderen Berichten Agnes, Gilberta oder Jutta heißt bzw. namenlos bleibt.

Jahrhundertelang wurde diese oft mit phantastischen Einzelheiten ausgeschmückte Geschichte in katholischen Kreisen ohne den geringsten Zweifel anerkannt. Sie wurde von Humanisten wie Petrarca († 1374) und Boccaccio († 1375) aufgegriffen und fand Eingang in die bildende Kunst: So hat Johanna z. B. ihren Platz unter den um 1400 angebrachten Papstbildnissen im Dom zu Siena. Kritiker der päpstlichen Machtansprüche (wie Jan Hus auf dem Konstanzer Konzil, 1415) konnten sich die Erzählung zunutze machen, ohne auf Widerspruch zu stoßen. Ein enthusiastischer Autor, Mario Equicola von Alvito (bei Caserta, † 1525), behauptete sogar, die Vorsehung habe Johanna zur Päpstin erhoben, um die Gleichheit von Mann und Frau zu beweisen. Seit der Mitte des 16. Jh.s wurden die Stimmen katholischer Kritiker der Legende immer vernehmlicher (Enea Silvio Piccolomini und Platina im 15. Jh., Aventinus und Panvinio im 16. Jh.); doch war es ein französischer Protestant, David Blondel (1590–1655), der sie mit seinen 1647 und 1657 in Amsterdam veröffentlichten Traktaten wirksam widerlegte. Die Legende bedarf heute kaum mehr einer sorgfältigen Widerlegung, da es für eine Päpstin zu irgendeinem der für ihr Pontifikat angenommenen Daten keine zeitgenössischen Belege gibt und die uns bekannten Tatsachen während der fraglichen Zeiträume es unmöglich machen, eine Päpstin einzufügen. Freilich ist die Herkunft der Geschichte nie befriedigend erklärt worden. Ihren Kern bildet nach allgemeiner Auffassung eine alte römische Sage, die durch eine Reihe verdächtiger Umstände aufgebläht wurde – etwa die (wahrscheinlich ihrer Enge wegen) bewußte Vermeidung einer gewissen Straße bei Papstprozessionen, eine dort aufgefundene rätselhafte Statue, die eine Frau beim Stillen ihres

Kindes darstellen soll, und eine ebenfalls dort entdeckte verblüffende Inschrift, die sich mit einiger Mühe zu einem Beleg für die Wahrheit der Fabel hinbiegen läßt, sowie der Volksglaube des späten 13. Jh.s, daß ein Papst sich nach seiner Wahl untersuchen lassen müsse, ob er wirklich ein Mann sei. Wahrscheinlich trug auch die Erinnerung an die Beherrschung des Papsttums durch skrupellose Frauen wie Theodora d. Ä., Marozia und Theodora d. J. im 10. Jh. dazu bei, die Legende in Umlauf zu setzen.

Lit.: *MG* SS 22,428 (Martin v. Troppau); 24, 184 (*Chron. minor*); 514 (Jean de Mailly); J. J. I. von Döllinger, *Die Papstfabeln des Mittelalters*, Stuttgart ²1890; É. Vacandard, *Études de critique et d'histoire religieuse*, Bd. 4, Paris 1923, S. 13–39; *EC* 6,482–485 (F. Antonelli); Seppelt 2,238 ff.

Glossar

Zusammengestellt von Johanna Lanczkowski

Adoptianer, Anhänger einer theologischen Lehrmeinung um 200–300, die an der Einheit (*monarchia*) Gottes festhalten; sie dachten und glaubten Christus als Menschen, der von der göttlichen Kraft (*dynamis*) erfüllt und auf diese Weise vergottet, von Gott *adoptiert* worden sei.

Adoptianismus (782–799), ausgehend von Spanien, lehrte, Christus sei nach seiner Gottheit wahrhaftiger Gottessohn (*Dei natura filius*), nach seiner Menschheit aber von Gott als Sohn nur adoptiert (*filius Dei adoptivus*). Karl d. Gr. ließ auf den Synoden von Regensburg (792), Frankfurt (794) und Aachen (799) den A. als häretisch verurteilen.

Albigenser, *Katharer*, die sich im Languedoc in und in der Nähe der Stadt Albi niedergelassen hatten; theologisch unterscheiden sie sich nicht von den Katharern (*katharoi* ›die Reinen‹, vgl. dt. ›Ketzer‹) oder »Neumanichäern«, die seit Ende des 10. Jh.s, vor allem aber seit der 1. Hälfte des 12. Jh.s im Abendland auftreten und deren häretisch-dualistisch-gnostische Lehre zwischen einem guten Schöpfergott und einem bösen Gott dieser Welt unterscheidet. Diesem Dualismus entspricht schärfste Askese der »Apostel« (*perfecti*), d. i. der Leiter der Gemeinde; man lebte in evangelischer Armut von Handarbeit; Ehe, Sakramente, Altäre, Kreuze, Reliquien wurden abgelehnt. Die »einfachen« Gläubigen (*credentes*) kannten die Lehre nur ungenau und blieben äußerlich Kirchenmitglieder. Unter Innozenz III. begann die Ketzerbekämpfung, und die Albigenserkriege (1209–29) sind eines der dunkelsten Kapitel der Kirchengeschichte.

Amerikanismus, seit 1897 eine Bewegung, die auf die 1858 von Isaak Hecker gestiftete Vereinigung der »Missionsprediger vom hl. Apostel Paulus« zurückgeht und deren Ziel es war, die Protestanten für eine Union mit der katholischen Kirche in Amerika zu gewinnen, indem der Katholizismus sich dem Charakter der Amerikaner weitgehend anpaßt und der Entfaltung der Einzelperson hinreichend Freiraum bietet. Diese Idee verbreitete sich weit, besonders unter französischen Geistlichen.

Annaten (lat. *annatae*, auch *annalia*), die Abgabe der ersten halben (später ganzen) Jahreseinnahme der verliehenen Pfründe; seit dem 15. Jh. alle Abgaben an die römische Kurie.

Arianer, Arianismus, benannt nach dem Theologen Arius (um 260/300/320), der den Sohn (*logos*) als Gott unähnlich und fremd auffaßt. Der Sohn-Logos ist nicht gleichewig mit dem Vater, jedoch die erste und höchste Kreatur, die Gott aus dem Nichts erschaffen hat; dieser Sohn-Logos ist leidensfähig und aus eigenem, freiem Willen gut; er wird Gott genannt, ist es aber in Wahrheit nicht. – Auf dem 1. Konzil von Nicäa (325) wurde das Nicänum, erweitert durch die anti-arianische Aussage über den Sohn »geboren, nicht geschaffen«, »eines Wesens mit dem Vater«, als Glaubensbekenntnis angenommen. Arius und seine Anhänger wurden verdammt und verbannt. – Der *Arianismus* war bei den Westgoten, Vandalen, Burgundern, Herulern, Rugiern, Sueven und Ostgoten lange Zeit herrschende Glaubenslehre.

Augustiner, Ordensgemeinschaften (männliche und weibliche), die nach der A.-Regel, welche sich aus einem Brief Augustins (354–430) an die Nonnen von Hippo herleitet und auf Augustins Gemeinschaftsleben mit Klerikern in Hippo fußt. Zu den A. zählen: A.-Chorherren (Canonici Regulares), A.-Chorfrauen, A.-Eremiten, A.-Eremitinnen. Die A.-Regel hat auch andere Orden mitgeprägt, z. B. Dominikaner, Salesianer usw.

Autokephalie, **autokephal** (griech. *autós* ›selbst‹, *kephalé* ›Kopf‹), Begriff aus dem Kirchenrecht, bezeichnet die Unabhängigkeit eines Erzbischofs oder einer Kirche von übergeordneten (geistlichen) Behörden. Sie haben eine eigene Verwaltung. So waren die vier großen Patriarchate der Alten Kirche, Jerusalem, Alexandria, Konstantinopel und Antiochia a. Im Abendland waren der Erzbischof und die Kirche von Ravenna auf Dekret von Kaiser Konstans II. vom 1. 3. 666 a., d. h., sie unterstand nicht der Jurisdiktion und Befehlsgewalt des Bischofs (Papstes) von Rom und durfte eigene Bischöfe wählen sowie (mit kaiserlicher Zustimmung) von drei eigens bestellten Weihbischöfen weihen lassen.

Averroismus, benannt nach Averroës (Abdul-Walid Muhammad Ibn Rušd), arabischer Philosoph († 1192 in Córdoba). Er verfaßte unter anderem Aristoteles-Kommentare, die für die ma. Philosophie des 13.–15. Jh.s und noch im 16. Jh. von größter Bedeutung waren. Ausgehend vom radikalen Aristotelismus der Pariser Universität, die im Gegensatz zum kirchlichen Aristotelismus (Albert d. Gr. und Thomas von Aquin) stand, folgte der A. der Interpretation des Averroës. Der A. (Hauptvertreter Siger von Brabant, 1276 des Lehramtes enthoben) betont die Einzigartigkeit des Intellekts und die Ewigkeit der Materie; es gibt keine göttliche Vorsehung, keine Willensfreiheit (das menschliche Handeln ist durch die Gestirne determiniert), keine individuelle Unsterblichkeit, kein Fortbestehen von Akzidenzien ohne Subjekt (gegen das Transsubstantiationsdogma), keine Übereinstimmung von Vernunft-Wahrheit und geoffenbarter Wahrheit. Der A. wurde 1270/77 von Pariser Synoden und 1513 vom 5. Laterankonzil verurteilt.

Benediktiner, Ordensleute, die nach der von Benedikt von Nursia (um 480–547) für das Kloster auf dem Monte Cassino (gegründet 529) verfaßten Regel leben. Die Regel verpflichtet zur Demut, Keuschheit, Armut (*conversio morum*), Verbleiben im Kloster (*stabilitas loci*). Gehorsam vor allem gegenüber dem Abt; das Gotteslob hat absolute Priorität (Stundengebet); Arbeit und wissenschaftliche Tätigkeit (auch Erziehung) haben hohen Stellenwert; die asketischen Forderungen sind maßvoll. Die B.-Regel ist die vorherrschende Mönchsregel im Abendland (seit 817). Nach der B.-Regel leben auch Zisterzienser, Trappisten, Cölestiner, Kamaldulenser u. a.

Chalkedon, 451 Ort des größten Konzils (dem 4. ökumenischen) der Alten Kirche. Das von der Mehrheit der Bischöfe angenommene Glaubensbekenntnis, »Chalkedonense«, bekennt: Der *eine* Christus ist vollkommener Gott und vollkommener Mensch in zwei Naturen, die weder untereinander vermischt noch voneinander getrennt sind. Das Chalkedonense ist bis heute für die orthodoxe, katholische und evangelische Kirche verbindlich. Für die Geschichte des Papsttums ist der Kanon 28 von Chalkedon bedeutsam: Die Bischöfe von Rom und Konstantinopel sind ranggleich.

Cluny (Cluniazensische Reform), burgundisches Kloster (gegr. 909/910), von dem eine Klosterreform ausging, die zu einer wirklichen Reform von Papsttum und Kirche führte. Unter hervorragenden Äbten (Berno, Odo, Majolus, Odilo) wurde strenge Mönchszucht nach der Benediktiner-Regel, Pflege verinnerlichter Religiosität, daneben Befreiung der Klöster von der Jurisdiktionsgewalt des Episkopats und direkte Unterstellung unter den Papst sowie durchgreifende Reform der klösterlichen Wirtschaft praktiziert und die völlige Loslösung der Kirche vom Laieneinfluß erstrebt. Die »Cluniazensische Reform« erlangte rasch große Verbreitung in Frankreich, Lothringen, Burgund, Italien und im nördlichen Spanien. Der Reformgedanke sprang von den Klöstern auf den Klerus über und gewann kirchenpolitische Dimension.

Cölestiner, Eremitenkongregation, die von Petrus von Murrone (Papst Cölestin V., 1294) zwischen 1240–43 in den Abruzzen gegründet wurde; Papst Urban IV. unterstellte sie der durch Teile der Franziskaner-Regel ergänzten Benediktiner-Regel. Nach rascher Verbreitung in Italien, Holland, Deutschland, Böhmen und Frankreich (wo eigene Ordensprovinzen entstanden) wurden Reformation (in Holland und Deutschland) und Französische Revolution der Kongregation zum Verhängnis; zwischen 1744–89 erlosch sie in Frankreich und nach 1807 in Italien. Wiederbelebungsversuche sind gescheitert.

Constitutio Romana, Konstitution Lothars I. vom 11. 11. 824; Höhepunkt der fränkischen Kontrollgewalt über das Papsttum: 1. Immunität für alle unter kaiserlichem oder päpstlichem Schutz stehenden Personen; 2. die Bürger konnten römisches, fränkisches oder lombardisches Recht wählen; 3. eine Prüfungskommission (ein kaiserlicher, ein päpstlicher Abgeordneter) berichtete jährlich über die päpstliche Verwaltung; 4. der gewählte Papst mußte vor der Weihe einen Treueid vor dem Kaiser oder vor dessen Legaten ablegen.

Diptychon (griech., ›doppelt zusammengefaltet‹), bezeichnet zunächst ein Paar zusammengeklappter rechteckiger Täfelchen aus Elfenbein, Metall (oft Edelmetall) oder Holz mit eingelegten Wachsplatten, die als »Notizblock« dienten. Kostbar geschmückte D. wurden von römischen Konsuln oft bei Amtsantritt verschenkt (Konsular-D.). In der Alten Kirche gebrauchte man sie (häufig auf der Außenseite mit Darstellungen biblischer Szenen verziert), um die Namenlisten der Lebenden und Toten aufzuzeichnen, deren im Kollektengebet während der Messe gedacht wurde. Im MA verstand man unter D. ein zweiflügeliges Altarbild ohne feststehendes Mittelstück.

Dominikaner, 1215 durch den Spanier Dominicus Guzmán († 6. 8. 1221 in Bologna, am 3. 7. 1234 durch Gregor IX. heiliggesprochen) gegründet, zunächst zur Rückgewinnung der Katharer (→ Albigenser) und → Waldenser durch Predigt und Auftreten in evangelischer Armut, verbreitete sich der Orden, der neben der Augustiner-Regel nach Konstitutionen lebt, sehr rasch und brachte aus seinen Reihen berühmte Prediger (Jordan von Sachsen, † 1237; Stephen von Bourbon, † 1261 u. a.), Theologen und Naturwissenschaftler (Albertus Magnus, † 1280; Thomas von Aquin, † 1274) hervor, ferner die Mystiker Meister Eckhart, Tauler und Seuse, die ebenfalls D. waren. Seit der Zeit des Dominicus besteht ein 2. Orden der Klausurierten Dominikanerinnen, in deren Klöstern im Hoch- und Spät-MA die deutsche Mystik blühte. Daneben gab es einen 3. (Welt-)Orden der Dominikaner, eine Gebetsgemeinschaft von Laien, die »in der Welt leben« (sog. Tertiarier).

Donatismus, benannt nach seinem bedeutendsten Führer Donatus von Casae migrae, seit 316 Bischof von Karthago, war eine schismatische Richtung der Kirche Nordafrikas, deren ethischer Rigorismus auf Martyrium und strenge Kirchenzucht wie in der Alten Kirche drängte und deren streng gefaßter Sakramentsbegriff von Todsündern gespendete Sakramente als unwirksam bewertete. Zu den Donatisten gehörte die Mehrheit der nordafrikanischen Bischöfe; die Donatisten sahen sich als die wahre heilige Kirche, weil in den Reihen ihres Klerus keine Todsünder seien, sie tauften daher von der Großkirche zu den Donatisten Übertretende ein zweites Mal. Kaiser Konstans versuchte seit 343 durch gewaltsame Unterdrückung den D. auszuschalten; Kaiser Honorius erstrebte 411 durch eine Disputation in Karthago einen Ausgleich, in dessen Verlauf Augustinus, der Hauptvertreter der Großkirche, die Staatsgewalt erfolgreich gegen die Schismatiker zu Hilfe rief. Damit begann das Ende des D., der, von den Vandalen grausam verfolgt, sich in Restgruppen bis in islamische Zeit hielt.

Drei-Kapitel-Streit (544–553), endete mit der von Kaiser Justinian (527–565) einberufenen 5. ökumenische Konzil von Konstantinopel (553), welches die »Drei Kapitel« verurteilte, d. i. Person und Schriften Theodors von Mopsuestia († 428), seines Schülers Theodoret von Cyrus († 460) und des Briefes von Bischof Ibas von Edessa († 457) an den Perser Maris. Diese hatten in ihrer Christologie auf der Trennung der beiden Naturen Christi beharrt und eine enge Vermischung gelehrt. Sie waren der Auslegung des Chalkedonense durch Kyrill von Alexandria († 444) gefolgt, der die völlige Einheit und Gottheit der Person Christi lehrte.

Edikt von Nantes, 1598 von Heinrich IV. (1589–1610) erlassen, der durch seinen Übertritt zum Katholizismus (1593) den französischen Thron behielt. Es gab nach den Hugenottenkriegen (1592–1598) den Hugenotten relative Sicherheit: beschränkte Duldung, volle Gewissensfreiheit, das Recht, reformierte Gottesdienste abzuhalten, gleichberechtigten Zutritt zu allen Staatsämtern. Die Aufhebung des Edikts (1685) führte zur Flucht der Hugenotten aus Frankreich.

Eigenkirche, Eigenheit der germanischen Kirchen, die bei Burgundern, Westgoten, Sueven und Langobarden nachweisbar ist und ihre Wurzeln im germanischen Eigentempel hat, d. h., der Tempel ist Eigentum des Grundbesitzers, und in den privaten, aber dem Bischof unterstellten Kapellen der griechisch-römischen Landgüter (*villae*); die Franken hatten das Eigenkirchenwesen übernommen. Der König als größter Grundherr war Besitzer einer großen Zahl von E. Im Eigenkirchenwesen lebt die alte sakrale germanische Herrscherauffassung fort, und es war für den König (oder andere adlige Grundherren) daher selbstverständlich, daß er die Ein- oder Absetzung von Geistlichen verfügte. Das Eigenkirchenwesen ist eine der Wurzeln des → Investiturstreites.

Exemption, eximiert, im katholischen Kirchenrecht die Befreiung natürlicher und juristischer Personen (also auch kirchlicher Verwaltungseinheiten) von der Jurisdiktion der an sich für sie zuständigen kirchlichen Amtsträger und die Unterstellung unter die nächsthöhere Behörde.

Exspektative, Anwartschaft, d. i. die einer bestimmten Person von dem Verleiher einer Pfründe erteilte Zusage, diese im Fall des Freiwerdens der Pfründe dieser besagten Person zu verleihen. Bis zum 12. Jh. unbekannt, dann rangierte Versorgung und Begünstigung vor der Würdigkeit, und der Anwärter wurde den Bischöfen von den Päpsten oft aufgezwungen. Häufiger Mißbrauch auch durch Könige.

Febronianismus, Auswirkung des kirchenrechtlichen Werkes *De statu ecclesiae et legitima potestate Romani pontificis* (1763) des Trierer Weihbischofs Johann Nikolaus von Hontheim, Pseudonym: Justinus Febronius. Die Grundgedanken sind: Der kirchliche Primat muß nicht mit dem römischen Bistum verbunden sein; ein unfehlbares, allgemeines Konzil bedarf nicht der Berufung und Bestätigung des Papstes; der Kurialismus ist das Haupthindernis für die Wiedervereinigung von katholischer und evangelischer Kirche; Rechte und Freiheit der deutschen Reichskirche (vgl. auch: Gallikanismus). – Das Buch wurde bereits 1774 (!) vom Papst indiziert. Die Thesen waren sehr folgenreich: Als 1785 in München eine neue Nuntiatur errichtet wurde und der Nuntius sogleich in erzbischöfliche Rechte eingriff, kam es zur »Emser Punktation« (1786). Der Erzbischof von Salzburg und die rheinischen Erzbischöfe legten energischen Protest ein und forderten eine von Rom möglichst unabhängige Nationalkirche.

Filioque, 589 nahm die spanische Kirche auf der 3. Synode von Toledo in den Passus des Glaubensbekenntnisses: »in spiritum sanctum Dominum et vivificantem, qui ex patre procedit«, hinter »patre« den Zusatz »filioque« auf, d. h. den Ausgang des Hl. Geistes von Vater *und* Sohn. Diese Fassung war seit 767 auch in der fränkischen Kirche herrschend; Kaiser Karl d. Gr. ließ sie 809 auf der Synode von Aachen anerkennen. Papst Leo III., der zwar die Lehre von der zweifachen Ausgießung nicht verwarf, verweigerte die Einfügung in das Glaubensbekenntnis; erst 1014 wurde das »filioque« offiziell eingefügt; im Bekenntnis der Ostkirche fehlt es.

Franziskaner, Franziskaner-Spiritualen, F. oder Minoriten (*Ordo fratrum minorum* »Minderbrüder«) wurden von Giovanni Bernardone, genannt Franziskus, 1208/09 gegründet. Die erste Ordensregel wurde 1210 von Innozenz III., die endgültige Regelfassung 1223 von Honorius III. bestätigt. Franziskus fordert auf dem Evangelium fußendes, an Christus orientiertes Leben in Armut, Askese und Demut von seinen Anhängern. Der Orden verbreitete sich ungeheuer rasch und fand Zustimmung in allen Schichten. Bedeutende F. waren z. B. Thomas von Celano, Alexander von Hales, Bonaventura, Duns Scotus, Giącopone da Todi, Berthold von Regensburg. – Der Orden rückte bald von der alten Strenge ab, auf der die asketischen *spirituales* oder *zelatores* beharrten. Es kam zu harten Auseinandersetzungen wegen der Armutsfrage. 1317 verhängte Johannes XXII. über die *F.-Spiritualen* die Inquisition; nach Abspaltung der extremsten S. (*fraticelli*) unterwarf sich die Mehrheit 1329 in Gehorsam. – Gregor IX. schuf 1227 einen Orden des hl. Damian, in dem er Frauenkonvente vereinigte, der nach dem Tod der hl. Klara 1213 Klarissen-Orden genannt wurde, der 2. Orden des hl. Franziskus. Die F.-Tertiarier (3. Orden) sind fromme Laien, die »in der Welt«, aber weitgehend nach den Forderungen des F.-Ordens leben.

Gallikanismus, Bestrebungen der französischen (gallikanischen) Kirche, sich im Zusammenhang mit der konziliaren Bewegung (ein allgemeines Konzil ist dem Papst übergeordnet; Dekret vom 6. 4. 1415 des Konstanzer Konzils) von Rom zu lösen und eine französische Nationalkirche zu bilden. – Die Nationalsynode von Bourges 1438 nahm von der »Pragmatischen Sanktion von Bourges« die Reformbeschlüsse des Konzils (verändert) an und erklärte die »gallikanischen Freiheiten« (schon 1407 angestrebt): Das Universalkonzil steht über dem Papst; das Pariser Parlament ist auch zuständig in Sachen geistlicher Gerichtsbarkeit; weitreichender Einfluß des Königs bei der Besetzung kirchlicher Ämter. – Leo X. erreichte von Franz I. von Frankreich die Aufhebung der »Pragmatischen Sanktion« und die Zustimmung zum Konkordat (1516), das die Beziehungen französischer Staat – Papsttum regelt: Rom erkannte gegen Zusicherung der Annaten die »gallikanischen Freiheiten« an: Ernennung der Bischöfe durch den König, Einschränkung der geistlichen Gerichtsbarkeit, Besteuerung der Kirche durch den Staat. Das Nationalkonzil von 1682 stellte sich auf die Seite des Königs und nahm die »Quattuor propositiones cleri Gallicani« an: Die Macht des Papstes wird durch allgemeine Konzilien begrenzt; Fürsten sind in weltlichen Angelegenheiten von geistlicher Gewalt unabhängig; die Gesetze Frankreichs beschränken die Macht des Papstes; das Urteil des Papstes in Glaubenssachen ist nicht unfehlbar, es bedarf der Bestätigung durch die Kirche (Konzil). 1693, unter Innozenz XII., nahm der französische Klerus die Propositiones zurück; der G. war nicht überwunden, das → Regalienrecht der Krone blieb erhalten.

Gorze, Reform von G., das Kloster G. in Oberlothringen war im 11. Jh. Ausgangsort einer Reformbewegung, die, von Cluny angeregt, Erneuerung der Klosterzucht und Vertiefung der Religiosität anstrebte. Im Gegensatz zur cluniazensischen Reform lehnte die Reform von G. den Einfluß der Bischöfe auf die Klöster nicht ab, sie wurde daher vom Episkopat begünstigt. Der Erfolg der Reform von G. war gering.

Gottesfriede (mlat. *treuga Dei*; von frz. *trêve* ›Waffenstillstand‹), wurde erstmals 1040 in Südfrankreich hergestellt, als sich in den mit der Kirchenreform verbundenen Kämpfen die feindlichen Adelsparteien einigten, ihre Kampfhandlungen auf bestimmte Wochentage zu beschränken. Wer den G. brach, wurde zunächst mit Kirchenstrafen belegt. Diese Praxis verbreitete sich von Frankreich aus; die Wirkung war nicht durchschlagend.

Hausmeier (mlat. *major domus*), Inhaber eines fränkischen Hofamtes, unter den schwachen Merowingerkönigen die mächtigsten Männer im Staat (seit 687 war das Amt erblich). Sie brachten den Adel hinter sich und übten Regierungsmacht aus. 751 wurde der Hausmeier Pippin III. zum König der Franken gewählt. Danach wurde das Amt getilgt.

Henotikon, Erlaß von Kaiser Zenon dem Isaurier, in dem der Kaiser 482, beraten von dem strengen Anhänger des Chalkedonense, Acacius von Konstantinopel, sinngemäß die Aussagen des Chalkedonense über die zwei Naturen Christi aufhob. Die monophysitischen Patriarchen von Antiochia und Alexandria nahmen das H. an; daraufhin sagten sich die strengen → Monophysiten los. Der Papst belegte Acacius mit dem Bann. Die Einigung zwischen den Anhängern des Chalkedonense und den Monophysiten wurde durch das H. nicht erreicht.

Hierarchie (griech. *hieros* ›heilig‹, *archē* ›Herrschaft‹), bezeichnet im Himmel, in der Kirche und auch im weltlichen Bereich die Gliederung nach Rangordnungen. In der Kirche und Kirchengeschichte unterscheidet man eine H. der Weihen (*hierarchia ordinis*), d. h. die geistliche Rangordnung aller, die geweiht sind, Sakramente spenden und Messen zelebrieren dürfen, und die H. der Jurisdiktion (*hierarchia iuris dictionis*), worunter Episkopat und Kirchenverwaltung (auch im juristischen Sinn) zu verstehen sind, welche die Kirche leiten, und auch die Gliederung in Diözese, Kirchenprovinz, Landes- und Nationalkirche.

Ikonoklasmus (griech. *eikon* ›Bild‹, *klao* ›zerbrechen‹), Bilderzerstörung, ein Begriff aus dem »Bilderstreit«, der die Kirche vor allem in Byzanz, aber auch in Ravenna, Sizilien und Rom erschütterte. Bilderverehrer (*eikonolatrai* ›Ikonolatrie, Bilderverehrung‹), das waren die Mönche und das Volk, die im Bild das Heilige gegenwärtig sahen, und Bilderstürmer (*eikonoklastai*), das waren Kaiser und Heer, standen sich gegenüber. 730 verbot Kaiser Leon III. (717–741) die Bilderverehrung, worauf eine Zerstörung von Heiligenbildern einsetzte. Johannes von Damaskus († 753) und Papst Gregor II. (715–731) traten für Bilderverehrung ein, die erst das 2. Konzil von Nicäa erlaubte. Eine Synode von Konstantinopel (843) entschied endgültig für die Bilderverehrung.

Index librorum prohibitorum, Verzeichnis der (für gläubige Katholiken) verbotenen Bücher, eine Frucht des Konzils von Trient (1545–63). Der I. wurde 1564 erstmalig veröffentlicht (erlassen); 1571 erfolgte die Einsetzung einer Indexkongregation, deren Aufgaben seit 1918 durch das Hl. → Offizium weitergeführt wurden. 1966 wurde der I. aufgehoben.

Indifferentismus (lat. *indifferens* ›sich nicht unterscheidend, gleichgültig‹), im religiösen und kirchlichen Bereich das Uninteressiertsein an und die Gleichgültigkeit gegenüber Glaubensfragen, religiös-ethischen Wertsetzungen und Dogmen.

Infallibilitätsdogma → Unfehlbarkeitsdogma.

Investiturstreit, Kampf zwischen Kaisertum als Repräsentanten weltlicher Macht und Papsttum um das Recht der Einsetzung (Investitur) geistlicher Fürsten (Bischöfe, Erzbischöfe, Äbte). Die Wurzel des Streites: das Aufeinanderprallen des aus dem Germanischen stammenden Eigenkirchenrechts (→ Eigenkirche) und der altkirchlichen Auffassung, daß Kirche (Gebäude, Gelände) Eigentum Gottes sei. Angeregt durch die Reform von Cluny, setzte Humbert von Silva Candida († 1061) die Investitur eines geistlichen Fürsten (Bischof, Abt usw.) durch einen weltlichen Laien (Kaiser, König usw.), die »Laieninvestitur«, mit Simonie gleich. Daraufhin verbot Gregor VII. diese auf der Fastensynode 1075, was eine nicht hinnehmbare Schwächung der Macht des Kaisers/Königs bedeutete: Bischöfe und Äbte, bisher Lehnsträger des Kaisers/Königs, würden nun vom Kaiser/König unabhängige Fürsten; das von ihnen verwaltete Reichskirchengut wäre dem Reich verloren und die von den geistlichen Fürsten geschuldete Heerfolge und alle Zahlungen an das Reich würden entfallen. Heinrich IV. (1056–1106) mißachtete den Synodalbeschluß, und um sich vom daraufhin erlassenen päpstlichen Bannfluch, der alle Untertanen vom Treueid entband, zu befreien, zog er 1077 nach Canossa. Der I. endete mit dem Kompromiß des → Wormser Konkordates.

Jansenismus, benannt nach Cornelius Jansen († 1638), Bischof von Ypern; 1640 wurde sein *Augustinus* veröffentlicht. Die darin dargelegte, an Augustin orientierte Sünden- und Gnadenlehre und die Forderung nach religiöser Verinnerlichung und asketischem Leben fand großen Widerhall in gebildeten Laienkreisen, rief aber den heftigen Widerstand der Jesuiten hervor, so daß 1642 Urban VIII. das Werk verdammte. Die »Jansenisten« Frankreichs setzten sich zur Wehr, die der Niederlande beugten sich dem päpstlichen Urteil im »Jansenistenstreit«.

Jesuiten, die »Societas Jesu«, der bedeutendste nach der Reformation gegründete Orden, ist ein Orden von Regularklerikern. Begründet von dem Spanier Ignatius von Loyola († 1536), wurde der Orden von Paul III. 1540 bestätigt. Die Societas Jesu ist militärisch streng aufgebaut: absoluter Gehorsam, gekoppelt mit einer Art Überwachung; die Eintretenden legen zusätzlich zu den Mönchsgelübden das des Gehorsams gegenüber dem Papst ab. Die J. tragen keine Mönchskleidung; sie haben kein gemeinsames Chorgebet, ihre Leistungen in der Gegenreformation, aber auch auf dem Gebiet der Bildung und Mission sind bedeutend.

Josephinismus, benannt nach Joseph II. von Österreich (1780–90; bis 1780 Mitregent Maria Theresias), führte in Bewunderung Friedrichs II. von Preußen und geleitet von den Gedanken der Aufklärung auch für die Kirche und ihre Belange »vernünftige« gesetzliche Regelungen ein. Das Toleranzpatent von 1781 stellte (1) Reformierte, Lutheraner und Orthodoxe (Sekten ausgenommen) den Katholiken gleich; strebte (2) die österreichische Nationalkirche an; erlaubte (3) sowohl Ehescheidung als auch die Wiederheirat Geschiedener, brachte (4) Beschneidung und Verminderung der Anzahl der Klöster um ein Drittel und Loslösung der Orden von außerösterreichischen Oberen, und (5) Beschränkung von Wallfahrten und Reliquienverehrung.

Kanon (griech., ›Richtschnur‹), 1. kirchlich anerkannte und festgesetzte Sammlung der Schriften des Alten und Neuen Testaments, die sowohl für den kirchlichen Gebrauch als auch für alle Gläubigen bindend ist; 2. feststehender Mittelteil der Messe; 3. (rechtliche) Beschlüsse der Konzilien und Synoden heißen *Kanones*; das aus diesen hergeleitete, für kirchliches Leben und Lehre normative Recht ist das *kanonische* Recht; das *kanonische* Alter ist das vorgeschriebene Mindestalter, um Weihen empfangen zu können. – Ein *Kanonist* ist ein Lehrer des kanonischen Rechts, während ein *Kanoniker* Mitglied eines geistlichen Kapitels, auch Chorherr genannt, ist.

Katharer → Albigenser.

Katholische Aktion, deutsche Bezeichnung der von Papst Pius XI. (Achille Ratti) unter dem Namen »Actio catholica« ins Leben gerufenen Initiative, deren Ziel es war, Katholiken aller Stände und Berufe zur Mitarbeit am »Regnum Christi« zu mobilisieren. Jeder sollte an seinem Platz das Bestmögliche für Christus und die Herbeiführung des Gottesreiches tun. Die Aktion stand unter dem Schutz des hl. Herzens Jesu und des hl. Franziskus. Hieraus entwickelten sich u. a. die Säkularinstitute: berufs- und standesorientierte, bewußt christlich lebende Glaubensgenossenschaften.

Ketzertaufe, doppeldeutiger Begriff: Er bezeichnet einmal die Taufe, die ein bekehrter Ketzer empfängt, vor allem aber in der Alten Kirche im 3./4. Jh. die Taufe, die von Geistlichen, die einer häretischen (ketzerischen) Lehrmeinung anhingen, gespendet worden war; so waren Tertullian († nach 222/223) und Klemens von Alexandria († 216) der Auffassung, daß die von Ketzern gespendete Taufe ungültig und der zur katholischen Kirche (zurück)kommende Gläubige sowie der von Ketzern Getaufte erneut zu taufen seien. Die Donatisten (→ Donatismus) hingegen tauften die von der katholischen Kirche zu den Donatisten Übergetretenen. Erst das Laterankonzil von 1215 unter Innozenz III. erkannte für die K.

Koadjutor (mlat., ›geistlicher Helfer), Titularbischof mit Weihevollmacht, der einem Bischof aus Alters-, Krankheits- oder anderen Gründen zur Entlastung an die Seite gestellt wird. Der K. wird seit dem Konzil von Trient (1545–63) vom Papst ernannt; im MA wurde er vom Bischof und Domkapitel gewählt. Der K. hat Nachfolgerecht (Exspektanz).

Konklave (lat. *conclave* ›Zimmer‹), Versammlung der Kardinäle, die nach dem Tod eines Papstes in einem *besonderen Raum* den neuen wählen. Um lange Sedisvakanzen zu vermeiden, setzte Gregor X. auf dem 2. Konzil von Lyon eine strenge K.-Ordnung durch: (1) Begrenzung der Frist zwischen Tod und Neuwahl auf 16–19 Tage, (2) strenge Klausur der Wählenden, bis (3) mit einer Mehrheit von zwei Dritteln und einer Stimme der neue Papst feststeht. Auch dieses Reglement konnte längere Sedisvakanzen nicht verhindern.

Konstantinische Schenkung (*Donatio [Constitutum] Constantini*), ein »Dokument«, das zwischen Herbst 753 und 778 von einem/mehreren päpstlichen Getreuen verfaßt wurde und die Erhöhung und Stärkung des Papsttums zum Ziel hat. Aus Dankbarkeit schenkt Konstantin dem Papst Würden und Rechte analog denen eines Kaisers, dazu die Stadt Rom, Provinzen, Städte und Festungen, die ehedem Byzanz (Ostrom) gehörten. Man sah jahrhundertelang in dieser »Urkunde« die Oberherrschaft des Papstes über das Abendland und seine weltlichen Herrscher begründet; Otto III. focht 1001 die *Constitutio* an; Laurentius Valla bewies 1519, daß es sich um eine Fälschung handelt.

Konsultor (lat. *consultor* ›Ratgeber‹), Bezeichnung aus dem katholischen Kirchenrecht für Berater 1. bei der Kurie, 2. bei Diözesen (Diözesan-K.) und 3. in Pfarreien als Pfarr-K. mit richterlichen Befugnissen (Ein- und Absetzung von Pfarrern). Das Amt ist seit 1966 weggefallen.

Laieninvestitur → Investiturstreit.

Lateranverträge, am 11. 2. 1929 zwischen Vatikan und italienischem Staat geschlossene Verträge; garantieren die Souveränität des Papstes, einen Kirchenstaat (Città del Vaticano) und die Exterritorialität einer Anzahl von Gebäuden (Kirchen, Paläste). Der Katholizismus wurde als Staatsreligion anerkannt und dem Papst Entschädigung für Beschneidung des Kirchengutes gezahlt. Damit war die »römische Frage« gelöst. Mit den L. wurde der Papst aus seiner seit 20. 9. 1870 (Untergang des Kirchenstaates) dauernden »Gefangenschaft im Vatikan« befreit. Die L. wurden 1947 durch die italienische Verfassung bestätigt.

Lektionar, 1. Lesepult; 2. in der katholischen und Ostkirche das Buch, in dem die Schriftlesungen aus Evangelien, Episteln und AT (daher auch: Evangeliar, Epistolar) für Meßfeiern und Stundengebet, der kirchlichen Leseordnung folgend, abgedruckt sind.

Leoninische Stadt (Urbs Leonina), Stadtteil Roms, den Papst Leo IV. mit Mauern, vor allem auf dem rechten Tiberufer, befestigen ließ, um die Sarazenen abzuhalten. Der Vatikan lag innerhalb der L. S.

Manichäismus, Lehre des Persers Mani (um 216–273); wurde in Verbindung mit gnostischem Gedankengut im 4. Jh. und im MA (→ Albigenser) für das Christentum äußerst gefährlich. Mani stiftete im *bewußten* Gegensatz zu Christentum, Buddhismus und Zoroastrismus eine neue Religion, die einen scharfen Dualismus lehrt: Den zwei Urelementen Licht und Finsternis entspricht eine Ethik von rigoroser Strenge (völlige Enthaltsamkeit, Fasten usw.) für die »Vollkommenen« (*electi*); die anderen Anhänger (*auditores*) sollen so asketisch wie möglich leben. Mani wurde 273 gekreuzigt.

Modalismus, eine der drei Lehrmeinungen, die um 200 im ersten Lehrstreit der Kirche gegeneinanderstanden. Der M. lehrt: Christus ist ein *modus*, eine Erscheinungsweise Gottes; der *eine* Gott hat verschiedene *modi* des Wirkens, als Vater, als Sohn und als Geist. Die Modalisten wurden u. a. von Tertullian († 222/223) hart bekämpft. Modalistische Anschauungen sind in späteren Jahrhunderten in Ketzerkreisen immer wieder aufgetaucht.

Modernismus, 1. eine Richtung der Scholastik, deren Hauptvertreter der Franziskaner Wilhelm von Ockham in Paris († nach 1347 in München) war und die Glauben und Wissenschaft scharf voneinander trennte und zu beweisen suchte, daß die Vernunft unfähig sei, das Übernatürliche zu erfassen; daraus resultierten Dualismus von Theologie und Philosophie und philosophische Dogmenkritik; 2. Reformbewegung, die seit der Jahrhundertwende in Deutschland (H. Denifle, F. X. Kraus; S. Merkle), in Frankreich (A. Loisy), in Italien (R. Murri), in England (G. Tyrell) entstand und die – unter treuem Bekenntnis zur Kirche – von ihrer historisch-kritischen wissenschaftlichen Arbeit so viel wie möglich zur Belebung des religiösen Lebens in die katholische Kirche einbringen wollte. 1907 verdammte Pius X. mit *Lamentabili*, dem neuen »Syllabus«, und der Enzyklika *Pascendi Domini gregis* den sog. M.

Molinismus, benannt nach dem Jesuiten Luis de Molina († 1600), Moralprofessor am Jesuitenkolleg in Madrid, der eine an → Pelagianismus grenzende Lehre von der Gnade und der Freiheit des menschlichen Willens vertrat, die im Gegensatz zu Augustinus und Thomas von Aquin stand. Molinas Schrift *Concordia* (1588) führte zum »Gnadenstreit« mit den → Dominikanern, den Paul V. 1611 verbot. Bei den Jesuiten behielt die molinistische Gnadenlehre die Oberhand.

Monophysitismus, theologische Lehrmeinung, die sich gegen das Chalkedonense (→ Chalkedon) wendet und im Gegensatz zu diesem *eine* Natur Christi lehrt; die Vergottung des Fleisches Christi beginnt mit der Menschwerdung. Die Kämpfe zwischen Monophysiten und Chalkedonensern wurden mit aller Härte geführt (Patriarchenmord u. ä.). Auch das → Henotikon bewirkte keinen Ausgleich. Der monophysitische Streit brachte das Ende der Reichskirche: Die Einigungsbemühungen Kaiser Justinians (527–565) schlugen fehl.

Monotheletismus, monotheletischer Streit, eine Fortsetzung des → monophysitischen Streits. Kaiser Heraklius (610–641), beraten von Sergius, Patriarch von Konstantinopel, gelang es, durch die Formel: der aus *zwei* Naturen bestehende Christus habe nur *einen* Willen (oder: durch eine Energie gewirkt), einen Teil der Monophysiten zur Annahme des Chalkedonense (→ Chalkedon) zu bewegen. Die chalkedonensischen Theologen im Osten und Westen erhoben sich gegen diese Formel. Das 6. ökumenische Konzil von Konstantinopel (680–681; 1. Trullanum) erkannte aufgrund des Lehrschreibens des Papstes Agatho das Chalkedonense an und verdammte den M.

Montanismus, benannt nach dem aus Phrygien stammenden Begründer Montanus († vor 179), der von seinen Anhängern als der Joh 14,14 verheißene Paraklet und Verkünder der abschließenden Offenbarung geglaubt wurde. Die Hauptlehren des M.: unmittelbar bevorstehendes Weltende; schärfste Fastengebote; Forderung absoluter Jungfräulichkeit, daher Aufhebung der Ehe; Drängen zum Martyrium; Flucht vor Verfolgung ist Sünde. – Als der für 179 verkündete Weltuntergang (Tod der letzten Prophetin) nicht eintrat, begann die Bewegung abzuflauen.

Nantes, Edikt von → Edikt von Nantes.

Nepot, Nepotismus (lat. *nepos* ›Enkel, Neffe‹), bezeichnet in der Kirchengeschichte des MA, vor allem der Renaissance, die Verwandten von Päpsten, die von diesen mit Titeln und Pfründen »versorgt« wurden (Nepotismus). Unter Sixtus V., Innozenz VIII. und Alexander VI. war die »Blütezeit« des N.; daher die Redensart: »Wer den Papst zum Vetter hat, wird Kardinal.«

Nestorianer, nestorianischer Streit, benannt nach Nestorius, Patriarch von Konstantinopel, entschiedener Vertreter der Zwei-Naturen-Lehre (jedoch: für die Anbetung ist nur *eine* Person Christi existent), der gegen Kyrill von Alexandria (Vertreter der völligen Einheit und Gottheit der Person Jesu) und Cölestin I. die Bezeichnung »Gottesgebärerin« für Maria durch »Christusgebärerin« ersetzt wissen wollte, da Maria den Mittler zwischen Gott und Mensch, den Christus, geboren hat. Der n. S. wurde auf dem Konzil von Ephesus 431 vorentschieden: Kyrill und seine Anhänger obsiegten, Nestorius wurde verurteilt. 433 erzwang der Kaiser einen Kompromiß: Nach der Lehre wurde im wesentlichen Nestorius anerkannt, als Person blieb er verurteilt.

Nicänum, das auf dem von Konstantin d. Gr. einberufenen 1. Konzil von Nicäa (325) angenommene Glaubensbekenntnis, das in den Aussagen über Christus durch die Ergänzungen »geboren, nicht geschaffen«, »eines Wesens mit dem Vater« den → Arianismus ablehnte und als häretisch verurteilte. Die christologischen Streitigkeiten – ob Christus in seiner Präexistenz Gott gleich oder untergeordnet war – waren mit der Annahme des N., das vom Kaiser als Reichsgesetz verkündet wurde, nicht beendet.

Nominalismus, Schulrichtung der Scholastik; sie lehrte: die Gattungsbegriffe, sog. *universalia*, sind lediglich Abstraktionen, *nomina* des menschlichen Verstandes. Einer der scharfsinnigsten Vertreter des N. war Roscellinus von Compiègnes; er wandte den N. auf die Trinität an, was zu einer Drei-Götter-Lehre (Tritheismus) führte, und mußte 1092 auf der Synode von Soissons widerrufen. Der englische Franziskaner und Duns-Scotus-Schüler Wilhelm von Ockham vertrat einen gewandelten N.: Die Allgemeinbegriffe sind *termini*, Zeichen, die außerhalb der Seele keinerlei Realität haben. Das bedeutet, auf den christlichen Glauben angewandt: scharfe Trennung von Glauben und Wissen (vgl.: Modernismus).

Novatianer, Novatianismus, benannt nach dem Presbyter Novatian in Rom (um 240–255), dessen Werk *De trinitate* einen Überblick über die Christologien seiner Zeit gibt. Für ihn ist der Christus-Logos göttlichen Wesens, aber dem Vater untergeordnet (subordiniert), der

Hl. Geist wiederum ist dem Sohn subordiniert; beide leiten ihre *substantia*, ihr göttliches Wesen, vom Vater ab. N. war Verfechter strengster Kirchenzucht. 251 kam es in Rom zum Schisma, die N. spalteten sich ab; im Westen bestanden sie bis zur Ketzergesetzgebung (412/423), im Osten bis ins 7. Jh.

Offizium, Heiliges (*Sacra Congregatio Sancti Officii*), ist 1. die höchste Behörde der Kurie, hervorgegangen aus der 1542 von Paul III. eingesetzten *Congregatio Romanae et universis inquisitionis*, welche Glauben und Lehre reinerhalten und schützen und Vergehen gegen den Glauben ahnden und bestrafen sollte; der *Index librorum prohibitorum* ist eine »Frucht« dieser Kongregation. 1965 erfolgte die Umwandlung des Hl. O. in die »Kongregation für die Glaubenslehre«. O. kann 2. auch – statt Opus Dei – Gottesdienst und Stundengebet bezeichnen.

Ottonianum, eine am 13. 2. 962 von Otto I. unterzeichnete Urkunde, welche die → Pippinsche Schenkung und die Karls d. Gr. unter Zufügung weiterer Gebiete bestätigte und die schon von Lothar I. festgeschriebene Oberherrschaft des Kaisers über Rom und Kirchenstaat erneuerte, beider Schutz und Verteidigung garantierte, dem Kaiser Einspruchsrecht bei Papstwahlen zusicherte und dem Papst den Treueid gegenüber dem Kaiser abverlangte.

Pallium, 1. in der altchristlichen Kunst die Gewandung des lehrenden Christus; 2. eine päpstliche und erzbischöfliche Insignie: handbreites, weißes, mit sechs schwarzen Kreuzen geschmücktes Band, das um die Schultern gelegt wird und dessen Enden herunterhängen. Es wird aus der Wolle zweier Lämmer gewebt, die der Papst beim Fest der hl. Agnes (21. Jan.) segnet. Das P. muß vom Papst erbeten werden; die zu entrichtende Gebühr ist das Palliengeld.

Pataria, Name des ma. Mailänder Trödelmarktes, wurde zur (Spott-)Bezeichnung einer religiös-sozialreformerischen Laienbewegung, die sich gegen Reichskirche und Adelsherrschaft richtete und auf die Lombardei und ganz Oberitalien übergriff. Da König Heinrich IV. auf die Forderung der P. nach einer kanonischen Bischofswahl durch Klerus und Volk nicht einging, kam es zu blutigen Kämpfen und Niederwerfung der P. im Frühjahr 1075; das war der Anfang des → Investiturstreites.

Pelagianismus, benannt nach Pelagius, einem aus Irland stammenden Laien (um 400 in Rom); gegen die augustinische Gnadenlehre gerichtete Lehre von der Freiheit des menschlichen Willens zum Guten und Bösen. Der P. lehnt die Erbsünde ab, diese ist kein Delikt der Natur, sondern des Willens, eine jeweils einzelne, nicht erbliche Tat. Adam hat durch schlechtes Vorbild, nicht durch die Tat den Menschen geschadet. Nach dem P. ist die dem Menschen gewährte Freiheit des Willens Gnade, zusammen mit dem at. Gesetz, dem Evangelium und dem Vorbild Christi. Nach dem P. gibt es sündlose Menschen; der Tod Adams ist natürlich, nicht Sündenstrafe. Der P. wurde 418 auf der Synode von Karthago verurteilt, Pelagius exkommuniziert.

Pentapolis → Pippinsche Schenkung.

Pippinsche Schenkung (754/756), in der (verlorenen) Urkunde von Quiercy (754) unterstellte Stephan II. Rom dem Schutz des Frankenkönigs; Pippin verpflichtete sich zusätzlich, die von den Langobarden unter Aistulf eroberten Gebiete, bes. das Exarchat von Ravenna und die »Pentapolis« (Ancona, Fano, Pesaro, Rimini, Senigallia) an Rom zurückzubringen. In zwei Feldzügen zwang Pippin Aistulf zur Aufgabe dieser Gebiete, die Pippin 756 dem hl. Petrus feierlich schenkte; das war die Begründung des Kirchenstaates.

Pönitentiarie (seit 1935: Sacra Paenitentiaria), das für den »inneren« Bereich zuständige Gericht der Kurie; seit 1917 gehört ein Amt für Ablaßwesen dazu. Der Großpönitentiar (Kardinal), Leiter dieser Behörde, wird vom Papst ernannt; er behält dieses Amt auch nach dem Tod eines Papstes in der Sedisvakanz.

Prämonstratenser, abgeleitet vom Namen des Klosters Prémontré, das 1120/21 von Norbert von Xanten und 40 Klerikern gegründet wurde. Die P. sind → Regularkanoniker; sie leben nach der Augustiner-Regel unter zusätzlicher Beachtung von Askese, Einfachheit, vertiefter Frömmigkeit und des Wanderapostolats (Seelsorge für das Volk); Anleihen an die Charta Caritatis der → Zisterzienser sind deutlich. Der Orden ist – bei Selbständigkeit des Einzelklosters – zentralistisch organisiert, den Ordensprovinzen (Zirkarien) steht ein Generalvikar (Zirkator) vor. Als Norbert von Xanten 1126 Erzbischof von Magdeburg wurde, kam der Orden nach Deutschland. Die P. erwarben sich große Verdienste in der Wendenmission.

Pragmatische Sanktion von Bourges → Gallikanismus.

Priscillianismus, von dem spanischen Laien Priscillianus gegründete asketisch-chiliastische Bewegung, die sich gegen die verweltlichte Kirche richtete und diese erneuern wollte. Priscillian lehrte: Der Hl. Geist ist weder an Ort, Zeit noch an das kirchliche Amt gebunden; er wertete die Apokryphen höher als AT und NT. Neuentdeckte, erhaltene Traktate lassen auf gnostisch-manichäische Einflüsse schließen. Die Synode von Saragossa (380) verurteilte Priscillianus als Ketzer, der 385 mit sechs Anhängern hingerichtet wurde.

Probabilismus (lat. *probabilis* ›annehmbar‹), moraltheologisches System, wesentlich geformt durch Theologen des Dominikaner-Ordens (M. Canus, † 1560; B. de Medina, † 1577) und erst später von Jesuiten übernommen. Die Abqualifizierung als »Jesuitenmoral« ist irreführend. Der P. will zeigen, wie ein Mensch sich sittlich-moralisch verhalten soll, wenn die Existenz oder der Geltungsbereich eines Gesetzes nicht genau feststeht: Im Zweifelsfall darf man der *für einen selbst* günstigeren Entscheidung folgen, wenn diese *probabilis*, annehmbar (durch Gründe) ist, selbst dann, wenn für die Anwendung des Gesetzes sprechende Gründe *probabilior*, d. h. noch annehmbarer, sind. Diese Auffassung führte zum Laxismus und rief den Widerspruch der Jansenisten (→ Jansenismus) hervor.

Provision, päpstliche, eine der Einnahmequellen der Kurie: die Gebühren für die Ämterverleihung und das Recht des Papstes, solche Ämter unter Übergehung des für die Neubesetzung zuständigen Vorgesetzten zu vergeben. Die päpstliche P. wurde durch das Konzil von Trient (1545–63) aufgehoben.

Quirinal, 1. einer der sieben Hügel Roms; 2. von 1574 bis ins 18. Jh. war der Q.-Palast der Sommersitz des Papstes; 3. von 1870 bis Ende des 2. Weltkrieges Königspalast; 4. heute Präsidentenpalast.

Realismus, scholastischer, faßt die *universalia*, die Gattungen und Arten der Allgemeinbegriffe, als *real*, d. h., sie existieren wirklich. Je näher ein solcher Allgemeinbegriff Gott steht, desto realer, wirklicher, ist er (Einfluß des Neuplatonismus); so hat nach dem sch. R. Gott den höchstmöglichen Grad der Realität. Anselm von Canterbury († 1109) lehrt: Gott ist das allerrealste Sein (*ens realissimum*) und damit zugleich das allervollkommenste (*ens perfectissimum*).

Regalien, die von Königen/Kaisern an Bischöfe und Äbte verliehenen Güter, Zölle, Rechte (Markt-, Münz-, Forst-, Fischerei-, Gerichtsbarkeitsrecht usw.) und andere Einkünfte. Der vom König/Kaiser geltend gemachte Anspruch auf die Einkünfte aus einem Bistum/Abtei während dessen Vakanz und das Recht, diese Stellen neu zu besetzen, heißt Regalienrecht.

Regularkanoniker, Geistliche, die nach dem Vorbild des Augustinus und seiner mit ihm in mönchischer Gemeinschaft lebenden Kleriker ein durch Ordensregel (Augustiner-Regel) bestimmtes Gemeinschaftsleben führen, an dessen Anfang ein feierliches Gelübde steht. Die gregorianische Kirchenreform brachte großen Aufschwung der R., z. B. → Prämonstratenser, Augustiner-Chorherren u.a.m.

Rigorismus, fanatisch-strenge, unbarmherzige Durchführung von sittlich-religiösen oder anderen Gesetzen und Forderungen; bei Nichtbefolgen werden drakonische Strafmaßnahmen angewandt. Beispiele für R.: Manichäismus, Montanismus, Inquisition.

Römische Frage → Lateranverträge.

Rota, Sacra Romana, oberster Gerichtshof an der Kurie, benannt nach der R. porphyretica des Petersdomes; erste gesetzliche Festlegung 1331 durch Johannes XXII.; Blütezeit im 15./16. Jh.; danach bis zur Aufhebung des Kirchenstaates praktisch Berufungsgericht für weltliche Prozesse in diesem; 1908 Wiedereinsetzung als kirchliches Oberstes Gericht durch Pius X.

Sabellianismus, benannt nach Sabellius (um 215), dem Haupt der Modalisten (→ Modalismus), der lehrte: Der eine Gott wirkt in drei »Schauspielerrollen« als Vater, Sohn und Hl. Geist; damit sind nach S. alle drei göttlichen Personen ranggleich.

Semipelagianismus, seit dem 16. Jh. so benannte, u. a. von Johannes Cassianus († 435) vertretene Gnadenlehre, die einen »Mittelweg« zwischen → Pelagianismus und Augustinus darstellt: Durch Adams Fall ist der menschliche Wille geschwächt, aber dennoch frei; durch die Gnade kann er wieder frei wirken; die Prädestination (Vorherbestimmung zum Guten oder Bösen) wird abgelehnt; der Mensch ist für Himmel oder Hölle selbst verantwortlich.

Signatura apostolica (*Supremum Signaturae Apostolicae Tribunal*), höchste gerichtliche Verwaltungsbehörde der katholischen Kirche, die aus der *S. gratiae* und der *S. iustitiae* bestand. 1908 wurde sie von Pius X in die S. a. umgewandelt. Sie überwacht u. a. die → Rota.

Simonie, hergeleitet aus Apg 8,18 ff.; meint (1) den Kauf/Verkauf geistlicher Würden; (2) seit dem Ende des 9. Jh.s die Übertragung kirchlicher Würden/Ämter/Stellen gegen Bezahlung (Geld, Land usw.) (3) seit dem → Investiturstreit auch die Laieninvestitur.

Sizilische Monarchie (Monarchia sicula), von Urban II. am 5. 7. 1098 Roger I., Herzog von Sizilien, und seinem Nachfolger gewährte, gleichsam gesetzliche Kontrollgewalt über die Kirche der Insel. Dieses Recht wurde erst durch Pius IX. zurückgezogen (1867).

Spiritualen → Franziskaner.

Spolienrecht, auf dem Gewohnheitsrecht beruhender Anspruch des Grundherrn (→ Eigenkirche, → Regalien) auf die Hinterlassenschaft eines Geistlichen auch entgegen anderslautender testamentarischer Bestimmung des Erblassers.

Syllabus (lat., ›Verzeichnis‹), eine Enzyklika Papst Pius' IX. von 1864, die 80 »Irrtümer« des sog. → Modernismus verurteilt; diese Verurteilung wurde mit dem neuen »S.« Pius' X. von 1907 untermauert.

Temporalien, einem Geistlichen auf Grund seines Amtes vom König/Kaiser/Staat zustehende Einkünfte.

Thomismus, 1. Benennung für die Lehre des hl. Thomas von Aquin († 1274), welche die katholische (aber auch die altprotestantische) Theologie maßgebend geprägt hat; 2. Lehrtradition der »thomistischen Schule« – seit 1286 waren *alle* → Dominikaner verpflichtet, thomistisch zu lehren –, die Thomas' Lehre interpretiert, verteidigt, auf neue Fragen anwendet, dabei diese nicht selten modifiziert oder gar verläßt.

Titelkirchen, Kardinälen zugewiesene Kirchen in Rom; die Kardinäle nehmen den Namen der jeweiligen Kirche an und belegen somit ihre Zugehörigkeit zum (stadt)römischen Klerus.

Ultramontanismus, Ultramontanisten, katholische Kreise im 19. Jh., die gegen Protestantismus, Aufklärung, → Gallikanismus, → Jansenismus, → Febronianismus, → Josephinismus, Liberalismus, Laizismus und nationalkirchliche Bestrebungen an dem Lehr- und Jurisdiktionsprimat des Papstes und an der zentralen Leitung der Kirche von Rom aus festhielten. Im »Kulturkampf« galt ultramontan als reichsfeindlich, in der Weimarer Republik als undeutsch.

Unfehlbarkeitsdogma, die am 18. 7. 1870 auf dem Vatikanischen Konzil (1869/70) angenommene *Constitutio de ecclesia*, wodurch zum Dogma wurde, daß (1) »ex cathedra« vom Papst verkündete Lehrentscheidungen in Glaubens- und ethischen Fragen unfehlbar sind und daß

(2) der Papst die unmittelbare Jurisdiktionsgewalt über die Gesamtkirche hat. Die Unfehlbarkeit wird begründet mit dem göttlichen Beistand, der dem Papst durch den Begründer des Papsttums, dem hl. Petrus, gegeben ist – eine Lehre, die auf Leo I. zurückgeht. Das Dogma der leiblichen Aufnahme Mariens in den Himmel (1950) war das erste Inkrafttreten des Dogmas von 1870.

Unierte Kirchen, orientalische Kirchen, die mit Rom insofern vereint sind, als sie den Papst und die Dogmen der katholischen Kirche anerkennen; im Kultus praktizieren sie eigene Riten, vor allem eigene Kirchensprachen (z. B. syrisch, altslawisch usw.).

Waldenser, benannt nach ihrem Begründer, dem Kaufmann Petrus Waldus aus Lyon, der 1176 zur evangelischen Armut bekehrt, mit Gleichgesinnten ein Leben in Armut und Buße predigend führte. 1184 wurden die W. (die »Armen von Lyon«) durch Lucius III. exkommuniziert, was ein rasches Wachsen der Bewegung nicht verhinderte. Die W. mußten der Welt und allem Besitz absagen und in apostolischer Armut von Handarbeit leben. Zwar von den Katharern (→ Albigenser) beeinflußt (Ablehnung von Seelenmessen, Ablaß, Fegefeuer usw.), sind die W. im Gegensatz zu diesen *nicht neumanichäisch* geprägt, sondern rein auf dem Boden des Evangeliums entstanden. 1231 wurden sie in Deutschland von der Inquisition grausam verfolgt; am Ende des 15. Jh.s sind sie aus Deutschland weitgehend verschwunden. Sie überlebten in den Alpentälern Piemonts; 1853 entstand in Turin eine große W.-Kirche, seit 1860 sind sie in Rom und ganz Italien verbreitet; seit 1922 gibt es in Rom eine W.-Hochschule.

Wormser Konkordat (**Pactum Calixtinum**), 1122 zwischen Heinrich V. und Calixtus II. abgeschlossen, beendete den → Investiturstreit: Heinrich verzichtete für sich und seine Nachfolger auf die Investitur von Bischöfen/Äbten mit Ring und Stab und sicherte den Kirchen kanonische Wahlen und freie Weihen zu; der Papst räumte dem König/Kaiser Anwesenheit bei den Wahlen reichsunmittelbarer geistlicher Fürsten ein und das Recht der Regalieninvestitur (Szepter).

Zisterzienser, benannt nach dem 1098 von Robert von Molesme gegründeten Benediktinerkloster Cîteaux (Cistercium); durch die 1118 zusätzlich zur Benediktus-Regel eingeführte Charta Caritatis wurde Stephan Harding zum eigentlichen Gründer des Ordens; kennzeichnend sind: strenge Askese, äußerste Einfachheit (keine Türme, schmucklose Kirchen), tiefe Frömmigkeit. Von großer Bedeutung wurde der Orden durch hervorragende Mitglieder wie Bernhard von Clairvaux und durch die Kulturarbeit: Urbarmachung, Viehzucht, Akker-, Garten- und Weinbau, die meist von Laienbrüdern geleistet wurde; den Priestern oblag Gottesdienst und Seelsorge. Die Klöster sind, obwohl jedes selbständig ist, durch Neben- und Unterordnung straff organisiert (jedes wird vom Mutterkloster visitiert); das Generalkapitel der Äbte ist die Ordensregierung. Trotz schwerer Schicksale hat der Orden überdauert.

Register